KORT BEGRIP

DER

ASCETISCHE EN MYSTIEKE THEOLOGIE

KORT BEGRIP

DER

ASCETISCHE EN MYSTIEKE

THEOLOGIE

DOOR

Ad. TANQUEREY

vrij vertaald

DOOR

P. fr. Gonzaga Gouverneur O. F. M.

naar de zevende fransche uitgave

MAATSCHAPPIJ ST. JAN DE EVANGELIST
DESCLÉE & Cie
PARIJS, DOORNIK (België), ROME
1932

BIBLIOTHECA

CATHOLICA

*Bibliotheca Catholica geeft de overgeleverde schat
van de Kerk door aan huidige en toekomstige generaties
door katholieke klassiekers blijvend beschikbaar te maken.*

Bibliotheca Catholica | Leuven
bibliocatho.org
ISBN: 978-90-825326-1-6
D/2017/14.022/1
NUR: 700/708

AAN DE MOEDER MAAGD

DIE, DOOR ONS JESUS TE GEVEN,

ONS ALLES HEEFT GEGEVEN

EN DIE ONS DOOR JESUS

TOT GOD GELEID'T,

WORDT DIT BOEK OPGEDRAGEN

TEN TEEKEN VAN

KINDERLIJKE LIEFDE

Nihil obstat.

Mosæ Trajecti, 24 Junii 1931

P. fr. EVARISTUS v. KROONENBURG O. F. M.

IMPRIMATUR.

Werthæ, 25 Junii 1931.

Fr. Regalatus HAZEBROEK O. F. M. Miss. Prov.

IMPRIMATUR.

Ruræmundæ, d. 6 m. Julii 1931.

Dr. Jos. KEULERS, Libr. Cens.

Nihil obstat.

R. MICHEL,

Can., Libr. Cens.

IMPRIMATUR.

Tornaci, die 30 Julii 1932.

J. LECOUVET, Vic. Gen.

VOORREDE

VAN DE ZESDE UITGAVE.

Gelijk de titel reeds aanduidt, is dit Werk geen volledige, maar een *beknopte* verhandeling, die als leiddraad kan dienen voor ruimer, dieper studie. Om evenwel het dorre van een overzicht te vermijden, hebben wij de hoofdbestanddeelen van het inwendig leven iets wijdloopiger behandeld en er overdenkingen bijgevoegd, die tot ware godsvrucht opwekken. Daarom hebben wij een ruimer plaats gegeven aan : de inwoning van den H. Geest in de ziel, onze inlijving in Christus, het aandeel van Maria in onze heiliging, de natuur der volmaaktheid en de verplichting er naar te streven. Zoo ook bij het behandelen der *drie wegen* hebben wij datgene meer beklemtoond, wat de zielen voeren kan tot vertrouwen, tot liefde en de beoefening der deugden.

In de overtuiging dat het *Dogma* de grondslag is der ascetische godgeleerdheid, en de herinnering aan hetgeen God voor ons gedaan heeft en nog doet, de krachtigste prikkel is tot ware godsvrucht, hebben wij steeds met zorg gewezen op de geloofswaarheden, waarop het inwendig leven is gegrondvest. Onze verhandeling is dus op de eerste plaats *leerstellig* en beoogt te bewijzen dat de christelijke volmaaktheid logisch voortvloeit uit de geloofswaarheden en vooral uit haar middelpunt, de Menschwording.

Doch dit tractaat is tevens *practisch*, want niets is meer in staat dan een levend, verlicht geloof, om ons aan te zetten tot standvastige krachtsinspanning, noodig tot zelfhervorming en ontwikkeling der deugden. Daarom hebben we ook reeds in het *eerste deel*, uit de dogmas de practische gevolgtrekkingen afgeleid, die voor de hand liggen, evenals de *algemeene* hulpmiddelen tot volmaaktheid, om zoodoende onze lezers aan te sporen om na aandachtige lezing ook tot de beoefening over te gaan, naar het woord van den Apostel Jacobus : Weest werkers van het woord en niet hoorders alleen (Jac. I, 24).

In het tweede deel, dat bij uitstek op de practijk gericht is, rusten onze gevolgtrekkingen steeds op de geloofswaarheden in het eerste deel verklaard, vooral op *onze inlijving in Christus* en de *inwoning van den H. Geest in onze ziel.*

De *loutering* der ziel geschiedt slechts volledig door onze inlijving in Hem, die de bron is van alle zuiverheid ; de *stellige beoefening der deugden* wordt het gemakkelijkst door de vereeniging met Hem, die ze in haar volheid bezit en zoo vurig verlangt ze ons mede te deelen. De *innige, bestendige, vereeniging* met God wordt dan slechts werkelijkheid, wanneer we onder het oog en de leiding der H. Drievuldigheid, in ons wonend, leven. Zoo wordt onze voortgang in de drie groote wegen van het geestelijk leven gekenschetst door onze steeds inniger inlijving in Christus Jesus en door onze steeds vollediger overgave aan den heiligmakenden Geest.

Deze *verknochtheid* aan het Vleeschgeworden Woord en aan zijn goddelijken Geest, wel verre van de ascesis uit te sluiten, veronderstelt die juist

in hooge mate. De H. Paulus, die een zoo helder
licht heeft geworpen op onze inlijving in Christus
en onze vereeniging met God, toont eveneens, hoe
het voor ons een volstrekte noodzakelijkheid is te
strijden tegen den ouden mensch, tegen de wereld
en den geest der duisternis. Om deze reden spreken
wij, bij de *drie wegen*, herhaaldelijk van den *geestelijken strijd*, van *krachtsinspanning*, van *versterving*,
van *bekoringen*, van *vallen*, van *opstaan*, niet enkel
voor de beginnenden, maar ook voor de meer
gevorderden. Men moet wel rekening houden met
de *werkelijkheid*, en dus ook bij het beschrijven van
de innige vereeniging met God en van den vrede,
die dan genoten wordt, met de H. Theresia, wijzen
op den strijd : slechts bij den dood mag men de
wapens neerleggen.

Doch deze voortdurende strijd, deze overgang
van troost naar beproeving, schrikken de edelmoedige zielen niet af; ten tijde van kalmte, zoowel als
bij storm, blijven zij altijd met God vereenigd.

Ons werk is vooral bestemd voor de *Seminaristen*
en de *Priesters in de wereld;* doch wij hopen dat
het eveneens dienstig zal zijn voor de *kloostergemeenten*, ja zelfs voor vele *leeken*, die heden hun
inwendig leven verstevigen, om met beter gevolg te
werken aan het heil der zielen [1]. Voor alles geven
wij de *zekere* of *algemeen aangenomen leer* en ruimen
slechts zeer weinig plaats in aan twistvragen. Het
is waar, ook in het geestelijk leven bestaan verschillende richtingen, doch de *bezadigde* mannen dezer

---

[1] Om deze reden vertalen wij steeds de latijnsche teksten.
Voor de aanhalingen uit het N. Testament wordt de vertaling
gevolgd van de Apolegetische Vereeniging *Petrus Canisius*.

Scholen stemmen overeen in alles wat van werkelijk *belang* is voor de zielen. Welnu, deze algemeen gevolgde leer geven wij weer en trachten daarbij zoo *logisch* en zoo *zielkundig* mogelijk te werk te gaan.

Bijwijlen toonen wij een zekere voorliefde voor *de Fransche School der 17ᵉ eeuw*, welke op de onderwijzingen van de Apostelen Paulus en Joannes steunt en zoo wel overeenstemt met de klassieke leer van den H. Thomas. Wij betuigen echter, in alle oprechtheid, de hoogste achting voor de andere Scholen. Menigmaal geven we citaten ontleend aan die richtingen en willen daarbij vooral aantoonen, wat ze vereenigen en niet wat ze scheiden kan.

Aan het *Vleeschgeworden Woord* en zijn *Heilige Moeder*, Zetel der Wijsheid, wijden wij nederig dit eenvoudig werk, ons gelukkig achtend, indien het, onder hun bescherming, iets kan bijdragen tot glorie der Allerheiligste, Alleraanbiddelijkste Drieëenheid :

Moge dan in alles God worden verheerlijkt door Jesus Christus (I Petr. IV, 11.)

De weinige veranderingen, die wij in deze zesde uitgave hebben aangebracht, om tegemoet te komen aan eenige welwillende aanmerkingen, die men ons gemaakt heeft, hebben het werk zelf niet gewijzigd. Wij zijn dankbaar voor die vingerwijzingen.

Seminarie van Issy (Seine), H. Drievuldigheidszondag, 3 Juni, 1928.

AD. TANQUEREY.

EENIGE GOEDKEURINGEN

Het zij ons geoorloofd uit de vele brieven van instemming, die wij mochten ontvangen, er eenige af te drukken, die voor ons van de hoogste waarde zijn.

AARTSBISDOM Parijs, 5 November 1924.
PARIJS

Zeer Eerwaarde Heer,

Uw *Précis de Théologie ascétique et mystique* heeft van de zijde van het publiek reeds een zeer gunstig onthaal gevonden. Uw werk is het waard en ik verheug er mij over.

Het is de bekroning van een drievoudige onderneming, gelukkig begonnen en tot een goed einde gebracht. Na de dogmatische en de moraal theologie — beide in een *Brevior synopsis*, met de grootste nauwkeurigheid en beknoptheid samengevat — is nu ook de ascetische en mystieke theologie in een Kort Overzicht weergegeven, en wel zoo dat de geestelijken en leeken, die meer van de christelijke volmaaktheid en den weg, die er heenleidt, willen weten, een uitstekenden wegwijzer hebben.

Onder uw leiding, loopen zij geen gevaar te dwalen. Gij zijt voor de zielen een verlichte leeraar, een wijze raadgever, een ervaren bestuurder : mijn wensch is dat steeds meer zielen uw leiding volgen. Uw School is die van het Evangelie, de zuivere leer der Vaders, der groote godgeleerden en van de beroemde meesters van het geestelijk leven in de 17^e eeuw, onder wie voor ons M. Olier de eerbiedwaardigste is.

Uw nieuw werk zal, na zooveel andere, algemeen gewaardeerd in onze Seminaries, strekken tot grooter verdienste van u en hooger aanzien van het dierbaar Gezelschap van S.-Sulpice.

Ik acht mij gelukkig, waarde Overste, bij deze gelegenheid, met mijn erkentelijken eerbied, uitdrukking te geven aan mijn gevoelens vol toegenegenheid in Christus.

Louis, Kard. Dubois
Aartb. van Parijs.

———————

Parijs, 4 Maart, 1926.

Zeer Eerwaarde Heer,

Ik wil u niet enkel danken voor de hulde mij betuigd door het toezenden van uw *Précis de Théologie ascétique et mystique*, doch wil u vooral gelukwenschen met dit mooi werk, dat zoo gelukkig uw dogmatische en moreele verhandelingen komt bekronen.

Gij geeft bij het samenstellen van dit werk, naast de *veilige leer*, de bijzondere *klaarheid*, die allen in uwe werken zoo hoog waardeeren. Juist dat, de vrucht van een zeer heilrijk onderricht lange jaren gegeven, maakt uw handboeken zoo kostbaar voor het onderwijs der seminaristen.

Mogen dezen, zoo is mijn wensch, van uw *Précis* een ruim gebruik maken. Uw ervaring en kennis benuttend, zullen zij er de voor priesters onmisbare wetenschap, de leiding der zielen, leeren en, tot eigen nut, er de kennis opdoen, die hen de vordering in de wegen der geestelijke volmaaktheid zal vergemakkelijken. Die volmaaktheid toch moet de groote eerzucht van den priester wezen.

Gelieve, Zeer Eerwaarde Heer, de uiting te aanvaarden mijner toegenegenheid in Christus

Kard. CERRETI
Pro-Nuntius Apost.

Rouaan, 15 Januarii 1925.

Zeer Eerwaarde Heer,

Vele dagen reeds maak ik er mij een verwijt
van dat ik u nog niet bedankt heb voor het toezenden van uw *Précis de Théologie ascétique et mystique.*
Toch spijt het mij maar ten halve zoo lang uitge-
steld te hebben, want daardoor juist werd ik er toe
gebracht dit boek herhaaldelijk ter hand te nemen
en de schatten, die gij er in hebt neergelegd, te
waardeeren. Dit handboek, evenals iedere theologische verhandeling en nog meer dan elk ander
tractaat — daar het rechtstreeks het zieleleven
beoogt — levert stof tot leerzame en stichtende
onderrichtingen. Het brengt orde in de denkbeelden, uit verschillende schrijvers geput en geeft ons
een klaarder voorstelling van de leer, noodig om
ons ambt van leeraar en bestuurder te vervullen.

Aanvaard, Zeer Eerwaarde Heer, mijn hartelijken
dank.

✠ ANDREAS,
Aartsbisschop van Rouaan.

CONGREGATIE
V. D. H. GEEST   Parijs, 15 November 1924

Geachte Vriend,

Ik moet u zonder verder uitstel zeggen, welk hoog denkbeeld onze novicenmeesters en ook onze novicen hebben van uw *Précis de Théologie ascétique et mystique*, dat gij vriendelijk ter hunner beschikking hebt gesteld.

Ware de uitdrukking niet zoo afgezaagd, ik zou beginnen met te zeggen dat dit werk "op zijn tijd komt" en "in een lang gevoelde behoefte voorziet", nu men in alle kringen, katholieke en zelfs niet katholieke, belangstelling toont voor wat te maken heeft met het zieleleven. Wij hadden een methodische, volledige verhandeling noodig, zuiver van leer, breed van opvatting, klaar en duidelijk, vatbaar voor allen, leeken, kloosterlingen en priesters, en voor allen nuttig : gij hebt ons die gegeven.

Voorop de chronologische lijst der geestelijke schrijvers, van het tijdperk der Kerkvaders tot op onze dagen, geeft ons een algemeen overzicht, met een eerste en zeer nuttige inleiding. De dogmatische verklaring, die volgt, is vooral voor de jongeren, novicen en seminaristen, nog vreemdelingen in de theologische studiën, de noodige grondslag voor een degelijke scholing in leer en practijk. Dan voert uw werk geleidelijk op van den oorsprong van het bovennatuurlijk leven tot de kennis en de onderscheiding der buitengewone mystieke verschijnselen.

Met vermijding van wat de voormannen (soms heel prikkelbaar) in zulke teere kwesties onderling verdeelt, maakt uw werk van de godsvrucht in al haar phasen, de geregelde opbloeiing van *het leven*

Gods in ons of van de inwoning van den H. Geest in ons. Zoo wordt het mogelijk, ook zonder een mirakel der genade, een verren blik te werpen op de schoonste verhevenheden der mystieke beschouwing. Dit is juist geheel de geest van wat gij noemt de Fransche School, de geest van M. Olier en, zooals gij zelf hebt aangestipt, de geest van den Eerbiedw. Libermann.

Eveneens bewaren de onderscheiden deelen van het werk een bewonderenswaardig evenwicht. De leerstellige grondslag bijv. beslaat een betrekkelijk ruime plaats; bij het behandelen der drie wegen, wordt aan den eersten, den meest gevolgden, de meeste aandacht geschonken; de buitengewone verschijnselen en de twistvragen worden zeer juist aan het einde besproken.

De Heer Tanquerey, zegt men, is een meester in het verklaren van een leer, van een systeem, van een denkbeeld. De stijl is klaar, bondig, lenig en natuurlijk, zooals men mag verwachten; de stof wordt met alle zorg ingedeeld tot beter begrip, terwijl de grootste onpartijdigheid allerwege blijft heerschen.

Aan deze waardeerende woorden, beste Vriend, voeg ik niets toe. Doch, gelukkig ze te kunnen aanhalen, ondervind ik tevens de innigste voldoening uw vroegere werken over *Dogmatiek* en *Moreel* bekroond te zien door dit nieuwe werk over de Ascetische en Mystieke Theologie, dat hun logische voltooiing is. In uw kalm en werkzaam Sulpiciaansch leven hebt gij dus een *Summa* der katholieke Theologie voortgebracht, die, om haar merkwaardige eenheid, rijkdom van inhoud, klare uiteenzetting, afgezien nog van den geest van geloof en godsvrucht die haar bezielen, de bewondering en erkentelijkheid afdwingt van leerlingen en meesters.

Aanvaard, dierbare Vriend, de uitdrukking mijner gevoelens van toegenegenheid.

ALEXANDER LE ROY,

Aartsb. van Carie,

Algemeen Overste.

BISDOM

VANNES   Vannes, 24 September 1924.

Zeer Eerwaarde Heer,

De lieve attentie van mij uw *Précis de Théologie ascétique et mystique* toe te zenden, heeft mij levendig getroffen en ik dank er u voor als voor een dienst aan onze jonge Semaristen bewezen : zij zijn wel gelukkiger dan wij het in onzen tijd waren !

Uit eigen ondervinding blijkt mij voldoende, dat ook voor ouderen dit boek nuttig kan zijn. Ik heb het juist bijtijds ontvangen om het gedurende mijn jaarlijksche retraite te benutten en, ik hoop het, tot mijn groot voordeel !

Vindt men ideeën, zoo wat overal verspreid, in goede volgorde terug, dan smaakt de geest een ware voldoening en wint de godsvrucht daarbij. Naar de ondervinding leert, hebben vele christenen onzer dagen een zeer goed inzicht in onderdeelen, doch volstrekt geen kijk op het geheel. Zij gaan op in kleinigheden. Daar zij het verband met het overige niet zien, gaan zij niet vooruit, doch blijven waar zij zijn.

Tegen dit euvel richten zich werken als die van P. Marmion, P. Plus en in 't bijzonder het uwe. Wij mogen hopen, dat uw *Précis de Théologie ascétique* gelijk succes zal hebben.

Ik zal mij gelukkig achten iets te kunnen bijdragen om dit nieuwe werk in mijn omgeving te doen kennen. Moge het mij aldus gegeven zijn de schuld van dankbaarheid, in een reeds lang verleden aangegaan, jegens mijn vroegere Meesters van S.-Sulpice te betalen! Zij hebben mij onder veel andere dingen geleerd de waarheid onpartijdig, zonder vooringenomenheid te zoeken, om haarzelve en de eer der Kerk...

Gelieve, Zeer Eerwaarde Heer, te gelooven in dit standvastig gevoelen in de ziel van een bisschop, die u altijd toegenegen en dankbaar blijft.

✠ ALCIME,

Biss. v. Vannes.

BISDOM

ORAN

Oran, 24 October 1924.

Hooggeachte Heer,

Met levendige erkentelijkheid en groote vreugde aanvaard ik de hulde, mij zoo fijngevoelig aangeboden. Het exemplaar van dit werk, waarin ik dagelijks mijn geestelijke lezing doe, is mij nog dierbaarder, omdat het van u komt. Het is mij tevens een gelegenheid om u opnieuw te zeggen, hoe ik bij het doorloopen van al uw theologische werken steeds meer de volmaakte rangschikking, de zorg voor de zuivere leer, de klare uiteenzetting en de weldoende zalving bewonder.

Het is onnoodig er aan toe te voegen, dat ik aan mijn seminaristen, gelijk vroeger aan mijn leerlingen, voorhoud uw handboek met de grootste aandacht te bestudeeren, om uit uw degelijke lessen het grootste nut te trekken.

Gelieve, Hooggeachte Heer, met mijn geluk- en heilwenschen, de betuiging te aanvaarden mijner toegenegenheid, waarbij ik mijn besten zegen voeg *in Jesu Corde et Maria Matre.*

✠ LEO DURAND,
Biss. v. Oran.

ABDIJ VAN
O. L. VR. VAN GENADE   23 October 1924.
BRIQUEBEC (Manche)

Zeer Eerwaarde Heer,

De Hoogw. Vader Abt, door ongesteldheid gedurende de laatste dagen belet zelf te schrijven, draagt mij op u zijn dank te betuigen voor de twee deelen, die u zoo goed geweest is hem te zenden. Zijn Hoogwaarde voelt zich gedrongen u geluk te wenschen en zijn groote voldoening te uiten over de snelle verspreiding van uw *Précis de Théologie ascétique et mystique.* Met zeer veel genoegen heeft hij in uw werk de meeningen weergevonden, gemeenschappelijk besproken in de samenkomst, die hij met u mocht hebben en waarin gehandeld werd over de vraagstukken opgenomen in uw boek [1].

Voor den Hoogw. Vader Abt,
Fr. GERMANUS.

---

[1] Wij hadden inderdaad in den loop van den zomer 1923 de eer van een langdurig onderhoud met den Hoogwaardigen Abt van la Trappe, D. Lehodey, en bevonden dat onze gezichtspunten overeenstemmen met die van dezen vereerden, ervaren meester in de mystieke vraagstukken. Wij maken van deze gelegenheid gebruik hem te danken voor de voorlichting, die zijn lange ervaring hem in staat stelde ons te geven.

INHOUD

Chronologisch-methodisch Overzicht der voornaamste geestelijke Schrijvers.

Inleiding.

EERSTE GEDEELTE : De Grondregelen

TWEEDE GEDEELTE : De drie wegen

AANHANGSELS

CHRONOLOGISCH-METHODISCH OVERZICHT

DER

VOORNAAMSTE GERAADPLEEGDE

SCHIJVERS.

Wij hebben er de voorkeur aangegeven, in plaats van een gewone
alphabetische lijst der schrijvers, een overzicht te geven, dat tegelijk
chronologisch en *methodisch* is. Daarom worden, van af de Middeleeuwen, ook de Scholen aangeduid, waartoe zij behooren. Wij
vermelden evenwel slechts de voornaamste schrijvers, of liever die
welke als de voornaamste worden beschouwd.

I. — HET PATRISTISCH TIJDPERK.

Tijdens dit tijdperk wordt het materiaal geleverd, dat later door
de wetenschap der vroomheid zal worden benut. Wij ontmoeten er
reeds twee schrijvers met synthetisch werk, nam. *Cassianus*, in het
Westen, en den *H. Joannes Climacus*, in het Oosten.

1º DE DRIE EERSTE EEUWEN.

De H. Clemens, *Brief aan de Kerk van Corinthe*, (tegen 95),
waarin gehandeld wordt over de eendracht, de nederigheid en de
gehoorzaamheid. *Grieksche Vaders I* en uitg. *Hemmer-Lejay*.

Hermas Pastor, (140-155), *Gr. V.* II, 891-1012, die de vereischten om tot God terug te keeren in den breede uiteenzet [1]. Uitg.
Hemmer-Lejay.

Clemens van Alexandrië, *Paedagogus* (na 195), *Gr. V.* IX,
247-794, en uitg. *Berolinensis*, beschrijft hoe de ware gnostieker
door de ascese tot de beschouwing komt [2].

De H. Cyprianus, (200-258), *De habitu Virginum; De dominicâ
oratione; De opere et eleemosynis; De bono patientiæ; De zelo et
livore; De lapsis. Lat. Vad.* IV. De beste uitg. is die van *Hartel*,
Weenen, 1868-1871 [3].

2º VAN DE VIERDE TOT DE ZEVENDE EEUW.

A) *In de Westersche Kerk :*

De H. Ambrosius, (333-397), *De Officiis ministrorum ; De Virgi-
nibus; De Viduis; De Virginitate, Lat. V.* XVI, 25-302, en de
Weensche uitg.

---

[1] CAVALLERA, *Revue d'Asc. et de Myst.*, Oct. 1920, bl. 351-360.
[2] P. GUILLOUX, *Revue d'Asc. et de Myst.*, Juli 1922, bl. 282-300;
DOM MÉNAGER, *Vie spirituelle*, Jan. 1923, bl. 407-430.
[3] A. D'ALÈS, *Revue d'Asc. et de Myst.*, Juli 1921, bl. 256-268.

De H. Augustinus, (354-430), *Confessiones, (Belijdenissen,* vertaling van *Frans Erens); Soliloquia, De doctrinâ christianâ, De Civitate Dei; Epistola* CCXI, etc. *Lat. V.* XXXII, XXXIV, XLI. Men zou uit de werken van dezen Kerkvader een volledige ascetische en mystieke theologie kunnen samenstellen, die een aanvulling en verbetering van die van Cassianus zou wezen.

Cassianus, (360-435), *Instituta Cænobiorum; Collationes. Lat. V.* IL-L, en vooral de weensche uitg. door *Petchenig,* 1886-1888. De *Collationes* vatten de spiritualiteit der monniken van de vier eerste eeuwen samen en hebben voortdurend stof geleverd aan de latere schrijvers.

De H. Leo, (Paus 440-461), *Sermones. L. Vad.* LIV. Zijn preeken op de feesten des Heeren zijn zoo vol leering en innige vroomheid, dat de H. Kerk daaruit menigmaal put voor het kerkelijk officie.

De H. Benedictus, (480-543), *Regula. L. Vad.* LXVI, 215-932; critische uitg. van *Butler,* 1912. Deze Regel is, van de achtste tot de dertiende eeuw, die van bijna alle monniken in het Westen geweest en munt uit door bescheidenheid en groot aanpassingsvermogen ten opzichte van alle tijden en alle landen.

De H. Gregorius de Groote, (540-604), *Expositio in librum Job, sive Moralium libri* XXXV; *Liber regulæ pastoralis* [1]*; Dialogorum libri quatuor.* L. Vad. LXXV-LXXVII.

B) *In de Oostersche Kerk.*

De H. Athanasius, (297-373), *Leven van den H. Antonius,* waarin de levenswijze en daardoor ook de spiritualiteit van den H. Antonius, van de monniken en kluizenaars wordt beschreven. *Gr. Vad.* XXVIII, 838-976

De H. Cyrillus van Jerusalem, (315-386), wiens bewonderenswaardige *Onderrichtingen* den waren christen uitbeelden. *Gr. Vad.* XXXIII, en uitg. *Reischl.*

De H. Basilius, (330-379), *De Spiritu Sancto, Gr. Vad.* XXXII, waarin hij de werking toont van den H. Geest in de herboren ziel; *Regulæ fusius tractatæ; Regulæ brevius tractatæ, Gr. Vad.* XXXI, doen ons de levenswijze der monniken van het Oosten kennen.

De H. Joannes Chrysostomus, (344-407). Zijn *Homiliën* geven een volledig overzicht van de moraal en de ascese. *Gr. Vad.* XLVIII-LXIV; zijn klein tractaat *de Sacerdotio* handelt over de verhevenheid van het priesterschap. *Gr. Vad.* XLVIII en uitg. *Nairn.*

De H. Cyrillus van Alexandrië, († 444), *Thesaurus de sanctâ et consubstantiali Trinitate, Gr. Vad.* LXXV, waarin gehandeld wordt over de betrekkingen tusschen de ziel en de H. Drievuldigheid.

---

[1] Het boek *Liber regulæ pastoralis,* een ware, heden nog zeer nuttige pastoraal theologie, is voor de tegenwoordige behoeften omgewerkt door *Mgr Hedley,* onder den titel *Lex Levitarum,* de priesterlijke vorming volgens den H. Gregorius.

Pseudo-Dionysius (tegen 500), *De divinis Nominibus, De ecclesiasticâ Hierarchiâ, De mysticâ Theologiâ, Gr. Vad.* III. Zijn leer over de beschouwing heeft tot grondslag gediend voor bijna alle latere werken over dit onderwerp.

De H. Joannes Climacus, († 649), *Scala Paradisi, Gr. Vad.* LXXXVIII, 632-1164 : kort begrip van ascese en mystiek ten dienste der monniken van het Oosten, op de wijze van dat van Cassianus voor die van het Westen.

De H. Maximus de Belijder, (580-662) heeft de leer over de beschouwing van Pseudo-Dionysius verklaard en vervolledigd, door ze in verband te brengen met het Menschgeworden Woord, gekomen om ons deelachtig te maken aan de goddelijke natuur. Zie zijn *Scolia* op Dionysius, *Gr. Vad.* IV; zijn *Ascetisch Boek, Gr. Vad.* XC, 912-956; *Mystagogia, Gr. Vad.* XCI, 657-717.

NOTA : Wij vermelden de Schrijvers van de 8ᵉ-11ᵉ eeuw niet, daar zij niets belangrijks toevoegen aan de leer der vroomheid.

II. — DE MIDDELEEUWEN.

Thans ontstaan Scholen, die de vroomheidsgedachten in de geschriften der Vaders verspreid, verzamelen en systematisch behandelen. Wij zullen de auteurs der voornaamste Scholen vermelden.

1º DE BENEDICTIJNSCHE SCHOOL.

In de abdij van *Bec*, Normandië, **de H. Anselmus,** (1033-1109), wiens *Overwegingen* en *Gebeden* overvloeien van leerstellige en tevens innige godsvrucht. *Lat. Vad.* CLVIII, 109-820, 855-1016 ; *Cur Deus homo, Lat. V.* CLVIII, 359-432, waarin degelijke beschouwingen over de oneindige beleediging God door de zonde aangedaan en over de kracht der voldoeningen van Christus.

In de abdij van *Citeaux*, **de H. Bernardus,** (1090-1153), wiens innige, practische vroomheid een overgrooten invloed heeft uitgeoefend in de Middeleeuwen : *Sermones de tempore, de Sanctis, de diversis, in Cantica Canticorum; De consideratione ; Tr. de gradibus et humilitatis et superbiæ : Liber de diligendo Deo. Lat. Vad.* CLXXXII-IV.

In het klooster van *Rupertsberg,* bij Bingen, **de H. Hildegardis,** († 1179), *Liber divinorum operum. Lat. Vad.* CXCVII.

In het klooster van *Helfta,* Saksen, **de H. Gertrudes de Groote,** (1256-1301), **de H. Mechtildes van Hackeborn,** († 1298), en **Mechtildes van Maagdenburg,** (1280) : haar *Openbaringen,* zoo ongekunsteld en gevoelvol, kenmerken zich door een teedere godsvrucht tot het H. Hart.

In het klooster van *Alvastra,* Zweden, **de H. Brigitta,** (1302-1373), wier *Openbaringen* op levendige, aanschouwelijke wijze de geheimen, vooral het Lijden van Christus beschrijven.

In het klooster van *Castel*, Paltz, *Joannes van Castel* : *De adhærendo Deo* (geruimen tijd aan den H. Albertus Magnus toegeschreven) ; *De lumine increato,* 1410.

In Italië, **de H. Laurentius Justinianus,** (1380-1455), hervormer van italiaansche kloosters en van den Clerus; verschillende practische werken : *De compunctione et complanctu christianæ perfectionis; De vitâ solitariâ; De contemptu mundi; De obedientiâ; De humilitate; De perfectionis gradibus; De incendio divini amoris; De regimine prælatorum.* (t. II der *Opera omnia,* Venetië, 1751).

In Spanje, **Garcia de Cisneros,** († 1510), die in *Ejercitatorio de la vida espiritual* een program geeft voor het geestelijk leven.

2° DE SCHOOL VAN S. VICTOR, wier drie voornaamste vertegenwoordigers zijn :

Hugo, († 1141), *De Sacramentis christianæ fidei; De vanitate mundi; Soliloquium de arrhâ animæ; De laude caritatis; De modo orandi; De amore sponsi ad sponsam; De meditando. (Lat. Vad.* CLXXVI).

Richardus, († 1173), *Benjamin minor,* seu de præparatione ad contemplationem; *Benjamin maior,* seu de gratiâ contemplationis; *Expositio in Cantica Canticorum. (Lat. Vad.* CXCVI).

Adam, († 1177), *Sequentiæ,* (*Lat. Vad.* CXCVI), de dichter der School. Deze drie gaan uit van het *symbolisme* van het heelal om door de beschouwing tot God op te klimmen.

3° DE DOMINICAANSCHE SCHOOL. Haar spiritualiteit steunt op de leerstellige en zedekundige godgeleerdheid, waarmede zij samengaat, en vereenigt het liturgisch gebed en de beschouwing met den arbeid en het apostolaat : *Contemplari et contemplata aliis tradere.*

De H. Dominicus, (1170-1221), stichter van de Orde der Predikheeren, bewerkte zijn *Constituties* naar die der Norbertijnen, met het doel geleerde predikers te vormen, in staat den godsdienst te verdedigen tegen de geleerdste tegenstanders.

De H. Albertus de Groote, (1206-1280), *Commentarii in Dionysium Areopagitam; In quatuor libros Sentent.; Summa Theologiæ; De Sacrificio Missæ* [1].

De H. Thomas, de Engelachtige Leeraar, (1225-1274), heeft al de belangrijke vraagstukken der ascese en der mystiek op uitmuntende wijze behandeld in zijn verschillende werken, vooral in zijn *Summa theologica,* in zijn *Uitleg van de Brieven van S. Paulus, het Hooglied, het Evangelie,* in zijn kleiner werk over *de Volmaaktheid van het christelijk leven* en in zijn *Officie van het H. Sacrament.* De behandelde vraagstukken zijn logisch geordend door **Th. de Vallgornera** in *Mystica Theologia D. Thomæ,* Barcelona, 1665, Turijn, 1889 en 1911.

De H. Vincentius Ferrerius (1346-1419), *De vitâ spirituali,* een meesterlijk werk, het lievelingsboek van den H. Vincentius van Paulo.

---

[1] De zeer stichtende werkjes *Paradisus animæ* en *De adhærendo Deo* zijn niet van hem, maar uit de 14e of 15e eeuw.

De H. Catharina van Siëna, (1347-1380), *De Dialoog. Brieven.* De Heilige verheft Gods barmhartigheid, die ons geschapen en geheiligd heeft en zich openbaart tot in het straffen, wijl dit niet anders beoogt dan ons te louteren.

Meester Eckart, (1327). Van zijn werken bestaan nog slechts brokstukken, die geen inzicht in zijn leer geven. Meerdere stellingen werden na zijn dood veroordeeld door Joannes XXII. *(Denzi-ger,* n⁰ 501-529.)

Tauler († 1361), *Preeken,* die, om hun verheven leer en pakkende vergelijkingen, grooten indruk maakten. Lat. uitg. van *L. Surius. Vetter* gaf (1910) een critische uitg. in 't duitsch, *P. Noel, O. P.* een fransche in 8 d. De *Institutiones* zijn niet van zijn hand, doch geven een overzicht van zijn leer.

De Zal. H. Suso, (1365), wiens werken werden uitgegeven in 't duitsch door *P. Denifle,* in 't fransch door *P. Thiriot,* Parijs, 1899.

4⁰ DE FRANCISCAANSCHE SCHOOL, tegelijk *bespiegelend* en *affectief,* gaat uit van de beschouwing van Jesus' leven om tot de kennis en de navolging van en gelijkvormigheid met Jesus te komen. Zie Aanhangsel III aan het einde van dit werk.

De H. Franciscus van Assisië, (1182-1226), *Opuscula,* critische uitg. Quaracchi, 1904.

De H. Bonaventura, de Seraphijnsche Leeraar, (1221-1274), heeft, buiten zijn theologische werken, veel ascetische en mystieke geschriften nagelaten, die samengevoegd werden in t. VIII der uitg. van Quaracchi. Bijzondere vermelding verdienen : *De triplice viâ* (of *Incendium amoris), Lignum vitæ, Vitis mystica, De sex alis Seraphim.* Eveneens worden uitstekende gegevens over ascese en mystiek aangetroffen in *Itinerarium mentis ad Deum* en *Breviloquium.* (t. V uitg. Quaracchi.)

Het werk *Meditationes Vitæ Christi,* dat langen tijd aan den H. Bonaventura toegeschreven werd, doch van een zijner discipelen is, heeft tijdens de Middeleeuwen grooten invloed uitgeoefend door de innigheid waarmede het over de geheimen, in 't bijzonder over het Lijden van Christus handelt.

David van Augsburg, (1271), *Formula novitiorum de exterioris hominis reformatione, — de interioris hominis reformatione.* Quaracchi, 1899.

De Zal. Angela van Foligno, (1309), *Het Boek der Vizioenen en Onderrichtingen* handelt vooral over de verhevenheid van God en de smarten door Jesus geleden.

De H. Catharina van Bologna, (1413-1463), leert in *De zeven geestelijke Wapenen tegen de vijanden der ziel* zeer practische middelen om de bekoringen te overwinnen.

5⁰ DE NEDERLANDSCHE MYSTIEKE SCHOOL. Haar stichter is de Zal. **Jan Ruusbroec,** (1293-1381), wiens voornaamste werken zijn : *De Spiegel der eeuwige Zaligheid, Het Boek der zeven Sloten, De Tooi der geestelijke Bruiloft.* Ruusbroec is een der grootste mystieke leeraars, diepzinnig en vol gevoel, doch bijwijlen moeilijk te verstaan [1].

Tot zijn volgelingen mogen gerekend worden : *de Broeders van het Gemeene Leven*, *de Reguliere Kanunniken van Windesheim*, minder bespiegelend, maar meer practisch en duidelijk, en vele *Minderbroeders* en *Capucijnen*, ook buiten de Nederlanden. Onder hen treden op den voorgrond :

Geert Groote, († 1384), schrijver van verschillende werkjes.

Florens Radewijns, († 1400) : *Tractatulus devotus de extirpatione vitiorum et de acquisitione virtutum.*

Geert van Zutphen, *De ascensionibus, De reformatione virium animœ*, 1493.

Gerlach Peters, (1378-1411). Zijn voornaamste werk *Soliloquium* werd gedrukt te Keulen, 1616, onder den titel : *Ignitum cum Deo Colloquium.* Zijn leer komt overeen met die der *Navolging*.

Thomas a Kempis, (1379-1471), schreef meerdere zeer godvruchtige werkjes, waarin de gedachten en soms de uitdrukkingen der *Navolging* voorkomen : *Soliloquium animœ, Vallis liliorum, Cantica, Hortulus rosarum, De elevatione mentis, Libellus spiritualis exercitii, De tribus tabernaculis*. Bijna algemeen wordt hem heden de *Navolging* toegeschreven, "het schoonste boek uit menschenhand voortgekomen, wijl het Evangelie er niet uit voortkomt". Deze meening lijkt ons zeer gegrond.

Hendrik Herp (Harphius), O. F. M. † 1477, na Ruusbroec de grootmeester der Nederlandsche School : *Soliloquium super Cantica Canticorum, Eden seu Paradisus Contemplativorum, Scala graduum amoris, Spieghel der Volcomenheit.* (Dit laatste werk werd herhaaldelijk uitgegeven in 't nederlandsch en in 't latijn; laatste uitg. door *P. Lucidius Verschueren*, O. F. M., 1931, Antwerpen). *Processus humani profectûs*, onlangs teruggevonden, uitg. in voorbereiding. *Soliloquium, Eden, Scala* en *Spieghel* werden, onder den titel *Theologia mystica*, uitgegeven door *Karthuizers* van Keulen, 1538. Reeds in het begin der 16e eeuw behoorde Herp in Noord Italië tot de meest geliefde auteurs.

Jan Mombaer, *Rosetum exercitiorum spiritualium*, 1494, handelt over de voornaamste bestanddeelen der vroomheid, in 't bijzonder over de overwegingsmethoden.

Mathias Weynsen, O. F. M., † 1557, *Busselkyn of Bondelkyn van Mirre*, 1518, *Fasciculus Myrrhe*, 1537, in korten tijd dikwijls uitgegeven.

De Evangelische Peerlen, van een onbekende mystieke uit Oisterwijk, Utrecht, 1535, beleefde minstens twintig uitg. *De Tempel onser sielen*, eveneens van een onbekende mystieke uit Oisterwijk, Antwerpen, 1543. Dit en het vorige werkje worden gerekend tot de schoonste verhandelingen over Christus-beleving.

---

[1] Zie MGR WAFFELAERT : *Eening der minnende ziel met God.*

Bernardino de Laredo, O. F. M. *Subida del Monte Sion* (Bestijging van den Berg Sion), Sevilla, 1535, een der geliefkoosde werken van de H. Theresia.

Joannes a Fano, O. M. Cap. *Over de Kunst om tot de vereeniging met God te geraken*, Brescia, 1536.

Frans Vervoort, O. F. M., († 1555), wellicht de grootste nabloeier van Ruusbroec in de 16ᵉ eeuw, liet 34 werken na, waarvan 14 werden uitgegeven, sommige 9, andere 12 maal in één eeuw : *Het Bruylocht Cleedt der Liefde Gods*, Antwerpen, 1566, *Bruygoms Mantelken*, Antwerpen, 1544.

Juan de los Angelos, O. F. M., een der voornaamste vertegenwoordigers der Nederlandsche School in Spanje : *De Verovering van het Rijk Gods, Triomf der Liefde Gods*, 1600, nieuwe uitg., 1912-1917, *Tractaat over de Tegenwoordigheid Gods, Beschouwingen op het Hooglied*, 1606.

Benedictus van Canfeld, O. M. Cap., (1610), van wien H. Bremond getuigt : " Ik vind hem overal terug en ik zou haast geneigd zijn te zeggen, dat van al de invloeden, die het gebed der XVIIᵉ eeuw hebben voortgebracht, geen den zijnen overtreft of zelfs maar evenaart ". Zijn meesterwerk *Regel der Volmaaktheid* herleid tot één punt van den Wil Gods werd gedrukt in 't latijn, fransch, nederlandsch en italiaansch.

Bartholomeo Cambi de Salutio, O. F. M. († 1617), een der zuiverste vertegenwoordigers der Nederlandsche School in Italië : *Paradisus Contemplativorum*, Keulen, 1614.

Constantinus de Barbançon, O. M. Cap., *Kort begrip der ware mystieke Godgeleerdheid*, lat. uitg. Keulen, 1623.

Bottens, O. F. M. *Vita trina et una*, Gent, 1684, *Den gekruysten Seraphyn*, Gent, 1718.

Bonifacius Maes, O. F. M., († 1706), *Mystieke Theologie ofte Verborgen Gods-Geleerdheidt*, Gent, 1668, werd negen maal in 't nederlandsch, zes maal in 't latijn en eens in 't fransch gedrukt. Was een volksboek bij uitnemendheid.

Mgr Waffelaert, bisschop van Brugge, *Theologische Overwegingen; De geestelijke Duif of De drie Wegen der volmaaktheid; De Eening der minnende ziel met God.*

ONS GEESTELIJK ERF, sedert 1927 te Antwerpen verschijnend tijdschrift voor de geschiedenis der nederlandsche Ascese en Mystiek. Medewerkers uit verschillende religieuze Orden van Noord en Zuid Nederland. Zeer degelijk.

6º DE KARTHUSIAANSCHE SCHOOL telt zes voorname schrijvers : **Hugo van Balma** (of **Palma**), 2ᵉ helft der 13ᵉ eeuw, zeer waarschijnlijk de auteur der *Theologia mystica*, geruimen tijd aan den H. Bonaventura toegeschreven.

Ludolf van Saksen of de **Karthuizer,** (1300-1370), *Leven van Christus*, is minder een historisch werk dan wel een meditatieboek, verrijkt met godvruchtige gedachten uit de H. Vaders. Het oefende destijds grooten invloed uit.

Dionysius de Karthuizer, de Extatische Leeraar, (1402-1471), liet talrijke werken na, (44 d. in-4°), waaronder *ascetische : De arctâ viâ salutis et contemptu mundi; De gravitate et enormitate peccati; De conversione peccatoris; mystieke; De fonte lucis et semitis vitæ; De contemplatione; De discretione spirituum* en *Commentarii in S. Dionysium.*

Joannes Lansperge, († 1539), bekend om zijn godsvrucht tot het H. Hart; zijn hoofdwerk *Alloquium Christi ad animam fidelem* doet aan de *Navolging* denken.

L. Surius, (1522-1578), gaf een vervolg van A. Lippomani's *Levens der Heiligen.* in 6 d. in-fol. : *De probatis Sanctorum historiis*, waaruit echter meer vroomheid spreekt dan critisch oordeel.

Molina de Karthuizer, (1560-1612), *Priesteronderwijzing*, dikwijls in verschillende talen uitgegeven : *Geestelijke Oefeningen*, handelt over het groot nut en de noodzakelijkheid van het inwendig gebed.

7° BUITEN DEZE SCHOLEN :

Gerson, (1363-1429), heeft nagenoeg alle ascetische en mystieke vraagstukken behandeld op *leerstellige* en tevens *innig vrome* wijze : *Het Boek van het geestelijk zieleleven; De bekoringen; Over de hartstochten der ziel; Het angstvallig geweten; Het gebed; De H. Communie; De berg der beschouwing; De bespiegelende en de practische mystieke Godgeleerdheid; De volmaaktheid van het hart.* Een bekoorlijk, lief werkje is *De parvulis ad Christum trahendis* (Catechismus-onderricht). Ook heeft hij *Beschouwingen over S. Joseph*, waarom hij onder de eerste bevorderaars der devotie tot dezen Heilige mag gerekend worden.

De H. Catharina van Genua, (1447-1510) : *Samenspraak* tusschen de ziel en het lichaam, de eigenliefde, den geest en de menschheid van Christus, *Verhandeling over het Vagevuur.* Een zeer merkwaardig boek.

III. LATERE TIJDEN.

De *oude* Scholen omlijnen telkens nauwkeuriger haar leer; *nieuwe* ontstaan en dragen, onder den invloed van het Concilie van Trente en de katholieke hervorming van deze Kerkvergadering uitgegaan, mede bij tot opleving van het christelijk leven. Op ondergeschikte punten doet zich bijwijlen verschil van zienswijze voor, doch de grondleer blijft dezelfde en komt, juist door de discussie, telkens tot meer volkomenheid.

Drie *oude* Scholen ontwikkelen zich steeds meer en meer : *de Benedictijnsche, de Dominikaansche* en *de Franciscaansche.*

1° DE BENEDICTIJNSCHE SCHOOL, met behoud van haar eigen tradities, voegt er nog meer het leerstellig element bij.

Lodewijk van Blois (Blosius), (1506-1566), heeft een reeks werkjes uitgegeven, waarvan het voornaamste is *Institutio spiritualis*. Het is een ascetisch en mystiek overzicht en de kern van al zijn overige werken. Volledige uitg. van al zijn geschriften, Antwerpen, 1632. In 1907 verscheen bij Herder, Freiburg, *Manuale vitæ spiritualis* continens *Ludovici Blosii opera spiritualia selecta*, waarin, jammer genoeg, *Institutio spiritualis* ontbreekt.

Kard. Bona, (1609-1674), *Manuductio ad cælum*, *Principia et documenta vitæ christianæ; De Sacrificio Missæ; De discretione spirituum*, enz. Zijn werken werden herhaaldelijk gedrukt. Herder gaf, 1911, *Opuscula ascetica selecta*.

Schram, (1658-1720), *Institutiones Theologiæ mysticæ*, leerboek voor ascese en mystiek. Zeer geschikt voor zielzorgers.

Dom Guéranger, (1805-1875), hersteller zijner Orde in Frankrijk, heeft aan de zielen een onschatbaren dienst bewezen door de uitgave van *L'Année Liturgique*. De negen eerste deelen zijn van zijn hand, de volgende van die zijner discipelen. De *Catéchisme liturgique*, begonnen door *D. Leduc* en voltooid door *D. Baudot*, 1921, Mame, bevat verkort den inhoud van *L'Année liturgique*.

Dom Vital Lehodey, abt van N. D. de Grâce : *Les Voies de l'oraison mentale*, 1908. *Le Saint Abandon*, 1919, *Directoire spirituel à l'usage des Cisterciens réformés*, 1910. Deze werken zijn bovenmate helder en degelijk.

Dom Columba Marmion, *Christus Leven der ziel; Christus in zijn Geheimen; Christus Ideaal van den monnik*, Lier.

D. Chautard, *L'Ame de tout Apostolat*.

Kard. Gasquet, *Religio Religiosi*, Desclée, Rome, 1919.

2° DE DOMINICAANSCHE SCHOOL, als steeds innig gehecht aan S. Thomas, behandelt klaar en methodisch haar leer over de ascese en de beschouwing.

Thomas Cajetanus, (1469-1534), *Commentarii in Summam D. Thomæ*, diepzinnig en degelijk werk.

Lodewijk van Granada, (1504-1588); zonder juist een ascetische Theologie geschreven te hebben, heeft hij toch uitstekend en met zalving alles behandeld wat verband houdt met de christelijke volmaaktheid : *De Gids der zondaars; Verhandeling over het gebed en de overweging, Memoriaal van het christelijk leven*.

Joannes a S. Thoma, (1589-1644), *Cursus Theologiæ*, waarin hij op merkwaardige wijze handelt over de Gaven van den H. Geest.

Thomas a Vallgornera, († 1665), *Mystica Theologia D. Thomæ*, Barcelona, 1662, Turijn, 1890, 1911, waarin de gansche leer van den H. Thomas over de drie wegen bijeengebracht en geordend is.

A. Massoulié, (1632-1706) : *Verhandeling over de Liefde Gods; Verhandeling over het ware gebed; Overwegingen over de drie wegen;* zijn doel is de leer van S. Thomas te stellen tegenover de dwalingen der quiëtisten.

C. R. Billuart, *Summa S. Thomæ hodiernis academiarum moribus accommodata,* 1746-1751.

H. Lacordaire, (1802-1861), *Brieven.*

B. Froget : *Over de inwoning van den H. Geest in de rechtvaardige zielen.* Degelijke theologische studie.

P. Cormier : *Onderwijzing der novicen,* 1905. *Retraite voor geestelijken, volgens het Evangelie en het leven der Heiligen,* Rome, 1903.

P. Rég. Garrigou-Lagrange, *Perfection chrétienne et Contemplation* (Christelijke Volmaaktheid en Beschouwing), 1923.

P. v. d. Tempel, *De Wetenschap der Heiligen,* Roermond, 1926.

3° DE FRANCISCAANSCHE SCHOOL bewaart haar kenmerkende eigenschap van evangelischen eenvoud, blijden geest van armoede, teedere godsvrucht tot het Jesus kind en den gekruisten God-Mensch.

Fr. de Osuna, *Abecedario espiritual,* 1528; het derde deel gaf langen tijd leiding aan de H. Theresia.

De H. Petrus van Alcantara, († 1562), een der zielsbestuurders der H. Theresia, *La oracion y meditacion,* korte verhandeling over het gebed, in bijna alle talen overgezet.

Alphonsus van Madrid, *De Kunst van God te dienen,* oorspronkelijk in 't spaansch, 1526, daarna in veel andere talen uitgegeven.

Juan de Bonilla, *Over den Zielevrede,* Alcala, 1580, Parijs, 1912.

Joseph du Tremblay, "de Grijze Eminentie", O. M. Cap., *Inleiding tot het geestelijk leven door een gemakkelijke wijze van overwegen,* 1626.

Maria van Agreda, Claris, *De geheimzinnige Stad Gods,* 1670.

Bernardinus van Parijs, *de Geest van S. Franciscus,* 1660.

Brancati de Laurea, *De oratione christianâ,* tractaat over het gebed en de beschouwing, dikwijls geciteerd door Benedictus XIV.

Thomas van Bergamo, († 1631), *Liefdegloed,* Augsburg, 1681.

Ambrosius de Lombez, O. M. Cap., *de Zielevrede,* 1757, klassiek werk, ontelbare malen in verschillende talen uitgegeven. Een kostbaar boek voor leeken, kloosterlingen en zielzorgers; 2e herziene nederlandsche uitg. door *P. Franciscus,* O. M. Cap. 1931.

Benignus Fremaut, *De Seraphiensche Palmboom,* Gent, 1693-1728, nieuwe bijgewerkte uitg. Sint Truiden, 1861-1872, geeft in 12 d. het leven van de Heiligen, Zaligen en Eerbiedwaardigen der drie Seraphijnsche Orden, vooral aanbevelenswaardig omdat er bijzondere aandacht geschonken wordt aan het zieleleven dier Dienaren Gods.

Ludovic de Besse, *De Wetenschap van het Gebed,* Rome, 1903; *De Wetenschap van het Onze Vader, 1904; Toelichtingen op de mystieke werken van den H. Joannes v. h. Kruis,* 1895.

Adolphus van Denderwindeke, 6. F. Cap., *Compendium Theologiæ asceticæ ad vitam sacerdotalem et religiosam rite instituendam,* Herenthals, 1921. Zeer gedocumenteerd; in t. II vindt men overvloedige litteratuur over ieder behandeld vraagstuk.

Hilarinus Felder, O. M. C. *S. Franciscus en zijn Ideaal.*

Herinkx, O. F. M. *Introductio in Theologiam spiritualem et mysticam,* Turijn, 1931.

Marius Lamers, O. F. M., *Het bovennatuurlijk Leven,* 1923.

FRANCISCAANSCH LEVEN, maandschrift v. francisc. Ascese, Geschiedenis en Kunst, onder redactie der Nederl. Minderbroeders Capucijnen.

DE KLOOSTERLING, ascetisch maandschrift voor Kloosterbroeders en Kloosterzusters, uitgegeven door Paters Minderbroeders van de Nederlandsche Provincie.

Onder de *nieuwe* Scholen treden vooral vijf op den voorgrond :

1º DE IGNATIAANSCHE SCHOOL : actieve, krachtige, practische spiritualiteit, tot doel hebbend den wil te vormen tot eigen heiliging en die van anderen.

De H. Ignatius, (1491 of 1495-1556), stichter van het Gezelschap van Jesus : *De geestelijke Oefeningen* [1], waarin methodisch geleerd wordt, hoe de ziel te *hervormen* en *om* te *vormen* door ze te *vormen* naar het goddelijk Toonbeeld, Jesus Christus. " Dit werk (de geest. Oefeningen) is het uitgangspunt van een breeden stroom van geestelijk leven, die sedert de 16ᵉ eeuw nog steeds zijn golven voortstuwt; het is tevens het punt van samenvloeiing van verschillende stroomingen, die door de Middeleeuwen heen loopen en reeds uitgaan van de eerste dagen van het Christendom " (P. Watrigant).

Om den geest van den H. Ignatius volkomen te begrijpen, leze men ook zijn *Constituties* en *Brieven,* evenals het *Verhaal van den Pelgrim.*

Alvarez de Paz, (1560-1620), *De vitâ spirituali ejusque perfectione,* 3 in-fol., Lyon, 1602-1612 ; volledige verhandeling over het geestelijk leven, ten dienste der kloosterlingen.

Suarez, (1548-1617), *De religione,* waarin over bijna alles wat het geestelijk leven aangaat wordt gehandeld, in 't bijzonder over het gebed, de overweging, de geloften, de gehoorzaamheid aan den Regel.

Lessius, (1554-1623), *De summo Bono, De perfectionibus moribusque divinis, De divinis Nominibus.*

De H. Bellarminus, (1542-1621), *De ascensione mentis in Deum per scalas creaturarum; De æterna felicitate Sanctorum; De gemitu columbæ sive de dono lacrymarum; De septem verbis a Christo in cruce prolatis; De arte bene moriendi.*

---

[1] De beste uitgave is die van Madrid, 1919 : *Exercitia spiritualia S. Ignatii de Loyola et eorum Directoria,* die vier teksten geeft : het spaansche handschrift, de latijnsche vertaling, *Vulgaat* genaamd, de eerste vertaling en die van P. Roothaan.

P. Alphonsus Rodriguez, († 1616), *Oefening der christelijke Volmaaktheid.* Een uitmuntend werk, dat, met terzijdestelling van alle bespiegeling, de practische zijde der deugden behandelt. Uitgaven zonder tal.

De H. Alphonsus Rodriguez, († 1617), leekebroeder der Sociëteit, met hooge beschouwing begiftigd, liet geschriften na, waaruit twee werkjes zijn getrokken : *Over de vereeniging met God en de onvorming der ziel in God; Verklaring der vragen van het Onze Vader.* Desclée, Rijssel.

L. de Ponte, († 1624), heeft verschillende geestelijke werken nagelaten, waaronder *Meditationes*, door *P. Bruno Vercruysse S. J.* in het nederlandsch omgewerkt voor alle dagen van het jaar.

J. B. de Saint-Jure, (1588-1657) : *Over de kennis en de liefde van Jesus Christus; Christus gekruist; De Vereeniging met Christus; De geestelijke mensch.* In de twee laatste werken nadert hij de Fransche School der XVIIᵉ eeuw.

Nouet, (1605-1680) : *Leiding van den man des gebeds op de wegen Gods,* 1674.

De Eerb. Claudius de la Colombière, († 1682), *Dagboek van zijn Retraites,* nieuwe (fransche) uitg. Desclée, 1897, en vooral de *Groote Retraite,* waarin vermeld worden de genaden en verlichtingen van God ontvangen tijdens zijn retraite van 1674.

Bourdaloue, (1632-1704), *Preeken, Retraite.*

Petit-Didier, († 1756), *Exercitia spiritualia, tertio probationis anno a Patribus Societatis obeunda,* herhaaldelijk gedrukt; behoort tot de beste verklaringen der Oefeningen.

C. Judde, (1661-1735), *Retraite van dertig dagen,* zeer degelijke verklaring der Oefeningen, herhaaldelijk uitgegeven.

P. Segneri, *Overeenstemming van den arbeid en de rust in het gebed,* 1680, tegen de quiëtistische dwalingen van Molinos.

Scaramelli, (1687-1752), *Ascetische Gids; Mystieke Gids,* een der meest volledige verhandelingen over de mystiek, maar die onderscheiden trappen van beschouwing noemt, wat feitelijk slechts verschillende vormen van een zelfden trap zijn.

A. Poulain, *Des Grâces d'oraison,* verhandeling over mystieke Theologie, laatste uitg. met aanteekeningen van P. Bainvel, 1922.

P. Bainvel, *La dévotion au Sacré-Cœur,* leerstellig historisch werk over het H. Hart, 4ᵉ uitg. 1917 ; *Le Sacré Cœur de Marie,* (het inwendig leven van Maria), 1918; *La vie intime du catholique,* (het zieleleven van den katholiek), 1916.

Ch. de Smedt, *Notre vie surnaturelle,* (Ons bovennatuurlijk leven, oorsprong, vermogens, voorwaarden tot volle ontwikkeling), Brussel, 1913.

R. Plus, *Dieu en nous* (God in ons), *Vivre avec Dieu,* (Leven met God), *Dans le Christ Jésus,* (In Christus Jesus); de auteur volgt in deze werken de grondleer der Fransche School van de XVIIᵉ eeuw.

2⁰ De Theresiaansche of Carmeliter School : spiritualiteit gegrond op *het al van God* en *het niet van het schepsel*, leert de volkomen onthechting om, indien het God behaagt, tot de beschouwing te komen ; om den zielenijver vruchtbaar te maken dringt zij aan op het gebed, het goed voorbeeld en de zelfopoffering.

De H. Theresia, (1515-1582), predikt door haar voorbeeld en leer de hoogste heiligheid. De H. Kerk noodigt ons uit haar leer te bestudeeren en in beoefening te brengen : "*ita caelestis ejus doctrinae pabulo nutriamur et piae devotionis erudiamur affectu*". Haar geschriften geven ons omtrent de mystieke toestanden kostbare inlichtingen en de best geordende classificatie. Critische uitg. van al haar werken, Burgos, (Spanje), 1915-1920, 6 d. ; kleine uitg. der voornaamste werken, 1 d., 1922.

De H. Joannes van het Kruis, (1543-1591), leerling van de H. Theresia ; zijn vier werken bevatten een volledige verhandeling over de mystiek. *De Bestijging van den Carmel* bespreekt de afstanden, die doorloopen moeten worden om tot de beschouwing te komen ; *De donkere Nacht* beschrijft de passieve beproevingen, die er mede gepaard gaan ; *De levende Liefdevlam* toont haar wonderbare uitwerkselen ; *Het geestelijk Lied* vat in dichterlijke taal de leer der vorige werken samen. Critische uitg. Toledo ; fransche vertaling dezer uitg. door *H. Hoornaert*, Desclée, nieuwe uitg. 1922-1923.

Joannes van Jesus Maria, (1564-1615), *Disciplina claustralis*, 4 in-fol., waarin verschillende ascetische tractaten, onder meer : *Via vitae; Theologia mystica; Instructio novitiorum; De virorum ecclesiasticorum perfectione.*

De Zal. Maria der Menschwording, (Mad. Acarie) heeft zelf geen geschriften nagelaten, doch haar leer en deugden worden weergegeven in het boek van **André Duval,** *La vie admirable de Mlle Acarie*, nieuwe uitg. 1893.

Thomas van Jesus, (1568-1627), *De contemplatione divinâ libri VI,* 2. d., Keulen, 1684.

Nicolaus van Jesus Maria, door Bossuet de beste vertolker van den H. Joannes van het Kruis genoemd, *Phrasium mysticae Theologiae Ven. P. Joannis a Cruce... elucidatio.*

Philippus van de H. Drievuldigheid, († 1671), *Summa Theologiae mysticae,* 3 in-8⁰; klassiek werk, beschrijft klaar en methodisch de drie wegen der volmaaktheid. Nieuwe uitg. 1874.

Antonius van den H. Geest, *Directorium mysticum,* 1677, handboek van gelijke strekking als het voorgaande, doch beknopter, in één deel ; nieuwe uitg. Parijs, 1904.

De Salmanticenses, (1631-1679), behooren tot de meest gezaghebbende verklaarders der Summa theologica en werpen nieuw licht op vele vraagstukken van het geestelijk leven.

De H. Theresia van het Kind Jesus, (1873-1897), *Geschiedenis eener ziel; Brieven; Gedichten.*
Door 't niet tot 't al, door een ongeschoeide Carmelites, geeft een overzicht van de leer van den H. Joannes van het Kruis.

3° DE SALESIAANSCHE SCHOOL houdt zich bijna uitsluitend bij de leer van haren stichter, den H. Franciscus van Sales, (1567-1622), die de groote verdienste heeft gehad te toonen, dat de godsvrucht, ja zelfs de heiligheid mogelijk is *in elken levenstaat*. Vroom humanist, volmaakt edelman, apostel en zielsbestuurder, heeft hij de godsvrucht aantrekkelijk weten te maken, zonder iets van haren ernst te verdoezelen.

De Inleiding tot het godvruchtig leven is feitelijk een ware ascetische verhandeling, die de zielen den weg der loutering en der verlichting opvoert; het *Tractaat over de Liefde Gods* verheft ze tot den weg der vereeniging; de beschouwing wordt er beschreven met de kennis van den godgeleerde en de zielkunde van iemand, die ze zelf beoefend heeft; *de Ware geestelijke Gesprekken*, hoewel rechtstreeks voor de Zusters der Visitatie bestemd, zijn dienstig voor alle zielen, terwijl zijn *Brieven* de algemeene princiepen in zijn boeken neergelegd op bijzondere personen toepassen. In deze *Brieven* openbaren zich een groote kennis van het menschelijk hart, een bewonderenswaardige tact, groote rondborstigheid en eenvoud [1].

J. P. Camus, vriend van S. Franciscus van Sales, tamelijk langdradig, heeft werken nagelaten, o. a. *De geest van den Zal. Franciscus van Sales*, 1639-1641, *De Liefde, Geestelijke Catechismus*, 1642.

De H. Joanna van Chantal, *Haar leven en haar werken*, 7 deelen.

De H. Margaretha Maria, *Geschriften*.

P. Million, *Manrèze Salésien*, meditaties uit de werken van den H. Franciscus van Sales.

4° DE FRANSCHE SCHOOL DER XVIIe EEUW : haar leer vloeit voort uit de geloofswaarheden en vooral uit het dogma der Menschwording : ingelijfd in Christus door het doopsel en van dan af den H. Geest ontvangend, die in onze ziel komt wonen, moeten wij, in vereeniging met het Menschgeworden Woord, God verheerlijken en de inwendige deugden van Jesus weergeven door krachtig te strijden tegen de neigingen van het vleesch of van den ouden mensch : *hoc enim sentite in vobis quod et in Christo Jesu... exspoliantes vos veterem hominem et induentes novum* [2].

Tot deze School, door Kard. de Bérulle gesticht, behooren niet alleen de Oratorianen van Frankrijk, doch ook de H. Vincentius van

---

[1] Tot goed begrip zijner leer, zie F. VINCENT, *S. François de Sales, Directeur d'âmes*, Beauchesne, 1923, Cf. H. BREMOND, *Hist. litt. du sentiment religieux*, t. I en II.

[2] In zijn *Histoire littéraire du sentiment religieux*, t. III heeft H. BREMOND op meesterlijke wijze de leer dezer School samengevat, doch waar hij van de ascesis spreekt, maakt hij geen melding van de zelfverloochening en de beoefening der strenge deugden (versterving, nederigheid, armoede), welke deze School toch beschouwt als *noodzakelijk vereischte middelen* om tot de vereeniging met het Menschgeworden Woord te komen : men kan Jesus slechts aanhangen door zich te onthechten van zichzelf en de schepselen, en het vleesch, den ouden mensch te kruisigen.

Paulo, Olier en S. Sulpice, de H. Joannes Eudes en de Eudisten, de Zal. Grignion de Montfort, de H. Joannes Baptista de la Salle, de Eerb. Libermann en de Paters van den H. Geest en anderen.

Kard. de Bérulle, (1575-1629), stichter van het Oratorie in Frankrijk, *Volledige Werken*, uitgegeven door *P. Bourgoing*, 2ᵉ uitg. Parijs, 1657, andere, Migne, 1856. Zijn voornaamste werk is : *Discours de l'Estat et des Grandeurs de Jésus*. Tot goed begrip zijner leer dient men zijn kleinere werken eveneens te lezen. Hij is *de apostel van het Menschgeworden Woord*, dat mij moeten aanhangen en in ons moeten doen herleven met zijn deugden : daartoe maken wij ons los van de schepselen en van onszelven.

Ch. de Condren, (1588-1641); zijn *Volledige Werken* werden na zijn dood gedrukt, 1668; nieuwe uitg. 1857 door *Pin*, waarin *L'Idée du sacerdoce et du sacrifice* en de *Brieven* werden opgenomen. Condren voegt bij de leer van de Bérulle de zijne over het priesterschap en het sacrificie : Jesus Christus, de eenige Aanbidder zijns Vaders geworden, biedt Hem door zijn vernederingen een Hem waardig offer aan, waarmede wij ons vereenigen, wanneer wij ons met Jesus vernederen en als vernietigen.

F. Bourgoing, (1585-1663), *Overwegingen over de Waarheden en Verhevenheden van Jesus Christus :* 32ᵉ uitg. Téqui, 1892.

De H. Vincentius van Paulo, (1576-1660), Stichter der Priesters van de Missie (Lazaristen) en der Zusters van Liefde, *Brieven, Documenten, Conferenties*. Hij was een leerling van de Bérulle, maar met eigen denkbeelden, en werd op zijn beurt een meester begaafd met geniale voorzichtigheid en scherpzinnigheid.

J. J. Olier, (1608-1657), stichter van de Congregatie van S. Sulpice. " Hij alleen reeds geeft ons de algemeene leer (der Fransche School) in den vollen omvang harer princiepen en toepassingen " [1]. Behalve vele handschriften, heeft hij nagelaten : *Catéchisme chrétien pour la vie intérieure*, waarin hij leert, hoe men door de beoefening der strenge deugden tot de innige, bestendige vereeniging met Jesus komt ; *Introduction à la vie et aux vertus chrétiennes*, waarin de deugden, welke die vereeniging vervolmaken, verklaard worden; *Journée chrétienne* bevat een reeks Verheffingen om in alle werken en levensomstandigheden die vereeniging te beoefenen ; *Traité des Ss. Ordres*, voorbereiding van den seminarist tot de taak van bedienaar Gods, door zijn omvorming in Jesus Opperpriester, Offeraar en Slachtoffer; zijn *Brieven* voltooien zijn leer, door ze toepasselijk te maken aan het bestuur der zielen ; *Pietas Seminarii S. Sulpitii*, handboek bevattend alle godvruchtige practijken van S. Sulpice. Om te weten, hoe men met de geloofswaarheden de godsvrucht voeden kan, leze men *Esprit de M. Olier*, (samengesteld uit zijn geschriften) ; *M. G. Letourneau* heeft hiervan een uitstreksel gegeven, onder den titel : *Pensées choisies de M. Olier* (Uitgelezen gedachten M. Olier), Gahalda, 2ᵉ uitg. 1922.

[1] H. BREMOND, t. III, p. 460.

L. Tronson, (1622-1700), *Forma cleri...*, 1727, 1770, enz.; *Examens particuliers :* gewetensonderzoeken over verschillende onderwerpen, geëigend voor geestelijken en alle anderen die in de volmaaktheid willen vorderen; ontworpen door *Olier* en *de Poussé* en verder aangevuld door *Tronson*, is dit een der meest practische geestelijke werken; meerdere Tractaten over *de gehoorzaamheid, de nederigheid; Handboek van den Seminarist, De Geest van M. Olier,* handschrift, bijgewerkt door *M. Goubin,* 2 d. in-4°. *Volledige Werken,* uitg. in 2 d. Migne, 1857.

De H. Joannes Eudes, (1601-1680), leerling van de Bérulle en Condren, stichter der Eudisten; geheel doortrokken van de spiritualiteit zijner meesters, heeft hij die op duidelijke, practische wijze verklaard en de inwendige deugden met de godsvrucht tot de H. H. Harten van Jesus en Maria weten te verbinden, zoodat hij in de bulle zijner zaligverklaring genoemd wordt : *de vader, de leeraar* en *de apostel* der godsvrucht tot de H. H. Harten. Nieuwe uitg. zijner werken in 12 d. in-8°, 1905.

De Zal. L. Grignion de Montfort, (1673-1716), stichter van de Missionarissen van het Gezelschap van Maria (Montfortanen) en van de Orde der Dochters der Wijsheid; in S. Sulpice ingewijd in de Bérulle's leer der vroomheid, heeft hij deze in klaren, bevattelijken vorm uiteengezet in zijn *Verhandeling over de ware Godsvrucht tot de H. Maagd, Maria's Genadegeheim, Brief aan de vrienden van het Kruis.* Zijn werken werden herhaaldelijk uitgegeven in verschillende talen. (Tours, Leuven, Hoensbroek, L.)

De H. Joannes Baptista de la Salle, (1651-1719), stichter van de Broeders der christelijke Scholen, leerling van S. Sulpice, doortrok zijn congregatie van den geest van de Bérulle. Zijn voornaamste werken zijn : *De Regel en de Constituties; Overwegingen voor de Zon- en Feestdagen; Overwegingen tijdens de Retraite,* enz.

A. J. M. Hamon, (1795-1874), *Overwegingen voor priesters en geloovigen,* 1872, dikwijls opnieuw gedrukt.

De Eerbiedw. F. M. P. Libermann, (1803-1852), stichter der Congregatie van het H. Hart van Maria, later vereenigd met die van den H. Geest; gevormd in S. Sulpice, heeft hij de leer van de Bérulle verklaard in zijn geschriften over : *het Gebed, het affectief Gebed, het inwendig Leven, de heilige deugd van Nederigheid* en vooral in zijn *Brieven.*

Tot deze School kunnen ook vier beroemde schrijvers gerekend worden :

M. de Renty, († 1649), wiens leer te vinden is in zijn *Leven,* door *P. J. B. de Saint-Jure,* 1652.

J. de Bernières, (1602-1659), *Le chrétien intérieur.*

Vén. Boudon, aartsbiss. van Evreux, (1624-1702), *Le Règne de Dieu en l'oraison mentale* en andere werken, Migne, 1856.

Mgr Gay, (1810-1892), leerling van S. Sulpice, heeft verschillende werken geschreven, waaruit de leer van den H. Franciscus van Sales en tevens ook die van S. Sulpice spreken.

5° DE LIGORIAANSCHE SCHOOL kenmerkt zich door ongekun-
stelde, innige, practische godsvrucht : steunend op de liefde tot God
en den Verlosser, beveelt zij als middelen om tot die liefde te komen
aan het *gebed* en de *versterving*.

De H. Alphonsus Maria de Ligori, (1696-1787), behoort wel
tot de vruchtbaarste schrijvers : behalve zijn theologische werken,
heeft hij ascetische verhandelingen geschreven over bijna alle onderwerpen : over de volmaaktheid in 't algemeen : *De Eeuwige Grondwaarheden; De Weg der zaligheid; Oefening der liefde tot Jesus
Christus; Overwegingen over het Lijden; De Heerlijkheden van
Maria; Bezoeken bij het H. Sacrament; Wijze om zich vertrouwelijk met God te onderhouden; Het groot middel des Gebeds;* — over
de kloosterlijke volmaaktheid : *De ware Bruid van Christus of De
Kloosterlinge geheiligd* (ascetische verhandeling); over de priesterlijke volmaaktheid : *Selva,* verzameling van stoffen voor een
priesterretraite; *Over het Offer van Jesus Christus.* Deze werken
werden in vele talen overgezet en dikwijls gedrukt.

P. Desurmont, *La Charité sacerdotale,* grondbeginselen der
pastoraal theologie, 2 d. in-8°; *Het Geloof en de Voorzienigheid; Het
oprecht christelijk Leven,* enz.

P. Saint-Omer, Oefening der volmaaktheid volgens den
H. Alphonsus.

Joseph Schrijvers, *De Grondbeginselen van het geestelijk leven;
De Gave van zichzelven; De goddelijke Vriend,* retraite-gedachten.

E. v. Coppenolle, *De bovennatuurlijke mensch,* 1925.

6° BUITEN DEZE SCHOLEN

L. Scupoli, (1530-1610), *De geestelijke Strijd,* door den H. Franciscus van Sales terecht beschouwd als een der beste werkjes over
het geestelijk leven.

Bossuet, (1627-1704), behalve zijn polemische geschriften tegen
het quiëtisme en zijn *Preeken,* waaruit men een ascetische verhandeling zou kunnen samenstellen, heeft hij verschillende belangrijke
tractaten of kleinere werken uitgegeven : *Over het Gebed; de
Geloofsgeheimen; Overwegingen over het Evangelie; Tractaat over
de Begeerlijkheid; de Overgave; het Gebed van eenvoud,* enz. ; deze
twee laatste werkjes zijn te vinden in *Doctrine spirituelle de
Bossuet,* hetwelk een uittreksel is van zijn werken. Uitg. Téqui,
1908.

Fénelon, (1651-1715), buiten zijn *Maximes des Saints* en zijn
polemische geschriften ter gelegenheid van het quiëtisme, heeft hij
tal van geestelijke werkjes geschreven, die samengevoegd zijn in
t. XVIII van zijn *Werken,* uitg. Lebel, 1823. Vele zijner *Brieven*
over leiding werden uitgegeven door *M. Cagnac,* 1902, en een kort
overzicht van zijn geestelijke leer, door *Druon,* onder den titel
Doctrine spirituelle de Fénelon, extraite de ses œuvres..., Lethielleux.

Benedictus XIV, (Prosper Lambertini), (1675-1758), *De Servorum Dei beatificatione et Beatorum canonizatione,* Venetië, 1788,

rechtspleging gevolgd tot het erkennen der heldhaftige deugden, mirakelen en openbaringen der Heiligen.

J. H. Newman, (1801-1890), *Preeken,* waarin veel belangrijks over het christelijk leven, *Antwoord aan Pusey,* omtrent de vereering der H. Maagd, *Overwegingen en Gebeden*

H. E. Manning, (1808-1892), *Studie over de genade en de gaven van den H. Geest; De Heerlijkheden van het H. Hart; Het eeuwig Priesterschap; Zonde en haar gevolgen.*

J. W. Faber, (1814-1863), heeft tal van werken geschreven gekenmerkt door innige godsvrucht en groote kennis van het menschelijk hart : *Alles voor Jesus; Bethlehem; Het H. Sacrament; Het kostbaar Bloed; De Voet des Kruises; Schepper en Schepsel; De Voortgang der ziel; Geestelijke Conferenties.*

De Zal. Petrus Eymard, *La divine Eucharistie* heerlijke beschouwingen en overwegingen over het H. Sacrament, getrokken uit zijn nagelaten geschriften.

Kard. Gibbons, *De Afgezant van Christus.*

A. Saudreau heeft een reeks belangrijke werken geschreven over ascese en mystiek : *De graden van het geestelijk leven; De weg die tot God geleidt, De mystieke staat, zijn natuur, zijn phasen en de buitengewone feiten van het geestelijk leven.*

Kard. Mercier : *Aan mijn Seminaristen, Het inwendig Leven.*

Mgr Farges : *De mystieke Verschijnselen onderscheiden van hun menschelijke of duivelsche nabootsingen,* 1920. *Antwoorden op het twistgeschrijf in de pers,* 1922.

INLEIDING. [1]

De volmaaktheid van het christelijk leven : ziedaar
met een enkel woord het voorwerp aangeduid,
waarover de ascetische en mystieke godgeleerdheid
handelt.

1. Boven het natuurlijk leven der ziel heeft God
in zijn goedheid ons ook een *bovennatuurlijk leven*
willen schenken, het leven der *genade*, waardoor wij
deel hebben aan het leven zelf van God. [2] Daar dit
leven ons wordt geschonken krachtens de oneindige
verdiensten van onzen Heer Jesus Christus, die
tevens het allervolmaaktste toonbeeld van dat leven
is, wordt het met recht genoemd het *christelijk leven.*

Ieder leven moet zich ontwikkelen ; die ontwikkeling is min of meer volmaakt, naarmate het zijn
einddoel naderbij komt. De *volstrekte* volmaaktheid
is gelegen in het *bereiken* van dit doel. Eerst in den
hemel zullen wij die volle ontwikkeling bereiken :
daar zullen wij God bezitten door de zaligmakende
aanschouwing en de zuivere liefde ; dan zullen wij
in waarheid gelijkvormig zijn aan God, omdat wij
Hem zullen zien gelijk Hij is (Joan. III. 3). Op
aarde kunnen wij slechts een betrekkelijke volmaaktheid verkrijgen, in zooverre wij door inspanning
geraken kunnen tot die innige vereeniging met God,
die ons bereidt tot de zaligmakende aanschouwing.
Over deze betrekkelijke volmaaktheid wordt in dit
boek gehandeld. In het eerste deel worden de
algemeene begrippen uiteengezet over de natuur
van het Christelijk leven, het wezen der volmaakt-

---

[1] TH. DE VALLGORNERA, O. P., *Mystica Theologia D. Thomæ*, t. I,
q. I. ; E. DUBLANCHY, *Ascétique* in *Dict. de Théol.*, t. I, col. 2038-2046;
GIROUX, *Enseignements de la théologie ascétique*, Rapport lu au Congrès
de l'Alliance des Séminaires, t. VI (1911), p. 154-171.
[2] Zie A. TANQUEREY, Tract. de gratia, in de *Syn. Th. dogm.* t. III.

heid, de verplichting naar deze volmaaktheid te
streven en de algemeene middelen om tot de
volmaaktheid te komen; in het tweede deel worden
achtereenvolgens de *drie wegen* beschreven, waarlangs de edelmoedige zielen gaan, die vol verlangen
zijn naar geestelijken voortgang, nam. den weg der
zuivering, den weg der verlichting en den weg der
vereeniging.

Vooraf echter moeten we eenige vragen, bij wijze
van inleiding, behandelen.

2. In deze inleiding zullen we uiteenzetten :

    I. de *natuur* der ascetische Theologie

    II. haar *bronnen*

    III. haar *methode*

    IV. haar *uitmuntendheid* en hare *noodzakelijkheid*

    V. haar *indeeling*

§ I. Natuur der ascetische Theologie.

Om duidelijker te laten uitkomen, wat de ascetische theologie is, zullen wij achtereenvolgens aangeven: 1º de voornaamste benamingen, haar gegeven,
2º haar plaats onder de theologische wetenschappen,
3º haar verhouding tot de leerstellige en zedekundige theologie, 4º het verschil tusschen de Ascetiek
en de Mystiek.

I. De verschillende benamingen.

3. De ascetische theologie heeft verscheidene
namen.

a) Men noemt haar de *wetenschap der Heiligen;*
en terecht, want wij ontvangen ze van de Heiligen,
die ze meer beleefd dan onderwezen hebben; ook is
haar doel heiligen te vormen, door te leeren, wat de
heiligheid is en door welke middelen men er toe
kan geraken.

b) Anderen noemen haar de *geestelijke wetenschap*, omdat zij geestelijke, dat is inwendige menschen vormt, menschen met Gods geest bezield.

c) Maar wijl zij een practische wetenschap is, wordt zij ook genoemd de *kunst der volmaaktheid :* haar doel is immers de zielen tot de christelijke volmaaktheid te brengen. Ook heet zij de *kunst der kunsten*, want geene is verhevener dan die van de zielen te vervolmaken in het edelste leven aller levens, in het bovennatuurlijk leven.

d) De naam echter heden meer algemeen gebruikt is die van *ascetische en mystieke Theologie.*

1) Het woord *ascetisch* komt van het grieksch ἄσκησις (oefening, inspanning) en duidt iedere oefening aan, welke gepaard gaat met eenige inspanning en betrekking heeft op de lichamelijke of zedelijke vorming van den mensch. Welnu, de christelijke volmaaktheid veronderstelt 'n inspanning, die de Apostel Paulus meermalen vergelijkt met het "trainen" der deelnemers vóór den wedstrijd. Het was dus heel natuurlijk om met den naam *ascetiek* de inspanning der christenziel aan te duiden bij den strijd om de volmaaktheid. Zoo deden Clemens van Alexandrie ¹ en Origines ² en na hen, vele H. Vaders. Het is derhalve niet te verwonderen dat men den naam *Ascese* gegeven heeft aan een wetenschap handelend over de oefeningen noodig tot het verkrijgen der volmaaktheid.

2) Gedurende eeuwen echter was de meer algemeen gebruikte naam mystieke Theologie (μύστης = geheimzinnig, geheim, vooral religieus geheim) omdat zij de geheimen, de verborgenheden der volmaaktheid ontsluierde. [Vandaar dat zij in het

---

¹ In *Pedagogos*, Iᵉ B, 8ᵉ k. — *Grieksche V*, VIII, 318. CLEMENS geeft den naam van *asceet* aan Jacob bij zijn worsteling met den Engel.

² ORIGINES (*in Jerem;* 19ᵉ hom., n. 7, *Gr. V.*, XIII, 518) duidt met den naam *Asceten* een groep vurige christenen aan, die zich op de versterving en andere oefeningen ter volmaking toelegden.

middelnederlandsch genoemd werd : de *Verborgen* Godgeleerdheid]. Later kwam een tijd waarin beide woorden, ascetiek en mystiek, in gelijke beteekenis gebezigd werden. Toch is het meer gebruikelijk geworden den naam *ascetiek* te beperken tot dat gedeelte der wetenschap, dat handelt over de eerste trappen der volmaaktheid tot aan den drempel der beschouwing, en dien van *mystiek* aan het gedeelte, dat zich bezighoudt met de beschouwing in eigenlijken zin en den weg der vereeniging.

℮) Hoe het ook zij, uit al deze omschrijvingen blijkt, dat deze wetenschap in waarheid is de wetenschap der christelijke volmaaktheid. Zoo is het ook mogelijk de plaats aan te duiden, die zij inneemt in de Godgeleerdheid.

II. HAAR PLAATS IN DE GODGELEERDHEID.

4. Niemand heeft beter de organische eenheid, die heerscht in de godgeleerde wetenschap aangetoond, dan de *H. Thomas.* Hij verdeelt zijn *Summa* in drie deelen : in het eerste handelt hij over *God, als het eerste begin.* Hij bestudeert Hem *in Hem zelven,* in de eenheid van zijn natuur en de drievuldigheid zijner Personen; *in de werken,* die Hij geschapen heeft, die Hij in stand houdt en door zijn voorzienigheid bestuurt. In het tweede deel beschouwt hij *God als het laatste einde,* waar heen alle menschen in hun handelen zich moeten richten, onder leiding der wet en invloed der genade, door de beoefening der goddelijke en zedelijke deugden en de vervulling der plichten aan iederen staat eigen.

Het derde deel toont ons het *menschgeworden Woord,* dat onze weg geworden is tot God, en zijn Sacramenten instelt ten einde ons de genade mede te deelen, die ons het eeuwig leven zal binnenvoeren.

In dit schema behoort de ascetische en mystieke Godgeleerdheid tot het tweede deel der Summa, doch steunt zoowel op het eerste als op het laatste.

5. Sedert dien heeft men, met behoud der organische eenheid, de Theologie verdeelt in drie
gedeelten : de leerstellige, de zedekundige en de
ascetische Godgeleerdheid.

a) De *leerstellige* (dogmatiek) leert ons, wat wij
moeten *gelooven* omtrent *God*, het *goddelijk leven*,
de mededeeling, die Hij van dat leven aan de
redelijke schepselen en vooral aan den mensch heeft
willen doen, het verlies van dat leven door de
erfzonde, het herstel door het menschgeworden
Woord, de werking in de herboren ziel, de
vermeerdering door de Sacramenten, de voltooiing
in de glorie.

b) De *zedekundige* (moraal) toont ons, hoe wij
aan die liefde van God moeten beantwoorden
door het goddelijk leven, dat Hij ons heeft willen
mededeelen, te ontwikkelen; hoe wij de zonden
vermijden en de deugden en de plichten van onzen
staat beoefenen moeten.

c) Wil men echter dit leven vervolmaken boven
hetgeen volstrekt noodzakelijk is en, volgens een
geordend plan, voortgang doen in de beoefening
der deugden, dan zal men in de Ascetische
Godgeleerdheid de regels vinden, die tot de volmaaktheid voeren.

III. Het verband der Ascesis
met de leerstellige en zedekundige
Godgeleerdheid.

6. De Ascesis is derhalve een deel der christelijke
zedeleer en wel het edelste, nam. het deel, dat tot
doel heeft ons tot volmaakte christenen te vormen.
Al is zij ook al een bijzondere tak der Godgeleerdheid geworden, er blijft niettemin met de leerstellige en zedekundige Theologie 'n innig verband
bestaan.

1° *De Ascesis wortelt in het Dogma*. Wanneer zij de natuur van het christelijk leven wil verklaren, ontleent zij haar licht aan de leerstellige Theologie.

Inderdaad dit leven is een deelnemen aan het eigen leven van God. Men moet dus opklimmen tot de H. Drievuldigheid om het beginsel en den oorsprong van het christelijk leven te vinden. Daar alleen is men in staat om de ontwikkeling, de geschiedenis van dit leven te volgen : hoe het aan onze eerste ouders werd medegedeeld en door hun schuld verloren ging, hoe het door Christus, den Verlosser, werd hersteld. Daar alleen kan men nagaan het organisme van dit leven, hoe het werkt in onze ziel, langs welke geheimzinnige wegen het er binnentreedt en toeneemt in kracht ; eindelijk hoe het overgaat in de zaligmakende aanschouwing in den hemel. Doch al deze vragen worden in de Dogmatiek behandeld.

Nu zegge men niet, dat men dit alles wel kan veronderstellen. Integendeel, wanneer al deze punten niet in een korte samenvatting klaar en duidelijk voor den geest worden gevoerd, zal de Ascesis zonder grondslag schijnen en men zal van de zielen zware offers vragen zonder deze te kunnen rechtvaardigen door een beroep op alles wat God voor ons gedaan heeft. Zoo waar is het, dat volgens het schoone woord van Kard. Manning, de Dogmatiek de bron is van het geestelijk leven.

7. 2° De Ascesis steunt eveneens op de Zedeleer en vult deze aan. Wanneer de Zedeleer de geboden uitlegt, die wij te onderhouden hebben om het goddelijk leven te bekomen en te bewaren, dan doet de Ascesis ons de middelen aan de hand om dat leven te vervolmaken ; zij veronderstelt dus de kennis en de beoefening der geboden. Het zou immers een gevaarvolle zelfmisleiding zijn geen gewicht te hechten aan de geboden, onder voorwendsel, dat men de raden wil beoefenen, of de

hoogste deugden te willen beleven, voordat men
geleerd heeft, hoe de bekoringen te wederstaan en
de zonde te vermijden.

8. 3° Toch is de Ascesis een op *zichzelf staand
gedeelte* der Theologie, onderscheiden van de leerstellige en zedekundige Godgeleerdheid. Zij heeft
immers haar eigen voorwerp. Zij kiest uit de leer
des Zaligmakers, der Kerk en der Heiligen al
datgene wat verband houdt met de volmaaktheid
van het christelijk leven : haar natuur, haar
verplichting, haar hulpmiddelen, en rangschikt
al deze onderdeelen zoo, dat ze een ware wetenschap vormen. 1) *Zij is onderscheiden van de Dogmatiek :* deze bepaalt er zich toe de geloofswaarheden
voor te houden, terwijl de Ascesis, steunende op die
waarheden, ze naar de practijk richt. Zij gebruikt
die waarheden om ons de christelijke volmaaktheid
te doen begrijpen, smaken en verwerkelijken. 2) *De
Ascesis verschilt van de Moraal Theologie*, omdat zij
ons naast de geboden Gods en der H. Kerk —
grondslag van alle christelijk leven — tevens de
evangelische raden voor oogen stelt en ons opwekt
om bij de beoefening der deugd te trachten naar
een hoogeren graad dan strikt verplichtend is.

Zij wordt dus terecht de *wetenschap der christelijke volmaaktheid* genoemd.

9. Vandaar haar dubbel karakter. De Ascesis is
namelijk een wetenschap terzelfdertijd *speculatief*
en *practisch.* Zij is speculatief, voor zooverre zij
teruggaat tot de Dogmatiek, om den aard van het
Christelijk leven te verklaren ; maar zij is boven
alles practisch, daar zij de middelen opspoort, die
voor het beoefenen van dit leven noodig zijn. In de
handen van een wijzen zielsbestuurder is zij zelfs
een *ware kunst*, hierin bestaande, dat met takt en
toewijding de beginselen worden toegepast op
elke ziel in 't bijzonder. Ja, zij is wel de uitmun-

tendste en de moeilijkste, van alle kunsten : *ars artium regimen animarum.*

Het doel der verklaring van de beginselen en regels in dit werk vervat, is dan ook goede zielsbestuurders te vormen.

IV. Onderscheid tusschen Ascesis en Mystiek.

Wat tot hiertoe gezegd werd, is en op Ascesis en op Mystiek gelijkelijk van toepassing.

10. A) Om het verschil te doen uitkomen, kan men de ascetische Godgeleerdheid omschrijven als dat deel der geestelijke wetenschap hetwelk tot eigen voorwerp heeft de leer en de beoefening der christelijke volmaaktheid *van af haar eerste begin tot den aanvang der ingestorte beschouwing.*

Wij beginnen ons te vervolmaken, wanneer wij het oprecht verlangen opvatten voortgang te doen in het geestelijk leven. De *Ascesis* geleidt de ziel langs den *zuiverenden* en *verlichtenden* weg tot aan de *verworven* beschouwing.

11. B) De *Mystiek* of *Verborgen Godgeleerdheid* is dat deel der geestelijke wetenschap, hetwelk handelt over de leer en de beoefening van het *beschouwend leven*, van den eersten *nacht* der zinnen en het *gebed van rust*, tot aan het *geestelijk huwelijk.*

a) In deze omschrijving beschouwen wij dus de Ascesis niet als de studie der *gewone* wegen tot de volmaaktheid en de Mystiek als die der *buitenge-wone* wegen. Tegenwoordig wordt het woord *buiten-gewoon* toegepast op een bijzondere soort mystieke verschijnselen, nam. op de charismata of genade-gunsten, die zich tijdens de beschouwing kunnen voordoen, zooals geestverrukkingen en openbaringen.

b) De beschouwing is *een eenvoudige, liefdevolle blik op God en de goddelijke dingen.* Zij wordt genaamd *verworven beschouwing*, wanneer zij *de vrucht is van ons pogen bijgestaan door de genade;* zij heet *ingestorte beschouwing*, wanneer zij ons pogen te boven gaat, maar door God, met onze toestemming wordt uitgewerkt (N. 1299).

c) Het is dus met opzet, dat wij de ascetische en mystieke Theologie in een en hetzelfde tractaat behandelen. 1) Er bestaan voorzeker *diepgaande verschillen* tusschen beide, die wij later niet zullen nalaten aan te wijzen, maar er bestaat toch ook tusschen den ascetischen en den mystieken toestand een zekere *samenhang*, zoodat de eerste als een voorbereiding is tot den tweeden. God gebruikt, *als het Hem dienstig lijkt*, de edelmoedige gesteltenissen der ziel, die zich op de Ascesis toelegt, om haar tot het mystieke leven te verheffen. 2) In ieder geval werpt de studie der Mystiek veel licht op de Ascesis en omgekeerd, want de wegen Gods loopen steeds geleidelijk. Zoo laat de krachtige werking Gods in de mystieke zielen, de minder krachtige werking in de beginnende zielen beter uitkomen, juist door het verschil, waarmede ze zich openbaart: de *passieve beproevingen* door den H. Joannes van het Kruis beschreven, doen de gewone dorheden beter begrijpen, die men in minder verheven toestanden ondergaat. Eveneens begrijpt men beter de mystieke wegen, wanneer men ziet, tot welke volgzaamheid, tot welke buigzaamheid een ziel komt, die gedurende vele jaren zich op den harden arbeid der Ascesis heeft toegelegd. Deze twee gedeelten van eenzelfde wetenschap belichten elkander dus heel natuurlijk en winnen er slechts bij, wanneer zij niet gescheiden worden.

§ II. De bronnen der ascetische en Mystieke Theologie.

12. Wijl de geestelijke wetenschap een onderdeel is der Theologie, moet zij dezelfde bronnen hebben.

Vooreerst de bronnen, die de openbaring bevatten of uitleggen : de *H. Schrift* en de *Overlevering;* vervolgens, de ondergeschikte bronnen, nam. alle kennis, welke ons verstand kan achterhalen, voorgelicht door het *geloof* en de *ondervinding.* Wij hebben hier dus slechts het gebruik aan te geven, dat men er in de ascetische Theologie van kan maken.

I. DE H. SCHRIFT.

Ongetwijfeld biedt de H. Schrift geen systematisch overzicht van het geestelijk leven, maar wel bevat zij op verschillende plaatsen, zoowel van het Oude als van het Nieuwe Testament rijke bronnen, in den vorm van *onderrichtingen, voorschriften* en *raadgevingen,* van *gebeden* en *voorbeelden.*

13. 1° De H. Schrift bevat **bespiegelende leerstukken** over God, over zijn natuur, zijn eigenschappen, zijn onmetelijkheid, die alles doordringt, over zijn oneindige wijsheid, zijn goedheid, zijn rechtvaardigheid en barmhartigheid; over de werking zijner voorzienigheid, die zich uitstrekt tot al de schepselen, doch vooral tot de menschen om hen zalig te maken; over het innerlijk leven van God : de geheimvolle geboorte van de Eeuwige Wijsheid of het Woord, het voortkomen van den H. Geest, als wederkeerige band tusschen den Vader en den Zoon; over zijn werken, in 't bijzonder over wat Hij gedaan heeft voor den mensch, om hem deelachtig te maken aan zijn goddelijk leven, om hem na den val op te heffen door de Menschwording van het Woord en de Verlossing, om hem te heiligen door de Sacramenten en hem in den hemel de eeuwige vreugden te bereiden der zaligmakende aanschouwing en der zuivere liefde. Het behoeft geen betoog, dat deze edele, zoo verheven openbaring een krachtige opwekking is om toe te nemen in liefde tot God en in verlangen naar de volmaaktheid.

14. 2° De H. Schrift biedt ons een **zedelijk onder-richt,** bestaande in voorschriften en onderwijzingen : *de Wet der Tien Geboden*, die kort kan worden samengevat in de liefde tot God en tot den evennaaste en bijgevolg in den goddelijken eeredienst en de eerbiediging van een ieders rechten. Zij bevat ook de zoo verheven leer der Profeten, die zonder ophouden Gods goedheid, rechtvaardigheid en liefde voor zijn volk, in het geheugen roept, de Joden afwendt van de zonden, bovenal van de afgodische practijken, hen eerbied en liefde jegens God, rechtvaardigheid, goedheid jegens allen, op de eerste plaats jegens de zwakken en verdrukten, inboezemt. In de raadgevingen van de *Boeken der Wijsheid*, vinden we een volledig overzicht der christelijke deugden terug. Boven alles echter bezitten we in het Nieuwe Testament de wonderbare *leer van Jesus*, de beknopte samenvatting der Ascesis in de *Bergrede*, de nog verhevener leer neergelegd in de redevoeringen, die de *H. Joannes* mededeelt en in zijn Brieven uitlegt. Ten slotte hebben wij nog de geestelijke Theologie van den *H. Paulus*, zoo rijk in dogmatische opmerkingen en practische toepassingen. De onvolledige samenvatting, die wij er weldra van zullen geven, zal toonen, dat het Nieuwe Testament alleen reeds een wetboek van volmaaktheid is.

15. De H. Schrift bevat **gebeden**, om onze godsvrucht en ons inwendig leven te voeden. Zijn er schoonere te vinden dan die wij aantreffen in de *Psalmen ?* De H. Kerk heeft ze zoo passend bevonden om God te verheerlijken en ons te heiligen, dat zij ze in hare Liturgie, in het Missaal en het Brevier heeft opgenomen. Nog andere gebeden vindt men hier en daar in de historische Boeken of in de Boeken der Wijsheid. Bovenal hebben wij het *Onze Vader*, het schoonste, het eenvoudigste en, ondanks zijn beknoptheid, het volledigste, dat uit te denken

is. Dan nog het hoogpriesterlijk gebed van Christus,
om niet te spreken van de lofprijzingen (doxolo-
giæ), die men reeds ontmoet in de Brieven van den
H. Paulus en in het boek der Openbaring.

16. Ook stelt de H. Schrift ons **voorbeelden**
voor oogen, die ons krachtig opwekken tot beoefening der deugd. **a**) *Het Oud Testament* doet aan ons
oog voorbijgaan een heele rij Patriarchen, Profeten
en andere beroemde mannen, die niet zonder zwakheden zijn geweest, doch wier deugden door den
Apostel Paulus gevierd zijn en breedvoerig beschreven door de H. Vaders, die ze ons ter navolging
voorstelden. Wie zou inderdaad geen bewondering
koesteren voor de godsvrucht van Abel en Henoch,
voor de degelijke deugd van Noé, die het goede
beoefende te midden van een bedorven geslacht,
voor het geloof en vertrouwen van Abraham, voor
de zuiverheid en voorzichtigheid van Joseph, de
wijsheid en standvastigheid van Mozes? Kan men
onverschillig en onbewogen blijven bij het zien van
de onverschrokkenheid, godsvrucht en wijsheid
van David, van het verstorven leven der Profeten,
den moed der Machabeeën en zooveel andere voorbeelden, te veel om hier op te sommen? **b**) In het
Nieuwe Testament treedt vooreerst Jesus op den
voorgrond als het hoogste toonbeeld van heiligheid;
daarna Maria en Joseph, zijn getrouwe navolgers,
de Apostelen, die in den beginne onvolmaakt, later
zich met hart en ziel toeleggen op de prediking van
het Evangelie, zoowel als op de beoefening der
christelijke en apostolische deugden, zoodat zij ons
welsprekender door hun voorbeelden dan door hun
woorden toeroepen: Weest mijn navolgers, gelijk ik
het ben van Christus. Zoo velen dezer heilige
mannen hun zwakheden hebben gehad, de wijze
waarop zij deze hebben uitgeboet, geeft nog grooter
waarde aan hun voorbeeld, omdat zij toonen hoe men
zijn fouten kan goedmaken door de boetvaardigheid.

Om eenig denkbeeld te geven van de ascetische rijkdommen in de H. Schrift besloten, zullen wij in een aanhangsel een kort overzicht geven wat er bij de Synoptische Evangelisten, S. Paulus en Joannes aan schatten gevonden wordt.

II. DE OVERLEVERING.

17. De Overlevering vult de H. Schrift aan, doordat zij waarheden daarin niet vervat, bekend maakt en ze daarenboven op authentieke wijze verklaart. Zij wordt ons bekend gemaakt door een plechtige of door een gewone uitspraak van het leergezag.

1° *Plechtige uitspraken* vinden wij vooral in de dogmaverklaringen der Kerkvergaderingen en der Pausen. Slechts zelden hielden deze zich met eigenlijk gezegde ascetische of mystieke vraagstukken bezig; menigmaal echter werden daarbij de waarheden, die den grondslag van het geestelijk leven vormen, belicht en juister omschreven, bijv. het goddelijk leven beschouwd in zijn oorsprong, de verheffing van den mensch tot den bovennatuurlijken staat, de erfzonde en hare gevolgen, de verlossing, de genade aan den herboren mensch medegedeeld, de verdiensten, die in ons het goddelijk leven vermeerderen, de H. Sacramenten die de genade schenken, het H. Misoffer, waarin op ons de vruchten der verlossing worden toegepast. In den loop van dit werk, zullen wij al deze uitspraken benutten.

18. 2° *Het gewone leergezag* wordt op twee manieren uitgeoefend, op *theoretische* of op *practische* wijze.

A) *Het theoretisch onderricht* wordt ons gegeven op *negatieve* wijze door de veroordeeling der stellingen van de valsche mystieken en op *stellige* wijze door de algemeene leer der H. Vaders en der godgeleerden, ofwel door de gevolgtrekkingen die vallen af te leiden uit de levens der Heiligen.

a) In verschillende tijdperken zijn er valsche mystieken geweest, die het ware begrip der christelijke volmaaktheid misvormden. Zoo deden de encratieten en de montanisten in de eerste eeuwen, de fraticellen en sommige duitsche mystieken in de middeleeuwen, Molinos en de quietisten in de latere tijden. Door hen te veroordeelen, heeft de Kerk ons de klippen aangewezen, die wij te vermijden, en daardoor ook den weg dien wij te volgen hebben.

19. b) Van den anderen kant heeft zich langzaam aan een *algemeene leer* gevormd omtrent alle belangrijke vragen van het geestelijk leven. Deze vormt als het ware de levende verklaring van de leer der H. Schrift. Die leer is te vinden bij de H. Vaders, de godgeleerden en geestelijke schrijvers. Wanneer men deze leest wordt men getroffen door de eensgezindheid ten opzichte van alle hoofdpunten wat betreft de natuur der volmaaktheid, de middelen vereischt om deze te bereiken, de voornaamste phasen die men heeft te doorloopen. Er blijven ongetwijfeld nog eenige punten onuitgemaakt, maar deze handelen over bijkomstige zaken en juist deze meeningsverschillen doen de eenstemmigheid in het overige nog meer uitschijnen. De stilzwijgende goedkeuring, die de H. Kerk aan deze algemeene leer geeft, is ons een zekere waarborg voor de waarheid.

20. B) Het practisch onderricht wordt vooral gevonden in de *heiligverklaring* der dienaren Gods, die deze geestelijke leeringen in haar geheel hebben *onderwezen* en *beoefend*. Iedereen weet met welke angstvallige zorg hunne geschriften en deugden onderzocht worden. Uit de aandachtige lezing der documenten van de heiligverklaringen kan men zonder moeite de beginselen van het geestelijk leven afleiden. Zij zijn de uitdrukking van de opvatting der Kerk. Men kan er het bewijs van vinden in het zoo gedocumenteerde werk van Benedictus XIV :

" *de Servorum Dei Beatificatione et Canonizatione*", of in eenige heiligverklaringsprocessen, of eindelijk in de levens der Heiligen, geschreven volgens de regels der gezonde kritiek.

III. HET VERSTAND VERLICHT DOOR HET GELOOF EN DE ONDERVINDING.

21. Daar het natuurlijk verstand een gave Gods en volstrekt noodzakelijk is voor den mensch om de waarheid, hetzij natuurlijke of bovennatuurlijke, te kennen, heeft het een zeer groot aandeel in de studie van het geestelijk leven, evenals in die van alle takken der kerkelijke wetenschap. Doch wanneer het gaat over geopenbaarde waarheden, moet het verstand geleid en vervolmaakt worden door het *licht van het geloof;* om de algemeene beginselen toe te passen op de zielen, moet het steunen op *de zielkundige ervaring.*

22. De eerste taak van het verstand is het verzamelen en ordenen der gegevens van de H. Schrift en de Overlevering. Deze gegevens zijn verspreid over verschillende Boeken en moeten dus verzameld worden om een geheel te vormen. Daarenboven de gewijde teksten werden in bepaalde omstandigheden uitgesproken, in een bepaalde omgeving. Ook de teksten in de Overlevering vervat vinden meermalen hun oorsprong in omstandigheden van tijd en personen. **a**) Om er de volle draagkracht van te begrijpen, moet men ze plaatsen in die omgeving, ze vergelijken met gelijkluidende onderwijzingen, daarna ze ordenen en uitleggen in het licht der overige christelijke waarheden. **b**) Is dit gedaan, dan kan men uit deze grondbeginselen *gevolgtrekkingen maken,* er de gegrondheid van aantoonen en hoe zij op allerhande wijzen kunnen toegepast worden op de duizend verschillende onderdeelen van het menschelijk leven en in de meest uiteenloopende

omstandigheden. **c**) De grondbeginselen en gevolgtrekkingen worden ten slotte geordend in een breed
opgezette samenvatting : zoo vormen zij een ware
wetenschap.

d) Het verstand moet ook nog de ascetische leer
tegen haar belagers verdedigen. Velen vallen haar
aan in naam der rede en der wetenschap, en zien
slechts zelfbedrog, waar verheven waarheden zijn.
Deze bestrijders weerleggen, steunend op de philosophie en de wetenschap, is juist de taak van het
verstand.

23. Het geestelijk leven is een *doorleefde*, practische wetenschap. Het is dus noodig haar beoefening geschiedkundig aan te toonen. Daarom moet
men de levensbeschrijving lezen der Heiligen van
vroegeren en lateren tijd, van verschillende standen
en verschillende landen, om te zien, hoe de regels der
ascesis verstaan werden, aangepast zijn aan de
onderscheiden tijden, in verschillende landen, bij
bijzondere levensplichten. Daarenboven daar in de
Kerk niet allen heiligen zijn, moet men ook rekening houden met de beletselen, die de beoefening
der volmaaktheid in den weg staan, en met de hulpmiddelen aangewend door de Heiligen om die
beletselen te overwinnen. Men dient derhalve werk
te maken van de zielkunde en bij de studie de
waarneming te voegen.

24. Aan de rede, door het geloof verlicht, is het
ook voorbehouden *de grondbeginselen en de algemeene
regels toe te passen op iederen persoon in 't bijzonder*,
met inachtneming van zijn temperament, karakter,
leeftijd, kunne, van zijn maatschappelijken stand,
van zijn beroepsplichten, evenals van de bovennatuurlijke aantrekkingskracht der genade.

Voor deze drievoudige taak wordt niet alleen
een scherp verstand vereischt, maar ook een juist
oordeel, veel takt en onderscheidingsvermogen. Men

moet zich ook toeleggen op de studie der practische zielkunde, der karakters, der zenuwziekten en der ziekelijke toestanden, die zoo grooten invloed uitoefenen op den geest en den wil, enz.

Men vergete niet, dat het hier een *bovennatuurlijke wetenschap* geldt : het geloof speelt er dus een overwegenden rol in, terwijl *de gaven van den H. Geest* haar op wonderbare wijze vervolmaken. Dit geldt vooral van de gave van *wetenschap*, die ons van het aardsche tot God verheft; van de gave van *verstand*, die ons de geopenbaarde waarheden beter doet doorschouwen, van de gave van *wijsheid*, die ze ons doet onderscheiden en smaken, van de gave van *raad*, die ons in staat stelt deze wetenschap voor ieder afzonderlijk toe te passen.

Daarom zijn de Heiligen, die zich door den Geest Gods laten geleiden, tegelijkerlijd ook het meest geschikt om de grondbeginselen van het geestelijk leven beter te begrijpen en toe te passen. Zij hebben hun eigen geschiktheid om de goddelijke dingen te begrijpen en te smaken : "Gij hebt deze dingen voor wijzen en verstandigen verborgen en aan kleinen geopenbaard" (Matth. XI, 25).

§ III. De te volgen Methode.

Welke methode moet men volgen om de aangeduide bronnen het best te benutten? De *beschrijvende* of de *redeneerende*, ofwel *beide te gelijk?* Welke *geest* moet ons daarbij leiden?

25. 1° De *beschrijvende*, proefondervindinglijke of zielkundige methode bestaat in : bij zichzelf of bij anderen, de ascetische of mystieke verschijnselen waar te nemen, ze te rangschikken, te ordenen, ten einde er uit af te leiden de karakteristieke teekenen of kenmerken van iederen staat, de deugden of gesteltenissen voor iederen staat geschikt. Dit alles doe men zonder zich te verontrusten over den aard of de oorzaak dezer verschijnselen, zonder zich af te vragen of zij voortkomen uit de deugden, uit de gaven van den H. Geest of uit wonderbare genaden. Deze methode is in haar positief gedeelte zeer nuttig, want men dient toch eerst de feiten wel te kennen alvorens er den aard en de oorzaak van te kunnen verklaren.

26. Maar zoo men haar *uitsluitend* gebruikt :

a) Kan zij geen ware wetenschap uitmaken. Zij leert weliswaar de grondslagen, dat is de feiten en de besluiten, die men er onmiddellijk uit trekken kan; zij kan zelfs aangeven welke middelen in de practijk den besten uitslag opleveren, maar zoolang men niet opklimt tot de innerlijke natuur en tot den oorsprong dier feiten, doet men meer aan zielkunde dan aan theologie. Ofwel, zoo men ook al nauwkeurig de middelen aangeeft om deze of die deugd te beoefenen, men toont toch niet genoegzaam de drijfveer, de beweegreden aan om die deugd in beoefening te brengen.

b) Daardoor stelt men zich bloot aan het gevaar te vervallen in niet deugdelijke meeningen. Indien *men* bijv. bij de beschouwing geen onderscheid maakt tusschen hetgeen wonderbaar is (zooals de verrukking en het omhoog zweven) en datgene wat het eigenlijk wezen der beschouwing uitmaakt, d. w. z. de langdurige, liefdevolle blik op God onder de werking eener bijzondere genade, dan zou men al te gemakkelijk kunnen besluiten, dat iedere beschouwing wonderbaar is. Dit nu is tegen de algemeene leer.

c) Veel twistgeschrijf over de mystieke toestanden zou zijn scherpte verliezen, zoo men bij de omschrijving dier toestanden wist te onderscheiden en nauwkeurig te bepalen, aan de hand van theologische studie. Het onderscheid bijv. tusschen de *ingestorte* en de *verworven* beschouwing doet beter sommige zeer reëele zielstoestanden begrijpen en brengt overeenstemming tusschen sommige meeningen, die op het eerste gezicht tegenstrijdig schijnen. Ook in de *passieve* beschouwing zijn er vele trappen. Zoo zijn er, waar een volmaakt gebruik der gaven genoeg is; andere, waar Gods tusschenkomst onze ideeën moet ordenen en ons moet helpen om er treffende gevolgtrekkingen uit af te leiden. Eindelijk nog andere zijn niet te verklaren dan door ingestorte wetenschap. Al deze onderscheidingen zijn het resultaat van langdurige en geduldige onderzoekingen, zoowel op speculatief als op practisch terrein. Door aldus te doen, zou men de verschillen, welke de Scholen scheiden, tot een zeer klein getal terugbrengen.

27. 2° De *leerstellige* of *redeneerende* methode bestaat in het navorschen van wat over het geestelijk leven te vinden is in de H. Schrift en de Traditie en wat de theologie, vooral de *Summa* van den H. Thomas er over leert. Zij leidt daaruit gevolgtrekkingen af over de natuur van het christelijk leven, zijn volmaaktheid, de verplichting en de middelen om er naar te streven. Hierbij echter schenkt zij niet voldoende aandacht aan de zielkundige feiten, noch aan den aard, het karakter van hen, die zij te leiden heeft, noch aan hun voorkeur, noch aan de gevolgen van bepaalde middelen bij bepaalde personen. Evenmin bestudeert deze methode in 't bijzonder de mystieke verschijnselen beschreven door de Heiligen, die ze ondervonden hadden, zooals de H. H. Theresia, Joannes van het Kruis, Franciscus van Sales en anderen. Wijdt zij er haar aandacht wel aan, zij doet het toch in te geringe mate. Daar wij gevaar loopen ons te vergissen in onze gevolgtrekkingen, vooral als ze talrijk worden, is het zeer voorzichtig ze te toetsen aan de feiten. Wanneer men bijv. bevindt, dat de ingestorte beschouwing tamelijk zeldzaam is, dan zal men eenig voorbehoud maken bij de thesis door sommige Scholen verdedigd, dat nam. allen geroepen zijn tot de hoogste trappen van beschouwing. [1]

28. 3° *De twee methoden vereenigd.* **A**) Men moet beide methoden dus passend verbinden.

De meeste schrijvers doen dit inderdaad. Nochtans hechten sommige meer gewicht aan de *feiten*, andere meer aan de *beginselen*. Wij zullen trachten het juiste midden te houden, zonder verzekerd te zijn daarin te zullen slagen. **a**) De *grondbeginselen* der mystieke theologie, door de groote meesters uit de geopenbaarde waarheden afgeleid, benuttend, zullen wij de feiten beter waarnemen, ze vollediger ontleden, meer stelselmatig ordenen en met meer inzicht verklaren. Men moet namelijk niet vergeten, dat de mystieken hun indrukken weergeven zonder, ten minste dikwijls, den aard ervan te willen uitleggen. De grondbeginselen zullen ons ook nog helpen om de oorzaak der feiten in het licht der reeds gekende waarheden, te achterhalen, die feiten te ordenen, zoodat men wetenschappelijk te werk gaat.

b) Daarbij zal het *onderzoeken der ascetische en mystieke feiten* alwat te streng, te absoluut in de zuiver dialectische gevolgtrekkingen kan voorkomen, verzachten. Er kan immers geen volstrekte tegenstelling bestaan tusschen de beginselen en de feiten. Indien de ondervinding bijv. toont, dat het aantal mystieken gering is, dan heeft men nog geen reden om maar aanstonds te zeggen, dat dit komt omdat men tegenstand biedt aan de genade. Eveneens is het dienstig na te gaan, waarom bij het beoordeelen der heiligheid in de processen der

---

[1] Daarom hebben terecht twee tijdschriften van verschillende richting : *La Vie spirituelle* en *Revue d'Ascétique et de Mystique*, den weg der omschrijving ingeslagen : zij onderscheiden bij de roeping, de algemeene en de persoonlijke roeping, de naastbije en de meer verwijderde, de daadwerkelijke en voldoende roeping. Door den zin der woorden juist te omschrijven en de feiten te bestudeeren, zal men elkander beter begrijpen en zelfs meer tot overeenstemming komen.

heiligverklaring, veel meer gelet wordt op de
beoefening der heldhaftige deugden, dan op den
graad van gebed of beschouwing. Deze feiten zullen
inderdaad kunnen aantoonen, dat de graad van
heiligheid niet altijd en niet noodzakelijk evenredig
is aan den graad en de orde van gebed.

29. B) *Hoe deze twee methoden te vereenigen?*
a) Vooreerst moet men de gegevens der Openbaring
bestudeeren, zooals zij ons door de H. Schrift en de
Overlevering worden medegedeeld en door het
gewone leergezag der H. Kerk worden voorgehouden. Vervolgens stelt men, met behulp dezer gegevens, door de *redeneerende* methode vast wat het
christelijk leven, de christelijke volmaaktheid is,
welke de verschillende graden zijn, welke de meestal
gevolgde opgaande weg is om tot de beschouwing
te komen door de beoefening der versterving en der
goddelijke en zedelijke deugden; waarin deze
beschouwing bestaat, hetzij in haar wezenlijke
elementen, hetzij in de buitengewone verschijnselen,
die haar bijwijlen vergezellen.

30. b) Bij deze studie der theorie, moet men de
ervaring voegen : 1) Met alle zorg moet men de
zielen onderzoeken, haar goede hoedanigheden en
haar gebreken, haren eigen aard. Men ga na
wat haar meer aantrekt of afstoot, hoe de natuur
en de genade in haar werken. Deze kennis der
zielen stelt den zielsbestuurder in staat om beter de
voor ieder bestemde middelen tot volmaaktheid
aan te wijzen. Daardoor weet hij, welke deugden
aan een ziel beter voegen, tot welke de genade haar
meer trekt; hoe zij aan die genade beantwoordt,
welke beletselen haar in den weg staan en welke
bestrijding het beste zal slagen. 2) Om zijn ondervinding te verruimen, is het zeer dienstig met alle
aandacht de *levens der Heiligen* te lezen, vooral
die levens, waarin hun gebreken niet verdoezeld
worden, maar juist wordt aangetoond, hoe zij ze

voortdurend krachtiger bestreden hebben, hoe en
door welke hulpmiddelen zij de deugden hebben
beoefend; of en hoe zij van het ascetisch leven zijn
overgegaan tot het mystieke en onder welke invloeden dit is geschied. 3) Eveneens moet men in *het
leven der contemplatieven* de opeenvolgende verschijnselen der beschouwing bestudeeren, van het
eerste vleugje af tot aan de hoogste vervoeringen.
Ook onderzoeke men de *vruchten van heiligheid*
door die genade voortgebracht, de *beproevingen*
waaraan zij onderworpen zijn geweest, de *deugden*
die zij beoefend hebben. Dit alles zal de theoretische
kennis, die men reeds bezit, aanvullen en, zoo noodig, verbeteren.

31. Met behulp der theologische grondregels en
der goed bestudeerde en juist geordende mystieke
verschijnselen, kan het niet moeilijk vallen tot de
kennis te komen van den *aard* der beschouwing,
van haar *oorzaken*, haar *soorten* en eveneens tot het
inzicht van wat in de beschouwing gewoon, wat
buitengewoon is. Men moet : 1) nagaan in hoever
de gaven van den H. Geest de eigenlijke bron der
beschouwing zijn, en hoe zij moeten ontwikkeld
worden om tot de inwendige gesteltenissen te geraken voor de beschouwing vereischt. 2) Onderzoeken,
of ook in geval de voldoende vastgestelde verschijnselen alle door gaven de gaven van den H. Geest zijn
te verklaren, nochtans sommige geen *instorte* kenbeelden veronderstellen, en hoe zij in de ziel werken,
dan wel, of de liefde deze zielstoestanden veroorzaakt, zonder nieuwe verlichtingen. 3) Dan zal men
duidelijker begrijpen waarin de *passieve toestand*
bestaat en in welke mate de ziel daaronder werkend
blijft, wat God en wat de ziel doet bij de ingestorte
beschouwing. Dan zal men beter inzien wat
gewoon is in dien toestand, wat ongewoon en
buiten-natuurlijk is. Op deze wijze zal men dus het
ingewikkeld probleen der roeping tot den mystie-

ken toestand en van het meer of minder groot
getal ware contemplatieven kunnen bestudeeren.

Door aldus te werk te gaan zullen wij meer kans
hebben tot de waarheid en tot practischer gevolgtrekkingen voor het bestuur der zielen te geraken.
Dergelijke studie zal even aantrekkelijk als heiligend wezen.

32. 4° Met welken geest moet men deze methode
volgen? Welke de aangewende methode ook zij,
men moet die moeilijke vraagstukken bestudeeren
met veel kalmte en *overleg*, met de bedoeling om de
waarheid te kennen en niet om tot elken prijs het
systeem, dat men voorstaat, te doen zegevieren.

a) Bijgevolg in het van belang goed te onderscheiden en op den voorgrond te stellen alwat *zeker*
of *algemeen aangenomen* is en op den achtergrond
wat betwistbaar is. De goede zielsbestiering steunt
niet op twistvragen, doch op de algemeen aangenomen leer.

Wij zullen hier eenige punten aangeven waarin
alle Scholen overeenstemmen :

1) Voor alle zielen en op alle wegen worden de
verloochening en de liefde gevorderd; de volle
overeenstemming en vereeniging dezer twee hangt
veel af van het karakter der bestuurde personen.

2) Nimmer moet men ophouden den geest van
boetvaardigheid te beoefenen; deze geest kan zich
echter openbaren onder verschillende vormen, volgens de verschillende trappen van volmaaktheid.

3) Het is een vereischte de zedelijke en goddelijke
deugden op telkens volmaakter wijze te beoefenen
om tot den weg der vereeniging te komen.

4) De gaven van den H. Geest, met zorg benut,
deelen aan de ziel een zekere plooibaarheid mede,
die haar gehoorzaam maakt aan de ingevingen der
genade, zoodat zij de ziel voorbereiden tot de beschouwing, zoo God haar daartoe roept.

5) De ingestorte beschouwing is uit haren aard *onverdiend*. God schenkt haar aan wie en wanneer Hij wil. Bijgevolg kan niemand zichzelven in den passieven toestand plaatsen. De kenteekenen, dat men weldra tot die ingestorte beschouwing geroepen zal worden, zijn die, welke de H. Joannes van het Kruis zoo juist beschreven heeft.

6) Wanneer de zielen tot de beschouwing komen, moeten zij voortgang maken in de volmaakte onderwerping aan Gods wil, in de heilige overgave en vooral in de liefde, drie deugden door de H. Theresia voortdurend aanbevolen.

33. b) Ook is het onze vaste overtuiging dat, zoo men deze kwesties in een verzoenenden geest behandelt, dat is als men meer zoekt naar datgene wat vereent, dan naar wat scheidt, men wel is waar niet allen strijd zal keeren, maar hem toch minder heftig en bitter zal maken en meer oog hebben voor het ware, dat in elk systeem ligt opgesloten. Daartoe ook bepaalt zich onze arbeid hier beneden : wij moeten het licht der zaligmakende aanschouwing afwachten om sommige ingewikkelde vraagstukken te kunnen oplossen.

§ IV. Uitmuntendheid en noodzakelijkheid der ascetische Theologie.

Het weinige dat wij van de natuur, de bronnen en de methode der ascetische godgeleerdheid hebben gezegd, is reeds voldoende om haar uitmuntendheid en noodzakelijkheid te doen vermoeden.

I. Uitmuntenheid der ascetische Theologie.

34. Haar uitmuntendheid ontleent de ascetische theologie aan haar voorwerp. Dit voorwerp is voorzeker wel een der verhevenste, welke men kan bestudeeren. Het is immers de deelname aan het goddelijk leven aan de ziel medegedeeld en met onverdroten ijver ontwikkeld. Als wij dit begrip ontleden zullen wij zien hoezeer deze tak der godgeleerdheid onze aandacht overwaard is.

1° Wij beschouwen daar vooreerst *God in zijne innigste verhoudingen tot de ziel :* de H. Drievuldigheid in ons wonend en levend, ons deel schenkend aan haar leven, deelnemend in onze goede werken en daardoor ons helpend om zonder ophouden dat bovennatuurlijk leven in ons te vermeerderen, om onze ziel te zuiveren, te versieren door de beoefening der deugden, ja, haar om te vormen tot zij in staat zal zijn de zaligmakende aanschouwing te genieten. Is er wel iets uit te denken grooter, verhevener dan deze werking Gods, die de zielen omvormt om ze met zich te vereenigen, ze op volmaakte wijze aan zich gelijkvormig te maken?

2° Vervolgens beschouwen wij daar *de ziel zelve in hare samenwerking met God,* hoe zij zich langzamerhand van hare fouten en gebreken ontdoet, de christelijke deugden in beoefening brengt, hoe zij, ondanks de beletselen die zij in- en uitwendig ontmoet, zich toelegt op de navolging der deugden van haar goddelijk Toonbeeld, hoe zij de gaven van den H. Geest ontwikkelt, een bewonderenswaardige fijngevoeligheid verwerft om zich zelfs naar de geringste aanrakingen der genade te schikken en aldus dagelijks nader te treden tot den hemelschen Vader. Acht men tegenwoordig alle vragen, die op het leven betrekking hebben de aandacht overwaardig, wat zullen wij dan zeggen van een wetenschap, welke handelt over het bovennatuurlijk leven, over de deelneming aan Gods eigen leven, een wetenschap, die den oorsprong, den voortgang en de volledige ontplooiing van dat leven in den hemel beschrijft? Is dat niet het edelste voorwerp onzer studien? Is het tevens ook niet het noodzakelijkste?

II. Noodzakelijkheid
der Ascetische Theologie.

1° De *noodzakelijkheid* der Ascetische Theologie
voor den *priester*; 2° haar overgroot *nut* voor de
leeken; 3° de *practische wijze* om haar te bestudeeren.

1° *Noodzakelijkheid voor den priester.*

35. De priester moet zich zelven en ook zijn
broeders heiligen. Onder dit dubbel opzicht is hij
verplicht de wetenschap der Heiligen te bestudeeren.

A) Dat de priester gehouden is niet alleen zich
toe te leggen op de volmaaktheid, maar haar ook
moet bezitten in hoogeren graad dan de *gewone
kloosterling*, zullen wij later bewijzen uit den H. Thomas. De kennis nu van het christelijk leven en der
middelen die het mede vervolmaken is *in den regel*
noodzakelijk om tot de volmaaktheid te komen :
nil volitum nisi præcognitum, wat men niet kent,
verlangt men niet.

a) De kennis ontsteekt en prikkelt de begeerte.
Weten wat heiligheid is, welke hare uitmuntendheid,
hare verplichting, hare wonderbare werking in de
ziel, hare vruchtbaarheid, dit is reeds haar *begeeren*.
De kennis van eenig goed, wekt het verlangen er
naar op : men kan niet lang en oplettend een
heerlijke vrucht beschouwen, of men verlangt ze te
proeven. Welnu het verlangen, vooral wanneer het
hevig en aanhoudend is, is reeds een begin van
handelen : het zet den wil in beweging en drijft
hem aan om het goed, door het verstand begrepen,
te verkrijgen; het geeft vurigheid, krachten om er
toe te geraken, en ondersteunt het pogen, totdat
het begeerde verkregen is. De kennis nu is des te
noodzakelijker daar op den weg van onzen geestelijken voortgang zooveel hinderpalen worden aangetroffen.

b) Het afzonderlijk beschouwen der *talrijke phasen*, die men doorloopen moet om tot de volmaaktheid te komen, het overwegen der aanhoudende inspanning der *Heiligen* om de moeilijkheden te overwinnen en tot het gewenschte einddoel steeds dichter te naderen, ontvlamt den moed, ondersteunt de vurigheid te midden van den strijd, voorkomt de verslapping en de lauwheid, vooral als men zich daarbij herinnert, welke hulpmiddelen en steun God ten dienste stelt van de zielen, welke van goeden wil zijn.

c) Heden ten dage is deze studie van nog grooter belang : "wij leven inderdaad in een omgeving van uitgestortheid, van rationalisme, van naturalisme, van zingenot, waarvan niet weinig christenen, zelfs onbewust, doordrongen zijn en waarvoor het heiligdom zelfs niet ontoegankelijk is ". (Giroux) Wat is meer geschikt om ons te beveiligen tegen die verkeerde stroomingen van onzen tijd dan in het gezelschap van Christus en zijn Heiligen te leven door de wel geordende en aanhoudende studie der grondstellingen van het geestelijk leven, welke in lijnrechte tegenspraak zijn met de drievoudige begeerlijkheid?

36. B) *Voor de heiliging der zielen die hem zijn toevertrouwd.* **a**) Zelfs als hij met *zondaars* te doen heeft, moet de priester toch de ascesis kennen : hij moet hen immers leeren hoe zij de gelegenheden van zonden moeten ontwijken, hoe de driften bestrijden, de bekoringen overwinnen, de deugden beoefenen tegenovergesteld aan hun bedorven neigingen. De moraal theologie geeft wel is waar al deze punten reeds in 't kort aan, maar de Ascesis vat ze samen en behandelt ze breedvoeriger.

b) Daarenboven zijn er in bijna alle parochien *uitverkoren zielen* die God tot de volmaaktheid roept. Worden deze wel bestuurd, dan kunnen zij den priester bij de uitoefening van zijn apostolaat

door hare gebeden, voorbeelden en hulpbetoon in
ontelbare kleine dingen, van zeer veel nut zijn. In
alle geval kan hij er eenige vormen door eene keuze
te doen uit de kinderen van den catechismus of het
patronaat. Doch om in zulk een gewichtigen arbeid
te slagen, moet de priester een goed zielsbestuurder
zijn en op de hoogte van de regelen door de Heiligen voorgeschreven en in de verhandelingen over
het geestelijk leven vervat.Is hij hierin niet bedreven,
dan zal hij noch den smaak noch de geschiktheid
bezitten, vereischt voor de zoo moeilijke kunst van
het vormen der ziel.

37. c) Met nog veel meer recht mag men zeggen
dat de studie der wegen van het geestelijk leven
noodig is voor de leiding der *vurige zielen*, welke tot
de heiligheid geroepen zijn en die bijwijlen tot in de
kleinste buitendorpjes worden aangetroffen. Om
deze tot het gebed der eenvoudigen te brengen moet
men niet enkel de *ascesis*, maar ook nog de *mystiek*
kennen, op straffe van te dwalen en den voortgang
dier personen te verhinderen. Zoo merkte ook de
H. Theresia reeds aan : " Daarom is een geestelijke
leidsman zeer noodig, doch het is te wenschen dat
hij ondervinding hebbe... Het is en het zal altijd
mijn vaste overtuiging zijn, dat elke christen, zoo
hij er gelegenheid toe heeft, zich moet laten geleiden
door *goed onderwezen mannen :* hoe beter onderlegd
zij zijn, hoc nuttiger het zal wezen. Zij, die de wegen
des gebeds bewandelen, hebben hier nog meer
behoefte aan dan anderen, en dat nog in meerdere
mate naar gelang zij verder in het geestelijk leven
gevorderd zijn... Dit houd ik voor zeker, dat de
duivel met al zijn listen niemand zal misleiden, die
den geest des gebeds bezit en godgeleerden raad-
pleegt, tenminste als hij zich zelven niet wil misleiden. Naar mijn oordeel vreest de booze geest ten
zeerste de nederige en deugdzame wetenschap : hij
weet, dat hij er door ontmaskerd zal worden en zich

met verlies zal moeten terug trekken." Op gelijke wijze spreekt de H. Joannes van het Kruis : " Dergelijke meesters van het geestelijk leven (die de mystieke wegen niet kennen) begrijpen de zielen niet, die zijn binnengeleid in deze rustige en eenzame beschouwing... zij dwingen haar terug te keeren op den weg der overweging en van geheugenarbeid, en inwendige akten te verrichten, waar die zielen enkel dorheid en verstrooiing vinden... Men bedenke dit wel : alwie dwaalt uit onwetendheid, terwijl hij toch uit kracht zijner bediening gehouden is de noodige kennis op te doen, zal niet ontkomen aan de straf, die geevenredigd zal zijn aan het kwaad door hem gesticht ".

En men zegge niet : wanneer ik zulke zielen ontmoet, zal ik haar overgeven aan den H. Geest, opdat Hij ze geleide. De H. Geest zou u kunnen antwoorden, dat Hij ze aan u heeft toevertrouwd en gij met Hem aan hare leiding moet medewerken. Hij kan ze voorzeker zelf besturen, doch om alle gevaar voor zelfmisleiding te voorkomen, wil Hij dat die leiding onderworpen zij aan de goedkeuring van een zichtbaren bestuurder.

2° *Nut voor de leeken.*

38. Wij spreken hier van *nut*, niet van noodzakelijkheid : de leeken immers kunnen zich laten geleiden door een geleerden en ervaren gids en zijn dus volstrekt niet verplicht de ascetische godgeleerdheid te bestudeeren. Toch zal die studie hun zeer nuttig zijn en wel om drie voorname redenen : **a**) om het verlangen naar de volmaaktheid aan te wakkeren en te onderhouden, alsook om iets te weten van den aard van het christelijk leven en om de hulpmiddelen te leeren kennen om het te vervolmaken. Wat men niet kent, begeert men niet, *ignoti nulla cupido,* doch door de lezing van geestelijke boeken ontstaat en groeit de oprechte begeerte om het gelezene in beoefening te brengen. Hoevelen bijv. hebben zich met vuur toegelegd op de volmaaktheid door de lezing van " *De Navolging* ", " *De Geestelijke Strijd* ", de " *Inleiding tot het Godvruchtig leven,* " de " *Beoefening der Liefde Gods* "!

b) Daarenboven zal, ook als men een geestelijken leidsman heeft, de lezing eener goede ascetische Godgeleerdheid *de leiding vergemakkelijken en aanvullen.* Men weet dan immers beter wat men zeggen moet wanneer men te biechten gaat of om leiding vraagt; men begrijpt en onthoudt beter de raadgevingen van den zielsbestuurder, wanneer men ze in een boek kan terugvinden en herlezen. De biechtvader van zijn kant behoeft niet tot zoovele bijzonderheden af te dalen en kan zich te-vreden stellen met eenige zakelijke opmerkingen en verder verwijzen naar een boek, waarin de penitent alle noodige verklaringen en aanvullingen zal vinden. Zoo vordert de bestiering niet zooveel tijd en is toch even voordeelig : het boek zet de leiding voort en vervolledigt haar.

c) De lezing van een verhandeling over het geestelijk leven zal ten slotte, tot op zekere hoogte, het *gemis aan leiding kunnen vergoeden*, als de zielsbestuurder ontbreekt of slechts zelden te berei-ken is. De opgang naar de volmaaktheid geschiedt gewoonlijk onder leiding van een geestelijken bestuurder, maar als deze om de een of andere reden ontbreekt, dan vult de goede God dit aan en een der middelen, die Hij gebruikt, is juist een boek, dat op duidelijke en methodische wijze den weg toont naar de volmaaktheid.

3° *Hoe men deze wetenschap moet aanleeren.*

39. Er worden drie voorwaarden vereischt om de kennis te verwerven noodig voor het bestuur der zielen : een *handleiding*, de *lezing der groote Mees-ters*, de *Oefening*.

A) *Het bestudeeren van een handboek.* De geestelijke lezingen, die men in het Seminarie doet, de leiding, die men ontvangt en vooral het geleidelijk toenemen in de deugd helpen den Seminarist ongetwijfeld zeer veel om zich de moeilijke kunst der zielenleiding eigen te maken. Niettemin dient hij er de studie van een goed handboek bij te voegen. 1) De geestelijke lezingen zijn op de eerste plaats : een oefening van godsvrucht, een reeks onderrichtingen, raadgevingen en opmerkkingen over het geestelijk leven, doch zelden worden er methodisch en volkomen *alle vraagstukken van het geestelijk leven* behandeld; 2) In alle geval, zoo de seminaristen geen handboek hebben, waarin zij die verschillende raadgevingen in logisch verband kunnen terug vinden en nalezen, zullen zij spoedig *vergeten* wat zij gehoord hebben en dus van die gewenschte wetenschap verstoken blijven. En toch is 't een van die wetenschappen, welke de toekomstige priester zich in het Seminarie moet eigen maken, gelijk met alle recht Paus Pius X zeide : " *Scientiam pietatis et officiorum quam asceticam vocant* [1] ".

40. B) *De grondige studie der geestelijke Meesters*, vooral der *heiligverklaarde* schrijvers of van die, welke zonder deze eer ontvangen te hebben, toch *als heiligen geleefd hebben.* **a**) In den omgang met hen wordt inderdaad *het hart* verwarmd, begrijpt *het verstand*, door het geloof verlicht, duidelijker, smaakt beter dan in een studieboek, de groote grondwaarheden van het christelijk leven. Daardoor ook wordt *de wil*, ondersteund door de genade, gebracht tot de beoefening der deugden, zoo levendig beschreven door hare beoefenaars. Voegt men hierbij nog de lezing van het leven der *Heiligen*, dan zal men nog beter inzien, waarom men ze moet

---

[1] *Motu proprio*, 9 Sept. 1910, A. A. S. bl. 668. Paus Benedictus XV heeft bevolen dat in de twee voornaamste theol. Scholen van Rome een leerstoel werd opgericht in de Ascetische Theologie.

navolgen. De onweerstaanbare invloed, die van hun voorbeeld uitgaat, zal nieuwe overredingskracht geven aan hunne onderwijzingen : *Verba movent, exempla trahunt :* Woorden wekken, voorbeelden trekken.

b) Deze studie, in het Seminarie begonnen, moet *in de bediening voortgezet en voltooid worden.* De leiding der zielen zal die studie meer practisch maken. Gelijk een goed geneesheer niet ophoudt zijne studiën te vervolmaken door de praktijk en die weer door nieuwe studiën, zoo ook zal een wijze leidsman zijn theoretische kennis aanvullen door den omgang met de zielen, en de kunst van te leiden door nieuwe studiën omtrent de bijzondere behoeften der hem toevertrouwde zielen.

41. C) *De beoefening der* christelijke en priester-lijke *deugden*, onder de wijze aansporing van een leidsman. Om goed de verschillende trappen van volmaaktheid te begrijpen, is er geen krachtiger middel dan ze zelf te doorloopen. Is de beste gids door de bergen niet juist degene welke ze in alle richtingen doorkruist heeft? Als men zelf goed geleid werd, zal men — in overigens gelijke om-standigheden — ook zelf het best in staat zijn anderen eveneens te geleiden, wijl men bij onder-vinding ervaren heeft, hoe de regels in bijzondere gevallen worden toegepast.

Met inachtneming van deze drie voorwaarden, zal men de Ascetische Theologie tot groot voordeel van zich zelven en ook van anderen bestudeeren.

42. Oplossing van eenige moeilijkheden. A) Men verwijt de Ascesis soms *de gewetens op een dwaalspoor te brengen,* daar zij veel meer eischt dan de moraal, en van de zielen een niet te verwezenlijken volmaaktheid verlangt. Dit verwijt zou gegrond wezen, indien er geen onderscheid gemaakt werd tusschen *voorschrift* en *raad,* tusschen zielen tot hooge volmaaktheid geroepen en die het niet zijn. Dit onderscheid maakt zij wel degelijk : terwijl zij de uitgelezen zielen opstuwt tot voor de gewone christenen ongenaakbare

hoogten, vergeet zij het onderscheid niet tusschen geboden en
raden, tusschen hetgeen volstrekt noodig is ter zaligheid en
wat tot de volmaaktheid gevorderd wordt; doch zij vergeet
evenmin, dat om de geboden te onderhouden, men ook
sommige raden moet in acht nemen.

43. B) Men beschuldigt haar de *zelfzucht* te bevorderen,
daar zij de eigen heiliging boven alles stelt. — Maar dat het
heil onzer ziel de eerste van al onze zorgen moet zijn, leert
ons Christus toch zelf : " *Wat baat het den mensch zoo hij de
geheele wereld wint, maar schade lijdt aan zijne ziel?* "
(Matth. XVI, 26) Maar daarin ligt toch geen zelfzucht, want
een der hoofdvereischten ter zaligheid is de naastenliefde,
die zich toont door lichamelijke evenzeer als door geestelijke
werken; daarbij vraagt de volmaaktheid, dat men den evenmensch zoo beminne, dat men bereid zij zich voor hem op te
offeren, gelijk Jesus het voor ons gedaan heeft. Als dat
zelfzucht is, bekennen wij dan, dat zij weinig te vreezen is.

C) Maar, zegt men : de Ascesis drijft de zielen tot de
beschouwing en daardoor juist houdt zij hare beoefenaars van
het werkend leven verwijderd. Men moet wel onkundig zijn
van de geschiedenis om te durven beweren, dat de beschouwing het werken in den weg staat : " De ware mystieken, zegt
M. de Montmorand [1], zijn practische, handelende personen,
geen redeneerende, theoretische lieden. Zij hebben het begrip
van organisatie, de gave van besturen, en toonen zich
uiterst bekwaam tot handelen. De werken die zij beginnen
zijn levensvatbaar en houden stand; bij het uitdenken en
uitvoeren hunner ondernemingen bewijzen zij hunne voorzichtigheid en durf, evenals bij het wikken en wegen van alle
mogelijkheden, dat juist oordeel hetwelk aan het gezond
verstand eigen is. Het gezond verstand schijnt inderdaad
hun hoofdkracht te zijn : een juist begrip dat door geen
enkele ziekelijke overspanning, door geen enkele ongebreidelde verbeelding in de war wordt gebracht en waarbij zich
nog het zeldzaamst doorzicht aansluit. " Leert de Kerkge-
schiedenis inderdaad niet, dat de meeste Heiligen, die over
het geestelijk leven geschreven hebben, mannen waren van
wetenschap en praktijk? Men denke slechts aan Clemens
van Alexandrie, Basilius, Chrysostomus, Ambrosius, Augustinus, Gregorius, Anselmus, Bernardus, den Zal. Albertus den
Groote, S. Thomas, den H. Bonaventura, Gerson, de
H. Theresia, de H. Franciscus van Sales, Vincentius a
Paulo, Kardinaal de Bérulle, Mad. Acarie en zooveel anderen,

---

[1] *Revue philosophique* (*Ribot*), déc. 1904; M. DE MONTMORAND,
Psychologie des Mystiques. 1920, p. 20-21.

te veel om op te noemen. De beschouwing wel verre van den
arbeid te beletten, verlicht en geleidt hem.

Er is derhalve niets zoo edel, zoo gewichtig, zoo
voordeelig als de wel begrepen ascetische theologie.

§ V. Indeeling der ascetische en mystieke theologie.

I. ONDERSCHEIDEN INDEELINGEN DOOR DE SCHRIJVERS GEVOLGD

Na de verschillende wijzen van behandeling,
welke worden gevolgd, aangegeven te hebben,
zullen wij die voorstellen, welke het best aan ons
doel schijnt te beantwoorden. Men kan zich op
verscheiden standpunten plaatsen om van daar uit
de lijnen te trekken tot het vormen eener logische
indeeling der geestelijke wetenschap.

44. 1º Sommigen, die haar op de eerste plaats als
een *practische* wetenschap beschouwen, gaan alle
bespiegelende waarheden, waarop zij rust, stilzwijgend voorbij en bepalen er zich toe zoo systematisch mogelijk alle regels der christelijke volmaaktheid te rangschikken. Zoo deden, onder de Vaders,
J. Cassianus in zijn *Collationes*, de H. Joannes
Climacus in zijn "*Geestelijke Ladder*", en in onzen
tijd Rodrigues in zijn "*Oefening der Christelijke
Volmaaktheid*". Het voordeel van deze methode is
hierin gelegen, dat men aanstonds begint met het
behandelen der practische middelen ter volmaaktheid. Daar tegenover staat echter, dat men er de
opwekkingen in mist, die ontstaan uit hetgeen
God en Jesus Christus voor ons gedaan hebben en
nog doen en dat men er de beoefening der deugden
niet grondvest op die diepe overtuiging welke
geboren wordt uit de overweging der geloofswaarheden.

45. 2° Wij zien dan ook dat de voornaamste Vaders der grieksche en latijnsche Kerk, de HH. Athanasius en Cyrillus, Augustinus en Hilarius, evenals de groote godgeleerden der Middeleeuwen, Richardus van S.-Victor, de Zal. Albertus de Groote, de HH. Thomas en Bonaventura met zorg hunne leer opbouwen op de grondslagen der geloofswaarheden; daarmede ook brengen zij de deugden in verband, als zij dezer natuur en trappen verklaren. Zoo heeft in 't bijzonder de fransche School der 17ᵉ eeuw gedaan met Bérulle, Condren, Olier en J. B. Eudes. [1] Deze methode wil den geest verlichten en de overtuiging bevestigen om aldus de strenge deugden, die zij ter beoefening voorhoudt, beter te doen beoefenen en dit is hare verdienste. Maar men maakt er haar soms een grief van, dat zij zich te veel bezig houdt met bespiegelingen en niet genoeg plaats inruimt aan de praktijk : de beide methoden te vereenigen zou dus het beste zijn. Verscheidenen hebben er zich met goeden uitslag op toegelegd. [2]

46. 3° Onder hen, die gepoogd hebben deze beide hoofdbestandeelen samen te laten gaan, zijn er die de *ontologische* orde der deugden volgen, terwijl anderen de *psychologische* orde der ontwikkeling dezer zelfde deugden volgen, langs de drie wegen, den *zuiverenden*, den *verlichtenden* en *vereenigenden* weg.

A) Tot de eersten behoort de H. Thomas, die in zijn Summa achtereenvolgens handelt over de goddelijke en zedelijke deugden en de gaven van

---

[1] G. LETOURNEAU, *L'Ecole française du XVIIᵉ Siècle*, 1913 ; H. BREMOND, *Histoire litt. du Sentiment religieux*, 1921. Deze laatste legt echter te veel den nadruk op de verschillende meeningen der naar zijn opvatting naijverige scholen.
[2] Dit heeft, onder anderen, op uitmuntende wijze J. B. EUDES gedaan op zijne Missies en in zijn boeken; ook L. TRONSON in zijn *Examens particuliers*, waarin hij de vroegere werken van Olier benuttend, de keur der oefeningen van Olier heeft verzameld.

den H. Geest en deze in verband brengt met elke deugd. Hij is hierin nagevolgd door de voornaamste schrijvers der fransche School der 17^e eeuw en andere. [1]

B) Tot de tweeden worden zij allen gerekend, die met de bedoeling geestelijke leidslieden te vormen, achtereenvolgens het opgaan der ziel langs de drie wegen hebben beschreven, waarbij zij bij het begin van hun traktaten slechts een beknopte inleiding voegen over de natuur van het geestelijk leven. Zoo bijv. Thomas de Vallgornera, O. P., *Mystica Theologia Divi Thomae*, Philippus v. d. H. Drievuldigheid, C. D., *Summa Theologiae mysticae*, Schram, O. S. B., *Institutiones Theol. mysticae*, Scaramelli, S. J., *Direttorio ascetico*, en in onze dagen, A. Saudreau, *Les degrés de la vie spirituelle*.

47. 4° Anderen eindelijk, zooals P. Alvarez de Paz, S. J. en P. Le Gaudier, S. J., hebben de twee methoden vereenigd. Terwijl zij breedvoerig en stelselmatig op dogmatische wijze alles uiteenzetten wat betrekking heeft op de natuur van het geestelijk leven en de voornaamste hulpmiddelen der volmaaktheid, passen zij vervolgens die algemeene princiepen toe op de drie wegen. Het kwam ons voor, dat tot bereiking van het doel, dat wij ons voorstellen, nam. *zielsbestuurders vormen*, deze de beste indeeling is, die wij konden volgen. Ongetwijfeld zal men, met dergelijke methode, er niet altijd buiten kunnen in sommige herhalingen te vallen en gedwongen worden de stof als het ware te verbrokkelen, doch dit is een euvel onafscheidelijk aan iedere indeeling verbonden en dat men verhelpen kan door te verwijzen naar de stoffen, die reeds behandeld werden of zullen worden.

---

[1] Voor onzen tijd mogen wij melding maken van MGR GAY, *De la Vie et des vertus chrétiennes;* en CH. DE SMEDT, S. J. *Notre vie surnaturelle.*

II. Onze Indeeling.

48. Wij verdeelen onze ascetische theologie in twee gedeelten. In het *eerste*, dat vooral *leerstellig* zal zijn en dat wij "**De Grondbeginselen**" zullen betitelen, zullen wij uitleggen den *oorsprong* en de *natuur* van het christelijk leven, de *volmaaktheid* van dit leven, de *verplichting* naar die volmaaktheid te streven en de *algemeene hulpmiddelen* om ze te bereiken.

In het *tweede* gedeelte, dat den naam zal dragen van : **de toepassing der grondbeginselen** voor de verschillende soorten van zielen, zullen wij het geleidelijk voortgaan volgen eener ziel, die aangedreven door het verlangen naar de volmaaktheid, achtereenvolgens de drie wegen, den *zuiverenden*, den *verlichtenden* en *vereenigenden*, aflegt. Dit gedeelte, ofschoon steunend op de leer in het eerste aangegeven, zal vooral *zielkundig* zijn.

Het eerste gedeelte zal onzen weg *verlichten* door ons het goddelijk plan onzer heiliging te toonen, zal ons pogen *kracht bij zetten* door ons Gods edelmoedigheid ten onzen opzichte in het geheugen te roepen, en zal ons reeds in groote lijnen den weg aanwijzen, dien wij moeten volgen om aan die edelmoedigheid Gods te beantwoorden door de volkomen overgave van ons zelven. Het tweede gedeelte zal onze schreden *geleiden* door ons afzonderlijk te verklaren elk der opeenvolgende phasen, die wij met Gods bijstand te doorloopen hebben om aan den eindpaal te komen. Aldus, meenen wij, zullen hier de voordeelen van andere indeelingen in overeenstemming verbonden zijn.

EERSTE GEDEELTE
De Grondregelen

DOEL EN VERDEELING VAN HET EERSTE GEDEELTE.

49. Dit eerste gedeelte heeft tot doel om in 't kort te wijzen op de voornaamste geloofswaarheden, waarop ons bovennatuurlijk leven steunt, uit te leggen de natuur en de volmaaktheid van dit leven, evenals de algemeene hulpmiddelen die tot de volmaaktheid voeren. Wij gaan in dit gedeelte uit van het wezen der dingen, in het tweede van het practisch gebruik, dat de zielen gewoonlijk van die hulpmiddelen maken.

VERDEELING

1ᵉ HOOFDSTUK. *De Oorsprong* van het bovennatuurlijk leven : de verheffing van den mensch tot de bovennatuurlijke orde, val en verlossing.

2ᵉ HOOFDST. *Natuur* van het christelijk leven; aandeel van God en van de ziel.

3ᵉ HOOFDST. *Volmaaktheid* van dit leven : de liefde tot God en den naaste tot *offer* opgevoerd.

4ᵉ HOOFDST. *Verplichting* om naar de volmaaktheid te streven voor leeken, kloosterlingen en priesters.

5ᵉ HOOFDST. *Algemeene hulpmiddelen*, in-en uitwendige, om die volmaaktheid te bereiken.

50. De **doelmatigheid** dezer verdeeling springt aanstonds in het oog. Het *eerste* hoofdstuk, dat den **oorsprong** van het bovennatuurlijk leven aangeeft, helpt ons om beter de natuur ·en de uitmuntendheid er van in te zien.

Het *tweede* verklaart de **natuur** van het christelijk leven in den herboren mensch, het aandeel dat *God* er in heeft *door zich aan ons te geven*, hetzij in zich zelven, hetzij door zijn Zoon, en door ons bij te staan door de H. Maagd en de Heiligen; het aandeel dat de *mensch* er in neemt, *door zich aan God te geven* door eene edelmoedige en volhardende medewerking met de genade.

Het *derde* hoofdstuk bewijst dat het wezen der **volmaaktheid** van dit leven bestaat in de liefde tot God en den evennaaste om God, maar dat deze liefde hier beneden niet beoefend kan worden zonder *edelmoedige offers*.

In het *vierde* hoofdstuk wordt de **verplichting** aangetoond *om naar die volmaaktheid te streven*, en aangegeven waartoe leeken, kloosterlingen en priesters gehouden zijn.

Er blijft dan nog enkel over in een *vijfde* hoofdstuk duidelijk de algemeene **middelen** te omschrijven, die ons helpen om de volmaaktheid te bereiken, middelen wel is waar voor allen gemeenschappelijk, doch noodig in verschillenden graad, zooals in het tweede gedeelte, waarover de *drie wegen* gehandeld wordt, zal worden toegelicht.

HOOFDSTUK I.

De Oorsprong
van het bovennatuurlijk leven.

51. Doel van dit hoofdstuk is : ons beter te doen inzien, hoe onverdiend en uitmuntend het bovennatuurlijk leven is, en ook ons de grootheden en de zwakheden van mensch, wien dit leven is geschonken, duidelijker voor oogen te stellen. Laten wij tot beter begrip zien :

I. Wat het *natuurlijk leven* van den mensch is;

II. Zijne *verheffing* tot de bovennatuurlijke orde;

III. Zijn *val;*

IV. Zijn *herstel* door den goddelijken Verlosser.

ART. I. OVER HET NATUURLIJK LEVEN VAN DEN MENSCH.

52. De bedoeling is hier den mensch te beschrijven, zooals hij in den zuiveren natuurstaat zou geweest zijn, gelijk hij door de Philosofen wordt beschreven. Daar ons bovennatuurlijk leven op ons natuurlijk leven wordt ingeënt, het veredelt, en toch laat voortbestaan, moeten we ons herinneren, wat het gezond verstand over het natuurlijk leven leert.

1° De mensch is een geheimzinnige vereeniging van lichaam en ziel, van stof en geest, die zoo innig verbonden zijn, dat ze slechts één natuur en één persoon vormen. De mensch is dus om zoo te zeggen het verbindingspunt, de band tusschen geesten en lichamen, een kort begrip van de wonderen der schepping, een kleine wereld, die alle wonderen in zich besluit μικρόκοσμος, en Gods wijsheid openbaart, welke twee zoozeer verschillende wezens heeft weten te vereenigen.

53. 't Is een wereld *vol leven.* Volgens de opmerking van den H. Gregorius den Groote onderscheidt men er drie levens in : het *plantenleven,* het *dierlijk leven* en het *geestelijk leven : Homo habet* vivere *cum plantis,* sentire *cum animantibus,* intelligere *cum angelis.* Gelijk de plant voedt de mensch zich, groeit en vermenigvuldigt hij zich; als het dier kent hij de stoffelijke voorwerpen, richt er zich heen door het zinnelijk begeervermogen met zijn gevoelens en zijn driften en beweegt zich ongedwongen; gelijk de engel, ofschoon in minderen graad en op andere manier, kent hij, op verstandelijke wijze, het

bovenzinnelijke, het ware en richt hij zijn wil vrij
naar het goede dat zijn verstand kent.

54. 2° Deze drie levens staan niet naast elkaar,
maar zij doordringen elkaar, zij staan in onderling
verband en afhankelijkheid om alle tot hetzelfde
doel samen te werken, dat is tot de vervolmaking
van het geheele wezen. Het is een natuurwet, dat
het leven niet kan behouden blijven en ontwikkeld
worden, tenzij de verschillende bestanddeelen zijn
verbonden met en ondergeschikt aan het voornaamste, waaraan ze alle dienstbaar zijn. In den
mensch moeten bijgevolg de lagere vermogens
ondergeschikt zijn aan de rede en den wil. Dit is
een volstrekt vereischte en naar gelang deze voorwaarde niet vervuld wordt, kwijnt of sterft het
leven. Inderdaad, wanneer die schikking en ordening
onder het hoogere ophoudt, begint de ontbinding
der bestanddeelen : het verband verzwakt en eindelijk treedt de dood in.

55. 3° Het is dus een *Strijd :* de lagere vermogens immers bewegen zich met hevigheid naar het
genot, terwijl onze hoogere vermogens naar het
zedelijk goede streven. Dikwijls is er botsing : wat
ons behaagt, wat ons nuttig is of ten minste schijnt,
is niet altijd zedelijk goed : de rede moet dus, om
de goede orde te handhaven, de tegenovergestelde
neigingen bestrijden en in bedwang houden. Dit is
de strijd van den geest tegen het vleesch, van den wil
tegen den hartstocht. Deze strijd is somtijds moeilijk. Evenals in de lente het sap der boomen naar
boven stijgt, zoo zijn er ook bijwijlen in het zinnelijke gedeelte onzer ziel oversterke neigingen naar
zinnelijk genot.

56. Nochtans zijn deze niet onoverwinnelijk ; de
wil oefent over haar, met behulp der rede, op
viervoudige wijze zijn macht uit : 1) door bedachtzaamheid ; door een wijze en standvastige waak-

zaamheid voorziet en voorkomt hij vele gevaarlijke verbeeldingen, indrukken en aandoeningen; 2) door het vermogen om de hevige bewegingen, die in onze ziel ontstaan, te bedwingen of te matigen. Zoo kan ik bijv. mijne oogen beletten zich op een gevaarlijk voorwerp te vestigen, mijne verbeelding van onbetamelijke voorstellingen afwenden; komt een gevoel van toorn in mij op, ik kan het beteugelen; 3) door het vermogen dat hij heeft om de bewegingen der hartstochten op te wekken, of sterker te maken. 4) door leiding, waardoor hij die bewegingen tot het goede richt en ze daardoor ook van het kwaad afwendt.

57. Behalve deze inwendige strijden, kunnen er nog andere bestaan : *tusschen de ziel en haren Schepper*. Wij zien ongetwijfeld met ons gezond verstand zeer goed in, dat wij ons geheel en al moeten onderwerpen aan Hem, die onze Opperste Meester is. Deze gehoorzaamheid echter kost ons moeite; er is in ons een zekere zucht naar onafhankelijkheid en zelfstandigheid, die ons aanzet om ons aan Gods gezag te onttrekken. Het is de hoogmoed, dien men slechts overwinnen kan door de nederige erkenning van eigen onwaardigheid en onmacht en van de onvervreemdbare rechten van den Schepper op zijn schepsel.

Uit dit alles volgt dus, dat wij in den natuurstaat te strijden zouden gehad hebben tegen de *drievoudige begeerlijkheid*.

58. 4° Wanneer de mensch in plaats van zijn verkeerde neiging in te volgen, zijn plicht doet, kan hij terecht eene *belooning* verwachten. Deze zal, voor zijn onsterfelijke ziel, bestaan in een breedere en diepere kennis van de waarheid en van God — altijd echter overeenkomstig zijn natuur, dus door ontleding of redeneering — en in een zuiverder en duurzamer liefde. Indien hij daarentegen vrijwillig de wet in een gewichtige zaak overtreedt en er geen berouw over heeft vóór het sterven, mist hij zijn doel en verdient een straf, die zal bestaan in het derven van God en het ondergaan van pijnen geevenredigd aan de grootte zijner zonden.

Zoo zou de mensch geweest zijn in den staat, dien men den zuiver natuurlijken noemt. Deze heeft echter nooit bestaan, daar de mensch tot den bovennatuurlijken staat is verheven, hetzij op de stonde zelve der schepping, volgens den H. Thomas, hetzij terstond daarna, zooals de H. Bonaventura leert.

In zijne oneindige goedheid heeft God er zich niet mede tevreden gesteld aan den mensch de natuurlijke gaven te schenken, Hij heeft hem willen verheffen tot een hoogeren staat, door hem gaven mede te deelen, die buiten en boven zijn natuur zijn.

ART. II. Verheffing van den mensch
TOT DE BOVENNATUURLIJKE ORDE.[1]

I. *Begrip van het Bovennatuurlijke.*

59. Het bovennatuurlijke is in zijn algemeene beteekenis datgene wat de natuur van een wezen, zijn tegenwoordige krachten, zijn eischen of zijn verdiensten te boven gaat. Men onderscheidt hier twee soorten : 1º het *betrekkelijk* bovennatuurlijke, dat boven de krachten van een bepaald schepsel, doch niet van alle schepselen is ; 2º het *volstrekt* bovennatuurlijke dat niet enkel alle vermogens, maar ook nog alle rechten, alle eischen van elk bestaand, ja zelfs bestaanbaar schepsel te boven gaat. Dit is een waarlijk *goddelijke* gave, het is een deelen in het goddelijke, doch op beperkte wijze,

---

[1] Zie voor dit artikel onze *Synopsis Theol. dogm.*, t. II, 859-894, met de aangegeven schrijvers, bijzonder S. Thomas I, q. 93-102; P. Bainvel, S. J., *Nature et surnaturel*, Ch. I-IV; De Broglie, *Conférences sur la vie surnaturelle*, t. II p. 3-80; L. Labauche; *Leçons de Théologie dogmatique*, t. II, *L'Homme*, ch. I-II.

gelijk het aan een schepsel mogelijk is. Ook noemt men het nog het bovennatuurlijke *krachtens zijn wezen*, terwijl het betrekkelijk bovennatuurlijke, het bovennatuurlijke *krachtens zijn wijze van zijn* genoemd wordt. In werkelijkheid zijn er slechts twee vormen van bovennatuurlijk krachtens zijn wezen : *de Menschwording* en *de heiligmakende genade*.

A) In het eerste geval, vereent God zich met de menschheid in den persoon van het Woord op zoodanige wijze, dat de menschelijke natuur van Jesus voor persoonlijk drager den tweeden Persoon der H. Drievuldigheid heeft, zonder als menschelijke natuur verandering te ondergaan. Jesus is dus mensch door zijn menschelijke natuur, is als persoon waarlijk God. Deze vereeniging is *zelfstandig ;* zij maakt de twee naturen niet tot ééne, doch vereent ze en laat haar toch geheel en onverminderd in één persoon, den persoon van het Woord. Het is dus eene *persoonlijke* of *hypostatische* vereeniging. Hier hebben wij den hoogsten graad van bovennatuurlijk *quoad substantiam, in wezen.*

B) *De heiligmakende genade* is een mindere graad van dit zelfde bovennatuurlijke. Door haar immers behoudt de mensch zijn eigen persoonlijkheid, maar wordt, ofschoon op bijkomstige wijze, vergoddelijkt in zijn natuur, in zijn actieve vermogens; hij wordt niet God, maar *godvormig*, dat is, gelijkvormig aan God, deelgenoot aan de goddelijke natuur, bekwaam, wanneer de genade in glorie zal overgaan, rechtstreeks God te bereiken door de zaligende aanschouwing en Hem van aanschijn tot aanschijn te zien, gelijk Hij zich zelven ziet. Het is duidelijk dat dit voorrecht alle eischen der volmaaktste schepselen te boven gaat, daar het deel *geeft* in het verstandelijk leven van God, in zijn natuur.

60. *Het betrekkelijk* of *krachtens zijn wijze van zijn bovennatuurlijke* is, op zich zelve beschouwd, eene gave, die niet alle vermogens of eischen van elk schepsel overtreft, maar wel van eenige natuur in 't bijzonder. Zoo is bijv. de ingestorte wijsheid, welke de vermogens der menschen, maar niet die der engelen te boven gaat, bovennatuurlijk van dien aard.

God heeft aan den mensch deze beide vormen van 't bovennatuurlijke medegedeeld : Hij schonk inderdaad aan onze eerste ouders *de gave van onschuld (bovennatuurlijk ten opzichte der wijze)*, welke door hun natuur te vervolmaken, deze in staat stelde om de genade te ontvangen. God deelde hen tezelfdertijd de genade zelve mede, die in haar *wezen* eene *bovennatuurlijke gave* is : deze twee gaven brengen voort wat men de oorspronkelijke rechtvaardigheid noemt.

II. *Buiten-natuurlijke gaven aan Adam geschonken.*

61. *De gave van onschuld* vervolmaakt *de natuur* van den mensch, zonder haar tot de goddelijke orde te verheffen. Zij is voorzeker een *onverdiende* gave, *buiten de natuur*, en die alle menschelijke eischen en krachten te boven gaat, maar toch is ze nog niet het *bovennatuurlijke in wezen*. Deze gave omvat drie groote voorrechten die, zonder de menschelijke natuur in haar wezen te veranderen, haar eene volmaaktheid geven waarop zij geen enkel recht had : *de ingestorte wijsheid, de heerschappij over de driften* of het vrij zijn van begeerlijkheid, *de onsterfelijkheid des lichaams.*

62. A) De ingestorte wijsheid. Krachtens onze natuur hadden wij er geen recht op, zij is het voorrecht der engelen. Slechts langzamerhand en met moeite slagen wij er in om, volgens de natuurlijke wetten, de wetenschap te veroveren. God nu, om den eersten mensch zijn taak van hoofd en opvoeder van het menschelijk geslacht te vergemakkelijken, schonk hem, uit vrijgevigheid, de ingestorte kennis

van alle waarheden, die hij weten moest en daarbij een zeker gemak om proefondervindelijke
wetenschap te verkrijgen : zoo kwam Adam de
engelen nabij.

63. B) De heerschappij over de driften of het
vrij zijn van die dwingelandij der begeerlijkheid,
welke de deugd zoo moeilijk maakt. Wij hebben
gezegd, dat juist ter oorzake van 's menschen natuur,
in zijn binnenste een vreeselijke strijd wordt
gevoerd tusschen het oprechte verlangen naar het
goede en de ongeregelde begeerte naar de zinnelijke
vermaken en goederen en dat er daarenboven een
sterke neiging tot hoogmoed in hem heerscht :
dit is niets anders dan de drievoudige begeerlijkheid. Om dit natuurlijk gebrek te verhelpen, gaf
God aan onze eerste ouders een zekere *heerschappij
over de driften.* Deze maakte hen wel niet onzondigbaar, maar vergemakkelijkte de beoefening der
deugd. *Die dwingelandij der begeerlijkheid,* welke
met geweld tot het kwaad aandrijft, was in Adam
niet, doch wel een zekere neiging tot het genot,
ondergeschikt evenwel aan de rede. Omdat 's menschen wil onderworpen was aan God, waren de
lagere vermogens onderworpen aan de rede en het
lichaam aan de ziel : er was orde, volkomen gerechtigheid.

64. C) Onsterfelijkheid des lichaams. De
mensch is van nature onderhevig aan ziekte en
dood. Door een bijzondere zorg der Voorzienigheid
werd Adam gevrijwaard tegen die tweevoudige
zwakheid, opdat de ziel zich aldus in grooter vrijheid zou kunnen toeleggen op de vervulling harer
hoogere verplichtingen.

Al deze voorrechten nu hadden tot doel den
mensch geschikter te maken tot het ontvangen en
benutten van een nog veel kostbaarder gave, geheel
en volstrecht bovennatuurlijk : *de heiligmakende
genade.*

III. *De bovennatuurlijk voorrechten.*

65. A) De mensch is van nature de *dienaar*, het goed, het eigendom Gods. Door een overgroote goedheid, waarvoor wij ons nimmer dankbaar genoeg kunnen toonen, wilde God den mensch toelaten tot zijne familie, hem aannemen als kind, hem tot zijn toekomstigen erfgenaam maken, door hem een plaats te bestemmen in zijn koninkrijk. Opdat die aanneming geen bloote formaliteit zou wezen, gaf Hij hem een deelgenootschap aan zijn eigen goddelijk leven. Dit deelgenootschap was wel is waar eene geschapen, maar toch eene wezenlijke hoedanigheid, die hem in staat zou stellen hier op aarde de verlichtingen des geloofs — zoover boven die der rede verheven — te genieten en in den hemel God te bezitten door de zaligmakende aanschouwing en eene liefde geevenredigd aan de klaarheid dier aanschouwing.

66. B) Bij deze inwonende genade, die het wezen zelf der ziel vervolmaakte en als vergoddelijkte, voegden zich *ingestorte deugden* en *gaven van den H. Geest*, welke zijne vermogens vergoddelijkten, en eene *dadelijke genade*, die dit gansche bovennatuurlijk organisme in beweging zettend, den mensch bekwaam maakte tot het stellen van akten, die bovennatuurlijk, godvormig en voor het eeuwig leven verdienstelijk waren.

Deze genade is *in haar wezen* dezelfde als die welke ons door de rechtvaardiging wordt geschonken en daarom omschrijven wij haar hier niet nader in bijzonderheden. Wij zullen, dit later doen wanneer wij handelen over den herboren mensch.

Al deze voorrechten, de ingestorte kennis uitgezonderd, waren aan Adam niet als een persoonlijk goed gegeven, maar als een *familie-goed* : het moest overgaan op zijn geheele nakomelingschap, zoo hij aan God getrouw bleef.

ART. III. De Val en de Straf.[1]

I. *De Val.*

67. Ondanks al die voorrechten bleef de mensch *vrij* en werd onderworpen aan eene *beproeving* om, met de hulp der genade, den hemel te kunnen verdienen. Deze beproeving bestond in het vervullen der goddelijke wetten en in 't bijzonder van een *afzonderlijk gebod* bij de natuurwet gevoegd. Dit gebod wordt in het boek der Schepping aangeduid onder den vorm van verbod, nam. dat hij niet zoude eten van de vrucht, die groeide *aan den boom der kennis van goed en kwaad*. De H. Schrift verhaalt, hoe de duivel, in de gedaante der slang, onze eerste ouders komt bekoren : hij verwekt in hunne ziel twijfel aangaande de wettigheid van dat verbod. Hij tracht bij hen de overtuiging ingang te doen vinden dat, wel verre van te sterven, ten gevolge van het eten dier vrucht, zij als goden zullen worden, daar zij door eigen kennis, zonder daartoe nog de goddelijke wet te moeten raadplegen, zullen weten wat goed en wat kwaad is : "*eritis sicut dii, scientes bonum et malum*". (Gen. III, 5). Het was een bekoring tot hoogmoed, tot opstand tegen God. De mensch bezwijkt en begaat eene opzettelijke *ongehoorzaamheid*, gelijk de Apostel Paulus opmerkt (Rom. V, 19), maar een ongehoorzaamheid ingegeven door *hoogmoed* en weldra gevolgd door andere afwijkingen. Het was een zware zonde, wijl het een weigering was om zich aan het gezag van God te onderwerpen, in zekeren zin een ontkenning van zijn Opperheerschappij en van zijn Wijsheid : het bevel was immers een middel om de getrouwheid van den eersten mensch te beproeven. Die overtreding was des te ernstiger omdat onze eerste

---

[1] S. Thomas, IIa IIIae, q. 163-165; *de malo*, q. 4. — Tanquerey, *Syn. Theol. d.* II, n. 895-950.

ouders de oneindige vrijgevigheid van God te
hunnen opzichte kenden, evenals zijne onvervreemdbare rechten; daarbij konden zij het gewicht
van het gebod afleiden uit de zware straf op de
overtreding gesteld. Ook hierom nog was zij des
te ernstiger daar de hevigheid der driften hen niet
voortdreef en hun de tijd gelaten was om over de
vreeselijke gevolgen van hun verzet na te denken.

68. Men heeft zich dikwijls afgevraagd hoe zij
hebben kunnen zondigen, daar zij toch niet onderworpen waren aan de verlokkingen der begeerlijkheid. Om dit te begrijpen dient men zich te herinneren, dat geen enkel vrij schepsel onzondigbaar
is : het kan inderdaad zijn blikken afwenden van
het waarlijk goede om ze naar het schijnbaar goede
te keeren, zich aan het laatste hechten en het
kiezen boven het eerste. In deze voorkeur bestaat
juist de zonde. Gelijk de H. Thomas leert is slechts
hij onzondigbaar wiens wil één is met de zedelijke
wet : dit is het voorrecht van God.

II. *De Straf.*

69. De *straf* liet niet op zich wachten, straf voor
den persoon onzer stamouders, straf voor hun
nageslacht.

A) De straf onzer eerste ouders staat opgetee-
kend in het boek der Schepping. Bij het kastijden
openbaart zich nog de goedheid van God. Hij zou
terstond de doodstraf op onze stamouders hebben
kunnen toepassen ; uit barmhartigheid deed Hij het
niet. Hij stelde er zich mede tevreden hen hunne bijzondere voorrechten te ontnemen, te weten de gave
van onschuld en de heiligmakende genade. Zij
behouden dus hunne natuur en de natuurlijke
voorrechten. Hun wil is ongetwijfeld wel verzwakt,
als men hem vergelijkt met wat hij was in den staat
van onschuld. Het is evenwel niet bewezen dat hij

nu zwakker is dan hij het in den natuurlijken staat
zou geweest zijn. In alle geval, hij blijft vrij en kan
kiezen tusschen het goed en het kwaad. God wilde
hen zelfs het geloof en de hoop laten en deed op de
eigen stonde voor hun moedelooze oogen een
lichtstraal schijnen van hoop op een Verlosser, uit
het menschengeslacht voortgekomen, die eenmaal
over den duivel zegevieren en den gevallen mensch
oprichten zou. Terzelfdertijd wekte Hij door zijne
dadelijke genade hunne harten op tot berouw en
het uur brak aan dat hun de zonde werd vergeven.

70. B) Doch welk lot wacht het *menschelijk
geslacht*, dat uit hunne vereeniging zal geboren
worden? Het zal bij de geboorte eveneens beroofd
zijn van de *oorspronkelijke rechtvaardigheid*, dat is
van de heiligmakende genade en de gave van
onschuld. Deze geheel onverdiend geschonken
gaven, die om het zoo uit te drukken, een *familie-
goed* waren, zouden slechts overgaan aan het
nageslacht van Adam indien deze getrouw bleef aan
God. Deze voorwaarde werd niet vervuld, daarom
wordt de mensch geboren zonder de oorspronkelijke
gerechtigheid. Toen Adam om zijn berouw de
genade terugbekwam, was het enkel als privaat
persoon en voor zich zelven. Hij kon haar derhalve
niet mededeelen aan zijn nageslacht. Aan den
Messias, den nieuwen Adam, voortaan hoofd van
het menschdom, was het voorbehouden voor onze
zonden te boeten en het Sacrament der wedergeboorte in te stellen om aan iederen gedoopte de
genade, door Adams schuld verloren, weder te geven.

71. De kinderen van Adam worden dus geboren,
beroofd van de oorspronkelijke gerechtigheid, dat
wil zeggen, zonder de heiligmakende genade en
zonder de gave van onschuld. De berooving dezer
genade is het wat *erfzonde* genoemd wordt, zonde
in ruimen zin, die van onzen kant geen enkele
schuldige daad veronderstelt, maar wel een staat

van verval tot gevolg heeft. Het bovennatuurlijk einde waartoe wij bestemd blijven in aanmerking genomen, is de erfzonde een *berooving*, het gemis van een wezenlijke hoedanigheid die wij moesten bezitten en dus een *smet*, een *zedelijke onreinheid*, die ons den toegang tot den hemel belet.

72. En daar de *gave van onschuld* eveneens verloren ging, heerscht de begeerlijkheid in ons en drijft ons, zoo wij niet moedig weerstand bieden, tot de dadelijke zonde. Wij zijn derhalve, met betrekking tot onzen oorspronkelijken staat, verzwakt, minder geworden en gekwetst, onderhevig aan onwetendheid, geneigd tot het kwaad, zwak om aan de bekoringen te wederstaan. De ondervinding bewijst dat de begeerlijkheid niet bij alle menschen gelijk is : alle hebben inderdaad niet hetzelfde temperament en gelijk karakter en daarom ook geen even sterke hartstochten. De H. Thomas leert, dat, nu de teugel der oorspronkelijke rechtvaardigheid, die de hartstochten in bedwang hield, verdwenen is, deze na de herkregen vrijheid onstuimiger bij sommigen, minder hevig bij anderen woeden. (Summa th. 1ª 2ᵃᵉ, q. 82, a. 4, ad 1).

73. Moet men verder gaan en met de Augustijnsche School ook nog een zekere *innerlijke* verzwakking van onze natuurlijke vermogens en krachten aannemen? Het is niet noodig en er zijn geen bewijzen voor.

Of met sommige thomisten een zekere *uiterlijke* vermindering van onze krachten, in dezen zin namelijk, dat wij meer beletselen te overwinnen hebben, vooral die dwingelandij, welke de duivel uitoefent over zijn overwonnenen, als ook het gemis van sommige natuurlijke hulpmiddelen, die God ons in den natuurstaat zou geschonken hebben? 't Is mogelijk, zelfs waarschijnlijk, doch om niet te kort te doen aan de waarheid, moeten wij er bijvoegen dat deze beletselen ruimschoots verholpen worden

door de dadelijke genaden, welke de goede God ons
schenkt, ter wille der verdiensten van zijn Zoon,
gelijk ook door de bescherming der goede Engelen,
vooral der Bewaarengelen.

74. Besluit. Wat men wel kan zeggen, is dat de
mensch door den zondeval *het schoone evenwicht*,
door God gesteld, heeft *verloren*, dat hij bij zijn
eersten staat vergeleken een *gewonde* is, een *uit zijn
evenwicht geslagene*, gelijk de tegenwoordige staat
onzer vermogens toont.

A) Dit blijkt vooreerst in onze zinnelijke vermogens. **a**) Onze *uitwendige zinnen*, onze oogen bijv.
richten zich begeerig naar alles wat de nieuwsgierigheid bevredigt, onze ooren luisteren met graagte
naar alles wat ons verlangen om nieuws te vernemen
voldoet, onze tastzin is genegen tot alles wat hem
streelt, en dat alles zonder acht te geven op de
voorschriften der zedewet. **b**) Zoo is het ook met
onze *inwendige zinnen :* de verbeelding vertoont
ons alle soort van voorstellingen die meer of minder
zinnelijk zijn, onze driften richten zich met hevigheid, ja met geweld, tot het zinnelijk goed, zonder
zich te bekommeren om zijn zedelijkheid, en pogen
den wil te doen toestemmen. Deze neigingen zijn
voorzeker niet onweerstaanbaar, want deze innerlijke
vermogens blijven in zekere mate onderworpen aan
de heerschappij van den wil, maar toch hoeveel takt
en inspanning worden niet vereischt om deze
oproerige onderdanen te beteugelen!

75. B) De *verstandelijke vermogens*, die den
mensch eigenlijk tot mensch maken, het verstand
en de wil, zijn ook getroffen geworden door de
erfzonde. **a**) *Ons verstand* blijft ongetwijfeld in staat
om de waarheid te kennen en komt ook door
aanhoudende inspanning, zelfs zonder behulp der
Openbaring, tot de kennis van een zeker aantal
grondwaarheden van de natuurlijke orde. Maar

hoeveel vernederende zwakheden! 1) In plaats van
zich uit zichzelf tot God en de goddelijke dingen te
richten, in stede van zich van de schepselen tot den
Schepper te verheffen, zooals in den oorspronkelijken staat zou geschied zijn, voelt het verstand zich
geneigd om geheel op te gaan in de studie der
geschapen dingen zonder op te klimmen tot hare
oorzaak; het wijdt al zijn aandacht aan wat zijn
nieuwsgierigheid bevredigt en met verwaarloozing
van wat betrekking heeft op zijn einddoel. De
zorgen voor den tijd beletten het verstand zoo
menigmaal te denken aan de eeuwigheid. 2) *Hoe
lichtelijk valt het in dwaling!* De talrijke vooroordeelen waartoe wij zoo geneigd zijn, de driften die
onze ziel beroeren en een sluier werpen tusschen
haar en de waarheid, voeren ons helaas! maar al te
dikwijls in dwaling en dat zelfs in de gewichtigste
levensvragen, waarvan de richting van ons geestelijk
leven afhangt. b) *Onze wil* zelf, in plaats van zich
geheel aan God te onderwerpen, maakt aanspraak
op *onafhankelijkheid :* het kost hem moeite zich
onderdanig te toonen aan God en vooral aan zijn
plaatsvervangers op aarde. En, wanneer er moeilijkheden overwonnen moeten worden bij de beoefening
van de deugd, wat al zwakheid, wat al onstandvastigheid in het pogen! Hoe menigmaal ook laat de
wil zich niet medesleepen door het gevoel en door
de driften? De H. Paulus beschrijft in aangrijpende
woorden deze betreurenswaardige zwakheid : " Niet
het goede dat ik wil, doe ik, maar het kwade dat ik
niet wil, bedrijf ik... Ik heb smaak in de wet Gods,
volgens den inwendigen mensch, maar ik zie in
mijne ledematen eene andere wet die in strijd is
met de wet van mijnen geest en mij gevangen
houdt in de wet der zonde die in mijne ledematen
is. O mij ongelukkige! Wie zal mij verlossen van
dit lichaam des doods? De genade Gods door Jesus
Christus onzen Heer " (Rom. VII, 19-25). Naar het
getuigenis dus van den Apostel is het middel tegen

dezen rampzaligen staat de *genade der Verlossing*, waarover wij nu gaan handelen.

ART. IV. DE VERLOSSING EN HARE GEVOLGEN. [1]

76. De Verlossing is een bewonderenswaardig werk, het meesterwerk van God, die den mensch, door de zonde misvormd, opnieuw vormt en hem in zekeren zin in een beteren toestand plaatst dan waarin hij vóór zijn val zich bevond. De H. Kerk aarzelt dan ook niet, in hare liturgie, de fout te zegenen die ons een Verlosser schonk gelijk den God-Mensch : *" O felix culpa, quae talem ac tantum meruit habere Redemptorem!"*

I. *Haar natuur.*

77. God, die van alle eeuwigheid den val des menschen had voorzien, wilde ook van alle eeuwigheid voor de menschen een Verlosser bereiden in den persoon van zijn Zoon. Het Woord besloot mensch te worden, opdat Hij, Hoofd der menschheid geworden, op volmaakte wijze onze zonde zou kunnen uitboeten en ons, met de genade, al onze rechten weergeven op den hemel. Zoo wist God uit het kwaad het goede te trekken en de rechten zijner *rechtvaardigheid* te verzoenen met die zijner *goedheid.*

Hij was voorzeker niet gehouden ten volle al de rechten zijner rechtvaardigheid te doen gelden; Hij had den mensch kunnen vergeven en zich tevreden stellen met de onvolmaakte vergoeding die deze zou kunnen geven, doch Hij oordeelde het meer overeenkomstig met zijne eer en met de belangen van den mensch, dezen in staat te stellen zijn fout volledig te herstellen.

---

[1] S. THOM., III, q. 46-49 — TANQUEREY, *Synopsis theol. dogm.*, t. II, n. 1119-1202.

78. A) De volmaakte rechtvaardigheid eischte eene *geëvenredigde herstelling, overeenkomend met de beleediging,* aangeboden *door een wettigen vertegenwoordiger* der menschheid. Dit alles verwezenlijkt God volkomen door de Menschwording en de Verlossing.

a) God doet zijn Zoon mensch worden, stelt Hem daardoor ook aan tot Hoofd der menschheid, tot Hoofd van een mystiek lichaam welks ledematen wij zijn; die Zoon bezit dus het recht op te treden in naam zijner ledematen en in hunnen naam eerherstel te geven.

b) De eerherstelling is niet enkel *in evenredigheid* met de beleediging, doch *overtreft* haar verre : *haar zedelijke waarde* is inderdaad *oneindig,* want, daar de zedelijke waarde eener daad op de eerste plaats ontleend wordt aan de waardigheid van den persoon, zoo hebben alle handelingen van den God-Mensch eene oneindige waarde. Eén enkele zijner handelingen zou derhalve voldoende zijn geweest om op volkomen wijze al de zonden der menschen te herstellen. Welnu, Jesus heeft een onnoembaar aantal daden van eerherstel, door de zuiverste liefde ingegeven, verricht; Hij heeft er de kroon op geplaatst door de verhevenste, de heldhaftigste daad : de volledige opoffering van zichzelven in zijn smartvol Lijden op Calvarië. Hij heeft dus overvloedig en meer dan overvloedig, voldoening gegeven : *" ubi abundavit delictum, superabundavit gratia "*. (Rom. V, 20.)

c) Het herstel is geëvenredigd aan de zonde. Adam had gezondigd door ongehoorzaamheid en door hoogmoed ; Jesus voldoet door eene *nederige gehoorzaamheid,* die door *liefde* ingegeven, gaat tot den dood des kruises toe : *factus obediens usque ad mortem, mortem autem crucis* ". (Phil. II, 8.) En gelijk bij den val, eene vrouw was opgetreden om Adam tot zonde te voeren, zoo ook treedt eene

Vrouw bij de Verlossing op door de macht harer voorbede en verdiensten [1] : Maria, de Onbevlekte Maagd, de Moeder des Verlossers, werkt, hoewel op ondergeschikte wijze met Hem mede aan het Verzoeningswerk.

Zoo wordt ten volle voldaan aan de *rechtvaardigheid*, maar meer nog aan de *goedheid.*

79. B) De H. Schrift schrijft de Verlossing toe aan de oneindige barmhartigheid Gods, aan de verregaande liefde, die Hij ons toedraagt : " *God die rijk is in barmhartigheid, om de groote liefde, waarmede Hij ons heeft bemind... heeft ons levend gemaakt in Christus* ". (Ephes. II, 4.)

De drie goddelijke Personen nemen er als om strijd deel aan en ieder met een liefde, die waarlijk buitensporig schijnt.

a) De Vader heeft slechts één Zoon, aan zichzelf gelijk, dien Hij bemint als zichzelven en door wien Hij zelf oneindig bemind wordt. Dezen eenigen Zoon geeft Hij, offert Hij voor ons op om ons het leven, door de zonde verloren, weer te geven : " Zoo zeer heeft God de wereld bemind, dat Hij zijnen eeniggeboren Zoon gaf, opdat alwie in Hem gelooft niet verloren ga, maar eeuwig leven hebbe ". (Joan. III, 16.) Kan Hij de edelmoedigheid verder voeren, kan Hij meer geven dan zijn Zoon? Heeft Hij ons overigens met Hem niet alles gegeven? (Rom. VIII, 32.)

80. b) De Zoon neemt de Hem toevertrouwde zending blijde en edelmoedig aan; van af het eerste oogenblik der Menschwording biedt Hij zich aan zijn Vader aan als *Slachtoffer* om alle sacrificiën der Oude Wet te vervangen. Zijn geheele leven zal een langdurig offer zijn, bekroond met de slachtoffering op Calvarië, sacrificie ingegeven door de

---

[1] Wij bedoelen hier de verdienste *de congruo.*

liefde die Hij ons toedraagt : "Christus heeft u liefgehad en zich voor ons gegeven als gave en offer ". (Ephes. V, 2.)

81. c) Om zijn werk te voltooien zendt Hij ons den H. Geest, de zelstandige Liefde van den Vader en den Zoon. Niet tevreden met aan onze zielen de genade en ingestorte deugden, vooral de goddelijke liefde mede te deelen, zal die H. Geest nog zichzelven aan ons geven, opdat wij niet slechts van zijne tegenwoordigheid en gaven, maar ook van zijn persoon zouden genieten : "*de liefde Gods is uitgestort in onze harten door den H. Geest die ons gegeven is*". (Rom. V, 5.)

De Verlossing is dus het werk van liefde bij uitnemendheid. Hieruit kunnen wij hare gevolgen bevroeden.

II. *De Gevolgen der Verlossing.*

82. Het is Jesus niet genoeg door zijn voldoening den smaad te herstellen God door de zonde aangedaan en ons met Hem te verzoenen, Hij wil voor ons, behalve de genade die wij door de zonde verloren hadden, ook nog vele andere *verdienen.*

Hij geeft ons vooreerst alle *bovennatuurlijke goederen*, door de zonde verloren, weder : **a**) *de heiligmakende* genade met haar stoet van ingestorte deugden en gaven van den H. Geest. Om zich meer te voegen naar de menschelijke natuur, stelt Hij de *Sacramenten* in, zichtbare teekenen, die ons in alle gewichtige levensomstandigheden de genade mededeelen en ons aldus meer veiligheid en vertrouwen geven ; **b**) *dadelijke genaden* in vollen overvloed. Wij kunnen deze met reden nog overvloediger noemen dan zij het in den staat van onschuld waren, volgens het woord van S. Paulus : "*Waar de zonde overvloedig was, was de genade nog overvloediger*". (Rom. V, 20.)

83. c) Het is volkomen waar, dat de *gave van onschuld* ons niet opeens, maar *langzamerhand* wordt teruggeschonken. De genade der wedergeboorte laat ons nog wel den kamp met de drievoudige begeerlijkheid en al de ellenden des levens ondergaan, maar zij schenkt ons de noodige sterkte om de overwinning te behalen ; zij maakt ons nederiger, waakzamer en ijveriger om de bekoringen te voorkomen en te overwinnen. Zoo bevestigt zij ons in de deugd en verschaft ons de gelegenheid om meer *verdiensten* te vergaderen. Door ons de *voorbeelden* van Jesus, die zoo moedig zijn kruis en ook het onze gedragen heeft, voor oogen te stellen, wakkert zij ons aan tot moed in den strijd en tot standvastigheid en volharding bij ons pogen. De *dadelijke genaden* die Jesus ons verdiend heeft en met heilige vrijgevigheid mededeelt, vergemakkelijken op geheel bijzondere wijze onze inspanningen en onze overwinningen. Naarmate wij, onder de leiding en met den steun van den Meester strijden, vermindert de begeerlijkheid, vermeerdert het weerstandsvermogen, zoo zelfs dat sommige bevoorrechte zielen eindelijk zoo in de deugd bevestigd worden dat, met alle vrijheid tot zondigen, zij geen enkele vrijwillige dagelijksche zonde meer bedrijven. De algeheel volkomen overwinning wordt slechts behaald bij het binnentreden in den hemel : zij zal echter des te schitterender zijn naar gelang zij ten koste van grooter inspanning zal bevochten zijn. Mogen wij dan niet zeggen : *o felix culpa !*

84. d) Bij deze inwendige hulpmiddelen heeft de Heer *uitwendige* gevoegd, met name de *zichtbare Kerk* welke Hij gesticht en toegerust heeft tot heil der menscheid : haar leergezag geeft leiding aan den geest, haar wetgevende en rechterlijke macht ondersteunt den wil, hare Sacramenten, Sacramentaliën en Aflaten heiligen de zielen. Vinden wij daar geen onwaardeerbare hulp, waarvoor

God alle dank moet gebracht worden? *O felix culpa!*

85. e) Ten slotte is het niet zeker dat, zonder de erfzonde, het Woord zou mensch geworden zijn. De Menschwording nu is een zoo kosthaar goed, dat zij alleen reeds voldoende is om den jubel der H. Kerk te billijken en te doen begrijpen : *o felix culpa!*

In plaats van een hoofd, voorzeker rijk begaafd, maar toch aan dwaling en zonde onderhevig, hebben wij als hoofd Gods eeuwigen Zoon, die met onze natuur omkleed, even waarlijk mensch als waarlijk God is. Hij is de *Middelaar bij uitstek,* Middelaar *door Gods vereering* evenals *door Verlossing,* den Vader aanbiddend niet in eigen naam alleen, maar ook in naam der gansche menschheid, ja meer nog, ook in naam der Engelen wien door Hem het geluk gegeven is God te verheerlijken : "*per quem laudant Angeli.*" Hij is *de volmaakte Priester* die vrijen toegang heeft bij God om zijn goddelijke natuur, die zich vol erbarmen neigt tot de menschen, zijne broeders, welke Hij met toegeeflijkheid behandelt, daar Hij zelf met hunne zwakheden bekleed is geworden : *qui condolere possit iis, qui ignorant et errant, quoniam et ipse circumdatus est infirmitate*". (Hebr. V, 2.)

Met Hem en door Hem kunnen wij God de oneindige hulde brengen waarop Hij recht heeft; met Hem en door Hem kunnen wij alle genaden bekomen, die wij noodig hebben voor ons en onze broeders. Wanneer wij aanbidden, aanbidt Hij in ons en door ons; wanneer wij om hulp vragen, ondersteunt Hij onze smeekingen : daarom ook wordt alwat wij in zijnen Naam den Vader vragen, ons in volle maat geschonken.

Wij hebben dus wel reden ons te verheugen om het bezit van zulk een Middelaar en om in Hem een onbegrensd vertrouwen te stellen.

Besluit.

86. Dit historisch overzicht doet op uitmuntende wijze de *verhevenheid* van het bovennatuurlijk leven uitschijnen, evenals *de grootheid en de zwakheid* van hem die er mede begiftigd is geworden.

1º Verheven is dit leven voorzeker, want :

a) Het werd geboren uit een liefdevolle gedachte van God, die van alle eeuwigheid ons bemind heeft en in de innigste gemeenzaamheid ons met zich heeft willen vereenen : "*in caritate perpetua dilexi te ; ideo attraxi te miserans tui.*" (Jerem. XXXI, 3).

b) Het is eene *waarachtige,* hoewel beperkte, *deelneming aan de natuur en het leven van God :* "*divinæ consortes naturæ*" (II Petr. I, 4). Zie n. 106.

c) Het is door God op zoo hoogen prijs geschat, dat om het ons terug te schenken, de hemelsche Vader zijn eenigen Zoon overlevert, Deze zich geheel opoffert, en de H. Geest in onze ziel afdaalt om het ons mede te deelen.

Het is dus het kostbaarste aller goederen : "*maxima et pretiosa nobis promissa donavit*" (II Petr. I, 4), dat wij boven alles moeten achten, bewaren en met angstige zorg ontwikkelen : *tanti valet, quanti Deus!*

87. 2º En toch, wij dragen dezen schat in broze vaten. Indien onze stamouders, met de gave van onschuld begiftigd en met velerhande voorrechten verrijkt, dien schat zoo jammerlijk verloren hebben voor zich en voor hun nageslacht, wat hebben wij dan niet te vreezen, wij die, ofschoon geestelijker wijze herboren, *de drievoudige begeerlijkheid* in ons omdragen? Wij bezitten ongetwijfeld *verheven* en *edelmoedige* neigingen, geboren uit hetgeen er goed is in onze natuur en voornamelijk uit onze inlijving in Christus, wij hebben bovennatuurlijke krachten

die uit kracht zijner verdiensten ons gegeven zijn,
maar toch worden wij *zwak* en *onstandvastig* [1], als
wij ophouden te steunen op Hem, die terzelfdertijd
onze rechterarm en ons hoofd is : het geheim onzer
kracht ligt niet in ons, maar in God en in Jesus
Christus. De geschiedenis, de droevige val onzer
stamouders toont ons, dat het groote kwaad, het
eenige kwaad in deze wereld is : *de zonde.* Bij
gevolg moeten wij voortdurend *waken* om terstond
en met kracht de eerste aanvallen van den vijand,
hetzij zij van buiten of van binnen komen, af te
weren. Overigens wij zijn tegen hem goed gewapend, gelijk ons tweede hoofdstuk over de natuur
van het Christelijk leven zal doen zien.

HOOFDSTUK II.

Natuur van het Christelijk Leven.

88. Daar het bovennatuurlijk leven een deelnemen
is aan het leven van God uit kracht der verdiensten
van Jesus Christus, wordt het soms gedefinieerd : *het
leven van God in ons* of : *het leven van Jesus in ons.*
Beide bepalingen zijn juist, als men zorgt ze goed
te verstaan, zoodat iedere schijn van pantheïsme
vermeden wordt. Wij hebben immers geen leven
identiek met dat van God of dat van Christus, maar
een *gelijkenis van dat leven*, een beperkte, ofschoon
wezenlijke deelname aan dat leven.

Wij kunnen het dan aldus omschrijven : *een
deelachtig zijn aan het goddelijk leven door den
H. Geest, die in ons woont, medegedeeld, uit kracht
der verdiensten van Jesus Christus, en dat wij ontwikkelen moeten tegen de tegenstrijdige neigingen.*

---

[1] Deze grootheid en deze geringheid van den mensch zijn dikwijls
beschreven door de christen denkers, vooral door PASCAL : *Pensées*,
II. 397-424.

89. Men ziet derhalve, dat het bovennatuurlijk leven een leven is, waarin God de *hoofdrol* en wij de *tweede rol* vervullen. God, de God der Drieeenheid komt zelf ons dit leven mededeelen, omdat Hij alleen ons deelachtig kan maken aan zijn eigen leven. Hij deelt het ons mede uit kracht der verdiensten van Jesus Christus (n. 78), die de verdienende oorzaak, het voorbeeld en de bron onzer heiligmaking is. Wij mogen dus zeggen *dat God in ons leeft, dat Jesus in ons leeft*, maar ons geestelijk leven is *niet hetzelfde* als dat van God of van Christus. Het is er van onderscheiden ·en heeft er slechts eene gelijkenis mede. — *Het leven dat wij hebben*, heeft tot doel de goddelijke gaven te benutten om te leven in God en voor God, om te leven in vereeniging met en in navolging van Jesus. Daar de drievoudige begeerlijkheid in ons woont (n. 83), kunnen wij niet leven dan op voorwaarde ze met hardnekkigheid te bestrijden. Daar God ons daarenboven begiftigd heeft met een bovennatuurlijk organisme, moeten wij dit leven versterken door *verdienstelijke daden* en het waardig ontvangen der Sacramenten.

Dat is de beteekenis van de definitie, die wij zoo even gaven. Dit geheele hoofdstuk beoogt niets anders dan uitleg en ontwikkeling daarvan ; het zal ons gelegenheid geven er practische gevolgtrekkingen uit af te leiden omtrent de godsvrucht tot de H. Drievuldigheid, de devotie tot en de vereeniging met het Vleeschgeworden Woord en zelfs omtrent de vereering der H. Maagd en de Heiligen.

Ofschoon de werking van God en de werking der ziel in het Christelijk leven, samenvallen, zullen wij toch duidelijkshalve in twee achtereenvolgende artikelen handelen over de *rol van God*, en de *rol van den mensch.*

God werkt in ons :

- 1° Door zich zelf
  - Hij woont in ons : vandaar devotie tot de H. Drievuldigheid.
  - Hij begiftigt ons met een bovennatuurlijk organisme.

- 2° Door zijn Menschgeworden Woord, dat is *hoofdzakelijk*
  - Verdienende oorzaak
  - Voorbeeldenbron } van ons leven.
  - Vandaar : devotie tot het Vleeschgew. Woord.

- 3° Door Maria die *op bijkomstige wijze* is
  - Verdienende oorzaak
  - Voorbeeld } van ons leven.
  - Uitdeelster der genaden.
  - Vandaar : devotie tot Maria.

- 4° Door de Heiligen en Engelen
  - Levende afbeeldingen van God : te vereeren.
  - Voorsprekers : aan te roepen.
  - Toonbeelden : na te volgen.

Wij leven en werken voor God door :

- 1° Te strijden tegen
  - de begeerlijkheid.
  - de wereld.
  - den duivel.

- 2° Onze werken te heiligen
  - Hun drievoudige waarde.
  - Vereischten tot verdienste.
  - Middelen om onze werken verdienstelijker te maken.

- 3° Waardig de H. Sacramenten te ontvangen
  - De sacramenteele genade.
  - De bijzondere genade van { de Biecht. het H. Sacrament.

ART. I. HET AANDEEL VAN GOD IN HET CHRISTELIJK LEVEN.

God werkt in ons *ofwel zelf*, of *door middel van het Menschgeworden Woord*, of door tusschenkomst der *H. Maagd*, der *Engelen* en der *Heiligen*.

§ I. Het aandeel der H. Drievuldigheid.

90. Het eerste beginsel van het bovennatuurlijk leven in ons, *de hoofdoorzaak, waardoor en waarnaar het gevormd is*, is geen ander dan de H. Drievuldigheid of, door toëeigening, de H. Geest. Ofschoon het leven der genade een werk is gemeenschappelijk aan de drie goddelijke Personen, want het is een handeling *ad extra*, wordt het toch bijzonder toegeschreven aan den H. Geest, omdat het een werk van liefde is.

De H. Drievuldigheid beïnvloedt onze heiliging op twee wijzen : Zij komt in onze ziel *wonen* en Zij schept er een *bovennatuurlijk organisme*, waardoor onze ziel tot een bovennatuurlijke orde wordt opgeheven en zoo in staat is *godvormige* akten te verrichten.

I. *De Inwoning van den H. Geest in de ziel*[1].

91. Daar het Christelijk leven een deelname is aan het eigen leven van God, is het ongetwijfeld aan Hem alleen voorbehouden het ons te geven. Hij deelt het mede door in onze ziel te komen wonen en door zich geheel aan ons te geven, opdat wij onze plichten jegens Hem kunnen vervullen, zijne tegenwoordigheid genieten en ons door Hem gewillig laten geleiden om de gevoelens en deugden van Jesus over te nemen[2]. Deze inwoning wordt

---

[1] S. THOM., q. 43, d. 3; MANNING, *Int. Mission*, I; TANQUEREY, *Syn. Th. D.*, t. III, n. 180-185,

[2] Op deze waarheid grondvest OLIER het geestelijk leven in zijn *Catéchisme chrétien pour la vie intérieure :* " Wie verdient Christen genoemd te worden? Hij die in zich den Geest van J. C. heeft…, den Geest, die ons in en uitwendig als Christen leven doet. " — Hij (de

door de godgeleerden de *ongeschapen genade* genoemd. Wij hebben nu te zien 1° hoe de drie
goddelijke Personen in ons leven; 2° hoe wij ons
jegens Hen te gedragen hebben.

1° Hoe de drie goddelijke Personen in ons wonen.

92. God, zegt de H. Thomas, is in de natuurlijke
orde in zijne schepselen op drie onderscheiden
wijzen : door zijn *macht*, in dezen zin dat alle
schepselen aan zijn wil onderworpen zijn, door
zijne *tegenwoordigheid*, daar Hij alles tot zelfs de
geheimste gedachten onzer ziel doorschouwt :
"*omnia nuda et aperta sunt oculis ejus*", door zijn
wezen, omdat Hij overal handelend optreedt, overal
de volheid van het zijn is en de eerste oorzaak van
al wat bestaat in de schepping en aan alle schepselen niet enkel het bewegen en het leven geeft, maar
ook het zijn : "*in ipso enim vivimus, movemur et
sumus*". (Act. XVII, 28.)

Doch zijne tegenwoordigheid in ons door de
genade is van een hooger en inniger orde. Het is
niet enkel het tegenwoordig zijn van den Schepper
en Behouder der wezens, aan wie Hij het aanzijn
gaf, het is het tegenwoordig zijn van de allerhéi-
ligste en aanbiddelijke Drieëenheid, zooals het
geloof Haar doet kennen : de *Vader* die in ons
komt en voortgaat met zijn Woord voort te brengen ; met Hem ontvangen wij den *Zoon*, in alles
gelijk aan den Vader, zijn levend en zelfstandig
beeld, die zonder ophouden, op oneindige wijze, zijn
Vader bemint gelijk Hij door Hem bemind wordt ;
van deze wederkeerige liefde komt de *H. Geest* voort,
Persoon gelijk aan den Vader en den Zoon, wederkeerige band tusschen Beiden en toch onderscheiden
van den Eene en den Andere. Wat al wonderen
hebben plaats in eene ziel in staat van genade !

H. Geest) is er met den Vader en den Zoon en brengt er... dezelfde
gevoelens, dezelfde gesteltenis, de eigen deugden van J. C.

Wat deze tegenwoordigheid kenmerkt, is dat God niet enkel in ons is, maar *zich* aan ons *geeft*, opdat wij Hem zouden kunnen genieten Volgens de uitspraken der H. Schrift mogen wij zeggen, dat God zich aan ons geeft als *Vader*, als *Vriend*, als *Medewerker*, als *Heiligmaker* en dat Hij aldus in waarheid het beginsel is van ons geestelijk leven, zijn *werkende oorzaak* (causa efficiens) en zijn *toonbeeld* (causa exemplaris).

93. A) In de natuurlijke orde is God in ons als Schepper en Opperheer en zijn wij slechts zijn dienaren, zijn eigendom, zijn goed. In de orde der genade echter geeft Hij zich aan ons als Onze Vader en zijn wij zijne aangenomen kinderen. Wonderbaar voorrecht, dat de grondslag is van ons bovennatuurlijk leven! Dit herhalen ons zonder ophouden de H. Paulus en Joannes : "want ge hebt geen geest van slavernij ontvangen, om terug te vallen in de vrees, maar den geest van kindschap waardoor we roepen : Abba, Vader! De Geest zelf getuigt met onzen geest, dat we kinderen zijn van God ". (Rom. VIII, 15-16.) God neemt ons dus aan tot zijn kinderen en dat wel op veel volmaakter wijze dan het de menschen doen bij wettelijke aanneming. De menschen toch kunnen wel hunnen naam en hunne goederen geven aan hun aangenomen kinderen maar niet hun bloed en leven. " De wettelijke aanneming, zegt terecht Kard. Mercier, [1] is een fictie Het aangenomen kind wordt door de pleegouders beschouwd *als ware het* hun kind en bekomt van hen de erfenis waarop de vrucht hunner vereeniging recht zou gehad hebben. De maatschappij erkent deze fictie en bekrachtigt er de gevolgen van, maar toch wordt deze fictie nooit werkelijkheid... De genade der goddelijke aanneming is geen fictie, maar werkelijkheid... God schenkt haar aan die in

[1] *La Vie interieure.*

zijnen Naam gelooven, zegt de H. Joannes : *Dedit eis potestatem filios Dei fieri, his qui credunt in nomine ejus.* (Joan. I, 12). Deze aanneming bestaat niet enkel in naam, maar in volle werkelijkeid : *ut filii Dei nominemur et simus.* Wij nemen bezit van de goddelijke natuur : *divinæ consortes naturæ.*"

94. Dit goddelijk leven is in ons ongetwijfeld slechts een *deelnemen : consortes*, een gelijkenis, een aanpassing; zij maakt van ons geen goden, maar wel *godvormige* wezens. Niettemin is hier geen fictie, maar een *daadzaak*, een *nieuw leven*, niet eenzelfde leven, maar een gelijksoortig aan dat van God en dat, naar het getuigenis der gewijde Boeken, een *nieuwe geboorte* of *wedergeboorte* veronderstelt : "*Indien iemand niet herboren wordt uit water en Geest, kan hij niet ingaan in het koninkrijk Gods*". (Joann. III, 5.) "Door het bad van wedergeboorte en door de vernieuwing van den H. Geest". (Tit. III, 5.) "Die... ons deed wedergeboren worden tot een levende hoop". (I Petr. I, 3.) "Uit vrijen wil heeft Hij ons door de prediking der waarheid geteeld". (Jac. I, 18.) Al deze uitdrukkingen bewijzen, dat onze aanneming niet slechts bij wijze van spreken is, maar *wel degelijk bestaat* (ofschoon zeer verschillend van het kindschap van het Menschgeworden Woord). Daarom ook worden wij met volle recht erfgenamen van het koninkrijk der hemelen, medeërfgenamen van Hem, die onze eerstgeboren broeder is "erfgenamen van God, en medeërfgenamen van Christus... opdat Deze de eerstgeborene onder vele broeders zou zijn". (Rom. VIII, 17, 29.) Hebben wij dan geen reden om de treffende woorden van den H. Joannes te herhalen . "Ziet, hoe groote liefde de Vader ons heeft bewezen dat we kinderen Gods worden genoemd en het ook zijn". (I Joan. III, 1.)

God zal daarom ook voor ons de toewijding, de teederheid hebben van een vader. Hij vergelijkt

zich zelven bij eene moeder, die nooit haar kind
vergeten kan : " Kan wel eene vrouw haar kind
vergeten, dat zij zich niet erbarmt over de vrucht
van haren schoot? En zou zij (het) vergeten, maar
Ik zal u niet vergeten ". (Is. XLIX, 15.) En waarlijk,
Hij heeft het wel getoond, daar Hij, om zijn verloren kinderen te redden, niet geaarzeld heeft zijn
eenigen Zoon te geven en op te offeren : " *Zoozeer
heeft God de wereld bemind, dat Hij zijn eeniggeboren Zoon gaf, opdat alwie in Hem gelooft niet verloren ga, maar eeuwig leven hebbe* ". (Joan. III, 16.)
Diezelfde liefde brengt Hem er toe om zich, van
nu af aan en op blijvende wijze, geheel aan zijn
aangenomen kinderen te geven door in hun hart te
wonen : " *Indien iemand Mij bemint zal hij mijn
woord onderhouden en mijn Vader zal hem beminnen en tot hem zullen Wij komen en verblijf bij hem
nemen* ". (Joan. XIV, 23.) Hij woont dus in ons als
een Vader vol van de grootste liefde en toewijding.

95. B) Hij geeft zich eveneens als *vriend*. De
vriendschap brengt in de verhouding van vader en
zoon een zekere gelijkheid : " *amicitia æquales acci-
pit aut facit* ". De vriendschap neemt of maakt
gelijken. Er ontstaat een zekere gemeenzaamheid,
een wisselwerking van de zoetste vertrouwelijkhe-
den. Zoodanig zijn waarlijk de betrekkingen, die
door de genade ontstaan tusschen God en ons. Er
kan natuurlijk, wanneer over God en de menschen
gehandeld wordt, geen sprake zijn van *wezenlijke
gelijkheid*, maar wel van een *zekere gelijkvormigheid*
die voldoende is om eene ware vertrouwelijkheid te
doen geboren worden. God deelt ons inderdaad
zijne geheimen mede. Hij spreekt tot ons niet
alleen door zijn Kerk, maar ook inwendig door
zijn Geest : " *Hij zal u alles onderwijzen en u
herinneren alles wat Ik u zeide* ". (Joan. XIV. 26.)
Bij het laatste Avondmaal verklaart Jesus dan ook
aan zijne Apostelen, dat zij voortaan niet zijn die-

naren, maar zijn vrienden zullen zijn, omdat er voor
hen geen geheimen meer zullen bestaan. (Joan. XV,
15.) Voortaan zal een innige vertrouwelijkheid in
hunnen omgang heerschen, gelijk tusschen vrienden
heerscht, wanneer zij in volle gemeenzaamheid
samen hunnen maaltijd nemen. "*Zie Ik sta aan de
deur en klop; indien iemand mijne stem hoort en de
deur opent, zal Ik bij hem binnentreden en met hem
maaltijd nemen en hij met Mij*". (Apoc. III, 20.)
O welke bewonderenswaardige vertrouwelijkheid!
Nooit hadden wij ze durven verhopen, zoo de
goddelijke Vriend zelf er ons niet toe had uitgenoodigd. En zij heeft plaats gehad en zij herhaalt zich
iederen dag, niet alleen bij de Heiligen, doch ook
bij de ingekeerde zielen, die er in toestemmen de
deur van haar hart voor den goddelijken Gast te
openen. Dit getuigt de schrijver der Navolging :
" Den inwendigen mensch valt dikwijls zijn bezoek
te beurt, zijn vriendelijke toespraak, zijn weldoende
troost, zijn overvloedige vrede, zijn vertrouwelijke
omgang, die hemel en aarde verbaast ". (2 Boek,
1 h.) Overigens het leven der hedendaagsche
mystieken : de H. Theresia van het Kindje Jesus,
Zuster Elisabeth van de H. Drievuldigheid, Gemma
Galgani en zoovele andere, bewijst ons, dat de
woorden der Navolging nog dagelijks verwezenlijkt
worden. Het in dus buiten allen twijfel, dat God
in ons leeft als een gemeenzame Vriend.

96. C) Hij blijft er niet werkeloos, Hij treedt
er op als de machtigste der *medehelpers*. Wetend,
dat wij uit onszelven dit bovennatuurlijk leven, dat
Hij in ons brengt, niet kunnen ontwikkelen, vult
Hij onze onmacht aan door de dadelijke genade.
Hebben wij *licht* noodig om de waarheden te
kennen, die voortaan onze schreden moeten leiden,
Hij, de Vader aller verlichting, Hij zal klaarheid
uitstralen in ons verstand, opdat wij ons laatste
einde en de middelen om het te bereiken, zouden

zien, Hij zal ons heilzame gedachten, opwekkingen tot heilig handelen ingeven. Ontbreekt ons de *kracht* om oprecht ons leven te willen inrichten naar ons einddoel, en om het moedig ook te blijven willen, Hij zal ons die bovennatuurlijke medewerking verleenen welke ons in staat stelt om te willen en onze voornemens ten uitvoer te brengen : "*Hij werkt in u het willen en uitvoeren*". (Phil. II, 13.) Hebben wij de *driften* te *bestrijden* of aan banden te leggen, de *bekoringen*, die ons bijwijlen overvallen, te *overwinnen*, Hij wederom zal ons de sterkte geven om er weerstand aan te bieden en ze te benutten tot voortgang in de deugd. " *God is getrouw. Hij zal ook niet toelaten dat ge boven uwe krachten bekoord wordt, maar met de bekoring zal Hij ook het middel geven om ze te kunnen doorstaan*". (I Cor, X, 13.) Wanneer wij, afgemat door den strijd voor plicht en deugd, ons tot verflauwing en *moedeloosheid* geneigd gevoelen, dan zal Hij tot ons komen om ons te ondersteunen en vertrouwen in onze volharding in te storten : " *Hij die in u het goed werk begon, Hij zelf zal het voltrekken tot den dag van Christus Jesus*". (Phil. I, 6.) In één woord, nimmer zullen wij alleen zijn, zelfs dan niet, wanneer wij, beroofd van allen troost, ons verlaten zullen wanen : de genade Gods zal altijd met ons zijn, op voorwaarde dat wij met haar willen medewerken : "*Zijne genade is in mij niet ijdel geweest, doch overvloediger dan zij allen heb ik gearbeid doch niet ik, doch de genade Gods met mij*". (I Cor. XV, 10.) Met de hulp van zulk een Medewerker, zullen wij onoverwinnelijk zijn, want alles vermogen wij in Hem die ons versterkt. (Phil. IV, 13.)

97. D) Deze Helper is tegelijkertijd ook *Heiligmaker*. Wanneer Hij in onze ziel komt wonen, verandert Hij haar in een heligen tempel, versierd met alle deugden : "*De tempel Gods is heilig : gij zijt die*". (I Cor. III, 17.) De God die door de

genade in ons komt, is de levende God, de Drieëenheid, oneindige bron van goddelijk leven en die zoo
vurig verlangt ons deelachtig te maken aan zijn
heiligheid. Soms wordt deze inwoning *toegeschreven*
aan den H. Geest, omdat zij een werk van liefde is,
doch daar zij een werking is *buiten de H. Drieeenheid*, is zij *gemeenschappelijk* aan de drie goddelijke
Personen. Daarom ook noemt de Apostel Paulus
ons zonder onderscheid tempels van God en tempels van den H. Geest : " *Weet gij niet, dat gij de
tempel zijt van God en dat Gods Geest in u woont?* "
(I Cor. III, 16.)

Onze ziel wordt dus de *tempel* van den levenden
God, een heilig gebied, voor God alleen bestemd,
een troon van barmhartigheid, waar Hij zijn hemelsche gunsten wil uitdeelen. (Zie n. 102, v.) Het is
boven allen twijfel verheven, dat de tegenwoordigheid van den driemaal heiligen God wel *heiligend*
moet zijn en dat de H. Drievuldigheid, in ons
levend en werkend, het *beginsel is* van onze heiliging, de *bron* van ons inwendig leven. Zij is er ook
toonbeeld (causa exemplaris) van, want, door
aanneming, kinderen Gods zijnde, moeten wij
onzen Vader ook navolgen. Dit zullen wij trouwens
beter begrijpen bij de uiteenzetting der plichten,
jegens de drie goddelijke Personen, die in ons
wonen.

2° Onze plichten jegens de H. Drievuldigheid
in ons.

98. Wanneer men een ko3tbaren schat als de
H. Drievuldigheid binnen zich omsluit, moet men er
dikwijls aan denken : *ambulare cum Deo intus.*
(Navolging 2e Boek). Deze gedachte doet in ons
vooral drie gevoelens ontstaan : de aanbidding, de
liefde en de navolging.

99. A) Het eerste gevoel, dat als het ware van
zelf opwelt uit het hart, is de *aanbidding : Verheer-*

lijkt en draagt God in uw lichaam. (I Cor. VI, 20.)
Inderdaad hoe zou men den goddelijken Gast, die
ons hart in een waar heiligdom omschept, niet
verheerlijken, zegenen en danken? Toen Maria het
Vleeschgeworden Woord in haren zuiveren schoot
had ontvangen, was haar leven nog slechts een
voortdurende akte van aanbidding en van dank :
"*Magnificat anima mea Dominum :* Mijne ziel verheft
den Heer... groote dingen heeft mij de Machtige
gedaan en heilig is zijn naam ". (Luc. I, 46 en 49.)
Dat zijn ook, hoewel minder vurig, de gevoelens
eener ziel, die zich bewust is, dat de H. Geest in
haar woont : zij begrijpt, dat, daar zij de tempel
Gods is, zij zonder ophouden zich als een *offer van
lof* moet opdragen tot glorie der drie goddelijke
Personen. **a**) Het *teeken des kruises* bij het begin
van haar werk zij de toewijding, het *Eere zij den
Vader en den Zoon en den H. Geest,* aan het einde,
zij de dankbetuiging. **b**) Bij voorkeur bidt zij *de
liturgische gebeden* die den lof verkondigen der
H. Drieeenheid : het *Gloria in excelsis Deo,* waarin
zoo juist worden uitgedrukt de gevoelens ingegeven
door het geloof in de drie goddelijke Personen en
vooral in het Menschgeworden Woord; het *Sanctus,*
dat de heiligheid van God verkondigt; het *Te
Deum,* het lofgezang, dat uiting geeft aan het
dankbaar gemoed. **c**) In tegenwoordigheid van dien
God, zoo vol welwillendheid voorzeker, maar toch
nog altijd God, erkent de ziel nederig hare algeheele *afhankelijkheid* van Hem, die haar eerste
begin en haar laatste einde is; zij belijdt hare
onmacht om Hem te loven, zooals Hij het verdient, en, hiervan overtuigd, vereenigt zij zich met
den Geest van Jesus, die alleen aan God de eer
kan geven, welke Hem toekomt : "*De Geest is het
die onze zwakheid te hulp komt, want wij weten niet,
wat wij volgens onze behoeften moeten vragen, maar
de Geest zelf bidt voor ons met onuitsprekelijke
verzuchtingen*". (Rom. VIII, 26.)

100. B) Na God aanbeden en haar eigen niet erkend te hebben,geeft de ziel zich over aan gevoelens van de meest vertrouwvolle *liefde*. Hoe oneindig Hij ook zij, God neigt zich tot ons gelijk een liefdevolle vader tot zijn kind en noodigt ons uit Hem te beminnen en Hem ons hart te schenken : "*Mijn zoon, geef Mij uw hart*". (Prov. XXIII, 26.) Hij heeft het recht die liefde gebiedend te eischen, doch Hij geeft er de voorkeur aan, die op teedere wijze van ons te vragen, opdat er in onze beantwoording meer ongedwongenheid zij en meer kinderlijke overgave in onze bede om hulp. Hoe zou men ook aan zulke teedere voorkomendheid, aan zulke moederlijke bezorgdheid niet beantwoorden met *betrouwvolle* liefde? Het zal een *uitboetende* liefde zijn ten einde onze al te talrijke ongetrouwheden van het verleden en het heden te herstellen ; een *dankbare* liefde om erkentelijkheid te betuigen jegens dien zoo grooten Weldoener en Helper vol toewijding, die onze ziel met zooveel zorg bewerkt, doch het zal vooral een *vriendenliefde* zijn, die ons op innige wijze zal doen omgaan met den getrouwsten, den edelmoedigsten aller vrienden, ons zal aanzetten om altijd op te komen voor zijne belangen, zijne glorie te bevorderen en zijn H. Naam te doen zegenen. Het zal dus niet maar een eenvoudig gevoel zijn, doch eene edelmoedige liefde, bereid tot offers, tot het vergeten van zichzelf, tot het verzaken aan den eigen wil om slechts Gods wil en zijn welbehagen te volbrengen.

101. C) Deze liefde zal dus voeren tot *navolging* der H. Aanbiddelijke Drieëenheid, in zooverre het met de menschelijke zwakheid doenlijk is. Aangenomen kinderen van een allerheiligsten Vader, levende tempels van den H. Geest, begrijpen wij beter, hoe noodzakelijk het is eerbied te hebben en voor ons lichaam en voor onze ziel. Dat was ook de gevolgtrekking, die de Apostel zijne leerlingen voorhield : " *Weet gij niet, dat gij de tempel Gods zijt en dat de Geest Gods in u woont? Indien iemand den tempel Gods onteert, zal God hem verderven, want de tempel Gods is heilig en die zijt gij* ". (I Cor. III, 16-17.) De ondervinding leert, dat de edelmoedige zielen hierin ook de sterkste beweegreden vinden om zich af te wenden van het kwaad en zich toe te leggen op de deugd. Moet men er inderdaad niet op bedacht zijn om een tempel, waarin de driewerf heilige God woont, altijddoor te zuiveren en te tooien? Overigens wanneer God ons een ideaal van volmaaktheid wil voorstellen, gaat Hij het niet zoeken buiten de H. Drievuldigheid : " *Weest volmaakt*, zegt Hij, *gelijk uw hemelsche Vader volmaakt is* ". (Matth. V, 48.) Bij den eersten aanblik schijnt dit ideaal te verheven ; doch wanneer wij ons herinneren, dat wij aangenomen kinderen des Vaders zijn, en dat Hij in ons leeft om daar zijn beeld af te drukken en met ons mede te werken aan onze heiliging, dan begrijpen wij, dat adel verplicht en wij er dus zonder ophouden naar moeten streven de goddelijke volmaaktheden naderbij te komen. Vooral tot het beoefenen der *broederlijke liefde* eischt Jesus, dat wij ons voor oogen zullen stellen het volmaakte toonbeeld dat de ondeelbare eenheid der drie goddelijke Personen is : *Opdat allen één zijn, gelijk Gij, mijn Vader, in Mij en Ik in U, dat ook zij in Ons één zijn.* (Joan. XVII, 21.) Van dit heerlijk gebed zal Paulus zich eenmaal de echo maken, als hij zijn dierbare leerlingen smeekt nimmer te vergeten, dat zij één lichaam en één geest zijnde, één en denzelfden Vader hebbende, die in alle rechtvaardigen woont, zij de eenheid des geestes moeten bewaren door den band des vredes. (Ephes. IV, 3-6.)

Om alles in 't kort samen te vatten, kunnen wij besluiten, dat het Christelijk leven vóór alles bestaat in een gemeenzame, innige en heiligende vereeniging met de drie goddelijke Personen. Deze veree-

niging onderhoudt in ons den geest van godsvereering, liefde en opoffering.

II. *Het Organisme van het christelijk Leven* [1].

102. Wanneer de drie goddelijke Personen in het
heiligdom onzer ziel wonen, vinden Zij er behagen
in haar te verrijken met bovennatuurlijke gaven. Zij
storten ons een leven in, gelijkvormig aan het hunne
en dat genoemd wordt : leven der genade, of godvormig leven.

Er bestaat in ieder leven een drievoudig element : een *levensbeginsel*, dat als de bron des levens
is; *vermogens*, die het in staat stellen levensakten
voort te brengen en eindelijk *akten* die de levens-
openbaring zijn en bijdragen tot zijn ontwikkeling.
In de bovennatuurlijke orde brengt God, die in ons
leeft, in onze ziel deze drie elementen voort : **a**) vooreerst deelt Hij ons de *heiligmakende genade* mede, die
in ons *beginsel is van bovennatuurlijk leven* [2] *:* zij
vergoddelijkt als het ware de zelfstandigheid onzer
ziel en maakt haar bekwaam, — ofschoon nog op
verwijderde wijze — tot de zaligmakende aanschouwing en de akten, die er de voorbereiding
toe zijn.

103. b) Uit deze genade vloeien voort : *de ingestorte deugden* [3] en *de gaven van de H. Geest*, welke
onze vermogens vervolmaken en ons de rechtstreeksche macht geven tot het stellen van godvormige,
bovennatuurlijke en verdienstelijke akten.

c) Om onze vermogens in werking te brengen,
schenkt God ons *dadelijke genaden*, die ons verstand

---

[1] S. THOMAS, Ia IIae, q. 110; ALVAREZ DE PAZ, S. J. *De Vita spirituali ejusque perfectione*, 1602, t. I, lib. II, c. I.
[2] Gratia præsupponitur virtutibus infusis, sicut earum principium et
finis. (*Summ. theol.* Ia IIae, q. 110, a. 3.)
[3] Sicut ab essentia animæ effluunt ejus potentiæ, quæ sunt operum
principia, ita etiam ab ipsa gratia effluunt virtutes in potentias animæ,
per quas potentiæ moventur ad actum. (ibidem, a. 4, ad I.)

verlichten, onzen wil sterken, ons helpen om op bovennatuurlijke wijze te handelen en aldus te woekeren met het kapitaal van heiligmakende genade, dat ons geschonken is.

104. Dit genadeleven, ofschoon onderscheiden van het natuurlijk leven, is niet zoo maar naast dit laatste gesteld, neen, *het doordringt het geheel en al, vormt het om* en vergoddelijkt het. Het neemt in zich alles op wat goed is in onze natuur, onze opvoeding, onze aangenomen gewoonten, vervolmaakt en verheft dat alles tot de bovennatuurlijke orde en richt alles tot het laatste einde, dat is, tot het bezit van God door de zaligmakende aanschouwing en de liefde, die deze vergezelt.

Het is de taak van dit bovennatuurlijk leven, het natuurlijk leven te besturen, uit kracht van het algemeen beginsel, vroeger reeds uitgelegd, n. 54, dat de lagere wezens aan de hoogere ondergeschikt zijn. Het bovennatuurlijk leven kan niet blijven bestaan noch zich ontwikkelen, als het de akten van het verstand, van den wil en de andere vermogens niet *beheerscht* en onder zijn invloed houdt. Daardoor vernietigt noch vermindert het de natuur, maar verheft en veredelt haar. Dit zullen wij aantoonen door achtereenvolgens zijn drie bestanddeelen na te gaan.

1° OVER DE HEILIGMAKENDE GENADE[1].

105. In zijne oneindige goedheid wil God ons tot zich verheffen in zoover onze zwakke natuur er toe in staat is : daartoe geeft Hij ons een bovennatuurlijk godvormig levensbeginsel : de heiligmakende genade. Zij wordt de *geschapen*[2] genade genoemd

---

[1] Cfr. S. THOM., Iᵃ IIᵃᵉ, q. 110; TANQUEREY, *Syn. Th. d.*, t. III, 186-191.

[2] Deze uitdrukking is niet geheel juist, want de genade is in ons geen zelfstandigheid, maar een *accidens* of bijkomstige verandering in onze ziel. Daar zij echter iets beperkts is en van God alleen kan komen,

in tegenstelling met de ongeschapen genade welke bestaat in de inwoning van den H. Geest in ons. De heiligmakende genade maakt ons *gelijkvormig aan God* en *vereenigt* ons met Hem op zeer nauwe wijze. "Est autem hæc deificatio, Deo quædam, quoad fieri potest, *assimilatio unioque* [1]". Deze twee gezichtspunten gaan wij nu verklaren : wij geven de traditioneele bepaling en omschrijven nader de *vereeniging* tusschen onze ziel en God, zooals deze is tot stand gebracht door de genade.

A) *Bepaling.*

106. De genade wordt meestal bepaald : *eene bovennatuurlijke eigenschap, in onze ziel blijvend, die ons op een werkelijke, formeele, hoewel bijkomstige wijze, doet deelnemen aan de natuur en het leven van God.*

a) Zij is derhalve eene *werkelijkheid* der bovennatuurlijke orde, maar geen zelfstandigheid, wijl geen enkele geschapen zelfstandigheid bovennatuurlijk zijn kan. Zij is *een wijze van zijn*, een *toestand* van de ziel, een *eigenschap toegevoegd* aan de zelfstandigheid onzer ziel, waardoor deze omgevormd wordt en verheven boven alle natuurlijke wezens, ook de volmaaktste; zij is een eigenschap, *blijvend* van nature, dat is, zij blijft in ons, zoolang wij haar niet door een vrijwillige doodzonde uit onze ziel verstooten. Kardinaal Mercier zegt, steunend op Bossuet : "Zij is die geestelijke eigenschap welke Jesus in onze zielen uitstort. Zij doordringt het binnenste onzer zelfstandigheid, zij drukt zich in het diepste onzer zielen en verbreidt zich (door de deugden) in alle krachten en vermogens der ziel; zij beheerscht haar inwendig, maakt

---

zonder door ons verdiend te zijn, wordt zij aldus genaamd ; soms ook noemt men haar *concreata*, om te kennen te geven, dat zij genomen is uit de *potentia obedientialis* van onze ziel.

[1] Ps.-Dionysius, *De eccl. Hierarchia*, c. I, n. 3. *Gr. Vad.*, III, 373.

haar zuiver en welgevallig in de oogen van den goddelijken Zaligmaker, die er zijn heiligdom, zijn tempel, zijn woontent, in één woord, zijn geliefkoosd verblijf van maakt". [1]

107. b) Deze eigenschap maakt ons, volgens de krachtige uitdrukking van den H. Petrus, deelgenooten aan de goddelijke natuur : *divinæ naturæ consortes*, zij geeft ons toegang tot den omgang met den H. Geest, zegt de H. Paulus : *Communicatio Sancti Spiritus* (II Cor. XIII, 13), tot het gezelschap van den Vader en den Zoon, leert de H. Joannes (I Joan. I, 3). Zij maakt ons voorzeker niet de gelijken van God, maar *godvormige* wezens, op Hem gelijkend ; zij geeft ons niet het leven zelf van God, dat uit zijn aard onmededeelbaar is, maar een leven op het zijne *gelijkend*. Dit nu moeten wij uitleggen, in zoover het menschelijk verstand het bevatten kan.

108. 1) Het eigenlijk leven van God is : *zich zelven rechtstreeks zien* en zich met oneindige liefde beminnen. Geen schepsel, hoe volmaakt men het ook veronderstelle, kan door zichzelf het goddelijk Wezen aanschouwen : *Het woont in het ongenaakbare licht* (I Tim. VI, 16). God evenwel, door een volstrekt onverdiend voorrecht, roept den mensch tot de aanschouwing van het goddelijk Wezen in den hemel. Daar de mensch er onbekwaam toe is, verheft, verbreedt en versterkt hij zijn verstand door *het licht der glorie*. Dan, zegt de H. Joannes : "*zullen wij gelijkvormig zijn aan God, omdat wij Hem zullen zien gelijk Hij is*" (I Joan. III, 2). Wij zullen zien, voegt de H. Paulus erbij, niet meer als in een spiegel — dat is in de schepselen — maar van aanschijn tot aanschijn, zonder schaduw, in volle, schitterende klaarheid (I Cor. XIII, 12-13).

---

[1] *La Vie intérieure*, p. 401.

Daardoor zullen wij — ofschoon op eindige wijze — deelnemen aan het eigen leven van God, omdat wij Hem zullen kennen op de wijze, waarop Hij zelf zich kent, en wij zullen Hem beminnen, gelijk Hij zich bemint. De godgeleerden verklaren dit aldus : het goddelijk Wezen zal zich met het innigste onzer ziel vereenen en zal bij ons de taak vervullen van ingedrukt kenbeeld (species impressa) om ons in staat te stellen Het te zien zonder geschapen hulpmiddel, zonder eenig beeld.

109. 2) Welnu, de heiligmakende genade is reeds een voorbereiding tot de zaligmakende aanschouwing en als een voorproef van deze gunst : *prælibatio visionis beatificæ.* Zij is als de knop, die reeds de bloem bevat, al moet deze pas later opengaan : zij is dus gelijksoortig met de zaligmakende aanschouwing zelve en deelt in hare natuur.

Wij zullen trachten een vergelijking, hoe onvolmaakt ook, te geven : Ik kan een kunstenaar op drie verschillende manieren kennen : door de studie zijner werken — door de voorstelling, die zijn bijzondere vrienden mij van hem geven — of eindelijk door den omgang, dien ik rechtstreeks met hem heb. Op de eerste dezer drie wijzen leeren wij God kennen door *de beschouwing zijner werken, inductieve* kennis, zeer onvolkomen, omdat zijne werken, al openbaren zij zijne wijsheid en macht, mij toch niets doen kennen van zijn inwendig leven. De tweede manier komt vrijwel overeen met de kennis die *het geloof* ons geeft : op het getuigenis der gewijde Schrijvers en vooral op dat van den Zoon Gods, geloof ik alwat God mij gelieft te openbaren niet enkel over zijne werken en eigenschappen, maar over zijn innerlijk leven; geloof ik, dat Hij van alle eeuwigheid een Woord voortbrengt, dat Hij bemint, en door Hetwelk Hij bemind wordt, en dat van deze wederkeerige liefde de H. Geest voortkomt. Ongetwijfeld begrijp ik niet, vooral zie ik niet, doch ik geloof onwankelbaar vast en dit geloof doet mij op bedekte, gesluierde, niet klare, maar toch ware wijze deelen in de kennis, die God van zichzelven heeft. Slechts later zal, door de zaligmakende aanschouwing, de derde manier van kennen plaats hebben, maar toch ziet men dat de tweede manier eigenlijk van dezelfde natuur is als de derde en zeker zeer ver verheven boven de kennis door het verstand verworven.

110. c) Deze deelneming aan het goddelijk leven is niet bloot virtueel, maar *formeel*. Door een virtueele deelneming verkrijgt men een eigenschap, doch op een andere wijze als de hoofdoorzaak ze bezit : zoo is bijv. de rede een virtueele deelneming aan het goddelijk verstand, omdat wij er de waarheid door kennen, maar op een geheel andere wijze dan waarop God ze kent. Niet aldus echter bij de zaligmakende aanschouwing; en, naar evenredigheid, bij het geloof : aanschouwing en geloof doen ons God kennen gelijk Hij zichzelven kent, natuurlijk niet in den zelfden graad, maar toch op gelijke wijze.

111. d) Deze deelneming is niet *zelfstandig*, maar *bijkomstig*. Zij is dus verschillend van de voortbrenging van het Woord, hetwelk de *volle* zelfstandigheid van den Vader ontvangt; verschillend ook van de hypostatische vereeniging, die eene zelfstandige vereeniging is van de menschelijke en de goddelijke natuur in den éénen Persoon van het Woord : wij behouden immers onze persoonlijkheid, en onze vereeniging met God is niet zelfstandig. Aldus leert de H. Thomas [1] : " Daar de genade zeer ver boven de menschelijke natuur verheven is, kan zij noch een zelfstandigheid, noch de zelfstandige vorm der ziel zijn; zij kan niet anders zijn als haar bijkomstige vorm ". Om zijn gedachte nader toe te lichten, voegt hij er bij dat : hetgeen op *zelfstandige wijze* in God is, op *bijkomstige wijze* geschiedt in onze ziel, welke deelachtig is aan Gods goedheid, zooals blijkt bij de wetenschap : " id enim quod *substantialiter* est in Deo, *accidentaliter* fit in anima participante divinam bonitatem, ut de scientia patet".

Met deze beperkingen vermijdt men het pantheïsme, terwijl men een zeer hoog denkbeeld verkrijgt van de genade, die zich aan ons voordoet als

---

[1] *Summa Theol.*, Iª IIᵃᵉ, q. 110, a. 2, ad 2.

een *goddelijke gelijkenis*, door God in onze ziel ingedrukt. (Gen. I, 26.)

112. Om deze goddelijke gelijkenis duidelijk te
doen inzien, gebruiken de H. Vaders verschillende
vergelijkingen. 1) Onze ziel, zeggen zij, is een levend
beeld van de H. Drieëenheid, een soort portret in
klein formaat : de H. Geest zelf laat, als een stempel
in zachte was, in ons ingedrukt zijn goddelijke gelijkenis achter. Zij besluiten er uit dat de ziel in staat
van genade een verrukkelijke schoonheid bezit, want
de Kunstenaar, die dit beeld schildert, is oneindig
bekwaam, daar Hij niemand minder is dan God zelf
" Pictus es ergo, o homo, et pictus es a Domino Deo
tuo. *Bonum habes artificem et pictorem* " ¹. Nog
besluiten zij er uit en met reden, dat wel verre
van dit beeld uit te wisschen of te verduisteren, wij
het integendeel elken dag nog helderder, nog gelij-
kender moeten doen uitkomen. — Zij vergelijken
onze ziel eveneens met die doorschijnende lichamen
welke, als zij het zonnelicht opvangen, er van
doordrongen worden en schitteren in onvergelijke-
lijken glans ². Ook onze ziel, gelijk een kristal door
de zon bestraald, vangt het goddelijk licht op in
hellen gloed die weerkaatst op al wat haar omringt.

113. 2) Om te bewijzen, dat deze gelijkenis niet
enkel uitwendig, niet maar oppervlakkig is, doch
tot in het diepste van de ziel doorwerkt, bedienen
de H. Vaders zich van de vergelijking van het ijzer
en het vuur : evenals een ijzeren staaf in een vuuroven geworpen weldra de schittering, den gloed en
de lenigheid van het vuur aanneemt, zoo ook
wordt onze ziel, in den vuurgloed der goddelijke
liefde gedompeld, ontdaan van den roest harer
zonden en schittert, gloeit en wordt geheel buigzaam
naar de inspraken Gods.

---

¹ S. Ambros. *In Hexæm.*, l. VI, c. 8. *Lat. Vad.*, XIV, 260.
² S. Basil. *De Spiritu S.*, IX, 23. *Gr. Vad.*, XXXII, 109.

114. 3) Om aanschouwelijk voor te stellen, dat de genade een nieuw leven is, vergelijkt een heden-daagsche Schrijver [1] de genade bij een *goddelijken twijg* op den wilden stam van onze natuur geënt en die samengroeit met onze ziel om er een nieuw levensbeginsel en daardoor ook een veel edeler leven te brengen. Maar evenals de twijg aan den wilden stam niet het geheele leven geeft, eigen van den boom, waarvan die twijg werd genomen, doch enkel de een of andere hem eigen kracht, zoo ook geeft de heiligmakende genade niet de gansche natuur van God, maar *iets van zijn leven*, waaruit voor ons een nieuw leven ontstaat. Wij deelen dus in het goddelijk leven zonder het nochtans in zijne volheid te bezitten.

Deze goddelijke gelijkenis voert ongetwijfeld onze ziel tot een zeer innige vereeniging met de aan-biddelijke Drieëenheid, die in haar woont.

B) *Vereeniging tusschen onze ziel en God.*

115. Uit hetgeen wij gezegd hebben over de inwoning der H. Drievuldigheid in onze ziel (n. 92) volgt, dat er tusschen ons en onzen goddelijken Gast een zeer innige en zeer heiligende *moreele* vereeniging bestaat.

Doch is er daarenboven niet iets *physisch* [2], iets werkelijks in deze vereeniging?

116. a) Uit de vergelijkingen door de H. Vaders gebruikt, zou men meenen het te kunnen aannemen.

1) Velen hunner zeggen, dat de vereeniging van God met de ziel gelijk is aan die van de ziel en het lichaam. Zoo zegt de H. Augustinus : Er zijn in ons twee levens, dat van het lichaam en dat van de ziel; het leven des lichaams is de ziel, het leven der

---

[1] EYMIEU. *La loi de la vie*, p. 148-149.
[2] In de Theol. duidt *physicke* vereeniging, niet een stoffelijke, maar *werkelijke* vereeniging aan.

ziel is God : *sicut vita corporis anima, sic vita animæ
Deus.* Doch dit zijn natuurlijk slechts vergelijkingen.
Trachten wij den waren zijn er van te achterhalen.
De vereeniging tusschen het lichaam en de ziel is
zelfstandig, en wel zoo dat zij beide slechts een en
dezelfde natuur, een en denzelfden persoon uitmaken. Zoo is de vereeniging onzer ziel met God
niet : wij behouden altijd onze eigen natuur en
persoonlijkheid en blijven dus in wezen ook altijd
onderscheiden van de Godheid. Doch evenals de
ziel aan het lichaam zijn leven geeft, zoo ook geeft
God aan de ziel — zonder haar vorm te zijn — het
bovennatuurlijk leven, een leven, niet hetzelfde als
dat van God, maar toch *waarlijk* en *formeel*
godvormig. Dit leven brengt een *werkelijke* vereeniging tot stand tusschen onze ziel en God. Zij
veronderstelt een concrete werkelijkheid, die God
ons mededeelt en die ons met God in verbinding
stelt. Deze nieuwe verhouding geeft aan God
hoegenaamd niets, maar ons vervolmaakt zij en
maakt zij aan Hem gelijkvormig. De H. Geest is
dus niet de formeele, maar de *werkende* oorzaak
en het *toonbeeld* onzer heiliging (causa efficiens et
exemplaris).

117. 2) Dezelfde beteekenis moet gehecht worden
aan de vergelijking, door eenige Schrijvers gemaakt,
tusschen de hypostatische vereeniging en de
vereeniging onzer ziel met God. Tusschen beiden is
onderscheid in wezen : de hypostatische vereeniging
is zelfstandig en persoonlijk, wijl de goddelijke
natuur en de menschelijke natuur, hoewel volmaakt
onderscheiden, in Jesus Christus slechts één en
denzelfden persoon uitmaken, terwijl de vereeniging
der ziel met God door de genade, ons onze eigen
persoonlijkheid laat, in wezen verschillend van de
goddelijke persoonlijkheid, en ons enkel op *bijkomstige* wijze met God vereenigt : " Zij geschiedt
immers door tusschenkomst der heiligmakende

genade, die een " accidens " (bijkomstigheid) is, toegevoegd aan de zelfstandigheid der ziel. Volgens de spreekwijze nu der Scholastiek wordt de vereeniging van een accidens en van een zelfstandigheid, een " accidenteele " vereeniging genoemd [1].

Het is daarom evenwel niet minder waar, dat de vereeniging der ziel met God wel degelijk een vereeniging van *zelfstandigheid met zelfstandigheid* is [2], dat de mensch en God in even nauwe verbinding staan als het ijzer en het vuur, dat het omgeeft en doordringt, als het kristal en het licht. Om alles in één woord samen te vatten, zeggen wij : de hypostatische vereeniging maakt een God-Mensch, de vereeniging met de genade maakt *vergoddelijkte menschen,* en gelijk de handelingen van Christus god-menschelijk zijn, zoo ook zijn die van den rechtvaardige godvormig, gedaan door samenwerking van God en den mensch en daarom verdienstelijk voor het eeuwig leven. Dit leven is op zijn beurt niets anders dan eene onmiddelijke vereeniging met de Godheid. Men mag dus met P. de Smedt zeggen " dat de hypostatische vereeniging het oer-beeld is onzer vereeniging met God door de genade en dat deze vereeniging het volmaaktste beeld is, dat een zuiver schepsel er in zich van kan voortbrengen " [3].

Besluiten wij, met denzelfden Schrijver, de vereeniging door de genade is niet enkel moreel,

---

[1] KARD MERCIER, *La Vie intérieure,* uitg. 1919, bl. 392.

[2] Dit is eigenlijk de gedachte van Kard. Mercier wanneer hij (ter aangehaalde plaatse er bij voegt : " in zekeren zin is deze vereeniging *zelfstandig,* want van den eenen kant geschiedt zij van zelfstandigheid met zelfstandigheid, zonder tusschenvoeging van eenig natuurlijk accident en van den anderen kant stelt zij de ziel in rechtstreeksche verbinding met de goddelijke zelfstandigheid, brengt deze zelfstandigheid onmiddelijk onder haar bereik als een goed, waarvan zij het genot en de beschikking vrijelijk hebben mag ". Zoo worden de uitdrukkingen der Mystieken duidelijk, wanneer zij, met den H. Joannes van het Kruis, spreken van die goddelijke aanrakingen " welke geschieden van de zelfstandigheid der ziel met de zelfstandigheid van God, in den omgang van eene innerlijke liefdevolle kennis " (*Nacht.* II, c. 23 h.).

[3] *Notre Vie Surnaturelle,* p. 51.

maar zij is ook een physiek bestanddeel, zoodat wij haar *physiek-moreel* mogen noemen. " De goddelijke natuur is waarlijk en in haar eigen wezen, met de zelfstandigheid der ziel door een bijzonderen band vereenigd, zoodat de rechtvaardige ziel in zich de goddelijke natuur bezit als haar eigendom en bijgevolg een goddelijk karakter heeft, eene volmaaktheid van goddelijke orde, een goddelijke schoonheid, eindeloos verheven boven alles wat er natuurlijk volmaakts in eenig bestaand of bestaanbaar schepsel kan gevonden worden " [1].

118. b) Wanneer wij, zonder vergelijkingen, de leerstellige zijde van dit vraagstuk bestudeeren, komen wij tot denzelfden uitslag. 1) *In den hemel* zien de uitverkorenen God van aanschijn tot aanschijn, zonder verder hulpmiddel : " In visione qua Deus per essentiam videbitur, ipsa essentia erit quasi forma intellectûs quo intelliget [2] ". Er bestaat dus tusschen hen en de Godheid eene ware, waarachtige vereeniging die men *physiek* kan noemen, wijl God niet gezien noch bezeten kan worden, tenzij Hij door zijn wezen tegenwoordig zij aan hunnen geest — en niet kan bemind worden, tenzij Hij werkelijk met hun wil vereend zij als voorwerp hunner liefde : "amor est magis unitivus quam cognitio" [3]. De genade nu is niets anders dan een begin der glorie : " gratia nihil est quam inchoatio gloriæ in nobis [4] ".

Derhalve is de vereeniging hierbeneden door de genade tusschen onze ziel en God begonnen, feitelijk van denzelfden aard als die der glorie, evenals zij waarachtig en in zekeren zin physisch gelijk is. Tot deze gevolgtrekking komt P. Froget in zijn schoon boek : *L'Habitation du Saint-Esprit,*

[1] *Notre Vie Surnaturelle*, p. 49.
[2] S. Thom. *Sum. theol.*, Supplem. q. 92, a. 1 ad 8.
[3] *Sum. theol.* Ia IIæ q. 28, a. 1 ad 3.
[4] *Sum. theol.* Ia IIæ q. 24.

(p. 156), waarbij hij zich op vele uitspraken van den
H. Thomas beroept : " God is dus op ware, physieke
en zelfstandige wijze in iederen christen, die in staat
van genade is; en het is geen bloot materieele
tegenwoordigheid, maar een wezenlijk bezit, tegelijk
met een begonnen genieten ".

2) Door de *ontleding der genade zelve* komt men
tot hetzelfde besluit. Volgens de leer van den
Engelachtigen Leeraar, die op de door ons aangehaalde schriftuurplaatsen steunt, wordt de heiligmakende genade ons geschonken niet alleen om
Gods gaven doch ook om de goddelijke Personen
zelve te genieten : " *Per donum gratiæ gratum
facientis perficitur creatura rationalis ad hoc quod
libere non solum ipso dono creato utatur, sed ipsa
divina Persona fruatur* [1] ". Maar, voegt hier een
leerling van den H. Bonaventura bij, om het genot
van eenige zaak te hebben, is het noodig dat zij
onder ons bereik zij; om dus den H. Geest te kunnen
genieten is het noodig dat Hij tegenwoordig zij
evenzeer als de geschapen gave, die ons met Hem
vereent [2]. Doch als de geschapen gave *werkelijk* en
physiek aanwezig moet zijn, zal dan de H. Geest het
niet eveneens moeten wezen?

Zoo mogen wij terecht om de gevolgtrekkingen
uit het geloof afgeleid evenals om de vergelijkingen
der H. Vaders zeggen, dat de vereeniging van onze
ziel met God door de genade niet enkel *moreel* is, dat
zij evenmin in strikten zin zelfstandig is, doch wel
zoo werkelijk, dat zij physiek-moreel kan genoemd
worden. Daar zij tegelijkertijd gesluierd en duister
blijft en *progressief* is in dezen zin namelijk,
dat wij des te duidelijker hare uitwerkingen waarnemen, hoe meer wij de gaven des H. Geestes
benutten — daarom gevoelen de vurige zielen,
welke naar de goddelijke vereeniging haken, in zich

---

[1] *Sum. theol.* I. q. 43, a. 3 ad 1.
[2] Ps.-BONAVENTURA, *Compendium theol. veritatis*, l. I, c. 9.

een hevig verlangen om voortdurend te vorderen in
het beoefenen der deugden en het ontwikkelen der
gaven van den H. Geest.

2° OVER DE DEUGDEN EN GAVEN VAN DEN H. GEEST
OF OVER DE VERMOGENS DER BOVENNATUURLIJKE ORDE.

Wij zullen achtereenvolgens het *bestaan* en de
natuur der *deugden* en *gaven* van den H. Geest
afzonderlijk bespreken.

A) *Bestaan en Natuur.*

119. Het bovennatuurlijk leven, door de heiligmakende genade in onze ziel ingestort, heeft om te
kunnen handelen, vermogens van de bovennatuurlijke orde noodig. De goddelijke vrijgevigheid deelt
ze ons edelmoedig mede. Zij heeten *ingestorte
deugden en gaven van den H. Geest.* " De rechtvaardige, — dat is hij, die het leven der genade beleeft
en handelt met behulp der *deugden*, welke in hem
de taak van *vermogens* vervullen — heeft eveneens
de *zeven gaven van den H. Geest* noodig " [1]. Het is
immers noodig dat onze natuurlijke vermogens, die
uit zich zelve enkel tot daden van dezelfde orde
bekwaam zijn, vervolmaakt en vergoddelijkt worden
door ingestorte begaafheden, die haar verheffen en
helpen om bovennatuurlijk te handelen. God
schenkt ons in zijne overgroote mildheid twee
soorten : *de deugden* die onder leiding der voorzichtigheid ons bekwamen om met behulp der dadelijke genade bovennatuurlijk te handelen ; en *de
gaven*, die ons zoo ontvankelijk maken voor de
inwerking van den H. Geest, dat wij geleid door
een soort goddelijk instinct, door dien goddelijken
Geest als bewogen en gericht worden. Men moet
evenwel niet vergeten, dat deze gaven, welke ons
geschonken worden met de deugden en de heilig-

---

[1] LEO XIII, Encycl. *Divinum illud munus*, 9 Mei 1897.

makende genade, slechts in verstorven zielen *krach-tig* en *bij voortduring* kunnen werken : door eene langdurige beoefening der zedelijke en goddelijke deugden hebben zij een *bovennatuurlijke plooibaar-heid* verkregen, die haar geheel gedwee maakt om de ingevingen van den H. Geest altijd in te volgen.

120. Het eigenlijk onderscheid tusschen de deugden en de gaven ligt in hare *verschillende manier* van werken : bij de beoefening der deugden blijven wij werkzaam onder den invloed der voorzichtigheid; bij het gebruik der gaven, als deze *hare volle ontwikkeling* bereikt hebben, zijn wij meer volgzaam dan werkend, gelijk wij bij het behandelen van den weg der vereeniging breedvoeriger zullen verklaren. Ondertusschen zal een vergelijking ons reeds eenig licht tot beter begrip bijbrengen : wanneer eene moeder haar kind leert loopen, stelt zij er zich soms mede tevreden zijn schreden te geleiden en te ondersteunen, opdat het niet valle; andere malen neemt zij het in haar armen om het over eenige hindernis heen te helpen of wel om het te laten rusten. In het eerste geval zien wij een beeld van de medewerkende genade der deugden, in het tweede een van de werkende genade der gaven.

Maar daaruit volgt, dat, in 't algemeen, de handelingen onder den invloed der gaven verricht, volmaakter zijn dan die welke alleen onder den invloed der deugden geschieden, juist omdat de werking van den H. Geest in het eerste geval veel werkzamer is en vruchtbaarder dan in het tweede.

B) *Over de ingestorte Deugden.*

121. Volgens het *Concilie van Trente* is het *zeker*, dat wij op het eigen oogenblik der rechtvaardigmaking de ingestorte deugden van geloof, hoop en liefde verkrijgen [1]. En *de algemeene leer*, door den

---

[1] *Trid.* sess. VI, cap. 7.

Catechismus van het Concilie van Trente [1] bevestigd, is, dat de zedelijke deugden van *voorzichtigheid, rechtvaardigheid, sterkte* en *matigheid* ons tegelijkertijd worden medegedeeld. Wij moeten evenwel niet vergeten, dat deze deugden niet de gemakkelijkheid schenken maar wel het *bovennatuurlijk vermogen* om bovennatuurlijke handelingen te stellen; om die *gemakkelijkheid,* welke uit gewoonte ontstaat, te verkrijgen, moet men zich herhaaldelijk oefenen.

Zien wij nu hoe deze deugden onze vermogens bovennatuurlijk maken.

a) Sommige deugden worden *goddelijke* genoemd, omdat zij God tot voorwerp en een of andere goddelijke eigenschap tot beweegreden hebben. Het *geloof* vereenigt ons met God, de opperste *Waarheid* en helpt ons om alles te zien, alles te schatten in zijn goddelijk licht. De *hoop* vereenigt ons met Hem, die, bron van ons geluk, altijd bereid is om over ons zijne weldaden uit te storten, ten einde onze omvorming te voltooien, bereid ook om ons door zijnen machtigen bijstand te helpen, op dat wij in kinderlijke overgave ten volle op Hem vertrouwen. De *liefde* verheft ons tot God *oneindig goed in zich zelven,* en onder haren invloed verheugen wij ons over de oneindige volmaaktheden van God, meer dan zoo zij de onze waren ; wij wenschen, dat zij gekend en verheerlijkt worden, wij leggen den band eener heilige vriendschap, eener innige vertrouwelijkheid met Hem : zoo worden wij Hem steeds meer gelijkvormig. Deze drie goddelijke deugden vereenigen ons dus rechtstreeks met God.

122. b) De zedelijke deugden hebben tot voorwerp een zedelijk goed, van God onderscheiden, en tot beweegreden de goedheid zelve van dat voorwerp. Zij bevorderen en bevestigen de vereeniging met God, doordat zij zóó wel onze handelingen regelen

---

[1] *Cat. Tr.* bl. II, Over het Doopel, n. 42.

dat deze, ondanks alle beletselen binnen en buiten ons, zonder ophouden naar God gericht blijven. Zoo doet bijv. de *voorzichtigheid* ons de geschiktste middelen uitkiezen om tot ons bovennatuurlijk einde te komen. De *rechtvaardigheid* zet ons aan om den evennaaste te geven, wat hem toekomt en aldus heiligt zij onze betrekkingen met onze broeders zoodanig, dat zij ons dichter tot God brengen. De *sterkte* wapent onze ziel tegen de beproevingen en den strijd, doet ons met geduld het lijden *ondergaan* en met heilige stoutmoedigheid de moeilijkste werken *ondernemen* ten einde de glorie van God te bevorderen. En wijl de verboden vermaken ons daarvan af zouden leiden, komt de *matigheid* ons vurig begeeren naar het genot beteugelen en onderwerpt het aan de wet van plicht.

Al deze deugden hebben dus tot taak de beletselen uit den weg te ruimen en zelfs ons positieve middelen te verschaffen om tot God te gaan [1].

C) *Over de Gaven van den H. Geest.*

123. Zonder in bijzonderheden te treden (wat wij later zullen doen) zullen wij hier enkel het verband der gaven met de deugden aantoonen.

Al zijn de gaven niet volmaakter dan de goddelijke deugden en vooral niet volmaakter dan de liefde, zij *vervolmaken* toch *hare beoefening.* Zoo doet de gave des *verstands* ons dieper doordringen in de *geloofswaarheden* om er de verborgen schatten en geheimvolle harmonie van te ontdekken; de gave van *wetenschap* laat ons een blik slaan in de betrekkingen der geschapen dingen met God. De gave van *vreeze* versterkt de *hoop*, daar zij ons onthecht aan de schijngoederen hierbeneden, die een gevaar van zonde zijn en vermeerdert aldus de begeerte

---

[1] Over de deugden wordt breedvoeriger gehandeld in het 2e gedeelte, bij den Weg der Verlichting, over de gaven bij den Weg der Vereeniging.

naar de goederen des hemels. De gave van *wijsheid*
doet ons de goddelijke dingen smaken en versterkt
aldus onze liefde tot God. De *voorzichtigheid* wordt
bovenmate bevorderd door de gave van *raad*, welke
ons in de afzonderlijke gevallen voorlicht omtrent
hetgeen gedaan of niet gedaan moet worden. De
gave van *godsvrucht* vervolmaakt de deugd van
godsdienstigheid die met de rechtvaardigheid verbonden is : zij doet ons in God een Vader zien,
zoodat wij het een geluk achten Hem door liefde
te mogen verheerlijken. De gave van *sterkte* voltooit de deugd van gelijken naam, doordat zij ons
aanzet tot heldhaftigheid bij lijden en werken. De
gave van *vreeze* ten slotte, behalve dat zij de hoop
vergemakkelijkt, vervolledigt in ons de matigheid,
wijl zij ons afschrik inboezemt voor de straffen en
onheilen, die uit de ongeregelde zucht naar vermaken voortvloeien.

Zoo . ontwikkelen zich in onze ziel in onderling
verband de deugden en gaven onder den invloed
der *dadelijke genade*.

3° DE DADELIJKE GENADE[1].

Evenals wij in de natuurlijke orde de hulp van
God noodig hebben om van het kunnen over te
gaan tot het handelen, zoo ook kunnen wij in de
bovennatuurlijke orde onze vermogens niet te werk
stellen zonder den bijstand der dadelijke genade.

124. Wij zullen verklaren : 1° het *begrip*, 2° de
wijze van werken, 3° de *noodzakelijkheid* der dadelijke genade.

A) Begrip. *De dadelijke genade is een bovenna-*
tuurlijke en voorbijgaande hulp, die God ons verleent
om ons verstand te verlichten en onzen wil te verster-
ken bij het stellen der bovennatuurlijke akten.

---

[1] Cf. S. Thom., Iª IIᵃᵉ, q. 109-113; Ad. Tanquerey, *Syn. Th. d.*,
n. 22-123. Zie ook Waffelaert, *Méditations théol.*, t. I, p. 606-650.

a) Zij werkt derhalve rechtstreeks op onze *geeste-lijke* vermogens, het verstand en den wil, niet meer om ze te verheffen tot de bovennatuurlijke orde, maar om ze in werking te stellen en bovennatuur-lijke handelingen te doen verrichten. Een voorbeeld : *vóór* de rechtvaardigmaking of instorting der heilig-makende genade verlicht zij ons omtrent de boosheid en de vreeselijk gevolgen der zonde, opdat wij deze zouden verafschuwen. *Na* de recht-vaardigmaking toont zij ons, in het licht des geloofs, de oneindige schoonheid van God en zijne barmhartige goedheid, opdat wij Hem met geheel ons hart zouden liefhebben.

b) Doch naast deze *inwendige* genaden, zijn er andere, die men *uitwendige* noemt, en die, door rechtstreeks op onze zinnen en zinnelijke vermogens te werken, zijdelings op onze geestelijke vermogens inwerken, en wel sterker naarmate zij meer samen-gaan met actueelen inwendigen bijstand. Zoo zijn de lezing van de H. Schrift of van een geestelijk boek, het aanhooren van een preek, van religieuze muziek, van een stichtende samenspraak *uitwen-dige* genaden. Uit zich zelf versterken zij den wil niet, doch brengen heilzame *indrukken* in ons te weeg, die op het verstand en den wil inwerken en ze naar het bovennatuurlijk goed doen overhellen. Daarbij zal God er menigmaal *inwendige bewegin-gen* bij voegen, die het verstand verlichten en den wil versterken en ons daardoor zullen helpen om ons te bekeeren of om beter te worden. Wij kunnen dit afleiden uit de woorden van het boek der *Handelingen* der Apostelen, waar gezegd wordt dat de H. Geest het hart eener vrouw, Lydia genaamd, opende om aandachtig te luisteren naar de woorden van den H. Paulus (Act. XVI, 14). God, die weet, dat wij ons van het stoffelijke tot het geestelijke verheffen, voegt zich naar onze zwak-heid en benut de zichtbare dingen om ons tot de deugd te voeren.

125. B) Haar wijze van werken. a) De dadelijke genade beinvloedt ons op een wijze, die tegelijk *zedelijk* en *physiek* is : *zedelijk*, door ons te *overtuigen* en *aan te lokken*, gelijk een moeder die haar kind leert loopen en het zacht roept en tot zich lokt door het iets te beloven; *physiek* [1], door nieuwe krachten toe te voegen aan onze vermogens, die uit zich zelf te zwak zijn om te handelen, gelijk men de moeder ziet doen, als zij het kind bij de armen ondersteunt en het niet enkel met woorden maar ook met gebaren helpt om eenige stappen vooruit te gaan. Alle Scholen nemen aan dat de werkende genade op physieke wijze handelt door in onze ziel *onvoorbedachte* bewegingen voort te brengen; doch waar sprake is van de *medewerkende* genade bestaan er meeningsverschillen, die overigens practisch van weinig belang zijn; wij zullen ons met dezen strijd niet inlaten, daar wij onze vroomheid niet in twistvragen zoeken.

b) In een ander opzicht *voorkomt* de genade onze vrije toestemming of *vergezelt* die bij het stellen van de akt. Zoo valt mij de gedachte in een akte van liefde tot God te verwekken, zonder dat ik iets gedaan heb om die gedachte te doen opkomen : het is eene *voorkomende* genade, eene goede gedachte, die God mij ingeeft; neem ik haar aan en tracht ik die gedachte van liefde te verwekken, dan doe ik het met de hulp van de *medehelpende* of *vergezellende* genade. Een zelfde onderscheiding is die van *werkende* genade, waardoor God in ons, zonder ons, handelt en de *medewerkende* genade, waardoor God in ons met ons handelt, d. i. met onze vrijwillige medewerking.

126. C) **Hare noodzakelijkheid.** [2] Het algemeen beginsel is, dat de dadelijke genade voor iedere

---

[1] Dit is ten minste de thomistische leer welke P. Hugon aldus samenvat : " Gratia actualis... est etiam realitas supernaturalis nobis intrinseca, non quidem per modum qualitatis, sed per modum motionis transeuntis. (Tract. dogm. II, p. 297).

[2] Cf. TANQUEREY, *Synopsis th. d.*, t. III, p. 34-91, waar ook onderzocht

bovennatuurlijke akt vereischt wordt, wijl er overeenkomst moet bestaan tusschen het gevolg en de oorzaak.

a) Zoo hebben wij, wanneer er sprake is van *bekeering*, d. i. van den overgang van de doodzonde tot den staat van genade, eene bovennatuurlijke genade noodig om de voorbereidende akten van geloof, hoop, berouw en liefde te stellen. Dit geldt zelfs voor het begin van het geloof, voor de goede begeerte naar het geloof, die er de eerste stap toe is. **b**) Eveneens is het door de dadelijke genade, dat wij *volharden* in het goede gedurende den loop onzes levens en *tot aan ons stervensuur*. Daartoe immers : 1) moeten wij weerstand bieden aan de *bekoringen*, die ook de rechtvaardigen bevechten en die bij wijlen zoo geweldig en aanhoudend zijn, dat wij ze slechts met Gods bijstand kunnen overwinnen. Christus vermaant dan ook zijne Apostelen, zelfs na het laatste Avondmaal, te waken en te bidden, dat wil zeggen, niet enkel op hun eigen pogen te steunen, maar ook op de genade om niet te bezwijken in de bekoring (Matth. XXVI. 41) — 2) Doch wij moeten daarenboven ook al onze *plichten* vervullen : de krachtsinspanning nu welke deze vervulling voortdurend vereischt, kan niet bestaan zonder de hulp der genade : alleen Hij, die in ons het werk der heiligmaking begon, kan het tot een goed einde brengen (Phil. I. 6). Hem, die ons tot de waarheid riep, Hem alleen is het voorbehouden er de laatste hand aan te leggen. (1 Petr. V. 10).

127. Dit geldt vooral voor de *eindvolharding*, welke een *bijzondere* en *groote* gave is [1] : in staat van genade sterven, ondanks al de bekoringen, die ons in het laatste levensuur komen overvallen, of aan

---

wordt in welke mate de genade vereischt wordt voor de natuurlijke akten.

[1] *Trident*, Sess. VI, Can. 16, 22, 23.

dezen strijd door een zachten of plotselingen dood
ontkomen en in den Heer ontslapen, dit is naar de
uitspraak der Concilies, de genade der genaden.
Wij kunnen haar niet genoeg vragen en kunnen ze
strikt genomen niet verdienen, doch kunnen ze
bekomen door het gebed en door een getrouwe
medewerking met de genade : *suppliciter mereri
potest* [1]. c) En wanneer men niet enkel wenscht te
volharden, maar ook nog dagelijks wil *aangroeien*
in heiligheid, de vrijwillige *dagelijksche zonde*
vermijden, het getal fouten, die men uit zwakheid
begaat, verminderen, moet men dan ook niet met
de goddelijke goedgunstigheid rekening houden?
Meenen geruimen tijd vrij te kunnen blijven van
iedere fout, die onzen geestelijken voortgang
vertraagt, is de ondervinding miskennen tot zelfs
der ijverigste zielen welke met smart hare tekortkomingen betreuren; is in tegenspraak komen met
de uitspraak van den H. Joannes : " *Indien wij
meenen dat wij geen zonde hebben, misleiden wij
onszelf en de waarheid is niet in ons* " (I. Joan. I. 8)
Het is ook tegen de leer van het Concilie van
Trente, dat diegenen veroordeelt, welke zeggen, dat
de gerechtvaardigde zonder een bijzonder voorrecht
van God, geheel zijn leven door, de dagelijksche
zonde kan vermijden. (Sess. VI. can. 23).

128. De dadelijke genade is ons dus noodzakelijk
ook na de rechtvaardigmaking; daarom juist leggen
de H. Boeken zoo zeer den nadruk op de *noodzakelijkheid van het gebed*, waardoor men van Gods
barmhartigheid de genade bekomt. Wij kunnen deze
ook verkrijgen door onze verdienstelijke werken, met
andere woorden, door onze vrije medewerking met
de genade : hoe getrouwer wij de ons geschonken
dadelijke genaden benutten, hoe meer God zich
genegen toont ons nieuwe mee te deelen.

[1] H. AUGUST. *De dono perseverantiæ*, VI, 10.

GEVOLGTREKKINGEN.

129. 1º Wij moeten dus het leven der genade ten zeerste op prijs stellen : het is een *nieuw* leven, een leven, dat ons vereenigt en gelijkvormig maakt met God en dat een volledig organisme heeft om zijn werkingen te kunnen verrichten. Het is veel volmaakter dan het natuurlijk leven. Is het verstandelijk leven reeds verre boven het plantenleven verheven, het christelijk leven staat nog eindeloos verder boven het verstandelijke. Dit laatste immers komt den mensch toe, van af het oogenblik, dat God besluit hem te scheppen ; het leven der genade echter gaat boven alle vermogens en alle verdiensten der volmaaktste schepselen. Inderdaad, wie zou zich ooit het recht kunnen aanmatigen om aangenomen zoon van God, tempel van den H. Geest te worden, om God van aanschijn tot aanschijn te zien gelijk Hij zichzelven ziet? Wij moeten dus dit leven hoogachten boven alle geschapen goederen, het beschouwen als den *verborgen schat*, voor wiens bezit men niet aarzelen moet alles te verkoopen wat men heeft.

130. 2º Is men in het bezit van dezen schat, dan dient men *alles op te offeren* liever dan gevaar te loopen hem te verliezen. Zoo besluit de H. Paus Leo de Groote : " *Erken, o Christen, uwe waardigheid en, deelachtig geworden aan de goddelijke natuur, wil niet door een onwaardig gedrag, terug keeren tot uwe vroegere geringheid* " [1] Niemand hebbe meer eerbied voor zichzelven dan de christen, voorzeker niet om zijn eigen verdiensten, maar om het goddelijk leven, waaraan hij deelachtig is, en omdat hij de tempel is van den H. Geest, een heiligdom welks luister hij niet mag verduisteren : " *Uw huis betaamt heiligheid in lengte van dagen* " (Ps. XCII, 5).

---

[1] *Serm.* XXI. 3. Lat. Vaders LIV, 195.

131. 3° Verder, en dat behoeft geen betoog, moeten wij het bovennatuurlijk organisme, waarmede wij zijn toegerust, ook *benutten* en ontwikkelen. Indien het de goddelijke goedheid behaagd heeft ons tot een hoogeren staat te verheffen, ons in overvloed deugden en gaven tot vervolmaking onzer natuurlijke vermogens mede te deelen, indien God ons ieder oogenblik zijn bijstand verleent om die vermogens in werking te stellen, dan zouden wij die vrijgevigheid al zeer slecht waardeeren, zoo wij die gaven verwierpen, door niets meer te verrichten dan natuurlijk goede handelingen of door den wijngaard onzer ziel niet dan onvolmaakte vruchten te doen voortbrengen. Hoe edelmoediger de Gever zich heeft getoond, zoo veel te meer ook verwacht Hij van onzen kant eene krachtdadige, vruchtbare medewerking. Dit zal nog duidelijker blijken, wanneer wij *het aandeel, dat Jesus in het christelijk leven neemt*, zullen beschouwd hebben.

§ II. Het Aandeel van Jesus in het Christelijk Leven [1].

132. De geheele H. Drievuldigheid maakt ons deelachtig aan het goddelijk leven, dat wij beschreven hebben. Zij doet het evenwel om de verdiensten en de voldoeningen van Jesus Christus, die daarom juist een zoo wezenlijk aandeel heeft in ons bovennatuurlijk leven, dat dit met recht *christelijk leven* genoemd wordt. Volgens de leer van den H. Paulus is Jesus Christus het hoofd van het herboren menschdom, gelijk Adam het in den beginne was van het menschelijk geslacht. Jesus echter is het op veel volmaakter wijze. Door zijne *verdiensten* heeft Hij ons het recht op de genade en de glorie terug

---

[1] S. THOM., III, qq. 8, 21, 22, 25, 26, 40, 46-49, 57 et alibi passim. P. BÉRULLE, *Œuvres*, éd. 1657, p. 522-530; 665-669; 689; OLIER, *Pensées choisies*, textes inédits (LETOURNEAU) p. 1-31; D. C. MARMION, *Le Christ, vie de l'Âme* (1920).

gewonnen; door zijn *voorbeelden* toont Hlj ons, hoe
wij moeten leven om ons te heiligen en den hemel
te verdienen. Voor alles echter is Hij het hoofd van
het geheimzinnig lichaam, waarvan wij de ledematen zijn. Hij is dus de *verdienende oorzaak*, het
voorbeeld en het *levens-beginsel* van onze heiliging.

I. *Jesus verdienende Oorzaak van ons Christelijk Leven.*

133. Wanneer wij zeggen, dat Jesus de verdienende oorzaak van onze heiliging is, dan nemen wij
dit woord in zijn wijdste beteekenis, in zoover het
de *voldoening* en de *verdienste* tegelijkertijd omvat :
" *Om de overgroote liefde, waarmede Hij ons bemind
heeft, heeft Hij door zijn allerheiligst lijden op het
kruishout ons de rechtvaardigmaking verdiend en
voor ons voldaan.* ".

De voldoening gaat *logisch* de verdienste vooraf,
in dezen zin nam., dat eerst de beleediging, God
aangedaan, hersteld moet wezen, vooraleer de vergeving der zonde verkregen en de genade verdiend
kan worden. In werkelijkheid waren echter in
Christus alle handelingen *tegelijkertijd* voldoenend
en verdienstelijk en hadden alle eene oneindige
zedelijke waarde (n. 78). Uit deze waarheid hebben
wij enkel eenige gevolgtrekkingen af te leiden :

A) Geen zonde is onvergeeflijk, op voorwaarde
dat wij er berouwvol en nederig vergeving van
vragen. Dit doen wij in den *stoel van boetvaardigheid*, waar door bemiddeling van Gods plaatsvervanger de kracht van Jesus Bloed op ons wordt
toegepast. Dit doen wij eveneens bij het *H. Misoffer*,
waar Jesus zich, door de handen des priesters,
voortdurend opdraagt als slachtoffer ter verzoening :
Hij wekt daar in onze ziel gevoelens op van oprecht
berouw, stemt God gunstig jegens ons en bekomt
voor ons eene telkens vollediger vergeving onzer
zonden en overvloediger kwijtschelding der straffen

die wij tot uitboeting moesten ondergaan. Wij kunnen hier nog bijvoegen, dat *alle christelijke handelingen* met het lijden van Christus vereenigd, eene uitboetende waarde hebben, voor ons en voor de zielen, voor wie wij ze opdragen.

134. B) Jesus heeft ons alle genaden verdiend, die ons noodig zijn om ons bovennatuurlijk einddoel te bereiken en om in ons het christelijk leven te vervolmaken : " *Hij heeft ons in Christus Jesus gezegend met alle geestelijke zegening* " (Eph. I, 3) : genaden tot bekeering, genaden tot volharding, genaden om de bekoringen te wederstaan, genaden om voordeel te trekken uit onze beproevingen, genaden van vertroosting te midden onzer kwellingen, genaden tot geestelijke vernieuwing, genaden ter tweede bekeering, genaden ter volharding ten einde toe : alles heeft Hij ons verdiend. Jesus verzekert ons daarenboven nog, dat alles wat wij den Vader in zijnen naam, dat is steunend op zijne verdiensten, zullen vragen, ons zal gegeven worden.

Om ons nog meer vertrouwen in te boezemen, heeft Hij de Sacramenten ingesteld, zichtbare teekenen, die ons in al de voornaamste levensomstandigheden de genade mededeelen en ons recht geven te gelegenertijd dadelijke genaden te ontvangen.

135. C) Hij doet nog meer : Hij heeft ons *het vermogen gegeven om te voldoen en te verdienen*, doordat Hij ons aan zich wil verbinden als ondergeschikte oorzaken en ons tot bewerkers wil maken van onze eigen heiliging. Hiervan maakt Hij ons zelfs een gebod en een wezenlijke voorwaarde voor ons geestelijk leven. Heeft Hij zijn kruis gedragen, het was opdat wij Hem zouden navolgen bij het dragen van het onze : " *Indien iemand mijn volgeling wil zijn, verloochene hij zich zelf en neme zijn kruis op, en volge Mij* " (Matth. XVI, 24). Zoo hebben het de Apostelen begrepen : Willen wij deel hebben in zijne glorie, zegt de H. Paulus, dan moeten wij

ook deelnemen in zijn lijden (Rom. VIII, 17) en de
H. Petrus voeg ter bij, dat, zoo Christus voor ons
geleden heeft, het is geweest, opdat wij in zijne
voetstappen zouden treden (I Petr. II, 21). Daarenboven gevoelen de edelmoedige zielen, zooals de
H. Paulus, zich gedrongen blijde, in vereeniging
met Christus, alle smart te ondergaan voor zijn
geheimzinnig lichaam, dat is de Kerk. Op deze
wijze nemen zij aandeel in de verlossende kracht
van zijn Lijden en werken, in ondergeschiktheid
aan Hem, mede aan het heil hunner broeders. Hoe
veel meer komt deze leer overeen met de waarheid,
hoe veel verhevener, troostrijker dan de onaanne-
melijke meening van sommige protestanten, die den
treurigen moed hebben staande te houden dat, daar
Christus voor ons voldoende heeft geleden, wij
enkel de vruchten van zijn verlossingswerk hebben
te genieten zonder den lijdenskelk te moeten drinken! Zij beweren aldus hulde te bewijzen aan de
volheid der verdiensten van Christus, terwijl inderdaad door die macht om door het lijden te kunnen
verdienen, juist de volheid der verlossing nog sterker uitkomt. Is het inderdaad niet eervoller voor
Christus de vruchtbaarheid zijner voldoeningen te
openbaren door ons deel te geven in het verlossingswerk en ons bekwaam te maken met Hem,
ofschoon op ondergeschikte wijze, er in mede te
werken door de Navolging zijner Voorbeelden?

II. *Jesus Voorbeeld (causa exemplaris) van ons leven.*

136. Jesus heeft zich niet tevreden gesteld met
voor ons te verdienen, Hij heeft ook de *causa
exemplaris*, het *levend voorbeeld* willen zijn van ons
bovennatuurlijk leven.

Dergelijk voorbeeld hadden wij grootelijks noo-
nig : om een leven te kunnen leiden, dat een
medeleven met God zelf is, moesten wij het goddelijk leven zoo veel mogelijk nabij komen. Maar,

zegt terecht de H. Augustinus, de menschen, die
wij bij ons zagen, waren al te onvolmaakt om tot
voorbeeld te kunnen dienen, terwijl God, die de
heiligheid zelve is, te ver van ons verwijderd
scheen. Daarom is de eenige Zoon Gods, zijn
levend evenbeeld, mensch geworden en heeft door
zijn voorbeeld ons getoond, hoe wij op aarde de
goddelijke volmaaktheid meer kunnen nabijkomen.
Zoon van God en Zoon des menschen, heeft Hij
een waarlijk *godvormig* leven geleid en heeft Hij
ons kunnen zeggen : " *Wie Mij ziet, ziet ook den
Vader* " (Joan. XIV, 9). Daar Hij in zijne levenswijze de goddelijke heiligheid heeft doen uitschijnen, heeft Hij ons de navolging van Gods volmaaktheden ook als mogelijk kunnen voorstellen :
" *Weest derhalve volmaakt gelijk ook uw hemelsche
Vader volmaakt is* " (Matth. V, 48). Daarom ook
stelt de Vader Hem ons voor als toonbeeld : bij
het doopsel en de gedaanteverandering openbaart
Hij zich aan de discipelen en zegt hen van zijn
Zoon : " *Deze is mijn welbeminde Zoon in wien Ik
mijn welbehagen heb.* " (Matth, III, 17 ; XVII, 5.)
Indien Hij in Hem zijn welbehagen heeft, dan
verlangt Hij ook, dat wij Hem navolgen. Daarom
verzekert Christus ook ten stelligste : *Ik ben de
Weg... niemand gaat tot den Vader dan door Mij...
Leert van Mij omdat Ik zachtmoedig en nederig van
harte ben... Een voorbeeld heb Ik u gegeven, opdat
gelijk Ik u gedaan heb, ook gij doen moogt.* " En wat
is eigenlijk het Evangelie, tenzij het verhaal der
handelingen van Christus, in zoover zij ons ter
navolging zijn voorgesteld? " *Hij begon te doen en te
leeren* " (Act. I, 1). Wat is het Christen zijn anders
dan het navolgen van Christus? Voerde Paulus dan
ook alle plichten van een Christen niet terug tot dit
ééne : Christus navolgen? " *Imitatores mei estote
sicut et ego Christi.* " (I Cor. IV, 16. Cf. XI, 1 ;
Eph. V, 1.) Zien wij nu, welke de hoedanigheden
van dit toonbeeld zijn.

137. a) Jesus is een *volmaakt* toonbeeld. Zelfs voor hen, die niet in zijn godheid gelooven, is Hij Het volkomenst model van deugden, dat ooit op aarde verscheen. Hij heeft de deugd in den heldhaftigsten graad beoefend en met de volmaaktste *inwendige gesteltenissen :* Godsvereering jegens den Vader, liefde tot den evenmensch, volkomen zelfverloochening, afschuw van het kwaad en van wat er toe leiden kan. Toch is dit model *navolgbaar* door en *voor allen*, en *vol aantrekkelijkheid*, terwijl zijn voorbeelden tevens *kracht geven* tot navolging.

138. b) Het is een toonbeeld dat *allen kunnen navolgen :* Hij heeft onze ellenden en zwakheden op zich genomen, heeft zich zelfs aan de bekoring willen onderwerpen, in alles, behalve in de zonde, aan ons gelijk willen worden : " Wij hebben geen Hoogepriester die onze zwakheden niet meevoelen kan, maar Eén die bekoord werd geheel op dezelfde wijze, als wij, behoudens de zonde " (Hebr. I V, 15). Dertig jaren lang heeft Hij geleefd op de meest verborgen, geringe, gewone wijze, onderdanig aan Maria en Joseph, in de bezigheden van leerling en werkman, *fabri filius* (Matth. XIII, 45). Daardoor is Hij het volmaaktste toonbeeld voor de meeste menschen, die slechts geringe bezigheden te verrichten hebben en zich te midden van alledaagsche werkzaamheden moeten heiligen. — Doch Hij heeft ook zijn *openbaar leven* gehad : Hij heeft het apostolaat uitgeoefend, nu eens bij een uitverkoren aantal om zijn Apostelen te vormen, dan weer te midden der scharen om het volk te onderwijzen. Hierbij heeft Hij vermoeidheid en honger geleden ; van eenigen heeft Hij vriendschap genoten, van anderen ondank moeten ondergaan ; Hij heeft voorspoed gekend en tegenslag, in één woord Hij heeft alle wisselvalligheden ondervonden, waaraan iedere mensch in zijn omgang met vrienden en het volk is blootgesteld. In zijn lijdensleven heeft Hij ons het voorbeeld gegeven van het heldhaftigst geduld te midden van lichaamspijnen en zielesmarten : Hij heeft ze verdragen niet enkel zonder klacht, maar zelfs met een bede op de lippen voor zijn beulen. En men meene niet, dat Hij, God zijnde, minder heeft geleden. Hij was ook *mensch :* begaafd met uiterste fijngevoeligheid, heeft Hij meer dan wij het kunnen, van de ondankbaarheid der menschen, de vlucht zijner vrienden, het verraad van Judas moeten lijden; Hij is door zulk gevoel van neerslachtigheid, van droefheid en vrees aangegrepen, dat Hij gedrongen werd te bidden, dat de bittere lijdenskelk, zoo het mogelijk ware, van Hem voorbij zou gaan; ook op het kruishout heeft Hij den hartverscheurenden kreet geslaakt, die van de diepte zijner smarten getuigt : *Mijn God, mijn God, waarom hebt Gij Mij verlaten ?* (Matth. XXVII, 46; Marc. XV, 34). Hij is dus een toonbeeld geweest in alles.

139. c) Hij is ook *vol aantrekkelijkheid.* Hij had voorzegd, dat, *als Hij boven de aarde zou verheven zijn* (Hij doelde op zijn kruisdood), *Hij alles tot zich zou trekken.* (Joan. XII. 32). Deze voorzegging is verwezenlijkt. Bij het zien van wat Jesus voor hen gedaan en geleden heeft, worden de edelmoedige zielen van liefde begeesterd voor den goddelijken Gekruiste en dus ook voor zijn Kruis [1]; ondanks hun natuurlijken afkeer, dragen zij moedig hunne in- en uitwendige kruisen, hetzij om Hem hunne liefde te betuigen door met Hem en voor Hem te lijden, hetzij om meer gelijkvormig te worden aan hun goddelijken Meester, hetzij om overvloediger deel te hebben in de vruchten der Verlossing, en met Hem mede te werken aan de heiliging hunner broeders. Dit blijkt uit het leven der Heiligen, die met grooteren aandrang naar de

---

[1] Hierop doelt het gebed van den H. Andreas Apostel, wanneer hij het kruis, waartoe hij veroordeeld was, met liefde begroette : " *O bona Crux* ".

kruisen verlangen dan de wereldlingen naar de
vermaken.

140. d) Die aanlokking is des te sterker, daar
Jesus er zijne krachtdadige genade mede verbonden
heeft : al zijne handelingen, *vóór zijn dood*, waren
verdienstelijk; daardoor heeft Hij ons de genade
verdiend eveneens met verdienste te handelen. Bij
het beschouwen zijner nederigheid, armoede, versterving en overige deugden voelen wij ons tot
navolging meegesleept, niet enkel door de overtuigende kracht zijner voorbeelden, maar ook door de
krachtdadigheid der genade, die Hij ons door zijne
deugden heeft verdiend en bij de beschouwing dier
deugden mededeelt.

141. Sommige daden in het leven van Christus
zijn van grooter gewicht; wij moeten er ons op
bijzondere wijze mede vereenigen omdat zij overvloediger genadebronnen zijn : het zijn zijne
Mysteriën. Het geheim der Menschwoning bijv.
heeft ons de genade der zelfverloochening en der
vereeniging met God verdiend, doordat Christus ons
met zichzelven heeft opgedragen om ons allen aan
zijn Vader toe te wijden. Het geheim der Kruisiging
heeft ons de genade verworven ons vleesch en zijne
begeerlijkheden te kruisigen. Het geheim van den
Kruisdood heeft ons de genade bekomen aan de
zonde. en hare oorzaken te sterven, enz. Dit zullen
wij nog beter begrijpen, wanneer wij zien, hoe Jesus
het hoofd is van het geheimzinnig lichaam welks
ledematen wij zijn.

III. *Jesus Hoofd van een geheimzinnig lichaam
of Bron van leven* [1].

142. De kern dezer leer is reeds aangeduid door
dit woord van Christus : " *Ik ben de wijnstok, gij de*

---

[1] *Sum. th.*, III, q. 8; D. MARMION : *Le Christ, vie de l'âme*, 10ᵉ édit.
p. 123-146.

ranken " (Joan. XV. 5). Hij verzekert immers, dat
wij van Hem het leven ontvangen gelijk de wijn-
gaardranken van den stam, waarmede zij verbonden
zijn. Deze gelijkenis doet de *levensgemeenschap*
uitkomen, die bestaat tusschen Christus en ons. Zij
helpt ons ten zeerste om tot een juist begrip te
komen van het geheimzinnig lichaam, waarin Jesus,
als hoofd, het leven mededeelt aan de ledematen.
De H. Paulus legt den grootsten nadruk op deze
leer, zoo heilrijk in hare gevolgen.

In een lichaam moeten zijn : een *hoofd*, eene *ziel*
en *ledematen*, drie bestanddeelen die wij, volgens de
leer van den Apostel gaan beschrijven.

143. 1° Het hoofd heeft in het menschelijk
lichaam een drievoudige verhouding ten opzichte
der andere ledematen; vooreerst van voorrang,
omdat het verreweg het voornaamste is; dan als
centrum van eenheid : het houdt alle ledematen
samen en bestuurt ze; ten derde als *levensbeginsel :*
van het hoofd immers gaan de beweging en het leven
uit. Welnu dit is juist de drievoudige verhouding
van Jesus met de Kerk en de zielen : **a**) Hij heeft
ongetwijfeld *den voorrang* boven alle menschen, Hij
die als God-Mensch de eerstgeborene is van alle
schepselen, het voorwerp van Gods Welbehagen,
het volmaakte toonbeeld van alle deugden, de
verdienende oorzaak onzer heiliging, Hij, die om
zijne verdiensten boven al het geschapene verheven
is en voor Wien alle knie moet buigen in den
hemel, op aarde en onder de aarde.

b) Hij is in de Kerk het *Centrum* van eenheid,
Voor een volmaakt organisme zijn twee zaken
volstrekt onmisbaar : de *verscheidenheid* der organen
en der werkingen, die zij verrichten, en hunne
eenheid in een gemeenschappelijk beginsel. Zonder
dit tweevoudig element zou er niet anders wezen dan
een beweeglooze massa of een opeenhooping van
levende wezens zonder eenigen organischen band.

Jesus nu, na in zijn Kerk de verscheidenheid van organen door de instelling eener hierarchische orde gebracht te hebben, is nog altijd het middelpunt van eenheid daar Hij, het onzichtbaar maar waarachtig hoofd, de hierarchische hoofden zijner Kerk leiding en beweging geeft.

c) Hij ook is het levensbeginsel, dat al de ledematen bezielt en levend maakt. Ook als mensch ontvangt Hij de volheid der genaden om ze ons mede te deelen : *"we aanschouwden Hem vol van genade en waarheid... en uit zijn volheid ontvingen wij allen, ja genade op genade"* (Joan. I, 14, 16). En inderdaad, is Hij niet de verdienende Oorzaak van al de genaden, die wij ontvangen en die ons door den H. Geest worden medegedeeld? Ook leert het Concilie van Trente zonder aarzelen deze werking, dezen levengevenden invloed van Jesus op de rechtvaardigen : " *Cum enim ille ipse Christus Jesus tamquam caput in membra... in ipsos justificatos jugiter virtutem influat"* (Sess. VI. c. VIII).

144. 2⁰ Ieder lichaam moet niet enkel een hoofd, maar ook eene *ziel* hebben. Welnu de H. Geest (dat is de H. Drievuldigheid onder dezen naam aangeduid) is de ziel van het geheimzinnig lichaam, waarvan Jesus het hoofd is. De H. Geest stort inderdaad in de zielen de door Jesus verdiende *liefde* en *genade* uit : " *De liefde Gods is uitgestort in onze harten door den H. Geest, die ons gegeven is"* (Rom. V. 5). Daarom ook wordt Hij genoemd : de Geest, die levend maakt : *Credo in Spiritum Sanctum... vivificantem.* Om die zelfde reden zegt dan ook de H. Augustinus [1] dat de H. Geest voor het lichaam der Kerk is, wat de ziel is voor het natuurlijk lichaam. Deze uitdrukking is bovendien nog bevrachtigd door Leo XIII in zijn Encycliek over den H. Geest [2]. Ook is het

---

[1] Sermo 187 de tempore.
[2] Atque hoc affirmare sufficiat quod cum Christus sit caput Ecclesiæ, Spiritus Sanctus sit ejus anima. (Encycl. 9 Mei 1897.)

nog de H. Geest die de verschillende genadegaven
mededeelt : aan eenigen de taal der wijsheid of
de genade der prediking, aan anderen de gave der
mirakelen, aan dezen de gave der voorzegging, aan
genen de gave der talen enz. : " *dit alles echter werkt
een en dezelfde Geest uit, aan ieder mededeelend zooals
Hij wil*" (I Cor. XII, 6).

145. Deze twee werkingen van Christus en den
H. Geest wel verre van elkaar te hinderen, vullen
elkander aan. De H. Geest komt tot ons door
Christus. Toen Jesus nog op aarde verkeerde, bezat
Hij in zijn heilige ziel de volheid van den H. Geest.
Door zijn werken en vooral door zijn lijden en
dood, heeft Hij *verdiend*, dat deze Geest ons werd
medegedeeld. Aan Hem dus danken wij, dat de
H. Geest ons deelachtig komt maken aan het leven
en de deugden van Christus en ons aan Hem gelijkvormig maakt. Dit wordt op deze wijze verklaard :
Alleen Jesus, omdat Hij mensch is, kan het hoofd
zijn van een geheimzinnig lichaam uit menschen
samengesteld : het hoofd en de ledematen moeten
immers van gelijke natuur zijn. Als mensch echter
kan Hij door zichzelven de genade, onmisbaar voor
het leven der ledematen, niet geven ; de H. Geest
neemt deze taak waar en vult dus dat gemis aan,
doch daar Hij het doet om de verdiensten van den
Zaligmaker, kan men toch zeggen, dat van Jesus
zelven de *levengevende invloed* uitgaat naar zijne
ledematen.

146. 3° Doch wie zijn de *ledematen* van dit
geheimzinnig lichaam? Allen die gedoopt zijn.
Door het doopsel toch worden wij ingelijfd in het
lichaam van Christus, zegt de H. Paulus : " *Etenim
in uno Spiritu omnes in unum corpus baptizati
sumus*" (I Cor. XII, 23). Daarom voegt hij er bij,
dat wij in Christus gedoopt zijn, dat wij door het
doopsel Christus aandoen, dat wil zeggen, dat wij
deel hebben in de inwendige gesteltenissen van

Christus. Dit verklaart het *Decreet voor de Arme-niërs* door te zeggen, dat *wij door het doopsel lede-maten worden van Christus en het lichaam der Kerk.*
Hieruit volgt, dat alle gedoopten ledematen zijn van Christus, maar in verschillenden graad : de *rechtvaardigen* zijn met Hem vereenigd door de heiligmakende genade en door al de voorrechten die haar vergezellen; de *zondaars* door het geloof en de hoop; de *hemelingen* door de zaligmakende aanschouwing. Wat de *ongeloovigen* betreft, kan men niet zeggen, dat zij nu ledematen zijn van zijn geheimzinnig lichaam, doch zoo lang zij op aarde leven, zijn zij *geroepen* om het te worden; alleen de verdoemden zijn voor immer van dit voorrecht uitgesloten.

147. 4⁰ Gevolgen van deze geloofswaarheid.
A) Op deze inlijving in Christus is *de gemeenschap der Heiligen* gegrond. De rechtvaardigen hier beneden, de zielen des vagevuurs en de Heiligen in den hemel maken alle deel uit van het geheimzinnig lichaam van Christus, alle leven mede van zijn leven, worden door hetzelve beïnvloed en moeten dus elkander beminnen en behulpzaam zijn als leden van een zelfde lichaam, want zegt de H. Pau-lus : *" wanneer een lidmaat iets lijdt, lijden alle ledematen mede, of wanneer een lidmaat geëerd wordt, verblijden alle ledematen er zich over. "*
(I Cor. XII, 26.)

148. B) Daarom zijn *alle christenen broeders :* er is voortaan noch jood, noch griek, noch vrije, noch slaaf : wij zijn allen *één* in Christus Jesus. (Rom. X, 12 ; I Cor. XII, 13.) Wij hebben dus allen *gemeenschap-pelijke belangen*, en wat nuttig is voor den een, is het ook voor de anderen, omdat, welke verscheidenheid er ook zij van gaven en bedieningen, het geheele lichaam voordeel heeft bij alwat er in elk der ledematen goed is, evenals elk lidmaat voordeel heeft van de goederen van het geheele lichaam.

Deze leer geeft ook de reden aan, waarom Christus heeft kunnen zeggen : Wat gij aan den minste der mijnen doet, doet gij aan Mij : het hoofd vereenzelvigt zich immers met de ledematen.

149. C) Hieruit volgt, dat, volgens de leer van Paulus, de christenen de *voltooiing* zijn van Christus. God heeft Hem inderdaad "*als hoofd gegeven aan de geheele Kerk die zijn lichaam is en de volheid van Hem die alles in allen aanvult*." (Ephes. I, 23.) Jesus toch, volmaakt in zich zelf, heeft nog een aanvulling noodig om zijn geheimzinnig lichaam te vormen : onder dit opzicht is Hij zichzelven niet genoeg; Hij heeft ledematen noodig om alle levenswerkingen te kunnen uitoefenen. Hieruit besluit M. Olier : " Geven wij onze zielen over aan den Geest van Jesus Christus opdat Hij in ons aangroeie. Wanneer Hij geschikte personen vindt, verruimt Hij zich, groeit Hij aan, verbreidt zich in hunne harten en vervult ze met den geur der geestelijke zalving waarvan Hij zelf vervuld is " (Pensées). Op deze wijze kunnen en moeten wij aanvullen wat aan het lijden van den Zaligmaker ontbreekt, door te lijden gelijk Hij geleden heeft, opdat zijn lijden, zoo volledig in zich zelf, nog vervolledigd worde in zijne ledematen door alle tijden heen : " *Adimpleo ea quæ desunt passionum Christi in carne mea pro corpore ejus quod est Ecclesia* " (Col. I, 24). Men ziet dus, dat niets vruchtbaarder is dan de leer over het geheimzinnig lichaam van Jesus.

Besluit : godsvrucht

tot het Vleeschgeworden Woord [1].

150. Uit alles wat wij gezegd hebben over het aandeel, dat Jesus in het geestelijk leven heeft, volgt,

---

[1] P. BÉRULLE (de Apostel van het Vleeschgeworden Woord genaamd) : *Discours de l'Estat et des Grandeurs de Jésus.*

dat om dit leven te doen gedijen, te ontwikkelen, wij immer in een innige, liefdevolle vereeniging met Hem moeten blijven, met andere woorden dat wij de godsvrucht tot het Menschgeworden Woord moeten beoefenen : " *Wie in Mij blijft en Ik in hem, hij draagt rijke vruchten*" (Joan. XV, 5). Dit ook prent de H. Kerk ons in, als zij ons bij het einde van den Canon der Mis voorhoudt : dat wij door Hem alle geestelijke goederen ontvangen, door Hem geheiligd, levend gemaakt en gezegend worden, door Hem, met Hem en in Hem alle eer en glorie moeten geven aan God den Almachtigen Vader in de eenheid met den H. Geest : " *Per quem hæc omnia, Domine, semper bona creas, sanctificas, benedicis et præstas nobis ; per ipsum et cum ipso et in ipso est tibi Deo Patri omnipotenti, in unitate Spiritus Sancti omnis honor et gloria*". Het is een volledig program voor het geestelijk leven : daar wij alles hebben ontvangen door Christus, moeten wij ook door Hem *God verheerlijken*, door Hem *nieuwe genaden vragen*, met Hem en in Hem *al onze handelingen verrichten*.

151. 1º Omdat Jesus de volmaakte Aanbidder Zijns Vaders is (of zooals M. Olier zich uitdrukt " le Religieux de Dieu "), de eenige die bij machte is Hem eene oneindige hulde aan te bieden, volgt klaarblijkelijk, dat wij, om onze plichten jegens de H. Drievuldigheid te vervullen, niet beter kunnen doen dan ons nauw met Jesus te vereenigen telkens als wij ons van die plichten willen kwijten. Dit is des te gemakkelijker, daar Jesus als hoofd van het geheimzinnig lichaam, waarvan wij de ledematen zijn, zijn Vader aanbidt niet in eigen naam alleen, doch ook in naam van allen, die in Hem zijn ingelijfd : Hij stelt te onzer beschikking de huldebewijzen, die Hij aan God geeft, en veroorlooft ons ze ons toe te eigenen om ze de H. Drievuldigheid aan te bieden.

152. 2° Met Hem en door Hem kunnen wij ook op krachtdadige wijze *nieuwe genaden vragen,* want Jesus, de Hoogepriester, houdt niet op voor ons te bidden : " *semper vivens ad interpellandum pro nobis* " (Hebr. VII, 25). Hebben wij het ongeluk gehad God te beleedigen, dan nog spreekt Hij te onzen gunste en zijn smeeken is des te krachtiger, daar Hij terzelfdertijd het bloed offert voor ons vergoten : " *Indien iemand heeft gezondigd, wij hebben een Voorspreker bij den Vader, Jesus Christus en Hij zelf is de verzoening voor onze zonden*" (I Joan. II, 1). Daarenboven, indien wij onze gebeden in zijnen naam verrichten, dat is, indien wij op zijne oneindige verdiensten steunen, dan geeft Hij er zulke kracht aan, dat wij de verzekering hebben verhoord te zullen worden : " *Voorwaar, voorwaar, Ik zeg U : Al wat gij den Vader vragen moogt in mijnen naam, Hij zal het u geven.* " (Joan. XVI, 23.) De waarde van zijne verdiensten wordt toegepast op zijne ledematen en God kan niets weigeren aan zijnen Zoon : " Hij is verhoord ter wille van zijn godvreezendheid " (Hebr. V, 7).

153. 3° In vereeniging met Hem moeten wij ten slotte *al onze handelingen verrichten,* door, zooals M. Olier zoo schoon zegt, Jesus altijd *voor oogen, in het hart,* en *in de handen* te hebben [1]. *Voor oogen,* dat wil zeggen door Hem te beschouwen als het toonbeeld, dat wij moeten navolgen, en door ons steeds de vraag te stellen, gelijk de H. Vincentius a Paulo deed : Wat zou Jesus nu in mijn plaats doen? *In het hart,* door ons in de inwendige gesteltenis van Jesus te plaatsen, in zijn zuiverheid van meening, in zijn vurigheid, ten einde aldus al onze werken in zijnen geest te verrichten. *In de handen,* door met edelmoedigheid, met kracht en volharding de ingevingen der genade in te volgen. Dan zal ons

---

[1] *Introduction à la vie et aux vertus chrétiennes,* Ch. IV, p. 47, éd. 1906.

leven omgevormd worden en wij zullen het leven van Christus leiden : " *Ik leef, doch niet meer ik, doch Christus leeft in mij* " (Gal. II, 20).

§ III. Aandeel der H. Maagd, der Heiligen en der Engelen in het Christelijk leven.

154. Er is voorzeker slechts één God, één noodzakelijke Middelaar Jesus Christus : " *Unus est enim Deus, unus et mediator Dei et hominum Christus Jesus* " (I Tim. II, 5). Nochtans heeft het de goddelijke wijsheid en goedheid behaagd ons beschermers, voorsprekers en toonbeelden te geven, die dichter bij ons zullen wezen, of ten minste zullen schijnen te zijn : de Heiligen, die, na in hunne levenswijze de goddelijke volmaaktheden en de deugden van Christus te hebben weergegeven, voor immer tot zijn geheimzinnig lichaam behooren en in ons, hunne broeders, belang stellen. Door hen te eeren, eeren wij God in hen, die een weerschijn zijner volmaaktheden zijn, door hen aan te roepen, richten wij, wel beschouwd, onze smeekingen tot God, omdat wij de Heiligen vragen onze voorsprekers bij Hem te zijn; door hunne deugden na te volgen, volgen wij Jesus na, wijl zij zelven slechts heilig zijn geworden naarmate zij de deugden van het goddelijk Toonbeeld hebben weergegeven. Deze vereering der Heiligen, wel verre van den eeredienst aan God en het Menschgeworden Woord verschuldigd, te schaden, dient veeleer om hem te bevestigen en te vervolledigen. De H. Moeder Gods bekleedt onder de Heiligen eene afzonderlijke plaats. Wij zullen haar aandeel [1] in het Christelijk leven eerst, daarna dat der Heiligen en der Engelen beschouwen.

---

[1] Cf. S. THOM., *in Salut. angel. expositio;* SUAREZ, *de Mysteriis Christi,* disp. I-XXIII; BOSSUET, *Sermons sur la Vierge;* TANQUEREY, *Syn. Th. d.*, t. II, n. 1226-1263.

I. *Het Aandeel van Maria in het Christelijk leven.*

155. 1° **Grondslag.** Maria heeft daarin aandeel krachtens hare nauwe vereeniging met Jesus of met andere woorden krachtens het dogma van haar goddelijk moederschap, waaruit logisch hare waardigheid en haar taak van Moeder der menschen volgen.

A) Op den dag der Menschwording is Maria de Moeder van Jesus geworden, Moeder van een Zoon, die God is, dus Moeder Gods. Wanneer wij acht geven op de woorden tusschen de Maagd en den Engel gewisseld, zien wij, dat Maria de Moeder is van Jesus, niet enkel in zijn menschzijn, maar ook in zoover Hij *Zaligmaker* en *Verlosser* is. De Engel spreekt niet alleen van de eigen grootheid van Jesus : Hij is de Zaligmaker, de verwachte Messias, de eeuwige Koning van het herboren menschdom : van Hem zal Maria de Moeder moeten worden; het geheele Verlossingswerk hangt af van haar *Fiat.* Hiervan is de Maagd zich ten volle bewust. Zij weet, wat God Haar voorstelt. Zij stemt toe zonder voorbehoud of voorwaarde; haar *Fiat* gaat zoo ver als het goddelijk voorstel en omvat het gansche Verlossingswerk " [1]. Maria is derhalve de Moeder van den Verlosser en daarom betrokken bij het Verlossingswerk en zij bekleedt bij de herstelling de plaats, die Eva innam bij den geestelijken val, gelijk de H. Vaders, met den H. Irenæus, opmerken.

Moeder van Jesus, zal Maria tot de drie goddelijke Personen in de nauwste betrekking staan : Zij zal zijn *de geliefde Dochter des Vaders* en zijn *helpster* in het werk der Menschwording ; *de Moeder des Zoons*, met rechten op zijn eerbied, op zijn liefde, ja hier beneden zelfs op zijne gehoorzaamheid. Door het aandeel, dat Zij in de geheimen van

[1] BAINVEL, *Mère de grâce*, p. 73-75.

zijn leven zal hebben — wel is waar een *onderge-schikt*, maar toch een werkelijk aandeel — zal Zij zijne medewerkster worden in het werk der verlossing en heiliging der menschen. Zij zal zijn de levende tempel, het bevoorrechte heiligdom van den H. Geest en in gelijken zin, zijne *Bruid*, namelijk Zij zal met Hem en in afhankelijkheid van Hem medewerken om zielen voor God geboren te doen worden.

156. B) Op den dag der Menschwording ook wordt Zij de *Moeder der menschen*. Jesus, zooals wij reeds gezegd hebben (n. 142), is het hoofd der herboren menschheid, het hoofd van het geheimzinnig lichaam, waarvan wij de ledematen zijn. Maria nu, Moeder van den Zaligmaker, geeft het levenslicht aan den geheelen Christus, dus als hoofd van het geheimzinnig lichaam. Zij brengt dus ook de ledematen voort, allen die er deel van uitmaken, alle geheiligden of die geroepen zijn het te worden. Zoo wordt Zij, door de Moeder van Jesus naar het vleesch te worden, tegelijkertijd de Moeder van zijn ledematen naar den geest. Wat op Calvarië gebeurt, zal slechts een bevestiging dezer waarheid wezen. Wanneer de verlossing, door den dood des Zaligmakers, op het punt staat voltrokken te worden, zegt Jesus tot Maria, Haar Joannes aanwijzende en in dezen al zijne tegenwoordige of toekomstige leerlingen : *Ziedaar uw zoon;* en tot Joannes zelven : *Ziedaar uwe Moeder.* Dit beduidde, zoo leert de traditie van af Origines, dat alle wedergeborenen de geestelijke kinderen van Maria zijn.

Dezen tweevoudigen titel van Moeder Gods en Moeder der menschen, verleent aan Maria het aandeel dat zij in ons geestelijk leven heeft.

15 7. 2°Maria verdienende oorzaak der genade. Wij hebben reeds gezien (n. 133) dat Jesus in *eigenlijken zin* de *hoofdoorzaak* is van alle genaden, die wij ontvangen. Maria, zijne deelgenoote in het werk onzer heiliging heeft op ondergeschikte wijze en alleen *de congruo* [1], al dezelfde genaden verdiend. Zij heeft ze enkel op *ondergeschikte wijze* verdiend, dat wil zeggen, afhankelijk van haren Zoon en omdat Deze Haar de macht om voor ons te verdienen heeft medegedeeld.

Zij begon ze te verdienen op den dag der Menschwording, op het oogenblik dat Zij haar *Fiat* uitsprak, want de Menschwording is de begonnen Verlossing. Medewerken tot de Menschwording is dus ook medewerken tot de Verlossing, tot de genaden die er de vrucht van zullen zijn — dus ook tot ons heil en onze heiliging.

158. Maria, wier wil in alles gelijkvormig is aan dien van God, gelijk ook aan dien van haren Zoon, blijft overigens haar gansche leven door verbonden aan het verlossingswerk : Zij voedt Jesus op, Zij verzorgt en bereidt Hem als het Slachtoffer van Calvarië; deelgenoote in zijne vreugden gelijk in zijne beproevingen, in zijn nederige werken in het huis van Nazareth en in zijne deugden, zal Zij door een alleredelmoedigst medelijden deelhebben in de smarten en den dood van haren Zoon. Aan den voet van den kruisboom zal Zij opnieuw haar *Fiat* uitspreken en toestemmen in de slachtoffering van Hem, dien Zij meer dan zichzelve liefheeft : Haar minnend hart zal doorvlijmd worden door een pijnlijk zwaard, volgens de voorzegging van Simeon (Luc. II, 35). Wat al verdiensten heeft Zij niet verworven door deze volmaakte opoffering !

Zij verwerft er steeds meer door het lange martelaarschap, dat Zij ondergaat na de hemelvaart van haren Zoon : beroofd van de tegenwoordigheid van Hem, die haar geluk uitmaakte, haakt Zij zoo vurig

---

[1] *De congruo,* door een verdienste van billijkheid. Deze uitdrukking is goedgekeurd door Pius X in de Encycliek van 1904, waar hij zegt dat Maria *de congruo* al de genaden verdiend heeft die Jesus ons *de condigno* heeft verdiend.

naar de stonde, dat Zij voor immer met Hem zal vereenigd zijn — en toch berust Zij met liefde in den wil van God, die Haar nog hierbeneden laat om de jeugdige Kerk te steunen. Welk een schat van verdiensten moet zij aldus voor ons verzameld hebben! En nog verdienstvoller zijn hare daden omdat Zij ze verricht met een allervolmaaktste zuiverheid van meening : " *Magnificat anima mea Dominum*", met een brandende vurigheid en algeheele onderwerping aan Gods welbehagen : " *Ecce ancilla Domini, fiat mihi secundum verbum tuum,*" en in de allernauwste vereeniging met Jesus, de bron van alle verdienste.

Die verdiensten waren ongetwijfeld op de eerste plaats voor Haar zelve; zij vermeerderden haren schat van genaden, evenals hare rechten op de glorie. Nochtans om het aandeel, dat Zij had in het verlossingswerk, verdiende Zij *in oneigenlijken zin* ook voor allen. Zoo Zij vol van genade is voor Haar zelve, laat Zij toch die genade met stroomen afvloeien ook op ons, volgens het woord van den H. Bernardus : *Plena sibi, nobis superplena et supereffluens.*

159. 3⁰ **Maria ons voorbeeld** (causa exemplaris). Na Jesus is Maria het schoonste voorbeeld, dat wij kunnen navolgen. De H. Geest, die in Haar leefde, heeft van Haar een levend afbeeldsel der deugden van haren Zoon gemaakt : " *Hæc est imago Christi perfectissima, quam ad vivum depinxit Spiritus Sanctus*". Nimmer beging Zij de geringste fout, nimmer bood Zij den minsten tegenstand aan de genade, altijd bleef Zij in alles tot in het kleinste toe getrouw aan haar woord : "*fiat mihi secundum verbum tuum* ". De Vaders, inzonderheid de H. Ambrosius en de heilige Paus Liberius, stellen Haar voor als het volmaakte toonbeeld aller deugden : " vol liefde en voorkomendheid voor hare gezellinnen, altijd bereid van dienst te zijn, nimmer iets zeggende of doende wat anderen het geringste leed kan veroorzaken, allen beminnende en door allen bemind. " [1].

Het zij ons genoeg de deugden aan te halen, waarvan het Evangelie zelf spreekt : 1) haar diepwortelend *geloof* : zonder aarzelen gelooft Zij de zoo wondervolle dingen, welke de Engel Haar van Gods wege aankondigt. Om dit geloof prijst Elisabeth, door den H. Geest verlicht, Haar zalig : "*Zalig Gij die geloofd hebt, want voleindigd zal worden wat vanwege den Heer tot U gesproken is*" (Luc. I, 45); 2) hare *maagdelijke reinheid*, welke blijkt uit haar antwoord aan den Engel : "*Hoe zal dit wezen daar ik geenen man beken?*" Deze vraag toont haren vasten wil maagd te blijven, zelfs al ware het hiertoe noodig de waardigheid van Moeder van den Messias op te offeren; 3) hare *nederigheid* die uitschijnt in haar verwarring bij de lofprijzing des Engels, in hare verklaring van altijd de dienstmaagd des Heeren te zijn, verklaring afgelegd op het oogenblik dat Zij verheven wordt tot de waardigheid van Moeder Gods. Die nederigheid spreekt ook uit het *Magnificat*, dien lofzang, de verrukking harer ootmoedigheid genoemd ; uit hare liefde voor een verborgen leven, juist dan wanneer Zij als Moeder van God recht op eerbewijs kan doen gelden; 4) hare *ingekeerdheid*, die Haar alles doet bewaren in het hart en overdenken, wat op haren goddelijken Zoon betrekking heeft; 5) hare *liefde tot God en tot de menschen* : edelmoedig onderwerpt Zij zich aan al de beproevingen van een lang leven en bovenal aan de slachtoffering van haren Zoon op Calvarië, evenals aan de langdurige scheiding van dien teergeliefden Zoon na zijn hemelvaart tot aan haren dood toe.

160. Dit zoo volmaakte toonbeeld is terzelfdertijd vol aantrekkelijkheid. Maria is een eenvoudig

---

[1] BAINVEL, *Le Saint Cœur de Marie*, p. 313.

schepsel, gelijk wij; het is een Zuster, het is een Moeder, die wij ons gedrongen gevoelen na te volgen, al ware het slechts om Haar onze erkentelijkheid, onzen eerbied en onze liefde te toonen.

Het is overigens een niet moeilijk na te volgen toonbeeld, in dezen zin ten minste, dat Maria zich geheiligd heeft in het gewone leven, in de vervulling harer plichten als meisje, als moeder, in de nederige huiselijke bezigheden, in het verborgen leven, in de vreugde en in de droefheid, in de verheffing evenals in de diepste vernederingen.

Wanneer wij in het voetspoor der H. Maagd treden, mogen wij ons verzekerd houden op een zeer goeden weg te zijn : dit is het beste middel om Jesus na te volgen en hare machtige voorspraak te verwerven.

161. 4° **Maria algemeene genade-middelares**. Lang geleden reeds legde de H. Bernardus deze leer vast in de bekende woorden : " *Sic est voluntas ejus qui totum nos habere voluit per Mariam : Aldus is de wil van God die bepaald heeft, dat wij alles zullen hebben door Maria.* " [1] Men moet den juisten zin er van wel verstaan. Het is zeker dat Maria ons *middelijk* alle genaden heeft geschonken, daar Zij ons de bron en de verdienende oorzaak der genade heeft gegeven. Maar daarenboven, volgens de steeds meer ingang vindende leer, wordt er *geen enkele genade* aan de menschen geschonken, die niet *rechtstreeks* door de handen van Maria gaat, dat is zonder hare tusschenkomst. Het betreft hier dus eene *onmiddelijke*, algemeene tusschenkomst, welke evenwel *ondergeschikt* is aan die van Jesus.

162. Om deze leer nog nader te omschrijven, zeggen wij met P. de la Broise : " de bestaande orde der goddelijke raadsbesluiten wil dat elke bovennatuurlijke weldaad aan de wereld worde geschon-

---

[1] *Sermo de Aquæductu*, n. 7.

ken onder samenloop van een drievoudigen wil en
dat het nimmer anders geschiede. Vooreerst *de wil
van God*, die alle genaden verleent, dan *de wil van
Christus-Middelaar*, die de genaden verdient en ze
met volle recht, om zich zelven, verwerft, eindelijk
de wil van Maria, ondergeschikte Middelares, die
de genaden, door de goedgunstigheid van Christus,
verdient en verkrijgt ". Dat middelaarschap is
rechtstreeksch, in dezen zin dat voor iedere genade
die God schenkt, Maria door hare vroegere *verdiensten* of hare tegenwoordige *gebeden* bemiddelend
optreedt; hieruit volgt evenwel niet noodzakelijk,
dat diegene welke deze gunsten bekomt, tot Maria
moet bidden : Zij kan hare voorbede verleenen
zonder er om gevraagd te zijn. Dat middelaarschap
is *algemeen :* het omvat alle genaden, sedert Adams
val, aan de menschen geschonken. Het blijft evenwel *ondergeschikt* aan het middelaarschap van Jesus,
in dezen zin namelijk dat Maria geen genaden kan
verdienen of verkrijgen dan door haren goddelijken
Zoon. Zoo doet Marias' middelaarschap de kracht
en vruchtbaarheid van dat van Jesus nog glansrijker
uitkomen.

Deze leer is kort geleden bevestigd door eene
gunst door Paus Benedictus XV verleend aan de
kerken van België en aan alle kerken der Christen-
heid die haar zullen vragen, te weten : een eigen
officie en Mis ter eere van *Maria Middelares.* Deze
leer is dus zeker en wij kunnen ze met voordeel in
beoefening brengen : zij zal ons noodzakelijkerwijze een groot vertrouwen op Maria instorten.

Besluit : Godsvrucht tot de H. Maagd.

163. Daar Maria zulke gewichtige plaats inneemt
in ons geestelijk leven, moeten wij een groote devotie tot Haar hebben. Devotie wil zeggen *toewijding*
en de toewijding is de overgave van zichzelf. Wij
zullen dus devotie hebben tot Maria als wij ons

geheel aan Haar en, door Haar, aan God geven. Hierin volgen wij God zelven na, die zich aan ons geeft en, door hare tusschenkomst, ook zijn Zoon geeft. Wij zullen ons *verstand* geven door de diepste vereering, onzen *wil*, door een onbegrensd vertrouwen, ons *hart* door de kinderlijkste liefde, *ons geheele wezen* door eene zoo volmaakt mogelijke navolging harer deugden.

164. A) Diepste vereering. Deze vereering is gegrond op de waardigheid van Moeder Gods en op de gevolgen, die er uit voortvloeien. Nooit zullen wij genoeg hoogachting hebben voor Haar, die het Menschgeworden Woord als zijne Moeder vereert, in wie de Vader met liefde zijn teer beminde Dochter erkent en die de H. Geest als zijn geliefkoosden Tempel beschouwt. De *Vader* behandelt Haar met de grootste onderscheiding : Hij zendt een Engel om Haar als vol van genade te begroeten en hare toestemming te vragen tot het verlossingswerk, waarin Hij op zoo innige wijze hare medewerking wil benutten. De *Zoon* vereert, bemint Haar en wil Haar onderdanig zijn. De H. Geest komt in Haar en vindt er zijn welbehagen. Wanneer wij Maria vereeren, doen wij niets anders dan de drie goddelijke Personen navolgen, en hoogachten wat Zij hunne hoogachtig waardig keuren.

Men dient zich natuurlijk te wachten voor overdrijving, bijzonder voor alles wat Haar op één lijn zou stellen met God, alles wat van Haar de bron der genade zou maken. Zoolang echter wij Haar blijven beschouwen als een schepsel, dat geen grootheid, geen heiligheid, geen macht heeft dan voorzoover God Haar die verleent, is er voor geen overdrijving te vreezen : 't is dan altijd God, dien wij in Haar vereeren.

Deze vereering moet *grooter* wezen dan die welke wij de Engelen en Heiligen bewijzen, omdat Zij door hare waardigheid van Moeder Gods, door haar

middelaarschap, door hare heiligheid boven alle
schepselen verheven is. Daarom ook wordt hare
eeredienst, ofschoon altijd een *heiligen-vereering
(dulia)* en niet een *Gods-vereering (latria)*, met
recht *hyperdulia*, dat wil zeggen een *vereering boven-
alle-Heiligen* genoemd.

165. B) **Onbegrensd vertrouwen :** het steunt
op de *macht* en de *goedheid* van Maria. **a**) Deze
macht heeft Zij niet uit zichzelve, maar uit de
kracht harer voorspraak : God wil niets weigeren
aan Haar die Hij boven alle schepselen lief heeft
en vereert. Niets is billijker : daar Maria aan Jesus
die menscheid heeft gegeven waarmede Hij heeft
kunnen verdienen, en Zij door haar werken en
lijden, met Hem heeft medegearbeid in het verlossingswerk, betaamt het, dat Zij ook deel hebbe in
de uitdeeling der vruchten van de Verlossing. Hij
zal dus geen enkele harer beden afwijzen ; daarom
mag men ook zeggen dat Zij de smeekende almacht
is : *omnipotentia supplex.* **b**) Wat hare *goedheid*
betreft, deze is die eener Moeder, welke op ons,
ledematen van Jesus Christus, de liefde overdraagt,
die Zij voor haren Zoon heeft ; van eene Moeder
welke, na ons in droefheid, te midden der angsten
van Calvarië, gebaard te hebben, ons des te meer
liefde zal toedragen, naarmate wij Haar meer
gekost hebben.

Ons vertrouwen op Haar zal dus zijn : onwrikbaar vast en algemeen.

1) *Onwrikbaar vast*, ondanks onze ellende en
zonden. Zij toch is eene barmhartige Moeder,
Mater misericordiæ, wier taak het niet is recht-
spraak te plegen, maar wel voor alles medelijden,
goedheid, goedertierenheid te beoefenen : wetend,
dat wij allen blootgesteld staan aan de aanvallen der
begeerlijkheid, van de wereld en den duivel, ont-
fermt Zij zich over ons, die hare kinderen blijven,
ook dan als wij in de zonde zijn gevallen. Daarom

ook ontvangt Zij ons met open armen, zoodra wij maar eenig teeken van goeden wil, van verlangen om tot God weer te keeren geven; ja menigmaal zal Zij, zonder die goede bewegingen af te wachten, ons de genaden verkrijgen welke die goede bewegingen in onze ziel zullen doen ontstaan. De H. Kerk is hiervan zoo overtuigd, dat zij voor eenige bisdommen een feest heeft ingesteld onder eene benaming die op het eerste gezicht vreemd aandoet, doch eigenlijk zeer gerechtvaardigd is : *Onbevlekt Hart van Maria toevlucht der zondaren.* Juist omdat Zij zonder vlek is en nimmer eenige, ook niet de geringste fout heeft bedreven, heeft Zij nog meer medelijden met hare arme kinderen, die niet zooals Zij het voorrecht genieten vrij te zijn van de begeerlijkheid.

2) *Algemeen,* dat is, zich uitstrekkend tot alle genaden, die wij noodig hebben, genaden van bekeering van geestelijken voortgang, van volharding ten einde toe, genaden om standvastig te blijven te midden der gevaren, der angsten en der groote moeilijkheden, die kunnen voorkomen. Dit vertrouwen wordt ons zeer dringend aanbevolen door den H. Bernardus [1] : " Wanneer de stormen der bekoringen zich verheffen, wanneer gij u te midden der klippen van tegenslagen bevindt, richt dan uwe blikken naar de Ster der zee, smeek Maria om hulp; wordt gij geslingerd door de baren van hoogmoed, van eerzucht, van kwaadsprekendheid, van jaloerschheid, zie opwaarts naar de Ster, roep Maria aan. Wanneer de gramschap, de hebzucht, het zingenot, het scheepje uwer ziel beroeren, zie opwaarts naar Maria. Wanneer gij beangst door de menigvuldigheid uwer zonden, beschaamd om den ellendigen toestand uwer ziel, ontsteld door de gedachte aan het oordeel, dreigt weg te zinken in den afgrond van droefheid en wanhoop, denkt dan

---

[1] *Homilia II, de Laudibus Virginis Matris,* 17.

aan Maria. Te midden der gevaren, der angsten,
der twijfelingen, denkt aan Maria, roept Maria aan.
Laat de aanroeping van den naam, de gedachte aan
Maria nimmer wijken uit uw hart noch van uwe
lippen en om met meer zekerheid den bijstand
harer gebeden te ondervinden, laat niet na hare
voorbeelden na te volgen. Haar volgend, zult gij
niet afdwalen, Haar aanroepend, kunt gij niet wanhopen, aan Haar denkend gaat gij veilig. Zoolang
Zij u bij de hand houdt, kunt gij niet vallen, onder
hare bescherming hebt gij niet te vreezen, onder
hare leiding zult gij u niet vermoeien en door hare
hulp zeker behouden aanlanden. " Daar wij voortdurend de genade noodig hebben om onze vijanden
te overwinnen en voortgang te maken, moeten wij
ons herhaaldelijk richten tot Haar die zoo terecht
den naam draagt van *Onze Lieve Vrouw van
Altijddurenden Bijstand*.

166. C) Bij het vertrouwen moeten wij liefde
voegen, *kinderlijke liefde*, ongekunsteld, eenvoudig,
teeder en edelmoedig. Maria is voorzeker de *beminnelijkste* der moeders, wijl God, die Haar tot Moeder van zijn Zoon bestemde, Haar alle hoedanigheden heeft geschonken, die iemand beminnelijk
maken : de fijngevoeligheid, de takt, de goedheid,
de toewijding eener moeder, Zij is de *meest beminnende* want haar hart werd met geen ander doel
geschapen dan om haren goddelijken Zoon te
beminnen en Hem zoo volmaakt mogelijk te beminnen. Die liefde nu welke Zij voor haren Zoon had,
brengt Zij over op ons, die de levende ledematen
zijn van dien Zoon. Die liefde schijnt uit in het
geheim der Bezoeking aan hare nicht Elisabeth, tot
wie Zij dien Jesus, welken Zij in haren schoot
draagt, henen voert en wiens tegenwoordigheid
alleen reeds den zegen aftrekt over het gansche
huisgezin. Die liefde schittert bij de bruiloft van
Cana, waar Zij vol bezorgdheid voor al wat rond

Haar voorvalt, zich tot haren Zoon wendt om een pijnlijke vernedering van de jonggehuwden af te wenden; op Calvarië; waar Zij er in toestemt om, tot onze verlossing, het offer te brengen van wat Haar het dierbaarste is; in de eetzaal, waar na de Hemelvaart de Apostelen verbleven, om voor hen een rijker aandeel in de gaven van den H. Geest te verkrijgen.

167. Zoo Zij de beminnelijkste en de meest beminnende der moeders is, dan moet Zij ook de meest *beminde* zijn. Dit is inderdaad wel een harer glorievolste voorrechten dat waar Jesus gekend en bemind is, Maria het eveneens is : men scheidt de Moeder niet van den Zoon, en, met de noodige inachtneming van het verschil, dat tusschen beiden bestaat, wordt beiden toch een zelfde genegenheid, hoewel in verschillenden graad, toegedragen : aan den Zoon wijdt men de liefde, die aan God verschuldigd is, aan Maria de liefde verschuldigd aan de Moeder van God, eene liefde teeder, edelmoedig, vol toewijding, maar ondergeschikt aan de liefde tot God.

Wij beminnen Haar met eene liefde van *welbe-hagen*, wij verheugen ons over haar grootheid, deugden en voorrechten, die wij dikwijls in den geest beschouwen en bewonderen; wij verheugen ons en wenschen Haar geluk omdat Zij zoo volmaakt is. Die liefde is ook *welwillend;* zij wenscht innig dat Maria's naam steeds meer gekend, steeds meer bemind worde; zij bidt, dat haar invloed over de zielen zich immer meer uitbreide : daartoe voegt zij bij het gebed ook nog het woord en de daad. Die liefde is ook *kinderlijk*, vol overgave en eenvoud, vol teederheid en toewijding, en gaat tot die eerbiedige vertrouwelijkheid welke een moeder haar kind veroorlooft. Die liefde is ten slotte bovenal gekenmerkt door *gelijkvormigheid :* men tracht zijn wil in alles in overstemming te brengen met dien van Maria en dus ook met dien van God. De overeenkomst van wil is immers het zekerste bewijs van vriendschap. Hierdoor worden wij gevoerd tot Navolging der H. Maagd.

168. D) De *navolging* is inderdaad de fijnst gevoelde hulde die men Haar brengen kan. Het is een openbaar getuigenis, niet enkel door woorden, maar ook door daden gegeven, dat Zij een volmaakt toonbeeld is, dat wij ons gelukkig achten het te mogen navolgen. Wij hebben reeds gezegd (n. 159), hoe Maria, als levend beeld van haren Zoon, ons het voorbeeld geeft van alle deugden. Tot Haar naderen is dichter bij Jesus komen. Daarom kunnen wij niet beter doen dan hare deugden beschouwen, deze dikwijls overwegen en ons beijveren om ze in ons op te nemen.

Het geschiktste middel hiertoe is al onze handelingen en elke in 't bijzonder te verrichten *door Maria, met Maria* en *in Maria : per ipsam et cum ipsa et in ipsa* [1]. *Door Maria*, dat is, door Haar alle genaden te vragen die wij noodig hebben om Haar na te volgen, door Haar tot Jesus te gaan : *ad Jesum per Mariam.*

Met Maria, dat is door Haar te beschouwen als *voorbeeld* en medehelpster en ons dikwijls af te vragen : "Wat zou Maria nu in mijn plaats doen?" en Haar nederig te bidden om hulp, opdat wij steeds volgens haren wil handelen.

In Maria, in onderdanigheid aan die goede Moeder, door in haar zienswijze, in haar meening te treden en alles te doen, gelijk Zij deed, om God te verheerlijken.

169. In dezen geest zullen wij onze gebeden ter eere van Maria verrichten : het *Wees gegroet* en de

---

[1] Deze was de gewoonte van M. Olier, welke de Zal. Grignon de Montfort in bijzonderheden verklaard en verspreid heeft door zijn boeken : *Secret de Marie; La vraie dévotion à la S. Vierge.*

Angelus, welke Haar herinneren aan de Boodschap des Engels en aan haren titel van Moeder Gods; het *Sub tuum præsidium*, dat een akte van vertrouwen is op Haar, die ons te midden van alle gevaren beschermt; het *O Domina mea*, het bewijs van overgave in hare handen, bewijs dat men Haar zijn leven, zijn werken en zijn verdiensten toevertrouwt, en bovenal den *Rozenkrans.* Dit gebed doet ons medeleven in haar blijde, droevige en glorievolle geheimen, en heiligt onze vreugde, onze droefheid en glorie, in vereeniging met Haar en Jesus. Het *Klein Officie der H. Maagd*, de tegenhanger van het breviergebed, brengt ons meermalen daags de herinnering aan de grootheid, de heiligheid en het middelaarschap dier goede Moeder in den geest terug.

AKTE VAN ALGEMEENE TOEWIJDING
AAN MARIA [1].

170. Natuur en omvang dezer akte. Het is een devotie-akte, waarin alle andere zijn opgesloten. Volgens den Gelukz. Grignon de Montfort bestaat zij in zich geheel door Maria aan Jesus te geven. Zij omvat twee elementen : een *akte van toewijding*, die van tijd tot tijd vernieuwd wordt, en een *blijvenden staat*, die ons doet leven en handelen in afhankelijkheid van Maria.

Deze akte wel verre van een uiting van dwang te zijn, is veeleer een bewijs van de oprechtste liefde.

171. De volmaakte dienaar van Maria geeft aan Haar en door Haar aan Jesus :

a) *Zijn lichaam*, met al zijn zintuigen, waarvan hij zich voortaan enkel bedienen zal volgens den wil van de H. Maagd of van haren Zoon. Bij voorbaat reeds onderwerpt hij zich aan de beschikkingen der

---

[1] GRIGNON DE MONTFORT, op. cit. ; LHOUMEAU, *La Vie spirituelle à l'école du B. Grignon de Montfort*, 1920, p. 240-427.

Voorzienigheid omtrent gezondheid, ziekte, leven en sterven.

b) *Al zijn tijdelijke goederen*, die hij nog enkel benut, tot hare glorie en die van God.

c) *Zijn ziel* met hare vermogens, om ze onder leiding van Maria, aan den dienst van God en de zielen te wijden; tevens verzaakt hij aan alles wat gevaar oplevert voor zijn heiliging en zaligheid.

d) *Al zijn inwendige en geestelijke goederen*, zijn verdiensten, zijn voldoeningen en de smeekende kracht zijner goede werken, *in zoover zij afgestaan kunnen worden*. Wij verklaren ons nader.

1) Onze eigenlijk gezegde verdiensten *(de condigno)* waardoor wij voor onszelven recht verwerven op vermeerdering van genade en glorie, kunnen niet worden afgestaan. Over de verdiensten echter die geen strikt genomen recht *(de congruo)* geven en op anderen toegepast kunnen worden, laten wij de vrije beschikking aan Maria.

2) De voldoeninggevende waarde onzer werken, ook der aflaten, kunnen wij afstaan; wij laten er de toepassing van aan Maria [1].

3) De smeekende kracht, dat is, onze gebeden en goede werken, in zoover zij kracht hebben, kunnen Haar worden afgestaan en zijn Haar inderdaad afgestaan door deze akte van toewijding.

172. Heeft men deze akte eenmaal gedaan, dan kan men niet meer over zijn goederen beschikken. Wel mogen wij en soms moeten wij de H. Maagd bidden er volgens haar welbehagen over te willen beschikken, ten gunste van diegenen jegens wie wij bijzondere verplichtingen hebben. Het beste is dus Haar niet alleen onszelven en onze goederen aan te bieden, maar ook allen die ons dierbaar zijn : *totus tuus sum, omnia mea tua sunt et omnes mei tui sunt.*

---

[1] S. Thom., *Suppl.* q. 13, a. 2.

Zoo zal de H. Maagd uit onze goederen en vooral uit hare schatten en die van haren Zoon putten, om onze geliefden te hulp te komen : zij zullen er niets bij verliezen.

173. De verhevenheid dezer akte. Het is een daad van heilige overgave, en als zoodanig reeds verheven, doch die daarenboven ook nog de akten der schoonste deugden insluit :

1) Eene akte van verheven *godsdienstigheid* jegens God, Jesus en Maria : wij erkennen immers aldus de opperheerschappij van God, onze eigen nietigheid, en belijden grootmoedig de rechten, die God aan Maria over ons heeft gegeven.

2) Een akte van *nederigheid :* wij belijden er onze nietigheid en onmacht door en ontdoen ons tevens van alwat de goede God ons heeft gegeven, geven het Hem terug door de handen van Maria van wie, op de tweede plaats, na Hem en door Hem, wij alles hebben ontvangen.

3) Een akte van *liefde vol vertrouwen :* de liefde is de gave van zich zelven ; om zich zelven te geven zijn een volmaakt vertrouwen en een levendig geloof noodig.

Men mag dus zeggen, dat deze akte van toewijding, ernstig gedaan, nog verhevener is dan de *heldhaftige akte,* waardoor men alleen maar de voldoeningen zijner werken en de verdiende aflaten afstaat.

174. De vruchten dezer devotie. Zij volgen uit haren aard :

1) Wij verheerlijken er God en Maria op de volmaaktste wijze door, wijl wij Hem zonder voorbehoud en onherroepelijk alles geven wat wij zijn en alles wat wij hebben; en dat wel zooals het Hem het meest behaagt, in de volgorde door zijne wijsheid bepaald : wij gaan tot Hem terug langs den weg waardoor Hij tot ons gekomen is.

175. 2) Wij verzekeren er *onze eigen heiliging* ook door. Immers wanneer Maria ziet, dat wij ons zelven en wat wij hebben, aan Haar overgeven, dan gevoelt Zij zich levendig gedrongen om diegenen welke als het ware haar eigendom zijn, te hulp te komen bij het werk der heiliging. Zij zal dus overvloedige genaden bekomen om onze kleine geestelijke schatten, die de hare zijn, te kunnen vermeerderen en ze rentegevend te maken tot aan ons stervensuur. Daartoe zal Zij gebruik maken en van de macht die Zij heeft op het hart van God en van den overvloed harer verdiensten en voldoeningen.

3) Ten slotte kan de heiliging van den evennaaste, vooral der ons toevertrouwde zielen, er niet dan voordeel bij vinden. Wanneer wij Maria de taak toevertrouwen onze verdiensten en voldoening uit te deelen volgens haar goedvinden, kunnen wij verzekerd zijn, dat Zij er het beste gebruik van zal maken : Zij is voorzichtiger, oplettender en bezorgder dan wij : onze huisgenooten en vrienden moeten er wel bij varen.

176. Men zal ongetwijfeld opwerpen, dat wij op deze wijze geheel ons geestelijk bezit, vooral onze voldoeningen, de aflaten en gebeden, die men wellicht na onzen dood voor ons zal opdragen, afstaan, zoodat wij aldus lange jaren in het vagevuur zullen moeten verblijven. *In zich* is dit waar, doch het is een kwestie *van vertrouwen.* Hebben wij, ja of neen, meer vertrouwen in Maria dan in onszelven of in onze vrienden? Ja? welnu dan hebben wij niets te vreezen : Zij zal voor onze ziel en onze belangen zorgen, beter dan wij het zouden kunnen. — Neen? laten wij dan die akte van algeheele toewijding niet doen : wij zouden er later wellicht maar spijt van hebben.

In alle geval moet men haar echter niet doen dan na rijp beraad en met goedvinden van zijn geestelijken bestuurder.

II. *De Heiligen in het Christelijk Leven.*

177. De Heiligen welke reeds tot het bezit van God in den hemel gekomen zijn, stellen belang in onze heiliging : zij helpen ons tot voortgang door hunne machtige voorspraak bij God en door de verheven voorbeelden die zij ons hebben nagelaten : daarom moeten wij ze vereeren. Als machtige *Voorsprekers* moeten zij *aangeroepen*, als *toonbeelden, nagevolgd* worden.

178. 1° *Wij moeten de Heiligen vereeren.* Doen wij dit, dan is het God zelf, is het Jesus Christus dien wij in hen eer geven. Immers alwat er goeds in hen gevonden wordt, is het werk van God en van zijn goddelijken Zoon. Hun *natuurlijk* wezen is slechts een weerschijn der goddelijke volmaaktheden ; hunne *bovennatuurlijke* hoedanigheden zijn het werk der goddelijke genade door Jesus Christus verdiend; zoo ook hunne verdienstelijke werken, die, hoewel hun eigendom (in dezen zin namelijk dat zij vrijwillig met God hebben medegewerkt) toch ook en wel op de eerste plaats een gave zijn van Hem, die er de eerste en werkende oorzaak van blijft : " *coronando merita coronas et dona tua :* bij het kronen der verdiensten, kroont Gij ook uw eigen gaven. "

Wij vereeren dus in de Heiligen : **a**) de levende *tempels der H. Drievuldigheid.* God heeft zich gewaardigd in hen te wonen, hunne ziel met deugden en gaven te versieren, in te werken op hunne vermogens om hen vrijwillig verdienstelijke handelingen te doen stellen en hen de overgroote genade der eindvolharding te geven. **b**) De *aangenomen kinderen van den Vader;* zij werden door Hem op bijzondere wijze bemind, omringd door zijne vaderlijke bezorgdheid, en zij hebben daaraan weten te beantwoorden door telkens meer en meer zijne heiligheid en volmaaktheden te naderen; **c**) de

broeders van Jesus Christus, zijne trouwe ledematen; ingelijfd in zijn geheimzinnig lichaam, hebben
zij van Hem het geestelijk leven ontvangen en het
met liefde en standvastigheid in zich ontwikkeld.
d) de *gewillige werktuigen van den H. Geest;* door
Hem hebben zij zich laten geleiden, door zijne
ingevingen zich laten besturen, in plaats van blindelings de neigingen van hun bedorven natuur te
volgen.

M. Olier drukt deze gedachten zeer juist uit :
" Gij zult daarom met den grootsten eerbied dat
leven van God in alle Heiligen uitgestort mogen
aanbidden; gij zult Jesus Christus eeren, die hen
allen bezielt en vervolmaakt door zijn goddelijken
Geest om hen allen één te doen zijn in zichzelven...
Hij, Hij is in hen de Zanger der hymnen tot God ;
Hij, Hij legt hen al hun lofzangen in den mond ;
door Hem loven God al de Heiligen en zullen zij
zijn lof blijven verkondigen in alle eeuwigheid. "

179. 2° Wij *moeten hen aanroepen,* opdat wij door
hun machtige voorspraak de genaden verkrijgen,
die ons noodig zijn. De bemiddeling van Jesus is
ongetwijfeld alleen noodzakelijk en in zich alleen
meer dan voldoende, maar de Heiligen, juist omdat
zij ledematen van den verrezen Christus zijn, voegen hunne gebeden bij de zijne; het geheele geheimzinnig lichaam van Christus bidt en oefent aldus
een zacht geweld uit op het hart van God. Met de
Heiligen bidden is dus onze gebeden vereenen met
die van het gansche geheimzinnig lichaam van
Christus : aldus wordt de krachtdadigheid onzer
gebeden verzekerd. Trouwens de Heiligen verheugen zich voor ons ten beste te kunnen spreken : " Zij
beminnen in ons broeders, uit denzelfden Vader
geboren; zij hebben medelijden met ons; bij het
zien van onzen staat, herinneren zij zich dien, waarin
weleer ook zij waren ; zij erkennen in ons zielen,
die evenals zij tot de glorie van Jesus Christus

moeten bijdragen. Welke vreugde ondervinden zij wanneer zij deelgenooten mogen vinden, die hen helpen om aan God hulde te brengen en hunnen wensch bevredigen om Hem, zoo mogelijk, met honderd, met honderdduizend monden te verheerlijken."[1] Hunne *macht* en *goedheid* moeten ons dus het volste vertrouwen inboezemen.

Vooral bij het vieren hunner feesten moeten wij ze op bijzondere wijze aanroepen : zoo treden wij in den liturgischen jaarkring der Kerk en eigenen wij ons iets toe van de deugden door de Heiligen beoefend.

180. 3° Want ook moeten wij en wel vooral *hunne deugden navolgen.* Al de Heiligen hebben er zich op toegelegd de trekken van het goddelijk toonbeeld weer te geven; alle kunnen het woord van Paulus herhalen : " *Weest mijne navolgers gelijk ik het ben geweest van Christus* " (I Cor. IV, 16). Nochtans hebben zij zich, den meesten tijd, toegelegd op eene bijzondere deugd, die als het ware hun karakteristieke deugd is geweest : de eenen op het geloof, anderen op het vertrouwen of de liefde, nog anderen op den geest van opoffering, op de nederigheid, de armoede; wederom anderen op de voorzichtigheid, de sterkte, de matigheid of op de zuiverheid. Bij voorkeur zullen wij aan ieder van hen de door hem beoefende deugd vragen, overtuigd dat hij bijzondere genade bezit om ons die te verwerven.

181. Daarom vooral zal onze devotie zich tot die Heiligen richten, welke in denzelfden staat als wij geleefd hebben, gelijke bezigheden gehad en de voor ons meest noodzakelijke deugd beoefend hebben.

Als wij ons op een ander standpunt plaatsen, zullen wij ook nog een bijzondere godsvrucht heb-

---

[1] OLIER, *Pensées choisies*, p. 176.

ben tot *onze H. Patronen*, daar wij in die naams-
keuze eene aanwijzing der Voorzienigheid mogen
zien, die wij moeten benutten.

Doch, zoo om bijzondere redenen, de werking der
genade ons aandrijft tot een bepaalden Heilige
wiens deugden beter in overeenstemming zijn met
de behoeften onzer ziel, dan is er niets wat ons zou
kunnen beletten ons op zijne navolging toe te
leggen, doch altijd met den raad van een wijzen
bestuurder.

182. Wordt de godsvrucht tot de Heiligen aldus
opgevat, dan is zij van zeer groot voordeel : de
voorbeelden van hen die dezelfde driften gehad,
gelijke bekoringen ondergaan en, ondanks alles,
door dezelfde genaden overwonnen hebben, zijn
voorzeker een sterke prikkel tot navolging : zij
doen ons blozen over onze lafhartigheid, sporen ons
aan om krachtige voornemens te maken en standvastige pogingen aan te wenden om ze ten uitvoer
te brengen. Dit zal vooral het geval wezen wanneer
wij ons het woord van den H. Augustinus herinneren : " Zult gij niet kunnen wat deze en die gekund
hebben "? [1] Door hunne gebeden zullen zij ons
helpen in hun voetspoor te treden en het werk der
heiliging in ons te voltooien.

III. *De Engelen in het christelijk Leven.*

De Engelen hebben hun aandeel in het geestelijk
leven ten gevolge van hun betrekking tot *God* en
Jesus Christus.

183. 1° De Engelen geven op de eerste plaats de
grootheid en de eigenschappen Gods weer. " Ieder in
't bijzonder geeft eenigermate een eigenschap van
dit oneindig Wezen weer, waaraan hij speciaal is
toegewijd. In eenige ziet men zijn sterkte, in andere

---

[1] *Confes.* L. VIII, c. II.

zijne liefde, in weer andere zijne standvastigheid. Ieder hunner is een weerschijn van eenige schoonheid van het goddelijk Toonbeeld, ieder van hen aanbidt en looft Hem in de volmaaktheid waarvan hij, de Engel, een afbeeldsel is ". [1] God zelf eeren wij dus in de Engelen : zij zijn schitterende spiegels, zuivere kristallen, die de " trekken en volmaaktheden van dit Oneindig Al weerkaatsen " [2]. Tot de bovennatuurlijke orde verheven, zijn zij deelachtig aan het goddelijk leven en, als overwinnaars uit de beproeving gekomen, genieten zij de zaligmakende aanschouwing : *De Engelen dezer kinderen*, zegt Christus, *zien altijd het aanschijn des Vaders, die in de hemelen is*. (Matth. XVIII, 10.)

184. 2° Wanneer wij hunne betrekkingen tot Jesus Christus beschouwen, dan is het ongetwijfeld niet zeker of zij hunne genade van Hem hebben, doch wel staat vast, dat zij zich in den hemel met den Middelaar van den dienst Gods vereenigen om de goddelijke Majesteit te loven, te aanbidden en te verheerlijken. Zij achten zich gelukkig op deze wijze meer waarde aan hunne aanbiddingen te kunnen geven : "*per quem majestatem tuam laudant Angeli, adorant Dominationes, tremunt Potestates*". Wanneer wij ons dus met Jesus vereenen om God te aanbidden, vereenigen wij ons daardoor ook met de Engelen en de Heiligen, en deze vereeniging van lofprijzingen moet voorzeker volmaakte eer geven aan de Godheid. Wij mogen dan met Olier herhalen : " Dat voor altijd al de wachters der hemelen, al de krachten welke hen bewegen, aanvullen in Jesus, wat aan onze lofprijzingen ontbreekt; dat zij dank zeggen voor al de weldaden, die wij van uwe goedheid ontvangen, hetzij in de orde der natuur, hetzij in die der genade ". [3]

[1] OLIER, *Pensées choisies*, p. 158.
[2] OLIER, op. cit., p. 164.
[3] OLIER, op. cit., p. 169.

185. 3° Uit deze twee beschouwingen blijkt, dat
de Engelen zeer veel belang stellen in ons heil.
Immers zij zijn onze broeders in de orde der genade :
evenals zij, zijn wij deelachtig aan het goddelijk
leven, evenals zij, zijn wij in Jesus Christus de
aanbidders van God. Zij verlangen, dat wij ons bij
hen in den hemel komen voegen om God te verheerlijken en met hen in dezelfde zaligende aanschouwing te deelen. **a**) Daarom ook nemen zij met
vreugde elke bediening aan, die God hen toevertrouwt om aan onze heiliging te werken : God, zegt
ons de Psalmist, heeft hen den rechtvaardige aanbevolen opdat zij hem bewaren op al zijn wegen
(Ps. XC, 11-12). En de H. Paulus voegt er bij, dat
zij allen ondergeschikte geesten zijn, gezonden in
bediening ter wille van hen die het erfdeel des heils
zullen verwerven. (Hebr. I. 14). Niets gaat hun
zoozeer ter harte als uitverkorenen aan te werven
om de tronen te bezetten, opengekomen door den
val der opstandige engelen; in plaats van dezen
wenschen zij vurig andere aanbidders te zien
komen, die God eeuwig zullen verheerlijken. Zij
hebben gezegevierd over de duivelen, ook ons willen
zij tegen die trouwelooze vijanden beschermen.
Daarom is het bijzonder nuttig hen aan te roepen
tegen de aanvallen der booze geesten. **b**) Zij dragen
onze gebeden aan God op (Tob. XII, 12), dit wil
zeggen, zij steunen ze door er hun eigen smeekingen
bij te voegen. Het is dus in ons belang hun hulp te
vragen, vooral in moeilijke omstandigheden en in
't bijzonder in het stervensuur, opdat zij ons dan
tegen de laatste aanvallen van den vijand verdedigen en onze ziel naar het paradijs overvoeren. [1]

186. Over de Bewaarengelen. Onder de Engelen
zijn er, die aangewezen zijn om zorg te dragen voor

---

[1] Het inderdaad eene meening, door de overleving medegedeeld, dat
de Engelen onze zielen ten hemel geleiden, gelijk DOM LECLERCQ bewijst,
Dict. D'Archéologie, Les Anges psychagogues. t. I, col. 2121, sq.

de ziel van ieder in 't bijzonder : het zijn de *Bewaarengelen.* De H. Kerk heeft door het instellen van een feest te hunner eere, deze leer der H. Vaders bevestigd, die daarenboven steunt op teksten der H. Schrift en op hechte gronden. Deze gronden vinden wij in onze betrekkingen tot God : wij zijn *zijne kinderen, de ledematen van Jesus Christus* en *de tempels van den H. Geest.* " Welnu, zegt Olier, [1] omdat wij zijne *kinderen* zijn, geeft Hij ons tot meesters de prinsen van zijn hof, die er zelfs een eer in stellen deze bediening te mogen waarnemen, omdat wij de eer genieten God zoo nabij verwant te zijn. Omdat wij zijne *ledematen* zijn, wil Hij, dat dezelfde geesten, die Hem dienen, altijd bij ons zullen wezen om ons immer van dienst te zijn. En omdat wij Zijn *tempels* zijn en Hij zelf in ons woont, wil Hij, dat wij Engelen, vol dienstijver jegens Hem, bij ons zullen hebben, gelijk er in de kerken zijn. Zijn wil is, dat zij daar verblijven in altijddurende hulde jegens zijne grootheid en aanvullen wat wij moeten doen, en tevens dikwerf hun leedwezen betuigen over de oneerbiedigheden, die wij jegens Hem begaan. " Nog wil God, zoo voegt Olier er bij, de Kerk des hemels en die der aarde zoo nauw moge-lijk vereenigen. Daarom doet Hij op aarde die geheimzinnige Engelenschaar afdalen die, doordat zij zich met ons vereenen en verbinden, ons in hunne rangen opnemen om slechts één Kerk te vormen van die op aarde en in den hemel zijn. "

187. Door onzen Engel Bewaarder staan wij dus in voortdurende gemeenschap met den hemel en, om er meer nut uit te trekken, is er niets beter dan dikwijls aan onzen Bewaarengel te denken, hem bewijzen van eerbied, van vertrouwen en liefde te geven. **a**) Van *eerbied*, door hem te begroeten als een van hen die immer het aanschijn van God zien,

---

[1] *Pensées choisies,* p. 171-172.

die bij ons de vertegenwoordigers zijn van onzen
hemelschen Vader : daarom mogen wij nooit ons
iets veroorlooven wat hem mishagen of bedroeven
kan, doch integendeel moeten wij, door het navolgen
zijner getrouwheid in den dienst van God, hem
trachten te eeren : dit is een fijngevoelde wijze om
hem onze hoogachting te betuigen ; b) van *vertrouwen*, door ons de macht te herinneren die hij
bezit om ons te beschermen, door te denken aan de
goedheid die hij heeft jegens ons, door God zelven
aan zijn zorgen toevertrouwd. Vooral ten tijde der
bekoringen des duivels moeten wij zijne hulp inroepen : hij is gewoon de listen van dezen trouwe-
loozen vijand te verijdelen; eveneens in de gevaarvolle gelegenheden waarin zijn oplettendheid ons
op het juiste oogenblik van dienst kan zijn en ook
om onze roeping te leeren kennen, want hij, beter
dan wie ook, kent Gods plannen ten opzichte van
ons. Wanneer wij een gewichtige zaak met den evennaaste te verhandelen hebben, is het eveneens van
groot belang ons tot de Bewaarengelen onzer
broeders te wenden, opdat zij hen voorbereiden
tot de zending, die wij bij hen willen vervullen;
c) Van *liefde*, door voor oogen te houden, dat hij
altijd is geweest en nog is een uitstekende vriend,
die ons reeds zulke uitmuntende diensten heeft
bewezen en nog steeds bereid is te bewijzen. Alleen
in den hemel zullen wij er de uitgestrektheid van
kennen, toch kunnen wij het nu reeds bevroeden
door het geloof en dit is voldoende om hem er onze
erkentelijkheid en liefde voor te betuigen. Wanneer
de eenzaamheid ons drukt, herinneren wij ons dan
vooral, dat wij nooit alleen zijn, maar steeds een
vriend bij ons hebben, een vriend vol toewijding en
edelmoedigheid, met wien wij ons in alle vertrouwelijkheid kunnen onderhouden.

Vergeten wij overigens ook niet, dat de eer, die
wij aan onzen Engel bewijzen aan God zelven, wiens
vertegenwoordiger hij is, bewezen wordt. Vereenigen

wij ons bijwijlen met hem om God beter te verheerlijken.

SAMENVATTING DER LEER.

188. God heeft dus een zeer groot aandeel in het
werk onzer heiliging. Hij zelf komt in onze ziel
wonen om zich aan ons te geven en ons te heiligen.
Om ons in staat te stellen ons tot Hem te verheffen, begiftigt Hij ons met een bovennatuurlijk
organisme : *de heiligmakende genade*, welke de zelfstandigheid onzer ziel doortrekt en haar omvormt en
godvormig maakt; *de deugden en de gaven*, die onze
vermogens vervolmaken en deze bekwaam maken
om, met den bijstand der *dadelijke genade*, bovennatuurlijke handelingen te stellen, verdienstelijk voor
het eeuwig leven.

189. Dit is nog niet genoeg voor de liefde van
God : Hij zendt ons *zijn eenigen Zoon* die, mensch
geworden ons gelijk, het *volmaakte toonbeeld* wordt,
dat, bij de beoefening der deugden, ons den weg
toont naar de volmaaktheid en den hemel; Hij
verdient ons de genade, vereischt om, ondanks de
moeilijkheden in en buiten ons, in zijn voetspoor
te treden; Hij *maakt ons ledematen* van zijn geheimzinnig lichaam, stort ons, door zijn goddelijken
Geest, het leven in waarvan Hij de volheid bezit.
Door deze inlijving geeft Hij aan onze geringste
handelingen een onmetelijke waarde. De handelingen immers, vereenigd met die van Hem, ons
hoofd, deelen in de waarde van zijn handelingen,
omdat in een lichaam alles gemeenschappelijk wordt
tusschen het hoofd en de ledematen. Met Hem en
door Hem kunnen wij dus God de eer geven die
Hem toekomt, nieuwe genaden verkrijgen en op
deze wijze nader komen tot God door zijne goddelijke volmaaktheden in ons uit te beelden.

Maria is de Moeder van Jesus en, hoewel op
ondergeschikte wijze, *zijne mede-arbeidster* in het

verlossingswerk. Daarom ook werkt Zij mede in de uitdeeling der genaden, welke haar Zoon verdiend heeft. Door Haar gaan wij tot Hem, door Haar vragen wij de genade. Wij eeren en beminnen Haar als Moeder en trachten hare deugden na te volgen.

En daar Jesus niet alleen ons hoofd, doch ook dat der *Heiligen* en der *Engelen* is, wil Hij, dat deze machtige helpers ons ten dienste staan ten einde ons te beschermen tegen de aanvallen van satan en de zwakheden van onze natuur : hun *voorbeelden* en hun *voorbede* zijn ons een machtige hulp.

Kon God waarlijk meer voor ons doen? Indien Hij zich zoo vrijgevig aan ons heeft geschonken, wat moeten wij dan niet doen om aan zijne liefde te beantwoorden en het goddelijk leven te ontwikkelen dat Hij ons zoo edelmoedig heeft medegedeeld?

ART. II. HET AANDEEL VAN DEN MENSCH IN HET CHRISTELIJK LEVEN.

190. Het is duidelijk dat, indien God zooveel heeft gedaan om ons deelachtig te maken aan zijn eigen leven, wij van onzen kant aan zijne voorkomende liefde moeten beantwoorden, dat leven in dank moeten aannemen, het ontwikkelen en ons aldus voorbereiden tot de eeuwige zaligheid, die de be-kroning zal zijn van ons werken op aarde. De *dankbaarheid* maakt ons dit tot plicht, want er bestaat geen beter middel om een weldaad te erkennen dan door ze te gebruiken tot het doel, waartoe zij ons is geschonken. Ons *geestelijk belang* vordert het : God zal ons immers loonen naar verdiensten en onze glorie in den hemel zal geëven-redigd zijn aan den graad van genade, die wij door onze goede werken zullen verkregen hebben : "*unusquisque autem propriam mercedem accipiet secundum suum laborem*". (I Cor. III, 8.) Hij zal zich echter gedwongen zien diegenen streng te kastijden die, door hun vrijwilligen weerstand aan de goddelijke uitnoodigingen, de genade misbruikt hebben, want, zooals de Apostel leert : " *een akker die den overvloedigen regen opneemt en nuttige gewassen oplevert voor die hem bebouwen, wordt van God gezegend, maar zoo hij niet dan distelen en doornen voortbrengt, wordt hij geacht slecht te zijn en is de vervloeking nabij.* " (Hebr. VI, 7-8). God, die ons met vrijen wil begaafd geschapen heeft, eerbiedigt voorzeker onze vrijheid en zal ons tegen onzen wil niet heilig maken, maar toch houdt Hij niet op ons op te wekken tot een goed gebruik der genaden, welke Hij ons zoo vrijgevig mededeelt : " *wij vermanen u de genade Gods niet ijdel te ontvangen* ". (II Cor. VI, 1.)

191. Welnu om aan die genade te beantwoorden, moeten wij vooreerst *de groote devoties* beoefenen, waarover wij in het vorig artikel gehandeld hebben : godsvrucht tot *de H. Drievuldigheid*, godsvrucht tot het *Menschgeworden Woord*, godsvrucht tot de *H. Maagd*, tot de *Engelen* en de *Heiligen*. Daarin zullen wij inderdaad de krachtige aansporing vinden om ons geheel aan God te geven, in vereeniging met Jesus en onder de bescherming onzer machtige Voorsprekers. Wij zullen er eveneens toonbeelden van heiligheid ontdekken, die ons den te volgen weg zullen aanwijzen. Meer nog, wij zullen er bovennatuurlijke krachten vinden, waardoor wij in staat zullen zijn elken dag het ideaal van heiligheid naderbij te komen, dat ons ter navolging is voorgesteld. (Merken wij hier evenwel op, dat wij deze devoties in de *ontologische orde*, dat is volgens haar waarde hebben besproken, want *in de praktijk*, wordt de devotie tot de H. Drievuldigheid niet op de eerste plaats beoefend ; gewoonlijk begint men met die tot Christus en de H. Maagd ; later verheft men zich tot de H. Drievuldigheid.)

192. Dit is echter niet genoeg. Het is ook noodig het geheele *bovennatuurlijk organisme*, waarmede wij begiftigd zijn, te *benutten* en het te *vervolmaken*

ondanks de beletselen die, van binnen en van buiten,
zijn ontwikkeling in den weg staan. 1° Wijl *de
drievoudige begeerlijkheid*, die uit zich zelf naar het
kwaad streeft, in ons blijft en zij daarenboven door
de wereld en den duivel wordt aangewakkerd, is
het eerste wat wij te doen hebben, uit alle kracht
strijden tegen haar en hare machtige helpers.
2° Daar dit bovennatuurlijk organisme ons gegeven
werd om *godvormige* akten, verdienstelijk voor het
eeuwige leven, te stellen, moeten wij er ons op toe
leggen onze *verdiensten te vermeerderen*. 3° Eindelijk, daar het de goddelijke goedheid behaagd heeft
Sacramenten in te stellen, die in ons, naarmate wij
medewerken, genade voortbrengen, moeten wij die
in de volmaakst mogelijke gesteltenis ontvangen.
Zoo zullen wij het genade-leven in ons onderhouden, meer nog, wij zullen het immer in ons doen
aangroeien.

§ I. Over den Strijd tegen de vijanden onzer ziel.

Deze vijanden zijn de *begeerlijkheid*, de *wereld*
en de *duivel* : de *begeerlijkheid, inwendige* vijand,
dien wij altijd met ons dragen ; de *wereld* en de
duivel, uitwendige vijanden, die het vuur der begeerlijkheid in ons aanwakkeren.

I. *De Strijd tegen de begeerlijkheid.* [1]

De H. Joannes heeft de begeerlijkheid omschreven in dezen beroemden tekst : " *Alwat in de
wereld is, is begeerlijkheid des vleesches en begeerlijkheid der oogen en hoovaardij des levens.* (I Joan. II, 16.)

I. De Begeerlijkheid des vleesches.

193. *De begeerlijkheid des vleesches is de ongeregelde zucht naar de zinnelijke genoegens.*

---

[1] Cf. Bossuet, *Traité de la Concupiscence.*

A) Het kwaad. Het genoegen is niet kwaad in zich. God staat het toe door het ondergeschikt te maken aan een hooger doel, het zedelijk goede. Als Hij het genoegen aan sommige handelingen verbindt, is het om ons die handelingen te vergemakkelijken en ons aldus tot plichtsbetrachting te trekken. Het vermaak genieten met matigheid en in overeenstemming met het doel, dat het zedelijk en bovennatuurlijk goed is, is geen kwaad; het is zelfs een goede daad, wijl het zich richt tot een goed einde. Dit einde is ten slotte God. Maar het vermaak zoeken onafhankelijk van dit doel, het eenig wettige, het dus willen als het *laatste doel*, is ongeregeld, is wanorde, omdat het strijdig is met de allerwijste orde door God bepaald. Deze wanorde voert tot een andere : wanneer men om het genot handelt, is men bloot gesteld aan het gevaar het boven alle maat te beminnen, omdat men niet meer geleid wordt door het doel, dat grenzen stelt aan die onmatige zucht naar genot welke in ieder onzer wordt gevonden.

194. Zoo heeft God in zijn wijsheid gewild, dat met het eten een zeker genot zou gepaard gaan om ons aldus te prikkelen onze lichaamskrachten te ondersteunen ; maar, gelijk *Bossuet* [1] zegt : " de ondankbare en vleeschlijke menschen hebben de gelegenheid van dit genot benut om zich eerder aan hun lichaam te hechten dan aan God, die het gemaakt heeft... Het genot der spijzen houdt hen gevangen ; in plaats van te eten om te leven, schijnen zij, zooals iemand in de Oudheid en na hem, de H. Augustinus zeide, te leven om te eten. Zelfs zij, die hunne begeerten weten te beteugelen en slechts aan tafel gaan om aan den eisch der natuur te voldoen, worden door het genot verschalkt, en gaan de perken te buiten geleidelijk

---

[1] BOSSUET, *Traité de la Concupiscence*, ch. IV.

laten zij zich door hun lust medesleepen en meenen
nooit geheel aan de behoefte voldaan te hebben,
zoolang zij nog trek in eten en drinken hebben. "
Daaruit komt die overdaad in spijs en drank voort,
welke zoo met de matigheid in strijd is. En wat te
zeggen van het nog veel gevaarlijker genot, de
wellust, "die diepe en schandige wonde der natuur,
de begeerlijkheid, welke de ziel met zulke zachte
en toch zoo geweldige boeien bindt? Hoeveel
inspanning wordt er gevorderd om zich los te
maken uit haren greep en welke schrikwekkende
wanorde sticht zij in de menschelijke samenleving!" [1]

195. Het zingenot is daarom nog des te *gevaar-*
lijker omdat het overal in het geheele lichaam zijn
zetel heeft. Het gezicht is er door aangetast, wijl
men door de oogen het eerst het gif der zinnelijke
liefde binnenhaalt ; de ooren worden het eveneens,
wanneer men door gevaarvolle gesprekken of lichte,
weekelijke gezangen het vuur der onreine liefde en
die verborgen neiging tot zinnelijke genoegens,
ontsteekt of aanwakkert. Hetzelfde geldt ook van
de overige zintuigen. — Wat het gevaar nog vermeerdert, is dat alle zinnelijke genoegens op elkander inwerken. Die welke men voor geheel onschuldig zou aanzien, kunnen, zoo men niet op zijn
hoede is, tot de schuldigste voeren. Er is zelfs het
geheele lichaam door een weekelijkheid, een over-
gevoeligheid, die ons rust doet zoeken in het zinnelijke, de begeerlijkheid opwekt en levend houdt.
Men bemint zijn lichaam met een aanhankelijkheid,
die de ziel doet vergeten ; een overdreven zorg voor
de gezondheid maakt, dat men zijn lichaam in
alles koestert. Al deze verschillende gevoelens zijn
even zoovele uitingen van de begeerlijkheid des
vleesches.

---

[1] BOSSUET, op. cit., ch. V. Het n. 195 is een korte samenvatting van
het 5e hoofdstuk van genoemd traktaat van Bossuet.

196. Het geneesmiddel voor die groote kwaal bestaat in zich het zingenot te ontzeggen, want, zegt de H. Paulus : " *Zij die van Christus zijn hebben hun lichaam met zijne begeerlijkheden gekruist* " (Gal. V, 24). Welnu het lichaam kruisigen, zegt M. Olier, [1] is " alle onreine en ongeregelde *begeerten*, die wij in ons lichaam gevoelen, in toom houden, boeien, onderdrukken "; is ook de *uitwendige zinnen* versterven, die ons in verbinding stellen met wat buiten ons is en gevaarlijke begeerten doen ontstaan. De reden van die verplichting om ons te versterven vinden wij in *onze doopbeloften.*

197. Door het *H. Doopsel*, dat ons aan de zonde doet sterven en ons inlijft in Christus, zijn wij gehouden tot het beoefenen dier versterving van het zingenot, want, " volgens den H. Paulus, zijn wij niet meer aan het vleesch onderworpen om volgens het vleesch te leven, maar zijn wij verplicht te leven volgens den geest en indien wij leven volgens den geest, wandelen wij dan ook volgens den geest, die in ons hart de liefde tot het kruis indrukt en ons de kracht geeft om het te dragen " [2]

Het doopsel door indompeling toont ons in een zinnebeeld, de waarheid dezer leer : in het water gedompeld, sterft de catechumeen aan de zonde en hare oorzaken, en, wanneer hij er uitgetreden is, deelt hij in een nieuw leven, het leven van den verrezen Jesus. Zoo leert de H. Paulus : " *aan de zonde gestorven, hoe zouden wij nog in de zonde kunnen leven? Weet gij niet, dat wij allen die in Christus gedoopt zijn, in zijn dood gedoopt zijn? Met Hem zijn wij immers door het doopsel begraven geweest in zijn dood, opdat, gelijk Christus van de dooden verrezen is door de glorie van zijn Vader, wij ook aldus in nieuwheid van leven wandelen*" (Rom.

---

[1] *Catéch. chrét.* I. leç. V.
[2] *Catéch. chrét.* leç. IX.

VI, 2-4.) *De doop door indompeling* beteekent dus den dood aan de zonde en de verplichting om te strijden tegen de begeerlijkheid, die tot de zonde voert; het verlaten van het water duidt het nieuw leven aan, waardoor wij deel nemen aan het leven van den verrezen Zaligmaker. [1] Het doopsel legt ons dus de verplichting op de begeerlijkheid des vleesches, die in ons woont, te onderdrukken en Christus na te volgen, die door het kruisigen van zijn vleesch ons de genade verdiend heeft het onze te kruisigen. De nagelen, waarmede wij ons kruisigen, zijn geen andere als de verschillende verster-vingen, die wij beoefenen.

Het versterven van de genotzucht is zoo dringend noodzakelijk, dat ons geestelijk leven en onze zaligheid er van afhangen : *" want als gij volgens het vleesch leeft, zult gij sterven, doch als gij door den geest de werken des vleesches doodt, zult gij leven "* (Rom. VIII, 13)

198. Om een volkomen overwinning te behalen is het niet genoeg aan de zondige genoegens te verzaken, (wat geboden is), men moet ook nog afstand doen van de *gevaarlijke* vermaken. Zij toch voeren bijna onfeilbaar tot de zonde, volgens den stelregel : *" Wie het gevaar bemint, zal er in vergaan "*. Men moet zich zelfs eenige geoorloofde vermaken ontzeggen om op deze wijze den wil te sterken tegen de aanlokselen van het verboden genot. Immers wie maar altijd door alle geoorloofde genoegens wil genieten, zal lichtelijk afglijden tot die verboden zijn.

---

[1] Wij verwringen de gedachte van den Apostel niet als wij ze zoo weergeven in den heden gebruikten stijl : de Sacramenten zijn werkzame teekenen, die *ex opere operato* (om zich zelve) voortbrengen wat zij beteekenen. Het doopsel nu stelt, onder dit Sacrament, den dood en het leven van Christus voor. Het moet dus in ons een dood voortbrengen, geheimzinning in zijn wezen, maar werkelijk in zijn gevolgen, den dood aan de zonde, aan den ouden mensch, en een leven overeenkomstig met dat van den verrezen Christus. (PRAT, *Théol. de S. Paul*, !. I. 7. p. 266-267).

2° DE BEGEERLIJKHEID DER OOGEN
(NIEUWSGIERIGHEID EN HEBZUCHT.)

199. A) Het kwaad. De begeerlijkheid der oogen
omvat twee zaken : de ongezonde nieuwsgierigheid
en de ongeregelde liefde voor de goederen der
aarde. **a**) De nieuwsgierigheid, hier bedoeld, is het
onbeteugeld verlangen om te zien, om te hooren, om
te weten, wat er omgaat in de wereld, niet tot
geestelijk nut, maar enkel om het beuzelachtig
genoegen dat men ondervindt in die kennis en
waarneming. — Zelfs het verlangen naar ware en
nuttige wetenschap ontaardt in nieuwsgerigheid, als
men er zich te veel en bij ontij door laat medesleepen, als men er door komt tot verzuim van hoogere
verplichtingen, gelijk geschiedt met hen die alle
soort van romans, van tooneelstukken en gedichten
verslinden. " Want dit alles is niet anders als onmatigheid, als ziekelijkheid, ongeregeldheid van den
geest, verdorring van het hart, een droevige gevangenschap, die ons geen vrijheid laat om aan ons
zelven te denken, en een bron van afdwalingen. "[1]

200. b) De tweede vorm van begeerlijkheid is de
ongeregelde zucht naar geld. Nu eens beschouwt men
het als middel om andere goederen te verkrijgen,
bijv. eer of vermaken, dan weer wordt het om zich
zelf begeerd, om het te kunnen bezien, te betasten
en in zijn bezit een volstrekte zekerheid te hebben
voor de toekomst (wat de eigenlijke gierigheid is).
In beide gevallen stelt men zich in het gevaar van
vele zonden, omdat dit onbeteugeld verlangen naar
geld de bron van talrijke bedriegerijen en onrechtvaardigheden is.

201. B) Het geneesmiddel. a) Om de ijdele
nieuwsgierigheid te bestrijden moet men zich herin-

[1] BOSSUET, *l. c.* ch. VIII.

neren, dat alwat niet eeuwig is, niet eens de
aandacht van wezens tot een eeuwig leven bestemd
moest trekken, en nog minder boeien. De gedaante
dezer wereld gaat voorbij, blijvend zijn alleen God
en de hemel, die het eeuwig bezit van God is. Wij
dienen ons dus enkel te bekommeren om het
eeuwige, want : *quod æternum non est, nihil est :*
wat niet eeuwig is, is niets. De voorvallen van het
heden, gelijk die van de vervlogen eeuwen mogen
en moeten onze belangstelling hebben, doch alleen
in zoover zij de eer van God en het heil der menschen bevorderen. Toen God de wereld en alwat in
de wereld is schiep, heeft Hij geen ander doel
beoogd als : zijn goddelijk leven mededeelen aan de
verstandelijke wezens, de Engelen en de menschen,
en uitverkorenen aanwerven. Al het overige is bijzaak
en mag onze aandacht enkel vragen als een middel
om tot God of naar den hemel te gaan.

202. b) Met betrekking tot de ongeregelde liefde
van de goederen der aarde, mag men niet vergeten,
dat de rijkdommen geen doel, maar een middel zijn,
dat de Voorzienigheid ons aan de hand doet om in
onze behoeften te voorzien. God blijft de meester
dier goederen, wij zijn eigenlijk niets meer dan
beheerders en eens zullen wij rekenschap moeten
afleggen van het gebruik, dat wij er van gemaakt
hebben : *redde rationem villicationis tuæ* (Luc.
XVI, 2). Men doet dus wijs een ruim deel van het
overtollige te besteden aan aalmoezen en goede
werken : zoo handelt men volgens de inzichten van
God wiens wil is, dat de rijken als het ware de
rentmeesters der armen zijn. Zoo zet men geld uit
op de Bank des hemels, waar ons het honderdvoud
zal worden uitbetaald, wanneer wij den hemel
binnen gaan : " *Verzamelt u*, zegt Jezus, *schatten in
den hemel, waar roest noch mot ze verteert en de
dieven ze niet uitgraven en ontrooven*" (Matth. VI, 20).
Dit is ook het middel om ons hart te onthechten

aan het aardsche en op te voeren tot God, want, voegt Christus er bij : " *Waar uw schat is, daar is ook uw hart.*" Zoeken wij dus voor alles het rijk Gods, de heiligheid, en het overige zal er aan toegevoegd worden.

Om volmaakt te worden moet men nog meer doen, men moet *de evangelische Armoede* beœfenen, want "*zalig zijn de armen van geest*" (Matth. VI, 21). Dit nu kan op drie wijzen geschieden : 1) door al zijn goed te verkoopen en de opbrengst er van aan de armen te geven (Luc. XII, 33; cf. XVIII, 22 en Matth XIX, 21); 2) door alles ten algemeenen dienste te stellen, zooals in sommige Congregaties gebruikelijk is; 3) Door zijn bezit te behouden, doch het vrije gebruik er van af te staan en over niets te beschikken dan volgens den raad van een wijzen bestuurder.

203. Doch hoe het ook zij, het hart moet los zijn van de rijkdommen om tot God te kunnen opvliegen. Dit is de raad van *Bossuet :* Gelukkig zij die in ootmoed, afgezonderd in het huis des Heeren, behagen vinden in de ontblooting hunner kleine cel, in de schamelheid van wat zij noodig hebben voor dit leven, dat niet meer is dan een schaduw des doods; die er leven alleen om hunne zwakheid en het zware juk, waarmede de zonde hen beladen heeft, te overwegen. Gelukkig de gewijde Maagden, die van de wereld niet meer gezien willen worden en, ware het mogelijk, zich voor zich zelven zouden willen verbergen onder den gewijden sluier, die haar bedekt. Zalig de zachte dwang, aan de oogen opgelegd om de ijdelheid niet te zien, naar Davids woord : " *Wend mijne oogen af om de ijdelheid niet te zien*" (Ps. CXVIII, 37). Zalig zij, die volgens hun staat te midden der wereld verblijvend, er zich niet door laten beinvloeden; die door de wereld gaan zonder er zich aan te hechten en het Esther, met de kroon versierd, kunnen nazeggen :

Gij weet, o Heer, hoezeer ik dit teeken van hoogmoed en alwat tot verheffing der goddeloozen dient,
verafschuw; Gij weet, dat uwe dienstmaagd zich
nimmer heeft verblijd dan alleen in U, o God van
Israel (Cf. Esther XV, 15-18)

3° OVER DE HOOVAARDIJ DES LEVENS.

204. A) Het kwaad. De hoovaardij, zegt Bossuet,[1] is een nog dieper bedorvenheid. De trotsche
overgelaten aan zich zelf, beschouwt zich in zijn
verregaande eigenliefde, als zijn god. Zonder er aan
te denken, dat God zijn *eerste oorzaak* en zijn *laatste
einde* is, acht hij zich zelven op buitensporige wijze,
hij acht zijne hoedanigheden, ware of vermeende,
als waren zij zijn eigendom, *in plaats van ze tot God
terug te brengen.* Gevolgen hiervan zijn : die *geest
van onafhankelijkheid,* welke hem aanzet om zich
aan het gezag van God of zijne vertegenwoordigers
te onttrekken ; die *zelfzucht* welke hem aandrijft,
om in alles voor zich alleen te handelen, alsof
hij zijn eigen einddoel is, dat *ijdel zelfbehagen,*
dat zich over eigen voortreffelijkheid verheugt,
alsof God er de Gever niet van was, zelfbehagen
dat zijn genoegen stelt in zijn goede werken, als
waren deze niet op de eerste plaats en boven alles
te danken aan de goddelijke werking in ons ; die
neiging om de eigen hoedanigheden te *overschatten,*
om er zich toe te schrijven, die men niet bezit, om
zich boven anderen te stellen, soms zelfs anderen
te minachten, gelijk de farizeër deed.

205. Bij die hoevaardigheid voegt zich de *ijdelheid,* waardoor men op ongeregelde wijze de achting
van anderen, hun goedkeuring of lof najaagt. Dit
wordt *ijdele glorie* genoemd, want, zooals Bossuet [2]
opmerkt, " als die lof valsch of onverdiend is, hoe
verkeerd handel ik dan met er zooveel behagen in

---

[1] *L. c.* X, XXIII. — [2] *L. c.* XVII.

te vinden! Is die lof waar, hoe kan ik dan wederom zoo dwalen, dat ik minder behagen vind in de
waarheid zelf, dan in het getuigenis, dat de menschen er van geven?" 't Is inderdaad wel vreemd,
dat men meer waarde hecht aan de achting der
menschen dan aan de deugd zelve en dat men zich
meer vernederd gevoelt door een in 't openbaar
begane flater dan door een geheime fout. Wie aan
ijdelheid toegeeft, vervalt weldra in andere gebreken : in *grootsprekerij* : men wil maar steeds zich
zelven en zijn eigen werken ophemelen ; in *pralerij* :
door vertoon van weelde zoekt men de aandacht
van anderen tot zich te trekken ; in *schijnheiligheid* :
men doet aan vertoon van deugd zonder zich om
het verkrijgen van ware deugd te bekommeren.

206. De *gevolgen* van den hoogmoed zijn betreurenswaardig : hij is de grootste *vijand der volmaaktheid*, want : 1) hij onthoudt God de eer die Hem
toekomt en daardoor ook berooft hij den trotsche
van vele genaden en verdiensten, wijl God geen
medeplichtige wil zijn aan 's menschen hoogmoed :
" *God weerstaat de hoovaardigen* " (Jac. IV, 6);
2) hij is *de bron van vele zonden*, zonden van *vermetelheid*, welke door droeven val en verfoeilijke ondeugden gestraft worden ; van *moedeloosheid*, als men
ziet hoe diep men gevallen is ; van *veinzerij*, omdat
men er niet toe over kan gaan zijn ongeregeld leven
te bekennen ; van *verzet* tegen zijn oversten, van
afgunst en *jaloerschheid* jegens den evenmensch, enz.

207. B) Het **middel** ertegen is : **a)** alles terug
voeren tot God door te erkennen, dat Hij de Gever
is van alle goed : Hij is het *eerste beginsel* onzer
handelingen, dus moet Hij er ook het *laatste einde*
van wezen. Naar dit middel verwijst de Apostel
Paulus : " *Wat hebt gij, dat gij niet hebt ontvangen?
Als gij het dan ontvangen hebt, wat beroemt gij u,
als hadt gij het niet ontvangen.* " (I Cor. IV, 7.)
Waaruit de Apostel besluit, dat al onze handelingen

tot Gods glorie moeten strekken : *Hetzij gij eet,*
hetzij gij drinkt of iets anders doet, doet alles ter eere
Gods. (I Cor. X, 31.) — Om onze werken meer
waarde te geven moeten wij zorg dragen ze te
verrichten in naam, door de kracht van Jesus
Christus : *Alwat gij doet in woorden of in werken,*
doet het in den naam van den Heer Jesus Christus,
door Hem God den Vader dank zeggend. (Col. III, 17.)

208. Daar wij echter van nature altijd geneigd zijn
onzelven te zoeken, moeten wij, om deze neiging
te onderdrukken, ons voortdurend herinneren, dat
wij *uit ons zelven* slechts *niet en zonde* zijn. Er zijn
in ons ongetwijfeld wel *natuurlijke en bovennatuur-*
lijke goede hoedanigheden, die wij op hoogen prijs
moeten stellen en benutten, doch daar wij ze van
God kregen, moeten wij God er dan ook niet om
verheerlijken? Wanner een schilder een meester-
stuk heeft vervaardigd, dan moet toch ook aan hem
en niet aan het doek de eer gegeven worden.

Wij willen ons zelven zoeken; doch *uit ons zelven*
hebben wij enkel het niet. Het niet : " dat waren
wij van alle eeuwigheid; het zijn, dat wij nu in
ons hebben, komt niet van ons, maar van God; het
werd ons wel gegeven, niettemin blijft het altijd
van God en Hij wil er door verheerlijkt worden." [1]

Uit ons zelven ook zijn wij *zonde,* in dezen zin
namelijk, dat wij door de begeerlijkheid *tot de zonde*
overhellen, zoozeer dat, volgens den H. Augustinus,
als wij de zonde niet bedrijven, wij het te danken
hebben aan Gods genade : " *Gratiæ tuæ deputo et*
quæcumque non feci mala. Quid enim non facere
potui, qui etiam gratuitum facinus amavi? : Aan
uwe genade schrijf ik het toe, zoo ik eenig kwaad
niet gedaan heb. Waartoe was ik niet in staat, ik
die zelfs om niet het kwaad bemind heb? " [2]
M. Olier legt dit aldus uit : " Wat ik u hieromtrent

---

[1] OLIER, *Catéch. chrét. I*, leç. XV. — [2] *Confess.*, l. III, c. 7.

kan zeggen, is dat er geen enkele zonde uit te denken is, geen onvolmaaktheid, geen wanorde, geen dwaling, geen verwarring, waarvan het vleesch niet vol is, zoo zelfs dat er geen enkele lichtzinnigheid, geen enkele buitensporigheid of dwaasheid is, welke het vleesch niet ieder oogenblik in staat is te bedrijven " [1]. Onze natuur is voorzeker niet geheel en al bedorven zooals Luther beweerde; zij kan met den natuurlijken of bovennatuurlijken bijstand [2] van God eenig goed verrichten, zij verricht zelfs veel goed, gelijk men bij de Heiligen ziet, maar wijl God er de eerste en voornaamste oorzaak van is, moet Hij er ook voor geprezen worden.

209. Besluiten wij dus met *Bossuet* [3] : " hebt van u zelven geen hoogen dunk, want hiermee begint alle zonde... Verlangt de eer der menschen niet, want dan zoudt gij uw loon reeds ontvangen hebben en nog slechts ware straffen te wachten hebben. Verheft u niet op u zelven, want alwat gij u zelven van uwe goede werken toeschrijft, ontroeft gij aan God, die er de bewerker van is, en gij stelt u in zijn plaats. Werpt het juk van de tucht des Heeren niet van u af, zegt niet bij u zelven, gelijk een aanmatigende trotschaard : ik zal niet dienen, want zoo gij u aan de gerechtigheid niet onderwerpt, zult gij slaaf der zonde en kind des doods zijn. Zegt niet : ik ben niet onrein, en meent niet, dat God uwe zonden heeft vergeten, omdat gij zelf er niet meer aan denkt, want de Heer zal er uwe aandacht op vestigen door te zeggen : ziet uwe gangen in den hollen, verholen weg : overal heb Ik u gevolgd en al uwe schreden geteld. Biedt geen weerstand aan

---

[1] *Catéch. chrét.*, leç. XVII.
[2] De Theologie leert (*Syn. th. d.*, t. III, n. 72-91) dat de gevallen mensch eenig goed kan doen in de natuurlijke orde alleen reeds *met den natuurlijken bijstand* van God, doch dat hij een *buitennatuurlijke* hulp van noode heeft om de *geheele* natuurwet te onderhouden en *alle* groote bekoringen te overwinnen.
[3] *Op. cit.*, ch. XXXI.

de wijze raadgevingen en vertoornt u niet wanneer
gij berispt wordt, want het is het toppunt van hoogmoed zich te verheffen tegen de waarheid zelve,
wanneer zij u vermaant en tegen de sporen in te
slaan ".

Indien wij volgens deze raadgevingen handelen,
zullen wij sterker zijn om te strijden tegen de
wereld, den tweeden vijand onzer ziel.

II. *De Strijd tegen de wereld.*

210. Door de wereld verstaan wij hier niet de
menschen die op aarde leven en waaronder goeden
en kwaden zijn, maar wij bedoelen al diegenen
welke in lijnrechte tegenspraak zijn met Jesus
Christus, dus de slaven der drievoudige begeerlijkheid. Derhalve : 1) de *ongeloovigen*, die vijandig
staan tegenover den godsdienst, juist omdat hij hun
hoogmoed, hun zinnelijkheid, hun ongebreidelde
hebzucht veroordeelt ; 2) de *onverschilligen*, die zich
niet bekommeren om een godsdienst, die hen zou
verplichten aan hun gemakzucht vaarwel te zeggen ;
3) de *onboetvaardige zondaars* die de zonde beminnen, omdat zij het genot beminnen en er niet aan
willen verzaken ; 4) de *wereldlingen*, die wel gelooven en zelfs den godsdienst beoefenen, maar tegelijk zich overgeven aan de vermaken, aan de
weelde, aan de gemakken en die bijwijlen den
evennaaste, — geloovig of ongeloovig — ergernis
geven en hem er toe brengen om te zeggen, dat de
godsdienst weinig invloed uitoefent op het zedelijk
leven. — Dat is de wereld die door Jesus gevloekt
werd om hare ergernissen : *Væ mundo a scandalis !*
(Matth. XVIII, 7.) en waarvan de H. Joannes heeft
getuigd, dat zij geheel in boosheid is verzonken.

211. 1º **De gevaren der wereld.** De wereld dringt
door tot in den schoot der christelijke families, ja
zelfs in de kloostergemeenten door de afgelegde of
ontvangen bezoeken, door de briefwisseling, door de

lezing van boeken of wereldgezinde tijdschriften. Zij is een groote hinderpaal voor de zaligheid en de volmaaktheid. Zij ontsteekt in ons het vuur der begeerlijkheid en wakkert het aan; zij *verleidt ons* en *voert een waar schrikbewind over ons.*

212. A) De wereld *verleidt* ons door hare *grondstellingen*, door het vertoon harer *ijdelheden* en slechte *voorbeelden.*

a) Door hare *grondstellingen*, die rechtstreeks in strijd zijn met die van het Evangelie. De wereld immers roemt het geluk der rijken, der machtigen, of zelfs der geweldenaars, der parvenus, der eerzuchtigen en van hen die het leven weten te genieten; zij vindt er een genoegen in de vermaken aan te prijzen : *"laten wij ons met bloemen kronen voor zij verwelken"* (Sap. II, 8). Moet de jeugd niet genieten, moet niet ieder profiteeren van het leven? Er zijn er zooveel die ook zoo doen en O. L. Heer zal toch niet iedereen verdoemen. Men moet toch aan den kost komen, en als men bij zakendoen te nauwgezet is, komt men niet vooruit. — Zoo leert de wereld.

b) Door *het vertoon harer ijdelheden en vermaken.* De bijeenkomsten der wereldlingen hebben meestal geen ander doel als de nieuwsgierigheid, de zinnelijkheid, ja zelfs de wellust te voldoen. Om de ondeugd aantrekkelijk te maken, weet men haar te vermommen onder den schijn van vermakelijkheden, die fatsoenlijk en eerbaar genoemd worden, doch ondertusschen vol gevaren zijn, zooals de gedecolleteerde kleeding, dansen en bijzonder die dansen, wier eenig doel schijnt te zijn de onreine oogslagen en aanrakingen te bevorderen. En wat te zeggen van de meeste theatervoorstellingen, van de publieke vertooningen, van de schunnige boeken die allerwege uitgestald worden?

c) *De slechte voorbeelden* komen helaas! het gevaar nog vermeerderen. Bij het zien van zoovele jongelieden, die zich overgeven aan de vermaken, van zoovele gehuwden, die hunne plichten vergeten, van zoovele handels en zakenlui, die zoo weinig kiesch- keurig zijn in de middelen om winst te maken, wordt men sterk bekoord om zich eveneens aan dergelijke ongeregeldheden over te geven.— Daarbij komt nog, dat de wereld door haar toegevelijkheid ten opzichte der menschelijke zwakheden, deze zelfs schijnt aan te moedigen : een verleider is een galant man ; een bankier, een koopman, die op oneerlijke manier rijk wordt, heet handig ; een vrijdenker is een man zonder vooroordeelen, die de voorlichting van zijn geweten opvolgt. Hoevelen worden niet aangemoedigd tot een ongeregeld leven door zulke beoordeelingen !

213. B) Zoo de wereld ons niet kan verleiden, zoekt zij ons **schrik aan te jagen**.

Somtijds wordt een ware stelselmatige *vervolging* tegen de geloovigen gevoerd.

a) Men houdt de vreesachtigen af van de vervul- ling hunner geloofsplichten door geestigheden over bidzielen, over schijnheiligen, over onnoozelen, die nog aan verouderde dogmas gelooven ; de huismoeders worden belachelijk gemaakt, als zij hare dochters altijd zedig willen kleeden. Men vraagt haar ironisch, of zij haar op die wijze aan een echtgenoot willen helpen, enz. En hoevelen laten zich inderdaad, door menschelijk opzicht, tegen de vermanende stem haars gewetens in, dwingen door die tyrannieke modes, waaruit alle eerbied voor de zedigheid verdwenen is !

b) Bij andere gelegenheden komt men tot *bedrei- gingen :* als gij zoo met uwen godsdienst te koop loopt, is er voor u geen plaats op onze kantoren ; als gij zoo preutsch zijt, dan doet gij beter uit onze bijeenkomsten weg te blijven ; als gij zoo angstvallig zijt, kan ik u in mijn dienst niet gebruiken : men moet doen gelijk iedereen en het publiek misleiden om meer geld te verdienen.

Al te gemakkelijk laat men zich meesleepen of vrees aanjagen, want de wereld vindt een handlanger in ons eigen hart en in het natuurlijk verlangen naar een goede plaats, naar eer en rijkdom.

214. Het middel. Om door dien gevaarlijken stroom niet te worden meegevoerd, moet men het oog vast gericht houden op de eeuwigheid, en de wereld beschouwen in het licht des geloofs. Dan zullen wij haar zien als *Christus' vijand*, dien wij krachtig moeten bestrijden om onze ziel te redden. Wij zullen de wereld zien als het *tooneel*, waar wij met ijver en moed de beginselen des Evangelies moeten voorstellen.

215. A) Daar de wereld de *vijand is van Jesus Christus*, moeten wij ons laten geleiden door beginselen en voorbeelden *tegenovergesteld* aan die der wereld; het dilemma van den H. Bernardus zij het onze : "ofwel Christus vergist zich, ofwel de wereld dwaalt; doch de goddelijke Wijsheid kan zich onmogelijk bedriegen." Er is een lijnrechte tegenstelling tusschen de wereld en Jesus Christus : dus is het volstrekt noodzakelijk eene keuze te doen tusschen beiden, want het is niet mogelijk twee heeren te gelijk te dienen. Jesus nu is de onfeilbare Wijsheid en heeft de woorden van het eeuwig leven ; dus de wereld dwaalt. Onze keuze zal dan ook spoedig gedaan zijn, want zegt de H. Paulus : "*wij hebben niet den geest van deze wereld ontvangen, maar den geest, die van God komt*" (I Cor. II, 12). Willen behagen aan de wereld, is mishagen aan Jesus Christus. "*Indien ik nog zocht te behagen aan de menschen zou ik de dienaar van Christus niet zijn*" zegt de H. Paulus (Gal. I, 10) en de H. Jacobus voegt er bij : "*alwie vriend van de wereld wil wezen, wordt vijand van God*" (Jac. IV, 4).

Wat wij dus te doen hebben, is :

a) *Herhaaldelijk het Evangelie lezen*, met de gedachte, dat het de eeuwige Waarheid is, die tot ons spreekt. Bidden wij tevens, dat Hij die de woorden van dat Evangelie heeft ingegeven, ze ons doe verstaan en ons die verheven grondstellingen doe smaken en beoefenen. Op deze wijze zal men inderdaad Christen, dat is leerling van Christus zijn. Mochten wij ooit stellingen lezen of hooren, die indruischen tegen die van het Evangelie, zeggen wij dan moedig : dit is *valsch*, want het is in strijd met de onfeilbare waarheid.

b) *De gevaarlijke gelegenheden*, die maar al te dikwijls in de wereld voorkomen, vermijden : Zij die niet in het klooster leven, kunnen er natuurlijk niet buiten zich tot op zekere hoogte met de wereld in te laten; doch zij moeten zich wachten voor den *geest der wereld*. Hoe? Door in de wereld te leven, als waren zij niet van deze wereld. Jesus heeft immers zijn Vader niet gevraagd om zijne leerlingen uit deze wereld weg te nemen, maar wel om hen te bewaren voor het kwaad : " *non rogo ut tollas eos de mundo, sed ut serves eos a malo* " (Joan XVII, 15). De H. Paulus wil, dat wij van de wereld gebruik maken, alsof wij er geen gebruik van maakten. (I Cor. VII, 37).

c) Dit is vooral de plicht van hen die tot den *geestelijken* stand behooren. Met den Apostel Paulus moeten zij kunnen zeggen, dat zij voor de wereld gekruist zijn, gelijk de wereld voor hen gekruist is. (Gal. VI, 14). De wereld, het terrein der begeerlijkheid, mag ons niet bekoren; zij moet ons niets dan afkeer inboezemen, gelijk wij wederkeerig voor haar een voorwerp van afkeer zijn : onze staat en ons kleed zijn immers een veroordeeling harer ondeugden. Wij dienen dus alle *zuiver wereldsche* betrekkingen te vermijden : wij zijn daar niet op onze plaats. Wij hebben natuurlijk bezoeken af te leggen en te ontvangen uit beleefdheid, om zaken en vooral om de belangen der zielen te bevorderen; die bezoeken evenwel moeten kort zijn. Vergeten wij niet, wat van den verrezen Christus gezegd is, namelijk dat Hij slechts zelden aan zijne leerlingen verscheen en dan nog om hunne vorming te voltooien en hen te spreken over het rijk Gods : " *appa-rens eis et loquens de regno Dei* ". (Act. I, 3).

216. Wij zullen ons dus in de wereld begeven enkel en alleen om er rechtstreeks of zijdelings het apostolaat uit te oefenen, dat is om er *de grondstel-lingen* en voorbeelden van het Evangelie ingang te doen vinden. a) Wij mogen niet vergeten, dat wij *het licht der wereld* zijn. Zonder van onze gesprekken preeken te maken (wat misplaatst zou zijn), kunnen wij daarbij toch alles, personen, voorvallen en zaken, beoordeelen in het licht van het Evangelie; in plaats van de rijken en grooten gelukkig te prijzen, kunnen wij in allen eenvoud in herinnering brengen, dat er nog andere bronnen van geluk zijn behalve rijkdom en welslagen in zaken en dat de deugd reeds hier beneden hare belooning vindt. Is de reine vreugde in den schoot der familie genoten niet de zoetste? Troost de voldoening om de vervulde plichten niet vele ongelukkigen en is een goed geweten niet verre te verkiezen boven de bedwelming der vermaken ? Als wij eenige hier bij passende feiten weten bij te brengen, zullen die waarheden nog beter begrepen worden. Het is echter vooral door het *voorbeeld*, dat de priester sticht in den omgang : wanneer uit alles, in houding en woorden, eenvoud, vriendelijkheid, gulle blijdschap, liefde, in één woord, ware deugd spreekt, dan maakt zijn bijzijn op allen, die hem zien en hooren, den diepsten indruk. Men kan niet nalaten hem te bewonderen, die volgens zijn overtuiging leeft, en men gevoelt achting voor een godsdienst welke zulke degelijke deugden leert — Brengen wij daarom in beoefening, wat Christus ons zegt : " *Uw licht schijne voor de menschen, opdat zij uwe goede werken zien en uwen Vader verheerlijken, die in de hemelen is* ". (Matth., V, 16). Het zijn niet uitsluitend de priesters, die dit Apostolaat beoefenen; de leeken vol geloofsovertuiging slagen er zelfs nog beter in en dat des te meer wijl men minder op zijn hoede is tegen den invloed ten goede, die van hun voorbeeld uitgaat.

217. b) Het is aan deze uitgelezen mannen en aan de priesters voorbehouden de minder moedige christenen aan te wakkeren tot den strijd tegen de *dwingelandij* van het menschelijk opzicht, van de mode of van stelselmatige vervolging.

218. Als levensregel gelde : *geen geschipper* met de wereld, (de wereld met zijn kwade princiepen), geen toegeeflijkheid om haar aangenaam te zijn of haar achting te winnen. " Wat wij ook al doen, zegt terecht de H. Franciscus van Sales, de wereld zal ons altijd bekampen. Laten wij die verblinde begaan, Philothea, laat ze roepen zooveel zij wil, gelijk de uil doet om de vogels te verschrikken. Blijven wij standvastig in onze goede meening, onwrikbaar in onze voornemens; de volharding zal duidelijk laten zien, of het met verlies en te vergeefs is geweest, dat wij ons aan God opgedragen en het vrome leven omhelsd hebben. " [1]

III. *De Strijd tegen den duivel.* [2]

219. 1° **De duivel bekoort ons. — Waarom God dit toelaat.** Wij zagen reeds n. 67, hoe de duivel, afgunstig op het geluk onzer eerste ouders, hen tot zonde aanzocht en in zijn pogen maar al te wel slaagde. Het boek der Wijsheid zegt · " *door de afgunst van den duivel is de dood in de wereld*

---

[1] *Inleiding tot het Godvruchtig leven*, IV, 1ᵉ h.
[2] S. THOM. I, q. 114; H. THEREZIA, *Leven door haar zelve*, h. 30-31.

gekomen " (Sap. II, 24). Sedert heeft de booze geest niet opgehouden de nakomelingen van Adam aan te vallen en hen strikken te spannen. Ofschoon na de komst van Christus op aarde en zijn overwinning op de hel, satans' macht veel verminderd is, blijft het toch waar, dat *"wij te strijden hebben niet enkel tegen vleesch en bloed, maar tegen de beheerschers der wereld dezer duisternissen, tegen de booze geesten*" (Ephes. VI, 12). De H. Petrus vergelijkt den duivel bij *een brieschenden leeuw die rondwaart zoekende wien hij zal verslinden.* (I Petr. V, 8-9.)

220. Indien nu de Voorzienigheid deze aanvallen toelaat, is het uit kracht van het algemeen beginsel, dat God de zielen bestuurt, niet enkel rechtstreeks, doch ook door tusschenkomst van ondergeschikte oorzaken, terwijl Hij de schepselen een zekere vrijheid van handelen laat. Daarbij, Hij vermaant ons op onze hoede te zijn en zendt zijne goede Engelen, vooral den Bewaarengel, om ons te helpen en te verdedigen (n. 186 en volg.), zonder nog te spreken van de hulp die Hij zelf of door zijn Zoon ons verleent. Zoo wij deze hulp benutten, overwinnen wij den duivel, gaan wij vooruit in deugd en verwerven wij verdiensten voor den hemel. Deze bewonderenswaardige gedragslijn der Voorzienigheid doet ons beter inzien, hoe onze zaligheid en heiliging ons bovenmate ter harte moeten gaan ; hemel en hel komen er bij te pas en rondom onze ziel en soms in onze ziel, wordt er hevig gestreden tusschen de machten des hemels en die der hel : het eeuwig leven is de inzet. Zien wij nu, wat de duivel doet om te overwinnen.

221. 2° **Strijdplan van den duivel. A**) De duivel kan niet *rechtstreeks* inwerken op onze hoogere vermogens, het verstand en den wil : 's menschen geest is een heiligdom, dat God alleen toebehoort. Hij alleen kan intreden in het binnenste onzer ziel en de krachten van onzen wil in beweging

zetten, zonder ons nochtans te willen dwingen :
Deus solus animæ illabitur.

De duivel kan echter wel rechtstreeks inwerken
op het lichaam, op de uit- en inwendige zintuigen,
in 't bijzonder op de verbeelding en het geheugen,
evenals op de hartstochten die zetelen in het
begeervermogen. Op deze wijze beïnvloedt hij *zijdelings* den wil, die door onderscheidene gevoelsbewegingen tot toestemmen geprikkeld wordt. De
wil blijft echter altijd vrij toe te geven of weerstand
te bieden, gelijk de H. Thomas leert : *Voluntas
semper remanet libera ad consentiendum vel resisten-
dum passioni* [1].

B) Ofschoon de macht van den duivel op de
zinnelijke vermogens en op het lichaam zeer groot
is, wordt zij toch binnen zekere perken gehouden
door God, die niet toelaat, dat wij boven onze
krachten bekoord worden : " *Maar God is getrouw,
die niet zal toelaten, dat gij bekoord wordt boven uwe
krachten, doch Hij zal met de bekoring ook uitkomst
geven* " (I Cor. X, 13). Wie dus in ootmoed zijn vertrouwen op God stelt, is zeker van de overwinning.

222. C) Men moet niet meenen, zegt de H. Thomas, [2] dat alle bekoringen, die wij ondergaan, het
werk zijn van den duivel : onze begeerlijkheid,
aangewakkerd door onze vroegere gewoonten en
tegenwoordige onvoorzichtigheden, is een voldoende
verklaring voor een groot aantal bekoringen :
" *unusquisque vero tentatur a concupiscentia sua
abstractus et illectus* [2] : Ieder mensch wordt door zijn
eigen begeerlijkheid bekoord, verleid en verlokt "
(Jac. I, 14). Ook zou het gewaagd zijn te beweren,
dat de duivel in geen enkele bekoring de hand
heeft. Dit zou indruischen tegen de duidelijke leer

---

[1] *Sum. theol.*, q. III, a. 2. — En hij voegt er bij (ad 2) : dæmones
non possunt immittere cogitationes interius eas causando, cum usus
cogitativæ virtutis subjacet voluntati.

[2] *Sum. theol.*, I, q. 114, a. 3.

der H. Schrift en der Overlevering. De afgunst van den duivel en zijn verlangen om de menschen aan zich dienstbaar te maken geven een genoegzame verklaring voor zijn tusschenkomst. [1]

Hoe kan men dan weten, of het de duivel is, die bekoort? Dit is niet gemakkelijk, omdat onze begeerlijkheid alleen reeds in staat is ons hevig te bekoren. Evenwel mag men zeggen, dat, wanneer de bekoring ons plotseling met hevigheid overvalt en ongewoon lang aanhoudt de duivel er groot aandeel in heeft. Men kan het vooral dan vermoeden, wanneer de bekoring een groote en langdurige verwarring in onze ziel teweegbrengt, wanneer zij in ons de begeerte opwekt naar schitterende daden, naar bovenmatige en uiterlijke verstervingen, vooral als men zich daarbij sterk aangezet gevoelt om er niets van te zeggen aan zijn zielsbestuurder en zijn oversten te mistrouwen [2].

223. 3⁰ Hulpmiddelen tegen de bekoringen des duivels. Deze hulpmiddelen worden aan de hand gedaan door de Heiligen en in 't bijzonder door de H. Theresia [3].

A) Het eerste is een *nederig en vertrouwvol gebed* waardoor wij God en zijne Engelen aan onze zijde roepen : als God met ons is, wie zal dan tegen ons zijn? Wie immers kan met God worden vergeleken : *Quis ut Deus?*

Dit gebed moet *nederig* wezen : niets doet den oproerigen engel spoediger henenvluchten. Opstandig geworden uit hoogmoed, heeft hij de nederigheid nimmer weten te beoefenen : als wij ons voor God vernederen, als wij onze onmacht erkennen om zonder den bijstand des hemels te overwinnen, dan verijdelen wij de plannen van den hoovaardi-

---

[1] *Sum. theol.*, I, q. 114, a. 1.
[2] Zie de voorschriften omtrent de onderscheiding der geesten, in de 1⁰ en 2⁰ week der *Geestel. Oefeningen van den H. Ignatius.*
[3] *Leven door haar zelve.* hoofdst. 30 en 31.

gen geest. Het gebed moet *vol vertrouwen* zijn :
de glorie van God is betrokken bij onze overwinning, dus mogen wij voorzeker alle vertrouwen
stellen in den werkdadigen bijstand zijner genade.

Het is eveneens goed de hulp in te roepen van
den *H. Michael.* Eenmaal reeds heeft hij den
duivel een volledige nederlaag toegebracht, daarom
zal hij zich gelukkig achten zijn overwinning in ons
en door ons nog vollediger te maken. Onze *Engel-
bewaarder* zal eveneens tot die overwinning bijdragen, zoo wij ons aan hem toevertrouwen. Doch
bovenal mogen wij niet vergeten te bidden tot *de
Onbevlekte Maagd*, die niet ophoudt den kop der
slang te verpletten, die voor den duivel schrikwek-
kender is dan een leger in slagorde.

224. B) Een tweede middel is het vertrouwvol
gebruik maken der *H. Sacramenten* en *Sacramentaliën.* Daar de biecht een akte van nederigheid is,
verjaagt zij den duivel; de absolutie, op de belijdenis volgend, past op ons de verdiensten van Jesus
Christus toe en verdedigt ons tegen de aanvallen
der hel; de H. Communie brengt in ons hart Hem,
die satan overwonnen heeft en maakt ons daardoor
schrikwekkend voor den duivel.

De *Sacramentaliën* zelf, zooals het kruisteeken,
de liturgische gebeden in den geest des geloofs en
in vereeniging met de H. Kerk gedaan, verleenen
eveneens eene zeer kostbare hulp. De H. Theresia
beveelt op geheel bijzondere wijze het wijwater
aan [1] : wellicht omdat het vernederend voor den
duivel is zijn pogingen te zien verijdelen door
zoo'n eenvoudig middel.

225. C) Het laatste middel is dan ook een *groote
minachting voor den duivel.* Het is wederom de

---

[1] Zekeren nacht meende ik, dat de duivelen mij gingen wurgen. Ik
wierp veel wijwater op hen en ik zag er een menigte henensnellen als
stortten zij van een hoogte. (*Leven door haar zelve*, hoofdst. 31.)

H. Theresia, die het ons zegt : " Deze booze geesten kwellen mij zeer dikwijls, maar zij jagen mij heel weinig vrees aan, want ik zie zeer wel in, dat zij niets vermogen zonder de toelating van God. Men houde zich wel overtuigd, dat, telkens als wij ze verachten, zij hun kracht verliezen en de ziel over hen des te meer macht verkrijgt. Zij zijn sterk alleen tegen de zwakkelingen, die hen hun wapens overgeven : tegen dezen toonen zij hun macht " [1] — Zich veracht te zien door wezens, zwakker dan zij, is voor die hoovaardige geesten wel een geduchte vernedering. Welnu, in alle nederigheid steunend op God, gelijk gezegd, hebben wij het recht en den plicht ze te verachten : Als God voor ons is, wie zal tegen ons zijn? Zij kunnen wel blaffen, maar niet bijten, tenzij wij ons, door onvoorzichtigheid of hoogmoed, aan hen overgeven : " *latrare potest, mordere non potest nisi volentem* " (S. Aug.).

De strijd dan, dien wij te voeren hebben tegen den duivel, evenals tegen de wereld en de begeerlijkheid, bevestigt ons hechter in het geestelijk leven en draagt zelfs bij tot onzen voortgang.

BESLUIT.

226. 1° Het christelijk leven, zooals wij gezien hebben, is een *strijd*, een moeitevolle strijd, die met zijn verschillende wederwaardigheden, pas eindigt bij den dood. Het is een strijd van het hoogste belang, want de inzet is het eeuwig leven. Volgens den H. Paulus is er in ons een *tweevoudige mensch :* a) de *herboren* mensch, de *nieuwe* mensch met edele, bovennatuurlijke, goddelijke neigingen. De H. Geest brengt dien in ons voort, om de verdiensten van Jesus en terwille van de voorspraak der Allerheiligste Maagd en der Heiligen. De neigingen trachten wij in te volgen, wanneer wij, onder den invloed der

---

[1] *L. c.*

dadelijke genade, het bovennatuurlijk organisme, waarmede God ons heeft toegerust, in werking stellen. **b**) Doch, naast den nieuwen, is er nog de *natuurlijke* mensch, de *vleeschelijke* mensch, de oude mensch met de verkeerde neigingen, die het doopsel niet uit onze ziel heeft weggenomen, dat wil zeggen : *de drievoudige begeerlijkheid.* Deze is ons bijgebleven van onze eerste geboorte en wordt opgewekt en aangewakkerd door de wereld en den duivel. De oude mensch is : de blijvende neiging, die ons aandrijft tot het onbeteugeld zoeken van zingenot, van eigen verheffing en van tijdelijk bezit. Die twee menschen moeten wel met elkaar in strijd komen : het vleesch of de oude mensch, verlangt naar het genot, jaagt het na zonder zich te bekommeren om goed of kwaad ; de geest of de nieuwe mensch, stelt hem voor oogen, dat er verboden en gevaarvolle vermaken zijn, die uit plicht, dat is, om Gods bevel, vermeden moeten worden ; doch daar het vleesch bij zijn verlangens blijft, is de wil, door de genade ondersteund gehouden het te versterven en des noods te kruisigen. Zoo is derhalve de christen een soldaat, [1] een kampvechter, die om een onvergankelijke kroon strijdt tot aan den dood toe.

227. 2° Die strijd is *altijddurend*, want ondanks al ons pogen, kunnen wij ons toch nimmer voor altijd van den *ouden mensch* ontdoen ; hoogstens kunnen wij hem verzwakken, hem aan banden leggen en terzelfdertijd den nieuwen mensch versterken tegen zijn aanvallen. In den beginne is de strijd dan ook levendiger, heftiger, en de vijandelijke aanvallen keeren talrijker en met meer geweld terug. Naarmate wij echter door krachtige en aanhoudende pogingen overwinnen, wordt de vijand zwakker, komen de driften meer tot rust en — met uitzondering van sommige tijden van beproe-

---

[1] *II Tim.*, II, 1-7. De Apostel beschrijft ook zijn wapenrusting, *Eph.*, VI, 10-18.

vingen, welke God toelaat om ons tot hooger volmaaktheid te voeren — genieten wij een zekere rust, voorbode van de eindoverwinning. Aan Gods genade danken wij het welslagen. Vergeten wij ondertusschen niet, dat de genaden, die ons geschonken worden, genaden zijn om te strijden, niet om te rusten : wij zijn strijders, kampvechters, asceten, ten einde toe verplicht te blijven kampen, gelijk de Apostel, om de kroon te verdienen : " *ik heb den goeden strijd gestreden, mijn loopbaan volbracht, het geloof bewaard. Er blijft mij nog slechts over de kroon der gerechtigheid te ontvangen, die de Heer mij geven zal.*" (II Tim. IV, 7-8). De volharding in den strijd, ziedaar het middel om het christelijk leven te vervolmaken en overvloedige verdiensten te vergaderen.

§ II. De groei van het geestelijk leven door de verdienste. [1]

228. Wij vorderen in het geestelijk leven door den strijd tegen onze vijanden, maar nog meer door de verdienstelijke akten die wij dagelijks stellen. Iedere goede daad, welke de ziel vrijwillig, in staat van genade en met eene bovennatuurlijke meening, verricht, bezit eene drievoudige waarde : van *verdienste*, *voldoening* en *smeeking*, waardoor onze geestelijke voortgang bevorderd wordt.

a) eene *verdienende* waarde; wij vermeerderen er onzen schat van heiligmakende genade mede, als ook onze rechten op de hemelsche glorie — Hierover aanstonds.

b) eene *voldoeninggevende* waarde. Deze zelf omvat een drievoudig bestanddeel : 1) de *verzoening* welke, om het berouwvol en vernederd hart, God gunstig stemt om ons de zonden te vergeven; 2) de

---

[1] S. THOM., Ia IIæ, q. 114 ; TERRIEN, *La grâce et la gloire*, t. II, p. 15 ss. ; L. LABAUCHE, *L'homme*, IIIe l., ch. 3 ; HUGON, *La Vie spirituelle*, t. II (1920), p. 28, 273; 353: AD. TANQUEREY, *op. cit.*, t. III, n. 210-235.

uitboeting welke, door de instorting der genade, de zonde uitwischt; 3) de *voldoening* welke, om het lastige, dat aan de beoefening der goede werken eigen is, de straf om de zonde verdiend, geheel of gedeeltelijk wegneemt. Deze heilrijke uitwerking volgt niet uit de eigenlijk gezegde handelingen alleen, maar ook uit het gewillig aannemen van den tegenspoed en het lijden van dit leven. Zoo leert het Concilie van Trente [1], dat er bij voegt, dat zulks een groot bewijs van Gods liefde is. Wat is inderdaad troostrijker dan allen tegenspoed te kunnen benutten om zijne ziel te zuiveren en volmaakter met God te vereenigen?

c) Die zelfde handelingen hebben ten slotte nog de waarde van een *gebed*, in dien zin namelijk, dat zij een bede in zich besluiten om van de oneindige barmhartigheid Gods nieuwe genaden te bekomen. Men bidt niet alleen dan, zegt terecht de H. Thomas, wanneer men op uitdrukkelijke wijze tot God zijn verzoek richt, maar ook wanneer men, door een beweging van het hart, of door een daad, zich tot God keert, zoodat wie zijn geheele leven tot God richt, altijd bidt : " *tamdiu homo orat quamdiu agit corde, ore vel opere ut in Deum tendat, et sic semper orat qui totam suam vitam in Deum ordinat.* " [2] Is dit streven naar God inderdaad geen gebed, geen verheffing der ziel tot God? Is het geen krachtdadig middel om van Hem alles te verkrijgen, wat wij voor ons en anderen wenschen?

Lettend op het doel, dat wij hier hebben, is het voldoende de leer over de verdienste te verklaren : 1º *haar wezen;* 2º *de voorwaarden tot hare waardevermeerdering.*

---

[1] Sess. XIV, de Sacr. pæn. C. 9. : Docet præterea tantam esse divinæ munificentiæ largitatem, ut non solum pœnis sponte a nobis pro vindicando peccato susœptis... sed etiam (quod maximum amoris argumentum est) temporalibus flagellis a Deo inflictis et a nobis patienter toleratis apud Deum Patrem per Christum Jesum satisfacere valeamus.
[2] *In Romanos,* C. 1, 9-10.

I. *Aard der verdienste.*

Wij moeten hier twee punten verklaren : 1° Wat de verdienste is; 2° hoe onze handelingen verdienstelijk zijn.

1° WAT DE VERDIENSTE IS.

229. A) De verdienste in 't algemeen is een recht op loon. De bovennatuurlijke verdienste — waarover hier — is dus : het recht op een bovennatuurlijk loon, dat is, op een deelname in het leven van God, in de genade en in de glorie. Daar God niet gehouden is ons deel te geven in zijn leven, moet er van den kant van God een belofte zijn om ons een wezenlijk recht op dat bovennatuurlijk loon te geven. Men kan dus de bovennatuurlijke verdienste omschrijven : *een recht op een bovennatuurlijk loon, dat steunt op een bovennatuurlijk goed werk, vrijwillig voor God gedaan* en *op een goddelijke belofte welke dit loon waarborgt.*

230. B) Men onderscheidt *twee soorten* van verdiensten : **a)** de *eigenlijk gezegde* verdienste *(de condigno),* waaraan de vergelding verschuldigd is uit rechtvaardigheid, omdat er een zekere gelijkheid of werkelijke evenredigheid bestaat tusschen het werk en het loon; **b)** de *oneigenlijke* verdienste *(de congruo),* die niet steunt op strikte rechtvaardigheid, maar op betamelijkheid, omdat het werk slechts in geringe mate evenredig is aan de vergelding. — Om eenig denkbeeld te geven van dit verschil kan men zeggen, dat een soldaat, die zich moedig gedraagt op het slagveld, volle recht heeft op de oorlogssoldij, doch enkel uit betamelijkheid op een eervolle vermelding of op een eereteeken.

C) Het Concilie van Trente leert, dat de werken van den gerechtvaardigde waarlijk een vermeerdering van de genade, het eeuwig leven en, indien hij in dien staat sterft, de intrede in de glorie verdienen.

231. D) Wij geven in 't kort hier de *algemeene voorwaarden* tot de verdienste aan. **a**) Om verdienstelijk te zijn, moet het werk *vrijwillig* gedaan worden; handelt men uit dwang of noodzakelijkheid, dan is men immers zedelijk niet verantwoordelijk voor zijn daden; **b**) Het werk moet *bovennatuurlijk goed* wezen om in overeenstemming te zijn met de vergelding; **c**) en, wanneer het de eigenlijk gezegde verdienste betreft, moet het *in staat van genade verricht* worden, omdat deze genade Christus in onze ziel doet inwonen en leven en ons deelachtig maakt aan zijne verdiensten. **d**) *Tijdens ons sterfelijk leven*, daar God in zijne wijsheid bepaald heeft dat, na een tijd van beproeving, waarin wij loon of straf kunnen verdienen, wij de grens zullen bereiken, waar wij voor immer blijven in den staat, waarin wij sterven. Bij deze voorwaarden van den kant van den mensch, voegt zich van den kant van God de *belofte*, die ons een werkelijk recht verleent op het eeuwig leven, want gelijk de H. Jacobus zegt : "*de rechtvaardige zal de kroon des levens ontvangen, die God beloofd heeft aan die Hem beminnen*" (Jac. I, 22).

2° HOE DE VERDIENSTELIJKE HANDELINGEN DE GENADE
EN DE GLORIE VERMEERDEREN.

232. Op het eerste gezicht valt het moeilijk in te zien, hoe handelingen, die heel eenvoudig, heel gewoon en uit haren aard voorbijgaand zijn, het eeuwig leven kunnen verdienen. Deze moeilijkheid zou waarlijk onoplosbaar zijn, als die handelingen van ons alleen uitgingen, in werkelijkheid echter zijn zij een *samenwerking*, het resultaat van de samenwerking *van God* en *van den menschelijken wil*. Vandaar die krachtdadigheid. Wanneer God onze verdiensten bekroont, bekroont Hij ook zijn gaven, want Hij heeft in die verdiensten een overwegend aandeel. Leggen wij daarom uit, hoe God en de mensch er deel aan hebben, dan zullen wij de werkdadigheid der verdienstelijke handelingen beter begrijpen.

A) God is de *eerste en voornaamste oorzaak* onzer verdiensten. " *Niet ik handel,* zegt de H. Paulus, *maar de genade Gods met mij* " (I Cor. XV, 10). Hij immers heeft onze vermogens geschapen, Hij heeft ze verheven tot den bovennatuurlijken staat en door de deugden en gaven van den H. Geest ze vervolmaakt; Hij wekt ons op, door zijne voorkomende genade, om het goede te beoefenen en door zijne helpende genade staat Hij ons bij in de uitvoering. Hij is dus de eerste oorzaak, die onzen wil in werking zet en hem nieuwe krachten toevoegt om hem in staat te stellen op bovennatuurlijke wijze te handelen.

233. B) Onze *vrije wil,* gehoorzaam aan Gods uitnooding, handelt onder den invloed der genade en der deugden en wordt aldus een *ondergeschikte,* doch wezenlijke en werkzame oorzaak van onze verdienstelijke akten, omdat wij de medewerkers van God zijn. Zonder die vrije toestemming, geen verdienste. In den hemel verdient men niet meer, omdat men niet kan nalaten dien God te beminnen : men ziet klaar, dat Hij de oneindige goedheid en de bron van alle zaligheid is. Daarbij, onze *medewerking* zelve is *bovennatuurlijk :* door de heiligmakende genade zijn wij vergoddelijkt in ons wezen, door de ingestorte deugden en gaven zijn wij het in onze vermogens, door de dadelijke genade tot in onze handelingen. Er bestaat dus eene werkelijke evenredigheid tusschen onze daden, die *godvormig* geworden zijn, en de genade, die zelf eveneens een godvormig leven is, of de glorie die slechts de ontplooiing van dat leven is. Deze akten zijn wel is waar voorbijgaand, terwijl de glorie eeuwigdurend is, doch wijl in het natuurlijk leven handelingen, die voorbij gaan, blijvende

gewoonten en zielstoestanden voortbrengen, is het
billijk dat het in het bovennatuurlijk leven even-
zoo zij, en dat onze werken van deugd, omdat zij
in onze ziel een blijvende gesteldheid om God te
beminnen doen ontstaan, ook door een blijvende
vergelding beloond worden. Onze ziel nu is onster-
felijk, dus is het billijk, dat de belooning ook
zonder einde zij.

234. C) Men zou ongetwijfeld kunnen opwerpen,
dat, ondanks deze evenredigheid, God niet gehouden is ons een loon zoo verheven, zoo duurzaam als
de genade en de glorie, te schenken. Gaarne geven
wij zulks toe en volmondig erkennen wij, dat God,
in zijne oneindige goedheid, ons meer geeft dan
wij verdienen. Hij zou dan ook niet gehouden zijn
ons de eeuwige zaligmakende aanschouwing te
laten genieten, indien Hij het niet beloofd had.
Maar Hij heeft het beloofd door het feit zelf, dat
Hij ons tot een bovennatuurlijk einde heeft bestemd. Die belofte is daarbij herhaaldelijk in herinnering gebracht in de H. Schrift. Het eeuwig leven
wordt daar voorgesteld als het loon aan de rechtvaardigen *beloofd* en als een *kroon van gerechtigheid* : " *Coronam quam promisit Deus diligentibus
se* " (Jac. I, 12). " *Corona justitiæ quam reddet mihi
justus judex* " (II. Tim. IV, 8). Ook het Concilie
van Trente verklaart, dat het eeuwig leven tegelijkertijd is : eene *genade* uit barmhartigheid *beloofd*
door Jesus Christus, en eene *belooning*, die, uit
kracht van Gods belofte, trouw toegekend wordt
aan de goede werken en verdiensten [1].

235. Uit deze belofte kan men afleiden, dat de
eigenlijk gezegde verdienste *iets persoonlijks* is :
voor ons, niet voor anderen verdienen wij de genade
en het eeuwig leven, omdat de goddelijke belofte
zich niet verder uitstrekt. Anders is het met Jesus

---

[1] Sess. VI, c. 16.

Christus, die tot geestelijk hoofd der menschheid aangesteld, als zoodanig voor ieder zijner ledematen heeft verdiend en dat wel in strikten zin.

Wij kunnen zonder twijfel voor anderen verdienen, maar op oneigenlijke wijze, *uit billijkheid*. Dit is reeds zeer troostvol, want deze verdienste voor anderen wordt gevoegd bij hetgeen wij voor ons zelven verdienen : zoo zijn wij in staat om, terwijl wij aan onze eigen heiliging arbeiden, ook nog mede te werken aan die onzer broeders. Gaan wij nu na, onder welke voorwaarden de kracht onzer verdienstelijke werken kan aangroeien.

II. *Vereischten tot vermeerdering onzer verdienste.*

236. Deze vereischten zullen blijken uit de beschouwing der verschillende oorzaken, die medewerken tot het stellen van verdienstelijke handelingen : *God* en *wij zelf*. Op de vrijgevigheid van God, altijd grootmoedig in het geven, kunnen wij rekenen. Wij moeten dus vooral op onze eigen gesteldheid letten. Wat nu kan die gesteldheid nog hooger opvoeren, hetzij met betrekking tot den *persoon*, die verdient, hetzij met betrekking tot de verdienstelijke *daad* zelf?

1° Vereischten in den persoon.

237. Vier voorname voorwaarden dragen bij tot de vermeerdering onzer verdiensten : **a**) de graad van heiligmakende genade of van liefde in ons; **b**) onze vereeniging met Christus; **c**) onze zuiverheid van meening; **d**) onze vurigheid.

a) *De graad van heiligmakende genade in ons*. Om te verdienen *in eigenlijken zin*, moet men *in staat van genade* zijn : hoe meer heiligmakende genade wij bezitten des te meer kunnen, wij verdienen, natuurlijk in de veronderstelling, dat de overige voorwaarden aanwezig zijn. Er zijn wel is waar eenige godgeleerden geweest, die dit ontkend hebben. Zij kwamen hiertoe, omdat de hoeveelheid van genade onze werken niet altijd zou beïnvloeden en beter maken, daar ook heilige zielen soms onachtzaam en onvolmaakt handelen. Wij echter houden ons aan de algemeene leer :

1) De waarde van een daad hangt immers, zelfs in de wereld, grootendeels af van de *waardigheid* van den persoon, die handelt, en van het aanzien, dat hij geniet bij dengene, die hem moet vergelden. Welnu, wat de waardigheid van den christen uitmaakt en hem aanzien en invloed verleent op het hart van God, is de graad van genade of van goddelijk leven, waartoe hij opsteeg : daarom hebben de Heiligen in den hemel en op aarde zulke groote macht om voor ons ten beste te spreken. Staan wij dus op een hoogeren trap van genade, dan volgt er uit, dat wij in de oogen van God meer waard zijn dan zij die lager staan, dat wij Hem meer behagen en dat daarom onze handelingen edeler, aangenamer aan God en dus ook verdienstelijker zijn.

2) Daarenboven zal die hoogere graad van genade, over het algemeen en gewoonlijk, een gelukkigen invloed op de volmaaktheid onzer daden uitoefenen. Omdat wij een overvloediger bovennatuurlijk leven leiden, God met een volmaaktere liefde beminnen, gevoelen wij ons ook gedrongen om onze werken beter te verrichten, met meer liefde alles te doen, edelmoediger te zijn in onze offers. Welnu, iedereen zal toch wel toegeven, dat die goede gesteldheid onze verdiensten moet verhoogen. Men zegge niet, dat het tegenovergestelde ook wel gebeurt. Dit is *bij uitzondering*, niet gewoonlijk en daarom hebben wij met dit feit rekening houdend, onder **a**) er bij gevoegd : natuurlijk in de veronderstelling dat de overige voorwaarden aanwezig zijn.

Hoe troostend is deze leer! Door onze verdienstelijke werken te vermenigvuldigen, vermeerderen

wij dagelijks onzen genade-schat. Deze rijkdom
stelt ons in staat om onze werken met nog meer
liefde te verrichten en deze werken hebben aldus op
hun beurt weder meer kracht om ons bovennatuurlijk leven wasdom te geven : *qui justus est justifice-
tur adhuc :* Wie rechtvaardig is, worde nog rechtvaardiger. Het wordt hier verwezenlijkt.

238. b) *De graad onzer vereeniging met Christus.*
Dit behoeft geen betoog : de bron onzer verdienste
is Christus, de bewerker onzer heiliging, verdienende
hoofdoorzaak van alle bovennatuurlijke goederen,
hoofd van een geheimzinnig lichaam, waarvan wij
de ledematen zijn. Hoe dichter wij bij de bron zijn,
hoe meer wij uit hare volheid ontvangen ; hoe meer
wij tot den gever aller heiligheid naderen, hoe overvloediger genade wij bekomen ; hoe nauwer wij met
het hoofd vereenigd zijn, hoe meer beweging en
leven wij ook ontvangen. Heeft Christus ons dit
zelf niet gezegd in die schoone vergelijking van den
Wijnstok ? "*Ik ben de Wijnstok, gij de ranken... hij
die in Mij blijft en Ik in hem, hij draagt rijke
vruchten* " (Joan. XV, 5). Met Jesus vereenigd, gelijk
de ranken met den stam, ontvangen wij meer
goddelijk sap, naarmate wij standvastiger, werkzamer met den goddelijken stam verbonden zijn. Dit
is ook de reden, waarom de zielen, die vurig zijn of
het willen worden, er zich altijd op toeleggen om in
steeds nauwere vereeniging met Christus te komen,
waarom de H. Kerk ons aanspoort om al onze
handelingen te verrichten door Hem, met Hem en
in Hem : door Hem, *per Ipsum*, want : *niemand gaat
tot den Vader dan door Hem.* " (Joan. XIV, 6); met
Hem, *cum Ipso*, omdat Hij zich gewaardigt onze
medewerker te zijn; in Hem, *in Ipso*, dat is, in zijn
kracht, in zijne macht, en vooral in geen bedoelingen
te hebben dan de zijne.

Dan leeft Jesus in ons, dan doet Hij ons denken,
begeeren, werken, zoodat wij met S. Paulus mogen

zeggen : *Ik leef, doch niet meer ik, doch Christus leeft
in mij.* (Gal. II, 20). Het is duidelijk, dat handelingen onder den invloed en met de levengevende
werking en alvermogende hulp van Christus, onvergelijkelijk meer waard zijn dan wanneer zij door ons
alleen gedaan worden. Ons besluit zij dus : ons
dikwijls, vooral bij het begin van het werk, met
onzen Heer Jesus Christus en zijne zoo volmaakte
inzichten vereenigen, wel overtuigd, dat wij uit onszelven tot niets goeds in staat zijn, doch tevens
vast vertrouwend, dat Hij onze zwakheid zal verhelpen.

239. c) *De Zuiverheid van meening* of *de volmaaktheid der beweegreden,* die ons doet handelen.
Vele godgeleerden zeggen, dat om verdienstelijk
te zijn, het voldoende is, dat onze handelingen door
een bovennatuurlijke beweegreden van vrees, van
hoop of liefde, ingegeven worden. De H. Thomas [1]
wil weliswaar, dat zij minstens *virtueel* beïnvloed
worden door de liefde, krachtens eene akte van
liefde tot God, welke van tevoren verwekt is en
waarvan de invloed voortduurt, maar hij voegt er
bij, dat aan deze voorwaarde voldaan wordt door
allen, die in staat van genade leven en een geoorloofde handeling stellen : *Habentibus caritatem
omnis actus est meritorius vel demeritorius.* Iedere
goede daad houdt immers verband met eenige
deugd, doch iedere deugd richt zich naar de liefde,
omdat deze de koningin is, die alle deugden
beheerscht, gelijk de wil alle vermogens. De liefde,
altijd werkzaam, richt tot God al onze goede daden
en bezielt al onze deugden.

Indien wij echter wenschen, dat onze handelingen
zoo verdienstelijk mogelijk zijn, moeten wij een
veel volmaakter en werkzamer zuiverheid van
meening hebben. De meening immers is het voor-

---

[1] Quæst. disput., *de Malo,* q. 2, a. 5, ad 7.

naamste bij ons handelen; zij is het *oog*, dat licht verspreidt over onze werken en ze tot hun doel richt; zij is de *ziel*, die ze ingeeft en hen waarde schenkt in Gods oogen : *Si oculus tuus fuerit simplex, totum corpus lucidum erit.* Drie dingen nu geven een bijzondere waarde aan onze meening.

240. 1) Wijl de liefde de *koningin* en de drijfkracht der deugden is, zal ook iedere akte door de liefde tot God en den evennaaste ingegeven, meer verdienste hebben dan die welke uit vrees of hoop voortkomen. Het is dus van hoog belang alle werken te verrichten *uit liefde* : zoo worden zij, zelfs de gewoonste, (zooals de maaltijd en ontspanning) akten van liefde en deelen in de waarde dezer deugd, zonder haar eigene waarde te verliezen. Eten om zijn krachten te herstellen is een geoorloofde beweegreden en is verdienstelijk in een christen, doch zijn krachten herstellen om beter te kunnen arbeiden voor God en de zielen is een beweegreden van liefde, en daarom veel hooger, wijl zij die daad veredelt en veel verdienstelijker maakt.

241. 2) Daar deugdakten door de liefde bezield haar eigen waarde niet verliezen, volgt er uit, dat een handeling door verschillende meeningen tegelijk ingegeven, ook meer verdienste zal hebben. Zoo zal bijv. een akte van onderwerping aan de Oversten, om een dubbele reden gesteld, uit eerbied voor het gezag en tevens uit liefde tot God, dien men in den persoon der Oversten ziet, de dubbele verdienste van de gehoorzaamheid en van de liefde hebben. Op deze wijze kan eenzelfde akte een drie-, viervoudige waarde hebben, bijv. wanneer ik mijne zonden verfoei, omdat ik er God door beleedigd heb, kan ik de meening hebben tegelijkertijd de boetvaardigheid, de nederigheid en de liefde tot God te beoefenen : die akte is driedubbel verdienstelijk. Het is dus nuttig verscheidene bovennatuurlijke meeningen te maken. Ondertusschen moet men zich wachten voor over-

drijving door zich in te spannen om maar veel
intenties op te zoeken : dit brengt verwarring in de
ziel. Het beste middel om zijn verdiensten te vermeerderen, en zijn ziel in rust en vrede te bewaren
is, die meeningen te vormen, welke zich als vanzelf
aan den geest voordoen en ze ondergeschikt te
maken aan de liefde tot God.

242. 3) 'S Menschen wil is veranderlijk, daarom
is het noodig onze bovennatuurlijke meeningen
dikwijls *uitdrukkelijk te vernieuwen*, anders zou het
kunnen geschieden, dat een handeling voor God begonnen, werd voorgezet uit nieuwsgierigheid, genotzucht of eigenliefde. Zoo zou zij gedeeltelijk hare
waarde verliezen. Ik zeg *gedeeltelijk*, want als de
bijkomende meeningen de eerste niet geheel verdringen, blijft de handeling niettemin bovennatuurlijk en in haar geheel genomen verdienstelijk —
Wanneer men per schip van Rotterdam vertrekt en
koers zet naar New York, is het niet genoeg ééns
voor altijd den steven in die richting te wenden.
Het getij, de winden en stroomen kunnen het schip
uit die richting drijven en men moet het dus voortdurend door het roer heensturen naar het einddoel.
Zoo is het ook met onzen wil. Het is niet voldoende
hem eenmaal, ja zelfs dagelijks, tot God te richten;
de menschelijke driften en de invloeden van buiten
zouden hem weldra uit de goede richting brengen ;
men moet hem dikwijls op uitdrukkelijke wijze tot
God en tot de liefde terugvoeren. Dan blijven onze
bedoelingen altijd bovennatuurlijk, volmaakt zelfs
en zeer verdienstelijk, vooral als wij daarbij met
vurigheid bezield zijn.

243. d) *De vurigheid* waarmede men handelt.
Men kan, iedereen weet het, zelfs bij het goede,
slordig, vadsig te werk gaan, maar ook met geestdrift, met al den moed en kracht, waartoe men, met
de hulp der dadelijke genade, in staat is. Het
is duidelijk, het resultaat zal in deze twee gevallen

veel verschillen. Handelt men met *slordigheid*, dan vergadert men slechts weinig verdiensten, soms zelfs maakt men zich schuldig aan eenige kleine zonden — hetgeen overigens toch niet alle verdienste wegneemt — Wanneer men integendeel *met geheel zijn ziel* bidt, werkt, zich opoffert, dan verdient iedere handeling een aanzienlijken aanwas van heiligmakende genade. Zonder hier in betwistbare veronderstellingen te treden, kunnen wij met zekerheid zeggen, dat, daar God honderdvoudig alles vergeldt wat voor Hem gedaan wordt, de vurige ziel elken dag een zeer groot aantal genade-trappen opklimt en in korten tijd *zeer volmaakt* wordt, volgens de verklaring van het boek der Wijsheid : "*in weinig tijds voltooid, heeft hij vele tijden vervuld.*" (Sap. IV, 13). Welke krachtige aanmoediging tot vurigheid! Hoe blijkt er uit, dat het wel de moeite loont dikwijls het voornemen te vernieuwen om met kracht en volharding te blijven werken!

2° VEREISCHTEN VAN DEN KANT DER HANDELING.

244. Niet enkel de gesteldheid van wie handelt, vermeerdert de verdienste, maar ook de omstandigheden dragen er toe bij. Deze omstandigheden zijn vier voorname :

a) *De voortreffelijkheid der handeling* die men verricht. Er bestaat een rangorde in de deugden : zoo zijn de *goddelijke* deugden volmaakter dan de zedelijke. Om deze reden zijn de akten van geloof, van hoop en vooral van liefde verdienstelijker dan de akten van voorzichtigheid, van rechtvaardigheid, van matigheid, enz. Maar, zooals wij reeds gezegd hebben, kunnen deze laatste akten, door de meening, akten van liefde worden en aldus deelen in haar bijzondere waarde. Eveneens zijn de akten van *godsdienstigheid*, welke Gods glorie rechtstreeks beoogen, volmaakter dan die welke de eigen heiliging ten doel hebben.

b) *Bij sommige handelingen* kan de *hoeveelheid* de verdienste beïnvloeden. Zoo zal, in gelijke omstandigheden, een edelmoedige gift van duizend gulden verdienstelijker zijn dan die van één gulden. Doch anders is het wanneer het over een *betrekkelijke* hoeveelheid gaat : het penninske der weduwe, die een deel van het noodzakelijke offert, heeft zedelijk meer waarde dan de gift van een rijke, die een gedeelte van zijn overvloed geeft.

c) De *duur* maakt eveneens een handeling verdienstelijker : bidden, lijden gedurende een uur is meer waard dan het slechts gedurende vijf minuten doen, omdat die verlenging meer inspanning en liefde vordert.

245. d) *De moeilijkheid van de handeling* vermeerdert eveneens de verdienste, niet op zich, maar in zoover zij meer liefde tot God, *krachtiger en aanhoudender inspanning* eischt en niet voortkomt uit een oogenblikkelijke onvolkomenheid van den wil. Zoo is het weerstand bieden aan een *hevige* bekoring verdienstvoller dan het weerstaan aan eene *lichte;* de zachtmoedigheid beoefenen, wanneer men van nature driftig is en daarbij nog menigmaal door zijn omgeving geprikkeld wordt, is moeilijker en verdienstelijker dan wanneer men zachtzinnig en vreesachtig van aard is en met welwillende personen samenleeft.

Toch mag men uit hetgeen gezegd is niet besluiten, dat de gemakkelijkheid door herhaalde beoefening van deugdakten verkregen, noodzakelijker wijze de verdienste vermindert ; zoo die gemakkelijkheid benut wordt om de bovennatuurlijke inspanning vol te houden en zelfs nog krachtiger door te zetten, bevordert zij de *vurigheid* van de handeling en verhoogt daarom juist de verdienste, zooals wij reeds verklaard hebben. Evenals een goed werkman, door zich in zijn vak te bekwamen, veel tijd, materiaal en krachten uitspaart en met minder moeite meer bereikt, zoo ook zal een christen die beter de middelen tot heiliging weet te gebruiken, eveneens tijdverlies, talrijke nuttelooze pogingen vermijden en met minder inspanning meer verdiensten inzamelen. De Heiligen, die door oefening grooter gemak dan anderen hadden verkregen om akten van ootmoed, gehoorzaamheid, godsdienstigheid te stellen, hebben door gemakkelijker en veelvuldiger de liefde tot God te beoefenen, daarom niet minder verdiensten. Overigens houden zij niet op zich in te spannen, offers te brengen in iedere omstandigheid, waar zulks vereischt wordt. In 't kort : de moeilijkheid vermeerdert de verdienste, niet in zooverre zij een te overwinnen beletsel is, maar wel in zoovere zij tot *meer geestdrift* en tot *grooter liefde* aanzet.

Voegen wij hierbij nog alleen, dat deze omstandigheden bij het handelen werkelijk geen invloed uitoefenen op de verdienste dan voor zoover zij aanvaard, vrijwillig gewild worden en aldus inwerken op de vervolmaking van onze inwendige gesteldheid.

BESLUIT.

246. De gevolgtrekking ligt voor de hand : *de noodzakelijkheid alle en ieder onzer handelingen*, tot zelfs de meest gewone, *te heiligen.* Alle toch, gelijk wij gezegd hebben, kunnen *verdienstelijk* zijn, indien wij ze met bovennatuurlijk inzicht verrichten, in vereeniging met den Werkman van Nazareth, die, bij den arbeid in de werkplaats, niet ophield voor ons te verdienen. Doch, indien dit zoo is, welken voortgang kunnen wij dan niet dagelijks maken ! Van af het eerste oogenblik van het ontwaken tot aan het rusten gaan, kan eene edelmoedige, ingekeerde ziel, honderde verdienstelijke akten stellen. Zij verdient niet enkel door iedere handeling, maar ook bij het voortduren der handeling, door iedere inspanning om ze beter te doen, bijv. om tijdens

het gebed de verstrooiingen te weren, om den geest
bij het werk te houden, om een eenigszins liefdeloos
woord niet te zeggen, om den evennaaste zij het ook
een geringen dienst te bewijzen. Ieder woord, door
liefde ingegeven, elke goede gedachte, die men
benut, in één woord, alle inwendige bewegingen,
die de ziel vrijwillig tot het goede richt, zijn even
zooveel verdienstelijke akten, welke Gods genade
in onze ziel doen aangroeien.

247. Men mag dus met volle waarheid zeggen,
dat er geen middel ter heiliging bestaat, dat *krachtiger, practischer*, meer onder ieders bereik is dan :
alle handelingen zonder uitzondering tot de bovennatuurlijke orde te verheffen. Dit middel is alleen
reeds in staat om in weinig tijds een ziel tot een
hoogen trap van heiligheid te voeren. Iedere handeling wordt dan een *genade-zaad*, want zij doet de
genade ontkiemen en groeien in onze ziel; zij is ook
een *glorie-zaad*, omdat zij terzelfdertijd onze rechten op de zaligheid des hemels doet ontluiken en
aangroeien.

248. *Het geschikte middel* om aldus alle handelingen in verdiensten om te zetten, is vóór het
handelen een oogenblik *in zich zelf te treden*, elke
natuurlijke of verkeerde meening *uitdrukkelijk buiten te sluiten*, zich in het gevoel zijner eigen onmacht,
te vereenigen met Christus, die ons toonbeeld en
onze middelaar is en het werk *door Christus aan
God op te dragen tot zijne eer en het heil der zielen*.
Op deze wijze beoefend en dikwijls vernieuwd,
wordt de opdracht onzer handelingen een akte van
zelfverloochening, van ootmoed, van liefde tot
Christus, van liefde tot God, van liefde tot den evennaaste : het is de kortste weg tot de volmaaktheid. [1]

---

[1] Alle geestelijke schrijvers zijn eenparig in het aanbevelen van deze
opdracht onder een of andere vorm, zooals RODRIGUES, OLIER,
TRONSON, enz.

Om hiertoe nog gemakkelijker, zekerder te komen hebben wij de H. Sacramenten ten onzen dienste.

§ III. Van den groei van het christelijk Leven door de Sacramenten.[1]

249. Wij kunnen aangroeien in genade en volmaaktheid niet alleen door de verdienstelijke daden die wij ieder oogenblik verrichten, maar ook door het veelvuldig gebruik der H. Sacramenten. Zichtbare teekenen, door Christus ingesteld, *brengen zij in de zielen de genade voort die zij aanduiden*. God, die weet, hoezeer de mensch zich laat beïnvloeden door uitwendige dingen, heeft in zijne oneindige goedheid, aan zichtbare voorwerpen en handelingen zijne genade willen verbinden. — Het is een geloofspunt, dat de Sacramenten de genade *bevatten*, die zij *beteekenen* en die zij *mededeelen* aan alwie geen beletsel stelt[2]. Zij doen dit *niet enkel* om de gesteltenissen van wie ze ontvangt, maar *ex opere operato*, als werktuiglijke oorzaken der genade, terwijl God, het is duidelijk, de *hoofdoorzaak* en Jesus de verdienende oorzaak is.

250. Ieder Sacrament geeft, behalve de gewone heiligmakende genade, nog een andere genade, de *sacramenteele*, eigen aan elk Sacrament afzonderlijk. Deze laatste genade is in haar wezen niet onderscheiden van de eerste, maar voegt er, volgens den H. Thomas en zijn School, een *bijzondere kracht* aan toe om de aan elk Sacrament eigen uitwerking voort te brengen of in alle geval, volgens het algemeen gevoelen, een *recht op bijzondere dadelijke genaden*, die ter gelegener tijd gegeven zullen worden, om de plichten, door het ontvangen Sacrament

---

[1] S. Thom. III, q. 60-62; Suarez, disp. VII, sq.; de Broglie, *Confér. sur la vie surnat.*, t. III; Tanquerey, *Syn. Th. dogm.*, t. III, n. 298-323.
[2] *Conc. Trid.*, Sess. VII, can. 6.

opgelegd, gemakkelijker te kunnen vervullen. Zoo
geeft ons bijv. het Sacrament des Vormsels het
recht op bijzondere genaden van bovennatuurlijke
sterkte, ten einde het menschelijk opzicht te kunnen
bestrijden en overal en altijd getuigenis af te leggen
van ons geloof.

Vier dingen verdienen onze aandacht : 1° *de
sacramenteele genade*, eigen aan ieder der zeven
Sacramenten ; 2° *de gesteltenissen noodig* om er grooter voordeel uit te trekken ; 3° de gesteltenissen
bijzonder vereischt *voor het Sacrament der Biecht ;*
4° die welke noodig zijn *voor de Eucharistie.*

I. *Over de sacramenteele genade.*

De Sacramenten schenken bijzondere genaden
naar gelang de verschillende levensomstandigheden.

251. a) In het *Doopsel* wordt eene genade van
geestelijke wedergeboorte geschonken, waardoor
wij van de erfzonde gezuiverd, tot het leven der
genade geboren en herschapen worden in den *nieuwen mensch*, den hervormden mensch, die leeft van
het leven van Christus. Volgens de schoone leer
van den H. Paulus, worden wij door het Doopsel in
Christus begraven (dit werd weleer voorgesteld
door het Doopsel door indompeling) en wij verrij-
zen met Hem om voortaan een nieuw leven te
leiden. " Of weet ge niet, dat wij allen die gedoopt
zijn tot de gemeenschap met Christus Jesus, dat we
gedoopt zijn tot de gemeenschap met zijn dood? In
die gemeenschap met zijn dood zijn we dus begraven
met Hem door het Doopsel, opdat ook wij een
nieuw leven zouden leiden ". (Rom. VI, 3-4.) De
bijzondere of sacramenteele genade, die ons hier
wordt geschonken is dus : 1) eene genade van *dood
aan de zonde*, van *geestelijke kruisiging*, waardoor
wij in staat gesteld worden de booze neigingen van
den ouden mensch te bestrijden en te bedwingen ;

2) een genade van *wedergeboorte*, die ons in Christus inlijft, ons deel geeft in zijn leven en ons in staat stelt om te leven volgens de gevoelens en voorbeelden van Jesus Christus en dus volmaakte christenen te zijn. Hieruit volgt voor ons de verplichting de zonde en hare oorzaken te bestrijden, Jesus aan te hangen en zijn deugden na te volgen.

252. b) Het *Vormsel* maakt ons soldaten van Jesus Christus; het voegt bij de genade des Doopsels nog een bijzondere genade van *sterkte*, om edelmoedig het geloof te belijden tegenover alle vijanden, vooral tegen het menschelijk opzicht, dat zoovelen afhoudt van de vervulling hunner godsdienstplichten. Daartoe worden ons de gaven van den H. Geest, die ons reeds bij het Doopsel werden medegedeeld, bij het Vormsel op meer bijzondere wijze geschonken om ons geloof te verlichten, het levendiger, doordringender te maken, en ook om onzen wil tegen alle wankelmoedigheid te stalen. Hieruit volgt noodzakelijk, dat wij de gaven van den H. Geest, vooral die van christelijken mannenmoed behooren te ontwikkelen.

253. c) *De H. Eucharistie* spijzigt onze ziel, welke evenzeer als het lichaam zich moet voeden om te leven en aan te sterken. Doch om een goddelijk leven te voeden is niet minder dan een goddelijke spijs noodig : Zij is het Lichaam en Bloed van Jesus Christus, zijne Ziel, zijne Godheid. Deze zullen ons omvormen in andere Christussen, door zijn geest, zijne gevoelens en zijne deugden, bovenal zijne liefde tot God en de menschen in ons over te storten.

254. d) Mochten wij het ongeluk hebben het leven der genade te verliezen door de doodzonde, dan wascht *het Sacrament van Boetvaardigheid* onze fouten af in het Bloed van Jesus Christus. Zijn kracht wordt op ons toegepast door de absolutie,

zoo wij berouwvol en vastbesloten zijn met de zonde
te breken. (n. 262).

255. e) Wanneer de dood aan onze deur komt
kloppen, hebben wij wel moed en opbeuring van
noode bij al de angsten en verschrikkingen, die ons
dan overvallen om de vroegere fouten, om de tegenwoordige krankheden en het vooruitzicht van Gods
oordeel. Het *H. Oliesel*, bij het zalven onzer zintuigen, stort in onze ziel een genade van *verlichting*
en *geestelijke opbeuring*. Het neemt de overblijfselen
der zonde weg, wekt ons vertrouwen op en wapent
ons tegen de laatste aanvallen van satan. Het deelt
ons gevoelens mede gelijk die welke Paulus beziel-
den, toen hij, na den goeden strijd gestreden te
hebben, zich verheugde bij de gedachte aan de
beloofde kroon. Het is derhalve van het hoogste
belang, wanneer men ernstig ziek is, dit Sacrament
bijtijds te vragen, opdat het zijn volle uitwerking
hebbe en, zoo God het nuttig oordeelt, de gezondheid wedergeve. Het is een wreedheid van den kant
dergenen welke een zieke verzorgen, hem den ernst
van zijn toestand te verbergen en tot het laatste
oogenblik het toedienen van dit zoo troostend
Sacrament uit te stellen.

De hier opgesomde Sacramenten zijn voldoende
om iemand in zijn privaat leven te heiligen. Twee
andere heiligen hem in zijn betrekkingen tot de
maatschappij : het *Priesterschap*, dat aan de Kerk
waardige bedienaren geeft, en het *Huwelijk*, dat het
huisgezin heiligt.

256. f) Het *Priesterschap* deelt aan de bedienaren der Kerk niet alleen wonderbare macht mede om
de H. Eucharistie te consacreeren, de Sacramenten
toe te dienen en het woord Gods te prediken, maar
ook de genade om het op heilige wijze te doen. Het
geeft inzonderheid een vurige liefde tot den God der
Eucharistie en de zielen, met den vasten wil zich

aan die edele taak te wijden en er zich geheel voor op te offeren.

257. g) Tot heiliging der familie, cel waaruit de maatschappij ontstaan is, schenkt het *Huwelijk* aan de getrouwden de genaden die zij zoozeer behoeven : de genade van volstrekte en standvastige trouw, welke aan het veranderlijk menschenhart zoo lastig valt ; de genade van eerbied voor de heiligheid der echtvereeniging, ondanks de tegenstrijdige aanzoeken der begeerlijkheid ; de genade van een bestendige, opofferende toewijding bij de christelijke opvoeding der kinderen.

258. Zoo bestaat er dus voor alle gewichtige levensomstandigheden, voor iederen persoonlijken of maatschappelijken plicht, een bewonderenswaardig middel tot vermeerdering van heiligmakende genade. Opdat deze genade benut worde, geeft ieder Sacrament recht op *dadelijke genaden*, die ons zullen opwekken tot de beoefening der deugden, die wij te betrachten hebben, maar ook bovennatuurlijke sterkte zullen geven om ze werkelijk te beoefenen. Aan ons de taak aan die genaden, met de volmaakst mogelijke gesteltenissen te beantwoorden.

II. *Vereischte gesteltenissen tot het goed ontvangen der Sacramenten.*

Daar de maat der genade, door de Sacramenten geschonken, *van God* en *van ons* afhangt, moeten wij nagaan, hoe wij haar van den kant van God en van onzen kant kunnen vermeerderen.

259. A) God is ongetwijfeld vrij in de uitdeeling zijner gunsten. [1] Hij kan dus, volgens de plannen zijner wijsheid en goedheid, mindere of meerdere

---

[1] Dit leert het Conc. v. Trente, Sess. VI, c. 7 : Spiritus Sanctus partitur singulis *prout vult* et secundum cujusque propriam dispositionem et cooperationem.

genade mededeelen. Niettemin heeft Hij zich zelven wetten gesteld, waaraan Hij zich wil houden. Zoo verklaart Hij herhaaldelijk, dat Hij niets weigeren zal aan het goed verricht *gebed :* " *Vraagt en gij zult verkrijgen, zoekt en gij zult vinden, klopt en u zal open gedaan worden* " (Matth. VII, 7), vooral wanneer het steunt op de oneindige verdiensten van Jesus : " *Voorwaar, voorwaar, Ik zeg u : alwat gij den Vader vragen moogt in mijnen naam, Hij zal het u geven* " (Joan. XVI. 23). Wanneer wij dus met nederigheid en aandrang, in vereeniging met Jesus, bidden om bij het ontvangen van een Sacrament een grootere mate van genade te verkrijgen, zullen wij die ook bekomen.

260. B) *Van onzen kant* dragen twee gesteltenissen er toe bij om een sacramenteele genade overvloediger te ontvangen : *heilige verlangens* vóór het ontvangen der Sacramenten, en *vurigheid* bij het ontvangen.

a) Het *brandend verlangen* om een Sacrament met al zijne genaden te ontvangen, opent en verruimt onze ziel. Het is een toepassing van den algemeenen stelregel door Christus aangegeven : " *Zalig zij die hongeren en dorsten naar de rechtvaardigheid, want zij zullen verzadigd worden* " (Matth. V, 6). Honger en dorst hebben naar de H. Communie, naar de Biecht en de absolutie, is het hart wijder openstellen naar den gemeenzamen omgang met God. Hij zal dan onze hongerende zielen verzadigen naar het woord der H. Maagd : *Hij heeft hongerigen verzadigd van goederen* " (Luc. I, 53). Laten wij dan, gelijk Daniel, mannen van begeerten zijn en verzuchten naar de bronnen der levende wateren, de Sacramenten.

b) De *vurigheid* zal er ook toe bijdragen om de ziel nog wijder open te stellen. De vurigheid toch is de edelmoedige gezindheid om niets te weigeren aan God, Hem de volle vrijheid te laten om naar zijn macht te handelen en met Hem uit alle krachten mede te werken. Die gesteldheid nu diept onze ziel uit, verbreedt ze, maakt haar meer toegankelijk voor de uitstorting der genade, meer volgzaam bij de inwerking van den H. Geest, ijveriger om er aan te beantwoorden. Uit deze onderlinge samenwerking komen overvloedige vruchten van heiliging voort.

261. Wij zouden er nog bij kunnen voegen, dat alle vereischten die onze werken verdienstelijker maken (n. 237), op gelijke wijze ook de gesteltenissen vervolmaken, die wij moeten hebben bij het ontvangen der Sacramenten, en dus ook de maat der genade die ons geschonken wordt, doen toenemen. Dit zal trouwens duidelijker worden, wanneer wij dezen stelregel zullen toepassen op de Biecht en de H. Communie.

III. *Vereischten tot het nuttig ontvangen van het Sacrament der Biecht.*

Het Sacrament van boetvaardigheid, hebben wij gezegd, zuivert onze ziel in het Bloed van Christus, mits wij goed gestemd zijn, en onze *belijdenis* oprecht en ons *berouw* waar en ongeveinsd zij.

1° OVER DE BELIJDENIS DER ZONDEN.

262. A) Een woord over de groote zonden. Wij spreken hier slechts ter loops over de belijdenis der groote fouten, waarover wij in onze Synopsis Theologiæ Moralis, de Pœnitentia, n. 242 ss. breedvoerig handelen.

Wanneer iemand, die zich op de volmaaktheid toelegt, in een oogenblik van zwakheid het ongeluk heeft eenige *doodzonden* te bedrijven, moet hij die in alle oprechtheid, op klare wijze, bij het begin der biecht reeds belijden en ze niet tusschen een menigte dagelijksche zonden verdoezelen; hij moet er ongeveinsd en nederig het juiste *getal* en *soort* van aangeven, evenals de *aanleiding* tot den val, en met

allen aandrang de noodige middelen ter genezing
vragen. Bovenal moet hij een groot *berouw* hebben
met het *vaste voornemen* om in 't vervolg niet
alleen de fouten zelve te vermijden, maar ook de
gelegenheden en de *oorzaken*.

Na de vergeving, dient men er zich op toe te
leggen om *den geest van boetvaardigheid in zich
levendig te houden*, een rouwmoedig en vernederd
hart te hebben met de oprechte begeerte het bedreven kwaad te *herstellen* door een boetvaardig en
verstorven leven, door een vurige en edelmoedige
liefde. Op deze wijze is een zware zonde, niet bij
herhaling begaan en die terstond hersteld wordt,
geen blijvend beletsel voor den geestelijken voortgang, omdat zij geen sporen in de ziel achterlaat.

263. B) Vrijwillige dagelijksche zonden. Ten
opzichte der dagelijksche zonden kan men twee
soorten onderscheiden : 1) die welke met voorbedachten rade worden bedreven : men weet, dat men
aan God mishaagt, maar toch stelt men op dat
oogenblik zijn eigen voldoening boven den wil van
God; 2) en die welke men begaat *als bij verrassing,
uit lichtzinnigheid, uit zwakheid, door gebrek aan
waakzaamheid of moed*, en waarover men terstond
spijt gevoelt en die men zich vast voorneemt niet
meer te bedrijven. De eerste fouten zijn een ernstig
beletsel tot voortgang, vooral zoo zij herhaaldelijk
voorkomen en men er aan gehecht is, bijvoorbeeld
als men vrijwillig blijft toegeven aan lichten *wrok*,
of aan de gewoonte van *kwaad vermoeden*, van
kwaadspreken, als men *natuurlijke zinnelijke genegenheden* onderhoudt, of ook als men vasthoudend
aan eigen zienswijze of eigenzinnig is. Het zijn
banden die ons aan het aardsche vasthechten en de
ziel beletten vrij tot God op te stijgen. Wanneer
men met voorbedachten rade het offer van zijn
neigingen, van zijn verlangens aan God weigert,
dan mag men natuurlijk van Hem ook die uitge-

lezen genaden niet verwachten, welke alleen tot de volmaaktheid kunnen voeren.

Het is dus van het hoogste belang zich tot elken prijs van dat soort fouten te beteren. Ten einde hierin beter te slagen, moet men achtereenvolgens aan de verschillende *soorten* of *groepen* van fouten zijn aandacht wijden; bijv. men begint met die tegen de liefde, dan met die tegen de nederigheid, tegen de godsdienstigheid, enz.; men beschuldigt zich nauwkeurig van alwat men verkeerds ontdekt heeft, voornamelijk van die fouten, welke ons het meest vernederen, men geeft de *oorzaken* aan, die ons tot die misslagen gebracht hebben en maakt daaromtrent het voornemen ze tot elken prijs te vermijden. Zoo zal iedere biecht een stap nader tot de volmaaktheid zijn, vooral indien men goed zorg draagt voor het opwekken van *berouw*, gelijk wij aanstonds zullen zeggen.

264. C) **Fouten uit zwakheid.** Wanneer men zich van de vrijwillige fouten verbeterd heeft, gaat men over tot de bestrijding van de fouten *uit zwakheid*, niet om ze volstrekt alle te vermijden (dit is niet mogelijk), maar om *het getal er van te verminderen.* Ook hier moet men het *werk verdeelen.* Men mag natuurlijk al de misslagen, die men zich herinnert, biechten, doch men doe het met korte woorden, om beter den nadruk te leggen op één soort fouten in 't bijzonder. Men wijde achtereenvolgens zijn aandacht, bijv. aan de verstrooidheden bij het gebed, aan de fouten tegen de zuivere meening, aan de tekortkomingen aan de liefde, enz.

Bij het gewetensonderzoek en bij de biecht zal men zich niet bepalen met te zeggen : ik ben verstrooid geweest in mijne gebeden (dit maakt den biechtvader niet veel wijzer), maar : ik ben vooral verstrooid of nalatig geweest in deze of die oefening van godsvrucht, en het was omdat ik, vóór er mede te beginnen, mij niet genoegzaam in mij zelven heb

gekeerd — of omdat ik mij de moeite niet heb
willen geven om terstond de eerste afwijkingen
krachtig tegen te gaan — of omdat ik, na dit eerst
wel gedaan te hebben, niet standvastig ben geweest
om er mede door te gaan. Andere keeren zal men
zich beschuldigen lang verstrooid te zijn geweest
ten gevolge van eenige gehechtheid aan de studie
of aan eenigen persoon, of van eene niet bestreden
afgekeerdheid, enz. Het bekend maken van de reden
geeft de oorzaak van het kwaad aan en wijst van
zelf op het *tegenmiddel* en het *te vormen voornemen.*

265. Om des te beter *den goeden uitslag van de
biecht te verzekeren* — hetzij men vrijwillige of
onvrijwillige fouten heeft beleden — is het goed er
bij te voegen : Mijn voornemen voor deze week of
veertien dagen is mij krachtig toe te leggen op het
bestrijden van deze... bron van verstrooidheden, van
deze... gehechtheid, van dat... soort gedachten. Bij
de volgende biecht moet men niet nalaten rekenschap te geven van de aangewende pogingen : ik
had dat... voorgenomen, ik heb het zooveel dagen...
of op die wijze... volgehouden, maar ben op dit of
dat punt... niet getrouw geweest. Het spreekt van
zelf, dat eene biecht aldus gedaan, geen sleur zal
beteekenen, maar integendeel een schrede vooruit
op den goeden weg. De genade der absolutie, die
het gevormde besluit bevestigt, zal niet enkel de
heiligmakende genade, die wij reeds bezitten, vermeerderen, maar ook onze krachten vertiendubbelen,
opdat wij in 't vervolg menige dagelijksche zonde
vermijden en met nog beteren uitslag de deugd
beoefenen.

2° OVER HET BEROUW.

266. Bij de veelvuldige biecht moet men op bijzondere wijze letten op *het berouw* en *het goede
voornemen;* deze moeten noodzakelijk samengaan.
Men moet het berouw met aandrang *vragen* en er
zich toe opwekken door de beschouwing van boven-

natuurlijke beweegredenen. Deze, hoewel in 't algemeen voor allen dezelfde, kunnen toch, volgens de
behoeften der personen en naar de beleden fouten,
verschillend zijn.

De algemeene beweegredenen komen van den
kant van *God* en van den kant der *ziel*. Wij zullen
ze in het kort aangeven.

267. A) *Van den kant van God.* De zonde, hoe
gering zij ook schijne, is een beleediging van God, een
verzet tegen zijnen wil, een ondankbaarheid jegens
den besten en den beminnelijksten der vaders en
weldoeners, eene ondankbaarheid, die Hem te
gevoeliger kwetst, omdat wij zijn bevoorrechte
vrienden zijn. Daarom ook zegt Hij ons : " Ware
het een vijand, die Mij hoonde, Ik zou het nog verdragen... maar gij, zoo eensgezind met Mij, mijn
vertrouweling en mijn vriend, die samen in de
grootste gemeenzaamheid verkeerden " (Cf. Ps. LIV,
13-15). Leenen wij een aandachtig oor aan deze
welverdiende verwijten, en vernederen, schamen wij
ons. — Luisteren wij ook naar Jesus. Onze zonden
hebben den kelk, die Hem in den hof van Olijven
te drinken werd geboden, nog bitterder en zijn doodstrijd nog angstvoller gemaakt. Roepen wij daarna,
uit de diepte onzer ellende, nederig om vergeving :
*Miserere mei, Deus, secundum magnam misericordiam
tuam... Amplius lava me ab iniquitate mea.* (Ps. L.)

268. B) *Van den kant den ziel.* Hoewel door de
dagelijksche zonde de vriendschap met God in zich
niet vermindert, wordt zij er toch minder innig en
minder werkzaam door. En welk een verlies is dit
reeds! De dagelijksche zonde brengt onze geestelijke werkzaamheid tot stilstand of belemmert haar
grootelijks : het is als bracht zij stof in het fijne
raderwerk van het bovennatuurlijk leven. *Zij vermindert de wilskracht* der ziel voor het goede,
omdat zij de liefde tot de vermaken doet aangroeien ;
wordt zij met voorbedachten rade bedreven, dan

bereidt zij *den weg tot de doodzonde*. In vele zaken, vooral op het gebied der zuiverheid, is de schei- dingslijn tusschen de zware en de lichte zonde zoo gering, de begeerte naar het verboden genot zoo meesleepend, dat de grens al spoedig overschreden wordt. Wanneer men aan deze gevolgen denkt, zal het niet lastig vallen berouw op te wekken over zijn nalatigheden en het voornemen te vormen er zich in de toekomst niet meer aan schuldig te maken. Om dit voornemen meer practisch te maken, is het gewenscht de middelen te bepalen dienstig om het hervallen te verminderen (cf. 265).

269. Om meer zekerheid te hebben, dat het berouw niet zal ontbreken, is het goed zich te beschuldigen van een grootere zonde uit het vorig leven, waarover men weet oprecht berouw te heb- ben, vooral als het een zonde is van dezelfde soort als de nu beleden dagelijksche zonden. Doch men dient hier twee dingen te vermijden : *de sleur*, die de belijdenis in een louter opzeggen der fouten laat bestaan, zonder waar leedwezen, en de *onachtzaam- heid*, waardoor men er niet op bedacht is om berouw op te wekken over de dagelijksche zonden, waarvan men zich gaat beschuldigen in de biecht.

Indien men op deze ernstige wijze te werk gaat, zal de belijdenis der zonden, waarop de raadgevin- gen van een wijzen zielsbestuurder en vooral *de zuiverende kracht der absolutie* volgen, een heilzaam middel zijn om zich te hoeden voor de zonde en voortgang te maken in de deugd.

IV. *Vereischten om nut te trekken uit het H. Sacrament des Altaars* [1].

270. De H. Eucharistie is tegelijk een *Sacrament* en een *Offer*. Beiden zijn ten nauwste verbonden,

---

[1] S. Thom., III, q. LXXIX; Suarez, disp. LXIII; Hugon, O. P. *La Sainte Eucharistie*.

want gedurende het Offer wordt het Slachtoffer, dat wij nutten, geconsacreerd. De nuttiging is, volgens de algemeene leer, geen *wezenlijk* bestanddeel van het Sacrificie, doch wel een integreerend, een aanvullend deel, wijl wij daardoor zelve komen tot de deelname aan de gevoelens van het Slachtoffer en aan de vruchten van het Sacrificie.

Het eigenlijk verschil tusschen het Sacrificie en het Sacrament bestaat hierin, dat het eerste *rechtstreeks tot Gods glorie strekt*, terwijl het tweede *onmiddellijk de heiliging onzer ziel tot doel heeft*. Doch wijl deze twee doeleinden er inderdaad slechts één zijn — God kennen en beminnen is Hem verheerlijken — zoo strekken beide tot onzen geestelijken voortgang.

1° OVER HET MISOFFER ALS MIDDEL TER HEILIGING[1].

271. A) Zijn uitwerking. Op de eerste plaats verheerlijkt dit Offer God en dat wel op volmaakte wijze, omdat Jesus door bemiddeling des priesters, aan zijn Vader opnieuw opdraagt al de akten van aanbidding, van dank en liefde, die Hij Hem weleer opdroeg, toen Hij zich slachtofferde op Calvarie. Deze akten zijn van een oneindig zedelijke waarde. Door zich als Slachtoffer op te dragen, erkent Hij op de meest uitdrukkelijke wijze Gods opperheerschappij over alles : dit is de *aanbidding*. Door zich zelven aan God te geven om zijne weldaden te erkennen, geeft Hij Hem eene lofprijzing evenredig aan de weldaden : het is de *dankzegging* of de *eucharistische eeredienst*. Daarbij kan niets het bereiken van het beoogde doeleinde verhinderen, zelfs niet de onwaardigheid van den bedienaar[2], want de waarde van het Offer hangt niet wezenlijk

---

[1] Zie, behalve de aangewezen werken, ook BENED. XIV, *de ss. Missæ Sacrificio;* BONA, *de Sacrificio Missæ;* CHAIGNON, S. J. *De Priester aan het Altaar.*

[2] Met andere woorden, dit doeleinde wordt bereikt *ex opere operato,* uit kracht van het offer zelf.

af van die het op ondergeschikte wijze opdraagt,
maar van den prijs van het Slachtoffer, dat wordt
opgedragen, en van de waardigheid van den Hoofd-
Offeraar, die niemand anders is als Jesus Christus
zelf. Dit leert het Concilie van Trente, zeggende,
dat deze allerzuiverste Offerande niet bezoedeld
wordt door de onwaardigheid of boosheid van die
ze opdragen; dat in dit goddelijk Sacrificie bevat is
en geslachtofferd wordt op onbloedige wijze dezelfde
Christus, die op het altaar des kruises zich op
bloedige wijze heeft opgedragen. Het is derhalve,
voegt het Concilie er bij, hetzelfde Offer, dezelfde
Offeraar, die nu door de bediening der priesters
zich opdraagt en zich weleer opdroeg op het Kruis,
enkel de wijze van offeren is verschillend [1]. Hieruit
volgt dus, dat wanneer wij de H. Mis bijwonen en
meer nog wanneer wij haar opdragen, wij God al
de hulde geven welke Hem toekomt en dat wel op
de volmaaktst mogelijke wijze, wijl wij ons het
huldebetoon van Jesus-Slachtoffer toeeigenen. —
Men zegge niet, dat dit alles niets met onze heiliging te maken heeft, want wanneer wij God verheerlijken, neigt Hij zich met liefde tot ons. Hoe
meer wij bezorgd zijn voor Zijne glorie, hoe meer
ook Hij voor onze geestelijke belangen bezorgd is.
Wij bevorderen derhalve onze heiliging ten zeerste,
als wij ons van onze plichten jegens Hem kwijten
in vereeniging met het Slachtoffer, dat zich opnieuw
aan Hem opdraagt op het altaar.

272. Maar daarenboven heeft het goddelijk
Sacrificie eene *verzoenende uitwerking*, uit kracht
zelve van zijn opdracht *(ex opere operato,* gelijk de
godgeleerden zeggen). Ziehier in welken zin. Door
aan God de Hem verschuldigde hulde te bewijzen
en Hem eene evenredige voldoening voor de zonde
te geven, wekt het Sacrificie God op om ons wel

---

[1] Sess. XXII, Cap. I-II.

niet rechtstreeks de heiligmakende genade (dit is
de uitwerking aan het Sacrament voorbehouden),
maar de *dadelijke genade* en de gave van boetvaardigheid te schenken en ons, indien wij ten volle
rouwmoedig zijn, ook de grootste zonden te vergeven [1]. Het is ook tegelijk een offer van *voldoening*
in dezen zin, dat het aan de berouwvolle zondaars
onfeilbaar de tijdelijke straffen, om de zonden verdiend, ten minste gedeeltelijk kwijtscheldt en dat
wel volgens de min of meer volmaakte gesteldheid,
waarmede zij het bijwonen. Daarom, zoo voegt er
het Concilie van Trente bij [2], kan het H. Misoffer
worden opgedragen niet alleen voor de zonden, voor
de voldoeningen en de geestelijke nooden der levenden, maar ook voor die in Christus zijn gestorven
zonder volkomen voor hunne zonden te hebben
voldaan. Hieruit blijkt aanstonds, hoezeer deze
dubbele uitwerking van het Sacrificie, de verzoenende en de voldoenende, bijdraagt om onzen
voortgang in het christelijk leven te bevorderen.
Wat vooral onze vereeniging met God in den weg
staat, is de zonde. Wanneer men er dus vergeving
van bekomt en zelfs hare laatste sporen uitwischt,
bereidt men ook steeds meer en meer den weg naar
de innige vereeniging met God : " *Zalig de zuiveren
van hart, want zij zullen God zien* " (Matth. V, 8).
En welke troost voor de arme zondaars aldus den
scheidingsmuur te zien vallen, die hen belet tot het
genieten van het goddelijk leven te komen!

273. De H. Mis is een *smeekoffer*, op dezelfde
wijze als het een zoenoffer is. Zij verkrijgt derhalve
van God uit kracht zelve van het Sacrificie *(ex opere
operato)* al de genaden, die wij tot onze heiliging
noodig hebben. Het H. Misoffer is een *gebed in
werking*. Hij die op het altaar voor ons bidt met
onuitsprekelijke verzuchtingen, in dezelfde, wiens

---

[1] Conc. Trid. Sess. XXII, c. II. — [2] *L. cit.*

smeeken immer verhoord wordt : "*exauditus est pro sua reverentia*" (Hebr. V, 7). Daarom ook bidt daar de H. Kerk, de waarachtige tolk der goddelijke gedachte, altijd in vereeniging met Jesus, Offeraar en Offer *(per Dominum nostrum Jesum Christum)* om al de genaden te vragen, die hare kinderen behoeven tot gezondheid der ziel, en des lichaams : *pro spe salutis et incolumitatis suæ*, tot heil en geestelijken voortgang. In de *Collecta* vooral smeekt zij de bijzondere genade af, die betrekking heeft op ieder feest. Alwie met de vereischte stemming in dien kring van kerkelijke gebeden treedt, mag zich verzekerd houden overvloedige genaden te bekomen voor zichzelven en voor al degenen, in wie hij belang stelt.

Zooals blijkt draagt het H. Misoffer veel bij tot onze heiliging. Des te krachtdadiger nog wordt die uitkomst verkregen, omdat wij daar bidden niet alleen, maar in vereeniging met de gansche Kerk en vooral met haar onzichtbaar Hoofd, Jesus Offeraar en Offer. Bij het vernieuwen van zijn Sacrificie van Calvarië, vraagt Hij door de kracht van zijn Bloed en door zijn smeeken, dat Zijn voldoeningen en verdiensten op ons mogen worden toegepast.

274. B) Vereischte stemming. Welke zijn de gesteltenissen, die wij in ons moeten onderhouden om uit dit krachtig middel tot heiliging nut te trekken? De voornaamste gesteltenis, die alle andere in zich bevat, is nederig en betrouwvol *instemming betuigen* met de gevoelens van het goddelijk Slachtoffer, er *deel in nemen*, ze in ons *overnemen*. Zoo beantwoordt men aan het Pontificale, dat van de priesters vraagt : " Agnoscite quod agitis, imitamini quod tractatis. *Geeft acht op wat gij doet, volgt na wat gij behandelt*". De H. Kerkt noodigt ons hier toe eveneens uit in hare liturgie. [1]

---

[1] Cf. VANDEUR, O. S. B., *La sainte Messe.*

275. a) In de *Mis der Catechumeenen*, dat is van den aanvang tot aan het begin der Offerande, wekt de H. Kerk op tot gevoelens van boete en berouw *(Confiteor, Aufer a nobis, Oramus te, Kyrie eleison);* van aanbidding en dankzegging *(Gloria in excelsis);* van vurige smeekingen *(Oraties)* en van oprecht geloof *(Evangelie, Credo).*

b) Daarna volgt de groote Handeling : 1) de opdracht van het Slachtoffer, *(Offertorium)* tot heil der gansche menschheid : *pro nostra et totius mundi salute;* ook de opdracht van het christenvolk in vereeniging met het hoofd-Offer : *in spiritu humilitatis et animo contrito suscipiamur a te, Domine.* Hier bij sluit een gebed aan tot de H. Drievuldigheid, opdat Zij deze opdracht van geheel het geheimzinnig lichaam van Christus gelieve te zegenen en aan te nemen. 2) De *Prefatie* leidt de eigenlijk gezegde Handeling in, den *Canon*, gedurende welke de geheimzinnige *slachtoffering* hernieuwd wordt. De H. Kerk noodigt ons dan uit om ons te vereenigen met de Engelen en de Heiligen, maar bovenal, met het Vleeschgeworden Woord, ten einde te samen God dank te zeggen, zijne heiligheid te verheffen, zijn bijstand af te bidden over de H. Kerk, haar zichtbaar Opperhoofd, hare bisschoppen, hare geloovigen, in 't bijzonder over die het Offer bijwonen en allen, die ons dierbaar zijn. Dan treedt de priester in gemeenschap met de H. Maagd, met de Apostelen, de Martelaren en alle Heiligen. Hij verplaatst zich in den geest bij het laatste Avondmaal, vereenzelvigt zich met den Hoogepriester en herhaalt met Hem de woorden in het cenakel uitgesproken. Gehoorzaam op de stem des priesters, daalt het Menschgeworden Woord op het Altaar neer, met zijn lichaam en zijn bloed en aanbidt en smeekt stilzwijgend in zijnen en onzen naam. Het geloovig volk aanbidt neergebogen het goddelijk Slachtoffer, vereenigt zich met zijn gevoelens, met zijn aanbiddingen, met zijn smeekingen en tracht ook zich zelf met het Offer op te dragen door het aanbieden van eenige kleine offers : *"per Ipsum, et cum Ipso et in Ipso"*.

3) Bij het *"Pater Noster"* begint de bereiding tot de Communie. Leden van het geheimzinnig lichaam van Jesus, herhalen wij thans het gebed, dat Hij zelf ons heeft geleerd, *Onze Vader...* Met Jesus geven wij uiting aan wat Gods eeredienst van ons vraagt en bieden onze smeekingen aan. Wij vragen in 't bijzonder het eucharistisch Brood, dat ons verlossen zal van alle kwaad. Met de vergeving onzer zonden zal dat goddelijk Brood ons den vrede der ziel, de blijvende vereeniging met Jesus geven : *" et a te numquam separari permittas"*. Na met den hoofdman zijne onwaardigheid erkend en vergeving afgesmeekt te hebben, eet en drinkt de priester, en na hem het geloovige volk, het Lichaam en Bloed des Zaligmakers. In het diepst zijner ziel vereenigt hij zich met Jesus, zooals Hij is, met zijn innerlijkste gevoelens, en door Hem, met God zelven, met de H. Drieeenheid. Het geheim der vereeniging is voltrokken : wij zijn nog slechts één met Jesus. Hij zelf is één met den Vader. Het hooge-priesterlijk gebed des Zaligmakers bij het laatste Avondmaal is dus verwezenlijkt : *" Ik in hen en Gij in Mij, opdat ze tot volmaakte eenheid zijn verbonden"* (Joan. XVII, 23).

276. Nu blijft nog enkel over God dank te zeggen voor deze onschatbare weldaad. Dit doen wij bij de *Postcommunie* en de volgende gebeden. — De zegen des priesters deelt ons mede van de schatten der H. Drievuldigheid. Het laatste Evangelie brengt ons opnieuw de heerlijkheid van het Menschgeworden Woord voor den geest : andermaal is Het onder ons komen wonen. Wij dragen Het met ons mede, vol genade en vol waarheid, opdat wij den ganschen dag door kunnen putten

uit deze bron des levens en een leven leiden gelijk
aan dat van Jesus zelven.

Het behoeft geen verder betoog, dat het bijwonen of opdragen der H. Mis in deze gesteltenissen,
een zeker middel is om tot de heiligheid te komen
en het bovennatuurlijk leven in ons zoo volmaakt
mogelijk te doen aangroeien. Wat wij over de
H. Communie gaan zeggen, zal dit nog beter doen
uitkomen.

2° DE H. COMMUNIE ALS MIDDEL TOT HEILIGING. [1]

277. A) Hare uitwerking. De H. Eucharistie'
als Sacrament, brengt in ons, door haar eigen
kracht, *ex opere operato*, een vermeerdering van
heiligmakende genade voort. Zij is inderdaad ingesteld om de *spijze* onzer zielen te zijn : " *Mijn Vleesch
is waarlijk spijs en mijn Bloed is waarlijk drank* "
(Joan. VI, 56). Hare uitwerking komt dus overeen
met die van het stoffelijk voedsel : zij onderhoudt,
vermeerdert en herstelt onze geestelijke krachten,
terwijl zij ons eene blijdschap mededeelt, die zonder
altijd gevoelig te zijn, niettemin werkelijk aanwezig
is. Jesus zelf in ons voedsel, Jesus geheel en al :
zijn Lichaam, zijn Bloed, zijne Ziel, zijne Godheid.
Hij vereenigt zich met ons, om ons in zich om te
vormen. Deze vereeniging is tegelijk *physisch* en
moreel en uit haren aard *blijvend*. Zoo is de leer van
den H. Joannes, welke P. Lebreton op de volgende
wijze samenvat : " In de Eucharistie wordt de
vereeniging van Christus met den geloovige voltrokken, gelijk ook de levenwekkende omvorming
welke er uit voortvloeit. Het is niet enkel meer het
verband met Christus door het geloof, noch de
inlijving in Christus door het doopsel, maar een
nieuwe eeniging, tegelijkertijd werkelijk en geheel
geestelijk : door haar kunnen wij zeggen, dat alwie

[1] ST. THOM., q. 79; TANQUEREY, *Syn. Theol. dogm.*, t. III, n. 619-
628; P. HUGON, *La Sainte Eucharistie*, p. 240 ss.

den Heer aanhangt niet slechts één geest met Hem
wordt, maar ook één lichaam. Deze eeniging is zoo
innig dat Jesus niet vreest te zeggen : "Gelijk Ik
leef door den Vader, zoo leeft hij die Mij eet, door
Mij". Hier is ongetwijfeld slechts eene analogie of
overeenkomst, maar toch moet men, om juist te
spreken, niet enkel eene zedelijke vereeniging
verstaan op overeenstemming der gevoelens gevestigd, maar eene ware physieke vereeniging, die de
samensmelting van twee levens veronderstelt, of
liever, een deelname van den christen aan het eigen
leven van Christus." [1]

Deze vereeniging zullen wij nu trachten te verklaren.

278. a) Deze vereeniging is *physiek*. Het is een
geloofspunt, volgens het Concilie van Trente, dat
de H. Eucharistie waarlijk, wezenlijk en zelfstandig
het Lichaam en Bloed van Christus bevat, met zijne
Ziel en zijn Godheid, bijgevolg Christus geheel en
al.[2] Wanneer wij het H. Sacrament nuttigen, ontvangen wij wezenlijk en waarachtig het Lichaam en
Bloed des Zaligmakers, met zijn Ziel en zijn Godheid, verborgen onder de heilige gedaanten. Wij
zijn dan niet alleen een tabernakel, maar ook nog
een ciborie, waarin Christus woont en leeft, waar de
Engelen Hem komen aanbidden, en waar ook wij
in aanbidding ons bij hen moeten aansluiten. Dit is
nog niet alles. Er bestaat tusschen Jesus en ons
eene vereeniging gelijk aan die welke bestaat tusschen het voedsel en dengene die het tot zich
neemt, met dit verschil evenwel, dat Jesus ons in
zich omvormt en niet wij Hem in onze zelfstandigheid omvormen : het hooger staande wezen neemt
immers het lagere in zich op.[3] — Het is eene

---

[1] *Les origines du dogme de la Trinité*, (1910), p. 403.
[2] Sess. XIII, c. 1.
[3] Dit is de gedachte van den H. Augustinus (*Confess.* l. VII, cap. 10,
n. 16. *Lat. Vaders*, XXXII, 742). Hij legt Christus deze woorden in

vereeniging die tot doel heeft ons vleesch meer onderdanig aan den geest en zuiverder te maken en die in ons lichaam de kiem der onsterfelijkheid legt. " *Et ego resuscitabo eum in novissimo die* ". (Joan. VI, 40.)

279. b) Op deze physieke vereeniging wordt eene zeer innige en omvormende geestelijke vereeniging geënt. 1) Deze vereeniging is *allerinnigst* en zeer *heiligend*. De ziel van Jesus vereenigt zich met de onze, om met haar nog slechts één ziel uit te maken. Zijn *verbeelding* en zijn geheugen zoo geregeld en heilig, vereenigen zich met onze verbeelding en ons geheugen om ze te gewennen aan orde en ze naar God en de goddelijke zaken te richten, want voortaan zullen zij zich bezig houden alleen met de gedachte aan Gods weldaden, aan zijn verrukkelijke schoonheid en onuitputtelijke goedheid. Zijn *verstand*, ware zon der zielen, stort in onzen geest de klaarheden des geloofs, doet ons alles zien, alles beoordeelen in het licht Gods : dan tasten wij de ijdelheid van de goederen der aarde, de dwaasheid der grondstellingen dezer wereld en doorschouwen die van het Evangelie, welke ons weleer zoo duister schenen, omdat zij zoo zeer in strijd zijn met onze natuurlijke neigingen. Zijn *wil*, zoo sterk, zoo standvastig, zoo edelmoedig, komt onze zwakheid, onze onstandvastigheid, onze eigenliefde verbeteren en doet ons deelen in zijn goddelijke kracht, zoodat wij met Paulus mogen zeggen : " *Ik vermag alles in Hem die mij versterkt* " (Phil. IV, 13). Geen inspanning, zoo dunkt ons, zal ons nog moeite kosten, geen bekoring ons wankelmoedig vinden, de volharding in het goede niet meer afschrikken. Wij gevoelen het, wij staan niet meer alleen, doch gelijk de klimplant aan den eik, zijn wij gehecht aan

---

den mond : " Ik ben het voedsel der groote zielen, groeit aan en gij zult Mij kunnen eten; doch gij zult Mij niet in u veranderen, maar gij zult veronderd worden in Mij ".

Christus en hebben dus zijn steun. Zijn *Hart*, zoo
brandend van liefde tot God en de zielen, komt
warmte storten in ons hart, zoo koud voor God, zoo
genegen tot de schepselen. Met de leerlingen van
Emmaus herhalen wij : " *Was ons hart niet brandend in ons, terwijl Hij tot ons sprak ?* " (Luc. XXIV,
32). Onder de werking van dit goddelijk vuur
gevoelen wij alsdan in ons nu eens een haast
onweerstaanbaren *aandrang tot handelen*, tot de
deugd, dan weer een voorzichtigen, doch vastberaden *wil* om alles te doen, alles te lijden voor God
en Hem niets te weigeren.

280. 2) Het is duidelijk, dat zulke vereeniging
waarlijk *omvormend* werkt. 1º Onze *gedachten*, onze
begrippen, onze opvattingen, onze beoordeelingen
wijzigen zich van lieverleede : in plaats van alles
volgens de zienswijze der wereld te schatten, eigenen wij ons de denkwijze en oordeelen van Jesus
toe, volgen wij met graagte de grondbeginselen des
Evangelies en vragen wij ons zelven voortdurend
af : Wat zou Jesus nu in mijn plaats doen? 2º Hetzelfde gebeurt met onze *verlangens*, met ons innerlijk streven. Wij hebben ingezien, dat de *wereld*
en het *eigen ik* ongelijk hebben, dat alleen Jesus, de
eeuwige wijsheid, gelijk heeft; dus wenschen wij
niet meer dan wat Hij wenscht : de glorie Gods,
ons heil en dat onzer broeders; wij willen nog enkel
wat Hij wil en zeggen het Hem na : " *niet wat ik
wil, maar wat Gij wilt* " (Marc. XIV, 36). Mocht
Hij bijwijlen ons het kruis zelfs bestemmen, wij
nemen het grootmoedig aan, omdat wij verzekerd
zijn, dat het ons geestelijk welzijn en dat van den
evennaaste slechts bevorderen zal.

3) Ook ons *hart* ontdoet zich langzamerhand van
zijn meer of minder bewust egoïsme, van zijn
natuurlijke en gevoelige genegenheden om nog
slechts met alle vurigheid, met alle edelmoedigheid
en geestdrift God te beminnen en de zielen om

God. Wat wij beminnen is niet de goddelijke troost, hoe zoet ook, maar God zelf; niet het genoegen, dat ons het bijzijn van onze dierbaren verschaft drijft ons, maar het goed, dat wij hen kunnen doen. Wij leven dus, maar leiden een krachtiger leven, vooral een meer bovennatuurlijk, een meer vergoddelijkt leven dan in het verleden. Het is niet meer het *eigen ik*, de *oude mensch*, die leeft, die denkt en handelt, het is Jesus zelf, het is zijn geest, die in ons leeft en aan den onzen leven schenkt, naar Paulus woord : *Ik leef, doch niet meer ik, doch Christus leeft in mij.* (Gal. II, 20.)

281. c) Deze *geestelijke* vereeniging duurt, zoolang wij willen, zooals Jesus zelf getuigt : " *Wie mijn Vleesch eet en mijn Bloed drinkt, blijft in Mij en Ik in hem* " (Joan. VI, 57). Zijn vurigst verlangen is eeuwig in ons te blijven; wij hebben het in onze macht, met de hulp zijner genade, met Hem vereenigd te blijven.

Doch *hoe* wordt deze vereeniging bestendigd?

Eenige schrijvers hebben met P. Schram[1] gemeend, dat de *ziel* van Jesus *zich* als het ware *terugtrekt* tot in het diepste onzer ziel om er te verblijven. Maar dit zou al een heel buitengewoon mirakel zijn, daar de ziel van Jesus bestendig met haar lichaam vereenigd blijft en dit lichaam heengaat, zoodra de gedaanten van het Sacrament ophouden te bestaan. Wij kunnen deze meening dus niet volgen, want zonder noodzakelijkheid vermenigvuldigt God dergelijke mirakelen niet.

Doch zoo de menschelijke ziel van Jesus tegelijk met zijn lichaam van ons wijkt, zijne *Godheid* blijft in ons wonen zoolang wij in staat van genade zijn. Daarenboven zijn heilige *menschheid* met zijne Godheid vereenigd, onderhoudt met onze ziel eene bijzondere vereeniging. Theologisch kan dit op deze wijze verklaard worden : de Geest van Jesus, met andere woorden, *de H. Geest, levend in de menschelijke*

---

[1] *Institutiones theol. mysticæ,* § 153.

ziel van Jesus, blijft in ons uit kracht zelve van de bijzondere verwantschap met Jesus aangegaan door de sacramenteele Communie, en werkt in ons innerlijke gesteltenissen uit, gelijk aan die in Christus zijn. Op verzoek van Jesus, die niet ophoudt voor ons ten beste te spreken, geeft de H. Geest ons talrijker en krachtdadiger dadelijke genaden, Hij behoedt ons, met uitgelezen zorg, tegen de bekoringen, brengt in ons genadeindrukken voort, bestuurt onze ziel in hare vermogens, spreekt tot ons hart, versterkt onzen wil, wakkert onze liefde aan, waardoor in onze ziel de gevolgen der sacramenteele Communie voortduren. Doch het is duidelijk, dat men, om deze heilrijke voorrechten te genieten innerlijk ingetogen moet leven, naarstig moet letten, op de stem van God en bereid moet zijn Gods minste verlangens te voldoen. De *sacramenteele* Communie wordt dan vervolledigd door een geestelijke Communie, die er de gelukkige uitwerking van bestendigt.

282. d) Uit deze Communie volgt *een bijzondere vereeniging met de drie goddelijke Personen der H. Drievuldigheid*, want wegens de circumincessie (inwoning, waardoor iedere Persoon in de twee andere is), komt het Woord niet alleen in onze ziel : Hij komt er met den Vader, die niet ophoudt Zijn Zoon voort te brengen; Hij komt er met den H. Geest, die niet ophoudt voort te komen uit de onderlinge liefde van den Vader en den Zoon : *Zoo iemand Mij bemint... zal Mijn Vader hem ook beminnen en tot hem zullen We komen en verblijf bij hem nemen.* (Joan. XIV, 23.) De drie goddelijke Personen zijn weliswaar reeds in ons door de heiligmakende genade, maar bij de H. Communie zijn Zij er om een bijzondere reden; daar wij dan lichamelijk vereend zijn met het Menschgeworden Woord, zijn ook Zij, in Hem en door Hem, met ons vereend en beminnen Zij ons als de ledematen van het Vleeschgeworden Woord. Wanneer wij Jesus in ons hart bezitten, hebben wij daar ook den Vader en den H. Geest. De H. Communie is dus een voorspel van den hemel. Indien ons geloof levendig is, zullen wij de waarheid ondervinden van de woorden der Navolging : " Met Jesus zijn is een zoet paradijs. " (2e B., 8e h.)

283. B) Vereischten tot het nuttig communiceeren. Daar de H. Eucharistie tot doel heeft ons op innige wijze met Jesus en met God te vereenigen, ons blijvend om te vormen, zal alles wat bij de *voorbereiding* en *dankzegging* deze vereeniging bevordert, er de gezegende uitwerking van begunstigen.

a) *De voorbereiding* moet dus als het ware een vervroegde vereeniging met Christus zijn. Wij veronderstellen natuurlijk, dat de ziel reeds door de heiligmakende genade met God vereenigd is, anders ware de Communie een heiligschennis. [1]

1) Een allereerste vereischte is : zoo nauwgezet mogelijk *alle plichten van zijn staat volbrengen in vereeniging met Jesus*, met het doel Hem te behagen. Dit is inderdaad wel het meest geschikte middel om Hem tot ons aan te trekken ; zijn leven kan immers ook geheel worden teruggebracht tot plichtsvervulling, tot kinderlijke onderwerping aan zijn Vader ten einde Hem behagelijk te zijn : " *Ik doe altoos wat Hem behaagt* " (Joan. VIII, 29). (Cf. n. 229.)

2) Op de tweede plaats is noodig een *oprechte nederigheid*, gegrond eensdeels op de grootheid en heiligheid van Christus, anderzijds op onze geringheid en onwaardigheid. Deze stemming verruimt

---

[1] Indien men zich van een groote zonde bewust was, zou men ze eerst met een rouwmoedig en vernederd hart moeten biechten en zich niet mogen tevreden stellen met een volmaakt berouw. Zie TANQUEREY, *Syn. Theol. dogm.*, t. III, n. 652-654.

onze ziel, daar zij bevrijdt van de zelfzucht, van den hoogmoed en allen eigendunk. In een van alles ontlaste ziel heeft de vereeniging met God plaats; hoe meer wij ons dus van ons zelven ontdoen, des te beter bereiden wij onze ziel voor om door God blijvend in bezit genomen te worden.

3) Ten slotte komt na dit nederig gevoelen een *vurig verlangen* om zich met den God der Eucharistie te vereenigen. Wanneer wij doordrongen zijn van het gevoel onzer onmacht en armoede, zullen wij verzuchten naar Hem, die alleen onze zwakheid in kracht veranderen, ons hart met zijne schatten verrijken en de leegte van ons hart vullen kan. Dit verlangen verruimt ons hart en stelt het wijd open voor Hem, die ook zelf vurig wenscht zich aan ons te geven : " *Vurig heb Ik begeerd dit paaschlam met u te eten* " (Luc. XXII, 15).

284. **b**) *De* beste *dankzegging* is die welke onze vereeniging met Jesus voortzet.

1) Zij begint met een akte van stille *aanbidding*, van erkenning der eigen nietswaardigheid en van algeheele overgave van zichzelven aan Hem, die God zijnde, zich toch geheel aan ons geeft : *Adoro te devote, latens Deitas... tibi se cor meum totum subjicit.* [1] — Met Maria, de allervolmaakste aanbidster van Jesus, zullen wij ons vernederen voor den God van Majesteit om Hem te zegenen, te loven, te danken. Eerst richten wij ons tot den God-Mensch, daarna, met en door Hem, tot de H. Drievuldigheid : " *Magnificat anima mea Dominum... fecit mihi magna qui potens est et sanctum nomen ejus* ". Niets is meer in staat om Jesus tot in het binnenste onzer ziel te voeren dan deze akte van zelfvernede-

---

[1] Velen vergeten dezen eersten plicht en beginnen met terstond gunsten te vragen, zonder er aan te denken, dat onze smeekingen des te beter gehoor zullen vinden, als wij ons eerst van onze verplichtingen zullen gekweten hebben jegens Hem, die ons de eer van zijn bezoek aandoet. Het is een plicht van wellevendheid.

ring. Het is wel de meest geeigende manier voor ons, arme schepselen, om ons geheel te schenken aan Hem, die alles is. Alles wat goed is in ons zullen wij Hem geven : het is eene teruggave, want alle goed komt van Hem en blijft Hem toebehooren. Doch ook onze ellende zullen wij Hem aanbieden, opdat Hij ze in het vuur zijner liefde vertere en er zijne zoo volmaakte gesteltenissen voor geve. Wonderbare ruil, dien wij Jesus voorstellen!

285. 2) Dan volgen liefdevolle samenspraken tusschen de ziel en den goddelijken Gast : " Spreek, Heer, uw dienaar luistert... geef me verstand, opdat ik uwe getuigenissen versta. Neig mijn hart tot de woorden van uwen mond. „ (Navolging 3e b., 2e h.) Men luistert aandachtig naar den Meester en Vriend ; men spreekt tot Hem met eerbied, eenvoud en liefde. Men opent de ziel voor de goddelijke mededeelingen, want dit is het uur, waarop Jesus zijne innerlijke gevoelens, zijne deugden aan ons overdraagt. Het is niet genoeg ze aan te nemen, maar men moet ze ook vragen, men moet ze smaken, ze zich eigen maken : "*os meum aperui et attraxi spiritum*" (Ps. CXVIII, 131). Om deze samenspraken niet in sleur te doen overgaan, is het dienstig ze, zoo niet elken dag, dan toch van tijd tot tijd, te veranderen. Bijv. men neme tot onderwerp nu deze, dan die deugd, ofwel men overdenke eenige woorden van het Evangelie, terwijl men Christus smeekt ons die woorden te leeren verstaan en smaken en beoefenen.

286. 3) Ook vergete men niet den goeden God te bedanken voor de verlichtingen, die Hij ons gelieft te geven, voor de godvruchtige aandoeningen, evenals voor de duisternissen en de dorheden, waarin Hij ons van tijd tot tijd wil laten. Wij nemen deze laatste zelfs te baat om ons te vernederen : wij bekennen zijne goddelijke gunsten onwaardig te zijn, en onzen wil nog aanhoudender te vereenigen

met Hem die zelfs in onzen staat van dorheid, toch
immer doorgaat op verborgen en geheimzinnige
wijze ons zijn leven en zijn deugden mee te deelen.
Daarna smeeken wij Hem in ons zijne inwerking
en zijn leven voort te zetten : "*O Jesu, vivens in
Maria, veni et vive in famulis tuis*", en het weinige
goed, dat in ons is, aan te nemen om het te vervolmaken : *Sume, Domine, et suscipe omnem meam
libertatem.*

287. 4) *Men biedt zich aan* om al de *offers* te
brengen *noodig* tot hervorming en verbetering van
zijn leven, vooral op *een bepaald punt.* Bewust van
eigen zwakheid, vraagt men met allen aandrang de
genade om die offers ook inderdaad te kunnen
brengen. Dit is van het hoogste belang, omdat elke
H. Communie moet ontvangen worden om vorderingen te maken in een bepaalde deugd.

288. 5) Dan is het ook de goede gelegenheid
om te *bidden* voor allen, die ons dierbaar zijn, voor
de hooge belangen der H. Kerk, voor de intenties
van den Paus, voor de Bisschoppen en de Priesters.
Vreezen wij niet ons gebed zoo veelomvattend
mogelijk te maken : dit is eigenlijk het beste middel om verhoord te worden.

Tot slot vraagt men Christus om de· genade ons
in Hem te laten blijven, gelijk Hij in ons blijft, al
onze handelingen en iedere in 't bijzonder in vereeniging met Hem te mogen doen in den geest van
dankzegging. Men vertrouwt aan Maria dien Jesus
toe, dien Zij zoo wel bewaard heeft, en vraagt Haar
ons te helpen dat Jesus in ons hart steeds grooter
plaats inneme. Aldus versterkt door het gebed, gaat
men over tot den arbeid.

BESLUIT.

289. Drie groote hulpmiddelen staan ons dus ten
dienste om het Christelijk leven, door God ons zoo

vrijgevig medegedeeld, in ons te bewaren en te vermeerderen en ook om ons edelmoedig aan Hem te geven, gelijk Hij zich aan ons geeft.

1) Door, zonder ophouden, zonder den moed te verliezen, met de hulp van God en van de Beschermers ons door Hem gegeven, te *strijden* tegen onze geestelijke vijanden, zijn wij verzekerd de overwinning te behalen en het bovennatuurlijk leven in ons te bevestigen.

2) Door al *onze handelingen*, zelfs de meest alledaagsche, te *heiligen* door een dikwerf herhaalde opdracht, verwerven wij talrijke verdiensten, vermeerderen wij dagelijks aanzienlijk onzen genadeschat en onze rechten op den hemel, terwijl wij tevens eerherstel geven voor onze zonden en ze uitboeten.

3) De *Sacramenten*, met goede, vurige gesteltenis ontvangen, voegen bij onze persoonlijke verdiensten een ongewonen overvloed van genaden, die voortvloeien uit de eigen verdiensten van Christus. Daar wij zoo menigmaal biechten en, zoo wij willen, dagelijks communiceeren, hebben wij het in onze macht heilig te zijn. Jesus is gekomen en komt nog in ons, om ons in vollen overvloed zijn leven mede te deelen : " *Ik ben gekomen opdat ze leven hebben en in overvloed hebben* " (Joan. X, 10). Aan ons de taak onze zielen wijd open te zetten om dat leven te ontvangen, te ontwikkelen, te doen groeien door zonder ophouden ons te vereenigen met de gevoelens, de deugden en de offers van Jesus. Dan zal de ure komen, dat wij in Hem omgevormd, geen andere gedachten, geen andere genegenheden, geen andere bedoelingen hebben als de zijne. Wij zullen kunnen herzeggen het woord van Paulus : *Ik leef, doch niet meer ik, maar Christus leeft in mij.*

SAMENVATTING VAN HET 2ᵉ HOOFDSTUK.

290. Nu wij aan het einde van dit hoofdstuk, het gewichtigste van dit eerste gedeelte, zijn gekomen, zijn wij in staat beter de natuur van het christelijk leven te begrijpen.

1º Het is waarlijk een *deelneming aan het leven van God*, wijl God in ons leeft en wij in Hem leven, Hij leeft werkelijk in ons in de eenheid van zijn natuur en de drievuldigheid van zijn Personen; Hij is er niet werkeloos : Hij brengt in onze ziel een geheel bovennatuurlijk organisme, dat ons bekwaam maakt, niet een zelfde leven als het zijne, doch een godvormig leven te leiden. Hij ook stelt dit leven in werking door zijne dadelijke genade, Hij helpt ons verdienstelijke akten stellen, Hij beloont die akten door een nieuwe uitstorting van heiligmakende genade. Maar *wij leven in Hem* en voor Hem, want wij zijn zijne medearbeiders : door zijne genade geholpen, ondergaan wij vrijwillig den goddelijken aandrang, wij beantwoorden er aan, en zoo overwinnen wij onze vijanden, verzamelen verdiensten en bereiden ons tot die overvloedige uitstorting der genade welke de Sacramenten mededeelen. Vergeten wij ondertusschen niet, dat zelfs onze inwilliging het werk zijner genade is; daarom ook schrijven wij Hem de verdiensten onzer goede werken toe, wij leven *voor* Hem, gelijk wij *door* Hem en *in* Hem leven.

291. 2º Dit leven is ook een *deelhebben aan het leven van Jesus*, want Jesus leeft in ons en wij leven in Hem. *Hij leeft in ons*, niet alleen als God, omdat Hij gelijk de Vader God is, maar ook als *God-Mensch*. Hij is immers het *hoofd van een geheimzinnig lichaam*, welks ledematen wij zijn : van Hem ontvangen wij het bewegen en het leven. Hij leeft op nog geheimzinniger wijze in ons, omdat Hij door zijne verdiensten en zijne gebeden verkrijgt, dat de H. Geest in ons gesteltenissen voortbrengt gelijk aan die, welke deze goddelijke Geest in zijne ziel voortbracht. Hij leeft waarlijk en lichamelijk in ons bij de H. Communie en deelt ons door zijn goddelijken

Geest zijne gevoelens en deugden mede. Doch ook *wij leven in Hem :* in Hem ingelijfd, ondergaan wij geheel vrijwillig, de beweging die van Hem uitgaat; vrijwillig beijveren wij ons zijne deugden na te volgen (zonder nochtans te vergeten, dat wij daar in niet slagen dan door de genade, die Hij ons verdiend heeft); vrijwillig ook blijven wij met Hem verbonden, gelijk ranken met den stam, en openen onze ziel om het goddelijk sap op te vangen, dat Hij ons zoo vrijgevig mededeelt. En daar wij van Hem alles ontvangen hebben, leven wij ook *door Hem* en *voor Hem* en gevoelen ons overgelukkig ons aan Hem te geven, gelijk Hij zich aan ons geeft. Wij betreuren het alleen, dat wij het op zoo onvolmaakte wijze doen.

292. 3° Dit leven is ook in zekere mate, een deel-hebben aan het leven van Maria, of gelijk Olier zich uitdrukt, aan *het leven van Jesus levend in Maria.* Jesus wilde, dat zijne heilige Moeder zijn levend afbeeldsel zou zijn, deelde Haar om zijne verdien-sten en gebeden, zijn goddelijken Geest mede, die Haar in allerverhevensten graad deelachtig maakte aan zijne gevoelens en deugden. Zoo leeft Hij in Maria. Hij wil, dat zijn Moeder ook onze Moeder is, en daarom, dat Zij ons het geestelijk leven geeft. Doch door ons op geestelijke wijze het leven te schenken (als ondergeschikte oorzaak, natuurlijk) doet Zij ons deelen niet alleen in het leven van Jesus, maar ook in het hare. Wij zijn dus deelachtig aan het leven van Maria en tegelijk aan dat van Jesus, of met andere woorden, aan het leven van Jesus levend in Maria. Juist wordt dit uitgedrukt in het heerlijk gebed van P. de Condren, (later uitge-breid door Olier) *O Jesu, vivens in Maria, veni et vive in famulis tuis* [1].

293. 4° Dit leven eindelijk is *deelachtig zijn aan het leven der Heiligen in den hemel en op aarde.* Zoo-

[1] O Jesus, levend in Maria, kom en leef in uw dienaren.

als wij reeds gezien hebben, omvat het geheimzinnig
lichaam van Christus allen, die in Hem door het
Doopsel zijn ingelijfd, inzonderheid degenen die
reeds in het bezit zijn der genade en der glorie.
Welnu alle leden van dit geheimzinnig lichaam zijn
aan hetzelfde leven deelachtig, het leven, dat zij van
het hoofd ontvangen en dat in hunne ziel door
denzelfden Geest Gods is uitgestort. Wij zijn dus
allen werkelijk broeders; dezelfde Vader, die God
is, maakt ons, door de verdiensten van denzelfden Verlosser, deelachtig aan hetzelfde geestelijk
leven, waarvan de volheid is in Jesus Christus :
"de cujus plenitudine nos omnes accepimus" Daarom
stellen de Heiligen in den hemel en op aarde belang
in onzen geestelijken voortgang en helpen zij ons in
onzen strijd tegen het vleesch, de wereld en den
duivel.

294. Hoe bemoedigend zijn al deze waarheden!
Het geestelijk leven hierbeneden is ongetwijfeld
een strijd, doch zoo de hel ons bekampt en bondge-
nooten vindt in de wereld en vooral in de drievoudige begeerlijkheid, ook de hemel strijdt voor ons.
De hemel, dat is niet enkel het leger der Engelen
en der Heiligen, maar ook Jesus Christus, de Overwinnaar van satan, maar ook de H. Drievuldigheid,
die leeft en heerscht in onze ziel. Wij mogen dus
vol hoop zijn en verzekerd de overwinning te behalen, mits wij niet op ons zelven vertrouwen maar
bovenal steunen op God : " *ik vermag alles in Hem
die mij versterkt* " (Phil. IV, 13).

HOOFDSTUK III.

Volmaaktheid van het christelijk Leven.

295. Moet ieder leven zich ontwikkelen, dan zeker vooral het Christelijk leven, dat uit zijn aard, essentieel *vooruitstrevend* is en zijn eindterm eerst in den hemel zal bereiken. Wij moeten dus nagaan, waarin *de volmaaktheid van dit leven* bestaat, opdat wij door die kennis voorgelicht, beter de goede richting zien op de wegen der volmaaktheid. Omtrent dit hoofdpunt bestaan er verkeerde en min of meer gebrekkige opvattingen; daarom zullen wij vooreerst *de valsche begrippen* omtrent de christelijke volmaaktheid uitschakelen en daarna *hare ware natuur* belichten.

I. Valsche begrippen
- der ongeloovigen;
- der wereldlingen;
- der devoten.

II. Waar begrip
- zij bestaat in de liefde;
- veronderstelt hierbeneden het offer;
- doet deze twee volmaakt overeenstemmen;
- omvat de geboden en de raden;
- heeft haar trappen en hare grenzen.

ART. I. VALSCHE BEGRIPPEN OMTRENT DE VOLMAAKTHEID.

Men treft ze aan bij de *ongeloovigen*, de *wereldlingen* en de *schijnvromen*.

296. 1° Volgens het oordeel der ongeloovigen is de volmaaktheid enkel een subjectief verschijnsel, dat aan geen enkele zekere werkelijkheid beantwoordt.

A) Velen onder hen bestudeeren datgene wat zij mystieke verschijnselen noemen, zonder onderscheid te maken tusschen de ware en de valsche mystiek. Zoo bijvoorbeeld *Max*

Nordau, J. H. Leuba, E. Murisier [1]. Volgens hen is de vermeende volmaaktheid der mystieken niets meer dan een ziekelijk verschijnsel, een soort zielszwakte, een zekere overspanning van het godsdienstig gevoel, ja zelfs een singuliere uiting van zinnelijke liefde, gelijk zou blijken uit de uitdrukkingen van verloving, van geestelijk huwelijk, van omhelzing, van goddelijke liefkozingen, welke woorden zoo menigmaal door de mystieken gebezigd worden.

Deze ongeloovige schrijvers, die niets anders als de wereldsche liefde kennen, hebben blijkbaar niets van de goddelijke liefde begrepen. Andere zielkundigen, zooals *W. James*, hebben hen geantwoord, dat de geslachtsdrift niets met de heiligheid te maken heeft, dat de ware mystieken de zuiverheid op heldhaftige wijze beoefend hebben : sommigen hebben de zwakheden van het vleesch niet of bijna niet ondervonden, anderen hebben de hevigste bekoringen overwonnen door heldhaftige middelen, bijv door zich in de doornen te wentelen. Hebben zij de taal der menschelijke liefde gebezigd, zij deden het, omdat geen andere zoo geeigend is om de teederheid der goddelijke liefde uit te drukken. [2] Overigens hebben zij, in hun geheele gedrag, getuigenis afgelegd, door de groote werken, die zij ondernomen en tot een goed einde gevoerd hebben, dat zij wijze, voorzichtige mannen waren. In alle geval, gezegende zielszwakte die mannen heeft voortgebracht als Thomas van Aquino en Bonaventura, als Ignatius van Loyola en Franciscus Xaverius, als Theresia en Joannes van het Kruis, als Franciscus van Sales en Joanna de Chantal, als Vincentius a Paulo en Mad. Legras, als Bérulle en Olier, als Alphonsus de Liguori en Paulus van het Kruis !

297. B) Andere ongeloovigen laten onze mystieken recht wedervaren, ofschoon zij toch twijfel blijven koesteren omtrent de objectieve werkelijkheid der verschijnselen, die zij beschrijven. Zoo onder anderen W. James en Maxime de Montmorand [3]. Zij erkennen, dat het religieus gevoel in de zielen wondere uitwerkselen heeft, een onweerstaanbaren drang tot het goed, een grenzelooze toewijding jegens den evenmensch. Hun zoogenaamde zelfzucht is eigenlijk louter liefde, eene liefde bij uitstek maatschappelijk en heilrijk in hare gevolgen. Hun dorst naar lijden belet hen niet onuitsprekelijke genoegens te smaken en om hen heen geluk te

[1] Max Nordau, *Dégénérescence*, t. I, p. 115; J. H. Leuba, *La psychologie des phénomènes religieux*; E. Murisier, *Les maladies du sentiment religieux.*
[2] W. James, *The Religion experience.*
[3] W. James, M. de Montmorand, *Psychologie des mystiques.*

verspreiden. Dit alles erkennen zij, maar, vragen zij, zijn de mystieken niet het slachtoffer van zelfmisleiding en zinsbegoocheling? Ziehier ons antwoord : Zulke gelukkige gevolgen kunnen niet voortkomen dan uit een oorzaak, die er mee in evenredigheid is; alles te samen genomen kan het goed, het werkelijk en duurzaam goed, slechts voortkomen uit de waarheid; hebben alleen de christelijke mystieken heldhaftige deugden beoefend en werken voortgebracht tot nut van de maatschappij, dan is het, omdat de beschouwing en de liefde Gods, welke die werken hebben ingegeven, geen inbeelding maar levende en handelende werkelijkheid zijn : *"uit hun vruchten zult gij ze kennen."* (Matth. VII, 20.)

298. 2° De *wereldlingen*, ook zij die gelooven, hebben menigmaal een zeer valsch begrip van volmaaktheid.

A) Sommigen beschouwen de godvruchtigen als huichelaars, schijnheiligen, die onder het uiterlijk van vroomheid, afschuwelijke ondeugden, ofwel politieke plannen vol eerzucht verbergen, bijv. het verlangen om het geweten van anderen te beheerschen en zoo de wereld te besturen. Zij verwarren het *misbruik* met de zaak zelve. Uit het vervolg van deze studie zal blijken, dat de eenvoud, de oprechtheid en de nederigheid de ware kenteekenen der volmaaktheid zijn.

299. B) Anderen meenen, dat vroomheid overspanning van het gevoel of van de verbeelding is, een soort gevoelsleven, dat hoogstens goed is voor vrouwen of kinderen, maar niet passend voor mannen, die zich door de rede en den wil wenschen te leiden. Maar hoeveel mannen staan er niet ingeschreven op de lijst der Heiligen, mannen, die zich onderscheiden hebben door een spreekwoordelijk geworden gezond oordeel, een ongewoon verstand en door een wilskracht, die van geen versagen wist? — Men verwart wederom een caricatuur met het ware beeld.

300. C) Eindelijk nog anderen beweren, dat de volmaaktheid een *onbereikbare hersenschim* is en dus *gevaarlijk*. Het is voldoende, zeggen zij, de geboden te onderhouden en vooral den naaste bij te staan; men behoeft zijn tijd niet te verliezen met onbeduidende oefeningen of het najagen van buitengewone deugden. — Het is genoeg de levens der Heiligen te lezen om het ongegronde dezer meening in te zien. Uit die levens toch blijkt, dat de volmaaktheid wel degelijk bereikt werd hierbeneden en dat de onderhouding der raden wel verre van de geboden in den weg te staan, deze nog gemakkelijker maakt.

301. 3° Onder de *godvruchtige personen* zelven zijn er die omtrent den waren aard der volmaaktheid in dwaling verkeeren : zij schilderen ze zich af volgens hun neiging of grillen, zegt de H. Franciscus van Sales, in zijn " *Inleiding tot het Godvruchtig Leven* ". (I, 1ᵉ hoofdst. De lezing van dit hoofdstuk is aan te raden.)

A) Daar velen de *godsvrucht* met *devoties* verwarren, meenen zij dat de volmaaktheid bestaat in het opzeggen van vele gebeden en het lidmaatschap van vele broederschappen, ten koste zelfs van de plichten van hunnen staat, die zij bijwijlen verwaarloozen om deze of die oefening te verrichten, ten koste ook van de deugd van naastenliefde jegens de huisgenooten. Dit is het bijkomstige in de plaats van het noodzakelijke stellen en het middel verwisselen met het doel.

302. B) Anderen leggen zich toe op *vasten* en *boetplegingen*, zóó zelfs, dat zij hun lichaam uitputten en zich onbekwaam maken om de plichten van hunnen staat naar behooren te vervullen. Zij meenen ontslagen te zijn van de liefde jegens anderen; zij durven hun tong niet bevochtigen met een druppel wijn, maar vreezen niet ze met het bloed van den evennaaste te besmeuren door kwaadspreken en lastertaal. Ook zij dwalen ten opzichte van

wat tot het wezen der volmaaktheid behoort, daar
zij den hoofdplicht der liefde verwaarloozen, ter
wille van oefeningen, die op zich zelf wel goed,
maar toch van minder belang zijn. In gelijke dwaling vallen degenen die *overvloedige aalmoezen* uitdeelen, doch hun vijanden niet willen vergeven, of
die wel vergeven aan hun tegenstanders, maar er
niet aan denken hun schulden te betalen.

303. C) Eenigen verwarren de *geestelijke vertroostingen* met de vurigheid en meenen volmaakt te
zijn, wanneer zij vol blijdschap geen moeite meer
ondervinden bij het bidden; verkeeren zij in dorheid, worden zij gekweld door verstrooidheden,
dan meenen zij verslapt te zijn. Zij vergeten, dat
wat bij God in aanmerking komt, het edelmoedig
pogen is, dat ondanks alle schijnbare mislukking,
die men ondervindt, toch telkens weer wordt
doorgezet.

304. D) Anderen vol vuur voor uitwendige
daden, verwaarloozen het inwendig leven, om zich
meer aan het apostolaat te kunnen wijden. Doch
zij bedenken niet, dat de ziel van elk apostolaat
gelegen is in het aanhoudend gebed, waardoor de
genade Gods nederdaalt en het werken vruchtbaar
wordt.

305. Ten slotte, zijn er eenigen die, bij de lezing
van boeken over de mystiek of van Heiligen-levens,
waarin zij geestverrukkingen en visioenen beschreven vinden, zich verbeelden, dat de volmaaktheid
in die buitengewone feiten bestaat. Zij martelen
hun verstand en verbeelding af om daar eveneens
toe te komen. Zij weten niet, dat, naar het getuigenis zelf der mystieken, de heiligheid niet bestaat in
dergelijke zaken, die maar bijzaak zijn en die ook
niet gezocht moeten worden, maar dat de zekerste
en meest practische weg naar de volmaaktheid is :
de onderwerping aan Gods heiligen wil.

Na aldus eerst het terrein afgebakend te hebben, zullen wij gemakkelijker begrijpen, waarin eigenlijk de ware volmaaktheid bestaat.

Art. II. Waar begrip der Volmaaktheid[1].

306. Wij beginnen met duidelijk de draagwijdte van het vraagstuk, dat ons thans bezig houdt, aan te geven.

1° Een wezen is volmaakt *(per-fectum)* in de natuurlijke orde, wanneer het voltooid, afgewerkt is, dus wanneer het zijn doel heeft bereikt : " *Unum-quodque dicitur esse perfectum in quantum attingit proprium finem, qui est ultima rei perfectio*".[2] Deze is de *volstrekte* volmaaktheid ; doch er is ook nog een andere, die *betrekkelijk* is en die bestaat in te naderen tot dit doel door alle vermogens te ontwik-kelen en door al zijn plichten te vervullen volgens de voorschriften der natuurwet, geopenbaard door de rechte rede.

307. 2° Het *einddoel van den mensch*, ook in de *natuurlijke* orde, *is God :* 1) *door Hem* geschapen, zijn wij noodzakelijk ook *voor Hem* geschapen, want Hij kan ongetwijfeld geen volmaakter doel vinden dan zichzelven, daar Hij de volheid is van het Zijn ; daarbij, scheppen voor een onvolmaakt einddoel zou God niet waardig zijn. 2) Daarenbo-ven, daar God de oneindige volmaaktheid is en dus ook de bron van alle volmaaktheid, zoo zal de mensch ook volmaakter zijn, naarmate hij dichter tot God nadert en meer deel heeft aan zijn vol-maaktheden. Daarom ook vindt de mensch in de schepselen niets wat zijn rechtmatige verlangens kan bevredigen : *ultimus hominis finis est bonum*

---

[1] S. Thom., II^a II^æ, q. 184, a. 1-3 ; opuscul. *de perfectione vitæ spi-ritualis;* Alvarez de Paz, op. cit., L III ; Schram, *Instit. myst.*, § IX-XX.

[2] *Sum. theol.*, II^a II^æ, q. 184. a. 1.

increatum, scilicet Deus, qui solus sua infinita boni-
tate potest voluntatem hominis perfecte implere [1].
Tot God dus moeten al onze handelingen gericht
worden : Hem kennen, Hem beminnen, Hem dienen en Hem op deze wijze verheerlijken, dat is het
doel des levens, de bron van alle volmaaktheid.

308. 3° Dit geldt nog meer in de bovennatuurlijke orde. God verhief ons uit welwillendheid tot
een staat, waarop wij geen rechten konden doen
gelden en waartoe wij uit ons zelven ook nimmer
kunnen komen. Hij bestemde ons om Hem eenmaal
door de zaligmakende aanschouwing te genieten ;
Hij begiftigde ons met een volkomen bovennatuurlijk organisme, waardoor wij ons, in de beoefening
der christelijke deugden, met Hem zouden kunnen
vereenigen : uit dit alles blijkt, dat wij ons ook
nimmer zullen kunnen vervolmaken, tenzij door er
ons op toe te leggen altijd meer tot Hem te naderen.
Dit is echter niet mogelijk zonder ons te vereenigen met Jesus, die de eenige weg is tot den Vader.
Onze volmaaktheid moet dus bestaan in te leven
voor God, in vereeniging met Jesus Christus :
" *Vivere summe Deo in Christo Jesu* " (Olier). Dit
doen wij door het beoefenen der *christelijke* deugden, goddelijke en zedelijke, die alle tot doel hebben
ons, op minder of meerder rechtstreeksche wijze,
met God te vereenigen, door de navolging van
onzen Heer Jesus Christus.

309. 4° Hier nu dienen wij na te gaan of er
onder die deugden niet eene is, welke al de andere
deugden tegelijk inhoudt en juist daardoor *het*
wezen is der volmaaktheid. De H. Thomas, de leer
onzer gewijde Boeken en der H. Vaders in 't kort
samenvattend, komt tot een bevestigend antwoord
op deze vraag ; hij verklaart, dat de volmaaktheid in

---

[1] S. THOM., Iᵃ IIᵃᵉ, q. 111, a. 1. — Cf. TANQUEREY, *Syn. th. d.,*
Tr. de Ultimo fine, n 2-18.

haar wezen bestaat in de liefde tot God en tot den evennaaste om God bemind : *per se quidem et* essentialiter *consistit perfectio christianæ vitæ in* caritate, *principaliter quidem secundum dilectionem Dei, secundario autem secundum dilectionem proximi.* [1] Daar men echter in dit leven de liefde tot God niet kan beoefenen zonder afstand te doen van de drievoudige begeerlijkheid, moet men feitelijk de verloochening met de liefde doen samengaan. Dit zullen wij nader verklaren door te toonen : 1) hoe in de liefde tot God en den evennaaste het wezen der volmaaktheid bestaat; 2) waarom die liefde met zelfverloochening moet samengaan; 3) hoe men beide moet verbinden; 4) hoe de volmaaktheid tegelijk de geboden en de raden omvat; 5) welke trappen er zijn in de volmaaktheid en hoever zij zich hier beneden kan uitstrekken.

§ I. Het Wezen der Volmaaktheid bestaat in de Liefde.

310. Vooraf een verklaring van den *zin der stelling*. De liefde tot God en den evennaaste, waarover wij hier handelen, is *bovennatuurlijk* in haar *voorwerp*, evenals in haar *beweegreden* en *beginsel*. De God, dien wij beminnen, is de God ons bekend gemaakt door de *openbaring*, de God der H. Drieeenheid. Wij beminnen Hem, omdat het geloof Hem ons toont als *oneindig goed en oneindig* beminnelijk. Wij beminnen Hem door den *wil*, vervolmaakt door de deugd van *liefde* en geholpen door de *dadelijke genade*. Het is dus geen *gevoelsliefde*. Daar wij bestaan uit lichaam en ziel, is het niet bevreemdend dat zich dikwerf, tot in onze edelste genegenheden, iets gevoeligs komt mengen, maar niet altijd, soms volstrekt niet, en in alle geval is dit gevoelige iets bijkomstigs. Het eigenlijk wezen

---

[1] *Sum. th.*, IIᵃ IIˤᵉ, q. 184, a. 3. Cf. Op. *de perf. vitæ spir.*, c. 1, n. 56, 7.

van de liefde is de toewijding, dat is de vaste wil zich te geven, desnoods zelfs zich geheel op te offeren ter liefde Gods en voor zijn eer, zijn welbehagen te stellen boven het onze en dat der schepselen.

311. Hetzelfde moeten wij, met het noodig voorbehoud, eveneens zeggen van de liefde tot den evennaaste. Het is God, dien wij in hem beminnen, een beeld, een weerschijn der goddelijke volmaaktheden. De beweegreden, waarom wij den naaste beminnen, is dus de goddelijke goedheid, in zoover zij geopenbaard, uitgedrukt, weergegeven is in den evenmensch; in klaarder termen : wij zien en beminnen in onze broeders eene ziel, waarin de H. Geest woont, eene ziel versierd met de goddelijke genade, vrijgekocht met den prijs van het bloed van Jesus Christus. Door hem te beminnen wenschen wij zijn bovennatuurlijk heil, de vervolmaking zijner ziel, zijn eeuwige zaligheid.

Er zijn geen twee deugden van liefde, eene ten opzichte van God, de andere ten opzichte van den evennaaste, neen, er is slechts ééne liefde, die zich tegelijk richt tot God, bemind om Hem zelven, en tot den evennaaste, bemind om God.

Met deze uitlegging voor oogen, zullen wij gemakkelijk inzien, dat de volmaaktheid wel degelijk bestaat in de deugd van liefde.

De bewijzen voor deze stelling.

312. 1° Raadplegen wij **de H. Schrift. A**) Wat in het Oude, evenals in het Nieuwe Testament, op den voorgrond treedt, wat de geheele Wet samenvat, is het groote gebod der liefde, liefde jegens God, liefde jegens den evennaaste. Wanneer een leeraar der Wet Christus vraagt, wat hij moet doen om het eeuwig leven te bezitten, stelt de goddelijke Meester zich tevreden met hem te antwoorden : Wat zegt de Wet? De schriftgeleerde haalt terstond den tekst aan uit het Boek Deuteronomium : " *Gij zult den Heer uwen God beminnen met heel uw hart, met heel uwe ziel, met heel uw kracht en met heel uw verstand en uw naaste gelijk uzelf.* " (Luc. X, 25-27; Deut. VI, 5-7). Christus stemt er mede in, zeggende : " *doe dit en ge zult leven* " — Op een andere plaats zegt Hij, dat dit tweevoudig gebod van de liefde tot God en van de liefde tot den evennaaste de geheele Wet en de Propheten uitmaakt (Matth. XXII, 39-40.) De H. Paulus verklaart hetzelfde met andere woorden : na de voornaamste geboden der Wet opgesomd te hebben, voegt hij er bij : *de liefde volbrengt... de gansche Wet.* " (Rom. XIII, 10). De liefde tot God en tot den naaste is dus tegelijkertijd het kort begrip en de volheid der Wet. De christelijke volmaaktkeid echter kan niet anders zijn als de volmaakte en algeheele vervulling der Wet, want de Wet is de uitdrukking van Gods wil; wat nu kan volmaakter zijn dan die H. Wil Gods?

313. B) Een tweede bewijs uit de leer van den H. Paulus over de liefde, is te vinden in het XIIIe hoofdstuk van den Ien Brief aan de Corinthiërs. De Apostel beschrijft er in dichterlijke taal, de uitmuntendheid der liefde, hare voortreffelijkheid boven de charismen of de genaden om niet gegeven, boven de andere goddelijke deugden, het geloof en de hoop; hij toont, dat zij de samenvatting is van alle deugden en ze in den hoogsten graad inhoudt, ja dat zij zelfs iedere ·deugd tegelijk is : *De liefde is geduldig..., is goedertieren..., niet afgunstig, niet pronkzuchtig, niet verwaand. Ze handelt niet onedel, ze zoekt zichzelve niet, ze laat zich niet verbitteren, ze rekent het kwade niet aan* "; de charismen, zegt hij ten slotte, zullen voorbijgaan, het geloof en de hoop zullen verdwijnen, maar de liefde blijft eeuwig. Leert daardoor de Apostel niet, dat de liefde niet alleen de koningin en de ziel der deugden is, maar ook zoo voortreffelijk, dat zij alleen reeds voldoende is ter volmaaktheid, juist omdat zij alle deugden mededeelt?

314. C) De H. Joannes, de Apostel der liefde, geeft er ons de hoofdreden van aan; God, zegt hij, is liefde, *Deus charitas est*. Zij is, om het zoo uit te drukken, zijn kenmerkende eigenschap. Willen wij Hem dan gelijken, volmaakt zijn gelijk de hemelsche Vader, dan moeten wij Hem beminnen, gelijk Hij ons bemind heeft : *quoniam prior ipse dilexit nos*. (I. Joan. IV, 10). Wij kunnen God niet beminnen, zoo wij geen liefde hebben tot den naaste; daarom ook moeten wij dien dierbaren evenmensch beminnen, desnoods met opoffering van ons leven (I Joan. III, 16). Hij voegt er bij : Allerliefsten, beminnen wij elkander, want de liefde is uit God en alwie bemint, is uit God geboren en kent God. Wie niet bemint, kent God niet, omdat God liefde is... Die liefde bestaat hierin, dat niet wij eerst God bemind hebben, maar Hij heeft ons eerst liefgehad en heeft zijn eeniggeboren Zoon gezonden als verzoening voor onze zonden. Allerliefsten, heeft God ons zoo bemind, dan moeten wij eveneens elkander beminnen... God is liefde en alwie in de liefde blijft, blijft in God en God in hem. (I Joan. IV, 7-16.) Het is niet mogelijk duidelijker te zeggen, dat alle volmaaktheid bestaat in de liefde tot God en tot den naaste om God.

315. 2º Raadplegen wij *de rede* door *het geloof* verlicht : hetzij wij de natuur der volmaaktheid beschouwen of de natuur der liefde, wij komen tot hetzelfde resultaat.

A) De volmaaktheid van een wezen (wij zagen het reeds N. 306.) bestaat in het bereiken van zijn doel of er zoo dicht mogelijk bij te komen. Het doel nu van den mensch in de bovennatuurlijke orde is : God en Gods eeuwig bezit door de zaligmakende aanschouwing en door de liefde, die er uit ontstaat. Op aarde naderen wij tot dit einddoel door reeds in een innige vereeniging te leven met de H. Drievuldigheid, die in ons woont, en met Jesus, den noodzakelijken Middelaar tusschen ons en den Vader. Hoe nauwer wij dus met God, ons laatste einde en de bron van ons leven vereenigd zijn, des te volmaakter zullen wij zijn.

316. Doch welke onder alle christelijke deugden is meer *vereenigend*, welke hecht onze ziel meer aan God dan de goddelijke liefde? De andere deugden *bereiden* ons voorzeker tot deze vereeniging voor of *geleiden er* ons zelfs *binnen*, maar *kunnen haar niet voltrekken*. De zedelijke deugden, voorzichtigheid, sterkte, matigheid, rechtvaardigheid, enz. vereenigen ons niet rechtstreeks met God, doch bepalen er zich toe de beletselen, die van Hem terughouden, geheel of gedeeltelijk weg te nemen en ons dichter tot God te voeren, doordat zij ons in de goede richting houden. Zoo bijvoorbeeld de matigheid : door de ongeregelde genotzucht te bestrijden, neemt zij een der gevaarlijkste beletselen tot de liefde Gods weg; zoo ook de nederigheid, die, omdat zij den hoogmoed en eigenliefde verdringt, ons voorbereidt tot het beoefenen der goddelijke liefde. Daarbij komt nog, dat deze deugden ons gewoon maken aan goede orde en juiste maat, en daardoor onzen wil aan dien van God onderwerpen en ons nader tot Hem brengen. Wat de *goddelijke* deugden, van de liefde onderscheiden, aangaat, ook zij vereenigen ons voorzeker met God, doch op onvolledige wijze. Het *geloof* vereenigt ons met God, de onfeilbare waarheid en doet ons alles zien in het goddelijk licht, doch is bestaanbaar met de doodzonde, die ons van God scheidt. De *hoop* verheft ons tot God, in zoover Hij goed is voor ons, en doet ons verzuchten naar de goederen des hemels, maar sluit de zware zonden niet uit, die ons van ons einde afwenden.

317. Alleen de liefde vereenigt ons volkomen met God. Zij veronderstelt het geloof en de hoop, doch staat er boven : zij legt beslag op *geheel onze ziel*, op verstand en hart, wil en werkkracht, en geeft die, zonder voorbehoud, geheel aan God. Zij sluit de doodzonde, de vijandin van God, buiten en stelt ons in het genot van Gods vriendschap : " *Zoo iemand Mij bemint, zal ook mijn Vader hem beminnen*" (Joan. XIV, 23). Doch de vriendschap is de vereeniging, is de samensmelting van twee zielen in ééne : *cor unum et anima una... unum velle, unum nolle :* volmaakte vereeniging van al onze vermogens : vereeniging van den *geest*, zoodat onze gedachte zich vormt naar die van God; vereeniging van den *wil*, zoodat Gods wil de onze is; vereeniging van het *hart*, waardoor wij ons gedrongen gevoelen om ons aan God te geven, gelijk Hij zich aan ons geeft : mijn Beminde is aan mij en ik aan Hem; vereeniging van *werkkracht*, waardoor God zijn goddelijke macht ten dienste onzer zwakheid stelt om ons bekwaam te maken tot het uitvoeren onzer goede voornemens. De liefde vereenigt ons dus met den oneindig volmaakten God, ons einddoel, en maakt alzoo het wezensbestanddeel onzer volmaaktheid uit.

318. B) Wanneer wij *de natuur der liefde* bestudeeren, komen wij tot gelijke gevolgtrekking. De liefde, zooals de H. Franciscus van Sales [1] aantoont, omvat alle deugden en deelt haar eene bijzondere volmaaktheid mede.

a) *Zij omvat alle deugden.* De volmaaktheid, het is duidelijk, bestaat in het verkrijgen der deugden : wie ze alle bezit, niet in lagen, maar in verheven graad, die is ongetwijfeld volmaakt. Doch wie de liefde heeft, beoefent ook alle deugden, en dat wel in hare volkomenheid : het *geloof*, onmisbaar tot het

---

[1] *Verhandeling over de liefde Gods*, XI, 8e h.

kennen en beminnen der oneindige beminnelijkheid Gods; de *hoop*, die, door het vertrouwen, tot
de liefde voert; alle *zedelijke deugden* zooals de
voorzichtigheid, zonder welke er geen liefde kan
duren of groeien; de *sterkte*, die alle beletselen
overwint welke de beoefening der liefde bemoeilijken, de matigheid, welke de genotzucht, de onver-
zoenlijke vijandin der goddelijke liefde, in bedwang
houdt.

Doch er is meer, voegt de H. Franciscus van
Sales er bij : "de groote Apostel zegt niet alleen, dat
de liefde ons het geduld, de goedertierenheid, de
standvastigheid en eenvoud geeft, maar dat zij zelve
geduldig, goedertieren, standvastig is", want zij
bevat de volheid aller deugden.

319. b) Zij geeft de deugden een bijzondere
volmaaktheid en waarde; zij is, volgens de spreekwijze van S. Thomas [1], de *vorm* van alle deugden.
"Alle deugden zijn zonder de liefde zeer onvolledig,
wijl zij zonder haar, haar einde — dat is den mensch
gelukkig maken — niet kunnen bereiken... Ik ont-
ken niet, dat er ook zonder de liefde, deugden
kunnen ontluiken en zelfs kunnen aangroeien, maar
wel, dat zij volkomen genoeg zijn om af, ontwikkeld en voltooid te heeten : daartoe is noodig de
liefde, die haar kracht geeft om tot God op te
stijgen en uit zijn goedgunstigheid den honig der
ware verdiensten en de heiliging der harten te
garen. De liefde is onder de deugden, wat de zon is
onder de sterren : de bron van licht en schoonheid.
Het geloof, de hoop, de vreeze Gods en de boetvaardigheid treden meestal vóór haar de ziel binnen, om
haar daar een verblijf te bereiden. Wanneer ook
de liefde binnen getreden is, gehoorzamen zij, met
alle andere deugden, en dienen haar. De liefde
bezielt, siert en verlevendigt alle door hare tegen-

---

[1] *Sum. Th.* IIa IIæ q. 23, a. 8.

woordigheid [1] ". Met andere woorden : daar de
liefde onze ziel rechtstreeks tot God, de opperste
volmaaktheid en haar laatste einde richt, geeft zij
ook aan de andere deugden, die onder haren invloed
komen, dezelfde richting en dus ook gelijke waarde.
Zoo neemt de waarde, die een akte van gehoorzaamheid of ootmoed in zich heeft, zeer toe door
de liefde, als die akte gesteld wordt *om aan God te
behagen*, omdat zij dan een akte van liefde, dus
een akte der volmaaktste aller deugden wordt. Wij
kunnen er nog bijvoegen, dat die akte dan ook veel
gemakkelijker en *aanlokkelijker* wordt : gehoorzamen, zich vernederen valt zwaar aan de hoovaardige
natuur, maar de gedachte, dat men, door de beoefening dier deugden, liefde toont tot God en zijne
glorie bevordert, maakt ze licht.

De liefde is derhalve niet slechts het *kort begrip*,
maar ook de *ziel* van alle deugden. Daarbij vereenigt zij ons met God op volmaakter en meer rechtstreeksche wijze dan welke andere deugd ook : in
haar bestaat dus het wezen der volmaaktheid.

BESLUIT.

320. Daar het wezen der volmaaktheid bestaat
in de liefde tot God, volgt er uit, dat om er toe te
geraken, de kortste weg is veel te beminnen, beminnen met eene edelmoedige en sterke en vooral met
eene zuivere en belanglooze liefde. God beminnen,
dit doen wij niet enkel, als wij een akte van liefde
verwekken, doch ook telkens als wij ons aan zijnen
wil onderwerpen of een plicht, hoe gering ook, vervullen om Hem te behagen. Elk onzer handelingen,
ook de allergewoonste, kan omgezet worden in een
akte van liefde en bijdragen tot onze vervolmaking.
— Onze voortgang zal des te zekerder en sneller
wezen, naar gelang onze liefde sterker en edelmoe-

---

[1] *H. Franc. v. Sales*, l. c. 9. hoofdst.

diger blijkt en dus naarmate ons pogen *krachtiger* en *standvastiger* is : wat waarde heeft voor God is de wil, is de krachtsinspanning, onafhankelijk van alle gevoelsaandoening.

Wijl de bovennatuurlijke liefde tot den naaste eveneens een akte van liefde tot God is, volgt er uit, dat bij alle diensten, die wij aan onze broeders bewijzen, omdat wij in hen een weerschijn zien van de goddelijke volmaaktheden of, wat op hetzelfde neerkomt, omdat wij Jesus Christus in hen zien, wij dan telkers de liefde beoefenen en daardoor vorderen op den weg der heiligheid. God beminnen en den evennaaste beminnen om God, daarin bestaat dus het geheim der volmaaktheid, mits men er hierbeneden de zelfverloochening bijvoegt.

§ II. De Liefde hierbeneden veronderstelt het Offer.

321. In den hemel zullen wij beminnen zonder tot offers verplicht te zijn. Geheel anders echter is het hier op aarde.

In den tegenwoordigen staat van de gevallen natuur, is het onmogelijk God met eene ware, werkende liefde te beminnen zonder offers voor Hem te brengen. Dit volgt uit hetgeen wij vroeger n. 74-75, gezegd hebben over de neigingen van de gevallen natuur, die ook den herboren mensch bijblijven. Wij kunnen God niet liefhebben zonder die neigingen te bestrijden en te onderdrukken. Het is een strijd, die begint met het ontluiken van het verstand en slechts eindigt bij den laatsten snik. Er zijn ongetwijfeld wel tijden van verpoozing, waarin de strijd minder hevig is, maar ook dan mag men de wapenen niet afleggen, zonder zich bloot te stellen aan een hernieuwden aanval van den vijand. *Het getuigenis der H. Schrift* is daar om het te bewijzen.

1° **De H. Schrift** doet uitdrukkelijk de noodzakelijkheid uitkomen der opoffering of zelfverloo-

chening, om God en den evennaaste te kunnen
beminnen.

322. A) *Christus* richt tot al zijne leerlingen
deze uitnoodiging : *" Indien iemand mijn volgeling*
wil zijn, verloochene hij zich zelven, en neme zijn
kruis op dagelijks en volge Mij" (Luc. IX, 23). De
onontbeerlijke voorwaarde om Jesus te volgen en
Hem te beminnen is : zichzelven verloochenen, dat
wil zeggen : afstand doen van de booze neigingen
van de natuur, van de eigenliefde, den hoogmoed,
de eerzucht, de zinnelijkheid, de wellust, de ongeregelde zucht naar weelde en rijkdom; dat wil zeggen : zijn kruis dragen, het lijden, de ontberingen,
de vernederingen, den tegenspoed, de vermoeienissen, de ziekten, in één woord, alle lasten opnemen,
die Gods voorzienigheid ons overzendt om ons te
beproeven, om ons te bevestigen in de deugd en
ons de uitboeting onzer zonden te vergemakkelijken. Dan, maar ook alleen dan kan men zijn
leerling wezen en de wegen der liefde en der volmaaktheid bewandelen.

Deze les bevestigt Jesus door *zijn voorbeeld.* Hij,
die uit den hemel was afgedaald met het doel ons
den weg der volmaaktheid te toonen, Hij heeft
geen anderen weg gevolgd dan dien van het kruis :
tota vita Christi crux fuit et martyrium. Van de
kribbe tot Calvarië zien wij niets als een lange
reeks van ontberingen, van vernederingen, van vermoeienissen, van apostolische inspannig, bekroond
door de angsten en folteringen van zijn smartvol
lijden. Het is een welsprekende verklaring van zijn :
" Indien iemand mijn volgeling wil zijn". Ware er
een andere, veiliger weg, Hij zou ons dien voorzeker getoond hebben; doch Hij wist, dat er geen
andere bestaat en Hij is hem opgegaan om ons
achter zich te trekken : *" als Ik verheven word van*
de aarde, zal Ik alles tot Mij zelven trekken".
(Joan. XII, 32.) Ook de Apostelen hebben het aldus

verstaan. Zij herhalen ons, met den *H. Petrus*, dat zoo Christus voor ons heeft geleden, het is geweest, opdat' wij zijn voetstappen zouden volgen. (I Petr. II, 21.)

323. B) De *H. Paulus* leert niet anders : voor hem bestaat de christelijke volmaaktheid in zich te ontdoen van den ouden mensch en den nieuwen aan te doen. (Col. III, 9.) De oude mensch, dat is : al de booze neigingen, die wij van Adam geerfd hebben; de oude mensch, dat is de drievoudige begeerlijkheid, die bestreden en onderdrukt moet worden door de versterving. Daarom zegt de Apostel in klare taal, dat alwie leerlingen van Christus willen zijn, hunne ondeugden en slechte begeerten moeten kruisigen (Gal. V, 24). Dit is volstrekt vereischt en hij zelf gevoelt zich verplicht zijn lichaam te kastijden en de begeerlijkheid te onderdrukken om het gevaar te ontloopen van na aan anderen gepredikt te hebben, zelf verloren te gaan. (I Cor. IX, 27.)

324. De *H. Joannes*, de Apostel der liefde, is niet minder nadrukkelijk in de bevestiging dezer waarheid : hij leert, dat om God te beminnen, men de geboden moet onderhouden en strijden moet tegen *de drievoudige begeerlijkheid*, die in de wereld den schepter voert. Hij voegt er bij, dat, zoo men de wereld en wat in de wereld is, nam. de drievoudige begeerlijkheid, bemint, men de liefde Gods niet bezitten kan : *"zoo iemand de wereld bemint, is de liefde des Vaders niet in hem"*. (I Joan. II, 15.) Doch om de wereld en hare verleiding te haten, moet men ongetwijfeld den geest van opoffering beoefenen door zich de booze en gevaarlijke vermaken te ontzeggen.

325. 2° Dit volgt overigens uit den *staat van de gevallen natuur*, (n. 74) en uit de *drievoudige begeerlijkheid*, die wij te bestrijden hebben (n. 194 vv.).

Het is inderdaad niet mogelijk God en den naaste te beminnen zonder edelmoedig het offer te brengen van alles wat met die liefde in strijd is. De drievoudige begeerlijkheid nu staat de liefde tot God en den evennaaste in den weg, zooals wij bewezen hebben : dus moet zij uit alle kracht en zonder ophouden bestreden worden, zoo wij in die liefde willen vorderen.

326. Wij zullen eenige voorbeelden laten volgen. *Onze uitwendige zinnen* worden met kracht aangetrokken tot alles wat ze vleit en zijn dus een gevaar voor onze zwakke deugd. Wat zal men doen om niet medegesleept te worden? Christus zegt het ons in zijn krachtige taal : als uw rechteroog u een gelegenheid tot val wordt, ruk het uit en werp het verre van u : het is u beter één uwer leden te missen dan uw geheele lichaam te verliezen en in de hel te vallen. (Matth. V, 29.) Dit wil zeggen, dat men door de versterving zijn oogen, zijn ooren, al zijn zintuigen moet weten te onthechten aan alles wat gelegenheid biedt tot zonde. Zonder dit is geen zaligheid, geen volmaaktheid mogelijk.

Hetzelfde geldt voor de *inwendige zinnen*, voornamelijk voor de verbeelding en het geheugen. Wie weet niet, aan welke gevaren wij ons blootstellen, zoo wij hunne afwijkingen van het begin af niet tegengaan?

Onze hoogere vermogens zelf, het verstand en de wil, zijn eveneens onderhevig aan afdwalingen : aan nieuwsgierigheid, onafhankelijkheid, hoogmoed. Wat al inspanning wordt er gevraagd, hoeveel strijd wordt er gevorderd om ze onderworpen te houden aan het geloof en ze nederig te doen bukken onder den wil van God en van die Hem vertegenwoordigen!

Het is dus onloochenbaar dat, zoo wij God en den evennaaste willen beminnen, wij ook de zelfzucht, de zinnelijkheid, den hoogmoed, de ongeregelde begeerte naar bezit moeten weten te onderdrukken. De opoffering is derhalve hierbeneden een onmisbaar vereischte voor de liefde Gods.

Hierop komt ook neer wat de H. Augustinus zegt in zijn boek over de Stad Gods : "twee liefden hebben twee steden gebouwd : de eigenliefde, gedreven tot aan de verachting van God, heeft de aardsche stad, de liefde tot God gedreven tot aan de verachting van zich zelve, heeft de hemelsche stad gemaakt." [1] Met andere woorden, men kan God niet waarlijk beminnen zoo men zich zelven niet veracht, dat wil zeggen, zoo men zijn verkeerde neigingen niet veracht, niet bestrijdt. Wat echter goed is in ons, moeten wij zonder ophouden trachten te ontwikkelen en dienstbaar te maken aan de glorie van den Gever.

327. De gevolgtrekking dringt zich hier op : moet men om volmaakt te zijn veelvuldige akten van liefde beoefenen, even noodzakelijk is het veelvuldige akten van opoffering te verrichten, omdat hierbeneden de liefde niet bestaanbaar is zonder offers. Men mag overigens zeggen, dat al onze goede werken akten zijn van liefde en van opoffering tegelijk : in zoover zij ons aan de schepselen en aan ons zelven onthechten, zijn zij offers, in zoover zij ons met God vereenigen zijn zij liefdeakten. Wij dienen nu na te gaan, hoe onze goede werken tegelijk akten van liefde en van opoffering kunnen zijn.

§ III. Aandeel van de liefde en het offer in het christelijk leven.

328. De liefde en de opoffering moeten beide bijdragen tot het christelijk leven; maar welk aandeel heeft ieder afzonderlijk ? Omtrent sommige punten zijn allen het hier eens, over andere zijn de

---

[1] *De Civitate Dei*, XIV, 28.

meeningen verdeeld, ofschoon in de praktijk de voormannen der verschillende Scholen tot gevolgtrekkingen komen, die feitelijk dezelfde zijn.

329. 1° Allen nemen aan, dat *in zich, volgens waardigheid*, de liefde vooraan staat : zij is het *doel*, het *wezenlijk bestanddeel* der volmaaktheid, gelijk wij in de eerste stelling n. 312 bewezen hebben. Zij verdient dus voor alles onze bijzondere aandacht en moet voortdurend nagestreefd worden; aan haar ontleent het offer zijn reden van bestaan en voornaamste waarde : *in omnibus respice finem.* Men moet dus van den aanvang van het geestelijk leven af er over handelen, doen uitkomen, dat de liefde tot God de versterving op buitengewone wijze vergemakkelijkt, maar nooit van het offer kan ontslaan.

330. 2° Wat de *tijdsorde* betreft, nemen eveneens allen aan, dat beiden, liefde en versterving, *onafscheidelijk* zijn en dus tegelijkertijd moeten beoefend worden en elkaar moeten doordringen : er bestaat immers hierbeneden geen ware liefde zonder opoffering, terwijl het offer een der beste teekenen is van liefde tot God.

De vraag is dus eigenlijk deze : *waaraan* moet men *eerst zijn aandacht wijden,* waarop voor alles aandringen : op de liefde of op het offer? Wij staan hier tegenover twee richtingen, twee Scholen.

331. A) *De H. Franciscus van Sales* vertrouwend op de hulpmiddelen, welke de herboren menschelijke natuur ons biedt, zet de liefde tot God op den voorgrond om het offer des te beter te doen aanvaarden en beoefenen. Hij steunt daarin op vele vertegenwoordigers der benediktijnsche en dominikaansche Scholen. Maar wel verre van de versterving uit te sluiten, verlangt hij van zijn Philothea juist veel verzaking en offers. Hij doet dit wel is waar met veel voorzichtigheid en op beminnelijke wijze, doch het is juist om des te beter zijn doel te bereiken.

Dit blijkt reeds uit het eerste hoofdstuk van zijn *Inleiding tot het godvruchtig leven* : "de ware en levendige godsvrucht veronderstelt voor alles de liefde tot God, ja zij is niets anders als de ware liefde Gods... Naar gelang de godsvrucht op zekeren trap van hoogere liefde staat, zet zij ons aan om bereidwillig, ijverig, naarstig *alle geboden Gods te onderhouden;* daarenboven brengt zij er ons toe om met vlijt en van ganscher harte ons toe te leggen op de beoefening van alle mogelijke *goede werken,* ook al zijn deze volstrekt niet geboden, doch enkel *aangeraden* of *ingegeven* ". Welnu, *de geboden onderhouden, de raadgevingen en de inspraken der genade opvolgen,* dat is voorzeker een hooge trap van versterving beoefenen. De Heilige vraagt overigens Philothea te beginnen met zich te zuiveren, niet enkel van hare groote, maar ook van hare dagelijksche zonden, van de gehechtheid aan nuttelooze en gevaarlijke zaken en van hare ongeregelde neigingen. Bij het behandelen der deugden laat hij niet na op de harde, pijnlijke zijde er van te wijzen, doch hij verlangt, dat alles doortrokken zij van de liefde tot God en den naaste.

332. B) De School van den H. Ignatius en de fransche van de XVIIe eeuw stellen daarentegen op de eerste plaats, vooral voor de beginnenden, de zelfverloochening, de liefde tot het lijden of de kruisiging van den ouden mensch, als het zekerste middel om tot de ware en wezenlijke liefde te komen [1]. Zij vergeten hierbij niet, dat de liefde tot God het einddoel is en al onze werken moet bezielen. (Zij schijnen bevreesd te zijn, dat, als men in het begin niet den nadruk legt op de verloochening, vele zielen daardoor misleid, zullen meenen reeds ver in de liefde Gods gevorderd te zijn, terwijl toch haar godsvrucht meer gevoel en schijn dan werke-

---

[1] Men geeft dus een onvolledig idee van de *vroomheid volgens Bérulle,* zoo men zijn leer over de verloochening over het hoofd ziet.

lijkheid is. Gevolg hiervan is dat droevige vallen
bij zware bekoringen of dorheid). Overigens het
offer, moedig ter liefde Gods aangenomen, leidt er
toe om God edelmoediger en standvastiger te beminnen, terwijl de liefde Gods voortdurend in beoefening gebracht het werk onzer heiliging voltooit.

333. Practisch besluit. Wij willen deze twist-
vraag niet uitmaken, maar geven hier eenige gevolgtrekkingen, die de voormannen van alle Scholen
aanvaarden.

A) Er zijn *twee uitersten* te vermijden : **a**) de
zielen te vroeg den zoogenaamden weg der liefde
te willen opsturen zonder ze terzelfdertijd te oefenen
in de gestrengheden der dagelijksche zelfverloche-
ning : het zou tot zelfmisleiding, soms tot droevigen
val bijdragen. Hoevelen inderdaad smaken pas de
gevoelige vertroostingen, die God aan de beginnenden schenkt, en meenen reeds in de deugd gevestigd te zijn, stellen zich bloot aan de gevaren van
zonde, begaan onvoorzichtigheden en vallen in
groote fouten? Wat meer versterving, wat meer
ware nederigheid, minder zelfvertrouwen, een moe-
diger weerstand aan hun driften zou hen voor die
zwakheden behoed hebben.

b) Een ander uiterste is : maar altijd te spreken
over zelfverloochening en versterving, zonder er op
te wijzen, dat zij enkel maar hulpmiddelen zijn om
tot de liefde Gods te geraken of uitingen dier liefde.
Het gevolg is, dat sommige wel gewillige, doch nog
kleinmoedige zielen afgeschrikt worden en den
moed zelfs geheel verliezen. Zij zouden met meer
vurigheid en kracht bezield zijn, indien haar werd
voorgehouden, dat die offers veel lichter worden,
wanneer men ze ter liefde Gods brengt : waar liefde
is, gevoelt men geen last.

334. B) De zielsbestuurder, die deze uitersten
vermijdt, zal zijn penitenten dien weg weten aan te

wijzen, welke het best bij hunnen aard past en meer beantwoordt aan de aansporingen der genade.

a) Er zijn gevoelige zielen, die pas dan smaak opvatten voor de versterving, als zij eerst gedurende eenigen tijd de liefde Gods beoefend hebben. Wel is die liefde dikwerf onvolmaakt, eerder vurig en gevoelig, dan edelmoedig en standvastig, maar de geestelijke leidsman, moet zorg dragen die eerste vurigheid te benutten en er op wijzen, dat de ware liefde zonder offers niet duren kan. Weet hij die zielen er toe te brengen om ter liefde Gods eenige akten van boetvaardigheid, van versterving te beoefenen, vooral die welke meer noodzakelijk zijn om de zonde te vermijden, dan wordt haar deugd hechter, haar wil sterker, tot zij ten slotte inzien, dat de zelfverloochening gelijken tred moet houden met de liefde tot God.

b) Heeft de biechtvader echter met sterke karakters te doen, die gewoon zijn uit plicht te handelen, dan kan hij hun de vereeniging met God voorhouden als doel en in den beginne tevens aandringen op de zelfverloochening, die als de toetssteen der liefde is : op werken van boetvaardigheid, van nederigheid en versterving. Hij vergete echter niet het bittere van die oefeningen te verzoeten door beweegredenen bij te brengen steunend op de liefde Gods of den zielenijver.

Hij moet dus de liefde nimmer van de zelfverloochening scheiden en zijn penitenten voor oogen houden dat beiden samen gaan en elkaar vervolmaken.

§ IV. Bestaat de Volmaaktheid in de geboden of in de raden?

335. 1° **Beteekenis der kwestie.** De volmaaktheid, zooals gezegd, bestaat eigenlijk in de liefde tot God en tot den evennaaste, opgevoerd tot het offer. Met betrekking tot Godsliefde en offer zijn er èn *geboden* èn *raden* : *geboden*, die ons op zonde verplichten bepaalde zaken te doen of na te laten, *raden*, die ons uitnoodigen om, op straf van vrijwillige onvolmaaktheid en weerstand aan de genade, ter wille Gods, meer te doen dan geboden is. Hierop doelt Christus als Hij tot den rijken jongeling zegt : " *Wilt gij volmaakt zijn, ga, verkoop wat gij bezit, geeft het aan de armen en gij zult een schat hebben in den hemel*". (Matth. XIX, 17, 21). Om in den hemel te komen is het dus genoeg de wetten der rechtvaardigheid en der liefde, met betrekking tot het tijdelijk bezit, te onderhouden, doch wil men *volmaakt* zijn, dan moet men zijn goederen verkoopen, den prijs er van aan de armen geven en aldus de vrijwillige armoede beoefenen. De H. Paulus merkt eveneens op, dat de *maagdelijke reinheid* een raad is, geen gebod, dat trouwen goed, maar maagd blijven beter is. (I Cor. VII, 25-40).

336. 2° **De oplossing der kwestie.** Eenige schrijvers hebben hieruit besloten : *het christelijk leven bestaat in de onderhouding der geboden, en de volmaaktheid in de onderhouding der evangelische raden.* Dit is wel wat al te eenvoudig. Verstond men hunne bedoeling niet juist, dan zou men tot noodlottige gevolgen kunnen komen. In werkelijkheid vereischt de volmaaktheid vóór alles de vervulling der geboden en op de tweede plaats de onderhouding van een zeker getal raden.

Dit is de duidelijke leer van den H. Thomas [1]. Na bewezen te hebben dat de volmaaktheid niets anders is als de liefde tot God en den naaste, besluit hij dat practisch de volmaaktheid op de eerste plaats bestaat in de onderhouding der geboden, waarvan het eerste de liefde is, en op de tweede plaats in de raden. Deze staan alle eveneens in verband met de liefde, omdat zij de beletselen weg-

---

[1] *Sum. th.* IIa IIæ, q. 184, a. 3 : Perfectio *essentialiter* consistit in præceptis... *secundario* autem et *instrumentaliter* in consiliis : quæ omnia sicut et præcepta ordinantur ad caritatem.

nemen die haar in den weg staan. Wij zullen deze leer nader verklaren.

337. A) Een eerste en gebiedende eisch tot volmaaktheid is het volbrengen der geboden. Het is van veel belang dit eerste vereischte ter dege voor te houden aan sommige personen die, onder voorwendsel van godsvrucht, de plichten van hunnen staat verwaarloozen, of die, om flinker aalmoezen te kunnen geven, maar steeds uitstellen hun schulden te betalen, in één woord, aan allen, die het een of ander der tien geboden verwaarloozen om zich op hooger volmaaktheid toe te leggen. Het is toch duidelijk, dat de overtreding van een zwaar gebod, gelijk dat van het betalen der schulden, de liefde vernietigt en dat het voorwendsel van aalmoezen geven de schending der natuurwet niet kan rechtvaardigen. De vrijwillige overtreding van een gebod in een kleine zaak is eveneens zonde, dagelijksche zonde. Ofschoon deze de liefde niet wegneemt, vermindert zij toch meer of minder hare uitoefening en is eene beleediging van God; aldus verkoelt zij onzen innigen omgang met Hem. Dit geldt vooral van de dagelijksche zonde, die *met voorbedachten rade en bij herhaling wordt bedreven*, omdat zij in ons ongeregelde gehechtheden doet ontstaan en ons belet vrij den weg der volmaaktheid te bewandelen. Om volmaakt te zijn moet men dus vóór alles de geboden Gods onderhouden.

338. B) Doch het is ook noodig er *de onderhouding der raden* bij te voegen, ten minste van sommige en voornamelijk van die welke de vervulling der plichten van onzen staat van ons vordert.

a) De *kloosterlingen* bijv. kunnen zich zeker niet heiligen, zonder getrouw te zijn aan de geloften, die zij hebben afgelegd van de drie evangelische raden van armoede, zuiverheid en gehoorzaamheid. Die onderhouding echter vergemakkelijkt op bijzondere wijze de liefde tot God, omdat zij de ziel bevrijdt van de voornaamste beletselen der goddelijke liefde : de *armoede*, doordat zij het hart los maakt van de ongeregelde zucht naar bezit, helpt het om zich vrijer naar God en de hemelsche goederen te richten ; de *zuiverheid* stelt hen in staat God onverdeeld te beminnen, wijl zij hen onttrekt aan de zinnelijke genoegens, zelfs aan die in den heiligen huwelijken staat geoorloofd zijn ; de *gehoorzaamheid* bestrijdt den hoogmoed en den geest van onafhankelijkheid, daarom onderwerpt zij hunnen wil aan dien van God : deze gehoorzaamheid is eigenlijk een voortdurende akte van liefde.

339. b) Zij nu die geen geloften hebben afgelegd, moeten, om volmaakt te worden, er den geest van beoefenen, elk volgens zijn staat, volgens de inspraken der genade en onder leiding van een wijzen bestuurder. Zoo kunnen zij bijv. *den geest van armoede* beoefenen door zich het genot van vele nuttelooze dingen te ontzeggen, ten einde de middelen te besparen voor aalmoezen en goede werken ; *den geest van zuiverheid*, zelfs als zij gehuwd zijn, door matig en binnen de perken, de geoorloofde vermaken te genieten en vooral door met zorg alles te vermijden wat verboden of gevaarlijk is ; *den geest van gehoorzaamheid*, door zich gewillig te voegen naar hun oversten, in wie zij het beeld van God moeten zien, en naar de inspraken der genade volgens de voorlichting van een ervaren biechtvader.

In 't kort : God en den evennaaste om God beminnen en zich weten op te offeren om beter dit dubbel voorschrift te volbrengen, ieder volgens zijn staat, dat is de ware volmaaktheid.

§ V. De verschillende trappen van volmaaktheid.

De volmaaktheid heeft hierbeneden hare *trappen* en hare *grenzen*. Vandaar twee vragen : 1° Welke

zijn de voornaamste *trappen* van volmaaktheid;
2° welke zijn hier op aarde haar *grenzen?*

I. *Over de verschillende trappen der volmaaktheid.*

340. De trappen, waarlangs men tot de volmaaktheid opklimt, zijn vele. Het is niet noodig ze
hier alle aan te geven; wij kunnen volstaan met de
voornaamste. Volgens de algemeene leer, door den
H. Thomas [1] uiteengezet, worden er *drie hoofd-
phasen* onderscheiden, of zooals men gewoonlijk
zegt, *drie wegen*, die van de *beginnenden*, die der
meer gevorderden en die der *volmaakten*, volgens het
hoofddoel dat men wil bereiken.

341. a) In het *eerste* stadium is de groote zorg
der beginnenden er op gericht dat zij de reeds verworven liefde niet verliezen : zij leggen er zich dus
op toe om de *zonde*, vooral de *groote zonde te vermijden* en de verkeerde neigingen, de driften en al
wat hun Gods vriendschap zou kunnen doen verliezen, te overwinnen. Het is *de weg der zuivering;*
het doel is de ziel te zuiveren van hare fouten.

342. b) In het *tweede* stadium wil men vorderen
in de *positieve beoefening der deugden* en de liefde
versterken. Het hart, reeds gezuiverd, is vanzelf
ook meer toegankelijk voor de goddelijke verlichting en liefde en volgt met vreugde Jesus' deugden
na. Omdat men door Hem te volgen in zijn licht
wandelt, wordt deze *weg* die *der verlichting* genoemd. Men legt er zich op toe om niet alleen de
groote, maar ook de kleine zonden te vermijden.

343. c) In het *derde* stadium zijn de volmaakten
slechts bezorgd om met *God verbonden te zijn en in
Hem hun geluk te stellen.* Daar zij zich zonder
ophouden met Hem zoeken te vereenigen, zijn zij

---

[1] *Sum. theol.*, II\ II\, q. 24, a. 9.

op den *weg der vereeniging*. De zonde boezemt hun
afschuw in, omdat zij vreezen God te mishagen en
te beleedigen. De deugden, vooral de goddelijke,
trekken hen aan, wijl zij het middel zijn om zich
met God te vereenigen. Daarom beschouwen zij de
aarde als een ballingsoord en wenschen met Paulus
te sterven om met Christus te zijn.

Dit zijn slechts korte gegevens, waarop wij later
zullen terugkomen en die wij breedvoerig zullen
behandelen, wanneer wij in dit werk eene ziel zullen
volgen van af het eerste begin, de zuivering, tot aan
de omvormende vereeniging, die haar voorbereidt
tot de zaligmakende aanschouwing.

II. *Over de grenzen der volmaaktheid hierbeneden.*

344. Bij het lezen van de levens der Heiligen,
vooral der groote contemplatieven, staat men verbaasd over de verheven hoogten, waartoe eene ziel
welke aan God niets weigert, kan opstijgen. N   Nhietje-
min zijner hier op aarde *grenzen* gesteld aan onze
volmaaktheid, die men niet moet willen overschrij-
den op straf van tot een lageren trap of zelfs tot
zonde te vervallen.

345. 1° Het is buiten allen twijfel, dat wij God
niet kunnen beminnen zooveel als Hij het verdient.
Hij toch is oneindig beminnelijk, en daar ons hart
eindig is, kan het Hem dus, zelfs in den hemel, niet
beminnen dan met een beperkte liefde. Men kan er
zich dus altijd op toeleggen om Hem nog meer te
beminnen. Volgens den H. Bernardus is de maat
van God te beminnen, Hem te beminnen zonder
maat. Vergeten wij evenwel niet, dat de ware liefde
minder in godvruchtige gevoelens bestaat dan in
daden van den wil en dat het beste middel om
liefde te toonen is zijn wil te onderwerpen aan
dien van God. Dit zullen wij later verklaren, wanneer wij over de gelijkvormigheid met Gods wil
handelen.

346. 2° Hierbeneden kan men God niet onver-
poosd en onverstoorbaar beminnen. Het is ongetwijfeld mogelijk met de hulp van buitengewone
genaden, die aan de zielen van goeden wil niet
geweigerd worden, iedere voorbedachte dagelijksche
zonde te vermijden, maar niet elke fout uit zwakheid : niemand is onzondigbaar, zooals de H. Kerk
meermalen verklaard heeft.

A) Tijdens de Middeleeuwen beweerden de *begar-*
den, dat de mensch in dit leven zulk een trap van
volmaaktheid kan bereiken, dat hij geheel onzondigbaar wordt en niet meer kan aangroeien in
genade [1]. Zij leidden daaruit af, dat alwie dezen
trap van volmaaktheid bereikt heeft, niet meer
behoeft te vasten of te bidden, omdat in dien staat
de zinnelijkheid zoozeer onderworpen is aan den
geest en de rede, dat hij zijn lichaam naar believen
alles kan veroorloven : hij is niet meer gehouden
de geboden der Kerk na te leven, noch te gehoorzamen aan de menschen, noch zelfs akten van
deugden te beoefenen, want dit is slechts goed voor
den onvolmaakten mensch. Gevaarlijke leer, die
feitelijk tot zedeloosheid moet voeren, want als
men zich onzondigbaar waant en zich op geen
deugden meer toelegt, zal men spoedig de prooi
zijn der laagste driften. Dit geschiedde dan ook
met de begarden, waarom zij met reden in 1311
door het Concilie van Vienne veroordeeld werden.

347. B) In de 17e eeuw vernieuwde *Molinos* deze
dwaling. Hij leerde dat men door de verworven
beschouwing tot zoo hoogen trap van volmaaktheid
stijgt, dat men noch groote noch kleine zonden
meer bedrijft. Doch hij toonde maar al te zeer door
zijn eigen voorbeeld dat, met grondbeginselen, zoo
verheven in schijn, er maar al te veel gevaar is van

---

[1] DENZ.-BANN., n. 471. — Cf. P. POURRAT, *La Spiritualité chré-*
tienne, t. II, p. 327-328.

in schandelijke ongeregeldheden te vallen. Hij werd terecht veroordeeld door Innocentius XI den 19 November 1687. Wie de stellingen leest, die Molinos durfde verdedigen, staat versteld over de vreeselijke gevolgen, waartoe die aanmatiging van onzondigbaarheid voert [1]. Laat het dus in meer bescheidenheid onze eenige gedachte zijn, hoe ons te verbeteren van onze vrijwillige fouten en zoo veel mogelijk de fouten uit zwakheid te verminderen.

348. 3° Op aarde kunnen wij God niet *standvastig* en zelfs niet *gewoonlijk* beminnen met eene liefde, die volmaakt zuiver en *belangloos alle gedachte aan het loon uitsluit.* Hoe volmaakt iemand ook is, toch blijft hij gehouden nu en dan akten van hoop te stellen. Onmogelijk dus in strikten zin onverschillig te blijven ten opzichte van zijn zaligheid. Er zijn voorzeker Heiligen geweest, die bij *passieve beproevingen* voor een oogenblik berust hebben in hunne verwerping, in de veronderstelling, dat God zulks zou willen, doch onder voorbehoud, dat zij ook in dit geval niet zouden ophouden God te beminnen.

Dit zijn veronderstellingen, die men in 't algemeen niet moet maken, omdat God feitelijk de zaligheid van allen wenscht. Van tijd tot tijd echter kan men akten verwekken van zuivere liefde, geheel onbaatzuchtig, dus zonder *daarbij* den hemel te verhopen of te wenschen. Zoodanig is bijv. die akte van liefde van de H. Theresia [2] : "Zoo ik U bemin, o Heer, is het niet om den hemel, dien Gij belooft; zoo ik vrees U te beleedigen, is het niet om de hel, die dreigt. Wat mij tot U trekt, o Heer, zijt Gij, en Gij alleen, als ik U zie aan het kruis geklonken, het lichaam vol wonden, aan doodsangst ten prooi. Uwe liefde heeft mijn hart gegrepen; al was er geen hemel, toch zou ik U

---

[1] DENZ.-BANN., n. 1221 ss.
[2] *Leven der H. Theresia, volgens de Boll.*, II, 31 hoofdst.

beminnen, en bestond er geen hel, toch zou ik U vreezen. Geen gave van U behoeft mijne liefde te wekken, want zonder te hopen wat nu mijn hoop is, zou ik U beminnen, gelijk ik U bemin. "

349. Gewoonlijk is onze liefde tot God *gemengd :* zij is een *zuivere liefde en een liefde uit hoop :* met andere woorden : wij beminnen God èn om Hem zelven, omdat Hij oneindig goed is, èn omdat Hij de bron is van ons geluk. Deze twee beweegredenen sluiten elkander niet uit : God immers heeft gewild, dat wij door Hem te beminnen en te verheerlijken, ons geluk bereiken.

Wij kunnen ons gerust door beide beweegredenen laten voeren ; denken wij aan den hemel en tegelijk, dat daar onze zaligheid zal bestaan in God te bezitten, te aanschouwen, te beminnen en te verheerlijken. Zoo zal ons hoopvol verlangen naar den hemel geen beletsel zijn om op de eerste plaats waarlijk uit liefde tot God te handelen.

BESLUIT.

350. *Liefde en opoffering :* ziedaar dus de geheele christelijke volmaaktheid. Iedereen nu kan, met Gods genade, dit dubbel vereischte vervullen. Is het soms zoo moeilijk Hem te beminnen, die oneindig beminnenswaardig is en die oneindig bemint? De liefde, welke ons gevraagd wordt, is niet iets buitengewoons, het is de offervaardige liefde, het is de overgave, van ons zelven, het is vooral de gelijkvormigheid met den wil van God. Die wil beminnen, bemint al ; die de geboden onderhoudt om God, bemint ; en die bidt en die de plichten van zijn staat vervult om God te behagen, bemint eveneens. Meer nog : ontspanning, het gebruik van voedsel met dezelfde meening, is beminnen ; den evennaaste een dienst bewijzen om God, is beminnen. Niets is derhalve, met Gods genade, gemakkelijker dan de liefde Gods voort-

durend te beoefenen en daardoor ook zonder ophouden vooruit te gaan in de volmaaktheid.

351. Het *offer* schijnt ongetwijfeld moeilijker,
doch het is niet noodig het te beminnen om zichzelf;
reeds voldoende is, het te beminnen om God, te
begrijpen, dat men hier op aarde God niet kan
beminnen zonder te verzaken aan alles wat een
beletsel is voor zijne liefde. Dan wordt het offer
eerst dragelijk, weldra aangenaam. Brengt eene
moeder, die lange nachten waakt bij het ziekbed
van haar kind, niet blijde het offer harer vermoeienissen, wanneer zij de zoete hoop en vooral wanneer
zij de zekerheid heeft zijn leven te redden? Wij nu,
wij hebben niet alleen de hoop, maar de zekerheid
God te behagen, zijne eer te bevorderen en tegelijk
onze ziel zalig te maken, wanneer wij ter liefde Gods
de offers brengen, die Hij ons vraagt. Hebben wij
tot onze aanmoediging, het voorbeeld en de hulp
van den God-Mensch niet? Heeft Hij niet evenveel
geleden, ja veel meer geleden om zijn Vader te
verheerlijken en onze zielen te redden? En wij, zijne
volgelingen, door het doopsel in Hem ingelijfd, met
zijn Lichaam en Bloed gespijsd, zouden wij aarzelen
om in vereeniging met Hem, uit liefde tot Hem en
met dezelfde meening, eveneens te lijden? Waarlijk,
het kruis brengt voordeel, vooral aan wien bemint.
In het kruis is heil, zegt de Navolging, in het kruis
is het leven, in het kruis de bescherming tegen onze
vijanden; in het kruis wordt hemelsche zoetheid
ingestort (II, 12). Zeggen wij dan tot slot, met den
H. Augustinus : "Voor de minnende harten is geen
werk te zwaar; zij vinden er zelfs voldoening in,
gelijk men ziet aan hen die van jagen, visschen of
den handel houden... Wie van iets houdt gevoelt de
moeite niet of vindt zelfs genoegen in de moeite :
aut non laboratur aut et labor amatur [1].

---

[1] S. Aug., *de bono viduitatis*, c. 21. Lat. Vad. XL, 448.

Haasten wij ons langs den weg van offer en liefde
op te gaan naar de volmaaktheid : het is een plicht
voor ons.

HOOFDSTUK IV.

Over de verplichting om naar de volmaaktheid te streven [1].

352. Na de natuur en de volmaaktheid van het
christelijk leven verklaard te hebben, moeten wij
onderzoeken, of er voor ons een ware verplichting
bestaat voortgang te maken in dit leven, m. a w. of
het genoeg is, het gelijk een schat met alle zorg te
bewaren. Om een juist antwoord hierop te geven,
zullen wij bij deze vraag drie klassen van personen
onderscheiden : 1º de gewone *geloovigen* of *christenen*;
2º de *kloosterlingen ;* 3º de *priesters.* Wij leggen den
nadruk op dit laatste punt, om het bijzonder doel,
dat wij ons voorstellen.

ART. I. OVER DE VERPLICHTING VOOR DE
GEWONE CHRISTENEN OM NAAR DE
VOLMAAKTHEID TE STREVEN.

Wij zullen verklaren : 1º de verplichting zelve;
2º de beweegredenen, welke hare vervulling gemakkelijk maken.

§ I. Over de eigenlijk gezegde verplichting.

353. In zoo'n teeder onderwerp als dit, is het
noodig zich zoo klaar mogelijk uit te drukken. Zeker
is het, om zalig te worden, vereischt, doch ook
voldoende in staat van genade te sterven : de
geloovigen schijnen dus geen andere strikte ver-

---

[1] ALVAREZ DE PAZ, *op. cit.*, lib. IV-V ; SCARAMELLI, *Guide ascétique,*
Tr. I. art. II.

plichting te hebben dan den staat van genade te bewaren. Maar de vraag is juist, of men geruimen tijd in de heiligmakende genade kan volharden zonder zich op voortgang toe te leggen. Welnu, zoowel het gezag van anderen als de rede, door het geloof verlicht, zeggen ons, dat het voor onze gevallen natuur, niet mogelijk is lang in staat van genade te blijven zonder ons toe te leggen op voortgang in het geestelijk leven en van tijd tot tijd ten minste eenige der evangelische raden te beoefenen.

I. *Het gezagsbewijs.*

354. 1° Rechtstreeks behandelt de H. Schrift deze vraag niet. Na het algemeen grondbeginsel, omtrent het verschil tusschen de geboden en de raden, gesteld te hebben, zegt zij meestal niet, wat in de vermaningen van Christus wel en wat niet verplichtend is. Zij dringt echter zoo zeer aan op de heiligheid, die de christenen betaamt, zij stelt ons zulk een verheven toonbeeld van volmaaktheid voor, zij spreekt zoo openlijk tot allen over de noodzakelijkheid der zelfverloochening en der liefde, dat ieder onbevooroordeelde overtuigd wordt, dat tot de zaligheid soms meer gedaan moet worden dan wat strikt geboden is, dat men dus moet trachten hooger te stijgen.

355. A) *Vooreerst Christus :* Hij stelt ons tot *ideaal* van heiligheid de eigen volmaaktheid van zijn hemelschen Vader : *Weest volmaakt gelijk uw hemelsche Vader volmaakt is.* (Matth. V, 48). Derhalve *allen die kinderen Gods zijn,* moeten die goddelijke volmaaktheid naderbij komen. Doch dit is niet mogelijk, zoo men zich niet toelegt op eenige verbetering des levens. De geheele bergrede is eigenlijk gezegd niets anders als de verklaring, de uiteenzetting van dit ideaal. De weg daarheen is die der zelfverloochening, der navolging van Christus en der liefde tot God : " *Indien iemand tot Mij komt en niet zijnen vader haat en zijne moeder en zijn*

vrouw en kinderen en broeders en zusters, en daarbij
nog zijn eigen ik, kan hij niet mijn leerling zijn".
(Luc. XIV. 26.) Men moet dus in sommige omstandigheden God en zijn heiligen wil stellen boven de
liefde tot ouders, vrouw, kinderen, boven het leven
zelfs, en alles opofferen om Jesus te volgen. Dit
veronderstelt heldenmoed en dezen zal men niet
hebben, wanneer het noodig is, indien men zich
niet van te voren geoefend heeft door vrijwillige
offers. Dit pad is ongetwijfeld eng en moeilijk en
wordt door slechts weinigen gevolgd; toch wil
Jesus, dat men ernstige pogingen doet om het op te
gaan : " *Doet uw best om binnen te treden door de*
enge poort". (Luc. XIII, 24.) In dit geen uitnoodiging om naar de volmaaktheid te streven?

356. B) De Apostelen spreken niet anders. De
H. Paulus herinnert er de geloovigen meerdere
malen aan, dat zij geroepen zijn tot heiligheid :
"om heilig en vlekkeloos te zijn in zijn oog".
(Eph. I, 4). Dit nu is onmogelijk zonder den ouden
mensch af te leggen en den nieuwen aan te doen;
dat wil zeggen, zonder de neigingen van de bedorven natuur te vesterven en zonder zich er op toe te
leggen de deugden van Christus voort te brengen.
Dit nu is volstrekt onmogelijk, vervolgt de Apostel,
zonder naar den vollen wasdom van Christus te
streven, tot we een volwassen man zijn geworden
en de mannemaat van Christus hebben bereikt
(Eph. IV, 10). De zin dezer woorden is : daar wij in
Christus zijn ingelijfd, zijn wij zijn *aanvulling*, onze
taak is het dus Hem, door in de navolging zijner
deugden te vorderen, in ons doen groeien. Ook de
H. Petrus wil dat zijn leerlingen heilig zullen wezen
in hun wandel gelijk Hij die hen geroepen heeft.
(I Pet., I, 15.) Doch kunnen zij heilig worden als zij
geen voortgang maken in de christelijke deugden?
De Openbaring van den H. Joannes noodigt den
rechtvaardige uit niet te verflauwen : *Wie rechtvaar-*

dig is, worde nog rechtvaardiger, en wie heilig is, heilige zich nog meer". (Apoc. XXII, 11),

357. C) Dit volgt ook uit de natuur van het christelijk leven, dat, naar het woord van Christus en van zijn leerlingen, een strijd is : hier is geen overwinning mogelijk zonder waakzaamheid en gebed, zonder versterving en positieve deugden : " *Waakt en bidt, dat gij niet in bekoring komt* " (Matth. XXVI, 41). Wij hebben te kampen niet alleen tegen vleesch en bloed, dat is tegen de drievoudige begeerlijkeid, maar ook tegen de duivelen, die haar in ons aanwakkeren. Het is dus ook noodig ons van geestelijke wapenen te voorzien en te strijden. In een langdurig gevecht wordt men bijna onvermijdelijk overwonnen, wanneer men er zich slechts toe bepaalt de aanvallen af te slaan; men moet tot tegenaanvallen overgaan, dat wil zeggen, men moet zich toeleggen op positieve deugdakten, op waakzaamheid en versterving, op versterking van geloofszin en vertrouwen. Die gevolgtrekking maakt de H. Paulus wanneer hij van den strijd, dien wij moeten voeren, zegt dat wij gewapend moeten zijn, gelijk de romeinsche soldaat, ten voeten uit : de lendenen omgord met de waarheid, bekleed met het pantser der gerechtigheid, de voeten geschoeid met bereidwilligheid voor de blijde Boodschap van vrede, voorzien van het schild des geloofs, den helm des heils en het zwaard des geestes (Ephes. VI, 14-17). Zoo toont hij ons dat, zoo wij over onze vijanden willen zegevieren, wij meer moeten doen dan strikt geboden is.

358. 2° De *Overlevering* bevestigt deze leer. Op die noodzakelijkheid der volmaaktheid voor allen wijst het woord der H. Vaders, dat het niet mogelijk is op den weg naar God en den hemel op hetzelfde punt te blijven staan : men moet vooruit of achteruit. Aldus de H. Augustinus. De liefde, zegt hij, is werkzaam; men mag dus niet stilstaan op

den weg, want stilstaan is achterwaarts gaan. Dit is
zoo waar, dat zijn tegenstander, Pelagius, van dezelfde
meening was. De laatste der H. Vaders, de H. Bernardus, bewijst hetzelfde op pakkende wijze : Wilt
gij niet vooruit? — Neen. — Wilt gij dan achteruit? — Volstrekt niet. — Wat wilt gij dan? — Ik
wil zoo leven, dat ik blijf waar ik gekomen ben. —
Wat gij wilt is onmogelijk, want niets in deze
wereld blijft in denzelfden staat... [1] — En op een
andere plaats : men moet noodzakelijk of klimmen
of dalen ; wil men stil blijven staan, dan valt men
zeker. [2] Daarom ook verklaart Z. H. Paus Pius XI
in duidelijke woorden, dat alle christenen zonder
uitzondering naar de heiligheid moeten streven :
" Niemand meene, dat dit slechts voor weinige
uitgelezenen geldt, en dat de overigen op een lageren
trap van deugd mogen blijven staan. Allen immers,
zonder uitzondering, zijn tot deze wet gehouden. "
Encycl. 26 Jan. 1923 over den H. Franciscus v. Sales.
(Acta Ap. S. XV, 50).

II. *Bewijs uit de rede.*

De hoofdreden, waarom wij ons op de volmaaktheid moeten toeleggen, is geen andere dan die door
de H. Vaders gegeven.

359. 1° Het leven is een bewegen, en dus krachtens zijn wezen vooruitstrevend, in dezen zin nam.,
dat wanneer de groei ophoudt, de verzwakking
intreedt. Waarom? Omdat ieder levend wezen ont-
bindende krachten in zich heeft, die, zoo zij in haar
werking niet weerhouden worden, tot ziekte voeren
en eindigen in den dood. Zoo is het eveneens in het
geestelijk leven : naast neigingen ten goede, zijn er
andere, die machtig ons dringen naar het kwaad.
Het eenige doeltreffende middel om deze laatste te

---

[1] Epist. 254 ad abbatem Suarinum, n. 4.
[2] Ep. 91, ad abbates Suessione congregatos, n. 3.

bestrijden is onze levenskrachten, dat is, de goddelijke liefde en de christelijke deugden te vermeerderen : dan verzwakken de slechte neigingen vanzelf. Doch geven wij ons geen moeite meer om
vooruit te gaan, dan ontwaken onze ondeugden,
nemen toe in kracht en vallen ons heviger en dik-
wijler aan. Staan wij niet op uit onze verdooving,
dan komt het uur dat wij na herhaald terugwijken,
in groote zonde vallen. [1] Dit is helaas, de geschiedenis van vele zielen, zooals ervaren zielsbestuurders
kunnen getuigen.

Een vergelijking zal het duidelijk maken. Wij hebben, om
de haven der zaligheid te bereiken, tegen een min of meer
sterken stroom op te varen, den stroom onzer ongeregelde
driften. Zoo lang wij ons blijven inspannen om ons scheepje
vooruit te voeren, gelukt het ons tegen den stroom op te
gaan, of ten minste niet af te drijven, maar laten wij de
riemen rusten, dan worden wij door den stroom meegesleept
naar den oceaan, waar stormen, dat is hevige bekoringen,
misschien droevige ondergang ons wachten.

360. 2° Er zijn zware verplichtingen, die op
zekere oogenblikken slechts ten koste van heldhaftige inspanning kunnen vervuld worden. Maar
volgens alle zielkundige ervaring is, in 't algemeen,
niemand tot heldhaftige daden bekwaam, zoo hij
van te voren geen offers heeft leeren brengen, met
andere woorden, zoo hij zich niet op de versterving
heeft toegelegd. Om deze waarheid nog tastbaarder
te maken, geven wij eenige voorbeelden. Nemen
wij het gebod der *kuischheid* en gaan wij eens na,
wat al edelmoedige, soms heldhaftige pogingen
gevorderd worden om er getrouw aan te blijven
gedurende het gansche leven. Tot aan het huwelijk
(vele mannen trouwen niet vóór de 28 of 30 jaar)
is de volstrekte onthouding op doodzonde verplich-

[1] Deze is de algemeene leer der godgeleerden en wordt door Suarez
aldus samengevat : Het is zoo goed als onmogelijk, dat iemand, ook in
de wereld, het vaste voornemen heeft nooit doodzonde te bedrijven,
zonder in verband daarmede eenige niet verplichte goede werken te doen
of zonder het formeel of virtueel voornemen daartoe.

tend. Doch de hevige bekoringen beginnen, bijna voor allen, met den huwbaren leeftijd, somtijds al vroeger. Om ze te overwinnen is het noodig te bidden, zich te onthouden van lectuur, tooneelvoorstellingen en omgang, die gevaar opleveren; de geringste toegevendheid dient betreurd, en iedere tekortkoming benut om aanstonds weer met nieuwen moed den strijd te hervatten. Dat alles moet men doen gedurende een groot gedeelte van het leven. Veronderstelt dit niet meer dan gewone inspanning benevens eenige niet verplichte goede werken? Eenmaal gehuwd, is men daarom nog niet gevrijwaard tegen hevige bekoringen; er zijn tijden dat de onthouding geboden is. Doch om hier niet tegen te misdoen, wordt heldenmoed vereischt, die slechts verkregen wordt door aanhoudende versterving der zinnelijkheid en door een volhardend gebed.

361. Nemen wij daarna de wetten der *rechtvaardigheid*. Hoe dikwerf doet zich de gelegenheid voor om in geld-, handels- of bedrijfszaken die wetten te overtreden. Hoeveel kost het om volkomen eerlijk te zijn in een samenleving, waar concurrentie en winzucht bij het bepalen der prijzen van geen recht weten. Het behoeft geen betoog, dat hier meer dan gewone inspanning en zelfverloochening gevorderd worden om niet te misdoen tegen de rechtvaardigheid. Zal hij tot die inspanning in staat zijn die gewoon is enkel op het groote te letten, die er niets in ziet met zijn geweten te schipperen, eerst in kleine, dan in grootere en eindelijk in troebele zaken? Zou het om dergelijk gevaar te vermijden, niet noodig zijn meer te doen dan wat strikt geboden is, en den wil door edelmoedige daden te stalen om pal te kunnen staan tegen iedere onrechtvaardigheid?

Aan alle zijden zien wij dus de bevestiging dezer zedelijke wet : Om het gevaar te ontgaan en niet

te zondigen, moet men zich de edelmoedige gewoonte eigen maken van meer te doen dan strikt geboden is. Om het doel te treffen, moet men hooger
mikken, om de genade niet te verliezen, moet men
den wil tegen de gevaarvolle bekoringen versterken
door niet verplichte goede werken te beoefenen, in
één woord, men moet zich eenigermate op de volmaaktheid toeleggen.

§ II. Beweegreden welke deze verplichting vergemakkelijken.

De talrijke beweegredenen, welke de eenvoudige
christenen tot de volmaaktheid opwekken, worden
tot drie hoofdredenen teruggebracht : 1o het heil
onzer ziel; 2o de glorie van God ; 3o de stichting van
den evennaaste.

362. 1o *Het heil onzer ziel,* dat is vóór alles de
zekerheid van zalig te worden, de vermeerdering
onzer verdiensten en eindelijk de rust des gewetens.

A) Het groote werk, dat wij op aarde te volbrengen hebben, het noodzakelijke, en om juist te spreken, het eenig noodzakelijke werk is : onze ziel
zalig maken. Is zij gered, al zouden wij ook al de
goederen der aarde : ouders, vrienden, goeden naam,
rijkdommen verliezen, dan is alles gered. In den
hemel zullen wij het honderdvoud weervinden van
alwat wij hier hebben verlaten, en dat voor alle
eeuwigheid. Het zekerste middel nu om de zaligheid te verzekeren is, zich volgens zijn staat toe te
leggen op de volmaaktheid. Hoe meer wij dit met
ware wijsheid en volharding doen, zooveel te meer
ook verwijderen wij ons van de doodzonde, die
alleen ons in het eeuwig verderf kan storten. Het
is immers duidelijk, dat als men oprecht naar de
volmaaktheid streeft, men terzelfdertijd ook de
gelegenheden tot zondigen vlucht en den wil sterkt
tegen onverwachte aanvallen. In het uur der beko-

ring, zal de wil, gestaald door de beoefening der
volmaaktheid, gesteund door Gods bijstand voortdurend afgebeden, aanstonds, vol afschuw, de
gedachte aan de doodzonde verwerpen : *potius mori
quam fœdari :* liever sterven dan bezoedeld worden.
— Hij echter die zich alles veroorlooft wat geen
groote zonde is, stelt zich bloot aan het gevaar er
in te vallen, wanneer eene hevige en langdurige
bekoring hem overvalt : gewoon toe te stemmen in
minder zware fouten, is het te vreezen, dat hij
onder den drang der driften ten laatste zal bezwijken, gelijk hij die steeds langs den afgrond gaat er
ten slotte in valt. Het beste middel om er niet in te
storten is, van den rand van den afgrond verwijderd
te blijven ; zoo ook is het om niet in de zonde toe
te stemmen, het veiligste den schijn zelfs van zonde
te vluchten, meer te doen dan geboden is, zich toe
te leggen op de volmaaktheid. Hoe voorzichtiger
en nederiger wij daar naar streven, hoe meer wij
onze eeuwige zaligheid verzekeren.

363. B) Daardoor ook *vermeerdert* dagelijks de
graad van genade, dien men bezit, en die van glorie,
waarop men recht heeft. Wij hebben inderdaad
reeds gezien, dat elke bovennatuurlijke handeling,
voor God door eene ziel in staat van genade verricht,
hare verdiensten vermeerdert. Terwijl hij, die zich
niet bekommert om de volmaaktheid en min of meer
nalatig is bij zijn werk, weinig verdiensten vergaart,
(zooals n. 243 gezegd is), verwerft hij, die daarvoor
wel bezorgd is, er zeer vele. Iederen dag vermeerdert hij den schat van genade en glorie; zijn dagen
zijn rijk gezegend : iedere goede poging wordt
beloond door een vermeerdering van genade hierbeneden en later door een eeuwig gewicht van
glorie. (II. Cor. IV, 17).

364. C) Niets is meer geschikt om het verlangen
naar geluk hierbeneden te bevredigen dan de godsvrucht : *zij is nuttig onder alle opzichten,* zegt de

H. Paulus, *daar zij belofte bezit van dit leven en het toekomstige*. (I, Tim. IV, 8). De vrede der ziel, de vreugde van een goed geweten, het zalig genot met God vereend te zijn, in zijn liefde te vorderen, tot grootere vertrouwelijkheid met Christus te komen, zijn even zoovele belooningen, die God nu reeds aan zijn getrouwe dienaren schenkt te midden hunner beproevingen. Hierbij komt nog het hoogst bemoedigend vooruitzicht op het eeuwig geluk.

365. 2° *De glorie van God*. Wanneer wij ons herinneren, wat God voor ons gedaan heeft en nog altijd doet, zal niets ons zoo *verheven*, zoo *billijk* voorkomen als zijn glorie te bevorderen. Eén volmaakte ziel geeft meer glorie aan God dan duizend gewone zielen : zij toch vermenigvuldigt dagelijks hare akten van liefde, van dankzegging, van eerherstel. Hierheen richt zij door de dikwerf vernieuwde opdracht harer gewone bezigheden, haar geheel leven; zoo verheerlijkt zij God van den morgen tot den avond.

366. *De stichting van den evennaaste*. Niets is zoo geschikt om eenig goed om ons heen te verspreiden, ook zondaars te bekeeren en wankele zielen in de deugd te bevestigen, als de ijver om het christelijk leven volkomener te beleven. Terwijl het middelmatige de kritiek der ongeloovigen tegen den godsdienst uitlokt, dwingt de ware heiligheid hun bewondering af voor een godsdienst, die zulke deugden kweekt : *aan hun vruchten zult gij hen kennen*. (Mat. VII, 20). De beste geloofsverdediging is het voorbeeld, gepaard met de onderhouding van alle sociale plichten. Het is ook een krachtige aansporing voor de middelmatigen, die in hun weekelijkheid zouden indommelen, zoo de vurigheid der ijverigen ze niet uit hun verdooving kwam wekken.

Velen zijn tegenwoordig ontvankelijk voor deze beweegreden : in deze eeuw van proselytisme begrij-

pen de leeken beter dan vroeger, hoe noodzakelijk
het is het geloof door woord en voorbeeld te verdedigen en te verbreiden. De priesters moeten deze
beweging steunen; zij moeten een keurbende degelijke christenen om zich heen verzamelen, die zich
niet tevreden stellen met een middelmatig, alledaagsch leven, maar zich toeleggen op een steeds
volmaakter leven, een leven, waarin de stipte vervulling der godsdienstplichten op de eerste plaats
komt, doch waarin de burgerlijke en sociale plichten
evenmin vergeten worden. Uit zulke mannen
zullen uitstekende *medearbeiders* gevormd worden :
zij toch hebben toegang tot kringen, die voor de
priesters en religieuzen zoo goed als afgesloten zijn;
zij zijn dus in staat om den clerus krachtdadig te
helpen in de werken van zielenijver.

Art. II. Over de Verplichting der
Kloosterlingen om naar de
volmaaktheid te streven [1].

367. Onder de christenen zijn er, die zich op
meer volkomen wijze aan God wenschen te geven
en beter de zaligheid hunner ziel willen verzekeren :
daarom omhelzen zij den kloosterlijken staat. Deze
staat is, volgens het kerkelijk Wetboek (c. 487),
'' een vaste vorm van gemeenschappelijk leven,
waarin men op zich neemt behalve de algemeene
wetten, ook de evangelische raden te onderhouden
door de geloften te doen van gehoorzaamheid, zuiverheid en armoede. ''

De kloosterlingen zijn, uit kracht van hun staat,
gehouden zich toe te leggen op de volmaaktheid. Dit is
de eenstemmige leer der godgeleerden. Ook het
kerkelijk Wetboek herinnert hieraan en verklaart,

---

[1] *Codex*, can. 487-672 ; S. Thom., IIa IIæ q. 24, a. 9; q. 183, a. 1-4;
q. 184-186; Suarez, *de Religione*, tr. VIII; S. Alph., I. IV, n. 1. sq.;
S. Fr. de sales, *Les vrays entr'etiens spirituels;* Vermeersch, *de
Religiosis;* Mgr. Gay, *De la Vie et des Vertus chrétiennes*, tr. II.

dat alle religieuzen, ieder in 't bijzonder, de oversten zoowel als de onderdanen, verplicht zijn naar
de volmaaktheid van hunnen staat te streven.
(Can. 593). Deze verplichting is zoo waar, dat de
H. Alphonsus niet aarzelt te zeggen, dat een religieus doodzonde bedrijft, wanneer hij het vast voornemen vormt zich niet toe te leggen op verbetering
des levens of er zich in 't geheel niet om te bekommeren [1]. Zoo misdoet hij immers grootelijks tegen
de plichten van zijn staat, die juist de volmaaktheid
tot doel heeft. Daarom wordt de religieuze staat een
staat van volmaaktheid genoemd, dat is volgens het
kerkelijk recht, een blijvende staat, waarin men de
verplichting op zich neemt de volmaaktheid te
verwerven. Het is dus niet noodig bij het intreden
reeds volmaakt te zijn, maar men treedt er in juist
om het te worden; zooals de H. Thomas opmerkt [2].

De verplichting der religieuzen om naar de volmaaktheid te streven, steunt op twee hoofdredenen :
1° hun geloften en 2° hun Regel en Constitutiën.

I. *Verplichting krachtens de geloften.*

368. Wie in het klooster treedt, doet het om
zich aan God te geven en zich meer aan Hem toe
te wijden; daartoe legt hij de drie geloften af. Deze
geloften nu verplichten hem voortaan tot akten van
deugd, die tot nu toe niet geboden waren; deze
akten worden des te volmaakter, daar zij behalve
haar eigen innerlijke waarde, ook nog die der deugd
van godsdienstigheid ontvangen door de gelofte.
Zij hebben daarenboven nog dit voordeel, dat zij
eenige der grootste beletselen tot de volmaaktheid
geheel of gedeeltelijk wegnemen. Dit zal nog meer
blijken uit de beschouwing der drie geloften in het
bijzonder.

---

[1] *Theol. Moralis*, l. IV, n. 18.
[2] *Sum. theol.*, II[a] II[æ] q. 186, a. I, ad 3.

369. 1º Door de gelofte van *armoede* verzaakt men aan de *uitwendige* goederen, welke men bezit of zou kunnen bezitten. Is de gelofte *plechtig*, dan verzaakt men aan het recht zelf op alle bezit, zoodat alle eigendomsakten, die men zou willen stellen, volgens kerkelijk recht, ongeldig zijn. (C. 579.) Is de gelofte *eenvoudig* dan staat men niet het recht op eigendom af, maar wel de *vrije uitoefening* van dit recht, daarna slechts met toestemming der Oversten en binnen de grenzen door hen bepaald, geoorloofd.

Deze gelofte helpt ons over een der groote beletselen tot de volmaaktheid heen, nam. de ongeregelde liefde tot de rijkdommen en de zorgen voortkomend uit het bestuur van tijdelijke goederen. Zij is derhalve een groot hulpmiddel tot geestelijken voortgang. Van den anderen kant echter vergt deze gelofte lastige offers : men mist die zekerheid en onafhankelijkheid die de vrije beschikking over eigen goederen geeft ; men moet somtijds iets ontberen ten gevolge van het gemeenschappelijk leven. Het is eveneens lastig, vernederend zelfs, telkens als men iets noodig heeft, tot den Overste te moeten gaan. Dat brengt dus akten van deugd mee, waartoe men ten gevolge der gelofte gehouden is, en die ons niet enkel dwingen naar de volmaaktheid te streven, maar ons er ook henen voeren.

370. 2º De gelofte van *zuiverheid* helpt ons een tweede beletsel op den weg der volmaaktheid overwinnen, nam. de begeerlijkheid des vleesches. Ook bevrijdt zij ons van de bezigheden en beslommeringen van het gezinsleven. De H. Paulus zegt dan ook : "*De ongehuwde is bezorgd over de dingen des Heeren, hoe hij behagen zal aan den Heer, doch de gehuwde is bezorgd over de dingen der wereld, hoe hij behagen zal aan de vrouw en hij is verdeeld*" (I Cor. VII, 32-33). De gelofte van zuiverheid neemt evenwel de begeerlijkheid niet weg ; de genade, die ons

wordt gegeven is geen genade tot rust, maar tot
strijd. Om zijn geheele leven lang kuisch te blijven,
moet men waken en bidden, dat is, men moet de
uitwendige zintuigen, de nieuwsgierigheid versterven, de wilde sprongen van de verbeelding tegengaan, een werkzaam leven leiden en bovenal het
hart geheel aan God wijden door de beoefening der
liefde en der innige vereeniging met Hem. Waar
over later. Doch het is duidelijk, dat aldus handelen, streven naar de volmaaktheid is, want het is
een aanhoudend pogen om zich zelven te overwinnen en zich de heerschappij te verzekeren over een
der hevigste driften onzer bedorven natuur.

371. 3° De *gehoorzaamheid* gaat nog verder : zij
onderwerpt niet enkel aan God, maar ook aan den
Regel en aan de Oversten, datgene waaraan wij het
meeste gehecht zijn, nam. onzen eigen wil. Door de
gelofte van gehoorzaamheid verplicht zich de kloosterling te gehoorzamen aan de bevelen van zijn
wettigen Overste in alles wat betrekking heeft op
de onderhouding der geloften en der Constitutiën.
Hier wordt een *uitdrukkelijk bevel* bedoeld, geen
eenvoudige raad zonder meer. Door de wijze, waarop
de Overste zich uitdrukt, kan men weten of er
een strikt bevel gegeven wordt. Bijv. zoo hij iets
oplegt in naam der h. gehoorzaamheid, in den
naam van Christus, of als zijn uitdrukkelijken wil
of op andere dergelijke wijze. De macht der
Oversten is natuurlijk begrensd. Bij het gebieden
hebben zij zich te houden aan den Regel en moeten
zich dus bepalen tot hetgeen daarin uitdrukkelijk
of stilzwijgend is aangegeven : dat zijn derhalve :
de Constituties door het wettig gezag gemaakt om
de onderhouding van den Regel te bevorderen, de
penitenties opgelegd tot straf en dus ook tot voorkoming van nieuwe overtredingen, alles wat betrekking heeft op het goed waarnemen der ambten en
op een deugdelijk beheer.

Ondanks deze beperkingen blijft het toch waar, dat de gehoorzaamheid een der geloften is, welke de menschelijke natuur het zwaarst vallen, omdat wij aan onzen eigen wil zoozeer gehecht zijn. Om er getrouw aan te blijven worden nederigheid, geduld, zachtmoedigheid vereischt, is het noodig de natuurlijke neiging tot critiek te onderdrukken, evenals de zucht om onze eigen zienswijze, onzen eigenzin en soms onze grillen te volgen. Die neigingen beheerschen, den wil eerbiedig schikken naar dien der Oversten, door God zelven in hen te zien, dat is voorzeker streven naar volmaaktheid, want het is de beoefening van allermoeilijkste deugden. Ware gehoorzaamheid, het beste teeken van liefde, beteekent dan ook groeien in de deugd van liefde.

372. De getrouwheid aan de geloften veronderstelt dus niet alleen de beoefening der deugden van armoede, zuiverheid en gehoorzaamheid, maar ook nog van vele andere, welke daarbij onmisbaar zijn. Met deze geloften verbindt men zich dus ook tot een trap van ongewone volmaaktheid. Dit volgt overigens eveneens uit de verplichting om de Constituties te onderhouden.

II. *Verplichting krachtens den Regel en de Constituties.*

373. Wie den religieuzen staat omhelst, verplicht zich daardoor den Regel en de Constituties na te leven, zooals zij tijdens het noviciaat verklaard zijn. Elke religieuze vereeniging heeft altijd de heiliging harer leden voor doel. Alle Orden of Congregaties, zonder uitzondering, bepalen, sommige tot in bijzonderheden, de *deugden*, die men moet beoefenen, en de middelen, die haar beoefening vergemakkelijken. Treedt men in met goede bedoeling, dan verplicht men zich ook, om ten minste in 't algemeen, al die verschillende verordeningen te onderhouden, dus ook tot een zekeren graad van volmaaktheid op te klimmen. Inderdaad, wie getrouw alles doet, wat Regel en Statuten voorschrijven, heeft daardoor alleen reeds volop gelegenheid om zich te versterven in zaken, die niet geboden zijn; de inspanning nu hiertoe vereischt is een streven naar de volmaaktheid.

374. Nu rijst de vraag, of de overtredingen van den kloosterregel *zonde* zijn of alleen maar onvolmaaktheid. Om hierop juist te antwoorden moet men onderscheid maken.

a) Er zijn *voorschriften*, die getrouwheid eischen in verplichte deugden of in de geloften, of de middelen aanwijzen *vereischt* om ze te kunnen onderhouden, bijv. het slot voor de kloosters, waar dat bestaat. Deze voorschriften binden het geweten, omdat zij slechts een verplichting aangeven, die reeds bestaat krachtens de geloften zelve : wie de geloften aflegt, neemt immers ook de verplichting op zich ze te onderhouden en de middelen daartoe voorgeschreven aan te wenden. Zij verplichten onder zonde, groote of kleine, naargelang de zaak in zich van meer of minder gewicht is. Deze voorschriften zijn dus ware bevelen en worden in sommige Congregaties ook als zoodanig aangegeven, hetzij uitdrukkelijk, hetzij stilzwijgend, door de zware strafbepaling, die altijd een zware fout veronderstelt.

375. b) Er zijn echter ook voorschriften, die in duidelijke of bedekte termen enkel *als gedragslijn* bedoeld zijn. 1) Wie zich zonder reden daaraan niet houdt, begaat wel een onvolmaaktheid, maar *daarom alleen* nog geen zonde, zelfs geen dagelijksche, wijl hij geen wet of gebod overtreedt. 2) De H. Thomas [1] merkt ondertusschen terecht op, dat men groote zonde begaat tegen den Regel, indien

---

[1] *Sum. th.*, II^a II^æ, q. 186, a. 9, ad 1 et 3.

men hem overtreedt *uit minachting* (minachting
van den Regel of van de Oversten); dadelijksche
zonde, zoo men het doet uit vrijwillige nalatigheid,
uit drift, gramschap, gemakzucht of om een andere
zondige beweegreden : de zonde komt dan voort
uit de beweegreden. Met den H. Alphonsus kan
men hier nog bijvoegen, dat de zonde groot kan
wezen, als de overtredingen menigvuldig en geheel
vrijwillig zijn, zoowel ter oorzake van de ergernis,
die er door gegeven wordt en die de tucht geleidelijk en grootelijks doet verslappen, als ook om het
gevaar, dat men loopt, tot groot nadeel zijner ziel
uit het klooster weggezonden te worden.

376. Hieruit volgt, dat de Oversten uit kracht
van hun ambt verplicht zijn de voorschriften van
den Regel stipt te doen onderhouden. De Overste,
die de overtredingen van den Regel, zelfs in geringe
zaken uit nalatigheid niet verbetert, wanneer zij
menigvuldig dreigen te worden, kan dus grootelijks
misdoen, omdat hij het toenemen der verslapping in
de hand werkt. Zoo leeren de Lugo, de H. Alphonsus, Schram [1] en vele andere godgeleerden.

De ware religieus houdt zich met dit onderscheid
niet bezig; hij onderhoudt den Regel zoo volkomen
mogelijk, omdat hij weet, dat dit het beste middel
is om aan God te behagen. *Qui regulæ vivit, Deo
vivit :* wie volgens den Regel leeft, leeft voor God.
Evenmin stelt hij zich tevreden met enkel te doen,
wat de geloften eischen, maar overeenkomstig
den geest er van, tracht hij dagelijks te vorderen in
de volmaaktheid, volgens het boek der Openbaring :
wie heilig is, heilige zich nog meer. Dan ondervindt

---

[1] Communis est theologorum sententia prælatum *graviter* peccare, si
culpas veniales et transgressiones sanctæ Regulæ, alioquin forte sub
peccato non obligantis, corrigere negligat, quia ait Lugo (de Just. et
jure, disp. 9, sect. 3, n. 21) : per hujusmodi defectus toleratos observan-
tia regularis maxime labefactatur. Cujus exempla affert in transgres-
sione silentii, lectionis, ingressus in aliorum cellas, etc. Instit. Theol.
myst., § 655, Scholion.

hij de waarheid van wat Paulus zegt : *En over allen die naar dezen regel zullen leven, moge vrede en barmhartigheid komen.* (Gal. VI, 16.)

ART. III. VERPLICHTING DER PRIESTERS OM NAAR DE VOLMAAKTHEID TE STREVEN. [1]

377. De priesters zijn om hunne bediening en om de zending, die hun is toevertrouwd, nam. de heiliging der zielen, tot grooter inwendige heiligheid gehouden dan de kloosterlingen die geen priester zijn. Aldus leert uitdrukkelijk de H. Thomas : " door het priesterschap wordt iemand aangesteld tot het allerwaardigste ambt Christus in het Altaarsacrament te dienen; daartoe wordt verhevener inwendige heiligheid gevorderd dan voor den religieuzen staat. " [2] Het hoogste kerkelijk gezag bevestigt deze leer van den H. Thomas. De Concilies en dat van Trente [3] in 't bijzonder, de Pausen, vooral Leo XIII [4] en Pius X [5] leggen zoozeer den nadruk op de verplichting tot heiligheid in den priester, dat wie onze stelling zou ontkennen in lijnrechte tegenspraak zou komen met die gezaghebbende uitspraken. Wij willen enkel nog in herinnering brengen, dat Pius X bij gelegenheid van zijn gouden priesterfeest tot de geheele Katholieke geestelijkheid een rondschrijven heeft gericht, waarin hij de noodzakkelijkheid van een heilig leven voor den priester aantoont en tevens de juiste middelen aanwijst om tot die heiligheid te komen. (Deze middelen, het zij terloops gezegd, zijn dezelfde, die in onze Seminaries worden voorgehouden.) Na de

---

[1] Behalve de cit. schrijvers, cf. MOLINA LE CHARTREUX, *L'Instruction des Prêtres*, 2e Traité; J.-J. OLIER, *Traité des SS. Ordres;* GIBBONS, *De Afgezant van Christus;* MANNING, *Het eeuwig Priesterschap;* KARD. MERCIER, *La Vie intérieure*, 1919, p. 149-226.

[2] *Sum. th.*, IIa IIæ, q. 184, a. 8.

[3] Sess. XXII, *de Reform.*

[4] *Encycl. Quod multum*, 22 Aug. 1886; *Encycl...* 8 Sept. 1899.

[5] *Exhortatio ad Clerum Cath.*, 4 Aug. 1908.

inwendige heiligheid *(vitæ morumque sanctimonia)*
uiteengezet te hebben, verklaart hij " dat alleen
deze heiligheid ons maakt zooals onze verheven
roeping *eischt :* mannen *gekruist voor de wereld,
omkleed met den nieuwen mensch,* die naar *niets
verlangen dan naar de goederen des hemels* en er zich
op toe leggen om door alle middelen dezelfde
grondregels ook aan anderen in te prenten. "

378. Het Kerkelijk Wetboek heeft die uitspraken van Pius X bekrachtigd door met meer nadruk
dan de vroegere wetgeving te wijzen op de noodzakelijkheid der heiliging van den priester en op de
middelen om haar te verwezenlijken. Uitdrukkelijk
wordt er verklaard, "dat de geestelijken, meer dan
de leeken, een in- en uitwendig heilig leven moeten
leiden en door hun deugden en goede werken tot
voorbeeld moeten zijn. " Verder, dat de Bisschoppen
zorg moeten dragen, dat de geestelijken dikwerf
het H. Sacrament der biecht ontvangen om zich van
hunne fouten te reinigen, dat zij dagelijks eenigen
tijd aan het inwendig gebed besteden, het H. Sacrament bezoeken, den rozenkrans bidden ter eere
der H. Moeder Gods en het gewetensonderzoek
verrichten. Minstens om de drie jaren zullen de
wereldlijke priesters eene retraite houden gedurende
den door den Bisschop bepaalden tijd, in een daartoe geeigend huis. Zij mogen hiervan niet vrijge-
steld worden in een bijzonder geval, dan om
gewichtige reden en met uitdrukkelijke toestemming
des Bisschops. Alle geestelijken, doch vooral de
priesters, zijn op bijzondere wijze gehouden tot
eerbied en gehoorzaamheid jegens hun Ordinarius
(Can. 124-127).

Dat de priester gehouden is naar de volmaaktheid te streven, wordt overigens bewezen 1º door
de leer van Christus en *van den H. Paulus ;* 2º uit
het *Pontificale ;* 3º door den aard der *priesterlijke
bediening zelf.*

I. *Leer van Christus en van S. Paulus.*

379. 1° Op welsprekende wijze houdt Christus, èn door woord èn door voorbeeld, de priesters de noodzakelijkheid voor oogen van een heilig leven.

A) *Hij gœft* **het voorbeeld.** Hij, die van den beginne vol was van genade en waarheid — *vidimus eum plenum gratiæ et veritatis.* — Hij heeft zich willen onderwerpen, zoover dit mogelijk was, aan de wet van den vooruitgang : " *Hij nam toe in wijsheid, in leeftijd en in welbehagen bij God en de menschen* ". (Luc. II, 52.) Gedurende dertig jaren heeft Hij zich voorbereid tot zijn openbaar predikambt door de beoefening van het verborgen leven met alwat daarbij behoort : gebed, versterving, ootmoed en gehoorzaamheid. In drie woorden worden dertig levensjaren van het Menschgeworden Woord samengevat : " *Erat subditus illis :* Hij was hun onderdanig ". (Luc. II, 51.) Om den uitslag van zijn onderricht te bevorderen, wil Hij eerst de deugden, die Hij voorhoudt, zelf beoefenen : " Hij begon te doen en te leeren " (Act. I, 1). Hij kon van elke deugd zeggen, wat Hij van de zachtmoedigheid en nederigheid heeft gezegd : " *Leert van Mij, omdat Ik zachtmoedig en nederig van harte ben* " (Matth. XI, 29). Op het einde van zijn leven verklaart Hij dan ook, dat Hij zich voor zijn leerlingen heiligt en opoffert *(sanctifico* heeft deze dubbele beteekenis), opdat ook zij (de Apostelen en de priesters, hunne opvolgers) in waarheid geheiligd mogen zijn (Joann. XVII, 19). De priester is de vertegenwoordiger van Jesus Christus op aarde : pro Christo legatione fungimur, in Christus' naam treden we op als gezanten. (II Cor. V, 20), dus moet ook hij zich zonder ophouden heiligen.

380. B) Ook uit de *onderwijzingen* van den Meester blijkt die noodzakelijkheid. Zijn groot werk tijdens de drie jaren van zijn openbaar leven

is de *vorming der Twaalven*, het is zijne gewone
bezigheid, want de prediking voor het volk is als
het ware bijzaak en om zoo te zeggen een praktisch
onderricht in het predikambt, dat ook zij later zullen moeten uitoefenen. Hieruit volgt dat :

a) de zoo verheven onderwijzingen over de
zaligheid, de inwendige heiligheid, de zelfverloochening, de liefde tot God en den naaste, de beoefening
der gehoorzaamheid, nederigheid, zachtmoedigheid
en der overige deugden, zoo menigmaal in het
Evangelie aanbevolen, wel gericht zijn tot alle
christenen, die naar volmaaktheid streven, maar op
de eerste plaats tot de *Apostelen* en hunne *opvolgers :* zij immers zijn belast met de taak deze
groote plichten aan de gewone geloovigen voor te
houden, meer nog door voorbeeld dan door woorden. Het Pontificale herinnert de diakens juist
hieraan : "*Zorgt er voor, dat gij hen, wien gij het
Evangelie met den mond predikt, het ook door werken
des levens voorhoudt*". Doch de onderwijzingen des
Zaligmakers vormen een wetboek van volmaaktheid, ja van de hoogste volmaaktheid, zooals wel
niemand zal ontkennen : de priesters zijn dus,
krachtens hun ambt, gehouden zich toe te leggen
op de heiligheid.

381. b) Op geheel bijzondere wijze zijn tot de
Apostelen en de *priesters* de aansporingen tot hooger
volmaaktheid gericht op zoo menige plaats in het
Evangelie : "*Gij zijt het zout der aarde... gij zijt
het licht der wereld*" (Matth. V, 13-14). Het *licht*
waarvan hier sprake is, doelt niet alleen op de
wetenschap, maar ook en vooral op het *voorbeeld*,
dat meer klaarheid verspreidt, meer medesleept dan
de wetenschap : "*Uw licht schijne voor de menschen,
opdat zij uwe goede werken zien en uwen Vader verheerlijken, die in de hemelen is*". (Matth. V, 16.)
Ook voor hen en wel voornamelijk, gelden de raden
over de armoede en de onthouding, omdat zij

krachens hun roeping verplicht zijn Jesus Christus
van meer nabij ten einde toe te volgen.

382. c) Eindelijk is er nog een reeks van onderwijzingen, die *rechtstreeks* en *uitdrukkelijk* betrekking hebben alleen op de *Apostelen* en hun *opvolgers.*
Jesus richtte ze tot de twaalf en de twee en zeventig
leerlingen, toen Hij hen uitzond om in Judea te
prediken; ook nog die welke Hij hen gaf bij het
laatste Avondmaal. Wij vinden daar een wetgeving
van zoo verheven priesterlijke volmaaktheid, dat de
volstrekte verplichting tot voortdurende heiliging
voor de priesters onloochenbaar is. Zij moeten zich
immers toeleggen op een *volkomen belangeloosheid,*
op den geest van *armoede* en ook op werkelijke
armoede door zich tevreden te stellen met het noodige, op den *ijver*, de *liefde*, de volledige *toewijding,*
het *geduld* en de *nederigheid* te midden der komende
vervolgingen, op de *sterkte* om Christus' naam en
Evangelie te verkondigen en te belijden voor en
tegenover allen, de onthechting aan de wereld en
hun familie, het dragen van het kruis en de volkomen zelfverloochening. (Matth. X, XI; Luc. IX,
X, enz.)

383. Bij het laatste Avondmaal geeft Hij hun
het nieuw gebod hun broeders te beminnen gelijk
Hij hen bemind heeft, dat is, tot algeheele opoffering. Hij wekt hen op tot een levendig geloof en
onbeperkt vertrouwen in het gebed in zijnen naam
verricht. Hij beveelt hen de liefde aan tot God,
welke liefde moet blijken uit het onderhouden der
geboden, den vrede der ziel om de inspraken van
den H. Geest te ontvangen en te smaken, de innige,
standvastige vereeniging met hunnen Meester zelven : slechts op die wijze zal hun apostolaat vruchten dragen, zullen zij heilig zijn. Ook geduldig
moeten zij wezen, als de wereld hen vervolgt, want
deze zal hen haten, gelijk zij Hem, den Meester,
heeft gehaat. De H. Geest zal hen troosten in

hunne verdrukkingen; door Hem moeten zij zich
dus volgzaam laten geleiden. Jesus drukt hen op
het hart standvastig te blijven in het geloof en bij
al hun beproevingen steeds hun toevlucht te nemen
tot het gebed : in één woord, Hij somt de onontbeerlijke voorwaarden op voor wat wij thans aanduiden met den naam van inwendig of volmaakt
leven. Hij besluit zijne vermaningen met dat *hooge-*
priesterlijk gebed, zoo vol teederheid, waarin Hij den
Vader vraagt zijn discipelen te bewaren, gelijk Hij
zelf ze gedurende zijn sterfelijk leven heeft bewaard,
ze te behoeden voor het kwaad te midden der
wereld, die zij te onderwijzen hebben, en ze te
heiligen in de waarheid. Dat gebed doet Hij niet
voor de Apostelen alleen, doch ook voor allen,
die in zijnen naam zullen gelooven, opdat zij
altijd door de banden der broederliefde vereenigd
mogen blijven, gelijk de drie goddelijke Personen
vereenigd zijn, dat allen één zijn met God en één
met Christus, opdat de liefde waarmede Gij Mij
hebt liefgehad, in hen zij en Ik in hen. (Joan.
XVII, 26.)

Is dit geen program van volmaaktheid, opgesteld
door den Hoogepriester, wiens vertegenwoordigers
wij zijn op aarde? En is het niet troostend te weten,
dat Hij gebeden heeft, opdat wij in staat zouden
zijn het uit te voeren?

384. 2⁰ De onderwijzingen van Jesus dienen den
H. Paulus tot leiddraad, wanneer hij zegt, welke
deugden in de bedienaren van het altaar moeten
uitblinken. Hij stelt voorop, dat de priesters de
uitdeelers zijn der geheimen Gods, zijne bedienaars,
de afgezanten van Christus, de middelaars tusschen
God en de menschen. Daarna somt hij in zijn
Herderlijke Brieven, de deugden op, waarmede de
diakenen, de priesters en de bisschoppen versierd
moeten zijn. Het is niet genoeg, dat zij de genade
der wijding ontvangen hebben, zij moeten haar

opwekken, doen opleven, uit vrees dat zij vermindere. (II Tim. I, 6.) De diakenen moeten zuiver zijn en eerbaar, matig, onbaatzuchtig, bescheiden en oprecht; zij dienen hun huis te besturen met voorzichtigheid en waardigheid. Volmaakter nog zullen de priesters en bisschoppen wezen. (Tit. I, 7-9.) Zij zijn gehouden rein van leven, onberispelijk te zijn; dus onverdroten strijd te voeren tegen de gramschap, de onmatigheid, de hebzucht. Beoefenen moeten zij de zedelijke en goddelijke deugden, nederigheid, matigheid onthouding, goedheid, gastvrijheid, geduld, zachtmoedigheid en vooral godsvrucht (die tot alles nuttig is), geloof en liefde. (I Tim. VI, 11.) Ja, zij moeten een *toonbeeld* dezer deugden zijn, dus ze in verheven graad beoefenen : *toon hun uw eigen voorbeeld van goede werken.* (Tit. II, 7.) Maar veronderstelt dat alles niet een zekeren trap van volmaaktheid en ook een edelmoedigen en standvastigen wil steeds meer in volmaaktheid te vorderen?

II. *Het Pontificale.*

385. Wij zouden hier kunnen bewijzen, dat de H. Vaders bij de uitlegging van het Evangelie en der Epistels deze leer breedvoerig behandeld hebben, dat zij zelfs *Brieven* en geheele *Verhandelingen* hebben geschreven over de waardigheid en heiligheid van het priesterschap; [1] doch om niet wijdloopig te worden, zullen wij ons bepalen tot een beroep op het *Pontificale.* Het is toch als het *priesterlijk Wetboek* der Nieuwe Wet en bevat in het kort alles wat de H. Kerk van hare bedienaren vordert. Wij gaan er een eenvoudige verklaring van geven, waaruit blijken zal, welke hooge graad van volmaaktheid vereischt wordt in de wijdelingen en

---

[1] De meeste verhandelingen des H. Vaders zijn verzameld door RAYNAUD onder de titel : " *Les Prêtres d'après les Pères* ". In het boek " *Forma cleri* " van L. TRONSON, worden eveneens vele aanhalingen der H. Vaders gevonden.

dus met nog meer reden in de priesters bij hunne bediening [1].

386. 1º Bij de *kruinschering* vraagt de Kerk van den toekomstigen leviet algemeene onthechting aan alles wat de liefde Gods in den weg staat, en innige vereeniging met Christus, ten einde de neigingen van den ouden mensch te bestrijden en de gevoelens van den nieuwen aan te nemen. Het gebed *Dominus pars* herinnert hem, dat *God* en *God alleen* zijn erfdeel is : alwat niet tot God voert, moet hem verachtelijk zijn. Het gebed " *Induat me* " beduidt hem, dat het leven een strijd is tegen de neigingen der bedorven natuur, een arbeid om de bovennatuurlijke deugden bij het doopsel in het hart geplant te ontwikkelen. Van den beginne af wordt hem dus *de liefde Gods* voorgesteld als *doel*, het *offer* als *middel*, met de verplichting beide te vervolmaken ten einde in den geestelijken stand te kunnen opklimmen.

387. 2º Met de *Mindere Orden* ontvangt de leviet een tweevoudige macht : een over het eucharistisch Lichaam van Jesus, de andere over zijn geheimzinnig lichaam, de zielen. Behalve de onthechting wordt hem dus ook een tweevoudige liefde gevraagd : liefde tot God in het tabernakel en liefde tot de zielen en dus ook de geest van opoffering.

Als *ostiarius* maakt hij zich los van de huiselijke bezigheden, om als wachter van het huis des Heeren te waken over de waardigheid der heilige plaats en gewijde gewaden. Als *lector* laat hij de weldsche studien varen om zich te verdiepen in de lezing der heilige Boeken en daaruit de leer te putten, die hem geleiden zal bij zijn eigen heiliging en die van anderen. Als *exorcista* ontdoet hij zich van de zonde en hare gevolgen, om zekerder aan

[1] Zie voor de verklaring van het Pontificale J.-J. OLIER, *op. cit.*

satans macht te ontkomen; als *acolythus* verzaakt
hij aan de zinnelijke genoegens om voortaan zoo
zuiver te leven als de dienst der altaren vordert.
Terzelfdertijd groeit in den minorist de liefde tot
God : liefde tot den God van het tabernakel, wiens
bewaker hij is; liefde tot het Woord Gods, dat hij
ontdekt in de H. Schrift, tot Hem die aan de booze
geesten beveelt, tot Hem die zich offert op het
altaar. Die liefde openbaart zich door *ijver :* hij
bemint de *zielen :* het is zijn vreugd ze door zijn
woord en voorbeeld tot God te voeren, door zijn
deugd te stichten, en te heiligen door het aandeel,
dat hij heeft in het H. Sacrificie. Zoo vordert hij
allengs meer in volmaaktheid.

388. 3° De *subdiaken* wijdt zich geheel toe aan
God, offert zich ter zijner liefde op. Hij oefent zich
aldus, naar het voorbeeld van Maria, om later een
nog edeler offer op het altaar op te dragen : *prælu-
dit meliori quam mox offeret hostiam.* Hij slachtoffert
zijn lichaam door de belofte van *onthouding,* zijne
ziel door de verplichting van het dagelijksch *openbaar gebed.* De onthouding is niet bestaanbaar
zonder de versterving der uit- en inwendige zinnen
en van het hart. Het waardig bidden van het brevier vereischt den geest van ingetogenheid en
gebed, en den onafgebroken toeleg om met God
vereend te leven. Tot het trouw vervullen dezer
twee verplichtingen wordt een *vurige liefde tot God*
gevorderd : zij alleen kan het hart vrijwaren voor
de verlokking der zinnelijke liefde en de ziel toegankelijk maken voor ingekeerdheid en gebed. Het
is dus wederom *offer en liefde,* wat de Kerk van den
subdiaken eischt. Dit offer, is grooter dan welk
ander ook vroeger van hem gevraagd. De onderhouding der gelofte van zuiverheid gedurende het
geheele leven, vordert op zekere tijden heldhaftige
inspanning, een blijvende geest van onverzwakte
waakzaamheid, van nederig zelfmistrouwen en

versterving. Dit offer kan niet meer ongedaan gemaakt worden : "*Zoo gij deze wijding ontvangt, zal het u niet meer geoorloofd wezen op dit voornemen terug te komen, maar voor altijd zult gij verbonden zijn aan den dienst van God, en Hem dienen is heerschen*". Opdat deze opdracht *mogelijk* zij en *duurzaam*, moet zij met groote liefde gedaan worden : vurige liefde tot God kan alleen de zielen behoeden voor de onreine liefde, zij alleen kan smaak geven in het aanhoudend gebed, omdat zij onze gedachten en genegenheden richt tot Hem, die ze alleen kan vasthouden. Daarom ook roept de Bisschop over hem de zeven gaven van den H. Geest af, opdat de vervulling van die dure plichten mogelijk zij.

389.4• Van de *diakens*, die de medehelpers worden van den priester bij het opdragen van het H. Misoffer : "*comministri et cooperatores estis Corporis et Sanguinis Domini*", van hen eischt het Pontificale nog volkomener zuiverheid : *estote nitidi, mundi, puri, casti*. Bij hun wijding, ontvangen zij het recht het Evangelie te prediken, maar er wordt hun tevens voorgehouden het te verkondigen meer nog door het voorbeeld dan met het woord : *curate ut quibus Evangelium annuntiatis, vivis operibus exponatis*. Hun leven moet dus een *levende vertolking* zijn van het Evangelie en dus ook een aanhoudende navolging van Christus' deugden. Wanneer de Bisschop bidt, dat de H. Geest met al zijn gaven, vooral met die van sterkte op hen neerdale, richt hij dit schoon gebed tot God : "*Schijne in hen de overvloed van elke deugd, bescheidenheid in gezag, standvastige eerbaarheid, zuivere onschuld en onderhouding van geestelijke tucht.*" Doch wat wordt hier voor hen afgesmeekt, tenzij de beoefening der deugden, welke tot heiligheid voeren? En inderdaad vraagt voor hen de Bisschop in het slotgebed : *dat zij met alle deugden mogen versierd zijn.*

390. 5° Veel meer nog wordt van den *priester* geeischt. Omdat hij het H. Sacrificie der Mis opdraagt, moet hij tegelijkertijd zelf *offer* en *offeraar* wezen. Hij zal het zijn *door de versterving zijner driften.* " *Beseft, wat gij doet; volgt na, wat gij behandelt, opdat gij die het geheim van den dood des Heeren viert, uwe ledematen versterft en alle ondeugd en begeerlijkheid onderdrukt* ". Hij zal offer en tevens offeraar wezen, door in zich zonder ophouden den geest van heiligheid te vernieuwen. "Daarom zal hij bij dag en bij nacht de Wet des Heeren overwegen om haar aan anderen te leeren en ze zelf in beoefening te brengen : aldus geve hij het voorbeeld van rechtvaardigheid, standvastigheid, barmhartigheid, sterkte en van alle overige deugden". Op hem rust daarenboven de plicht zijn *leven te besteden tot heil der zielen;* daarom zal hij de naastenliefde beoefenen in offervaardigheid : "ontvang het priesterlijk kleed waardoor de liefde wordt beteekend ". Evenals Paulus zal hij zich geheel en al geven voor de zielen met wat hij heeft en wat hij is : " *Omnia impendam et superimpendar ipse pro animabus vestris* " (II Cor. XII, 15). Dit alles zal nog duidelijker worden door de beschouwing der priesterlijke bediening.

391. Bij iedere schrede, die de leviet zet bij zijn opgaan naar het priesterschap, vraagt het Pontificale van hem meer deugd, meer liefde, meer offerzin; doch wanneer hij komt tot het priesterschap zelf, zegt de H. Thomas [1], wordt heiligheid van hem geeischt om op waardige wijze het H. Misoffer op te dragen en de hem toevertrouwde zielen te heiligen. De wijdeling is vrij de Orden te ontvangen

---

[1] " Voor de behoorlijke uitoefening der Orden is het niet genoeg iets van de deugd te bezitten, men moet er in uitmunten, opdat zij die een wijding ontvangen, boven het gewone volk staan door verhevenheid van deugd, gelijk zij er boven staan door de verhevenheid der Orde ". (S. THOM.., *Suppl.* q. 35, a. 1, ad 3.)

of niet; doch ontvangt hij ze dan neemt hij natuurlijk ook de voorwaarden aan, zoo duidelijk door den
Bisschop gesteld, dat wil zeggen de verplichting
zich toe te leggen op de volmaaktheid, welke plicht
verre van door de uitoefening der priesterlijke
bediening te minderen er nog dringender door
wordt.

III. *De priesterlijke bediening zelve vereischt heiligheid.*

392. De priester, volgens den H. Paulus, is
middelaar tusschen God en de menschen, tusschen
de aarde en den hemel. *Uitverkoren* onder de
menschen om hun vertegenwoordiger te zijn, moet
hij *welgevallig* zijn aan God, door Hem geroepen
om het recht te hebben voor Hem te verschijnen,
Hem de hulde der menschen aan te bieden en van
Hem weldaden te verwerven : "Want iedere
hoogepriester wordt uit het midden der menschen
genomen en ten bate der menschen aangesteld voor
hun betrekkingen tot God om gaven en offers te
brengen voor de zonden... En niemand neemt de
waardigheid uit zichzelf, maar door roeping van God,
zooals ook Aäron" (Heb. IV, 1, 4). Zijne bediening
is tweevoudig : 1° hij is *de Dienaar Gods ;* zijn bijzondere taak is : God, in naam van geheel het
Christenvolk, verheerlijken; 2° hij is een *Verlosser,*
een *Heiliger der zielen;* daarom is zijn taak : met
Christus werken aan de heiliging en zaligmaking
der menschen. Eene dubbele reden om een heilige
te zijn [1] en dus moet hij altijd, zonder te verflauwen, blijven streven naar volmaaktheid : bij alle
vordering zal hem altijd nog iets ontbreken van
die volkomen heiligheid, welke zijn bediening
betaamt.

---

[1] Zij die de goddelijke Geheimen bedienen, bekleeden een koninklijke
waardigheid en moeten *volmaakt in deugd* zijn. (S. THOM. IV Sent.,
dist. 24, q. 2.)

1° DE PRIESTER, ALS DIENAAR GODS, MOET HEILIG ZIJN.

393. Uit hoofde zijner zending, moet de priester *God verheerlijken* in naam van al'le schepselen en in 't bijzonder van het christen volk. Hij is dus waarlijk, en wel krachtens het priesterschap, zooals Christus dit heeft ingesteld, *de dienaar Gods* en " *wordt ten bate der menschen aangesteld voor hun betrekkingen tot God om gaven en offers te brengen* ". Het is voornamelijk door het H. Misoffer en het breviergebed dat hij die taak vervult; maar ook al *zijn overige handelingen*, zelfs de allergewoonste, kan hij daartoe dienstbaar maken, indien hij ze slechts verricht om aan God te behagen, gelijk reeds vroeger gezegd is. Daarvoor is hij geroepen, door God gezonden. Doch hij zal die zending niet naar behooren kunnen vervullen, indien hij niet heilig is of het ten minste wil worden.

394. A) Welke heiligheid wordt gevergd voor het H. Sacrificie? De priesters van het Oud Verbond moesten, om tot God te naderen, *heilig* zijn (dit gebod sloeg vooral op de wettelijke heiligheid) onder bedreiging van straf (Ex. XIX, 22). Om den wierook en de toonbrooden te offeren, moesten zij heilig zijn (Lev. XXI, 6).

Hoeveel te meer dan moeten heilig, inwendig heilig zijn zij die geen schaduwbeelden of voorafbeeldingen, maar het Sacrificie bij uitnemendheid, het oneindig heilig Offerlam opdragen! Alles is heilig in dit goddelijk Sacrificie : het *Slachtoffer* en de *Hoofdpriester*, die geen ander is als Jesus Christus zelf, Jesus die, naar het woord van Paulus, heilig is, onschuldig, onbezoedeld, verwijderd van de zondaars en verheven boven de hemelen (Hebr. VII, 26); heilig is de *Kerk*, in wier naam de priester de Mis opdraagt, en welke Jesus geheiligd heeft ten koste van zijn bloed (Ephes. V, 25-27); heilig is het *doel*, dat is : God verheerlijken en vruchten van

heiligheid voortbrengen in de zielen ; heilig zijn de
gebeden en *ceremoniën,* die het Offer van Calvarië en
deszelfs heiligende gevolgen voor den geest roepen,
heilig is vooral de *Communie,* die ons met de bron
van alle heiligheid vereenigt. Zou dan de *priester,*
die, als vertegenwoordiger van Jesus Christus en
van de Kerk, dit verheven Sacrificie opdraagt, ook
niet heilig moeten zijn? Zou hij op waardige wijze
Jesus Christus kunnen voorstellen, ja een *andere
Christus* zijn, met een leven, dat in niets uitblinkt,
zonder verlangen naar vooruitgang? Hoe zou hij
kunnen optreden als bedienaar der onbevlekte
Kerk, met een ziel aan de dagelijksche zonde ver-
kleefd en zorgeloos voor 't geestelijk leven? Hoe
God verheerlijken met een hart vreemd aan liefde
en offerzin? Welken ijver zou hij hebben voor de
heiliging van anderen, zoo hemzelf geen oprecht
verlangen bezielt naar eigen heiliging?

395. De moed moest hem ontvallen om tot
het heilig altaar op te gaan en de gebeden der
Mis te bidden, indien de innigste gevoelens van
boete, van geloof, godsvrucht, liefde en onthechting
waarvan die gebeden overvloeien hem, vreemd waren. Het zou inderdaad van vermetelheid getuigen
zich zelven aan te bieden aan den hemelschen Vader
*met het goddelijke Slachtoffer : in spiritu humilitatis
et animo contrito suscipiamur a te, Domine,* en een
leven te leiden geheel in tegenspraak met die
gevoelens; te vragen aan de godheid van Jesus
deelachtig te worden : *ejus divinitatis esse consortes,*
en op te gaan in het aardsche. Het lijkt een ironie
een priester, die zich voortdurend en vrijwillig aan
ontelbare dagelijksche fouten schuldig maakt, te
hooren getuigen : " *Ego autem in innocentia mea
ingressus sum* ". Bij het *Sanctus* gaat hij met de
Engelen de heiligheid van God verkondigen ; bij
de consecratie vereenzelvigt hij zich met Jesus
Christus zelven, de bron aller heiligheid : kan hij

dit op waardige wijze doen, indien hij er zich niet ernstig op toelegt om eveneens heilig te worden? Het zou ook weinig zin hebben te bidden : *Fac me tuis semper inhærere mandatis et a te nunquam separari permittas,* zoo zijn hart ver van God, ver van Jesus was. Wat te zeggen van de handelwijze van een priester, die dadelijks tot de bron van alle heiligheid nadert, zich, door de H. Communie, er mede vereenigt en geen oprechten wil heeft om aan de heiligheid deelachtig te worden, geen pogingen aanwendt om in deugd te vorderen? Zou dit geen klaarblijkelijke tegenstrijdigheid zijn en geen gebrek aan oprechtheid verraden? Het lijkt wel een uitdaging en zeker is daar een misbruik der genade en een ongetrouwheid aan zijn zending. Hij overwege het geheele hoofdstuk V van het Vierde boek der Navolging : *Over de waardigheid van het Sacrament en den priesterlijken Staat :* "Al hadt ge de reinheid der Engelen en de heiligheid van den H. Joannes den Dooper, dan waart ge nog niet waardig dit Sacrament te ontvangen of uit te deelen... Ge hebt door de Priesterwijding uw last niet verlicht, doch den band der tucht nauwer toegehaald en u tot een hoogeren graad van heiligheid verplicht".

396. B) Wat van de H. Mis gezegd is, kan in zekere mate ook op het *Breviergebed* worden toegepast. In naam der *H. Kerk,* in vereeniging *met Jesus* en voor geheel het *Christen volk* treden wij zeven malen daags voor het aanschijn Gods, om Hem te aanbidden, te danken en van Hem de vele genaden te verwerven, waaraan de zielen behoefte hebben. Verre zij het van ons enkel met den mond en niet met het hart te bidden, opdat wij het verwijt niet verdienen, door God aan de joden gedaan : "Zie, *dit volk eert Mij met de lippen, maar hun hart is ver van Mij*". (Is. XXIX, 13; Matth. XV, 8.) Baden wij aldus, wat zouden Gods genaden overvloedig nederdalen !

397. Onze gewone handelingen worden offeranden, welgevallig aan God, mits verricht met de n. 390 aangeduide gevoelens van liefde en offerzin. Welk onderdeel van zijn bediening de priester ook beschouwe, altijd en overal dringt zich hem de verplichting op van het streven naar heiligheid. Daardoor alleen zal hij met goed gevolg aan het zielenheil kunnen werken.

2° DE PRIESTER KAN DE ZIELEN NIET TEN HEMEL VOEREN, ZOO HIJ ZICH NIET OP VOLMAAKTHEID TOELEGT.

398. A) De zielen heiligen en zalig maken is de *ambtsplicht* van den priester. Jesus koos Apostelen. Waarom? Om hen *visschers van menschen* te maken (Matth. IV, 19). Hij wil dat zij in zich zelven en in anderen overvloedige vruchten van zaligheid voortbrengen : "*Niet gij hebt Mij uitverkoren, maar Ik heb u uitverkoren en u aangesteld om vrucht te gaan dragen en wel blijvende vrucht!*" (Joan. XV, 16.) Daartoe moeten zij het Evangelie prediken, de H. Sacramenten toedienen, het goede voorbeeld geven en bidden met vurigheid.

Het is een geloofspunt, dat het *de genade Gods* is, die de zielen bekeert en heiligt; wij, wij zijn niets meer dan *werktuigen*, waarvan God zich gelieft te bedienen, doch die slechts het goede uitwerken, naarmate zij met de hoofdoorzaak verbonden zijn : *instrumentum Deo conjunctum.* Zoo leert de H. Paulus : *Ik heb geplant, Apollo heeft begoten, maar God heeft wasdom verleend. En daarom noch hij die plant, noch hij die begiet, beteekent iets maar God die wasdom geeft.* (I Cor. III, 6-7.) Daarenboven is het zeker, dat deze genade op twee wijzen wordt verkregen : door *het gebed* en door *de verdienste.* In beide gevallen wordt de genade overvloediger gegeven, naarmate wij *heiliger* zijn, vuriger, meer vereenigd met Christus. Is het dus onze ambtsplicht de zielen te heiligen, dan sluit dit in, dat wij ons zelven moeten heiligen : *Ik heilig Mij zel-ven, opdat ook zij geheiligd zijn in de waarheid*" (Joan. XVII, 19).

399. B) Die zelfde verplichting blijkt, als wij letten op de *voornaamste hulpmiddelen om onzen ijver te ontplooien :* het woord, de handeling, het voorbeeld.

a) *Het woord* is dan slechts heilrijk in zijn gevolgen, wanneer wij het spreken in den naam en de kracht van God : *alsof God zelf door ons ver-maant* (II Cor. V, 20). Dat doet de priester, die vurig is in den dienst des Heeren : vóór hij spreekt, bidt hij, opdat Gods genade zijn woord beziele. In zijn predikatiën zoekt hij niet te behagen, maar te onderwijzen, wel te doen, te overreden. Daar zijn hart op het innigst met dat van Jesus vereenigd is, spreekt hij met gevoel, met een overredingskracht, die de toehoorders aangrijpt. Zich zelven vergeet hij, daarom werkt de H. Geest mede : de zielen worden getroffen door de genade en bekeerd of meer geheiligd. — Een priester echter, die niet naar het hoogere streeft, bidt enkel met de lippen en daar hij zich zelven zoekt, vermoeit hij zich vergeefs en is dikwijls niet meer dan *een rinkelend bekken of een rammelend cymbaal* (I Cor. XIII, 1).

400. b) Het *voorbeeld* kan alleen gegeven wor-den door een priester, die voor zijn geestelijken voortgang bezorgd is. Slechts hij kan met Paulus tot de geloovigen zeggen : Weest mijn navolgers, gelijk ik het ben van Christus (I Cor. IV, 16). Bij het zien van zijn godsvrucht, van zijn goedheid, onthechting en verstorvenheid, noemt men hem een *man van overtuiging,* een *heilige ;* men eerbiedigt hem, men gevoelt zich gedrongen hem na te volgen, want *woorden wekken, maar voorbeelden trekken* (H. Joannes Chrysostomus). — Het volk zal een priester van middelmatige deugd een braaf mensch vinden, maar zal ondertusschen toch zeggen : hij neemt zijn beroep waar, gelijk wij het onze. Zijn werken zal weinig of geen vrucht afwerpen.

401. c) Ten opzichte van het *gebed* — dat het krachtdadigst hulpmiddel is om den ijver vruchtbaar te maken — welk een verschil tusschen een heilig priester en een alledaagschen! De eerste bidt *voortdurend* : zijn werken, om God gedaan, zijn eigenlijk alle gebeden. Niets doet hij, geen enkelen raad geeft hij zonder, van eigen onbekwaamheid bewust, God om verlichting te smeeken en God geeft hem die overvloedig : *humilibus dat gratiam;* zijn bediening is heilrijk. De middelmatige priester bidt weinig en bidt onvolmaakt : daarom is zijn werken zonder vrucht.

Wie dus met goeden uitslag wil arbeiden aan het heil der zielen, moet zich toeleggen om dagelijks te vorderen in deugd : *de heiligheid is de ziel van ieder apostolaat.*

BESLUIT.

402. Uit dit alles blijkt, dat de priester vóór zijn wijding reeds eenigen graad van heiligheid moet bereikt hebben en daarna moet doorgaan steeds naar hooger volmaaktheid te streven.

1° Om het priesterschap te ontvangen moet hij reeds een zekeren trap van volmaaktheid bezitten, zooals uit de aangehaalde teksten van het Pontificale bewezen is. Reeds bij de kruinschering wordt gevraagd de wereld en zich zelven, prijs te geven om God en Jesus Christus. De H. Kerk schrijft voor, dat er tusschen de verschillende Orden telkens eenige tijd verloope, opdat de wijdeling gelegenheid hebbe om zich achtereenvolgens de deugden eigen te maken, die aan iedere Orde beantwoorden, gelijk het Pontificale uitdrukkelijk zegt : " *zoo klimmen zij op van graad tot graad, opdat zij met den tijd ook in deugd en kennis winnen*". Daarom ook wordt van hen *beproefde* deugd gevorderd : " *wier ouderdom in beproefde deugd bestaat* "· Hechte deugd evenwel wordt alleen aangeworven door trouwe beoefening der beroepsplichten, der deugden, die de Bisschop bij het toedienen van iedere Orde, den wijdeling op het hart drukt. Zijn deugd moet zoo *hecht* zijn, dat zij is als die der grijsaards *(senectus sit)* die door langdurige en moeitevolle inspanning de rijpheid en standvastigheid hebben verkregen aan hun leeftijd eigen.

403. Niet zoo maar elke deugd, zegt de H. Thomas[1] is voldoende voor een behoorlijke uitoefening der kerkelijke bedieningen, doch er wordt daartoe uitstekende deugd vereischt. Zooals wij zagen, vordert het Pontificale inderdaad van de wijdelingen een sterk en werkend geloof, een groot vertrouwen op God, een liefde tot opoffering bereid. Wij konden er nog bijvoegen de zedelijke deugden van voorzichtigheid, rechtvaardigheid en godsdienstigheid, van ootmoed, matigheid, sterkte en standvastigheid. Deze deugden moeten in verheven graad beoefend worden, wijl de Bisschop over hen de gaven afsmeekt van den H. Geest, om de deugden te vervolledigen en ze tot volmaaktheid op te voeren. Het is dus niet genoeg te behooren tot de beginnenden, die nog in gevaar verkeeren groote zonden te begaan; er wordt gevorderd, dat de ziel van fouten en ongeregelde gehechtheden vrijgemaakt, bevestigd zij in de deugden, die tot den weg der verlichting behooren, en streve naar steeds inniger vereeniging met God.

404. 2° Is men eenmaal priester dan mag men niet stil blijven staan, doch veeleer moet men er naar streven dagelijks op te gaan van deugd tot deugd : "ge hebt uwen last niet verlicht, doch den band van

---

[1] *Supplem.*, q. 35, a. 1 ad 3.

tucht nauwer toegehaald en u tot een hoogeren
graad van heiligheid verplicht. De priester moet met
alle deugden versierd, aan anderen ten voorbeeld
zijn " ¹. Niet vorderen is achteruit gaan. (n. 358-359)
Gelijk wij hebben aangetoond bij de bespreking
der priesterlijke functies, bestaat er zoo groote verplichting om zich aan Jesus Christus gelijkvormig
te maken en den evennaaste te stichten (n. 392 ss.)
dat niettegenstaande al onze inspanning wij nog
altijd onder het ideaal blijven, dat ons door het
Evangelie en het Pontificale is voorgesteld. Iederen
dag moeten wij daarom tot ons zelven de woorden
richten : *Grandis enim tibi restat via :* gij hebt nog
een langen weg voor u (III Reg. XIX, 7).

405. Daarbij leven wij te midden van de wereld
en hare gevaren, terwijl de kloosterlingen beschermd
worden door hunnen Regel en al de voordeelen
van het gemeenschappelijk leven. Zoo de religieuzen
toch gehouden zijn zich toe te leggen op de volmaaktheid, zijn wij het dan niet eveneens en meer
nog dan zij? Wij missen om onze deugd te
beschermen de uitwendige verdedigingsmuren, die
de hunne beveiligen, moeten wij dan om dit gemis
aan te vullen, geen grootere inwendige vesterking
zoeken? Deze is alleen te vinden in den kracht-
dadigen wil, telkens vernieuwd, om te vorderen in
de deugd. De wereld, waarmede wij verplicht zijn
om te gaan, legt het er zonder ophouden op aan om
ons verheven ideaal naar beneden te halen ; het is
derhalve een gebiedende eisch het onverdroten
hoog te houden door ons herhaaldelijk te vernieuwen in den waren geest des priesterschaps.

Wat dien plicht voor ons nog dringender maakt,
is dat van den graad onzer heiligheid, het welzijn
en de heiliging afhangt der ons toevertrouwde
zielen, want volgens de gewone wetten der boven-

---

¹ Navolging, IV, 5.

natuurlijke Voorzienigheid, staat het goed, dat een priester uitwerkt, in evenredigheid met den graad zijner heiligheid, gelijk n. 398 en volg., is aangetoond. Zouden wij dan handelen overeenkomstig onze zending tot heiliging der zielen, indien wij bleven staan in het midden of zelfs bij het begin van den weg der volmaaktheid, terwijl zoovele zielen in gevaar zijn verloren te gaan en van alle zijden ons toeroepen : *Kom... help ons!* (Act., XVI, 9). Een waar priester heeft op dezen noodkreet slechts één antwoord, het woord van Christus zelven : " *Ik heilig Mij zelven opdat ook zij geheiligd zijn in de waarheid*". (Joan., XVII, 19).

406. Wij gaan hier niet in op de vraag, of een priester, tot grootere inwendige volmaaktheid gehouden dan de kloosterling, daarom in *den staat van volmaaktheid* is. Dit hoort eigenlijk meer tot het gebied van het *Kerkelijk Recht*. Meestal luidt het antwoord ontkennend, omdat de priester, ook zoo hij zielzorg heeft, niet de gebondenheid kent voor den *staat* van volmaaktheid door het Kerkelijk Recht gevorderd.

Wat den priester-kloosterling aangaat, voor dezen bestaan ongetwijfeld alle verplichtingen van het priesterschap en daarenboven ook die der geloften, doch hij vindt in zijn Regel overvloediger hulpmiddelen ter heiliging. Ondertusschen vergete hij echter niet dat het *priester-zijn* hem tot grooter volmaaktheid verplicht dan de kloosterlijke staat. Zoo moeten dan de seculiere en reguliere geestelijkheid, zonder afgunst, elkander hoogachten en wederkeerig helpen, daar zij één en hetzelfde doel nastreven : God verheerlijken door zooveel mogelijk zielen voor Hem te winnen. In de deugden en het welslagen hunner broeders zullen zij aanleiding vinden tot edelen wedijver, naar het woord van Paulus : " Letten wij op elkander tot opwekking van liefde en goede werken ". (Hebr., X, 24).

HOOFDSTUK V.

Over de algemeene hulpmiddelen ter volmaaktheid.

407. Na de verplichting tot volmaaktheid aangetoond te hebben, gaan wij de *hulpmiddelen* opsporen die ons tot het beoogde doel moeten voeren. Hier worden bedoeld de *algemeene* hulpmiddelen, dienstig voor allen. In het tweede gedeelte wordt gehandeld over de *bijzondere* hulpmiddelen, geeigend voor de verschillende trappen van het geestelijk leven.

Deze hulpmiddelen zijn *inwendig* of *uitwendig* : de eerste zijn gesteltenissen of akten der ziel zelve, die haar trapsgewijze tot God verheffen ; de tweede omvatten behalve die akten, velerlei uitwendigen bijstand, die de ziel helpt bij het opstijgen.

408. I. Onder de **inwendige** hulpmiddelen zijn er vier die onze aandacht verdienen : 1° *het verlangen naar de volmaaktheid*, dat de eerste schrede is op den weg der heiliging en dat ons den noodigen moed instort om de beletselen te overwinnen;

2° *De kennis van God en van zichzelven* : het doel is de ziel met God te vereenigen ; hoe beter dus beiden gekend zijn, hoe gemakkelijker ook beiden tot elkander zijn te brengen : *Mocht ik U kennen, Heer, om U te beminnen, mocht ik mij zelven kennen, om mij te verachten.''*

3° *De gelijkvormigheid met den goddelijken wil.* Hierin bestaat het zekerste bewijs van onze liefde tot God en het doeltreffendst middel om ons met de bron van alle volmaaktheid te vereenigen.

4° *Het gebed*, in zijn ruimste beteekenis genomen, dus aanbidding en smeeking, uitwendig of inwendig, bijzonder of openbaar. Het gebed is een *verheffing van den geest tot God*, waardoor wij met

God vereenigen al onze inwendige vermogens, geheugen en verbeelding, verstand en wil en ook onze uitwendige handelingen, in zoover zij de uitdrukking zijn van onzen geest van gebed.

II. De **uitwendige** hulpmiddelen kunnen eveneens tot vier voorname worden teruggeleid.

1º *De leiding :* gelijk God een zichtbaar gezag heeft ingesteld tot het uitwendig bestuur zijner Kerk, zoo heeft Hij ook gewild, dat de zielen in gewetenszaken door een ervaren gids zouden geleid worden. Diens taak is het, hen de gevaren te doen vermijden, de goede pogingen aan te wakkeren en in de goede richting te houden.

2º *Een levensregel,* welke door den geestelijken bestuurder goedgekeurd, zijn leiding in de zielen bestendigt.

3º *De conferenties, opwekkingen of geestelijke lezingen,* met zorg gekozen, die ons in aanraking brengen met de leer en de voorbeelden der Heiligen en ons tot navolging dringen.

4º De heiliging der maatschappelijke betrekkingen met familieleden, met vrienden of in tijdelijke zaken. Zoo worden wij in staat gesteld niet enkel onze oefeningen van godsvrucht tot God te richten, maar ook al onze handelingen en vooral de plichten van onzen staat.

I. Inwendige hulpmiddelen.	Verlangen naar de volmaaktheid.
	Kennis van God en van ons zelven.
	Gelijkvormigheid met den wil van God.
	Gebed.

II. Uitwendige hulpmiddelen.	Leiding.
	Levensregel.
	Geestelijke lezingen of onderrichtingen.
	Heiliging onzer maatschappelijke betrekkingen.

ART. I. OVER DE INWENDIGE HULPMIDDELEN.

§ I. Het verlangen naar de Volmaaktheid [1].

409 De eerste stap op den weg der volmaaktheid is het oprecht, vurig, standvastig verlangen naar vooruitgang. Om ons hiervan beter te doordringen, zullen wij 1° de *natuur*, 2° de *noodzakelijkheid en krachtdadigheid*, 3° de *hoedanigheden* van dit verlangen beschouwen, en 4° de *hulpmiddelen* nagaan om dat verlangen te bestendigen.

I. *Natuur van dit verlangen.*

410. 1° Het verlangen is, *in het algemeen*, een neiging der ziel naar een *afwezig goed;* het is dus onderscheiden van de vreugde, die bestaat in de voldoening over het bezit van een *tegenwoordig goed*. Het verlangen is tweevoudig : het *gevoelige* of de aandrang naar een afwezig gevoelig goed, en het *redelijk verlangen*, hetwelk een akt is van den wil, die met hevigheid naar een geestelijk goed getrokken wordt. Soms werkt dit verlangen in op het gevoel en wordt daardoor ook eenigzins gevoelig. Gelijk wij reeds gezien hebben, worden in de bovennatuurlijke orde onze goede begeerten beïnvloed door de goddelijke genade.

411. 2° Het verlangen naar de volmaaktheid kan derhalve aldus omschreven worden : *een akt van den wil die, onder den invloed der genade, zonder ophouden, naar voortgang streeft*. Deze akt gaat soms vergezeld van aandoeningen, van godvruchtige gevoelens, die het verlangen heviger maken [2]. Dit is echter geen noodzakelijk vereischte.

---

[1] H. FR. VAN SALES, *de Liefde Gods*, XII, h. 2-3; ALVAREZ DE PAZ, *de vita spirit.;* RODRIGUEZ, *Oefening der Volm.*, 1e Zeel, I *Over de achting der Volm.*
[2] Dit leert ook de H. Thomas, Ia IIæ q. 30, a. I ad I.

412. 3° Dit verlangen ontstaat uit de samenwerking van *genade en wil.* Van alle eeuwigheid bemint God ons en daarom verlangt Hij zich met ons te vereenigen. *" In caritate perpetua dilexi te ; ideo attraxi te miserans.''* (Jer., XXXI, 3). Met onvermoeibare liefde zoekt Hij ons, achtervolgt Hij ons, als kon Hij zonder ons niet gelukkig wezen. Ook onze ziel, wanneer zij voorgelicht door het geloof, in zich zelve keert, gevoelt eene overgroote leemte, door niets aan te vullen dan door het oneindige, door God zelven : "Gij hebt ons voor U gemaakt, o God, en onrustig is ons hart, tot het rust in U" [1]. Onze ziel verzucht naar God, naar zijne liefde, naar de volmaaktheid, gelijk het dorstig hert naar de bron van levende wateren. (Ps. XLI, 2). Doch wijl op aarde dat verlangen nooit geheel bevredigd wordt, omdat wij altijd dichter tot de goddelijke vereeniging kunnen naderen, volgt eruit, dat het ook zonder ophouden zal groeien, zoo wij geen beletselen stellen.

413. 4° Vele dingen dreigen, helaas, dat verlangen te onderdrukken of ten minste te verzwakken : de drievoudige begeerlijkheid, de afschrik voor den strijd, de vrees van zich telkens te moeten inspannen ten einde aan de genade te beantwoorden en voortgang te maken. Men moet zich dus wel doordringen van de noodzakelijkheid om dit verlangen levendig te houden en het zoo noodig met alle middelen weer op te wekken.

II. *Noodzakelijkheid en krachtdadigheid van dit verlangen.*

414. 1° **Zijn noodzakelijkheid.** Het verlangen is de eerste stap naar de volmaaktheid, de onmisbare voorwaarde er toe. De weg der volmaaktheid is moeilijk en veronderstelt krachtige en standva-

---

1 S. AUGUST., *Confess.*, l. I, n. I.

stige pogingen, want (gelijk reeds gezegd is) het is
onmogelijk in de liefde Gods te vorderen zonder
zich te versterven, zonder tegen de drievoudige
begeerlijkheid en de aangeboren gemakzucht te
strijden. Niemand nu gaat een moeilijk, steil pad op,
zoo hij niet vurig verlangt het doel te bereiken.
En gaat hij omhoog, hij zal spoedig terugkeeren,
zoo zijn pogen niet ondersteund wordt door zielsdrang naar de volmaaktheid.

A) Daarom ook is in de H. Schrift alles er op
gericht om in ons dat verlangen te ontsteken. In
het Evangelie, evenals in de Brieven der Apostelen,
worden wij zonder ophouden opgewekt tot volmaaktheid. Inderdaad, daar wordt ons als *ideaal* de
navolging der goddelijke volmaaktheden en Jesus
zelf als *toonbeeld* voorgehouden, daar wordt ons verhaald van zijn deugden en de dringende uitnoodiging tot navolging daaraan verbonden. Waartoe
geschiedt dit anders, tenzij om ons het verlangen
naar volmaaktheid in te storten?

415. B) *De liturgie* beoogt hetzelfde. In den loop
des jaars stelt zij ons de verschillende levensphasen
van Christus voor oogen en wekt telkens overeenkomstige gevoelens en verlangens in ons op. In
den Advent spoort zij ons aan om vurig te verzuchten, dat het rijk van Jesus in de zielen worde
gevestigd. In den Kersttijd ontvlamt zij onze begeerten om dat rijk in onze harten uit te breiden. Van
Septuagesima tot Paschen wekt zij ons op tot
werken van boetvaardigheid ten einde ons te bereiden tot de genade der Verrijzenis. Ten slotte noodigt zij ons, gedurende den Paaschtijd, tot de innige
vereeniging met God, en tot het ontvangen der
gaven van den H. Geest, van af Pinksteren tot het
einde van het kerkelijk jaar. Zoo weet de Liturgie
het geheele jaar door, onder verschillende vormen
en om telkens nieuwe beweegredenen, ons op te
wekken tot geestelijken voortgang.

416. C) De ondervinding, opgedaan in de lezing der Heiligenlevens of het bestuur der zielen, leert, dat zonder dikwijls hernieuwde begeerte naar de volmaaktheid er geen voortgang is in het geestelijk leven. Zoo zegt ook de H. Theresia : Het is van groot belang onze verlangens niet te laten verslappen. Houden wij ons overtuigd, dat ook wij, met Gods hulp en eigen inspanning, na verloop van tijd zullen bereiken, wat zoovele Heiligen door God ondersteund verworven hebben. Hadden zij nooit dergelijke verlangens opgevat en niet getracht ze langzamerhand te verwezenlijken, dan zouden zij nimmer zoo hoog geklommen zijn... O van hoeveel gewicht is het in het geestelijk leven zichzelven aan te vuren tot grootsche zaken " [1]. De H. Theresia is er zelf een treffend voorbeeld van : zoolang zij niet besloten was te breken met alles wat haar vlucht naar de hoogste volmaaktheid belemmerde, sleepte zij zich moeizaam voort op de wegen der middelmatigheid, doch van den dag af, dat zij het besluit vormde zich geheel aan God te geven, was haar voortgang wonderbaar.

417. De *praktijk* der geestelijke leiding, de ondervinding in het bestuur der zielen opgedaan, bevestigt de leer der Heiligen. Wanneer men met edelmoedige zielen te doen heeft, die het nederig en standvastig verlangen koesteren naar voortgang in het geestelijk leven, dan bemerkt men, hoe zij met graagte de hulpmiddelen ter volmaking aannemen en in beoefening brengen. Bij anderen echter, wier verlangen naar de volmaaktheid van geen of weinig beteekenis is, ondervindt men al spoedig, dat zelfs de dringendste opwekkingen slechts weinig uitwerken. Evenals het voedsel des lichaams, is ook dat der ziel enkel voordeelig aan die honger en dorst hebben : " *De hongerigen heeft Hij met goederen*

---

[1] Leven door haar zelve; 13ᵃ Hoofdstuk.

vervuld, maar de rijken — die niets noodig meenden te hebben — *heeft Hij ledig heen gezonden* (Luc. I. 53).

Dit blijkt ook nog uit de *krachtdadigheid* van het verlangen.

418. 2° **Krachtdadigheid van het verlangen naar de volmaaktheid.** Dit verlangen is een ware kracht, die ons tot beter leven drijft.

a) De *zielkunde* toont inderdaad, dat een *denkbeeld*, wanneer het diep in den geest is doorgedrongen, als vanzelf, voert tot de *daad*. Dit geldt nog meer, wanneer de gedachte ook van de *begeerte* vergezeld gaat, want het verlangen is reeds een akt van den wil, die onze vermogens in werking stelt. Bijgevolg, de volmaaktheid begeeren, is er naar streven; er naar streven is een begin van uitvoering. Naar God verlangen is Hem reeds beminnen, want God ziet het binnenste van ons hart en houdt rekening met al onze bedoelingen. Vandaar het diepzinnig woord van Pascal : " Gij zoudt Mij niet zoeken, zoo gij Mij niet hadt gevonden ". Doch verlangen is zoeken, en wie zoekt, zal vinden. (Matth. VII, 8).

419. b) Daarenboven is, in de bovennatuurlijke orde, het verlangen een gebed, een opstijgen der ziel tot God, het is in zekeren zin een geestelijke vereeniging met Hem : het verheft ons hart tot God en trekt Hem tot ons aan. God vindt er zijn behagen in onze gebeden te verhooren, dan vooral als zij onze heiliging tot doel hebben; niets vuriger toch wenscht zijn Hart : *dit is immers de wil Gods dat gij u heiligt.* (I Thes. IV, 3). Die wil Gods wordt ons op ontelbare plaatsen in de H. Schrift voorgehouden. In het Oud Testament, maant Hij ons dringend aan de wijsheid, dat is *de deugd*, te zoeken, na te jagen; Hij doet de heerlijkste beloften aan wie hare stem aanhooren, en schenkt haar edelmoedig aan die haar begeeren : *daarom heb ik* *gewenscht en is mij begrip gegeven en ik heb den geest van wijsheid aangeroepen en hij is in mij gekomen.* (Sap. VII, 7; cf. Prov. I. 20-33). In het Evangelie noodigt ons Christus uit onzen geestelijken dorst in Hem te lesschen : "indien iemand dorst heeft, kome hij tot Mij en drinke (Joan. VII, 37). Hoe vuriger onze begeerten zijn, hoe meer genaden wij ontvangen, want de bron der levende wateren is onuitputtelijk.

420. **c)** Eindelijk, het verlangen verruimt onze ziel en maakt haar daardoor meer ontvankelijk voor de goddelijke mededeelingen. Van Gods kant is er zulke volheid van goedheid en genaden, dat ons er zooveel van geschonken wordt, als wij bevatten kunnen. Hoe ruimer wij dus door oprechte en vurige begeerten onze ziel openzetten, des te meer kan zij uit de volheid Gods ontvangen.

III. *Hoe moet het verlangen naar de Volmaaktheid wezen.*

Om zijn gezegende uitwerking te hebben moet dat verlangen *bovennatuurlijk, overheerschend, toenemend* en *werkzaam* zijn.

421. 1º Het moet *bovennatuurlijk* zijn in zijn *beweegreden*, evenals in zijn *beginsel :*

a) In zijn *beweegreden*, steunend op een grond, door het geloof aangegeven : de natuur, de uitmuntendheid van het christelijk leven en der volmaaktheid, de glorie van God, de stichting van den evennaaste, het heil onzer ziel, enz.

b) In zijn *beginsel*, in dezen zin nam. dat het onder den invloed der genade wordt geboren : deze alleen kan het *licht* om die beweegredenen te begrijpen en te smaken, en de *kracht* om dienovereenkomstig te handelen, geven. Wijl de genade door het *gebed* verkregen wordt, moet men God met allen aandrang smeeken, dat Hij in ons deze goede begeerte vermeerdere.

422. 2° Dat verlangen moet *overheerschend* zijn, met andere woorden, sterker dan elk ander. De volmaaktheid is immers de verborgen schat, de kostbare parel, die men tot elken prijs moet machtig worden; aan iederen graad van christelijke volmaaktheid beantwoordt een trap van glorie, van zaligmakende aanschouwing en van liefde : daarom moet men die volmaaktheid verlangen en zoeken boven al het andere : Zoekt eerst het rijk Gods en zijne gerechtigheid (Matth. VI, 33).

423. 3° *Standvastig en toenemend.* De volmaaktheid wordt niet in korten tijd verworven, maar vereischt aanhouden, doorzetten ; daarom moet men telkens weer het verlangen verlevendigen om altijd beter te doen. Daarom ook zegt Christus, dat men niet naar den afgelegden weg moet zien om met welbehagen bij het volbrachte werk stil te staan : " *niemand die de hand aan den ploeg slaat en achterwaarts ziet, is geschikt voor het rijk Gods.* " (Luc. IX, 62). Integendeel moet men, met Paulus, vooruit zien naar den nog af te leggen weg en alle krachten inspannen gelijk een hardlooper, die bij den wedstrijd de armen naar voren uitstrekt om het einddoel beter te bereiken : " ik vergeet wat achter me ligt; ik reikhals naar wat voor me ligt; het doel jaag ik na, om den prijs te behalen van Gods hemelsche roeping ". (Phil., III, 13, 14). De H. Augustinus [1], legt, na den Apostel, den nadruk op deze waarheid : stilstaan, zegt hij, is achteruitgaan; zich ophouden om den afgelegden weg te overzien, is zijn vurigheid verliezen. Altijd beter, altijd vooruit! Dat is de leuze der volmaaktheid : Blijf niet stilstaan op den weg, wijk niet af... maar blijf u inspannen, ga steeds door, verder, zonder ophouden.

---

[1] S. Aug. Sermo 169. n. 18.

Men dient dus het oog te vestigen niet op het goede, dat reeds gedaan is, maar op wat nog te doen valt; niet op die minder doen dan wij, maar op die meer en beter doen, op de ijverigen, op de heiligen, en vooral op den Heilige bij uitstek, Jesus Christus zelven, ons waarachtig toonbeeld. Dan doet zich een verschijnsel voor, op het eerste gezicht bevreemdend, maar toch natuurlijk : hoe meer men vordert, hoe verder men zich van het einddoel verwijderd voelt. Het is omdat men dan beter ziet, hoe verheven het einddoel is [1].

In onze verlangens naar volmaaktheid moet er evenwel geen al te groote gejaagdheid en vooral geen verwaandheid wezen : geweldige krachtsinspanning kan niet duren en verwaanden verliezen den moed bij de eerste mislukking of tegenslag. Wat den voortgang inderdaad bevordert, is een kalm, bedachtzaam verlangen, met volle overtuiging opgevat, door de alvermogende genade gesteund en herhaaldelijk vernieuwd.

424. 4° Dan wordt dat verlangen *practisch* en werkzaam, omdat het zich richt niet naar een onbereikbaar ideaal, doch naar de *middelen* onder ons bereik. Er zijn zielen die een prachtig, maar louter theoretisch ideaal hebben; zij haken naar verheven heiligheid, doch verwaarloozen de middelen om er toe te komen. Hier schuilt een dubbel gevaar : men is geneigd zich al voor volmaakt te houden, omdat men over volmaaktheid droomt, en er zich op te

---

[1] E. Psichari had dit, reeds vóór zijn volkomen bekeering, zeer juist ingezien toen hij nog in de woestijn van Mauritanië verblijvende in *"Les voix qui crient dans le désert"* beschreef, hoe hij zich een heilige voorstelde "Tot aan zijn dood toe behoudt hij die onrust der volmaaktheid, die onvoldaanheid over zich zelven, die eigenlijk niets anders is als het gevoel van zijn werkelijke onmacht. Naarmate hij dieper doordringt in zijn zedelijk leven, ziet hij den afgrond, die hem van zijn God scheidt, dieper worden. Hoe dichter hij de volmaaktheid nabij komt, hoe verder hij ze weg ziet wijken. Zijn leven is dan ook een voortdurend opspringen, een gestadig bewegen, een glorievol opstijgen en als een bestormen van den hemel, dat geen rust gedoogt".

verheffen. Vervolgens kan men stil blijven staan en dus achteruit gaan. Immer blijft de spreuk van kracht : Wie het doel wil, wil ook de middelen.ˑ Getrouwheid in het kleine, maakt getrouw in het groote, bijgevolg moet vooral volmaaktheid worden betracht bij het werk dat men op het oogenblik onder handen heeft, al zou het ook nog zoo onbeduidend schijnen. De volmaaktheid verlangen en het streven er naar uitstellen tot later, zich willen heiligen in moeilijke omstandigheden en dit in de gewone verwaarloozen, is allebei een hersenschim, die van gebrek aan oprechtheid of tenminste aan zelfkennis getuigt. Men moet een verheven ideaal hebben, maar ook zonder uitstel en altijd verder aan de *verwezelijking* er van arbeiden.

IV. *Middelen om het verlangen naar volmaaktheid op te wekken.*

425. 1º Daar dit verlangen op bovennatuurlijke overtuiging gegrond is, zal het voornamelijk door *overweging* en *gebed* verkregen en gesterkt worden. Vooreerst moet men *nadenken* over de groote waarheden in de vorige hoofdstukken behandeld : de natuur en de uitmuntendheid van dat leven, hetwelk God ons wil mededeelen; de schoonheid, de rijkdom van een ziel, die dat leven in zich ontwikkelt, de geneugten, die God haar bereidt in den hemel. Men overdenke het leven der Heiligen, die des te meer gevorderd zijn, naarmate zij een vuriger en standvastiger begeerte gehad hebben om dagelijks de volmaaktheid meer te benaderen. Deze overdenking moet, om meer voordeel af te werpen, vergezeld gaan van het *gebed*. Met het gebed komt de genade en dringt het besef der waarheid door tot in het diepste onzer ziel.

426. 2º Daar zijn gunstige gelegenheden om de werking der genade levendiger te gevoelen. Een ervaren geestelijke leidsman zal ze weten te benutten om in zijn biechtelingen verlangens naar volmaaktheid op te wekken.

a) Bij het eerste ontluiken der rede, noodigt God het kind uit om zich geheel aan Hem te schenken. Van hoeveel belang is het niet, dat ouders en biechtvaders die gelegenheid aangrijpen om de jonge harten op te wekken en te richten tot het goede, tot God! Eveneens bij de eerste H. Communie; ook weer wanneer er teekenen van roeping bemerkbaar worden, of een levensstaat wordt gekozen; bij de intrede in college, seminarie of noviciaat of bij het huwelijk. Bij al die gelegenheden schenkt God bijzondere genaden, waaraan met edelmoedigheid moet beantwoord worden.

427. b) De *retraites*. De langdurige ingekeerdheid, de onderrichtingen, de lezing, het herhaald gewetensonderzoek, de gebeden, en bovenal de genaden, dan zoo overvloedig ontvangen, dat alles werkt mede om onze overtuiging, om ons verlangen naar de volmaaktheid te versterken. Dan ook leeren wij beter den staat van ons geweten kennen, vatten wij grooter afschuw op van de zonde en wat er toe leidt, komen wij tot meer practische, edelmoedige voornemens. Het gevolg is een nieuwe, vuriger opgang naar de volmaaktheid. De ondervinding toont het groote nut der *gesloten retraites* : het herhaald volgen der geestelijke oefeningen heeft, onder de geestelijken en leeken, uitstekende mannen gevormd, wier eenig streven het is te vorderen in het geestelijk leven. De directeurs van seminaries weten, welke wonderbare vruchten de retraites bij het begin van het schooljaar en vóór de wijdingen voortbrengen. Dan wordt immers het edelmoedig verlangen naar beter leven gevormd, vernieuwd of versterkt. Men moet dus door die gelegenheden te benutten, aan Gods roepstem beantwoorden en zijn eigen hervorming of beginnen of voltooien.

428. c) *De beproevingen, die God toelaat*, in het lichaam of in de ziel, zooals ziekte, sterfgevallen in de familie, geesteskwelling, tegenspoed, gaan dikwerf gepaard met inwendige genaden, die ons op wekken tot een volmaakter leven. Zij onthechten ons van alwat God niet is, louteren de ziel door het lijden, storten ons de begeerte in naar den hemel en naar den weg die er henenvoert, de volmaaktheid. Het lijden zal inderdaad ten hemel voeren en tot de volmaaktheid, indien men daardoor zich geheel tot God keert.

429. d) Er komen ook oogenblikken, waarin *de H. Geest inwendig aanspoort* tot een volmaakter leven : Hij verlicht de ziel omtrent de ijdelheid van al het aardsche, omtrent het geluk, dat gevonden wordt in de algeheele overgave aan God en dringt ons tot meer werkzaamheid en moed. Aan die uitnoodigingen der genade dienen wij voorzeker te beantwoorden door verdubbeling van onzen ijver.

430. 3° Ten slotte *de godvruchtige oefeningen* die vanzelf het verlangen naar volmaaktheid aanvuren. Zij zijn :

a) het *bijzonder gewetensonderzoek*, waardoor wij dagelijks in onszelven treden, ons gedrag nagaan ten opzichte van een bepaald punt, niet alleen om te zien, waarin wij te kort geschoten of vooruit gegaan zijn, doch ook en vooral om onzen goeden wil tot vooruitgang in een bepaalde deugd te vernieuwen. (n. 468).

b) De oprechte biecht, ten einde ons van een bepaald gebrek te beteren (n. 262).

c) De maandelijksche recollectie of de jaarlijksche retraite, welke op vastgestelde tijden in ons het verlangen naar voortgang opnieuw zal bevestigen.

BESLUIT.

431. Door het aanwenden dezer hulpmiddelen houden wij onzen wil, zoo niet voortdurend, dan toch gewoonlijk op geestelijken voortgang gericht. Door de genade gesteund, komen wij de beletselen dan ook gemakkelijker te boven. Wel zullen er somtijds nog oogenblikken van zwakheid zijn, maar, aangedreven door het verlangen naar voortgang, hervatten wij edelmoedig onzen tocht naar boven ; onze ongetrouwheden in het een of ander oefenen ons in de nederigheid en helpen ons dus nog om nader tot God te komen.

§ II. Over de kennis van God en van zichzelven.

432. Wijl de volmaaktheid in de vereeniging van onze ziel met God bestaat, is het duidelijk, dat wij vóór alles de beide termen der vereeniging, God en de ziel, moeten kennen. De *kennis van God* zal ons rechtstreeks tot de liefde voeren : *noverim te, ut amem te.* De *kennis van onszelven* doet ons het goede, dat God in ons heeft neergelegd, hoogachten en wekt ons daardoor op tot dankbaarheid ; zij doet ons eveneens onze gebreken en ellenden inzien en stort ons daardoor terecht geringschatting in van onszelven : zij zal dus rechtstreeks tot nederigheid voeren : *noverim me, ut despiciam me.* Hieruit zal logisch de liefde tot God volgen, want in een hart, van zich zelf ontledigd, wordt de vereeniging met God voltrokken.

I. *Over de kennis van God.*

433. Om God te beminnen, moet men Hem eerst kennen : onbekend maakt onbemind. Hoe meer wij ons dus wijden aan de beschouwing zijner volmaaktheden, der te meer zal ook ons hart in liefde tot Hem ontstoken worden, want alles in Hem is beminnenswaardig : Hij is de volheid van het zijn, van schoonheid, van goedheid en liefde : *Deus caritas est :* God is liefde. Dit behoeft geen betoog. Wij moeten nu nagaan : 1° Wat wij van

God moeten kennen om Hem te beminnen : 2° Hoe wij tot die kennis kunnen komen.

1° WAT WIJ VAN GOD MOETEN KENNEN.

Onze kennis van God moet alles omvatten, wat er ons toe kan brengen Hem te bewonderen en te beminnen, bijgevolg Zijn bestaan, zijn natuur, zijn eigenschappen, zijn werken, bovenal *zijn innerlijk leven* en *zijn verhouding tot ons*. Niets wat verband houdt met de Godheid is vreemd aan de godsvrucht ; zelfs de meest abstracte waarheden hebben nog altijd iets wat inwerkt op het gevoel en bijzonder de godsvrucht helpt. Wij zullen dit aantoonen door eenige voorbeelden, ontleend aan de wijsbegeerte en de godgeleerdheid.

434. A) Wijsgeerige waarheden. a) De metaphysische bewijzen voor het bestaan van God schijnen ons zeer abstract, toch geven zij stof voor verheven overwegingen, die tot de liefde Gods voeren. God, de onbewogen *eerste beweegkracht*, zuivere akt, is de oorzaak van alle bewegen ; dus kan ik mij niet bewegen dan in Hem en door Hem ; Hij is noodzakelijk het eerste begin van al onze handelingen ; doch is Hij haar eerste begin, dan moet Hij er ook het einde van wezen : *Ego sum principium et finis*. God is *de eerste oorzaak* van alle wezens, van al wat goed is in ons, van onze vermogens, van ons handelen : aan Hem alleen dus alle eer en glorie! God is *het noodzakelijk Wezen*, het eenig noodzakelijke, bijgevolg het eenig goed waar naar wij streven moeten. Al het overige is toevallig, is bijkomstig, voorbijgaand en heeft slechts nut, in zoover het ons helpt om tot het eenig noodzakelijke te komen. God is *de oneindige volmaaktheid ;* de schepselen zijn enkel een zwakke weerschijn van zijn schoonheid. Hij is dus *het ideaal*, dat wij ons als doel moeten voorstellen : *Weest volmaakt gelijk* *ook uw hemelsche Vader volmaakt is.* [1] (Matth. V, 48.) Daarom mogen wij geen perken stellen aan onze volmaaktheid : Ik die oneindig ben, zeide God eens tot de H. Catharina van Siena, Ik zoek naar oneindige werken, dat is, naar werken ingegeven door een onbegrensd gevoel van liefde. (Dial. I, p. 40.)

435. b) Als wij daarna de *goddelijke natuur* beschouwen, zal zelfs het weinige, dat wij er van bevatten kunnen, ons los maken van het geschapene en van onszelven, om ons aan God te hechten. Hij is de *volheid van het zijn : Ik ben die ben.* Mijn wezen, mijn zijn is dus niet meer dan een geleend zijn, onbekwaam om door eigen kracht te blijven bestaan. Daarom moet ik ook mijne algeheele *afhankelijkheid* van het goddelijk Wezen erkenen. Welke les van nederigheid en liefde!

436. c) Hetzelfde geldt van de *goddelijke eigenschappen.* Niet eene is er welke, met aandacht overwogen, niet bijdraagt om op een of andere wijze onze liefde aan te wakkeren : *de eenvoud, de ondeelbaarheid van God* wekt ons op tot beoefening van dien eenvoud of zuiverheid van meening waardoor wij ons rechtstreeks tot God richten, zonder ongeregelde bijbedoeling ; op zijn *onmetelijkheid,* die ons omgeeft en doordringt, berust de oefening der tegenwoordigheid Gods, oefening zoo dierbaar aan godvruchtige zielen en zoo heilzaam ; zijn *eeuwigheid* onthecht ons aan alwat voorbijgaand is, zij immers roept ons voortdurend in 't geheugen, dat alwat niet eeuwig is, niets is; zijn *onveranderlijkheid* helpt ons om te midden van alle wederwaardigheden des levens, die kalmte te bewaren, welke tot de innige, blijvende vereeniging met God zoo onmisbaar is; zijne *oneindige werkzaamheid* wakkert de onze aan en

---

[1] Het 4ᵉ Concilie van Lateranen verklaart deze woorden aldus : Weest volmaakt door volkomenheid van genade, gelijk uw hemelsche Vader volmaakt is door volkomenheid van natuur.

behoedt ons voor het gevaar in nalatigheid of in
een zeker verderfelijk quiëtisme te vervallen; zijn
almacht, vereend met zijn *oneindige wijsheid* en zijn
barmhartige goedheid, stort ons gevoelens in van
kinderlijk vertrouwen, waardoor het ons zoo gemakkelijk wordt te bidden en ons op Hem te verlaten;
zijn *heiligheid* verwekt in ons haat tegen de zonde
en liefde voor de zuiverheid van hart, die tot de
vereeniging met God voert "zalig de zuiveren van
hart, want zij zullen God zien"; zijn *onfeilbare
waarheid* is de hechtste grondslag van ons geloof;
zijn *schoonheid*, zijn *goedheid*, zijn *liefde* verrukken
het hart en doen er akten van liefde en dankbaarheid uit opstijgen. Het is dan ook niet te verwonderen, dat de heilige zielen zoo groot behagen
vinden in de beschouwing der goddelijke eigenschappen : bij het bewonderen, bij het aanbidden
van Gods volmaaktheden eigenen zij er zich iets
van toe.

437. B) Doch bovenal overwegen zij met voorliefde de **geopenbaarde waarheden** die alle met
de geschiedenis van het goddelijk leven in betrekking
staan. Zijn *bron* is de H. Drievuldigheid; *het deelt
zich allereerst mede* door de schepping en de heiliging van den mensch; het wordt *hersteld* door
de Menschwording; het wordt nog altijd *verbreid*
door de H. Kerk en de Sacramenten; het vindt
zijn *eindvoltooiing* in de glorie. Elk dezer geheimen
bekoort en ontvlamt de harten van liefde tot God,
tot Jesus, tot de zielen, tot al het goddelijke.

438. a) Het goddelijk leven in zijn *bron* is de
H. Drieeenheid : God die de volheid is van het zijn
en van de liefde, beschouwt zich van alle eeuwigheid; door die beschouwing brengt Hij zijn Woord
voort, en dit Woord is zijn Zoon, van Hem onderscheiden en toch volmaakt aan Hem gelijk, zijn
levend en zelfstandig evenbeeld. Hij bemint dezen
Zoon en wordt door Hem bemind; van deze weder-

keerige liefde komt de H. Geest voort, onderscheiden van den Vader en den Zoon, van wie Hij voortkomt, en aan beiden volmaakt gelijk. En aan dit
leven hebben wij deel!

439. b) Daar God oneindig goed is, wil Hij zich
mededeelen aan andere wezens. Dit doet Hij door
de *schepping* en vooral door de *heiligmaking*. Door
de schepping zijn wij de dienaren Gods. Dit is reeds
een hooge eer, want welke reden tot bewondering,
tot dankbaarheid en liefde, dat God van alle eeuwigheid aan mij gedacht heeft, dat Hij mij, bij
voorkeur aan zoovele millioenen mogelijke schepselen, tot het leven heeft willen roepen! Maar dat
Hij mij geroepen heeft tot deelname in zijn eigen
goddelijk leven, mij heeft aangenomen tot zijn
kind, dat Hij mij bestemt tot de klare aanschouwing van zijn Wezen, tot een onverdeelde liefde :
is dit niet het toppunt van liefde? Ligt hierin geen
sterke aansporing om God zonder voorbehoud te
beminnen?

440. c) Wij hebben, door de schuld van onzen
eersten vader, ons recht op het goddelijk leven
verloren; uit ons zelven waren wij niet in staat het
te herwinnen. Doch de *Zoon Gods* ziet onzen nood;
Hij wordt *mensch* gelijk wij, wordt op deze wijze
het hoofd van een geheimzinnig lichaam, welks
ledematen wij zijn. Hij boet onze zonden uit door
zijn smartvol lijden en sterven op Calvarië, verzoent
ons met God en stort andermaal in onze zielen dat
leven, hetwelk Hij zelf in den schoot zijns Vaders
heeft ontvangen. Kan iets meer geschikt zijn om
onze liefde tot het Menschgeworden Woord te
ontsteken, ons met Hem en door Hem met den
Vader op het innigste te vereenigen?

441. d) Om deze vereeniging te vergemakkelijken, blijft Jesus onder ons. Hij blijft er *door zijne
Kerk* die ons zijne onderwijzingen overlevert en

verklaart; Hij blijft er *door zijn Sacramenten,* die geheimzinnige kanalen der genade, waardoor ons het goddelijk leven wordt medegedeeld. Hij blijft er vooral door de H. Eucharistie, waarin Hij tezelfdertijd zijne tegenwoordigheid, zijn heilrijke werkzaamheid en zijn Offer voortzet : zijn *Offer* door de H. Mis, **w**aarin Hij op geheimzinnige wijze zijn slachtoffering vernieuwt; zijn *heilrijke werkzaamheid,* door de H. Communie, waarin Hij onze ziel met al de schatten zijner genade komt vervolmaken en in zijn deugden laat deelen; zijne *blijvende tegenwoordigheid :* vrijwillig stelt Hij zich, dag en nacht, gevangen in het tabernakel; daar mogen wij Hem bezoeken, ons met Hem onderhouden, met Hem de aanbiddelijke Drievuldigheid verheerlijken; daar mogen wij de genezing vragen onzer geestelijke kwetsuren en troost in leed en droefheid volgens zijn woorden : *" Komt allen tot Mij die vermoeid en belast zijt, en Ik zal u verkwikken"*. (Matth. XI, 28.)

442. e) Dit alles is nog slechts het begin van dit *in God voleinde leven,* dat ons deel zal zijn in eeuwigheid. Daar zullen wij Hem zien van aanschijn tot aanschijn, zooals Hij zich zelven ziet, en Hem met volmaakte liefde beminnen. In Hem zullen wij zien en beminnen alwat groot en edel is. Van God gekomen door de schepping, zullen wij tot Hem wederkeeren door de verheerlijking en in zijn verheerlijking zullen wij het volmaakt geluk vinden.

De geloofsleer is dus de bron der ware devotie.

2° Middelen om tot de kennis van God te komen.

443. Drie voorname middelen staan ons ten dienste om de kennis van God te verwerven : 1° *de vrome studie* der wijsbegeerte en godgeleerdheid; 2° *de overweging* of *het gebed;* 3° de gewoonte om *God in alles te zien.*

A) *De vrome studie.* Men kan de wijsbegeerte en de godgeleerdheid bestudeeren op twee manieren : *alleen met den geest*, gelijk men doet bij elke andere studie, of *met den geest en het hart* te samen. Op deze laatste wijze studeeren is godsvrucht kweeken. Wanneer de H. Thomas zich in de studie der groote vraagstukken der philosophie of theologie verdiepte, deed hij het niet als een der grieksche Wijzen, maar als een leerling, als een minnaar van Christus. Volgens zijn eigen uitdrukking handelt de godgeleerdheid over de goddelijke zaken en de menschelijke handelingen, in zooverre zij ons tot de volkomen kennis van God en dus tot zijne liefde brengt. De deugd van den H. Thomas overtrof dan ook nog zijn geleerdheid. Hetzelfde geldt van den H. Bonaventura en de groote godgeleerden. De meesten hunner hebben wel geen vrome overwegingen geschreven over de groote geheimen van ons geloof; zij bepalen er zich toe ze te verklaren en te bewijzen; maar zij hebben in de beschouwing dier waarheden de ware godsvrucht gevonden : alwie met *den geest van geloof* zich aan de studie wijdt, zal zich gedrongen gevoelen Hem te bewonderen en te beminnen, wiens grootheid en goedheid de godgeleerdheid ons openbaart. Dit zullen vooral zij ondervinden, die de gaven van den H. Geest weten te benutten, *de gaven van wetenschap en verstand.* De eerste voert ons van de schepselen op tot God, omdat zij ons hun verhouding tot de Godheid toont; de tweede voert ons in de geopenbaarde waarheden binnen om er de wonderbare schoonheid van te begrijpen.

Met behulp dezer voorlichting weet de godvruchtige godgeleerde zich te verheffen van de meest speculatieve waarheden tot akten van aanbidding, van bewondering, dankbaarheid en liefde. Wel verre van den geestesarbeid te schaden, maken die akten hem juist nog intensiever : men bestudeert beter, met grooter ijver en volharding wat men bemint.

Hij die studeert onder de voorlichting van den H. Geest, ontdekt verborgenheden, die het verstand alleen niet doorgrondt.

444. B) De studie moet vergezeld gaan van de *overweging*. Men overdenkt de christelijke geloofswaarheden niet genoeg of ten minste enkel op ondergeschikte punten. Wij moeten zonder vrees rechtstreeks het innerlijke der dogmas tot hoofdonderwerp onzer overweging nemen [1]. In het licht des geloofs, onder de werking van den H. Geest, bereikt de ziel hoogten en diepten, die voor het verstand aan zichzelf alleen overgelaten, ontoegankelijk blijven. Dat bewijzen de geschriften van eenvoudige, doch beschouwende zielen, die over God, over Jesus Christus, over zijne leer en zijn Sacramenten opmerkingen hebben nagelaten, welke naast die der grootste godgeleerden een plaats verdienen. En zei de H. Thomas zelf ook niet, dat hij meer geleerd had in de school van zijn kruisbeeld dan in de boeken der Meesters? De reden hiervan is, dat in de eenzaamheid en de rust van het gebed, God gereedelijker tot de ziel spreekt, en dat zijn woord, beter verstaan, het verstand verlicht, het hart verwarmt en den wil tot handelen drijft. Dan ook behaagt het den H. Geest, bij de gaven van wetenschap en verstand, ook nog die van *wijsheid* te voegen om de geloofswaarheden te leeren *smaken*, beminnen en beleven : zoo ontstaat de nauwste band tusschen God en de ziel. De Schrijver der Navolging zegt het zoo juist : " Zalig de ziel, die den Heer in zich hoort spreken en uit zijn mond het troostwoord verneemt ". (III. 1).

De voortdurende liefdevolle gedachte aan God onderhoudt en vermeerdert nog de heilrijke uitwerkingen van het gebed : door aan Hem te denken, groeit de liefde, en de liefde verdiept de kennis.

---

[1] Dit doet de fransche School der 17e eeuw, met *Bérulle, Condren, Olier, den H. Joannes Eudes* en anderen, zooals BRÉMOND, t. III, aantoont.

445. C) Daardoor ook maakt men zich gemakkelijker de gewoonte eigen om van de schepselen op
te stijgen tot den Schepper en God te zien in al
zijn werken : *in zaken, in personen, in voorvallen.*

Deze oefening berust op het *goddelijk exempla-
risme* [1]. Alle wezens bestonden in de gedachte van
God, voor zij geschapen werden en Hij wilde dat
alle, in verschillenden graad, een weerschijn zouden
wezen van zijn goddelijke eigenschappen. Wanneer
wij dus de geschapen dingen niet slechts met de
oogen des lichaams, maar ook met die van den
geest beschouwen, onder voorlichting des geloofs,
dan zullen wij zien :

a) Dat alle schepselen, volgens den graad hunner
volmaaktheid, een spoor of een afbeeldsel of een
gelijkenis van God zijn ; dat alle naar God, hun
Maker wijzen en alle ons uitnoodigen Hem te loven,
omdat geheel hun zijn, al hun schoonheid en goedheid slechts een afhankelijke en beperkte deelneming is aan het goddelijk Wezen.

b) Dat in 't bijzonder alle verstandelijke wezens,
tot de bovennatuurlijke orde verheven, levende
afbeeldingen, gelijkenissen zijn van God, deelend,
hoewel op eindige wijze, in zijn verstandelijk leven :
en dat, daar alle gedoopten ledematen zijn van
Christus, wij ook Christus in hen moeten zien :
in omnibus Christus.

c) Dat alwat er voorvalt, geluk of ongeluk, in
Gods plan bestemd is om het bovennatuurlijk leven,
reeds medegedeeld, te vervolmaken en om uitverkorenen aan te werven, zoodat wij alles kunnen
benutten tot heil onzer ziel.

Merken wij evenwel hierbij op, dat volgens tijdsorde, de zielen eerst tot Christus gaan ; door Hem
gaan zij tot den Vader. Tot God genaderd, houden

---

[1] Zie hierover *La Journée Chrétienne de* M. OLIER, waar deze leer op
bewonderenswardige wijze is toegepast.

zij niet op ten innigste met Jesus verbonden te blijven.

BESLUIT :

OEFENING VAN GODS TEGENWOORDIGHEID[1].

446. De liefdevolle kennis van God voert tot de heilige *oefening van Gods tegenwoordigheid*. Wij zullen in 't kort zeggen : *waarop zij berust, hoe zij wordt beoefend* en *welke haar voordeelen zijn*.

A) *Zij berust op* de leer van *Gods alomtegenwoordigheid*. God is overal, niet enkel door zijn blik en werking, doch ook door zijn zelfstandigheid, gelijk de H. Paulus tot die van Athene zeide : "*In Hem leven wij, bewegen wij ons en zijn wij*" (Act.XVII, 28). Dit geldt niet alleen van natuurlijk, maar ook van bovennatuurlijk standpunt. Als *Schepper* bewaart Hij in ons zijn en leven, ons door Hem verleend, en stelt door zijn bijstand onze vermogens in werking : als *Vader* verwekt Hij ons tot het bovennatuurlijk leven, dat een deelname is aan zijn eigen leven ; als *hoofdoorzaak* werkt Hij met ons mede tot instandhouding en groei van dat bovennatuurlijk leven. Zoo is Hij tot in het diepste onzer ziel tegenwoordig, maar altijd geheel van ons onderscheiden. Gelijk n. 92 gezegd is, is het de Drieeenige God, die in ons leeft : de *Vader*, die ons als zijn kinderen bemint, de *Zoon*, die ons als zijn broeders behandelt, de *H. Geest* die ons zijn gaven en ook zichzelven mededeelt.

B) *Hare beoefening*. Om God te vinden, behoeven wij Hem niet te zoeken tot in den hemel ; wij ontmoeten Hem : **a**) dicht bij ons *in de schepselen* die ons omgeven. Ons zoeken begint daar : alle schepselen herinneren ons eenige goddelijke volmaaktheid, doch de verstandelijke wezens vooral

[1] ST. THOM., I, q. 8, a. 3 ; LESSIUS, *De perfect. moribusque divinis*, l. II ; RODRIGUEZ, *Oefening der Volm.* 1e deel, 6e Verhandeling.

bezitten den levenden God in hen : zij dienen om ons tot Hem op te voeren. **b**) Dan herinneren wij ons het woord van den Psalmist : "*Nabij is de Heer voor allen, die Hem aanroepen*".(Ps. CXLIV, 18), en verlangend roepen wij tot Hem nu in korte verzuchtingen dan met langere gebeden.

c) Doch bovenal blijft ons de gedachte bij, dat de drie goddelijke Personen in ons verblijven, dat ons hart een levend tabernakel, een hemel is, waar Zij zich nu reeds aan ons geven. Het is dus voldoende in onszelven te treden, *in de cel daarbinnen*, zooals de H. Catharina van Siena zegt, en daar met de oogen des geloofs den goddelijken Gast te beschouwen, die er wonen wil. Zoo zullen wij onder zijn oog leven, en Hem daar aanbidden en medewerken met Hem aan de heiliging onzer ziel.

447. C) Men ziet aanstonds welke voordeelen hieruit volgen.

a) *Wij zijn bezorgd om de zonde te vermijden.* Wie zou immers de goddelijke Majesteit durven beleedigen, wanneer hij zich herinnert, dat God in hem woont met zijn oneindige *heiligheid*, die niet de minste vlek kan dulden, met zijne *rechtvaardigheid*, die de geringste fouten zelfs moet straffen, met zijn *almacht*, die zijn wrekenden arm wapent tegen de schuldigen, en vooral met zijn *goedheid*, die onze trouw en liefde vraagt?

b) De gedachte aan Gods tegenwoordigheid *wakkert onzen ijver tot voortgang aan*. Indien een soldaat onder het oog van zijn aanvoerder strijdend, zich tot grooter dapperheid gedrongen voelt, hoe zullen wij ons dan niet opmaken tot den zwaarsten arbeid, tot de edelmoedigste inspanning, wanneer wij weten, dat wij niet enkel onder de blikken van God, maar met zijn altijd overwinnenden bijstand strijden? Is het niet genoeg om ons te bemoedigen, als wij denken aan de onsterfelijke gloriekroon, ons toegezegd, en vooral aan de liefdewinst, die Hij ons belooft als loon?

c) Welk *vertrouwen* stort deze gedachte ons in! Hoe groot ook onze beproevingen, onze bekoringen, onze vermoeienissen mochten zijn, geen twijfel aan de eindvictorie zal ons overvallen, wanneer wij er aan denken dat de Almachtige, wien niets weerstaat, in ons woont en zijn goddelijke macht tot onzen dienst bereid houdt. Al hebben wij nog niet overwonnen langs de geheele lijn, al zouden wij bijwijlen nog ten prooi zijn aan bange angsten, toch mogen wij ons verzekerd houden van de eindoverwinning, als wij steunen op Hem. Onze kruisjes zelfs hebben geen ander doel dan in ons de liefde tot God en onze verdiensten te vermeerderen.

d) Ten slotte welke bron van vreugde is voor ons de gedachte, dat Hij, de zaligheid der Uitverkorenen, dien ook wij eenmaal zullen aanschouwen, reeds in ons bezit is, dat wij zijn bijzijn kunnen genieten alle uren van den dag!

God kennen en voortdurend aan Hem denken werkt dus heiligend en wel in hooge mate. Dit kunnen wij eveneens zeggen van de kennis van ons zelven.

II. *Over de zelfkennis.*

De kennis van God voert ons *rechtstreeks* tot zijne liefde, omdat Hij eindeloos beminnelijk is; de kennis van ons zelven geleidt er ons *zijdelings* heen, omdat wij inzien hoe volstrekt noodzakelijk zijn bijstand ons is om de ons geschonken *eigenschappen* te vervolmaken en om onze overgroote ellenden te verhelpen. Daarom gaan wij hier nu verklaren : 1º *de noodzakelijkheid* der zelfkennis; 2º haar *voorwerp ;* 3º de *middelen* om ze te verkrijgen.

1º Noodzakelijkheid der zelfkennis.

Weinige woorden zullen voldoende zijn om ons er van te overtuigen.

448. A) Wanneer men zich zelven niet kent, is het zoo goed als zeker, dat men de volmaaktheid nimmer zal bereiken. Men vormt zich dan immers een *verkeerd denkbeeld* van zijn toestand : volgens den aard van zijn karakter of de stemming van het oogenblik, vervalt men nu eens in *gewaagd optimisme*, en meent reeds volmaakt te zijn, dan weer in *moedeloosheid*, waardoor men geneigd is zijn gebreken en fouten te overdrijven. In beide gevallen is het gevolg nagenoeg gelijk : werkeloosheid of tenminste gemis aan moedig, standvastig pogen om te vorderen, ten slotte verslapping — Hoe zal men ook gebreken verbeteren, die men niet kent? Hoe kan men deugden beoefenen, goede eigenschappen ontwikkelen, waarvan men hoogstens een vaag en verward begrip heeft?

449. B) De duidelijke en ware kennis van ons zelven wekt ons integendeel op om ons toe te leggen op verbetering : onze *goede hoedanigheden* zijn een beweegreden tot *dankbaarheid* jegens God en om die te toonen door grooter edelmoedigheid in het beantwoorden aan de genade. Onze *gebreken* en het gevoel onzer onmacht brengen ons de overtuiging bij, dat wij nog veel te doen hebben en dus geen enkele gelegenheid tot voortgang mogen verwaarloozen. Iedere kans wordt benut om de ondeugden uit te roeien of ten minste te verzwakken en te beheerschen, om de goede hoedanigheden te ontwikkelen en te vermeerderen. Omdat wij van onze eigen onbekwaamheid overtuigd zijn, zullen wij ook God in allen ootmoed de genade vragen om dagelijks te vorderen; sterk door het vertrouwen, hopen en verlangen wij te slagen : dit alles zet tot handelen aan en houdt den moed staande.

2⁰ VOORWERP DER ZELFKENNIS.

450. Algemeene opmerkingen. Om doeltreffend te zijn, moet deze kennis zich uitstrekken tot *alles wat in ons is :* goede en kwade hoedanigheden, natuurlijke en bovennatuurlijke gaven, voorliefde en tegenzin, ons geheele verleden, onze afwijkingen, onze goede pogingen, onze vorderingen. Dit alles moeten wij nagaan, onderzoeken, zonder pessimisme, maar met onpartijdigheid, zooals wij het, bij het licht des geloofs, in het geweten zien en opmerken.

a) Wij dienen dus in alle oprechtheid, zonder valsche nederigheid te erkennen alle *goede eigenschappen*, die God in ons heeft neergelegd, niet om er op te roemen, maar om er den Gever onzen dank voor te betuigen en om ze met zorg te ontwikkelen : het zijn talenten, die Hij ons heeft toevertrouwd en waarvan Hij ons eens rekenschap zal vragen. Het te verkennen terrein is dus zeer groot, want het omvat de *natuurlijke* en ook de *bovennatuurlijke* gaven : alles wat wij meer rechtstreeks van God, alles wat wij van onze ouders, door opvoeding of door eigen pogen, met Gods hulp, hebben verkregen.

451. b) Doch ook onze *ellenden* en *zonden* moeten wij moedig erkennen. Voortdurend hellen wij over naar het niet, waaruit wij zijn voortgekomen. Wij bestaan en kunnen slechts handelen door den ononderbroken bijstand van God. Reeds aangezet tot het kwaad door de drievoudige begeerlijkheid (n. 193 en volg.), hebben wij dien aandrang nog versterkt door onze eigen zonden en door de slechte gewoonten uit die zonden ontstaan. Dit alles moeten wij in alle nederigheid erkennen, en zonder moedeloosheid de handen aan het werk slaan, om met Gods genade die wonden te genezen door de beoefening der christelijke deugden. Zoo zullen wij nader komen tot de volmaaktheid van onzen hemelschen Vader.

452. Toepassingen. Om een leiddraad te hebben bij dit onderzoek, kunnen wij achtereenvolgens onze

natuurlijke en onze bovennatuurlijke gaven beschouwen, gebruik makend van een soort vragenlijst.
Op deze wijze zal het veel gemakkelijker vallen.
(In een aanhangsel is een korte studie te vinden
over de karakters, wat bij dit onderzoek van dienst
kan zijn.)

A) De natuurlijke gaven. Wij vragen ons in
Gods tegenwoordigheid af, welke *hoofdneigingen* als
het ware onze vermogens kenmerken. Hierbij volge
men geen wetenschappelijke, maar een eenvoudige,
practische volgorde.

453. a) Het gevoel. Wat overheerscht in ons : het gevoel,
het verstand of de wil? Bij ieder onzer zijn zij vermengd,
doch bij allen niet in gelijke maat. — Beminnen wij meer
door gevoel dan door den wil of door toewijding?

Zijn wij heer en meester over onze uitwendige zinnen of
hun slaaf? Welke macht oefenen wij uit over onze *verbeelding*
en *geheugen?* Zijn zij niet erg onstandvastig, dikwijls bezig
met ijdele droomerijen? Welke is onze heerschappij over onze
driften? Zijn zij wel geregeld, goed bestuurd? Welk gebrek is
het overheerschende, de zinnelijkheid of de hoogmoed, de
ijdelheid?

Zijn wij onverschillig, willoos, nalatig, lui? Zoo wij traag
zijn, zijn wij tenminste standvastig?

454. b) Het verstand. Is het van nature levendig, helder,
maar oppervlakkig of traag en doordringend? zijn wij intellectueel, beschouwend of eerder practisch aangelegd? Hoe
ontwikkelen wij ons verstand? Nalatig of ijverig? Met volharding of bij vlagen? Welk resultaat bereiken wij? volgens
welke methode werken wij? Is hier verbetering mogelijk?

Laten wij ons bij onze oordeelvellingen niet door drift
leiden? Zijn wij vasthoudend aan onze meeningen? Weten wij
te luisteren naar een ander, die niet denkt zooals wij, en zijn
meening te volgen als die redelijk is?

455. c) De Wil. Is hij zwak, onstandvastig of sterk en
vast? Wat doen wij om hem te ontwikkelen ten goede? Hij
moet *de koning der vermogens* wezen, maar zal het alleen
zijn met veel takt en krachtsinspanning. Wat doen wij om
hem die heerschappij te verzekeren over onze uit en inwendige
zinnen, over de werking onzer verstandelijke vermogens?

Oefenen wij onzen wil in kleine dingen, in kleine gewone
offers?

456. d) *Het karakter* is van het allergrootst gewicht in den omgang met den naaste. Een *goed karakter*, dat zich weet te voegen naar dat van anderen, is een machtig hulpmiddel bij het apostolaat; een *slecht karakter* is een der grootste beletselen bij de goede werken. *Een man van karakter* is iemand, met diepe overtuiging, die vastberaden en volhardend er zich op toelegt om dienovereenkomstig zijn gedrag in te richten. *Het goed karakter* kenmerkt zich door het samengaan van goedheid met degelijkheid, van zachtheid met kracht, van openhartigheid met omzichtigheid. Alwie het heeft geniet de achting en vriendschap van allen, die met hem omgaan. *Een slecht karakter* heeft hij, die de openhartigheid, de goedheid, de omzichtigheid of de standvastigheid mist, of zich door zelfzucht laat beheerschen, ruw van manieren, onaangenaam en soms hatelijk voor anderen is. Het karakter is dus een zeer voornaam punt van onderzoek.

457. e) *De gewoonten.* Zij onstaan uit het herhalen der zelfde handelingen en geven een zeker gemak om met vaardigheid en graagte gelijksoortige akten te stellen. Men dient dus de reeds aangeleerde gewoonten te onderzoeken om ze, zoo zij goed zijn, te versterken, zoo zij verkeerd zijn, uit te roeien.

Wat in het 2^e gedeelte over de hoofdzonden en de deugden gezegd wordt, kan hierbij dienstig zijn.

458. B) **Onze bovennatuurlijke gaven.** Het bovennatuurlijke beïnvloedt, doortrekt onze vermogens geheel en al, en daarom zullen wij ons zelven nooit ten volle kennen, indien wij onze aandacht niet wijden aan de bovennatuurlijke gaven, die God in ons neerlegt. Wij hebben ze reeds beschreven (n. 119 en volg.), maar wijl de genade Gods op zeer verschillende wijzen werkt — *multiformis gratia Dei* — is het van belang hare bijzondere werking in onze ziel na te gaan.

a) De voorliefde, de neiging welke de genade ons instort voor een bepaalde roeping, voor een bepaalde deugd : juist van de bereidwilligheid, waarmede wij de opwekking der genade involgen, hangt onze heiliging af.

1) Er komen in het leven beslissende oogenblikken voor, waarop God krachtiger en met meer

aandrang in ons spreekt : dan zijn luisteren en gehoorzamen van het hoogste gewicht.

2) Wij behooren ons af te vragen, of er onder onze neigingen niet eene is, die *overheerscht*, die meer herhaaldelijk en met grooter aandrang terugkeert, opwekt tot een bepaalde wijze van leven, van bidden of tot een bepaalde deugd : dan toont God ons, welken weg Hij wil dat wij bewandelen, en dien weg moeten wij opgaan, indien wij willen, dat de genade ons leidt.

459. b) Behalve op voorliefde, moeten wij ook letten op onzen weerstand aan de genade, op onze afwijkingen, op onze zonden, ten einde ze oprecht te betreuren, ze te herstellen en ze te vermijden in de toekomst. Het is een lastige, vernederende geestesarbeid, vooral indien hij eerlijk en tot in bijzonderheden gedaan wordt ; niettemin is hij zeer nuttig, wijl hij ons van den eenen kant de nederigheid helpt beoefenen en van den anderen kant ons dwingt tot overgave aan God, die alleen onze zwakheden kan genezen.

3° HULPMIDDELEN OM DEZE KENNIS TE VERKRIJGEN.

460. Vooraf zij gezegd dat de zelfkennis *moeilijk* is : **a**) Voortdurend *aangetrokken door de dingen buiten* ons, valt het ons lastig in ons binnenste te treden om daar die kleine, onzichtbare wereld te onderzoeken, en omdat wij *hoovaardig* zijn, willen wij ook maar noode onze gebreken leeren kennen.

b) Dit onderzoek is zeer ingewikkeld : er zijn in ons twee menschen, zooals de H. Paulus zegt, en dikwijls zijn zij in onderlingen strijd. Om duidelijk te zien, wat van de natuur en wat van de genade voortkomt, wat vrijwillig en wat het niet is, wordt veel aandacht, veel scherpzinnigheid, oprechtheid, moed en volharding vereischt. Slechts langzaam breekt het licht door; een eerste bevinding leidt tot een tweede en deze voert weer tot een dieper gaande kennis.

461. Het gewetensonderzoek is eigenlijk het eenig middel om zich zelven te leeren kennen, daarom voegen wij hierbij eenige algemeene regels, om deze oefening te vergemakkelijken.

462. A) Algemeene regels. a) Vooreerst vragen wij *de voorlichting van den H. Geest*, de gave van wetenschap om de geheimste schuilhoeken van het geweten te doorschouwen en door de kennis van onszelven tot de liefde Gods te komen.

b) Daarna stellen wij ons *in tegenwoordigheid van Jesus*, het volmaakte toonbeeld, dat wij iederen dag meer van nabij moeten volgen. Wij aanbidden en bewonderen dan niet alleen zijn uitwendige daden, maar ook en bovenal zijne inwendige gevoelens. Zoo zullen onze gebreken en onvolmaaktheden veel duidelijker uitkomen door de tegenstelling, die wij tusschen ons en dit goddeljk toonbeeld waarnemen. Toch mogen wij daarom niet ontmoedigd worden, want Jesus is ook de geneesheer der zielen en verlangt niets zoozeer als onze wonden te verbinden en te heelen. Het is een heilzame oefening, op deze manier als het ware bij Jesus te biechten en Hem ootmoedig vergeving te vragen.

463. c) Dan dringen wij door tot in het diepste onzer ziel : van de *uitwendige handelingen* gaan wij over tot de *inwendige gesteltenissen*, waaruit die handelingen als uit haar bron voortkomen. Hebben wij bijv. misdaan tegen de liefde, dan onderzoeken wij, of dit gebeurd is uit lichtzinnigheid, uit afgunst of naijver, om geestig te zijn of uit praatzucht.

Om de fout onder zedelijk opzicht te kennen, om te weten in hoever er schuld is, moeten wij nagaan, of zij vrijwillig was *in zich* of in haar *oorzaak*, met volle kennis harer boosheid of slechts met halve aandacht, met volle of onvolkomen toestemming.

In den beginne in dit alles tamelijk duister, maar langzamerhand komt er meer klaarheid.

Om onpartijdig te zijn in de beoordeeling, is het dienstig ons voor te stellen dat wij voor den Oppersten Rechter staan en Hem met goedheid doch ook met gezag te hooren zeggen : " *geef rekening van uw rentmeesterschap* ". Trachten wij te antwoorden met zoo groote oprechtheid, dat wij den laatsten dag niet zullen wenschen het anders gedaan te hebben.

464. d) Het kan zijn nut hebben, vooral voor de *beginnelingen*, dit onderzoek *op schrift* te stellen : daardoor wordt de aandacht meer gespannen en is het gemakkelijker den uitslag van iederen dag en iedere week met de voorgaande te vergelijken. Hierbij moet men echter alle ijdelheid buiten sluiten en het niet beschouwen als een letterkundige oefening ; ook zorge men er voor, dat het niet onder de oogen van anderen komt. Wil men een tabel met vastgestelde teekenen gebruiken, dan is het noodig zich te wachten voor sleur of oppervlakkigheid bij het onderzoek. Maar gewoonlijk is het beter na eenigen tijd zich van dit middel niet meer te bedienen en de gewoonte aan te nemen om in allen eenvoud in Gods tegenwoordigheid dat onderzoek te doen na iedere voorname bezigheid en ' savonds over geheel den dag.

465. Hierin, gelijk overigens in alles, moet men de raadgevingen van een ervaren biechtvader volgen. Met zijn hulp zal men zich zelven beter leeren kennen. Belangeloos, ervaren waarnemer, doorschouwt hij meestal beter dan wij zelf den grond van ons geweten en beoordeelt met meer onpartijdigheid de innerlijke waarde onzer handelingen.

466. B) **Methoden om het geweten te onderzoeken.** De H. Ignatius heeft deze, volgens het algemeen gevoelen, veel verbeterd. In zijn *Geestelijke Oefeningen* onderscheidt hij met zorg het *algemeen* van het *bijzonder* onderzoek. Het eerste heeft betrekking op *alle* handelingen van den dag; het tweede op een *bijzonder punt*, een bepaald gebrek, dat men wil uitroeien of een deugd, die men wenscht te verkrijgen. Men kan evenwel beide tegelijkertijd doen. In dit geval stelt men zich voor het algemeen onderzoek tevreden met een vluchtig overzicht van al de handelingen van den dag om de voornaamste fouten op te sporen; daarna gaat men over tot het bijzonder onderzoek, dat veel belangrijker is dan het eerste.

467. a) Het algemeen onderzoek, voor elken christen noodzakelijk om zich zelven te leeren kennen en te verbeteren, omvat, volgens den H. Ignatius, vijf punten [1] :

1) " *Wij danken God*, onzen Heer voor de ontvangen weldaden ". Deze dankzegging werkt troostend, heiligend op het gemoed : zij wekt ons op tot vertrouwen en tevens tot berouw, daar zij ons onze vroegere ondankbaarheid in het geheugen roept. (In de methode van St. Sulpice voegt men er de *aanbidding* bij).

2) " *Wij vragen God de genade* onze zonden te kennen en ze uit ons hart weg te nemen ". Wil men zich zelven kennen, dan moet het zijn om zich te beteren, doch noch het een, noch het ander is mogelijk zonder de genade Gods.

3) " *Wij geven ons nauwkeurig rekenschap* van ons gedrag van af het ontwaken tot aan het gewetensonderzoek. Daartoe doorloopen wij achtereenvolgens de uren van den dag of de tijden aan bepaalde bezigheden gewijd. Wij onderzoeken ons vooreerst over de gedachten, daarna over de woorden, eindelijk over de werken, volgens de orde in het bijzonder onderzoek aangegeven ".

4) " *Wij vragen God, onzen Heer, vergeving* voor onze fouten ". Men mag niet vergeten, dat het berouw het voornaamste punt is van het gewetensonderzoek en dat dit bovenal het werk is der genade.

5) " Wij nemen het besluit ons met Gods genade te beteren. Tot slot bidden wij het Onze Vader ".

---

[1] *Geestelijke Oefeningen*, 1e Week.

Om practisch te zijn, moet dit voornemen ook betrekking hebben op de middelen ter verbetering. Het Onze Vader herinnert ons hier Gods glorie, die wij moeten zoeken, het vereenigt ons met Jesus Christus door wien wij vergeving en genade tot verbetering des levens vragen. Dit gebed is dus een uitstekend slot.

468. b) **Het bijzonder onderzoek** is, volgens den H. Ignatius, nog van meer belang dan het algemeene, ja zelfs dan het gebed, omdat wij er onze gebreken het een na het ander rechtstreeks aantasten en ze aldus gemakkelijker overwinnen. Daarbij, als wij ons terdege onderzoeken ten opzichte van een belangrijke deugd, dan verkrijgen wij niet alleen deze, maar ook alle andere, die er mede in verband staan : bijv. wie zich toelegt op voortgang in de gehoorzaamheid, beoefent vanzelf ook de nederigheid, de versterving en den geest des geloofs; zoo ook wie in de nederigheid tracht te vorderen, zal terzelfdertijd toenemen in de gehoorzaamheid, in de liefde tot God en den evennaaste, omdat de nederigheid den hoogmoed, het groote beletsel dier deugden, wegneemt.

Er moeten echter bepaalde regels gevolgd worden bij de keuze van de stof en de wijze van dit onderzoek.

469. Keuze van de stof van het bijzonder onderzoek.

1) Over het algemeen moet men beginnen met het overheerschend gebrek te bestrijden door zich toe te leggen op de tegenovergestelde deugd. Dit gebrek is inderdaad de groote vijand, de aanvoerder van het vijandelijk leger : is deze overwonnen, dan is het geheele leger verslagen.

2) Is de stof gekozen, dan bestrijdt men eerst het *uiterlijke* van dit gebrek om datgene weg te nemen, wat den evennaaste stoort of ontsticht. Zoo zal men

met betrekking tot de naastenliefde zich eerst toeleggen om de woorden of handelingen die met deze
deugd in strijd zijn, te verminderen en na te laten.

3) Doch al spoedig ga men verder, men ga tot
het *inwendige*, tot de oorzaak dier fouten, bijv. tot
gevoelens van afgunst, tot de begeerte om op den
voorgrond te treden enz. die wellicht de bron dier
fouten zijn.

4) Men mag zich hierbij volstrekt niet bepalen
tot het *negatieve*, dat is datgene wat met de deugd
in strijd is, dus tot de gebreken, maar men moet
zich juist op de *tegenovergestelde deugd* toeleggen :
dus niet enkel afbreken, maar ook opbouwen.

5) Ten slotte, om beter te slagen zal men met
zorg de stof van het onderzoek indeelen en niet een
deugd in haar volheid omvatten, maar in onderdeelen, dat is enkel eenige akten dier deugd, welke het
best passen in onzen tegenwoordigen toestand. Bijv.
voor de nederigheid, zal men beginnen met zich als
het ware weg te cijferen, dat is zich zelven te vergeten, zijn eigen meening niet op te dringen, aan
anderen den voorrang te geven en gaarne op den
achtergrond te blijven, enz.

**470. Wijze om het bijzonder onderzoek te
doen.** Het omvat, volgens den H. Ignatius, drie
tijden en wordt tweemaal daags gedaan.

1) " De eerste tijd is de morgen. Zoodra men opstaat maakt
men het voornemen zich zorgvuldig in acht te nemen voor
een bepaalde fout of gebrek waarvan men zich wil beteren ".
Deze tijd duurt niet langer dan men noodig heeft om zich aan
te kleeden, dus een paar minuten.

2) " De tweede tijd is na het middagmaal ; de derde na
het avondeten. Men begint met God te *vragen* wat men
wenscht, dat is de genade van zich te herinneren hoe dikwijls
men in die fout of dat gebrek gevallen is, en de genade er
zich van te beteren in de toekomst. Dan volgt het eerste
onderzoek waarin men zich, ten opzichte van dat bepaald
punt, nauwkeurig rekenschap vraagt. Men doorloopt ieder
uur van den voormiddag, dien men verdeelen kan naar de

verschillende bezigheden, van af het opstaan tot aan het onderzoek. Men teekent dan op de tabel (waarop men zijn fouten noteert) zooveel punten aan als men in die bijzondere fout of dat gebrek gevallen is. Ten slotte vernieuwt men het voornemen zich meer in acht te nemen tot aan het volgend onderzoek.

471. Hierbij gaat men te werk zooals bij het algemeen onderzoek, maar nu *noteert* men zijn ongetrouwheden om ze zich gemakkelijker te herinneren en daarna een vergelijking te kunnen maken, zooals de H. Ignatius zegt. Daar de eerste regel op de tabel het eerste gewetensonderzoek en de tweede het tweede aangeeft, vergelijke men des avonds de beide regels om te zien of er van het eerste tot het tweede verbetering is geweest. Zoo doet men eveneens met de dagen, om te weten of er verandering ten goede is waar te nemen. En ook nog met de weken, om te zien of in de laatst verloopen zeven dagen de vordering grooter is geweest dan in de zeven dagen der vorige week. Het nut dezer onderlinge vergelijkingen bestaat hierin dat de ijver wordt opgewekt : wanneer men *verlies* en *winst* naast elkander plaatst, wordt men vanzelf ook aangespoord om het eerste te verminderen, de tweede te vermeerderen.

Men kan hetzelfde resultaat bereiken door ieder maal men in een fout valt, waarop men bijzonder wilde letten, op de borst te kloppen en zich inwendig tot berouw op te wekken. Deze nauwgezetheid om terstond de minste fouten te herstellen, moet noodzakelijk bijdragen tot snelle verbetering des levens.

472. Op het eerste gezicht lijkt deze methode nog al ingewikkeld, in de praktijk is zij het echter minder. Heeft men niet veel tijd, dan neme men het voornaamste en bepale zich tot tien minuten. Voorziet men, dat er 'savonds geen tijd zal zijn, dan doe men het bij het bezoek aan het H. Sacrament.

473. C) **De gesteltenis,** waarmede men dit onderzoek moet doen. Om een nauwer vereeniging met God te bevorderen, moet het onderzoek vergezeld gaan van *dankbaarheid, leedwezen,* een *goed voornemen* en *gebed.*

a) Op de eerste plaats een gevoel van *innige dankbaarheid* jegens God, die gedurende den ganschen dag, door zijn vaderlijke voorzienigheid ons tegen de bekoringen beschermd, voor vele zonden

behoed heeft. Nimmer zullen wij Hem hiervoor
genoegzaan kunnen danken; trachten wij het daarom
zooveel mogelijk te doen en wel op practische wijze,
nam. door altijd weer een beter gebruik te maken
van zijn gaven.

474. b) De herinnering aan Gods weldaden en
het misbruik, dat wij er menigmaal van gemaakt
hebben, vervullen ons vanzelf met een gevoel van
leedwezen over onze ondankbaarheid; wij *vernederen*
ons en erkennen in alle oprechtheid onze overgroote
zwakheid, onze onwaardigheid; met *schaamte* belijden wij onze vele afwijkingen, maar verheffen tevens
de barmhartigheid van God, die zich altijd bereid
toont onze zonden te vergeven : onze ellende doet
de volmaaktheid Gods nog meer uitblinken. Deze
gevoelens moeten niet vluchtig zijn, maar bestendigd worden door den geest van boetvaardigheid
bij het overdenken onzer zonden " *mijn zonde is
altijd tegen mij* (Ps. L, 4.)

475. c) Uit het leedwezen wordt de vaste wil
geboren om *te boeten* en *ons te hervormen. Boeten*
door werken van boetvaardigheid : vallen wij in
eene fout, dan moeten wij niet verzuimen onszelven
eenige straf op te leggen; zoo verzwakken wij in
ons de zucht naar genot, de bron onzer zonden. *Ons
hervormen :* wij moeten de geschikte *middelen* aanwenden om het getal onzer fouten te verminderen.
Hierbij dient echter met zorg alle vermetel betrouwen uitgesloten te worden. Wie te veel op zijn
goeden wil en eigen krachten steunt, verliest vele
genaden en stelt zich bloot aan nieuwe onvoorzichtigheden en nieuwen val. Onze goede wil moet
vertrouwen op de almacht en grenzelooze goedheid
van God, die altijd bereid is hulp te bieden, wanneer
wij onze onmacht erkennen.

476. d) Om die hulp te verkrijgen, eindigen wij
met een *gebed*, nederig, dringend, in het bewustzijn

van onze geestelijke armoede en machteloosheid. Wij smeeken God, om de verdiensten van Jesus, ons de hulpzame hand te reiken en ons op te richten uit den poel, waarin wij wegzinken, ons los te maken van de zonde en wat er toeleidt en ons tot Hem omhoog te heffen.

Door deze gesteltenis en gevoelens, meer nog dan door het nauwkeurig opsporen onzer fouten, wordt onze ziel onder den invloed der genade langzamerhand omgevormd.

BESLUIT.

477. De kennis van God en van onszelven zal logisch een innige, liefdevolle vereeniging tusschen onze ziel en God voortbrengen. Hij is de oneindige volmaaktheid, wij zijn in de uiterste armoede. Tusschen ons beiden bestaat er dus een natuurlijk verband, een natuurlijke verhouding : in Hem vinden wij alles, wat ons ontbreekt. Hij neigt zich tot ons om ons met zijn liefde te omringen, met zijn weldaden te overladen; wij, wij streven naar Hem, den Eenige die ons tekort kan aanvullen, onze machteloosheid, in kracht kan veranderen. Hunkerend naar geluk en liefde, vinden wij beide slechts in Hem, die door zijn liefde al de verlangens van ons hart bevredigt en ons tegelijk de volmaaktheid en het geluk mededeelt. Verzuchten wij daarom dikwijls met den H. Augustinus : *Noverim te, Domine, ut amem te, noverim me, ut despiciam me :* Mocht ik U kennen, Heer, om U te beminnen, mocht ik mij zelven kennen om mij te minachten.

III. § Over de Gelijkvormigheid met den Wil Gods [1].

478. De kennis van God vereenigt niet slechts het verstand met de goddelijke gedachte, zij leidt

---

[1] H. Fr. van Sales, *Liefde Gods*, VIII-IX ; H. Alph. *Over de Gelijkv. met den Wil van God;* Mgr Gay, *Vie et vertus chrét.,* Traités XI, XIV.

ook naar de liefde, omdat alles in God beminnelijk is. De zelfkennis toont ons, hoezeer wij God noodig hebben en zet ons daarom aan om naar God te verlangen en ons in zijn armen te werpen. De *gelijkvormigheid met den goddelijken wil* vereenigt ons nog nader en inniger met Hem, die de bron is van alle volmaaktheid. Onze wil toch onderwerpt zich aan God, vereenigt zich met Hem en als de beheerscher onzer vermogens stelt hij ook deze geheel ten dienste van den Oppersten Meester. Wij mogen dus zeggen, dat de graad onzer volmaaktheid evenredig is aan den graad van gelijkvormigheid van onzen wil met dien van God. Dit zal nog duidelijker blijken uit de verklaring 1° van de *natuur* dezer gelijkvormigheid en 2° van hare *heiligende uitwerking.*

I. *Natuur van de gelijvoormigheid met den wil van God.*

479. Onder gelijkvormigheid met den wil van God verstaan wij de volkomen en lieldevolle onderwerping van onzen wil aan dien van God, het zij deze een *gebod* ofwel een *verlangen* uitdrukt.

De goddelijke wil openbaart zich inderdaad op tweevoudige wijze : **a**) hij is de *zedelijke gedragslijn* voor ons handelen, omdat hij ons duidelijk door de geboden of de raden toont, wat wij te doen hebben ; **b**) hij *bestuurt* alles met wijsheid, regelt alle voorvallen en doet ze strekken tot Gods glorie en heil der menschen; die wil wordt ons beteekend door *alles wat naar Gods voorzienigheid* in en buiten ons gebeurt.

In het eerste geval spreekt men van den uitgesproken wil Gods, omdat hij duidelijk verklaart, wat wij moeten doen. In het tweede, van Gods welbehagen, omdat de voorvallen, die Gods Voorzienigheid beschikt of toelaat, ons toonen, wat zijn verlangen is.

Wat zullen hier daarom verklaren : 1º Wat de *uitgesproken* wil Gods is, 2º wat zijn *welbehagen* 3º welke *graden* van onderwerping aan dat laatste er zijn.

1º DE UITGESPROKEN WIL GODS.

480. *De gelijkvormigheid met den uitgesproken wil Gods* bestaat in alles te willen, wat God ons als zijn inzicht kenbaar maakt. Welnu, zegt de H. Franciscus van Sales, "in de christenleer worden ons klaar en duidelijk de waarheden voorgehouden, die God wil, dat wij gelooven; de goederen, die Hij wil, dat wij verhopen; de straffen, die Hij wil, dat wij vreezen; datgene wat Hij wil, dat wij beminnen; de geboden, die Hij wil, dat wij onderhouden en de raden, die Hij verlangt, dat wij opvolgen. Dat alles is de uitgesproken wil van God, omdat Hij ons daarmede verklaard en geopenbaard heeft, dat Hij wil en verwacht, dat dit alles zal geloofd, verhoopt, gevreesd, bemind en in beoefening gebracht worden" [1].

Volgens den H. Kerkleeraar omvat de verklaarde wil dus vier zaken : de geboden Gods en der H. Kerk, de raden, de ingevingen der genade, en, voor de Kloosterlingen, den Regel en de Constituties.

481. a) Omdat God onze opperste Meester is, heeft Hij het recht ons te bevelen; daar Hij oneindig wijs en goed is, beveelt Hij ons niet dan wat strekt tot zijne glorie en tot ons geluk. In allen eenvoud en volgzaamheid moeten wij ons daarom onderwerpen aan zijne wetten, wetten door de natuur of door de openbaring bekend gemaakt, door de Kerk of door de burgerlijke macht op rechtvaardige wijze gegeven, want de Apostel Paulus leert, dat alle wettig gezag van God komt. Dus, gehoorzamen aan de Oversten, die gebieden volgens de

---

[1] *Verhandeling over de Liefde Gods.* VIII, 3e h.

macht hun gegeven, is gehoorzamen aan God, en hen weerstaan, is weerstaan aan God zelven. " Iedereen moet onderworpen zijn aan het hoogere gezag, want alle gezag komt van God, en ook het thans bestaande gezag is verordend door God. Wie zich dus verzet tegen het gezag, verzet zich tegen de verordening van God, en de weerspamigen zullen hun veroordeeling inloopen. (Rom. XIII, 1-2). Het is hier de plaats niet te onderzoeken, in welke gevallen de ongehoorzaamheid aan de verschillende wetten groote of kleine zonde is. Dit behoort tot de moraal theologie. Het zij genoeg te zeggen dat, met betrekking tot de volmaaktheid, wij tot God naderen in de mate wij getrouw en christelijk de wetten onderhouden, omdat de wet de uitdrukking is van Gods wil. Enkel zij hier nog bijgevoegd, dat de plichten van elken staat eveneens tot de geboden behooren : zij zijn als bijzondere bevelen door God, krachtens ieders eigen roeping en bediening, opgelegd.

Zonder de geboden en plichten van zijn staat te onderhouden, is dus geen heiliging denkbaar. Wie ze zou verwaarloozen om andere niet verplichte werken te doen, zou in grove dwaling verkeeren : een gebod gaat boven een raad.

48 2. b) *Op zich* is de onderhouding der *raden niet noodzakelijk ter zaligheid* en valt ook niet onder een rechtstreeksch en uitdrukkelijk gebod. Doch, gelijk reeds gezegd n. 353, somtijds is het om in den staat van heiligmakende genade te volharden, noodig iets meer te doen dan wat geboden is en dus eenige raden te beoefenen : het is een indirecte verplichting, gegrond op den stelregel : " wie het doel wil, wil ook de middelen ".

Maar, zooals wij n. 338 bewezen, wanneer men oprecht naar *volmaaktheid* wil streven, dan is het noodig eenige raden op te volgen, doch alleen die onvereenkomstig met ieders eigen staat. Zoo mag bijv. een gehuwde vrouw niet die raden beoefenen,

welke strijdig zijn met haar plichten jegens man of
kinderen, en evenmin een priester in bediening het
leven leiden van een kluizenaar. — In alle geval,
wie naar volmaaktheid streeft, moet er zich op toe
leggen meer te doen dan wat strikt geboden is :
hoe edelmoediger hij de raden, die met zijn staat
vereenigbaar zijn, beleeft, hoe meer ook hij God en
de volmaaktheid zal naderen : zij zijn immers de
openbaring van Gods verlangen ten zijnen opzichte.

483. c) Zoo ook *de inspraken der genade.* Zijn
zij duidelijk gekend en als van God komend erkend
door een wijzen zielsbestuurder, dan mogen zij
terecht als *bijzondere raden,* aan een bepaalden
persoon gegeven, beschouwd worden.

Wie dergelijke inspraken ontvangt; moet ze, in
haar voornaamste punten, aan het oordeel van den
biechtvader onderwerpen, anders wordt hij gemakkelijk misleid. Vurige, hartstochtelijke personen, met
levendige verbeelding, meenen al gauw, dat God tot
hen spreekt, terwijl het louter hun passies zijn, die
hun de een of andere gevaarlijke praktijk ingeven.
Angstvalligen, scrupuleuzen zouden, zonder controle
van den biechtvader, voor goddelijke ingeving
houden, wat feitelijk een spel van een opgewonden
verbeelding is ofwel een inblazing van den duivel,
die hen aldus tot moedeloosheid tracht te voeren.
Cassianus haalt daarvan verscheidene voorbeelden
aan in zijn *Collationes* [1]. De ervaren biechtvaders
weten eveneens, dat de verbeelding of de duivel
soms aanzet tot oefeningen, die nagenoeg onmogelijk of tegen de dagelijksche plichten zijn, onder den
schijn van goddelijke inspraken. Dergelijke inbeeldingen en inblazingen brengen verwaring voort :
volgt men ze, dan maakt men zich bespottelijk ; men
verspilt een kostbaren tijd of doet hem anderen verliezen; volgt men ze niet in, dan meent men in verzet

[1] 2ᵃ Coll. *de Discretione,* c. 5-8.

te zijn tegen God, men wordt moedeloos, om ten
slotte in verslapping te vallen. Er wordt dus
bedachtzaamheid vereischt. De gedragslijn hierbij
te volgen, is deze : gaat het over gewone dingen,
die andere vurige personen van gelijken staat over
het algemeen ook doen en die de ziel niet in verwarring brengen, dan mag men die met ijver beoefenen en er daarna met den biechtvader over
spreken; betreft het echter dingen die eenigszins
buitengewoon zijn en over het algemeen niet beoefend worden door vrome zielen, dan ga men er niet
op in vooraleer den zielsbestuurder geraadpleegd
te hebben. Ondertusschen make men zich niet
ongerust en vervulle edelmoedig al de plichten van
zijn staat.

484. Met dit voorbehoud zeggen wij, dat alwie
naar volmaaktheid tracht, zonder twijfel een aandachtig oor moet leenen aan de stem van den
H. Geest : *" ik zal hooren wat God de Heer in mij
spreekt "* (Ps. LXXXIV, 9). Zonder aarzelen, met
edelmoedigheid moet hij uitvoeren wat God van
hem vraagt, met Jesus zeggend : " Zie, Ik kom, om
uwen wil te doen " (Hebr. X, 9). Hierin toch
bestaat eigenlijk het beantwoorden aan de genade
en deze volgzame, standvastige beantwoording
kan ons alleen tot volmaaktheid brengen : " *Als
medearbeiders vermanen we u bovendien om Gods
genade niet vruchteloos te ontvangen* " (II Cor., VI, 1).
Het kenmerk der volmaakte zielen bestaat in
het hooren en het opvolgen der goddelijke ingevingen. " Wat Hem behagelijk is, doe ik altijd "
(Joan. VIII, 29).

485. d) Wat de kloosterlingen betreft, dezen
zijn volmaakter naar gelang zij — natuurlijk met
in achtneming hunner overige verplichtingen —
hunnen Regel en Constituties edelmoediger onderhouden : hierin toch vinden zij, middelen ter volmaaktheid, door de H. Kerk uitdrukkelijk of

stilzwijgend goedgekeurd. Gelijk reeds werd opgemerkt, n. 375, is het voorzeker in zich geen zonde,
zoo men uit zwakheid aan eenige ondergeschikte
voorschriften van den Regel te kort schiet; nochtans
zullen de vrijwillige nalatigheden menigmaal zondig
zijn om de min of meer zondige beweegreden,
waaruit zij voortkomen. Daarbij valt het niet te
ontkennen, dat wie nalatig is, ook maar uit zwakheid, een uitstekende gelegenheid verliest om verdiensten te vergaderen. Ook is het zeker dat de
onderhouding van den Regel het middel bij uitstek
is om den wil Gods te volbrengen : *qui regulæ vivit,
Deo vivit :* wie volgens den Regel leeft, leeft voor
God. Vrijwillig, zonder eenige reden ertegen misdoen, is een misbruik der genade.

Gehoorzamen aan den *uitgesproken* wil van God
is dus het gewone middel om de volmaaktheid te
bereiken.

2º DE GELIJKVORMIGHEID MET GODS WELBEHAGEN.

486. Deze gelijkvormigheid bestaat in zich te
onderwerpen aan alle voorvallen door Gods voorzienigheid gewild of toegelaten tot ons grooter welzijn en vooral tot onze heiliging.

a) Zij steunt op dezen *grond*, dat niets gebeurt
zonder Gods wil of toelating, en dat God oneindig
wijs en goed, niets wil en niets toelaat dan tot heil
der zielen, ook dan, als wij het niet zien. Dit
getuigde Tobias te midden zijner kwellingen en bij
de verwijten zijne echtgenoote : " *Gij zijt rechtvaardig, Heer... en al uw wegen zijn barmhartigheid
en waarheid en gerechtigheid*" (Tob. III, 2). Dit
verkondigde ook de Wijze Man : " *Maar uwe
voorzienigheid o Vader, bestuurt...* (Sap. XIV, 3.) *Zij
reikt met kracht van eind tot eind en beschikt alles
met zachtheid*" (Sap. VIII, 1). Dit leerde vooral de
Apostel Paulus : Voor die God beminnen werkt
alles mede ten goede (Rom. VIII, 28).

Maar om deze leer te begrijpen, moet men, in het licht des geloofs, het oog gericht houden op de eeuwigheid, op de eer van God en de zaligheid der menschen. Let men alleen op het tegenwoordige leven en het aardsche geluk, dan kan men de beschikkingen Gods niet begrijpen; het geloof echter toont ons, dat God ons hierbeneden aan beproevingen onderwerpt, omdat Hij ons gelegenheid wil geven te verdienen voor den hemel. Aan dit doel is alles ondergeschikt : de tegenwoordige kwellingen zijn slechts een middel om de ziel te louteren, om haar te bevestigen in de deugd en te verrijken voor de eeuwigheid en dit alles om de glorie van God, die het laatste einddoel der schepping is en blijft.

487. b) Het is dus voor ons een *plicht* ons in alle voorvallen te onderwerpen aan God, in voor en tegenspoed, in openbare rampen of persoonlijke ongelukken, in de wisselvalligheden der jaargetijden, in ontbering en lijden, in rouw en blijdschap, in de ongelijke verdeeling der natuurlijke of bovennatuurlijke goederen, in dorheid en troost, in ziekte en gezondheid, in den dood met zijn smarten en onzekerheden. Dat deed de H. Man Job : " *Zoo wij het goede uit Gods hand aangenomen hebben, waarom zouden wij dan het kwade niet aannemen?* " (Job. II, 10.) De H. Franciscus van Sales bewondert de schoonheid dezer woorden : " O God, hoe getuigen deze woorden van overgroote liefde! Hij bedenkt, Theotime, dat hij uit Gods hand zijn goederen heeft ontvangen. Hij betuigt dat hij die goederen niet zoo zeer geacht had, omdat zij iets goeds waren, maar omdat zij voortkwamen uit de- hand des Heeren. Daarom besluit hij er uit, dat hij met liefde ook den tegenspoed moet verdragen, omdat deze uit *dezelfde hand des Heeren voortkomt*, die even beminnenswaardig is, wanneer Hij kwellingen uitdeelt als wanneer Hij vertroostingen geeft " [1]. De tegenspoed geeft ons de gelegenheid om *God beter onze liefde te bewijzen;* inderdaad, Hem beminnen, wanneer Hij ons met goederen overlaadt, valt gemakkelijk, doch alleen de volmaakte liefde neemt met blijdschap de rampen des levens aan uit zijn hand, omdat zij beminnelijk worden om Hem, die ze overzendt.

488. De onderwerping aan het welbehagen Gods in droevige voorvallen is ons geboden door de *rechtvaardigheid* en de *gehoorzaamheid,* omdat God alle macht over ons heeft; is ons geboden uit *wijsheid :* het zou dwaasheid zijn zich te willen onttrekken aan de werking der Voorzienigheid, terwijl wij in nederige berusting *vrede* vinden ; geboden door ons *welbegrepen eigenbelang :* God beproeft ons immers alleen tot ons welzijn, om ons te oefenen in de deugd, om gelegenheid te geven aan te groeien in verdiensten ; doch geboden bovenal door de *liefde,* want liefde is zich zelven geven ja offeren.

489. c) Zijn echter de zielen nog niet opgeklommen tot de liefde van het Kruis, dan is het goed haar bij beproevingen eenige hulpmiddelen aan de hand te doen, ten einde haar lijden te verzachten en aldus de onderwerping aan Gods heiligen wil te vergemakkelijken. Het leed kan op twee wijzen verlicht worden : 1° door *niet* en 2° door *wel* te denken aan sommige dingen. 1) De eerste wijze is het lijden door een verkeerde manier van denken *niet te verzwaren.* Er zijn menschen, die hun verleden, tegenwoordige en komende kwellingen steeds voor den geest hebben, ze opeenhoopen en er als een ondragelijken last van maken. Men moet juist het tegenovergestelde doen : *iedere dag heeft genoeg aan zijn eigen kommer,* zegt Christus bij Mattheus (VI, 34). In plaats van de reeds geheelde wonden

---

[1] De Liefde Gods IX, 2e h.

van het verleden te openen, denke men er niet meer aan, tenzij om zich het voordeel te herinneren, dat men er uit getrokken heeft : verdiensten, vermeerdering van deugd door het beoefend geduld, gehardheid in het lijden. Zoo wordt het leed verzacht; doch blijft men er aan denken, dan blijft men het ook voelen.

En wat de *toekomst* aangaat, is het dwaas er zich nu reeds over te verontrusten. Het is natuurlijk raadzaam er aan te denken ten einde er ons zoo veel mogelijk op voor te bereiden, maar van te voren al denken aan kwellingen, die ons kunnen overkomen en er ons nu al over bedroeven, is tijd en krachten nutteloos verspillen : het kan immers even goed, dat die tegenspoed ons niet treft en zoo hij ons later overkomt, zal het dan vroeg genoeg zijn voor beoefening van het geduld : dan zal God ons voorzeker helpen door zijn genade; maar nu hebben wij die genade nog niet; dus moeten wij, aan ons zelven overgelaten, nu wel bezwijken onder een last, dien wij ons zelven opleggen. Is het niet veel wijzer ons geheel over te geven aan de leiding Gods en terstond alle gedachten of voorstellingen van verleden of toekomstige kwellingen, als schadelijk en verkeerd, uit onzen geest te verbannen?

490. 2) De tweede manier om het leed dragelijk te maken is daarbij te denken aan de groote *voordeelen* met de kwellingen verbonden. Het lijden is *leerzaam*, een *bron* van *licht* en *sterkte*. Het herinnert ons, dat wij hierbeneden ballingen zijn op weg naar het vaderland. Wij mogen ons niet vermeien met bloemen plukken, bloemen van aardschen troost : het ware geluk wordt slechts in den hemel gevonden. Zonder lijden zouden wij den hemel vergeten.

Het lijden is een bron van sterkte. De vele vermaken verslappen de werkkracht, ontzenuwen den moed en voeren tot schandelijken val; het lijden daarentegen, niet door zich zelf, maar door den terugslag, vermeerdert en staalt de wilskracht en maakt bekwaam tot de heldhaftigste deugd.

491. Het is ook een *bron van verdiensten*, voor ons en voor anderen. De kwellingen, met geduld verdragen ter liefde Gods en in vereeniging met Jesus Christus, verwerven ons een onschatbare glorie, gelijk de Apostel Paulus de eerste geloovigen herhaaldelijk voorhield : " *Het lijden van den tegenwoordigen tijd is niet te vergelijken bij de toekomende heerlijkheid die in ons zal goepenbaard worden* (Rom. VIII, 18.) *want de tijdelijke lichte verdrukking verwerft ons een onovertroffen gewicht van heerlijkheid* ". (II Cor. IV, 17.) De edelmoedige zielen vinden een opwekking in het overdenken der woorden van Paulus : " *thans verheug ik mij dat ik voor u lijden mag en aanvullen in mijn vleesch, wat aan Christus' lijden ontbreekt, ten bate van zijn Lichaam, de Kerk* (Col. I, 24). Lijdend met Jesus, dragen zij bij tot heil der H. Kerk. Dit volgt uit de leer over onze inlijving in Christus (n. 142 env.) Deze gedachten nemen het lijden niet weg, doch verzoeten er merkelijk de bitterheid van, omdat zij ons de heilrijke gevolgen van het lijden duidelijk doen inzien.

Alles noodigt ons dus uit onzen wil aan dien van God te onderwerpen, ook te midden der beproevingen.

3° GRADEN VAN GELIJKVORMIGHEID MET DEN WIL VAN GOD.

492. De H. Bernardus onderscheidt in deze deugd drie graden, welke beantwoorden aan de drie trappen der christelijke volmaaktheid : " de *beginnende*, door vrees geleid, neemt het kruis van Christus *geduldig* aan ; de *meer gevorderde*, door hoop gedreven, draagt het met *zekere vreugde ;* de *volmaakte*, door de hoogste liefde bezield, omhelst het *met geestdrift* ". [1]

---

[1] S BERN., *Sermo S. Andreæ,* 5.

A) De *beginnenden*, ondersteund door de *vrees* des Heeren, beminnen het lijden niet, trachten het zelfs te ontwijken, maar willen het toch ondergaan liever dan God te beleedigen. Zij zuchten wel onder den last des kruises, doch dragen het niettemin met geduld : zij zijn gelaten.

B) De *meer gevorderden*, sterk door de *hoop* en het verlangen naar de hemelsche goederen en over- tuigd, dat iedere beproeving een eeuwig loon ver- dient, zoeken het kruis nog wel niet, maar dragen het gewillig en zelfs eenigszins blijde : " Uitgaande gingen zij en weenden zaaiende; doch terugkeerende zullen zij met blijdschap wederkomen, hun garven dragende. " (Ps. CXXV, 6.)

C) De *volmaakten*, door *liefde* geleid, gaan ver- der : om God, dien zij beminnen, te verheerlijken, om volkomener gelijkvormig te worden aan Jesus Christus, gaan zij het kruis te gemoet, zij verlangen er naar, zij omhelzen het met geestdrift, niet omdat het kruis beminnelijk is in zich, doch omdat ze daardoor hun liefde tot God, tot Jesus Christus kunnen toonen. Met de Apostelen, verheugen zij zich waardig gekeurd te zijn voor den naam van Jesus smaad te ondergaan. Gelijk de Apostel Paulus, vloeien zij over van blijdschap te midden van al hun kwellingen. Deze laatste graad wordt *heilige overgave* genoemd. Wij zullen er later op terugkomen, wanneer wij over de liefde Gods zul- len spreken. [1]

II. *Heiligende werking dezer gelijkvormigheid.*

493. Uit het voorgaande blijkt duidelijk, dat deze gelijkvormigheid met den wil van God ons noodzakelijk zal heiligen, wijl zij onzen wil en dus ook onze overige vermogens met Hem vereenigt, die de bron is van alle heiligheid. Tot nog beter

---

[1] H. Franc. v. Sales, *de Liefde Gods*, IX, 15 h.

begrip, zullen wij nagaan, hoe zij ons *zuivert*, ons *hervormt* en *gelijkvormig maakt* aan Jesus Christus.

494. 1º Deze gelijkvormigheid *zuivert*. Reeds in de Oude Wet getuigde God meerdere malen dat Hij bereid is alle zonden te vergeven en de schitterende blankheid der eerste zuiverheid terug te geven aan de ziel, die haar verkeerden wil aflegt. " *Wascht u, weest rein; neemt weg van voor mijn oogen het kwaad uwer gedachten; houdt op verkeerd te handelen, leert wel te doen... Al waren uwe zonden als scharlaken, zij zullen wit worden als sneeuw* " (Is. I, 16-18). Maar den wil gelijkvormig maken aan dien van God is dit niet ophouden met zondigen, het goede beoefenen? Bedoelen dit ook niet de zoo dikwijls herhaalde tekstwoorden : " *Gehoorzaamheid is beter dan offeranden?* " (I Reg. XV, 22; cf. Osee VI, 6; Matth. IX, 3; XII, 7.) In het Nieuwe Testament verklaart Christus, van af zijn komst in de wereld, dat Hij door *de gehoorzaamheid* al de sacrificiën der Oude Wet zal vervangen : " *Brand en zoenoffers behaagden U niet. Toen zeide Ik : Zie Ik kom... om uwen wil te doen, o God* ". (Hebr. X, 6-7.) En inderdaad, Hij heeft ons vrijgekocht door de gehoorzaamheid, opgevoerd tot een slachtoffering van zichzelven zijn leven lang en vooral op Calvarië : " *door gehoorzaam te worden tot den dood, ja tot den dood van het kruis* " (Phil. II, 8). Door de gehoorzaamheid en het gewillig aannemen der beproevingen, welke de Voorzienigheid ons overzendt, zullen ook wij in vereeniging met Jesus onze zonden uitboeten en onze ziel zuiveren.

495. 2º Deze gelijkvormigheid met Gods wil hervormt ons. Wat ons misvormd heeft, was de ongeregelde zucht naar genot, waaraan wij door *boosheid* of uit *zwakheid* hebben toegegeven. Welnu de gelijkvormigheid met den wil van God geneest ons van dit tweevoudige euvel, oorzaak van ons hervallen.

a) Zij geneest ons van de *boosheid*, welke zelf voortkomt uit onze gehechtheid aan de schepselen en vooral uit de vasthoudendheid aan eigen oordeel en eigen wil. Wanneer wij onzen wil naar dien van God schikken, nemen wij zijn oordeelen als regel voor de onze, zijn geboden en zijn raadgevingen als richtsnoer voor ons willen; zoo onthechten wij ons aan de schepselen en aan ons zelven, zoo ontdoen wij ons van de boosheid, welke uit die gehechtheid voortkomt.

b) Zij verhelpt onze *zwakheid*, oorzaak van zoovele tekortkomingen. In plaats van op eigen zwakheid te steunen, zoeken wij, door de onderdanigheid, onze kracht in God : Hij, de Almachtige, deelt ons van zijn kracht mede en doet ons pal staan te midden der hevigste bekoringen, volgens het woord des Apostels : " Tot alles ben ik in staat door Hem, die me sterkt ". (Phil., IV, 13). Doen wij wat Hij ons vraagt, dan vindt Hij er zijn behagen in te doen wat wij wenschen : Hij verhoort onze gebeden en ondersteunt onze zwakheid.

Bevrijd van onze boosheid en zwakheid, houden wij op God nog langer vrijwillig te beleedigen en hervormen wij langzamerhand ons leven.

496. 3° Dan wordt ons leven tevens gelijkvormig aan dat van onzen Heer Jesus Christus. a) Er is geen gelijkvormigheid zoo reëel, zoo diepgaand als die tusschen twee willen bestaat : zij maakt van de twee één. Wanneer wij onzen wil gelijkvormig maken aan dien van God, vereenigen wij hem in onderwerping met dien van Jesus wiens " voedsel was den wil te doen zijn Vaders"; evenals Hij en met Hem willen wij alleen wat de Vader wil, altijd en overal. De twee willen zijn samen gesmolten ; in alles zijn wij één met Hem, zijn gedachten, zijn gevoelens, zijn begeerten zijn de onze, volgens den raad van Paulus : " *laat dezelfde gezindheid onder u heerschen als ook in Christus Jesus was* ". (Phil. II, 5), en weldra zullen we ook nog met hem mogen zeggen : "*ik zelf leef niet meer, maar Christus leeft in mij*". (Gal. II, 20).

497. b) Door onzen wil aan God te onderwerpen, onderwerpen wij Hem tevens al de overige vermogens, die van den wil afhangen, wij vereenigen ze met God; dus is ook onze ziel dan met Jesus in onderwerping vereenigd. Zij neemt langzamerhand de gevoelens, den wil en de begeerten van Christus in zich op en maakt zich achtereenvolgens al de deugden van Christus eigen. Wat van de liefde gezegd is (n. 318) kan op de gelijkvormigheid met den wil Gods toegepast worden, want zij is er de zuiverste uitdrukking van. Beide bevatten zij alle deugden, want gelijk de H. Franciscus van Sales zegt : "de overgave is de deugd der deugden, de bloem der liefde, de geur der nederigheid, de verdienste, schijnt het, van het geduld en de vrucht der volharding". Daarom ook geeft de Zaligmaker den heerlijken naam van broeder, van zuster en van moeder aan wie den wil zijns Vaders doen. (Matth. XII, 50).

BESLUIT.

498. De gelijkvormigheid met den wil Gods is dan een der voornaamste middelen tot onze heiliging. Wij kunnen daarom niet beter besluiten dan met de woorden van de H. Theresia[1] : " Het eenig streven van wie zich op het gebed begint toe te leggen, — vergeet dit niet, want het is van het hoogste belang — moet wezen zich moedig in te spannen om zijn wil gelijkvormig te maken aan dien van God... Hierin bestaat uitsluitend de hoogste volmaaktheid, die men op den geestelijken weg kan bereiken. Hoe volkomener deze gelijkvormigheid is, des te meer ontvangt men van den Heer en des te

---

[1] H. THER. *Kasteel der ziel*, 2 Verblijf.

verder is men op dien weg gevorderd ". Zij voegt er
bij dat zij voor zich liever op den weg dier gelijkvormigheid zou hebben willen leven zonder geestverrukkingen, zoozeer was zij overtuigd, dat die weg
alleen voldoende is om de hoogste volmaaktheid te
bereiken.

§ IV. Het Gebed [1].

499. Het gebed is de samenvatting en de voltooiing van al de voorgaande akten : het is een *verlangen naar volmaaktheid*, want men bidt niet oprecht,
als men niet beter wenscht te worden; het veronderstelt een zekere *kennis van God en van zichzelven*,
omdat het beiden, God en de ziel, samen brengt;
het *maakt onzen wil gelijkvormig aan dien van God*,
wijl ieder goed gebed een uitdrukkelijke of stilzwijgende akte van onderwerping aan God, den Opperheer, inhoudt. Het gebed *vervolmaakt* daarenboven
al die akten, omdat het ons doet nederknielen voor
de goddelijke Majesteit om te aanbidden en nieuwe
genadehulp ter volmaaktheid af te smeeken.

Wij gaan nu verklaren : 1° *de natuur* van het
gebed; 2° *zijn krachtdadigheid* als middel ter volmaking; 3° *de manier* om ons leven tot een *altijddurend gebed* te maken.

I. *Natuur van het Gebed.*

500. Wij nemen hier het gebed in zijn ruimsten
zin, in zoover het een verheffing der ziel tot God is.
Wij zullen nu uiteenzetten : 1° *Wat het gebed is*,
2° *de verschillende wijzen van bidden*, 3° het volmaakt
gebed of *het Onze Vader*.

1° WAT HET GEBED.

501. Wij vinden bij de H. Vaders drie bepalingen
die elkaar aanvullen. 1) Het gebed, genomen in

---

[1] S. THOM. IIᵃ IIᵃᵉ q. 83-84; SUAREZ, *de Religione*, Tr. IV, l. I,
de Oratione; H. ALPH. *Over het groote middel des gebeds.*

zijn ruimste beteekenis, wordt door den H. Joannes Damascenus [1] omschreven : *ascensus mentis in Deum :* een opstijgen der ziel tot God. Vóór hem had de H. Augustinus [2] het genoemd : *mentis in Deum affectuosa intentio :* een liefdevolle zielsdrang naar God. 2) In meer beperkten zin is bidden : *petitio decentium a Deo :* God om wat goed is, vragen. (S. Joannes Damasc.) [3]. 3) Om de wederkeerige verhouding aan te geven, die door het gebed tusschen God en de ziel ontstaat, wordt het door den H. Gregorius van Nyssa [4] aangeduid als een samenspraak met God : *conversatio sermocinatioque cum Deo.* Dit alles is juist. Wanneer men al deze bepalingen samenvat, kan men het gebed noemen : *eene verheffing der ziel tot God, ten einde Hem onze afhankelijkheid te betuigen en Hem genade te vragen om beter zijne glorie te dienen.*

502. Het woord *verheffing* wordt figuurlijk gebruikt en beteekent de inspanning, die wij ons geven om ons van de schepselen en van ons zelven af te wenden, om aan God te denken, die ons niet enkel omgeeft van alle zijden, maar ook in het binnenste onzer ziel verblijft. Daar wij maar al te zeer geneigd zijn om onze vermogens op een menigte voorwerpen buiten ons te vestigen, wordt er inderdaad inspanning vereischt om ze in bedwang te houden en ze tot God te richten. Deze verheffing tot God wordt *samenspraak* genoemd, omdat het gebed, aanbidding of smeeking, een antwoord van God verwacht; het is dus werkelijk een gesprek met God, hoe kort dan ook.

Bij dit gesprek moeten wij natuurlijk eerst en vooral God onze eerbiedige hulde bewijzen. Wanneer men in de wereld zich tot iemand van stand wendt,

---

[1] *De fide orthodoxa,* l. III, c. 24. — Gr. Vaders, XCIV, 1090.
[2] *Sermo* IX, n. 3.
[3] Ibidem.
[4] *Or. I de Orat. Domini,* Gr. Vaders, XLIV, 1124.

groet men eerst, voordat men zijn verzoek voor-
draagt. Velen denken hieraan niet, wanneer zij bidden,
en dat is ook een der redenen, waarom zij minder
bekomen. Ook dan zelfs, wanneer wij genaden
vragen tot heiliging en zaligheid onzer ziel, mogen
wij toch nimmer vergeten, dat *de eer van God* het
hoofddoel onzer gebeden moet wezen. Daarom
hebben wij in onze bepaling van het gebed (n. 501)
er bij gevoegd : " *Om beter zijne glorie te dienen* ".

2° VERSCHILLENDE WIJZEN VAN BIDDEN.

503. A) Naar het doel, dat men beoogt, is het
gebed of aanbidding of smeeking.

a) **Aanbidding.** De eigenlijk gezegde aanbidding
richt zich tot den Opperheer; doch wijl God ook
onze Weldoener is, zijn wij Hem dank verschuldigd
en daar wij Hem beleedigd hebben, moeten wij Hem
ook eerherstel brengen.

1) Als wij ons tot God verheffen, moet ons eerste
gevoel dat van *aanbidding*, zijn, " erkenning van
Gods opperheerschappij en van onze meest volstrekte afhankelijkheid " [1]. De gansche natuur
aanbidt God op eigen wijze; maar heeft noch hart
om Hem te beminnen, noch verstand om Hem te
begrijpen. Haar taak is enkel hare orde, hare
onderscheiden werkingen en haar schoonheden aan
onze blikken te vertoonen : " zien kan zij niet; zij
laat zich zien; zij kan niet aanbidden, zij wekt er
ons toe op; zij kent God niet, maar duldt in ons
omtrent Hem geen onwetenheid... De mensch
echter, rijkelijk begiftigd met rede en verstand en
bekwaam om uit zichzelven en door de schepselen
God te erkennen, wordt door eigen wezen en door
alle schepsel gedrongen Hem de hulde zijner aanbidding te bewijzen. Daarom is de mensch, zelf een
geheimzinnige kleine wereld, in het midden der

---

[1] BOSSUET, *Sermon sur le culte de Dieu.*

wereld geplaatst, opdat hij het heelal beschouwend en het in zich samenvattend, èn zichzelven èn alle zaken tot God terugvoere, zoodat hij slechts beschouwer is van de zichtbare natuur om de aanbidder te worden van de onzichtbare Natuur, die door haar almacht alles uit het niet te voorschijn riep. " [1] Met andere woorden, de mensch is de *priester* der schepping, belast met de taak om, in zijn eigen naam en dien van alle schepselen, God te verheerlijken. Dit doet hij "door te belijden, dat God een volmaakte natuur is en daarom onbegrijpelijk; dat God een opperste natuur is; dat God een weldoende natuur is... wij gevoelen ons vanzelf gedrongen te eerbiedigen wat volmaakt is,... ons afhankelijk te toonen van wat boven alles staat,... ons te hechten aan wat goed is. " [2]

504. De mystieken beschouwen en aanbidden dan ook met welgevallen in de schepselen Gods almacht, majesteit, schoonheid, werkdadigheid, vruchtbaarheid in die schepselen verborgen. " Mijn God, ik aanbid U in al uwe schepselen ; ik aanbid U, wezenlijke en eenige steun der wereld ; zonder U zou niets bestaan en niets bestaat dan in U. Ik bemin U, o mijn God, en ik loof uwe majesteit, die naar buiten doorschijnt in alle schepselen. Alwat ik zie, o mijn God, dient enkel ter openbaring uwer geheime en voor 's menschen oogen verborgen schoonheid. Ik aanbid uwen luister en uwe majesteit duizendmaal schooner dan die der zon... [3]

505. 2) Op de aanbidding volgt de *dankbaarheid*. God immers is niet alleen onze Opperheer, maar ook een overgroote *Weldoener*. Hem danken wij alles, wat wij zijn en hebben, zoowel in de orde der natuur als in die der genade. Voortdurend ontvangen wij nieuwe gunsten uit zijn hand : daarom

[1] BOSSUET, ibidem. — [2] BOSSUET, ibidem.
[3] OLIER, *Journée chrétienne*, II. P. Actes quand on va aux champs.

ook heeft Hij recht op onze altijdurende dankbaarheid. De H. Kerk noodigt ons dan ook dagelijks
tijdens de Mis uit om God dank te zeggen voor al
zijn weldaden, en bovenal voor de alles omvattende
gave der H. Eucharistie : *Gratias agamus Domino
Deo nostro... Vere dignum et justum est, æquum et
salutare... gratias agere :* Laten wij dank brengen
aan den Heer, onzen God. Want het is in waarheid
voegzaam en rechtvaardig, billijk en heilzaam.
Daarom ook legt zij ons de verheven woorden in
den mond : "*Gratias agimus tibi propter magnam
gloriam tuam :* Wij danken U om uwe groote glorie ".[1] Hierin volgt de H. Kerk het voorbeeld van
Jesus, die dikwijls den Vader dank zegde, en de
lessen van den H. Paulus, die ons aanspoort, God
dankbaar te zijn voor al zijn weldaden : "*brengt
dankzegging voor alles, want dit is voor u Gods wil*"
(1 Thess. V, 18). "*God zij dank voor zijn onuitsprekelijke gave*" (II Cor. IX, 15). Trouwens edelmoedige zielen hebben geen opwekking van noode tot
vervulling van dezen plicht : gedrongen, door de
herinnering aan Gods weldaden, geven zij voortdurend uiting aan de dankbaarheid, waarvan hun
hart overvloeit.

506. 3) Doch in den staat van *de gevallen natuur*,
is ons nog een derde plicht opgelegd, namelijk die
van uitboeting en herstel. Wij hebben immers maar
al te dikwijls de goddelijke Majesteit beleedigd,
zelfs door zijn eigen gaven. Dit is een onrecht, dat
genoegdoening eischt en wel zoo volkomen mogelijk. Daartoe behooren vooral drie zaken : 1º de
nederige *erkenning* onzer fouten ; 2º een oprecht
leedwezen ; 3º het *moedig aanvaarden* der beproevingen, die het God behaagt ons over te zenden. Willen wij daarbij nog edelmoedig zijn, dan zullen wij
ons zelven opdragen als zoenoffer in vereeniging met

---

[1] *Gloria in excelsis Deo.*

het Slachtoffer van Calvarië. Dan zullen wij nederig vergeving vragen en met recht verhopen.

Ook staat het ons vrij nieuwe genaden af te smeeken.

507. b) Het **smeeken** om Gods goede gaven, *petitio decentium a Deo*, is op zichzelf een hulde aan God, aan zijn macht, aan zijn goedheid, aan de kracht der genade; het is een bewijs van vertrouwen in Hem tot wien de smeeking gericht wordt. [1]

Wat ons aanzet tot bidden, is eenerzijds de liefde van God tot zijn schepselen en kinderen, anderzijds de dringende behoefte, die wij hebben aan zijn hulp. God is de onuitputtelijke bron van alle goed en verlangt er van uit te storten in onze zielen. Daar Hij onze Vader is, wenscht Hij niets vuriger dan ons zijn leven mede te deelen en het in ons te vermeerderen. Daarom zond Hij zijn Zoon op aarde. Jesus kwam onder ons; Hij verscheen, vol genade en waarheid, om ons met zijn schatten te verrijken. Hij noodigde zelfs ons uit om zijne genaden te vragen, met de belofte ze ons te schenken : " *Vraagt en u zal gegeven worden, zoekt en gij zult vinden, klopt en men zal u opendoen* " (Matth. VII, 7). Wij mogen ons derhalve verzekerd houden van God door ons gesmeek te behagen.

508. Daarbij hebben wij dringende behoefte aan hulp. In de orde der natuur en der genade, zijn wij armen, bedelaars : *mendici Dei sumus*, hebben wij gebrek aan alles. Door ons wezen afhankelijk van God ook in de natuurlijke orde, kunnen wij zelfs het bestaan, dat Hij ons gaf, niet in stand houden door eigen kracht; wij hangen hierin af van de natuurlijke oorzaken en deze weer van God. Het is ijdel te zeggen : wij hebben ons verstand, onze armen; door eigen kracht kunnen wij uit den schoot der aarde te voorschijn halen, wat tot ons voort-

---

[1] S. Thom., *Sum. theol.*, IIa IIae, q. 183, a. 3.

bestaan noodig is. Door God blijven dat verstand
en die armen ons ten dienste staan en ze treden
slechts in werking door Gods medewerking. Slechts
dan brengt de aarde vruchten voort, wanneer God
haar met zijn regen besproeit en door de stralen
van zijn zon vruchtbaar maakt. En hoeveel onvoorziene onheilen kunnen den reeds rijpen oogst vernielen! — Maar hoeveel meer nog hangen wij van
God af in de bovennatuurlijke orde! Wij behoeven
licht om veilig te gaan en wie zal het ons geven
tenzij de Vader van alle licht? Wij hebben *moed*
noodig en *sterkte* om dat licht te volgen en van
wien zullen die komen tenzij van Hem, die almachtig is? Tot Hem dus moeten wij ons richten, tot
Hem, die zelf verlangt ons te helpen.

509. Men zegge niet, dat Hij, door zijn alwe-
tendheid, kennis draagt van alwat ons noodig of
nuttig is. Zonder twijfel, antwoordt de H. Thomas,
schenkt God ons, uit louter vrijgevigheid, vele
zaken zonder dat wij ze vragen, toch zijn er ook
die Hij slechts aan het gebed wil verleenen. En Hij
doet zulks tot ons welzijn, opdat wij een zekere
vertrouwelijkheid zouden krijgen en erkennen, dat
Hij de Gever is van al het goed, dat wij bezitten [1].
Wanneer wij bidden, dan hebben wij vooreerst
meer vertrouwen op verhooring, en verder loopen
wij minder gevaar God te vergeten. Wij denken nu
reeds zoo weinig aan Hem, wat zou het zijn, indien
wij de behoefte niet gevoelden om in onzen nood
tot Hem te gaan?

Te recht dus eischt God van ons, dat wij tot
Hem bidden om te verkrijgen.

510. B) Wanneer wij de verschillende wijzen van
bidden beschouwen, onderscheiden wij : het inwendig en het mondgebed, het privaat en het openbaar
gebed.

---

[1] *Sum. theol.*, IIa IIJ.r, q. 83, a. 2 ad 3. Cf. MONSABRÉ : *La Prière.*

a) Het gebed is *inwendig* of *mondeling* naargelang het enkel in den geest verricht wordt of door woorden wordt uitgedrukt.

1) Het eerste is als het ware een inwendig gesprek der ziel met God, dat zich niet uitwendig openbaart. Iedere zielsakt, welke tot doel heeft nader tot God te voeren door kennis en liefde, zooals overweging, betrachting, navorsching, beschouwing, verheffing tot God, kan inwendig gebed genoemd worden. Ook die akten, waardoor wij in ons zelven treden ten einde ons te leeren kennen en ons te verbeteren om onze ziel minder onwaardig te maken in de oogen van haar goddelijken Gast. Alle immers bevestigen onzen wil in het goede, alle zijn een aansporing tot beoefening der deugd. Zij zijn als een voorbereiding tot het leven des hemels, dat bestaan zal in het eeuwig, liefdevol beschouwen van God [1].

511. 2) Van het mondgebed hooren wij dikwijls in de H. Schrift. Zij noodigt ons uit om onze stem, onzen mond, onze lippen te gebruiken tot verheerlijking van God : " *Met mijn stem heb ik tot den Heer geroepen* ". (Ps. III, 17). " *Heer, open mijne lippen, en mijn mond zal uwen lof verkonden* ". (Ps. L. 5). Doch waarom uitwendig de gevoelens openbaren, die God in het binnenste der harten ziet? Het is om God de hulde aan te bieden niet enkel van onze ziel, maar ook van ons lichaam en vooral van het *woord*, dat Hij ons gaf om onze gedachten uit te drukken. Dit is in den grond de leer van Paulus, wanneer hij, na ons voor oogen gesteld te hebben, dat Jesus voor ons buiten Jerusalem gestorven is, ons uitnoodigt buiten ons zelven te gaan en ons te vereenigen met onzen Middelaar : " *Door Hem moeten wij een altijddurend dankoffer brengen aan God*, **namelijk**

---

[1] In het tweede gedeelte wordt uitvoeriger gesproken over het inwendig gebed.

de vrucht van lippen, die zijn naam verheerlijken ".
(Hebr. XIII, 15). Het is ook om onze godsvrucht
aan te vuren door den klank zelf onzer stem, gelijk
de H. Thomas [1] zegt. De zielkunde toont, hoe
inderdaad het inwendig gevoel door zich te uiten
versterkt wordt. Het is ook tot *stichting* van den
evennaaste : anderen met vurigheid hooren of zien
bidden, doet onze eigen godsvrucht aangroeien.

512. b) Het mondgebed is *privaat* of *openbaar*,
naargelang het geschiedt in naam van *een persoon
alleen*, of van *een gemeenschap*. Wij hebben elders
reeds bewezen, dat *de gemeenschap als zoodanig* aan
God een gemeenschappelijke hulde verschuldigd is,
omdat ook zij Hem moet erkennen als Opperbeer
en Weldoener. Daarom schrijft de Apostel Paulus
aan de eerste christenen dan ook, dat zij zich zouden
vereenigen *" opdat ge eendrachtig en uit éénen mond
den God en Vader van onzen Heer Jesus Christus
verheerlijken moogt. "* (Rom. XV, 6). Christus had
reeds vroeger zijn leerlingen uitgenoodigd om samen
te komen om te bidden en beloofde in hun midden
te zijn om hunne beden te ondersteunen : want
waar twee of drie vergaderd zijn in mijnen naam,
daar ben Ik in hun midden (Matth. XVIII, 20).
Is dit waar van een samenzijn van twee of drie,
hoeveel te meer dan, wanneer velen vereenigd zijn
om *officieel* God eer en glorie te geven? Dan, zegt
de H. Thomas, is de kracht onzer gebeden onweerstaanbaar [2]. Gelijk een vader, die aan het verzoek
van één zijner kinderen weerstaat, zich laat verbid-
den, wanneer alle te zamen dat verzoek ondersteunen, zoo ook zal onze Vader die in de hemelen is,
evenmin weerstand kunnen bieden aan den zachten
dwang van het vereend gebed van velen zijner
kinderen.

---

[1] *In libro Sentent.* 17, distinct. XV, 2. 4, a. 4.
[2] *Comment. in Matth.* c. XVIII.

513. Het is dus van groot belang, dat de christenen dikwijls samenkomen tot vereende aanbidding en gebed. Daarom roept de H. Kerk op zon- en feestdagen hare kinderen bijeen om het H. Misoffer, het openbaar gebed bij uitnemendheid, en de goddelijke diensten bij te wonen.

514. Maar niet elken dag kan zij de geloovigen allen samenroepen en toch verdient God elken dag verheerlijkt te worden, daarom legt zij hare priesters en religieuzen op zich verschillende malen daags van dien grooten plicht te kwijten. Zij doen dit door het *goddelijk Officie*, het openbaar gebed, dat zij niet in eigen naam, maar in dien der geheele Kerk en voor alle menschen bidden. Daarom behooren zij, dan vooral, zich op bijzondere wijze te vereenigen met den grooten *Gods vereerder*, het Menschgeworden Woord, om met Hem en door Hem God te verheerlijken en terzelfdertijd alle genaden te vragen, die het Christenvolk behoeft.

3° HET ONZE VADER.

515. Onder de gebeden, die wij in 't bijzonder of in 't openbaar bidden, is er geen schooner dan het *Onze Vader*, het gebed ons door Christus zelven geleerd. A) Het begint met een korte, schoone *inleiding*, die ons geloof en vertrouwen in God opwekt : " *Onze Vader, die in de hemelen zijt.*". Het eerste wat men te doen heeft als men gaat bidden, is zich naar God te richten. Het woord *Vader* brengt ons aanstonds Hem voor den geest, die de Vader bij uitnemendheid is, de eigen Vader van het Woord, onze Vader door aanneming, die ons omvat in diezelfde liefde, waarmede Hij zijn Zoon omvat. Deze Vader is in de hemelen, dat is almachtig en de bron van alle genaden ; daarom dringt ons het gevoel om Hem met volkomen, met kinderlijk vertrouwen aan te roepen. Daar wij allen deel uitmaken van de groote familie Gods, allen broeders zijn, zeggen wij *Onze* Vader.

516. B) Dan volgt het *voorwerp* van het gebed : *Alles* wat wij kunnen wenschen en dat *in de volgorde* waarin wij het moeten wenschen : **a**) vóór alles, het *hoofddoel*, de glorie van God : *Geheiligd worde uw naam*, dat is, hij worde erkend en beleden als heilig; **b**) daarna volgt het *bijkomstig doel*, de uitbreiding van het rijk Gods in ons, waardoor onze intrede in het hemelrijk wordt voorbereid : *laat toekomen uw rijk.* **c**) Het eigenlijk middel om dit dubbel doel te bereiken, is de gelijkvormigheid met den wil van God : *uw wil geschiede op aarde, zooals in den hemel.* Hierna volgen *de bijkomstige middelen* die het tweede gedeelte van het Onze Vader uitmaken : **d**) het *positief* middel, *het dagelijksch brood*, brood voor het lichaam en brood voor de ziel, die beide noodig zijn om te blijven bestaan en te vorderen; **e**) eindelijk de *negatieve* middelen, welke zijn : 1) *de vergeving der zonde*, het eenig wezenlijk kwaad, ons vergeven naarmate wij zelf vergeven : *Vergeef ons onze schulden, gelijk ook wij vergeven aan onze schuldenaren;* 2) *de bevrijding van beproevingen en bekoringen*, waarin wij wellicht zouden bezwijken, 3) ten slotte *de bevrijding van alle lichamelijk kwaad*, van de ellenden des levens, in zoover zij een beletsel voor onze heiliging zijn : *maar verlos ons van den kwade.*

Verheven gebed! verheven, omdat alles betrekking heeft op de glorie van God, maar ook eenvoudig en voor allen geschikt, want terwijl wij Gods eer zoeken te bevorderen, vragen wij tevens alwat ons het meest voordeelig is. De Kerkvaders en Heiligen hebben met innige voldoening dit gebed verklaard [1]. Ook de Catechismus van het Concilie van Trente geeft er een lange en zeer degelijke uitlegging van.

---

[1] HURTER heeft vele dezer verklaringen verzameld : *Opuscula Patrum selecta*, t. II. Cf. *Sum. theol.* IIᵃ IIᵃᵉ q. 83, a. 9; de H. THERESIA, *De Weg der Volmaaktheid;* MONSABRÉ, *La prière divine, le Pater.*

II. *Krachtdadigheid van het gebed als middel ter volmaaktheid.*

517. Het gebed draagt zoozeer bij tot onze heiliging, dat de Heiligen als om strijd de spreuk hebben herhaald : *recte novit vivere qui recte novit orare :* hij weet wel te leven, die weet wel te bidden. Het gebed heeft inderdaad drie wonderbare gevolgen : 1° het onthecht ons aan de schepselen; 2° het vereenigt ons geheel met God; 3° het vormt ons langzamerhand om in Hem.

518. 1° Het gebed onthecht ons aan de schepselen, in zoover zij onze vereeniging met God in den weg staan. Dit volgt uit den aard zelf van het gebed : om tot God op te stijgen, moeten wij ons eerst losmaken van het aardsche. Aangetrokken door de schepselen en door de genoegens, die zij ons beloven, daarenboven beheerscht door de zelfzucht, kunnen wij alleen aan die twee vangarmen ontkomen door de banden te verbreken, die ons aan het aardsche hechten. Doch geen geschikter middel om ons vrij te maken, dan de ziel door het gebed tot God te verheffen : om aan God en zijne glorie te denken, om Hem te beminnen, moeten wij ons zelven verlaten en de schepselen met hunne verraderlijke aanlokselen vergeten. Zijn wij eenmaal opgeklommen tot God en met Hem in vertrouwelijk gesprek verbonden, dan zullen zijn oneindige volmaaktheden, zijn beminnelijkheid en de beschouwing van de goederen des hemels onze ziel geheel onthechten aan het aardsche. Met den H. Ignatius zullen wij uitroepen : " Hoe walgt mij de aarde wanneer ik den hemel beschouw! " Meer en meer haten wij de *doodzonde*, die ons geheel van God zou afwenden, de *dagelijsche zonde*, die onzen opgang naar Hem zou vertragen, en zelfs de *vrijwillige onvolmaaktheden*, die onze innige vereeniging met God zouden verminderen. Ook leeren wij krachtiger weerstand bieden aan de ongeregelde neigingen, die in het diepste onzer ziel schuilen, omdat wij dan beter begrijpen, dat zij ons van God zouden verwijderen.

519. 2º Zoo wordt onze **vereeniging met God** inniger, dagelijks volkomener, volmaakter.

A) *Volkomener :* het gebed legt beslag op al onze vermogens om ze met God te vereenigen : **a**) het hooger deel der ziel, het verstand, den wil en het hart : *het verstand*, door het geheel bezig te houden met de gedachte aan God ; *den wil*, door hem te richten naar de verheerlijking Gods en het heil der zielen; *het hart* door het in aanraking te brengen met een Hart altijd geopend, waarin het zich kan uitstorten en waaruit het heiligende gevoelens putten kan. **b**) Het gebed beheerscht de *zinsvermogens* en stelt ze ten dienste van God. Bij het gebed helpen zij inderdaad om onze verbeelding, ons geheugen, onze gemoedsaandoeningen en driften — voor zoover deze goed zijn — op God en Christus te vestigen. **c**) *Het lichaam zelf* ondergaat de weldoende werking van het gebed. Het gebed immers zet ons aan om de zintuigen, bronnen van zooveel verstrooiingen, te versterven en om onze houding in alle zedigheid te regelen.

B) Onze vereeniging met God wordt *volmaakter :* het gebed, gelijk wij het verklaard hebben, wekt onze ziel op tot akten van godsdienstigheid, akten ingegeven door het *geloof*, steunend op de *hoop* en bezield door de *liefde :* "het geloof geeft toegang, de hoop en de liefde bidden, doch zonder geloof, kunnen deze twee niets en daarom bidt het geloof eveneens", zegt de H. Augustinus [1]. Wat nu is edeler, meer heiligend dan deze akten van goddelijke deugden? Voegt men hierbij nog de akten van ootmoed, van gehoorzaamheid, van sterkte en standvastigheid, die natuurlijker wijze met het gebed

---

[1] *Enchirid.*, VII.

samengaan, dan zal men aanstonds zien, dat onze ziel door de heilige oefening des gebeds op zeer volmaakte wijze met God vereenigd wordt.

520. 3° Nog meer, de ziel wordt door het gebed, langzamerhand in God **omgevormd,** zij wordt één van gevoelen met God. Terwijl wij Hem nederig onze hulde, onze smeckingen aanbieden, neigt Hij zich tot ons en deelt ons zijne genaden mede, welke die gelukkige omvorming in ons uitwerken.

A) Het beschouwen, het bewonderen der goddelijke volmaaktheden, het welbehagen, dat wij er in vinden, dit alleen reeds doet in ons iets overgaan van die volmaaktheden : spontaan ontstaat het verlangen er in te deelen en God vindt er zijn groot genoegen in dat verlangen te bevredigen : de ziel geheel verdiept in de liefdevolle beschouwing van Gods eenvoud, goedheid, heiligheid, onverstoorbare rust, wordt er zelf eveneens van doortrokken.

521. B) God neigt zich dan tot ons om onze gebeden te verhooren en ons overvloedige genaden te schenken. Hoe beter wij ons van onze plichten jegens Hem kwijten, des te meer heiligt Hij de ziel, die tot zijne verheerlijking arbeidt. Veel mogen wij vragen, mits wij het met ootmoed en vertrouwen doen ; niets kan Hij weigeren aan de nederige zielen, die meer voor zijn belangen dan voor de hare bezorgd zijn. Hij verlicht haar met zijn klaarheid om haar het ledige, het nietige der aardsche goederen te doen inzien ; Hij trekt haar tot zich door zich aan haar blikken te ontsluieren als het hoogste Goed, als de bron van alle goed ; Hij geeft haar de sterkte en de standvastigheid om enkel datgene te willen en te beminnen, wat het waard is. Wij kunnen niet beter besluiten dan met de woorden van den H. Franciscus van Sales :[1] "Door het gebed spre-

---

[1] *De Liefde Gods*, IV, 1e hoofdst.

ken wij met God en God spreekt wederkeerig met
ons; wij streven en ademen in Hem en Hij op zijn
beurt beïnvloedt ons ". Gelukkige omgang, waaruit
alleen wij voordeel trekken : wat er bij beoogd
wordt is niets minder dan ons in God om te vormen
door ons te doen deelen in zijne gedachten en in
zijne volmaaktheden! Zien wij nu, hoe al onze handelingen in gebed kunnen worden omgezet.

II I. *Hoe maken wij ons werken tot bidden.*

522. Daar het gebed zulk een krachtdadig middel ter volmaking is, moeten wij dikwijls en met
aandrang bidden, zooals Christus zegt (Luc. XVIII, 1).
De H. Paulus bevestigt dit door zijn raadgevingen
evenals door zijn voorbeeld : "*Bidt zonder ophouden*" (I Thess. XV, 17). "*Steeds danken we God voor u
allen, zoo dikwijls wij u herdenken in onze gebeden
zonder ophouden*" (I Thess. I, 2). Doch hoe zonder
ophouden bidden en tegelijk de plichten van zijn
staat waarnemen? Is dit doenlijk? Wij zullen zien,
dat dit zeer goed mogelijk is, indien men zijn leven
juist weet in te richten. Om dat te bereiken moet
men 1º een zeker getal *oefeningen van godsvrucht*
onderhouden, vereenigbaar met zijn dagelijksche
plichten, 2º de gewone handelingen tot *gebeden maken*.

523. 1º **Oefeningen van godsvrucht.** Om het
leven des gebeds te onderhouden, moet men vooreerst zekere oefeningen van godsvrucht verrichten,
welke in aantal en duur zullen verschillen volgens
de verplichte bezigheden. Hier zullen wij spreken
van de oefeningen meer geschikt voor de *priesters*
en de *kloosterlingen* en laten het aan de zielsbestuurders over te bepalen wat hiervan voor de gewone
geloovigen dienstig is.

Drie groepen van oefeningen gewennen den
priester aan het gebed : het morgengebed, met de
H. Mis, stellen hem het te bereiken *ideaal* voor den

geest en helpen tevens om het te verwezenlijken ;
het brevier, de geestelijke lezing en de voornaamste,
onontbeerlijke devoties onderhouden in den priester
de gewoonte van het gebed; het gewetensonderzoek
doet hem zijn afwijkingen *kennen* en *herstellen.*

524. A) *De morgenoefeningen* zijn iets heiligs :
de priester of kloosterling kan ze niet nalaten zonder de zorg voor de volmaaktheid te verwaarloozen. **a)** Vooreest, *het gebed.* Het is een vertrouwelijk
onderhoud met God, waarin wij opnieuw *het ideaal*
in den geest verlevendigen, dat wij altijd voor oogen
moeten houden en uit alle kracht moeten *nastreven.*
Dit ideaal heeft ons de goddelijke Meester voorgehouden : " *Weest volmaakt, gelijk ook uw hemelsche
Vader volmaakt is* " (Matth. V, 48). Bij het morgengebed behooren wij ons dus te plaatsen voor het
aanschijn van God, bron en toonbeeld van alle volmaaktheid en, om ons een duidelijke voorstelling te
maken, voor het aanschijn van Jesus Christus, die
op aarde die ideëele volmaaktheid verwezenlijkt
heeft en ons de genade heeft verdiend zijn deugden
na te volgen. Na Hem onze hulde te hebben
aangeboden, noodigen wij Hem uit in ons te
komen. Wij doen zulks door zijne gedachten over
te nemen. Daartoe doordringen wij ons geheel en
al van de redenen, die wij hebben om een bepaalde
deugd te beoefenen en smeeken Hem vurig ons
tot dat einde den bijstand zijner genade te
schenken. Nederig maar krachtig *besluiten* wij
van onzen kant *edelmoedig* te zullen medewerken,
om, den geheelen dag door, die deugd in beoefening
te brengen. ¹ **b)** *De H. Mis* bevestigt ons in de
goede gesteldheid ; zij stelt daartoe voor onze oogen
en ter onzer beschikking het H. Slachtoffer, dat wij
moeten navolgen. *De H. Communie* deelt aan onze
ziel zijne gedachten, zijne gevoelens, zijne inwendige

---

¹ Dit wordt later breedvoeriger behandeld bij de wijze van bidden.

gesteltenissen, zijne genade mede met zijn geest, die den geheelen dag door nog ons zal bijblijven. Wij zijn dus wel toegerust voor den arbeid, en die arbeid zal onder zijn invloed een voortdurend gebed zijn.

525. B) Doch daartoe worden er van tijd tot tijd oefeningen vereischt, die onze vereeniging met God vernieuwen en verinnigen. Deze zijn : **a**) Op de eerste plaats, het *breviergebed*, door den H. Benedictus zoo juist het goddelijk werk, *opus divinum*, genoemd. Door het Officie zullen wij in vereeniging met Christus, den grooten Godsvereerder, den Vader loven en genade vragen voor ons en voor de gansche Kerk. Het breviergebed is, na de H. Mis, het gewichtigste werk van den geheelen dag. **b**) Dan *godvruchtige lezingen :* uit de H. Schrift, de geschriften en levens der Heiligen. Hierdoor komen wij opnieuw in innige aanraking met God en zijn vrienden. **c**) Eindelijk, de *onontbeerlijke devoties*, het voedsel onzer godsvrucht : de bezoeken bij het H. Sacrament, die een vertrouwelijk gesprek met Jesus zijn, het Rozenkransgebed, waarin wij ons met Maria onderhouden en haar geheimen en deugden overwegen.

526. C) Des avonds, *het algemeen en het bijzonder onderzoek*. Wij moeten er een nederige, een oprechte biecht van maken, bij onzen Hoogepriester af te leggen, en er in nagaan, hoe wij den dag hebben doorgebracht, hoe wij tot het ideaal, ons des morgens voorgesteld, genaderd zijn. Er zal jammer genoeg wel altijd eenig verschil op te merken vallen tusschen het gemaakte en het uitgevoerde voornemen; nochtans mogen wij daarom den moed niet verliezen, maar integendeel met nieuwe vurigheid moeten wij ons weer tot den arbeid opwekken. Daarna gaan wij, met een gevoel van vertrouwen en overgave aan God, eenige rust nemen ten einde den volgenden dag beter te kunnen arbeiden.

De biecht, elke week of minstens om de veertien dagen gesproken, en *de maandelijksche recollectie*

bieden ons telkens gelegenheid om een kort overzicht te houden over een langer tijdperk. Zij vervolledigen, zij verscherpen de controle, die wij dagelijks
over ons leven houden en zijn telkens een welkome
gelegenheid tot vernieuwing des geestes.

527. 2° Deze oefeningen zullen er ons voor
behoeden de gedachte aan Gods tegenwoordigheid
geruimen tijd uit het oog te verliezen. — Doch hoe
den tusschentijd van de eene oefening tot de andere
aanvullen, hoe al onze werken, zonder uitzondering,
omvormen tot gebeden? De H. Augustinus en
Thomas geven ons de oplossing. De eerste zegt :
"Zing Gods lof door uw leven, zoodat gij nimmer
zwijgt... zing zijn lof niet alleen met den mond,
maar voeg er ook nog het psalter bij van goede
werken; gij looft Hem bij uw bezigheden, gij looft
Hem bij eten en drinken; gij looft Hem, wanneer
gij op uw legerstede rust; gij looft Hem, wanneer
gij slaapt; wanneer looft gij Hem dan niet? : *Vitâ
sic canta ut numquam sileas;... si ergo laudas, non
tantum linguâ canta, sed etiam assumpto bonorum
operum psalterio; laudas cum agis negotium, laudas
cum cibum et potum capis; laudas cum in lecto
requiescis, laudas cum dormis; et quando non laudas?*" [1] De tweede vat in 't kort de gedachte van
Augustinus samen : Zoolang bidt de mensch, als hij
zijn geheele leven tot God richt : *tamdiu homo orat,
quamdiu totam vitam suam in Deum ordinat*" [2].

Hij bidt, zoolang hij zijn leven tot God richt.
Doch dit doet hij door de liefde. Het practisch middel derhalve om het werken in bidden te veranderen, is alles tot liefdewerken te maken, alles vooraf
aan de H. Drievuldigheid op te dragen in vereeniging met en volgens de inzichten van Jesus, die in
ons leeft. (n. 248).

---

[1] *In Psalm.* CXLVI, n. 2.
[2] *Comment. in Rom.*, c. I, lect. 5.

528. Hoeveel er aan gelegen is alles te doen *in vereeniging met Jesus* verklaart ons zeer juist M. Olier. Vooreerst toont hij, hoe Jesus in ons is om ons te heiligen : " Hij woont niet alleen in ons als Woord, door zijn onmetelijkheid... maar ook als Christus, door zijn genade, om ons deel te geven in zijn zalving en zijn goddelijk leven... Jesus Christus is in ons om ons te heiligen, in ons en in onze werken, en om al onze vermogens van zijn volheid te vervullen : Hij wil het licht zijn van onzen geest, de liefde en de vurigheid van ons hart, de sterkte en kracht van al onze vermogens, opdat wij in Hem mogen kennen, beminnen en volbrengen den wil van God zijn Vader, zoowel om tot zijn eer te werken, als om alles te lijden en te ondergaan tot zijne glorie " [1]. Daarna toont hij aan, hoe gebrekkig de handelingen zijn die wij in ons en voor ons zelven verrichten : " onze bedoelingen en onze gedachten hellen, door onze bedorven natuur, over tot de zonde; als wij er dus toe overgaan uit ons zelven te handelen en de neiging onzer gevoelens in te volgen, dan zullen wij in zonde werken ". Hij besluit dus, dat men aan zijn eigen oogmerken vaarwel moet zeggen om volgens die van Jesus te handelen : " Hieruit ziet gij, hoe bezorgd gij moet zijn om bij het begin van uw werk, aan al uwe gevoelens, aan al uwe begeerten, aan uw denken, aan uw eigenwil te verzaken om alleen te gevoelen en te willen volgens Jesus, gelijk de H. Paulus vermaant : *Hoc enim sentite in vobis quod et in Christo Jesu :* laat dezelfde gezindheid onder u heerschen als ook in Christus Jesus was ".

Zijn de werken van langeren duur, dan is het dienstig de opdracht te vernieuwen door een liefdevollen blik op het kruisbeeld of beter nog, op Jesus in ons levend. Ook herhaalde schietgebeden zullen ons hart tot God verheffen.

---

[1] *Catéch. chrét.,* IIe partie, leç. V.

Zoo zullen zelfs onze allergewoonste handelingen een gebed worden, een verheffing der ziel tot God; wij zullen den wensch van Jesus verwezenlijken : altijd bidden en niet verflauwen.

529. Ziedaar dan de vier inwendige hulpmiddelen ter volmaaktheid, die alle gelijkelijk de verheerlijking van God en de heiliging onzer ziel ten doel hebben. Het verlangen naar volmaaktheid is de eerste schrede naar de heiligheid. De kennis van God is God in ons komend en ons helpend om ons aan Hem te geven door de liefde. De zelfkennis overtuigt ons nog meer, hoezeer wij God noodig hebben : zij wekt het verlangen op om, door Hem te ontvangen, de leemte in ons aan te vullen. De gelijkvormigheid met den wil van God vormt ons om in Hem. Het gebed verheft ons tot God, maakt ons tevens deelachtig aan zijn volmaaktheden en verleent ons grooter gelijkenis met Hem.

Alles dus voert ons tot God, van wien alles komt.

Art. II. De uitwendige hulpmiddelen ter volmaking.

530. Zij kunnen in hoofdzaak tot vier worden teruggevoerd : de *leiding* van een ervaren biechtvader; de *levensregel*, die de leiding voortzet en vervolledigt; de *geestelijke lezingen* en *opwekkingen*, welke ons een te bereiken ideaal voorstellen, en de *heiliging der maatschappelijke betrekkingen*, zoodat wij in geheel onzen omgang met den evennaaste op bovennatuurlijke wijze te werk gaan.

§ I. De geestelijke Leiding[1].

Wij zullen trachten twee zaken duidelijk te maken : 1° *dat de leiding zedelijkerwijze noodzake-*

---

[1] Cassianus, *Collationes*, Coll. II, c. 1-13; H. Joannes Climacus, *Scala Paradisi*, 4° gradu, n. 5-12; Schram, *Instit. th. myst.*, P. II, cap. I, § 327-353; H. Franc. v. Sales, *Godvr. Leven*, I, 4e h.; Desurmont, *Charité sacerdotale*, § 183-225.

lijk is, 2° *welke de hulpmiddelen zijn* om er den goeden uitslag van te verzekeren.

I. *De Leiding is zedelijkerwijze noodzakelijk.*

Zonder volstrekt noodzakelijk te zijn voor de heiliging der zielen, is de leiding toch het *gewone hulpmiddel* tot geestelijken voortgang. Dit blijkt uit *gezaghebbende getuigenissen* en uit de *rede op de ondervinding steunend.*

1° BEWIJS ONTLEEND AAN GEZAGHEBBENDE
GETUIGENISSEN.

531. A) Daar God de Kerk heeft ingericht als een hierarchische maatschappij, heeft Hij gewild, dat de zielen geheiligd worden door onderwerping aan den Paus en de Bisschoppen voor de uitwendige leiding, en aan de biechtvaders voor wat uitsluitend het geweten aangaat. Zoo zien wij bij Paulus' bekeering, dat God, in plaats van zelf hem zijn plannen mede te deelen, hem tot Ananias zond om van dezen te vernemen, wat hij doen moest. Uit dit feit halen Cassianus, de H. Franciscus van Sales en Leo XIII een bewijs voor de noodzakelijkheid der leiding. De laatste schrijft in zijn brief *Testem benevolentiæ* van 22 Januarii 1899 : " Bij het begin der Kerk reeds vinden wij een bekend voorbeeld van deze wet : Ofschoon Saulus... de stem van Christus zelven had gehoord en Hem had gevraagd : *Heer, wat wilt Gij, dat ik doe?* wordt hij toch naar Ananias verwezen : *ga naar de stad en men zal u zeggen, wat gij doen moet.* Dit, voegt de Paus erbij, is altijd de practijk geweest in de Kerk, dit de leer eenstemmig beleden door allen, die door wetenschap en heiligheid in den loop der eeuwen hebben uitgeblonken ".

532. B) Daar het onmogelijk is alle getuigenissen der Overlevering aan te halen, zullen wij de

uitspraken beschouwen van eenige mannen, die als
de waarachtige vertegenwoordigers der mystieke
theologie kunnen gelden. Cassianus, die lange jaren
onder de monnikken van Palestina, Syrië en Egypte
had doorgebracht, heeft hunne en zijne leer neergelegd in twee werken. In het eerste *"de Cænobiorum
Institutione"* prent hij de jonge kloosterlingen
levendig in, hun hart te openen aan den ouderling,
met hunne leiding belast, hem zonder valsche
schaamte hunne geheimste gedachten te openbaren
en zich geheel op zijn uitspraak te verlaten om te
weten, wat goed en wat verkeerd is. [1] Op dit zelfde
punt komt hij terug in zijn tweede boek *" Collationes"* Hierin wijst hij op de gevaren, waaraan zij
zich blootstellen die anderen niet raadplegen, en
besluit, dat het beste middel om de gevaarlijke
bekoringen te overwinnen is, ze bekend te maken
aan een wijzen raadsman. Hij beroept zich in
dezen op het gezag van den H. Antonius en den
H. Serapion [2].

Wat Cassianus de monniken van het Westen
voorhield, dat trachtte de H. Joannes Climacus aan
die van het Oosten in te prenten, in zijn boek *Scala
Paradisi* (de Ladder van het Paradijs). Hij herinnert
er de beginnelingen aan, dat zij die uit Egypte willen trekken en hun ongeregelde begeerten wenschen
te beheerschen, een Mozes noodig hebben om hen
tot gids te zijn. Aan die reeds gevorderd zijn, houdt
hij voor, dat, zoo zij Jesus Christus volgen en de
heilige vrijheid der kinderen Gods genieten willen,
zij in allen ootmoed de zorg voor hunne ziel moeten
toevertrouwen aan iemand, die bij hen den goddelijken Meester vertegenwoordigt. Bij deze keuze
behooren zij goed toe te zien, omdat zij hem in
eenvoud moeten gehoorzamen, ondanks de kleine
gebreken, die zij in hem zullen opmerken : het

---

[1] CASS., *de Cænob. instit.*, l. IV, c. 9. *Lat. Vaders*, IL, 161.
[2] CASS., *Collat. II*, 2, 5, 7, 10-11; *Lat. V.*, IL, 526, 529, 534, 537-542.

eenige wat zij te vreezen hebben, is hun eigen oordeel te volgen. [1].

533. Voor de Middeleeuwen mogen twee getuigen volstaan. De H. Bernardus wil, dat de nieuwelingen in het kloosterleven een gids, een voedstervader hebben om hen te onderwijzen, te geleiden, te troosten en aan te moedigen. Aan die reeds meer gevorderd zijn, zooals bijv. den regulieren kanunnik Ogier, verklaart hij : "alwie zich zelven tot meester neemt, maakt zich leerling van een dwaas". Hij voegt er bij : "Ik weet niet, wat anderen hier omtrent van zich zelven denken, ik voor mij spreek uit ondervinding en verklaar, dat het voor mij gemakkelijker en zekerder is aan veel anderen te gebieden dan mij zelven alleen te geleiden. " [2]. Uit de 14e eeuw hebben wij den beroemden dominikaner prediker, den H. Vincentius Ferrerius. Hij leert, dat zij die begeerig zijn naar voortgang zich altijd door anderen laten geleiden, want, zegt hij, "die een bestuurder heeft, aan wien hij zonder voorbehoud en in alles gehoorzaamt, zal veel gemakkelijker, veel sneller vorderen, dan wanneer hij aan zich zelven was overgelaten, al bezat hij ook een zeer scherp verstand en al had hij vele geleerde verhandelingen over het geestelijk leven " [3].

534. Niet alleen in de kloosters, maar ook in de wereld begreep men de noodzakelijkheid der geestelijke leiding. De brieven van den H. Hieronymus, den H. Augustinus en vele andere Vaders, aan weduwen, aan maagden, aan leeken ziin daar om het te bewijzen. Terecht verklaart dan ook de H. Alphonsus, wanneer hij over de *plichten* der biechtvaders handelt, dat een der voornaamste is het *leiden* der godvruchtige zielen [4].

[1] *Scala Par.*, grad. I-IV. *Grieksche Vaders*, LXXXVIII, 636, 680-681.
[2] 87e Brief, 7.
[3] *De Vitâ spirituali*, II. p., c. I.
[4] *Praxis Confessarii*, n. 121-174.

Ook de rede zelf, door het geloof en de ondervinding verlicht, toont de noodzakelijkheid der
leiding om in de volmaaktheid te kunnen vorderen.

2° BEWIJS ONTLEEND AAN DE NATUUR
VAN DEN GEESTELIJKEN VOORTGANG.

535. A) Vorderen in het geestelijk leven is een
langen moeilijken weg opgaan langs afgronden. Het
zou van groote onvoorzichtigheid getuigen zich
daarop zonder ervaren gids te wagen. Hoe gemakkelijk toch kan men zich zelf misleiden omtrent
zijn eigen toestand! Wij zien niet volkomen klaar,
waar het over ons zelven gaat, zegt de H. Franciscus
van Sales; wij kunnen geen onpartijdige rechters
zijn in onze eigen zaak, wegens een zekere vooin-
genomenheid, zoo verborgen en zoo weinig opval-
lend, dat wie geen helder oog heeft, ze niet kan
opmerken; zelfs zij die er door aangetast zijn,
erkennen het niet, zoo men ze hun niet aanwijst [1].
Hij besluit hieruit, dat wij een geestelijken geneesheer noodig hebben om op onpartijdige wijze onzen
zielstoestand te onderzoeken en de doeltreffendste
geneesmiddelen voor te schrijven. Maar hoe zouden
wij voor den geest onze eigen meesters willen zijn,
als wij het niet zijn voor het lichaam? Weten wij
dan niet, dat als de geneesheeren zelf ziek zijn, zij
andere geneesheeren roepen om te oordeelen welke
geneesmiddelen hun noodig zijn? [2]

536. B) Om deze noodzakkelijkheid nog beter
te doen uitkomen, is het voldoende in 't kort te
wijzen op de voornaamste hinderpalen, die op de
drie wegen naar de volmaaktheid worden aangetroffen.

a) De beginnenden moeten het hervallen vreezen. Om het te vermijden, moeten zij zich toeleggen

---

[1] *Godvruchtige leven*, III, 28 h.
[2] *Verzamelde reden.* Op het feest van O. L. Vr. ter Sneeuw.

op een langdurige, ijverige boetedoening, geëvenredigd aan het getal en de zwaarte hunner fouten. Sommigen echter vergeten al spoedig het verleden en willen aanstonds den weg der liefde opgaan. De vermetelheid wordt weldra gevolgd door berooving van den gevoeligen troost, door ontmoediging en hernieuwden val. Anderen beoefenen buitenmatig uitwendige verstervingen, vinden er een ijdel behagen in, brengen hunne gezondheid in gevaar en wanneer zij zich dan willen verzorgen, vervallen zij tot verslapping. Het is dus van het hoogste belang, dat een ervaren bestuurder bij de eersten den geest en de beoefening der boetvaardigheid onderhoudt en de ontijdige vurigheid der anderen tempert.

Een andere hinderpaal is de *geestelijke dorheid*, die op de gevoelige vertroostingen volgt : men vreest door God verlaten te zijn, men laat de oefeningen van godsvrucht na, omdat zij zonder nut schijnen, en het gevolg is lauwheid. Wie zal dit gevaar afwenden tenzij een wijze bestuurder, die ten tijde der vertroostingen zal waarschuwen, dat zij niet altijd zullen duren en die, wanneer de dorheid komt, de zielen zal troosten, geruststellen en versterken, door haar te toonen, dat niets meer geschikt is om ons in de deugd te bevestigen en onze liefde te zuiveren dan die beproeving?

537. b) Bij het opgaan van den *weg der verlichting* is evenzeer een gids noodig om aan te wijzen, welke deugden vooral voor een bepaalden persoon passen, hoe hij er zich in moet oefenen, hoe hij met vrucht het gewetensonderzoek zal doen ten opzichte van voortgang of afwijkingen. Bijwijlen openbaart zich een gevoel van moeheid, wanneer men ziet, dat de weg der volmaaktheid langer is en moelijker dan men meende, wat zal dan verhoeden, dat die indruk overgaat in lauwheid? Wat anders als de vaderlijke toegenegenheid van een geestelijken leidsman? Hij zal het beletsel raden, ontmoediging voorkomen, den penitent troosten en aansporen tot nieuwe inspanning ; hij zal hem in de toekomst reeds de vruchten doen zien van het geduldig verdragen der beproeving.

538. Nog onontbeerlijker is de leiding op *den weg der vereeniging*. Om dien weg op te gaan, moet men de gaven van den H. Geest ontwikkelen door zich edelmoedig en standvastig te onderwerpen aan de ingevingen der genade. Doch om de inspraken Gods te onderscheiden van die welke van de natuur of van den duivel voortkomen, moet men dikwijls het gevoelen van een ervaren, belangeloozen raadgever inwinnen. Deze eisch is vooral gebiedend bij de eerste *passieve beproevingen*, wanneer men gekweld wordt door dorheid, door verveling, door vrees voor Gods rechtvaardigheid, door aanhoudende, lastige bekoringen, door de onmogelijkheid om op verstandelijke wijze te overwegen en door de tegenspraak der menschen. Wanneer dat alles over eene arme ziel wordt uitgestort en haar in de grootste verwarring dompelt, dan is het duidelijk, dat een helper onmisbaar is om haar in dien toestand te ondersteunen en te geleiden. Dit is eveneens waar, wanneer men de zoetheden der beschouwing geniet : in dien staat wordt zooveel onderscheidingsvermogen vereischt, zooveel nederigheid, volgzaamheid en vooral zooveel voorzichtigheid om den *passieven* toestand der ziel met den eigen aandrang tot *werkzaamheid* in overeenstemming te brengen, dat het zoo goed als onmogelijk is zonder de raadgevingen van een zeer ervaren gids niet te dwalen. Daarom opende de H. Theresia hare ziel met zoo groote eenvoudigheid voor hare geestelijke bestuurders, daarom herhaalt de H. Joannes van het Kruis zoo dikwijls, dat het noodig is alles aan hen te openbaren : " Het behaagt God zoozeer, dat de mensch zich aan de leiding van een anderen

mensch onderwerpt, dat Hij ons volstrekt geen
volle geloofwaardigheid wil zien toekennen aan de
bovennatuurlijke waarheden, die Hij zelf openbaart,
voordat een menschelijke mond ze ons overbrengt " [1].

539. Om alles in 't kort samen te vatten, kunnen
wij niet beter doen dan de woorden aan te halen
van P. Godinez : " Op duizend personen, die God
tot de volmaaktheid roept, beantwoorden er nauwelijks tien aan zijn stem, en op de honderd, die Hij
tot de beschouwing roept, blijven er negen en negen-
tig achterwege... Men moet erkennen, dat een der
hoofdoorzaken bestaat in het gebrek aan geestelijke
geleiders... Zij zijn na Gods genade de loodsen, die
de zielen door de onbekende zee van het geestelijk
leven voeren. En indien geen enkele wetenschap,
geen kunst, hoe eenvoudig ook, zonder meester kan
geleerd worden, nog veel minder die hooge wijsheid
der evangelische volmaaktheid, waarin zulke diepe
geheimen worden aangetroffen... Daarom houd ik
het ook voor zedelijkerwijze onmogelijk, dat eene
ziel, zonder mirakel of zonder meester, lange jaren
achtereen door het verhevenste en het moeilijkste
van het geestelijk leven kan gaan zonder gevaar te
loopen af te dwalen ".

540. Men mag dus gerust zeggen, dat de *gewone*
weg om in het geestelijk leven te vorderen, is de
raadgevingen te volgen van een ervaren leidsman.
Practisch begrijpen het ook aldus de meeste vurige
zielen en onderwerpen zij zich aan de leiding van
een biechtvader. Toen men deze laatste jaren een
uitgelezen schaar wilde vormen, heeft men geen
geschikter middel gevonden dan de leiding op
krachtiger wijze op te vatten in de patronaten en
vooral in de besloten retraites. Niets toch draagt
zoozeer bij tot heiliging der zielen, als de geestelijke
leiding, mits goed gegeven.

---

[1] *Geestelijke spreuken en raadgevingen.* N. 229.

II. *Regels om met goed gevolg te leiden.*

Voor een heilzame leiding is het noodig : 1° er
het voorwerp juist van te bepalen; 2° de samenwerking van bestuurder en bestuurde te verzekeren.

1° VOORWERP DER LEIDING.

541. A) Algemeene regel. Het voorwerp der
leiding is alles wat bijdraagt tot de geestelijke
vorming. De biecht bepaalt zich tot de belijdenis
der fouten, de leiding gaat veel verder. Zij klimt op
tot de *oorzaken* der zonden, tot de innerlijke neigingen, tot inborst, karakter, aangenomen gewoonten,
bekoringen, onvoorzichtigheden en dat alles met het
doel om de geschikte *middelen* te ontdekken, die
namelijk het kwaad in den wortel zelf aantasten.
Om beter de gebreken te bestrijden, wijdt zij haar
aandacht aan de tegenovergestelde *deugden,* deugden
die *alle* christenen moeten beoefenen, en deugden
meer geeigend voor elke *afzonderlijke* klas van
personen. Zij wijst de *middelen* aan om die deugden
beter te beoefenen : de godvruchtige oefeningen,
zooals het gebed, het bijzonder gewetensonderzoek,
de devotie tot het H. Sacrament, het H. Hart, de
H. Maagd, welke ons krachten geven om in deugden
te vorderen. De leiding behandelt de *roeping* en,
wanneer deze vraag is opgelost, de bijzondere plichten van elken staat. Hieruit blijkt, dat de leiding
zich zeer ver uitstrekt.

542. B) Toepassingen. a) Om iemand wel te
leiden, moet de bestuurder kennis hebben van het
voornaamste uit zijn *vroeger leven,* zijn meest terugkeerende fouten, de pogingen, die hij reeds aangewend heeft om zich te verbeteren en met welk
gevolg hij het gedaan heeft : dit alles om te zien
wat nog te doen overblijft. Ook moet de bestuurder
weten, hoe de *tegenwoordige gesteldheid* van zijn

bestuurde is : wat hem aanlokt, wat hem tegenstaat ; welk zijne levenswijze is, aan welke bekoringen hij onderhevig is ; hoe hij deze bestrijdt ; welke deugden hem vooral noodig zijn en wat hij doet om ze te verkrijgen. Dit alles dient de geestelijke leidsman te weten om de meest geschikte raadgevingen te kunnen geven.

b) Met die voorkennis kan hij gemakkelijker *een program ter besturing* opstellen, *geen stijf* program, doch een dat zich voegt naar den tegenwoordigen toestand van den penitent om hem beter te maken. Alle zielen kunnen immers niet op dezelfde manier geleid worden : men moet ze nemen, zoover zij nu gevorderd zijn, ten einde ze trapsgewijze hooger op te voeren, zonder te snel in eens te willen opstijgen, Daarbij zijn sommigen vuriger en edelmoediger, anderen kalmer en langzamer, en evenmin zijn allen tot denzelfden graad van volmaaktheid geroepen.

543. Nochtans dient er een bepaalde *volgorde* onderhouden te worden om een zekere eenheid in de leiding te hebben, bijv. :

1) Van het begin af is het noodig de zielen er op te wijzen, dat zij *hare gewone handelingen alle moeten heiligen*, door ze in vereeniging met Jesus te verrichten en ze aan God op te dragen (n. 248). Dit moet het geheele leven door gedaan worden ; daarom is het nuttig er dikwerf op terug te komen en den nadruk te leggen op den *geest van geloof*, zoo noodzakelijk in dezen tijd van naturalisme.

2) De *loutering* der ziel door de beoefening van *boete* en *versterving* mag nooit geheel worden nagelaten : men moet de te besturen zielen dus dikwerf hieraan herinneren. Men dient evenwel rekening te houden met hare gesteldheid en dienovereenkomstig nu deze dan die oefening der deugden aan te bevelen.

3) Omdat de *nederigheid* een hoofddeugd is, moet zij haast van den beginne af ingeprent en later in alle phasen van het geestelijk leven dikwijls in herinnering gebracht worden.

4) Menigmaal wordt ook door devote personen misdaan tegen de *naastenliefde*; daarom wijze de geestelijke bestuurder er met nadruk op, dat zij bij het gewetensonderzoek en de biecht aan dit punt de volle aandacht moeten wijden.

5) De *voortdurende vereeniging met Christus*, ons toonbeeld en onzen medewerker, is een der krachtdadigste middelen ter heiliging : men vreeze dus niet er te dikwijls op terug te komen.

6) De *karaktervastheid*, steunend op hechte overtuiging, op degelijke princiepen, is in dezen tijd vooral noodig ; zij moet dus zorgvuldig ontwikkeld worden, samen met de eerlijkheid en de oprechtheid, die er onafscheidbaar mede verbonden zijn.

7) Het *apostolaat*, de ijver voor het heil van den evennaaste, wordt bijzonder gevorderd in een eeuw als de onze, waarin iedereen aanhangers zoekt. De zielsbestuurder legge er zich daarom op toe *keurbenden* te vormen, om den priester ter zijde te staan bij de tallooze werken, die het heiligen der maatschappij beoogen.

Voor het overige, zal men enkel te letten hebben op het geen gezegd wordt bij de verklaring der drie Wegen.

2° PLICHTEN VAN ZIELSBESTUURDER EN BESTUURDE.

Slechts dan zal de geestelijke leiding ware vruchten opleveren, wanneer en de leidsman en de geleide met goeden wil in deze gemeenschappelijke taak samenwerken.

1) Plichten van den zielsbestuurder.

544. De H. Franciscus van Sales [1] zegt, dat de zielsbestuurder drie voorname hoedanigheden moet bezitten : "hij moet vol *liefde, wetenschap* en *voorzichtigheid* wezen : ontbreekt hem een dezer drie, dan is er gevaar".

A) De *liefde* die hem noodig is, is een *bovennatuurlijke* en *vaderlijke* toegenegenheid, die hem in zijn penitenten geestelijke kinderen doet zien, door God zelven hem toevertrouwd, opdat hij Christus met zijn deugden in hen doe groeien, volgens het woord des Apostels : "*Mijn kinderkens, voor wie ik opnieuw barensweeën moet lijden, eer Christus in u is gevormd*". (Gal. IV, 19).

---

[1] *Inleiding tot het Godvruchtig leven*, I, 4e h.

a) Daarom heeft hij voor allen gelijke bezorgdheid en gelijke toewijding, maakt zich alles voor allen, om allen tot heiligheid te voeren, geeft zijn tijd, zijn zorgen, ja zichzelven om in hen de christelijke deugden aan te kweeken. Hij zal zich voorzeker, ondanks zichzelven, soms meer tot den eene dan tot anderen aangetrokken gevoelen, doch door krachtsinspanning moet hij tegen dien natuurlijken voorkeur of afkeer ingaan ; hij moet met de grootste zorgvuldigheid alle gevoelige genegenheid vermijden, waaruit aanhankelijkheid zou kunnen ontstaan, die onschuldig in het begin, hem daarna zou overmeesteren en zoowel voor zijn naam als voor zijn deugd gevaarlijk zou wezen. Harten, gemaakt om God te beminnen, aan zich wenschen te hechten, is een soort verraad plegen, merkt terecht M. Olier op. Van dergelijke zielsbestuurders sprekend, zegt hij : Christus koos hen uit om Hem koninkrijken te veroveren, dat is menschenharten, die Hem toebehooren, die Hij gewonnen heeft door het vergieten van zijn bloed en waarin Hij zijn rijk wil vestigen, en in plaats van Hem, als aan hun wettigen Heer die harten te geven, nemen zij ze voor zichzelf, maken er zich de meesters en eigenaars van... Welke ondankbaarheid, welke smaad en welke trouweloosheid ! " [1] Het zou ook nog een bijna onoverkomelijk beletsel zijn voor den geestelijken voortgang zoowel van zijn penitenten als van hem zelven : God wil geen hart dat verdeeld is.

545. b) De goedheid van den zielsbetuurder mag geen zwakheid zijn, maar moet vergezeld gaan van vastberadenheid en openhartigheid. Hij moet den moed hebben vaderlijke vermaningen aan zijn penitenten te geven, hen te wijzen op hun gebreken, hen de middelen aan de hand te doen om ze te bestrijden. Vooral zorge hij er voor *zich niet door zijn penitenten* te *laten geleiden.* Er zijn personen, zeer sluw en zeer zoetsappig, die wel een geestelijken leidsman willen, maar op voorwaarde dat deze zich geheel en al voege naar hun smaak en nukken ; wat zij wenschen is eigenlijk minder leiding dan goedkeuring van hun gedrag. Om zich te beveiligen tegen zulk misbruik, dat zijn geweten zou kunnen bezwaren, zie de biechtvader wel toe, dat hij zich niet late vangen in de strikken van zulke peniten-

---

[1] *L'esprit d'un directeur des âmes,* p. 60-61.

ten. Hij denke er aan, dat hij de plaats van Jesus zelven bekleedt en geve steeds een vastberaden beslissing, in overeenstemming met de regels der volmaaktheid en niet met de verlangens zijner biechtelingen.

546. c) Vooral bij het besturen van vrouwen worden terughoudenheid en kordaatheid gevorderd. Een man van groote ondervinding, P. Desurmont[1] schrijft hieromtrent : "Geen lieve woorden, geen teedere benamingen, geen onnoodig gesprek onder vier oogen, geen blikken of gebaren die genegenheid verraden, geen zweem zelfs van gemeenzaamheid; bij de gesprekken niet meer dan het noodige ; behalve voor gewetenszaken, geen samenkomst zonder werkelijk nut; zooveel mogelijk geen geestelijke leiding buiten den biechtstoel en geen briefwisseling." Terwijl men blijk geeft alle belang te stellen in hare ziel, moet men zich voor haar persoon onverschillig toonen : "zij moeten zelfs niet kunnen vermoeden, dat men zich met haar persoon bezighoudt of er voor bezorgd is. Als zij kunnen denken of merken, dat er voor haar een bijzondere achting of genegenheid bestaat, zullen zij bijna onweerstaanbaar, hetzij uit ijdelheid, hetzij uit gehechtheid, het bovennatuurlijke laten varen". En hij voegt erbij : "over het algemeen is het goed, dat zij haast niet weten, dat zij bestuurd worden. De vrouw heeft het gebrek harer goede hoedanigheden : zij is instinctmatig godvruchtig, maar ook instinctmatig fier op haar godsvrucht. Het toilet der ziel boezemt haar evenzeer belang in als dat van het lichaam. Meestal is er voor haar gevaar in gelegen te weten, dat men haar met deugden tooien wil." Men besture haar dus zonder het haar te zeggen en wanneer men haar raad geeft voor de volmaaktheid, doe men, alsof het zaken gold, die voor vele zielen heel gewoon zijn.

547. B) De zielsbestuurder moet *kennis* paren aan toewijding, dat wil zeggen, hij moet bedreven zijn in de ascetische theologie. Zooals n. 36 bewezen is, is zij onmisbaar in den biechtvader. Hij moet dus herhaaldelijk de geestelijke schrijvers lezen, om zijn meeningen, zoo zij verkeerd zijn, in overeenstemming te brengen met deze auteurs en zijn eigen gedrag met dat der Heiligen te vergelijken.

---

[1] *La charité sacerdotale*, t. II, § 196.

548. C) Bovenal echter moet hij *voorzichtig* zijn en *doorzicht* hebben om de zielen te besturen, niet volgens zijn eigen zienswijze, maar volgens de werking der genade, de inborst en het karakter der biechtelingen en hun *bovennatuurlijke voorliefde.*

a) P. Libermann [1] zeide terecht, dat de zielsbestuurder slechts een werktuig is in den dienst van den H. Geest. Hij moet er daarom eerst werk van maken om, door voorzichtige vragen, de werking van den H. Geest in een ziel te kennen : " Ik beschouw het van het hoogste belang in de leiding, de gesteltenissen van iedere ziel te onderkennen... en wat de inwendige toestand der ziel kan verdragen ; de genade met groote wijsheid te laten werken, de ware inspraken van de valsche te onderscheiden en te voorkomen, dat de zielen van die inspraken afwijken of geen maat houden. " En op een andere plaats zegt hij : Wanneer de zielsbestuurder eenmaal gezien en ervaren heeft, dat God in een ziel werkt, dan heeft hij niets anders te doen dan die ziel te leiden, opdat zij de genade volge en er getrouw aan zij... Nimmer moet hij aan een ziel zijn eigen smaak en neigingen willen opdringen, noch haar geleiden volgens zijn eigen handel of zienswijze. Een bestuurder zou anders menigmaal de zielen afwenden van de leiding Gods of de goddelijke genade in haar tegenwerken. " Hij voegde hier evenwel bij, dat dit van toepassing is op zielen, die moedig den weg der volmaaktheid opgaan. Heeft de biechtvader te doen met *laffe*, *lauwe* zielen, dan moet hij zelf de eerste zijn om door opwekking, raad en berisping, door alle middelen, die zijn ijver hem ingeeft, ze wakker te schudden en uit haar geestelijke verdooving te doen opstaan.

549. b) De voorzichtigheid, die hier bedoeld wordt, is dus een *bovennatuurlijke* voorzichtigheid, gesterkt door de *gave van raad,* welke een geestelijke leisdman zonder ophouden vragen moet aan den H. Geest. Bij moeilijke gevallen zal hij Hem dus met aandrang aanroepen, door inwendig een *Veni Sancte Spiritus* te bidden alvorens een beslissing te geven. Na den H. Geest geraadpleegd te hebben, zal hij met kinderlijken eenvoud luisteren naar het

---

[1] *La direction spirituelle,* d'après les écrits et les exemples du Vén. Libermann, 2e édition, p. 10-22.

antwoord in zijn binnenste. Wat de H. Geest hem
ingeeft, zal hij zijn penitent mededeelen : "*Zooals
ik hoor, oordeel ik, en mijn oordeel is rechtvaardig*"
(Joan. VI, 30). Zoo zal hij waarlijk zijn : *instrumentum Deo conjunctum*, het werktuig van God; zijne
bediening zal vruchtbaar wezen.

Ondertusschen moet hij, ondanks al zijn bezorgdheid om
God te raadplegen, ook de hulpmiddelen, die de voorzichtigheid hem ingeeft, aanwenden om zijn penitent grondig te
leeren kennen. Niet tevreden met zijn antwoorden, lette hij
ook op zijn gedrag en op hetgeen van hem gezegd wordt en
zonder nu alles zoo maar aan te nemen, houde hij er toch,
volgens de regels der voorzichtigheid, rekening mede.

550. c) Moet hij bij zijn raadgeven voorzichtig
zijn, hij moet het ook in alle bijkomende *omstandigheden* wezen. 1) Hoe gewichtig deze plicht zijner
bediening ook is, de biechtvader mag er niet onnoodig veel tijd aan besteden. Dus geen langgerekt
onderhoud, geen nuttelooze praatjes, geen onbe-
scheiden vragen; hij bepale zich tot het noodzakelijke, tot wat werkelijk het heil der zielen bevordert :
een raad, een oefening, met juiste, klare woorden
aangegeven, is voldoende om een ziel twee weken
of een maand bezig te houden. Meer nog, zijn leiding zij krachtig, degelijk. Hij legge er zich op toe
om zijn penitenten zoo te besturen, dat zij na eenigen tijd wel niet alle leiding kunnen missen, maar
toch met een meer beknopte kunnen volstaan en
zelf de gewone moeilijkheden weten op te lossen
volgens de algemeene princiepen die hij haar heeft
bijgebracht.

2) Met jongelingen en mannen kan men over gewetenza-
ken op elke plaats spreken; zelfs tijdens de wandeling of op
een speelplaats. Met vrouwen echter moet men dit gewoonlijk niet doen dan in den biechtstoel, bij gelegenheid van de
biecht en met uitsluiting van nuttelooze bijkomstigheden.
Wij behooren aan allen en daar onze tijd zeer beperkt is,
mogen wij hem niet verspillen. Wij moeten natuurlijk geduldig zijn en den noodigen tijd wijden aan iedere ziel, maar
tevens er aan denken, dat ook andere zielen onze zorgen
behoeven.

2) Plichten van den bestuurde.

551. De bestuurde moet Christus zelven zien in den zielsbestuurder. Is het waar, dat alle gezag van God komt, dan geldt dit zeker voor het gezag, dat de priester uitoefent over het geweten : de macht toch van te binden en te ontbinden, van de deur des hemels te openen en te sluiten, van de zielen op de wegen der volmaaktheid te geleiden, is de goddelijkste aller machten en komt alleen toe aan den wettigen vertegenwoordiger, den afgezant van Christus : "*pro Christo ergo legatione fungimur, tamquam Deo exhortante per nos :* In Christus' naam treden we dus als gezanten op, alsof God zelf door ons vermaant " (II Cor. V, 20). Hieruit volgen al de plichten van den bestuurde jegens den bestuurder : *eerbied, vertrouwen, volgzaamheid.*

552. A) Hij moet hem *eerbiedigen* als den plaats-vervanger van God, met zijn gezag bekleed ten opzichte van het geweten en de ziel, dus het intiemste en eerbiedwaardigste in de menschen. Is de geestelijke leidsman met eenige gebreken behept, de penitent blijve er niet bij stilstaan, doch hebbe enkel oog voor zijn macht en zending. Geen bittere *kritiek* dus, die den kinderlijken eerbied, hem verschuldigd, wegneemt of verzwakt ; geen te groote *familiariteit,* die moeilijk samengaat met den waren eerbied. Deze eerbied moet echter vergezeld gaan van *toegenegenheid,* eenvoudig, hartelijk als die van het kind voor den vader; maar geen begeerte naar bijzondere liefdeblijken en geen naijver en jaloerschheid. " In één woord, deze vriendschap moet hecht en zacht zijn, geheel geheiligd, hemelsch, geestelijk " [1].

553. B) Met dien eerbied moeten ook samen-gaan een kinderlijk vertrouwen en *groote openhar-*

---

[1] H. FRANC. V. SALES, *Godvruchtig leven.* I, 4e h.

tigheid. De H. Franciscus van Sales zegt : " Ga met uwen geestelijken bestuurder openhartig om, in alle oprechtheid en trouw; openbaar hem, wat er goed en kwaad in u is, zonder veinzerij of terughouding; op deze wijze zal in u het goede onderzocht en bevestigd, en het kwade verbeterd en verholpen worden. Betuigt hem een onbegrensd vertrouwen met een heiligen eerbied vermengd, zoodat de vereering het vertrouwen niet vermindert en het vertrouwen den eerbied niet schaadt. "

554. Sommigen zouden wel openhartig willen spreken, maar, eenigszins bedeesd of terughoudend, weten zij niet, hoe zij den toestand hunner ziel zullen blootleggen. Een enkel woord aan hun biechtvader, en deze zal hen door eenige geschikte vragen helpen, desnoods hun een boek leenen om zich zelven beter te leeren kennen. Is eenmaal de eerste stap gezet, dan gaat de rest vanzelf.

Anderen daarentegen hebben een zwak om te veel te spreken; zij zouden hunne geestelijke leiding in een pieus buurtpraatje willen omzetten. Zij moeten er echter aan herinnerd worden, dat de biechtvader daarvoor geen tijd heeft, dat er nog andere penitenten wachten, die al dat talmen wel vervelend moeten vinden. Laten zij dus beknopt zijn en niet alles in eens willen bespreken.

555. C) De rondborstigheid heeft als gezellin de gewilligheid om de raadgevingen van den bestuurder te hooren en op te volgen. Het is dus allesbehalve bovennatuurlijk zijn eigen zienswijze den biechtvader te willen opdringen; niets ook is schadelijker voor het heil der ziel, omdat men dan niet den wil van God zoekt, maar zijn eigen wil, en, wat nog erger is, een goddelijke instelling misbruikt tot een zelfzuchtig doel. Het eenig streven moet zijn door bemiddeling van den zielsbestuurder het goddelijk welbehagen te kennen, niet om door kunstgrepen of listen de goedkeuring van den biechtvader af te dwingen : dezen kan men misleiden, maar niet Dengene, dien hij vertegenwoordigt.

Wij moeten hem ongetwijfeld in kennis stellen van wat ons in het geestelijk leven trekt en wat ons tegenstaat. Mochten wij moeilijk of onmogelijk zijn raad in beoefening kunnen brengen, dan mogen wij dit voorzeker in allen eenvoud zeggen; daarna hebben wij ons te voegen naar zijn oordeel. Onze biechtvader kan zich vergissen; wij echter vergissen ons niet, als wij hem gehoorzamen. Natuurlijk wordt hier het geval buitengesloten, dat hij iets zou aanraden strijdig met geloof of zeden : dan zou het plicht zijn van leidsman te veranderen.

556. D) Een *anderen zielsbestuurder* moet men niet kiezen dan om gewichtige redenen en na rijp beraad : leiding, is geen alleen staande akte, maar een reeks van aaneengesloten handelingen en dus niet mogelijk zoo men herhaaldelijk van leider verwisselt.

a) Sommigen willen wel eens veranderen van biechtvader om de meest verscheiden reden : uit *nieuwsgierigheid*, om te weten, hoe de leiding van een anderen zal zijn; zij vinden het vervelend altijd dezelfde raadgevingen te hooren, vooral als die betrekking hebben op dingen, die hen tegenstaan; uit *wispelturigheid :* zij houden er niet van altijd dezelfde oefeningen opgelegd te krijgen; uit *hoogmoed :* zij willen een biechtvader, die naam heeft of veel gezocht is of hen misschien meer naar de oogen zal zien; uit *zekere onrust :* nimmer zijn zij tevreden met wat zij hebben en altijd droomen zij over een denkbeeldige volmaaktheid; uit een misplaatste *begeerte hun geweten aan verschillende biechtvaders te openbaren* ten einde hunne belangstelling op te wekken of door hen gerustgesteld te worden; uit *valsche schaamte :* zij willen niet, dat hun gewone biechtvader sommige vernederende zwakheden zal kennen. Al deze redenen zijn klaarblijkelijk onvoldoende en wie blijvenden voortgang in het geestelijk leven wil maken, moet er zich niet aan storen.

557. b) Van den anderen kant moet men zich evenwel herinneren, dat de H. Kerk steeds meer aandringt op vrijheid bij de keuze van een biechtvader; heeft men dus billijke reden om een anderen te kiezen, dan late men het niet na. Welke nu zijn voornamelijk die redenen? 1) Zoo men, met allen goeden wil, den eerbied, het vertrouwen en de openhartigheid (n. 552-553) maar niet hebben kan voor zijn biechtvader, zelfs ingeval dergelijke gevoelens weinig of geen grond zouden hebben [1] : zijn raadgevingen zouden toch maar van weinig nut zijn. 2) Eveneens en nog meer, zoo men terecht vreezen kon, dat hij onzen voortgang zou beletten door zijn al te natuurlijke zienswijze of door een te levendige en te gevoelige genegenheid, waarvan hij somtijds blijken geeft. 3) Ook nog indien men bemerkte, dat hem de noodige kennis en voorzichtigheid ontbreken.

Deze gevallen zullen wel niet dikwijls voorkomen, doch doen zij zich voor, dan moet men zich herinneren, dat de geestelijke leiding slechts in zoover voordeelig is als de geleider en de geleide in onderling vertrouwen samenwerken.

§ II. De Levensregel [2].

558. Waartoe dient hij? Om de leiding van den biechtvader te bestendigen door stelregels en verordeningen den penitent gegeven, opdat deze door de gehoorzaamheid al zijn werken heilige en tevens een wijze en veilige gedragslijn kunne volgen. Wij gaan hier nu verklaren: 1º het *nut;* 2º de *hoedanigheden* van den legensregel; 3º de *manier* om hem na te leven.

I. *Nut van een levensregel.*

Is voor de gewone geloovigen, die zich in de wereld willen heiligen, een levensregel van groot nut, nog veel meer is hij het voor kloosterlingen en priesters; hij draagt evenzeer bij tot eigen heiliging als tot die van den evennaaste.

---

[1] Zoo schreef P. Libermann aan een jondeling : Ik ben er zeker van, dat al de bezwaren, die gij tegen dien goeden M. N... hebt, ongegrond zijn; doch dit doet niets ter zake. Om van biechtvader te veranderen is het niet noodig te weten, of die bezwaren, welke zich aan onzen geest voordoen, waar of valsch zijn, het is genoeg te weten dat zulks ons schadelijk is. (*Op. cit.*, p. 131.)

[2] H. FRANC. V. SALES, *Godvr. leven.* I, 3e h., III, 9e h.

559. 1° **Zijn nut voor de eigen heiliging.** Om heilig te worden, moet men *zijn tijd wel benutten*, zijn *werken op bovennatuurlijke wijze* verrichten en volgens een bepaald *volmaaktheidsprogram* zijn leven inrichten. Aan deze drie vereischten kan men voldoen door het naleven van een reglement, in overleg met den biechtvader opgesteld.

A) *De tijd wordt beter benut.* Dit blijkt duidelijk, wanneer wij het leven vergelijken van iemand, die volgens een bepaalde orde leeft, met dat van hem die er geen volgt.

a) Zonder vasten levensregel gaat veel tijd verloren. Dit is onvermijdelijk, want 1) men is dikwijls in *twijfel*, wat men eerst het best zal doen; men denkt na, men wikt en weegt het voor en tegen en daar men het dikwijls niet zoo gauw inziet, blijft men talmen, en menigmaal houdt men zich met allerhande nuttelooze dingen bezig; 2) zonder vaste dagorde *verwaarloost* men sommige plichten : daar men geen geschikten tijd en plaats voorzien of bepaald heeft voor de vervulling dier plichten, gebeurt het, dat men ze gedeeltelijk nalaat, omdat men er later geen tijd meer voor vindt. 3) Hieruit volgt *onstandvastigheid :* nu eens neemt men zich vast en ernstig voor alle geestelijke oefeningen trouw en stipt te verrichten, dan weer laat men zich door de natuurlijke gemakzucht meesleepen. Had men een vasten levensregel, die onstandvastigheid zou niet voorkomen.

560. b) Met een goed omlijnde dagorde daarentegen, spaart men veel tijd : 1) Hier *geen aarzeling :* men weet juist, wat men te doen heeft en wanneer. Kan men den dag niet op de minuut af indeelen, de uren voor de geestelijke oefeningen, den arbeid, de ontspanning, enz. zijn ten minste juist aangegeven. 2) Hier *nooit* of zelden *iets onvoorziens*, want zelfs met eenigszins buitengewone om-

standigheden, die soms voorkomen, heeft met rekening gehouden en bepaald welke oefeningen men
dan kan verkorten of hoe men ze op andere wijze
kan aanvullen, en wanneer men tot het gewone
leven terugkeert, weet men terstond, wat men te doen
heeft. 3) Hier *geen onstandvastigheid :* de dagorde
zegt ons elk uur, wat wij dan te doen hebben. Zoo
gewent men zich aan orde, neemt men gewoonten aan,
waardoor het leven zonder onderbreking wel besteed
en in het goede bevestigd wordt : onze dagen zijn
volle dagen, rijk aan goede werken en verdiensten.

561. B) De levensregel helpt ons om immer
bovennatuurlijk te handelen. **a**) Onderhouden wij
de voorgeschreven orde, dan beoefenen wij de
gehoorzaamheid, zoodat wij de verdienste dezer
deugd aan die van al onze overige goede werken
toevoegen. In dezen zin heeft men gezegd : naar
den regel leven, is leven voor God, want zoo vervult
men zijn heiligen wil. Daarbij ligt er in die getrouwheid aan de dagorde zonder twijfel ook een hooge
opvoedende waarde : in plaats van willekeur en
wanorde, die zoo lichtelijk uit een niet goed geordende levenswijze voortkomen, heerschen wil en
plicht, dus ook orde en tucht. De wil is onderworpen aan God en de lagere vermogens buigen zich
voor den wil : zoo komt men langzamerhand den
staat nabij van oorspronkelijke gerechtigheid.

b) Met orde valt het niet moeilijk bij alle handelingen *bovennatuurlijke beweegredenen* te hebben :
het beteugelen van onze neigingen en grillen brengt
alleen reeds regel in ons leven en richt ons handelen naar God. Daar verder ieder goed reglement
voorschrijft, dat men voor elke voornamere handeling een oogenblik in zich moet keeren om de
bovennatuurlijke meening te vernieuwen, wordt
ieder werk uitdrukkelijk geheiligd en omgezet in
een akte van liefde tot God. Hoeveel nieuwe verdiensten dus elken dag!

562. C) Een goede levensregel is een *program van volmaaktheid*. **a**) Het is een program, en het beleven is opgaan tot steeds hooger volmaaktheid : het is de weg der gelijkvormigheid met den wil van God, zoozeer aanbevolen door de Heiligen.

b) Daarbij, elk goed reglement wijst de voornaamste deugden aan, welke de penitent volgens zijn staat en zielstoestand te beoefenen heeft. Het zal natuurlijk somtijds wel eens noodig zijn dit program te wijzigen, naargelang zich nieuwe behoeften voordoen. Dit geschiede dan in overleg met den biechtvader.

563. 2º **Zijn nut tot heiliging van den naaste.** Om anderen te heiligen, moet men het *gebed bij het werk* volgen, *den tijd aan* den zielenijver gewijd *wel benutten* en het *goede voorbeeld* geven. Dit alles doet hij, die getrouw is aan zijn levensregel.

A) In een goed geordend leven vindt hij het middel om het bidden in juiste verhouding met het werken te verbinden. Overtuigd, dat de ziel van alle apostolaat in het inwendig leven bestaat, heeft hij in zijn dagorde een bepaalden tijd voor het gebed, de H. Mis, de dankzegging en de overige oefeningen, tot instandhouding van zijn geestelijk leven vereischt (n. 523).

Dit belet hem niet om *geruimen tijd aan werken van zielenijver* te besteden; iedere minuut weet hij te benutten (n. 560) en daarom ook vindt hij tijd om alles met orde en regel te doen. Hij heeft vaste uren voor de verschillende parochieele werken, voor biechthooren, het toedienen der Sacramenten, enz. De geloovigen kennen die uren en, wordt hun de noodige tijd gegeven, dan zijn zij er zeer mee ingenomen te weten, wanneer zij met zekerheid den priester zullen vinden.

564. B) Zij zijn ook gesticht door het voorbeeld van *stiptheid* en *regelmatigheid*, dat de priester hun geeft. Onwillekeurig denken en zeggen zij, dat hij een man vol plichtsbesef is, immer getrouw aan alle voorschriften der kerkelijke overheid. Hooren zij hem op den kansel of in den biechtstoel spreken over de gehoorzaamheid aan de wetten Gods en der H. Kerk verschuldigd, dan voelen zij zich nog meer overtuigd door zijn voorbeeld dan door zijn woord en onderhouden met meer stiptheid de geboden.

Op deze wijze zal een priester die volgens een goede dagorde leeft, zich zelven en ook anderen heiligen. Dit zelfde mogen wij eveneens zeggen van de leeken, die zich aan het apostolaat wijden.

II. *Hoe moet de levensregel zijn.*

Om de opgesomde goede vruchten voort te brengen moet hij *opgesteld* worden *in overleg met den ziels-bestuurder;* hij moet *ruim* en *degelijk* zijn ; hij moet de verschillende *plichten ordenen* volgens hun belangrijkheid.

565. 1º **Opgesteld in overleg met den ziels-bestuurder.** Dit is een eisch van *voorzichtigheid* en gehoorzaamheid. **a**) van *voorzichtigheid,* immers om een practische levensregel op te stellen is veel omzichtigheid, veel ervaring noodig : er dient gelet te worden niet enkel op wat in zich goed is, maar ook op wat het is voor een bepaalden persoon ; op hetgeen wel en op wat niet doenlijk is ; op hetgeen in de omgeving, waarin men verkeert, al of niet geschikt is. Men zal wel toegeven, dat maar weinigen alleen in al die dingen juist weten te oordeelen. **b**) Een groot voordeel is ook nog in de gelegenheid te zijn de gehoorzaamheid voortdurend te beoefenen : die gelegenheid zou men missen, indien men zelf, zonder tusschenkomst van zijn overste, zijn eigen levensregel vaststelde.

566. 2º Hij moet *degelijk, flink* zijn, zoodat de wil houvast heeft, doch ook *ruim,* berekend op de

verschillende omstandigheden, die zich in het leven
voordoen, anders zou men in ongelegenheid kunnen
geraken.

a) Hij zal *degelijk, flink* zijn, zoo, ten minste in
hoofdzaak, bepaald is, wanneer en hoe men zijn
geestelijke oefeningen zal doen, zijn ambtsbezighe-
den zal vervullen, de deugden aan zijn staat eigen
zal beoefenen.

567. b) Hij zal *ruim* zijn, indien bij het bepalen
dier punten, er tevens in voorzien is dat de tijdsin-
deeling veranderd, een oefening, die niet volstrekt
noodzakelijk is, door een andere, in de gegeven
omstandigheden meer geschikt, vervangen kan
worden, ja zelfs dat, wanneer de liefde of een
gebiedende plicht het eischt, men een bepaalde
oefening kan verkorten, zoo men ze later maar
inhaalt.

Deze vrijheid moet vooral gegeven zijn bij de verschillende
gebeden, volgens den wijzen raad van den H. Joannes
Eudes : " ik verzoek u er goed op te letten, de beste oefening,
het grootste geheim, de eerste devotie is : aan geen enkele
bijzondere oefening van godsvrucht gehecht te zijn, maar
groote zorg te hebben om u bij alle oefeningen en werken
geheel over te geven aan den Geest van Jesus en wel met
nederigheid, vertrouwen en onthechting van alles. Dan zal
die Geest u los van uwen eigen geest, van uwe devoties en
gesteltenissen vinden en zoo volle macht en vrijheid hebben
om u die gevoelens en gesteltenissen in te storten, welke
Hij verlangt en u te geleiden langs de wegen, die Hijzelf
uitkiest " [1].

568. 3° Hij zal ten slotte alle plichten naar hun
belangrijkheid ordenen : **a**) God moet zonder twijfel de eerste plaats innemen, dan volgt het heil
onzer ziel, dan dat van den evennaaste. Deze drie
verplichtingen sluiten elkander natuurlijk niet uit;
zij kunnen, zoo wij slechts willen, zeer goed samen
waargenomen worden. God verheerlijken, dat is

---

[1] *Le Royaume de Jésus*, Paris, 1905, p. 452.

eigenlijk Hem kennen en Hem beminnen, dat wil zeggen, zich zelven heiligen en Hem ook doen kennen en beminnen door den evennaaste. Wilde men echter met verwaarloozing van het groote gebod des gebeds, al zijn tijd besteden aan werken van zielenijver, dan zou men daardoor juist aan den ijver het krachtdadigst hulpmiddel onthouden. Tevens behoeft het geen betoog dat alwie zijn eigen heiliging verwaarloost, spoedig ook geen waren ijver hebben zal om anderen te heiligen. Doch geeft men aan God zijn plaats, de eerste, en bestemt men den noodigen tijd om, door de meest noodzakelijke oefeningen, aan zijn eigen heiliging te werken, dan kan men ook verzekerd zijn, met vrucht aan het zielenheil te zullen arbeiden. Het begin en het einde van den dag moet dus aan God en aan onszelven gewijd zijn, den overigen tijd zullen wij dan aan den arbeid kunnen geven, zoo nochtans dat wij ook dan nog ons nu en dan tot God wenden. Zoo zal onze dag verdeeld zijn in bidden en werken.

b) In sommige omstandigheden moet evenwel een andere stelregel gelden : *id prius quod est magis necessarium :* het noodzakelijkste eerst. Een priester wordt bijv. voor een stervende geroepen : hij moet er heen, zonder uitstel. Onderweg houde hij zich echter met godvruchtige gedachten bezig : zoo wordt de geestelijke oefening, die men dan misschien moest doen, door een andere vervangen.

III. *Hoe de levensregel moet onderhouden worden.*

569. Om te heiligen, moet hij *in zijn geheel, op christelijke wijze* beleefd worden.

1º **In zijn geheel,** dat is in alle punten en met stiptheid. Gaat men zonder billijke reden onderscheid maken, dan zal men al spoedig de gemakkelijkste bepalingen opvolgen en de lastige verzuimen. Zoo zullen ons de voornaamste voordeelen, aan een nauwgezette onderhouding verbonden, ontgaan, want in de punten die nog onderhouden worden, zal lichtelijk willekeur of ten minste eigenzin optreden. Men behoort dus het reglement in al zijn onderdeelen en naar zijn beste kunnen letterlijk op te volgen. Is er somtijds een ernstige reden om er van af te wijken, dan houde men toch steeds het doel voor oogen en handele men zooveel mogelijk in dien geest.

570. Echter zijn twee uitersten te vermijden : men mag noch kleinzielig, noch te gemakkelijk zijn : 1) Dus geen angstvalligheid : is er goede reden om het een of ander punt achterwege te laten, uit te stellen of het een ander te verwisselen, men doe het zonder bezwaar.

2) Doch ook geen laksheid. Onverstorvenheid, praatzucht, nieuwsgierigheid, enz. zijn geen voldoende reden om een bepaalde oefening uit te stellen : van uitstel komt licht afstel. Kan met het een of ander niet op de gewone manier onderhouden, dan trachte men het op een andere wijze te doen. Moet bijv. een priester het Allerheiligste naar een zieke brengen juist op het uur der meditatie, dan zal hij die vervangen door de eerbewijzen, die hij geeft aan den God der Eucharistie, dien hij draagt[1].

571. Stiptheid is eveneens onmisbaar. Wie zonder reden een oefening niet op den bepaalden tijd begint, werkt niet met de genade mede, want deze weet van geen talmen; ook loopt hij gevaar later geen tijd meer te vinden om naar behooren die oefening te doen. Gebeurt dit in de priesterlijke bediening, dan levert het bezwaar op voor de geloovigen, die hij laat wachten, of in zijn leeraarsambt, voor zijn studenten, aan wie hij daarenboven nog een verkeerd voorbeeld geeft, dat zij maar al te licht navolgen.

---

[1] *De H. Franciscus van Sales* was een meester in het opstellen van een levensreglement, dat hij aan de plichten van den staat zeer juist wist aan te passen. "Onder zijn leiding begon de barones de Chantal een geheel nieuw leven ; hare godsvrucht was echter niemand tot last. Zij onderwees en vermaakte haar kinderen, was nooit treurig of stijf, vond er geen bezwaar in hare oefeningen van godsvrucht te onderbreken of tot later uit te stellen, wanneer de liefde zulks vorderde. " (M. GAUGY, *Mém. sur Ste Chantal*, p. 62.)

572. Op christelijke wijze moet men dien regel onderhouden, dat wil zeggen, met een bovennatuurlijke meening om den wil van God te volbrengen en Hem aldus ware liefde te toonen. Deze zuiverheid van meening is de ziel van den levensregel : zij geeft aan ieder onzer handelingen hare wezenlijke waarde, omdat zij die alle omzet in akten van gehoorzaamheid en liefde. Om die goede meening altijd te hebben, keere men vóór het werk een oogenblik in zich zelven en bedenke, wat men nu te doen heeft; men neme zich voor het te doen om aan God te behagen : *quæ placita sunt ei facio semper :* wat Hem behagelijk is, doe ik altijd. Op deze wijze zal men immer voor God leven : *qui regulæ vivit, Deo vivit.*

§ III. **De geestelijke lezingen en conferenties**[1].

573. Deze lezingen en vermaningen vullen de leiding aan en bestendigen haar. Een geestelijk boek is eigenlijk een geschreven leiding, terwijl de conferentie een mondelinge leiding is aan verscheiden personen tegelijk gegeven. Wij voegen hier een verklaring bij omtrent : 1º het *nut* en 2º de vereischte *stemming* om er voordeel uit te trekken.

I. *Nut der geestelijke lezingen en conferenties.*

574. A) Lezing der H. Schrift. Het behoeft geen betoog, dat de lezing der *gewijde Boeken*, vooral van het *Nieuwe Testament*, op de eerste plaats moet komen.

a) De waarlijk godvruchtige zielen vinden het hoogste genot in de *H. Evangeliën :* 1) daar hooren zij de *onderrichtingen*, daar zien zij *de voorbeelden* van Christus. Niets kan beter tot degelijke godsvrucht

---

[1] S. BONAVENTURA, *De modo studendi in S. Scriptura ;* MABILLON, *Des études monastiques,* IIe p., ch. II, III, XVI ; D. COL. MARMION, *Le Christ idéal du moine,* p. 519-524.

vormen, niets wekt krachtdadiger op tot navolging
van den goddelijken Meester.

Zouden wij wel ooit begrepen hebben, wat de nederigheid,
is, wat de zachtmoedigheid, het geduld, het verdragen der
beleedingen, de maagdelijkheid, de naastenliefde tot zelfopoffering opgevoerd, indien wij de voorbeelden van Jesus
en zijn lessen over deze deugden niet gelezen en overwogen
hadden? Het is waar de heidensche wijsgeeren, inzonderheid
de stoïcijnen, hebben schoone bladzijden geschreven over
sommige deugden; maar welk verschil bestaat er tusschen
hun litterarische proeven en het zoo overtuigend en meesleepend woord van den goddelijken Meester! Bij de philosofen
voelt men de woordkunst van den letterkundige en menigmaal den hoogmoed van den zedenmeester die zich boven
het gewone volk verheven acht : " *odi profanum vulgus et
arceo*". Bij Christus echter ziet men een volmaakten eenvoud,
die weet af te dalen tot de scharen ; daarenboven brengt Hij
alles, wat Hij leert, in beoefening en zoekt niet zijn eigen eer,
maar de glorie van die Hem gezonden heeft.

2) De godvruchtige diepgeloovige zielen zijn er van overtuigd, dat iedere handeling van den Meester een bijzondere
genade insluit, welke de beoefening der deugden in het
Evangelie vermeld, vergemakkelijkt. Zij aanbidden het Woord
Gods, dat uit de gewijde bladen tot ons spreekt, en smeeken
zijn voorlichting of om zijn onderwijzingen te mogen
begrijpen, smaken en beleven. Die lezing is voor haar een
meditatie, een samenspraak met Jesus en bevestigt haar in
het voornemen om Hem na te volgen, dien zij bewonderen
en beminnen.

b) Ook de Handelingen en de Brieven der Apostelen voeden
de godsvrucht. Zij zijn de leer van Jesus door de leerlingen in
beoefening gebracht, verklaard, aangepast aan de behoeften
der geloovigen : niets is treffender, en tevens overtuigender
dan deze eerste commentaren van het Evangelie.

575. c) Het Oud Testament bevat : 1) boeken die in aller
handen moeten zijn, zooals dat der *Psalmen :* " Het psalm-
boek, schrijft Lacordaire, was de geestelijke handleiding onzer
voorvaderen : men zag het op de tafel van den arme evenals
op de knielbank der koningen. In de handen van den priester
in het heden nog de schat, waaruit hij de gevoelens put, die
hem naar het altaar voeren, die de ark die hem te midden der
gevaren van de wereld, gelijk ook in de afzondering van het
inwendig gebed vergezelt " [1]. 't Is het gebedenboek bij

---

[1] *Lettres à un jeune homme,* 2e lettre.

uitstek, dat, in levendige, pakkende taal de schoonste gevoelens uitdrukt van aanbidding, van kinderlijke vrees, erkentelijkheid en liefde, te samen met de vurigste smeekingen te midden van allerlei benauwing. Daar vindt men het herhaald beroep van den onschuldig vervolgde op de goddelijke rechtvaardigheid, de kreten van den boetvaardigen en vernederden zondaar, de hoop op een vergiffenis vol barmhartigheid en de beloften van een beter leven. — Het veelvuldig lezen en overwegen der Psalmen zal noodzakelijk heiligend werken.

2) De boeken der Wijsheid kunnen eveneens met voordeel door de godvruchtige zielen gelezen worden; zij vinden er, naast dringende uitnoodigingen der ongeschapen Wijsheid tot een beter leven, de beschrijving der voornaamste deugden, die wij te beoefenen hebben met betrekking tot God, tot den evennaaste en ons zelven.

3) Om met nut de historische en profetische boeken te lezen, dient men eerst eenigszins ingewijd te zijn en vooral oog te hebben voor de werking der goddelijke Voorzienigheid ten opzichte van het uitverkoren volk. Men moet er op letten, hoe God telkens optreedt om dat volk te vrijwaren voor afgoderij en het bij zijn voortdurend afwijken, immer terug te voeren tot den waren godsdienst, tot de hoop op een Verlosser, tot de beoefening van gerechtigheid en liefde vooral jegens de kleinen en verdrukten. Aldus ingewijd en gestemd, zal men in die boeken verrukkelijke bladzijden vinden. De zwakheden der dienaren Gods daar vermeld, niet minder dan hun goede daden, herinneren ons, hoe groot de menschelijke zwakheid is en hoezeer wij de barmhartigheid Gods moeten bewonderen, die aan de boetvaardige zondaars edelmoedige vergeving schenkt.

576. B) De geestelijke Schrijvers. Weet men een keuze te doen onder de beste, vooral onder de heilige schrijvers, dan heeft men tegelijk *meesters* en *raadgevers.*

a) *Meesters.* Daar zij de wetenschap der Heiligen bezeten en beoefend hebben, weten zij ons het begrip en den smaak van de beginselen der volmaaktheid mede te deelen. Zij overtuigen ons krachtiger van de verplichting om naar volmaaktheid te streven; zij wijzen ons de hulpmiddelen aan, die zij uit eigen ondervinding als de meest doeltreffende kennen, zij bemoedigen ons, ja dwingen ons als het ware tot navolging.

Deze meesters zijn ons van des te meer nut, daar zij *altijd ten onzen dienste* staan. In overleg met onzen zielsbestuurder kunnen wij diegenen kiezen, die voor onzen zieletoestand het meest geeigend zijn. Wij kunnen ons met hen onderhouden, zoo lang wij willen. Er zijn immers uitmuntende werken voor alle toestanden en behoeften der ziel : men heeft ze slechts met zorg te kiezen en te lezen met de begeerte om er voordeel uit te trekken.

577. b) Het zijn ook welwillende *raadgevers*, die ons met veel voorzichtigheid en zachtheid op onze gebreken wijzen. Zij bepalen er zich toe ons *het ideaal* voor te houden, dat wij moeten nastreven ; zij noodigen ons uit om ons zelven, als in een spiegel, te beschouwen ten einde in alle oprechtheid onze goede en verkeerde hoedanigheden te ontdekken en te zien, wat wij bereikt hebben op den weg der volmaaktheid en wat ons nog te doen overblijft. Zoo maken zij het ons gemakkelijk een blik te staan in ons verleden en edelmoedige voornemens te vormen voor de toekomst.

Het behoeft dus geen verwondering te baren, dat de lezing van geestelijke boeken en Heiligenlevens, bekeeringen heeft bewerkt als die van Augustinus en Ignatius en tot den hoogsten graad van volmaaktheid zielen heeft opgevoerd, die anders een alledaagsch leven zouden geleid hebben.

578. C) **Geestelijke conferenties** hebben een dubbel voordeel : **a**) zij voegen zich beter naar de bijzondere behoeften der toehoorders, omdat zij juist voor hen gemaakt en gehouden worden. **b**) Zij zijn levendiger, maken in overigens gelijke termen, meer indruk dan boeken, en zijn meer geëigend om te overreden : de blik, de toon, het gebaar, in een woord, de oratorische voordracht, geeft aan het gesproken woord grooter overtuigingskracht. Maar dan moet ook de spreker zijn ziel aan de beste bronnen gelaafd hebben, moet hij zelf geheel doordrongen zijn van wat hij zegt en bidden, dat God zijn woord zegene en vruchtbaar make. Doch ook de toehoorders moeten goed gestemd zijn.

II. *Vereischte stemming bij de geestelijke lezing en onderrichting.*

579. Het eigenlijk doel der geestelijke lezing is het bewaren van den geest der gebeds. Zij zelf is een soort gebed, een onderhoud met God door middel van den geestelijken schrijver.

580. 1° Om nut te trekken uit de geestelijke lezing moeten wij op de eerste plaats *bezield* zijn *met een groot geloof* en in schrijver of predikant God zelven zien : "*tamquam Deo exhortante :* alsof God zelf vermaant ". De lezers, en bij de conferentie de toehoorders zullen daarom Christus vurig de genade vragen tot hun hart te willen spreken door zijn goddelijken Geest.

Dan dienen zij zich ook met zorg te wachten voor *nieuwsgierigheid*, die eerder bevrediging dan stichting zoekt ; voor *ijdelheid*, die van de geestelijke zaken op de hoogte wil zijn om er over te kunnen meepraten en gewichtig te doen ; voor *bedilzucht*, welke, wel verre van voordeel te willen doen met wat gezegd wordt, enkel aandacht schenkt aan den vorm om aanmerkingen te kunnen maken. Het eenig doel moet zijn : eigen geestelijk voordeel.

581. 2° **De oprechte begeerte om zich te heiligen.** Evenredig aan deze begeerte is het voordeel, dat men uit de lezing of conferentie trekken zal.

a) Volgens Christus' woord moeten wij hongeren en dorsten naar de gerechtigheid en daarom onze *ijverige aandacht* wijden aan het woord van God, dat ons die gerechtigheid leert. Men denke niet aan

anderen, doch passe op zich zelven toe, wat men
leest of hoort; men overwege het, om er beter van
doordrongen te worden en overeenkomstig tot
practische gevolgtrekkingen over te gaan. Welk ook
de stof zij van het gelezene of gesprokene, altijd
kan men er overvloedig voedsel in vinden, want in
het geestelijk leven houdt alles verband : wat rechtstreeks tot de beginnenden gericht is, bevat allicht
een aansporing voor de meer gevorderden; wat voor
dezen is bestemd, kan als ideaal voor de eersten
dienen; wat voor de toekomst gezegd wordt, wekt
op om voor het tegenwoordige te zorgen. Zoo
bekwaamt men zich nu reeds tot wat later verplichtend wordt, gelijk bijv. de overwinning op de toekomstige bekoringen wordt voorbereid door nu
waakzaam te zijn. Men kan dus altijd oogenblikkelijk nut trekken uit alles, wat gelezen of gezegd
wordt, vooral zoo men het oor weet te leenen aan
Hem, die inwendig spreekt in het hart : *"ik zal
hooren, wat de Heer in mij spreekt"*. (Ps. LXXXIV, 9).

582. b) Daarom ook moet gij *langzaam* lezen,
"stilhoudend, zegt de H. Joannes Eudes, om de
waarheden, die u meer treffen, te overdenken en te
smaken, ten einde ze diep in uwen geest te drukken
en tot akten en gevoelens te komen" [1]. Dan wordt
de lezing of onderrichting een gebed : men wordt
langzamerhand doordrongen van de gedachten en
gevoelens die men leest of hoort, men verlangt ze in
daden om te zetten en vraagt hiertoe inwendig de
genade.

583. 3° Daarbij moet men ten slotte tot handelen overgaan, men moet ernstige pogingen doen om
te *beginnen het gelezene of gehoorde in beoefening te
brengen*. Dit drukte de H. Paulus hen op het hart,
die zijne brieven zouden lezen : *"want niet zij, die
de Wet hooren, zijn rechtvaardig voor God, maar zij,*

---

[1] *Royaume de Jésus*, II, § XV, p. 196.

*die de Wet volbrengen, zullen gerechtvaardigd wor-
den."* (Rom. II. 13). Hij geeft hier slechts een
verklaring van hetgeen de Meester had gezegd in
de parabel van het zaad : *"Maar wat in de goede
aarde valt; dat zijn alwie met goed en rechtschapen
hart het woord hooren en vrucht dragen in volharding."*
(Luc. VIII, 15).

Wij doen dan gelijk de H. Ephrem, die in daden
weergaf, wat hij had gelezen : *pingebat actibus
paginam quam legerat,* zegt Ennodius in zijn levensbeschrijving, Het licht wordt ons alleen gegeven
om te werken; onze eerste daad moet een poging
zijn om volgens de ontvangen onderwijzing te handelen, naar het woord van den H. Jacobus : *" Weest
werkers van het woord, en niet hoorders alleen. "*
(Jac. I, 22).

§ IV. De heiliging der maatschappelijke betrekkingen.

584. Tot hiertoe handelden wij over de betrekkingen der ziel met God, onder leiding van den
geestelijken bestuurder. Doch wij kunnen er natuurlijk niet buiten talrijke betrekkingen te onderhouden met veel andere personen, bloedverwanten,
vrienden, collega 's of ondergeschikten. Die omgang
kan en moet geheiligd worden en bijdragen om
ons in het inwendig leven te bevestigen. Tot dit
einde zullen wij hier een gedragslijn, algemeene
regels aangeven, volgens welke wij met die personen
moeten omgaan, en vervolgens in bijzonderheden
afdalen.

I. *Algemeene regels.*

585. 1° Van den beginne af waren de schepselen
daar om ons tot God op te voeren door ons er aan
te herinneren, dat Hij de Maker is van alles. Na
den zondeval echter trekken zij ons zoozeer aan,
dat zij ons, zoo wij niet op onze hoede zijn, afwen-

den van God of ten minste onzen opgang tot Hem
vertragen. Tegen die neiging is verzet geboden; wij
mogen ons niet bedienen van personen en dingen
dan als van *middelen* om tot God te gaan.

586. 2° Onder de betrekkingen nu, die wij onderhouden, zijn sommige door God *gewild*, bijv. die
met onze familie of krachtens de plichten van onzen
staat; deze moeten *onderhouden* worden en wel *op
bovennatuurlijke wijze*. Men is immers niet ontslagen van zijn verplichtingen, omdat men naar de
volmaaktheid streeft, integendeel men moet ze nog
beter nakomen dan wie ook; doch men moet ze
heiligen door ze tot God, ons laatste einde terug te
voeren. Hiertoe is ongetwijfeld niets meer geschikt
dan al de personen, waarmede wij omgaan, te
beschouwen als kinderen Gods, als broeders in Jesus
Christus, als toekomstige erfgenamen des hemels,
ze te behandelen met eerbied en liefde, omdat de
goede hoedanigheden, die wij in hen opmerken, een
weerschijn zijn van de goddelijke volmaaktheden.
Zoo achten en beminnen wij in hen Jesus Christus
zelven.

587. 3° Doch er zijn ook betrekkingen die
gevaarlijk of *slecht* zijn, die tot zonde kunnen leiden,
hetzij door ons den geest der wereld mee te deelen,
hetzij door ons aan de schepselen te hechten om
het gevoelig of zinnelijk genoegen, dat wij in hun
gezelschap vinden. Deze gelegenheden moeten wij
naar vermogen vluchten. Kunnen wij de gelegenheid
zelve niet ontwijken, dan is het een gebiedende
eisch onzen wil te wapenen tegen die ongeregelde
gehechtheid : zoo wordt de naaste gelegenheid zedelijkerwijze weggenomen. Anders handelen, is zijn
heiliging en zaligheid in gevaar stellen; want "wie
het gevaar bemint, zal er in omkomen" (Eccli. I I I, 27).
Naarmate men dus vorderen wil in deugd, moet
men de gevaarlijke gelegenheden vluchten.

588. 4ᵘ Eindelijk zijn er betrekkingen, die in zich noch goed, noch kwaad, maar *onverschillig* zijn, Naar gelang de omstandigheden of de meening, kunnen zij nuttig of schadelijk zijn, zooals bijv. de bezoeken, de ontspanningen. Wie naar volmaaktheid streeft, zal ze tot iets goeds maken door de *zuiverheid* van meening en door bij alles de juiste maat in acht te nemen. Voor alles, zoeke hij enkel die, welke inderdaad strekken tot eer van God, tot heil der zielen of als noodige ontspanning voor het welzijn des lichaams of der ziel gevordend. Hierbij zelfs zal hij echter nog zoo voorzichtig, zedig en gematigd zijn, dat alles volgens Gods verlangen geschiedt. Dus niet van die lange, nuttelooze gesprekken, die enkel tijdverlies zijn en een gelegenheid tot zonden tegen de nederigheid en naastenliefde; niet van die langgerekte bovenmatige vermakelijkheden, die het lichaam vermoeien en den geest nederdrukken. In een woord, men houde zich steeds aan den regel door Paulus gegeven : " *alwat ge doet, door woord of door daad, doet het in den naam van Jesus den Heer, en betuigt dan door Hem aan God den Vader uw dank* " (Col. III, 17).

II. *Heiliging der familiebetrekkingen.*

589. De genade vernietigt de natuur niet, maar vervolmaakt haar. De familiebetrekkingen zijn door God zelven ingesteld : Hij heeft gewild dat het menschelijk geslacht werd voortgeplant door de wettige en onverbreekbare vereeniging van den man en de vrouw en dat die vereeniging nog nauwer werd aangehaald door de kinderen, daaruit geboren. Vandaar zeer innige, liefdevolle betrekkingen tusschen de echtgenooten, tusschen de ouders en de kinderen, betrekkingen die door de genade van het Sacrament des huwelijks geheiligd worden.

1° De Christelijke echtgenooten.

590. Door de bruiloft te Cana bij te wonen en het huwelijk later tot de waardigheid van Sacrament te verheffen, heeft Christus getoond dat de vereeniging der echtelieden geheiligd kan worden. Hij heeft hun die genade verdiend.

A) Vóór het huwelijk, voegt de christelijke liefde, een teedere, kuische liefde twee harten samen. De natuur en de duivel zullen ongetwijfeld in die genegenheid iets zinnelijks willen mengen, iets wat de deugd in gevaar zou kunnen brengen, doch de christen verloofden weten door de kracht der H. Sacramenten, het zondige verre te houden en heiligen hun wederzijdsche liefde door de gedachte, dat alwat edel is van God komt en tot God moet wederkeeren.

591. B) De genade van het Sacrament vereenigt hun harten met onverbreekbare banden en verinnigt en zuivert hunne liefde nog meer. Nu moet hun steeds voor oogen staan, dat hunne vereeniging het beeld is der mystieke vereeniging tusschen Christus en zijn Kerk, gelijk de Apostel Paulus zegt : " Gij vrouwen, weest onderdanig aan uw mannen, als aan den Heer. Want de man is het hoofd van de vrouw, zooals Christus het hoofd is der Kerk, Hij die de Verlosser is van het Lichaam. Welnu zooals de Kerk onderdanig is aan Christus, zoo moeten in alles de vrouwen het zijn aan haar mannen. Gij mannen hebt uw vrouwen lief, zooals ook Christus de Kerk heeft bemind. Hij heeft zich voor haar overgeleverd om haar te heiligen en te reinigen door het waterbad, vergezeld van het woord, om zich een heerlijke Kerk te bereiden, zonder vlek of rimpel of iets van dien aard, maar heilig en zonder eenige smet. Zoo moeten ook de mannen hun vrouwen liefhebben als hun eigen lichaam... maar hoe het ook zij, ieder van u moet zijn vrouw liefhebben als zichzelf en de vrouw moet eerbied hebben voor den man" (Eph. V, 22-33). *Eerbied* dus en *wederzijdsche liefde*, die zooveel mogelijk de liefde van Christus tot zijn Kerk nabij komt; *gehoorzaamheid* betoont de vrouw aan den man in alles wat wettig is; *toewijdig* en *bescherming* ontvangt zij van hem : ziedaar de plichten, welke de Apostel aan christen echtgenooten voorhoudt.

592. De kinderen, die God hen schenkt, ontvangen zij uit zijn handen als een geheiligd pand ; zij *beminnen* ze niet slechts als een deel van henzelf, maar als *kinderen Gods*, als *ledematen van Jesus Christus* en toekomstige *hemelburgers*. Geen oogenblik verloochent zich hun *toewijding*, hun bezorgdheid om hen een *christelijke opvoeding* te geven en hen de deugden van Christus zelf in te planten. Daartoe oefenen zij met takt en fijngevoeligheid, kracht en zachtheid het gezag uit, dat God hen heeft gegeven. Zij vergeten niet, dat zij, als vertegenwoordigers van God, den plicht hebben die zwakheid te vermijden, welke de kinderen bederft ; dat egoïsme, het welk voordeel van hen zoekt te trekken zonder ze aan deugd en arbeid te gewennen. Met de hulp van God en goede onderwijzers voeden zij ze op tot degelijke christenen. Zoo oefenen de ouders in den schoot hunner familie een soort priesterschap uit ; daarom ook kunnen zij verzekerd zijn van den zegen des hemels en de dankbaarheid hunner kinderen.

2° PLICHTEN DER KINDEREN JEGENS HUN OUDERS.

593. A) De genade welke de verhoudingen der echtgenooten heiligt, vervolmaakt en heiligt eveneens de plichten van *eerbied, toegenegenheid* en *gehoorzaamheid*, welke de kinderen aan hun ouders verschuldigd zijn.

" **a**) De genade toont ons in onze ouders *de plaatsverwangers van God* en de dragers van zijn gezag ;

aan hen, naast God, danken wij het leven,, het
behoud en de opvoeding. Daarom ook gaat onze
eerbied jegens hen over in *vereering :* wij bewonde-
deren in hen een deelname in zijn goddelijk vader-
schap, in zijn gezag, in zijn volmaaktheden; wij
zien God zelf in hen.

b) Hun toewijding, hun goedheid en bezorgdheid
voor ons beschouwen wij als een weerschijn der
voorzienigheid en goedheid Gods; daardoor wordt
onze *kinderliefde* belangeloozer en sterker, gedienstig, bereid tot alles, ook tot het offer van ons leven,
zoo het noodig ware om het hunne te redden. Bijgevolg bieden wij hen ook naar best vermogen alle
hulp, die zij naar lichaam of ziel noodig hebben.

c) Daar wij in hen dragers van het goddelijk
gezag zien, kost het ons geen moeite hen in alles te
gehoorzamen, naar het voorbeeld van Christus die
gedurende dertig jaren onderdanig was aan Maria
en Jozef. Die gehoorzaamheid heeft geen andere
grenzen dan die God zelf gesteld heeft : wij moeten
aan God eerder gehoorzamen dan aan de menschen.
Bijgevolg in alles, wat het heil onzer ziel betreft,
inzonderheid waar het gaat over onze *roeping*,
moeten wij ons aan den zielsbestuurder onderwerpen. Hierin volgen wij slechts het voorbeeld van
Christus die, wanneer zijn Moeder Hem vraagt,
waarom Hij hen verlaten heeft, antwoordt, dat Hij
behoort te zijn in hetgeen zijns Vaders is. (Luc. II,
49.) Zoo worden de onderlinge rechten en plichten
veilig gesteld.

594. B) Bij het intreden in den *geestelijken staat*,
verlaten wij de wereld en, tot op zekere hoogte,
ook de familie om in de groote kerkelijke familie
te worden opgenomen en voortaan onze zorgen
op de eerste plaats aan de eer van God, het welzijn der Kerk en der zielen te wijden. Onze
inwendige gevoelens van eerbied en toegenegenheid jegens onze ouders veranderen er voorze-

ker niet door, ja, nemen zelfs nog toe; doch de
uiting dier gevoelens zal voortaan slechts geschieden in overeenstemming met onze bediening : het
verlangen aangenaam te zijn aan onze bloedverwanten mag ons niets veroorlooven, wat de vrije
uitoefening van ons ambt kan beletten. Onze eerste
plicht is ons bezig te houden met de belangen van
God. Zouden de zienswijze, de raadgevingen, de
eischen onzer familieleden tegenstrijdig zijn met
het heil der zielen, dan moeten wij kalm en liefdevol,
maar tevens vastberaden hun te verstaan geven,
dat wij in de plichten van onzen staat enkel van
God en onze kerkelijke Oversten afhangen. Niettemin moeten wij hen altijd blijven eeren, beminnen
en, zoover het de plichten van onze bediening toelaten, van dienst zijn.

Deze gedragslijn geldt eveneens en in nog hooger
mate, voor die in het klooster treden [1].

III. *Heiliging der vriendschapsbetrekkingen* [2].

De vriendschap kan een middel zijn tot heiliging
of een ernstig beletsel voor de volmaaktheid, naargelang zij bovennatuurlijk is of natuurlijk en zinnelijk. Wij zullen hier dus handelen 1° over de ware
vriendschap; 2° over de verkeerde, 3° over die
welke deels bovennatuurlijk, deels zinnelijk is.

1° OVER DE WARE VRIENDSCHAP.

Natuur en *voordeel*.

595. A) **Natuur. a**) De vriendschap is een wederzijdsche gemeenschap tusschen twee personen, en
wordt onderscheiden naar den aard der gemeenschap en der goederen, die gemeenschappelijk
worden gedeeld. De H. Franciscus van Sales legt

---

[1] RODRIGUEZ, *Oefening der Volm.*, 2e deel, 5e tract.
[2] H. FRANC. V. SALES, *Godvruchtig Leven*, 3e d., 17-22 b.

dit zeer juist uit : " Hoe voortreffelijker de deugden zijn, welke uw onderlingen omgang kenmerken, hoe volmaakter uwe vriendschap zal wezen. Zijt gij met elkaar verbonden door wetenschap, uw vriendschap is voorzeker prijzenswaardig; meer nog zoo gij het zijt door deugd, door voorzichtigheid, door bescheidenheid, sterkte en rechtvaardigheid. Wanneer echter uw omgang steunt op liefde, op godsvrucht, op de christelijke volmaaktheid, hoe kortbaar is dan uw vriendschap! Zij zal uitmuntend zijn, omdat zij van God komt; uitmuntend, omdat zij naar God streeft; uitmuntend, omdat God de band is; uitmuntend, omdat zij eeuwig duren zal in God! O hoe goed is het hierbeneden te beminnen, gelijk men in den hemel bemint, en nu reeds die onderlinge liefde te leeren beoefenen, die zal heerschen in eeuwigheid! "

De ware vriendschap, in 't algemeen, is dus een vertrouwelijke omgang tusschen twee zielen met het doel om elkanders welzijn te bevorderen. Beoogt men een natuurlijk goed, dan is zij enkel *eerbaar;* is het beoogde goed, *bovennatuurlijk*, dan is zij veel verhevener. Deze laatste vriendschap is een innige omgang tusschen twee zielen die elkander liefhebben in God en om God, met het doel elkaar onderling te helpen om het goddelijk leven, dat zij bezitten, te vervolmaken. Gods glorie is haar einddoel, de geestelijke voortgang het onmiddellijk doel en Jesus legt den band van vereeniging of gelijk de Gelukz. Ethelradus het uitdrukte : *Ecce ego et tu ct spero quod* tertius *inter nos* Christus sit.

596. b) Deze vriendschap wel verre van hartstochtelijk en naijverig te zijn, gelijk de zinnelijke vriendschap, kenmerkt zich door *kalmte, waardigheid* en *wederzijdsch vertrouwen.* Het is een kalme, rustige genegenheid, omdat zij, gegrondvest op de liefde Gods, door deze beïnvloed wordt; daarom ook is zij *standvastig* en groeit altijd aan, terwijl de hartstochtelijke liefde spoedig verzwakt. Zij is tevens bescheiden, *terughoudend in den goeden zin;* in plaats van, gelijk de zinnelijke vriendschap, naar gemeenzaamheden en liefkozingen te haken, is zij eerbiedig en waardig, omdat zij niets anders beoogt als geestelijken omgang. Die terughoudendheid is geen beletsel voor het *vertrouwen.* Omdat er wederzijdsche achting is en de eene vriend in den anderen een weerschijn ziet der goddelijke volmaaktheden, verlaten zij zich ook geheel en al op elkander. Hieruit volgt, dat zij den innigsten omgang met elkaar hebben, wederkeerig hunne goede gevoelens mededeelen en ook op elkanders gebreken durven wijzen. Dit wederzijdsch vertrouwen voorkomt de onrust, den naijver, de zelfzucht : de een vindt het niet verkeerd, dat de ander nog meer vrienden heeft; hij verheugt er zich zelfs over om het goed, dat er voor zijn vriend en voor anderen uit zal volgen.

597. B) Het behoeft geen betoog, dat uit dergelijke vriendschap groote *voordeelen* voortvloeien. **a**) De H. Schrift prijst haar meermalen : "*een getrouwe vriend is een krachtige bescherming; en wie hem vindt, vindt een grooten schat... een getrouwe vriend is een heilmiddel des levens en der onsterfelijkheid*" (Eccli VI, 14-16). Christus heeft er ons het voorbeeld van gegeven in zijn vriendschap voor den H. Joannes, die bekend was als *de leerling, dien Jesus beminde.* Ook de H. Paulus had vrienden, die hij zeer genegen was en wier wederzien hem de zoetste troost was. Hij getuigt, dat hij geen rust vond voor zijn geest, omdat hij zijn broeder Titus niet op den bepaalden tijd en plaats aantrof (II Cor. II, 13) maar is vol blijdschap, wanneer hij hem wedervindt. (II Cor. VII, 6-7.) En welke genegenheid had hij voor Timotheus! De tegenwoordigheid van dezen leerling deed hem goed en hielp hem ook weer in dienst van anderen. Welke teedere namen gaf hij hem : mijn medearbeider, mijn zoon, mijn dierbare zoon, mijn broeder.

De eerste christentijden gewagen eveneens van beroemde vriendschappen, waaronder vooral die van de HH. Basilius en Gregorius van Nazianze vermaard is [1].

598. b) Uit deze voorbeelden kunnen wij drie redenen afleiden om te bewijzen, hoe nuttig de christelijke vriendschap is, vooral voor den priester in zijn geestelijke bediening.

1) Een vriend is een krachtige bescherming, zegt de H. Schrift, een schild voor de deugd. 't Is voor ons een behoefte ons hart te kunnen openen voor een vertrouwden vriend. De biechtvader voorziet somtijds wel in deze behoefte, doch niet altijd : zijn *vaderlijke* vriendschap is verschillend van de broederlijke vriendschap, die wij in zulk geval wenschen. Wij willen een *gelijke*, met wien wij in volle vrijheid kunnen spreken. Vinden wij dezen niet, dan loopen wij gevaar ons hart te gaan uitstorten bij personen die dat vertrouwen niet verdienen. Wie weet, of zij er geen misbruik van zullen maken en of er geen gevaar uit voortspruit voor ons en voor henzelven?

2) Een vriend is ook een vertrouwde *raadsman*, wien wij gaarne onze twijfels en moeilijkheden blootleggen en die ze helpt oplossen; hij is een liefderijke *vermaner*, die hoorende, wat van ons verteld wordt, ons de waarheid zegt en voor veel onvoorzichtigheden behoedt.

3) Hij is eindelijk een *trooster*, die met belangstelling het oor zal leenen aan onze klachten en in zijn hart de woorden vindt, die ons leed verzachten en ons bemoedigen.

599. Men heeft zich weleens afgevraagd, of deze vriendschappen aangemoedigd dienen te worden in

---

[1] Bij den H. FRANC. V. SALES, l. cit., 19e h. vindt men er meerdere.

de *kloostergemeenten.* Terecht toch kan men vreezen dat hieruit nadeel mocht volgen voor de liefde die allen vereenigen moet, dat bijv. jaloerschheid kan ontstaan. Men moet er natuurlijk tegen waken, dat dergelijke vriendschappen de algemeene liefde schaden. Zij moeten immer bovennatuurlijk en ook binnen de grenzen blijven, door de Oversten bepaald. Met dit voorbehoud hebben zij daar eveneens haar nut, want ook de kloosterlingen behoeven een trooster, een raadgever, een vermaner die tevens een vriend zij. Maar in de kloostergemeenten evenzeer of liever meer nog dan waar ook, moet met angstige zorg alles vermeden worden, wat naar valsche vriendschap zweemt.

2° DE VALSCHE VRIENDSCHAPPEN.

Haar *natuur,* haar *gevaren,* en *voorbehoedmiddelen.*

600. A) Haar natuur. a) Valsche vriendschappen zijn die, welke gevestigd zijn op uiterlijke of nietswaardige hoedanigheden, en die geen ander doel hebben dan te genieten van het bijzijn en het bekoorlijke van den beminden persoon. Zij zijn dus eigenlijk een vermomde eigenliefde, wijl men iemand enkel bemint om de voldoening, die men in zijn gezelschap vindt. Men is wel is waar bereid hem van dienst te zijn, maar met het oog op het genoegen hem nog meer aan zich te hechten.

b) De H. Franciscus van Sales onderscheidt drie soorten van valsche vriendschappen : de *vleeschelijke* wier doel de wellust is, de *zinnelijke,* welke voornamelijk op de uitwendige hoedanigheden berusten, zooals "het vermaak van de schoonheid te zien, van een aangename stem te hooren, van aan te raken en dergelijke" [1]; de *beuzelachtige,* steunend op nietswaardige hoedanigheden, welke door zwakke geesten deugden en volmaaktheden

[1] *Op. cit.,* 17e h.

genoemd worden, zooals een goed danser, goed speler, goed zanger zijn, zich goed weten te kleeden, een bekoorlijke glimlach, een lieftallig uiterlijk.

601. c) Dergelijke vriendschappen beginnen gewoonlijk op den huwbaren leeftijd en ontstaan uit den onwillekeurigen aandrang om te beminnen en bemind te worden. Menigmaal is het een afwijking van de sexueele liefde. In de wereld worden deze vriendschappen dikwijls aangeknoopt tusschen jongens en meisjes, in de colleges en pensionaten tusschen jongelieden van gelijk geslacht. Deze heeten bijzondere vriendschappen. Somtijds worden zij tot op hoogeren leeftijd aangehouden; zoo zijn er mannen, die zinnelijke neigingen zullen gevoelen bij het zien van jongelui met een jeudig en bekoorlijk voorkomem, met een open karakter of aangename manieren.

602. d) Een vriendschap die enkel op gevoel steunt, kent men aan haren *oorsprong*, hare *ontwikkeling* en haar *uitingen*.

1) Haar *oorsprong*. Zij begint opeens, met hevigheid, omdat zij uit een natuurlijke en onwillekeurige sympathie ontstaat, gegrond op uitwendige, waarlijk of schijnbaar schitterende hoedanigheden; zij gaat vergezeld van sterke, soms hartstochtelijke aandoeningen.

2) Haar *ontwikkeling*. Zij neemt toe door gesprekken, die soms onbeduidend en teeder, soms te gemeenzaam en gevaarlijk zijn, door veelvuldige blikken, die als bijzondere gesprekken zijn, door liefkozingen, beteekenisvolle handdrukken, enz.

3) Hare *uitingen*. Zij is bovenmatig gedienstig, opdringerig en vol naijver. Men meent en verzekert, dat zij eeuwigdurend zal zijn, maar een scheiding, gevolgd van een andere vriendschap, breekt ze dikwerf plotseling af.

603. B) De gevaren van dit soort vriendschappen zijn duidelijk.

a) *Zij zijn* een der grootste *beletselen* tot geestelijken voortgang. God, die geen verdeeld hart duldt, begint eerst met inwendige verwijten; luistert men niet naar zijn stem, dan trekt Hij zich langzamerhand terug van de ziel, onthoudt haar zijn licht en inwendigen troost. Naarmate die gehechtheid toeneemt, verdwijnen de ingekeerdheid, de vrede der ziel, de smaak voor de geestelijke oefeningen en het werk.

b) *Men verliest veel tijd :* al te dikwijls vertoeft men in gedachten bij den afwezigen vriend, men kan zich niet meer met geest en hart aan ernstige zaken en aan godsvrucht wijden.

c) Het gevolg is tegenzin, *moedeloosheid;* het gevoel krijgt de overhand boven den wil, die verzwakt en kwijnt.

d) Dan komen de gevaren ten opzichte van de zuiverheid. Men wil wel binnen de perken van het eerbare blijven, doch, omdat men meent door de vriendschap zekere rechten te hebben, veroorlooft men zich telkens meer verdachte gemeenzaamheden. De helling is glad en wie zich aan het gevaar blootstelt, valt ten laatste.

604. C) Het *middel* hiertegen is ze *van den beginne af krachtig* en *rechtstreeks* te bestrijden.

a) *Van den beginne af.* Wanneer het hart nog niet sterk gebonden is, kost het minder moeite het los te maken; met eenige krachtsinspanning gelukt het wel, vooral zoo men den moed heeft er met den biechtvader over te spreken en zich te beschuldigen van de minste tekortkomingen. Stelt men uit dan zal het later veel moeilijker vallen zich van die banden te bevrijden. De heidensche dichter Ovidius zeide het reeds en de Navolging (I, 13) herhaalt het :

"Bied weerstand in 't begin : te laat komt artsenij,
Wanneer door 't lang verloop de kwaal verergerd is".

b) *Krachtig.* Om te overwinnen zijn afdoende middelen noodig : "Kapt, snijdt, breekt; houdt u niet bezig met die dwaze vriendschappen los te tornen; scheurt ze los; gij moet die banden niet losknoopen, maar breken of doorhakken" [1]. Men

---

[1] *Godvruchtig leven,* 21e h.

moet dus zulk een vriend niet alleen niet zoeken,
maar zelfs niet vrijwillig aan hem denken; kan men
somtijds zijn tegenwoordigheid niet vermijden, dan
behandele men hem wel met beleefdheid en liefde,
doch zonder eenige vertrouwelijkheid of vertoon
van bijzondere genegenheid.

c) Om hierin zekerder te slagen, moet men positieve middelen aanwenden : men geve zich geheel
aan de plichten van zijn staat. Komt tegen wil en
dank de herinnering aan dien persoon in den geest,
dan zal men met baat een akte van liefde tot
God verwekken, door bijv. te zeggen : " U alleen,
● Jesus, wil ik beminnen ". Op deze wijze draagt de
bekoring zelve er toe bij om aan te groeien in liefde
tot Hem, die alleen verdient ons hart te bezitten.

3° DE VRIENDSCHAPPEN DIE TEGELIJK
BOVENNATUURLIJK EN ZINNELIJK ZIJN.

605. Het gebeurt somtijds, dat in vriendschappen het natuurlijke en het bovennatuurlijke vermengd zijn. Men wil inderdaad het geestelijk welzijn van zijn vriend, toch terzelfdertijd verlangt
men toch ook van zijn tegenwoordigheid, van zijn
omgang te genieten; is hij afwezig, dan gevoelt
men het maar al te zeer. Hierover schrijft de
H. Franciscus zeer juist : " Men begint met een
deugdzame liefde, doch is men niet op zijn hoede,
dan komt er allicht eene lichtzinnige liefde bij,
daarna een zinnelijke en dan een vleeschelijke; ja
ook in de geestelijke liefde schuilt gevaar, zoo men
niet op zijn hoede is. Wel is het dan moeilijker uit
het goede spoor te geraken, omdat bij hare blanke
reidheid de smetten, die satan er op wil werpen,
eerder opvallen. Om deze reden gaat de booze geest
listiger te werk bij zijn snoode plannen en smok-
kelt hij de onreinheid bijna ongemerkt binnen " [1].

---

[1] *Godvruchtig leven*, 20e h.

606. Ook hier dus moet men zijn hart bewaken en doelmatige voorzorgen treffen om niet uit te glijden op dit glibberig pad.

a) *Heeft het bovennatuurlijke de overhand* in deze vriendschap, dan mag men haar onderhouden, mits men ze *veredele*. Daartoe vermijde men alles, wat het al te gevoelige in de hand werkt, zooals veelvuldige, teedere gesprekken, gemeenzaamheden, enz.; men ontzegge zich nu en dan een overigens voegzaam samenzijn, men make aan het onderhoud een einde, waar het nut er van ophoudt. Zoo verwerft men heerschappij over zijn gevoel en men voorkomt gevaarlijke tekortkomingen.

b) *Komt het gevoelige op de eerste plaats*, dan moet men geruimen tijd zich van elken vertrouwelijken omgang met dien vriend onthouden, hem niet opzoeken zonder noodzakelijkheid en dan nog alle bijzondere hartelijkheid vermijden. Zoo verkoelt het gevoel. Zoo lang de kalmte niet in de ziel heerscht, moet men die vriendschap niet weder aanknoopen. Daarna is de omgang van geheel anderen aard, of moet het ten minste zijn. Ware dit niet het geval, dan is het plicht hem voor goed af te breken.

c) In alle geval moet men die ondervinding benutten om zijn liefde voor Jesus te versterken, met het vaste voornemen om niet te beminnen dan in Hem en om Hem. Ook leze men dikwijls het 7e en 8e hoofdstuk van het tweede boek der Navolging. Zoo worden de bekoringen een gelegenheid om te overwinnen.

IV. *Heiliging der betrekkingen, die ambt of beroep meebrengen.*

607. De betrekkingen, die men krachtens zijn ambt of beroep moet onderhouden, zijn of een hulpmiddel of een beletsel tot voortgang ; het hangt geheel af van de wijze, waarop men zijn plichten opvat en waarneemt. De plichten, ons door ambt of beroep opgelegd, zijn in zich geheel volgens Gods wil ; vervullen wij ze met de meening om aan God te gehoorzamen, gaan wij daarbij te werk volgens de eischen der voorzichtigheid, rechtvaardigheid en liefde, dan dragen zij bij tot onze heiliging [1]. Maar hebben wij daarbij geen ander doel dan eer en goederen, zelfs met verwaarloozing der voorschriften van het geweten, dan worden zij een bron van zonden en ergernissen.

A) De eerste plicht is dus het ambt of beroep, waarin de Voorzienigheid ons geplaatst heeft, te beschouwen als een aanwijzing van den wil Gods ten onzen opzichte. Zoolang wij geen billijke reden hebben om te veranderen, moeten wij er in blijven. Het is Gods wil, dat er verschillende ambachten, verschillende beroepen zijn. Is men, door een samen-loop van providentieele omstandigheden, tot een er van gekomen, dan mag men veronderstellen, dat dit door God voor ons gewild is. Wij maakten het voorbehoud : "zoo lang wij geen billijke redenen hebben om te veranderen", want alles, wat volgens de rechte reden is, mogen wij zeggen, valt onder de beschikkingen van Gods voorzienigheid. Is men dan patroon of werkman, fabrikant of handelsman, landbouwer of bankier, voor ieder is het gelijke plicht zijn beroep uit te oefenen om Gods heiligen wil te volbrengen en dat wel volgens de wetten der rechtvaardigheid, billijkheid en liefde. Dan is er niets, wat belet elk werk te heiligen door het te verrichten *met het oog op het laatste einde*. Het bijkomstig doel, de middelen verkrijgen voor eigen onderhoud en dat der familie, behoeft volstrekt

---

[1] Cf. 2ⁿ preek van BOURDALOUE, *voor het feest van Allerheiligen*, waarin getoond wordt, hoe de Gelukzaligen hun staat wisten te heiligen.

niet verwaarloosd te worden. Zijn er geen Heiligen geweest in elken stand?

608. B) De menigvuldige bezigheden en de voortdurende omgang met de menschen zijn vanzelf verstrooiend en wenden onze gedachten gemakkelijk af van God; dragen wij daarom onze werken herhaaldelijk aan God op om ze aldus van gewone om te zetten in heilige werken (n. 248).

609. C) Er is meer. Wij leven is een wereld, die weinig op eerlijkheid bedacht is, een wereld, waar heftig gestreden wordt om eer en winst, met veronachtzaming van recht en billijkheid. Het is dus van het hoogste belang nimmer uit het oog te verliezen, dat wij het rijk Gods en zijne gerechtigheid op de eerste plaats moeten zoeken en daarom tot het bereiken van ons doel alleen *eerlijke middelen* mogen gebruiken.

Bij het beoordeelen van wat geoorloofd en wat ongeoorloofd is, kan de handelwijze van brave christenen van gelijken stand of beroep als maatstaf dienen : er zijn immers aangenomen practijken, die niet te veranderen zijn en waaraan men zich, zonder groot nadeel voor zich en voor anderen, niet kan onttrekken. Worden deze practijken algemeen, ook door goede katholieken, gevolgd, dan mag men het eveneens doen, totdat er door onderling overleg verbetering in gebracht wordt, zonder zijn eigen belangen te schaden. (Zoo is bijv. de loonstandaard in dezelfde industrie in plaats door gebruiken bepaald, welke een patroon niet zou kunnen veranderen zonder zulke verliezen te lijden, dat hij spoedig zijn zaak zou moeten sluiten). De practijken en zienswijze van kooplieden en fabrikanten *zonder geweten*, mag men daarentegen niet volgen : zij willen rijk worden tot elken prijs, ook ten koste der rechtvaardigheid. Hun oneerlijke practijken, de winsten, die zij maken, zijn geen reden om eveneens

te doen : *" Zoekt eerst het rijk Gods en zijne gerechtigheid en dat alles zal u toegegeven worden "*.
(Matth. VI, 33). Een christen die oneerlijk te werk
gaat, wordt een steen des aanstoots.

610. D) De beroepsplichten, wel opgevat en stipt
onderhouden, dragen veel bij tot geestelijken voortgang. Die plichten toch maken grootendeels onze
dagtaak uit. Christus heeft door zijn voorbeeld
getoond, dat de gewoonste bezigheden, zooals handenarbeid, dienstig kunnen zijn aan onze heiliging
en die van anderen. Onderhoudt een werkman of
beambte de wetten der voorzichtigheid, der rechtvaardigheid, standvastigheid, matigheid en liefde,
dan heeft hij iederen dag overvloedige gelegenheid
om alle christelijke deugden te beoefenen en vele
verdiensten te vergaderen; hij kan zijn broeders
stichten, ze door zijn voorbeeld en zijn raadgevingen
helpen om hunne ziel zalig te maken. Zoo deden
vroeger, zoo doen heden nog huisvaders en moeders, patroons en werklieden, jongelingen en mannen, die door hun handel en wandel eerbied weten
af te dwingen voor hun godsdienst, en hun invloed
benutten om het zielenheil te bevorderen.

V. *Heiliging der werken van zielenijver*

611. Iedereen zal gereedelijk toegeven, dat de
werken van zielenijver een middel tot heiliging
kunnen en moeten zijn. En toch, sommigen vinden,
zij het ook niet rechtstreeks, daarin een bron
van uitgestortheid, van geestelijke verzwakking,
ja zelfs een gelegenheid tot zonde en een oorzaak
van eeuwig verderf. Getuige dit woord van een
onverdroten werker tot D. Chautard : " uit toewijding ging ik verloren " [1]. Sommigen gaan inderdaad
zoozeer op in uitwendige werken, dat zij geen tijd

---

[1] *L'âme de tout Apostolat*, 1915, p. 73.

meer vinden voor de meest onmisbare oefeningen.
Daaruit volgt een geestelijke inzinking : de driften
beginnen weer krachtig op te leven, de weg tot
droevige afwijkingen staat open; ongemerkt wordt
de bovennatuurlijke, zuivere liefde voor de zielen
vertroebeld door iets natuurlijks, iets zinnelijks.
Men sust elkanders geweten met het voorwendsel,
dat men toch voornamelijk het welzijn beoogt van
zichzelven of van een ander; men wordt onvoorzichtig, te vrij, te gemeenzaam en de gevolgen zijn
noodlottig. Het is in alle geval zeker, dat wie het
inwendig leven mist, weinig voor zich zelven verdient en van zijn werken naar buiten weinig vruchten ziet, omdat de genade Gods een bediening,
waarin het gebed bijna geen plaats inneemt, niet
zegenrijk maakt. De uitwendige werken moeten
dus bezield worden door den *geest des gebeds*.

612. A) Vooreerst dient men zich te herinneren,
dat de verschillende middelen, die bijdragen om den
ijver vruchtbaar te maken, niet alle even krachtig
zijn : op de eerste plaats komen het gebed en de
versterving, dan het goede voorbeeld en ten slotte
het werken. Getuige *het voorbeeld van Christus :*
zijn geheele leven was een aanhoudend gebed, een
gedurig offer. Eerst deed Hij zelf, wat Hij anderen
leerde, en bracht dertig jaren door in verborgen-
heid, alvorens zijn driejarig   leven te
beginnen. Ook vergete men niet, hoe de Apostelen
sommige werken van naastenliefde aan de diakens
overgaven om meer tijd te hebben voor het gebed
en het verkondigen van Gods woord (Act. VI, 4).
Nimmer wijke uit het geheugen van den priester,
wat de Apostel Paulus schrijft : *"Noch hij die plant,*
noch hij die begiet, beteekent iets, maar God, die
Cor. III, 7).

Het gebed dus op de eerste plaats. (n. 470). Nimmer late
men de *eigenlijk* oefeningen der priesterlijke bediening achterwege : het gebed, de dankzegging, het godvruchtig bidden

van het goddelijk Officie, het gewetensonderzoek, het vernieuwen der goede meening voor de voornaamste werken. Daardoor zal men de zielen van grooter nut zijn dan wanneer men
al zijn tijd aan den arbeid besteedde. De zielenherder, zegt
de H. Bernardus, moet zijn als een vergaarbekken, niet als
een afvoerbuis. Deze laat terstond alles, wat er in komt,
wegloopen, terwijl het bekken eerst volloopt en dan slechts
meedeelt van zijn overvloed, zonder leeg te loopen : " *si sapis,
concham te exhibebis et non canalem* " [1].

613. B) Een tweede middel om het inwendig
leven niet uit het oog te verliezen is zich toeleggen
op *het vormen van een keurbende* (zonder de overigen te verwaarloozen). Dan voelt men beter, hoe
noodzakelijk het is, zelf een inwendig leven te
leiden : de ascetische studieën, waarmede men zich
men moet bezighouden, de raad, dien men aan
anderen geeft, de deugden, die men ter beoefening
voorhoudt, brengen als vanzelf tot een leven van
versterving en gebed. Doch dan moet men het
ernstig opvatten en in de edelmoedige stemming
om *zelf* te *doen, wat men anderen voorhoudt :* dan
bestaat er geen gevaar voor verslapping en lauwheid.
Vele priesters zijn op deze wijze inderdaad tot het
inwendig leven teruggekeerd.

614. C) Bij de onderrichtingen in de geloofs- of
zedeleer voor de geloovigen, moet men een vast
plan volgen, dat alle geloofswaarheden en christelijke deugden omvat : bij de voorbereiding voedt
men zijn eigen godsvrucht, omdat men zich aangespoord gevoelt zelf te doen, wat men anderen
aanraadt.

615. D) Ten slotte in de gewone uitoefening der
herderlijke bediening, bij gelegenheid van doopen,
huwelijken, uitvaarten, bezoeken aan zieken, van
rouwbeklag of beleefdheid, moet men er steeds
aandenken, dat men priester en apostel, dienaar der
zielen is. Bij al die gelegenheden kan de priester na

---

[1] *In Cantica*, Sermo XVIII, 3.

de vereischte plichtplegingen licht iets zeggen, wat tot geest en hart spreekt en de aanwezigen tot God verheft. Een priesterlijk onderhoud moet altijd een *sursum corda* ingeven.

Door al deze hulpmiddelen bewaren en vermeerderen wij ons inwendig leven; onze bediening zal onder den invloed der genade honderdvoudige vruchten opleveren : " *Wie in Mij blijft en Ik in hem, die brengt veel vrucht voort* " (Joan. XV, 5).

Zoo moet en kan dus geheel onze omgang met den evennaaste geheiligd worden : alles, wat wij doen, wordt dan een gelegenheid tot voortgang in de deugd en tot groei in dat goddelijk leven, waarin wij zoo overvloedig mogen deelen.

ALGEMEEN OVERZICHT

616. Wij zijn nu gekomen aan het einde van het eerste gedeelte : *de grondbeginselen van het bovennatuurlijk leven.* Alwat tot hiertoe gezegd is, volgt logisch uit de dogmas, van ons geloof; alles voert terug tot de eenheid, dat is, tot *God, ons einde,* en tot *Jesus Christus,* onzen *Middelaar.* Het christelijk leven verschijnt ons als *de gave van God aan de ziel en de gave der ziel aan God.*

1° *De gave van God aan de ziel.* Van alle eeuwigheid heeft de H. Drievuldigheid ons bemind en ons voorbestemd tot dit bovennatuurlijk leven, dat een deelname is aan het goddelijk leven. Deze aanbiddelijke Drieeenheid, levend in onze ziel, is tegelijk *oorzaak* en *voorbeeld* van dit leven; het bovennatuurlijk organisme, waardoor wij *godvormige* akten kunnen stellen, is haar werk.

Maar het *Menschgeworden Woord* is er de *verdienende oorzaak* van, evenals het allervolmaaktste *toonbeeld*, toonbeeld zooals onze zwakheid eischt, want Gods Zoon is God en is tegelijk, zooals wij, mensch. Hij is onze vriend, onze broeder, meer nog,

Hij is het hoofd van een geheimzinnig lichaam welks ledematen wij zijn. En daar Maria, deelgenoote in het verlossingswerk, niet van haren Zoon kan gescheiden worden, heft Zij ons op tot de eerste sport der ladder om tot Jesus op te gaan, gelijk Jesus zelf de noodzakelijke Middelaar is tot den Vader. De Engelen en Heiligen, die eveneens deel uitmaken van de groote familie Gods, helpen ons door hunne gebeden en voorbeelden.

617. 2º Om aan Gods voorkomende liefde te beantwoorden, *geeft onze ziel zich geheel aan Hem* en zij doet dit door het haar zoo vrijgevig geschonken leven te ontwikkelen. Daartoe strijden wij tegen de begeerlijkheid, die in ons woont, stellen wij bovennatuurlijke akten, waardoor wij het goddelijk leven in ons doen aangroeien en ons tevens goede gewoonten, deugden eigen maken, ontvangen wij de Sacramenten, waardoor onze verdiensten eene heiligende kracht krijgen, van God zelf afkomstig.

Het wezen zelf der volmaaktheid is *de liefde Gods* opgevoerd tot *de zelfopoffering :* den ouden mensch in ons bestrijden en verzwakken om Jesus Christus in zijn plaats te doen leven, dat is de taak ons weggelegd. Terwijl wij ons hiervan trachten te kwijten, dat is terwijl wij de middelen ter volmaking aanwenden, houden wij niet op naar God te streven door Jesus Christus.

Het verlangen naar volmaaktheid is eigenlijk niets anders dan de aandrang der ziel, die aan de voorkomende liefde God tracht te beantwoorden. Het is eene aansporing om God te *kennen* en te *beminnen*, daar Hij geheel liefde is, om *ons zelven te kennen* ten einde inniger te gevoelen, hoezeer wij God behoeven, en ons in zijne armen te werpen. Die liefde openbaart zich door een zoo volkomen mogelijke *overeenstemming met Gods wil*, uitgedrukt in zijn geboden en raden, evenals in voor- of tegenspoed, die wij benutten om Hem nog meer te beminnen. Die liefde uit zich ook door *het gebed*, hetwelk onze ziel telkens meer tot God verheft. De *uitwendige* hulpmiddelen zelf voeren ons tot God, wijl de leiding, de levensregel en de geestelijke lezingen ons onderdanig maken aan zijn wil. Onze betrekkingen, met den evennaaste, in wien wij den weerschijn zien van Gods volmaaktheden, brengen ons eveneens tot God, het middelpunt van alles. Bij het aanwenden dezer hulpmiddelen hebben wij Jesus, ons toonbeeld, onzen medewerker, ons leven steeds voor oogen : zoo worden wij in Hem omgevormd : *christianus alter Christus.*

Zoo ook wordt geleidelijk het ideaal van volmaaktheid verwezenlijkt, dat Olier zijn leerlingen voorhield in zijn werk : "Pietas Seminarii" leven ten volle, voor God alleen, in onzen Heer Jesus Christus, zoodat zijn innerlijke gevoelens het diepst van ons hart doordringen en ons eigen worden.

EINDE VAN HET EERSTE GEDEELTE

TWEEDE GEDEELTE

De drie wegen

VOORAFGAANDE OPMERKINGEN

618. De algemeene princiepen, in het eerste gedeelte uitgelegd, zijn van toepassing voor alle zielen en geven de beweegredenen en hulpmiddelen aan geëigend om ons tot de hoogste volmaaktheid te voeren. Doch gelijk n. 340-343 gezegd is, zijn er in het geestelijk leven verschillende graden en phasen, die men van elkander dient te onderscheiden : men moet de algemeene princiepen toepassen naar ieders eigen behoeften. Men houde dus rekening niet enkel met karakter, voorkeur, roeping, maar ook met den graad van volmaaktheid, nu reeds bereikt. Zoo zal de geestelijke bestuurder elke ziel kunnen geleiden, gelijk het voor haar het beste is.

Het doel van dit tweede gedeelte is : een ziel bij haar achtereenvolgende opstijgingen te volgen, van af het eerste oogenblik, dat zij het oprecht voornemen tot voortgang opvat, tot aan de hoogste toppen der volmaaktheid : een lange en dikwerf moeitevolle weg, doch waar ook de zoetste troost gesmaakt wordt.

Alvorens de drie wegen te beschrijven willen wij eerst verklaren : 1° Waarom drie onderscheiden wegen; 2° hoe men met dit onderscheid rekening moet houden; en 3° welk het bijzonder nut van dit tweede gedeelte is.

I. Waarom het onderscheid in drie wegen.

619. Wij spreken hier van drie wegen om ons te voegen naar het aangenomen gebruik : het is de

geijkte term. Men meene echter niet van drie
evenwijdige of afwijkende wegen; neen, het zijn
veeleer drie verschillende halten van denzelfden
opgaanden weg, of m. a. w., de drie voornaamste
trappen van het geestelijk leven, die de edelmoedige
zielen opstijgen. Op elk dezer wegen zijn weer
tusschenhalten, waarvan de voornaamste worden
aangeven en waarop de zielsbestuurder letten moet.
Ook zijn er bijzondere schakeeringen en verscheidenheden, afhankelijk van karakter, roeping en
bepaalde zending[1]. Doch zooals reeds vroeger
gezegd is (n. 340-343), kan men met den H. Thomas, de trappen der volmaaktheid tot drie herleiden : men begint, vordert op den weg der volmaaktheid of bereikt haar hierbeneden. In dezen algemeenen zin genomen steunt de benaming der drie
wegen èn op het *gezag* èn op de *rede.*

620. 1° **Op het gezag** der *H. Schrift* en der
Overlevering.

A) In het *O. Testament* zou men voorzeker wel
teksten kunnen vinden, die op de drie verschillende
wegen *doelen*, doch meer ook niet.

Zoo steunt bijv. Alvarez de Paz bij het onderscheiden der
wegen op den tekst uit psalm 33 : *declina a malo et fac
bonum, inquire pacem et persequere eam. Declina a malo :*
wijk af van het kwaad : dat is de reiniging der ziel of de weg
der *zuivering; fac bonum :* beoefen het goed, de deugd : dat
is de weg der *verlichting* ; *inquire pacem :* zoek den vrede,
welke slechts in de innige vereeniging met God kan gevonden worden : dat is de weg der *vereeniging.* Het is wel een
vernuftige uitleg van den tekst, maar die toch niet als doorslaand bewijs kan gelden.

621. B) *Uit het N. Testament :* **a**) kan men onder
meer deze woorden van Christus aanhalen : " Indien
iemand mijn volgeling wil zijn, verloochene hij

---

[1] Zoo onderscheidt men bij den weg der vereeniging twee verschillende vormen, de eenvoudige weg der vereeniging en die welke vergezeld gaat van ingestorte beschouwing. Hierover later.

zichzelven en neme zijn kruis op dagelijks, en volge
Mij " (Luc. XX, 23). De zelfverloochening, *abneget
semetipsum*, duidt den eersten trap aan; het dragen
van het kruis, *tollat crucém suam*, veronderstelt reeds
de positieve beoefening der deugden, dus den
tweeden trap; volge Mij, *sequatur Me*, is eigenlijk
de innige vereeniging met Jesus, met God, dus de
weg der vereeniging. Wij hebben hier eveneens wel
een aanwijzing, maar toch geen doorslaand bewijs.

622. b) De H. Paulus spreekt niet uitdrukkelijk
van de drie wegen, maar wel beschrijft hij drie
toestanden der ziel, welke later aanleiding geven
om te spreken van de drie wegen.

1) In een vergelijking ontleend aan een wedstrijd, zegt hij,
dat hij zich inspant om te loopen en te worstelen, maar dat
hij, in plaats van in de lucht te slaan, zijn lichaam kastijdt en
het in dienstbaarheid brengt, opdat hij na aan anderen gepredikt te hebben, niet zelf verloren ga. (I Cor. IX, 26-27). Hier
zien wij de beoefening van boete en versterving, onder den
invloed van heilzame vrees, met het doel het lichaam in
bedwang te houden en de ziel te reinigen. — Hoe dikwerf
herinnert de Apostel er de christenen niet aan, dat zij den
ouden mensch moeten afleggen, hun vleesch kruisigen met
zijn ondeugden en begeerten? Is dit niet de weg der *reiniging?*

2) In den brief aan die van Philippi getuigt de Apostel dat
hij de volmaaktheid niet bereikt heeft, doch zijn Meester volgt
en zich inspant om tot Hem te komen : hij ziet niet om naar
wat achter hem ligt, maar enkel naar wat nog voor hem is.
En hij voegt er bij, dat allen, die naar volmaaktheid streven,
eveneens moeten doen : Weest mijn navolgers, broeders
(Cfr Phil. III, 13-17). — Aan de Corinthiers schrijft hij :
Weest mijn navolgers, gelijk ik het ben van Christus. — Hier
hebben wij de kenteekenen van den weg der *verlichting*,
waar Christus' navolging de hoofdplicht is.

3) Den weg der *vereeniging* beschrijft hij onder zijn beide
vormen : den *eenvoudigen* weg der vereeniging : hij legt er
zich op toe immer te leven door Christus : " Ik zelf leef niet
meer, maar Christus leeft in mij" (Gal. II, 20), en den *buitengewonen*, met geestverrukkingen, vizioenen en openbaringen :
" Ik ken een mensch in Christus, die veertien jaar geleden
naar den derden hemel is weggevoerd, in het lichaam, ik
weet het niet, buiten het lichaam, ik weet het niet, God weet
het" (II Cor., XII, 2).

In de brieven van den H. Paulus ziet men dus werkelijk de drie verschillende wegen reeds onderscheidelijk aangeduid. In den loop der tijden wordt dit onderscheid nog duidelijker.

623. De Kerkvaders stellen dit onderscheid in het verschil tusschen de drie goddelijke deugden onderling en in de trappen van liefde.

a) De H. Clemens[1] van Alexandrie is een der eerste schrijvers, die, steunend op het verschil der goddelijke deugden onderling, van drie onderscheiden wegen spreken. Hij zegt : Om een volmaakt christen te worden moet men drie verschillende afstanden afleggen : men moet zich onthouden van het kwaad *uit vrees* en zijn driften versterven ; daarna het goed of de deugden beoefenen, onder den invloed der *hoop*, en eindelijk dit doen uit *liefde* tot God. Hetzelfde denkbeeld leidt Cassianus[2] er toe in den opgang der ziel tot God, drie graden te onderscheiden : de *vrees*, eigen aan de *slaven*, de *hoop* op loon, waardoor de *huurlingen* tot arbeiden worden aangezet, en de *liefde*, welke de kinderen Gods bezielt.

b) De H. Augustinus volgt een andere redeneering : hij ziet de volmaaktheid in de liefde, en onderscheidt vier graden of trappen in de beoefening dezer deugd : de liefde, die *begint*; de liefde, die *vordert;* de liefde, die reeds *zeer groot* is, de liefde der *volmaakten*[3]. Daar de twee laatste trappen bij den weg der vereeniging behooren, komt de leer van den H. Augustinus feitelijk met de twee vorige overeen. — De H. Bernardus onderscheidt eveneens drie graden in de liefde tot God. Na aangetoond te hebben, dat de mensch begint met zichzelven te beminnen, zegt hij : daar de mensch gevoelt dat hij zichzelven niet voldoende is, begint hij God te zoeken door het geloof en Hem te beminnen om *zijn weldaden;* daarna, door zijn voortdurenden omgang met God, bemint hij Hem èn om zijn weldaden èn om Hemzelven ; eindelijk bemint hij Hem met een geheel *belangelooze liefde*[4]. — De H. Thomas vervolledigt de leer van den H. Augustinus en bewijst klaar en duidelijk, dat er in de liefde drie trappen zijn, die beantwoorden aan de drie wegen (n. 340-343).

624. 2° **De rede** bewijst de juistheid van dit onderscheid. Daar het wezen der volmaaktheid bestaat in

---

[1] *Stromata*, VI, 12. — [2] *Collat.*, XI, 6-8.
[3] *De nat. et gratia*, CLXX, n. 84. — [4] *Epist.*, XI, n. 8.

de liefde tot God, zullen er ook evenveel *trappen van volmaaktheid* zijn als *graden van liefde.* Doch :

A) Vóór men tot de volmaaktheid der liefde komt, moet men eerst de ziel *reinigen* van de bedreven zonden en tegen de fouten in de toekomst vrijwaren.

De *zuiverheid des harten* is het eerste vereischte om God te zien : om Hem klaar te zien in het andere leven, om Hem in dit leven reeds van verre te aanschouwen en zich met Hem te vereenigen : "Zalig de zuiveren van hart, want zij zullen God zien " (Matth. V. 8).

Deze zuiverheid van hart veronderstelt de uitboeting der bedreven fouten door een oprechte boetvaardigheid, de krachtige en aanhoudende bestrijding der verkeerde neigingen, het gebed, de overweging en de geestelijke oefeningen, vereischt om onzen wil tegen de bekoringen te sterken, in één woord, al de middelen, die ten doel hebben onze ziel te reinigen en in de deugd te bevestigen : hierin bestaat juist de *weg der zuivering.*

625. B) Wanneer de ziel aldus gereinigd en hervormd is, moet zij zich tooien met *positieve christelijke deugden,* waardoor zij meer gelijkvormig wordt aan Jesus Christus. Daarom legt zij er zich op toe Hem stap voor stap te volgen, steeds meer zijn inwendige gesteltenissen in zich op te nemen door de beoefening der *zedelijke* en *goddelijke* deugden. De zedelijke deugden maken de ziel gewillig, volgzaam, sterk ; de goddelijke beginnen reeds hare ware vereeniging met God. De zedelijke en de goddelijke deugden worden *tegelijkertijd* beoefend, naar de oogenblikkelijke behoeften en de inspraken der genade. Daartoe tracht de ziel haar gebed steeds volmaakter te doen, hetwelk steeds meer door liefdevolle aandoeningen gekenmerkt wordt ; ook legt zij er zich op toe Jesus te beminnen en na te volgen. Aldus bewandelt zij den weg der verlichting, want

Jesus zegt : "Wie Mij volgt, wandelt niet ın duisternis".

626. C) Eindelijk komt het uur, dat de ziel, gezuiverd van haar zonden, volgzaam, sterk, gewillig bij de inspraken van den H. Geest, geen ander verlangen meer heeft dan *zich op 't innigst met God te vereenigen*. Overal zoekt zij Hem, zelfs te midden der meest verstrooiende bezigheden ; zij hecht zich aan Hem en geniet zijn bijzijn. Haar gebed wordt steeds eenvoudiger : het is een liefdevolle, langdurige blik op God en het goddelijke, onder de nu eens onbewuste, dan weer bewuste werking der gaven van den H. Geest ; met andere woorden : hier hebben wij den weg der vereeniging [1].

Er zijn ongetwijfeld op deze drie wegen veel schakeeringen en verscheidenheden : *multiformis gratia Dei*. Wij zullen er eenige beschrijven ; de studie van het leven der Heiligen zal de overige doen kennen.

II. Het verstandig gebruik
van de onderscheiding.

627. Om zich niet te vergissen in het onderkennen der drie onderscheiden wegen is er veel takt noodig en een ruime blik, benevens de kennis der princiepen van het hoogere geestelijk leven ; maar vooral moet men iedere ziel afzonderlijk, met haar eigenaardigheden bestudeeren, en letten op de bijzondere werking van den H. Geest. Tot voorlichting van den zielsbestuurder volgen hier eenige opmerkingen.

---

[1] De H. Joannes van het Kruis (hierin nagevolgd door een groot aantal schrijvers) gebruikt eigen uitdrukkingen, wanneer hij handelt over de drie wegen. Hij noemt *beginnelingen*, die *dicht bij de duistere beschouwing* of den nacht der zinnen zijn ; *gevorderden*, die reeds in de *passieve* beschouwing zijn ; volmaakten, die den nacht der zinnen en van den geest voorbij zijn. Cf. HOORNAERT, *note sur la Nuit obscure*. t. III, des Œuvres spirituelles, (p. 5-6).

628. A) Een algemeene, stellige regel om de grenzen der drie wegen te bepalen bestaat niet : **a**) de overgang van den eenen naar den anderen geschiedt onmerkbaar, zoodat het niet mogelijk is de scheidingslijn aan te wijzen. Hoe zal men weten, of een ziel nog op den weg der zuivering is of aan het begin van dien der verlichting? Er is tusschen beide een gemeenschappelijk terrein. **b**) Overigens wordt de voortgang niet altijd volgehouden : evenals in het natuurlijk leven, komen er in het geestelijke schommelingen voor, vooruit- en achteruitgang ; somtijds schijnt het, dat er geen noemenswaardige vordering, ja stilstand is.

629. B) Op iederen weg zijn er eveneens vele verschillende graden. **a**) Onder de *beginnenden*, hebben sommige een zondig verleden uit te boeten, andere hebben de onschuld bewaard. Zijn verder de omstandigheden gelijk, dan is het duidelijk, dat de eersten zich langer op boetvaardigheid moeten toeleggen dan de tweeden. **b**) Hierbij komt nog het verschil in karakter, in werkzaamheid, wilskracht en standvastigheid : sommigen leggen zich met vurigheid toe op boetplegingen, anderen doen het slechts noode; eenigen zijn edelmoedig en willen den goeden God niets weigeren, anderen zijn karig in het beantwoorden aan zijn uitnoodigingen. Het is duidelijk, dat er tusschen deze zielen, die alle nog op den weg der zuivering zijn, weldra zeer groot verschil zal wezen. **c**) Daarenboven is er een afstand tusschen hen die zich slechts sedert *enkele maanden* op de zuivering der ziel toeleggen en anderen die er reeds verscheidene jaren aan besteed hebben en zeer dicht tot den weg der verlichting genaderd zijn. **d**) Ook en vooral moet men rekening houden met *de werking der genade :* er zijn zielen die zulk een overvloed van genaden schijnen te ontvangen, dat een snel opgaan tot de hoogten der volmaaktheid valt te voorzien; er zijn er ook die

minder bedeeld langzamer vorderen. De geestelijke
bestuurder moet er aan denken, dat zijn leiding aan
de werking van den H. Geest ondergeschikt moet
wezen, n. 548.

Men moet dus niet meenen dat er *streng omlijnde
afdeelingen* zijn waarin al de zielen groepsgewijze
ingedeeld kunnen worden. Elke ziel heeft haar
eigenaardigheden waarmede rekening moet gehouden worden. Zoo dienen dus de indeelingen, door
de geestelijke schrijvers gemaakt, ruim genomen te
worden om plaats te laten voor alle zielen.

630. C) Bij de leiding der zielen is er een tweevoudige klip te vermijden : eenigen zouden de
lagere trappen met alle snelheid willen doorloopen
om spoediger tot de goddelijke liefde te geraken;
anderen daarentegen *gaan niet vooruit* en blijven al
te lang beneden staan, door hun schuld, door gemis
aan edelmoedigheid of door gebrek aan methode.
Aan de eersten moet de zielsbestuurder herhaaldelijk voorhouden, dat God beminnen uitmuntend is,
maar dat men niet tot de zuivere liefde komt dan
door zelfverloochening en boete, n. 321. De anderen
moet hij aanmoedigen, vermanen, ten einde hun
ijver op te wekken ofwel hen in de rechte wijze van
bidden en het gewetensonderzoek te onderrichten.

631. D) Sommige geestelijke schrijvers leeren
dat deze of die deugd bij dezen of dien weg behoort.
Dit moet men echter slechts met veel voorbehoud
aannemen. Eigenlijk zijn alle hoofddeugden geschikt
voor elken weg, doch in verschillenden graad. De
beginnelingen bijv. moeten zich wel bijzonder toeleggen op de deugd van *boetvaardigheid*, doch niet
zonder tevens de goddelijke en de hoofddeugden te
beoefenen, maar anders dan de meer gevorderden :
het doel is hierbij voornamelijk hun ziel door
verloochening en versterving te zuiveren. Op den
weg der *verlichting* zal men dezelfde deugden

beoefenen, doch in verschillenden graad, op meer
positieve wijze en met het doel om meer gelijkvormig te worden aan het goddelijk Toonbeeld. Men
zal het eveneens doen op den weg der *vereeniging*
en hier in nog verhevener graad, als een uiting van
de liefde tot God en onder de werking van de
gaven van den H. Geest.

Terwijl de *volmaakten* zich vooral toeleggen op
de liefde tot God, laten ook zij niet na hun ziel te
zuiveren door boete en versterving; doch deze
werken van boetvaardigheid worden met een zuiverder en sterker liefde gedaan en zijn daardoor ook
heilrijker in haar gevolgen.

632. E) Een gelijke opmerking dient gemaakt
ten opzichte der verschillende wijzen van bidden.
Zoo kan men zeggen, dat in 't algemeen, de verstandelijke overweging de beste is voor beginnenden;
het gevoelsgebed voor meer gevorderden en voor
de zielen op den weg der vereeniging het gebed van
ingekeerdheid of eenvoud, en de beschouwing. De
ondervinding bewijst ondertusschen, dat *de graad
van gebed niet altijd in overeenstemming is met den
trap van deugd :* er worden er gevonden die, ten
gevolge van hun gestel, opvoeding of uit gewoonte,
langen tijd bij het verstands- of gevoelsgebed [1] blijven en toch voortdurend op het innigst met God
vereenigd leven, terwijl anderen, met een meer
beschouwenden geest en een gevoeliger hart begaafd,
bij voorkeur het eenvoudig gebed beoefenen, zonder
nochtans tot dien trap van deugd te zijn opgeklommen, die voor den weg der vereeniging vereischt
wordt.

Deze opmerkingen moeten van het begin af in
het oog gehouden worden : er bestaat geen volledige

---

[1] Het affectief of gevoelsgebed is dat, waarin de godvruchtige gevoelens en aandoeningen overheerschen ; het gebed van ingekeerdheid of
eenvoud, dat waarin de ziel liefdevol de blikken op God gevestigd
houdt om naar zijn inspraken te luisteren en Hem te beminnen.

afscheiding tusschen de deugden. Nochtans zullen
wij bij de verklaring van iedere deugd aangeven,
welke graden geschikt zijn voor de beginnenden,
voor de meer gevorderden en voor de volmaakten.

III. NUT VAN DE STUDIE DER DRIE WEGEN.

Uit hetgeen gezegd is, blijkt hoe nuttig, hoe
noodzakelijk de kennis der drie wegen is.

633. 1º Op de eerste plaats is zij vereischt voor
de *geestelijke bestuurders*. Het spreekt toch vanzelf,
dat beginnenden en volmaakten niet op dezelfde
wijze kunnen geleid worden, want zegt P. Grou :
"de genade der beginnelingen is niet gelijk die der
gevorderden, en die dezer laatsten evenmin gelijk
die der volmaakten ".

Zoo zou de verstandelijke overweging, noodig voor de
beginnelingen, de meer gevorderden hinderen bij het gebed.
Ook ten opzichte der deugden moet men er op bedacht zijn,
dat de manier om ze te beoefenen verschillend is, naar gelang
men zich bevindt op den weg der zuivering, der verlichting
of der vereeniging. Een zielsbestuurder, die hiervan geen
studie heeft gemaakt, zou allicht geneigd zijn alle zielen op
dezelfde wijze te behandelen en aan elke ziel, datgene voor
te schrijven, wat voor hem het beste is. Omdat hem bijv. het
eenvoudiger gevoelsgebed zeer voordeelig is, zou hij het al
zijn penitenten willen aanbevelen, zonder er op te letten, dat
men er slechts van lieverlede toe kan komen. Vindt hij in de
voortdurende beoefening der liefde Gods alles, wat zijn eigen
heiliging bevordert, dan zal hij geneigd zijn den weg der
liefde, als den kortsten en zekersten aan te prijzen, en er niet
aan denken, dat een jonge vogel zonder wieken niet tot die
hoogte kan opvliegen. Hij die het gebed van ingekeerdheid
en eenvoud nimmer heeft beoefend zal het in anderen die er
zich op toeleggen, laken onder voorwendsel dat daaruit geestelijke traagheid blijkt. Een zielsbestuurder echter die met zorg
het geleidelijk opstijgen der vurige zielen heeft bestudeerd,
zal zijn raadgevingen en leiding weten aan te passen aan den
werkelijken staat zijner biechtelingen tot grooter voordeel
hunner ziel.

634. 2º Ook de *geloovigen* zullen veel nut uit
deze studie trekken. Zij moeten zich ongetwijfeld

laten geleiden door hun zielsbestuurder, maar zoo zij door de lezing van geschikte boeken, ten minste in de hoofdpunten eenig begrip hebben van het onderscheid, dat bestaat tusschen de drie wegen, zullen zij beter in staat zijn de raadgevingen van hun zielsbestuurder te begrijpen en in beoefening te brengen.

Wij gaan achtereenvolgens de geestelijke wegen beschouwen en zullen daarbij niet uit het oog verliezen, dat zij geen streng afgebakende terreinen zijn en ook dat er op elk der drie wegen velerlei schakeeringen worden aangetroffen.

EERSTE BOEK
De loutering der ziel of de weg der zuivering

INLEIDING [1]

635. Het kenmerk van *den weg der zuivering* of *den staat der beginnenden*, is *de loutering der ziel*, ondernomen met het doel om tot de *innige vereeniging met God* te komen.

Wij gaan eerst verklaren : 1º Wat wij verstaan onder *beginnenden* en 2º *welk doel* zij moeten nastreven.

I. WAT WIJ VERSTAAN ONDER BEGINNENDEN.

636. 1º **Wezenlijke kenmerken.** De beginnenden in het geestelijk leven zijn diegenen welke gewoonlijk in staat van genade levend, een zeker verlangen naar volmaaktheid voeden, maar nog gehecht zijn aan dagelijksche zonden en gevaar loopen nu en dan in groote zonden te vallen. Wij verklaren dit nader :

a) Zij leven gewoonlijk in staat van genade en bijgevolg strijden zij meestal met goed gevolg tegen de zware bekoringen. Buiten deze categorie vallen dus zij die dikwijls doodzonde bedrijven en haar gelegenheden niet vluchten, die wel een zwak verlangen hebben om zich te bekeeren, maar dat nimmer vastbesloten willen. Zij zijn niet op den weg der volmaaktheid ; het zijn zondaars, wereldlingen, die vóór alles van de zonde en hare gelegenheden moeten bevrijd worden [2].

---

[1] A. SAUDREAU, *Les degrés*, Vie purgative, l. I-II; SCHRYVERS, *Les principes*, 2e partie, ch. II.

[2] Er zijn wel eenige schrijvers, zooals P. MARCHETTI, die meenen,

b) Zij voeden *een zeker verlangen naar volmaakt-heid* of voortgang, hoewel het misschien nog zwak en onvolmaakt is. De wereldsgezinden, die er zich toe willen bepalen de doodzonde te vermijden, maar niet het minste verlangen hebben naar meer deugd, zijn dus uitgesloten, want juist dat verlangen is de eerste stap naar de volmaaktheid, zooals wij reeds gezien hebben, n. 414.

c) Doch zij bewaren nog *eenige gehechtheid aan de vrijwillige dagelijksche zonden,* die zij daarom ook dikwerf bedrijven. Hierdoor verschillen zij van de zielen die reeds meer gevorderd, er zich op toeleggen om alle gehechtheid aan de dagelijksche zonde te verbreken, ofschoon zij ze nu en dan nog wel vrijwillig bedrijven. De reden hiervan is, dat hun driften nog niet bedwongen zijn; van daar het herhaalde-lijk involgen der opwellingen van zinnelijkheid, hoogmoed, ijdelheid, gramschap, jaloerschheid, lief-deloosheid, enz. Hoeveel personen, die voor god-vruchtig doorgaan, hebben dergelijke gehechtheden, welke oorzaak worden van vele vrijwillige da-gelijksche zonden en zelfs nu en dan van groote fouten.

637. 2° **Verschillende groepen.** Er zijn dus *verschillende groepen* van beginnenden :

a) *De onschuldige zielen,* die in het geestelijk leven wenschen te vorderen : kinderen, jongelieden, volwassenen in de wereld levend, welke niet tevre-den met de doodzonde te vermijden, iets meer willen doen voor God en verlangen voortgang te maken in de deugd. Zij zouden nog talrijker zijn, wanneer de priesters, in den catechismus, het patronaat en de parochievereenigingen, er zich op toelegden om dat verlangen in hen op te wekken. (Cf. n. 409-430).

---

dat men den weg der reiniging moet uitstrekken ook tot de zondaars ten einde ze te bekeeren, doch dit is tegen het algemeen gevoelen. De bekeering der zondaars en de middelen er toe vallen niet onder de ascesis, maar onder de moraal.

b) *De bekeerlingen*, die, na zware zonden oprecht tot God wederkeerend, zich aangezet gevoelen het pad der volmaaktheid op te gaan, om aldus zekerder den afgrond des verderfs te ontwijken. Ook hun getal, mogen wij zeggen, zou aanzienlijk grooter zijn, zoo de biechtvaders zorg hadden om hun penitenten voor oogen te houden, dat om niet achteruit te gaan, men vooruit moet, en dat er geen doeltreffender middel is om de doodzonde te vermijden dan het streven naar hooger deugd. (Cf. n. 354-361).

c) *De verflauwden*, welke, na zich eenmaal aan God gegeven en eenige vorderingen gemaakt te hebben, tot verslapping en lauwheid zijn vervallen. Al waren dezen zelfs reeds tot den weg der verlichting genaderd, dan nog moeten zij terugkeeren tot de boetedoeningen van den reinigingsweg en op degelijker manier het werk der volmaaktheid hervatten. Om hun ijver opnieuw aan te wakkeren, moet men hen met ernst wijzen op de gevaren der lauwheid en hen krachtig aansporen om de gewone oorzaken der verslapping te bestrijden : onnadenkendheid, lichtzinnigheid, onbezorgdheid, lafhartigheid.

638. 3° **Twee soorten van beginnelingen.** Onder hen toonen sommigen meer edelmoedigheid, anderen veel minder ; vandaar dat de H. Theresia van twee klassen spreekt.

a) In het *eerste* verblijf van het "Kasteel der ziel", beschrijft zij de zielen, die nog in de wereld levend, toch goede begeerten hebben, ook wel bidden, maar meestal met een geest verstrooid door allerhande beslommering. Zij hebben nog vele gehechtheden, doch trachten nu en dan zich er van te bevrijden. Dank deze goede pogingen, treden zij binnen in de eerste, de onderste vertrekken van het *Kasteel*. Ondertusschen sluipen er met haar ook vele schadelijke dieren (haar eigen driften naar binnen), die haar beletten de schoonheid van het kasteel te zien en er in rust te leven. Dit verblijf, ofschoon het laagste, is reeds zeer rijk ; maar vreeselijk zijn de listen en lagen van den duivel om die zielen den voortgang

te beletten; de wereld, waaraan zij nog veel hechten, bekoort
ze door eer en vermaken; ook worden zij gemakkelijk overwonnen en toch willen zij de zonde vermijden en doen zij
prijzenswaardige werken [1]. Met andere woorden deze personen
willen *het godvruchtig en het wereldsch leven samen laten
gaan.* Hun geloof is niet voldoende ontwikkeld, hun wil niet
standvastig, niet edelmoedig genoeg om hen te doen afzien
niet alleen van de zonde, maar ook van sommige gevaarlijke
gelegenheden. Zij begrijpen nog niet volkomen, dat het
noodig is dikwerf te bidden, en strenge boetvaardigheid en
versterving te beoefenen. Toch willen zij niet enkel zalig
worden, maar ook voortgang maken in de liefde Gods door
zich toe te leggen op het een of ander offer.

639. b) De H. Theresia behandelt de andere klas van
beginnelingen in het *tweede verblijf.* Daartoe behooren allen,
die *het gebed reeds beoefenen* en beter begrijpen, dat tot
voortgang offers gevorderd worden, doch die, door gebrek
aan moed, soms naar het eerste verblijf teruggaan, omdat zij
zich opnieuw blootstellen aan de gelegenheid van zonde. Zij
beminnen de vermaken en verleiding der wereld nog en
vallen ook wel eens in groote zonde, doch richten zich weder
spoedig op, omdat zij naar de stem Gods, die hen tot berouw
roept, luisteren. Ondanks de aanlokselen der wereld en des
duivels, overdenken zij de boosheid van de valsche goederen der aarde, den dood, die hen weldra van alles scheiden
zal. Daardoor worden zij in grooter liefde ontstoken voor
Hem, van wien zij zoovele bewijzen van liefde ontvangen.
Zij zijn overtuigd, dat er buiten Hem voor hen noch vrede
noch veiligheid mogelijk is en willen alle afdwaling vermijden. Zij leven in een voortdurende *strijd,* waarin zij veel te
lijden hebben van menigvuldige bekoringen, maar waarin
God zich ook verwaardigt hen troost en sterkte mede te
deelen. Door hun wil aan dien van God te onderwerpen, dus
door het groote hulpmiddel tot volmaaktheid toe te passen,
zullen zij eindelijk buiten het verblijf geraken, waar nog
vergiftige dieren rondsluipen en komen in het gewest, waar
zij buiten het bereik hunner beten zijn [2].

640. Wij zullen deze twee klassen niet afzonderlijk behandelen, omdat de aan te wijzen hulpmiddelen nagenoeg dezelfde zijn. De zielsbestuurder
evenwel moet zien, met welke klas hij te doen heeft,
om overeenkomstigen raad te kunnen geven. Zoo

---

[1] *Kasteel,* Eerste verblijf.
[2] Tweede verblijf.

zal hij die van de eerste klas bijzonder wijzen op
de boosheid en de gevolgen der zonde, op de noodzakelijkheid om de gelegenheden te vermijden.
Tevens zal hij in hen de levendige begeerte opwekken naar gebed, boete en versterving. De edelmoediger zielen zal hij daarenboven aanraden zich toe
te leggen op langer inwendig gebed en het bestrijden der ingewortelde verkeerde neigingen, waaruit
alle zonden voortkomen.

II. HET DOEL.

641. Het wezen der volmaaktheid bestaat in de
vereeniging met God door de liefde (n. 309). Daar
God de heiligheid zelf is, kunnen wij niet met Hem
vereenigd worden, zoo wij niet *zuiver van hart* zijn.
Tot de zuiverheid des harten worden vereischt :
uitdelgen van het zondig verleden en *zich verwijderd
houden van de zonde en zondige gelegenheden in de
toekomst.*

De zuivering der ziel is dus de eerste taak der
beginnenden.

Men mag zelfs zeggen, dat de ziel des te nauwer
met God vereenigd zal zijn, naarmate zij zuiverder
en meer onthecht is. De zuivering is minder
of meer volmaakt volgens haar *beweegredenen* en
gevolgen.

A) Zij zal onvolmaakt zijn, zoo zij tot beweegredenen heeft : *vrees* en *hoop*, vrees voor de hel en
hoop op den hemel. De uitwerking is onvolkomen :
men verzaakt wel aan de doodzonde, die buiten den
hemel sluit, maar niet aan dagelijksche, zelfs vrijwillige dagelijksche zonden, omdat zij de eeuwige
zaligheid niet beletten.

B) Volkomener zal zij wezen, zoo, naast vrees en
hoop, de hoofdbeweegreden is de liefde Gods, het
verlangen Hem te behagen en dus ook alles te
vermijden, wat Hem zelfs in 't geringste kan

mishagen. Dan wordt het woord des Heeren tot de zondares wederom in de ziel vervuld : " Vergeven zijn hare vele zonden, want ze heeft veel bemind ". (Luc. VII, 47).

Op deze laatste wijze moeten de godvruchtige zielen zich trachten te reinigen. De zielsbestuurder verlieze evenwel niet uit het oog, dat vele beginnelingen niet in staat zijn daarmede aan te vangen. Daarom houde hij hen bij voorkeur als beweegredenen de vrees en de hoop voor, die meer indruk op hun gemoed maken.

Indeeling van het eerste boek.

642. Is het doel eenmaal gekend, dan moeten de **middelen** om het te kunnen bereiken, bepaald worden. Zij kunnen wel beschouwd tot twee teruggebracht worden : **het gebed,** dat ons de noodige genade verwerft, en **de versterving,** waardoor wij aan de genade beantwoorden. De versterving draagt verschillende namen, naar het verschillend oogpunt waaruit men ze beschouwt. Heeft zij tot doel de bedreven fouten uit te boeten, dan heet zij *boetedoening;* is zij gericht op het bestrijden van de zucht naar vermaken, op het verminderen der zonden in het heden en de toekomst, dan wordt zij de *eigenlijke versterving* genoemd; zij heet *strijd tegen de hoofdzonden*, wanneer zij de diepgewortelde neigingen, die ons tot zonde voeren, bekampt; *strijd tegen de bekoringen* wanneer zij weerstaat aan de aanvallen onzer geestelijke vijanden. Vandaar vijf hoofdstukken.

Hoofdstuk. IV. — De **strijd** tegen de **hoofd-zonden.**

Hoofdstuk. V. — De **strijd** tegen de **bekc-ringen.**

Deze vijf hulpmiddelen veronderstellen natuurlijk de beoefening der goddelijke en zedelijke deugden in haar eersten graad. Het is immers onmogelijk te bidden en zich toe te leggen op boetedoening en versterving zonder een vast geloof in de geopenbaarde waarheden, zonder hoop op de goederen des hemels en zonder liefde tot God; evenmin is dit doenlijk, zoo men niet tevens de voorzichtigheid, de rechtvaardigheid, de sterkte en de matigheid beoefent. Over deze deugden later, bij den weg der verlichting.

HOOFDSTUK I.

Het gebed der beginnenden [1].

643. Na de nieuwelingen in het geestelijk leven de *natuur* en de *kracht* (n. 499-521) verklaard te hebben, moet de zielsbestuurder : 1º hen de *noodzakelijkheid* en de *voorwaarden* van het gebed inprenten ; 2º ze langzamerhand gewennen aan die *geestelijke oefeningen*, welke voor hen passen, en 3º ze leeren *mediteeren*.

Art. I. — Over het gebed in { Noodzakelijkheid.
't algemeen { Voorwaarden.

Art. II. — Voornaamste geestelijke oefeningen.

---

[1] S. Thom., IIa IIæ q. 83; Suarez, *de Religione,* Tr. IV, l. I, *de Oratione;* Alvarez de Paz, t III, l. I; Th. de Vallgornera, q. II, disp. V; *Summa theol. mysticae,* Ia P., Tr. I, discursus III; L. v. Grenada, *Verhand. over het Gebed en d e Overw..;* H. Alph., *Het Gebed;* Monsabré, *La Prière;* P. Ramière, *L'Apostolat de la Prière.*

Art. III. — Over de meditatie ⎨ Voordeel en noodzakelijkheid.
Meditatie der be-
ginnelingen.
Voornaamste me-
thoden.

ART. I. NOODZAKELIJKHEID EN VOORWAARDEN
VAN HET GEBED.

§ I. Noodzakelijkheid.

644. Wat wij over het dubbel doel van het
gebed, *aanbidden* en *smeeken*, gezegd hebben
(n. 503-509), bewijst wel, hoe noodzakelijk het is.
Inderdaad, als schepselen en als christenen, zijn wij
gehouden God te verheerlijken door aanbidding,
dank en liefde; als zondaars, zijn wij verplicht Hem
eerherstel te brengen. (n. 506). Hier nu beschouwen
wij het gebed vooral als *smeeking*; als het middel
volstrekt vereischt tot het verkrijgen der zaligheid
en der volmaaktheid.

645. De noodzakelijkheid van het gebed steunt
op de *noodzakelijkheid der dadelijke genade*. Het is
een punt van ons geloof, dat het ons zonder deze
genade volstrekt onmogelijk is de zaligheid en dus
evenmin de volmaaktheid te verwerven, n. 126.
Welk goed gebruik wij ook van onze vrijheid
maken, toch kunnen wij, uit eigen kracht, ons niet
in de vereischte stemming tot bekeering brengen,
noch geruimen tijd volharden, noch vooral volharden tot aan den dood, want Jesus zegt : "*zonder Mij
kunt ge niets doen*" (Joan. XV, 5) en Paulus voegt er
bij : "*want niet door onszelf, en als door eigen kracht
zijn we in staat iets te bedenken...* (II Cor. III, 5)
"*God is het, die naar zijn welbehagen in u het willen
uitwerkt en het handelen*". (Phil. II, 13).

Welnu, zonderen wij de eerste genade uit die ons
om niet geschonken is, zonder dat wij er om bidden —

wijl zij het beginsel zelf van het gebed is — dan is
het een onveranderlijke waarheid, dat het gebed
het gewone, doeltreffende en algemeen middel is
waardoor wij naar Gods wil alle dadelijke genaden
moeten verkrijgen. Daarom ook legt Christus zoo
herhaaldelijk den nadruk op de noodzakelijkheid
van het gebed tot het verkrijgen der genade " *Vraagt
en u zal gegeven worden; zoekt en gij zult vinden;
klopt en men zal u opendoen; want ieder, die vraagt,
ontvangt en wie zoekt, vindt en wie klopt, hem doet
men open* ". (Matth. VII, 7-8). 't Is, voegen hier vele
uitleggers bij, of Hij zeide : "als gij niet vraagt,
ontvangt gij niet, als gij niet zoekt, vindt gij niet".
Deze noodzakelijkheid van het gebed houdt Hij
ons vooral voor, wanneer wij weerstand willen bieden
aan de bekoring : " Waakt en bidt, dat gij niet in
bekoring komt. De geest is wel gewillig, maar het
vleesch is zwak " (Matth. XXVI, 41). De H. Thomas
besluit hieruit, dat alle vertrouwen, hetwelk niet
steunt op het gebed, vermetel is, want God die ons
uit rechtvaardigheid zijn genade niet verschuldigd is,
heeft alleen zijn woord gegeven ze te schenken aan
het gebed. Ongetwijfeld kent Hij onze geestelijke
behoeften, zonder dat wij ze Hem blootleggen, maar
Hij wil, dat onze gebeden zijn medelijdende ontferming opwekken, opdat wij Hem zouden erkennen
als den Gever der gaven, die Hij ons schenkt.

646. Zoo was het geloof der Kerk van den
beginne af. Het Concilie van Trente leert niet
anders dan Augustinus : God beveelt niets onmogelijks : Hij beveelt ons te doen, wat wij kunnen, en
te vragen, wat wij niet kunnen, en helpt ons door
zijn genade, opdat wij zouden kunnen. Dat veronderstelt dus klaarblijkelijk, dat sommige dingen
onmogelijk zijn te volbrengen zonder het gebed.
Daarom is de gevolgtrekking van den Catechismus
van het Concilie van Trente : Het gebed is ons
gegeven als het noodzakelijk middel om te ver-

krijgen, wat wij wenschen; er zijn inderdaad zaken,
die wij niet dan door het gebed kunnen bekomen.
(Cat. Trid., P. IV, C. I, n. 3).

647. Waarschuwing voor den zielsbestuurder.
Het is van groot belang aan te dringen op deze
waarheid bij de beginnenden, want onbewust zijn
er velen besmet met pelagianisme of semi-pelagia-
nisme, meenende, dat zij met goeden wil en krachtsinspanning tot alles in staat zijn. Spoedig, het is
waar, ondervinden zij, dat de beste voornemens,
ondanks hun pogen, menigmaal niet tot uitvoering
komen. De biechtvader moet naar aanleiding daarvan hen er telkens weer op wijzen, dat zij slechts
slagen zullen met de hulp van de genade en het
gebed : een bewijs op eigen ondervinding steunend
zal hen nog sterker overtuigen van de noodzakelijkheid des gebeds.

§ II. Noodzakelijke vereischten.

648. Bewezen is, dat de dadelijke genade vereischt
wordt voor al de akten die tot de zaligheid gevorderd worden (n. 126), dus, mogen wij besluiten : die
genade is eveneens noodig om wel te bidden. Dit
verklaart de H. Paulus duidelijk : "*wij weten niet
eens, wat we behooren te vragen; maar de Geest zelf
smeekt voor ons met onuitsprekelijke verzuchtingen*".
(Rom. VIII, 26). Deze genade, het zij hierbij
gevoegd, wordt allen, ook de zondaars, aangeboden,
zoodat allen kunnen bidden.

Hoewel *de staat van genade* niet gevorderd wordt
om te kunnen bidden, geeft hij toch een geheel
bijzondere kracht aan onze gebeden, omdat zij
gedaan worden door vrienden Gods en levende
ledematen van Jesus Christus.

Wij gaan nu zien, wat bij het bidden vereischt
wordt 1° ten opzichte van het gevraagde, 2° in hem
die bidt.

I. *Ten opzichte van het gevraagde.*

649. Het voornaamste, waarop wij bij ons bidden te letten hebben, is of het gevraagde strekt tot ons eeuwig welzijn : slechts wat ons hiertoe dienstig is, moeten wij begeeren; dus op de eerste plaats *bovennatuurlijke genaden* en vervolgens *tijdelijke gunsten,* in zoover deze onze zaligheid bevorderen. Zoo leerde ons ook Christus zelf : "*Zoekt dan eerst het rijk Gods en zijn gerechtigheid en dat alles zal u toegegeven worden*" (Matth. VI, 33). Zooals wij reeds gezegd hebben, n. 307-308, bestaat het geluk, evenals de volmaaktheid van den mensch in het bezit van God en dus ook in de genaden daartoe vereischt. Slechts wat hiermede in overeenstemming is mogen wij dus vragen.

1° *De tijdelijke goederen in zichzelf beschouwd,* zijn te ver beneden ons, zijn te nietig om de verlangens van ons hart te bevredigen en ons gelukkig te maken, om het *eerste voorwerp* onzer gebeden te kunnen zijn. Daar wij echter een zekere hoeveelheid dier goederen noodig hebben om te leven en onze zaligheid te bewerken, mogen wij het dagelijksch brood, voor het lichaam en voor de ziel, vragen, zóó nochtans dat wij aan de ziel boven het lichaam denken. Het gebeurt somtijds wel, dat een bijzonder goed, hetwelk ons begeerenswaardig toeschijnt, zooals de rijkdom, onze zaligheid in gevaar zou brengen : wij mogen het daarom niet vragen dan op voorwaarde dat het ons zalig is.

650. 2° Ja zelfs, wanneer het een bepaalde bijzondere genade betreft, moeten wij ze niet vragen dan in overeenstemming met den goddelijken wil. God weet, in zijn oneindige wijsheid, beter dan wij, wat voor iedere ziel volgens haren toestand en verworven volmaaktheid dienstig is. Zooals de H. Franciscus van Sales opmerkt, moeten wij onze zaligheid willen, gelijk God die wil, en bijgevolg

met volstrekte beslistheid die genaden, welke God
ons bestemt, willen en aannemen; want het is noodzakelijk, dat onze wil met den zijnen overeenstemt [1].
Laten wij God dus uitmaken welke genaden ons
het nuttigst zijn. Wij mogen voorzeker onze wenschen te kennen geven, maar wij moeten het doen
in volle overgave aan den wil van onzen hemelschen
Vader : Hij zal ons altijd verhooren, wanneer wij
bidden, zooals het behoort; somtijds zal Hij ons
meer en beter geven dan wij vragen, en in plaats
van ons te beklagen, zullen wij Hem er om zegenen.

II. *Vereischten in die bidt.*

De volstrekt onontbeerlijke voorwaarden voor de
krachtdadigheid onzer gebeden zijn : de nederigheid, het vertrouwen en de aandacht, of ten minste
het ernstig pogen om aandachtig te zijn.

651. 1° **De nederigheid** volgt uit den aard van
het gebed zelf. Daar de genade volstrekt om niet
gegeven wordt en wij er niet het minste recht op
hebben, zijn wij voor God als *bedelaars*, zegt de
H. Augustinus; wat wij niet rechtens kunnen
eischen, moeten wij dus van zijn goedertierenheid
afsmeeken. In dezen geest bad Abraham : "*ik zal
spreken tot den Heer God, ofschoon ik stof en asch
ben*" (Gen. XVIII, 27). Zoo bad ook Daniel :
"*want niet in onze gerechtigheden storten wij gebeden
voor uw aanschijn, maar in uwe vele ontfermingen*"
(Dan. IX, 18); zoo ook de tollenaar : "*O God, wees
mij zondaar genadig*". En daarom werd hij verhoord,
terwijl de hoovaardige farizeër zijn gebed verstooten
zag. Jesus geeft zelf hiervan de reden : "*alwie
zichzelven verheft zal vernederd, doch wie zichzelven
vernedert, zal verheven worden*" (Luc. XVIII, 14).
Zijn leerlingen hebben dit wel begrepen. De

---

[1] *L'Amour de Dieu*, 1. VIII, c. IV; BOURDALOUE, *Carême*, jeudi
de la 1re semaine.

H. Jacobus zegt in krachtige taal : " *God weerstaat de hoovaardigen, maar aan de nederigen geeft Hij genade* " (Jac. IV, 6). En te recht : de trotsche schrijft zich zelven de krachtdadigheid van het gebed toe, de nederige geeft er de eer van aan God. Doch zou God ons dan helpen ten koste van zijn eigen glorie, ter wille van onze ijdelheid? Slechts hij, die nederig erkent, dat alle goed van God komt, wordt door den Heer geholpen, want als God hem verhoort, bevordert Hij zijn glorie en tevens het heil van die ootmoedig bidt.

652. 2° De ware nederigheid gaat daarom ook gepaard met **vertrouwen,** steunend niet op eigen verdiensten, maar op de oneindige *goedheid van God* en de *verdiensten van Jesus Christus.*

a) Het geloof leert, dat God *barmhartigheid* is en dat Hij met des te grooter liefde tot ons afdaalt, naarmate wij meer onze armoede en hulpeloosheid erkennen; want ellende wekt barmhartigheid. Met vertrouwen God aanroepen is eigenlijk Hem eeren, is verkondigen, dat Hij de bron van alle goed is en er zijn behagen in stelt ons wel te doen. Hoe menigmaal verklaart Hij niet in de H. Schrift, dat Hij allen verhoort, die op Hem vertrouwen : " *Omdat hij op Mij gehoopt heeft, zal Ik hem bevrijden : hij zal roepen tot Mij en Ik zal hem verhooren* ". (Ps. XC, 13-14). Christus noodigt ons uit met vertrouwen te bidden en om dat vertrouwen in ons op te wekken, bezigt Hij niet alleen de dringendste aansporingen, maar ook de meest treffende vergelijkingen. " Alwie vraagt verkrijgt, zegt Hij, en Hij voegt er bij : welke mensch is er onder u, die, als zijn zoon om brood vraagt, hem een steen zal toereiken? of als hij om een visch vraagt, hem een slang zal geven? Als gij dus, hoewel gij boos zijt, aan uw kinderen goede gaven weet te schenken, hoeveel te meer zal dan uw Vader, die in de hemelen is, het goede geven aan wie Hem er om vragen? "

Bij het Laatste Avondmaal komt Hij er op terug :
"*Alwat ge den Vader in mijnen naam zult vragen,
dat zal Ik doen, opdat de Vader verheerlijkt worde in
den Zoon. Indien ge Mij iets in mijnen naam zult
vragen, zal Ik het doen*" (Joan. XIV, 13-14). " Op
dien dag zult ge in mijnen naam bidden, en Ik zeg
u niet, dat Ik den Vader voor u vragen zal, want de
Vader zelf heeft u lief, wijl gij Mij hebt liefgehad"
(Joan. XVI, 26-27). Wie dus niet onwrikbaar vast
overtuigd is van de kracht van het gebed, heeft
geen vertrouwen in God en in zijn beloften, en
onderschat de oneindige verdiensten en de alvermogende tusschenkomst van Jesus.

653. b) Het is waar, somtijds schijnt de goede
God geen acht te slaan op ons roepen, maar dan
wil Hij ons vertrouwen standvastig zien. Door zijn
uitstel van verhooring gevoelen wij nog meer het
gewicht onzer ellende en beseffen wij beter, hoe
kostbaar de genade is. Wanneer Hij al doof schijnt
voor ons smeeken, toont het voorbeeld der Chananeesche vrouw, dat Hij ook dan verlangt, dat
wij Hem een zacht geweld aandoen. De Chananeesche komt Jesus vragen haar dochter, door den
duivel gekweld, te genezen. De Meester antwoordt
niet; dan richt zij zich tot de leerlingen en valt ze
lastig door haar roepen, zoodat dezen Hem vragen
haar te helpen. Doch Hij antwoordt, dat Hij niet
gezonden is dan tot kinderen van Israel. Zonder
ontmoedigd te worden, knielt de vrouw voor Hem
neder en zegt : " Heer, help mij ". Jesus geeft haar
een schijnbaar hard antwoord : het is niet goed het
brood der kinderen te nemen en het voor de hondjes
te werpen. Het is waar, zegt zij, maar de hondjes
eten toch van de kruimels, die van de tafel hunner
meesters vallen. Overwonnen door een vertrouwen
zoo standvastig en zoo nederig, schenkt Hij ten
slotte de gevraagde gunst en geneest op hetzelfde
oogenblik haar dochter. Wil men een overtuigender

bewijs van de waarheid, dat met een volhardend, nederig vertrouwen de verhooring zeker is?

654. 3° Doch bij dit volhardend vertrouwen moeten wij ook de **aandacht** voegen, of ten minste ernstige pogingen aanwenden om, bij het bidden, te denken aan wat wij tot God zeggen. Wanneer wij de *onvrijwillige verstrooiingen* trachten te verdrijven en te verminderen, zijn zij geen beletsel tot het gebed, omdat, juist door die inspanning, onze ziel tot God gericht blijft. Maar anders moeten wij oordeelen over de verstrooidheden, die vrijwillig zijn, omdat wij ze wetens en willens toelaten of zwak bestrijden of wier oorzaak wij niet willen wegnemen. In de *verplichte* gebeden zijn zij dagelijksche zonden en in de andere gebeden, slordigheid, gemis aan eerbied jegens God, en dragen voorzeker niet bij om verhooring te vinden. Het gebed is een audientie, die God in zijn goedheid ons verleent, een onderhoud met den hemelschen Vader, waarin wij Hem smeeken het oor te neigen naar onze roepen en acht te slaan op ons verzoek (ps. V, 2-3), en op het eigen oogenblik dat wij God vragen naar ons te luisteren en ons te antwoorden, zouden wij ons de moeite niet geven zelf te letten op wat wij zeggen en te luisteren naar wat God tot ons spreekt! Zou dit niet onlogisch zijn en wijzen op een klein geloof? Zouden wij dan het verwijt niet verdienen, dat Christus tot de farizeeën richtte : " Dit volk eert Mij met de lippen, maar hun hart is verre van Mij"?

655. Wij behooren er ons dus ernstig op toe te leggen om de verstrooidheden terstond en flink te verdrijven; wij moeten er ons over verootmoedigen en er aanleiding in vinden om ons opnieuw met het gebed van Jesus te vereenigen.

Wij moeten daarenboven die afdwalingen trachten te verminderen door haar oorzaken krachtig te bestrijden : de uitgestortheid, de droomerijen, de

ijdele zorgen en gehechtheden, die geest en hart
gevangen houden. Ook is het van groot voordeel
zich langzamerhand de gedachte aan Gods tegenwoordigheid eigen te maken door de herhaalde
opdracht van zijn werken aan God en door godvruchtige schietgebeden. Doen wij van onzen kant,
wat wij kunnen, dan behoeven wij ons niet ongerust
te maken over de verstrooiingen, die ons overvallen :
het zijn beproevingen, geen fouten ; bestrijden wij ze
naar vermogen, dan zullen zij zelfs de verdiensten
en de waarde van onze gebeden nog vermeerderen.

656. Op drie onderscheiden manieren kunnen
wij aandachtig zijn bij het bidden : 1) als wij er ons
op toeleggen om *de woorden goed uit te spreken,* wat
eenige inspanning vraagt om te denken aan hetgeen
men zegt ; 2) wanneer wij trachten *den zin der
woorden te verstaan ;* 3) wanneer wij zonder op den
eigenlijken zin der woorden te letten, ons in den
geest tot God verheffen om Hem te aanbidden, te
zegenen, ons met Hem te vereenigen. Deze *geestelijke*
of *mystieke* aandacht hebben wij eveneens wanneer
wij denken aan het feest of geheim, dat gevierd wordt,
of wanneer wij aan God al datgene vragen, wat de
Kerk, wat Jesus Hem vraagt. Deze derde manier is
niet geschikt voor de beginnelingen, maar wel voor
de meer gevorderden. Het is dus aan te raden, dat zij,
die smaak beginnen te vinden in het gebed, een der
twee eerste wijzen beoefenen, volgens hun aanleg,
voorkeur of de omstandigheden waarin zij zijn.

ART. II. OVER DE OEFENINGEN VAN GODSVRUCHT
DER BEGINNENDEN.

657. Daar het gebed een der groote hulpmiddelen ter zaligheid is, zal de zielsbestuurder de nieuwelingen op den weg der volmaaktheid geleidelijk
bekend maken met die geestelijke oefeningen welke
als de ondergrond van een oprecht christenleven

zijn. Hierbij moet hij evenwel rekening houden met leeftijd, roeping, beroepsplichten, inborst, inspraken der genade en vordering in het geestelijk leven.

65 8. 1° **Het doel,** dat de biechtvader zich hierbij moet voorstellen, is de beginnelingen langzaam aan gewoon te maken om voortdurend te bidden, zoodat hun leven als het ware een leven van gebed wordt (n. 522). Het is evenwel duidelijk, dat slechts na geruimen tijd en met veel inspanning dit ideaal bereikt wordt : de beginnenden zijn er immers niet aanstonds toe in staat. De zielsbestuurder zelf moet er mede vertrouwd zijn om het zijn penitenten te leeren en ze er heen te leiden.

659. 2° **De voornaamste oefeningen,** die ons leven tot een voortdurend gebed maken, zijn, behalve het morgen-en avondgebed :

A) De *morgenmeditatie* (waarover aanstonds), *de H. Mis* met de *H. Communie,* welke ons het na te streven ideaal voor oogen stellen en helpen om het te verwezenlijken (n. 524). Niet allen evenwel kunnen, om hun bezigheden, elken dag de H. Mis bijwonen : laten zij dan bij het einde hunner meditatie of zelfs tijdens hun werk, een geestelijke Communie doen. In alle geval, de biechtvader moet hen leeren de H. Mis en Communie wel te benutten, wanneer zij in de gelegenheid zijn. Hij geve wel acht op hetgeen, n. 271-289 gezegd is, en rade hen aan, wat voor hen dienstig en doenlijk is. Vooral wekke hij hen op met alle aandacht de liturgische officies van de zon- en feestdagen te volgen : de liturgie toch is een van de beste scholen der volmaaktheid.

660. B) Dan moet hij hen aanraden om in den loop van den dag *dikwijls de opdracht van de voornaamste werken te vernieuwen* en *eenige schietgebeden* te doen; ook bevele hij hen de een of andere *goede lezing* aan, overeenkomstig den toestand hun-

ner ziel, over de grondwaarheden, over het einde
van den mensch, over de zonde, de versterving, de
biecht, het gewetensonderzoek. De levens der
Heiligen zullen hen van groot nut zijn, vooral van
die door boetvaardigheid hebben uitgemunt. Het
verstand vindt er licht, de wil opwekking, terwijl de
overweging er door vergemakkelijkt wordt. — Het
bidden van eenige tientjes van den *rozenkrans* met
de overdenking der geheimen, zal de godsvrucht
tot Maria en de gewoonte om zich met God te
vereenigen, versterken. *Het bezoek bij het H. Sacrament* zal den goeden geest verlevendigen.

661. C) Des avonds zal een *algemeen* en *bijzonder
onderzoek* ernstig gedaan, de beginnenden helpen
om hun tehortkomingen te zien, behoedmiddelen
tegen het hervallen te vinden en hun wil te bevestigen in hun goede voornemens : zoo wordt het
gevaar voor verslapping of lauwheid afgekeerd.
Wat vroeger reeds gezegd is over het gewetensonderzoek n. 460-476 en over de biecht n. 262-269,
mag niet uit het oog verloren worden. De beginnenden moeten zich vooral onderzoeken over de vrijwillig bedreven dagelijksche zonden. Wordt op die
fouten voortdurend de aandacht gevestigd dan
zullen zij ook veel gemakkelijker er toe komen om
de doodzonde te vermijden en mochten zij deze
somtijds als bij verrassing bedrijven, dan zullen zij
er zonder toeven uit opstaan.

662. 3º **De raadgevingen van den zielsbestuurder. A**) De biechtvader zie wel toe, dat zijn
penitenten niet al te veel godvruchtige oefeningen
op zich nemen tot nadeel van hun overige plichten
en van de ware godsvrucht. Het is veel beter minder
maar met meer aandacht en eerbied te bidden.
Christus zelf heeft dit geleerd : "als ge bidt,
gebruikt dan geen stortvloed van woorden, zooals
de heidenen dit doen; want ze meenen, dat ze om
hun vele woorden worden verhoord. Doet niet

zooals zij, want uw Vader weet, wat ge noodig hebt, voordat ge er Hem om vraagt" (Matth. VI, 7-8). En dan leert Hij hen het kort maar krachtig gebed, *Onze Vader die in de hemelen zijt*, dat alles bevat wat wij vragen kunnen. n. 515-516. Er zijn inderdaad nieuwelingen in het geestelijk leven, die zich allicht inbeelden, dat hun grooter deugd afhangt van het grooter aantal mondgebeden, die zij doen; de biechtvader herinnere hen aan het woord van Jesus en doe hen verstaan, dat een aandachtig gebed van tien minuten meer waard is dan een van twintig met veel vrijwillige of onvrijwillige verstrooidheden. Een uitstekend middel om de aandacht bij het bidden te bewaren is, zich eerst eenige oogenblikken Gods tegenwoordigheid in den geest roepen en zich met Christus vereenigen. De biechtvader wijze hen op dit middel, dat de waarde van hun gebed merkelijk zal verhoogen.

663. B) Om bij gebeden, die dikwijls herhaald worden, de sleur te vermijden is het goed hen een eenvoudig, gemakkelijk hulpmiddel aan de hand te doen om de aandacht te bewaren. Bijv. bij het rozenkransgebed : men overdenke de geheimen om Maria te eeren en tevens om te zien, hoe men de voorgestelde deugd zal navolgen : zoo wordt het rozenkransgebed een korte, nuttige meditatie. Hierbij is het niet ondienstig tevens, ten minste in 't algemeen, te letten op den zin van het Weesgegroet en van het geheim.

Art. III. Over de Meditatie [1].

Wij geven : 1º het *algemeen begrip* van de meditatie; 2º haar *voordeelen* en *noodzakelijkheid;* 3º ken-

---

[1] S. IGNATIUS, *Exercitia spirit.;* RODRIGUEZ, Oefeningen, 5e Verhand. *Over het gebed en de meditatie;* L. VAN GRANADA. *Over het gebed en de overweging;* H. PETRUS VAN ALCANTARA, *La oracion y meditacion;* H. FRANC. VAN SALES, *Godvr. leven;* SCARAMELLI, *op. cit.;* FABER, *Voortgang der ziel,* 15ᵉ h.

merkend onderscheid van de meditatie der beginnenden; 4° voornaamste *methoden.*

§ I. Algemeen begrip.

664. 1° **Wat de meditatie is en uit welke
deelen zij bestaat.** Zooals wij n. 5 10 gezegd hebben,
zijn er twee soorten van gebed : het *mondgebed,*
door woorden uitgedrukt, en het *inwendig* gebed, in
de ziel voltrokken. Het laatste wordt aldus omschreven : *een verheffing onzer ziel tot God, waarbij wij
onze gedachten op Hem vestigen, om Hem eer te
bewijzen en tot zijn glorie beter te worden.*

Zij omvat vijf vorname bestanddeelen : 1) godvruchtig eerbetoon jegens God, of Jesus Christus,
of de Heiligen; 2) beschouwingen over God en onze
verhouding tot Hem, ten einde een dieper besef te
krijgen van de christelijke deugden; 3) onderzoek
van zichzelven om te zien hoe het met ons gesteld
is ten opzichte dier deugden; 4) eigenlijke gebeden
om de noodige genade te verkrijgen ten einde een
bepaalde deugd beter te beoefenen; 5) voornemens
voor de toekomst. Het is evenwel geen vereischte,
dat deze verschillende akten in de aangegeven volgorde of alle gesteld worden bij dezelfde meditatie.
Maar om waarlijk als meditatie te gelden, moet de
overweging toch een zekeren duur hebben, anders
zouden het eerder schietgebeden zijn.

Wanneer de zielen in volmaaktheid vorderen en
reeds geheel doordrongen zijn van de geloofswaarheden, van de noodzakelijkheid en het nut der deugden, enz. dan wordt haar gebed eenvoudiger en
bepaalt zich somtijds tot een enkel liefdevol schouwen, zooals later verklaard zal worden.

665. 2° **Oorsprong.** Hierbij moet men onderscheid maken tusschen *het gebed zelf* en *de methoden.*

A) De meditatie heeft altijd onder den een of anderen
vorm bestaan : de boeken der profeten, de psalmen, de boeken

der Wijsheid vloeien over van overwegingen, die de godsvrucht der Israelieten voedden. Toen Christus zoozeer den
nadruk legde op de Godsvereering in geest en waarheid, toen
Hij zelf de nachten doorbracht in gebed en zoo langen tijd
in den hof van Olijven en op Calvarië bad, bereidde Hij den
weg voor de ingekeerde zielen, welke in den loop der eeuwen,
zich in de afzondering van het hart zouden terugtrekken om
daar in het geheim tot God te bidden. De boeken van Cassianus en den H. Joannes Climacus, evenals de werken der
H. Vaders handelen op duidelijke wijze over de overweging
of het gebed, en zelfs over hun hoogsten vorm, nam. de
beschouwing. Vrij mag men zeggen, dat de verhandeling van
den H. Bernardus *De Consideratione* eigenlijk een verhandeling over de noodzakelijkheid der overweging is. De School
van S. Victor⁺ dringt eveneens zeer sterk aan op de beoefening der meditatie om tot de beschouwing te komen. Ook de
H. Thomas² beveelt de meditatie zeer aan om in de liefde
Gods aan te groeien en zich geheel aan Hem te geven.

666. B) Als *methodisch* gebed, dateert de meditatie van
de 15ᵉ eeuw. Joannes Mauburnus³ in zijn *Rosetum* en benedictijnsche schrijvers van denzelfden tijd geven er een verklaring van. De H. Ignatius geeft in zijn *Geestelijke Oefeningen* verschillende klare methoden van overwegen. Beter dan
wie ook beschrijft de H. Theresia de verschillende wijzen van
gebed ; haar leerlingen geven de regels van een methodisch
gebed Ook de H. Franciscus van Sales geeft in zijn "Inleiding tot het Godvruchtig leven " een methode voor het inwendig gebed. De fransche School der 17ᵉ eeuw had er eveneens
eene, die door M. Olier en M. Tronson vervolledigd werd en
heden bekend is onder den naam van Methode van S.-Sulpice.

**667. Verschil tusschen overweging en inwen-
dig gebed.** Dikwerf worden de twee woorden
zonder onderscheid gebezigd. Wil men onderscheid
maken, dan bedoelt men met overweging dat gebed,
waarin het verstand de hoofdrol vervult. Daarom
wordt zij verstandelijke overweging genoemd. Met
inwendig gebed wordt dan dat bedoeld, waarin het
hart de hoofdrol heeft en de liefdevolle gevoelens

---

¹ HUGO DE S. VICTOR : *de modo dicendi et meditandi; de meditando
et meditandi artificio.* Lat. Vaders, CLXXVI, 877-880 ; 993-998.
² *Summa,* IIᵃ IIᵃᵉ, q. 82, a. 3.
³ H. WATRIGANT, *La méditation méthodique, Revue d'Ascétique et
Mystique,* Janvier 1923, p. 13-29.

of wilsakten op den voorgrond treden. Evenwel de verstandelijke overweging is niet zonder die gevoelens, en het gevoelsgebed wordt meestal voorafgegaan of gevolgd door eenige overwegingen, behalve wanneer de ziel tot beschouwing wordt opgevoerd.

668. Het gebed dat gewoonlijk voor de *beginnenden* het beste is, is de *verstandelijke overweging* : daardoor alleen kunnen zij zich geheel doordringen van wat zij weten en doen moeten. Nochtans zijn er gevoelige zielen, die bijna van den beginne af zich veel overgeven aan godvruchtige aandoeningen. Ook zij die niet zoo gevoelig zijn moeten nochtans weten, dat het beste gedeelte van het gebed bestaat in de akten van den wil.

§ II. Nut en noodzakelijkheid van het inwendig gebed.

I. *Nut.*

669. De overweging draagt veel bij tot ons heil en onze volmaaktheid.

1° *Zij verwijdert ons van de zonde en hare oorzaken.* Wanneer wij zondigen, is het door *onnadenkendheid* of *zwakheid van wil.* Welnu de meditatie verhelpt dit dubbel gebrek.

a) *Zij verlicht* ons omtrent *de boosheid* en de vreeselijke gevolgen *der zonde* door ons te wijzen op God, op de eeuwigheid, op alwat Jesus gedaan heeft tot uitboeting der zonde. De overweging, zegt P. Crasset [1] geleidt onzen geest in de heilige afzondering, waar men niets als God vindt in den vrede, in de rust, in de stilte en ingekeerdheid. Zij voert ons met de gedachte naar de hel, om er onze plaats te zien, naar het kerkhof, om er ons verblijf te zien, in den hemel, om er onzen troon te zien, naar het

---

[1] *Instructions sur l'oraison.* Méthode d'oraison, ch. I, p. 253-254.

dal van Josaphat, om er onzen Rechter te zien, naar Bethlehem, om er onzen Verlosser te zien, naar den Thabor, om er onze liefde te zien, naar Calvarië, om er ons voorbeeld te zien. De meditatie onthecht ons ook aan de wereld en hare valsche vermaken : zij herinnert ons aan de broosheid der aardsche goederen, de zorgen, die zij geven, de leemte en onvoldaanheid, die zij achterlaten in de ziel; zij leert ons op onze hoede zijn tegen de trouweloosheid en het bederf der wereld en overtuigt ons, dat God alleen ons gelukkig maken kan. Meer nog, zij onthecht ons vooral aan onszelven, aan onzen hoogmoed en onze zinnelijkheid, omdat zij ons plaatst in de tegenwoordigheid des Heeren, die de volheid van het zijn is, en van onszelven, die niets zijn ; zij stelt tegenover de zinnelijke genoegens, die ons vernederen beneden het redelooze dier, de geestelijke geneugten, die ons veredelen en tot God opheffen.

b) De overweging versterkt onzen wil, niet alleen omdat zij ons overtuiging bijbrengt, maar ook wijl zij ons geleidelijk ontdoet van ons gebrek aan actie, durf en doorzetten : de genade Gods met onze medewerking kan alleen deze zwakheden verhelpen. Doch het gebed zet ons aan om God die genade te vragen en dat met des te meer aandrang, naarmate wij door de overweging meer van onze eigen onmacht overtuigd zijn. De medewerking met de genade is reeds aanwezig, omdat wij tijdens de meditatie, door gevoelens van leedwezen en berouw, vaste voornemens tot verbetering des levens maken.

670. 2° Het inwendig gebed doet in ons ook al de groote christelijke deugden aangroeien : 1) Het verlicht ons *geloof*, wijl het ons doordringt van de eeuwige waarheden; het ondersteunt onze *hoop*, omdat het ons tot God opvoert om van Hem hulp en bijstand te verkrijgen; het wakkert onze *liefde* aan door aan onzen geest de schoonheid en goedheid Gods te toonen. 2) Het maakt ons *voorzichtig*, omdat het ons, vóór wij handelen, alle omstandigheden voor oogen houdt; *rechtvaardig*, door de onderwerping waarin het onzen wil aan dien van God houdt, *sterk*, door de deelname, die het ons geeft aan Gods macht, *matig* door den band, die het onze begeerten en driften aanlegt. Er is geen deugd die wij door het dagelijksch inwendig gebed ons niet eigen kunnen maken : het vestigt ons in de waarheid, en de waarheid verlost ons van de ondeugden en drijft ons aan tot alle deugd : "*gij zult de waarheid kennen en de waarheid zal u bevrijden*" (Joan. VIII, 32).

671. 3º Het gebed bereidt aldus onze vereeniging met God en zelfs onze omvorming in Hem voor. Wij spreken met God en elken dag langer en op inniger, vertrouwelijker wijze. Ons gebed wordt zelfs te midden van den arbeid niet onderbroken, n. 522. Doch door den gestadigen omgang met de bron aller volmaaktheid wordt men vervuld, doortrokken van de wateren dier bron, gelijk de spons van het vocht, en evenals het ijzer in den vuuroven gloeiend en buigzaam wordt en als aan het vuur gelijk, zoo wordt de ziel door het gebed omgevormd in Christus.

II. *Over de noodzakelijkheid van het Gebed.*

672. 1º **Voor de gewone christenen. A**) Het methodisch overwegen is een zeer krachtdadig middel ter heiliging, maar toch *voor alle christenen zonder onderscheid niet noodig ter zaligheid.* Wat wel gevorderd wordt, is te bidden ten einde ons van onze plichten jegens God te kwijten en zijne genaden te bekomen. 't Is waar, bij het bidden moet men denken aan de groote geloofswaarheden en de voorname christenplichten en dus ook zijn leven nagaan, doch daartoe is geen methodische overweging noodig : men doet dit reeds, wanneer men oplettend luistert naar de preeken, godvruchtige boeken leest en het geweten onderzoekt.

673. B) Voor hen echter, die willen vorderen in de deugd, hetzij ze pas beginnen of reeds voortgang gemaakt hebben, is de overweging zeer *nuttig* en *heilzaam*, ja men mag zeggen dat zij *het doeltreffendst middel ter zaligheid* is, n. 669. Aldus leert de H. Alphonsus en hij geeft er deze reden voor : met de overige oefeningen van godsvrucht, zooals de rozenkrans, het klein Officie van O. L. Vrouw, het vasten, kan de zonde, jammer genoeg, samengaan, maar met de meditatie zal men niet lang in doodzonde blijven leven : men zal of de overweging of de zonde nalaten [1]. En inderdaad, hoe zal men, bewust van doodzonde, iederen dag voor God verschijnen zonder, met de hulp der genade, het vaste voornemen te maken uit de zonde op te staan? Wie daarentegen nooit nadenkt over de groote waarheden, zal lichtelijk door de verstrooiingen des levens en de voorbeelden der wereld meegesleept worden en in zonde vallen.

674. 2° **Het inwendig gebed is zedelijker wijze onontbeerlijk voor de priesters in bediening.** Hoewel de priesters-kloosterlingen door het goddelijk officie langzaam en met godsvrucht te reciteeren, van het bidden der psalmen, lessen en oraties een meditatie kunnen maken, is toch ook in de Orden, waar het koorgebed bestaat, minstens een half uur overweging voorgeschreven, omdat juist het inwendig gebed de ziel der mondgebeden is en hun vurigheid bevordert. De Congregaties, na de 16e eeuw ontstaan, dringen nog meer aan op het gebed. Ook het kerkelijk Recht beveelt de Oversten te waken, dat alle religieuzen, die niet wettig verhinderd zijn, elken dag een bepaalden tijd aan de overweging besteden. (Can. 595).

De wereldpriesters in bediening zijn zedelijkerwijze verplicht het inwendig gebed geregeld te beoefenen,

[1] *Praxis Confessarii*, n. 122.

indien zij hunne volharding en heiliging willen verze-keren. Zij toch hebben vele en gewichtige plichten, die zij zonder groote zonde niet kunnen verwaarloozen; daarenboven zien zij zich somtijds door hevige bekoringen bevochten bij het uitoefenen hunner bediening.

675. A) Om aan die bekoringen te wederstaan, om getrouw, voor God, al hun plichten waar te nemen hebben zij mannenmoed en uitgelezen genaden noodig : welnu, volgens de algemeene leer, worden moed en genaden in het dagelijksch inwendig gebed gevonden.

Men meene niet, dat de H. Mis en het breviergebed de meditatie kunnen *vervangen*. De H. Mis en het officie met aandacht en godsvrucht gelezen dragen voorzeker bij tot volharding en vooruitgang, maar de ondervinding leert toch, dat een priester, overstelpt met geestelijken arbeid, noch de H. Mis noch het officie op waardige wijze leest, zoo hij den geest van ingekeerdheid en gebed niet door de geregelde beoefening der meditatie weet levendig te houden. Verwaarloost hij de overweging, hoe zal hij dan, te midden van zooveel werk en zorgen, den tijd vinden om ernstig in zichzelf te treden en zich telkens weer tot een bovennatuurlijke stemming op te wekken? En doet hij dit niet, dan is hij weldra vol van allerlei verstrooiingen, tot zelfs in zijn heiligste bedieningen, de geest des geloofs verzwakt, zijn wilskracht vermindert, zijn nalatigheden en tekortkomingen nemen toe, de lauwheid volgt vanzelf. Komt hij nu in gevaar, overvalt hem een hevige, aanhoudende bekoring, dan herinnert hij zich de groote waarheden niet, wier aandenken hem kracht zou geven om den vijand te overwinnen; hij is blootgesteld aan het ergste [1]. "Indien ik bid, zegt D. Chautard [2], ben ik gewapend met een stalen harnas; de vijandelijke pijlen deren mij niet. Zonder gebed zullen zij mij onfeilbaar kwetsen... "

---

[1] Men overwege deze woorden van een priester : "Mijn toewijding heeft mij in het verderf gestort. Mijn natuurlijke gesteldheid zette mij aan om mij geheel aan anderen te wijden; ik vond er genoegen in diensten te bewijzen. Door middel van den schijnbaar goeden uitslag bij mijn werken heeft satan jarenlang alles in 't werk weten te stellen om mij te misleiden, om in mij het verlangen aan te vuren naar uitwendigen arbeid en den afkeer van allen inwendigen arbeid te vergrooten, om mij eindelijk in den afgrond te werpen. " (DOM CHAUTARD, *L'Ame de tout Apostolat,* p. 73).

[2] *Ibidem,* p. 178-179.

Gebed of zeer groot gevaar van verdoeming voor den priester in de wereld, zei de godvruchtige, geleerde en voorzichtige P. Desurmont, een der meest ervaren leiders van priesterretraites. "Voor den apostel is er geen middenweg tusschen heiligheid, (door het dagelijksch inwendig gebed vooral) verkregen of ten minste nagestreefd, en steeds aangroeiende boosheid", zeide Kardinaal Lavigerie.

676. B) Het is overigens niet genoeg, dat de priester de zonde vermijdt : Om zijn ambt van *bedienaar Gods* en *redder der zielen* waar te nemen, moet hij in voortdurende vereeniging leven met Jesus den Opperpriester, die alleen God verheerlijkt en de zielen redt. Doch hoe zal hij zich, te midden der bezigheden en zorgen zijner bediening, met Hem vereenigen zoo hij niet geregeld genoegzamen tijd neemt om die vereeniging te verinnigen, om geruimen tijd zijn liefdevolle blikken op dat goddelijk Toonbeeld te vestigen en door het gebed Jesus' geest, gevoelens en genade zich toe te eigenen? Door die vereeniging verdubbelt hij zijn krachten, vermeerdert hij zijn vertrouwen en trekt hij den zegen des hemels over zijn bediening af : niet hij spreekt, maar Jesus zelf, door zijn mond; niet hij handelt, hij is niet meer dan een werktuig in Gods hand; door de navolging van Jesus'deugden spreekt zijn voorbeeld krachtiger nog dan zijn woord en overreedt de zielen. Laat hij echter het inwendig gebed na, hij verliest weldra den geest van ingetogenheid en gebed en zal niet meer zijn dan een klinkend metaal en een schetterend bekken.

677. Paus Pius X heeft dan ook in duidelijke woorden gewezen op de verplichting van het inwendig gebed voor den priester. Het Kerkelijk Recht schrijft de Bisschoppen voor toe te zien, dat de priesters elken dag eenigen tijd aan de meditatie besteden (Can. 125, 2°); ook de seminaristen hebben die verplichting (Can. 1367, 1°). Volgt hieruit niet dat het inwendig gebed zoo goed als onontbeerlijk voor de priesters is?

Het verraadt dus gebrek aan zielkunde de priesters, overstelpt met parochieel werk, aan te raden de meditatie achterwege te laten maar met meer godsvrucht de H. Mis en het Officie te lezen. De ondervinding toont, dat er zonder medi-

tatie van godvruchtig breviergebed niet veel terecht komt :
men bidt het, wanneer en naar het uitkomt, verstrooid en
met onderbrekingen. Wie zijn morgenoverweging houdt zal
zeker ook godvruchtig de H. Mis lezen en het Officie bidden,
omdat hij doordrongen is van wat hij gaat doen.

678. Wat wij van de priesters zeiden, geldt ook,
tot op zekere hoogte, voor de leeken, die edelmoedig
een gedeelte van hun tijd aan werken van zielenijver besteden. Willen zij een vruchtbaar apostolaat,
dan moet het ook bezield worden door den inwendigen geest en het gebed. Men zegge niet, dat de
tijd aan deze oefening besteed, aan de werken van
zielenijver onttrokken wordt. Dit zou wel iets op de
dwaling der pelagianen lijken, die eveneens meenden, dat de arbeid noodiger is dan de genade en het
gebed. Neen, het werken aan het zielenheil zal
des te vruchtbaarder zijn, hoe meer het door een
inwendig leven, door het gebed gevoed en bezield
wordt.

§ III. Algemeene eigenschappen der meditatie van beginnelingen.

Volgens het voorafgaande is de overweging der
beginnenden vooral beredeneerd; het is vooral het
verstand, dat er werkt, ofschoon ook eenige plaats
aan gevoel en wil wordt ingeruimd. Wij gaan nu
verklaren : 1º Wat in 't begin de gewone stof der
meditatie is; 2º welke moeilijkheden daarbij voorkomen.

I. *Welke in het begin de stof der meditatie is.*

679. De nieuwelingen in het geestelijk leven
moeten, in 't algemeen, tot stof hunner overwegingen nemen alwat in staat is een steeds *grooteren
afschrik* voor de zonde en haar *oorzaken*, in te
boezemen, wat de zonde helpt vermijden, d. i. de
*versterving, wat zij in hun staat of stand te doen
hebben,* welke de gevolgen zijn van het *goed* en van

het *slecht gebruik der genade*, hoe zij *Jesus, het voorbeeld der boetvaardigen* kunnen navolgen.

680. 1° Ten einde een *steeds grooteren afschrik voor de zonde* op te vatten, zullen zij mediteeren : **a**) over het *einde* van den mensch en den christen, bijgevolg over de *schepping* en *verheffing* van den mensch tot de bovennatuurlijke orde, den val en de verlossing (n. 59-87); over de *rechten van God*, Schepper, Heiligmaker en Verlosser; over sommige *eigenschappen van God*, geschikt om hen van de zonde af te wenden, zooals zijne *onmetelijkheid*, waardoor Hij tegenwoordig is bij alle schepsel en vooral bij de ziel in staat van genade, zijne *heiligheid*, krachtens welke Hij de zonde moet haten, zijne *rechtvaardigheid*, die ze straft, zijne *barmhartigheid*, altijd bereid tot vergeven. Al deze waarheden leiden tot het vluchten van het kwaad, want dat is het eenig beletsel op den weg naar ons einddoel, de vijand van God, de dood van het bovennatuurlijk leven.

b) *De zonde* zullen zij beschouwen in haar oorsprong, haar straf, haar boosheid en vreeselijke gevolgen, n. 711-735; haar *oorzaken :* de begeerlijkheid, de wereld en de duivel, n. 193-227.

c) Eveneens de *middelen* om de zonde uit te boeten en te voorkomen : de boetedoening, n. 705, en de versterving van onze verschillende vermogens, van onze verkeerde neigingen, en vooral van de zeven hoofdzonden. Door deze overweging moeten zij tot de overtuiging komen, dat zij niet in veiligheid zijn, zoolang zij al die ongeregelde neigingen niet uitgeroeid of ten minste beteugeld hebben.

681. 2° Ook moeten zij al de *plichten van den christen* achtereenvolgens tot onderwerp hunner meditatie nemen : 1) algemeene godsdienstplichten jegens God, plichten van naastenliefde, van billijk mistrouwen jegens zichzelven, ter oorzake hunner onmacht en geestelijke ellende : wat den meesten indruk op de beginnenden maakt is vooral het *uitwendige* dezer deugden; doch daardoor worden zij voorbereid op het inwendige, het degelijke der deugden die zij zullen beoefenen op den weg der verlichting ; — 2) *bijzondere plichten*, in overeenstemming met hun leeftijd, stand, geslacht, levensstaat. Het trouw naleven dezer plichten is wel de beste boetedoening.

682. 3° Daar de genade in het christelijk leven alles beheerscht, moeten de beginnelingen geleidelijk onderwezen worden in hetgeen de eigenlijke grondslag van het christelijk leven uitmaakt. De biechtvader spreke hen over de inwoning van den H. Geest in de ziel, de inlijving in Christus, de heiligmakende genade, de deugden en gaven van den H. Geest. Zij zullen voorzeker in het begin slechts de eerste begrippen dezer verheven waarheden begrijpen; doch het weinige, dat zij er van vatten, zal van grooten invloed zijn op hun vorming en geestelijken voortgang : wanneer wij overwegen, wat God voor ons gedaan heeft en nog steeds doet, dan worden wij tot grooter edelmoedigheid in zijn dienst aangespoord. Predikten de H. Paulus en Joannes deze waarheden ook niet aan de bekeerde heidenen, die eveneens pas den weg van het geestelijk leven waren opgegaan?

683. 4° Na hen in deze waarheden onderwezen te hebben, zal de biechtvader hen gemakkelijker *Jesus* kunnen voorhouden als het *toonbeeld der ware boetvaardigen :* Jesus die zich onderwerpt aan armoede, gehoorzaamheid en arbeid, om ons het voorbeeld dezer deugden te geven; Jesus voor ons boetend in de woestijn, in den hof van Olijven, in zijn smartvol lijden, Jesus voor ons stervend op het kruis. Deze reeks overwegingen, die de H. Kerk ons in hare liturgie voorhoudt, zal er toe bijdragen om de boetvaardigheid te doen beoefenen in vereeniging met Jesus, met grooter edelmoedigheid en liefde, en dus ook met heilrijker gevolgen.

II. *Over de moeilijkheden der beginnenden bij het mediteeren.*

De bijzondere moeilijkheden die de beginnenden ondervinden bij het mediteeren komen voort uit hun *onervarenheid,* uit hun *gebrek aan edelmoedigheid* en vooral uit de vele *verstrooiïngen,* waarmede zij te kampen hebben.

684. A) *Onervaren,* zijn zij geneigd bij hun meditatie te werk te gaan als bij een philosophische of theologische *stelling* ofwel er een *preek* van te maken, tot zichzelven gericht. Dit is natuurlijk wel geen verloren tijd, omdat deze wijze van mediteeren hen toch doet denken aan de groote waarheden en hen er dieper van doordringt, maar zij zouden er meer voordeel uit trekken, zoo zij op meer *practische*, meer *bovennatuurlijke* wijze hun overweging deden.

Dit zal hen een goede leidsman leeren door hen te wijzen op het volgende : a) die beschouwingen moeten om practisch nut op te leveren, meer persoonlijk, voor hen zelven zijn ; na een waarheid overwogen te hebben, moeten zij nagaan, hoe het met hen gesteld is ten opzichte dier deugd en hoe zij dien dag ze in beoefening kunnen brengen ; b) de voornaamste akten der overweging zijn die van den wil : akten van aanbidding, van dankzegging en liefde tot God, van zelfvernedering, van berouw over de zonde en van goede voornemens, met het afsmeeken van genade tot verbetering des levens.

685. B) Door gebrek aan edelmoedigheid worden zij lichtelijk ontmoedigd, als zij niet meer ondersteund worden door de gevoelige vertroostingen, die God hen zoo vrijgevig in het begin had medegedeeld om hen tot zich te trekken. Zoodra moeilijkheden verschijnen, laten zij den moed zinken en, meenende door God verlaten te zijn, vervallen zij al spoedig in verslapping. De biechtvader moet hen voor oogen houden, dat God de goede poging vraagt, niet den goeden uitslag en dat er des te meer verdienste in het gebed gelegen is, naarmate men, ondanks de moeilijkheden, er trouwer in volhardt. Ook wekke hij hun edelmoedigheid op : God toont zich zoo mild jegens hen, mogen zij dan laf en karig zijn jegens Hem en wijken voor eenige moeilijkheid? Hij spreke echter niet met bitterheid, doch met alle zachtheid, als een vader die moed inspreekt.

686. C) De grootste moeilijkheid echter komt van de verstrooidheden. De verbeelding, de zinnen evenals de gehechtheden zijn in 't begin nog verre van bedwongen; wereldsche, somtijds zelfs gevaarlijke herinneringen, ijdele gedachten en verschillende opwellingen van het hart zullen onvermijdelijk den geest tijdens de meditatie bezighouden. Ook hier is de hulp van den zielsbestuurder van groot belang.

a) Hij wijze vooreerst op het verschil tusschen vrijwillige[1] en onvrijwillige verstrooidheden en zegge aan zijn penitenten enkel te letten op de vrijwillige, ten einde ze te verminderen. Daartoe 1) moet men de verstrooidheden, zoodra men ze bemerkt, terstond, krachtig en standvastig verdrijven. Hoe talrijk of gevaarlijk zij ook mochten wezen, toch is er geen schuld, zoolang men er zich niet wetens en willens mee bezig houdt. De moeite, die men zich geeft om ze te verdrijven is zeer verdienstelijk. Komen de verstrooidheden twintig maal terug en verdrijft men ze even dikwijls, dan zal het een uitstekend gebed zijn, veel verdienstelijker dan dat waarin wij, door Gods genade, er weinig te bestrijden hebben gehad.

687. 2) Om de verstrooidheden beter te verdrijven, behoort men nederig zijn onmacht te bekennen, zich uitdrukkelijk met Christus te vereenigen en aan God Christus' aanbidding en gebeden op te dragen. Des noods bediene men zich van een boek.

b) Het is evenwel niet genoeg de verstrooidheden te bestrijden, men moet de aanleiding wegnemen. Vele afdwalingen van den geest komen voort uit gebrek aan voorbereiding of ingekeerdheid. 1) De biechtvader vermane dus de penitenten die zich over verstrooidheden beklagen, de overweging, 's avonds te voren reeds, voor te bereiden, niet enkel vluchtig de stof te lezen, maar ook na te gaan, wat voor hen in 't bijzonder daar practisch uit te halen is en zich met het onderwerp der meditatie, in plaats van met ijdele of ongepaste gedachten, alvorens in te slapen, bezig te houden. 2) Doch vooral moet hij hen de hulpmiddelen om de verbeelding te beteugelen aan de hand doen (waarover

---

[1] Vrijwillig *in zich* zijn de gezochte verstrooidheden of de spontaan opkomende, die opgemerkt volstrekt niet bestreden worden; vrijwillig *in haar oorzaak* zijn ze, wanneer men voorziet dat uit een boeiende lezing of opwekkende handeling, zonder eenig nut gedaan, vele verstrooidheden zullen voortkomen.

aanstonds). Hoe meer de ziel in de beoefening der ingetogenheid en den staat van onthechting vordert, hoe meer ook de verstrooidheden verminderen.

§ IV. Over de voornaamste wijzen van overwegen.

688. Mediteeren is niet gemakkelijk en daarom hebben de Heiligen ook voor de praktijk verschillende aanwijzingen gegeven, die men vinden kan in Cassianus, den H. Joannes Climacus en de groote geestelijke schrijvers. De eigenlijke *methoden* echter dateeren uit het einde der 14ᵉ eeuw.

Daar zij op het eerste gezicht tamelijk ingewikkeld schijnen, is het gewenscht de beginnenden er langzamerhand mee vertrouwd te maken. Men raadt hen aan het een of ander godvruchtig boek te lezen, bijv. het eerste boek der *Navolging, de geestelijke Strijd* of een meditatieboek met korte, degelijke overwegingen. Na die lezing stellen zij zich de volgende vragen : 1º ben ik wel overtuigd dat wat ik heb gelezen, nuttig, noodzakelijk is voor het heil mijner ziel? hoe kan ik mij hiervan nog meer doordringen? 2º Heb ik tot heden dit voornaam punt in beoefening gebracht? 3º Hoe kan ik het vandaag beter beoefenen? — Voegen zij hierbij een vurig gebed om het gevormde besluit te kunnen uitvoeren, dan hebben zij aan alle vereischten voor eene echte meditatie voldaan.

I. *Waarin alle methoden overeenkomen.*

De verschillende wijzen van overwegen komen in sommige punten overeen, die wij hier moeten aangeven : zij zijn de belangrijkste bestanddeelen.

689. 1º Alle methoden geven een *verwijdende*, een *naaste* en een *onmiddellijke* **voorbereiding** aan.

a) De *verwijderde* voorbereiding is niets anders als de zorg om de gewone levenswijze te richten op het gebed. Dus het beoefenen 1° der versterving van de zinnen en de driften, 2° der ingetogenheid ; 3° der nederigheid. Dit is voorzeker een uitmuntende gesteltenis om goed te bidden. Ze moge in het begin ook al onvolkomen wezen, toch zal ze voldoende zijn om met eenige vrucht te overwegen; later wanneer ze geleidelijk volmaakter wordt, zal ook het overwegen volmaakter worden.

b) De *naaste* voorbereiding bestaat hoofdzakelijk uit drie akten : 1) 's avonds van te voren de stof der overweging nazien; 2) bij het ontwaken zich dit onderwerp herinneren en in zijn hart overeenkomstige gevoelens opwekken; 3) de meditatie met vurigheid, vertrouwen en ootmoed beginnen ter eere Gods en verbetering des levens. Op deze wijze is de ziel voorbereid om zich met God te onderhouden.

c) De onmiddellijke voorbereiding of de eigenlijke aanvang van de overweging, bestaat : in zich in de tegenwoordigheid te stellen van God, die overal en vooral in ons hart aanwezig is, in zich onwaardig en onbekwaam te erkennen om te mediteeren, en in de hulp van den H. Geest af te smeeken.

690. 2° Voor de overweging zelf schrijven de verschillende methoden ongeveer dezelfde hoofdhandelingen voor :

a) akten om aan de goddelijke Majesteit de verschuldigde hulde te bewijzen.

b) beschouwingen over de noodzakelijkheid of groote voordeelen eener deugd, ten einde, daarvan overtuigd, met grooter vurigheid haar aan God te vragen en een krachtiger besluit te vormen om al het onze te doen om met de genade mede te werken.

c) een onderzoek of blik op zichzelven om te zien, waarin men op dit punt te kort is gebleven en wat er nog te doen valt.

d) een gebed of smeeking om de genade in die deugd te vorderen en daartoe de noodige kracht te verkrijgen.

e) voornemens om de overwogen deugd voortaan te beoefenen.

691. 3º Het slot bevat : 1) een dankzegging voor de ontvangen weldaden; 2) een *overzicht* van de manier, waarop men de meditatie heeft gedaan, ten einde ze voortaan nog beter te doen; 3) een laatste gebed om Gods zegen te vragen; 4) de keuze van een treffende gedachte of spreuk ten einde door den dag de hoofdgedachte der meditatie in het geheugen te roepen.

De verschillende methoden worden tot twee voorname terug gevoerd : die van den *H. Ignatius* en die van *St-Sulpice.*

II. *De methode van den H. Ignatius* [1].

692. De H. Ignatius geeft in zijn geestelijke Oefeningen achtereenvolgens verscheiden wijzen van mediteeren, volgens de verschillende stoffen, die men overweegt of het resultaat, dat men wil bereiken. De meest geschikte voor de beginnenden is die *der drie vermogens,* omdat de drie voornaamste vermogens er bij betrokken zijn : het geheugen, het verstand en de wil. De Heilige geeft haar bij de overweging over de zonde, in de eerste week.

693. 1º **De overweging begint** met een *gebed* om God te vragen dat al onze gedachten en handelingen enkel gericht mogen zijn op den dienst en de eer zijner goddelijke Majesteit.

Dan volgen *twee voorbereidingen : ****a****) de eerste,* bestaat in de voorstelling van plaats, personen en zaken en heeft tot doel den geest en de verbeelding op het onderwerp der

---

[1] *Geestelijke Oefeningen,* 1e Week, 1e Oefening. Cf. P. ROOTHAAN, *Over de wijze van overwegen.*

overweging te vestigen, om aldus de verstrooidheden gemakkelijker te keeren. 1) Valt het onderwerp onder de zinnen,
bijv. een geheim uit het leven van Christus, dan stelt men
het zich zoo levendig mogelijk voor, niet als een feit uit lang
vervlogen tijden, maar alsof het nu gebeurde en men er
persoonlijk bij tegenwoordig was. Dit zal natuurlijk de aandacht meer bestendigen; 2) valt het onderwerp niet onder de
zinnen, de zonde bijv., dan stelle men zich eenige gevolgen
der zonde voor.

b) De tweede voorbereiding is wederom een kort gebed
om het bijzonder oogmerk der meditatie, die men gaat doen,
te bereiken, bijv. bij de overweging over de zonde, een grooten afschrik er voor op te vatten.

694. 2° **De eigenlijke meditatie** bestaat in de
oefening der drie zielsvermogens, *(geheugen, verstand en wil).* *Achtereenvolgens* treedt *elk* der vermogens bij *ieder* punt der overweging in werking.
Het is evenwel niet vereischt bij iedere meditatie
al de aangegeven akten te verrichten. Het is goed
zich over te geven aan de gevoelens door het overwogen onderwerp opgewekt. Ook zal één punt
dikwerf genoeg zijn.

a) De oefening van het *geheugen :* men herinnert zich het
eerste punt der meditatie, in groote trekken : zoo bijv., zal
bij het overwegen van de zonde der engelen de oefening van
het geheugen bestaan in zich voor den geest te roepen, hoe
zij in den staat van onschuld werden geschapen; hoe zij
weigerden hunne vrijheid te gebruiken om aan hun Schepper
en Heer de Hem verschuldigde hulde en gehoorzaamheid te
geven; hoe zij door hun hoogmoed van den staat van genade
overgingen tot een staat van boosheid en uit den hemel
werden neergestort in de hel.

b) De oefening van het *verstand* is : hetzelfde onderwerp
meer in bijzonderheden te beschouwen. De H. Ignatius behandelt deze oefening niet verder, maar P. Roothaan zegt, dat zij
bestaat in het overdenken der waarheden, die het geheugen
heeft voorgesteld, toepassingen te maken voor de ziel en
hare behoeften, er practische gevolgtrekkingen uit af te leiden,
na te gaan hoe wij volgens die waarheden geleefd hebben en
wat ons te doen staat in de toekomst.

c) De wil heeft hier een dubbele taak : *godvruchtige gevoelens* op te wekken en *goede voornemens* te
maken. Die *gevoelens* moeten in de geheele medita-

tie voorkomen, ten minste zeer dikwijls, want zij maken de overweging tot een waar gebed, vooral echter tegen het einde der meditatie moeten zij menigvuldiger zijn. Over de wijze van ze uit te drukken behoeft men zich niet bezorgd te maken : de eenvoudigste is de beste. Wanneer een godvruchtig gevoelen opwelt, is het goed er mede bezig te blijven, totdat de godsvrucht voldaan is. 2) De *voornemens* moeten *practisch* zijn, geschikt om ons leven beter te maken. Daarom dienen zij *in bijzonderheden* af te dalen, te passen bij den *tegenwoordigen toestand, terstond* uitvoerbaar te zijn en ingegeven door *degelijke, nederige* beweegredenen. Een hartelijk gebed moet er op volgen om de genade af te smeeken noodig ter uitvoering.

695. 3° Eindelijk komt het **slot**. Het bevat drie deelen : de *herhaling* der verschillende gemaakte voornemens; godvruchtige *samenspraken* met God den Vader, met Christus, de H. Maagd of eenigen Heilige; en tot besluit het overzicht van de overweging of het onderzoek, hoe men de meditatie gedaan heeft, ten einde de onvolkomenheden in te zien en ze te verbeteren.

Tot beter begrip geven wij hier een overzichtstabel van de *voorbereidingen*, de *eigenlijke overweging* en het·*slot*.

I. Voorberei- dingen.	1° Voorbereidend gebed. 2° Eerste voorbereiding : voorstelling van plaats, personen, zaken. 3° Tweede voorbereiding : God een genade vragen overeenkomstig de stof der meditatie.

II. Eigenlijke overweging.	1° *Het geheugen :*	Men stelt zich in groote trekken de stof voor.
	2° *Het verstand :* Ik onderzoek :	1° Wat moet ik hier beschouwen? 2° Welk besluit moet ik hieruit trekken? 3° Welke redenen dwingen mij tot dit besluit? 4° Hoe heb ik tot nu toe geleefd met betrekking tot dit besluit? 5° Hoe zal ik in de toekomst beter doen? 6° Welke hinderpalen staan mij in den weg? 7° Welke hulpmiddelen moet ik aanwenden?
	3° *De wil :*	1° Opwekking van gevoelens van dankbaarheid, van liefde tot God, eerherstel, enz. 2° Voornemen, practisch, duidelijk, flink.

III. Slot.	1° Samenspraak :	met God den Vader, met Jesus Christus, de H. Maagd, Heiligen.
	2° Overzicht der overweging :	1° Hoe heb ik ze gedaan? 2° Welke voornemens heb ik gemaakt?

696. Nut dezer methode. Gelijk men ziet is deze methode zeer zielkundig en practisch. **a)** Zij bedient zich achtereenvolgens van al de vermogens, zelfs van de verbeelding, om het onderwerp der overweging onder verschillende gezichtspunten, van alle zijden, te beschouwen, ten einde er geheel van doordrongen te worden en er — wat het voornaamste is — practische besluiten voor het tegenwoordig leven uit te trekken.

b) Hoewel zij den wil een gewichtig aandeel toekent, erkent zij evenzeer het noodzakelijke van de genade, die zij van af het begin met aandrang vraagt en opnieuw in de samenspraak afsmeekt.

c) Zij is op geheel bijzondere wijze geschikt voor de beginnenden : tot in de kleinste onderdeelen geeft zij omstandig aan, wat zij te doen hebben, van het begin tot het einde toe, en dient als leiddraad, en voorkomt het afdwalen. Daarbij vordert zij geen diepgaande kennis der geloofswaarheden, maar alleen datgene wat de catechismus er van leert : de gewone christenen kunnen haar dus volgen.

d) Doch zij dient eveneens, in haar groote lijnen, voor de *meer gevorderden*. In den oorspronkelijken vorm van den H. Ignatius, zonder de bijkomstige bijzonderheden van P. Roothaan, kan zij zonder moeite omgezet worden in affectief gebed, waarin meer plaats gelaten wordt aan de inspraken der genade. De kunst is ze op de juiste wijze aan te wenden onder leiding van een ervaren zielsbestuurder.

e) Sommigen hebben tegen deze methode, dat zij zich weinig bezig houdt met Christus. Het is waar slechts terloops wordt van Christus gesproken in de oefening der drie vermogens, doch de H. Ignatius heeft nog andere wijzen van overwegen geleerd, waarin, vooral in die van de beschouwing der geheimen en die van de aanwending der zinnen, Christus het hoofdonderwerp der meditatie is.

De beginnenden kunnen vrij beide methoden volgen.

III. *De methode van St.-Sulpice.*

697. A) **Oorsprong.** Deze wijze van overwegen, na vele andere ingevoerd, let meer op bijzonderheden. De hoofdgedachte en de voornaamste aanwijzingen zijn van Kardinaal de Bérulle, P. de Condren en Olier; de bijkomstige bijzonderheden van Tronson.

a) De *hoofdgedachte* is de vereeniging met het Vleeschgeworden Woord, om aan God de Hem verschuldigde hulde te bewijzen en in zich de deugden van Christus weer te geven.

b) De drie *voorname akten* zijn : 1) de *aanbidding* : wij beschouwen een eigenschap of een volmaaktheid van God, of een deugd van Christus als het toonbeeld der deugd, die wij moeten beoefenen en bewijzen daarna onze hulde (aanbidding, bewondering, lof, dankzegging, liefde, vreugde of medelijden) aan den Vader en aan Christus, of aan den Vader door Christus. Door aldus onze eerbewijzen aan te bieden, stemmen wij den Gever der genade gunstig jegens ons; 2) de *deelne-ming,* dat is wij trachten ons, door het gebed, de volmaaktheid of deugd die wij in God of Christus hebben bewonderd en aanbeden, toe te eigenen; 3) de *medewerking :* onder den invloed der genade, nemen wij ons voor die deugd te beoefe-nen of vormen ten minste een voornemen, dat wij in den loop van dien dag zullen trachten uit te voeren.

Dit is in groote trekken het plan van Bérulle.

698. B) De aanvullingen van Tronson. De groote lijnen door Bérulle getrokken, geven genoegzame aanwijzin-gen voor de meer gevorderden, maar niet voor de begin-nenden. Dit werd spoedig ingezien in het Seminarie van S. Sulpice, en Tronson, met behoud van den geest en de hoofdzaak der oorspronkelijke methode, voegde bij het tweede punt, overdenkingen en zelfonderzoek, zoo hoog noodig in het begin. Wanneer men doordrongen is van het groot belang en de noodzakelijkheid eener deugd en men zich ten volle bewust is ze niet te bezitten, zal men ze met veel meer aan-drang, ootmoed en standvastigheid vragen. In deze methode wordt daarom een bijzonderen nadruk gelegd op het gebed, als hoofdbestanddeel der overweging. Het derde punt wordt medewerking genoemd, om ons te herinneren, dat onze voornemens de uitwerking zijn der genade, maar ook dat de genade in ons niets doet zonder onze medewerking : den geheelen dag door moeten wij met Christus medearbeiden door onze pogingen om de overwogen deugd te verwerven.

699. C) Kort begrip der methode. (Voor de verwijderde voorbereiding, zie n. 689).

I. Voorbereiding.

Naaste

1° s 'Avonds tevoren het onderwerp der overweging kiezen en juist bepalen, wat men in Christus zal overwegen; — welke de beschouwingen en de smeekingen zullen zijn, welk besluit.
2° De ingetogenheid onderhouden en tot het inslapen bezig blijven met het onderwerp der overweging.
3° 's Morgens *den eersten vrijen tijd* aan deze oefening besteden.

Onmiddellijke.

1° Zich stellen in de tegenwoordigheid van God, die overal en vooral in ons hart aanwezig is.
2° Zich voor God vernederen bij de herinnering der bedreven zonden; berouw; *Confiteor.*
3° Zich onbekwaam erkennen om te bidden, zooals het betaamt; *Veni Sancte Spiritus.*

II. Eigenlijke overweging.

1e Punt :
Jesus voor oogen.

1° **Het onderwerp dat men gaat overwegen, beschouwen in God, in Christus of in een Heilige :** de gevoelens van zijn hart, zijn woorden, zijn handelingen.
2° **God hulde bewijzen : aanbidding, bewondering, lof, dankzegging, vreugde of medelijden.**

2e Punt :
Jesus in het hart.

1° **Zich doordringen** van de noodzakelijkheid of het nut der overwogen deugd, door beweegredenen van het geloof of door redeneering
2° **In zichzelf treden;** gevoelens van **leedwezen** over het verleden, schaamte over het heden, **verlangen** voor de toekomst.
3° Aan God de deugd, die wij overwogen, **vragen.** Verder onze overige behoeften, die der H. Kerk en van allen, voor wie wij gehouden zijn te bidden, aan Hem aanbevelen.

3e Punt :
Jesus in de handen.

1° Een bijzonder, nederig, practisch voornemen vormen.
2° Het voornemen van het bijzonder onderzoek vernieuwen.

III. Slot.

1º God bedanken voor de genade tijdens de overweging ontvangen.

2º Hem vergeving vragen voor alle nalatigheden.

3º Zijn zegen vragen over onze voornemens, over den dag van heden, over ons leven en onzen dood.

4º Een gedachte kiezen, die meer indruk op ons heeft gemaakt, om er door den dag aan te denken en ons onze gemaakte voornemens te herinneren.

5º Alles aan Maria aanbevelen.

Sub tuum præsidium.

700. D) Wat deze methode bijzonder kenmerkt. a) Zij steunt op de leer onzer *inlijving in Christus* (n. 142-149) en op de verplichting, die er uit voortvloeit, zijn inwendige gesteltenissen en deugden in ons weer te geven. Om hierin te slagen, moeten wij, volgens de uitdrukking van Olier, *Jesus voor oogen* hebben om Hem te bewonderen als toonbeeld, en Hem onze hulde aan te bieden; wij moeten Hem *in het hart* dragen, om door het gebed deel te hebben in zijne gesteltenissen en deugden : *in de handen* door met Hem mede te werken ten einde zijn deugden na te volgen. De innige vereeniging met Jesus is dus de ziel dezer methode.

b) Zij stelt de eerbewijzen en liefde jegens God vóór de smeeking : God op de eerste plaats! Niet den abstracten God der philosofen stelt zij ons voor, maar den levenden God des Evangelies, de H. Drievuldigheid in ons levend.

c) Terwijl zij de noodzakelijkheid der genade en van den menschelijken wil in het werk onzer heiliging uitdrukkelijk vaststelt, legt zij den nadruk op de genade en bijgevolg ook op het gebed, doch vordert eveneens krachtig en standvastig pogen van den wil, doeltreffende, dikwijls hernieuwde voornemens, waaromtrent men zich des avonds zal onderzoeken.

701. d) Het is een methode *vol gevoel* en steunend op beschouwing : zij begint met godvruchtige gevoelens van Godsvereering, (1e punt); gaat daarna over tot beschouwingen, (2e punt), om akten te

verwekken : van geloof aan de overwogen geloofswaarheden, van hoop op Gods barmhartigheid, van
liefde jegens zijne oneindige goedheid. Zij wil
zelfonderzoek, doch met leedwezen over het verleden, schaamte over het heden en goede vaste voornemens voor de toekomst, om zoo tot een nederig,
vertrouwvol, volhardend smeeken op te wekken. De
voornemens zelf moeten vol zelfmistrouwen, vol
vertrouwen op Christus zijn en vergezeld gaan van
gebeden om ze te kunnen uitvoeren. — Het slot is
niets anders dan een reeks akten van dankzegging,
van ootmoed en weder gebeden.

Op deze wijze vermijdt men het gephilosopheer bij
het overwegen en bereidt men den weg tot het gewoon affectief en later tot het vereenvoudigd gebed.

e) Deze methode is bijzonder *geschikt voor de seminaristen en de priesters :* zij houdt hen voortdurend
voor oogen, dat de priester, door zijn karakter en
macht als een andere Christus zijnde, het ook door zijn
zielsgesteldheid en deugden moet zijn; aanhoudend
herinnert zij hen er aan, dat al hun volmaaktheid
bestaat in Christus te doen leven en te doen groeien
in hun binnenste : zoodat de inwendige gevoelens
van Jesus ons hart geheel en al doordringen.

702. Deze twee methoden zijn, ieder op zich,
zeer goed tot bereiking van het bijzonder doel, dat
zij beoogen. Hetzelfde kan men zeggen van al de
overige, die min of meer op de twee voornoemde
gelijken [1]. Het is nuttig, dat er meerdere zijn, op
dat ieder, onder leiding van zijn biechtvader en
naar zijn geestelijken aanleg, kunne kiezen, wat
voor hem het meest geschikt is.

Wij voegen hier nog bij, met P. Poulain, dat voor
deze methoden geldt wat van de zoo talrijke regels

[1] Methode van den H. Franc. v. S. in *Godvruchtig leven*, 2e d.,
2e-7e h. ; die der Ongeschoeide Carmelieten, Onderrichting der Novicen, van P. J. van Jesus-Maria, 3e d., 2e h. ; der Trappisten van
D. Lehodey; der Dominikanen, van P. Cormier.

der rhetorica en logica gezegd wordt : het is goed
de pas beginnenden er vertrouwd mee te maken;
maar heeft men er zich eenmaal aan gewoon
gemaakt, zoodat men zich den geest en de beginselen heeft toegeeigend, dan volgt men de methode
nog slechts in de hoofdtrekken : de ziel, hoewel
nog altijd werkzaam, laat zich meer geleiden door
de inspraken en opwekkingen van den H. Geest.

BESLUIT : KRACHTDADIGHEID DES GEBEDS VOOR DE ZUIVERING DER ZIEL.

703. Uit het voorgaande blijkt wel, hoe voordeelig en noodig het gebed is tot loutering der ziel.
a) In het *gebed van aanbidding*, kwijt men zich van
zijn verplichtingen jegens God : men bewondert,
men prijst, men zegent zijn oneindige volmaaktheden, zijn heiligheid, zijn rechtvaardigheid, goedheid
en barmhartigheid; van zijn kant neigt God zich
met liefde tot ons om ons te vergeven, om ons een
grooten afschrik in te boezemen voor de zonde, die
Hem beleedigt, en behoedt ons aldus voor nieuwe
fouten; **b**) In het *overwegend gebed* worden wij,
onder den invloed der goddelijke verlichting en
onzer eigen overdenkingen, steeds meer overtuigd
van de boosheid der zonde en haar vreeselijke
gevolgen in dit en het andere leven, wij leeren de
middelen beter kennen om ze te herstellen, en te
vermijden : dan wordt onze ziel vervuld met gevoelens van nederigheid, van haat tegen de zonde, van
sterk verlangen ze niet meer te bedrijven en van
liefde tot God. Uit deze gevoelens ontstaat de geest
van boetvaardigheid, die in vereeniging met de
verdiensten van Jesus de vroegere zonden uitwischt
en den wil sterkt tegen de bekoringen. **c**) Het
smeekend gebed, steunend op de verdiensten van
Christus, verwerft ons overvloedige genaden tot
beoefening der nederigheid, boetvaardigheid, vertrouwen en liefde. Deze deugden voltrekken de

loutering der ziel, sterken haar voor den strijd en bevestigen haar in het goede, vooral in de deugden van boetvaardigheid en *versterving* : zoo wordt de goede uitwerking van het gebed bestendigd.

704. Wenk aan de zielsbestuurders. Men kan dus de overweging niet genoeg aanbevelen aan allen, die voortgang willen maken in de deugd. De biechtvader wachte niet lang met hen er in te onderrichten. Hij vrage naar de moeilijkheden, die zij er bij ontmoeten, helpe hen ze te overwinnen, leere hen, hoe zij hun wijze van overwegen kunnen vervolmaken en vooral hoe zij er zich van moeten bedienen om hun gebreken te verbeteren en de tegenovergestelde deugden te beoefenen. Op deze wijze zullen zij geleidelijk den geest des gebeds verkrijgen, die met de boetvaardigheid hun ziel zal omvormen.

HOOFDSTUK II.

Over de boetvaardigheid.

Na in 't kort de *noodzakelijkheid* en het *begrip* der boetvaardigheid aangegeven te hebben, zullen wij verklaren : 1° *waarom* wij de zonde moeten *haten* en *vluchten*, 2° *waarom* en *hoe* wij ze moeten herstellen.

Noodzakelijkheid en begrip.

ART. I. — Haat der groote en der dagelijksche zonde.

ART. II. — Waarom en hoe de zonde herstellen.

NOODZAKELIJKHEID EN BEGRIP
DER BOETVAARDIGHEID [1].

705. De boetvaardigheid is, na het gebed, het krachtdadigst middel om *de ziel te reinigen van*

---

[1] S. Thom., III, q. 85; Suarez, *De pœnitentia*, disp. I en VII; Billuart, *De pœnit.*, disp. II; Tanquerey, *Synopsis Theol. mor.*,

haar vroegere zonden en ook om haar te beveiligen tegen het hervallen.

1° Wanneer Christus zijn openbaar leven gaat beginnen, laat Hij zijn Voorlooper de noodzake-lijkheid der boetedoening prediken : " Bekeert u, want het rijk der hemelen is nabij " (Matth. III, 2). Hij verklaart dat Hij zelf gekomen is niet om de rechtvaardigen maar om de zondaars te roepen tot bekeering (Luc. V, 32). Doch tot bekeering wordt vereischt, dat men afstand doe niet alleen van de zonde, maar ook van alles wat tot de zonde voert; dat men zich ontzegge al wat de ongeregelde begeerten vragen, dat men zich geweld aandoe om de zinnen onder bedwang te houden; derhalve dat men boetvaardigheid beoefene. Dit is zoo volstrekt noodzakelijk, dat zonder haar, zooals Christus leert, allen gelijkelijk zullen omkomen. (Luc. XIII, 3). De Apostelen eischen dan ook de boetvaardigheid als eerste voorwaarde om gedoopt te kunnen worden. (Act. II, 38).

De boetvaardigheid is inderdaad voor den zondaar een daad van *rechtvaardigheid :* hij heeft God beleedigd, zijn rechten te kort gedaan, dus is hij verplicht dat onrecht te herstellen en dit doet hij door de boetvaardigheid.

706. 2° De boetvaardigheid is : *Een bovennatuur-lijke deugd, steunend op de rechtvaardigheid, die den zondaar beweegt om zijne zonde te verfoeien, wijl zij een beleediging van God is, en om het vaste voornemen te maken ze te vermijden in de toekomst en ze te herstellen.*

Zij bevat dus vier voorname akten : 1) voorgelicht door de rede en het geloof, zien wij, dat de zonde een kwaad, het grootste, eigenlijk het eenige kwaad is en dat, wijl zij God

---

t. I, n. 3-14; BOSSUET, *Sermon sur la nécessité de la pénitence;* BOURDALOUE, *Carême, pour le lundi de la deuxième semaine;* NEWMAN, *disc. to mixed congregations,* Neglect of divine calls; FABER, *Voortgang,* 19° h.

beleedigt en ons van de kostbaarste goederen berooft; en dit kwaad *haten* wij uit geheel onze ziel. 2) Ziende, dat dit kwaad in ons is, omdat wij gezondigd hebben, en dat, ook na de vergiffenis, er in onze ziel nog sporen van achterblijven, vatten wij er een levendig *leedwezen* over op, dat onze ziel met droefheid, met oprecht *berouw* vervult en ons diep vernedert. 3) Om in de toekomst dit verfoeilijk kwaad te vermijden, maken wij het *vaste besluit* of *goede voornemen* het niet meer te bedrijven en daarom met alle zorg de gelegenheden te vluchten en onzen wil te versterken tegen de aanlokselen der gevaarlijke genoegens. 4) Ten slotte, daar wij inzien, dat de zonde een onrecht is, nemen wij ons voor het te *herstellen*, het *uit te boeten* door *gevoelens* en *werken* van boetvaardigheid.

ART. I. BEWEEGREDENEN OM DE ZONDE TE HATEN EN TE VLUCHTEN [1].

Alvorens deze beweegredenen te verklaren, geven wij eerst een uitlegging van de doodzonde en de dagelijksche zonde.

707. Begrip en soorten. De zonde is *een vrijwillige overtreding van de wet Gods.* Zij is dus een *ongehoorzaamheid* jegens God en daarom ook een *beleediging* van God, omdat wij onzen wil boven den zijnen stellen en aldus zijn onvervreemdbare rechten op onze onderwerping aantasten.

708. a) Doodzonde. Wanneer wij een zwaar verplichtend gebod met volle kennis en volle toestemming overtreden, begaan wij een doodzonde, dat is een zonde, die ons den geestelijken *dood* toebrengt, omdat zij onze ziel berooft van de heiligmakende genade, welke haar bovennatuurlijk leven uitmaakt. (n. 105). Daarom definieert de H. Thomas ze als : *een handeling waardoor wij ons van God, ons laatste einde, afwenden, doordat wij ons vrijwillig en ongeregeld aan eenig geschapen*

---

[1] S. THOM., Iᵃ IIᵃᵉ, q. 71-73; q. 85-89; SUAREZ, *De peccatis*, disp. I-III; disp. VII-VIII; BOURDALOUE, *Carême, mercredi de la 5ᵉ semaine, sur l'état de péché et l'état de grâce;* TRONSON, Ex. part. 170-180; MANNING, *Sin and its consequences;* MGR D'HULST, *carême* 1892.

goed hechten. Verliezen wij de genade, die ons met God vereenigde, dan wenden wij ons inderdaad ook van Hem af.

709. b) Dagelijksche zonde. Overtreden wij een gebod, dat niet zwaar verplichtend is, of zoo het dat wel is, enkel in een lichte zaak, of zoo het altijd zwaar verplichtend is, niet met volle kennis of volle toestemming, dan bedrijven wij een *dagelijksche* zonde, waardoor wij de heiligmakende genade niet verliezen. Onze ziel blijft nog met God vereenigd, wijl wij zijn gebod willen volbrengen in hetgeen noodig is om zijn vriendschap te behouden en ons einde te bereiken. Niettemin is zij een overtreding van de wet Gods, een beleediging aan de goddelijke Majesteit aangedaan, zooals wij later zullen aantoonen.

§ I. Over de doodzonde [1].

710. Om zich een juist begrip te vormen van de doodzonde, moet men nagaan : 1° Wat God ervan denkt; 2° wat zij is in zichzelf; 3° welke hare noodlottige gevolgen zijn. Alwie zich, door de meditatie, in deze beschouwingen verdiept, moet wel van een onoverwinnelijken haat tegen de zonde doordrongen worden.

I. *Hoe God de doodzonde beoordeelt.*

Om dit eenigszins te begrijpen, is het dienstig te zien in de H. Schrift, hoe Hij ze straft en veroordeelt.

711. 1° **Hoe God de zonde straft : A)** *In de opstandige engelen :* zij bedrijven slechts één zonde, door gedachten, een zonde van hoogmoed; en God hun Schepper en Vader, God, die hen bemint niet alleen als het werk zijner handen, maar ook als zijn

---

[1] H. IGNAT., *Geestel. Oefeningen*, 1e oef. der 1e Week.

aangenomen kinderen, ziet zich gedwongen hun
opstand te straffen, hen neder te werpen in de
hel, waar zij gedurende alle eeuwigheid van Hem
gescheiden en daarom ook van alle geluk beroofd
zullen zijn. En toch God is rechtvaardig, die de
schuldigen nimmer zwaarder straft dan zij verdienen; Hij is barmhartig zelfs bij het kastijden, omdat
Hij zijn gestrengheid door zijn goedheid matigt.
Om op zoo vreeselijke wijze gestraft te worden
moet de zonde wel iets afschuwelijks zijn.

712. B) *In onze eerste ouders*; zij waren overvloedig bedeeld
met allerhande natuurlijke, buiten- en bovennatuurlijke goederen, n. 52-66. Doch ook zij bedrijven een zonde van ongehoorzaamheid en hoogmoed en op de eigen stonde verliezen
zij, met het leven der genade, hun buitennatuurlijke gaven
en worden uit het aardsch paradijs verjaagd. Als erfenis laten
zij aan hun nageslacht de erfzonde achter wier droevige
gevolgen wij nog allen ondergaan, (n. 69-75) God nu beminde
onze stamouders als zijn kinderen, liet hen toe tot zijn vertrouwelijken omgang. Als dan de rechtvaardige en barmhartige God hen, met zulke gestrengheid tot in hun nageslacht,
heeft moeten straffen, dan moet de zonde een ontzettend
kwaad wezen, dat wij nimmer genoeg kunnen verafschuwen.

713. C) *In den persoon van zijn goddelijken Zoon.*
Om den mensch niet voor altijd te laten omkomen
en de rechten zijner rechtvaardigheid met die zijner
barmhartigheid te verzoenen, zendt God zijn Zoon
op aarde, stelt Hem aan tot hoofd van het menschelijk geslacht en belast Hem met de taak in onze
plaats de zonde uit te boeten en te herstellen. En
wat eischt Hij van Hem? Drie en dertig jaren van
lijden en vernedering, bekroond met den doodstrijd
in zijn lichaam en zijn ziel in den hof van Olijven,
in het gerechtshof van de joden en van Pilatus en
op Calvarië. Wil men weten, wat de zonde is, dat
men dan stap voor stap den goddelijken Verlosser
volge van de kribbe tot aan het kruis, in zijn
verborgen leven, doorgebracht in nederigheid, gehoorzaamheid, armoede en arbeid; in zijn *apostolisch*
leven, te midden van zijn werken, voor velen menig-

maal zonder vrucht, van tegenwerking, van vervolging; men beschouwe Hem in zijn *lijdelijk* leven : zooveel en zulke kwellingen heeft Hij ondervonden in zijn lichaam en in zijn geest van den kant van zijn vrienden en van zijn vijanden, dat Hij terecht *de Man van Smarten* is genoemd. Dan zegge men met volle overtuiging : zie, dat alles was het gevolg mijner zonden : " Hij is gewond om onze ongerechtigheden, Hij is verbrijzeld om onze zonden ". Dan zal het ons duidelijker worden, dat de zonde het allergrootste kwaad is.

714. 2° **Hoe God de zonde veroordeelt.** De H. Schrift schildert ons de zonde af als het meest hatelijke en misdadige, dat men zich kan uitdenken :

a) Zij is een *ongehoorzaamheid* jegens God, een overtreding zijner bevelen, gestreng en rechtvaardig gestraft, gelijk men ziet in onze eerste ouders (Gen. II, 17 ; III, 11-19). In het volk van Israel, bij uitstek het volk van God, wordt die ongehoorzaamheid beschouwd als een *opstand*, als een *oproer* (Jer. II, 48). b) Zij is een *ondankbaarheid* jegens den grootsten der weldoeners, een *snoodheid* jegens den beminnelijksten der vaders : " Ik heb kinderen opgevoed en verheven, maar zij hebben Mij veracht " (Isa. I, 2). c) Zij is een ongetrouwheid, een soort *overspel*, wijl God de Bruidegom onzer zielen is en met volle recht algeheele trouw kan eischen · " gij hebt overspel bedreven met vele minnaars " (Jer. III, 1). d) Zij is een *onrechtvaardigheid*, daar wij openlijk de rechten, die God op ons heeft, schenden : " Wie de zonde bedrijft, overtreedt ook de wet, want de zonde is schennis der wet " (I Joan. III, 4).

II. *Wat de doodzonde is in zichzelf.*

De doodzonde is eigenlijk *het eenige kwaad*, dat op de wereld is, want alle ander kwaad is slechts haar gevolg of straf.

715. 1° **Met betrekking tot God** is de doodzonde een misdaad van *majesteitsschennis :* zij beleedigt God in al zijn eigenschappen, vooral beschouwd als ons *eerste begin*, ons *laatste einde*, onze *Vader* en onze *Weldoener*.

A) Wijl God ons *eerste begin*, onze Schepper is, van wien wij alles hebben, wat wij zijn en wat wij bezitten, is Hij ook onze Opperste Meester wien wij volstrekte gehoorzaamheid verschuldigd zijn. Doch door de doodzonde, *weigeren wij Hem gehoorzaamheid*, en doen Hem den smaad aan onzen wil boven den zijnen, een schepsel boven den Schepper te stellen! Meer nog, wij komen in *opstand* tegen Hem, wien wij, door de schepping, onderdanigheid verschuldigd zijn, meer nog dan de menschen aan hun vorst. **a**) Deze opstand is des te *snooder* daar God, oneindig wijs en oneindig goed, niets beveelt dan wat dienstig is voor ons welzijn evenals voor zijn glorie : terwijl wij weten, dat onze wil zwak is en aan dwaling onderhevig, stellen wij hem toch boven dien van God. **b**) Deze opstand is des te *minder verschoonbaar*, wijl wij, van jongs af door Christelijke ouders onderwezen, een juister kennis hebben van Gods rechten over ons, van de boosheid der zonde, en bij het zondigen weten, wat wij doen. **c**) Waarom zijn wij aldus ontrouw aan onzen Meester? Om een gering genoegen, dat ons vernedert en tot onder het redelooze dier verlaagt; om een dwazen hoogmoed, waardoor wij ons een glorie toeeigenen, die slechts aan God toekomt; om een voordeel, eenige winst, die voorbij gaat, waarvoor wij een eeuwig goed opofferen!

716. **B**) God is ook ons *laatste einde :* Hij heeft ons geschapen en heeft ons niet kunnen scheppen dan voor zichzelven, wijl er geen grooter goed bestaat dan Hij en wij derhalve buiten Hem onze volmaaktheid en ons geluk niet konden vinden. Overigens is het rechtvaardig en noodzakelijk, dat, van Hem uitgegaan, wij ook tot Hem wederkeeren. Wij zijn zijn eigendom, wij moeten Hem eerbiedigen, loven, dienen en verheerlijken [1]. Wij zijn het

---

[1] Deze gedachte wordt door den H. IGNATIUS ontwikkeld in zijn

voorwerp zijner liefde, wij ook moeten Hem met geheel onze ziel beminnen ; door Hem te aanbidden, door Hem te beminnen, zullen wij ons geluk en onze volmaaktheid vinden. God heeft er dus een *volstrekt recht* op, dat geheel ons leven, met al onze gedachten, onze begeerten, onze handelingen tot Hem gericht en tot zijn glorie besteed worde.

Welnu, door de doodzonde wenden wij ons moedwillig van Hem af om ons behagen te stellen in een geschapen goed, wij doen Hem de oneer aan boven Hem een schepsel te verkiezen of liever de voldoening onzer eigenliefde, want eigenlijk is het niet zoo zeer aan het schepsel, dat wij ons hechten als wel aan het genoegen, dat wij in hetzelve vinden. Dit is een tastbare *onrechtvaardigheid*, wijl God daardoor van zijn onvervreemdbare rechten over ons en van de uitwendige eer, die wij Hem geven moeten, beroofd wordt. De doodzonde is een soort *afgoderij* : zij richt in den tempel van ons hart een afgod op naast den waren God ; zij versmaadt de bron van het levend water, dat alleen onze zielen laven kan, en verkiest eerder het troebele water, dat gevonden wordt onder in gespleten putten, volgens de krachtige uitdrukking van de H. Schrift. (Jeremias II, 13).

717. C) God is voor ons ook een Vader, die ons tot kinderen heeft aangenomen en behandelt met waarlijk vaderlijke bezorgdheid (n. 94). Hij overlaadt ons met zijn kostbaarste weldaden, begiftigt ons met een bovennatuurlijk organisme, opdat wij een leven zouden leiden gelijk aan het zijne ; Hij stort ons een overvloed van dadelijke genaden in, om zijn gaven in werking te stellen en het bovennatuurlijk leven in ons te ontwikkelen. Welnu, door de doodzonde versmaden wij al die gaven, ja mis-

---

meditatie aan het hoofd der Geestelijke Oefeningen : " De mensch is tot dit einde geschapen, dat hij God den Heer love en verheerlijke en door Hem te dienen, eindelijk zalig worde ".

bruiken ze zelfs tegen onzen Weldoener en Vader
en, op het eigen oogenblik dat Hij ons zijn gunsten
schenkt, beleedigen wij Hem. Is dit geen ondankbaarheid, des te grooter naarmate wij meer begunstigd zijn, een ondankbaarheid, die wraak roept
tegen ons?

718. 2º **Ten opzichte van Jesus Christus,** onzen
Verlosser, is de zonde als het ware een *godsmoord :*
a) de doodzonde toch is de oorzaak geweest van het
lijden en den dood van den goddelijken Zaligmaker : " Christus heeft voor ons geleden " (I Petr. II, 21).
" Die ons door zijn bloed van de zonde verlost
heeft " (Apoc. I, 5). Door de zonde kruisigen wij
den God Mensch opnieuw, zegt de H. Paulus. Opdat
deze gedachte indruk make op onze ziel, moet men
zich herinneren, hoe wij persoonlijk hebben bijge-
dragen tot het smartvol lijden des Zaligmakers : ik
heb mijn Meester verraden en somtijds voor nog
minder dan dertig zilverlingen ; ik ben schuldig
geweest aan zijn gevangenneming, aan zijn veroordeeling ; ik was daar met de menigte om te roepen :
Niet deze, maar Barabbas... Kruisig Hem ; ik was
daar bij de soldaten om Hem door mijn onverstorven leven te geeselen, door mijn inwendige zonden
van zinnelijkheid en hoogmoed met doornen, te
kronen, het zware kruis op de schouders te leggen
en Hem aan het schandhout te hechten. Gelijk Olier
zoo juist zegt : " onze gierigheid kruisigt zijne liefde,
onze gramschap zijne zachtmoedigheid, ons ongeduld,
zijn lijdzaamheid, onze hoogmoed zijn nederigheid ;
en door onze ondeugden folteren wij, boeien en ver-
scheuren wij Jesus Christus, die in ons woont " [1]. Hoe
moeten wij dan een zonde haten, die onzen Verlosser
op zoo wreede wijze aan het kruis gehecht heeft!

b) Het is waar, thans kunnen wij Hem niet
opnieuw folteren, wijl Hij niet meer lijden kan,

---

[1] *Catéch. chrétien,* 1e partie, leç. II.

maar onze tegenwoordige zonden beleedigen Hem
niettemin ; want, wanneer wij ze vrijwillig bedrijven,
verachten wij zijn liefde en weldaden, wij maken
voor ons zijn bloed, zoo edelmoedig vergoten, nutteloos, wij ontzeggen Hem de liefde, de dankbaarheid,
de gehoorzaamheid, waarop Hij recht heeft. Is dit
niet zijn liefde beantwoorden met den zwartsten
ondank? Is dit ook niet de zwaarste straffen over
zichzelven afroepen.

III. *De gevolgen van de doodzonde.*

God heeft bepaald, dat de wet een sanctie zou
hebben, dat het geluk, op slot van rekening, de
belooning van de deugd, het lijden de straf der
zonde zou wezen. Bij het zien dus der gevolgen van
de zonde, kunnen wij eenigszins het misdadige er
van beoordeelen. Wij kunnen die gevolgen nagaan
in dit en in het ander leven.

719. 1° Om ons rekenschap te geven van de
vreeselijke gevolgen der doodzonde in **dit leven,**
moeten wij ons herinneren wat een ziel is in staat
van genade : in haar woont de Drieëenige God, die
in haar zijn welbehagen vindt, haar versiert met
genaden, met deugden en gaven. Onder de werking
der dadelijke genade, worden al haar handelingen
verdienstelijk voor het eeuwig leven. Zij geniet de
heilige vrijheid der kinderen Gods, deelt in de
sterkte, in de deugd van God en smaakt, vooral
bij sommige gelegenheden, bij voorbaat reeds iets
van het geluk des hemels. Doch wat doet de
doodzonde?

a) *Zij verjaagt God uit onze ziel,* en evenals het
bezit van God reeds een voorsmaak geeft van het
geluk des hemels, zoo is het verlies van God als
een voorspel van de eeuwige verwerping : God
derven, is dat niet het verlies van alle goed, waarvan
Hij de bron is?

b) Door de doodzonde verliezen wij de *heiligma-kende genade*, die ons een leven leiden doet aan dat van God gelijk. Wij begaan dus in zekeren zin een *geestelijke zelfmoord*, waardoor wij het glorievol gevolg van deugden en van gaven, die de genade vergezellen, verliezen. Laat God ons in zijn einde-looze barmhartigheid het geloof en de hoop, deze deugden zijn dan evenwel niet meer bezield door de liefde en blijven ons enkel bij om ons een heilzame vrees en een vurig verlangen in te storten om door boetvaardigheid de zonde te herstellen. Onder-tusschen toonen zij ons den droevigen staat onzer ziel en folteren ons gemoed door knagende gewe-tenswroeging.

720. **c**) Wij verliezen ook *onze vroegere verdiensten* door edelmoedige werken reeds verworven; wij kunnen ze slechts weder verkijgen door oprechte bekeering; zoo lang wij in staat van doodzonde blijven, kunnen wij niets verdienen voor den hemel. Welke verkwisting van bovennatuurlijke goederen!

d) Hierbij komt nog de harde slavernij, die de zondaar voortaan moet ondergaan : weg is zijn vrijheid; hij is de slaaf der zonde, der booze driften door de genade niet meer bedwongen, der slechte gewoonten ontstaan uit voortdurend hervallen, want Jesus zegt : " Wie zonde doet, is slaaf van de zonde" (Joan. VIII, 34), en de H. Petrus leert : "ze zijn slaven van het verderf, want van wien men overwonnen is, van hem is men de slaaf" (II. Petr. II, 19). Zedelijk verzwakt de ziel meer en meer; de dadelijke genaden verminderen ; de toestand wordt hopeloos, indien God in de overmaat zijner barmhartigheid door zijn genade de ziel niet uit den afgrond opheft.

721. 2° Blijft echter de zondaar ten einde toe weerstand bieden aan de genade, dan volgt de hel met al haar verschrikkingen. **A**) Vooreerst *de straf van schade*, straf ten volle verdiend. De genade had den schuldige zonder ophouden als achtervolgd, doch vrijwillig is hij in den dood der zonde, van God gescheiden gebleven; zijn gesteltenis kan niet meer

veranderen, dus zal hij in alle eeuwigheid van God
gescheiden blijven. Zoolang hij op aarde leefde,
vond hij, geheel opgaande in zaken en genoegens,
geen tijd om aan zijn vreeselijken toestand te denken, maar nu ver van tijdelijke bezigheden en vermaken, nu heeft hij voortdurend de ontzettende
werkelijkheid voor oogen. Door het innigste van
zijn natuur, door al de verlangens van zijn geest en
van zijn hart, van zijn geheele wezen voelt hij zich
onweerstaanbaar aangetrokken tot Hem, die zijn
eerste begin en laatste einde is, de eenige bron van
volmaaktheid en geluk ; tot een Vader zoo beminnelijk en vol liefde, die hem tot kind had aangenomen ; tot een Verlosser, die hem tot den dood des
kruises toe had bemind ; en van den anderen kant
voelt hij zich onmeedoogend teruggestooten door
een onweerstaanbare kracht, en deze macht is geen
andere dan zijn zonde zelve. De dood heeft hem
onveranderlijk bevestigd in zijn toestand en wijl hij,
op het eigen oogenblik van het sterven, zijn God
verworpen heeft, zal hij ook voor eeuwig van Hem
gescheiden blijven. Geen geluk, geen volmaaktheid
meer mogelijk ; hij blijft voor immer aan zijn zonde
gebonden en daarom ook aan alwat verachtelijk en
vernederend is. God wendt zich voor eeuwig van
hem af : " gaat, gaat van Mij, vervloekten ".

722. B) Bij deze straf van *schade*, de vreeselijkste,
komt de straf van *gevoel*. Het lichaam, dat de medeplichtige der ziel is geweest, zal ook deelen in haar
straf. De wanhoop zonder einde, welke de verdoemde
ziel foltert, zal in haar lichaam een verslindende
koorts ontsteken en een onleschbaren dorst. Doch
daarenboven zal er een werkelijk vuur zijn, zeer
verschillend van het stoffelijk vuur op aarde, en dat
het werktuig zal zijn in Gods gerechte hand om het
lichaam en zijn zintuigen te straffen ; het is immers
rechtvaardig dat " waardoor iemand heeft gezondigd,
hij daardoor ook gestraft wordt " (Sap. XI, 17). De

zondaar heeft op ongeregelde wijze willen genieten van de schepselen, om die reden zal hij ook in hen het werktuig zijner folteringen vinden. Het vuur der hel, door Gods rechtvaardigheid ontstoken, zal zijn slachtoffers martelen naargelang zij hier de ongeoorloofde genietingen hebben nagejaagd.

723. C) Beide straffen zullen in eeuwigheid niet ophouden, en dit voert de kwelling der verdoemden ten toppunt. Zoo de minste pijnen voortdurend, zonder verlichting, ondergaan, haast ondragelijk worden, wat zal het dan zijn met pijnen, zoo hevig reeds in zich, die na millioenen eeuwen altijd weer opnieuw zullen beginnen?

En toch God is rechtvaardig, God is goed ook dan wanneer Hij de verdoemden straffen moet! De doodzonde moet dan wel een afschuwelijk kwaad zijn, dat op zulke wijze wordt gestraft, het eenige, ware kwaad. Beter, verkieslijker is het dus duizendmaal te sterven dan zich plichtig te maken aan een doodzonde. Om ze met meer zekerheid te vermijden, moeten wij ook afschrik hebben van de dagelijksche zonde.

§ II. Over de vrijwillige dagelijksche zonde.

Ten opzichte der volmaaktheid, bestaat er een zeer groot onderscheid tusschen de dagelijksche zonde *als bij verrassing* begaan en die welke *opzettelijk*, wetens en willens bedreven worden.

724. Onvoorbedachte fouten. Ook de Heiligen bedrijven somtijds zulke fouten, door zich een oogenblik uit onbedachtzaamheid of zwakheid over te geven aan nalatigheden bij de geestelijke oefeningen. aan onvoorzichtigheden, aan oordeelvellingen of woorden strijdig met de naastenliefde, aan lichte leugens om zich te verontschuldigen. Zijn deze fouten ook al te betreuren en worden zij door de vurige zielen bitter beweend, toch zijn ze geen beletsel voor de volmaaktheid : de goede God, die onze zwakheid kent, verontschuldigt ze gemakkelijk : "*ipse cognovit figmentum nostrum*". Daarbij herstellen wij ze aanstonds door akten van berouw, van nederigheid, van liefde, die duurzamer zijn en waarin onze wil meer aandeel heeft dan in die zonden uit zwakheid bedreven.

Alwat wij met betrekking tot deze fouten moeten doen, is haar aantal verminderen en nimmer den moed verliezen.

a) Door *waakzaamheid* kan men ze verminderen : men gaat na, welk de oorzaak dier fouten is en tracht ze weg te nemen en dit zonder al te groote gejaagdheid of angst, maar bedaard, meer verwachtend van de goddelijke genade dan van ons eigen pogen. Waaraan men hier bijzondere zorg moet wijden, is alle *gehechtheid* aan de dagelijksche zonde te onderdrukken, want, zegt de H. Franciscus van Sales : " wanneer het hart er zich aan hecht, verliest men weldra den fijnen smaak der godsvrucht en zelfs alle godsvrucht " [1].

725. b) Doch ook moet men er zorgvuldig voor waken niet toe te geven aan moedeloosheid, aan slecht humeur, gelijk sommigen doen die " kwaad worden, omdat zij kwaad, wrevelig, omdat zij wrevelig zijn geweest " [2]; deze gevoelens komen eigenlijk voort uit onze eigenliefde, die verstoord en verontrust is, omdat zij gewaar wordt, hoe onvolmaakt wij nog zijn. Om dit gebrek te vermijden, moeten wij onze fouten met toegevendheid beschouwen, zooals wij het die van anderen doen; wij behooren onze gebreken natuurlijk te verfoeien, doch met kalmte, in het volle bewustzijn onzer zwakheid en ellende en met den vasten, bedaarden wil om, zelfs naar aanleiding van die fouten, Gods

---

[1] *Godvruchtig leven*, I, 22e hoofdst.
[2] *Ibidem*, III, 9e h.

glorie te bevorderen door ons met meer ijver en
liefde te kwijten van wat wij nu te doen hebben.
De vrijwillige dagelijksche zonden echter zijn
een groot beletsel voor den geestelijken voortgang
en moeten dus met alle kracht bestreden worden.
Om ons hiervan te overtuigen, gaan we hare
boosheid en *gevolgen* beschouwen.

I. *Boosheid der vrijwillige dagelijksche zonde.*

726. Deze zonde is een zedelijk kwaad en eigenlijk na de doodzonde het grootste kwaad. Wel is
waar wendt zij ons niet af van ons einde, maar zij
belemmert onzen voortgang, doet ons een kostbaren
tijd verliezen en bovenal zij beleedigt God. Hierin
vooral bestaat haar boosheid.

727. Zij is inderdaad een ongehoorzaamheid
aan God, wel niet in een gewichtige zaak, maar
toch vrijwillig, met voorbedachten rade; in het licht
des geloofs beschouwd, is zij iets afschuwelijks,
daar zij de majesteit Gods aanrandt.

A) Zij is een beleediging, een smaad God aangedaan : wij plaatsen in de weegschaal, aan den eenen
kant, den wil, de eer van God, aan den anderen
kant, onze willekeur, ons vermaak, onze ijdelheid en
wij durven ons boven God stellen! Welke beleediging! Een oneindig wijze en heilige wil opgeofferd
aan den onzen zoo onderhevig aan dwaling en
grillen! " Het is, zegt de H. Theresia [1], alsof men
zeide : Heer, hoewel deze handeling U mishaagt,
zal ik ze toch niet nalaten. Ik weet, dat Gij ze ziet
en het is mij zeer goed bekend, dat Gij ze niet
wilt, maar toch verkies ik mijn gril en zin boven
uwen wil. En zou het een onbeduidend iets zijn zoo
te doen? Ik voor mij houd dat de fout hoe licht
ook in zich, toch iets ernstigs, ja zeer ernstigs is ".

---

[1] *Weg der volmaaktheid*, 41ᵉ hoofdst.

728. B) Door onze schuld wordt, bij de vrijwillige dagelijksche zonde, *de uitwendige glorie van God verkort :* wij werden geschapen om God te verheerlijken door onze volkomen, liefdevolle gehoorzaamheid; doch door onze weigering, zij het ook in lichte zaken, onthouden wij Hem gedeeltelijk die glorie. In plaats van, evenals Maria, zijn eer tot doel van onze handelingen te stellen, weigeren wij uitdrukkelijk Hem in een bepaalde zaak die eer te geven.

C) Doch dit is ook een *ondankbaarheid.* Overladen met ontelbare weldaden, omdat wij zijn vrienden zijn, en wetend, dat Hij ons wederkeerig erkentelijkheid en liefde vraagt, weigeren wij Hem toch een klein offer; in plaats van er op bedacht te zijn Hem immer te behagen, vreezen wij niet Hem te mishagen. — Kan het anders of daaruit moet een verkoeling volgen van Gods vriendschap jegens ons? Hij bemint ons zonder voorbehoud en vraagt omgekeerd van ons volkomen, algeheele liefde : "Gij zult den Heer uwen God beminnen met geheel uw hart, met geheel uw ziel, en geheel uw verstand" (Matth. XXII, 37). En wij geven ons slechts gedeeltelijk, wij maken voorbehoud en, hoewel wij zijn vriendschap willen behouden, zijn wij karig met de onze en geven Hem enkel een verdeeld hart. Dit is voorzeker niet kiesch; het duidt op een gebrek aan geestdrift en edelmoedigheid, waardoor onze innige omgang met God geschaad moet worden.

II. *Gevolgen van de vrijwillige dagelijksche zonde.*

729. 1° **In dit leven**. Wordt de dagelijksche zonde bij herhaling vrijwillig bedreven, dan *berooft* zij onze ziel *van vele genaden, vermindert* geleidelijk *de vurigheid* en *bereidt de doodzonde voor.*

A) De dagelijksche zonde berooft de ziel niet van de heiligmakende genade, noch van de liefde Gods, maar wel van een nieuwe genade, die zij door den

weerstand aan de bekoring zou ontvangen hebben,
dus ook van een graad van glorie, dien zij door
hare getrouwheid kon verdienen; zij berooft haar
ook van een graad van liefde, dien God haar wilde
schenken. Is het geen onmetelijke schade dit verlies
van een schat kostbaarder dan de geheele wereld is?

730. B) *Zij vermindert de vurigheid*, dat is die
edelmoedigheid, welke zich volkomen aan God
overgeeft. De algeheele, edelmoedige overgave aan
God veronderstelt in de ziel een verheven ideaal en
een standvastig pogen om tot dat ideaal te naderen.
Doch de gewoonte der dagelijksche zonde is hiermede onbestaanbaar.

a) Niets *vervaagt ons ideaal* meer dan de gehechtheid aan
de zonde : in plaats van immer bereid te zijn alles te doen
voor God en altijd naar hooger te streven, blijven wij vrijwillig halverwege op den weg staan om het een of ander verboden klein vermaak te genieten ; zoo verliezen wij een kostbaren tijd ; wij houden de blikken niet meer naar boven gericht,
maar vermeien ons met eenige dra verwelkende bloemen te
plukken. Dan overvalt ons een gevoel van loomheid en de
hoogten der volmaaktheid, waartoe wij in eigen persoon
geroepen waren, schijnen ons te ver verwijderd, te moeilijk te
bereiken. Wij houden onszelven voor, dat het niet noodig is
zoo hoog te willen stijgen en dat men wel met minder zalig
kan worden. Het ideaal, dat wij van verre reeds aanschouwden, heeft geen bekoring meer voor ons. Alles wel beschouwd,
zoo zegt men, zijn dat zelfbehagen, die kleine zinnelijkheden,
die gevoelige vriendschappen, dat kwaadspreken dingen, die
niet te vermijden zijn ; men moet wel meedoen. b) Dan is van
geestdriftig voortgaan geen sprake meer. Weleer gingen wij
met vluggen, blijden tred, ondersteund door de hoop het
einddoel te bereiken ; wij beginnen het gewicht van den dag
en der vermoeienis te gevoelen ; en wanneer wij opnieuw
vooruit willen gaan, worden wij door de boeien der dagelijksche zonden weerhouden. De vogel, die vastgebonden is,
doet vergeefsche moeite om op te stijgen ; gekneusd valt hij
telkens terug ; zoo ook onze zielen, weerhouden door gehechtheden, waaraan wij niet willen verzaken : zij beproeven
eveneens tevergeefs op te stijgen, en vallen telkens neder,
min of meer gekwetst door haar ijdel pogen. Somtijds schijnt
het toch wel weer goed te zullen gaan, doch helaas ! andere
banden weerhouden ons en wij missen de noodige standvastigheid om ze achtereenvolgens te verbreken.

731. C) Het *groot gevaar*, dat ons dan bedreigt is : *langzaam aan af te glijden in de doodzonde.* Immers de neiging tot het verboden genot wordt sterker, terwijl de genaden Gods minder worden : het oogenblik nadert, waarop wij aan alles toegeven.

a) De neiging tot het verboden genot neemt toe in kracht : hoe meer men toegeeft aan dezen vijand, hoe meer hij eischt, hij is onverzadigbaar.

Vandaag zet de luiheid ons aan om onze meditatie met vijf minuten te verkorten ; morgen vraagt zij er tien ; vandaag wil de zinnelijkheid niets dan enkele kleine onvoorzichtigheden ; morgen wordt zij meereischend. Waar blijven wij staan op die gevaarlijke helling? Men sust het geweten met te zeggen, dat het slechts dagelijksche zonden zijn ; maar, helaas ! gaandeweg worden zij ernstiger, de onvoorzichtigheden herhalen zich en brengen telkens grooter verwarring in de verbeelding en de zinnen. Het is een vuur, dat onder de asch smeult en een vuurgloed worden kan ; het is een slang, die men aan den boezem koestert en dra poogt te bijten, haar slachtoffer te vergiftigen. Het gevaar is des te nader bij, daar men, gewoon er mede om te gaan, er minder vrees voor heeft : men wordt er gemeenzaam, vertrouwd mee, achtereenvolgens laat men alle voorzorgen, die het hart nog beveiligden, achterwege ; ten slotte komt het uur, dat de vijand een hevigeren aanval doet en de overwinning behaalt.

732. b) Dit gevaar is des te meer te duchten, wijl de genaden Gods gewoonlijk meer verminderen naarmate onze ongetrouwheden menigvuldiger worden. 1) Volgens een wet der Voorzienigheid toch worden ons de genaden toegedeeld in evenredigheid met onze medewerking : " *secundum cujusque dispositionem et cooperationem*". Hierop komt feitelijk het woord des Evangelies neer : "Want wie heeft, hem zal gegeven worden en hij zal overvloed hebben; maar wie niet heeft hem zal ook ontnomen worden, wat hij heeft" (Matth. XIII, 12). Doch door de gehechtheid aan de dagelijksche zonde, weerstaan wij aan de genade, verhinderen wij hare werking in onze ziel, en ontvangen haar dus ook in minder mate. Maar, indien wij met overvloediger genaden, de ongeregelde neigingen der natuur niet hebben weten te overwinnen, zullen wij het dan met minder genaden en met verzwakte krachten wel kunnen? 2) Hierbij komt nog, dat een ziel zonder ingekeerdheid, zonder edelmoedigheid, geen aandacht leent aan de inwendige opwekkingen der genade tot het goede : zij worden aanstonds overstemd door de luidruchtige eischen der opkomende driften. 3) Overigens veronderstelt de medewerking met de genade, tot heiliging vereischt, den geest van opoffering; doch hoe lastig valt het offer, wanneer de gewoonte om te genieten, ook ten koste van het geweten, diep ingeworteld is!

733. Met P. L. Lallemant mogen wij dus besluiten : " De ondergang der zielen begint met het vermeerderen der dagelijksche zonden, die oorzaak zijn van het verminderen der voorlichtingen en inspraken Gods, der inwendige genaden en vertroostingen, van de vurigheid en den moed om aan de aanvallen van den vijand te wederstaan. Dan volgen de verblinding, de zwakheid, de herhaalde val, de gewoonte, de ongevoeligheid, want is eenmaal een gehechtheid tot zonde aangenomen, dan bedrijft men de zonde zonder het kwaad te gevoelen ".

734. 2⁰ De gevolgen der dagelijksche zonde in **het ander leven** [1] bewijzen wel, hoezeer zij te duchten is : om ze uit te boeten, blijven vele zielen tal van jaren in het vagevuur, en wat moeten zij er al niet verduren!

A) Vooreerst het grievendste leed, *het gemis van God*. Wel is waar is deze straf niet eeuwig en daardoor is zij zeer verschillend van die der hel; maar niettemin is zij toch ontzettend. Gedurende een tijd, korter of langer naargelang het getal en

---

[1] Wij spreken hier niet over de tijdelijke straffen waarmede God de zonde kastijdt; de H. Schrift, vooral het Oud Testament maakt er meer malen melding van. Wil men echter vaststellen, dat deze of die ramp de straf is van een dagelijksche zonde, dan zal men dikwijls slechts kunnen gissen. Het is dus niet goed daaruit argumenten te halen, zooals sommige schrijvers doen, die vreeselijke straffen voorstellen als gevolg van dagelijksche zonde : om een fout van nieuwsgierigheid wordt de vrouw van Loth veranderd in een zoutzuil. Oza wordt met den dood gestraft, omdat hij de Ark heeft aangeraakt.

de boosheid harer fouten, derven die zielen het hoogste geluk, de aanschouwing en het bezit van God. Niets van wat op aarde is, verschaft haar nog eenige verstrooiing : altijd denken zij aan God, begeeren met onstuimige kracht Hem te zien; in dit onvoldaan begeeren vinden zij onuitsprekelijke folteringen. Nu begrijpen zij dat buiten God voor haar geen geluk mogelijk is. Zij willen opvliegen naar God, maar als een onoverkomelijke hinderpaal staat daar die groote menigte dagelijksche zonden, welke op uitboeting wachten. De zielen zijn zoo overtuigd, dat zij volkomen zuiver moeten zijn om Gods aanschijn te aanschouwen, dat ze zich zouden schamen onrein voor Hem te verschijnen en, zoolang er nog eenig spoor van zonde in haar is, niet in den hemel zouden willen binnengaan [1]. Haar toestand is dus vreeselijk, die, hoewel zij erkennen hem verdiend te hebben, haar niet minder foltert.

735 B) Daarbij, gelijk de H. Thomas zegt, komt de straf van het vuur, een bijzonder vuur, dat haar geheel doordringt, hare werkzaamheid belemmert en haar martelt tot uitboeting der zondige vermaken tijdens het leven genoten. Zij ondergaan die loutering bereidwillig, omdat ze begrijpen, dat zij het middel is om tot God te gaan.

De H. Catharina van Genua zegt : "ziende, dat het vage-vuur bestemd is om hare smetten weg te nemen, werpen de zielen er zich met verlangen in en achten het een bewijs van groote barmhartigheid, dat zij een plaats vinden, waar zij zich kunnen reinigen van alle smetten" [2]. " Deze berusting der zielen in het vagevuur neemt evenwel niet in het minste haar pijnen weg ; verre van daar, de liefde, die onbevredigd wordt gelaten, is oorzaak van haar heimwee en het heimwee is grooter volgens den graad van liefde, waartoe God ze bracht" [3].

---

[1] Kon de ziel een ander vagevuur vinden nog vreeselijker dan waar zij in is, dan zou zij zich daar haastig in willen storten, om de hevigheid der liefde tusschen God en haar, ten einde zich zoo spoedig mogelijk te ontdoen van alles wat haar van het Opperste Goed gescheiden houdt.
(H. CATHARINA VAN GENUA, *Vagevuur*, 9e hoofdstuk.)
[2] *Ibidem*, 8e hoofdstuk. — [3] *Ibidem*, 12e hoofdstuk.

God is niet enkel rechtvaardig, maar ook barmhartig. Hij bemint die zielen met een hartelijke,
teedere, vaderlijke liefde; vurig verlangt Hij er naar
zich aan haar mede te deelen voor alle eeuwigheid :
doet Hij het niet dan is het om de volstrekte tegenstrijdigheid tusschen zijn oneindige heiligheid en de
minste smet, de minste dagelijksche zonde. Nimmer
dus zullen wij ze voldoende haten, nimmer te veel
vermijden en nooit genoeg bezorgd zijn om ze uit
te boeten.

ART. II. WAAROM EN HOE WIJ DE ZONDE MOETEN HERSTELLEN.

I. *Redenen tot boetvaardigheid.*

Drie hoofdredenen moeten ons aanzetten tot boetedoening over onze zonden : *de rechtvaardigheid*
ten opzichte van God; *onze inlijving in Jesus Christus; ons wel begrepen eigenbelang.*

1° DE BOETVAARDIGHEID IS EEN PLICHT VAN RECHTVAARDIGHEID JEGENS GOD.

736. De zonde is een waar onrecht jegens God,
omdat zij Hem iets onthoudt van de uitwendige eer
waarop Hij recht heeft. Met reden dus eischt Hij
een genoegdoening. Deze zal bestaan in God zooveel
mogelijk de eer en glorie terug te schenken, die
wij Hem door onze zonde ontroofd hebben. Doch
daar de beleediging, ten minste objectief, oneindig
is, zal zij nooit volkomen hersteld worden. Ons
geheele leven door moeten wij dus boeten. Deze
verplichting is des te grooter naarmate wij meer
weldaden ontvangen en meer en zwaarder misdreven
hebben.

Bossuet in zijn 1ᵉ lofrede op den H. Franciscus a Paula
zegt : " Moeten wij niet terecht vreezen, dat Gods goedheid,
op zoo onwaardige wijze miskend, in onverzoenbare gramschap overgaat? Is zijn gerechte wraak zoo groot tegenover

heidenen,... zal zijn gramschap dan niet des te vreeselijker zijn tegen ons, naarmate Hij meer smart gevoelt slechte kinderen dan slechte dienaren te hebben? "Daarom, voegt hij er bij, moeten wij het voor God opnemen tegens onszelven : en aldus partij trekkend voor de goddelijke gerechtigheid tegen onszelven, dringen wij Gods barmhartigheid voor ons partij te trekken tegen zijn rechtvaardigheid. Hoe meer wij de ellende beweenen, waartoe wij vervallen zijn, hoe dichter wij bij het goed komen, dat wij verloren hebben : God zal goedgunstig neerzien op een berouwhebbend hart. Zonder er op te letten, dat de boete, die wij ons opleggen, niet in evenredigheid is met de verdiende straf, zal die goede Vader enkel acht slaan op den goeden wil " — Krachtdadiger nog wordt onze boetedoening, wanneer wij ze vereenigen met die van Jesus Christus.

2° REDEN TOT BOETVAARDIGHEID : ONZE INLIJVING
IN CHRISTUS.

737. Door het doopsel zijn wij ingelijfd in Christus (n. 143) en moeten, omdat wij deel hebben in zijn leven, ook deelen in zijn gevoelens. Jesus, hoewel onzondigbaar, heeft als hoofd van een mystiek lichaam, het volle gewicht en als het ware de verantwoordelijkheid onzer zonden op zich genomen : "De Heer heeft op Hem de ongerechtigheid van ons allen gelegd " (Isaias LIII, 5). Daarom heeft Hij van af het eerste oogenblik van zijn menschelijk bestaan tot aan Calvarië toe een leven van boete geleid. Wetend dat zijn Vader niet verzoend kon worden door de brandoffers der Oude Wet, biedt Hij zichzelven aan als offer om al de andere te vervangen; al zijn handelingen zullen geslachtofferd worden door het zwaard der gehoorzaamheid en, na een geheel leven van ononderbroken marteling, sterft Hij op het kruis uit onderdanigheid en liefde. Doch Hij wil, dat zijn ledematen, om van hun zonden gereinigd te worden, zich met zijn sacrificie vereenigen en met Hem zoenoffers zullen zijn. "Om de Verlosser der menschen te zijn, heeft Hij hun offer willen worden. Doch de eenheid van zijn geheimzinnig lichaam vereischt, dat daar

het hoofd zich geslachtofferd heeft, alle ledematen
eveneens levende offers zulen zijn " [1]. Wanneer
Jesus, ondanks zijn onschuld, zoo streng voor onze
zonden heeft geboet, dan moeten wij, die schuldig
zijn, ons ongetwijfeld met zijn offer vereenigen en
dat met des te grooter edelmoedigheid, naarmate
wij meer gezondigd hebben.

738. Om ons te helpen bij het kwijten dezer
verplichting, wil de boetvaardige Jesus, door zijn
goddelijken Geest, in ons leven met zijn gevoelens
van slachtoffer.

Bijvoorbeeld, zoo zegt Olier [2], bij het lezen der psalmen,
moet men in David den geest van boetvaardigheid eeren
en met grooten godsdienstzin en kalmte de gevoelens van
den inwendigen Geest van Jesus Christus, bron der boetvaardigheid, Geest in David levend, eerbiedigen. Men moet
daarbij met een vernederd hart, met aandrang, vuur en
volharding, doch bovenal met ootmoedig vertrouwen vragen,
dat die zelfde Geest ons worde medegedeeld ". Wij zullen
voorzeker niet altijd de werking van dezen goddelijken Geest
gevoelen, want Hij werkt dikwerf op verborgen wijze; doch
met nederig vragen, ontvangen wij Hem, en Hij werkt in ons.
om ons gelijkvormig te maken aan den boetenden Jesus, om
ons op te wekken de zonde te verafschuwen en met Hem er
voor te boeten. Dan wint onze boetedoening in krachtdadigheid, omdat Christus in ons en met ons boet. "Als uitwendige
boetvaardigheid, zegt Olier, niet uitgaat van den Geest van
Jesus Christus, is ze geen ware boetvaardigheid. Men moge
de grootste gestrengheden beoefenen, als zij niet voortkomen
van den boetenden Christus in ons, zullen zij geen christelijke
boetedoeningen zijn. Door Hem alleen kan men boete doen.
Hij is hierbeneden begonnen te boeten in zijn eigen persoon
en gaat er mee voort in ons... door onze ziel te vervullen
met inwendige gevoelens van algeheele verloochening, van
beschaming, van leedwezen en berouw, van ijver tegen ons
en van sterkte om de straf te ondergaan en zooveel mogelijk
voldoening te geven als God de Vader wil aanvaarden. Deze
vereeniging met den boetenden Jesus ontslaat ons dus niet
van de gevoelens en werken der boetvaardigheid, doch dient
om ze grooter waarde te geven.

---

[1] BOSSUET, *1er Sermon pour la Purification.*
[2] *Introduction*, ch. VII.

3° REDEN TOT BOETVAARDIGHEID : DE LIEFDE.

De boetvaardigheid is een plicht van *liefde* jegens
onszelven evenals jegens den evennaaste.

739. A) Ten opzichte van **onszelven :** de zonde
laat immers in onze ziel verderfelijke sporen achter,
waartegen wij ons te weer moeten stellen. **a**) Wanneer de *zondeschuld* ons ook al vergeven is, blijft
meestal nog een *zondestraf* te ondergaan, gedurende
korteren of langeren tijd volgens de zwaarte en het
getal onzer zonden en ook volgens de vurigheid van
ons berouw op het uur van onzen terugkeer tot
God. Die straf moet worden ondergaan in dit of in
het ander leven. Doch het is veel beter het hier te
doen, want hoe spoediger en volkomener wij die
voldoening geven, des te geschikter wordt onze ziel
om zich met God te vereenigen. Daarenboven, op
aarde is de uitboeting gemakkelijker, omdat dit
leven de tijd is der barmhartigheid; zij is ook heilrijker, wijl de goede werken hierbeneden terzelfdertijd voldoening geven en verdienstelijk zijn (n. 209).
Het is dus welbegrepen eigenbelang zonder uitstel
edelmoedig boete te doen voor zijn zonden.

b) Doch de zonde laat in onze ziel ook een
betreurenswaardig gemak om nieuwe fouten te
bedrijven, omdat zij de ongeregelde zucht naar
vermaken vermeerdert. Niets evenwel is meer
geschikt om dit gebrek te verhelpen dan de deugd
van boetvaardigheid. Deze toch zet ons aan om
moedig elk leed, dat de Voorzienigheid overzendt,
te verdragen, zij wakkert onzen ijver aan om de
ontberingen en verstervingen, met onzen staat vereenigbaar, te omhelzen; doch daardoor verzwakt zij
ook die zucht naar genot en leert ons de zonde
duchten, welke zulke boetedoening eischt. De boetvaardigheid doet ons deugden beoefenen, die juist
tegenovergesteld zijn aan onze verkeerde gewoonten ;

zoo helpt zij ons deze te verbeteren en geeft zij ons
een meer vertrouwbaren waarborg voor de toekomst [1]. Boetvaardigheid doen is dus de liefde jegens
zichzelf beoefenen.

740. B) Het is ook de naastenliefde beoefenen.
a) Ingelijfd in Christus, zijn wij allen broeders,
hebben wij allen gemeenschappelijke belangen.
(n. 148). Doch als onze werken van voldoening
anderen nuttig kunnen zijn, moet dan de liefde ons
niet aanzetten om boete te doen niet enkel voor ons
alleen, maar ook voor onze broeders? Is dit niet het
beste middel om hunne bekeering, of, zoo zij geen
bekeering behoeven, om voor hen de volharding te
verkrijgen? Geen beteren dienst zullen wij hen ooit
kunnen bewijzen. Van grooter waarde is dat dan
alle aardsche voordeelen, die wij hen zouden kunnen
verschaffen. Zoo beantwoorden wij aan den heiligen wil Gods, die, na ons allen tot kinderen te hebben
aangenomen, verlangt, dat wij den evennaaste als
onszelven beminnen en zijn fouten gelijk de onze
uitboeten.

741. b) Deze plicht rust vooral op de *priesters :* krachtens
hun staat moeten zij offers opdragen niet alleen voor henzelven, maar ook voor de zielen, die hen zijn toevertrouwd :
"*prius pro delictis suis, deinde pro populi*" (Hebr. VII, 27).
Doch, behalve de priesters, zijn er edelmoedige zielen, in het
klooster en in de wereld, die zich aangespoord gevoelen om
zichzelven op te dragen als slachtoffers tot uitboeting der
zonden van anderen. Dit is voorzeker iets verhevens ; het is
een deelnemen aan het verlossingswerk van Christus. Het is
natuurlijk prijzenswaardig aan die ingeving der genade te
beantwoorden ; toch moeten zij hierin niet haar eigen zienswijze maar de voorlichting van een wijzen zielsbestuurder
volgen [2].

---

[1] Dit leert ook het Concilie van Trente (Sess. XIV, cap. 8) : "Deze
werken van voldoening dragen zonder twijfel veel bij om van de zonde
af te wijken, zij zijn als een teugel en maken de boetvaardigen behoed-
zamer en waakzamer voor de toekomst ; zij genezen ook de gevolgen
der zonden en door de tegenovergestelde akten van deugden, onderdrukken zij de slechte gewoonten door een boos leven aangeleerd ".
[2] P. PLUS, *L'Idée réparatrice*, livre III.

742. Ten slotte zij hier opgemerkt, dat de *geest van boetvaardigheid* niet enkel van de beginnelingen en ook van hen niet maar voor korten tijd gevorderd wordt. Wie eenmaal heeft ingezien, wat de zonde is en welken overgrooten smaad zij de goddelijke Majesteit aandoet, acht zich verplicht er *het geheele leven door* boete voor te doen, want het geheele leven is te kort om zulke beleediging te herstellen.

Dit punt is van het hoogste belang. Na lang nagedacht te hebben, waaraan de zoo geringe vorderingen van zoovelen te wijten zijn, besloot P. Faber dat de reden hiervan te zoeken is in "het gemis van een *blijvende droefheid*, levendig gehouden door de herinnering aan de zonde" [1]. Dit wordt ook bevestigd door het voorbeeld der Heiligen, die nimmer ophielden boete te doen over vroeger bedreven zonden. De handelwijze van God ten opzichte der zielen, die Hij tot de beschouwing wil verheffen, toont zulks eveneens. Wanneer zij zich geruimen tijd hebben toegelegd om zich door werken van boetvaardigheid te zuiveren, zendt Hij haar tot volkomen reiniging die passieve beproevingen over, die wij bij den weg der vereeniging zullen beschrijven. Alleen de geheel zuivere of gezuiverde harten kunnen geraken tot de zoetheid der goddelijkke vereeniging : Zalig de zuiveren van harte, want zij zullen God zien.

II. *De beoefening der boetvaardigheid.*

Om de boetvaardigheid op volmaakter wijze te beoefenen, moet men zich met den lijdenden Jesus vereenigen en Hem vragen in ons te leven met zijn offergeest (n. 738); vervolgens moet men deelen in zijn gevoelens en werken van boetvaardigheid.

743. Deze gevoelens worden zeer juist uitgedrukt in de psalmen en vooral in het *Miserere.*

---

[1] Hij bewijst dit breedvoerig in het 19e h. van *de Voortgang der ziel* waar hij zegt : "Gelijk alle eeredienst verdwijnt, als hij niet steunt op de gevoelens van het schepsel voor den Schepper... zoo ook hebben de boetplegingen geen resultaat, zoo zij niet gedaan worden in vereeniging met Jesus Christus... de heiligheid heeft haar groeikracht verloren, wanneer zij gescheiden is van het berouw over de zonde. De grondslag toch van den voortgang is niet enkel de liefde, maar *de liefde geboren uit de vergiffenis.*

a) Voor alles ziet men daar de bestendige en
berouwvolle herinnering der zonden : "mijn zonde
is altijd voor mijn geest" (Ps. L, 5). Het is natuurlijk niet dienstig ze in alle bijzonderheden te herdenken, wat aanleiding zou kunnen geven tot verwarring en nieuwe bekoringen, maar men moet de
herinnering er aan in het algemeen bewaren en
vooral er zich door opwekken tot blijvende gevoelens van leedwezen en vernedering.

Wij hebben God beleedigd in zijn bijzijn "voor U heb ik
het kwaad bedreven" (Ps. L. 6), God, die de heiligheid zelve
is en de ongerechtigheid haat, God, die geheel liefde is en
dien wij door het misbruik zijner gaven gehoond hebben. Ons
blijft niets anders over dan zijn barmhartigheid in te roepen
en dikwijls in te roepen, opdat Hij ons vergeve : "Ontferm
U mijner, o God, volgens uwe groote barmhartigheid"
(Ps. L. 3). Wij vertrouwen voorzeker reeds vergeving te
hebben bekomen, maar in het verlangen naar grooter reiniging, smeeken wij ootmoedig ons nog meer te zuiveren in het
bloed van zijnen Zoon : "wasch mij meer en meer van mijne
ongerechtigheid en zuiver mij van mijn zonde" (Ps. L. 4). Om
ons met Hem inniger te vereenigen, willen wij, dat onze
zonden worden uitgedelgd zonder een spoor achter te laten,
dat onze geest en ons hart een nieuwe schepping ondergaan
en voortaan de vreugde van een goed geweten ons blijvend
aandeel zij (Ps. L, 10-14).

744. b) Dit berouwvol aandenken gaat gepaard
met een voortdurend gevoel van beschaming. Wij
dragen deze voor God, gelijk Jesus Christus de
schande onzer zonden, vooral in den Olijfhof en op
Calvarië, voor zijn Vader heeft gedragen. Wij dragen haar voor de menschen en achten ons, met
zonden beladen, onwaardig in de vergadering van
heiligen te verschijnen. Wij zullen haar ook voor
onszelven dragen en in alle oprechtheid met den
verloren zoon zeggen : Vader, ik heb gezondigd
tegen den hemel en tegen U ; en met den tollenaar
bidden : O God, wees mij, zondaar, genadig.

745. c) Zoo ontstaat een heilzame vrees voor de
zonde, een groote afschrik voor al de gelegenheden,

die er ons toe kunnen leiden. Immers, ondanks onzen goeden wil, blijven wij immer blootgesteld aan de bekoring en aan het gevaar van opnieuw te vallen.

Wij voeden dus het grootste mistrouwen jegens onszelven en uit het diepste van ons hart bidden wij zooals de H. Philippus Nerius bad : "o mijn God, let op Philippus, want anders zal hij U verraden ", en wij voegen er bij : " leid ons niet in bekoring ". Dit mistrouwen opent ons de oogen voor de gevaarlijke gelegenheden, waarin wij zouden kunnen bezwijken, het doet ons uitzien naar de geschikte middelen om onze volharding te verzekeren en maakt ons waakzaam tegen iedere, ook de geringste onvoorzichtigheid. Hierbij wordt evenwel alle moedeloosheid vermeden : hoe meer wij ons van onze zwakheid bewust zijn, hoe meer wij op God zullen vertrouwen in de volle overtuiging, dat door de kracht der genâde wij zullen overwinnen, vooral indien wij bij deze gevoelens ook nog de werken van boetvaardigheid voegen.

III. *De werken van boetvaardigheid.*

746. Hoe lastig deze werken ook mogen wezen, toch zullen zij ons gemakkelijk schijnen, als ons voortdurend deze gedachte bijblijft : ik ben *ontsnapt aan de hel, ontsnapt aan het vagevuur*; zonder de barmhartigheid des Heeren, zou ik daar reeds zijn om de straf uit te boeten, die ik maar al te zeer verdiend heb : niets is dus te vernederend, niets te moeilijk voor mij.

De voornaamste werken van boetvaardigheid, die wij te beoefenen hebben, zijn ·

747. 1º Het aannemen van alle kruisen, die het Gods Voorzienigheid belieft ons over te zenden. Wij nemen ze aan, eerst *met geduld*, daarna *van ganscher harte*, en *met blijdschap*. Het Concilie van Trente[1] leert ons, dat het een groot bewijs van liefde tot God is, allen tijdelijken tegenspoed met geduld uit zijn hand aan te nemen tot voldoening der zonden. Hebben wij dus beproevingen te door-

---

[1] Sess. XIV, cap. 9.

staan, in het lichaam of in den geest, zooals guur-
heid der jaargetijden, ziekten, tegenspoed, vernedering, beklagen wij ons niet met bitterheid, zooals wij
van nature geneigd zijn te doen, doch schikken wij
er ons in met geduld en gelatenheid. Wekken wij
ons op tot lijdzaamheid door de gedachte, dat wij
dit alles om onze zonden verdiend hebben en dat
berusting in de beproevingen een der beste middelen is tot uitboeting der zonden. In het begin zullen
wij alleen nog maar kunnen berusten in het leed,
doch na ondervonden te hebben, dat dit leed verzacht wordt door het geduld, zullen wij het geleidelijk met meer moed, ja met blijdschap zelfs gaan
verdragen; wij zullen ons verheugen op deze wijze
ons vagevuur te verkorten, meer gelijkvormig te
worden aan den goddelijken Gekruiste en God, door
ons beleedigd, te kunnen verheerlijken. Dan zal het
geduld al zijn voordeelen opleveren en onze ziel
geheel zuiveren, omdat het omgezet is in liefde :
"vergeven zijn haar vele zonden, want ze heeft veel
bemind " (Luc. VI, 47).

748. 2° Bij het geduld moeten wij de trouwe
vervulling der plichten van onzen staat voegen,
plichten waargenomen in den geest van boetvaardigheid en eerherstel. Geen offer is welgevalliger
aan God dan dat der gehoorzaamheid, dan het
volbrengen van zijn wil. Doch de plichten van
onzen staat zijn voor ons de openbaring van wat
God van ons verlangt : ze naar vermogen waarnemen is dus aan God het volmaaktste offer, het
altijddurend brandoffer opdragen, daar die plichten
onzen geheelen tijd in beslagnemen. Dit is voorzeker waar voor allen, die in eene communiteit leven :
wanneer zij trouw hun regel onderhouden, wanneer
zij moedig alwat hun door de oversten wordt voorgeschreven of aanbevolen, volbrengen, dan vermenigvuldigen zij hun akten van gehoorzaamheid, van
offer en van liefde en kunnen zij met den H. Joannes

Berchmans herhalen, dat het gemeenschappelijk leven de beste boetvaardigheid voor hen is : *mea maxima pœnitentia vita communis*. Doch het volbrengen der plichten van hunnen staat is ook voor de christenen in de wereld het middel om den offergeest voortdurend te onderhouden : hoe dikwijls toch hebben de huisvaders en moeders, welke trouw hun plichten als echtgenooten en opvoeders nakomen, de gelegenheid om God talrijke en lastige offers aan te bieden, offers, die grootelijks bijdragen tot loutering hunner ziel. Het eenige wat hiertoe vereischt wordt, is die plichten op christelijke, moedige wijze waar te nemen ter liefde Gods en in den geest van eerherstel en boete.

749. 3° Dan zijn er nog andere werken, welke op bijzondere wijze door de H. Schrift worden aanbevolen, zooals het *vasten* en *aalmoezen* geven.

A) In de Oude Wet was het vasten een der groote middelen tot verzoening; men noemde het " zijn ziel bedroeven " (Lev. XVI, 29, 31; XXIII, 27, 32); doch om zijn doel te bereiken moest het gedaan worden met gevoelens van berouw en van barmhartigheid (Is. LVIII, 3-7). In de Nieuwe Wet, is het vasten een oefening van rouw en boete; zoo zien wij in het Evangelie, dat de Apostelen niet vasten, zoolang de Bruidegom bij hen is, maar het zullen doen, wanneer Hij van hen is weggenomen. (Matth. IX, 14-15). Christus vast, om onze zonden uit te boeten, gedurende veertig dagen en veertig nachten; en Hij leert zijn apostelen, dat sommige booze geesten niet kunnen worden uitgedreven dan door vasten en gebed (Matth. XVII, 20). Volgens deze onderwijzingen van Christus, heeft de H. Kerk de groote Vasten, de Vigilies en de Quatertemperdagen ingesteld ten einde de geloovigen de gelegenheid te geven boete te doen voor hunne zonden. Vele overtredingen van de Wet Gods, zooals wij weten, komen rechtstreeks of middellijk voort uit de

zinnelijkheid en de overdaad bij het eten en drinken; niets is derhalve meer aangewezen om ze te
herstellen dan het derven van spijzen, omdat aldus
door het versterven van het zingenot het kwaad in
den wortel zelf wordt aangetast. Daarom hebben
de Heiligen zoo menigmaal gevast ook buiten de
dagen door de Kerk voorgeschreven. De edelmoedige christenen volgen hen hierin na of ontzeggen
zich ten minste bij iederen maaltijd het een of
ander om de zinnelijkheid te bedwingen.

750. B) De *aalmoes* is een werk van naastenliefde en terzelfdertijd een offer. Onder dit dubbel
opzicht bezit zij een bijzondere waarde om te
voldoen voor de zonden : "*koop uw zonden af door
aalmoezen*", zei de profeet tot koning Nabuchodo-
nosor (Dan. IV, 24). Wanneer men zich van iets
berooft om het aan Christus te geven in den persoon
van den arme, laat God zich niet overwinnen in
edelmoedigheid : volgaarne schenkt Hij een deel
der straffen kwijt om de zonden verdiend. Hoe
edelmoediger men dus is, hoe volmaakter de meening is, waarmede men geeft, des te overvloediger
ook worden de schulden, die men bij God heeft,
kwijtgescholden. Wat van de stoffelijke aalmoes is
gezegd, geldt nog veel meer van de *geestelijke*, die tot
doel heeft de zielen te bevoordeelen en dus ook God
te verheerlijken. Onder de werken van boetvaardigheid, die de profeet den Heer belooft, tot uitboeting
zijner zonden, te zullen beoefenen, noemt hij de
geestelijke aalmoes : " Ik zal de ongerechtigen uwe
wegen leeren en de boozen zullen tot U bekeerd
worden " (Ps. L, 15).

4° Ten slotte moeten wij nog spreken over de *vrijwillige
ontberingen* en *verstervingen*, die wij ons opleggen tot uitboeting onzer zonden, in 't bijzonder over die welke den wortel
van het kwaad zelven aantasten, dat is de vermogens die tot
de zonde medegewerkt hebben. Door de vrijwillige ontberingen en verstervingen kastijden wij die vermogens en onderwerpen ze aan onze heerschappij.

HOOFDSTUK III.

De versterving [1].

751. De versterving, evenals de boetvaardigheid, helpt ons om onze *vroegere zonden* uit te wischen, doch haar hoofddoel is ons te wapenen tegen de fouten in het heden en de toekomst, door de zucht naar genot, de bron onzer zonden, te verzwakken. Thans gaan wij handelen over hare natuur, haar noodzakelijkheid en beoefening.

Natuur $\begin{cases} \text{Haar verschillende namen.} \\ \text{Haar wezensbepaling.} \end{cases}$

Noodzakelijkheid $\begin{cases} \text{Voor de zaligheid.} \\ \text{Voor de volmaaktheid.} \end{cases}$

Beoefening $\begin{cases} \text{Algemeene grondregels.} \\ \text{Versterving der uitwendige zin-} \\ \text{nen.} \\ \text{Versterving der inwendige zin-} \\ \text{nen.} \\ \text{Versterving der driften.} \\ \text{Versterving der hoogere ver-} \\ \text{mogens.} \end{cases}$

Art. I. Natuur der versterving.

Eerst leggen wij de beteekenis der woorden uit, waarmede *de Bijbel* en *de hedendaagsche schrijvers de versterving* aanduiden, om daarna hare *wezensbepaling* te geven.

752. I. Uitdrukkingen der H. Schrift om de versterving aan te duiden. Wij vinden in den

---

[1] S. Thomas bij de Vallgornera, *op. cit.*, q. II, disp. II-IV; Alvarez de Paz, t. II, lib. II, *de Mortificatione;* Scaramelli, Tr. II, a. 1-6; Rodriguez, IIe D., Tr. I en II, *Over de Versterving, Over de Zedigheid;* Mgr Gay, Tr. VIII, *De la mortification.*

Bijbel voornamelijk zeven benamingen voor de versterving, onder verschillend oogpunt beschouwd.

1º Het woord *verzaking*, zooals bij Luc. XIV, 33, waar Christus verzaking aan alles vraagt van die zijn leerling wil worden : "*qui non renuntiat omnibus quæ possidet, non potest meus esse discipulus*". Hier wordt de versterving voorgehouden als een onthechtingsakt aan de uitwendige goederen, om Christus te volgen. De Apostelen beoefenden haar : ze verlieten alles en volgden Hem.

2º *Zelfverloochening :* "indien iemand mijn volgeling wil zijn, verloochene hij zichzelven, en neme zijn kruis op dagelijks, en volge Mij " (Luc. IX, 23); onze meest te vreezen vijand toch is de ongeregelde eigenliefde : hiervan dus moeten wij ons ontdoen.

3º Doch de versterving heeft ook iets positiefs, iets dat de booze neigingen van de natuur aantast en langzaam aan geheel onderdrukt : "doodt wat aardsch is in uwe leden... " (Col. III, 5); "zoo ge door den Geest de werken van het vleesch doodt, zult ge leven " (Rom. VIII, 13).

4º De H. Schrift spreekt nog van *kruisiging* van het vleesch en zijn begeerlijkheden : wij nagelen onze vermogen als het ware vast aan de wet des Evangelies door de beoefening van het gebed en den arbeid : "Zij die Christus toebehooren hebben het vleesch gekruisigd met zijn driften en begeerten " (Gal. V, 24).

5º Wordt dit kruisigen volgehouden, dan volgen daarop een zeker geestelijk *sterven* en *begraven worden :* wij schijnen geheel te sterven aan onszelven, ons in het graf te verbergen met Christus, om met Hem een nieuw leven te leiden : "gij zijt dood en uw leven is met Christus verborgen in God " (Col. III, 3), "in die gemeenschap met zijn dood zijn wij dus begraven met Hem... " (Rom. VI, 4).

6º Om dezen geestelijken dood aan te duiden, bedient de H. Paulus zich van een andere uitdruk-

king : na het doopsel is er in ons een tweevoudige
mensch, de oude mensch of de drievoudige begeerlijkheid, en de nieuwe of de herboren mensch : *den
ouden mensch*, zegt de Apostel, moeten wij *afleggen*
en den nieuwen aandoen : " gij hebt den ouden
mensch afgelegd met zijne praktijken en aan getrokken den nieuwen mensch " (Col. III, 9-10).

7° Daar dit niet geschiedt zonder strijd, noemt
hij het leven zelf een *strijd* (II Tim., IV, 7) : de
christenen zijn kampvechters, die tegen hun lichaam
strijden, het afmatten en in dienstbaarheid brengen.

Uit al deze en nog meer dergelijke uitdrukkingen blijkt, dat de versterving op tweevoudige wijze
beoefend wordt : *negatief* door onthechting, door
verloochening, en *positief* door den strijd tegen de
ongeregelde neigingen, door den toeleg om ze te
dooden of ten minste te verzwakken, door de kruisiging van het vleesch, van den ouden mensch met
zijn begeerten, om te leven volgens Christus.

753. II. **Hedendaagsche benamingen.** In
den tegenwoordigen tijd gebruikt men liever uitdrukkingen, die minder scherp klinken en eerder
het te bereiken doel aangeven dan de aan te wenden
inspanning. Men spreekt van : *zich hervormen,
zichzelf beheerschen, den wil opvoeden, de ziel naar
God richten.* Deze uitdrukkingen zijn goed, indien
er niet bij uit het oog verloren wordt, dat zich
hervormen, zichzelf beheerschen niet mogelijk is
dan door het bestrijden en versterven der verkeerde
neigingen, die in ons wonen, dat de wil niet ten
goede gevormd wordt dan door het onderdrukken
en beheerschen der lagere vermogens, en ten slotte
dat men er nimmer in slagen zal zich blijvend tot
God te richten, indien men zich niet onthecht aan
de schepselen en zich vrij maakt van zijn slechte
gewoonten. Met andere woorden men moet, gelijk
de H. Schrift, de beide bestanddeelen der versterving samen nemen : het doel en het middel. Men

houde het doel voor oogen om zich op te wekken
tot moed en troost, doch men late niet na te letten op
de vereischte inspanning om tot het doel te komen.

754. III. Wezensbepaling. Men kan de versterving aldus omschrijven : *de strijd tegen de booze
neigingen ten einde ze aan den wil en dezen aan God
te onderwerpen.* Zij is minder een deugd dan een
vereeniging van deugden, de aanvang van iedere
deugd : elke deugd begint immers met het overwinnen der beletselen, die haar in den weg staan,
opdat de orde door God oorspronkelijk bepaald
hersteld worde, dat is, opdat de lagere vermogens
aan de hoogere en deze aan God gehoorzamen. Zoo
blijkt beter, dat de versterving geen einddoel maar
een middel is : men beoefent haar niet dan om een
hooger leven te leiden, men ontdoet zich niet van
de uitwendige goederen dan om de geestelijke beter
te bezitten, men verzaakt slechts aan zichzelven om
God te verwerven, men strijdt alleen om den vrede
te genieten, men sterft aan zichzelven met geen
ander doel dan om aan het leven met Christus, met
God deelachtig te worden : *de vereeniging met God*,
zietdaar het doel der versterving. Aldus wordt het
ook duidelijker, waarom zij noodzakelijk is.

ART. II. NOODZAKELIJKHEID DER VERSTERVING.

Deze noodzakelijkheid kan men beschouwen
onder dubbel oogpunt : ten opzichte van de *zaligheid* en van de *volmaaktheid.*

I. *Noodzakelijkheid der versterving tot de zaligheid.*

Er zijn verstervingen, zonder welke men niet
zalig kan worden, in dezen zin namelijk, dat zoo
men ze nalaat, men zich blootstelt aan het gevaar
in doodzonde te vallen.

755. 1º Christus spreekt hier zeer duidelijk over,
waar Hij handelt over de zonden tegen de kuisch-

heid : " wie een vrouw beziet, om haar te begeeren,
heeft reeds overspel met haar gepleegd in zijn hart "
(Matth. V, 28). Er zijn dus oogslagen, welke zwaar
schuldig zijn, te weten, die welke uit slechte begeerten voortkomen : de versterving der oogen is hier
op doodzonde geboden. Dit voegt er trouwens
Christus ook bij in deze krachtige woorden : " als
uw rechteroog u ergert, ruk het dan uit en werp het
van u weg, want beter is het voor u, dat een uwer
ledematen verloren gaat, dan dat heel uw lichaam
in de hel wordt geworpen " (Matth. V, 29). Hij
bedoelt dit niet in letterlijken, maar in figuurlijken
zin, namelijk : men moet de oogen afrukken, met
geweld afwenden van die voorwerpen welke tot
ergernis strekken. — De H. Paulus verklaart de
reden van dit gebod : " zoo gij leeft naar het vleesch,
zult gij sterven, maar zoo ge door den Geest de
werken van het lichaam doodt, zult ge leven "
(Rom. VIII, 13).

Gelijk reeds gezegd n. 193-227, zet de drievoudige
begeerlijkheid, die in ons woont en door de wereld
en den duivel opgewekt wordt, ons menigmaal tot
zonde aan en brengt onze zaligheid in gevaar, zoo
wij er niet op bedacht zijn ze door versterving te
bedwingen. Hieruit blijkt de volstrekte noodzakelijkheid om zonder ophouden den strijd aan te
binden tegen onze slechte neigingen en de naaste
gelegenheden van zonde te vluchten. Deze naaste
gelegenheden zijn die zaken en die personen, waarvan wij door ondervinding weten, dat zij een ernstig
en dreigend gevaar van zonde voor ons zijn. Dit
gevaar verplicht ons derhalve tot het ons ontzeggen
van vele genoegens, waartoe de natuur ons aandrijft.
Uit dit alles volgt dus, dat sommige verstervingen
volstrekt geboden zijn om niet in doodzonde te
vallen.

756. 2° Andere zijn door de Kerk voorgeschreven krachtens de algemeene verplichting door God

opgelegd en zoo menigmaal uitgesproken in het
Evangelie : de onthouding van vleeschspijzen op
den vrijdag, het vasten gedurende de veertig dagen
voor Paschen, op de Quatertemperdagen en de
Vigilies. Deze wetten verplichten op zware zonde
alwie niet wettig ontslagen zijn. Hier moeten wij
een opmerking maken, die niet van belang ontbloot
is : zij die van deze wetten zijn ontheven, zijn
daarom nog niet ontslagen van de algemeene verplichting zich te versterven, maar moeten haar op
een andere wijze beoefenen. Doen zij het niet, dan
zullen zij spoedig den opstand van het vleesch
ondervinden.

757. 3° Behalve deze verstervingen door de Wet
van God en de Kerk voorgeschreven, moet ieder er
andere beoefenen volgens den raad van den biechtvader, namelijk in sommige bijzondere omstandigheden, bijv. bij heviger bekoringen.

II. *Noodzakelijkheid der versterving tot de volmaaktheid.*

758. Zij volgt logisch uit hetgeen wij over de
natuur der volmaaktheid gezegd hebben. Deze
bestaat in de liefde tot God opgevoerd tot zelfopoffering, n. 321-327, zoozeer zelfs dat volgens de
Navolging onze geestelijke voortgang gelijken tred
houdt met onzen offergeest : "naarmate iemand
zichzelf overwint en met de overmacht van den
geest het vleesch beteugelt, schrijdt hij op den weg
der volmaaktheid voorwaarts" (I boek, 25 h.) Het
zal daarom voldoende zijn in 't kort eenige beweegredenen [1] in herinnering te brengen, welke onzen
wil kunnen opwekken om met meer ijver de versterving te beoefenen : deze beweegredenen vinden wij

---

[1] De beweegredenen tot boetvaardigheid (n. 736 en volg.) en tot
versterving zijn gelijkluidend, wijl de boetvaardigheid eigenlijk gezegd
niets anders is dan de versterving, in zoover zij de fouten van het
verleden herstelt.

met betrekking tot *God*, tot *Jesus Christus* en tot onszelven, dat is, tot *onze eigen heiliging*.

1° MET BETREKKING TOT GOD.

759. A) Het doel der versterving, wij hebben het reeds gezegd, is onze vereeniging met God. Doch tot die vereeniging kunnen wij niet komen zonder ons los te maken van de *ongeregelde liefde tot de schepselen*.

De H. Joannes van het Kruis zegt terecht : " de ziel aan het schepsel gehecht wordt aan hetzelve gelijk ; hoe grooter de verkleefdheid wordt, hoe meer de gelijkheid toeneemt, want de liefde brengt overkomst voort tusschen die bemint en wat bemind wordt... Wie dus een schepsel bemint verlaagt zich tot het peil van dat schepsel ; en zelfs daarbeneden, wijl de liefde zich niet bepaalt tot gelijk maken, maar tot slaver- nij voert. Om deze reden wordt een ziel, in dienstbaarheid van iets buiten God, onbekwaam om te komen tot zuivere veree- niging met God en tot hervorming in God, want het schepsel is zoo laag geplaatst, dat het verder verwijderd is van de verhevenheid van den Schepper dan de duisternis van het licht ". Welnu, de ziel welke zich niet versterft, hecht zich weldra op ongeregelde wijze aan de schepselen : na den zondeval toch voelt de ziel zich tot hen aangetrokken en geboeid door hun bekoorlijkheden, en, in plaats van door hen, als door zoovele trappen op te klimmen tot den Schepper, neemt zij in hen haar welbehagen en beschouwt ze als een einddoel. Om die betoovering te verbreken, om aan die gevan- genschap te ontkomen, is het volstrekt noodig, dat zij zich *losmaakt* van alles wat God niet is, of ten minste van alles wat niet beoogd wordt als een middel om tot Hem te gaan. Wanneer Olier den toestand der christenen vergelijkt met dien van Adam voor zijn val, zegt hij dan ook, dat er groot onderscheid bestaat tusschen beide : " Adam zocht God, diende en aanbad Hem in zijn schepselen, maar de christenen zijn verplicht God te zoeken door het geloof, Hem te dienen en te aanbidden in Hemzelf en in zijn heiligheid teruggetrok- ken, gescheiden van al het geschapene ". Hierin bestaat de genade van het doopsel.

760. B) Op den dag van ons doopsel is er tus- schen God en ons een waar verdrag gesloten. **a**) Van zijn kant, heeft God ons gezuiverd van de erfsmet en aangenomen tot zijn kinderen, heeft ons deelach-

tig gemaakt aan zijn leven, met de belofte ons al
de genaden te verleenen tot instandhouding en groei
van dat leven vereischt. Wij weten, met welke
vrijgevigheid Hij die belofte heeft gehouden. **b**) Van
onzen kant hebben wij beloofd als ware kinderen
Gods te leven, de volmaaktheid van onzen hemelschen Vader steeds meer nabij te komen door dat
bovennatuurlijk leven te ontwikkelen. Doch deze
belofte kunnen wij niet gestand doen dan door het
beoefenen der versterving. Immers, eenerzijds dringt
ons de H. Geest, die ons bij het doopsel is gegeven,
tot verachting, tot onthechting, tot lijden, anderzijds
jaagt het vleesch eer, genot en rijkdom na, zooals
Olier zegt. Er is dus strijd, aanhoudende strijd; wij
kunnen de belofte aan God gedaan niet nakomen
dan door te verzaken aan de ongeregelde liefde tot
eer, genot en rijkdom. Daarom teekent de priester
bij het doopen ons tweemaal met het kruis, eerst
op het hart, om ons de liefde tot het kruis in te
prenten, daarna op de schouders, ten einde ons de
kracht te geven het te dragen. Wij komen dus te
kort aan onze doopbeloften, zoo wij het kruis niet
dragen, en wij dragen het, door het verlangen naar
eer door de nederigheid, de zucht naar vermaken
door de versterving, den dorst naar tijdelijk goed
door de onthechting te bestrijden.

2° MET BETREKKING TOT JESUS CHRISTUS.

761. A) Door het doopsel zijn wij in Hem *ingelijfd*. Als zoodanig moeten wij van Hem beweging
en bezieling ontvangen en bijgevolg *ons naar Hem
voegen*. Doch, zooals de Navolging, zegt : " het
geheele leven van Christus is kruis en martelaarschap
geweest "; het onze mag dus geen leven van genot
en eer wezen, maar van versterving. Dit leert ons
overigens onze goddelijke Meester klaar en duidelijk : " Zoo iemand mijn volgeling wil zijn, dan
moet hij zichzelf verloochenen, zijn kruis opnemen

iederen dag en Mij volgen" (Luc. IX, 23). Maar als
er iemand is, die Jesus moet volgen, dan voorzeker
hij, die naar volmaaktheid streeft. Doch Jesus heeft
vanaf zijn intrede in de wereld het kruis omhelsd,
altijd heeft Hij naar het lijden en de vernedering
met alle vurigheid verlangd, Hij heeft de armoede
als onafscheidelijke gezellin gewild van de kribbe
tot op Calvaries' kruin : is het dan Jesus volgen,
wanneer men de vermaken, de eerbcwijzen, de
rijkdommen najaagt, het kruis, dat God zelf uitzoekt
en ons overzendt, niet dagelijks draagt? "Wij moeten ons schamen onder een Hoofd met doornen
gekroond weekelijke ledematen te worden", zegt de
H. Bernardus [1]. Om gelijkvormig te worden aan
Jesus Christus, om zijn volmaaktheid naderbij te
komen, moeten wij dus, evenals Hij, ons kruis
dragen.

762. B) Willen wij ons aan *zielenijver* wijden, dan
is dit voor ons een nieuwe reden om ons vleesch te
kruisigen. Door het kruis heeft Jesus de wereld
verlost; door het kruis dus zullen wij met Hem
medearbeiden aan het heil onzer broeders; onze
ijver zal des te vruchtbaarder wezen, hoe meer wij
in het lijden des Verlossers zullen deelen. Deze
waarheid had Paulus voor oogen, toen hij schreef :
"thans verheug ik me, dat ik voor u lijden mag en
aanvullen in mijn vleesch, wat aan Christus' lijden
ontbreekt, ten bate van zijn Lichaam, de Kerk
(Col. I, 24). Zij ook gaf in het verleden en geeft
thans nog aan zooveel zielen den moed en de standvastigheid om als slachtoffers te leven, opdat God
verheerlijkt en de zielen zalig worden. — Het lijden
valt natuurlijker wijze zwaar, doch het voorbeeld van
Jesus die voor ons uitgaat, zijn kruis dragend, tot
zaligheid van ons en van onze broeders, de aanblik
van Jesus in doodstrijd, onrechtvaardig veroordeeld,

---

[1] Sermo V in festo onmium Sanctorum, n. 9.

gegeeseld, met doornen gekroond, hangend aan het kruis, geduldig bij bespotting, hoon en laster, dat voorbeeld, dat gezicht zal ons moed instorten en iedere klacht doen sterven op onze lippen. "Gij hebt nog niet gestreden tot den bloede", zegt de Navolging. Indien wij onze ziel en die onzer broeders op haar juiste waarde schatten, zullen wij het dan de moeite niet waard achten ten minste eenig voorbijgaand lijden te ondergaan ter wille eener onvergankelijke glorie, en mede te werken met Christus tot heil dier zielen, voor welke Hij zijn bloed tot den laatsten druppel heeft vergoten?

Deze beweegredenen, hoe verheven ook, worden begrepen door sommige edelmoedige zielen, zelfs reeds bij den aanvang hunner bekeering.

3° MET BETREKKING TOT ONZE HEILIGING.

763. A) Wij moeten onze *volharding* in veiligheid stellen. Welnu de versterving is voorzeker een der beste middelen om de zonde te vermijden. Wat ons in de bekoring doet bezwijken, is de begeerte naar genot of de afschrik van de moeite, van den strijd, *horror difficultatis, labor certaminis.* De versterving nu tast juist deze dubbele — of eigenlijk eenige — neiging aan : zij ontzegt ons eenige geoorloofde vermaken; daardoor wapent zij onzen wil tegen de ongeoorloofde en maakt het ons gemakkelijker het zingenot en de eigenliefde te overwinnen, zooals de H. Ignatius terecht opmerkt. Geven wij echter toe aan de zucht naar vermaak, door ons altijdaan maar alle genietingen, die in zich niet zondig zijn, te veroorloven, hoe zullen wij dan weerstand bieden, wanneer de zinnelijkheid, hunkerend naar nieuw genot, gevaarlijk, of verboden zelfs, als het ware medegesleept wordt door de gewoonte? De helling is zoo glibberig dat men, vooral waar het zingenot in 't spel is, als door een duizeling overvallen, licht in den afgrond valt. En zelfs waar het de hoovaar-

digheid geldt, is de helling steiler dan men meent :
men bedrijft kleine leugens om zich te verontschuldigen of een vernedering te ontgaan; heeft men
nu in den biechtstoel een vernederende fout te
belijden, dan loopt men hier eveneens gevaar aan
de waarheid te kort te doen, te liegen. Om veilig te
zijn, dient men dus den strijd aan te binden evenzeer
tegen de eigenliefde als tegen de genot- en hebzucht.

764. B) Doch het is niet genoeg de zonde te
vermijden, men moet *vorderen* in de volmaaktheid.
Doch welk is hier wederom het groot beletsel zoo niet
de zucht naar genot en de afschrik van het kruis?
Hoevelen zouden beter worden, zich toeleggen op
zelfheiliging, zoo zij geen vrees hadden voor de
moeite om voortgang te maken, vrees ook voor de
beproevingen, die God zijn beste vrienden overzendt?
Deze kleinmoedigen moeten herinnerd worden aan
de woorden, die Paulus zoo dikwijls tot de eerste
christenen sprak : het leven is een wedstrijd ; zij die
mededingen in een wedloop leggen zichzelven vele
ontberingen op; hoeveel meer dan moeten wij dit
doen, die niet zooals zij kampen om een vergankelijke kroon, maar een onvergankelijke? (I Cor. IX,
25). Wij schrikken terug voor het lijden, doch
denken wij aan de vreeselijke langdurige pijnen des
vagevuurs (N. 734), die ons te wachten staan, zoo
wij nu, in plaats van onze zonden door versterving
uit te boeten, maar immer ons alle genoegens
toestaan, die geest en zinnen vragen. Hoeveel voorzichtiger zijn de wereldlingen : velen legen zich
zware lasten op en onderwerpen zich somtijds aan
vernederingen om eenig geld te winnen, om zich
een rustigen ouderdom te verzekeren, en wij zouden
ons geen ontberingen willen opleggen om ons de
eeuwige rust in het hemelsch vaderland te verzekeren? Is dit redelijk?

Men moet zich dus wel doordringen van de
waarheid, dat er geen volmaaktheid, geen deugd

mogelijk is zonder de versterving. Hoe zal men zuiver leven zonder de zinnelijkheid te bedwingen, die ons zoo hevig tot de gevaarlijke, ongeoorloofde vermaken drijft? Hoe matig zijn, zoo men de gulzigheid niet onderdrukt? Zal de armoede en zelfs de rechtvaardigheid beoefend kunnen worden door wie de hebzucht niet bestrijdt? Kunnen nederigheid, zachtmoedigheid en liefde samengaan met ongebreidelde hoogmoed, gramschap, nijd en afgunst, driften, die sluimeren in het hart van iederen mensch? Er is geen enkele deugd, die in den staat van onze gevallen natuur langen tijd beoefend kan worden zonder inspanning, zonder strijd, en dus zonder versterving. Met Tronson mag men daarom zeggen : " gelijk de onverstorvenheid de oorsprong der ondeugden en de oorzaak van alle kwaad is, zoo is de versterving de grondslag der deugden en de bron van alle goed".

765. C) Daarenboven is de versterving, ondanks de ontberingen en kwellingen, die er aan verbonden zijn, toch hierbeneden reeds de bron van het meest begeerde goed en zijn de verstorven christenen in 't algemeen gelukkiger dan de wereldling in al zijn vermaken. Dit leert Christus zelf, wanneer Hij zegt, dat zij die alles verlaten om Hem te volgen, het honderdvoud reeds in dit leven er voor terug ontvangen (Marc. X, 29-30). De H. Paulus spreekt eveneens. Na over de zedigheid, dat is over de gematigdheid in alles, gehandeld te hebben, voegt hij er bij, dat wie haar beoefent volkomen rust genieten zal : " en de vrede Gods, die alle begrip te boven gaat, zal uwe harten en zinnen bewaren in Christus Jesus " (Phil. IV, 7). En kan hij zelf niet als bewijs dienen? Hij heeft wel is waar veel te lijden gehad en hij beschrijft breedvoerig de vreeselijke beproevingen, die hij heeft moeten ondergaan bij het verkondigen van het Evangelie, evenals den strijd tegen zichzelven, maar hij voegt erbij :

ik ben vervuld van troost, overstelpt van blijdschap
bij al onze wederwaardigheden (II Cor. VII, 4).

Dit mogen alle Heiligen zeggen. Ook zij hebben langdurige
en pijnlijke moeilijkheden te verdragen gehad, maar de martelaren, zelfs te midden van al hun folteringen, zeiden, dat zij
nooit op blijder feestmaal waren geweest : " *numquam tam
jucunde epulati sumus* ". Bij het lezen van het leven der
Heiligen vallen ons twee dingen op : de ontzettende beproevingen, die hen overkwamen, en de vrijwillige gestrengheden,
waaraan zij zich onderwierpen ; en van den anderen kant hun
geduld, hun vreugde, hun kalmte te midden van dat lijden.
Zij komen zoo ver, dat zij het kruis niet meer vreezen, maar
het beminnen, er zelfs naar verlangen en de dagen, dat zij
bijna niets te lijden hebben gehad, als verloren beschouwen.
Dit is een zielkundig verschijnsel, dat de wereldlingen verbaast, maar troost schenkt aan de zielen van goeden wil.
Men kan van de beginnelingen natuurlijk deze liefde tot het
kruis niet vorderen, maar wel kan men hen, door het voorbeeld der Heiligen, doen begrijpen, dat de liefde tot God en
de zielen het lijden en de versterving aanmerkelijk verlicht ;
dat ook zij, zoo ze zich edelmoedig beginnen te oefenen door
het brengen van kleine offers, eenmaal zoover zullen komen,
dat zij het kruis beminnen, blijde tegemoet zien en er waren
troost voor den geest in vinden.

766. Ditzelfde merkt de Schrijver der Navolging op in een
tekst die zeer juist al de voordeelen der versterving samenvat : " In het kruis is het heil, in het kruis het leven, in het
kruis bescherming tegen de vijanden ; het kruis is de bron
van hemelsche zoetheid, de kracht des gemoeds, in het kruis
is de volmaaktheid der deugd, in het kruis de volmaking der
heiligheid " (2ᵉ Boek, 12ᵉ hoofdst). De liefde tot het kruis is
in waarheid de liefde Gods tot zelfopoffering opgevoerd.
Welnu de liefde is het kort begrip van alle deugden, het
eigenlijk wezen der volmaaktheid, en daarom ook het sterkste
schild tegen de vijanden onzer ziel, een bron van sterkte en
van troost, het beste middel om in ons het geestelijk leven
te ontwikkelen en onze zaligheid te verzekeren.

ART. III. BEOEFENING DER VERSTERVING.

767. Stelregels. 1º De versterving moet den
geheelen mensch, ziel en lichaam, omvatten, want,
wordt de geheele mensch niet aan tucht en orde
gewend, dan is hij een gelegenheid tot zonde.
't Is waar, dat eigenlijk de wil alleen zondigt, maar

hij heeft als medeplichtigen en werktuigen het lichaam met zijn zintuigen, en de ziel met al hare vermogens : de geheele mensch moet dus beteugeld, verstorven worden.

768. 2⁰ De versterving bestrijdt de zucht naar genot. Het genot is in zich voorzeker geen kwaad, het is zelfs iets goeds, wanneer het ondergeschikt is aan het doel, waarvoor God het heeft gegeven. God nu heeft met het volbrengen van een plicht een zeker vermaak verbonden om die vervulling te vergemakkelijken : zoo vinden wij een zeker genoegen bij het eten en drinken, bij het werken en andere dergelijke plichten. Volgens Gods bestek is dus *het genot geen doel, maar een middel.* Het genot smaken ten einde beter zijn plicht te volbrengen is dus niet verboden : het is de door God gestelde orde. Maar het genot zoeken om het genot, als doel, zonder eenig verband met plicht, is minstens *gevaar-lijk*, omdat men zich blootstelt aan het gevaar van het geoorloofd vermaak in het ongeoorloofde te vervallen. Het vermaak genieten met uitsluiting van zijn plicht, is min of meer zondig, omdat het een inbreuk is op de door God gewilde orde. De versterving zal hier dus bestaan in : zich te ont-zeggen alle vermaken, die *slecht* zijn, dat is tegen-strijdig met het plan der Voorzienigheid, met de wet Gods of van de Kerk; te verzaken ook aan de *gevaarlijke* genoegens, om zich niet bloot te stellen aan de zonde; en zelfs zich van eenige geoorloofde vermaken te onthouden, opdat de wil meer macht en heerschappij krijge over het gevoel. Tot dit doel is het gewenscht zich niet enkel eenige genoegens te ontzeggen, maar zich zelfs eenige positieve verstervingen op te leggen : de ondervinding leert, dat de zucht naar genot door niets krachtiger onderdrukt wordt dan door vrij-willig, ongedwongen eenige moeite of kwelling op zich te nemen.

769. 3º Bij het versterven moet men evenwel met *voorzichtigheid* te werk gaan : men dient te letten op de krachten van zijn lichaam en zijn geest en op de plichten van zijn staat : 1) Men moet zijn *lichaamskrachten* in aanmerking nemen, want, zegt de H. Franciscus van Sales : " wij staan blootgesteld aan groote bekoringen in twee toestanden, te weten : wanneer het lichaam te wel gevoed is en wanneer het te afgemat is ". In het laatste geval vervalt men lichtelijk in zenuwzwakte, waaruit later velerlei ellende kan ontstaan. 2) Men moet eveneens zijn *zielskrachten* ontzien, dat wil zeggen, zich niet aanstonds zulke ontberingen opleggen, die men niet lang zal kunnen volhouden. Het gevaar is hierbij niet uitgesloten, dat men dan niet alleen die verstervingen, maar ook nog veel meer opgeeft en in verslapping valt. 3) Het is vooral van gewicht, dat men geen verstervingen wil beoefenen, die met de plichten van zijn staat niet overeen te brengen zijn : plichten gaan vóór vrijwillige goede werken. Daarom zou bijv. een huismoeder verkeerd handelen, zoo zij een gestrenge levenswijze wilde leiden, waardoor zij de plichten jegens echtgenoot en kinderen niet zou kunnen waarnemen.

770. 4º Niet alle verstervingen zijn van gelijke waarde : de inwendige zijn ongetwijfeld beter dan de uitwendige, omdat zij meer rechtstreeks den wortel van het kwaad bestrijden. Nochtans moet men niet uit het oog verliezen, dat de laatste de beoefening der inwendige verstervingen aanmerkelijk vergemakkelijken. Wie zijn verbeelding in bedwang zou willen houden, zonder de oogen te versterven, zal nimmer slagen, omdat het juist de oogen zijn, die stof geven aan de verbeelding. Het is een dwaling van de modernisten de strengheden der christen eeuwen te bespotten. Inderdaad de Heiligen van alle tijden, van de laatste als van de vroegere eeuwen, hebben hun lichaam en hun

uitwendige zinnen streng behandeld, omdat zij
overtuigd waren, dat de mensch in de gevallen
natuur geheel moet verstorven worden om geheel
aan God toe te behooren.

Wij gaan nu achtereenvolgens de verschillende
soorten van versterving beschouwen, eerst de uitwendige, daarna de inwendige. In de practijk evenwel moet men ze beide in de juiste maat weten te
vereenigen.

§ I. De versterving des lichaams en der uitwendige zinnen.

771 1° **Waarom? a**) Christus had zijn leerlingen
de gematigde beoefening van het vasten en der onthouding, de versterving der zinnen aanbevelen. De
H. Paulus gevoelde zoo wel de noodzakelijkheid het
lichaam in bedwang te houden, dat hij het met
hardheid behandelde om aan de zonde en de veroordeeling te ontkomen. De H. Kerk heeft zelf bepaalde
dagen van vasten en onthouding aan de geloovigen
voorgeschreven.

b) *Waarom?* Het lichaam, wel beteugeld, is voorzeker een nuttige, ja onmisbare dienaar, wiens
krachten moeten ontzien worden, opdat zij de ziel
van dienst kunnen zijn. Maar, in den staat van de
gevallen natuur, zoekt het lichaam zinnelijke genietingen zonder onderscheid van goede of kwade; het
heeft zelfs een uitgesproken voorkeur voor wat
verboden is en staat somtijds op tegen de hoogere
vermogens, die het hierin tegen willen werken. Het
is een vijand, die des te gevaarlijker is, omdat hij
ons immer bijblijft, wanneer wij den maaltijd
nemen, wanneer wij rusten, wandelen, overal; ook
nog omdat hij menigmaal medeplichtigen ontmoet,
bereid om zijn booze lusten op te wekken. Zijn
zinnen zijn immers als zooveel openstaande deuren,
waardoor onmerkbaar het verborgen gif van het
verboden genot binnensluipt. Het lichaam moet dus

streng bewaakt, beheerscht, dienstbaar gemaakt worden, anders worden wij verraden.

772. 2° **Zedigheid des lichaams.** Om ons lichaam te onderwerpen, moeten wij beginnen met de stipte onderhouding der voorschriften van de zedigheid en goede houding : hierin vindt men overvloedig gelegenheid tot versterving. Wat de H. Paulus schreef diene ons tot richtsnoer : " Weet gij niet, dat uw lichamen ledematen zijn van Christus? (I Cor., VI, 15) — dat uw lichaam een tempel is van den H. Geest?" (I Cor. VI, 19). **A**) Het lichaam behoort dus geeerbiedigd te worden als een gewijde tempel, als een lidmaat van Christus : daarom geen onbetamelijke kleeding, die slechts dient om de nieuwsgierigheid of begeerlijkheid bij anderen op te wekken. Ieder kleede zich volgens zijn stand, eenvoudig en zedig, maar altijd zindelijk en gepast.

De H. Franciscus van Sales geeft te dezen opzichte zeer wijze raadgevingen : " Wees zindelijk, Philothea, en nimmer slordig of achteloos... ; vermijd zorgvuldig alle ijdelheid, alle gemaaktheid, alle buitensporigheden en dwaasheid; blijf, zooveel ge kunt, bij het eenvoudige en zedige : hierin bestaat het grootste sieraad der schoonheid en de beste verontschuldiging bij gemis aan schoonheid... ijdele vrouwen geven te denken over haar kuischheid ; ten minste, al ontbreekt haar deze deugd niet, zij is onkenbaar onder zooveel ijdelen en nuttteloozen opschik". De H. Lodewijk zeide kort en krachtig : " Men dient zich te kleeden volgens zijn stand, zoodat de brave, verstandige lieden niet kunnen zeggen : gij verzorgt u te veel, noch de jongelui : gij verzorgt u te weinig".

De kloosterlingen en geestelijken hebben voor vorm en stof der kleeding voorschriften, waaraan zij zich te houden hebben. Het spreekt vanzelf, dat ijdelheid en behaagzucht in hen volstrekt misplaatst en voor de wereldlingen zelfs een reden tot ergernis zouden wezen.

773. B) De goede houding is eveneens een uitmuntende versterving, die door allen kan beoefend

worden : men vermijde met zorg de weekelijkheid
en gemakzucht; de houding des lichaams zij flink,
recht, zonder gemaaktheid, men verandere niet aanhoudend van postuur, men legge de beenen niet
over elkaar, leune niet vadsig op zijn stoel of knielbank, make geen ruwe of onbetamelijke bewegingen, enz. Hoeveel gelegenheden om, zonder de
aandacht te trekken of de gezondheid te benadeelen, zich te versterven en heerschappij te verwerven
over het lichaam!

774. C) Er zijn nog andere verstervingen, die de edelmoedige boetelingen gaarne beoefenen om hun driften te beteugelen en hun lichaam in bedwang te houden ten einde God
ongestoorder te kunnen dienen. Zij herinneren zich het voorbeeld der Heiligen, die ijzeren ringen om de armen, kettingen
om het lichaam, haren schouderkleeren droegen of zich
geeselden [1]. Dit alles is wel schoon, maar toch moeten zij die
voorbeelden niet navolgen zonder vooraf hun zielsbestuurder
geraadpleegd te hebben. Ook dan nog moeten zij daarbij
alles vermijden wat terecht opspraak verwekt, de ijdelheid
streelt of de gezondheid schaadt. De biechtvader moet behoedzaam te werk gaan bij het toestaan van dit soort verstervingen. Meent hij zijn toestemming er toe te kunnen geven, dan
doe hij het eerst bij wijze van proef. Merkt hij het een of
ander nadeelig gevolg, dan verbiede hij die boetplegingen.

775. 3° **Zedigheid der oogen. A)** Sommige oogslagen zijn *zeer zondig*, omdat zij niet alleen de
eerbaarheid, maar de kuischheid zelve kwetsen.
(Cf. Matth. V, 28). Deze moeten natuurlijk volstrekt
vermeden worden. Andere zijn *gevaarlijk*, zulke
namelijk die zonder reden gevestigd worden op
personen of zaken, wier aanschouwing vanzelf bekoringen opwekt. Zoo vermaant ons de H. Schrift
onze blikken niet te vestigen op een maagd om

---

[1] Zijn wij bedroefd of in lauwheid " nemen wij dan de lichamelijke
verstervingen weer te baat, kwetsen wij ons vleesch, laten wij eenige
bloeddruppelen vloeien en wij zullen gelukkig zijn als ooit te voren. Zoo
de geest der Heiligen vreugde ademt, zoo de monniken en de kloosterzusters een blijdschap genieten, die de wereld niet beprijpt, de reden
hiervan is enkel, dat hun lichamen, als dat van den H. Paulus, gekastijd
en met strenge hand in bedwang gehouden worden ". (FABER, *H. Sacrament*, 1e deel.)

geen aanleiding tot val te vinden in hare schoonheid. (Eccli. IX, 5). En tegenwoordig, nu de winkeluitstallingen, de oneerbare kleeding, de vrije theater vertooningen en sommige bijeenkomsten zoovele gevaren opleveren, hoeveel ingetogenheid wordt er niet vereischt om niet blootgesteld te zijn aan het gevaar van zonde?

776. B) De ware christen, die zijn ziel, wat het ook kosten moge, wil zalig maken, is er daarom op bedacht zich te wapenen tegen de gevaren : om niet toe te geven aan de zinnelijkheid, versterft hij de nieuwsgierigheid der oogen. Zoo blijft hij bijv. niet aan het venster staan om op de voorbijgangers te letten, zoo houdt hij, zonder vertoon, zijn oogen bij het wandelen en in de straten in bedwang.

777. 4° **Versterving van het gehoor en de tong. A)** Door deze versterving zegt men niets, luistert men naar niets wat tegenstrijdig is met de liefde, de zuiverheid, de nederigheid of eenige andere christelijke deugd, omdat, gelijk de Apostel leert, de slechte gesprekken de goede zeden bederven. (I Cor. XV, 33). En inderdaad, hoevelen zijn bedorven door het aanhooren van onkuische of liefdelooze gesprekken. De ontuchtige taal wekt een onreine nieuwsgierigheid op, ontsteekt de driften en kwade begeerten en prikkelt tot zonde. De liefdelooze woorden brengen verdeeldheid, wantrouwen, vijandschap en wrok in de families. Men behoort dus te waken over al zijn woorden om zulke verergernis te vermijden, zijn ooren weten te sluiten voor alwat de zuiverheid, de liefde of den vrede in gevaar kan brengen.

778. B) Om hierin nog beter te slagen, zal men soms zijn nieuwsgierigheid bedwingen, door geen vragen te doen, waarop wellicht antwoorden komen zonder einde en waarin niet het minste nut, maar wel gevaar kan zijn : "in veel spreken zal de zonde niet ontbreken " (Prov. X, 19).

C) Daar de negatieve middelen dikwijls niet voldoende zijn, is het dienstig het gesprek heen te leiden naar onderwerpen, die niet alleen niet kwaad, maar ook goed en nuttig zijn, somtijds ook naar stichtende zaken. Men moet hierbij evenwel zorg dragen de aanwezigen niet te hinderen door al te ernstige opmerkingen, waar geen gereede aanleiding toe is.

779. 5° **Versterving der overige zintuigen.** Wat van het gezicht, het gehoor en het spreken is gezegd, geldt eveneens voor de andere zintuigen. Over den smaak zullen wij handelen bij de gulzigheid, over het gevoel bij de zuiverheid. Wat den reuk betreft, zij het genoeg te zeggen, dat het bovenmatig gebruik van reukwerk dikwijls slechts een voorwendsel is om de zinnelijkheid te voldoen en somtijds om de wellust op te wekken. Een christen in de wereld maakt er slechts matig gebruik van en dan nog niet zonder goede reden ; een religieus of priester moet er zelfs niet aan denken.

§ II. De Versterving der inwendige zinnen.

De twee inwendige zinnen, die wij moeten versterven, zijn *de verbeelding* en *het geheugen.* Deze werken gewoonlijk in overeenstemming met elkander, omdat de werking van het geheugen vergezeld gaat van gevoelige beelden.

780. 1° **Stelregel.** De verbeelding en het geheugen zijn twee waardevolle vermogens. Niet alleen leveren zij het verstand de noodige stof om te werken, maar stellen het ook in staat de waarheid uit te drukken met beelden en feiten, die haar bevattelijker, levendiger en dus ook aantrekkelijker maken : een zwakke, koude voorstelling zal op het meerendeel der stervelingen weinig indruk maken. Er is hier dus geen spraak van deze vermogens te verzwakken, maar wel van ze aan tucht te gewennen, ze bij hun werking aan de leiding van de rede en den wil te onderwerpen. Laat men de verbeelding en het geheugen de volle vrijheid, dan vullen zij de ziel met een menigte herinneringen en voorstellingen. Gevolg hiervan zijn verstrooiingen, nuttelooze gedachten, verlies van tijd bij het gebed en den arbeid, allerhande bekoringen tegen de zuiverheid, liefde, nederigheid en de overige deugden. Zij moeten beheerscht en dienstbaar gemaakt worden aan de hoogere vermogens.

781. 2° **Wat hiertoe vereischt wordt. A**) Om die afdwalingen van de verbeelding en het geheugen te beletten, moet men terstond, dat is zoodra men ze bemerkt, de *gevaarlijke* voorstellingen of herinneringen met kracht verdrijven. Ook de doellooze droomerijen moeten vermeden worden, want menigmaal voeren zij tot gevaarvolle overpeinzingen, om nog niet te spreken van het tijdverlies, dat zij onvermijdelijk veroorzaken. Om hierin te slagen moet men naar vermogen elke *nuttelooze* gedachte weren, in de geest van versterving : *de versterving der nuttelooze gedachten is de dood der slechte gedachten*, leeren de Heiligen.

782. B) Het beste, het meest doeltreffende middel is den geest geheel en al te geven aan het werk, dat onze plicht ons nu oplegt. Wat men te doen heeft, zal er natuurlijk veel bij winnen, zoo men al zijn aandacht er onverdeeld aan wijdt : *age quod agis*, doe wat gij doet, houd u niet tegelijk met iets anders bezig.

783. C) Ten slotte is het zeer nuttig de verbeelding en het geheugen in dienst der godsvrucht te stellen : in het geheugen kan men, als in een arsenaal, de schoonste liturgische gebeden, geestelijke kernspreuken en gezegden, vergelijkingen en beelden uit de H. Schrift bewaren; door de verbeelding kan men zich de alomtegenwoordigheid Gods, de bijzonderheden der geheimen uit het leven van

Christus en de H. Maagd voorstellen. Zoo oefent, ontwikkelt men beide vermogens, laat men geen plaats aan de ijdele, gevaarlijke beelden en leert men beter de evangelische waarheden en feiten begrijpen en aan anderen uitleggen.

§ III. De Versterving der hartstochten [1].

784 De hartstochten, in *philosophischen* zin genomen, zijn niet noodzakelijk, niet volstrekt kwaad : zij zijn levende krachten, wel dikwijls onstuimige, die niet enkel aan het kwaad maar ook aan het goed dienstbaar gemaakt kunnen worden, indien zij maar beteugeld en naar een edel doel gericht worden. In de *volkstaal* en bij sommige geestelijke schrijvers wordt er een minder gunstige beteekenis aan gegeven en verstaat men er slechte driften onder. Daarom willen wij hier : 1° de *voor- naamste psychologische begrippen* omtrent de driften of hartstochten; 2° hun *goede en hun kwade gevol- gen;* 3° *regels voor hun goed gebruik* aangeven.

I. *Psychologie der hartstochten.*

Wij geven slechts in 't kort weer wat in de Ziel- kunde breedvoerig behandeld wordt.

785. 1° **Begrip.** De hartstochten zijn *hevige bewegingen van het zinnelijk begeervermogen naar een zinnelijk goed, welke met meerdere of mindere kracht op het organisme terugwerken.*

a) De hartstocht veronderstelt dus eenige kennis, ten minste zinservaring van een begeerd of reeds verkregen goed, ofwel van een kwaad strijdig met dit goed : uit deze kennis komen de bewegingen van het zinnelijk begeervermogen voort.

---

[1] St. Thom., Iᵃ IIæ, q. 22-48; Suarez, disp. III; Alvarez de Paz, t. II, lib. II, *de Mortificatione;* Scaramelli, Verh. II, a. 1-6; Rodri- guez, Oef der christ. Volm. 2ᵉ D. Over de Versterving; P. Burger, S. J., Onderr. over de Chr. Volm., I, 5ᵉ h.

b) Deze bewegingen zijn *hevig* en dus onderscheiden van de aangename of onaangename affectieve toestanden, die kalm, vreedzaam zijn en zonder de heftigheid van den hartstocht.

c) Daar de hartstochten *onstuimig* zijn en het zinnelijk begeervermogen sterk beïnvloeden, *werken zij terug tot op het lichamelijk gestel*, ter oorzake van den nauwen band, die bestaat tusschen het lichaam en de ziel. Zoo drijft de gramschap het bloed naar de hersenen en spant de zenuwen, doet de angst verbleeken, verwijdt de liefde het hart, en trekt de vrees het samen. Deze gevolgen zijn nochtans niet gelijk bij allen : zij hangen af van ieders gestel en van de hevigheid van den hartstocht, evenals van de verkregen zelfbeheersching.

786. De hartstochten verschillen dus van de gevoelens, welke bewegingen van den wil zijn. Deze veronderstellen een verstandelijke kennis en, hoe sterk ook, hebben zij de hevigheid der hartstochten niet. Zoo is er een hartstochtelijke liefde, een gevoelsliefde, een hartstochtelijke vrees en een verstandelijke vrees. — Voegen wij hier nog bij, dat in den mensch, een redelijk dierlijk wezen, de hartstochten en de gevoelens zich menigmaal samen voordoen en dan bijna altijd in zeer verschillende verhoudingen ; de wil, geholpen door de genade, kan die hartstochten aan de gevoelens ondergeschikt maken en ze aldus, hoe onstuimig zij ook mogen wezen, omvormen in edele gevoelens.

787. 2° **Getal hartstochten.** Gewoonlijk stelt men hun aantal op elf, die, gelijk Bossuet zeer juist zegt, alle voortkomen uit de liefde : " onze andere hartstochten staan in verband met de liefde, die ze alle omvat of opwekt. "

1) De *liefde* is een hevige aandrang om zich met iets of iemand te vereenigen : men wil tot zijn bezit geraken.

2) De *haat* is een aandrang om van ons iets wat ons mishaagt af te wenden. De haat ontstaat door de liefde, in dezen zin namelijk, dat wij haten hetgeen tegen het voorwerp onzer liefde is ; ik haat de ziekte, alleen omdat ik de gezondheid bemin, en ik haat iemand, enkel omdat hij een beletsel is om datgene wat ik bemin, te bezitten.

3) Het *verlangen* is de begeerte naar een *afwezig* goed, en ontstaat uit de liefde tot dat goed.

4) De *afkeer* zet ons aan om het *kwaad*, dat ons *dreigt*, af te wenden.

5) De *vreugde* is niets anders als het genot van een *aanwezig goed*.

6) De *droefheid* integendeel ontstelt zich om een *aanwezig kwaad* en zoekt het te ontwijken.

7) De *stoutmoedigheid* (durf of moed) spant zich in om te komen tot het beminde goed, dat *moeilijk* te bereiken is.

8) De *vrees* zet ons aan ons af te wenden van een kwaad, dat moeilijk te ontwijken is.

9) De *hoop* richt zich met vuur naar een begeerd voorwerp, dat, hoewel *met moeite, bereikbaar* is.

10) De *wanhoop* ontstaat, wanneer het begeerde goed *onbereikbaar* schijnt.

11) De *gramschap* verzet zich met hevigheid tegen datgene wat ons kwelt en wekt het verlangen op naar wraak.

De zes eerste hartstochten zijn uitingen van de begeerende, de vijf laatste van de strevende kracht der liefde.

II. *De gevolgen der hartstochten.*

788. De *stoïcijnen* beweerden, dat de hartstochten kwaad zijn in zich en uitgeroeid moeten worden; de *epicuristen* vergoddelijkten ze en verkondigden luide, dat men ze moet involgen. Dit noemen de hedendaagsche epicuristen : *zich uitleven.* Het christendom houdt den middenweg tusschen deze twee uitersten : niets van wat God in de menschelijke natuur heeft neergelegd, is kwaad. Jesus Christus zelf had hartstochten : Hij heeft bemind, niet alleen door den wil, doch ook met het hart; Hij heeft geweend over Lazarus en het trouwelooze Jerusalem; Hij heeft zich laten vervoeren door een heilige gramschap, heeft vrees, droefheid, verdriet ondergaan, doch heeft deze hartstochten immer onder bedwang van zijn wil en aan God onderworpen gehouden. — Worden echter de hartstochten niet beteugeld, dan hebben zij de noodlottigste uitwerking. Zij moeten dus bedwongen en aan tucht gewend worden.

789. Gevolgen der ongeregelde hartstochten.
Ongeregeld noemt men de driften, welke een verboden zinnelijk goed of ook een geoorloofd goed, doch met te veel aandrang en zonder hooger doel, najagen. Deze onbeteugelde hartstochten :

a) *Verblinden de ziel.* Inderdaad, zij gaan te werk met heftigheid, zonder de rede te raadplegen, enkel geleid door de aantrekkingskracht van het genot. Dergelijke handelwijze moet verwarring stichten in het oordeel en de rechte rede : het zinnelijk begeervermogen is van nature blind ; laat de ziel zich door hetzelve geleiden, dan wordt zij eveneens verblind : in plaats van zich te richten door plicht, laat zij zich voeren door een oogenblikkelijk genot. Het is alsof een nevel, een stofwolk, door de driften opgejaagd, haar belet de waarheid te zien : de goddelijke wil, het plichtsbesef hebben hun scherpe omlijning voor haar verloren; zij is niet meer in staat om een gezond oordeel te vormen.

790. b) *Zij matten de ziel af en doen haar lijden.*

1) De H. Joannes van het Kruis zegt : " De driften zijn als kleine ongeduldige kinderen, die men niet tevreden stellen kan. Zij vragen hun moeder nu dit, dan dat, en zijn nooit voldaan. Een gierigaard vermoeit zich te vergeefs met graven om een schat te bemachtigen; zoo ook mat de ziel zich af om te bereiken, wat haar lusten vragen. Is er een voldaan, andere begeerten komen op en brengen in last, omdat niets haar kan bevredigen... De lusten matten de ziel af en kwellen haar; zij is treurig te moede, onrustig·heen en weer geslingerd, gelijk golven door den wind " [1].

2) Hieruit volgt lijden, dat heviger is, naarmate de driften krachtiger zijn, want zij kwellen onze ziel tot zij bevredigd worden en, gelijk bij het eten de eetlust toeneemt, zoo vragen zij ook telkens meer. Stribbelt het geweten tegen, dan worden zij ongeduldig, roeren zich, prikkelen den wil om toe te geven aan hun begeerten, die altijd weer nieuwe

---

[1] *De Bestijging van den Carmel*, 1e B., 6e h.; zie ook van het 6e tot het 12e hoofdstuk, waar de Heilige op uitstekende wijze de nadeelige gevolgen der lusten, dat is der hartstochten verklaart.

voortbrengen : het wordt een onbeschrijfelijke foltering.

791. c) *Zij verzwakken den wil.* De opstandige driften zoeken den wil nu hier dan daarheen te drijven; aan alle zijden wordt hij aangevallen en moet dus zijn krachten overal aanwenden, en daarom ook is hij zwakker. Geeft hij iets, dan verliest hij aan kracht en nemen de hartstochten toe in sterkte. Evenals onnutte loten, die beneden aan den boomstam weelderig uitschieten, groeien de onbeteugelde driften steeds aan en onttrekken vele krachten aan de ziel. De uitslag is te voorzien : de ziel door het herhaaldelijk toegeven verzwakt, valt in verslapping en lauwheid, bereid tot inwilliging van elken eisch der begeerten.

792. d) Zij besmeuren de ziel. Wanneer deze, door de bevrediging der hartstochten, zich bij de schepselen voegt, verlaagt zij zich tot op hun peil en neemt hun boosheid en smetten over. In plaats van het zuiver beeld Gods te zijn, wordt de ziel het beeld der dingen, waaraan zij zich hecht; stof en onreinheden komen den glans harer schoonheid verdooven en beletten hare volmaakte vereeniging met God.

" Ik vrees niet te zeggen, aldus de H. Joannes van het Kruis, dat een enkele ongeregelde neiging, ook al is zij niet grootelijks zondig, voldoende is om een ziel zoo duister, leelijk en onrein te maken dat iedere (innige) vereeniging met God haar, zoolang die staat voortduurt, onmogelijk is. Wat dan te zeggen van een ziel, welke de afzichtelijkheid van alle natuurlijke lusten heeft, aan al hare driften is overgegeven? Hoe oneindig ver zal zij afstaan van de zuiverheid Gods! Hoe lang men er ook over spreke en redeneere, nimmer zal men er in slagen duidelijk weer te geven, wat al onreinheden zoo velerlei slechte neigingen op een ziel werpen... iedere drift laat haar eigen vuilnis en afzichtelijkheid in de ziel achter " [1].

793. Besluit Wil men dan tot de vereeniging met God komen, dan is het bepaald vereischt alle,

[1] De Bestijging van den Carmel, 1e B., 9e h.

ook de kleinste hartstochten te versterven, in zoover
zij namelijk vrijwillig en ongeregeld zijn. De volmaakte vereeniging veronderstelt immers, dat er in
ons niets tegenstrijdig is aan den wil Gods, geen
enkele gewilde gehechtheid aan het schepsel en aan
onszelven : zoodra wij ons laten vervoeren door
eenigen hartstocht, zijn we niet meer geheel met
God verbonden. Dit geldt vooral van de gehechtheden, die niet voorbijgaand, maar blijvend zijn :
zij verlammen den wil, ook dan, wanneer zij nietig
zijn. De H. Joannes van het Kruis zegt hieromtrent :
" Het is juist gelijk, of een vogel met een dun of
met een dik koord gebonden is : hij zal niet kunnen
opvliegen dan nadat het verbroken is " [1].

**794. Voordeelen der goed geregelde harts-
tochten.** Wanneer echter de hartstochten wel
geregeld zijn, dat is, gericht naar het goed, beteugeld, onderworpen aan den wil, zijn ze van onschat-
baar voordeel. Zij zijn immers levende krachten vol
vuur, die ons verstand en onzen wil tot werken
prikkelen en hen aldus van grooten dienst zijn.

a) Ze werken op het *verstand*, dat is, ze wekken
in ons de lust op tot den arbeid en de begeerte
naar kennis der waarheid. Zijn wij, in goeden zin,
hartstochtelijk met iets ingenomen, dan schijnen
wij geheel oog en oor om het te kennen, wij
begrijpen het gemakkelijker en onthouden het met
veel minder moeite. Wie bij voorbeeld bezield is met
een vurige vaderlandsliefde en gedreven wordt door
het geestdriftig verlangen zijn medeburgers van
dienst te zijn, zal met meer ijver, met meer volharding en met beteren uitslag werken, dan wanneer
hij zulk een ideaal mist; doch vooral zoo zijn geestdrift uitgaat naar Christus, zal hij het Evangelie
met veel vuriger ijver bestudeeren, het beter begrijpen en smaken : de woorden van den Meester

---

[1] De Bestijging van den Carmel, 1e B., 9e h.

zijn voor hem godspraken, die schitterend licht
verspreiden in zijn ziel.

795. b) Zij werken op den *wil*, om hem mede te
sleepen en zijn krachten te verdubbelen. Wat men
met liefde doet, wordt beter gedaan, met meer zorg,
meer volharding en gunstiger gevolg. Wat doet een
moeder niet om het leven van haar kind te redden?
Tot hoeveel heldendaden heeft de vaderlandsliefde
niet gedreven? Wanneer een Heilige van geest-
driftige liefde tot God en de menschen bezield is,
wijkt ook hij voor geen moeite, voor geen offer,
voor geen vernedering om zijn broeders te redden.
Die werken van zielenijver worden ongetwijfeld
ingegeven door den wil, maar door den wil bezield,
geprikkeld, ondersteund door een heiligen hartstocht.
Wanneer nu het zinnelijk en het verstandelijk
begeervermogen, dat is, wanneer het hart en de wil
samenwerken en hun krachten richten naar één-
zelfde doel, dan kan het niet anders, of de uitkom-
sten zullen ook veel beter en duurzamer wezen.
Er is dus veel aan gelegen te weten, hoe wij de
hartstochten kunnen benutten.

III. *Het goed benutten der hartstochten.*

Eerst zullen wij de zielkundige grondregels bespreken dienstig tot het verlichten van onze taak —
dan zullen wij uitleggen, hoe men aan de verkeerde
hartstochten weerstaat, hoe men de hartstochten
naar het goede richt en eindelijk hoe men ze
beteugelt.

1° ZIELKUNDIGE GRONDREGELS VAN PRACTISCH NUT.

796. Om de heerschappij te verkrijgen over zijn
driften, moet men voor alles vertrouwen op Gods
genade, dus ook op het gebed en de H. Sacramenten, doch men moet ook met oordeel te werk gaan
volgens de beginselen der zielkunde.

a) Iedere idee streeft naar de overkomstige handeling, vooral wanneer zij vergezeld gaat van hevige gemoedsaandoeningen en sterke overtuiging.

Zoo zal het denken aan een zinnelijk vermaak, wanneer men het zich levendig door de verbeelding voorstelt, tot een zinnelijk verlangen en dikwijls tot een zinnelijke handeling opwekken, terwijl daarentegen het denken aan edele daden en haar gelukkige gevolgen, tot zoo iets weer zal aanzetten. Dit geldt vooral van gedachten, die niet abstract, koud, kleurloos blijven, maar die door de verbeelding ook vorm en leven aannemen en daarom ook aanlokken. Van deze gedachten kunnen wij gerust zeggen, dat zij een *kracht* zijn, een begin van handelen. Wil men dus de booze hartstochten in bedwang houden, dan moet men ook met alle zorg iedere gedachte, iedere bekoorlijke voorstelling van het verboden vermaak afweren; verlangt men echter de goede hartstochten of gevoelens te ontwikkelen, dan moet men die gedachten en voorstellingen, welke ons de plichten en deugden van de goede zijde doen zien, in zich onderhouden en wel zoo helder, zoo levendig mogelijk.

797. b) Zoo lang een idee niet door een andere verdrongen en uitgewischt wordt, doet zij haar invloed gelden. Zoo doet een slechte, onreine begeerte haar prikkeling gevoelen, zoolang zij niet onderdrukt wordt door een edeler gedachte. Wil men zich dus bevrijden van slechte gedachten, dan neme men bijv. een boek ter hand en leze, zoolang tot die slechte gedachten door goede uit den geest verdrongen zijn. Wil men daarentegen een goede begeerte krachtiger maken, dan blijve men nadenken over de beweegredenen, die men heeft om dat goed te verlangen.

c) De invloed van een idee vermeerdert, als andere gelijke ideeën ze nog verrijken en verruimen : de gedachte, het verlangen zijn eigen ziel zalig te maken, wordt veel krachtiger, wanneer daarbij nog het verlangen komt anderen zalig te maken, zooals het voorbeeld van den H. Franciscus Xaverius bewijst.

798. d) Een idee bereikt ten slotte haar volle kracht, wanneer zij *blijvend, overheerschend*, een soort *idée fixe* wordt, die alle gedachten, alle handelingen beinvloedt. Dit ziet men bijv. bij hen, die maar één idee hebben, zooals een bepaalde uitvinding te doen, of, in het bovennatuurlijke, bij hen, die zoozeer doordrongen zijn van een grondstelling uit het Evangelie (zooals : " Wilt gij volmaakt zijn, verkoop alles en geef het aan de armen ", of " Wat baat het den mensch zoo hij de geheele wereld wint en zijn ziel verliest ", of nog " Christus is mijn leven "), dat zij richting geeft aan geheel hun leven.

Men moet er zich op toeleggen eenige pakkende, overheerschende, *leidende gedachten* diep in zijn geest te prenten, ze daarna beknopt samen te vatten in een kernspreuk waardoor men ze herhaaldelijk voor den geest kan stellen, bijv., Mijn God en mijn Al! — Tot meerdere glorie van God! — God alleen is mij genoeg! — Die Jesus heeft, heeft alles! enz. Met een dergelijke lijfspreuk, zal het niet moeilijk vallen over de booze hartstochten te zegevieren en de goede nuttig te gebruiken.

2° HOE DE ONGEREGELDE HARTSTOCHTEN BESTRIJDEN?

799. Zoodra men gewaar wordt dat er in onze ziel een ongeregelde beweging ontstaat, moet men alle natuurlijke en bovennatuurlijke hulpmiddelen te baat nemen om ze te stuiten en te beheerschen.

a) Van het begin af wendt men al zijn wilskracht aan om, bijgestaan door Gods genade, die gemoedsaandoening te stuiten.

Men vermijde daarom alle uitwendige handelingen of gebaren, die slechts dienen om die gemoedsaandoening aan te wakkeren : voelt men zich overweldigd door gramschap, dan late men alle heftige gebaren, alle stemverheffing na, en zwijge totdat men kalm geworden is. Gevoelt men te levendige genegenheid, dan vermijde men dien persoon te ontmoeten, te spreken en vooral hem ook maar zijdelings die genegenheid te toonen. Zoo wordt die passie geleidelijk verzwakt.

800. b) Betreft het een *genotsdrift,* dan doe men nog meer : men spanne zich in om het voorwerp van dien hartstocht te vergeten.

Daartoe : 1) zette men met kracht zijn verbeelding en zijn geest op eenige eerbare bezigheid, die de herinnering aan dien persoon kan verdringen : studie, spel, conversatie, enz. ; 2) wanneer men kalmer wordt, denke men na over de nadeelige gevolgen van een gevaarlijke of al te zinnelijke vriendschap (n. 603) ten einde den wil tegen de aanlokking en verleiding van het genot te wapenen ; vooral echter herinnere men zich dan, dat iedere voortgang in de volmaaktheid onmogelijk is, zoolang men zich niet losmaakt uit die vrijwillige boeien, dat men zoo lichtelijk slecht voorbeeld, ergernis er door kan geven, ja zelfs zijn zaligheid in gevaar kan brengen, enz.

Heeft men te doen met driften uit het streefvermogen, zooals gramschap en haat, dan overwege en overtuige men zich, na tot kalmte te zijn gekomen, hoe weinig overeenkomstig de rede en het geloof het is voor een mensch en voor een christen, zich te laten vervoeren door toorn of haat, hoe schoon daarentegen, hoe edel en verheffend het is, kalm en bedaard te blijven en wat er ook gebeure, zichzelf steeds te beheerschen.

801. c) Ten slotte trachte men juist *het tegenovergestelde* te *doen* van wat de hartstochten vragen.

Gevoelt men afkeer van iemand, dan doe men juist, alsof men naar zijn vriendschap streeft ; men neme alle gelegenheden te baat om hem van dienst te zijn, men toone zich immer minzaam en vooral men bidde voor hem : niets is meer in staat het hart gunstig jegens iemand te stemmen dan hartelijk voor hem te bidden. Heeft men daarentegen een overdreven genegenheid voor iemand, dan vermijde men zijn gezelschap zooveel mogelijk : moet men met hem omgaan, dan behandele men hem met dezelfde koele beleefdheid, met een soort onverschilligheid, als men aan iedereen betoont. Deze tegenovergestelde handelwijze verzwakt geleidelijk die sterke genegenheid en doet haar ten slotte geheel overgaan.

3° HOE KAN MEN DE HARTSTOCHTEN
TOT HET GOEDE RICHTEN.

802. Gelijk reeds gezegd, zijn de hartstochten niet kwaad in zich; zij kunnen dus tot het goede gericht worden, alle zonder uitzondering.

a) De *liefde* en de *vreugde* kunnen gericht worden naar de reine en rechtmatige genegenheden jegens familieleden,

naar de goede en bovennatuurlijke vriendschappen, maar
bovenal naar Christus, den teedersten, den edelmoedigsten,
den meest toegenegen aller vrienden. Daartoe leze, overwege
en beoefene men, wat de Navolging schrijft in die twee
verrukkelijke hoofdstukken : " *Over de liefde van Jesus boven
alles*" en " *Over de vertrouwelijke vriendschap met Jesus* "
(II b., 7ᶜ en 8ᵉ h.).

b) De *haat* en de *afkeer* richten zich tegen de zonde, de
ondeugd en alles wat er toe geleidt, om ze te *verfoeien* en te
vluchten.

c) Het *verlangen* verandert in een rechtmatige, natuurlijke
begeerte nuttig te zijn aan zijn familie of aan zijn land, in een
bovennatuurlijke eerzucht om zijn eigen ziel en die van
anderen te heiligen.

d) De *droefheid*, in plaats van in zwaarmoedigheid te
ontaarden, wordt een kalme berusting te midden der beproevingen, of een teeder medelijden met Jesus, lijdend en bespot
aan het kruis, of met allen die in druk of kwelling zijn.

e) De *hoop* wordt christelijke verwachting, onwrikbaar
vertrouwen op God en verdubbelt de werkkracht ten goede.

f) De *wanhoop* maakt plaats voor een gerechtvaardigd
mistrouwen in zichzelven, om de eigen onmacht en zonden,
maar vergezeld van Godsvertrouwen.

g) De *vrees* is in den christen geen neerdrukkend gevoel
meer, maar een bron van werkkracht : hij vreest de zonde en
de hel, doch juist daarom wapent hij zich tegen het kwaad ;
hij vreest God boven alles, hij vreest wat Hem beleedigt en
daarom ook veracht hij alle menschenvrees.

h) De *toorn* in plaats van ons buiten onszelven te brengen,
wordt een rechtvaardige, heilige verontwaardiging, die ons
sterker maakt tegen het kwaad.

i) De *stoutmoedigheid* wordt onverschokkenheid bij moeilijkheden en gevaren : hoe meer bezwaren aan een zaak verbonden zijn, hoe meer zij al onze krachtsinspanning verdient.

803. Om de hartstochten aldus in goede banen
te leiden, is geen middel zoo doeltreffend als de
overweging. Door de overweging immers vormt men
zich een te bereiken *ideaal*, doordringt men zich
van de redenen om het na te streven. Het doel toch
der meditatie is zulke gedachten en gevoelens in de
ziel op te wekken en te onderhouden, die aanzetten
tot beoefening der deugden en tot vermijding van
alles wat ongeregeld is. Wat kan dus beter zijn dan

elken dag eenigen tijd te mediteeren op de wijze,
n. 679 en volgg., aangegeven? In dit vertrouwelijk
onderhoud met God, de oneindige Waarheid en
Goedheid, wordt de deugd elken dag beminnelijker,
de ondeugd afstootender. De wil, telkens meer
bevestigd in de waarheid, in plaats van de speelbal
te zijn der hartstochten, beheerscht ze en maakt ze
dienstbaar aan de deugd.

4° Hoe kan men de hartstochten beteugelen?

804. a) Wanneer de hartstochten reeds tot het
goede gericht zijn, blijft het nochtans noodig ze te
beteugelen, dat is, ze te onderwerpen aan de leiding
van het verstand en den wil, die op hun beurt door
het geloof en de genade geleid moeten worden.
Werden de hartstochten niet beteugeld, dan zouden
zij in een ander uiterste kunnen vallen, omdat zij
van nature al te heftig zijn.

Zoo kan het verlangen om met vurigheid te bidden, een
afmattende inspanning worden; eveneens kan liefde tot Jesus
zich willen uiten in gevoelsbewegingen, die het lichaam uitputten; de onbezonnen ijver ontaardt in nuttelooze overhaas-
ting, de verontwaardiging over het kwaad in gramschap, de
vreugde in uitgelatenheid. Wij staan allen bloot aan dergelijke overdrijving in onze eeuw, waarin koortsachtige bedrijvigheid aanstekelijk is geworden. De al te vurige gemoeds
aandoeningen, ook al richten zij zich naar de deugd, vermoeien
en matten geest en lichaam af en kunnen in geen geval lang
duren : *violenta non durant*. Niet de hevigheid, de voortvarendheid, maar wel de standvastigheid bij onze goede pogingen werkt het meeste goed uit.

805. b) Daarom moet ook hier de leiding van
een ervaren zielsbestuurder gezocht en gevolgd
worden.

1) Als gewone regel gelde : bij alle goede begeerten moet
men een bepaalde maat houden, kalm en bedaard te werk
gaan, ten einde te langdurige inspanning te vermijden : gelijk
de ruiter zijn rijdier sparen moet om aan het einde van een
lange reis te komen, zoo moeten wij eveneens ons lichaam
en onzen geest ontzien en ze niet altijd in snellen loop willen
houden, opdat zij niet bezwijken.

2) Wanneer wij voorzien, dat van ons veel inspanning zal geeischt worden of wanneer die reeds van ons gevergd werd, vraagt de voorzichtigheid, dat wij eenige rust, eenige verpoozing aan onzen ijver, hoe vurig en hoe zuiver ook, geven. Christus zelf heeft hierop gewezen, toen Hij zijn leerlingen uitnoodigde in de eenzaamheid uit te rusten van hun zielenarbeid.

Zoo geregeld en in de juiste maat gehouden, zullen de hartstochten geen hinderpaal, maar een krachtdadig hulpmiddel zijn tot volmaaktheid, en ons helpen om ook onze hoogere vermogens te regelen en aan tucht te gewennen.

§ IV. De versterving der hoogere vermogens.

Deze hoogere vermogens, die den mensch tot mensch maken, zijn het *verstand* en de *wil*. Ook zij moeten beteugeld en aan tucht en orde gewend worden, omdat zij eveneens door de erfzonde zijn aangetast, n. 75.

I. *Het versterven of disciplineeren van het verstand.*

806. Het verstand is ons gegeven om de waarheid en bovenal om God en wat van God is, te kennen. God is de ware zon der geesten. Hij verspreidt een tweevoudige klaarheid : het licht der *rede* en het licht des *geloofs*. In den tegenwoordigen staat, kunnen wij niet tot de volle kennis der waarheid komen zonder den bijstand dier twee lichten; wie een dezer twee versmaadt, verblindt zichzelven. Het is van hoog belang orde te hebben en te bewaren in de werkingen van het verstand, en dit nog te meer, wijl het verstand den wil voorlicht en hem de goede richting wijst, en wijl het, als *geweten*, de norm van ons zedelijk en bovennatuurlijk leven is. Maar opdat het een veilige gids zij, is het noodig alwat den verkeerden kant uitgaat, daarin te verbeteren, vooral de onwetendheid, de nieuwsgierigheid en de overijling, den hoogmoed en de koppigheid.

807. 1º **De onwetendheid** bestrijdt men door de studie. Niet altijd is de studie dienstig, maar wel wanneer ze methodisch volgehouden wordt, vooral zoo ze tot voorwerp heeft alles wat met God verband houdt. Zou het niet uitzinnig zijn zich toe te leggen op alle wetenschappen en die van het eeuwig heil te veronachtzamen?

Iedereen moet zich natuurlijk toeleggen op de studie van datgene wat hij krachtens zijn staat en beroep moet kennen; de hoofdplicht echter is God kennen om Hem te beminnen; die studie verwaarloozen is zich schuldig maken aan een nalatigheid, die geen verschooning toelaat. En toch, hoeveel Christenen worden er gevonden die uitmunten in een of andere wetenschap, maar hoogstens een vaag begrip hebben van de christelijke geloofswaarheden en van het geestelijk leven!

808. 2º **De nieuwsgierigheid** is een zwak van onzen geest, dat de onwetendheid in godsdienstzaken niet weinig in de hand werkt : zij toch drijft ons om met veel meer ijver datgene te bestudeeren wat aangenaam dan wat waarlijk nuttig is : dikwijls laat zij geen tijd over om zich met het noodzakelijke, het boven alles noodzakkelijke bezig te houden.

Om die ongezonde neiging te overwinnen moet men : 1) den raad volgen van den H. Bernardus : *id prius quod est magis necessarium" :* wat noodzakelijk is, op de eerste plaats; heeft men zich van zijn plicht gekweten, dan kan men zich, bij wijze van ontspanning, met het aangename bezighouden. Bijgevolg zal men niet teugelloos, maar met mate datgene lezen, wat meer de verbeelding dan den geest kan voeden, zooals de meeste romans of het nieuws in de tijdschriften. 2) Bij het lezen bedaard te werk gaan, en niet het boek in haast als het ware verslinden. Goede boeken zelfs moeten kalm, rustig, zonder haast gelezen worden, om het gelezene beter te begrijpen en te smaken. 3) Dit zal minder moeite kosten, wanneer men studeert gedreven niet door nieuwsgierigheid, niet door ijdel zelfbehagen in zijn kennis, maar door een bovennatuurlijke beweegreden : om zichzelf en ook anderen te stichten, om nuttige kennis op te doen voor zich en ook voor den evennaaste : dit laatste is liefde, het eerste voorzichtigheid, leert de H. Bernardus : *Ut ædificent, et caritas est ... ut ædificentur, et prudentia est* [1]. De wetenschap,

---

[1] S. BERN. *In Cant.* Sermo XXXVI, n. 3.

zegt de H. Augustinus, moet dienstbaar zijn aan de liefde [1] :
Dit geldt natuurlijk zeker van de studie der geestelijke zaken,
en toch zijn er, die ook hier meer zoeken hun nieuwsgierigheid en jdelheid te bevredigen dan hun hart te zuiveren en
de versterving te leeren beoefenen [2].

809. 3° **De hoogmoed** moet dus vermeden worden, de hoogmoed *van den geest*, die gevaarlijker en
moeilijker te genezen is dan de hoogmoed van den
wil, zegt Scupoli [3].

Deze hoogmoed is een ernstig beletsel voor het geloof
en de gehoorzaamheid aan de oversten : men stelt zooveel
vertrouwen in zijn eigen wijsheid, dat men meent niemand
noodig te hebben : vandaar dat men slechts met moeite zich
aan de leer des geloofs onderwerpt of ten minste er kritiek
op uitoefent en als maatstaf niet het gezag der Kerk maar
zijn eigen rede wil nemen ; vandaar ook nog dat men zulk
vertrouwen heeft in zijn eigen oordeel, dat men er niet aan
denkt den raad van anderen te vragen en zeker niet van de
oversten. Het logisch gevolg zijn herhaalde noodlottige onvoorzichtigheden, stijfhoofdigheid, vasthoudendheid aan eigen
zienswijze en minachting voor die van anderen. Uit dezen
hoogmoed des geestes komt de meeste oneenigheid voort,
die onder christenen en somtijds ook onder katholieke schrijvers bestaat. De H. Augustinus schreef in zijn tijd reeds van
de trotschen : "zij zijn verstoorders der eendracht, vijanden
des vredes, zonder liefde, opgeblazen van ijdelheid, baat-
zuchtig en groot in hun eigen oogen " [4].

810. Om dien hoogmoed des geestes af te leggen
moet men : 1) voor alles, met kinderlijken eenvoud,
zich onderwerpen aan de leer der H. Kerk. Het is
zonder twijfel geoorloofd de kennis der geloofswaarheden te verdiepen, door een geduldig, ijverig
bestudeeren der H. Vaders en Kerkleeraars, vooral
van Augustinus en Thomas, doch men moet het
doen met vroomheid en bescheidenheid, zooals het
Vatikaansch Concilie leert. Door het geloof voorgelicht zoeke men beter te begrijpen, volgens het
woord van den H. Anselmus : *fides quœrens intelle-*

---

[1] *Epist.* LV, C. 22, n. 39. *Lat. Vaders*, XXXIII, 223.
[2] SCUPOLI, *Geest. Strijd*, 9e h., n. 8.
[3] *Loco cit.*, n. 10.
[4] Sermo III Paschæ, n. 4.

ctum. Dan zal er geen gevaar zijn in die modernistische kritiekzucht te vervallen, welke onder voorwendsel van de geloofswaarheden uit te leggen, ze verzwakt en van haar bovennatuurlijk karakter ontdoet. Dan zal men zijn oordeel niet alleen aan die waarheden, maar ook aan de uitspraken der Pausen onderwerpen; dan zal men ook, in de niet uitgemaakte kwesties, aan anderen de vrijheid laten, die men voor zichzelven verlangt en eveneens de meeningen van tegenstanders eerbiedigen. Zoo zal de vrede onderling bewaard blijven.

2) Ook moet men bij redetwisten, niet de bevrediging van zijn hoogmoed, de overwinning van zijn meening, maar de waarheid op het oog hebben. Het komt zelden voor, dat er in tegenstrijdige meeningen niet het een of ander wordt aangetroffen, dat op waarheid berust en waarop wij tot dan toe geen acht geslagen hadden : een aandachtig en onpartijdig luisteren naar de redenen die een tegenstander bijbrengt; toegeven, waar hij gelijk heeft, is het beste middel om tot de volle waarheid te komen en niet te misdoen tegen de nederigheid en naastenliefde.

Kort gezegd : om het verstand volgens de door God gewilde orde te gebruiken, moet men studeeren wat meer noodzakelijk is en het doen met methode, volharding en een bovennatuurlijke bedoeling, dat is met het verlangen de waarheid te kennen, te beminnen en te beoefenen.

II. *Versterving of vorming van den Wil.*

811. 1° **Hare noodzakelijkheid.** De wil is in den mensch het hoofdvermogen, de koning der overige vermogens, de gebieder. Daar hij vrij is, geeft hij niet alleen aan zijn eigen akten, (actus eliciti), maar ook aan die der overige vermogens, waarover hij beveelt (actus imperati) haar vrijheid, haar verdienste of onverdienste. Den wil ordenen is derhalve den geheelen mensch ordenen. De wil nu is wel geordend, wanneer hij *krachtig* genoeg is om aan de lagere vermogens te gebieden, en *volgzaam* genoeg om zich te onderwerpen aan God : dit is zijn tweevoudige taak.

Beide zijn moeilijk, want de lagere vermogens staan dikwijls op tegen den wil en onderwerpen zich alleen aan zijn bestuur, als dat tegelijk beleidvol en krachtig is : de wil heeft immers geen *volstrekte* macht over de zinnelijke vermogens, maar een soort zedelijke heerschappij, een *overtuigenden* invloed om ze tot onderwerping te brengen (N. 56).

Alleen dan ook met moeite en na dikwerf herhaalde pogingen, worden de zinnelijke vermogens en de hartstochten aan den wil onderworpen. Eveneens kost het inspanning onzen wil volkomen aan dien van God te onderwerpen. Wij hebben allen neiging naar een zekere onafhankelijkheid, wij verlangen onzen eigen wil in te volgen ; doch wat wij wenschen is menigmaal niet wat God wil. Zonder offers te brengen is er voor ons dus geen heiliging mogelijk. Doch voor die offers schrikken wij menigmaal terug en wij stellen onzen wil boven dien van God. Het is dus volstrekt noodzakelijk onzen wil door versterving aan offers te gewennen.

812. 2° **Practische middelen.** Om den wil wel te vormen, moet men hem in voldoende mate handelbaar, *buigzaam* maken om aan God te gehoorzamen in alles, en *sterk* genoeg om te gebieden aan het lichaam en het gevoel. Om hiertoe te komen, moet men *de beletselen verwijderen* en *positieve maatregelen nemen.*

A) De voornaamste **beletselen** zijn : a) *binnen ons* : 1) *de onbedachtzaamheid :* men denkt niet na vóór te handelen, en men volgt den inval van het oogenblik, de neiging, de gewoonte of een gril : dus eerst *nadenken* en zich afvragen, wat God van ons verlangt ; 2) *de koortsige gejaagdheid*, waardoor wij ons hevig, onverstandig opwinden, ons naar lichaam en geest geheel nutteloos afmatten en menigmaal dwaasheden begaan : dus *kalmte* en *gematigdheid*, ook in het goede : bovenmatige ijver houdt meestal geen stand ; 3) *de achteloosheid* of besluiteloosheid, de luihuid, het gebrek aan durf : men laat de krachten van den wil onbenut, men verzwakt ze zelfs : dus zich toeleggen op degelijkheid, op vastberadenheid, gelijk wij aanstonds gaan verklaren ; 4) *de vrees voor*

mislukking, of gebrek aan vertrouwen, waardoor de energie
zeer sterk af moet nemen : dus bij moeilijkheden zich steeds
herinneren, dat met Gods hulp alles tot een goed einde komt.

813. b) Ook *van buiten* komen beletselen : 1) *Menschenvrees*, waardoor men zich slaafs naar anderen voegt, uit vrees
voor hun kritiek of bespotting. Men bestrijdt die door zich
te herinneren, dat Gods oordeel en niet dat van feilbare
menschen beslissend is ; 2) de *kwade voorbeelden*, die ons
te gemakkelijker medesleepen, omdat zij aan de neiging van
onze natuur beantwoorden : men behoort zich dan voor oogen
te stellen, dat het eenig voorbeeld, ons ter navolging voorgesteld, Jesus, onze Meester en Heer is, N. 136 volgg. De
wereld is tegen God, dus moeten wij juist anders doen dan
de wereld doet, N. 214.

814. B) **De positieve hulpmiddelen** bestaan in
de harmonische samenwerking van verstand, wil
en genade.

a) Het *verstand* heeft tot taak overtuigende
redenen bij te brengen, waardoor de wil geleid en
geprikkeld wordt om datgene te kiezen wat volgens
Gods wil is ; bijv. : God is mijn einddoel en Jesus
is de weg, die alleen er toe geleidt : dus moet ik
alles doen voor God, in vereeniging met Jesus
Christus ; — ééne zaak belet mij tot dat einddoel te
gaan, de zonde : dus, moet ik ze vluchten; heb ik ze
bedreven, dan moet ik ze zoo spoedig mogelijk
ongedaan maken; — het eenige, noodig en voldoende, om de zonde te vermijden is altijd den wil
Gods opvolgen : dus moet ik er naar streven om
altijd dén wil Gods te kennen en er mijn leven
naar in te richten, met Paulus biddend : " Heer,
wat wilt Gij, dat ik doe? " (Act. IX, 6)

815. b) Zijn deze gedachten diep doorgedrongen
in het verstand, dan moeten zij den *wil* wel krachtig
beïnvloeden. Deze moet op zijn beurt *vastberaden*,
flink en *standvastig* handelen. 1) *Vastberaden*. Heeft
men nagedacht en, volgens het belangrijke der zaak
korter of langer tijd, gebeden, dan moet men zonder
dralen een besluit nemen : het leven is te kort om

langen tijd te verliezen met maar steeds weer te
wikken en te wegen : men kieze datgene, wat het
meest Gods H. Wil schijnt te zijn, en God die onzen
goeden wil ziet, zal ons werken zegenen. 2) *Flink*,
kordaat. Het is niet genoeg te zeggen : ik *zou* wel
willen, ik verlang wel...; dit is niet degelijk. Men
moet zeggen : *ik wil* en ik wil, *wat het ook koste*,
en aanstonds de hand van het werk slaan, zonder
uit te stellen tot den volgenden dag, zonder een
andere, bijzondere gelegenheid af te wachten. 3) Doch
deze kordaatheid, men lette er wel op, *is niet geweld-*
dadig, maar kalm en rustig; zij moet eveneens
standvastig zijn. Daarom vernieuwe men dikwerf
zijn goede pogingen, houde men vol, zonder zich
door den minder goeden uitslag te laten ontmoedigen : slechts dan is men overwonnen, wanneer men
den strijd opgeeft. Zou men ook al eens zwak zijn,
of zelfs eenige kwetsuren oploopen, zoo men den
strijd blijft volhouden, mag men zich als overwinnaar beschouwen, omdat men op God steunend
inderdaad onoverwinnelijk is : de goddelijke Geneesheer verhelpt spoedig een oogenblikkelijke
zwakheid, heelt dra een onvoorziens ontvangen
wond. Men blijve steunen op God, want,

816. c) Ten slotte is Gods bijstand, Gods genade
het hoofdelement in den strijd ten goede. Nooit
wordt de genade ons geweigerd, wanneer wij ze
met ootmoed en vertrouwen vragen. Zonder haar
kunnen wij niets; met haar zijn wij zeker van de overwinning. Van deze waarheid moeten wij ons diep
doordringen en er dus dikwijls aan denken, vooral
vóór wij een zaak van eenig gewicht ondernemen.
Met aandrang moeten wij haar vragen in vereeniging met Christus om meer zekerheid te hebben
verhoord te worden. Herinneren wij ons steeds, dat
Jesus niet enkel ons *toonbeeld*, doch ook onze
mede-arbeider is. Daarom moeten wij met vertrouwen op Hem steunen, in de overtuiging, dat wij

met Hem alles kunnen ondernemen en uitvoeren
wat strekt tot ons bovennatuurlijk heil : " Alles
vermag ik in Hem die mij versterkt " (Phil. IV, 13).
Dan zal onze wil waarlijk krachtig zijn, want God
zelf zal zijn sterkte wezen. Dan zal hij waarlijk vrij
zijn, want de vrijheid bestaat niet in zich over te
geven aan de dwingelandij der driften, maar in te
heerschen, door de rede en den wil, over het gevoel
en de zinnelijkheid.

817. Besluit. Zoo wordt het doel onzer versterving bereikt : onze zinnen en lagere vermogens
onderdanig te maken aan den wil en dezen aan
God.

Dan kost het zooveel moeite niet meer de zeven
hoofdzonden zegevierend te bestrijden.

HOOFDSTUK IV.

Strijd tegen de hoofdzonden[1].

818. Deze strijd is eigenlijk een soort versterving.

Om de loutering der ziel te voltrekken en het
hervallen in de zonde te voorkomen, moeten wij de
oorzaak van het kwaad, dat is de drievoudige
begeerlijkheid, aantasten. In algemeene trekken
hebben wij deze begeerlijkheid reeds beschreven,
n. 193-209; doch daar zij de wortel is der zeven
hoofdzonden, is het noodig deze booze neigingen te
kennen en te bestrijden. De hoofdzonden zijn eerder

---

[1] CASSIAN, *De cœnobiorum institutis*, l. V, c. I. Lat. V., LIX,
202 sq. ; *Collationes*, coll. V, c. X, ibid., 621, sq. ; S. J. CLIMAC.,
Scala Paradisi, grad. XXII, Gr. Vad., LXXXVIII, 948 sq. ; S. GREG.
MAGN., *Moral.*, l. XXXI, c. XLV, Lat. Vad., LXXVI, 620 sq. ;
S. THOM., Iᵃ IIᵃ, q. 84, a. 3-4; *De malo*, q. 8, a. 1; S. BONAV.,
In II Sent., dist., XLII, dub. III; NATALIS ALEX., *De peccatis*,
(Theol. Cursus, Migne, XI, 707-1168); ALVAREZ DE PAZ, t. II, Lib.
I., P. 2ª, *De extinctione vitiorum;* CARD. BONA, *Manuductio ad Cælum*,
cap. III-IX.

neigingen dan zonden; toch worden zij *zonden* genoemd, omdat zij ons tot de zonde voeren, en *hoofdzonden*, omdat zij de *bron* of het hoofd van een menigte andere zonden zijn.

Ziehier hoe deze neigingen samenhangen met de drievoudige begeerlijkheid : uit de hoovaardij des levens worden de hoogmoed, de nijd en de gramschap geboren; de begeerlijkheid des vleesches brengt de gulzigheid, de onkuischheid en de traagheid voort, de begeerlijkheid der oogen vereenzelvigt zich met de gierigheid of ongeregelde zucht naar rijkdommen.

819. De strijd tegen de zeven hoofdzonden heeft altijd een voorname plaats bekleed in het christelijk leven. Cassianus handelt er breedvoerig over in zijn werken [1]. Hij onderscheidt acht, in plaats van zeven hoofdzonden, omdat hij den hoogmoed en de ijdele glorie afzonderlijk neemt. De H. Gregorius de Groote [2] geeft er duidelijk zeven en laat ze alle uit de hoovaardij voortkomen. Ook de H. Thomas brengt ze in verband met de hoovaardij en toont aan, hoe men ze philosophisch kan rangschikken volgens de *bijzondere doeleinden*. De wil kan zich naar iets richten met een tweevoudig oogmerk : het verkrijgen van een schijnbaar goed of het afwenden van een schijnbaar kwaad. Het schijnbaar **goed**, nagestreefd door den wil, kan zijn : 1) de *lof*, of de *eer*, beide op ongeregelde wijze nagejaagde *geestelijke* goederen : zij zijn het bijzonder doel van den *ijdele*, 2) de *lichamelijke* goederen, wier doel is de instandhouding van het individu of van het geslacht, doch op ongeregelde wijze gezocht, zijn het doel van den *gulzige* en van den *onkuische* : 3) de *uitwendige* goederen op ongeregelde wijze bemind zijn het doel van den *gierige*. Het schijnbaar **kwaad** dat men vlucht kan zijn : 1) de inspanning vereischt tot het verkrijgen van het goede, inspanning, die de *trage* ontwijkt; 2) de vermindering van den hoogen dunk, waarin men bij anderen wil staan, die vermindering duchten en mijden, hoewel op verschillende manier, de *grammoedige* en de *jaloersche*.

Wij volgen hier echter de indeeling volgens de drievoudige begeerlijkheid, omdat zij eenvoudiger is.

[1] *Collat.*, V, c. X; *De cœnobiorum institutis*, l. **V**, c. I.
[2] *Moral*, l. XXXI, c. 45.

ART. I. DE HOOGMOED EN DE ONDEUGDEN
DIE ER MEDE SAMENHANGEN [1].

§ I. De hoogmoed zelf.

820. De hoogmoed is een *afwijking* van dat
rechtmatig gevoel, dat ons aanzet om hetgeen goed
is in ons te achten en de achting van anderen te
zoeken, in zoover zij nuttig is voor den goeden
omgang met hem. Men mag en moet voorzeker
achten, wat God voor goeds in ons heeft neergelegd,
terwijl men tevens erkent, dat Hij er het *eerste begin*
en het *laatste einde* van is. Het is een gevoel, dat
eer geeft aan God en ons opwekt tot eerbied jegens
onszelven. Men mag eveneens wenschen, dat ook
anderen dit goed zien, het waardeeren en er God
om verheerlijken. Op gelijke wijze moeten wij in
den evennaaste zijn goede hoedanigheden erkennen
en hoogachten. Deze wederkeerige achting zal
natuurlijker wijze de goede verhouding onder de
menschen bevorderen.

Maar er kan afwijking of overdrijving zijn in
deze tweevoudige neiging. Somtijds toch vergeet
men, dat God de gever dezer goede hoedanigheden
is en *schrijft men ze aan zichzelven toe*. Dit is
volstrekt onredelijk, strijdig met de rechtvaardigheid, daar men, zoo niet met woorden dan toch door
daden, ontkent, dat God ons *eerste begin* is. Ook
voelt men de verzoeking om uit zelfzucht te handelen of om de achting van anderen te zoeken, in plaats
van God tot doel te stellen en Hem alleen de eer
toe te kennen van wat wij doen. Ook dit is onredelijk, strijdig met de goede orde, omdat men wederom God als ons *laatste einde* miskent. Er is dus
een dubbele wanorde in deze ondeugd, die men kan

---

[1] S. THOM., IIa IIae, q. 162 et 132; *De Malo*, q. 8-9; BOSSUET,
Tr. de la Concupiscence, c. 10-23; *Sermon sur l'Ambition*; BOURDALOUE,
Carême, Sermon pour le mercredi de la 2e semaine.

omschrijven : *Een ongeregelde liefde tot zichzelven, waardoor men zichzelf, openlijk of bedekt, acht als ware men zijn eigen eerste begin of laatste einde.* Een soort afgoderij dus, daar men zich als zijn eigen god beschouwt, gelijk Bossuet opmerkt, n. 204. — Tot doeltreffende bestrijding van den hoogmoed gaan wij nu verklaren : 1° zijn *voornaamste gedaanten*; 2° de *ondeugden*, die er uit volgen; 3° zijn *boosheid;* 4° de *tegenmiddelen.*

I. *De voornaamste gedaanten van den hoogmoed.*

821. 1° De eerste manier, waarop de hoogmoed zich vertoont, is zichzelf, uitdrukkelijk of bedekt, te beschouwen als zijn *eerste beginsel.*

A) Slechts weinigen beminnen zichzelf op zulke ongeregelde wijze, dat zij dit openlijk doen.

a) Het is de zonde der *godloochenaars,* die vrijwillig het bestaan van God ontkennen, omdat zij niemand boven zich willen : noch God, noch meester. Van hen spreekt de Psalmist, wanneer hij zegt : " de dwaze heeft in zijn hart gezegd : Er is geen God " (Ps. XIII, 1). Tot deze zonde kan die van Lucifer worden teruggebracht, toen hij, om onafhankelijk te zijn, onderdanigheid aan God weigerde; die van onze eerste ouders, daar zij als goden willende zijn, door eigen kennis, het goed en het kwaad zochten te kennen; die der ketters, welke, gelijk Luther, het door God gestelde gezag der Kerk verwierpen ; die der rationalisten, wanneer ze, trotsch op hun verstand, zich niet willen onderwerpen aan het geloof. Het is eveneens de zonde van sommige intellectueelen, die, te hoogmoedig om de overgeleverde verklaring der geloofswaarheden aan te nemen, ze verzwakken en verwringen om ze aan hun eigen denkbeelden aan te passen.

822. B) Grooter is het aantal van hen, die *op bedekte wijze* tot deze ondeugd vervallen, daar zij zich gedragen, alsof de natuurlijke en bovennatuurlijke gaven waarmede God hen heeft begiftigd, geheel hun eigendom waren. Zij erkennen wel theoretisch, dat God hun eerste begin is, maar practisch achten zij zichzelf bovenmatig, alsof zij alwat zij bezitten aan zichzelf te danken hebben.

a) Sommigen stellen hun welbehagen in hun hoedanigheden
en verdiensten, alsof zij ze alleen door eigen pogen hadden
verkregen : "toen de ziel zich zoo schoon zag, zegt Bossuet,
heeft zij er zelfbehagen over opgevat, en is in de beschouwing
harer eigen uitmuntendheid ingesluimerd : zij heeft een
oogenblik opgehouden tot God op te gaan : zij heeft haar
afhankelijkheid vergeten ; zij heeft eerst bij zichzelf stilgestaan
en daarna zich aan zichzelve overgegeven. Maar door vrij, ja
zelfs onafhankelijk te willen zijn van God, is de mensch de
slaaf van zijn zonde geworden [1] ".

823. b) Erger is de hoogmoed van hen die, gelijk de
stoïcijnen, aan zichzelven de deugden, die zij beoefenen,
toeschrijven ; of van die zich inbeelden, dat de gaven om niet
door God gegeven, de vrucht hunner verdiensten zijn, dat
hun goede werken meer aan hen dan aan God toebehooren
(ofschoon God er inderdaad de hoofdoorzaak van is) en
daarin aanleiding vinden tot roemen.

824. C) Uit dit zelfde valsch beginsel komt men
tot *overschatting van zijn persoonlijke hoedanigheden.*

a) Men sluit de oogen voor zijn gebreken, men ziet zijn
hoedanigheden door een vergrootglas ; men komt zoover, dat
men zich goede eigenschappen toekent, die men niet of slechts
in schijn heeft : zoo geeft men aalmoezen uit ijdel vertoon en
men meent liefdadig te zijn, terwijl men enkel hoovaardig is ;
men gelooft reeds heilig te zijn, omdat men gevoelige vertroostingen heeft gesmaakt, of schoone gedachten of goede
voornemens heeft neergeschreven, en men heeft ternauwer-
nood de eerste schreden op den weg der volmaaktheid gezet.
Anderen verbeelden zich breed van opvatting, ruim van blik
te zijn, omdat zij zich weinig gelegen laten liggen aan gerin-
gere voorschriften en de heiligheid in groote zaken zoeken.
b) Hieruit volgt haast onvermijdelijk, dat men zich *ten
onrechte boven anderen zoekt te stellen :* men let op de gebreken van anderen tot in bijzonderheden, en zelden heeft men
oog voor de eigen onvolmaaktheden en, volgens het woord
des Evangelies, ziet men het stroospiertje in het oog van den
evenmensch en den balk in eigen oog ziet men niet. Somtijds
zelfs veracht men zijn broeders, gelijk de farizeër deed ; of
zonder ze juist te verachten, doet men ze toch in zijn waardee-
ring te kort ; men beeldt zich in beter te zijn dan zij, terwijl
men inderdaad minder is. Door dat overdreven gevoel van
zelfwaardeering, wil men de anderen overheerschen en als
hun meerdere erkend worden.

[1] BOSSUET, *Traité de la Concupiscence*, ch. XI.

c) Ten opzichte der Oversten, openbaart deze hoogmoed zich door een geest van vitterij en tegenspraak : men gaat al hun gangen na, men let op alles, wat zij doen, om iets te vinden dat men kan afkeuren. Het is duidelijk, dat met zulke gesteltenis de gehoorzaamheid lastig valt : men negeert zijn Oversten zooveel mogelijk, men wil vrij, zijn eigen meester zijn.

825. 2° De hoogmoed openbaart zich nog onder een tweeden vorm : men beschouwt zich op uitdrukkelijke of op bedekte wijze als *zijn laatste einde*, dat is men doet al zijn handelingen zonder ze tot God op te voeren, men verlangt er om geprezen te worden, alsof zij uitsluitend eigendom waren van die ze verricht. Deze ondeugd volgt uit de eerste : wie zich beschouwt als zijn eigen bestaansgrond, zal ook zijn eigen einde willen zijn. Hier moeten wij wederom onderscheid maken.

A) Daar zijn er, buiten de atheisten en ongeloovigen, niet veel die zichzelf *uitdrukkelijk* beschouwen als hun laatste einde.

B) Velen echter leven *practisch*, alsof zij deze dwaling beleden. **a**) Zij willen geprezen worden om hun goede werken, alsof deze in hoofdzaak door hen tot stand gebracht, tot bevrediging hunner ijdelheid moesten dienen. In plaats van alle eer aan God te geven, willen zij liever zelf bewierookt worden om den goeden uitslag, dien zij aan zichzelf toeschrijven. **b**) Zij worden geleid door *eigenbaat*, al zeer weinig bedacht op de eer van God en nog minder op het welzijn van den evennaaste. Het gebeurt ook, dat zij zich zelfs inbeelden, dat iedereen moet trachten hen genoegen te doen of diensten te bewijzen ; zij maken zich tot middelpunt aller belangstelling. Is dit niet onbewust in de rechten van God treden?

c) Zonder nu juist zoo ver te gaan, zijn er ook wel godvruchtige personen, die zichzelven zoeken in hun godsvrucht ; zij beklagen zich over God, wanneer Hij hen niet met vertroostingen overlaadt, zij zijn diep bedroefd ten tijde van dorheid. Zij beelden zich geheel verkeerd in, dat de godsvrucht tot doel heeft vertroostingen te genieten ; dat Gods glorie het einddoel van alle werken en handelingen, vooral van het gebed en der geestelijke oefeningen moet zijn, daaraan denken zij niet.

826. Wij moeten bekennen, dat de hoogmoed onder de eerste of tweede gedaante, ook onder hen,

die naar volmaaktheid streven, tamelijk algemeen
is, in alle phasen van het geestelijk leven ons
bijblijft, ja tot aan het sterven toe ons vergezelt.
De beginnelingen zijn zich hiervan niet bewust,
omdat zij er zich niet op toeleggen zich door en
door te leeren kennen. Het is derhalve van het
hoogste belang hun aandacht op dit punt te vestigen, hen te wijzen op de meest voorkomende
verschijnselen van dit gebrek, opdat zij die tot
onderwerp van hun bijzonder gewetensonderzoek
nemen.

I I. *De ondeugden die uit den hoogmoed voortkomen.*

De voornaamste zijn : het *vermetel betrouwen,* de
eerzucht en de *ijdele glorie.*

827. 1º *Het vermetel betrouwen is* de ongeregelde
begeerte en hoop zaken uit te voeren boven zijn
krachten. Het wordt geboren uit den te hoogen
dunk van zichzelf, van zijn natuurlijke vermogens,
zijn kennis, zijn krachten, zijn deugden.

a) Op *verstandsgebied,* meent men in staat te zijn tot het
oplossen van de moeilijkste, de meest ingewikkelde kwesties
of ten minste tot het bestudeeren van zaken, die ver boven
zijn talenten liggen. Men verbeeldt zich al gauw, dat men
alle verstand en wijsheid in pacht heeft en, in plaats van op
zijn tijd twijfel te kennen, durft men, zonder aarzeling, een
beslissing geven in de meest omstreden vraagstukken. b) Op
zedekundig gebied, meent men genoeg verlicht te zijn om
zichzelf te besturen en geen raadsman van noode te hebben.
Hoe dikwijls men in het verleden in de zonde is gevallen,
toch maakt men zich wijs, dat er geen gevaar te duchten is ;
zonder de minste voorzorgen begeeft men zich in de gelegenheid van zonde en bezwijkt. Hierop volgt teleurstelling,
ontmoediging en menigmaal herhaalde val.

c) In het *geestelijke,* heeft men al zeer weinig lust in de
verborgen, lastige deugden ; men wil deugden, die schitteren ;
in plaats van te bouwen op den hechten grondslag der nederigheid, droomt men van zielegrootheid, van karaktervastheid,
van edelmoedigheid, van apostolischen ijver en denkbeeldige
triomfen in de toekomst. Doch komen de moeilijkheden, dan
blijkt al spoedig, hoe zwak en onstandvastig de wil nog is.

Met dat vermetel betrouwen heeft men somtijds enkel minachting voor de gewone gebeden en de zoogenaamde kleine godvruchtige oefeningen ; alles moet groot en grootsch zijn en men is nauwelijks aan het begin !

828. 2° Deze verwaandheid, samen met den hoogmoed, brengt de *eerzucht* voort, dat is, *de ongeregelde zucht naar eerambten, naar waardigheden, naar heerschappij over anderen.* Omdat men de eigen krachten overschat en zich boven de anderven verheven waant, wil men hen overheerschen, hen besturen, hen zijn eigen zienswijze opdringen.

De ongeregelde eerzucht kan zich op drie manieren uiten, leert de H. Thomas [1] : 1) door het najagen van eereposten, die men niet verdient en niet behoorlijk kan waarnemen; 2) door ze te zoeken voor zichzelven, tot eigen glorie en niet tot glorie van God ; 3) door ze te begeeren om de eer zelve, niet tot welzijn van anderen, dus tegen de door God gestelde orde, daar Hij verlangt, dat de Oversten dienstbaar zullen zijn aan het welzijn hunner onderhoorigen.

Deze eerzucht verschijnt op elk gebied : 1) in de *politiek :* men streeft er naar aan anderen te gebieden. Om daartoe te geraken, getroost men zich somtijds velerlei laagheden : wat al lafheid, wat al geschipper, wat al valsche beloften om stemmen te winnen! 2) Op *intellectueel* gebied : met welke hardnekkigheid zoekt men er de eigen denkwijze aan anderen op te dringen, zelfs in kwesties, waarover vrij geredetwist wordt. 3) In het *burgerlijk* leven, waar men belust is op de eerste plaatsen [2], waar men dingt naar de voornamere bedieningen en de eerbewijzen van het volk. 4) Ook onder de *geestelijken*, want wat al voorzorgen heeft de Kerk niet moeten nemen om bij de verkiezingen voor kerkelijke of kloosterlijke waardigheden, de eerzucht, de kuiperijen, de geheime listen, enz. te beletten! En gelijk de H. Gregorius opmerkt, ook onder de bedienaars der Kerk worden er gevonden, die voor

---

[1] *Summa theol.,* IIa IIæ, q. 131, a. 1.
[2] Deze ondeugd wordt niet enkel onder de geleerden en rijken aangetroffen ; Bossuet spreekt (*Tr. de la Concupiscence,* ch. XVI) van boeren die elkaar met heftigheid de eerste plaatsen in de kerk betwisten, zoo zelfs dat zij zeggen niet meer in de kerk te komen, als zij geen gelijk krijgen.

geleerden willen gehouden worden, die boven anderen willen uitsteken en, naar het woord des Evangelies, openlijk eerbewijzen zoeken en de eerste plaatsen verlangen in de vergaderingen [1].

De eerzucht is dus algemeener dan men denken zou. Zij hangt samen met de ijdelheid.

829. 3° De *ijdelheid* is *de ongeregelde begeerte naar achting*. Zij verschilt van den hoogmoed, die behagen schept in de eigen voortreffelijkheid. Zij komt echter meestal uit den hoogmoed voort : wanneer men zichzelf bovenmatig acht, verlangt men natuurlijk ook door anderen geacht te worden.

830. A) Boosheid der ijdelheid. Er is een verlangen naar achting, dat niet ongeregeld is : wanneer wij wenschen, dat onze natuurlijke of bovennatuurlijke hoedanigheden erkend worden, opdat God er om worde verheerlijkt en onze invloed er door toeneme ten goede, dan is hierin op zich geen zonde. Het is immers heel juist om wat goed is, ook als goed te achten, zoo men het ten minste beschouwt als van God komend en men Hem de eer er van toekent [2]. Ten hoogste kan men zeggen, dat het gevaarlijk is zich in den geest bezig te houden met dergelijke verlangens, omdat men allicht den lof van anderen zal begeeren uit eigenliefde.

Het ongeregelde bestaat dus in de begeerte om geprezen te worden *om zichzelf*, zonder de eer te geven aan God, van wien komt alwat goed in ons is,

---

[1] *Pastoral*, p. I, c. I, Lat. Vaders, LXXVII, 14.

[2] Dit verklaart de H. Thomas zeer duidelijk : " Het is geen zonde, dat iemand het goede, dat in hem is, erkent en goedkeurt... Evenmin is het zonde, dat iemand verlangt, dat zijn goede werken geprezen worden : er staat immers geschreven : Uw licht schijne voor de menschen (Matth. V, 16). En hierom duidt het verlangen naar eer in zich niet iets ongeregelds aan... De eer kan op drie wijzen ijdel genoemd worden : ten eerste van den kant der zaak, waarin men eer zoekt, bijv. als iemand zijn roem stelt in iets, dat niet lofwaardig is, om zijn broosheid of ijdelheid; ten tweede van den kant van dengene, wiens of gezocht wordt, bijv. van iemand, die niet wel bij zijn zinnen is; ten derde van den kant van dengene, die... de begeerde eer niet tot het verschuldigde einde terugvoert " IIᵃ IIæ, q. 132, a. 1.

of *om ijdele dingen*, die geen lof verdienen, of door personen wier oordeel zonder waarde is, bijv. door wereldsche lieden, die alleen oog hebben voor ijdele zaken.

Niemand heeft dit gebrek beter beschreven dan de H. Franciscus van Sales : IJdel noemen wij de glorie die gegeven wordt of om hetgeen niet in ons is, of om wat in ons, maar niet van ons is, of om wat in ons en van ons is, maar dat niet waard is geprezen te worden. De adel van het geslacht, de gunst der grooten, het aanzien bij het volk, zijn dingen, die niet in ons zijn, maar of in onze voorouders, of in de achting van anderen. Er zijn lieden, die trotsch en verwaand worden, omdat zij op een goed paard zitten, een pluim op hun hoed dragen of rijk gekleed zijn; maar wie ziet hun dwaasheid niet? Want als daarin eer steekt, dan is zij voor het paard, voor den vogel en voor den kleermaker... Anderen zijn fier op een gefriseerde knevel, op een net gekamde baard, op krulhaar, op poezelige handen, op hun bekwaamheid in dansen, spelen, zingen : doch is het geen bewijs van zeer weinig ware fierheid hun gewichtigheid en aanzien te willen verhoogen door zulke wulpsche en zotte dingen? Anderen willen om het weinige dat zij kennen, door iedereen met eer en ontzag behandeld worden, alsof iedereen bij hen ter school moest gaan; vandaar dat men ze wijsneuzen noemt. Anderen zijn als de pauwen, trotsch op hun schoonheid, en meenen, dat de geheele wereld hen in stomme verbazing bewondert. Dit alles is in de hoogste mate ijdel, dwaas en onbeschaamd, en de glorie die men om zulke nietige redenen zoekt, wordt ijdel, dwaas, beuzelachtig genoemd.

831. B) Ondeugden die voortkomen uit de ijdelheid. De ijdelheid brengt verscheiden ondeugden voort, in 't bijzonder : de *snoeverij*, het *uiterlijk vertoon* en de *veinzerij*.

1) De *snoeverij* of grootspraak bestaat in de gewoonte te spreken van zichzelf of van wat in zijn voordeel is, om door anderen geacht en geprezen te worden. Sommigen spreken van zichzelf, van hun familie, van hun zaken zoo open, dat allen heimelijk er om lachen; anderen weten het gesprek steeds op een thema te brengen, waar zij zich kunnen doen gelden; nog anderen spreken heel bedeesd over hun gebreken met de stille hoop tegengesproken en geprezen te worden [1].

---

[1] " Wie kwaad spreekt van zichzelven, zegt de H. Franc. van Sales, zoekt zijdelings den lof; hij doet als de roeier, die den rug keert naar

2) Het *uiterlijk vertoon* bestaat in de aandacht op zichzelf te vestigen door zekere manier van doen, door de weelde, die men ten toon spreidt of door zonderlingheden.

3) De *veinzerij* neemt het uitwendige, den schijn der deugd aan, waaronder zich ware, geheime ondeugden verbergen.

III. De boosheid van den hoogmoed.

Om een juist oordeel te vormen over die boosheid, kunnen wij den hoogmoed beschouwen in *zichzelf* of in zijn *gevolgen*.

832. 1º **In zichzelf : A**) *De eigenlijk gezegde hoogmoed.* die zich, wetens en willens, Gods rechten, zij het ook slechts op bedekte wijze, aanmatigt, is een zware zonde, ja zelfs de grootste aller zonden, zegt de H. Thomas [1], omdat hij weigert zich te onderwerpen aan Gods opperheerschappij.

a) *Onafhankelijk* willen zijn, gehoorzaamheid weigeren aan God of aan zijn wettige vertegenwoordigers is, in een groote zaak, doodzonde, omdat men aldus opstaat tegen God, zijn wettigen Opperheer.

b) Ook is het een zware zonde zich toe te eigenen, wat klaarblijkelijk van God komt, vooral de genadegaven, want het is stilzwijgend loochenen, dat God de eerste oorsprong is van alle goed, dat wij bezitten. Toch maken zich velen hieraan schuldigd door te zeggen : wat ik ben, dank ik aan mijn werken alleen.

c) Nog zondigt men grootelijks, als men *uit zelfzucht, met voorbijgaan van God*, wil handelen ; want zoo ontkent men Gods recht om ons laatste einde te zijn.

833. B) De hoogmoed in minderen graad, die God wel erkent als eerste begin of laatste einde, maar Hem niet al de eer geeft, die Hem toekomt, is een *dagelijksche* zonde. Dit is het geval met hen, die zich beroemen op hun goede eigenschappen of op hun deugden, alsof naar hun overtuiging deze

de plaats waarheen hij met alle inspanning wil komen. Hij zou boos worden zoo men het kwaad geloofde, dat hij van zichzelf vertelt : het is uit hoogmoed dat hij voor nederig wil gehouden worden ".

[1] *Sum. theol.*, IIª, II.æ, q. 162, c. 5-6.

hun eigendom waren; of met die vermetel, ijdel, eerzuchtig zijn, maar nochtans niet zwaar misdoen tegen de goddelijke of menschelijke wetten. De fouten kunnen evenwel doodzonden worden, zoo zij tot groot kwaad voeren. Zoo wordt bijv. de ijdelheid groote zonde, wanneer zij aanzet tot het maken van belangrijke schulden, die men niet kan betalen, of tot het opwekken bij anderen van een onreine liefde. Men moet dus ook letten op de gevolgen van den hoogmoed.

834. 2º De hoogmoed beschouwd in **zijn gevolgen : A**) Wordt de hoogmoed niet onderdrukt, dan is zijn uitwerking somtijds noodlottig. Wat al oorlogen zijn ontstaan door den hoogmoed der vorsten of ook der volkeren [1]. En hoeveel verdeeldheid in de families, hoeveel haat tusschen burgers is het gevolg van deze ondeugd! De H. Vaders leeren dan ook terecht, dat de hoogmoed de wortel is van alle ondeugden en dat hij daarenboven vele goede werken bederft, omdat hij ze doet beoefenen uit baatzucht [2].

835. B) Ten opzichte der *volmaaktheid*, moeten wij den hoogmoed haren grooten vijand noemen, omdat hij een *deerniswaardige onvruchtbaarheid* in onze ziel veroorzaakt en de *bron van talrijke zonden is*. **a**) Hij toch *berooft* ons van vele *genaden* en vele *verdiensten :*

1) Van vele *genaden*, omdat God, die zijn gaven met vrijgevigheid mededeelt aan de nederigen,

---

[1] De hoogmoed maakt den mensch tot een duivel, een verachter, een godslasteraar, een meineedige, een moordlustige (S. Joan. Chrys. in Ep. II ad Thessal. C. I, homil. I, n. 2, Gr. Vad. 471).

[2] " De overige ondeugden tasten alleen die deugden aan, waardoor zij uitgeroeid worden... ; de hoogmoed echter, dien wij *den wortel der ondeugden* noemen, stelt zich volstrekt niet tevreden met de vernietiging van een enkele deugd, maar verzet zich tegen de geheele ziel en, als een algemeene en verpestende ziekte, brengt hij verderf in het gansche lichaam, zoozeer dat wat onder zijn invloed gedaan wordt, al schijnt het ook deugd, niet Gods glorie, maar de eigen ijdele eer tot doel heeft ". S. GREG., *Moral.*, l. XXXIV, c. 33, n. 48. *Lat. Vad.*, LXXVI, 744.

ze aan de hoovaardigen weigert : " God weerstaat de hoovaardigen, maar aan de nederigen geeft Hij genade " (Jac. IV, 6). Letten wij wel op deze woorden : God weerstaat de hoovaardigen; want, zegt Olier : " daar de hoovaardige God zelf rechtstreeks aantast en het op Hem gemunt heeft, verzet God zich tegen zijn onbeschaamde, afschuwelijke aanmatiging. God is de Heer en daar Hij wil blijven, wat Hij is, slaat Hij neer wie tegen Hem opstaat " [1].

2) Van vele *verdiensten :* een allereerste vereischte om te verdienen is, dat men met zuivere bedoeling handelt. Doch de hoovaardige handelt om zichzelf, of om aan de menschen te behagen, in plaats van de eer Gods te beoogen en verdient aldus het verwijt gericht tot de farizeën : zij doen alles om door de menschen gezien te worden... zij hebben hun loon reeds ontvangen; van God hebben zij dus geen belooning meer te verwachten (Matth. VI, 1-2).

836. b) De hoogmoed is eveneens *een bron van vele zonden :* 1) zonden tegen de liefde aan zichzelf verschuldigd : vol *vermetel betrouwen* stelt men zich aan het gevaar bloot en bezwijkt er in; uit *trotschheid* laat men na dringend den bijstand der genade te vragen en men valt; dan komt de ontmoediging en de bekoring om in de biecht de zonden te bewimpelen. 2) Zonden tegen de naastenliefde : uit trots wil men niet toegeven, wanneer men ongelijk heeft : men is bijtend in gesprekken, men twist ruw en heftig, men zaait tweedracht onder huisgenooten; om tegenstanders te vernederen uit men bittere woorden, somtijds valsche aantijgingen; men ontziet zelfs de Oversten niet, maar bevit hen met heftigheid en weigert hun bevelen op te volgen.

837. c) De hoogmoed is eindelijk een bron van verdriet voor wie zich door hem laat geleiden.

---

[1] OLIER, *Introduction*, ch. VI, 1e section.

Wanneer iemand in alles vooraan wil staan en boven zijn gelijken, heeft hij rust noch vrede. Rust en vrede zal hij alleen dan vinden, wanneer hij over al zijn mededingers gezegevierd heeft. Dit gebeurt nooit volkomen, en daarom is hij altijd ontstemd, onrustig en verdrietig.

IV. *Hulpmiddelen tegen den hoogmoed.*

838. Zooals (n. 207) reeds gezegd is, bestaat het groote behoedmiddel tegen den hoogmoed in het erkennen, dat God de Gever is van alle goed en Hem dus daarvoor alle eer en glorie toekomt. *Uit onszelven* zijn wij louter *niet* en *zonde* en verdienen dus niets dan *vergetelheid* en *verachting* (n. 208).

839. 1º **Wij zijn louter niet.** De beginnelingen behooren met ijver zich van deze waarheid te doordringen. Daartoe moeten zij, in het licht des geloofs, met alle aandacht de volgende punten overdenken : ik ben niets, ik kan niets, ik ben niets waard.

A) **Ik ben niets.** Het is waar, God heeft mij in zijn goedheid uitverkoren onder millioenen mogelijke schepselen, om mij het bestaan, het leven, een geestelijke, onsterfelijke ziel te geven en ik moet Hem er voor zegenen alle dagen mijns levens, doch a) *ik kom uit het niet* en, door mijn eigen gewicht, *neig ik naar het niet,* en ik zou er onfeilbaar in terugvallen, indien mijn Schepper mij niet onophoudelijk tegenhield; mijn bestaan behoort dus niet aan mij, maar geheel aan God, tot zijne eer moet ik het gebruiken.

b) Het zijn, dat God mij heeft geschonken, is een levende werkelijkheid, een onschatbare weldaad, waarvoor ik Hem nimmer genoegzaam danken kan, maar toch, hoe bewonderenswaardig ook mijn wezen is, vergeleken bij het goddelijk Wezen, is het als een niet, *tamquam nihilum ante Te,* zoo onvolmaakt is het; 1) het is een *ens contingens*, een *niet-noodzakelijk wezen*, het kan verdwijnen en niets zal aan de volmaaktheid der wereld ontbreken; 2) het is een *geleend wezen*, dat mij alleen is toevertrouwd onder het nadrukkelijk vooropstellen van Gods opperheerschappij; 3) het is een *broos wezen*, dat uit zichzelf niet kan blijven bestaan, doch ieder oogenblik in stand moet worden gehouden door zijn Schepper. Het is derhalve een zijn, uit zijn aard afhankelijk van God en met geen andere reden van bestaan als eer te geven aan zijn Schepper. Deze afhankelijkheid vergeten en handelen, alsof onze hoedanigheden geheel de onze waren, er ons op beroemen is dus een onverklaarbare afdwaling, een dwaasheid en een onrecht jegens God.

840. Wat van den mensch gezegd wordt in de orde der natuur, geldt nog meer, wanneer wij hem beschouwen in *de orde der genade :* de deelname in het goddelijk leven, welke mijn adeldom en mijn grootheid uitmaakt, is een gave essentieel om niet gegeven en die mij door God en door Jesus Christus is geschonken, die in mij niet tot ontwikkeling komt dan door den bovennatuurlijken bijstand van God (n. 126-128). Terecht moeten wij het den Apostel nazeggen : " God zij dank voor zijn onuitsprekelijke gave " (II Cor. IX-15).

Welke ondankbaarheid en welke onrechtvaardigheid zichzelf iets, hoe gering ook, toe te schrijven van deze gave, die uitsluitend van God kan komen. " Wat hebt ge, dat ge niet verkregen hebt? En zoo ge het verkregen hebt, wat pocht ge dan, als hadt ge het niet verkregen? " (I Cor. IV, **7**).

841. B) **Ik kan niets** uit mijzelven : ik heb ongetwijfeld van God kostbare vermogens ontvangen, waardoor ik in staat ben de waarheid en de goedheid te kennen en te beminnen ; die vermogens zijn nog vervolmaakt geworden door de bovenna-

tuurlijke deugden en door de gaven van den
H. Geest. Nimmer zullen wij die gaven der natuur
en der genade genoegzaam kunnen bewonderen en
waardeeren. Maar *uit mijzelven*, door mijn eigen
toedoen kan ik niets doen om die vermogens in
werking te stellen of te vervolmaken : niets kan ik
in de *natuurlijke* orde zonder den bijstand van God,
niets in de *bovennatuurlijke* orde zonder de dadelijke genade, zelfs ben ik niet bekwaam een goede,
heilrijke gedachte, een goed bovennatuurlijk verlangen te vormen. En zou ik dan, hiervan bewust, mij
kunnen verhoovaardigen om die natuurlijke en
bovennatuurlijke vermogens, als waren zij mijn onverdeeld eigendom? Ook dit zou wederom ondankbaarheid, dwaasheid, onrecht wezen.

842. C) **Ik ben niets waard :** wanneer ik naga,
wat God in mij heeft neergelegd, wat Hij er door
zijn genade uitwerkt, dan voorzeker moet ik bekennen, dat ik kostbaar, van groote waarde ben : " duur
zijt ge gekocht " (I Cor., VI, 20), zegt de Apostel
en de H. Bernardus voegt er bij : *tanti vales, quanti
Deus :* gij zijt zooveel waard als God ". Zooveel als
God! mijn waarde is de prijs voor mij betaald en
die prijs is het bloed van een God geweest! Doch
aan wien komt de eer mijner verlossing en heiligmaking toe? Aan mij of aan God? Het antwoord
hierop kan niet twijfelachtig wezen. Maar toch, zoo
zegt de eigenliefde, ik heb niettemin iets wat het
mijne is en mij waarde geeft : mijn eigen, vrije
medewerking met den bijstand en de genade Gods.
Wij hebben, wel is waar, hier eenig aandeel, maar
niet het voornaamste : die vrije medewerking is de
uitoefening der vermogens ons door God vrijgevig,
zonder eenig recht van onzen kant, geschonken, en
op het oogenblik zelf, dat wij onze medewerking
verleenen, komt God als hoofdoorzaak ons daartoe
te hulp : " want God is het die naar zijn welbehagen
in u het willen uitwerkt en het handelen " (Phil. II, 13).

En voor den eenen keer, dat wij met de genade medewerken, hoeveel malen hebben wij weerstand geboden, hoeveel malen onvolmaakt medegewerkt? Wij hebben in waarheid geen reden tot roemen, maar wel om ons te vernederen.

Wanneer een groot schilder een meesterwerk heeft gemaakt, wordt het aan hem, niet aan zijn middelmatige medehelpers, toegeschreven. Met nog meer recht dus moeten wij onze verdiensten toeschrijven aan God als eerste en hoofdoorzaak, zoodat, gelijk de H. Augustinus zegt, God in onze verdiensten zijn eigen gaven kroont : "*Sua in nobis Deus dona coronat*".

Bij gevolg, van welke zijde wij onszelven beschouwen, hoe kostbare gaven in ons gevonden worden, hoe groot de waarde van onze verdiensten is, wij vinden nergens recht of reden om ons er op te beroemen, maar wel aanleiding en verplichting om God er eer en dank voor te geven uit het diepste van ons hart.

843. 2° **Ik ben zondaar** en als zoodanig verdien ik verachting, alle verachting, die God zal goedvinden mij te laten overkomen. Om zich hiervan te overtuigen, zal het voldoende zijn zich te herinneren, wat wij van de dagelijksche en de doodzonde gezegd hebben.

A) Indien ik het ongeluk gehad heb *een enkele doodzonde* te bedrijven, verdien ik eeuwige vernederingen, wijl ik de hel verdiend heb. Ik heb weliswaar de zoete hoop, dat God mij heeft vergeven, maar toch blijft het altijd waar, dat ik een misdaad van majesteitsschennis heb begaan jegens God, een godsmoord als het ware, een soort geestelijke zelfmoord, n. 719 : om die beleediging de goddelijke majesteit aangedaan moet ik bereid ja zelfs verlangend zijn om alle mogelijke vernederingen, beleedigingen, smaad en laster te ondergaan : dit alles is nog minder dan wat hij verdient die ook maar één enkele maal de oneindige Majesteit Gods beleedigd heeft. En zoo ik het dikwijls heb gedaan, hoezeer

moet ik er dan in berusten, ja mijzelfs verheugen,
dat ik de gelegenheid vind om mijn zonden uit te
boeten door eenige vernederingen van korten duur?

844. **B**) Wij allen hebben ons aan dagelijksche
zonden plichtig gemaakt, en zonder twijfel met
voorbedachten rade, doordat wij vrijwillig onzen
wil en ons genoegen boven den wil en de glorie van
God hebben gesteld. Dit is eveneens, gelijk n. 715
gezegd is, een beleeding der goddelijke majesteit,
een beleediging die zulke diepe vernederingen, verdient, dat, al zouden wij ons geheele leven doorbren-
gen in oefeningen van zelfvernedering, wij God uit
onszelven al de glorie, die wij Hem ontroofd hebben,
niet zouden kunnen vergoeden. Mocht dit overdreven schijnen, dan denke men aan de tranen en de
strenge boetvaardigheid der Heiligen. Sommigen
hunner hadden slechts dagelijksche zonden bedreven en toch ook zij meenden nooit genoeg te doen
om hunne ziel te zuiveren en den smaad God aangedaan te herstellen. Deze Heiligen zagen dit beter
in dan wij; oordeelen wij anders, dan is het, omdat
wij door onzen hoogmoed verblind zijn.

Omdat wij zondaars zijn, moeten wij dus niet
alleen de achting der menschen niet najagen, maar
ook ons zelven verachten, en de vernederingen, die
God ons laat ondergaan, gewillig aannemen.

§ II. De Afgunst [1].

845. De afgunst is tegelijk een *hartstocht* en
een *hoofdzonde*. Als hartstocht is 't een zekere diepe
droefheid, die men ondervindt bij het zien van eenig
goed in anderen. Dit treurig gevoel gaat samen met
een beklemmende ontroering van het hart, dat er
in zijn werking door verzwakt wordt.

---

[1] S. Cyprianus, *de Zelo et Livore*, Lat. V., 637-652; S. Greg. *Moral.*
l. V, c. 46, Lat. V., LXXV, 727-730; S. Thom., IIa IIæ, q. 36, *de Malo*,
q. 10.

Wij handelen hier echter over de afgunst als hoofdzonde en zullen zeggen : 1° welk haar *natuur*, 2° haar *boosheid* is en 3° welke *middelen* wij er tegen moeten aanwenden.

846. 1° **Aard. A**) De afgunst is een neiging om ons te bedroeven over het goed van den evenmensch, als over een aanslag op onze eigen voortreffelijkheid. Menigmaal gaat hij samen met de begeerte den naaste beroofd te zien van het goed, dat ons in den schaduw stelt.

Deze ondeugd komt dus voort uit den hoogmoed, die geen hoogeren of gelijken duldt. Wanneer men zich overtuigd houdt boven anderen te staan, be· droeft men zich bij het zien, dat anderen niet minder en zelfs meer begaafd zijn, of ten minste beter slagen. Vooral de schitterende begaafdheden zijn aanleiding tot afgunst; evenwel ernstige menschen zijn ook wel afgunstig op degelijke eigenschapen en zelfs op de deugd.

Deze ondeugd openbaart zich door het leed, dat men gevoelt als iemand wordt geprezen; men zoekt dan door vitterijen en afkeuring dien lof te verkleinen.

847. B) Dikwijls verwisselt men *afgunst* met *naijver :* deze is eigenlijk een overdreven liefde voor het eigen goed, tegelijk met de vrees dat het ons door anderen wordt ontroofd. Men was de eerste van zijn klas, men ziet en merkt den vooruitgang van een ander, men wordt naijverig op hem van wege de vrees, dat hij die eerste plaats zal innemen. — Iemand bezit de genegenheid van een vriend; hij is bang, dat een derde die genegenheid zal ontrooven, en wordt naijverig op hem. — Men heeft een goed beklante zaak, men vreest dat een mededinger de klanten naar zich toe trekt. Vandaar de naijver die meermalen heerscht onder lieden van het zelfde beroep of ambt, onder letterkundigen en somtijds ook onder geestelijken : in 't kort *men is afgunstig op het goed van een ander* en *naijverig op het eigen goed.*

C) Er is verschil tusschen *naijver* en *wedijver :* deze laatste is prijzenswaardig en zet ons aan om de goede eigenschappen en hoedanigheden van een ander na te volgen, te evenaren en zoo mogelijk, te overtreffen, maar door eerlijke middelen.

848. 2° **Boosheid van den afgunst.** Zij kan bestudeerd worden *in zich* en in hare *gevolgen*.

A) De afgunst is *in zich*, uit hare natuur, een *dood-zonde*, omdat zij rechtstreeks tegen de deugd van liefde is, welke eischt, dat men zich verheuge over het goed van anderen. Hoe belangrijker het goed is, dat men benijdt, hoe grooter ook de zonde is. Daarom, gelijk de H. Thomas [1] leert, is het een zeer zware zonde, de geestelijke goederen in den naaste te benijden, zich te bedroeven over zijn voortgang of over zijn welslagen bij werken van zielenijver. Dit is zoo, wanneer die afgunstige gevoelens geheel vrij-willig zijn; doch dikwerf zijn het slechts indrukken of onbedachte, of ten minste onvolkomen door-dachte en grootendeels onvrijwillige gevoelens, in welk geval, de afgunst dagelijksche zonde is.

849. B) In hare *gevolgen* is de afgunst soms zeer noodlottig :

a) Zij verwekt gevoelens van *haat :* allicht is men geneigd om diegenen, op wie men afgunstig of naij-verig is, te haten en bijgevolg kwaad van hen te spreken, hen te bekladden, te belasteren, kwaad toe te wenschen.

b) Zij tracht verdeeldheid te brengen niet enkel tusschen vreemden, maar ook in de huisgezinnen zelf (men denke slechts aan de geschiedenis van Joseph) of onder bevriende families; deze tweedracht kan zeer ver gaan en tot vijandschappen en ergernis voeren. Somtijds zelfs volgen er oneenigheden uit tusschen de katholieken van dezelfde streek, natuur-lijk tot groot nadeel van den godsdienst.

c) Zij drijft tot het *ongebreideld najagen van rijk-dom* en *eereposten :* om diegenen, op wie men naij-

---

[1] Er is echter een afgunst, welke tot de grootste zonden gerekend wordt, nam. het benijden van de genade in zijn naaste, waardoor iemand zich bedroeft over de vermeerdering zelf der genade (*Sum. theol.*, II[a], II[ae], q. 36, a. 4, ad 2).

verig is, te overtreffen, geeft men zich over aan
bovenmatigen arbeid, aan min of meer oneerlijke
kunstgrepen, waarbij het geweten in 't gedrang
komt.

d) Zij *verontrust de ziel :* zoolang hij er niet in
geslaagd is zijn mededingers te overschaduwen, te
overheerschen, heeft de afgunstige geen vrede of
rust, en daar het zoo dikwerf gebeurt, dat hij niet
slagen kan, is hij ten prooi aan altijddurend verdriet.

850. 3ᵃ **Hulpmiddelen tegen de afgunst.** Om
deze ondeugd te overwinnen moet men sommige
dingen *nalaten* en andere *doen.*

A) De *negatieve* middelen zijn : **a**) *niet toegeven*
aan de opkomende gevoelens van afgunst en naijver,
ze verachten, ze vertreden als iets nietswaardigs,
gelijk men een giftig kruipdier vertrapt; **b**) komen
zij terug, dan aan iets anders denken, bijv. dat de
begaafdheden en goede eigenschappen van de anderen niets van de onze wegnemen, en veeleer voor
ons een spoorslag moeten zijn tot edelen wedijver.

851. B) Onder de *positieve* hulpmiddelen zijn er
twee van groot belang :

a) Het eerste houdt verband met *onze inlijving
in Christus :* krachtens deze geloofswaarheid zijn
wij allen broeders, leden van het geheimzinnig
lichaam, waarvan Christus het hoofd is : de goede
hoedanigheden, evenals het welslagen van een dezer
leden, komen aan al de andere eveneens ten goede.
Bijgevolg, in plaats van ons over de grootere begaafdheden onzer broeders te bedroeven, moeten
wij er ons over verheugen, volgens de schoone leer
van den Apostel Paulus, omdat zij strekken tot
algemeen en ook tot ons welzijn. Zijn wij afgunstig
op de deugden van anderen, wat menigmaal gebeurt
door inblazing des duivels en der eigenliefde, dan
moeten wij ons liever vereenigen met den H. Geest
van Jesus Christus in het H. Sacrament, om Hem,

de bron dier deugden, te verheerlijken en Hem de genade te vragen om er in deel te hebben : wij zullen ondervinden, hoe nuttig deze oefening ons wezen zal, zegt Olier [1].

852. b) Het tweede middel bestaat in den naijver te veranderen in een prijzenswaardigen, christelijken *wedijver* om den evennaaste, met den bijstand van Gods genade, in zijn deugden te evenaren, ja zelfs te overtreffen.

Om goed te zijn en verschillend van den naijver, moet de christelijke wedijver : 1) *eerbaar zijn in zijn voorwerp*, dat is, niet het verkrijgen van gelijk succes, maar van gelijke deugden moet beoogd worden ; 2) *edel in zijn bedoeling*, dat is, niet er naar strevend om boven de anderen uit te steken, ze te vernederen en te overheerschen, maar wel om, zoo mogelijk, beter te worden tot meerdere glorie van God en van zijn Kerk ; 3) eerlijk in zijn strijdmiddelen, dat is, men moet tot zijn doel trachten te komen, niet door kuiperijen, list of een andere ongeoorloofde handelwijze, maar door arbeid, inspanning en het goed benutten der gaven Gods.

Zoo begrepen is de wedijver een doeltreffend behoedmiddel tegen de afgunst, daar hij in niets de liefde kwetst, en tevens een krachtige prikkel tot werken is. Immers de besten onzer broeders beschouwen als toonbeelden, ten einde ze na te volgen of ze zelfs te overtreffen, is wel beschouwd onze eigen onvolmaaktheid erkennen en voortgang willen maken door het benutten der voorbeelden onzer broeders. Is dat niet werkelijk handelen, zooals de H. Paulus wilde dat zijn leerlingen zouden doen, toen hij hen schreef : Weest mijn navolgers, zooals ik het ben van Christus (I Cor., XI, 1)? Is dat niet den raad opvolgen, dien hij gaf aan de christenen van zijn tijd : "Laten wij elkander gadeslaan, om ons tot liefde te prikkelen en goede werken " (Hebr. X, 24). Dit is ook volgens den geest der Kerk, die ons de Heiligen ter navolging voorstelt en ons wil opwekken tot een edelen, heiligen wed-

---

[1] J. J. OLIER, *Catéch. chrét.*, IIe P. leç. XIII.

ijver. Zoo wordt de afgunst voor ons nog een gelegenheid tot beoefening der deugd.

§ III. De Gramschap [1].

De gramschap is een afdwaling van den instinctmatigen aandrang, dien wij gevoelen om ons te
verdedigen, wanneer wij worden aangevallen, door
geweld te stellen tegenover geweld. Wij gaan hier
spreken over : 1° de natuur; 2° de boosheid; 3° de
middelen tot bestrijding der gramschap.

I. *Natuur der gramschap.*

853. Er is een *gramschapsdrift* en een *gram-
schapsgevoel.*

1° De gramschap, beschouwd als hartstocht, is
een gewelddadige behoefte aan verzet, opgewekt
door een lichamelijk of zedelijk lijden of bezwaar.
Dit leed, deze tegenkanting wekt een hevige gemoedsaandoening op, welke ons aanzet om krachtig
tegen die moeilijkheid in te gaan : men voelt een
aandrang om dan zijn toorn te ontlasten op personen, dieren of zaken.

Men onderscheidt voornamelijk twee vormen van gramschap, naargelang deze zich uiterlijk openbaart. De eerste, de
woedende gramschap, komt voor bij de sterken; de tweede,
de krampachtige gramschap, bij de zwakken. Bij de eerste
slaat het hart met hevigheid en drijft het bloed naar de
oppervlakte des lichaams : de ademhaling versnelt, het aangezicht wordt hoogrood, de hals zwelt, de aderen teekenen
zich duidelijk af onder de huid; de oogen schieten vuur,
de neusvleugels verwijden zich, de stem wordt schor, stootend
en heftig. De spierkracht vermeerdert : het geheele lichaam
is strijdvaardig en bereid om alles neer te slaan, te breken
en uit den weg te ruimen wat onder bereik komt. Bij de
tweede gramschap, krimpt het hart in, de ademhaling wordt
moeilijk, het gelaat word uitermate bleek, een klam zweet
parelt op het voorhoofd, de tanden klemmen vast opeen,
geen woord komt over de lippen, maar de ingehouden

---

[1] S. GREG., *Moral,* 1. V, c. 45. Lat. V. LXXV, 727-730; S. THOM.,
II^a II:_æ, q. 158; *De Malo,* q. 12.

gemoedsbeweging breekt ten slotte met geweld naar buiten en lucht zich in heftige bewegingen.

854. 2° De gramschap, beschouwd als *gevoel*, is een vurig verlangen, een hevige aandrang om een aanvaller af te weren en te kastijden.

A) Er bestaat ook een rechtmatige gramschap, een heilige verontwaardiging, welke niets anders is als de vurige doch tevens redelijke begeerte om de schuldigen een verdiende straf op te leggen. Zoo zien wij Christus in rechtmatigen toorn ontstoken tegen de kooplieden in den tempel, die door hun handel het huis zijns Vaders ontheiligden; terwijl wij den hoogepriester door God gestraft zien, omdat hij geen toorn om de misdrijven van zijn zonen gekend en ze niet gekastijd heeft.

Om rechtmatig te zijn moet de gramschap wezen : a) *gerechtvaardigd* in haar *voorwerp* : kastijdend die het verdient en zooals hij het verdient; b) *gematigd bij het toepassen* der kastijding : straffend niet meer dan de bedreven fout verdient en de rechtvaardigheid vereischt; c) *welwillend* in haar *bedoeling* : ingegeven niet door haat of wraakzucht, maar door het verlangen de orde te handhaven en den schuldige te verbeteren. Ontbreekt een dezer drie voorwaarden, dan is zij afkeurenswaardig. — De toorn kan vooral in de ouders en oversten billijk zijn; doch ook in anderen kan zij het wezen : gewone burgers hebben somtijds het recht en den plicht met verontwaardiging op te treden om de belangen der burgerij te verdedigen en te beletten, dat de boozen de overhand krijgen : er zijn inderdaad menschen die ongevoelig zijn voor zachtheid en slechts door strengheid geleid kunnen worden.

855. B) De gramschap, beschouwd als hoofd-zonde, is een hevige, onbeteugelde begeerte om iemand te kastijden zonder op de drie boven aangegeven voorwaarden te letten. Menigmaal gaat zij vergezeld van *haat*, en zoekt niet enkel zelfverdediging, maar *wraakneming*. Hierbij treedt een meer overdachte, duurzame gemoedstemming op, die daarom ook tot ernstiger gevolgen leidt.

856. 3° De gramschap heeft verschillende *graden* : a) In het begin is het enkel een beweging van *ongeduld* : men toont *kwaden zin* bij het verschijnen van een tegenkanting, van eenige mislukking ; **b**) daarna wordt men *driftig :* men windt zich bovenmatig op en men uit zijn ontevredenheid door heftige *gebaren;* **c**) soms gaat men over tot *geweld*, men schreeuwt niet alleen, maar men slaat om zich heen ; **d**) enkele malen wordt men in woede, in razernij ontstoken : alle zelf-beheersching verdwijnt, de woorden zijn onsamenhangend, de gebaren zoo wild, dat men aan krankzinnigheid denkt ; **e**) ten slotte slaat soms de gramschap over in haat, die door niets te vermurwen, slechts zint op wraak en zelfs den dood wenscht van den tegenstander. Het is van belang op deze verschillende graden te letten om hun onderscheiden maat van boosheid te kennen.

II. *Boosheid der gramschap.*

Wij kunnen haar beschouwen *in zich* en in haar *gevolgen.*

857. 1º **In haar zelf** beschouwd, moet men nog onderscheid maken.

A) Is de gramschap enkel een *voorbijgaande gemoedsaandoening,* dan is zij in zich slechts een *dagelijksche* zonde, omdat er ongeregeldheid is *in de wijze, waarop :* dat is omdat zij de maat te boven gaat. Wij zeggen : er is slechts dagelijksche zonde, in de veronderstelling, dat er niet bij misdreven wordt tegen de groote deugden van liefde en recht-vaardigheid. Het geval kan zich immers voordoen, dat men van gramschap als buiten zichzelven geraakt en de grofste beleedingen tegen den naaste uitbraakt. Zijn deze hartstochtelijke uitbarstingen doordacht en vrijwillig, dan zijn ze een groote zonde ; dikwijls echter zijn ze slechts half vrijwillig.

858. B) Is de gramschap, die in haat en wrok ontaardt, geheel vrijwillig, dan is zij uit haren aard een *doodzonde,* omdat zij grootelijks in strijd is met de liefde en dikwerf ook met de rechtvaardigheid. In dezen zin heeft Christus gezegd : " Maar Ik zeg u : Wie vertoornd is op zijn broeder, zal schuldig zijn voor het gerecht. Wie tot zijn broeder zegt :

Racca zal schuldig zijn voor den Hoogen Raad. En wie zegt : dwaas, zal strafbaar zijn met het helsche vuur [1]. (Matth. V, 22). Is echter dit gevoel van haat niet doordacht, of slechts onvolkomen vrijwillig, dan is de zonde niet doodelijk.

859. 2° **De gevolgen** van de gramschap, kunnen, zoo zij niet onderdrukt worden, vreeselijk zijn.

A) Seneca beschrijft ze op pakkende wijze en zegt, dat aan de gramschap te wijten zijn : verraad, moord, vergiftiging, innerlijke verdeeldheid in de families, twist en tweedracht tusschen medeburgers, oorlogen met al hun noodlottigen nasleep [2]. En drijft zij ook niet altijd aan tot zulke uitersten, zij is in alle geval de bron van zeer veel fouten, omdat zij ons de zelfbeheersching doet verliezen en vooral ook omdat zij den vrede verstoort in de huisgezinnen en er vreeselijke vijandschappen brengt.

860. B) Ten opzichte van de *volmaaktheid*, is de gramschap een zeer groot beletsel, zegt de H. Gregorius, want laat men er zich door beheerschen, dan verliest men : 1) de *wijsheid* of bezadigdheid; 2) de *beminnelijkheid* in den omgang; 3) de *onpartijdigheid*, omdat de drift de oogen sluit voor eens anders rechten; 4) de *ingetogenheid* en inwendige ingekeerdheid zoo noodzakelijk om zich innig met God te kunnen vereenigen, om den vrede der ziel te genieten, om de inspraken der genade te hooren en te volgen. Het is derhalve van het hoogste belang te weten, hoe ze te beheerschen.

III. *Hulpmiddelen tegen de gramschap.*

Deze middelen moeten gericht worden tegen den *hartstocht* der gramschap en het *wraakgevoel* dat er soms uit voortkomt.

---

[1] Racca : dom, hersenloos, *tot niets goeds in staat;* dwaas, volgens de uitdrukkingen van het Oude Testament, gelijk aan *weerspannig tegen God.* (N. v. V.)

[2] *Seneca*, de Ira, l. I. n. 2.

861. 1° Om den *hartstocht* te bedwingen moet men geen enkel middel onbenut laten.

A) Er zijn *hygienische* middelen welke de gramschap kunnen voorkomen of matigen, zooals het gebruik van zachte spijzen, van lauwe baden of stortbaden, de onthouding van opwekkende en vooral van geestrijke dranken : dit alles heeft zijn reden, immers de band tusschen lichaam en ziel is zeer innig ; het lichaam moet dus ook aan een gematigde levenswijze gewend worden. Daar men hierbij evenwel ook rekening te houden heeft met zijn gestel en gezondheidstoestand, is het voorzichtig een geneesheer te raadplegen.

862. B) Maar beter zijn nog de *zedelijke* hulpmiddelen. **a)** Om de gramschap te *voorkomen* is het raadzaam zich gewoon te maken te denken alvorens te handelen, ten einde zich niet te laten beheerschen door den eersten aanval van drift : zich hieraan gewennen vraagt langdurige inspanning, maar loont wel de moeite. **b)** Wanneer, ondanks alles, de drift ons overvalt, " is het beter ze spoedig te onderdrukken dan met haar te onderhandelen ; want laat men haar maar eenige kans, dra maakt zij zich meester van de vesting; zij is als de slang, die gemakkelijk met het geheele lichaam binnenschuift wanneer zij een opening vindt, waarin zij den kop kan steken... Bij het eerste gevoel van verstoordheid, moet gij u met kracht wapenen, niet in wild en onstuimig verzet, maar kalm en toch ernstig "[1]. Zouden wij met ruw geweld onze gramschap willen bedwingen, dan raken wij nog meer in de war. **c)** Om beter de gramschap te onderdrukken is het aan te raden afleiding te zoeken, aan iets anders te denken, om de herinnering aan een ontvangen beleediging, de kwade vermoedens, enz. uit den geest te verbannen. **d)** " Wij moeten Gods bijstand inroepen, zoo dikwijls wij door toorn beroerd worden, gelijk de Apostelen deden, toen zij door den storm op de wateren geslingerd werden ; want Hij zal aan onze driften

[1] H. FRANC. VAN SALES, *Godvruchtig Leven*, III, 8e h.

gebieden, dat zij stil worden en de kalmte zal groot zijn " [1].

863. 2º Wanneer de toorn in ons gevoelens van *haat* en *wrok* opwekt of ons aanzet om ons te wreken, is het eenig afdoend middel daartegen enkel te vinden in de naastenliefde steunend op de liefde tot God. In zulk geval moeten wij ons herinneren, dat wij allen kinderen zijn van denzelfden Vader, die in de hemelen is, allen ingelijfd in denzelfden Christus, allen geroepen tot dezelfde eeuwige zaligheid, en dat deze groote waarheden onvereenigbaar zijn met alle gevoel van haat en afkeer. **a**) Denken wij aan onze bede in het Onze Vader : " Vergeef ons onze schulden gelijk wij vergeven aan onze schuldenaren " : de begeerte om zelf vergiffenis te bekomen zal ons bewegen om eveneens en volgaarne aan onze tegenstanders vergeving te schenken. **b**) Denken wij aan het voorbeeld van Christus, die aan Judas, op het oogenblik, dat deze Hem verraadt, nog den naam van vriend geeft; die van de hoogte des kruises voor zijn beulen bidt, en vragen wij Hem tevens den moed om gelijk Hij te vergeven en te vergeten. **c**) Doch denken wij niet aan de ontvangen beleediging en aan de omstandigheden, of het moest zijn om, gelijk volmaakte mannen, te bidden voor de bekeering of het geestelijk welzijn van die ons onrecht aandeden. Dit gebed zal zachten balsem storten in de wonde door het leed in onze ziel geslagen.

Ziedaar dus de hulpmiddelen tot het overwinnen der drie eerste hoofdzonden : hoogmoed, afgunst en ·gramschap. Thans gaan wij handelen over de ondeugden, welke voortkomen uit de zinnelijkheid of begeerlijkheid des vleesches : *gulzigheid, onkuischheid en traagheid.*

---

[1] Ibidem.

ART. 11. OVER DE ZONDEN, DIE SAMENHANGEN
MET DE ZINNELIJKHEID.

§ I. Over de gulzigheid [1].

De gulzigheid is niets anders als het misbruik
van het rechtmatig genot, dat God heeft willen
verbinden met het gebruik van spijs en drank,
noodzakelijk tot de instandhouding van den mensch.
Wij verklaren hier : 1° *den aard*, 2° *de boosheid*,
3° *de middelen tot bestrijding der gulzigheid*.

864. 1° **Aard.** De gulzigheid is de ongeregelde
zucht naar het genoegen, dat in het eten en drinken
wordt gevonden. Het ongeregelde bestaat in het
zoeken van het genot der spijzen *om het genot zelf*,
zoodat men het, openlijk of bedekt, als doel
beschouwt, met hen, van wie de Apostel zegt : " hun
god is de buik " (Phil. III, 19); of het onmatig te
zoeken, zonder te letten op de regels der soberheid,
somtijds zelfs tot nadeel der gezondheid.

865. De theologanten stippen vier wijzen van onmatigheid
aan.

Præpropere : Ontijdig eten, vóór men er behoefte aan
gevoelt, buiten de uren voor de maaltijden vastgesteld, en
dat zonder reden, enkel om de gulzigheid te voldoen.

Laute et studiose : dat is uitgezochte of met groote zorg
bereide spijzen zoeken ten einde er meer van te kunnen
genieten ; dit is het gebrek der smullers en lekkerbekken.

Nimis : dat is de maat der behoefte of van den eetlust te
buiten gaan, met gevaar van de gezondheid te benadeelen :
het is duidelijk, dat alleen ongeregelde genotzucht zulke
buitensporigheid kan verklaren.

Ardenter, dat is gulzig, smakkend, overhaastig eten. Deze
wijze wordt ook in de wereld als hoogst onfatsoenlijk beschouwd.

866. 2° **De boosheid** der gulzigheid bestaat hierin,
dat zij de ziel beneden het lichaam stelt, den mensch

---

[1] S. THOM., IIa IIæ, q. 148 ; *de Malo*, q. 14.

materialiseert, zijn verstandelijk en zedelijk leven verzwakt en hem geleidelijk, ongemerkt tot zingenot, tot wellust voert, welke zonde in haar wezen tot de zelfde soort behoort. Om de maat van schuldigheid juist aan te geven, moeten wij onderscheiden.

A) De gulzigheid is groote zonde : **a**) wanneer ze zoo bovenmatig is dat ze iemand geruimen tijd onbekwaam maakt om zijn plichten na te komen of te gehoorzamen aan de wetten van God of van de Kerk, bijv. wanneer zij de gezondheid benadeelt, of zulke uitgaven veroorzaakt, dat de belangen der familie er ernstig onder lijden, of de wetten der onthouding, of van het vasten doet overtreden. **b**) Zij is het eveneens, wanneer zij *oorzaak* wordt van groote zonden.

Eenige voorbeelden. " De overdaad in het eten, zegt P. Janvier[1], bereidt den weg tot de *onkuischheid*, die dochter der onmatigheid is. Onkuischheid der oogen en der ooren, die onrein voedsel zoeken in schunnige voorstellingen en gezangen ; onkuischheid der verbeelding, die in verwarring geraakt ; onkuischheid van het geheugen, dat uit het verleden herinneringen opdiept dienend tot opwekking der begeerlijkheid ; onkuischheid der gedachte, die ronddwaalt tusschen ongeoorloofde dingen ; onkuischheid van het hart, dat naar vleeschelijke genegenheden haakt ; onkuischheid van den wil, die er in berust de slaaf te zijn der zinnen... De onmatigheid in het eten voert tot *onmatigheid in het spreken*. Hoeveel zonden worden met de tong bedreven tijdens de deftige, langdurige maaltijden ! Fouten van *lichtzinnigheid*, fouten door *onbezonnenheid*... Men openbaart geheimen, die men beloofd had te bewaren, beroepsgeheimen, die heilig zijn ; en men levert aan den spotlust over den goeden naam van een man, van eene echtgenoote, van een moeder, de eer van een familie... Zonden tegen de *rechtvaardigheid* en de *naastenliefde*. Kwaadspreken, laster, verdachtmaking hebben daar op volstrekt onverschoonbare wijze vrij spel... Fouten tegen de *voorzichtigheid :* men gaat verplichtingen aan, die men niet zal kunnen nakomen zonder te misdoen tegen het geweten... "

867. **B**) De onmatigheid is slechts *dagelijksche zonde*, indien men aan het genot bij het eten op

---

ongeregelde wijze toegeeft, zonder evenwel in groote
overdaad te vallen of zich bloot te stellen aan het
gevaar daardoor een belangrijke verplichting niet
te kunnen vervullen. Het zou bijv. een dagelijksche
zonde zijn, te veel te eten, uit genot, om de tafel
eer aan te doen of ter wille van een vriend, zonder
zich echter ernstig te buiten te gaan.

868. C) Ten opzichte der volmaaktheid is de
onmatigheid een niet te onderschatten beletsel :
1) zij onderhoudt den onverstorven geest, die den
wil verzwakt, den lust naar zingenot voedsel geeft
en aldus de ziel tot erger voeren kan; 2) zij is de
bron van vele fouten : daar zij een uitbundige
vreugde veroorzaakt, geeft zij tevens aanleiding tot
praatzucht, dubbelzinnigen scherts, uitgelatenheid
enz. en stelt de ziel aldus bloot aan de bekoringen
van den duivel.

869. 3° **Middelen** tegen de gulzigheid. Bij de
bestrijding der onmatigheid moeten wij uitgaan van
het beginsel, dat het genot *geen doel* maar *slechts
een middel* is en bijgevolg onderworpen moet zijn
aan de rede door het geloof voorgelicht, n. 193.
Het geloof nu zegt ons, dat wij het genot moeten
heiligen door de *zuiverheid van meening*, de *matigheid* en de *versterving*.

1) Voor alles is het een vereischte den maaltijd
te nuttigen met een *goed* en *bovennatuurlijk* inzicht,
niet als het redeloos dier, dat enkel het genot zoekt,
niet als de philosoof, die zich bepaalt tot een fatsoenlijk doel, maar als *christen*, om beter te kunnen
werken tot Gods glorie. Wij moeten spijs en drank
gebruiken in *dankbaarheid* jegens Gods goedheid,
die ons elken dag wil voeden; in gevoelens van
nederigheid, met den H. Vincentius erkennend, dat
wij het brood dat wij nuttigen, niet waardig zijn :
in gevoelens van *liefde*, de krachten herstellend om
ze te wijden aan den dienst van God en de zielen.

Zoo zullen wij den raad door Paulus aan de eerste christenen gegeven, in beoefening brengen : " of ge eet, of drinkt... doet alles ter eere Gods! " (I Cor. X, 1 3).

870. 2) Deze zuivere meening zal ons helpen om de matigheid te onderhouden, want willen wij alleen spijs nuttigen om de noodige krachten te verkrijgen tot het vervullen onzer plichten, dan zullen wij ons vanzelf ook wachten voor alle schadelijke over- daad. De gezondheidsleer toch zegt " dat de sober- heid een onontbeerlijk vereischte is tot lichamelijke en zedelijke kracht. Daar wij eten om te leven, moeten wij op een gezonde manier eten om gezond te leven. Men moet dus niet te veel eten, niet te veel drinken... Men behoort op te staan van tafel met een gevoel van lichtheid en van kracht, zonder den eetlust geheel voldaan te hebben, zonder zich loom te gevoelen door overlading der maag [1].

Het is evenwel niet ondiensting er op te wijzen, dat dezelfde maat niet geldt voor allen. Sommige gestellen met aanleg voor tering hebben overvloediger voeding noodig, andere ter bestrijding van gewrichtsaandoeningen moeten een soberder levenswijze volgen. Een ervaren geneesheer zal hier leiding geven.

871. 3) De christen voegt bij de matigheid ook nog de een of andere versterving. **A**) Daar men zoo licht geneigd is om aan de zinnelijkheid toe te geven, is het goed zich nu en dan iets te ontzeggen waar men van houdt. Zoo krijgt men macht over de zinnelijkheid, zoo maakt men de ziel meer los van de dienstbaarheid aan de zinnen en geeft haar meer vrijheid om zich toe te leggen op het gebed en de studie, zoo vermijdt men vele gevaarvolle bekoringen.

B) Het is een heilrijke gewoonte bij iederen maal- tijd eenige versterving te beoefenen. De kleine ont- beringen, die men zich oplegt, hebben het groot voordeel den wil te sterken, zonder de gezondheid

---

[1] E. CAUSTIER, *La vie et la santé*, p. 115.

te benadeelen. Daarom zijn zij, in 't algemeen, te verkiezen boven de groote verstervingen, die men slechts nu en dan beoefent. Zoo kan men iets en wel van het beste ter zijde laten om het aan Jesus te geven, in den persoon der armen; van het beste, zegt de H. Vincentius Ferrerius : want geven wat men zelf niet belieft, is van minder waarde. Het was wellicht beter het zelf te eten, omdat men dan de deugd van versterving beoefende.

872. C) Tot de nuttigste verstervingen behooren die ten opzichte van *sterken drank.*

a) Het matig gebruik van alcoholische of geestrijke dranken is in zich niet verboden : men kan het dus niet zonder meer afkeuren en zondig noemen.

b) Doch er geheel geen gebruik van maken, uit versterving of om het goede voorbeeld te geven, is voorzeker zeer prijzenswaardig. Zoo zien wij mannen, die onder het volk werken, priesters en leeken, zich onthouden van alle geestrijke dranken om, door hun voorgaan, de anderen tot navolging op te wekken.

c) Er zijn gevallen, waarin de onthouding van sterken drank zoo goed als volstrekt geboden kan beschouwd worden : 1) Wanneer men, van huis uit door overerving, sterke alcoholische neigingen heeft, dan kan het eenvoudig gebruik dien aandrang haast onweerstaanbaar maken, evenals een vonk voldoende is om in ontvlambare stof een brand te veroorzaken. 2) Heeft men het ongeluk aan den drank verslaafd te zijn, dan is meestal het eenig doeltreffende middel : algeheele onthouding.

§ II. De ontucht [1].

873. 1º **Natuur.** Evenals God gewild heeft, dat een zinnelijk genot verbonden zou zijn met de

---

[1] S. THOM. IIa IIæ, q. 153-154; S. ALPH., l. III, n. 412-485; CAPEL-MANN, *Med. Pastor.;* ANTONELLI, *Medic. Past.*, Romæ, 1905.

voeding, tot instandhouding van het leven, zoo ook heeft Hij een bijzonder genot gelegd in de akten, die dienen tot instandhouding van het menschelijk geslacht.

Dit genot is dus geoorloofd aan de gehuwden, mits het diene tot het doel, waarvoor het huwelijk is ingesteld, anders is het volstrekt ongeoorloofd. Ondanks dit verbod, bestaat in den mensch, van den huwbaren leeftijd of eenigszins later, een min of meer sterke neiging om dat genot te zoeken ook buiten het wettig huwelijk. Deze ongeregelde niet bestreden neiging is de ontucht en is door de Wet Gods veroordeeld in het 6e en 9e gebod. Het zijn dus niet enkel de *uitwendige* akten, die verboden zijn, maar ook de *inwendige*, de vrijwillige voorstellingen, gedachten en begeerten. En terecht, want wie zich met voorbedachten rade bezighoudt met die inwendige akten, voelt zich onvermijdelijk aangezet tot uitwendige akten; wil men deze vermijden, dan moeten ook de inwendige bestreden worden.

874. 2° **Boosheid dezer zonden. A**) Wie het verboden vermaak, de wellust *rechtstreeks* zoekt en wil, bedrijft *doodzonde*. Het is inderdaad een allergrootst misdrijf de voortplanting en instandhouding van het menschelijk geslacht in gevaar te brengen. Welnu, werd eenmaal aangenomen, dat het geoorloofd is het zingenot vrijelijk te zoeken, door gedachten, woorden en werken, buiten het wettig huwelijk, dan zou weldra de hartstocht teugelloos woeden, en het doel door den Schepper beoogd zou niet bereikt worden. Het getuigenis der geneesheeren bewijst het overigens : zoovele echtgenooten kunnen geen ouders zijn tengevolge hunner vroegere uitspattingen. Op het punt der onkuischheid is alles groote zonde.

B) Niettemin wanneer het onrein vermaak niet rechtstreeks gezocht is, maar ontstaat uit handelingen, die op zich goed of ten minste onverschillig zijn, dan is het niet zondig, indien men er niet in toestemt en men overigens voldoende reden heeft om die handelingen te stellen. Zijn die handelingen evenwel noch noodzakelijk noch wezenlijk nuttig, zooals gevaarlijke lectuur, tooneelvoorstellingen, lichtzinnige gesprekken, wulpsche dansen, dan is daarin ongetwijfeld een onvoorzichtigheid, zondiger naar gelang zij meer tot onkuischheid opwekken en het gevaar er in toe te stemmen grooter is.

875. C) De *volmaaktheid* heeft na den hoogmoed geen grooter vijand dan de ontucht. **a**) Hetzij de zonden tegen de heilige deugd met zichzelf of met anderen worden bedreven, zij laten niet na spoedig tyrannieke gewoonten te voorschijn te roepen, die alle verlangen naar volmaaktheid verstikken en den wil tot het laag genot aandrijven. Weg is de smaak voor het gebed, weg alle hoogere, edelmoedige aspiraties. **b**) De ziel wordt overheerscht door de zelfzucht : de liefde, die men weleer zijn ouders of vrienden toedroeg, kwijnt en is bijna geheel verdwenen. De eenige gedachte is nog maar : tot elken prijs genieten. Het is een ware waanzin. **c**) Het evenwicht tusschen de vermogens is dan verstoord : het lichaam, de zinnelijkheid gebiedt, de wil is de slaaf geworden dier schandelijke ondeugd en komt weldra in opstand tegen God, die deze booze genietingen verbiedt en straft.

d) De treurige gevolgen dezer overgave van den wil aan de zinnen, doen zich spoedig gevoelen : het verstand verzwakt en verstompt : weg is de smaak voor ernstige bezigheden ; de verbeelding aast nog enkel op het laag-bij-den-grondsche ; het hart verkwijnt langzamerhand, versteent, ondergaat geen aantrekking meer dan van het grof zinnelijke. **e**) Menigmaal wordt het lichaam zelf jammerlijk getroffen : het zenuwstelsel bovenmate geprikkeld door die ongeregeldheden, verzwakt en wordt onbekwaam voor zijn taak ; de onderscheiden organen functioneeren nog slechts onvolkomen ; de spijsvertering werkt slecht, de krachten nemen af, en men loopt gevaar aan de tering ten onder te gaan.

Het is duidelijk, dat een ziel, die aldus uit haar evenwicht is geslagen en in een uitgeput lichaam woont, aan geen voortgang in de volmaaktheid denken zal; zij gaat integendeel dagelijks achteruit. Zij mag van geluk spreken, zoo ze ten minste nog bijtijds tot inkeer komt en haar eeuwige zaligheid niet verliest.

876. 3° **Behoedmiddelen.** Om weerstand te kunnen bieden aan zoo 'n gevaarlijken hartstocht, moet men *een vaste overtuiging hebben, de gevaarlijke gelegenheden vluchten, de versterving en het gebed beoefenen.*

A) Een vaste overtuiging omtrent deze ondeugd, omtrent het noodzakelijke van ze te bestrijden en de mogelijkheid der overwinning.

a) Wat wij gezegd hebben over de groote boosheid der zonde van ontucht, bewijst genoegzaam, hoe noodig het is ze te vermijden. Nog twee beweegredenen willen we hier bijvoegen, getrokken uit den H. Paulus : 1) Wij zijn de *levende tempels* der H. Drievuldigheid, tempels geheiligd door de tegenwoordigheid van den God van alle heiligheid, doordat wij deelen in het goddelijk leven (97, 106). Niets echter verontreinigt dien tempel meer dan de onzuiverheid, die tegelijk het lichaam en de ziel van den christen ontwijdt. 2) Wij zijn de *ledematen* van Jesus Christus, in wien wij door het doopsel zijn ingelijfd, en moeten dus ons lichaam eerbiedigen als het eigen lichaam van Christus. En wij zouden het ontwijden door handelingen tegen de zuiverheid! Zou dit geen afschuwelijke heiligschennis gelijken? En wij zouden het doen ter wille van een laag vermaak, dat ons op het peil stelt der redelooze dieren!

877. b) Velen zeggen dat het onmogelijk is volkomen kuisch te leven. Zoo meende ook Augustinus vóór zijn bekeering. Doch toen hij tot God teruggekeerd, zich opgewekt en gesteund voelde door het voorbeeld der Heiligen en de genade der Sacramenten, toen begreep hij, dat niets onmogelijk is voor wie weet te bidden en de strijden. En inderdaad. Uit onszelf zijn wij zoo zwak, het verboden genot is soms zoo aanlokkelijk, dat wij zeker bezwijken zouden, zoo wij alleen moesten overwinnen. Doch steunen wij op de genade van boven en trachten wij daarbij krachtig te weerstaan, dan mogen de bekoringen nog zoo hevig zijn, wij zullen er over zegevieren. En men kome niet met de bewering, dat de volkomen onthouding de gezondheid der jongelieden in gevaar brengt : de eerlijke geneesheeren antwoorden met het Internationaal Congres van Brussel (1902) : " Men moet de mannelijke jeugd vooral voorhouden, dat de kuischheid en de onthouding niet alleen niet schadelijk zijn, maar dat deze deugden, ook onder zuiver medisch en hygienisch oogpunt beschouwd, alle aanbeveling verdienen ". Men kent werkelijk geen enkele ziekte, die voortkomt uit de onthouding, maar wel vele, die haar oorsprong vinden in de tegenovergestelde ondeugd.

878. B) Het vluchten der gelegenheden. Het is een stelregel in het geestelijk leven, dat de kuischheid vooral bewaard wordt door het vermijden der gevaarlijke gelegenheden : wanneer men van zijn zwakheid overtuigd is, stelt men zich niet noodeloos bloot aan het gevaar. Zijn de gelegenheden niet *noodzakelijk*, dan moet men ze met zorg ontwijken op straffe van te vallen : "wie het gevaar bemint, zal er in omkomen". (Eccli. III, 27). Is er dus sprake van gevaarlijke lezingen, bezoeken, samenkomsten, voorstellingen, waaraan men zich zonder groot ongenoegen of nadeel kan onttrekken, dan is het niet noodig zich lang te bedenken ; men ontvlucht die gelegenheden in plaats van ze op te zoeken. Kan men ze niet vermijden, dan moet men den wil inwendig versterken en voorzorgen nemen om het naaste gevaar zooveel mogelijk te verminderen. Zoo zegt de H. Franciscus van Sales dat, wanneer men niet kan wegblijven van een bal, men dan tenminste de zedigheid, de waardigheid en de goede meening niet uit het oog verlieze. En om daarbij slechte indrukken te keeren, is het dienstig zich onderwijl te herinneren, dat vele zielen in de hel branden om de zonde bij het dansen of om het dansen bedreven [1]. Tegenwoordig is deze raadgeving van den Heilige nog van meer nut, nu uitheemsche wulpsche dansen hun intrede in de salons gedaan hebben.

879. C) Sommige gelegenheden zijn niet te vermijden, gelegenheden die men iederen dag binnen en buiten ontmoet, en waarin men niet kan overwinnen dan door **de versterving.** Wij hebben over deze deugd en hare beoefening onder verschillende vormen reeds gesproken, n. 754-815. Wij zullen hier slechts ter loops herinneren aan eenige punten, welke meer rechtstreeks betrekking hebben op de kuischheid.

a) De *oogen* moeten met bijzondere zorg bewaakt worden, omdat de onvoorzichtige oogslagen de begeerten ontsteken, en deze den wil tot het kwaad aanzetten. Daarom leert Christus dan ook : "Alwie een vrouw aanziet om haar te begeeren, heeft reeds overspel met haar gepleegd in zijn hart" (Matth. V, 28). En Hij voegt er bij : "Als uw rechteroog u ergert, ruk het dan uit en werp het van u" (Matth. V, 29), dat wil zeggen, dat men met kracht de blikken moet afwenden van wat een aanleiding tot zonde is. Hoezeer wordt tegenwoordig de zedigheid der oogen vereischt nu men allerwege personen en voorwerpen ontmoet, die bekoringen kunnen verwekken.

b) De *tastzin*, het gevoel is nog gevaarlijker, zooals iedereen weet. Men moet derhalve de hoogste voorzichtigheid betrachten, ten einde door ongepaste aanrakingen of liefkozingen geen voedsel te geven aan den hartstocht.

c) Wat de *verbeelding en het geheugen* betreft, zij het genoeg te verwijzen naar wat n. 781 gezegd is. De wil moet degelijk, sterk gemaakt, ten goede ontwikkeld worden volgens de beginselen vroeger reeds, n. 811-816, verklaard.

880. d) Ook het *hart* dient bewaakt, verstorven te worden, zooals gezegd is, n. 600-604, waar gehandeld wordt over de bestrijding der zinnelijke en gevaarlijke vriendschappen. Er komt natuurlijk een dag, dat personen, die zich tot den huwelijken staat geroepen achten, liefde tot elkander opvatten. Deze

---

[1] *Godvruchtig Leven*, III. d., 33e h.

genegenheid is rechtmatig, doch moet zuiver en
bovennatuurlijk blijven. Zij behooren dus in hun
omgang alles te vermijden wat niet eerbaar is, er
steeds aan denkend, dat hun vereeniging zuiver
wezen moet om door God gezegend te worden. Wat
de anderen aangaat, die nog te jong zijn om reeds
aan huwen te denken, dezen moeten zich zorgvuldig in acht nemen voor die gevoelige en zinnelijke
genegenheden, welke het hart weekelijk en zwak
maken en zoodoende gevaar kunnen opleveren :
men speelt niet ongestraft met vuur.

881. e) Ten slotte zij er aan herinnerd, dat een
der nuttigste verstervingen bestaat in het ernstig
en aanhoudend waarnemen van de plichten door
zijn staat opgelegd. De ledigheid is een slechte
raadgeefster en leidt tot veel kwaad; de arbeid
daarentegen, omdat hij ons geheel in beslag neemt,
sluit de verbeelding, den geest en het hart voor de
gevaren. Wij komen hier aanstonds op terug, n. 887.

882. D) Het gebed. a) Het Concilie van Trente
leert ons, dat God niets onmogelijks beveelt, maar
ons vraagt te doen, wat wij kunnen en te bidden
om de genade, waardoor ons mogelijk wordt, wat
wij uit onszelven niet bij machte zijn te doen [1]. Dit
geldt vooral voor de kuischheid, welke voor de
meeste christenen, ook de gehuwde, bijzondere
moeilijkheden oplevert. Om pal te staan is het
noodig te bidden, dikwijls te bidden en de groote
geloofswaarheden te overwegen : het herhaaldelijk
opstijgen der ziel tot God onthecht ons steeds meer
aan het zinnelijke en doet ons de zuivere, heilige
genoegens waardeeren en smaken.

b) Bij het gebed moeten wij het *veelvuldig gebruik
der H. Sacramenten* voegen. 1) Wanneer men dikwerf biecht, openhartig de fouten of onvoorzichtig-

---

[1] Sess. VI, De justificatione.

heden tegen de heilige deugd bedreven bekent, wordt de wil door de genade der absolutie en de raadgevingen van den biechtvader op bijzondere wijze gesterkt tegen de bekoringen. 2) In deze goede stemming wordt men nog bevestigd door de *veelvuldige Communie :* de innige vereeniging met den God van alle heiligheid, onderdrukt de kwade begeerten, maakt de ziel meer ontvankelijk voor het goede en onthecht haar aldus aan de zinnelijke genoegens. Door de biecht en de menigvuldige Communie genas de H. Philippus Nerius de jongelieden, die slaaf der onreine driften waren. Heden nog is geen krachtdadiger hulpmiddel uit te denken om voor de ondeugd te behoeden of de deugd te versterken. Indien zoovelen, ondanks de talrijke gevaren, die hunne jeugd omringen, zich onbesmet bewaren, dan danken zij dit aan hun practisch godsdienstig leven, waarin zij een wapen vinden tegen al de vijanden hunner deugd. Het strijden vereischt moed, het overwinnen vordert volharding, doch deze, moed en volharding, vindt hij, die van goeden wil is, in het gebed en de H. Sacramenten.

§ III. De traagheid.

883. De traag- of luiheid hangt samen met de zinnelijkheid, omdat zij eigenlijk voortkomt uit de zucht naar genot : zij zoekt immers te ontkomen aan wat moeite kost of tegenstaat. Wij allen hebben een neiging tot gemakzucht, welke, zoo zij ingewilligd wordt, onze werkkracht verlamt of ten minste vermindert.

Wij gaan thans verklaren : 1° de *natuur;* 2° de *boosheid;* 3° de *middelen tot bestrijding der luiheid.*

884. 1° **Natuur. A**) De luiheid is *een neiging tot ledigheid of ten minste tot nalatigheid, tot loomheid bij het werken.* Somtijds is het *een ziekelijke toestand,* die voortkomt uit de een of andere stoornis in het lichaam; meestal echter is het *een krankheid van den wil*, die de inspanning ducht en ontwijkt. De luiaard wil ontkomen aan alle moeite, aan alles wat zijn rust kan storen. Ware parasiet, leeft hij, zooveel hij kan, op kosten van anderen. Zachtzinnig en vreedzaam, wanneer men hem niet hindert, wordt hij twistziek en kwaadaardig, wanneer men hem uit zijn vadsigheid wil trekken.

B) Er zijn verschillende trappen van luiheid. **a**) De *onachtzame* of slordige begint zijn werk heel langzaam, slap en onverschillig; voert hij wat uit, hij doet het slecht; **b**) de *lanterfanter* weigert volstrekt niet te werken, maar hij is altijd te laat, slentert rond en stelt het aangenomen werk altijd uit; **c**) de echte *luiaard* wil niets doen wat vermoeit, en heeft een grondigen afkeer van iederen ernstigen arbeid van lichaam of geest.

C) Wanneer de luiheid zich voordoet in het geestelijke, wordt zij *lauwheid* genoemd. Het is een zekere afkeer van de godvruchtige oefeningen, zoodat men geneigd is ze nalatig te doen, ze in te korten en somtijds zelfs ze onder ijdele voorwendsels niet te doen.

885. 2° **Boosheid. A**) Om de boosheid er van wel te begrijpen moet men zich in het geheugen roepen, dat de mensch geschapen is om te werken. Toen God den eersten mensch schiep, plaatste Hij Hem in een paradijs van geneugten om er te arbeiden (Gen. II, 15). De mensch immers is niet, gelijk God, een volmaakt wezen. Hij heeft vele vermogens, welke in werking gesteld moeten worden, om zich te ontwikkelen : het is dus *een natuurlijke eisch*, dat de mensch werke om zijn krachten te vervolmaken, om te voorzien in de behoeften van zijn lichaam en zijn ziel, en op deze wijze zijn einddoel te bereiken. De wet van den arbeid is derhalve ouder dan de erfzonde. Omdat de mensch gezondigd heeft, is de arbeid voor hem niet enkel een natuurlijke wet, doch is tevens een *straf* geworden, in dezen zin namelijk, dat hij zwaar valt en dient om de zonde uit te boeten : in het zweet uws aanschijns zult gij uw brood eten (Gen. III, 19).

Tegen deze tweevoudige wet misdoet de luiaard ; hij zondigt dus in meerdere of mindere mate, naar gelang het gewicht der verzuimde plichten. **a**) Wanneer hij zoo ver gaat, dat hij de *godsdienstplichten*, noodig ter zaligheid of ter heiliging, verzuimt, begaat hij *doodzonde*. Hetzelfde moet gezegd worden, wanneer hij vrijwillig op voorname punten een der plichten van zijn staat verwaarloost. **b**) Leidt deze traagheid er toe kerkelijke of burgerlijke wetten van minder gewicht te verzuimen, dan is zij dagelijksche zonde. Doch men lette wel op, want ongemerkt geeft men steeds meer toe; verzet men zich niet bijtijds tegen de gemakzucht, dan wordt zij geleidelijk grooter en zal tot noodlottiger en schuldiger nalatigheid voeren.

886. B) Ten opzichte der *volmaaktheid* is de traagheid voorzeker een · der ernstigste beletselen om hare noodlottige *gevolgen.*

a) Zij maakt ons leven min of meer *onvruchtbaar.* Men kan inderdaad op de ziel wel toepassen, wat de H. Schrift zegt van den akker van den luiaard :

"Ik ging langs den akker van den luiaard
en langs den wijngaard van den dwaze.
en zie, de netelen groeiden er allerwege
en de doornen overdekten de oppervlakte
en de steenen muur was afgebrokkeld.
Nog een weinig tijds zult gij slapen,
nog een weinig sluimeren,
nog een weinig de handen kruisen om te rusten
en de armoede zal tot u komen als een renner,
en de ontbering als een gewapend man ".

Dit alles ziet men in de ziel van den luiaard : in plaats van deugden gedijen er ondeugden, en de muur, dien de versterving had opgetrokken tot verdediging der deugd, brokkelt langzaam aan af en opent den toegang voor den vijand, dat is voor de zonde.

887. b) De *bekoringen* worden immers heviger en lastiger omdat, volgens het woord der H. Schrift, de ledigheid velerlei boosheid leert (Eccli. XXXIII, 29).

Het was de lediggang, die met den hoogmoed Sodoma in 't verderf stortte, zooals wij lezen in Ezechiel (XVI, 49). De geest en het hart van den mensch kunnen niet werkeloos blijven; worden zij niet in beslag genomen door studie of een ander werk, dan worden zij terstond vervuld van een menigte herinneringen, gedachten, begeerten. In de tegenwoordige gevallen natuur wil dat zeggen : stellen wij ons niet te weer, dan komen zinnelijke, eerzuchtige, hoovaardige, zelfzuchtige gedachten binnendringen in de ziel en stellen haar bloot aan het gevaar van zonde [1].

888. C) Hier komt niet alleen de volmaaktheid, maar ook de *zaligheid* zelve in 't gedrang : want behalve de fouten, die wij bedrijven door toe te geven aan luiheid, is het feit alleen, dat wij onzen plicht niet doen, reeds voldoende om ons grootelijks schuldig te maken. Wij hebben het leven ontvangen om God te dienen en onze plichten te vervullen; wij zijn werklieden door God gezonden om in zijn wijngaard te arbeiden. Doch een meester eischt niet enkel van zijn arbeiders, dat zij geen kwaad doen, maar dat zij werken. Indien wij dan ook zonder positief tegen andere geboden te misdoen, de armen kruisten in plaats van te werken, zou dan de Meester ons niet verwijten gelijk aan de werklieden van het Evangelie : " Wat staat gij daar den geheelen dag in ledigheid? " De onvruchtbare boom, alleen omdat hij geen vruchten oplevert, verdient omgehouwen en in het vuur geworpen te worden (Matth. III, 10).

889. 3° **Hulpmiddelen tegen de traagheid. A**)Om den luiaard te verbeteren, moet men hem eerst en vooral overtuigen van de noodzakelijkheid van den arbeid, hem doen begrijpen, dat allen, de rijken zoowel als de armen, tot die wet gehouden zijn op

---

[1] MELCHIOR CANUS, *Victoria sui*, c. X.

straffe van eeuwige verwerping. Die les geeft ons
Christus in de parabel van den onvruchtbaren vijge-
boom : drie jaren komt de heer vruchten op hem
zoeken en er geen vindend, beveelt hij den wijn-
gaardenier hem uit te kappen : "houw hem om,
waarom put hij den grond nog uit?" (Luc. XIII, 7).

Men zegge niet : ik ben rijk, ik behoef niet te werken.
Behoeft gij niet te werken voor uzelven, gij moet het doen
om de anderen. God, uw Meester, gebiedt het u : zoo Hij u
armen, verstand, tijdelijke middelen heeft geschonken, Hij
deed het, opdat gij ze zoudt benutten tot zijn eer en tot heil
uwer broeders. En de gelegenheden tot werken ontbreken
allerminst : hoeveel armen snakken naar bijstand, hoeveel
onwetenden naar onderricht, hoeveel gewonde harten naar
troost, enz. — Men vergete niet, dat wij als christenen
gemeenschappelijke belangen hebben, dat iedereen kan en
moet bijdragen tot het welzijn van anderen : wie zich uit
gemakzucht, uit luiheid hieraan zoekt te onttrekken, schaadt
zoowel het algemeen als zijn eigen welzijn.

890. B) Die goede princiepen moet men standvastig en methodisch in beoefening brengen, met
inachtneming der regels aangegeven in n. 812,
waar over de vorming van den wil gesproken wordt.
De luiaard echter schrikt instinctmatig terug voor
flink aanpakken. Daarom moet hem aan het verstand
gebracht worden, dat er eigenlijk geen ongelukkiger
mensch bestaat dan de nietsdoener. Daar deze niet
weet, hoe zijn tijd te gebruiken, of zooals hij zelf
zegt, *te dooden*, verveelt hij zich altijd, heeft hij een
afkeer van alles en ten slotte zelfs van het leven. Is
het dan niet beter zich eenige moeite te geven, zich
eenige inspanning te getroosten om zich nuttig te
maken, geluk te verspreiden in zijn omgeving en
aldus zelf ook eenig geluk te vinden in het leven?

Onder de leegloopers zijn er die een zekere bedrijvigheid
ontplooien, maar alleen voor spel, sport en wereldsche bijeenkomsten. Dezen moet men voorhouden den ernst des levens
en den plicht, die op allen rust zich nuttig te maken voor de
maatschappij, opdat zij hun bedrijvigheid aanwenden op
nuttiger, edeler wijze en afschrik opvatten voor hun para-
sietenleven. Het christelijk huwelijk, met de zorgen voor het

huisgezin, is menigmaal een uitstekend middel om de ledig-
gangers tot een actief, nuttig leven te brengen : een huisvader
toch gevoelt de behoefte aan arbeid ter wille zijner kinderen.
Menigeen, die vroeger de leiding zijner zaken aan een ander
overliet, wil ze zelf beheeren, wanneer hij zich aan het hoofd
van een gezin geplaatst ziet.

Doch wat men zonder ophouden in herinnering
moet brengen is *het doel van het leven :* wij zijn niet
op aarde om als woekerplanten te leven, maar om
door arbeid en deugd een plaats in den hemel te
verdienen. Daarom zegt God zonder ophouden :
" Waarom staat gij hier den heelen dag werkeloos ?...
Gaat ook gij naar mijnen wijngaard" (Matth. XX, 6-7).

ART. III. DE GIERIGHEID [1].

De gierigheid hangt samen met de begeerlijkheid
der oogen, waarover n. 199, reeds gehandeld is. Wij
gaan nu verklaren : 1° de *natuur*, 2° de *boosheid*,
3° de *middelen tot bestrijding der gierigheid.*

891. 1° **Natuur.** De gierigheid is de *ongeregelde
zucht naar de goederen der aarde.* Om in te zien,
waarin het ongeregelde der gierigheid is gelegen,
moet men zich eerst herinneren, tot welk doel God
de tijdelijke goederen heeft geschonken.

A) **Het doel** door God beoogd is tweevoudig :
ons persoonlijk nut en dat van onze broeders.

a) De aardsche goederen zijn ons gegeven om te
voorzien in de tijdelijke behoeften van den mensch,
van lichaam en geest, om ons leven en dat der
onzen te onderhouden, en om ons de middelen te
verschaffen, waardoor wij ons verstand en onze
andere vermogens kunnen ontwikkelen.

Onder deze goederen : 1) zijn sommige *noodig* voor het
heden en de toekomst : het is een plicht ze zich door een

---

[1] S. THOMAS, IIª IIᵃᵉ, q. 118; *de Malo*, q. 113; MELCHIOR CANUS,
l. c., c. XII-XIII ; MASSILLON, *Discours synodaux*, De l'avarice des
prêtres; MONSABRÉ, *Retraites pascales*, 1892-1894 : Les Idoles, la
richesse.

eerzamen arbeid te verwerven; 2) andere zijn *nuttig* om geleidelijk ons bezit te vermeerderen, onzen welstand en dien van anderen te verzekeren, bij te dragen tot het algemeen welzijn door het bevorderen van wetenschap of kunst. De tijdelijke goederen wenschen voor een eerbaar doel is niet verboden.

b) Het aardsch bezit is ons eveneens geschonken om de noodlijdenden te hulp te komen. Wij zijn dus, tot op zekere hoogte, de schatbewaarders der Voorzienigheid en moeten over onzen overvloed beschikken om de armen bij te staan.

892. B) Na deze opmerking is het gemakkelijker aan te toonen waar het **ongeregelde** in de zucht naar het aardsche goed is gelegen.

a) Somtijds bestaat het in de *bedoeling* : men verlangt naar den rijkdom om den rijkdom als einddoel, of als middel tot iets, wat men tot einddoel maakt, bijv. tot het verkrijgen van aanzien of genietingen. Bepaalt men zich daartoe, zonder naar hooger te streven, dan bedrijft men een soort *afgoderij*, het is de dienst van het gouden kalf : men leeft voor het geld.

b) Het ongeregelde kan eveneens bestaan in *de wijze, waarop* men de aardsche goederen najaagt : met nooit voldane begeerigheid, door alle middelen, ten nadeele van eens anders rechten, van eigen gezondheid of van die der onderhoorigen, door gewaagde speculaties, waarbij alles op spel wordt gezet.

c) Het vertoont zich ook in de *manier, waarop de aardsche goederen worden benut* : 1) men geeft slechts met tegenzin iets uit, en dan nog maar het hoognoodige, omdat men altijd meer wil hebben ten einde zich de toekomst maar te verzekeren, of om tot hooger aanzien te komen; 2) men geeft weinig of niets aan de armen of voor goede werken : *potten*, dat is het hoogste streven. 3) Sommigen gaan zoo ver, dat zij hun geld als een afgod beminnen, het vergenoegd opstapelen, met liefde betasten en bezichtigen : zoo is de echte type van den gierigaard.

893. C) Dit is gewoonlijk wel niet de ondeugd der jonge-ren; lichtzinnig nog en zorgeloos denken dezen niet aan sparen. Toch zijn er uitzonderingen, vooral voorkomend onder die zwaarmoedig, onrustig en berekenend van aard zijn. De gierigheid openbaart zich voornamelijk op lateren leeftijd of in den onderdom, omdat dan de *vrees te kort te komen* den geest bevangt, welke vrees menigmaal haar oorsprong heeft in de gedachte aan ziekten of tegenslagen en ongelukken, die hen wellicht ongeschikt zullen maken tot iederen arbeid. De ongehuwden, mannen of vrouwen, reeds op leeftijd, hebben bijzonderen aanleg voor schraapzucht, omdat zij geen kinderen hebben, op wie zij in hun ouden dag kunnen rekenen.

894. D) De hedendaagsche beschaving heeft een andere onverzadelijke zucht naar rijkdommen voortgebracht, de *plutocratie*, den gouddorst : men hongert en dorst naar millioenen, niet om voor zich of voor zijn kinderen de toekomst te verzekeren, maar om de *overmacht* van het geld te verkrij-gen. Heeft men ontzaglijke sommen te zijner beschikking, dan kan men grooten invloed uitoefenen, waarbij menigmaal die der regeerders in den schaduw staat : men is koning, ijzer-, staal-, petroleum-, beurskoning, men beveelt aan staats-hoofden en aan volkeren. Deze heerschappij van het goud ontaardt dikwerf in een ondraaglijke tyrannie.

895. 2⁰ **Hare boosheid. A**) De gierigheid is een teeken van *mistrouwen jegens God*, die beloofd heeft met vaderlijke bezorgdheid over ons te waken en het ons nimmer aan het noodzakelijke te laten ontbreken, indien wij op Hem vertrouwen. Hij noodigt ons uit naar de vogelen te zien, die niet zaaien en niet maaien, naar de leliën des velds, die werken noch spinnen; Hij wil ons voorzeker niet aanzetten tot ledigheid, maar onze overdreven bezorgdheid matigen en ons aansporen ons ver-trouwen te stellen op den Vader, die in de hemelen woont. De gierigaard echter, in plaats van zijn hoop op God te stellen, rekent slechts met de grootte van zijn bezit en beleedigt God, dien hij wantrouwt, zooals de Psalmist zegt : "Ziedaar den mensch, die God niet tot zijn helper heeft genomen, maar in de menigte zijner rijkdommen zijn hoop gesteld en in zijn verwaandheid zich verheven heeft" (Ps. LI, 9).

Dit mistrouwen gaat gepaard met te groot vertrouwen in zichzelf, in zijn eigen werkzaamheid : men wil *zijn eigen voorzienigheid* zijn en vervalt aldus als het ware tot afgoderij, daar men van het geld zijn god maakt. Niemand kan twee heeren tegelijk dienen, zegt Jesus : ge kunt God niet dienen en den mammon (Matth. VI, 24).

Deze ondeugd is derhalve uit hare natuur *doodzonde*, om de zooeven aangegeven redenen. Zij is het eveneens, wanneer zij oorzaak is, dat wij grootelijks misdoen tegen de *rechtvaardigheid*, door het plegen van bedrog om goederen te bemachtigen of te behouden ; tegen de *liefde*, door elken, ook den noodzakelijksten bijstand te weigeren aan de armen ; tegen den *godsdienst*, door zoo op te gaan in het tijdelijk gewin, dat men zijn geestelijke plichten uit het oog verliest. — Indien iemand zich wel aan gierigheid overgeeft, doch niet zoo, dat hij zijn plichten jegens God verzuimt, of tegen een der groote christelijke deugden misdoet, is in hem die ondeugd dagelijksche zonde.

896. B) De ongeregelde zucht naar rijkdom is een zeer ernstig beletsel voor de *volmaaktheid*.

a) Zij is een hartstocht, die er naar streeft om de plaats van God in ons hart in te nemen : dat hart, de tempel van God wordt vervuld met allerlei begeerten naar het aardsche, gekweld door onrust, in beslag genomen door velerlei zorgen. Doch wie zich met God verlangt te vereenigen, moet zijn hart los maken van het geschapene, van alle gehechtheid aan het tijdelijke, want God "wil geheel den geest, geheel het hart, al den tijd en al de krachten van zijn nietige schepselen"[1].

Het hart aan geld en goed hechten is dus een beletsel stellen aan de liefde tot God, want "waar onze schat is, daar is ook ons hart". Wanneer wij de deur van ons hart sluiten voor de liefde tot het aardsche, openen wij ze voor God. Een ziel die aan het tijdelijke onthecht is, is rijk, rijk door het bezit van God : *toto Deo dives est*.

---

[1] OLIER, *Introd. aux vertus*, ch. II, 1e sect.

b) De gierigheid voert ook tot onverstorvenheid en genotzucht : wie geld heeft en het bemint, wil er zooveel mogelijk van genieten, of, zoo hij de vermaken niet zoekt, zal hij zijn hart geheel op zijn geld stellen. In beide gevallen is het een afgod, die van God afwendt en dus dient bestreden te worden.

897. 3° **Middelen tot bestrijding der gierigheid. A**) Niets is meer geschikt om de hebzucht te onderdrukken dan de gedachte, de overtuiging uit de rede en het geloof geboren, dat de rijkdommen geen doel zijn, maar alleen middelen, door God ons gegeven om te voorzien in de behoeften van ons en van den evennaaste; dat God er heer en meester van is en blijft en wij, strikt genomen, slechts beheerders zijn dier goederen en eenmaal verantwoording voor den Oppersten Rechter van hun gebruik zullen moeten afleggen. Daarbij, zoo moeten wij bedenken, het zijn goederen die *voorbijgaan;* wij zullen ze niet medenemen naar het ander leven, waar zij trouwens zonder waarde zijn. Willen wij dus wijs handelen, dan moeten wij den raad opvolgen, dien Christus ons in het Evangelie geeft : "Verzamelt u geen schatten op aarde, waar roest en worm ze verteren, en waar de dieven ze opgraven en stelen; maar verzamelt u schatten in den hemel, waar roest noch worm ze verteren, en waar geen dieven ze opgraven en stelen" (Matth. VI, 19-20).

B) Om de onthechting nog volkomener te beoefenen, is voor alles aan te raden *zijn aardsche goederen rentegevend te maken in den hemel*, door de armen en de goede werken overvloedig te bedenken. "Aan de armen gegeven is Gode geleend". God betaalt honderdvoudige rente : hier op aarde reeds door den troost, dat wij rondom ons geluk verspreiden, doch vooral in den hemel, waar Jesus, die als aan zich gedaan beschouwt, wat wij aan den minste der zijnen doen, ons in onvergankelijke goederen

zal terugbetalen, wat wij in tijdelijke goederen te
zijner liefde aan de armen zullen gegeven hebben.
Wijs zijn zij dus, die de schatten van hierbeneden
verwisselen tegen die des hemels. De christelijke
wijsheid en voorzichtigheid bestaan inderdaad in
het zoeken van God en de heiligheid; daarom zegt
Christus : "Zoekt eerst het rijk Gods en zijne
gerechtigheid, en dit alles zal u worden geschonken
als toegift". (Matth. VI, 33).

898. C) Die *volmaakt* willen worden, gaan nog
verder : zij verkoopen alles om den opbrengst aan
de armen te geven, of om dien af te staan ten
behoeve der kloostergemeente waar zij intreden.
Ook kan men, met behoud van het kapitaal, de
vrije beschikking over de inkomsten afstaan, doordat men zich verbindt er geen gebruik van te maken
dan met den raad en het goedvinden van een ervaren zielsbestuurder. Op deze wijze kan men, zelfs
blijvend in den staat waarin men door de goddelijke
Voorzienigheid is geplaatst, de onthechting van
geest en hart beoefenen.

Besluit.

899. De strijd dus tegen de zeven hoofdzonden
heeft tot doel de booze neigingen, die uit de drievoudige begeerlijkheid voortkomen, uit te roeien.
Altijd zullen er zonder eenigen twijfel verkeerde
neigingen in ons achterblijven, doch dit is tot ons
welzijn : wij hebben aldus gelegenheid het geduld
te beoefenen en onszelf te leeren mistrouwen. De
bekoringen zullen, ondanks al onze pogingen om de
verkeerde neigingen te onderdrukken, ons nog menigmaal overvallen; steunend op de genade, zullen
wij ze niet duchten en ze beschouwen als een gelegenheid tot strijden en overwinnen.

HOOFDSTUK V.
Strijd tegen de bekoringen.

900. Hoezeer wij ons ook inspannen om onze ondeugden uit te roeien, toch moeten wij immer nog bekoringen verwachten. Onze geestelijke vijanden, de begeerlijkheid, de wereld en de duivel, n. 193-227, houden nooit op ons lagen te leggen. Wij moeten hier dus ook handelen over de bekoringen.

ART. I. OVER DE BEKORING IN HET ALGEMEEN [1].

901. De bekoring is een aanzoeking tot het kwaad, door onze geestelijke vijanden. Wij gaan thans spreken over : 1° *het doel* waarom God de bekoringen toelaat, 2° de *bekoring* uit *zielkundig* oogpunt *beschouwd*, 3° onze *gedragslijn* tegenover de bekoring.

I. *Waarom God de bekoring toelaat.*

902. God bekoort ons niet rechtstreeks : " Niemand mag zeggen, als hij bekoord wordt : ik word door God bekoord. Want evenmin als God zelf door het kwaad wordt bekoord, brengt Hij wien ook in bekoring". (Jac. I, 13). Hij laat evenwel toe, dat wij door onze geestelijke vijanden beproefd worden, doch geeft ons terzelfdertijd ook de noodige genaden om te kunnen wederstaan, zooals Paulus leert : " God is getrouw, Hij zal ook niet toelaten, dat ge boven uw krachten bekoord wordt, maar met de bekoring zal Hij ook het middel geven om ze te kunnen doorstaan " (I Cor. X, 13).

---

[1] RODRIGUEZ, *Oef. der Volm.*, 2ᵉ D., 3 Verh. ; H. FRANC. V. SALES, *Godvr. Leven*, 4ᵉ D., 3-10ᵉ hoofdst. ; SCARAMELLI, 2ᵉ D., art. 10; SCHRAM., *Inst. Th. myst.*, § 137-149; FABER, *Voortgang*, 16ᵉ h.

1° Hij wil ons *den hemel laten verdienen.* God zou ons ongetwijfeld den hemel als een *gave* hebben kunnen schenken, doch in zijn wijsheid heeft Hij gewild, dat wij hem verdienen als een *belooning.* Hij wil zelfs, dat de belooning evenredig zij aan de verdienste, bijgevolg aan de overwonnen moeilijkheid. Welnu een der lastigste moeilijkheden is de bekoring die onze zwakke deugd in gevaar brengt. Met kracht er tegen strijden is een der meest verdienstvolle handelingen. Hebben wij, met Gods genade, overwonnen, dan mogen wij het den Apostel nazeggen, dat wij den goeden strijd gestreden en de kroon der gerechtigheid te verwachten hebben, die God ons heeft toegezegd. En onze roem en vreugde zal in den hemel des te grooter zijn, naarmate wij meer gedaan zullen hebben om die belooning te verdienen.

903. 2° De bekoring is een *middel tot loutering.* 1) Zij herinnert er ons aan, dat wij vroeger door gebrek aan waakzaamheid en sterkte gevallen zijn, en zet ons nu aan om ons berouwvol te vernederen voor God. Deze stemming werkt zuiverend op onze ziel. 2) Zij dwingt ons eveneens tot krachtsinspanning om staande te kunnen blijven. Door dien strijd geven wij eenige voldoening voor onze vroegere lafheid en fouten. Ook dit zuivert wederom onze ziel. Wij zien dan ook, dat God, wanneer Hij een ziel volkomen wil reinigen van alle smet om haar tot de beschouwing te verheffen, toelaat, dat zij vreeselijk bekoord wordt, zooals wij nader zullen zien bij den Weg der Vereeniging.

904. 3° De bekoring is ten slotte een middel tot *geestelijken voortgang.* **a**) De bekoring is als een *zweepslag,* die ons tot onszelven roept op het oogenblik, dat wij gaan insluimeren en tot verslapping vervallen. Zij doordringt ons van de noodzakelijkheid om niet halverwege te blijven staan, maar altijd

vooruit, naar hooger te streven ten einde met meer
zekerheid alle gevaren af te weren.

b) De bekoring oefent ons eveneens in de *nederigheid*, in het zelfmistrouwen : wij begrijpen beter
onze onmacht, onze behoefte aan Gods bijstand en
wij bidden met meer vurigheid. Dan blijkt ook, hoe
noodzakelijk het voor ons is de zucht naar vermaak,
de bron der bekoringen, te onderdrukken. Ook
zullen wij met grooter edelmoedigheid de kruisjes
van iederen dag opnemen en dragen, ten einde het
vuur der begeerlijkheid in ons uit te dooven.

c) Zij leert ons ook de liefde Gods beoefenen :
om veiliger te zijn tegen de aanvallen onzer vijanden, werpen wij ons in Gods armen om daar kracht
en bescherming te vinden; dankbaarheid voor de
hulp zijner genade vervult onze ziel, wij gevoelen
en gedragen ons als kinderen die, in allen nood, tot
den liefdevolsten aller vaders henen vluchten.

De bekoring is dus nuttig onder menig opzicht;
daarom laat God toe, dat zijn vrienden beproefd
worden : "omdat gij welgevallig waart aan God,
was het noodig, dat de bekoring u beproefde"
(Tob. XII, 23).

II. *De bekoring onder zielkundig oogpunt beschouwd.*

We gaan hier thans handelen over : 1º het getal
der bekoringen; 2º haar verschillende phasen; 3º de
kenteekenen en de graden der toestemming.

905. 1º Getal der bekoringen. Het getal en de
hevigheid der bekoringen zijn zeer verschillend :
eenigen worden dikwijls en sterk bekoord; anderen
zijn het slechts nu en dan en zonder er zich erg
door geschokt te gevoelen. Hiervoor zijn verscheiden redenen.

a) Vooreerst het *gestel* en het *karakter :* er zijn personen,
die, zeer levendig van aard en tegelijk zonder wilskracht,
dikwijls bekoord worden en er geheel door in verwarring gera-

ken ; doch er zijn er eveneens die, bedaard en krachtig van geest en wil, zelden bekoord worden en ook dan nog kalm en rustig blijven.

b) De *opvoeding*. Sommigen zijn groot gebracht in de vrees en de liefde Gods, in de strenge beoefening van plicht en deugd en hebben steeds goede voorbeelden voor oogen gehad. Anderen daarentegen zijn opgegroeid te midden der genietingen en hebben maar al te veel voorbeelden aanschouwd, die lichtzinnigheid en zingenot predikten. Het behoeft geen verder betoog, dat de laatsten veel heviger bekoord zullen worden dan de eersten.

c) De beschikkingen van God : er zijn zielen, welke Hij tot hooge deugd bestemt en met naarstige zorg voor de gevaren behoedt ; ook zijn er, eveneens tot heiligheid voorbeschikt, die Hij aan vreeselijke beproevingen wil onderwerpen, ten einde hare deugd hechter te bevestigen ; ten slotte zijn er, niet tot zoo verheven heiligheid geroepen en deze zullen menigvuldiger bekoord worden, ofschoon nimmer boven hare krachten.

906. 2° **De drie phasen der bekoring.** Volgens de algemeene leer, door den H. Augustinus reeds voorgesteld, zijn er in de bekoring drie zaken te onderscheiden : de *inblazing*, het *behagen* en de *toestemming*.

a) De *inblazing* bestaat in de voorstelling van eenig kwaad : de verbeelding of de geest stelt zich, op minder of meer levendige wijze, het aanlokkelijke van de verboden vrucht voor. Deze voorstelling is somtijds zeer verleidelijk, dringt zich zonder ophouden op en wordt als een obsessie. Hoe gevaarlijk zij evenwel ook wezen moge, is deze inblazing geen zonde, ten minste zoo men ze zelf niet opwekt of er vrijwillig in toestemt : de zonde komt slechts door de toestemming van den wil.

b) Op de inblazing volgt het *behagen :* het lagere gedeelte der ziel richt zich instinctmatig naar het voorgestelde kwaad en vindt er een zeker genoegen in : " Het gebeurt menigmaal, zegt de H. Franciscus van Sales [1], dat het lagere gedeelte behagen neemt

---

[1] *Godvruchtig leven,* 4e deel, 3e h.

in de bekoring, zonder de toestemming, dus tegen den zin van het hoogere : dit is de strijd, dien de Apostel beschrijft wanneer hij zegt, dat het vleesch begeert tegen den geest ". Dit behagen van het lagere gedeelte is, zoolang de wil er geen deel aan neemt, geen zonde, maar het blijft een gevaar, omdat de wil aangelokt wordt om toe te stemmen : dan staat de wil voor de keuze : toestemmen of weerstand bieden.

c) Weigert de wil, bestrijdt hij de verzoeking, weert hij ze af, dan is hij overwinnaar en stelt een zeer verdienstelijke daad. Neemt hij daarentegen *vrijwillig behagen* in het genoegen, *stemt* hij er in *toe*, dan is inwendig de zonde voltrokken.

Alles hangt dus af van de *vrije toestemming* van den wil. Daarom zullen wij, tot beter begrip, de kenteekenen aangeven, waaruit men weten kan, *of* en *in hoever* men heeft toegestemd.

907. 3° **Kenteekenen der toestemming.** Om dit gewichtig punt beter te belichten, zullen we eerst verklaren, waaruit men weten kan, wanneer er geen toestemming, wanneer er onvolkomen toestemming is, om daarna te zeggen, wanneer zij volkomen is.

a) Men mag veronderstellen *niet toegestemd te hebben*, wanneer, ondanks alle aanzoeking en het instinctmatig genoegen, dat men daarbij gevoelt, men er misnoegen over heeft, wanneer men strijdt om niet te bezwijken en in het hoogere gedeelte der ziel een levendigen afschrik ontwaart voor het voorgestelde kwaad [1].

b) Men kan schuld hebben in de bekoring, omdat men er de oorzaak toe gesteld heeft. "Wanneer ik

---

[1] De H. Franciscus van Sales verhaalt *(God'vr. Leven, 4e D. 4e h.)* van de H. Catharina van Siëna, dat na een hevige bekoring tegen de zuiverheid, Christus haar vroeg : Zeg Mij, deze onreine gedachten van uw hart geven zij u genoegen of verdriet, bitterheid of welbehagen ? En zij antwoordde : overgroote bitterheid en droefheid. En Christus troostte haar en voegde erbij, dat die angsten haar tot groote verdienste en groot gewin waren.

weet, zegt de H. Franciscus van Sales [1], dat een
zekere samenkomst mij tot bekoring en tot val
brengt en ik ga er toch vrijwillig heen, dan ben ik
zonder twijfel schuldig aan alle bekoringen, die ik
er zal ondergaan ". Evenwel is men dan slechts
schuldig in zoover men het kwaad voorzien heeft;
is de voorkennis enkel vaag en onduidelijk geweest,
dan is naar evenredigheid de schuld ook minder.

908. c) De toestemming kan als *onvolkomen*
beschouwd worden :

1) Wanneer men de bekoring *niet terstond* verwerpt, zoodra men het gevaar bemerkt [2]; zoo misdoet men, hoewel niet grootelijks, tegen de voorzichtigheid, want men loopt gevaar verder gevoerd te
worden.

2) Wanneer men een oogenblik *aarzelt :* men zou
wel een weinig van het verboden vermaak willen
proeven, maar men zou God niet willen beleedigen;
na een oogenblik van twijfel verwerpt men de bekoring. Ook hier heeft men een dagelijksche zonde
door onvoorzichtigheid.

3) Als men de bekoring maar *ten halve* verwerpt :
men weerstaat wel, doch zwak, niet ten volle. Een
half verzet is een halve inwilliging, dus is er dagelijksche zonde.

909. d) De toestemming is volledig, wanneer de
wil, reeds door geleidelijk toegeven verzwakt, zich
laat medesleepen tot het verboden genot, hoewel
het geweten tegen het kwaad waarschuwt. Gaat het
over een zaak van gewicht, dan is er doodzonde
door gedachte. Komt bij deze gedachte een *begeerte*,
waarin men toestemt, dan is de zonde nog grooter.

---

[1] *Godvruchtig leven*, 4e D. 6e h.

[2] "Men ondergaat somtijds eenig gevoel van vermaak voordat men
er eigenlijk goed en wel aan denkt; dit kan hoogstens een dagelijksche
zonde zijn, die echter grooter wordt, zoo men, na het te bemerken, uit
nalatigheid nog eenigen tijd blijft aarzelen of men zal toestemmen of
niet ". H. FRANC. VAN SALES, *Godvr. leven*, l. c. 6e h.

Gaat men ten slotte van de begeerte over tot de *daad* of ten minste tot het zoeken naar geschikte middelen om de begeerte uit te voeren, dan heeft men zonde door *werken.*

910. In de verschillende gevallen, die wij voorgesteld hebben, ontstaat soms twijfel over de volle of gedeeltelijke toestemming, die men heeft gegeven. Hierbij moet men dan onderscheid maken tusschen hen, die *nauwgezet* en die *laks* van geweten zijn : voor de eersten kan men besluiten, dat er geen toestemming is geweest, omdat zij die gewoonlijk niet geven, voor de laatsten echter oordeelt men om dezelfde reden, juist het tegenovergestelde.

III. *Onze gedragslijn tegenover de bekoringen.*

Op drie zaken moet vooral gelet worden, zoo men de bekoringen wil overwinnen en benutten tot geestelijk welzijn der ziel : 1° de bekoring *voorkomen,* 2° ze krachtig *bestrijden,* 3° God *danken* na de *overwinning* of *opstaan* na den *val.*

911. 1° **De bekoring voorkomen.** *Beter is het de kwaal te voorkomen dan ze te genezen ;* zoo leert ons de christelijke wijsheid eveneens. Toen Christus zijn drie leerlingen met zich voerde in den hof van Olijven, zeide Hij hen : " Waakt en bidt, dat ge niet in bekoring komt " (Matth. XXVI, 41). *Waakzaamheid* en *gebed,* dat zijn de twee groote behoedmiddelen tegen de bekoring.

912. A) *Waken,* dat is een wacht stellen rondom de ziel, opdat zij niet overrompeld wordt : het is immers zoo gemakkelijk verrast te worden in een onbewaakt oogenblik. Deze waakzaamheid veronderstelt twee dingen : *mistrouwen jegens zichzelven* en *vertrouwen op God.*

a) Men moet dus de hoogmoedige *vermetelheid* vermijden, waardoor men zich te midden der gevaren begeeft, onder voorwendsel, dat men sterk

genoeg is om ze te boven te komen. Het was de
zonde van Petrus, die, toen Jesus de vlucht der
Apostelen voorzei, uitriep : " Al werden ook allen
aan U geërgerd, ik niet" (Marc. XVI, 29)). Men
moet zich integendeel herinneren, wat de Apostel
zegt : " Wie meent te staan, zie toe, dat hij niet
valt" (I Cor. X, 12), want al is de geest ook al
gewillig, het vleesch is zwak, en men is slechts
veilig, wanneer men zijn eigen zwakheid in alle
nederigheid mistrouwt.

b) Nochtans behoort men ook alle *overdreven
angstvalligheid* te vermijden, waardoor het gevaar
nog grooter wordt. Het is voorzeker waar, dat wij
uit onszelven zwak zijn, maar evenzeer is het waar,
dat wij onoverwinnelijk zijn in Hem, die ons versterkt : " God is getrouw, Hij zal ook niet toelaten,
dat ge boven uwe krachten bekoord wordt, maar
met de bekoring zal Hij ook het middel geven om
ze te kunnen doorstaan ". (I Cor. X, 13).

c) Dit redelijk mistrouwen jegens onszelven zal
ons aanzetten om *de gevaarlijke gelegenheden*, bepaalde bijeenkomsten, vermaken, enz. te vermijden,
wijl wij uit ondervinding weten, dat daar onze deugd
in gevaar komt. Het duldt geen *ledigheid*, omdat zij
alleen reeds een groot gevaar is, n. 885, en evenmin
de gemakzucht, welke de wilskracht ontzenuwt en
tot alle tekortkomingen voeren kan. Een ziel, die
zichzelve mistrouwt, weert met afschuw al de nuttelooze droomerijen, waaruit gevaarlijke voorstellingen ontstaan. Zij beoefent de versterving onder
velerlei vorm n. 767-817, legt zich toe op alle
plichten, door staat of bediening opgelegd, en ijvert
naar vermogen voor het welzijn van den evennaaste :
in een leven, zoowel geordend, zoo goed besteed, is
weinig plaats voor bekoringen.

d) De waakzaamheid moet vooral gericht zijn op
het *zwakke punt* der ziel, want daar is meestal de
aanval te duchten. Om dit kwetsbaar punt te ver-

sterken, bedient men zich van het *bijzonder gewetensonderzoek :* gedurende een geruim tijdsverloop wijdt
men alle aandacht aan dat bepaald gebrek of liever
aan de tegenovergestelde deugd (n. 468).

913. B) Wij moeten niet enkel waken, maar ook
bidden. Wanneer wij bidden, staat God ons ter zijde
en behoedt ons voor den val. Het zijn eigenlijk de
belangen van God, die bij de bekoringen in het spel
zijn : want Hem valt de duivel aan in onzen persoon,
zijn werk wil die booze geest in ons vernielen.
Daarom ook mogen wij God met volle vertrouwen
aanroepen, overtuigd dat Hij niets vuriger wenscht
dan ons te helpen. Elk gebed is dienstig, mond-
of inwendig gebed, particulier of openbaar gebed,
aanbidding of smeeking. Het is vooral aan te raden
ten tijde van inwendige rust te bidden voor het uur
der bekoring. Wanneer deze dan opkomt, behoeft
men nog maar het hart tot God te verheffen, om
met meer kracht en zekerheid te kunnen wederstaan : men is gewapend voor den strijd.

914. 2° **Men moet weerstand bieden aan de
bekoring.** Deze weerstand is verschillend naar
gelang den aard der bekoringen. Er zijn bekoringen,
die *dikwijls terugkeeren,* doch *niet hevig* zijn : deze
moet men *verachten,* gelijk de H. Franciscus van
Sales zoo juist verklaart :

"Er zijn lichte bekoringen van ijdelheid, achterdocht,
kwaden luim, afgunst, nijd, minnarij en dergelijke mallighe-
den, die als vliegen en muggen, voorbij onze oogen zweven
en ons nu eens in de wang, dan weer in den neus steken...
het beste wat men tegen die bekoringen doen kan, is er zich
niet veel van aan te trekken; want ofschoon dat alles wel
vervelend is, kan het ons geen kwaad doen, mits men maar
vast besloten God wil dienen. Veracht dus die kleine aanvallen en geeft u zelfs de moeite niet na te gaan, wat ze beteekenen, doch laat ze gonzen aan uw ooren, zoo lang ze willen...
gelijk men met vliegen doet " [1].

---

[1] *Godvruchtig leven,* 4ᵉ Deel, 9ᵉ h.

Wij houden ons hier vooral bezig met de *zware* bekoringen. Deze moet men bestrijden *zonder uitstel, met kracht, standvastigheid* en *ootmoed.*

A) *Zonder uitstel,* zonder te onderhandelen met den vijand, zonder eenige weifeling; in het begin, wanneer de bekoring nog geen sterken indruk heeft gemaakt in onze ziel, kost het weinig moeite ze te verwerpen; maar wachten we, laten wij ze vrij inwerken op onzen geest, dan wordt het veel lastiger. Dus geen dralen; geen talmen. Komt de bekoring tot verboden genot, beschouwen wij ze dan als een uitnoodiging tot wat het meest weerzinwekkend is, tot den omgang met een verrader, die ons belaagt, met een slang gereed om ons te bijten. Gelijk wij deze ontwijken, zoo ook moeten wij de bekoring tot de zonde vluchten volgens het woord der Wijsheid : Als van het aanschijn der slang, vlucht de zonden (Eccli. XXI, 2). Men vlucht, door te bidden en door den geest af te trekken van de aanlokking tot het kwaad en hem met iets anders bezig te houden.

915. B) Men moet met kracht weerstand bieden. Een zwak verzet, als met tegenzin gedaan, lijkt eerder de bekoring uitnoodigen om terug te keeren; krachtig en vastberaden toone men zijn afkeer van het voorgestelde kwaad, met Christus sprekende : ga weg van mij, satan. Men dient evenwel niet te vergeten, dat de wijze van bestrijding niet altijd dezelfde is. Wordt men *aangelokt* tot zondig vermaak, dan wende men zijn aandacht er van af, houde zich met iets anders bezig om die gedachte uit den geest te verdrijven; wilde men die aanlokking rechtstreeks bestrijden, dan zou men meestal de bekoring nog in de hand werken en vermeerderen. Wordt men daarentegen bekoord door *tegenzin* om zijn plicht te doen, door afkeer, haat, menschelijk opzicht, dan zal dikwijls de bestrijding juist bestaan in die bekoring, dat is het moeilijke, het onaange-

name, moedig onder de oogen te zien en daarbij te
denken aan hoogere beweegredenen; zoo worden
de moeilijkheden overwonnen.

916. C) *Met standvastigheid :* het gebeurt immers,
dat de bekoring, een oogenblik overwonnen, met
nieuwe hevigheid terugkeert : "de duivel komt
weder en brengt uit de woestijn zeven andere
geesten mede, nog boozer dan hij". Tegenover
dezen hardnekkigen aanval van den vijand, moet
men een niet minder hardnekkigen weerstand stellen. Hij die den strijd ten einde toe volhoudt,
behaalt de overwinning. Om in dezen langdurigen
kamp zekerder te zegevieren, is het van gewicht
zijn geestelijken leidsman de bekoringen mede te
deelen.

Dit is de raad, dien ons de Heiligen geven, in 't bijzonder
de H. Ignatius en Franciscus van Sales : "want let wel op,
zegt deze laatste, het eerste wat de booze geest vraagt van de
ziel, die hij ten val wil brengen, is : "niets zeggen", gelijk
zij doen die vrouwen en meisjes willen verleiden ; zij beginnen
eveneens met te verbieden over hun voorstellen te spreken
met de ouders of echtgenooten. God daarentegen verlangt
vóór alles, dat wij zijn insprakken aan onze oversten en zielsbestuurders bekend maken". Het is inderdaad of deze openhartigheid een bijzondere genade medebrengt : een bekend
gemaakte bekoring is reeds half overwonnen.

917. D) *Met ootmoed.* De nederigheid toch doet
de genade nederdalen, en de genade geeft ons de
overwinning. De duivel, die door hoogmoed heeft
gezondigd, vlucht, wanneer hij de oprechte nederigheid ziet beoefenen. Ook de drievoudige begeerlijkheid, die sterk is door den hoogmoed, wordt
gemakkelijk overwonnen, als zij bestreden wordt
door de nederigheid.

918. 3° **Na de bekoring** moet men er zich wel
voor wachten nauwkeurig na te gaan, of men toegestemd heeft of niet. Door deze onvoorzichtigheid
zou de bekoring allicht terug kunnen komen met
het gevaar er in te bezwijken. Overigens is het niet

moeilijk zonder diepgaand onderzoek te weten, of men overwonnen heeft : het geweten legt er getuigenis van af.

A) Heeft men het geluk gehad te zegevieren, dan betuige men er zijn hartelijken dank voor aan Hem, die ons de overwinning schonk. Dit is een plicht van erkentelijkheid en een uitstekend middel om nieuwe genaden te verkrijgen. Wee degenen, die zichzelven de overwinning toeschrijven en er niet aan denken aan God lof en dank te brengen! Weldra zullen zij ervaren, hoe groot hun zwakheid is.

919. B) Heeft men daarentegen het ongeluk gehad te *bezwijken*, dan verlieze men den moed niet; men herinnere zich de ontvangst aan den verloren zoon bereid en ga eveneens tot den Vader, dat is men ga nederknielen voor Gods plaatsvervanger, om voor hem den kreet te slaken : Vader, ik heb gezondigd tegen den hemel en tegen U; ik verdien niet meer uw zoon te heeten. En God, nog barmhartiger dan de vader van den verloren zoon, zal hem den kus des vredes geven en hem zijn vriendschap terugschenken.

Om het hervallen te voorkomen, moet de rouwmoedige zondaar naar aanleiding van zijn zonde, zich voor God diep vernederen en zijn onmacht erkennen. Daardoor juist zal hij zich aangespoord gevoelen om al zijn vertrouwen op God te vestigen; daardoor zal hij voorzichtiger worden en zich niet meer blootstellen aan de gevaarlijke gelegenheden, maar zich wederom toeleggen op versterving en boetvaardigheid. Wordt een zonde aldus hersteld, dan is zij daarna geen ernstig beletsel voor de volmaaktheid, want gelijk de H. Augustinus [1] terecht zegt : die aldus opstaan, worden nederiger, voorzichtiger en vuriger.

[1] *De corrept. et gratia*, C. I.

ART. II. OVER DE VOORNAAMSTE BEKORINGEN
DER BEGINNELINGEN.

De beginnelingen zijn onderhevig aan alle soort
van bekoringen; deze ontstaan uit de reeds aangewezen bronnen. Het schijnt echter dat zij meer bijzonder van sommige te lijden hebben, nam. 1º van
inbeeldingen, voortkomend uit vertroostingen of uit
dorheden; 2º van *onstandvastigheid;* 3º van *overdreven ijver;* 4º somtijds van *angstvalligheden.*

§ I. Verkeerde denkbeelden over de vertroostingen [1].

920. Meestal deelt de goede God gevoelige
vertroostingen mede aan de beginnenden om ze
aldus tot zijn dienst te trekken; daarna onthoudt
Hij hen die gedurende eenigen tijd, ten einde hun
deugd te beproeven en te bevestigen. Er zijn er
echter die meenen reeds een zekeren graad van
heiligheid bereikt hebben, omdat zij veel troost
ondervinden, doch bij het ophouden van die vertroostingen en het begin van dorheden, zich overtuigd houden, dat alles verloren is. Het is van groot
belang hun een juist begrip bij te brengen omtrent
de vertroostingen en dorheden, opdat zij noch
verwaand noch ontmoedigd worden.

I. *De vertroostingen.*

921. 1º **Natuur en herkomst**. a) De *gevoelige*
vertroostingen zijn *aangename aandoeningen, die op
het gevoel werken en een groote geestelijke blijdschap
teweegbrengen.* Het hart verruimt zich dan en klopt
levendiger; het bloed stroomt sneller, het gelaat
straalt van vreugde, de stem is bewogen en somtijds
vloeien de tranen door overmaat van geluk. — Deze

---

[1] H. FRANC. VAN SALES, *Godvr. leven*, 4e D., 13e-15e h. ; W. FABER,
Voortgang, 23e h. ; DOM LEHODEY, *Le saint abandon*, p. 344, ss.

gevoelige vertroostingen zijn onderscheiden van de *geestelijke*, die gewoonlijk geschonken worden aan de meer gevorderden, van hoogere orde zijn en werken op het *verstand*, dat zij verlichten, en op den *wil*, dien zij tot het gebed en de deugd aantrekken. De gevoelige en de geestelijke vertroostingen gaan overigens menigmaal samen. Wat wij hier gaan zeggen, geldt voor beide.

b) Deze vertroostingen kunnen uit een drievoudige bron voortvloeien :

1) Zij kunnen komen van *God*. Hij handelt met ons gelijk een moeder met haar kind. Hij lokt ons aan door de zoetheden in zijn dienst ondervonden, om ons aldus gemakkelijker te onthechten aan de valsche vermaken dezer wereld.

2) van den *duivel*. Deze kan, door op het zenuwstelsel, de verbeelding en het gevoel te werken, zekere gevoelige aandoeningen teweegbrengen, waardoor hij later tot overdreven gestrengheden, tot ijdelheid en verwaandheid, en door dit middel aldra tot moedeloosheid zal voeren ;

3) van de *natuur* zelf : er zijn personen met sterke verbeelding, met blijde levensbeschouwing en vatbaar voor aandoeningen; wanneer deze zich aan een godvruchtig leven wijden, vinden zij zeer natuurlijkerwijze overvloedig voedsel voor hun gevoeligen aard.

922. 2° **Voordeelen.** De vertroostingen hebben voorzeker haar nut.

a) *Zij vergemakkelijken de kennis van God :* de verbeelding vindt, met behulp der genade, er haar behagen in zich de beminnelijkheden Gods voor te stellen; ook het hart vindt er smaak in. Dan wordt het langdurig bidden en overwegen een genot en de ziel wordt meer doordrongen van Gods goedheid.

b) Zij dragen bij tot *versterking van den wil.* Wanneer deze in de lagere vermogens geen beletsel,

maar integendeel hulp vindt, maakt hij zich met
minder moeite los van de schepselen, bemint hij
God met vuriger liefde en vormt krachtige besluiten, die hij gemakkelijker nakomt door den bijstand
in het gebed verkregen. Door die vertroostingen
bemint de wil God op gevoelige wijze, en daarom
brengt hij moedig de kleine offers, die elken dag
geeischt worden en legt zich zelfs gaarne eenige
verstervingen op.

c) Zij dragen bij om ons te gewennen aan de
beoefening der ingetogenheid, van het gebed, de
gehoorzaamheid, de liefde tot God, waarmede wij
ook nog eenigermate doorgaan, nadat de vertroostingen zullen verdwenen zijn.

923. 3° **Gevaren.** Ook gevaren zijn er in de
vertroostingen.

a) Zij kunnen tot een soort *geestelijke gulzigheid*
voeren, waardoor men meer den troost van God,
dan den God van troost zoekt. Het gevolg is dan
dat bij het verdwijnen van die zoetheden, de geestelijke oefeningen en gewone plichten verwaarloosd
worden. Zelfs ten tijde dier vertroostingen is de
godsvrucht verre van degelijk : men stort tranen
over het lijden des Zaligmakers, maar terzelfdertijd
weigert men het offer te brengen van zekere al te
natuurlijke vriendschap of van eenige versterving!
En toch de deugd is dan slechts degelijk, wanneer
zij gepaard gaat met ware liefde tot God, liefde
bereid tot offers (n. 321). "Vele zielen, die zulke
teedere gevoelens en vertroostingen ondervinden,
zijn niettemin vol gebreken en hebben bijgevolg
geen ware liefde tot God en nog veel minder eenige
ware godsvrucht " [1].

b) Zij kunnen de *hoovaardigheid* onder den een
of anderen vorm, bevorderen : 1) het ijdel *zelfbeha-*

---

[1] H. FRANC. VAN SALES, *Godvr. leven*, 4° deel, 13ᵉ h.

gen : wanneer men vertroostingen smaakt, dan
meent men algauw heilig te zijn, terwijl men nauwelijks aan het begin van den weg der volmaaktheid
staat! 2) De *ijdelheid :* men is geneigd over die
vertroostingen met anderen te spreken, om zich te
doen gelden; doet men het, dan worden menigmaal
ook die vertroostingen gedurende geruimen tijd
onthouden. 3) De *verwaandheid :* men houdt zich
voor sterk, voor onoverwinnelijk, en somtijds met
het gevolg, dat men zich aan het gevaar blootstelt
of ten minste gaat rusten, terwijl men zich dan juist
meer moest inspannen om voortgang te maken.

**924. 4° Gedragslijn ten opzichte der vertroo-
stingen.** Hier volgen de regels waaraan men zich
te houden heeft, om voordeel te doen met de goddelijke vertroostingen en de boven aangewezen
gevaren te ontwijken.

a) De vertroostingen Gods verlangen is voorzeker
geoorloofd, mits men het doe uitsluitend met de
bedoeling om er God meer door te beminnen en
zijn heiligen wil beter te volbrengen. De H. Kerk
zelf legt ons op het Pinsterfeest in de H. Mis een
gebed in den mond om den troost van den H. Geest :
et de ejus semper consolatione gaudere. Die troost is
immers een gave Gods en heeft tot doel ons te
helpen bij het werk onzer heiliging. Men moet hem
dus zelfs op hoogen prijs stellen; hem vragen is
ongetwijfeld geoorloofd, doch op voorwaarde, dat
men zich aan Gods wil onderwerpe.

b) Worden de vertroostingen ons gegeven, dan
moeten wij ze *dankbaar* en *nederig* aannemen, dat
is wij moeten ons die gunst onwaardig achten en ze
enkel aan Gods goedgunstigheid toeschrijven. Behaagt het God ons als verwende kinderen te behandelen, zegenen wij Hem er voor, doch vergeten wij
ondertusschen niet, dat wij wel zwak moeten zijn,
daar wij den zachten kost der kinderen nog noodig
hebben. Boven alles echter wachten wij ons wel ons

te beroemen op die vertroostingen : het zou het
beste middel zijn om ze te verliezen.

c) Wij moeten ze ook zorgvuldig gebruiken volgens de bedoeling van den Gever. God schenkt ze
ons, zegt de H. Franciscus van Sales, " om ons
zachtmoedig jegens den naaste en liefdevol jegens
Hem te maken. De moeder geeft de versnapering
aan haar kind, opdat het haar omhelze; omhelzen
wij dus eveneens onzen Verlosser, die ons zooveel
zoetheden geeft. Den Verlosser omhelzen dat wil
zeggen, Hem gehoorzamen, zijn geboden onderhouden, zijn wil doen, zijn verlangens opvolgen, in één
woord hechten wij ons aan Hem door gehoorzaamheid en ootmoed ".

d) Ten slotte houde men zich wel overtuigd, dat
dergelijke zoetheden niet altijd zullen duren; daarom
bereide men zich voor tot den tijd der dorheden en
vrage dus Gods hulp en bijstand in die beproeving,
wanneer zij zal komen.

II. *Over de dorheden.*

Om ons te bevestigen in de deugd, zendt God ons
van tijd tot tijd *dorheden* over. 1º Wat verstaat men
onder dorheden? 2º Waartoe dienen zij? 3º Hoe
moeten wij ons gedragen, wanneer zij ons overkomen?

925. 1º **Wat zijn dorheden?** Men verstaat hier-
onder de berooving der gevoelige geestelijke vertroostingen, welke het gebed en de beoefening der
deugd aangenamer en gemakkelijker maakten. Hoe
men zich ook inspant, men vindt geen smaak meer
in het gebed, maar verveling en afkeer; het geloof
en het vertrouwen schijnen te sluimeren, de ziel wel
verre van opgewekt en blijde te zijn, leeft in een
zekeren staat van loomheid : alles kost inspanning.
Deze toestand is zonder twijfel benauwend en zeer
pijnlijk, doch heeft ook zijn nuttige zijde.

926. 2° **Waartoe dienen zij? a**) Het doel door God beoogd bij het overzenden der dorheden, is *ons los te maken* van de schepselen, zelfs van den troost, dien wij in de godsvrucht vinden, opdat wij zouden leeren God alleen, en Hem *om Hem zelven* te beminnen.

b) Hij wil ons ook *vernederen*, daar Hij ons toont, dat Hij ons die vertroostingen volstrekt niet verschuldigd is, maar ze slechts uit vrijgevigheid mededeelt, wanneer Hij wil.

c) Op deze wijze *zuivert* Hij ons meer zoowel van onze vroegere fouten, als van onze tegenwoordige gehechtheden en van alle eigenbelang : God dienen enkel uit overtuiging, met aanwendig van alle wilskracht en zonder den minsten troost daarbij te vinden, is voorzeker wel in staat om ons te zuiveren van onze zonden en goed te maken, wat wij vroeger misdeden.

d) Daardoor ook worden wij in de deugd bevestigd, want die inspanning om ondanks alles, verveling, tegenzin enz., toch te volharden in het gebed en de goede werken, is een uitstekende oefenschool voor den wil en dus ook voor de deugd.

927. 3° **Gedragslijn. a**) Wijl de dorheden somtijds voortkomen uit onze fouten, moeten wij vooreerst nauwkeurig, maar kalm en rustig, nagaan, of wij misschien door eigen schuld in dien staat van dorheid verkeeren : 1) ter oorzake van gevoelens van ijdel zelfbehagen of hoogmoed, waaraan wij eenigermate hebben toegegeven; 2) door een zekere geestelijke traagheid of door onverstandigen ijver; 3) ten gevolge van het najagen van menschelijken troost, van zinnelijke vriendschappen of wereldsche vermaken : God wil geen verdeeld hart; 4) door gebrek aan oprechtheid tegenover den biechtvader : "zoo gij den H. Geest beliegt, zegt de H. Franciscus van Sales, moet het u niet bevreemden, dat Hij u zijn troost onthoudt"[1]. — Heeft men de oorzaak der dorheid gevonden, dan vernedere men er zich over en trachte haar weg te nemen.

928. b) Hebben wijzelf er geen aanleiding toe gegeven, dan moeten wij die beproeving naar vermogen benutten. 1) Daartoe moeten wij ons vooral goed doordringen van de waarheid, dat God zonder gevoeligen troost dienen veel verdienstelijker is dan het doen overvloeiend van geestelijk genot, dat oprecht willen beminnen, reeds beminnen is en dat de volmaakste uiting van liefde bestaat in de volkomen onderwerping van den wil aan dien van God. 2) Om deze uiting, deze acte van liefde nog verdienstelijker te maken, is het vooral aan te bevelen, zich met Jesus te vereenigen, die in den hof van Olijven zich aan verlatenheid en droefheid heeft onderworpen ter onzer liefde, en met Hem te zeggen : " Niet mijn wil, maar de uwe geschiede ". 3) Bovenal moet men zich wachten toe te geven aan moedeloosheid, zijn godvruchtige oefeningen in te korten, zijn goede pogingen te staken of de genomen besluiten te laten varen. Integendeel volge men het voorbeeld van Jesus na, die te midden zijner angsten en strijd juist nog langer bad : *prolixius orabat*.

929. Opmerking voor den zielsbestuurder.
Het is noodig dikwijls terug te komen en de biechtelingen herhaaldelijk te wijzen op deze leer omtrent de vertroostingen en dorheden, want ondanks alles, houden zij zich overtuigd, dat het met hen beter gesteld is, wanneer alles hun naar wensch gaat dan wanneer zij moeilijkheden ontmoeten. Zijn zij hieromtrent wel onderwezen en weten zij nederig te blijven ten tijde der vertroostingen en moedig bij dorheid, dan zal ook hun voortgang sneller en standvastiger wezen.

---

[1] *Godvr. leven*, 4ᵉ Deel, 14ᵉ h.

§ II. De onstandvastigheid der beginnelingen.

930. 1° Waarin zij bestaat. Wanneer een ziel zich aan God geeft en vorderingen begint te maken in het geestelijk leven, gevoelt zij zich ondersteund door de genade Gods, door de aanlokking van het nieuwe, en een zekere geestdrift voor de deugd : alles gaat naar wensch. Doch het uur komt, dat de genade wordt geschonken op minder gevoelige wijze. Dan vermoeit het de ziel telkens weer nieuwe pogingen tot voortgang te moeten doen, haar moed wordt op de proef gesteld bij het telkens stooten op dezelfde moeilijkheden. Het gevaar voor ontmoediging en verslapping is dan niet denkbeeldig.

Deze onstandvastigheid openbaart zich : 1) in de *oefeningen van godsvrucht :* men verricht ze met minder ijver, men verkort ze of laat ze zelfs achterwege ; 2) in de *beoefening der deugden :* edelmoedig was men den weg van boete en versterving opgegaan, nu vindt men dien weg moeilijk, vervelend en vertraagt zijn schreden ; 3) in de *voortdurende heiliging van zijn werken :* men had zich gewoon gemaakt dikwijls de opdracht van zijn handelingen te vernieuwen om ze met des te zuiverder inzicht te verrichten : men vindt het nu te lastig en laat het na, met het gevolg, dat men veel doet uit sleur, uit nieuwsgierigheid, ijdelheid of gemakzucht. Met zulke gesteldheid is er van vooruitgang geen sprake meer.

931. 2° Hoe men de onstandvastigheid bestrijdt. A) Men moet zich de vaste overtuiging eigen maken dat het werk der volmaaktheid inspanning en veel standvastigheid vordert, waarbij alleen zij slagen die, ondanks alle gedeeltelijke mislukkingen, toch telkens weer met nieuwen moed hun pogingen doorzetten. Wat de handelslui doen, wanneer zij in hun zaken willen slagen, dat moet ook de ziel doen, die vorderen wil. Iederen morgen moet ze zich afvragen, of ze niet wat *meer* en vooral of ze iets niet *beter* voor God kan doen; iederen avond gaat zij nauwkeurig na, of ze ten minste gedeeltelijk de voornemens van den morgen heeft uitgevoerd.

B) Niets is meer geeigend om den goeden wil, de standvastigheid te bestendigen dan de trouwe beoefening van het bijzonder gewetensonderzoek, n. 468. Indien men zijn aandacht aan een punt, aan een deugd wijdt en zijn zielsbestuurder verslag geeft van de gemaakte vorderingen, mag men zich verzekerd houden van voortgang, ook al zou men het zelf niet opmerken.

Wat wij vroeger reeds gezegd hebben over de vorming van den wil, n. 812, is eveneens ten volle van toepassing bij de bestrijding der onstandvastigheid.

§ III. De overdreven ijver der beginnelingen.

Velen zijn in het begin vol goeden wil en zetten zich met vuur, met overdreven ijver aan het werk hunner volmaking, maar matten zich af in nuttelooze pogingen en geven het ten slotte geheel op.

932. 1º **Vanwaar komt dit? a**) De hoofdreden is dat zij hun *eigen werkkracht in de plaats van die van God stellen :* in plaats van na te denken, van de voorlichting van den H. Geest af te smeeken en in te volgen, alvorens te handelen, slaan ze met koortsachtigen ijver de handen aan het werk. In plaats van den zielsbestuurder te raadplegen, beginnen zij maar en stellen hem daarna voor een voldongen feit. Geen wonder dus, dat velerlei onvoorzichtheid begaan, veel tijd in nuttelooze pogingen verspild wordt : *magni passus extra viam*, groote schreden buiten den weg.

b) Menigmaal ook is *verwaandheid* in het spel : men zou met sprongen vooruit willen gaan, zoo spoedig mogelijk den weg der loutering voorbij willen zijn om op dien der vereeniging te komen ; maar helaas! wat al hinderpalen ! Zij verliezen den moed, gaan terug en vallen somtijds in groote zonden.

c) De *wispelturigheid* is bij anderen de reden. Altijd zijn zij er op uit om nieuwe middelen tot voortgang te zoeken ; zij beproeven ze eenigen tijd en laten ze, eer er iets bereikt is, weer varen. Voortdurend ook maken ze nieuwe plannen tot eigen verbetering en die van anderen, maar vergeten ze uit te voeren.

Het eenig resultaat van deze onverstandige bedrijvigheid is verlies der ingetogenheid des geestes, is onrust, verwarring en geen enkel werkelijk voordeel.

933. 2º **Bestrijding van dit gebrek.** a) Het groote middel is zich geheel, zonder eenig voorbehoud, aan de werking Gods te onderwerpen : men handele pas na eerst rijpelijk nagedacht en gebeden te hebben om het licht van den H. Geest; dan raadplege men den zielsbestuurder en houde zich stipt aan zijn beslissing. Evenals in de natuurlijke orde niet de onstuimige, maar de goed geordende krachten het meeste bereiken, zoo ook draagt, in de bovennatuurlijke orde, niet de koortsachtige bedrijvigheid, maar de kalme, welgeregelde werkzaamheid het meest bij tot geestelijken voortgang.

b) Doch om zich aldus aan die leiding Gods te kunnen onderwerpen, is het noodzakelijk de oorzaken van die onverstandige bedrijvigheid te bestrijden : 1) die voortvarendheid om altijd overijld te besluiten; 2) die verwaandheid, uit zelfoverschatting geboren; 3) die wispelturigheid, welke immer weer iets anders wil. Deze gebreken moeten achtereenvolgens tot onderwerp van het bijzonder onderzoek genomen worden. Dan zal God zijn plaats opnieuw innemen in de ziel en ze met kalmte en zachtheid geleiden op de wegen der volmaaktheid.

§ IV. De scrupels [1].

934. Scrupels zijn een overdreven angstvalligheid; een lichamelijke of zedelijke krankheid, die

---

[1] H. IGNAT., *Exerc. spir.*, *Regulæ de scrupulis;* ALVAREZ DE PAZ, t. II, l. I, P. III, c. XII, § V; SCARAMELLI, *Guide ascét.*, tr. II, art. XI; SCHRAM, *Inst. Th. myst.*, t. I, § 73-83; S. ALPH., *Theol. mor.*, *de Conscientia*, n. 10-19; FABER, *Voortgang*, 17e h.; LEHODEY, *Le saint abandon*, p. 407-414.

het geweten als radeloos maakt en het, om nietswaardige redenen, doet vreezen God beleedigd te
hebben. Scrupels komen niet enkel voor bij de
beginnenden, doch eveneens, bij de meer gevorderden. Wij moeten er dus ook over handelen. Daarom
gaan wij thans zeggen : 1° *wat zij zijn,* 2° *hoe zij
ontstaan,* 3° *welk nadeel, welk nut ze hebben,* 4° *hoe
ze worden bestreden.*

I. *Wat scrupels zijn.*

935. Het woord scrupel (van het latijn *scrupulus,*
steentje), werd oudtijds gebruikt om een klein
gewichtje aan te duiden, zoo licht, dat slechts de
gevoeligste weegschaal er den druk van aangaf. Op
zedelijk gebied dient het woord om een nietige
reden aan te duiden, die alleen op uiterst gevoelige
gewetens indruk maakt. Vandaar is men er ten
laatste toe gekomen scrupel te noemen : *de bovenmatige ongerustheid, welke sommige gewetens ondervinden, omdat zij, wegens de nietigste redenen, meenen
God beleedigd te hebben.* — Tot beter begrip is het
dienstig na te gaan, *hoe scrupels ontstaan, welke
graden er zijn* en *waarin Zij verschillen van het
nauwgezet geweten.*

936. 1° **Hun onstaan.** De overdreven angstvalligheid komt voort nu eens uit *een zuiver natuurlijke,* dan weer uit *een buiten-natuurlijke oorzaak.*

a) Als *natuurlijke* oorzaak vinden wij menigmaal
een *lichamelijk* of *zedelijk* gebrek of zwakheid.
1) Het *lichamelijk gebrek* of zwakheid hier bedoeld,
is een zekere *zenuwachtige staat van lusteloosheid,*
welke het veel moeilijker maakt een juist oordeel
te vellen over de zedelijke waarde der voorkomende
handelingen; men beziet alles van de donkerste
zijde, meent altijd gezondigd te hebben, ook zonder
er de minste gegronde reden voor te hebben.
2) Doch er zijn ook zedelijke oorzaken, die gelijke

gevolgen hebben : *bekrompenheid* van geest : men
hecht het grootste gewicht aan de kleinste nietighe-
den en zou angstvallig altijd onfeilbare zekerheid
willen hebben ; *onwetendheid :* men heeft een geheel
verkeerd begrip van God en van zonde, als was
God niet alleen een gestrenge, maar ook een onbarm-
hartige Rechter ; onderscheid tusschen bekoring en
toestemming zien zij niet, zoodat wanneer zij slechte,
levendige gedachten en voorstellingen gehad hebben,
zij overtuigd zijn gezondigd te hebben ; *stijfhoofdigheid :* wat de biechtvader ook zegge, men blijft
bij zijn eigen zienswijze, omdat men zich niet door
de gezonde rede, maar veeleer door het gevoel laat
geleiden.

Wanneer deze geestesgesteldheid met de boven
aangegeven lichamelijke gepaard gaat, zijn scrupels
veel ernstiger en moeilijker te genezen.

937. b) De angstvalligheden kunnen eveneens
voortkomen door invloed van buiten : van *God* of
van den *duivel*.

1) God laat toe, dat wij aldus gekweld worden,
nu eens om ons te *bestraffen*, vooral om onzen hoogmoed, om ons ijdel zelfbehagen ; dan weer om ons
te *beproeven*, om ons gelegenheid te geven onze
vroegere fouten uit te boeten, om ons te onthechten
aan het verlangen naar geestelijke vertroostingen,
ons op te voeren tot een hoogeren trap van heiligheid. Aldus handelt Hij vooral met de zielen, welke
Hij tot de beschouwing wil voorbereiden, zooals wij
later zullen verklaren bij den weg der vereeniging.

2) Ook de duivel zal somtijds inwerken op een
ziel, die hij om den onevenwichtigen toestand van het
zenuwstelsel, vatbaar en toegankelijk ziet voor zijn
listen : hij wil er onrust en verwarring stichten. Hij
tracht ons te overtuigen, dat wij in staat van doodzonde zijn, ten einde ons af te houden van de
H. Tafel of ons in de vervulling onzer plichten te
bemoeilijken. Voornamelijk legt hij er zich op toe

ons een valsch begrip te geven omtrent den graad van schuldigheid van zekere handelingen. Wat geen groote of zelfs volstrekt geen zonde is, stelt hij voor als groot kwaad, opdat wij, door een valsch geweten misleid, zelfs in nietige dingen grootelijks zouden zondigen.

938. 2° **Graden.** Er zijn ongetwijfeld veel schakeeringen in de scrupels : **a**) In het begin is het geweten alleen nog maar bovenmate vreesachtig; het ziet zonde, waar er geen is; **b**) dan komen *voorbijgaande* angstvalligheden, die verdwijnen, wanneer men ze aan den biechtvader voorlegt en zijn beslissing stipt opvolgt; **c**) eindelijk de *eigenlijke scrupels*, de *blijvende* welke *met eigenzinnigheid* gepaard gaan.

939. 3° **Verschil tusschen een scrupuleus en een teer geweten.**

a) Zij hebben niet hetzelfde uitgangspunt : wie nauwgezet van geweten is, bemint God vurig en wil, om Hem te behagen, de minste fouten, de geringste vrijwillige onvolmaaktheden vermijden; de scrupuleuze wordt door een zekere eigenliefde geleid : hij verlangt al te vurig de zekerheid te hebben in staat van genade te zijn.

b) Het teer geweten heeft afschrik van de zonde, is zich bewust van de eigen zwakheid en heeft daarom een *gegronde vrees*, zonder verwarring evenwel, van God te mishagen; het scrupuleus geweten is altijd, zelfs om *de nietigste redenen*, benauwd te misdoen.

c) Het nauwgezet geweten weet te *onderscheiden* tusschen groote en kleine zonden, en onderwerpt zich bij twijfel onmiddellijk aan het oordeel van den biechtvader; de scrupuleuze spreekt den biechtvader tegen en onderwerpt zich slechts met tegenzin.

Zijn scrupels met alle zorg te vermijden, niets is meer te waardeeren en te wenschen dan een nauwgezet geweten.

II. *Hoe scrupels ontstaan.*

940. 1º Somtijds is de angstvalligheid algemeen, omtrent alles : vóór de handeling, overdrijft zij bovenmatig de gevaren, die zich in een bepaalde, overigens gevaarlooze, gelegenheid kunnen voordoen; na de handeling, verontrust zij het geweten op alle wijzen en brengt het in de waan grootelijks gezondigd te hebben.

941. 2º Gewoonlijk echter bepaalt zij zich tot een zeker aantal *bijzondere punten :*

a) Men is ongerust over de *vorige biechten;* na verscheidene malen een algemeene biecht gesproken te hebben, is men nog niet tevreden; altijd is men bang, dat men niet alles goed gezegd of geen voldoende berouw gehad heeft en men wil weer opnieuw biechten; b) Ongerust over de *slechte gedachten :* de verbeelding is altijd vervuld van gevaarlijke of onzuivere voorstellingen, en, daar deze niet nalaten indruk te maken, vreest men toegestemd te hebben, ja men is er zelfs zeker van, hoewel men er toch den grootsten afschuw van had; c) over godslasterlijke gedachten : omdat zij in den geest zijn opgekomen, meent men zeker er in toe gestemd te hebben ondanks allen afkeer, dien men er van gevoelde ; d) over de *naastenliefde :* men heeft kwaad hooren spreken zonder er flink tegen in te gaan, men heeft uit menschelijk opzicht nagelaten een broederlijke vermaning te geven, men heeft slecht voorbeeld gegeven door onvoorzichtige woorden, men heeft het volk bijeen zien loopen en men is niet gaan zien, of er soms een ongeluk was gebeurd en iemand een priester noodig had : en in ieder dezer gevallen meent men grootelijks gezondigd te hebben, e) over het behandelen van het H. Sacrament, van de partikels; f) over het uitspreken van de woorden der consecratie, van het breviergebed, enz.

III. *Nadeel en voordeel der scrupels.*

942. 1º Wanneer iemand het ongeluk heeft zich te laten beheerschen door scrupels, zal hij er in ziel en lichaam betreurenswaardige gevolgen van ondervinden :

a) Zij *verzwakken* geleidelijk het zenuwstelsel en brengen het in de war : de ongerustheid, de voort-

durende angsten werken drukkend op de gezondheid
des lichaams; zij kunnen een ware *obsessie* worden,
een idée fixe, een soort krankzinnigheid.

b) Zjj *verduisteren den geest* en maken hem onbekwaam tot juist oordeelen : langzamerhand verliest
men het vermogen om onderscheid te maken tusschen wat zonde en wat geen zonde is, tusschen
hetgeen groot kwaad of slechts lichte zonde is : de
ziel wordt als een schip zonder roer.

c) Menigmaal verdwijnt de *innerlijke godsvrucht* :
altijd in onrust en verwarring, wordt men uiterst
zelfzuchtig : men mistrouwt iedereen, zelfs God,
dien men te streng vindt; men klaagt, dat Hij zoo
iets toelaat, men beschuldigt Hem zelfs. Het
behoeft geen betoog, dat met zulke denkbeelden
geen ware godsvrucht bestaanbaar is.

d) Ten slotte komen *afwijkingen*, komt de *val*.
1) Wie zich door scrupels laat beheerschen, verspilt
zijn tijd en krachten in nuttelooze pogingen, omtrent
kleinigheden; staat hij voor belangrijke zaken, dan
is hij machteloos; zijn aandacht is geheel ingenomen door beuzelachtigheden, voor gewichtige kwesties heeft hij menigmaal geen oog. Komen er
onverwachte bekoringen, dan weifelt hij en eindigt
niet zelden met toegeven. 2) Daarbij komt nog, dat
wie voortdurend door ongerustheid gekweld wordt,
instinctmatig verlichting zoekt voor zijn leed. Vindt
hij deze niet in het gebed, dan gaat hij ze elders
zoeken, overal, waar hij ze denkt te vinden. Gebeurt
het nu, dat hij daar in zonde valt, dan ontzinkt hem
niet zelden geheel en al de moed.

943. 2° Doch weet men die angstvalligheden aan
te nemen als een *beproeving* en laat men zich door
een ervaren biechtvader geleiden, kinderlijk, volgzaam, gehoorzaam, dan zijn ze van groot voordeel.

a) Zij dienen tot *loutering der ziel :* men is er dan
immers op bedacht om zelfs de minste zonden en

vrijwillige onvolmaaktheden te vermijden, en zoo komt men tot groote zuiverheid van hart.

b) Zij geven gelegenheid tot het beoefenen der *nederigheid* en der *gehoorzaamheid :* hoe dikwijls toch dwingen zij ons niet om onze twijfels in allen eenvoud aan den biechtvader bloot te leggen en onzen wil en oordeel aan zijne beslissing te onderwerpen.

c) Zij helpen ons om alle baatzuchtigheid af te leggen : geen vertroostingen vindend in onze oefeningen van godsvrucht en ze niettemin nauwgezet en ijverig verrichtend, beoefenen wij de zuivere liefde tot God. Zoo verliezen wij onszelven uit het oog, om, zonder bijbedoeling, God alleen te beminnen.

IV. *Bestrijding der scrupels.*

944. Deze bestrijding moet beginnen zoodra de scrupels zich vertoonen ; wacht men er mede, tot zij het geweten beheerschen, dan zal het veel meer moeite kosten ze te overwinnen. Het groote en eigenlijk gezegd het eenige middel om ze te bestrijden is de volkomen en volstrekte **gehoorzaamheid** aan een ervaren biechtvader : is het licht van het eigen geweten verduisterd, dan moet men zijn toevlucht nemen tot eens anders licht. De biechtvader moet hem dus tot gids dienen. Om dit te kunnen, moet hij *het vertrouwen winnen* van zulk een penitent en zijn *gezag weten te gebruiken* om hem te genezen.

945. 1° Voor alles moet hij **het vertrouwen winnen** : iedereen onderwerpt zich immers gemakkelijk aan hem, in wien hij vertrouwen heeft. Dit vertrouwen evenwel wordt niet altijd zonder meer geschonken. Wie door scrupels gekweld worden, voelen een natuurlijke behoefte aan een geleider ; maar sommigen durven zich niet onvoorwaardelijk aan zijn leiding overgeven. Zij willen hem wel

raadplegen, doch tevens de gegeven beslissing onderzoeken en er redenen tegen inbrengen. Met scrupu-
len echter moet men volstrekt niet discuteeren, maar
met gezag spreken, in duidelijke woorden zeggen,
waar het op staat en wat zij te doen hebben.

Om dit vertrouwen in te boezemen, moet de
biechtvader het zich waardig maken door zijn
bekwaamheid en zijn *toewijding*.

a) Vooreerst laat hij den penitent vrijelijk uitspreken en stelt hij zich tevreden met nu en dan
eenige woorden tusschen te voegen om te toonen,
dat hij hem goed begrepen heeft; dan stelt hij hem
eenige duidelijke vragen, zoodat de penitent niet
anders te antwoorden heeft dan *ja* of *neen.* Zoo
leidt de biechtvader zelf den loop der biecht. Daarna voegt hij erbij : ik begrijp uw geval; gij lijdt op
deze of die manier. Ziet de penitent, dat hij wel
begrepen is, dan gevoelt hij reeds een zeer groote
verlichting, en menigmaal schenkt hij zijn volle
vertrouwen.

b) Aan tact moet de biechtvader *toewijding* paren.
Geduldig zal hij dus, zonder eenig teeken van verveling te geven, de lange uitleggingen van zijn
penitent aanhooren (ten minste in de eerste biechten); *vol goedheid*, zal hij toonen, dat hij belang in
hem stelt en verlangt en hoopt zijn ziel te genezen;
zachtmoedig zal hij op geen bitteren, strengen toon,
maar vol goedheid spreken, ook dan nog, wanneer
hij op besliste wijze moet optreden. Juist het samengaan van kordaatheid en goedheid stemt gunstig en
wint het vertrouwen.

946. 2° Heeft men eenmaal het vertrouwen
gewonnen, dan moet men *zijn gezag doen gelden* en
gehoorzaamheid eischen. Men zegt : wilt ge
genezen, dan moet ge blindelings gehoorzamen :
gehoorzaamt ge, dan wandelt ge veilig, ook al zou
uw biechtvader zich vergissen, want God vraagt van
u nu maar ééne zaak : gehoorzaamheid. Meent ge

mij niet te kunnen gehoorzamen, dan ga maar naar een ander. Alleen blinde gehoorzaamheid kan u genezen, maar de genezing is dan ook zeker.

a) Bij het geven van zijn voorschriften, moet de biechtvader ronduit, klaar en duidelijk, zonder dubbelzinnigheid spreken. Hij zegge niet : "als dit u te hinderlijk is, doe het niet", maar beslist : "doe dit, doe dat niet, let niet op die bekoring".

b) Als regel moet hij nemen : *geen reden aan geven voor zijn beslissingen,* vooral niet in 't begin ; later, wanneer de angstvallige beter zal kunnen oordeelen en begrijpen, zal hij hem in 't kort de reden zeggen, om zoo geleidelijk zijn geweten te vormen. Boven alles echter late hij nimmer *discussie* toe over de reden zelf der beslissing : zou er voor het oogenblik iets tegen haar uitvoering zijn, dan houde hij hier rekening mee, maar blijve bij zijn beslissing.

c) *Hij moet niet op zijn gegeven beslissing terugkomen.* Voor die te nemen dient hij dus goed na te denken, om geen voorschriften te geven die hij niet kan handhaven ; maar heeft hij eenmaal beslist, dan blijve hij er bij, ten minste zoolang zich niets voordoet wat een verandering noodig maakt.

d) Om te weten of de penitent hem goed begrepen heeft, laat hij hem het gegeven voorschrift *herhalen,* en zegge hem dan weer het *uit te voeren.* Hierin juist bestaat de moeilijkheid, want de angstvallige schrikt somtijds terug voor die uitvoering, gelijk een veroordeelde voor de galg. De biechtvader verklare hem evenwel, dat hij er toe verplicht is, en zoolang hij het niet doet, niet meer terug mag komen. Waarschijnlijk zal de zielsbestuurder nog menigmaal hetzelfde voorschrift moeten *hernieuwen,* omdat het slechts ten halve is opgevolgd. Telkens houde hij het hem wederom voor, zonder ongeduld, doch steeds uitdrukkelijker, totdat ten slotte de penitent volkomen gehoorzaamt.

947. 3° Wanneer deze zoover is, dan geeft de biechtvader een **algemeenen gedragsregel,** die den penitent tot leiddraad dient bij zijn ongerustheden, bijv. : "*ik voor mij,* heb enkel datgene als *verplichtend in geweten* te beschouwen, wat geheel duidelijk is, dat is zoo zeker, dat er niet de minste twijfel bestaat, zoo zeker als *twee maal twee vier is :* ik kan dus geen groote of kleine zonde doen dan wanneer ik volstrekt zeker ben, dat wat ik wil doen, mij op straffe van groote of dagelijksche zonde verboden is en het niettemin, *wetens en willens,* toch doe.. Ik zal dus niet letten op waarschijnlijkheden, hoe groot ook, naar enkel op hetgeen volstrekt klaar en zeker is : dit alleen verplicht mij." Komt later de penitent verklaren, dat hij een groote of een dagelijksche zonde heeft bedreven, dan vrage de biechtvader hem : Kunt ge onder eed verklaren, dat gij van te voren duidelijk hebt ingezien, dat dergelijke handeling zonde was, en hebt gij met die klare voorkennis er volkomen aan toegegeven? — Deze vraag verduidelijkt voor den penitent nog meer de gedragslijn waaraan hij zich te houden heeft.

948. 4° Deze regel moet eveneens door den biechtvader worden toegepast, waar zich bijzondere moeilijkheden voordoen :

a) ten opzichte der *generale biechten :* na *eenmaal* een algemeene biecht te hebben toegestaan, moet hij ze niet meer laten herhalen, buiten het geval dat er *zekerheid* bestaat omtrent deze twee punten : 1) dat de penitent *zeker* is een *doodzonde* te hebben *bedreven* en 2) dat hij eveneens *zeker* is die zonde *nimmer* in een goede biecht te hebben *beleden.* — Overigens moet de biechtvader hem na eenigen tijd zeggen volstrekt niet meer op het verleden terug te komen : is de een of andere zonde overgeslagen, dan is zij vergeven geworden met de andere.

b) wat de bekoringen door gedachten en begeerten betreft, schrijve hij hem deze gedragslijn voor :

tijdens die aanvallen, de aandacht op iets anders vestigen, *na de aanvallen* niet nagaan of men toegestemd heeft, (dit zou de bekoring weer opwekken), er zich niet ongerust over maken, de H. Communie er niet om nalaten, tenzij men zeker weet volledige toestemming gegeven te hebben (n. 909).

949. c) De *H. Communie* is niet zelden een ware kwelling voor angstvalligen : altijd vreezen zij niet in staat van genade of niet nuchter te zijn. Doch 1) als zij bang zijn zich niet in staat van genade te bevinden, is dit een bewijs, dat zij er niet zeker van zijn, dus moeten zij communiceeren, en de H. Communie zal hen altijd voordeelig zijn ; 2) de vrees van niet nuchter te zijn is evenmin een reden om niet ter H. Tafel te naderen : alleen dan wanneer zij *volstrekt* zeker zijn iets gebruikt te hebben na middernacht mogen zij niet communiceeren.

d) De *biecht* is voor hen een nog grooter kwelling. Daarom moet men het hen zoo eenvoudig mogelijk maken. De biechtvader houde hen daarom voor : 1) dat zij niet gehouden zijn tot het belijden dan van de fouten, welke zeker doodzonden zijn ; 2) dat zij die dagelijksche zonden kunnen biechten, die ze na een kort gewetensonderzoek indachtig zijn ; 3) om zich op te wekken tot *berouw* behoeven ze niet meer dan zeven minuten te besteden : bidden ze hartelijk, overwegen ze in 't kort eenige beweegreden tot leedwezen dan kunnen ze gerust zijn. Maar, zeggen ze, ik gevoel geen berouw. — Dit is niet noodig, want daar het berouw een acte is van den wil, valt het niet onder het gevoel. In sommige gevallen, wanneer de angstvalligheden zeer hevig zijn, zal de biechtvader zelfs eischen, dat de penitent zich in 't algemeen beschuldigt : ik belijd al de zonden die ik sedert mijn laatste biecht heb bedreven, en ook al de zonden van het vorig leven.

950. 5° **Antwoord op moeilijkheden.** Somtijds zal de penitent tot den biechtvader zeggen : gij behandelt mij, alsof ik scrupuul was, maar ik ben het niet. Het antwoord hierop is : daarover moet gij niet oordeelen, maar ik. — Zijt ge er zeker van niet te lijden aan scrupels? Zijt ge, na gebiecht te hebben, gerust, gelijk iedereen? Hebt ge geen twijfel, geen angsten, die een ander niet heeft? Ge zijt dus niet zooals een ander, dan moet ge ook niet behandeld worden als een ander. Gehoorzaam daarom in allen eenvoud en alles komt terecht; anders staat erger te vreezen.

Zoo of op dergelijke manier kan men er ten slotte met Gods genade in slagen deze droevige kwaal te genezen.

BIJVOEGSEL OVER DE ONDERSCHEIDING
DER GEESTEN [1].

951. Over de verschillende geesten, wier invloed wij ondergaan. Er er is den loop van dit werk menigmaal spraak van *verschillende aandoeningen*, die ons tot het goed of tot het kwaad aanzetten. Het is natuurlijk van groot belang de *oorzaak* dier aandoeningen te onderkennen.

Theoretisch beschouwd, kunnen ze komen van zes onderscheiden oorzaken.

a) van *onszelven*, van den geest, die ons opwekt tot het goed, van het vleesch, dat ons aanzet tot het kwaad.

b) van de *wereld*, in zoover ze, door onze zintuigen, inwerkt op onze inwendige vermogens, om deze tot het kwaad te drijven, n. 212.

c) van de *goede engelen*, die in ons goede gedachten opwekken.

d) van de *duivelen*, die integendeel op onze in- of uitwendige zinnen inwerken om ons tot het kwaad te voeren.

e) van *God*, die alleen tot het inwendige der ziel kan doordringen en ons altijd tot het goede aanzet.

---

[1] S. THOM., Iª IIæ, q. 80, a. 4; *Navolging*, 3ᵉ b., 54ᵉ h.; H. IGNAT., *Geestel. Oefeningen*, Eenige regels, enz.; SCARAMELLI, *Over de onderscheiding der geesten;* KARD. BONA, *de discretione spirituum.*

952. *Practisch* evenwel, is het genoeg te weten, of die bewegingen komen van het *goed* of het *kwaad beginsel :* van het *goed* beginsel, God, de engelen of den geest, door de genade geholpen ; van het *kwaad* beginsel, den duivel, de wereld of het vleesch. De regels nu om dit tweevoudig beginsel onderscheidelijk te erkennen worden genoemd : regels over de onderscheiding der geesten. De H. Paulus heeft ze reeds aangegeven, toen hij een scheidslijn trok in den mensch tusschen het vleesch en den geest, en buiten den mensch, tusschen den Geest van God, die ons tot het goede opwekt, en de gevallen engelen, die ons tot het kwaad aanzetten. Na Paulus, hebben de geestelijke schrijvers, zooals Cassianus, de H. Bernardus, de H. Thomas, de schrijver der Navolging (3ᵉ B., 54-55 h.), de H. Ignatius vastgelegd, hoe de tegenstrijdige aandoeningen der natuur en der genade te onderscheiden.

953. Regels door den H. Ignatius gegeven, vooral voor **beginnenden** geschikt.

De twee eerste regels hebben betrekking op de verschillende handelwijze van den goeden en van den kwaden geest ten opzichte der *zondaars* en der vurige zielen.

1° *Eerste regel.* Om de *zondaars*, die teugelloos hun driften involgen, in de ondeugd te doen volharden en tot erger te brengen lokt de duivel ze aan door schijnvermaak en zingenot ; de goede geest integendeel verwekt onrust en wroeging in hun geweten om ze uit hun droevigen staat te bevrijden.

Tweede regel. Ten opzichte van *oprecht bekeerde personen* handelt de duivel anders : hij maakt hen treurig, ongerust van geweten, verwekt allerlei moeilijkheden om hen te ontmoedigen en hun voortgang te beletten. De goede engel geeft hen juist moed, kracht, heilrijke inspraken tot vordering in de deugd. Hier beoordeele men derhalve den boom naar zijn vruchten : wat den voortgang weerhoudt komt van den duivel, wat hem bevordert, komt van God.

954. 2° *De derde regel* betreft de *geestelijke vertroostingen.* Deze komen van den goeden geest : 1) wanneer ze inwendige, vurige aandoeningen voortbrengen : eerst eenige vonken, dan een vlam en eindelijk een vuurgloed van goddelijke liefde ; 2) wanneer ze tranen doen storten, welke inderdaad de uiting zijn van de vermorzeling des harten of van liefde tot den goddelijken Zaligmaker ; 3) Wanneer ze het geloof, de hoop, de liefde doen toenemen, of vrede en rust storten in het hart.

955. 3° De volgende regels (4ᵉ-9ᵉ) gelden voor de *geestelijke verlatenheid* : 1) de verlatenheid bestaat in duisternissen

van den geest, of in neigingen van den wil naar verachtelijke,
aardsche goederen, waardoor de ziel treurig, lauw, traag
wordt; 2) in dien toestand moet men in de vroeger gemaakte
voornemens niets veranderen, onverschillig wat de booze
geest inblaast, maar ze standvastig blijven naleven; 3) ja men
moet er nog vuriger om worden, meer tijd besteden aan het
gebed, aan het gewetensonderzoek en oefeningen van boetvaardigheid; 4) men moet blijven vertrouwen op den goddelijken bijstand, die, hoewel niet opgemerkt, toch gegeven
wordt, opdat de natuurlijke vermogens het goede kunnen
beoefenen; 5) het geduld bewaren met de hoop, dat de vertroostingen zullen wederkeeren, maar tevens vrage men zich
af, of die verlatenheid wellicht een *straf* is voor onze lauwheid,
of een *beproeving*, waardoor God wil toonen, waartoe de
mensch zonder dien troost in staat is.

956. 4⁰ De *elfde* regel handelt wederom over de vertroostingen : hij bevat een waarschuwing een voorraad moed op
te doen tegen den tijd der verlatenheid en een nederig gevoelen van zichzelf te hebben bij het zien, hoe hulpeloos men is
beroofd van gevoeligen troost, en hoe sterk integendeel ten
tijde van verlatenheid, zoo men steunt op den goeden God.

957. 5° De drie laatste regels (12ᵉ-14ᵉ) toonen welke listen
de duivel gebruikt om ons te verleiden : **a)** hij is gelijk een
booze vrouw, zwak, wanneer men weerstaat, en sterk en
wreed, wanneer men wijkt : men moet zich met alle kracht
tegen hem verzetten; **b)** hij doet gelijk een verleider, die
geheimhouding vraagt van die hij tot val wil brengen; het
beste middel om hem te overwinnen is dus al zijn voorstellen
aan den biechtvader te openbaren; hij doet als een krijgso-
verste die, bij den bestorming eener stad, deze van de
zwakste zijde aanvalt; wij moeten dus ons zwak punt bewaken,
er onze aandacht aan wijden door het bijzonder onderzoek.

KORT OVERZICHT VAN HET EERSTE BOEK.

Het doel door de beginnelingen beoogd is de
loutering der ziel, opdat ze, bevrijd van de laatste
sporen en gelegenheden der zonde, tot de vereeniging met God kunnen komen.

958. Om dit doel te bereiken, nemen zij hun
toevlucht tot het **gebed.** Door het vervullen hunner
godsdienstplichten, stemmen zij God gunstig om
hun vroegere zonden te vergeven; door het ver-

trouwen, waarmede ze in vereeniging met het menschgeworden Woord Hem aanroepen, verwerven ze de genade van berouw en goeden wil : zoo wordt hunne ziel steeds meer gereinigd en tegen het hervallen beveiligd. Op nog zekerder wijze wordt dit alles bereikt door de *overweging*. In het inwendig gebed leeren zij God, leeren zij zichzelven kennen met hunne zwakheid en armoede; die kennis dringt hen zich toe te leggen op verbetering des levens; vurige gebeden stijgen op uit de diepte van hun hart, edelmoedige voornemens worden gevormd en ten uitvoer gelegd : zoo wordt hun ziel gereinigd, met afschrik vervuld voor de zonde en alwat er toe leiden kan; dagelijks worden zij sterker tegen de bekoringen, edelmoediger in de beoefening der boetvaardigheid.

959. Inderdaad, daar ze beter inzien hoe groot de beleediging is God door de zonde aangedaan, begrijpen, gevoelen zij ook meer de noodzakelijkheid van eerherstel en genoegdoening : edelmoedig gaan zij den weg der **boetvaardigheid** op. In vereeniging met Jesus, die voor ons heeft willen boeten, leven zij vervuld van schaamte, berouw en ootmoed om de bedreven zonden, en gevoelen zich gedrongen boete te doen : edelmoedig nemen zij de kruisen aan, die God hen overzendt, ondergaan blijde eenige ontbering, beoefenen de naastenliefde en herstellen aldus het verleden.

Ten einde het hervallen te vermijden in de toekomst, leggen ze zich toe op de **versterving** : hun in- en uitwendige zinnen, het verstand en de wil, in één woord alle vermogens worden in bedwang gehouden en aan tucht en orde gewend, opdat ze, in onderdanigheid aan God, nimmer iets doen, wat niet volgens het goddelijk welbehagen is.

In hun ziel gevoelen zij ongetwijfeld slechte neigingen, de **zeven hoofdzonden,** doch, met de hulp der genade, binden zij den strijd er tegen

aan, ten einde ze uit te roeien of ten minste te verzwakken.

Ook daarna zullen ze nog somtijds hevig gekweld
worden door **bekoringen,** opstijgend uit het lagere
gedeelte der ziel en aangewakkerd door den duivel
en de wereld. Doch zonder den moed te verliezen,
steunend op Hem, die duivel en wereld overwonnen
heeft, zullen zij strijden en blijven strijden tegen
die vijandelijke aanvallen : het zal voor hen een
gelegenheid zijn om met Gods genade te overwinnen. Mochten ze bezwijken, vernederd, maar toch
nog vol vertrouwen, zullen ze tot Gods barmhartigheid vluchten om vergeving af te smeeken. Een val,
waarop een spoedig opstaan volgt, zal den verderen
voortgang niet beletten.

960. Wij moeten hierbij evenwel opmerken dat
de *actieve louteringen* in dit eerste boek beschreven,
niet voldoende zijn om een ziel volmaakt te reinigen.
Het werk der zuivering wordt dan ook voortgezet
op den weg der verlichting door de *positieve beoefening der* zedelijke en goddelijke *deugden.* Dit werk
zal slechts eindigen, wanneer op den weg der vereeniging die *passieve louteringen* zullen komen, zoo
meesterlijk beschreven door den H. Joannes van
het Kruis : deze geven aan de ziel de *volmaakte
zuiverheid van hart,* welke gewoonlijk tot de beschouwing vereischt wordt.

BOEK II.

De weg der verlichting of de staat der meer gevorderde zielen.

---

961. Wanneer men zijn ziel gezuiverd heeft van alle vroegere fouten door een boetedoening, in overeenstemming met het getal en de zwaarte der zonden, wanneer men sterk geworden is in de deugd door de beoefening van het gebed, de versterving en de bestrijding der booze neigingen en bekoringen, gaat men den **weg der verlichting** op. Deze weg wordt aldus geheeten, omdat hij bovenal bestaat in *Christus na te volgen door de positieve beoefening der christelijke deugden.* Christus nu is het licht der wereld : " Wie Mij navolgt zal niet in duisternis wandelen, maar het licht des levens hebben ". (Joan. VIII, 12).

INLEIDING [1].

Alvorens de deugden te beschrijven, welke door de *meer gevorderden* moeten beoefend worden, moeten wij eerst drie vragen beantwoorden : 1) *Voor wie* dient de weg der verlichting? 2) *wat* moet daar gedaan worden? 3) welk onderscheid is er tusschen de *godvruchtige* en de *vurige* zielen, die dezen weg bewandelen?

I. *Voor wie de weg der verlichting dient.*

962. De bewoners der *derde verblijven* [2], dat wil zeggen, de meer gevorderden, worden aldus aange-

---

[1] SCHRAM, *Instit. Myst.*, § 103; A. SAUDREAU, *Les degrés*, t. I, *Voie illuminative.*
[2] *Kasteel*, derde verblijven, 1e h.

duid door de H. Theresia : " zij verlangen zeer de
goddelijke Majesteit nimmer te beleedigen, vermijden zelfs de dagelijksche zonden ; beminnen de boetvaardigheid, hebben bepaalde uren om in zichzelf
te keeren, besteden wel hun tijd, wijden zich aan
werken van naastenliefde. Alles in hen is wel geregeld : woorden, houding, het bestuur van hun huisgezin, zoo zij er een te besturen hebben ".

Hieruit kunnen wij het volgende besluiten :

963. 1º Daar de weg der verlichting bestaat in
het *navolgen van Christus*, moet men, om hem op te
gaan, drie voorwaarden vervullen, te weten :

A) Reeds een zekere *zuiverheid van hart* bezitten :
zonder dit zou het vermetel zijn er naar te trachten
in voortdurende vereeniging met Christus te leven,
daar deze vereeniging de navolging van Jesus deugden veronderstelt. Zoolang de ziel in gevaar blijft
nu en dan in *doodzonde* te vallen, moet zij met alle
kracht de gelegenheden der zonde, de slechte neigingen der natuur en de bekoringen bestrijden.
Wanneer zij al die moeilijkheden overwonnen heeft,
dan zal ze zich met meer voordeel kunnen toeleggen
op de positieve beoefening der deugden, dat is om
niet enkel tegen de deugden niet te misdoen, maar
deze ook te beoefenen. Daarenboven moet zij een
afschuw hebben van de vrijwillige dagelijksche
zonde en ze trachten te vermijden.

B) De tweede voorwaarde is : *de hartstochten bedwongen hebben.* Om Christus te volgen, moet men
immers niet alleen aan de doodzonde verzaken,
maar ook aan de *vrijwillige dagelijksche zonde*,
vooral aan die men dikwijls bedrijft en waarvoor
men een zwak heeft. Doch alleen door de moedige
bestrijding der driften en hoofdgebreken bekomt
men voldoende zelfbeheersching om positief de
deugden te beoefenen en aldus geleidelijk het goddelijk Toonbeeld naderbij te komen. Dan zal men

inderdaad een welgeregeld leven leiden, op bepaalde uren in zichzelf kunnen treden en zijn tijd besteden, zooals plicht en deugd vorderen.

964. C) Ten derde moet men door de overweging reeds *diep doordrongen* zijn van de groote geloofs-waarheden, om meer tijd te kunnen geven aan de godvruchtige aandoeningen en aan het eigenlijk gebed. Door deze liefdevolle aandoeningen, door deze gebeden eigent men zich de deugden van Christus toe en wordt zijn navolging gemakkelijker.

De meer gevorderden zijn dan ook te kennen aan deze twee voorname teekenen : 1) Ze onder-vinden groote moeite om op streng beredeneerende wijze te overwegen. De H. Geest lokt hen aan om bij de overdenkingen veel liefdevolle gevoelens te voegen. 2) Aanhoudend verlangen zij vurig zich met Christus te vereenigen, Hem te kennen, te beminnen, na te volgen.

965. 2° Uit dit alles blijkt het groot onderscheid tusschen den weg der zuivering en dien der verlich-ting.

A) Het *doel* is, zoowel voor den eenen als voor den anderen weg, inspanning, strijd. *De beginnenden* echter strijden tegen de zonde en wat er toe aanzet, terwijl *de meer gevorderden* zich inspannen en strij-den om hun ziel te tooien door zich de deugden van Christus eigen te maken. Dit wil evenwel niet zeggen, dat er *tegenstelling* in deze twee richtingen is. De eene leidt naar de andere. Onthecht men zich aan de zonde en hare oorzaken, dan beoefent men de deugden reeds in haar eersten graad, op *negatieve* wijze vooral, men vermijdt wat haar kwetst; terwijl men door de deugden, positief beoefend op den weg der verlichting, zich volmaakter onthecht aan zich-zelf en aan de schepselen. Ze werken dus samen en vullen elkaar aan. De loutering en de versterving worden volgehouden op den weg der verlichting

maar met het doel om met Christus vereenigd en
Hem meer gelijkvormig te worden.

B) De *middelen*, ofschoon in wezen dezelfde,
verschillen toch in de wijze, waarop zij worden aangewend : bij de meditatie heeft nu het *hart* de
plaats van het *verstand* ingenomen. De gedachte,
die zich weleer gewoonlijk op God richtte, vestigt
zich thans meer op Jesus Christus, dien men wil
kennen, beminnen, navolgen : Hij wordt het *middelpunt* van het leven.

II. *Wat op den weg der verlichting
moet gedaan worden.*

966. 1º Het rechtstreeksch **doel** is : *ons regelen
naar Christus*, zoodat Hij het *middelpunt van ons
leven* wordt.

A) Wij maken Hem tot **middelpunt van onze
gedachten.** Het bestudeeren van zijn leven en
zijne geheimen wordt ons een waar genot; het
Evangelie heeft telkens nieuwe bekoorlijkheid, wij
lezen het lang, liefdevol, stellen belang in de geringste bijzonderheden uit het leven des Zaligmakers,
vooral in zijn deugden. Wij vinden er onuitputtelijke stof tot beschouwing. Bij het overwegen zijner
woorden, vinden wij er ons genoegen in ze tot in
onderdeelen te ontleden en er voor ons practische
toepassingen uit af te leiden. Willen wij een deugd
beoefenen, *in Jesus* gaan wij ze eerst bestudeeren,
wij roepen in ons geheugen terug, wat Hij over die
deugd geleerd, hoe Hij ze beoefend heeft. In Hem
vinden wij den sterksten spoorslag om ze eveneens
te beoefenen met dezelfde gevoelens. Ook bij de
H. Mis en de H. Communie is Hij het middelpunt
onzer gedachten. De liturgische gebeden geven ons
een geschikte gelegenheid om Hem te bestudeeren.
Wij zoeken door godvruchtige lezingen steeds dieper door te dringen in zijn leer.

967. B) Deze kennis voert tot **de liefde,** en zoo wordt Jesus ook het **middelpunt van onze genegenheden. a**) Inderdaad, hoe zou het mogelijk zijn iederen dag de volle aandacht te wijden aan Hem, die de schoonheid en de goedheid zelve is, en niet ontstoken te worden in zijn liefde? " Sedert ik Jesus Christus heb leeren kennen, zeide Lacordaire, scheen niets schoon genoeg om met begeerte beschouwd te worden [1] ".

b) Hoe zullen wij niet tot zijn liefde gedrongen worden, zoo wij dikwijls de liefde overwegen ons betoond in zijn Menschwording, Verlossing en H. Sacrament? De H. Thomas heeft op wonderbare wijze in enkele woorden de groote weldaden door den Verlosser ons bewezen aangegeven :

Se nascens dedit socium,
Convescens in edulium,
Se moriens in pretium,
Se regnans dat in præmium [2].

Door zijn geboorte ons reisgenoot,
Werd Hij in 't avondmaal ons spijs,
Werd Hij ons losgeld door zijn dood,
En wordt ons loon in 't Paradijs [3].

Nimmer dus zullen wij zijn oneindige goedheid genoegzaam waardeeren, nooit genoeg beminnen.

968. C) Doch de liefde voert tot **navolging.** Omdat men tot den Vriend wordt aangetrokken door den hoogen dunk, dien men van zijn deugden heeft, wil men zelf eveneens in die deugden uitschijnen, om met Hem slechts éen hart en één ziel uit te maken. Men voelt immers, dat innige vereeniging niet mogelijk is, tenzij men één zij van gedachten, gevoelens en deugden : instinctmatig volgt men Hem na, omdat men Hem bemint. Zoo wordt Jesus ook **het middelpunt van ons doen en laten,**

---

[1] CHOCARNE, *Vie de Lacordaire*, t. II, 119.
[2] *Hymnus ad Laudes SS. Sacramenti.*
[3] P. SCHIPPERS, S. J.

van ons geheele leven. *Bij het bidden*, vereenigen wij ons met Jesus, de glorie zijns Vaders bevorderend, om God te verheerlijken en de ons noodige genaden te vragen; *bij het werken*, om met den goddelijken Werkman van Nazareth, Gods eer en het heil der zielen te bevorderen; *bij het streven* naar een deugd, om ons de gevoelens van Hem, het volmaakte voorbeeld dier deugd, eigen te maken; ja zelfs *wanneer wij ons ontspannen*, vereenigen wij ons met Jesus om, in zijn geest, onze krachten te herstellen ten einde ons daarna beter te kunnen wijden aan de belangen van God en van zijn Kerk.

969. 2° Doch om dit doel te bereiken, om Jesus te maken tot middelpunt van het geheele leven, moeten wij de noodige **middelen** aanwenden. Deze middelen zijn de smeeking en het *gevoelsgebed* en de volharding bij het beoefenen der christelijke *(goddelijke* en *zedelijke)* deugden, waardoor wij Christus beter leeren kennen, beminnen en navolgen. Wij moeten hier streven naar degelijke deugd, niet op gevoel, doch op *diepe overtuiging* gevestigd.

A) Deze deugden moeten gelijken tred houden; in dezen zin namelijk, dat men zich niet kan toeleggen op de zedelijke deugden zonder tegelijkertijd de goddelijke te beoefenen en omgekeerd. Zoo kan men de christelijke voorzichtigheid niet tot ontwikkeling brengen, zonder door het licht des geloofs geleid, door de hoop ondersteund, door de liefde Gods aangewakkerd te worden. Het *geloof* en de *hoop* veronderstellen eveneens de voorzichtigheid, de sterkte en de matigheid. Hetzelfde geldt van de andere deugden.

Sommige deugden echter zijn meer geschikt voor een bepaald gedeelte van den weg der verlichting. Zoo zullen zij die pas dezen weg zijn opgegaan zich meer toeleggen op die *zedelijke* deugden, waaraan zij meer behoefte gevoelen om de zinnelijkheid en den hoogmoed te overwinnen. Later, na deze ondeugden uitgeroeid te hebben, zullen zij meer aandacht schenken aan de beoefening der *goddelijke* deugden, die hen meer rechtstreeks met God vereenigen.

970. B) Tot beter begrip dezer leer, is het noodig in 't kort het onderscheid tusschen deze deugden aan te geven.

a) De *goddelijke* deugden hebben God zelf tot *rechtstreeksch voorwerp* en als beweegreden een goddelijke eigenschap. Zoo *geloof* ik in God, om het gezag van God; ik *bemin* Hem, om zijn oneindige goedheid. Daarom juist *vereenigen* wij ons door deze deugden rechtstreeks met Gods door het gelooven met de gedachte, door het beminnen met de liefde van God.

b) De *zedelijke* deugden hebben tot *rechtstreeksch voorwerp* een geschapen goed en als beweegreden een eerbaar goed; zoo heeft de rechtvaardigheid tot voorwerp : ieder het zijne te geven, als beweegreden het welvoegelijke. Deze deugden *bereiden* den weg tot de vereeniging met God, daar zij de beletselen verwijderen, en die vereeniging reeds beginnen; aldus vereenigt de rechtvaardigheid mij met God, die de rechtvaardigheid zelve is.

De *goddelijke* deugden echter voltrekken die vereeniging, omdat zij meer rechtstreeks *vereenigend* zijn.

971. C) Hieruit volgt, dat, zoo men de deugden naar rangorde van *waardigheid* bestudeert, men met de *goddelijke* moet beginnen, maar volgens de psychologische orde, die van het minder volmaakte naar het meer volmaakte opklimt, zooals wij het hier doen, moet men aanvangen met de *zedelijke* deugden. Men houde hierbij nochtans in 't oog wat n. 969 A gezegd is.

III. *Twee soorten van meer gevorderden.*

Op den weg der vereeniging kan men vele soorten van zielen onderscheiden, maar voornamelijk twee : de *godvruchtige* en de *vurige* zielen.

972. 1° De eersten zijn van goeden wil, vol verlangen naar de deugd en trachten ernstig geen vrijwillige fouten te bedrijven. Maar nog ijdel, vol inbeelding; weinig geoefend in de zelfverloochening, hebben zij geen wilskracht, geen standvastigheid genoeg, vooral ten tijde der beproevingen. Hieruit volgen al te veel wijfelingen in hun gedrag. Bereid om alles te lijden, wanneer de beproevingen nog ver af zijn, verliezen ze het geduld en beklagen zich, wanneer smart of dorheid hen overkomt Steeds klaar om edelmoedige voornemens te maken, komen ze die gewoonlijk slechts ten halve na, vooral wanneer ze onverwachts voor moeilijkheden staan. Hun voortgang is daarom ook langzaam en gering ; de deugden, waarop ze zich vooral moeten toeleggen zijn : sterkte, standvastigheid en nederigheid.

973. 2° De *vurigen* zijn nederiger en edelmoediger. Vol mistrouwen jegens zichzelf, maar vol vertrouwen op God, reeds geoefend in de zelfverloochening, hebben zij meer wilskracht, meer standvastigheid. Nochtans is hun verloochening nog niet volkomen, noch algemeen. Hun verlangen naar de volmaaktheid is wel groot, doch hun deugd is nog niet voldoende gesterkt door de beproeving. Vertroostingen nemen ze gretig aan en geven er zich geheel aan over, maar voor het kruis schrikken ze nog steeds terug. De stellige voornemens, die ze 's morgens maken, voeren ze slechts gedeeltelijk uit, omdat ze zich niet voldoende blijven inspannen. Zoo ver zijn ze wel gevorderd in de liefde Gods, dat ze aan alles wat gevaar oplevert voor de deugd, verzaken, maar toch hechten ze somtijds hun hart al te veel aan hetgeen God hen toelaat te beminnen, hun ouders, vrienden, vertroostingen. Zij moeten zich dus volkomener onthechten aan alles wat hun vereeniging met God verhindert.

Wij zullen deze twee soorten van zielen niet verder behandelen. De zielsbestuurder kieze, onder de deugden, welke wij beschrijven, die uit, welke hij voor iedere ziel de meest geeigende zal vinden.

INDEELING VAN HET TWEEDE BOEK.

974. Het doel waarnaar de meer gevorderden streven is : *Jesus tot middelpunt van hun leven maken*. De middelen om daartoe te komen, zijn : 1º het *gevoelsgebed*, dat voeren zal tot de kennis, de liefde en de navolging van het goddelijk toonbeeld; 2º de bijzondere, hoewel niet uitsluitende beoefening van die *zedelijke* deugden, welke de beletselen voor de vereeniging met God wegnemen en zoodoende de vereeniging met Hem, het voorbeeld aller volmaaktheid, beginnen; 3º Daarna de ontwikkeling der *goddelijke* deugden, die reeds beoefend op den weg der loutering, tegelijk met de zedelijke deugden, thans de hoofddrijfveer van het leven worden; 4º de waakzaamheid en de strijd tegen *de aanvallen des duivels* [1]. Wij behandelen deze middelen in vier hoofdstukken.

1. HFDS. — OVER HET GEVOELSGEBED EIGEN AAN DEZEN WEG.
2. HFDS. — OVER DE ZEDELIJKE DEUGDEN.
3. HFDS. — OVER DE GODDELIJKE DEUGDEN.
4. HFDS. — OVER DEN STRIJD TEGEN DE HER-NIEUWDE AANVALLEN DES DUI-VELS.

---

[1] Wij behandelen, bij den weg der verlichting, de *passieve loutering der zinnen* niet, evenmin als het *gebed van rust*, die, omdat zij reeds een begin der *ingestorte beschouwing* zijn, tot den weg der vereeniging behooren. Wij voegen hier evenwel bij, dat vooraanstaande schrijvers houden, dat de eerste passieve louteringen en de staat van rust, tot den weg der verlichting behooren. Zie P. GARRIGOU-LAGRANGE, *Perfect. et Contempl.* t. I, P. VIII.

HOOFDSTUK I.

Over het affectieve of gevoelsgebed '.

975. De meer gevorderden blijven zich steeds
toeleggen op de geestelijke oefeningen der beginnelingen, n. 657, doch deze oefeningen worden talrijker en langduriger. Zoo komen zij geleidelijk tot
het *aanhoudend gebed*, n. 522 beschreven, dat zij zich
ten volle eigen maken op den weg der eeniging. Zij
wijden zich vooral aan het affectieve of gevoelsgebed, dat voor hen meer en meer het verstandelijk
gebed vervangt. Wij zullen daarom hier verklaren :
1º den aard, 2º het voordeel, 3º de moeilijkheden
van het affectieve gebed en 4º de methode die men
er bij kan volgen.

ART. I. AARD VAN HET AFFECTIEVE GEBED.

976. 1º **Bepaling.** Het gevoelsgebed is, gelijk
het woord reeds aanduidt, dat gebed waarin de
godvruchtige gevoelens en *aandoeningen* overheerschen, dat wil zeggen de verschillende wilsakten,
waardoor wij uitdrukking geven aan onze liefde
tot God en aan het verlangen Hem te verheerlijken.
In dit gebed heeft het hart grooter aandeel dan het
verstand.

Zooals wij n. 668 gezegd hebben, moeten de
beginnenden zoo diep mogelijk doordringen in de
geloofswaarheden, in de deugden; zij besteden dus
den meesten tijd van het gebed aan geesteswerk,
aan overwegen, en slechts weinig tijd aan gevoelens
en aandoeningen. Naarmate echter de ziel dieper
van die waarheden doordrongen wordt, ruimt zij

---

¹ THOM. DE VALLGORNERA, q. II, disp. VI; RODRIGUEZ, 1ᶜ Deel,
5ᶜ Verhandeling, *Over het gebed;* D. LEHODEY, *Les voies de l'oraison
mentale*, 2ᶜ P. ch. VIII; P. V. D. TEMPEL, *Wetenschap der Heiligen,
Het affectieve gebed*, bl. 65.

meer plaats in aan de aandoeningen en minder aan
de overdenking : zij roept zich alles in enkele
oogenblikken weer te binnen. Aangetrokken, bekoord
door de liefde Gods en de schoonheid der deugd,
verheft de ziel zich gemakkelijker door godvruchtige verzuchtingen tot de Bron van alle goed om
die te aanbidden, te loven, te danken, te beminnen; tot Christus, haren Verlosser, haar Toonbeeld,
haar Hoofd, haren Vriend, haren Broeder, om Hem'
hare vurigste gevoelens aan te bieden; tot de
H. Maagd, de Moeder van Jesus en der menschen,
de Uitdeelster van Gods goede gaven, om uiting te
geven aan de meest kinderlijke, vertrouwvolle, edelmoedige liefde jegens Haar, n. 166.

Spontaan komen nog andere gevoelens op : gevoelens van schaamte, van verootmoediging bij het zien
harer ellende, vurige verlangens naar verbetering,
hoopvolle smeekingen om genade, om vermeerdering van Gods glorie, verbreiding der H. Kerk,
heiliging der zielen.

977. 2⁰ **Overgang van de overweging tot het
gevoelsgebed.** Men komt niet op eens tot dezen
gebedsvorm. Er is een tijdperk van overgang, tijdens
hetwelk de overdenkingen en de gevoelens min of
meer samengaan. Dan komt weer een andere tijd,
waarin de overdenkingen nog wel voorkomen, doch
bij wijze van samenspraak : "Help mij, o mijn God,
de noodzakelijkheid van die deugd wel in te zien". —
Dan overweegt men gedurende eenige minuten, en
men vervolgt : "Dank, o God, voor uw verlichting;
gelieve mij nog meer te overtuigen, nog meer te
doordringen van die waarheden, opdat ze nog krachtiger inwerken op mijn leven... Help mij, smeek ik
U, dat ik zie, hoe weinig ik nog die deugd bezit,
dat ik wete, wat ik te doen heb om ze beter te
beoefenen... vandaag nog. " — Eindelijk komt het
uur, dat die redeneeringen nagenoeg geheel ophouden of ten minste zoo weinig tijd in beslag nemen,

dat het grootste gedeelte van het gebed aan godvruchtige samenspraken gewijd is. Bijwijlen echter
gebeurt het, dat men zich gedrongen gevoelt eenige
oogenblikken terug te gaan tot de overdenkingen
om stof te hebben voor de samenspraken. Hierbij
volge men de inspraken der genade en de leiding
van den zielsbestuurder.

978. 3° **Teekenen, welke dien overgang wettigen. A**) Het is noodig te weten, waaruit men kan
oordeelen, dat de tijd daar is om het overwegend
gebed te vervangen door het gevoelsgebed. Het
ware onvoorzichtig het *te vroeg* te doen : want
indien de ziel nog niet genoeg gevorderd is voor
dezen gebedsvorm, dan vervalt ze in verstrooiingen
of in dorheid. Doch het zou eveneens verkeerd zijn
het *te laat* te doen, want volgens het getuigenis
van alle geestelijke schrijvers, is het gevoelsgebed
voordeeliger dan de overweging, omdat wij vooral
door de akten van den wil God verheerlijken en ons
de deugden eigen maken.

B) De teekenen zijn de volgende : 1) wanneer
wij, ondanks allen goeden wil, moeite hebben om
verstandelijk te overwegen of om er practisch nut
uit te trekken, terwijl wij gemakkelijk komen tot
godvruchtige aandoeningen ; 2) Wanneer onze denk-
richting zoo vast bepaald is, dat de overtuiging er
reeds is, zoodra wij beginnen te bidden; 3) wanneer
het hart, vrij van de zonde, zich zonder moeite tot
God of tot Christus verheft. Daar men evenwel geen
goed rechter kan wezen in zijn eigen zaak, is het
goed hierbij den raad van den zielsbestuurder in te
winnen.

979. 4° **Middelen om de godvruchtige aandoeningen en gevoelens te onderhouden en te
ontwikkelen. A**) Het voornaamste middel bestaat
in de beoefening der deugd van *liefde :* zij ontstaan
immers in een hart, dat God vurig bemint. De liefde

vestigt onze oogen op God, om *zijne volmaaktheden* te *bewonderen*. Voorgelicht door het geloof, vertoont zij ons de oneindige schoonheid, goedheid en barmhartigheid van God. Als natuurlijk gevolg van dit aanschouwen, welt een gevoel op van *dankbaarheid*, van *lof*, van *welbehagen*. Hoe grooter onze liefde is tot God, hoe langer ook deze verschillende akten duren. Hetzelfde mogen wij zeggen van de liefde tot Christus. Wanneer wij in den geest overdenken, wat al weldaden Hij ons bewezen heeft, n. 967, wat Hij voor ons heeft willen lijden, wat Hij voor ons nog doet in zijn H. Sacrament, dan worden wij meegevoerd door gevoelens van bewondering, van aanbidding, van erkentelijkheid, van medelijden en liefde : wij worden gedrongen Hem te prijzen en te zegenen, die ons zulke liefde toedraagt.

980. B) De zielsbestuurder rade zijn penitenten, die reeds meer gevorderd zijn, aan, om ter vermeerdering hunner liefde tot God, dikwijls te *overwegen* de groote weldaden, welke God ons heeft bewezen en nog dagelijks bewijst.

a) De inwoning der drie goddelijke Personen in onze ziel en hun liefdevolle werking in ons (n. 92-130);

b) Onze inlijving in Christus en het aandeel, dat Hij heeft in ons geestelijk leven (n. 132-153); zijn leven, zijn geheimen, en bovenal zijn smartvol Lijden en zijn liefde in het H. Altaarsacrament.

c) Het aandeel, dat de H. Maagd, de Engelen en de Heiligen in het christelijk leven hebben (n. 154-189). Wij vinden er een zeer geschikt middel om afwisseling te brengen in onze gevoelens. Nu eens richten wij ons tot de Koningin des hemels, dan weer tot de Engelen, bijzonder tot onzen Bewaarengel ofwel tot de Heiligen, inzonderheid tot die, voor wie wij grooter devotie hebben.

d) De *mondgebeden*, het Onze Vader, het Weesgegroet, de hymnen tot het H. Sacrament. Hoeveel aandoeningen en gevoelens van liefde, van erkentelijkheid, van onderwerping aan Gods H. Wil zullen zij er door gevoelen.

e) De voornaamste deugden, zooals godsdienstigheid, gehoorzaamheid aan de Oversten, nederigheid, sterkte, matigheid, maar bovenal de drie goddelijke deugden. Zij moeten deze deugden niet zoozeer bespiegelend beschouwen, maar zooals zij *beoefend werden door Christus :* zij zullen trachten ze eveneens zoo te beoefenen, om Hem gelijkvormig te worden en Hem hun liefde te betuigen.

f) Zij zullen voorzeker ook over de boetvaardigheid, de versterving, de zonde en de vier uitersten mediteeren, doch thans op een andere wijze dan vroeger. Nu zullen zij Jesus beschouwen als het volmaakte toonbeeld van boete en versterving, als beladen met onze zonden en voldoening gevend door zijn langdurig lijden. Hun streven zal hierbij immer zijn de gevoelens van Jesus over te nemen, Hem in die overwogen deugd na te volgen. Mediteeren zij over den dood, den hemel en de hel, dan moeten zij het doen met het doel zich meer te onthechten aan het aardsche om zich met Jesus te vereenigen en op deze wijze de genade te verkrijgen een goeden dood te sterven en in den hemel een schoone plaats, dicht bij Jesus, te verdienen.

ART. II. VOORDEELEN VAN HET AFFECTIEVE GEBED.

Zij vloeien voort uit den aard van dit gebed zelf.

981. 1° Het voornaamste voordeel is *een inniger en meer blijvende vereeniging met God.* Deze gebedsvorm kenmerkt zich door menigvuldige aandoeningen en verzuchtingen tot God. Geboren uit de liefde, vermeerderen zij de liefde; zij zijn dus tegelijkertijd *gevolg* en *oorzaak;* gelijk alle deugden, groeien zij door oefening. Dit gebed ontwikkelt in ons de kennis der goddelijke volmaaktheden, want, gelijk de H. Bonaventura opmerkt : " de beste wijze om God te leeren kennen is de zoetheid zijner liefde te ondervinden; deze manier is veel verhevener, veel edeler en aangenamer dan de verstandelijke navorsching " [1]. Evenals men beter over de voortreffelijkheid van een boom kan oordeelen door den fijnen smaak van zijn vruchten te proeven, zoo ook is men beter in staat de verhevenheid der goddelijke eigenschappen te waardeeren, wanneer men de zoetheid van Gods liefde mag smaken. Die kennis

---

[1] S. BONAV., *Sent.*, l. III, dist. 35, a. 1, q. 2.

vermeerdert wederom onze liefde, onze vurigheid en het verlangen om steeds volmaakter alle deugden te beoefenen.

982. 2° Omdat deze gebedsvorm de liefde doet aangroeien, geeft hij ook nieuwen wasdom aan alle deugden, die in de liefde wortelen : a) *de onderwerping aan Gods wil :* dien wil te mogen volbrengen wordt voor de liefde een geluk; b) *den ijver voor de eer Gods* en het heil der zielen : wie bemint, voelt zich ook gedrongen den Beminde te loven en te doen loven; c) *de afzondering en ingekeerdheid :* men wil alleen zijn met den Beminde om meer aan Hem te denken en Hem zijn liefde te betuigen; d) *het verlangen naar de veelvuldige Communie :* de ziel haakt naar het uur Hem zoo volmaakt mogelijk te bezitten, die het voorwerp harer liefde is, en gevoelt zich gelukkig Hem te ontvangen en met Hem den geheelen dag door vereend te blijven; e) *den geest van opoffering :* voor de vereeniging met den goddelijken Gekruiste en door Hem met God zelven, is het noodig te verzaken aan zichzelven, aan zijn gemakken, het kruis moedig te dragen en zich te onderwerpen aan al de beschikkingen der goddelijke Voorzienigheid.

983. 3° Men vindt er ook menigmaal de *geestelijke vertroosting :* geen vreugde is zuiverder, is zoeter dan die, welke in het bijzijn van een vriend gesmaakt wordt. Welnu Jesus is de beste, de edelmoedigste aller vrienden, dus geeft zijn tegenwoordigheid ook de zoetste aller vreugden, een voorsmaak van de geneugten des hemels : *esse cum Jesu dulcis paradisus :* met Jesus zijn is een zoet paradijs. Na deze geestelijke blijdschap komen ongetwijfeld ook wel dorheden of andere beproevingen, doch ze zijn welkom; ondanks alles, wil men God beminnen en dienen. De gedachte, dat men lijdt voor God geeft reeds verlichting, is zelf al een troost.

Verder is het gevoels- of affectief gebed minder vermoeiend dan het verstandelijk gebed. Het laatste vordert inspanning van den geest, terwijl het eerste het hart meevoert door gevoelens van liefde, van dank en zegening : de ziel rust meer, terwijl in het verstandelijk gebed de ziel meer werkt.

984. 4° Ten slotte voert het gevoelsgebed, door getal en verscheidenheid der aandoeningen te beperken tot enkele, die daardoor in kracht winnen, langzamerhand tot het *gebed van eenvoud*. Dit is reeds een actief verworven beschouwing en bereidt den weg tot de ingestorte, de eigenlijk gezegde beschouwing, voor de zielen, welke er toe geroepen zijn. Wij behandelen deze bij den *weg der vereeniging*.

ART. III. DE SCHADUWZIJDE VAN HET GEVOELSGEBED.

De beste zaken hebben haar nadeelige zijde en gevaren; dit geldt ook voor het affectieve gebed. Wordt het niet gedaan volgens de regels der voorzichtigheid, dan voert het tot misbruiken. We zullen hier de voornaamste dezer misbruiken aangeven en tevens zeggen, hoe ze bestreden moeten worden.

985. 1° Het eerste is de *inspanning*, met als gevolg, vermoeienis en afmatting. Sommigen toch willen maar steeds meer en sterker aandoeningen opwekken; ze spannen zich in met geest en hart, geven zich alle moeite om liefdeakten en verzuchtingen voort te brengen, waarbij de natuur veel meer dan de genade werkzaam is. Deze inspanning werkt op de zenuwen : het bloed stijgt naar het hoofd en de hersens, een soort sluipkoorts ondermijnt de krachten en het lichaam gevoelt zich weldra uitgeput. Somtijds kunnen er nog andere stoornissen in het gestel uit volgen en zelfs kunnen met die godvruchtige aandoeningen, min of meer zinnelijke gevoelens vermengd zijn.

986. Dit is voorzeker *zeer verkeerd* en van het begin af moet men dit gebrek *bestrijden,* onder leiding van een wijzen zielsbestuurder, wien men dergelijke omstandigheden niet mag verbergen. Het eigenlijk behoedmiddel hiertegen is, zich wel overtuigd houden, dat de ware liefde Gods veel meer gelegen is in den *wil* dan in het *gevoel,* dat de edelmoedigheid dier liefde zich niet openbaart in hevige aandoeningen[1], maar in het kalm, onwrikbaar besluit niets te weigeren aan God. Vergeten wij niet, dat de liefde een akte is van den wil; dikwijls werkt zij wel op het gevoel en wekt er zwakker of sterker aandoeningen op, doch deze zijn niet de eigenlijke godsvrucht, maar enkel bijkomstige uitingen der godsvrucht; zij moeten altijd onderworpen blijven aan den wil en door dezen geregeld worden, anders krijgen zij de bovenhand — wat ongeregeld is — en in plaats van de degelijke godsvrucht te bevorderen, maken zij deze tot een gevoelige, somtijds zinnelijke liefde : want de hevige gemoedsaandoeningen zijn eigenlijk alle van gelijken aard en de overgang van de gevoelige naar de zinnelijke is gemakkelijk. Men dient er zich dus op toe te leggen zijn aandoeningen te *vergeestelijken,* te regelen, dienstbaar te maken aan den wil; " en de vrede Gods, die alle begrip te boven gaat, zal uw harten en uw zinnen bewaren in Christus Jesus ". (Phil. IV, 7).

987. 2° Het tweede gebrek is de *hoovaardigheid,* de *verwaandheid.* Men heeft goede, edele gevoelens, heilige verlangens, prachtige plannen tot geestelijken voortgang; in de gevoelige vurigheid, die men bijwijlen heeft, veracht men de vermaken, de goederen en ijdelheden van de wereld; daarom houdt

---

[1] Er zijn ongetwijfeld Heiligen, die somtijds van die liefde vervoeringen hebben, welke zich uitwendig op gevoelige wijze openbaren ; doch niet zij wekken die op, maar de genade Gods ; het zou van verwaandheid getuigen in zichzelf hevige aandoeningen te willen opwekken onder voorwendsel de Heiligen na te volgen.

men zich gaarne voor veel verder gevorderd dan
men werkelijk is, men heeft een gevoel, of men al
tot dicht bij de hoogste hoogten der volmaaktheid
en der beschouwing is genaderd. Somtijds zelfs
houdt men tijdens het gebed den adem in, in afwachting der goddelijke mededeelingen — Dergelijke
inbeeldingen zijn eerder een klaar bewijs, dat men
nog zeer ver van die hoogten verwijderd is. De heiligen, de vurigen mistrouwen zichzelf, achten zich
altijd de slechtsten en houden de anderen voor beter.
Om dat gebrek van hoogmoed en verwaandheid te
bestrijden, is het noodig zich opnieuw toe te leggen
op nederigheid en zelfmistrouwen (n. 1150). — Wanneer deze hoogmoedige inbeelding vasteren vorm
dreigt aan te nemen, zien wij God ook menigmaal
tusschenbeide komen om die zielen tot de kennis
harer onwaardigheid en hulpeloosheid te brengen.
Hij onttrekt haar zijn vertroostingen, zijn bijzondere gunstbewijzen ; dan wordt het haar duidelijk,
dat ze nog ver van het beoogde doel verwijderd zijn.

988. 3° Het derde gebrek is dat van hen, die
hun geheele godsvrucht doen bestaan in het *zoeken
van geestelijke zoetheden*, terwijl ze hun plichten en
de beoefening der gewone deugden verwaarloozen.
Wanneer ze schoone overwegingen houden, meenen
ze volmaakt te zijn. — Dit is zelfbedrog : er is geen
volmaaktheid bestaanbaar zonder naleving van Gods
wil. Welnu de wil Gods is, dat wij, behalve de geboden, ook de plichten van onzen staat naleven, dat
wij met de groote ook de kleine deugden, de zedigheid, de zachtmoedigheid, de verdraagzaamheid, de
vriendelijkheid beoefenen. Zich voor heilig houden,
omdat men gaarne bidt en vooral omdat men vertroosting zoekt, is zichzelf misleiden. Christus heeft
gezegd : "Niet iedereen, die tot Mij zegt : Heer,
Heer! zal binnengaan in het rijk der hemelen ; maar
wel wie den wil van mijn Vader volbrengt, die in
de hemelen is" (Matth. VII, 21).

Hoe zou men dan ook volmaakt zijn, zoo men dien wil niet volbrengt? — Wie deze beletselen en gevaren weet te vermijden, zal ondervinden, dat het gevoelsgebed zeer veel bijdraagt tot geestelijken voortgang. Welke nu zijn de methoden?

ART. IV. METHODEN VAN HET AFFECTIEVE GEBED.

Zij kunnen alle tot twee soorten worden herleid : die van den *H. Ignatius* en die van *S. Sulpice.*

I. *De methoden van den H. Ignatius* [1].

Onder de gebedsmethoden zijn er drie, welke betrekking hebben op het gevoelsgebed : 1º *de beschouwing;* 2º *het gebruik der zintuigen;* 3º *de tweede gebedswijze.*

1º DE BESCHOUWING.

989. Hier wordt niet de *ingestorte,* noch de actief *verworven* beschouwing bedoeld, maar een *bijzondere wijze van affectief gebed.* Iets beschouwen wil hier zeggen, het niet terloops, maar *met aandacht* en *met welbehagen* bezien, tot men geheel voldaan is ; het is er de oogen van den geest naar richten met *bewondering,* met liefde, gelijk de moeder haar blikken vestigt op haar kind. Aldus kan men de geheimen van het leven van Christus of de goddelijke eigenschappen beschouwen.

Bij het overwegen van een geheim : 1) beschouwt men de *personen,* die bij dit geheim optreden, bijv. de H. Drievuldigheid, Christus, de H. Maagd, de menschen, zoowel naar hun uitwendig optreden als naar hun inwendige stemming ; 2) men luistert naar hun *woorden :* men vraagt zich af : tot wie zijn ze gericht, wat is hun beteekenis ; 3) men beschouwt de *handelingen,* haren aard en omstandigheden. Dit

---

[1] H. IGNATIUS, *Geestel. Oefeningen,* 2e week.

alles moet dienen om onze kennis, onzen eerbied, onze liefde ten opzichte van God, van Christus, van Maria te vermeerderen.

990. Opdat deze beschouwing meer vruchten afwerpe, beschouwt men het geheim niet als een voorval uit het verleden, maar alsof het nu *onder onze oogen* plaats greep, want het duurt inderdaad nog voort door de genade, die er aan verbonden is. Ook blijft men niet enkel toezien, maar *men neemt er een werkend aandeel in,* bijv. bij de beschouwing der geboorte van Christus, vereenigt men zich met de gevoelens van Maria. Daarenboven moet men er practisch nut in zoeken : een inniger kennis van Jesus, een edelmoediger liefde.

Zooals men ziet, is het niet moeilijk hierbij verschillende gevoelens op te wekken : van bewondering, aanbidding, dankbaarheid, liefde tot God, evenals van leedwezen, schaamte en berouw bij het herdenken onzer zonden, om ten slotte ook te bidden voor ons en voor anderen.

Opdat de verscheidenheid dezer aandoeningen den vrede en de rust der ziel niet verstore, vergete men den wijzen raad van den H. Ignatius[1] niet : "Wanneer ik bij een punt de gevoelens ontwaar, die ik in mij wilde opwekken, zal ik er stil bij blijven staan, totdat mijn ziel geheel voldaan is, want het is niet de hoeveelheid der kennis, die de ziel verzadigt en bevredigt, maar het gevoel en de inwendige smaak der waarheden, welke zij overweegt ".

2° HET GEBRUIK DER VIJF ZINTUIGEN.

991. Met dezen naam wordt een zeer eenvoudige en innige wijze van overwegen aangeduid. *In den geest* of *in de verbeelding* gebruikt men, bij de overweging van eenig geheim uit het leven van Christus, de vijf zintuigen, om op deze wijze al de omstandigheden van dat geheim dieper in onze ziel te drukken en in ons hart godvruchtige gevoelens en goede voornemens op te wekken.

Hier volge een voorbeeld uit het geheim van Kerstmis.

1) Zintuig van *het gezicht.* Ik zie het goddelijk Kind in de kribbe, het stroo, waarop het rust, de doeken, waarin het is gewikkeld... Ik zie zijn handjes die van koude beven, zijn

---

[1] *Geestel. Oefen.,* 2e noot, 4e bijvoeging.

oogen waaruit tranen vloeien... Dit Kind is God : ik aanbid
Het met levend geloof. — Ik zie de H. Maagd : welke
zedigheid, welke bovenaardsche schoonheid ! Ik zie Haar het
Kindje Jesus in haar armen nemen, aan haar hart drukken,
het weer in de kribbe leggen : het is haar Kind, het is haar
God!... Ik bewonder, ik bid... Ik denk aan de H. Communie :
het is dezelfde Jesus, dien ik ontvang... Heb ik hetzelfde
geloof, dezelfde liefde?

2) Zintuig van *het gehoor*. Ik hoor het weenen van het
goddelijk Kind... het gekreun om de smarten, die het ondergaat : de koude, vooral het zien der ondankbaarheid van de
menschen... Ik verbeeld mij de woorden te hooren, die het
Hart van Jesus spreekt tot het Hart van zijn heilige Moeder,
de woorden van Maria, woorden vol geloof, ootmoed, liefde ;
ik vereenig mij met Haar...

3) Zintuig van *den reuk*. Ruik de onaangename, vunzige
lucht van de grot, waarin uw God om u geboren werd. —
Neem in den geest waar den heiligen geur der deugden van
de H. Familie, den zoeten geur der wierookwolken van de
gebeden door Jesus, Maria en Joseph tot God opgezonden.

4) Zintuig van *den smaak*. Smaak in uwe ziel het geluk bij
Jesus, Maria en Joseph te zijn, het geluk hen te mogen
beminnen.

5) Zintuig van *het gevoel*. Ik raak, van heiligen eerbied
vervuld, met mijn handen de kribbe, het stroo, waarop mijn
God wil rusten... En zoo het niet te stoutmoedig is, kus ik
zijn heilige voeten.

Men eindigt met een godvruchtige samenspraak
met Jesus, met zijne Moeder, en vraagt de genade
dien goddelijken Zaligmaker met edelmoediger
liefde te beminnen.

992. Bij de overweging van Gods eigenschappen
beschouwt men elk dezer eigenschappen met gevoelens van aanbidding, lof en liefde en besluit met
zich zonder voorbehoud aan God op te dragen [1].

3° DE TWEEDE GEBEDSWIJZE.

993. In deze tweede wijze van bidden, mediteert
men telkens over een woord of zin, of gedeelte van

[1] Zie de laatste beschouwing van den H. Ignatius, *Geestel. Oef.*,
4e Week.

een zin, hetgeen voldoende stof tot denken geeft, en blijft daarmede bezig, totdat onze gevoelens en gedachten zijn uitgeput; en op deze manier gat men langzaam verder. Deze wijze van bidden kan men zeer voordeelig toepassen op zijn gewone gebeden, bijv. op het Onze Vader, Weesgegroet, Ik geloof in God den Vader, enz.

Bij het overwegen van het Onze Vader, houdt men stil bij de eerste woorden en zegt : O mijn God, Gij, de Eeuwige, de Almachtige, de Schepper van alwat bestaat, Gij hebt mij aangenomen tot kind! Gij zijt mijn *Vader*. Gij zijt het, omdat Gij mij bij het doopsel deelachtig gemaakt hebt aan uw goddelijk leven en het elken dag in mij wilt bewaren en vermeerderen... Gij zijt het, omdat Gij mij bemint, gelijk nimmer een vader, een moeder haar kind heeft liefgehad... omdat Gij mij met vaderlijke bezorgdheid blijft omringen...

Men blijft bij dit woord, zoolang men er nieuwe denkbeelden, nieuwe gevoelens en aandoeningen in ontdekt. Zoo soms een of twee woorden voldoende stof geven om gedurende de geheele overweging bezig te blijven, dan zoeke men naar geen andere stof.

Zoo kan men op drie eenvoudige, gemakkelijke wijzen het affectieve of gevoelsgebed beoefenen.

II. *De methode van S. Sulpice.*

Gelijk reeds gezegd is, n. 701, is deze zeer op innig gevoel berekend; daarom ook is zij voor de meer gevorderden aan te raden.

994. 1º Vooreerst de *aanbidding*. In het begin is deze tamelijk kort, daarna wordt ze geleidelijk langer en neemt somtijds de helft der meditatie in beslag. Tijdens deze aanbidding geeft de ziel, door Gods liefde gedrongen, uiting aan de gevoelens, waarvan ze vervuld is : ze bewondert, verheft, prijst, zegent, dankt nu de drie Personen der H. Drievuldigheid te samen, dan weer ieder afzonderlijk, of in 't bijzonder Christus, het volmaakte toonbeeld der deugd, die men zich verlangt eigen te maken. In dit eerste punt, betuigt men ook bij sommige feesten of gelegenheden, zijn eerbied, erkentelijkheid en liefde jegens de H. Maagd en de Heiligen en wekt men zich op om hun deugden na te volgen.

995. 2° Dan komt het tweede punt, dat bijna geheel gevoelsgebed is. De weinige beschouwingen of overdenkingen, die men hier doet, zijn zeer kort en dan nog bij wijze van *samenspraken* met God of met Christus : " Help mij, o God, om mij meer en meer te doordringen van..." Zij gaan vergezeld van dankzegging voor de ontvangen verlichtingen, van vurige verlangens naar de deugd, die men over-weegt. Wanneer men dan nagaat, hoever men in die deugd gevorderd is of wat er nog ontbreekt, doet men zulks onder het oog van Jesus. Men vergelijkt zich met dit goddelijk Toonbeeld. Zoo ziet men beter de eigen onvolkomenheden, de eigen ellenden. De gevoelens van vernedering, van schaam-te, welke men door die tegenstelling ondervindt, zijn dieper, het vertrouwen echter in God wordt grooter, omdat men zich in tegenwoordigheid van den goddelijken Geneesheer der zielen ziet. Spon-taan stijgt uit het hart de kreet om hulp, bij voorbeeld : " Heer, zie dien Gij liefhebt, is ziek " (Joan. XI, 3). Vurige smeekingen wellen op uit de ziel om een bepaalde deugd te verkrijgen, om Gods zegen en bijstand voor zich, voor anderen, voor de gansche Kerk te vragen. Deze smeekingen worden met onwrikbaar vertrouwen ten hemel opgezonden, omdat men, ingelijfd in Christus, weet, dat ze door Hem gesteund worden.

996. 3° In het derde punt wordt het gebed nog inniger. Men maakt een voornemen en onderwerpt het aan de goedkeuring van Jesus; men betuigt Hem het te willen uitvoeren om nog nauwer met Hem vereenigd te worden, doch, omdat men zoo zwak is, op zijn hulp en medewerking te rekenen. Dan kiest men een schietgebed, dat men in den loop van den dag dikwijls zal herhalen, om niet

enkel herinnerd te worden aan het gevormde voornemen, doch aan Hem die het heeft ingegeven.

997. Somtijds, ten tijde van *dorheden*, ondervindt de ziel
groote moeite om deze gevoelens en aandoeningen op te
wekken. In dergelijke gevallen, onderwerpt de ziel zich in
volle berusting aan Gods welbehagen en betuigt Hem, dat zij
Hem wil beminnen, Hem getrouw blijven, Hem dienen en
ondanks alles in zijn tegenwoordigheid wil leven. Zij erkent
nederig haar nietswaardigheid, haar onvermogen, doch in
vereeniging met Jesus draagt zij den Vader de eerbewijzen
op, die zijn goddelijke Zoon Hem geeft. Deze wilsakten zijn
zelfs nog verdienstelijker dan de godvruchtige gevoelens.

Deze zijn de voornaamste methoden van het
affectieve gebed. Ieder kieze, wat hem het meest
bevalt, en in iedere methode, wat hij het meest
geschikt acht voor zijn tegenwoordige behoeften en
wat met zijn bovennatuurlijke neiging meer in
overeenstemming is.

HOOFDSTUK II.

Over de zedelijke deugden [1].

Alvorens tot haar beschrijving over te gaan,
moeten wij eerst in 't kort de theologische gegevens
over de *ingestorte deugden* in het geheugen terug-
roepen.

Voorafgaande verklaring
der ingestorte deugden.

Wij spreken hier eerst over de *ingestorte deugden,
in 't algemeen,* en daarna over de *zedelijke deugden
in 't bijzonder.*

[1] S. Thom., Ia IIæ, q. 55-67; IIa IIæ, q. 48-170; Suarez, *Disput.
metaphys.*, XLIV; *de Passionibus et habitibus, de Fide*, etc.; Alvarez
de Paz, t. II, lib. III, *de adeptione virtutum;* Rodriguez, *Christel.
Volm.;* H. Franc. van Sales, *Godvr. leven;* Olier, *Introd. à la vie
et aux vertus chrét.;* van Coppenolle, *De bovennat. mensch, bovenn.
deugden.*

I. *Over de ingestorte deugden in 't algemeen* [1].

998. Er bestaan natuurlijke deugden, dat wil zeggen, goede gewoonten, die door dikwerf herhaalde akten verworven, de beoefening van het goede vergemakkelijken. Zoo kunnen de ongeloovigen en heidenen, met de natuurlijke hulp van God, de zedelijke deugden van voorzichtigheid, rechtvaardigheid, sterkte, matigheid verkrijgen en er in aangroeien. Doch over deze deugden handelen wij hier niet, wij willen spreken over de bovennatuurlijke of ingestorte deugden, zooals zij bij den christen gevonden worden.

999. Daar wij tot den bovennatuurlijken staat verheven zijn en geen ander doel te bereiken hebben dan de zaligmakende aanschouwing, moeten wij daarnaar streven door middelen die eveneens bovennatuurlijk zijn, want er moet evenredigheid bestaan tusschen het einddoel en wat er toe geleidt. Wij moeten dus de deugden, die men in de wereld natuurlijke noemt, op bovennatuurlijke wijze beoefenen. Gelijk terecht P. Garrigou-Lagrange [2] opmerkt, naar den H. Thomas, " zijn de christelijke zedelijke deugden ingestort en in wezen onderscheiden, door haar beweegreden, van de hoogste door eigen kracht verworven zedelijke deugden, waarvan de grootste philosofen spreken... Er is een hemelsbreed verschil tusschen de matigheid door Aristoteles aangeprezen, door de rede voorgeschreven, en de christelijke matigheid volgens het woord Gods en de bovennatuurlijke voorzichtigheid ".

Vroeger hebben wij reeds aangetoond, hoe deze deugden ons worden medegedeeld door den H. Geest, die in ons woont, n. 121-122; daarom zullen wij

---

[1] S. THOM., Ia IIæ, q. 62-63; SUAREZ, *de Pass. et habit.*, disp. III; P. GARRIGOU-LAGRANGE, *Perf. chrét. et Contempl.*, p. 62-75; POTTERS, V. — [2] *Op. cit.*

hier alleen handelen over : 1° haren aard; 2° haren groei; 3° haar achteruitgang; 4° haar onderling verband.

1° AARD DER INGESTORTE DEUGDEN.

1000. A) De ingestorte deugden zijn werkbeginselen, door God in ons neergelegd, om in onze ziel als bovennatuurlijke vermogens te handelen en ons aldus bekwaam te maken verdienstelijke daden te stellen.

Er bestaat dus een diepgaand verschil tusschen de ingestorte en de verworven deugden, wat haren oorsprong, wezen en doel betreft.

a) Ten opzichte van haren *oorsprong :* de natuurlijke deugden worden verkregen door het herhaald stellen van gelijke akten; de bovennatuurlijke komen van God, die ze, tegelijk met de heiligmakende genade, in onze ziel instort.

b) Beschouwd in haar *wezen :* daar de natuurlijke deugden verkregen worden door oefening, geven zij een gemak om die deugd-akten zonder eenige moeite te stellen; de bovennatuurlijke deugden, door God ons ingestort, geven ons enkel het *vermogen* en een zekere *neiging* om verdienstelijke daden te verrichten; de vaardigheid, het gemak komt pas later door oefening.

c) Wat het *doel* betreft : de natuurlijke deugden beoogen het natuurlijk goede en richten ons tot God, den Schepper, terwijl de ingestorte deugden naar het bovennatuurlijk goede streven en opvoeren naar den God der H. Drieeenheid, zooals wij Hem kennen door het geloof. Daarom ook moeten de beweegredenen, die tot de beoefening dezer deugden aanzetten, bovennatuurlijk wezen : ik leg mij toe op de voorzichtigheid, de rechtvaardigheid, matigheid en sterkte om te leven,. zooals God verlangt.

1001. Hieruit volgt, dat de akten dezer bovennatuurlijke deugden veel volmaakter zijn dan die der verworven deugden [1]. De ingestorte matigheid, bijv. zet ons niet alleen aan tot soberheid om de menschelijke waardigheid, het fatsoen te bewaren, maar ook tot positieve verstervingen ten einde meer gelijk-

---

[1] *Summa Theol.* IIa II.ae, q. 63, a. 4.

vormig te worden aan Christus; de ootmoedigheid doet ons niet enkel den hoogmoed en de gramschap vermijden, omdat zij misstaan en onredelijk zijn, doch wekt ons op tot het vrijwillig ondergaan van wat ons vernedert om het goddelijk Toonbeeld naderbij te komen.

Het onderscheid tusschen de ingestorte en verworven deugden is dus zeer groot : haar beginsel en haar beweegreden zijn verschillend.

1002. B) Wij zeiden, dat de vaardigheid om de ingestorte deugden te beoefenen, verkregen wordt door het herhaaldelijk stellen derzelfde akten ; door die vaardigheid beoefent men ze met meer bereidwilligheid, gemak en genoegen.

a) De gewoonte door oefening verkregen *vermindert de beletselen*, dat is den tegenstand der bedorven natuur, zoodat men met dezelfde moeite veel meer bereikt ; b) zij maakt onze vermogens als het ware leniger, vervolmaakt ze in hun werking, maakt ze bekwamer om het beoogde doel te bereiken. c) Ten slotte komt ook de dadelijke genade, die des te overvloediger wordt gegeven, naarmate wij er getrouwer aan beantwoorden, op geheel bijzondere wijze ons helpen om onze plichten, met vreugde zelfs, te vervullen.

Merken wij hier terloops op, dat die vaardigheid, niet aanstonds verloren gaat doordat men een doodzonde bedrijft. Daar dat gemak door herhaalde oefening is verkregen, blijft het nog eenigen tijd voortduren uit kracht der gewoonte.

2° De TOENAME DER INGESTORTE DEUGDEN.

1003. A) De ingestorte deugden kunnen aangroeien in onze ziel, en nemen toe in kracht in dezelfde maat als de heiligmakende genade, waarin zij wortelen, vermeerdert. Die toename komt rechtstreeks van God, omdat Hij alleen in ons het goddelijk leven en alwat er toe behoort, kan vermeerderen. Dit doet Hij, wanneer wij de *H. Sacramenten* ontvangen, wanneer wij *goede werken* doen en *bidden.*

a) *De Sacramenten* geven, uit kracht zelf hunner instelling, een vermeerdering van heiligmakende genade en dus ook der ingestorte deugden, en wel in evenredigheid met onze gesteldheid n. 259-261.

b) *De goede werken* verdienen niet alleen de glorie, doch ook een vermeerdering der heiligmakende genade en bijgevolg van de ingestorte deugden; deze vermeerdering hangt grootendeels af van de vurigheid onzer gesteltenis, n. 237.

c) *Het gebed* bezit de kracht niet alleen om te verdienen, maar ook om te *verkrijgen*. Het vraagt en verwerft een vermeerdering van genade en van deugden, die afgemeten wordt naar de vurigheid, waarmede men bidt. Om onze gebeden nog meer kracht te geven is het zeer gewenscht ze te vereenigen met die der H. Kerk en, met haar, een vermeerdering van geloof, hoop en liefde te vragen.

B) Deze groei geschiedt, volgens den H. Thomas, niet door een vermeerdering van graad of hoeveelheid, maar door een *volkomener en werkzamer bezit* der deugd : in dezen zin zeggen wij, dat de deugden dieper wortel schieten in onze ziel en er steviger, hechter in gevestigd worden en meer werken.

3° OVER DE VERZWAKKING DER DEUGDEN.

Een werkkracht, die niet of maar weinig wordt benut, verzwakt weldra of gaat zelfs geheel verloren.

1004. A) **Over de vermindering der deugden.** De ingestorte deugden zijn eigenlijk gezegd niet vatbaar voor vermindering, evenmin als de heiligmakende genade, waar zij van afhangen. De *dagelijksche* zonde kan ze niet verminderen, gelijk zij ook de heiligmakende genade niet doet afnemen. Evenwel werkt de dagelijksche zonde, vooral wanneer zij dikwerf en vrijwillig wordt bedreven, zeer storend op de *beoefening* der deugd, omdat zij de vroeger aangeworven *vaardigheid* vermindert. n. 730. De lichte fouten van gulzigheid bijv. verminderen wel niet de ingestorte deugd van matigheid *in zich*, maar wel de gemakkelijkheid, die men verkregen had om de zinnelijkheid te versterven. Daarbij komt, dat de dadelijke genaden, die ons helpen bij het beoefenen der deugden, niet meer zoo overvloedig worden gegeven, zoo wij ze niet goed gebruiken.

Zoo worden die deugden met minder vurigheid beoefend. Ten slotte, zooals n. 731 gezegd is, bereiden de dagelijksche zonden den weg tot de doodzonden en dus ook tot het verlies der deugden.

1005. B) Over het verlies der deugden. Men kan als princiep aannemen, dat de deugden verloren gaan door iedere daad die haar *beweegreden* wegneemt; de beweegreden immers, waarom een deugd beoefend moet worden, is haar grondslag; ontbreekt zij, dan is de deugd zelf ondermijnd en valt zij.

a) Zoo gaat de *liefde* verloren door iedere doodzonde, omdat deze in ons de beweegreden, den grondslag dezer deugd vernietigt; de doodzonde toch is lijnrecht in strijd met de oneindige goedheid Gods.

b) De *ingestorte zedelijke deugden* gaan eveneens verloren door de doodzonde : zij zijn zoo nauw met de liefde verbonden, dat, als deze valt, zij met haar vallen. Nochtans, gelijk reeds gezegd is, blijft de gemakkelijkheid, die men zich eigen had gemaakt, om akten van voorzichtigheid, van rechtvaardigheid, enz. te stellen, nog eenigen tijd bestaan na het verlies der ingestorte deugden, krachtens de gewoonte.

c) Wat het geloof en de hoop betreft, deze blijven bestaan in de ziel, zelfs wanneer men de genade door een doodzonde heeft verloren, tenzij men rechtstreeks tegen deze twee deugden zou zondigen. De reden hiervan is, dat de andere zonden den grondslag van het geloof of van de hoop niet vernietigen. Daarbij wil God, in zijn oneindige goedheid, die twee deugden in onze ziel laten voortbestaan als een laatste reddingsplank : zoolang het geloof en de hoop bewaard blijven, is de bekeering nog betrekkelijk gemakkelijk te achten.

4° OVER HET ONDERLING VERBAND DER DEUGDEN.

1006. Dikwijls wordt gezegd, dat alle deugden *samenhangen*. Dit vraagt eenige opheldering.

A) Vooreerst de *liefde*. Wel begrepen en wel beoefend, omvat zij alle deugden, niet alleen het geloof en de hoop (wat geen bewijs behoeft), maar ook de zedelijke deugden. Steunend op de leer van den H. Paulus hebben wij dit reeds bewezen, n. 318. De Apostel toch zegt : " *De liefde is geduldig, de*

liefde is goedertieren... ". Wie God en den evennaaste
om God bemint, is bereid iedere deugd te beoefenen, zoodra het geweten hem er de verplichting
van doet inzien. Men kan immers God niet wezenlijk, boven alles beminnen, zoo men zijn geboden
en zelfs eenige raden niet wil naleven. Daarbij is
het eigen aan de liefde alle handelingen tot God,
ons laatste einde, terug te voeren, en ze dus ook
alle om te zetten in akten van christelijke deugden.
Men mag dus zeggen, dat naarmate de liefde toeneemt, ook de andere deugden in kracht aangroeien.

Ofschoon de liefde Gods den wil richt naar de beoefening
der zedelijke deugden en die gemakkelijker maakt, geeft zij
evenwel niet terstond en noodzakelijk de volmaaktheid van
al deze deugden. Zij maakt ons bij voorbeeld niet zonder
meer volmaakt voorzichtig, nederig, gehoorzaam, zuiver. Een
zondaar, die zich bekeert, zal hoe groot zijn ijver, zijn liefde
nu is, zich eerst moeten oefenen gedurende een zekeren tijd,
om zich van zijn slechte gewoonten te ontdoen en zich de
tegenovergestelde deugden volkomen eigen te maken.

1007. B) Daar de liefde de vorm, de voltooiing
aller deugden is, zullen deze zonder haar nooit
volmaakt zijn. Zoo zijn het geloof en de hoop in de
ziel van een zondaar wel deugden, maar zonder die
volmaaktheid, welke ze tot God als tot het laatste
einde richt. Daarom ook kunnen akten van geloof
of hoop in staat van doodzonde verricht, den hemel
niet verdienen, ofschoon ze toch bovennatuurlijk
zijn en de bekeering voorbereiden.

1008. C) Ten opzichte der *zedelijke* deugden
moeten wij het volgende opmerken. Wanneer men
ze bezit in haar volmaaktheid, dat is *bezield door de
liefde* en in eenigszins verheven graad, dan zijn ze
ook werkelijk samenhangend, in dezen zin namelijk,
dat men de eene niet kan bezitten zonder de overige.
Zoo veronderstellen alle deugden, willen ze volmaakt
zijn, de voorzichtigheid; deze op haar beurt kan
niet op volmaakte wijze beoefend worden, zonder
medewerking der sterkte, der rechtvaardigheid en

der matigheid. Iemand, die de deugd van sterkte mist en geneigd is tot onrechtvaardigheid en onmatigheid, zal menigmaal misdoen tegen de voorzichtigheid. Zonder zielskracht en matigheid is de volmaakte naleving der rechtvaardigheid onmogelijk; de sterkte moet door de voorzichtigheid en de rechtvaardigheid getemperd worden, en, zoo zij de matigheid niet heeft, zal zij niet lang blijven bestaan en zoo voort [1].

Doch wanneer iemand de zedelijke deugden slechts in minderen graad bezit, dan volgt daar nog niet uit dat, omdat hij ééne deugd heeft, hij daarom ook de andere beoefent. Zoo kan iemand zuiver leven zonder nederig te zijn, nederig zonder barmhartig of barmhartig zonder rechtvaardig te wezen [2].

II. *Over de zedelijke deugden in 't bijzonder.*

Wij zullen in 't kort haar *wezen*, haar *aantal* en haar *overeenkomst* verklaren.

1009. 1º *Haar wezen.* Om twee redenen worden deze deugden zedelijke genoemd en wel om ze te onderscheiden : **a**) van de *louter verstandelijke* deugden, welke ons verstand vervolmaken, zonder eenig verband met het zedelijk leven, zooals de wetenschap, de kunst, enz.; **b**) van de *goddelijke* deugden, die weliswaar ook onze zeden ordenen, doch God *rechtstreeks tot voorwerp* hebben, terwijl de zedelijke deugden rechtstreeks een geschapen bovennatuurlijk goed beoogen, bijv. de heerschappij over de driften Toch mag niet vergeten worden, dat de bovennatuurlijk zedelijke deugden eveneens een ware deelname zijn aan het goddelijk leven en ons voorbereiden tot de zaligmakende aanschouwing.

---

[1] Zie den H. AUGUST., 167n brief aan Hieronymus, L. Vad. XXXIII, 735.
[2] S. GREGOR., *Moral.*, l. XXII, c. 1; P. BURGER S. J., Onderrichtingen, vertaling Schippers, I, bl. 210.

Daarenboven, naarmate deze deugden volmaakter
worden, en vooral wanneer zij versterkt worden
door de gaven van den H. Geest, komen zij ten
slotte zoo dicht bij de goddelijke deugden, dat zij
er geheel van doortrokken worden; zij zijn alleen
verschillende uitingen der liefde, die ze bezielt.

1010. 2° *Haar aantal.* Wanneer men de zedelijke
deugden in haar verschillende vertakkingen beschouwt, komt men tot een zeer groot aantal, maar
men kan ze alle tot de vier hoofddeugden terugbrengen, omdat op deze alle steunen.

Deze vier deugden beantwoorden aan alle behoeften der ziel en vervolmaken al haar zedelijke vermogens.

1011. A) *Zij beantwoorden aan alle behoeften der
ziel.*

a) Het eerst noodige is de middelen te kiezen
onmisbaar of nuttig tot het bereiken van ons bovennatuurlijk einde; dit is de taak der *voorzichtigheid.*

b) Wij behooren ook eens ieders rechten te eerbiedigen; dit leert ons de *rechtvaardigheid.*

c) Om onszelven en onze goederen tegen drei-
gende gevaren, zonder vrees, doch ook zonder geweld,
te verdedigen hebben wij *de sterkte* van noode.

d) Om, zonder misbruik, de goederen en genoegens van dit leven te genieten, hebben wij de
matigheid noodig.

De *rechtvaardigheid* regelt dus onzen omgang
met den naaste, de *sterkte* en de *matigheid* onze
verhouding tot onszelven, terwijl de *voorzichtigheid*
de drie andere deugden bestuurt.

1012. B) *Zij vervolmaken al onze zedelijke vermogens.* Het verstand wordt geleid door de voorzichtigheid, de wil door de rechtvaardigheid, het
streefvermogen door de sterkte en het begeervermogen door de matigheid. Hier dient echter opge-

merkt te worden dat, wijl het begeer- en het streefvermogen hun zedelijke waarde enkel door den *wil*
kunnen ontvangen, de sterkte en de matigheid
evenzeer in den wil als in de lagere vermogens, die
door hem bestuurd worden, zetelen.

1013. C) Voegen wij hier nog bij, dat elk dezer
deugden beschouwd kan worden als een hoofddeugd,
die *hulpdeugden*, (partes integrantes), *ondergeschikte
deugden* (partes subjectivas), of *aanverwante deugden*
(partes potentiales) omvat [1].

a) De *hulpdeugden* staan de hoofddeugden in haar werkzaamheid ter zijde en vervolmaken haar; zoo zijn het geduld
en de standvastigheid hulpdeugden van de sterkte.

b) De *ondergeschikte* deugden zijn als onderdeelen van de
hoofddeugd, zooals onthouding en zuiverheid van de matigheid.

c) De *aanverwante* deugden hebben eenige trekken gemeen
met de hoofddeugd, zonder nochtans volkomen op haar te
gelijken. Zoo is de deugd van *godsdienstigheid* verwant met
de rechtvaardigheid, omdat zij er wel naar streeft aan God de
hulde te geven, die Hem *verschuldigd* is, maar het niet met de
vereischte volmaaktheid noch zooveel God toekomt kan doen;
de *gehoorzaamheid* betoont aan de oversten de onderwerping
hun verschuldigd, maar hier is weer geen volkomen bepaald
recht en ook geen verhouding tusschen gelijken.

Om niet al te omslachtig te worden, geven wij al
de verdeelingen en onderverdeelingen der deugden
niet aan, doch bepalen ons tot de voornaamste
deugden, die volstrekt ontwikkeld moeten worden.
Hierbij zelfs zullen wij alleen maar datgene aangeven, wat theoretisch en practisch vereischt wordt.

1014. 3° *Haar overeenkomst.* **a**) Al de zedelijke
deugden beoogen het *juiste midden* te bewaren
tusschen de uitersten; daartoe volgen zij de regels,
welke de rede, door het geloof voorgelicht, vaststelt.
Zij houden den middenweg door niet te veel te
willen en niet met te weinig tevreden te zijn.

---

[1] Zie POTTERS, V, bl. 121.

b) De goddelijke deugden, in zich beschouwd, bestaan niet in het juiste midden, wijl, gelijk de H. Bernardus zegt, de maat van God te beminnen is Hem zonder maat te beminnen. Beschouwen we ze echter *ten onzen opzichte*, dan moeten wij wel degelijk rekening houden met het juiste midden; met andere woorden, wij moeten ons laten geleiden door de voorzichtigheid, om te weten, in welke omstandigheden wij de goddelijke deugden kunnen en moeten beoefenen; wat wij bijv. wel en wat we niet moeten gelooven, hoe wij het vermetel betrouwen en tegelijk de wanhoop moeten vermijden.

INDEELING VAN HET TWEEDE HOOFDSTUK.

1015. In dit tweede hoofdstuk zullen wij achtereenvolgens handelen over de vier *hoofddeugden* en de *voornaamste aanverwante deugden.*

I.   De voorzichtigheid.

II.   De rechtvaardigheid $\left\{ \begin{array}{l} \text{de godsdienstigheid.} \\ \text{de gehoorzaamheid} \end{array} \right.$

III. De sterkte.

IV. De matigheid. $\left\{ \begin{array}{l} \text{de kuischheid.} \\ \text{de nederigheid.} \\ \text{de zachtmoedigheid} \end{array} \right.$

ART. I. OVER DE VOORZICHTIGHEID [1].

Wij zullen hier verklaren : 1º den *aard* der voorzichtigheid; 2º hare *noodzakelijkheid*; 3º de *middelen* tot hare volmaking.

I. *Natuur der voorzichtigheid.*

Tot beter begrip geven wij haar *bepaling*, haar *vereischten*, haar verschillende *soorten.*

1016. 1º **Bepaling.** De voorzichtigheid is een zedelijke, bovennatuurlijke deugd, die ons verstand aanzet om, in iedere omstandigheid, de beste middelen te kiezen tot het bereiken van een voorgesteld

---

[1] CASSIANUS. *Coll.* II; DE H. JOANNES CLIMACUS, *Scala*, XXVI; S. THOM., IIª IIæ, q. 47-56.

doel, dat dienstbaar gemaakt wordt aan ons laatste einde.

Zij is dus noch *de voorzichtigheid van het vleesch,* noch de *louter menschelijke* voorzichtigheid, maar *de christelijke* voorzichtigheid.

A) Niet de **voorzichtigheid van het vleesch :** deze maakt vernuftig in het vinden van middelen tot het bereiken van een slecht doel, om de driften te voldoen, schatten te verzamelen, tot eereposten te komen. De Apostel veroordeelt haar, omdat zij de vijandin van God, een opstandige is, de vijandin van den mensch, dien zij naar den eeuwigen dood voert (Rom. VIII, 6-8).

Niet de **bloot menschelijke voorzichtigheid.** Deze is slechts bedacht op de zekerste middelen om een natuurlijk einddoel zonder meer te bereiken. Zoo is de voorzichtigheid van den fabrikant, den koopman, den kunstenaar, den werkman, die enkel op geld of eer bedacht zijn, maar zich niet bekommeren om God of om hun eeuwige zaligheid.

1017. B) Doch het is de **christelijke voorzichtigheid.** Deze steunt op het geloof en brengt alles terug tot een bovennatuurlijk einde : God, op aarde gekend en bemind, en bezeten in den hemel. De voorzichtigheid houdt zich wel niet rechtstreeks bezig met dit einde, maar heeft het toch voortdurend voor oogen, en zoekt in het licht des geloofs naar de middelen om alle handelingen naar dat einde heen te richten. Zij regelt alle bijzonderheden van ons leven : de *gedachten,* opdat ze niet van God vervreemd worden, de *bedoelingen,* om alles wat de zuiverheid er van zou besmetten, verre te houden, de *gevoelens,* de *verlangens* om ze alle tot God terug te voeren. Zij regelt eveneens onze uitwendige handelingen en de uitvoering onzer voornemens, opdat alles tot ons laatste einde voere [1].

1018. C) Deze deugd zetelt eigenlijk in het verstand, omdat zij beoordeelt, wat in ieder bijzonder geval het meest geschikt is. Zij is een *practische wetenschap,* welke de algemeene princiepen moet kennen, maar tevens ook de bijzondere

---

[1] S. Thomas, IIᵃ IIᵃᵉ, q. 47, a. 73.

omstandigheden, waarin zij handelen moet [1]. Doch ook de *wil* treedt handelend op. Hij beveelt het verstand de redenen te beschouwen, welke de keus der middelen moeten bepalen, en daarna beveelt hij ze aan te wenden.

1019. D) De christelijke voorzichtigheid richt zich niet naar de rede alleen, maar naar de rede voorgelicht door het geloof. Op verheven wijze geeft Christus dit te kennen in de *Bergrede*, waarin Hij de Oude Wet vervolledigt en vervolmaakt door ze te ontdoen van de valsche uitleggingen der joodsche leeraren. De bovennatuurlijke voorzichtigheid zoekt dus haar licht en leiding in de grondstellingen des Evangelies, welke lijnrecht in strijd zijn met die der wereld. Om volgens die grondbeginselen dagelijks te leven, beschouwt zij het voorbeeld der Heiligen ten einde te zien, hoe zij ze hebben beleefd; in twijfelachtige gevallen roept zij de voorlichting in der H. Kerk. Op deze wijze mag men zich verzekerd houden niet te dwalen.

Daarbij zijn de middelen door de christelijke voorzichtigheid aangewend, niet alleen zedelijk goed, maar ook bovennatuurlijk : het gebed en de H. Sacramenten. Deze vermeerderen onze werkkrachten ten goede en verzekeren ons dus ook beter resultaat.

1020. 2° **Vereischten.** Om voorzichtig te handelen wordt op geheel bijzondere wijze vereischt : bedaard *overleggen*, met wijsheid *beslissen* en goed *uitvoeren.*

A) Vooreerst is het noodig bedaard, *rijpelijk te overleggen*, welke middelen het meest geschikt zijn om het voorgestelde doel te bereiken. Hoe gewichtiger de te nemen beslissing is, des te ernstiger ook moet men beraadslagen. Tot meer zekerheid ga men eveneens bij ervaren personen te rade.

1021. a) De gedachte moet gaan over het verleden, het heden en de toekomst.

---

[1] S. Thomas, IIa IIæ, q. 47, a. 3.

1) De *herinnering aan het verleden* is van zeer groot voordeel. De menschelijke natuur is ten allen tijde dezelfde; daarom is het goed in zijn *geheugen* na te gaan, hoe anderen de moeilijkheden, waarin wij ons nu bevinden, hebben opgelost. Wat zij gedaan hebben in gelijke omstandigheden, zal ons tot leiddraad zijn en voor veel flaters behoeden. Wanneer wij immers zien, waarin zij wel en waarin zij niet geslaagd zijn, zullen wij natuurlijk ook veel beter inzien, welke middelen aan te wenden, welke te verwerpen zijn. Doch ook onze *eigen ondervinding* moeten we raadplegen. Sedert onze kinderjaren zullen we zeker al wel meer gelijke moeilijkheden ontmoet hebben. Roepen wij dan in ons geheugen terug, wat ons toen goed uitkwam en wat niet en waarom niet. Dan zal van zelf het besluit volgen : ik wil mij niet aan gelijke gevaren blootstellen noch in dezelfde bekoringen bezwijken.

2) Doch wij dienen eveneens rekening te houden met het *heden*, met de verschillende omstandigheden, waarin wij ons bevinden. Iedere tijd, iedere mensch heeft zijn eigenaardigheden; wij zelf hebben op lateren leeftijd de neigingen der jeugd niet meer. Hierbij moet dus het *verstand* komen helpen om vroeger opgedane ervaringen te beoordeelen en er voordeel mee te doen in de tegenwoordige omstandigheden.

3) Zelfs de toekomst kan door de voorzichtigheid geraadpleegd worden, dat wil zeggen, het is nuttig zooveel mogelijk te berekenen, welke gevolgen de handelingen, die wij willen stellen, voor ons en voor anderen kunnen hebben. Het denken aan het verleden en het voorzien van de toekomst zullen ons het beste helpen om het heden te regelen.

Om dit alles op een bepaalde deugd toe te passen, bijv. op de kuischheid, zal het verleden mij in het geheugen roepen, wat de Heiligen gedaan hebben om te midden der gevaren van de wereld zuiver te blijven. Ook zal het mij zeggen, welke bekoringen ik vroeger gehad en wat ik gedaan heb om ze te wederstaan en met welk gevolg ik het gedaan heb. Hieruit zal ik met groote waarschijnlijkheid kunnen besluiten, welke gevolgen in de toekomst zullen voortvloeien uit een of andere handeling, lezing of omgang.

1022. b) Het is niet genoeg na te denken, wij moeten op zijn tijd *raad* weten te *vragen* aan wijze, ervaren mannen. Een woord, een opmerking van een vriend, bloedverwant, somtijds zelfs van een onderdaan, opent ons de oogen en vestigt ze op dingen, die wij vergeten of verzuimd hadden. Twee weten meer dan één en door onderling overleg leert men. Hoe-

veel meer geldt dit van het woord van een zielsbestuurder, die ons kent en, omdat hij belangeloos is,
beter ziet, wat tot heil onzer ziel strekt. Doch is het
noodig een ervaren man te raadplegen en gewillig
naar zijn raad te hooren, niets belet ons evenwel ons
eigen doorzicht te benutten om de gegeven raadgevingen te beoordeelen en na te gaan, in hoever zij
dienstig voor ons welzijn en in overeenstemming
met onze eigen ondervinding zijn.

Ondertusschen mogen wij niet vergeten tot den
besten der raadgevers onzen toevlucht te nemen,
den Vader aller verlichting; een vertrouwvol gebed
tot den H. Geest zal ons dikwijls van meer nut zijn
dan veel overleg.

1023. B) Daarna moet men een oordeel vellen,
dat is, *beslissen*, welke onder de voorgestelde middelen werkelijk doeltreffend zijn. Om hierin te slagen
zal men : **a**) zorgvuldig alle vooringenomenheid
afleggen en de hartstochten het zwijgen opleggen.
Men houde het oog gericht op de eeuwigheid om
alles in het licht des geloofs te beoordeelen; **b**) men
beschouwe niet oppervlakkig de verschillende redenen om op deze of die wijze te handelen, maar
wikke en wege met zorg het voor en het tegen;
c) ten slotte besluite men met kordaatheid, zonder
lang aarzelen. Wie het gewicht eener zaak genoegzaam overdacht en diensvolgens een besluit genomen heeft, dat hij voor het beste hield, behoeft niet
te vreezen Gods ongenoegen te hebben opgewekt,
wijl hij gedaan heeft alwat hij kon om Gods wil te
kennen; meer nog, hij mag zelfs rekenen op Gods
genade om dat besluit uit te voeren.

1024. C) Heeft men eenmaal een beslissing genomen, dan moet men niet meer wachten met handelen. Hierbij dient men drie zaken in acht te nemen :
vooruitzien, omzichtig zijn en voorzorgen treffen.

a) *Vooruit zien*, dat is van te voren reeds berekenen, wat
men te doen zal hebben om zijn besluiten uit te voeren, welke

moeilijkheden men daarbij zal ontmoeten, wat men zal kunnen doen om deze te boven te komen.

b) *Omzichtig zijn*, dat is letten op de zaken en personen waarmede men in aanraking komt, om er zijn voordeel mee te doen, op de omstandigheden, waarin men zich bevindt, ten einde ze, zoo ze gunstig zijn, te benutten, zoo ze ongunstig zijn, onschadelijk in haar gevolgen te maken.

c) *voorzorgen nemen.* "Ziet nauwlettend toe, hoe ge u gedraagt" (Eph. V, 15), zegt de Apostel Paulus. En terecht, want al heeft men ook alles trachten te voorzien, de zaken hebben niet altijd het verloop, dat men zich voorstelde; 's menschen wijsheid is beperkt en feilbaar. Daarom ook is het noodig, in geestelijke zoowel als in tijdelijke zaken, daar rekening mede te houden en dus voorzorgen te nemen. De vijand der ziel komt, na zijn nederlaag, onverhoeds met nieuwe aanvallen (n. 900). Dan moet men alle krachten inspannen om te wederstaan, dan moet men zijn toevlucht nemen tot het gebed, tot de Sacramenten, tot de raadgevingen van zijn zielsbestuurder. Zoo is er geen gevaar te vallen als slachtoffer van onvoorziene omstandigheden of zich in de war te laten brengen, maar, met Gods genade, slaagt men er in staande te blijven en zijn goed gevormde voornemens ten einde toe getrouw te blijven.

1025. 3º De **verschillende soorten** van voorzichtigheid. De voorzichtigheid is verschillend, volgens de zaken waarin zij beoefend wordt. Regelt zij het eigen gedrag, dan is zij *persoonlijk*; over deze hebben wij in het voorgaande gesproken. Heeft zij het welzijn der gemeenschap tot voorwerp, dan is zij *maatschappelijk*, en zoo verder naar de soorten van gemeenschappen : de *huishoudelijke* voorzichtigheid, die de onderlinge verhouding regelt tusschen de echtgenooten en tusschen de ouders en kinderen; de *burgerlijke* voorzichtigheid, die het algemeen welzijn en goed bestuur van den staat tot doel heeft.

Het is niet noodig hieromtrent meer in bijzonderheden te treden. De algemeene grondregels, in de voorgaande nummers gegeven, zijn voldoende voor het doel, dat wij beoogen.

II. *Noodzakelijkheid der voorzichtigheid.*

De voorzichtigheid is even noodzakelijk om *zichzelf* als om *anderen* wel te besturen.   .

1026. 1º **Om zichzelf wel te besturen,** of te heiligen. De voorzichtigheid leert ons immers *de zonde vermijden* en *de deugd beoefenen.*

A) Zooals reeds gezegd is, moet men, *om de zonde te vermijden*, de *oorzaken en gelegenheden* er van kennen, en de *behoedmiddelen* er tegen weten te vinden en toe te passen. Welnu dat alles leert de deugd van voorzichtigheid, (n. 1020-1024) : de ervaring in het verleden opgedaan, tezamen met de kennis van den tegenwoordigen toestand der ziel, leeren, wat in de toekomst een oorzaak of gelegenheid van zonde zal of kan zijn. Daar uit leidt de voorzichtigheid de noodige voorzorgen af om die oorzaken weg te nemen of te verminderen. Zoo worden de bekoringen voorkomen of overwonnen, en zelfs benut tot voortgang in de deugd. Hoeveel zonden zouden bedreven worden en zijn inderdaad bedreven door gemis aan voorzichtigheid!

1027. B) Om de deugd te beoefenen en de vereeniging met God te bevorderen, is de voorzichtigheid niet minder vereischt. Men heeft terecht de deugden vergeleken bij een wagen, die ons naar God voert en de voorzichtigheid bij den bestuurder : *auriga virtutum.* Zij is, als het ware, het oog onzer ziel, dat den te volgen weg en de te vermijden hinderpalen overziet.

1) Zij is vereischt voor de beoefening van *iedere* deugd : van de *zedelijke* deugden, die in het juiste midden moeten gehouden worden ; zelfs ook van de *goddelijke* deugden, die te gelegener tijd en naar omstandigheden beoefend moeten worden. Zoo moet de voorzichtigheid bijv. nagaan, welke *gevaren* het geloof bedreigen en hoe ze af te wenden, hoe het geloof ontwikkeld en meer in practijk kan worden omgezet. Zij ook toont, hoe het *vertrouwen op God* samen moet gaan met de *vrees* voor Gods oordeelen, hoe het vermetel betrouwen en de wanhoop gelijkelijk vermeden worden. Nog leert zij, hoe de liefde al onze handelingen kan bezielen, zonder schade voor onze plichten. Het behoeft geen betoog, dat zij eveneens en wel in groote mate noodig is bij de beoefening der naastenliefde.

2) De voorzichtigheid wordt nog meer gevorderd voor de beoefening van sommige deugden, die *in schijn tegenstrijdig* zijn, zooals de rechtvaardigheid en de goedheid, de zachtmoedigheid en de sterkte, de boetvaardigheid en de rechtmatige zorg voor de gezondheid, de verzorging van zieken en de kuischheid, het inwendig leven en de omgang met de buitenwereld.

1028. 2º Bij de werken van *zielenijver* is de voorzichtigheid eveneens onmisbaar.

a) *Op den preekstoel.* De voorzichtigheid geeft daar den priester in, wat hij moet zeggen of zwijgen ; hoe te spreken zonder de toehoorders te kwetsen of te stooten. Zij leert hem het woord Gods prediken op voor iedereen bevattelijke wijze, geeft hem de juiste termen om te overtuigen, te treffen, te bekeeren. Wellicht is de voorzichtigheid nog noodzakelijker bij het catechismus geven, waar het er om gaat de kinderen te vormen en in hun ziel indrukken neer te leggen, die hun gansche leven door er onuitwischbaar moeten achterblijven.

b) *In den biechtstoel.* Een voorzichtige biechtvader is een onpartijdige, vertrouwbare *rechter*. Hij heeft doorzicht, weet de mate van schuld zijner penitenten te beoordeelen, juiste, klare vragen te stellen volgens ieders leeftijd en staat, en rekening te houden met alle omstandigheden. Hij is een *leermeester*, die weet te onderrichten zonder aanstoot te geven, weet te spreken of te zwijgen naar gelang hij, in gevallen van goeden trouw, wel of geen goede gevolgen voorziet. Hij is een *geneesheer*, die met takt de oorzaken der geestelijke krankheden opspoort en de geschikte geneesmiddelen voorschrijft. Hij is een *vader* vol toewijding, doch die steeds een zekeren afstand bewaart, zoodat hij wel vertrouwen maar geen gemeenzaamheid uitlokt.

c) Hoeveel voorzichtigheid en takt worden menigmaal gevorderd om bij eerste Communies, huwelijken, het toedienen der laatste H. Sacramenten, en bij begrafenissen de voorschriften der Kerk te onderhouden zonder de families te stooten! En hoe behoedzaam moet men zijn bij bezoeken aan zieken of andere personen, zelfs uit zielenijver gebracht !

d) Groote voorzichtigheid wordt eveneens gevorderd in het tijdelijk bestuur der parochie, bij tariefkwesties voor de verschillende kerkelijke diensten ; niet minder om de noodige middelen te bekomen tot onderhoud der kerk, enz. Hoe gemakkelijk nemen de parochianen aanstoot en zijn ze geneigd

den priester, ondanks zijn onbaatzuchtigheid, van geldzucht
te verdenken!

III. *Middelen om de voorzichtigheid te ontwikkelen.*

1029. Het *algemeen middel*, dat voor alle deugden
geldt, is het gebed. Wij herinneren hieraan eens
voor altijd om niet telkens bij iedere deugd er op
terug te komen. Voortaan wordt slechts op die
middelen gewezen, welke voor iedere deugd in 't
bijzonder meer geeigend zijn.

1030. 1° **De algemeene regel**, die vooropgesteld
behoort te worden en voor alle zielen geldt, is : *alle
beoordeelingen en alle beslissingen moeten ondergeschikt
zijn aan het laatste bovennatuurlijk einde.* Aldus
raadt de H. Ignatius aan bij het begin zijner Geestelijke Oefeningen.

a) Deze stelregel wordt echter niet door alle zielen op dezelfde wijze opgevat. De beginnenden zullen, bij de overweging
over het einde van den mensch, den nadruk leggen op de
zaligheid, de volmaakten op de *glorie Gods*. Ofschoon deze
laatste wijze in zich beter is, kan zij toch niet door alle zielen
begrepen en gesmaakt worden.

b) Om zich dien regel in 't kort voor te stellen, kan men hem
neerleggen in een kernspreuk, bijv. *Wat is dit bij de eeuwigheid? — Wat niet eeuwig is, is niets. — Wat baat het?...*
Wie zich wel doordringt van de waarde dezer kernspreuken,
er dikwijls aan denkt, zoodat hij ze zich gemeenzaam maakt
en er naar tracht te leven, die legt ook de grondslagen der
christelijke voorzichtigheid.

1031. 2° Geleid door dezen stelregel, trachten de
beginnenden zich te *ontdoen van alle ondeugden*,
welke met de christelijke voorzichtigheid strijdig
zijn [1].

a) Zoo bestrijden zij met kracht de *voorzichtigheid
des vleesches*, altijd belust op de voldoening der

---

[1] Om niet herhaaldelijk op dezelfde deugden terug te komen geven
wij zooveel mogelijk, den graad van elke deugd aan, die beantwoordt
aan de verschillende trappen der volmaaktheid.

drievoudige begeerlijkheid. Daartoe onderdrukken zij de genotzucht en herinneren zich, dat de valsche genoegens dezer wereld naar al te vaak van bitter naberouw vergezeld gaan en niet kunnen vergeleken worden bij de eeuwigdurende vreugde des hemels.

b) Met zorg vermijden zij alle sluwheid, alle misleiding en bedrog, ook bij het nastreven van iets goeds, omdat eerlijk het langst duurt, — het doel de middelen niet heiligt — en, volgens het Evangelie, de eenvoudigheid der duif zich moet paren aan de voorzichtigheid der slang. Hierop dient des te meer gelet te worden, wijl men somtijds, ofschoon meestal ten onrechte, deze gebreken verwijt aan de godvruchtigen, de priesters en de kloosterlingen. Zij zullen dus bijzondere zorg dragen om altijd volkomen eerlijk te zijn en de evangelische eenvoudigheid te betrachten.

1032. c) Ook moeten zij de *vooroordeelen* en de *hartstochten* bestrijden, omdat deze het juist oordeel bemoeilijken. De *vooroordeelen* drijven tot een beslissing om een reeds vooruit opgevatte meening, die valsch of onredelijk kan zijn; de *hartstochten*, hoogmoed, zinnelijkheid, wellust, overmatige zorg voor het tijdelijke, die alle de ziel in beroering brengen en haar willen opdringen niet wat het beste is, maar wat het aangenaamste en voor het tijdelijke het nuttigst schijnt. Om aan dezen verkeerden invloed te ontkomen, zullen zij zich de woorden van het Evangelie herinneren : " Zoekt eerst het rijk Gods en zijn gerechtigheid ". Zoolang zij de werking van een hartstocht in zich gevoelen, mogen zij geen besluit nemen, doch wachten hiermede, tot zij kalm zijn. Moeten ze echter terstond een beslissing nemen, dat ze zich dan ten minste eenige oogenblikken in Gods tegenwoordigheid stellen, om zijn voorlichting in te roepen.

d) Om de *lichtzinnigheid*, de overijling of de onbezonnenheid te bestrijden, zullen zij *nooit han-*

delen zonder na te denken, zonder zich af te vragen, *waarom* zij handelen, welke *gevolgen* uit die handelwijze zullen voortvloeien voor de eeuwigheid. Hoe ernstiger het te nemen besluit is, hoe meer zij zullen nadenken en ook, wanneer het gewichtige zaken geldt, een ervaren, wijzen raadsman raadplegen. Zoo wordt het hun langzamerhand een gewoonte niets te besluiten, niets te ondernemen zonder het tot God en hun laatste einde terug te voeren.

e) Ten slotte, om de *besluiteloosheid,* het bovenmatig dralen bij beslissingen te vermijden moet men de oorzaken van deze geesteskrankheid (te omslachtige of te angstvallige geest, gebrek aan initiatief enz.) trachten weg te nemen. Daartoe vrage men aan een ervaren zielsbestuurder eenige vaste regels, waaraan men zich in gewone gevallen zonder aarzelen zal houden. Komen er buitengewone gevallen voor, dan raadplege men den biechtvader of een ander, die alle vertrouwen verdient.

1033. 3° **De meer gevorderden** ontwikkelen de voorzichtigheid op drie wijzen :

a) Zij beschouwen de *handelingen* en de *woorden* van Christus in het Evangelie, om daarin voor zich een gedragslijn te vinden. Door gebed en navolging trachten zij zich de gesteltenissen van dit goddelijk Toonbeeld eigen te maken. 1) De voorzichtigheid van Christus in zijn *verborgen* leven. Dertig jaren wijdt Hij aan de beoefening der deugden, die ons zoo moeilijk vallen, de nederigheid, de gehoorzaamheid, de armoede. Waarom? Omdat zonder zijn voorbeeld, wij die zoo noodzakelijke deugden niet zouden weten te beoefenen. Eveneens de voorzichtigheid van zijn *openbaar* leven. Hij strijdt tegen den duivel, wiens plannen Hij in verwarring brengt en geeft antwoorden voor geen weerlegging vatbaar, Hij stelt trapsgewijze zijn leeringen voor volgens omstandigheden en openbaart slechts geleidelijk zijn hoedanigheid van Messias en van Zoon Gods.

Hij gebruikt eenvoudige vergelijkingen om zijn gedachte begrijpelijker voor te stellen, parabels om die gedachte te omsluieren of te openbaren, naar gelang de omstandigheden het vereischen. Hij ontmaskert behendig zijn tegenstanders en antwoordt op hun listige vragen door op zijn beurt vragen te stellen, die hun plannen in verwarring brengen. Geleidelijk vormt Hij zijn Apostelen, verdraagt hun gebreken en past zijn onderwijzingen aan volgens hun begrip. Waar het noodig is, weet Hij hun toch harde waarheden te zeggen, zooals bij het aankondigen van zijn lijden, ten einde hen voor te bereiden op de vernedering des kruises. Te midden van zijn lijden antwoordt Hij met alle kalmte aan zijn rechters evenals aan hun knechten, en weet te gelegener tijd te zwijgen. In één woord, Hij weet ten allen tijde de volmaakste voorzichtigheid te paren aan standvastigheid en plichtsbetrachting.

2) Zijn onderwijzing komt beknopt neer op deze woorden : " Zoekt eerst het rijk Gods en zijn gerechtigheid... Weest voorzichtig als de slangen en eenvoudig als de duiven... Waakt en bidt. "

In het overwegen dezer onderwijzingen en voorbeelden des Zaligmakers en in het vurig smeeken om in zijn deugden deel te hebben, bestaat voor de gevorderden het groote middel om in de voorzichtigheid steeds toe te nemen.

1034. b) Doch tevens moeten zij zich ook toeleggen op alwat bijdraagt tot ontwikkeling dezer deugd : gezond oordeel, gewoonte van nadenken, gewillig raadplegen, kordaatheid, doorzicht en behoedzaamheid.

1035. c) Ten slotte zullen zij hunne voorzichtigheid uitrusten met de eigenschappen welke de H. Jacobus aan de ware wijsheid toekent : " De wijsheid die van boven komt, is vóór alles *rein, vre-*

delievend, inschikklijk, gezeggelijk, vol barmhartigheid en goede vruchten, *onpartijdig, ongeveinsd.*" (Jac, III, 17).

Rein. Zij waakt over de zuiverheid van lichaam en ziel, daar zij ons met God, en dus ook met de eeuwige Wijsheid vereenigt.

Vredelievend. Zij bewaart de ziel in rust en kalmte, zij weet te wikken en te wegen en is dus wel in staat om juiste beslissingen te nemen.

Inschikkelijk. Zij is verdraagzaam jegens anderen en daarom ook *gezeggelijk*, voor overtuiging vatbaar, naar goede redenen luisterend, wars van toorn en twist.

Vol barmhartigheid en goede vruchten. Zij is goedertieren jegens de ongelukkigen, aan wie zij gaarne diensten bewijst : het is eigen aan de christelijke wijsheid schatten te vergaderen voor den hemel.

Onpartijdig, ongeveinsd. Dubbelzinnigheid, schijnheiligheid zijn haar een afschuw.

1036. De volmaakten beoefenen de voorzichtigheid op uitmuntende wijze, onder den invloed van de gave van raad, zooals later gezegd zal worden bij den *weg der vereeniging*.

Art. II. Over de deugd
van Rechtvaardigheid [1].

Na in 't kort aangestipt te hebben wat de theologie leert omtrent de rechtvaardigheid, zullen we achtereenvolgens handelen over de deugden van godsdienstigheid en gehoorzaamheid, die er mede samenhangen.

§ I. De eigenlijk gezegde Rechtvaardigheid.

Wij zullen verklaren : 1º de natuur, 2º de voornaamste regels, die bij het beoefenen der rechtvaardigheid in acht genomen moeten worden.

---

[1] S. Thom. IIa IIae, q. 56-122 ; D. Soto, *De justitia et jure;* Lessius, *De justitia ;* A. Tanquerey, *Syn. theol. mor.*, t. II I, *De virt. just.*, met de daar aangehaalde schrijvers.

I. *Natuur der Rechtvaardigheid.*

1037. 1° **Bepaling.** Rechtvaardigheid is die *bovennatuurlijke zedelijke deugd, welke den wil neigt om steeds aan anderen hun strikt recht te doen wedervaren.*

Zij is een deugd, welke zetelt in den *wil* en onze *volstrekte verplichtingen jegens den evennaaste regelt.* Zij is dus verschillend van de liefde, een goddelijke deugd, die ons in de medemenschen broeders in Christus doet zien en ons aanzet om hen diensten te bewijzen, die niet uit strikte rechtvaardigheid geeischt kunnen worden.

1038. 2° **Uitmuntendheid.** De vruchten der rechtvaardigheid zijn orde en vrede in het particulier en in het maatschappelijk leven. Omdat zij een ieders rechten eerbiedigt, wacht zij zich voor alle oneerlijkheid in zaken, keert alle bedrog, beschermt de zwakken en geringen, weerstaat den rooflust en ongerechtigheden der machtigen en handhaaft aldus de goede orde in de samenleving [1]. Zonder rechtvaardigheid zou er niets zijn als anarchie, strijd tusschen onderlinge belangen, onderdrukking der zwakken door de sterken, de overheersching van het kwaad

Is de natuurlijke rechtvaardigheid zoo voortreffelijk, hoeveel meer nog de christelijke rechtvaardigheid, die een deelname is aan de rechtvaardigheid zelve van God? Wanneer de H. Geest ze aan ons mededeelt, doordringt Hij er het innigst onzer ziel van, maakt deze onwankelbaar, onvatbaar voor omkooperij, en voegt haar zulke bezorgdheid toe

---

[1] Bossuet zegt : "Spreek ik van de rechtvaardigheid, dan spreek ik van den verheven band, die de samenleving in stand houdt, van den noodzakelijken breidel der willekeur. Waar de rechtvaardigheid heerscht, daar is goede trouw in de verdragen, eerlijkheid in het zakenleven, orde in het bestuur; de aarde is in rust en, om zoo te zeggen, straalt ons de hemel, dat het een lust en verkwikking is ". *(Sermon sur la justice).*

voor de rechten van den naaste, dat wij afschrik
gevoelen niet alleen voor de eigenlijke onrechtvaardigheid, maar zelfs voor een minder kiesche handelwijze.

1039. 3° **De voornaamste soorten.** Bij de rechtvaardigheid worden vooral twee soorten onderscheiden : de *algemeene*, krachtens welke wij gehouden
zijn aan de maatschappij te geven wat wij haar
verschuldigd zijn, en de *bijzondere*, waardoor wij ons
kwijten van de verplichtingen, die wij jegens personen hebben.

a) De eerste, ook *wettelijke* genaamd, omdat zij door de
wetten is geregeld, legt ons op de groote weldaden te erkennen, die wij van de *maatschappij* ontvangen. Wij volbrengen
die verplichting, wanneer wij de rechtmatige lasten dragen,
die zij ons oplegt en de diensten bewijzen, die zij ons vraagt.
Daar het algemeen welzijn boven het bijzondere gaat, zijn er
gevallen, waarin de burgers een deel van hun goederen, van
hun vrijheid moeten afstaan, ja waarin zij zelfs hun leven
moeten wagen tot verdediging des vaderlands. — Doch zoo
de maatschappij rechten heeft, zij heeft ook *plichten* tegenover de onderdanen : zij moet de goederen en lasten der
gemeenschap niet naar willekeur of uit gunstbetoon verdeelen, doch naar de draagkracht van ieder en volgens de regels
der billijkheid. Aan allen is zij die bescherming, dien bijstand
verschuldigd, welke noodig zijn tot waarborg der rechten en
wezenlijke belangen van iederen onderdaan. Begunstiging
van de eenen en achteruitstelling van de anderen zijn misbruiken, strijdig met de *wettelijke rechtvaardigheid.*

1040. b) De tweede rechtvaardigheid, de *bijzondere*, regelt de rechten en plichten tusschen de burgers onderling. Zij moet alle rechten eerbiedigen,
niet alleen het *eigendomsrecht*, maar ook de rechten,
die zij hebben op de *goederen van het lichaam en
van de ziel*, hun leven, hun vrijheid, hun eer en
goeden naam.

Wij kunnen hier niet in al die bijzonderheden
treden, welke in de Moraal Theologie behandeld
worden; het zij voldoende de voornaamste regels
aan te halen welke ons bij de beoefening dezer
deugd moeten geleiden.

II. *Voornaamste regels voor de beoefening*
der rechtvaardigheid.

1041. 1° **Grondregel.** Het behoeft geen betoog, dat godvruchtige personen, kloosterlingen en priesters gehouden zijn tot het beoefenen der rechtvaardigheid op volkomener, nauwkeuriger wijze dan de wereldlingen. Zij immers zijn verplicht een goed voorbeeld te geven in zake eerlijkheid, evenzeer als in alle overige deugden. Deden zij het niet, zij zouden den evennaaste ergernis en aan onze tegenstanders een voorwendsel geven om tegen den godsdienst te spreken. Zij zouden eveneens een *beletsel stellen aan hun geestelijken voortgang,* want de God van alle gerechtigheid kan tot zijn vertrouwelijken omgang niemand toelaten, die zijn uitdrukkelijke voorschriften omtrent de rechtvaardigheid openlijk overtreedt.

1042. 2° **Toepassing. A)** Op de eerste plaats moet men het eigendomsrecht op tijdelijke goederen eerbiedigen.

a) Met den grootsten zorg vermijde men dus de *kleine diefstallen* welke, niet zelden, geleidelijk tot grootere onrechtvaardigheden voeren. Men moet de kinderen dit reeds vroegtijdig inprenten, opdat zij als een instinctmatigen afschrik voor de geringste vergrijpen tegen de rechtvaardigheid opvatten. Nog meer te verfoeien zijn die bedriegerijen, welke kooplieden bedrijven in de *hoeveelheid* of *gehalte* der waren onder voorwendsel, dat hun concurrenten eveneens doen, of in de onredelijke prijzen, die zij vragen aan de koopers of betalen aan de verkoopers wier eenvoud zij misbruiken. Men houde zich verre van die gewaagde speculaties, van die verdachte zaken, waarbij men zijn eigen fortuin en dat van anderen waagt onder voorgeven van groote winsten te maken.

b) Men schrikke er steeds voor terug *schulden* te maken, wanneer men niet zeker is ze te kunnen betalen; heeft men schulden, dan beschouwe men het als een plicht van eer ze zoo spoedig mogelijk af te lossen.

c) Heeft men iets van een ander geleend, dan behandele men het met nog grooter zorg dan zoo het een eigen zaak was, en evenmin mag men vergeten het, zoodra doenlijk is, terug te geven. Hoeveel zaken worden onbewust den eigenaar onthouden door nalatigheid!

d) Heeft men *vrijwillig* eenig nadeel toegebracht, dan is men in geweten verplicht het te herstellen. Heeft men het *onvrijwillig* gedaan, dan is men het wel niet strict verplicht, maar wie naar volmaaktheid streeft, zal naar vermogen de toegebrachte schade vergoeden.

e) Mocht men soms geldsommen of andere waarden voor goede werken bestemd in bewaring ontvangen hebben, dan moet men alle noodige wettelijke voorzorgen nemen, opdat, in geval van onvoorzienen dood, die sommen volgens de meening der gevers besteed worden. Dit geldt heel bijzonder voor de *priesters*, wanneer zij gelden ontvangen voor Missen of aalmoezen. Zij moeten niet alleen al deze ontvangsten nauwkeurig boeken, maar ook iemand aanwijzen, die voor het nakomen dier verplichtingen kan zorgen.

1043. B) Het is niet minder een eisch der rechtvaardigheid, dat men *de eer en goeden naam* van den naaste eerbiedigt.

a) Vooreerst dus geen lichtvaardig oordeel. Wie den evennaaste veroordeelt op den schijn of om nietige redenen, zonder het innerlijke zijner bedoeling te kennen, matigt zich de rechten aan van God, die alleen over het inwendige kan oordeelen; ook doet hij den evennaaste onrecht aan, wijl hij hem veroordeelt zonder hem te hooren, zonder te weten, waarom hij gehandeld heeft; meestal berust zijn afkeuring op vooringenomenheid of eenige ongeregelde gemoedstemming. De rechtvaardigheid en de liefde eischen daarentegen, dat men of niet oordeelt of de handelingen van eenieder zoo gunstig mogelijk uitlegt.

b) Nog veel meer geen *kwaadspreken*, geen openbaar maken der *verborgen* gebreken of fouten van den evenmensch. Bestaan die fouten en gebreken, maar zijn ze niet algemeen bekend, dan hebben wij geen recht ze bekend te maken. Doen wij het toch, dan 1) bedroeven wij den evennaaste, en dat des te meer, naarmate hij meer op zijn goeden naam gesteld is; 2) wij verlagen hem in de achting van zijn medemenschen; 3) wij verzwakken het aanzien dat hem volstrekt noodig is om zaken te doen of om met gezag te kunnen optreden. Het gemis van dat aanzien kan voor hem menigmaal onherstelbare schade beteekenen.

Men zegge niet, dat hij, wiens fouten men bekend maakt, geen recht meer op zijn goeden naam heeft. Zoolang zijn fouten niet openbaar zijn, heeft hij dat recht niet verloren. Men denke liever aan de woorden des Zaligmakers : " Wie onder u zonder zonde is, werpe den eersten steen op haar " (Joan. VIII, 7). De Heiligen zijn steeds uiterst barmhartig en zoeken op alle wijzen den goeden naam hunner broeders hoog te houden. Wat kunnen wij beter doen dan hen hierin na te volgen?

c) Weten wij het kwaad, dat door den evennaaste werd bedreven, te verzwijgen, dan zullen wij zeker hem niet *belasteren*, valschelijk geen fouten aantijgen, die hij niet gedaan heeft. De laster komt meestal voort uit boosheid of jaloerschheid, wat deze fout nog ernstiger maakt. En wat al betreurenswaardige gevolgen komen er uit voort! Maar al te gemakkelijk wordt het kwaad geloofd en voortverteld; in weinig tijds is het wijd in het ronde verspreid. De belasterde ziet zijn eer en goede naam bezoedeld en lijdt niet zelden groote schade ook in zijn tijdelijke zaken.

1044. Het is een strenge eisch van rechtvaardigheid de schade door kwaadsprekendheid en laster toegebracht te herstellen. Dit is ongetwijfeld moeilijk, want het kost veel aan de eigenliefde iets te herroepen. Moeilijk ook is het herstel, omdat de herroeping, hoe oprecht ook gedaan, het aangedane onrecht wel eenigszins vergoedt, maar niet geheel ongedaan maakt; want dikwijls blijft er toch iets van hangen. Dit mag echter geen reden zijn om den laster niet in te trekken, integendeel moet men het daarom juist nog krachtiger en herhaaldelijker doen, doch vooral moet het een aansporing wezen om alles te vermijden, wat ook maar eenigszins het aanzien en den goeden naam van den evennaaste zou kunnen schaden.

Daarom dient wie volmaakt wil worden, zich toe te leggen niet enkel op de rechtvaardigheid, maar ook op de liefde; deze toch doet ons God zien in den evennaaste, en daarom ook zet zij ons aan om nauwgezet alles na te laten wat hem kan bedroeven. Hierover later meer.

§ II. De deugd van Godsdienstigheid [1].

1045. Deze deugd staat in verband met de *recht-vaardigheid*, omdat zij ons aan God de Hem *verschuldigde* eer doet geven. Daar wij Hem de *oneindige* eerbewijzen, waarop Hij recht heeft, niet kunnen geven, voldoet onze godsdienstigheid niet aan al de vereischten der rechtvaardigheid; in eigenlijken zin is zij daarom geen akte van rechtvaardigheid, maar is er wel zeer nauw mede verwant. Wij gaan hier handelen over : 1º hare *natuur*, 2º hare *noodzakelijkheid*, 3º hare *beoefening*.

I. *Natuur der deugd van Godsdienstigheid.*

1046. De godsdienstigheid is *een bovennatuurlijke zedelijke deugd, die onzen wil aanzet om aan God de Hem verschuldigde eer te bewijzen, ter oorzake van zijne oneindige volmaaktheid en zijn opperheerschappij over ons.*

a) Zij is onderscheiden van de drie goddelijke deugden, welke God zelven tot rechtstreeksch voorwerp hebben, terwijl de godsdienstigheid den in- of uitwendigen *dienst* van God als *eigen voorwerp* heeft. Zij vooronderstelt echter de deugd van *geloof*, die ons voorlicht omtrent de rechten van God. Wanneer zij tot volkomenheid is gekomen, is zij bezield, vervolmaakt door de liefde, om eindelijk nog slechts de uiting, de openbaring der drie goddelijke deugden te zijn.

b) Haar *formeel voorwerp* of *beweegreden* is : het erkennen van de oneindige verhevenheid van God, eerste begin en laatste einde, het volmaakt Wezen, den Schepper van wien alles afhangt en tot wien alles zich moet richten.

---

[1] S. Thom., IIᵃ IIᵃᵉ, q. 84; Suarez, *De virtute et statu religionis*, t. I, l. II; Olier, *Introd. à la vie et aux vertus*, ch. I.

c) De *akten*, wartoe de godsdienstigheid ons aanzet zijn *in-* en *uitwendig*.

1047. Door de *inwendige* akten onderwerpen wij
aan God onze ziel met hare vermogens, vooral
echter het verstand en den wil. 1) De eerste en voornaamste dezer akten is de **aanbidding**, waardoor
geheel ons wezen zich nederwerpt voor Hem, de volheid van het zijn en de bron van alle goed. Deze
eerste akte gaat samen met of wordt gevolgd van
de eerbiedige *bewondering* van zijne oneindige volmaaktheden. 2) Daar Hij de gever is van alle goed,
dat wij bezitten, betuigen wij Hem er onze *erkentelijkheid* voor. 3) Doch indachtig dat wij zondaars
zijn, vatten wij rouwmoedige gevoelens op, om
de beleediging de oneindige Majesteit aangedaan
te herstellen. 4) Omdat wij zonder ophouden zijn
hulp behoeven om het goede te doen en ons einde
te bereiken, richten wij tot Hem onze *gebeden* of
smeekingen; aldus erkennen wij Hem als de bron
van alle goed.

1048. Deze inwendige gevoelens openbaren zich
door *uitwendige* akten, welker waarde afhangt van
de volmaaktheid der inwendige akten. 1) De *voornaamste* dezer akten is ongetwijfeld het **Offer**, *uitwendige en maatschappelijke handeling, waardoor de
priester, in naam der Kerk, aan God een Slachtoffer
opdraagt, om zijn opperheerschappij te erkennen, de
beleeding zijn majesteit aangedaan te herstellen en
met Hem in vereeniging te treden.* Er is in de Nieuwe
Wet slechts één sacrificie, dat der *H. Mis.* Hernieuwing van het Offer van Calvarië, brengt de
H. Mis aan God oneindige hulde en bekomt voor
de menschen de genaden, die zij noodig hebben.
Vroeger hebben wij reeds aangegeven, welke de
vruchten zijn der H. Mis en de noodige gesteltenissen om aan die vruchten deelachtig te worden,
n. 271-276. 2) Bij deze hoofdhandeling voegen zich :
de *openbare* gebeden, in naam der Kerk, door hare

bedienaren verricht, vooral het goddelijk Officie en
de zegen met het Allerheiligste; de bijzondere
mondgebeden; de eeden en de beloften ter eere Gods
gedaan met inachtneming der voorgeschreven voorwaarden; de bovennatuurlijke uitwendige handelingen voor Gods glorie volbracht. De H. Petrus zegt
hiervan, dat het geestelijke offers zijn, welgevallig
aan God (I Petr., II, 5).

Uit dit alles mogen wij dus besluiten, dat de
godsdienstigheid de voortreffelijkste aller zedelijke
deugden is, omdat zij ons, door den dienst van God,
nader tot God voert dan het de overige zedelijke
deugden doen.

II. *Noodzakelijkheid der deugd van Godsdienstigheid.*

We zullen achtereenvolgens aantoonen : 1º dat
alle schepselen God moeten verheerlijken, 2º dat het
een bijzondere verplichting is voor *den mensch,*
3º maar vooral voor *den priester.*

1049. 1º *Alle schepselen moeten God verheerlijken.*
Moet ieder werk den roem verkondigen van den
kunstenaar, die het heeft voortgebracht, hoe veel te
meer moet het schepsel de glorie openbaren van
zijn Schepper. De kunstenaar toch geeft slechts den
vorm aan zijn werk en hierbij bepaalt zich zijn
kunst; maar God heeft aan zijn schepselen niet
enkel den vorm, maar ook het zijn gegeven : Hij
trok ze *uit het niet.* Hij heeft er niet de sporen van
een genie, maar den weerschijn zijner volmaaktheden in afgedrukt. Nog immer houdt Hij ze zorg-
zaam in stand, steunt ze met zijn bijstand en
genade; zij blijven volstrekt afhankelijk van Hem.
Daarom ook moeten zij, meer dan de werken van
een kunstenaar, de glorie verkondigen van hun
Schepper. Dit doen op hun manier de *onbezielde*
wezens, wanneer zij, door hun schoonheid en wonderbare samenstelling ons opwekken om God te
loven : " De hemelen verkondigen Gods glorie "

(Ps. XVIII, 1). Deze verheerlijking Gods door de redelooze schepselen is evenwel zeer onvolmaakt, omdat geen vrije wil er deel in heeft.

1050. 2° Het is den mensch voorbehouden in *volle bewustzijn* God te verheerlijken, met hart en stem ook de levenlooze schepselen te vervangen om Hem een verstandelijke, vrije hulde te brengen. Aan den mensch, den koning der schepping, komt het toe al die wonderwerken te beschouwen om God eer te geven en aldus de *hoogepriester* der schepping te zijn. Vooral in eigen naam moet hij den Schepper prijzen : volmaakter dan de redelooze wezens, geschapen naar het beeld en de gelijkenis van God, deelend in Gods leven, moet hij een leven leiden van voortdurende bewondering, lofprijzing, aanbidding, dankzegging en liefde voor zijn Schepper en Heiligmaker. Dit roept ons de Apostel toe : Uit Hem en door Hem en voor Hem is alles : " Hem zij de glorie in eeuwigheid. Amen ! " (Rom. XI, 36) " Zoo we leven, dan leven we voor den Heer, zoo we sterven, dan sterven we voor den Heer " (Rom. XIV, 8). En daar ons lichaam, evenals de ziel, de tempel is van den H. Geest, voegt hij er bij : " Verheerlijkt dus God in uw lichaam ". (I Cor., VI, 20).

1051. 3° Deze plicht rust op geheel bijzondere wijze op *de priesters.* De meeste menschen immers, jammerlijk door zaken en genoegens in beslag genomen, besteden slechts geringen tijd aan die aanbidding. Daarom was het noodig dat onder hen eenigen, welgevallig aan God, afzonderlijk werden aangewezen om, niet alleen in eigen naam, maar ook in naam der geheele samenleving, aan God de hulde van vereering, waarop Hij recht heeft, te geven. Dit is de taak van den katholieken *priester :* door God zelven uit het midden der menschen genomen, is hij de middelaar tusschen den hemel en de aarde, aangesteld om God te verheerlijken, Hem de hulde van

alle schepselen te brengen en over de geheele aarde
een regen van genaden en zegeningen af te trekken.
Het is zijn eigenlijke taak, zijn *ambt*, een wezenlijke plicht van rechtvaardigheid, gelijk de Apostel
leert : Iedere hoogepriester wordt uit het midden
der menschen genomen, en ten bate der menschen
aangesteld voor hun betrekkingen tot God, om gaven
en offers te brengen voor de zonden. (Heb. V, 1).
Ten dien einde stelt de Kerk hem twee middelen ten
dienste : het *goddelijk officie* en de *H. Mis*. Deze
moet hij gebruiken met de grootste vurigheid, omdat hoe volmaakter hij God verheerlijkt, hoe gunstiger hij God stemmen zal om zijn smeeken te verhooren. Zoo werkt hij aan zijn eigen heiliging en tevens
aan die der hem toevertrouwde zielen, n. 393-401.
Zijn gebeden hebben een geheel bijzondere kracht,
omdat de Kerk, ja Jesus Christus zelf met hem en
door hem bidt; de gebeden van Christus worden
altijd verhoord terwille van zijn godvreezendheid.
(Heb., V, 7).

III. *Beoefening der deugd van godsdienstigheid.*

1052. Om deze deugd wel te beoefenen is het
noodzakelijk de ware *godsvrucht* te ontwikkelen.
De godsvrucht is *de blijvende gesteltenis van den wil,
waardoor men zich waardig en edelmoedig wijdt aan
alles wat betrekking heeft op den dienst van God*. Zij
is dus eigenlijk een uiting van de liefde tot God en
zoo houdt de godsdienstigheid verband met de
liefde.

1053. 1° De **beginnenden** beoefenen deze
deugd : **a)** door de voorschriften van God en van de
Kerk over het gebed, de heiliging der Zon- en feestdagen nauwgezet na te leven ; **b)** door het vermijden
van de uitgestortheid des geestes en der zinnen,
welke een bron is van talrijke verstrooiingen bij het
gebed. Daarom moeten zij waken en strijden tegen
de zucht naar wereldsche vermaken en tegen nutte-

looze droomerijen; **c**) door in zichzelf te keeren
alvorens te bidden ten einde het met meer aandacht
te doen, en door zich toe te leggen op de heilige
oefening der tegenwoordigheid Gods, n. 446.

1054. 2° De **gevorderden** trachten zich den
geest van godsdienstigheid eigen te maken in vereeniging met Jesus, den grooten Godsvereerder, die in
zijn leven en zijn dood den Vader op oneindige
wijze verheerlijkt heeft, n. 151.

a) Deze geest van godsdienstigheid bevat twee
voorname bestanddeelen, de *hulde* en de *liefde*. De
hulde is een diep gevoel van eerbied en tevens van
vrees, waardoor wij God erkennen als onzen
Schepper en Opperheer en ons gelukkig achten
onze volstrekte afhankelijkheid van Hem te belijden.
De *liefde* richt zich tot den allerbeminnelijksten en
liefdevolsten Vader, die zich gewaardigd heeft ons
tot zijn kinderen aan te nemen en niet ophoudt ons
zijn vaderlijke teederheid te toonen. Uit deze twee
gevoelens ontspruiten al de andere : bewondering,
dank en lof.

1055. b) In het *Heilig Hart van Jesus* moeten
wij die gevoelens van godsdienstigheid putten. Deze
goddelijke Middelaar heeft slechts geleefd voor zijn
Vader : " Ik heb U verheerlijkt op aarde ". Hij is
gestorven om zijn wil te volbrengen, om in alles zijn
welbehagen te doen ; aldus heeft Hij willen belijden,
dat niets het leven of zijn voor Gods aanschijn
waardig is. Na zijn dood, zet Hij zijn werk nog
voort in het H. Sacrament niet alleen, maar ook in
onze harten. In de H. Eucharistie aanbidt Hij zonder ophouden de H. Drievuldigheid ; in onze harten
verwekt Hij door zijn goddelijken Geest godsdienstige gesteltenissen aan de zijne gelijk. Hij leeft in
alle christenen, doch bovenal in zijn priesters, en
door hen bevordert Hij de glorie van den alleen
Aanbiddenswaardige. Wij moeten Hem dus door

vurige verlangens tot ons trekken en ons aan Hem
overgeven, opdat Hij in ons, met ons en door ons
de deugd van godsdienstigheid beoefene.

" Dan komt Hij in ons en stelt zich op aarde in de handen
der priesters als een offer van lofprijzing, om ons deelgenoot
te maken aan zijn offergeest, aan zijn lofprijzingen en ons
innerlijk de gevoelens van zijn godsdienstigheid mede te
deelen. Hij stort zich in ons uit, Hij doordringt ons, Hij
vervult onze ziel met zijn geuren en zijn godsdienstigheid,
zoodat Hij van onze ziel en de zijne slechts één ziel maakt,
die vervuld met dezelfde gevoelens van eerbied, van liefde,
van lofprijzing, door in- en uitwendig offer, alles richt tot
glorie van God zijn Vader "[1].

1056. c) Hierbij mag evenwel niet uit het oog
verloren worden, dat Jesus *onze medewerking* vraagt.
Daar Hij ons deelachtig komt maken aan zijn staat
en aan zijn geest van offer, behooren wij ook met
Hem en in Hem *in den geest van opoffering* te leven.
Wij moeten dus de neigingen van de bedorven
natuur kruisigen en zonder dralen de inspraken der
genade involgen. Al onze handelingen zullen aan
God behagelijk en even zooveel offers zijn, even
zooveel akten van godsdienstigheid, die God, onzen
Schepper en Vader, loven en verheerlijken. Daardoor belijden wij op practische wijze, dat God alles,
het schepsel niets is, omdat wij, tot in het geringste,
ons geheele wezen, al onze handelingen opofferen
tot glorie van onzen Oppersten Meester.

d) Dit doen wij op geheel bijzondere wijze in die
handelingen, welke eigenlijk akten van godsdienstigheid zijn : in het bijwonen der H. Mis, het bidden
der liturgische en andere gebeden, zooals wij reeds
hebben aangegeven, n. 274, 284, 523.

N. B. — De *volmaakten* beoefenen deze deugd
onder den invloed *der gave van godsvrucht*, waarover
later.

[1] OLIER, *Introduction à la vie et aux vertus*, ch. I.

§ III. Over de deugd van Gehoorzaamheid [1].

Deze deugd sluit aan bij de rechtvaardigheid, omdat de gehoorzaamheid een hulde, een akte van onderwerping is aan de oversten verschuldigd, maar zij verschilt van de rechtvaardigheid, omdat zij ongelijkheid veronderstelt, nam. tusschen oversten en onderdanen. Wij zullen hier behandelen : 1° de *natuur* en de *reden van bestaan* der gehoorzaamheid; 2° hare *trappen;* 3° hare *hoedanigheden;* 4° hare *voortreffelijkheid.*

I. *Natuur en grondslag der Gehoorzaamheid.*

1057. 1° **Bepaling.** De gehoorzaamheid is *een bovennatuurlijke zedelijke deugd die ons aanzet om onzen wil te onderwerpen aan de wettige oversten, in zoover zij de vertegenwoordigers zijn van God.* — Deze laatste woorden moeten eerst nader worden beschouwd, omdat zij de grondslag zijn der christelijke gehoorzaamheid.

1058. 2° **Grondslag dezer deugd.** De gehoorzaamheid is gevestigd op de opperheerschappij van God en de volstrekte onderdanigheid, die het schepsel Hem verschuldigd is.

A) Vooreerst is het duidelijk, dat wij moeten gehoorzamen aan God, n. 481.

1) Door God geschapen, moeten wij in een volstrekte afhankelijkheid van zijn heiligen wil leven. "Alle schepselen dienen U " (Ps. CXVIII, 91), zegt de Psalmist; de redelijke schepselen zijn er echter meer toe gehouden dan de overige, omdat zij meer van Hem ontvangen hebben, vooral de gave der vrijheid. Wij kunnen onze erkentelijkheid hiervoor niet beter toonen dan door dien wil vrij en zonder dwang te

[1] S. J. Climacus, *Scala*, IV; S. Thomas, IIa IIæ, q. 104-105; H. Cathar. van Siëna, *Dial.*, 2e Deel; H. Franc. van Sales, *Godvr. leven*, 3e D., 11e h. ; Rodriguez, 3e D., *Over de Geh.;* Olier, *Introd.*, ch. XIII; H. Alphonsus, *de Ware bruid*, 7e h. ; Marmion, *Christus, ideaal van den Monnik*, 12e Conf.

onderwerpen aan dien van den Gever. 2) Als *kinderen Gods*
moeten wij gehoorzamen aan onzen hemelschen Vader, gelijk
Jesus zelf gedaan heeft : uit gehoorzaamheid in de wereld
gekomen, is Hij niet heengegaan dan uit gehoorzaamheid :
" gehoorzaam geworden tot den dood " (Phil. II, 8). 3) Vrijgekocht uit de slavernij der zonde, behooren wij niet aan onszelven, maar aan Jesus Christus, die zijn bloed gegeven heeft
om ons voor zich te winnen (I Cor. VI, 20). Dus moeten wij
gehoorzamen aan zijn bevelen.

1059. B) Doch daarom ook moeten wij eveneens
gehoorzamen aan de **wettige vertegenwoordigers
van God.** Dit punt dient juist verstaan te worden.
a) Daar de mensch in zichzelven alleen niet vindt,
wat noodig is tot zijn lichamelijke, verstandelijke
en zedelijke ontwikkeling, heeft God gewild, dat hij
in *vereeniging* zou leven, in een maatschappij. Doch
de maatschappij kan niet blijven bestaan zonder
een *gezag*, dat de werkzaamheden der ledematen
tot het algemeen welzijn richt en regelt. God wil
dus in de maatschappij een rangorde van hooger en
lager geplaatsten : oversten om te gebieden, onderdanen gehouden tot gehoorzamen. Om deze onderwerping gemakkelijker te maken, draagt Hij zijn
macht over aan de wettige oversten, zoodat iedereen
onderworpen moet zijn aan het hooger gezag; want
" alle gezag komt van God .. Wie zich dus verzet
tegen het gezag, verzet zich tegen de verordening
van God, en de weerspannigen zullen hun veroordeeling inloopen " (Rom. XIII, 1-2). De oversten
hebben tot plicht hun gezag uit te oefenen enkel
als plaatsbekleeders van God, om zijn glorie en het
algemeen welzijn der gemeenschap te bevorderen.
Schieten zij te kort, dan dragen zij voor God en
zijn vertegenwoordigers de verantwoordelijkheid
van hun machtsmisbruik. De plicht der onderdanen
daarentegen is gehoorzamen aan de door God
gestelde machten als aan God zelven : " Wie u hoort,
hoort Mij, en wie u versmaadt, versmaadt Mij "
(Luc. X, 16). De reden dezer verordening Gods is
duidelijk : zonder deze onderdanigheid, zou er in de

gemeenschap slechts wanorde en bandeloosheid zijn
en alles er schade van ondervinden.

1060. b) Doch *wie zijn wettige oversten?* Diegenen, welke door God aan het hoofd der verschillende
gemeenschappen geplaatst zijn.

1) In de *natuurlijke* orde kunnen wij drie verschillende
gemeenschappen of maatschappijen onderscheiden : het
huisgezin, aan wiens hoofd de ouders staan en op de eerste
plaats de huisvader ; de *burgerlijke* maatschappij, welke
bestuurd wordt door wie daartoe volgens de stelsels der
verschillende landen wettig aangewezen zijn ; de *beroepsver-
eeniging*, van werkgevers en werknemers, wier onderlinge
rechten en plichten door het arbeidscontract omschreven zijn [1].

2) In de *bovennatuurlijke* orde komen in hierarchische volgorde : de *Paus*, wiens oppergezag zich
rechtstreeks uitstrekt over de geheele Kerk; de
Bisschoppen, wier rechtsgebied hun eigen bisdom
omvat; onder hen, de pastoors en de kapelaans,
ieder binnen de grenzen door het Kerkelijk Wetboek
aangegeven. Daarenboven zijn er in de Kerk nog
afzonderlijke vereenigingen met voorschriften en
regels door den Paus of de Bisschoppen goedgekeurd, en oversten volgens de Constituties aangesteld. Ook daar zien wij dus wettige rechtsmacht en
gezag. Bijgevolg wie in een dergelijke vereeniging
treedt, neemt daardoor ook de verplichting op zich
de Constituties te onderhouden en te gehoorzamen
aan de oversten die, *binnen de perken* door den regel
aangewezen, bevelen.

1061. C) **Binnen de perken,** want er zijn inderdaad grenzen gesteld aan de uitoefening van het
gezag.

1) Vooreerst is het duidelijk dat men noch moet
noch mag gehoorzamen aan een overste, die iets zou
bevelen wat openlijk in strijd is met de wetten van

---

[1] Zie hierover de Enc. "*Rerum novarum*" en AD. TANQUEREY, tract.
de justitia, waar deze Encycliek uitgelegd wordt.

God of der Kerk [1]. In zulk geval past enkel het woord van Petrus : " Men moet meer gehoorzaam zijn aan God, dan aan de menschen " (Act. V, 29). In dit woord vindt de christelijke vrijheid een verdediging tegen allen onrechtvaardigen dwang. — Evenmin behoeft men te gehoorzamen bij het ontvangen van beslist onmogelijk uit te voeren bevelen : tot het onmogelijke is niemand gehouden. Hierbij dient evenwel opgemerkt, dat iets ons al spoedig onmogelijk kan toeschijnen : zoolang dit niet zeker, maar twijfelachtig is, blijft het plicht te gehoorzamen; wij moeten veronderstellen, dat de overste weet, wat hij beveelt : *in dubio præsumptio stat pro superiore.*

2) Gaat een overste, bij het bevelen, zijn macht te buiten, een vader bijv. verzet zich tegen de duidelijk gebleken roeping van een zijner kinderen, dan overschrijdt hij zijn rechten; aan hem behoeft dus niet gehoorzaamd te worden. Hetzelfde moet men zeggen van een kloosteroverste, die bevelen geeft tot dingen, waartoe de Regel en de Constituties hem geen bevoegdheid verleenen.

II. *De trappen der gehoorzaamheid.*

1062. 1° De **beginnenden** leggen zich voor alles toe op de trouwe onderhouding der geboden Gods en der H. Kerk; ook trachten zij zich vlijtig, nauwgezet en in den geest des geloofs, ten minste uitwendig, te onderwerpen aan de bevelen hunner wettige oversten.

---

[1] "Velen hebben ernstig gedwaald... zij meenden, dat gehoorzamen bestaat in zonder eenig onderscheid alles te doen, wat men ons zou kunnen opleggen, al was het zelfs tegen de geboden van God of der H. Kerk. Dit is een grove dwaling, want evenals de oversten nooit macht hebben om iets te bevelen, wat strijdig is met de geboden Gods, zoo hebben de onderdanen evenmin eenige verplichting daarin te gehoorzamen. Deden zij het wel, dan zouden zij zondigen ". H. FRANC. VAN SALES, *Entretiens spirit.*, ch. XI, p. 170-171.

1063. 2º De **meer gevorderden : a**) overwegen zorgvuldig de voorbeelden van Jesus, van het begin zijns levens af, wanneer Hij zich aanbiedt aan den Vader om in alles zijn wil te doen, tot aan zijn laatste uur, wanneer Hij sterft als slachtoffer van gehoorzaamheid. Zij smeeken Hem om in hen te komen leven met dien zelfden geest van onderdanigheid, en streven er naar om de onderwerping te beoefenen, in vereeniging met Hem, die onderdanig is geweest aan Maria en Joseph.

b) Het is hun niet genoeg uitwendig te gehoorzamen, maar zij onderwerpen ook *inwendig* hunnen *wil*, tot zelfs in de lastige zaken, die hen tegenstaan ; zij doen het edelmoedig, zonder klagen, tevreden zelfs, omdat zij aldus hun goddelijk toonbeeld meer gelijkvormig worden. Boven alles vermijden zij langs omwegen den overste tot hun eigen wenschen over te halen, want zij zeggen het den H. Bernardus na [1] : " indien gij iets wenscht en openlijk of bedekt werkt om u dat opgelegd te krijgen door uwen geestelijken leidsman, dan moogt gij u niet vleien, dat gij gehoorzaam zijt ; gij misleidt slechts uzelven ; immers gij gehoorzaamt niet aan uwen overste, maar hij gehoorzaamt u. "

1064. 3º De **volmaakten** doen nog meer : zij onderwerpen hun *oordeel* aan dat van den overste, zonder de redenen van het bevel te onderzoeken.

Dit verklaart de H. Ignatius [2] zeer wel : " Wie een volmaakt offer van zichzelf wil brengen, moet na zijn wil aan God onderworpen ter hebben, Hem ook nog zijn *verstand* toewijden..., zoodat hij niet alleen wil, wat de overste wil, maar ook met hem van hetzelfde gevoelen is en zijn oordeel geheel onderwerpt aan dat van den overste in zoover een reeds onderworpen wil het verstand kan onderwerpen... Het oordeel, evenals de wil, kan dwalen ten opzichte van onszelven en bijgevolg om onzen wil in het rechte spoor te houden, binden wij hem aan dien van den overste ; uit vrees dat ons oordeel wellicht niet juist is, moeten wij het eveneens in overstemming brengen met dat van den overste ". Hij voegt er evenwel bij : " indien zich aan uw geest een ander gevoelen opdringt, verschillend van dat van den overste, en het u, na God in het gebed geraadpleegd te hebben, toeschijnt dat gevoelen te moeten openbaren, moogt gij het in volle gerust-

---

[1] *Sermo de diversis*, XXXV, 4. — [2] 120e brief.

heid doen. Opdat echter de eigenliefde en eigen zienswijze
u niet misleiden, is het dienstig de volgende voorzorg te
nemen : voor uw gevoelen uiteen te zetten en ook daarna,
moet gij een volmaakte onverschilligheid van geest bewaren,
geheel bereid niet alleen om het voorgestelde te doen of te
laten, maar om goed te keuren en als het beste te beschouwen
alwat de overste zal bepalen ". Dit is de zoo genaamde *blinde*
gehoorzaamheid, waardoor men in de handen der oversten is :
" perinde ac *baculus*... perinde ac *cadaver* : als een *stok*... als
een *lijk* ". Met het voorbehoud dat de H. Ignatius en ook wij
gemaakt hebben (n. 1061), heeft deze gehoorzaamheid niets
onredelijks, wijl het aan God is, dat wij onzen wil en ons
verstand onderwerpen, gelijk wij nog beter zullen zien, bij
het beschouwen der hoedanigheden die de gehoorzaamheid
moet hebben.

III. *Hoedanigheden der Gehoorzaamheid.*

De volmaakte gehoorzaamheid moet wezen :
bovennatuurlijk in haar meening, *algemeen* in haar
omvang, *volkomen* in haar uitvoering.

1065. 1º **Bovennatuurlijk** in haar meening : dit
wil zeggen, dat wij den hemelschen Vader zelven of
Jesus Christus moeten zien in den persoon van onze
oversten, omdat zij geen gezag hebben dan door
Hem. Niets maakt het gehoorzamen gemakkelijker;
wie zou immers aan God onderdanigheid willen
weigeren? De Apostel Paulus schreef dan ook aan
de dienstbaren : " Weest aan uwe aardsche meesters
met vrees en siddering onderdanig, in den eenvoud
uws harten als aan Christus, niet uit oogendienarij,
als zij die menschen willen behagen, maar als slaven
van Christus, die van harte den wil van God volbrengen ". (Eph., VI, 5-7).

In gelijken zin schreef ook de H. Ignatius aan zijn kloosterlingen in Portugal : " Ik wensch, dat gij u met alle zorg
en ijver er op toelegt om Jesus Christus te zien in welken
overste ook, en om in zijn persoon aan de goddelijke
Majesteit met het diepste ontzag de Haar verschuldigde eer
te bewijzen... Zoo mogen zij nimmer den persoon zelven aan
wien zij gehoorzamen, beschouwen, maar Jesus Christus,
onzen Heer, ter wiens wille zij gehoorzamen. En waarlijk,
moet men gehoorzamen aan den overste, dan is het niet om

zijn voorzichtigheid, om zijn goedheid of andere hoedanigheden, die God hem misschien gegeven heeft, maar uitsluitend, omdat hij de plaatsvervanger is van God... Indien hij
daarentegen minder voorzichtig en wijs mocht schijnen, dan
is dit geen reden hem met minder nauwgezetheid te gehoorzamen, omdat hij als overste den persoon voorstelt van Hem
wiens wijsheid onfeilbaar is, en die zelf alles zal aanvullen,
wat in zijn bedienaar te kort schiet in deugd of in andere
goede hoedanigheden ''.

Allerwijst beginsel voorzeker. Inderdaad, want
zoo wij heden gehoorzamen aan onzen overste, omdat zijn hoedanigheden ons bevallen, wat zullen wij
morgen doen, indien wij dan een overste hebben, in
wien wij die hoedanigheden niet ontdekken? En
verliezen wij de verdienste niet, wanneer wij ons
onderwerpen aan een mensch, dien wij achten, in
plaats van ons te onderwerpen aan God zelf? Letten
wij dus niet op de gebreken van onze oversten,
want dit maakt de gehoorzaamheid moeilijker, noch
op hun goede hoedanigheden, want dit maakt de
gehoorzaamheid minder verdienstelijk, maar op God
die leeft en beveelt in hun persoon.

1066. 2° **Algemeen** in haren omvang, in dezen
zin namelijk dat wij moeten gehoorzamen aan al de
bevelen van den *wettigen* overste, wanneer hij
rechtmatig beveelt. De gehoorzaamheid, zegt de
H. Franciscus van Sales [1], "onderwerpt zich met
liefde om alles te doen, wat haar bevolen is, in allen
eenvoud, zonder na te gaan, of het bevel goed of
verkeerd gegeven is, mits hij die beveelt de macht
er toe hebbe, en het bevel diene om onzen geest
nauwer met God te vereenigen ''. Maar hij voegt erbij, dat zoo een overste iets gebiedt, wat klaarblijkelijk tegen de wet Gods is, men verplicht is gehoorzaamheid te weigeren (n. 1061). Onvoorzichtig is de
gehoorzaamheid, welke ook in het ongeoorloofde
zich onderwerpt, leert de H. Thomas [2].

---

[1] *Entretiens spirit.*, ch. XI, p. 170.
[2] S. Thom., IIa IIæ, q. 104, a. 3, ad 3.

Buiten dit geval, dwaalt de ware gehoorzame niet, al zouden de oversten zich vergissen en bevelen geven, welke minder goed zijn dan die hij wenscht uit te voeren. God immers, aan wien hij gehoorzaamt en die het binnenste der harten ziet, beloont dan zijn onderwerping door den goeden uitslag. De H. Franciscus van Sales zegt bij de verklaring der woorden *De gehoorzame man zal van overwinningen spreken :* " De ware gehoorzame zal overwinnaar blijven in alle moeilijkheden waarin hij zich uit gehoorzaamheid zal bevinden, en met eere zal hij terugkeeren van de wegen, welke hij uit gehoorzaamheid is opgegaan, hoe gevaarlijk zij ook mogen wezen " [1]. Met andere woorden : de overste kan dwalen bij het bevelen, maar wij niet bij het gehoorzamen.

106 7. 3° **Volkomen**, algeheel in haar uitvoering, en dus *stipt, zonder uitzondering, standvastig* en zelfs *blijde.*

a) *Stipt,* want de liefde, die de volmaakte gehoorzaamheid geleidt, doet ons zonder uitstel gehoorzamen : " de gehoorzame bemint het bevel en zoodra hij het van verre ziet, hoe het ook zij, aangenaam of niet, omhelst, liefkoost en bemint hij het met teederheid " zegt de H. Franciscus van Sales [2].

Dit leert ook de H. Bernardus [3] : " De waarlijk gehoorzame kent geen uitstel ; hij voorkomt het bevel ; hij heeft zijn oogen en ooren open, zijn tong tot spreken, zijn handen tot werken, zijn voeten tot loopen bereid ; hij is geheel aandachtig om aanstonds den wil te kennen van die beveelt.

b) *Zonder uitzondering ;* want een keuze doen, gehoorzamen wel in sommige, niet in andere zaken, is de verdienste der gehoorzaamheid verliezen, is toonen, dat men zich onderwerpt in hetgeen behaagt en dat men dus de bovennatuurlijke gehoorzaamheid mist. Herinneren wij ons dan het woord van Christus : " Er zal geen iota of stip van de Wet vergaan, totdat alles is volbracht " (Matth., V, 18).

Ook *standvastigheid* wordt vereischt ; zij is een der groote verdiensten dezer deugd : " blijde doen, wat slechts éénmaal

---

[1] *Vrays Entret. spir.*, ch. XI, p. 191.
[2] *Entretiens spir.*, ch. XI, p. 178.
[3] *Sermo de diversis*, XLI, 7; deze preek verdient wel in zijn geheel gelezen te worden.

wordt opgelegd, dat zal telkens gemakkelijk vallen; maar
wanneer u gezegd wordt : gij zult dit altijd uw leven
lang doen, zie, daarin bestaat de deugd, maar ook de
moeilijkheid " [1].

c) *Blijde :* "den blijden gever heeft God lief"
(II Cor., IX, 7). Geen blijde gehoorzaamheid wanneer zij niet door liefde wordt ingegeven; want hij
die bemint vindt geen moeite om het bevel uit te
voeren, omdat hij niet denkt aan het lastige, dat hij
ondergaat, maar aan het genoegen, dat hij den
beminde verschaft. Doch wanneer wij Christus
zelven zien in hem, die beveelt, hoe zouden wij dan
niet met liefde, met edelmoedigheid een offertje
brengen, dat ons gevraagd wordt door Hem, die
gestorven is als slachtoffer van gehoorzaamheid, uit
liefde tot ons? Wij moeten dus altijd teruggaan tot
het reeds gestelde beginsel : God zien in den persoon
van onzen overste, dan zullen wij ook beter begrijpen, hoe voortreffelijk en voordeelig de gehoorzaamheid is.

IV. *De verhevenheid der gehoorzaamheid.*

1068. Zij blijkt uit hetgeen wij over deze deugd
gezegd hebben. De H. Thomas aarzelt niet te
zeggen, dat de gehoorzaamheid, na de godsdienstigheid, de volmaaktste der zedelijke deugden is,
omdat zij meer dan de overige ons met God
vereent, omdat zij ons onthecht van den eigen wil,
welke het grootste beletsel is voor de vereeniging
met God [2]. Zij is ook de moeder en de bewaarster
der deugden en drukt het stempel van deugd op
onze gewoonste werken.

1069. 1° De gehoorzaamheid *vereenigt* ons met
God en maakt ons blijvend *deelachtig* aan zijn
leven.

---

[1] *Entretiens spir.*, ch. XI, p. 182.
[2] *Summ. theol.*, IIa IIæ, q. 104, a. 3.

a) Zij toch onderwerpt onzen wil rechtstreeks aan den goddelijken wil en voor zoover aan onzen wil onze overige vermogens onderworpen zijn, onderwerpt zij ook deze aan Gods verlangen. Deze onderdanigheid is des te *verdienstelij-ker*, omdat zij *vrijwillig* is. De onbezielde schepselen gehoorzamen aan God uit noodzakelijkheid van hun natuur, de mensch echter onderwerpt zich aan Hem door eigen vrije keuze. Daardoor brengt hij zijn Opperheer de hulde van wat hem het dierbaarst is, het offer boven alle offers verheven : "per obedientiam mactatur propria voluntas, door de gehoorzaamheid wordt de eigen wil geslachtofferd", zegt de H. Gregorius [1]. Zoo vereenigt hij zich met God, wijl hij geen anderen wil meer heeft dan den goddelijken en deelt in de gesteltenis van Jesus, die bij den doodstrijd bad : "Niet mijn wil, maar de uwe geschiede". Deze deelneming is voorzeker zeer verdienstelijk en zeer heiligend, wijl zij het beste, wat in ons is, den wil, met den altijd goeden en heiligen wil van God vereenigt.

b) Wanneer wij den wil, die over alle vermogens heerscht, met God vereenigen, worden tevens één met Hem al de krachten onzer ziel. Dit offer is grooter dan dat van de uitwendige goederen, door de armoede, of van de genoegens des lichaams, door de zuiverheid en versterving aan Hem gebracht ; 't offer van den wil is het verhevenste : "de gehoorzaamheid is beter dan offerande " (I Reg., XV, 22).

c) Deze vereeniging is ook standvastiger en duurzamer. Bij de H. Communie blijven wij slechts korten tijd met Christus vereenigd ; de geest van gehoorzaamheid echter werkt een vereeniging tusschen onze ziel en God, een soort geestelijke Communie, die altijd voortduurt, waardoor wij in Hem verblijven gelijk Hij in ons verblijft ; wij willen alles wat Hij wil en niets dan wat Hij wil. Daar is geen vereeniging zoo oprecht, zoo innig, zoo heilzaam als deze.

1070. 2° Bijgevolg mogen wij met den H. Augustinus zeggen : " De gehoorzaamheid is bij het redelijk schepsel in zekeren zin de moeder en de bewaarster der deugden " [2].

a) Zij vereenzelvigt zich feitelijk met de *liefde*, die zooals de H. Thomas [3] leert, de willen vereent. En leert dit de H. Joannes niet eveneens? Na ver-

---

[1] *Moral*, l. XXV, c. 10.
[2] *De Civit. Dei*, l. XIV, c. 12.
[3] *Summa*, IIª IIæ, q. 104, a. 3.

klaard te hebben, dat hij die beweert God te beminnen en zijn geboden niet onderhoudt, een leugenaar is, voegt hij er bij : " Maar wie zijn woord onderhoudt, in hem is waarlijk de volmaakte liefde tot God; hieraan erkennen we, dat we in God zijn " (I Joan. II, 5). — En leert dit de goddelijke Meester zelf niet, wanneer Hij zegt : " Zoo ge Mij liefhebt, onderhoudt dan mijn geboden " (Joan. XIV, 15)? De ware gehoorzaamheid is dus eigenlijk een verheven akte van liefde.

1071. b) De gehoorzaamheid doet ons ook de overige deugden beoefenen, in zoover zij geboden of ten minste aanbevolen zijn : Alle deugden, in zoover zij geboden zijn, behooren tot de gehoorzaamheid, zegt de H. Thomas [1].

Uit gehoorzaamheid beoefenen wij de versterving en de boetvaardigheid, zoo dikwerf voorgehouden in het Evangelie, de rechtvaardigheid, de godsdienstigheid, de liefde en al de deugden in de Tien Geboden ter onderhouding voorgesteld. Door de gehoorzaamheid worden wij zelfs gelijk aan de *Martelaren*, die hun leven voor God gaven. Inderdaad, gelijk de H. Ignatius [2] verklaart : de wil en de eigen zienswijze worden door de gehoorzaamheid ten allen tijd opgedragen en neergestrekt als slachtoffers op het altaar, zoodat in plaats van den vrijen wil er in den mensch niet meer is dan de wil van Jesus Christus, bekend gemaakt door den overste; en het is niet alleen het verlangen om te leven, dat geofferd wordt gelijk in het martelaarschap, maar het zijn alle verlangens tegelijk ". In gelijken zin sprak ook de H. Pachomius tot een jongen kloosterling, die naar het martelaarschap verlangde : " Hij ondergaat genoeg den marteldood die zich wel weet te versterven ; grooter martelaarschap is het levenslang in de gehoorzaamheid te volharden, dan in één oogenblik door een slag van het zwaard te sterven [3]".

1072. c) De gehoorzaamheid stelt ons volkomen *veilig*. Zijn wij aan onszelven overgelaten, dan moeten we zelf uitzoeken, wat het volmaakste is; doch

---

[1] *Sum. theol.*, IIᵃ IIæ, q. 104, a. 3, ad 2.
[2] l. c., bl. 235-236.
[3] Aangehaald door den H. FRANC. VAN SALES, in *Entretiens spir.*, p. 183.

zijn we in gehoorzaamheid geplaatst, dan wordt ons
ieder oogenblik aangewezen, wat we te doen hebben,
en wordt ons getoond, welke de zekerste weg is om
ons te heiligen. Doen wij met allen ijver, wat ons
is voorgehouden en bevolen, dan vervullen wij de
eigenlijke voorwaarde tot de volmaaktheid vereischt:
wij doen, wat God behaagt.

En welke onverstoorbare rust is dan ons deel ! " Veel vrede
is het deel van die uw wet beminnen, o Heer " ! zegt de Psalmist (ps. CXVIII, 165). Wie slechts bedacht is om Gods wil,
door de oversten bekend gemaakt, te volbrengen, kent geen
ongerustheid noch omtrent wat hij te doen heeft, noch omtrent
de middelen, die hij zal aanwenden om zijn doel te bereiken.
Hij houdt zich aan de voorschriften, die hem door Gods vertegenwoordiger worden gegeven en tracht ze zoo goed mogelijk uit te voeren : de voorzienigheid zorgt voor het overige.
God vraagt niet den goeden uitslag, maar wel de goede
poging om het gegeven bevel na te komen. Wij mogen ons
overigens van den goeden uitslag verzekerd houden : doen
wij, wat God wil, dan doet Hij, wat wij verlangen. De gehoorzaamheid geeft ons dus in dit leven den vrede en hierna den
toegang tot den hemel. Door de ongehoorzaamheid onzer
stamouders gesloten, ontsloten door de gehoorzaamheid van
Jesus Christus, is de hemel toegankelijk alleen voor die zich
door de vertegenwoordigers van den goddelijken Verlosser
laten geleiden. Voor de oprecht gehoorzamen bestaat er geen
hel. Want, z●o vraagt de H. Bernardus : " wat haat of straft
God, tenzij den eigenwil ? Laat er dan geen eigenwil meer
zijn en er zal ook geen hel meer wezen " [1].

1073. 3° De gehoorzaamheid ten slotte maakt
de gewoonste bezigheden zooals eten, ontspanning
nemen, werken tot verdienstelijke akten van deugd.
Alles wat in den geest van gehoorzaamheid gedaan
wordt, deelt in de verdienste van deze deugd,
behaagt aan God en zal door Hem beloond worden.
Alles echter wat tegen den wil der oversten gedaan
wordt, al ware het in zich uitstekend, is feitelijk niet
meer dan een akte van ongehoorzaamheid. — De
gehoorzame kan vergeleken worden bij iemand, die
reist op een schip met een uitstekenden stuurman;

---

[1] S. BERN., *Sermo III*, in tempore paschali, 3.

iederen dag, ja ook 's nachts tijdens de rust komt hij dichter bij het doel en zoo bereikt hij, zonder vermoeienis, zonder zorgen, de haven van het eeuwig vaderland.

1074. Besluiten wij met deze woorden welke God tot de H. Catharina van Siëna richtte[1] : "Hoe zoet en glorievol is deze deugd, welke in zich alle deugden bevat! Zij werd ontvangen en voortgebracht door de liefde. Op haar is de steen van het allerheiligst geloof gevestigd... Hij die de hoorzaamheid tot bruid heeft, lijdt nooit, maar geniet volkomen rust. De ontberingen veroorzaken hem geen verdriet, want de gehoorzaamheid heeft hem geleerd niets te wenschen dan Mij, die zoo Ik wil, al zijn verlangens kan bevredigen... O gehoorzaamheid, die den overtocht zonder moeite maakt en zonder gevaar in de haven der zaligheid aanlandt! Gij maakt u gelijkvormig aan het Woord, mijn eenigen Zoon; gij scheept in op de bark van het allerheiligst Kruis, bereid alles te ondergaan liever dan af te wijken van de gehoorzaamheid van het Woord en tegen zijn leer te misdoen! Hoe groot zal uw lange standvastigheid u maken! Zoo groot, dat gij van de aarde tot den hemel reikt, want door u, alleen door u kan men hem openen".

ART. III. DE DEUGD VAN STERKTE[2].

1075. De rechtvaardigheid, vervolmaakt door de godsdienstigheid en de gehoorzaamheid, regelt onze verhouding tot den evennaaste; de sterkte en de matigheid regelen onze verhouding tot onszelven. Wij gaan thans handelen over de *sterkte*, 1° haar *natuur*, 2° de met haar *verwante deugden*, 3° de *middelen* om haar te beoefenen.

§ I. Natuur der deugd van sterkte.

Wij geven 1° de *bepaling* en 2° de *trappen*.

I. *Bepaling.*

1076. Deze deugd, die men zielskracht, karaktervastheid of christelijken mannenmoed noemt, is een

---

[1] *Dialoog.* — [2] *Sum. theol.*, IIª IIæ, q. 123-140.

bovennatuurlijke zedelijke deugd, welke de ziel onder-
steunt bij het nastreven van een moeilijk te bereiken
goed, haar onvatbaar maakt voor bangheid en zelfs
voor de vrees des doods.

A) Haar **voorwerp** is den indruk van vrees
tegengaan, welke remmend werkt op onze goede
pogingen, en ook de stoutmoedigheid temperen, die
anders licht in vermetelheid zal ontaarden [1].

1077. B) Haar **werkzaamheid** toont zich voornamelijk op twee wijzen : moeilijke zaken *ondernemen*
en *ondergaan*.

a) De sterkte toont zich vooreerst bij het *onder-*
nemen en *uitvoeren* van *moeilijke* zaken. Op den weg
der deugd en der volmaaktheid verheffen zich telkens
terugkeerende, moeilijk te overwinnen beletselen;
zich hier geen vrees door laten aanjagen, ze tege-
moetreden met edelmoedigheid, het noodige doen
om ze te overwinnen, daarin bestaat de eerste akte
der deugd van sterkte.

Deze akte veronderstelt : 1) *beslistheid* om te besluiten zijn
plicht te doen, zonder uitstel, wat het ook moge kosten ;
2) *moed*, edelmoedigheid om zich naar gelang van de moeilijkheden in te spannen, en die dus toeneemt met het vermeerderen dier moeilijkheden ; 3) *standvastigheid*, om vol te houden ten einde toe, ondanks het voortduren der beletselen en
bekoringen.

b) De tweede uiting der sterkte bestaat in het
geduld. Men moet voor God weten te *lijden :* de
talrijke beproevingen en moeilijkheden, die Hij ons
overzendt, de kwellingen, ziekten, bespottingen en
laster, waaraan men bloot kan staan.

Verdragen is moeilijker dan handelen, zegt de H. Thomas [2]
en hij geeft daarvoor drie redenen : 1) Weerstand blijven
bieden veronderstelt, dat men door een sterker vijand is
aangevallen, terwijl de aanvaller zich den meerdere acht van
den aangevallene; 2) wie den aanval weerstand biedt, is reeds

---

[1] S. THOM., IIa IIæ, q. 123, a. 3.
[2] *Sum. theol.*, IIa IIæ, q. 123, a. 6, ad 1.

slaags met de moeilijkheden en gevoelt er den last van,
terwijl de aanvaller ze nog slechts voorziet; een aanwezig
kwaad drukt zwaarder dan een toekomstig; 3) het volhouden
veronderstelt, dat men onbewogen, onwrikbaar den aanval
ondergaat gedurende geruimen tijd, bijv. wanneer men door
een langdurig lijden op het ziekbed nederligt, of door hevige,
aanhoudende bekoringen gekweld wordt; hij daarentegen,
die een moeilijke zaak begint, spant zich dan wel in, doch
meestal voor korten tijd.

II. *Trappen der deugd van Sterkte.*

1078. 1º De **beginnenden** bestrijden iedere vrees,
welke de plichtsvervulling komt bemoeilijken.

1) De vrees voor *vermoeienis* en *gevaren*. Zij
herinneren zich, dat de kostbaarste goederen van
den mensch niet zijn : fortuin, gezondheid, goede
naam en leven, maar die der genade, het begin van
het eeuwig geluk. Daaruit besluiten zij, dat wat
voorbijgaat edelmoedig moet opgeofferd worden
voor wat eeuwig blijft. Het eenig kwaad waarlijk te
vreezen, is de *zonde;* deze moeten zij dus tot elken
prijs vermijden, al moeten zij daartoe ook alle tijdelijk kwaad ondergaan.

1079. 2) De vrees voor *afkeuring* of *bespotting,*
met andere woorden de *menschenvrees*, waardoor zij
tot verwaarloozing hunner plichten worden bekoord
ter wille van ongunstige beoordeeling, scherts,
bedreiging, beleediging en onrechtvaardige behan-
delingen, waarvan zij het slachtoffer hunnen worden.
Hoeveel mannen, die op het slachtveld onverschrokken standhielden, wijken voor afkeuring of
bedreiging, uit menschenvrees! Van hoeveel belang
is het de jongelieden te gewennen aan kordaatheid,
aan mannenmoed, zich niet te storen aan de meening
der menschen, maar zonder vrees en zonder blaam
steeds volgens overtuiging en plicht te leven!

3) De vrees van aan *vrienden te mishagen.* Somtijds is zij nog meer te duchten dan die van de
wraak van vijanden in te loopen. De beginnenden

moeten zich herinneren, dat het beter is aan God
dan aan de menschen te behagen; dat zij allen die
hen willen afhouden van trouwe plichtsbetrachting, moeten beschouwen niet als vrienden, maar
veeleer als tegenstanders en ten slotte dat ze te
kiezen hebben tusschen de achting en vriendschap
der wereld en die van Jesus Christus, want de
Apostel zeide : " Zoo ik nu nog aan menschen
trachtte te behagen, dan zou ik geen dienaar van
Christus zijn " (Gal., I, 10). Dus mag men zeker
zijn plicht niet opofferen aan het verlangen om de
volksgunst te genieten. De toejuichingen der
menschen gaan voorbij, wat waarlijk dient begeerd
en gezocht te worden als den mensch waardig, is
de goedkeuring van God, den onfeilbaren beoor-
deelaar. Daarom zeggen wij met denzelfden
Apostel : " Wie roemt, roeme in den Heer, want
niet die zichzelf prijst, is goed bevonden, maar die
geprezen wordt door den Heer. " (II Cor., X, 17-18).

1080. 2° De **gevorderden** stellen zich niet
tevreden met niet toe te geven aan zwakheid uit
vrees voor moeilijkheden, doch leggen zich *positief*
op de deugd van sterkte zelve toe, door te trachten
de zielskracht, waarvan Jesus tijdens zijn leven het
voorbeeld heeft gegeven, na te volgen.

1) Deze deugd schijnt uit in zijn *verborgen* leven. Van het
eerste oogenblik van zijn menschelijk bestaan af, biedt Christus
zich aan zijn Vader aan om, door de •poffering van zichzelven
voor de menschen, al de slachtoffers der Oude Wet te vervangen. Hij weet, dat daardoor zijn leven een martelaarschap
zal wezen, maar vrijwillig aanvaardt Hij het. Daarom omhelst Hij met vurigheid van zijn geboorte af de armoede, de
versterving en de •nderdanigheid. Hij onderwerpt zich aan
de vervolgingen en de ballingschap, trekt zich dertig jaren
lang terug in de volkomenste afzondering, ten einde ons de
genade te verdienen, onze dagelijksche bezigheden te heiligen
en ons liefde in te st•rten vo•r de nederigheid. Z•o leert Hij
ons de beoefening van sterkte en moed in de ontelbare voorvallen van het dagelijksch leven.

2) Zij vertoont zich in zijn *openbaar* leven : in de lange
vasten, die Hij zich •plegt alvorens zijne bediening aan te

vangen; in den zegevierenden strijd tegen den duivel; in zijn prediking, waarin Hij, tegen de joodsche vooroordeelen in, een geheel geestelijk rijk aankondigt, gevestigd op de nederigheid, het offer, de zelfverloochening evenals op de liefde tot God. Hoe schittert zijn zielskracht in zijn omgang met de verschillende klassen van menschen! De farizeeën en schriftgeleerden : hoe onbeschroomd brandmerkt Hij hun ergernis gevend leven en hun spitsvondige uitleggingen der Wet! Het volk bewondert Hem en wil Hem koning maken; Hij ontwijkt hun toejuichingen en vlucht. De Apostelen; met zachtheid, doch tevens krachtig vormt Hij hen, geneest ze van hun vooroordeelen, verbetert hun gebreken en onderwijst hen. En welke onverschrokkenheid, wanneer Hij opgaat naar Jerusalem in het volle besef, dat Hij de vernedering, het lijden, den dood tegemoet gaat! Zoo geeft Hij ons het voorbeeld van den kalmen, standvastigen moed, welke ook in onzen omgang met den evenmensch moet uitschijnen.

3) Zij vertoont zich in zijn *lijdend* leven : in den smartvollen doodstrijd, waarin Hij, ondanks dorheid en angsten, langen tijd niet ophoudt te bidden ; in de volmaakte kalmte, die Hij bij zijn gevangenneming aan den dag legt; in het stilzwijgen, dat Hij weet te bewaren te midden der valsche beschuldigingen en aan het hof van Herodes ; in zijn waardige houding voor de rechters, in het heldhaftig geduld bij het ondergaan der bespottingen en ongehoorde martelingen en bovenal in de kalme berusting, waarmede Hij, vóór te sterven, zijn ziel overgeeft in de handen zijns Vaders. Zóó leert Hij ons het geduld te midden der wreedste beproevingen.

Hier zien wij een overvloed van voorbeelden ons ter navolging voorgesteld. Om ons leven daarnaar te kunnen inrichten, moeten wij Christus smeeken in ons te komen met de volmaaktheid van zijn kracht, maar ook met Hem medewerken in de beoefening der deugd van sterkte. Wij moeten dit doen niet enkel in buitengewone gelegenheden, maar ook in het kleine, dat onzen geheelen dag vult. Meer sterkte, meer heldhaftigheid wordt er vereischt om steeds getrouw te zijn in de beoefening der kleine deugden dan voor schitterende daden.

1081. 3º De **volmaakten** ontwikkelen niet alleen de deugd, maar ook de *gave van sterkte*, zooals wij later zullen verklaren. Zij blijven steeds edelmoedig bereid om zich voor God op te offeren, om een

langdurig martelaarschap te ondergaan, dat is zij
vernieuwen zonder ophouden hun pogingen om alles
te doen, alles te lijden voor Gods glorie.

§ II. De met de sterkte verwante deugden.

1082. Zij zijn vier in aantal : twee voor het uitvoeren van moeilijke zaken, te weten de *grootmoedigheid* en de *vrijgevigheid*, twee om wel te lijden,
te weten het *geduld* en de *standvastigheid.* Volgens
den H. Thomas zijn zij tegelijk *aanvullende* en *verwante* onderdeelen der deugd van sterkte.

I. *De Grootmoedigheid.*

1083. 1° **Natuur.** De grootmoedigheid, ook zielegrootheid of zielenadel genaamd, is *een nobele en
edelmoedige gesteltenis om voor God en den evennaaste
groote zaken te ondernemen.* Zij verschilt van de
eerzucht, die juister gezegd zelfzucht is, omdat zij
zich boven de anderen zoekt te verheffen door
macht of eereposten. Het onderscheidend kenmerk
der grootmoedigheid is de belangeloosheid : zij wil
anderen nuttig zijn.

a) Zij veronderstelt dus een *edele ziel*, begaafd
met een verheven ideaal, eene edelmoedige denkwijze ; een moedige ziel, die haar leven in overeenstemming weet te brengen met haar overtuiging.

b) Zij uit zich niet alleen in edele gevoelens, doch
ook in edele handelingen, en dat op ieder gebied :
in het burgerlijk leven, door groote hervormingen
of groote ondernemingen ; in de bovennatuurlijke
orde, door een verheven ideaal van volmaaktheid.
Dit ideaal zonder ophouden nagestreefd bestaat in
zichzelf te overwinnen en zich boven zichzelf te
verheffen, in degelijke deugden aan te werven, in
den zielenijver in zijn verschillende vormen uit te
oefenen, en dat alles zonder vrees voor verlies van
fortuin, van gezondheid, van goeden naam en zelfs
van het leven.

1084. 2° Het **tegenovergestelde gebrek** is de *kleinmoedigheid,* die, door bovenmatige vrees voor mislukking, weifelt en werkeloos blijft. Om flaters te vermijden, begaat de kleinmoedige werkelijk de grootste aller domheden : hij doet niets of zoo goed als niets, en verspilt aldus zijn leven. Het is duidelijk, dat het de voorkeur verdient zich bloot te stellen aan de een of andere vergissing dan den tijd in nietsdoen door te brengen.

II. *De Mildheid of Vrijgevigheid.*

1085. 1° **Natuur.** Wie een edele ziel en een groot hart heeft, beoefent de vrijgevigheid, die aanzet tot groote werken en stichtingen en dus ook tot groote uitgaven daartoe benoodigd.

a) Bijwijlen is het de hoogmoed of eerzucht, welke deze werken ingeeft, en dan is zij geen deugd. Wanneer daarbij evenwel *de glorie van God of het welzijn van den evennaaste* het doel is, dan wordt die natuurlijke begeerte naar grootsche werken tot de bovennatuurlijke orde verheven. Wie aldus, in plaats van zijn bezit steeds te willen vermeerderen, edelmoedig zijn geld besteedt in grootsche, schoone ondernemingen, het bouwen van scholen, kerken, toevluchtsoorden voor armen, gasthuizen, met één woord in wat tot algemeen welzijn strekt, die beoefent een deugd, en wel een deugd, die losmaakt van de natuurlijke gehechtheid aan het geld en het verlangen zijn bezit te vermeerderen.

1086. **b)** Zoo beschouwd is de vrijgevigheid een *uitstekende* deugd, die wij de rijken moeten aanbevelen, als het beste middel om een goed gebruik te maken van de schatten, door de Voorzienigheid in hun handen gesteld : God navolgen in zijn vrijgevigheid en in de pracht zijner werken. Hoeveel katholieke instellingen kwijnen heden bij gebrek aan middelen van bestaan. Is daar voor de rijken geen uitstekende gelegenheid om hun geld nuttig te beleggen

en zich een rijke woonstede te bereiden in den hemel?
Hoeveel instellingen zijn er in 't leven te roepen?
Ieder nieuw geslacht brengt zijn eigen nieuwe behoeften mede : het bouwen van kerken en scholen,
het onderhoud van priesters; dan weer komen
rampen de bevolking teisteren of moet gezorgd
worden voor werklieden, kinderen, zieken en ouden
van dagen. Een ruim terrein, waarop ieders werkzaamheid en vrijgevigheid zich kunnen ontplooien!

c) Ja ieder kan er aan deel nemen, want het is niet noodig
rijk te zijn om deze deugd te beoefenen. De H. Vincentius
van Paulo was niet rijk en toch heeft niemand ooit een zoo
waarlijk koninklijke vrijgevigheid beoefend, zoo dikwijls en
met zooveel talent als hij. Wie edelmoedig van aard is, vindt
hulpmiddelen, en de Voorzienigheid schijnt zich in dienst te
stellen van groote zielen, die op Haar vertrouwen en, onder
leiding van den H. Geest, in alle voorzichtigheid de vrijgevigheid beoefenen.

1087. 2º **Tegenovergestelde gebreken** zijn
vrekkigheid en *verspilzucht.*

a) De *vrekkigheid* verlamt de geestdrift; weet
noch durft uit te geven volgens de belangrijkheid
der ondernemingen en brengt nooit iets voort, dat
flink en grootsch is.

b) De *verspilzucht* daarentegen drijft tot bovenmatige uitgaven, tot wegsmijten van het geld zonder
te letten, of het noodig is voor het ondernomen
werk, en somtijds zelfs tot het aangaan van schulden
boven de draagkracht. De verspilzucht wordt ook
verkwisting genoemd.

Het is de taak der voorzichtigheid het juiste
midden te houden tusschen deze twee uitersten.

III. *Het Geduld* [1].

1088. 1º **Natuur.** Het geduld is een christelijke
deugd, die ons met onverstoorde gemoedstemming

[1] H. Fr. van Sales, *Godvr. leven*, 3e D., 3e h.; Olier, *Introd.*,
ch. IX; Faber, *Voortg.*, 9e h.; D. Lehodey, *Le Saint Abandon*,
IIIe Part., ch. III-IV.

ter liefde Gods en in vereeniging met Christus, het lichamelijk of geestelijk lijden doet ondergaan. Wij allen lijden genoeg om heiligen te zijn, indien wij het slechts met moed en uit bovennatuurlijke beweegredenen weten te doen. Velen echter lijden slechts klagend en nokkend, soms zelfs opstandig tegen de Voorzienigheid. Anderen lijden ter wille van hun hoogmoed of hebzucht en verliezen aldus de verdienste van hun geduld. De ware beweegreden tot geduld, die wij hebben moeten, is de onderwerping aan Gods wil, n. 487, en om deze te vergemakkelijken, diene ons de hoop op het eeuwig loon, door God ons toegezegd, n. 491. Doch de sterkste aansporing tot lijdzaamheid is de overweging van Jesus' lijden en dood. Indien Hij, de onschuld zelve, zoovele lichaams- en zielesmarten zoo heldhaftig, heeft willen verduren ter onzer liefde, om ons vrij te koopen en te heiligen, is het dan niet billijk, dat wij, die schuldig en door onze zonden oorzaak zijner smarten zijn, er in berusten, met Hem en tot dezelfde meening, te lijden, ten einde met Hem mede te werken aan het werk onzer zuivering, heiliging en verheerlijking? — De edelmoedige zielen hebben nog een ander doelwit. Zij willen door het geduldig dragen van het kruis, naar het woord des Apostels, "aanvullen wat aan het lijden van Christus ontbreekt" en aldus bijdragen tot de zaligheid der zielen (n. 149). Uit deze gedachte ontsproot het heldhaftig geduld der Heiligen en hun liefde tot het kruis.

1089. 2° De **trappen** van geduld zijn in overeenstemming met de drie wegen van het geestelijk leven.

a) *In het begin* wordt het lijden, als van God komende, aangenomen, zonder klacht, zonder verzet, in de hoop op de eeuwige belooning; men wil aldus de vroegere zonden herstellen en het hart zuiveren; men wil de verkeerde neigingen onder-

drukken, vooral de droefgeestigheid en neerslachtigheid. De natuur verzet zich tegen het lijden,
doch ondanks allen afkeer neemt men het aan. En
vraagt men soms, dat die kelk zich verwijdere, dan
is het toch steeds met volkomen onderwerping aan
Gods wil.

1090. b) Die *op den tweeden trap* staan, omhelzen
het kruis met vuur, met vastberadenheid, in vereeniging met Christus om Hem meer gelijkvormig te
worden. Zij vinden er daarom genoegen in met
Hem den lijdensweg te doorloopen, dien Hij van
de kribbe tot Calvarië bewandeld heeft. Zij bewonderen, zij loven, zij beminnen Hem in iederen
lijdensstaat, dien Hij beleefd heeft : in de ontblooting bij zijn intrede in de wereld, in zijn berusting.
die de nederige kribbe voor lief nam en die meer
leed van de ondankbaarheid der menschen dan van
de koude, in zijn ballingschap, in de onaanzienlijke
bezigheden tijdens zijn verborgen leven, in de vermoeienissen en vernederingen van zijn openbaar
optreden, doch bovenal in de pijnen naar lichaam en
geest doorstaan tijdens zijn lang en smartvol lijden.
Zij verstaan het woord van Petrus : " Daar Christus
dan naar het vleesch heeft geleden, moet ook gij u
wapenen met dezelfde gedachte " (I Petr. IV, 1).
Zij hechten zich met liefde aan het kruis met
Christus, om met Paulus te kunnen zeggen : " Met
Christus ben ik gekruisigd " (Gal. II, 19). Neemt
hun lijden toe, dan richten zij een teederen, liefdevollen blik op hun gekruisten God en herinneren
zich zijn woorden : "Zalig die weenen..., zalig
die vervolging lijden om de gerechtigheid..."
(Matth. V, 5, 10). De toekomstige zaligheid, het
vooruitzicht eens met Hem deel te hebben in zijn
glorie verzacht het leed met Hem ondergaan. Ja,
deze gedachte geeft zooveel kracht, dat zij bijwijlen
met Paulus zich verheugen in hun ellenden en kwellingen. Zij weten, dat met Christus lijden beteekent

Hem troosten en zijn lijden aanvullen; beteekent Hem volmaakter beminnen hier op aarde, zich bekwamen om zijn liefde meer te genieten in de eeuwigheid. Daarom herhalen zij met den Apostel : " Het liefst zal ik dus op mijn zwakheden roemen, opdat de kracht van Christus in mij moge wonen " (II Cor. XII, 9) en : " Ik ben vervuld van troost, overstelpt van blijdschap bij al onze wederwaardigheden " (II Cor. VII, 4).

1091. c) Dit is de overgang tot den *derden trap* van het geduld, *het verlangen naar* en *de liefde tot het lijden* om God, dien men aldus wil verheerlijken, en om de zielen, aan wier heiliging men zich wenscht te wijden. Deze derde trap is eigen aan de *volmaakten*, en vooral aan de apostolische zielen, aan de kloosterlingen, aan de priesters en aan de uitgelezen dienaren Gods. Op dezen trap stond Christus, toen Hij, bij zijn intrede in de wereld, zich den Vader als slachtoffer aanbood, en dit gaf Hij duidelijk te kennen, toen Hij zeide : " Ik moet een doop ondergaan, en hoe smacht Ik er naar, dat hij voltrokken wordt " (Luc. XII, 50).

Uit liefde tot Christus en om Hem meer gelijkvormig te worden, deelen de volmaakte zielen in dezelfde gevoelens, want, zegt de H. Ignatius : "gelijk de wereldlingen, die aan het aardsche gehecht zijn, de eerbewijzen, den roem en de schittering beminnen en met alle zorg najagen..., zoo ook beminnen en zoeken met allen ijver zij, die op den weg des geestes vorderen en Christus ernstig volgen, alles wat met den geest der wereld in strijd is... zoodat, indien het zonder eenige beleediging van God en aanstoot voor den naaste kon geschieden, zij allen smaad, alle valsche beschuldigingen en verguizingen zouden willen ondergaan, als dwazen beschouwd en behandeld worden, zonder er nochtans eenige aanleiding toe gegeven te hebben ; zoo groot is hun verlangen eenigszins gelijkvormig te worden aan Jesus Christus... opdat wij, met de hulp zijner genade, trachten Hem zooveel mogelijk na te volgen, wijl Hij de ware weg is, die de menschen tot het leven leidt [1]. " Alleen natuurlijk de liefde tot God en tot den

---

[1] *Const. Soc. Jesu*, Algemeen onderzoek, 4e h., n. 44.

goddelijken Gekruiste is in staat zulke liefde tot het kruis en de vernederingen in te storten.

1092. Moet men nog verder gaan en zich aan God aanbieden als slachtoffer en Hem vragen, dat Hij bovenmatige smarten overzende, hetzij om Hem eerherstel te geven, hetzij om eenige buitengewone gunst te verkrijgen? Er zijn voorzeker Heiligen geweest, die zulks gedaan hebben, en ook heden worden edelmoedige zielen gevonden geneigd eveneens te doen. Doch in het algemeen mag men zoo iets niet aanraden. Dergelijke wenschen zijn lichtelijk de vrucht van zelfmisleiding, en worden menigmaal ingegeven door ondoordachte edelmoedigheid, voortkomend uit de hooge gedachte, die men van zichzelf heeft. "Men doet deze verzoeken (aan God), zegt P. de Smedt [1], in oogenblikken van gevoelige vurigheid, maar is de tijd van die vurigheid voorbij... dan gevoelt men zich te zwak om de heldhaftige akten van onderwerping en lijdzaamheid, zoo energiek in de verbeelding gevormd, uit te voeren. Vandaar zware bekoringen tot moedeloosheid of zelfs gemor tegen Gods voorzienigheid... en ook een bron van veel last en moeilijkheden voor de bestuurders dier zielen". Men moet dus uit eigen beweging niet om bijzonder lijden of beproeving bidden; voelt men zich daartoe aangezet, dan raadplege men een ervaren biechtvader en doe niets zonder zijn goedkeuring.

IV. *De standvastigheid.*

1093. De standvastigheid bestaat in *te strijden en te lijden ten einde toe, zonder toe te geven aan tegenzin, moedeloosheid of weekelijkheid.*

[1] *Notre vie surnaturelle*, t. II, p. 260. — P. CAPELLE, die een speciale studie van dit vraagstuk gemaakt heeft, vat zijn leer in drie punten samen : 1) Christus kiest zelf zijn slachtoffers uit ; 2) Hij verwittigt ze van te voren, wat zij te lijden zullen hebben; 3) Hij vraagt hun vrije toestemming. (*Les Ames généreuses*, 1920, 3e P., ch. IV-VII).

1° De ondervinding bewijst, dat wie zich herhaaldelijk inspant, het *moede wordt*, tegenzin gevoelt om zijn wil aldus altijd in spanning te houden, want, gelijk de H. Thomas zegt, " zich langen tijd op iets moeilijks toeleggen is bijzonder lastig " [1]. Toch is het noodig vol te houden, omdat de deugd niet hecht is, zoolang zij niet door den tijd gekeurd en door diep ingewortelde gewoonten bevestigd is.

Dit gevoel van moeheid, van tegenzin leidt menigmaal tot ontmoediging en weekelijkheid. Het verdrietige van zich altijd weer te moeten inspannen verzwakt de wilskracht en veroorzaakt zedelijke inzinking of moedeloosheid. De zucht naar vermaken en de spijt er van verstoken te zijn komen weer boven, en men laat zich medesleepen door zijn vroegere verkeerde neigingen.

1094. 2° *Om in te gaan* tegen die zwakheid, moeten wij 1) ons wel herinneren, dat de volharding een gave van God is, n. 127, die wij door het gebed verkrijgen; bijgevolg moeten wij ze met aandrang vragen, in vereeniging met Hem die standvastig is geweest tot aan den dood, en door de tusschenkomst van Haar die terecht *Getrouwe Maagd* genoemd wordt.

2) Wij moeten ons steeds meer en meer doordringen van de kortheid van het leven en den eindeloozen duur der belooning, die onze goede pogingen zal bekronen. Met de gansche eeuwigheid voor zich om te rusten, is het wel de moeite waard zich eenigen tijd in te spannen en eenige verdrietelijkheden te ondergaan hier op aarde. Gevoelen wij ons, ondanks alles, toch nog zwak en weifelachtig, dan moeten wij met nog meer aandrang de genade der standvastigheid vragen, met den H. Augustinus biddend : Da, Domine, quod jubes et jube quod vis :

---

[1] *Summa*, IIa IIæ, q. 137, a. 1.

Geef, Heer, kracht om te doen wat Gij beveelt en beveel wat Gij wilt.

3) Moeten wij opnieuw met moed de handen aan den arbeid slaan steunend op den machtigen bijstand Gods. En mocht schijnbaar al ons pogen weinig resultaat opleveren, ontmoedigen wij ons daarom niet, daar God van ons de goede poging, doch niet den goeden uitslag vraagt. — Dit wil evenwel niet zeggen, dat wij nu en dan niet eenige verademing, eenige rust en ontspanning mogen nemen : de mensch kan niet lang leven zonder eenigen troost. De standvastigheid sluit derhalve de rechtmatige rust volstrekt niet uit : rust om des te beter te kunnen werken. De hoofdzaak is te rusten in overeenstemming met den wil van God, volgens de voorschriften van den Regel of van een wijzen˙ zielsbestuurder.

§ III. Middelen om de deugd van Sterkte te verkrijgen of te vermeerderen.

Voor alles zij verwezen naar hetgeen wij reeds gezegd hebben over de vorming en opvoeding van den wil, n. 811. Hierbij voegen wij thans eenige opmerkingen, die meer met het tegenwoordig onderwerp in verband staan.

1095. 1° Het geheim onzer sterkte bestaat in *mistrouwen jegens onszelf* en *onwrikbaar vertrouwen op God.* Uit onszelven zijn wij onbekwaam om iets bovennatuurlijks te doen zonder de hulp der genade, doch wij deelen in Gods kracht en zijn onoverwinnelijk, wanneer wij op Jesus steunen. " Wie in Mij blijft en Ik in hem, draagt rijke vrucht, want zonder Mij kunt ge niets doen " (Joan., XV, 5). "Tot alles ben ik in staat door Hem die mij versterkt " (Phil., IV, 13). Daarom zijn juist de nederigen sterk, die bewust van hun zwakheid, op God vertrouwen. Deze twee gevoelens moeten daarom in de ziel

ontwikkeld worden. Heeft de zielsbestuurder te doen
met penitenten, die hoovaardig zijn en een hoogen
dunk van zichzelven hebben, dan zal hij hen vooral
wijzen op het zelfmistrouwen; kleinmoedigen en
neerslachtigen echter zal hij tot vertrouwen opwekken door de woorden van Paulus op levendige wijze
uit te leggen : " het zwakke der wereld heeft God
uitverkoren om het sterke te beschamen... wat niets
is, om te niet te doen, wat iets is " (I Cor., I, 27-28).

1096. 2º Met dit mistrouwen van zichzelf en dit
vertrouwen op God, moet samengaan een *diepe
geloofsovertuiging*, die zich uit door een sterk ge-
loofsleven.

A) Men moet diep doordrongen zijn van de groote
waarheden, voornamelijk van het einde van den
mensch en van den christen, van de noodzakelijkheid om alles aan het bereiken van dit einde ondergeschikt te maken; dus ook van den afschuw, dien
de zonde moet inboezemen en van de noodzakelijkheid om den eigen wil aan dien van God te onderwerpen. Anders zal noch de zonde vermeden, noch
het laatste einde bereikt kunnen worden. Deze
geloofsovertuiging geeft leiding aan het christelijk
leven, is de stuwkracht bij het nemen der hinder-
nissen op den weg der volmaaktheid.

B) Daarom ook moet men er zich aan gewennen
volgens deze overtuiging te handelen. Men late zich
niet medesleepen door een oogenblikkelijke ingeving, door den plotselingen aandrang van eenigen
hartstocht, door sleur of eigenbelang. Alvorens te
handelen, vrage men zich af : welke gevolgen zal
dit hebben voor mijn eeuwig heil? Brengt, wat ik
ga doen, mij nader tot God, tot mijn eeuwige zaligheid? Ja? dan doe ik het; neen? dan doe ik het niet.
Voert men, op deze wijze, alles terug tot zijn laatste
einde, dan leeft men volgens zijn geloofsovertuiging
en is men sterk.

1097. 3° Om de beletselen gemakkelijker te overwinnen, is het goed ze te *voorzien*, ze te onderzoeken en zich met moed er tegen te wapenen. Hierbij dient men ze evenwel niet te overdrijven en vast op Gods bijstand te rekenen, die te gelegenertijd niet zal ontbreken.

1098. 4° Ten slotte vergete men nooit dat niets ons zoo sterk maakt als de liefde, die sterk is als de dood. Geeft de liefde een moeder zooveel moed en kracht wanneer zij haar kinderen moet verdedigen, wat zal dan de diep ingewortelde liefde tot God niet doen? Is zij het niet, die de martelaren, de maagden, de geloofshelden, de heiligen heeft gemaakt? Wanneer men leest, wat al beproevingen, wat al lijden Paulus heeft doorstaan, vraagt men zich af, wat hem ondersteunde te midden van zooveel tegenspoed. Hij zelf geeft het antwoord : " Christus' liefde dringt ons " (II Cor., V, 14). Sterk door die liede, is hij zonder zorg voor de toekomst : want ik ben er zeker van, dat dood noch leven, engelen noch heerschappijen, heden noch toekomst, geen machten, hoogte of diepte, noch eenig ander schepsel ons scheiden kan van Gods liefde in Christus Jesus onzen Heer " (Rom., VIII, 38-39). Wat Paulus zeide, mag iedere christen herhalen, mits hij zijn God oprecht bemint " omdat Gij, o God, mijn sterkte zijt " (Ps. XLII, 2).

Art. IV. De deugd van Matigheid [1].

Is de sterkte noodig om de vrees te onderdrukken, de matigheid is het niet minder om die zucht naar genot te bedwingen, welke ons zoo licht afwendt van God.

1099. De matigheid is *een bovennatuurlijke zedelijke deugd, welke de neiging tot het zinnelijk ver-*

---

[1] *Summa*, IIa IIæ, q. 141-170; SCARAMELLI, *Guide ascét.*, III, art. 4.

maak, vooral dat van den smaak en het tastvermogen regelt en binnen de perken van het geoorloofde houdt.

Haar *voorwerp* is de maat te bepalen van alle zinnelijk vermaak, doch vooral van dat, hetwelk samengaat met de twee groote functies van het organisch leven : het gebruik van spijs en drank, waardoor het individu, en de akten, waardoor het geslacht in stand gehouden wordt. De matigheid leert ons het vermaak genieten tot een eerbaar en bovennatuurlijk doel, dus binnen de perken door de rede en het geloof gesteld. Daar het vermaak aantrekkelijk is en ons zoo lichtelijk meesleept buiten de juiste grens, zet deze deugd ons aan tot de versterving, ook in sommige geoorloofde zaken, om de heerschappij der rede over de hartstochten te verzekeren.

Met behulp dezer stelregels zullen wij de bijzondere gevallen oplossen.

Daar wij de regels tot het matigen van het genot aan het gebruik van spijzen verbonden, reeds genoegzaam besproken hebben, (n. 864), zullen wij ons hier beperken tot de *kuischheid*, welke het vermaak regelt, dat aan de handelingen tot instandhouding van het geslacht verbonden is. Daarna zullen wij handelen over twee deugden, die met de matigheid samenhangen, de *nederigheid* en de *zachtmoedigheid.*

§ I. De Kuischheid [1].

1100. 1º **Begrip.** De kuischheid heeft tot *doel* alles te onderdrukken, wat ongeregeld is in de sexueele voldoening. Deze heeft maar één reden van bestaan, nam. het instandhouden van het men-

---

[1] CASSIANUS, 12ᵉ Conf. ; ·H. JOANNES CLIMACUS, *Scala*, gr. 15; S. THOMAS, IIa IIæ, q. 151-156 ; RODRIGUEZ, 3ᵉ D., 4ᵉ Verhandeling : *De Zuiverheid;* H. FRANCISCUS VAN SALES, *Godvr. leven*, 3ᵉ D., 12-13 h.; OLIER, *Introd.*, ch. XIII ; H. ALPHONSUS, *Priesterlijke Zuiverheid.*

schelijk geslacht door het leven voort te planten in
geoorloofd huwelijksgebruik. Daarbuiten is alle
wellust onvoorwaardelijk verboden.

De kuischheid wordt terecht een *engelachtige* deugd genoemd, omdat zij ons gelijk maakt aan de Engelen, die zuiver
zijn van natuur. Zij is een *strenge* deugd, daar men haar
slechts verwerft door onderdrukking en versterving des
lichaams en der zinnen. Zij is een *teedere* deugd, wijl haar
glans door de minste vrijwillige smet verduisterd wordt, en
derhalve een *moeilijke* deugd, die alleen bewaard kan worden
door edelmoedigen en bestendigen strijd tegen den meest
tyrannieken aller hartstochten.

1101. 2° **Trappen.** 1) Zij heeft verschillende graden : de eerste bestaat in met alle zorg iedere vrijwillige gedachte, verbeelding of handeling strijdig
met deze deugd, te *vermijden.*

2) De tweede tracht *terstond met alle beslistheid,*
iedere gedachte, voorstelling of indruk, waardoor
deze deugd gevaar kan loopen, te *verwijderen.*

3) De derde trap, die over 't algemeen slechts
bereikt wordt na langdurige beoefening der liefde
Gods, bestaat in zulk een heerschappij over de
zinnen en gedachten te hebben, dat, waar kwesties
over dit punt te behandelen zijn, men er even kalm
en rustig bij blijft, als ging het over een onverschillige zaak.

4) Sommigen komen door een bijzonder voorrecht zoover, dat zij geen enkel ongeregeld gevoel
meer ondervinden, zooals van den H. Thomas
wordt verhaald.

1102. 3° **Soorten.** De kuischheid is tweevoudig :
de *echtelijke*, waartoe de wettig gehuwden, en de
onthouding, waartoe de ongehuwden gehouden zijn.
Na een korte bespreking over de eerste, zullen wij
breedvoeriger handelen over de tweede, vooral in
zoover zij eigen moet wezen aan die als priester of
religieus zich daartoe door gelofte verbonden
hebben.

I. *Over de echtelijke Kuischheid.*

1103. 1° **Stelregel.** Nimmer mogen de christelijke echtelieden vergeten, dat volgens de leer van den H. Paulus, het christen huwelijk het zinnebeeld is van de heilige vereeniging van Christus met zijn Kerk : " Gij mannen, hebt uw vrouwen lief, zooals ook Christus de Kerk heeft bemind. Hij heeft zich voor haar overgeleverd om haar te heiligen en te reinigen " (Eph., V, 25-26). Zij moeten dus elkander beminnen, eerbiedigen, heiligen (n. 591). De eerste uitwerking dezer liefde is de onverbreekbare vereeniging der harten, en bijgevolg de nooit te schenden onderlinge getrouwheid.

1104. 2° **Onderlinge getrouwheid. a**) Wij zullen hier in 't kort weergeven, wat de H. Franciscus van Sales [1] tot de christen echtelieden zeide :

" Onderhoudt, o mannen, een teedere, standvastige en hartelijke liefde voor uw vrouwen... Wilt gij, dat uw vrouwen u getrouw zijn, houdt haar dan door uw voorbeeld de les er van voor. " Hoe durft gij u verstouten eerbaarheid van uw vrouwen te eischen, vraagt de H. Gregorius van Nazianze, als gij zelf oneerbaar leeft? " Maar gij, o vrouwen, wier eer onafscheidbaar vereenigd is met kuischheid en zedigheid, weest ijverzuchtig in het bewaren van uw glorie, en laat geen enkele vrijpostigheid de ongereptheid van uwen naam aantasten. Vreest alle aanvallen en duldt nooit, dat men u het hof maakt. Alwie uw schoonheid en uw bekoorlijkheid komt prijzen, moet u verdacht voorkomen..., maar zoo iemand bij die lofprijzing minachting voor uwen man voegt, dan beleedigt hij u op verregaande wijze, want het is een uitgemaakte zaak, niet alleen dat hij u in 't verderf wil storten, maar dat hij u reeds als half verloren beschouwt, daar de koop al half gesloten is met den tweeden koopman, wanneer men afkeerig is geworden van den eersten ".

b) Niets kan deze onderlinge getrouwheid beter verzekeren dan de beoefening der *ware godsvrucht*, en inzonderheid het gemeenschappelijk verricht gebed.

---

[1] *Godvr. leven,* 3ᵉ D., 38ᵉ h.

"De vrouwen moeten dus wenschen dat hun mannen geconfijt zijn in de zoetheid der godsvrucht, want de man is zonder godsvrucht een hardvochtig, ruw. en grof wezen, en de mannen moeten verlangen, dat hun vrouwen godvruchtig leven, want de vrouw zonder godsvrucht is uiterst zwak en verliest gemakkelijk den schat of den glans van haar deugd".

c) "Voor 't overige moet de onderlinge verdraagzaamheid zoo groot zijn, dat zij beiden nooit tegelijk eensklaps vertoornd worden, opdat tusschen hen geen twist of tweedracht voor· kome". Is een van beiden vergramd, dan blijve de ander kalm, opdat de vrede zoo spoedig mogelijk wederkeere.

1105. 3° **Huwelijksplicht.** De·echtgenooten moeten hem heiligen door de zuiverheid hunner meening en door eerbaarheid.

A) Hun meening zij als die van den jongen Tobias, toen hij met Sara huwde : "Gij weet, o Heer, dat het niet is om den hartstocht te voldoen dat ik mijn nicht tot echtgenoote neem, maar alleen om het verlangen kinderen na te laten, die in de komende eeuwen uwen Naam zullen loven" (Tob. VIII, 9). Dat is inderdaad het hoofddoel van het christen huwelijk : kinderen winnen om ze in de vrees en de liefde van den Heer op te voeden, opdat zij eenmaal bewoners des hemels mogen zijn. Het bijkomstig doel is elkander hulp te bieden om de lasten des levens te dragen en niet te worden medegesleept door verboden lusten.

1106. B) Zij zullen dus getrouw en onbeschroomd den huwelijksplicht vervullen [1]. Alles wat overeenkomstig is met het hoofddoel van het huwelijk is niet alleen geoorloofd, maar ook achtbaar, terwijl iedere handeling, moedwillig tegen het hoofddoel gericht, groote zonde is. Tevens moeten zij de woorden van den Apostel indachtig zijn : "Weigert niet aan elkander, dan alleen met onderling goedvinden en voor een bepaalden tijd, om u aan het gebed te wijden; en gaat er dan weer toe over, opdat

---

[1] H. FRANC. VAN SALES, *Godvr. leven*, 3e D., 39e h.

de satan u niet bekoort door uw onthouding "
(I Cor., VII, 5).

C) Ook hierbij is matiging geboden, In sommige
gevallen eischen zorg voor de gezondheid en wel-
voegelijkheid de onthouding gedurende een zekeren
tijd. Men zal hiertoe slechts bij machte zijn, indien
men steeds uit plicht weet te handelen en in het
veelvuldig ontvangen der H. Sacramenten kracht
zoekt tot het beheerschen zijner driften. Het gebed
geeft moed en sterkte om iederen plicht te vervullen, omdat de genade de beoefening zelfs der
moeilijkste deugd mogelijk maakt.

II. *Over de onthouding of het celibaat.*

1107. De volstrekte onthouding is een plicht voor
allen, die niet door de banden van een wettig huwelijk verbonden zijn. Zij moet dus beoefend worden
door allen vóór het huwelijk, evenals door die in
den weduwenstaat of als weduwnaar leven ¹. Doch
er zijn ook bevoorrechte personen, geroepen om de
onthouding geheel hun leven door te beoefenen,
hetzij in den *religieuzen staat*, hetzij in het *priesterschap*, hetzij zelfs in de *wereld*. Het is dienstig
bijzondere regels te geven voor deze personen, hoe
zij de kuischheid volmaakt kunnen onderhouden.

De zuiverheid is een brooze en teergevoelige
deugd, die niet bewaard kan blijven dan onder de
schuts van andere deugden. Zij is als een burcht,
die tot hare verdediging van bolwerken moet omringd zijn. Deze bolwerken zijn vier in getal : 1° de
nederigheid, die tot zelfmistrouwen en vlucht der
gevaarlijke gelegenheden aanzet ; 2° de *versterving*,
welke, door de zucht naar genot te bestrijden, het
kwaad in den wortel aantast ; 3° de *plichtsbetrachting*,
die de gevaren uit lediggang voortkomend, uitsluit ;

---

¹ Zie de uitstekende raadgevingen van den H. FRANC. VAN SALES
aan de weduwen. *Godvr. leven*, 3ᶜ D., 40ᵉ h.

4° de *liefde tot God* eindelijk, die het hart in beslag neemt en het aldus verre houdt van de gevaarlijke genegenheden. Beveiligd door dit viervoudig bolwerk kan de ziel niet alleen de vijandelijke aanslagen weerstaan, maar zich ook nog in de deugd van zuiverheid vervolmaken.

1° DE NEDERIGHEID BEWAAKSTER DER ZUIVERHEID.

1108. Deze deugd brengt drie voorname gesteltenissen voort welke ons beveiligen tegen vele gevaren : het mistrouwen van onszelven en het vertrouwen op God, de vlucht der gevaarlijke gelegenheden, de oprechtheid bij het biechten.

A) Het **mistrouwen van onszelven** met *vertrouwen op God*. Velen vallen in zonden tegen de heilige deugd, ten gevolge van hun hoogmoed en vermetel betrouwen. De H. Paulus wijst daarop, waar hij spreekt van de heidensche wijsgeeren, die zich beroemden op hun wijsheid : "daarom heeft God hen overgelaten aan onteerende driften " (Rom. I, 26).

Olier verklaart dit aldus : " God, die den hoogmoed niet kan dulden in een ziel, vernedert deze ten diepste. Naijverig verlangend om ze te overtuigen van haar zwakheid en onmacht om uit zichzelf aan het kwaad te weerstaan en in het goed te volharden... laat Hij toe, dat zij door deze vreeselijke bekoringen gekweld wordt en zelfs somtijds tot het ergste vervalt ". Doch is men overtuigd, dat men uit eigen kracht niet zuiver leven kan, dan stuurt men tot God dit ootmoedig smeeken van den H. Philippus Nerius : "o mijn God, mistrouw Philippus, want anders zal Philippus U verraden ".

1109. a) Dit mistrouwen moet eigen zijn aan *allen :* 1) aan die reeds *in groote fouten zijn gevallen,* want de strijd zal terugkomen, en zonder de genade zullen zij wellicht opnieuw vallen ; het moet eigen zijn aan die *hun onschuld bewaard* hebben ; ook zij zullen vroeg of laat te strijden hebben en dat uur zal nog meer te duchten zijn, omdat zij in hun onschuld zonder ondervinding zijn. 2) Dit mistrouwen van onszelf moet ons *tot het einde toe* bijblijven.

Gevorderde leeftijd geeft geen zekerheid : Salomon was niet jong meer, toen zijn hart bedorven werd; ouderlingen bekoorden de zuivere Susanna. Iederen leeftijd, ook den ouderdom valt de duivel aan en dan juist is hij nog gevaarlijker, omdat men hem overwonnen waande. De ondervinding leert overigens, dat zoolang er nog eenige levenskracht in het lichaam is, de begeerlijkheid, als het vuur onder de assche smeulend, somtijds onverwacht in vlammen uitslaat. 3) Het zelfmistrouwen moet eigen zijn zelfs aan de *heiligsten*. De duivel verlangt nog meer dezen te doen vallen dan die niet heilig zijn, en daarom spant hij hen de verraderlijkste strikken. Dit schreef de H. Hieronymus[1] aan Eustochium, en hij besloot daaruit, dat men zich niet veilig mag wanen om de vele jaren in kuischheid doorgebracht, noch om zijn heiligheid of wijsheid.

1110. b) Ondertusschen moet men tevens een onbeperkt *vertrouwen op God* hebben, omdat Hij nimmer zal toelaten, dat iemand boven zijn krachten bekoord wordt. " God vraagt het onmogelijke niet, maar wanneer Hij beveelt, vermaant Hij u te doen wat gij kunt, en te vragen wat gij niet kunt, en Hij helpt, opdat gij zoudt kunnen" leert het Concilie van Trente[2].

" Men moet zich dus, zegt Olier[3], inwendig terugtrekken in Jesus Christus, ten einde in Hem de kracht te vinden om aan de bekoring te kunnen wederstaan... Hij wil, dat wij bekoord worden, opdat wij, aldus herinnerd aan onze zwakheid en de behoefte aan zijn bijstand, ons in Hem terugtrekken om in Hem de sterkte te putten, die ons ontbreekt" Wordt de bekoring heviger, dan werpe men zich op de knieen en strekke de handen uit ten hemel om den bijstand van God in te roepen. " Ik zeg, voegt Olier er bij, dat men de handen ten hemel opheffe, niet enkel omdat deze houding op zichzelf reeds een smeeking tot God is, maar ook omdat men zich volstrekt de penitentie moet opleggen zich gedurende dezen

---

[1] *Epist.* 32, ad Eustochium, *Lat. Vad.* XXII, 396.
[2] Sess. VI, cap. 11.
[3] *Introd.* ch. XII.

tijd niet aan te raken, maar eerder alle inwendige marteling en alle ongemak te ondergaan ".

Wanneer men al deze voorzorgen heeft genomen, mag men onvoorwaardelijk op Gods bijstand rekenen, want zegt de Apostel : " God is getrouw. Hij zal ook niet toelaten, dat ge boven uw krachten bekoord wordt, maar met de bekoring zal Hij ook het middel geven om ze te kunnen doorstaan " (I Cor., X, 13). — Men moet derhalve de bekoring niet al te zeer vreezen, vóór zij komt; dit zou het middel zijn om haar te doen ontstaan ; noch ook, wanneer zij aanwezig is, omdat wie op God steunt, onoverwinnelijk is.

1111. B) **De vlucht der gevaarlijke gelegenheden. a**) Er bestaat een natuurlijke sympathie tusschen de personen van verschillende kunne. Deze omstandigheid brengt hen, die tot algeheele onthouding verplicht zijn, menigmaal in gevaarlijke gelegenheden. Zijn deze ontmoetingen zonder nut, dan late men ze na, zijn ze noodzakelijk, dan vermijde men het gevaar zooveel mogelijk. Om deze reden ook moet de geestelijke leiding uitsluitend in den biechtstoel gegeven worden, gelijk reeds gezegd is, n. 546. Wij moeten altijd twee zaken veilig stellen : onze *deugd* en onzen *goeden naam.* Voor beiden moeten wij dus bovenmate bezorgd zijn.

b) *Kinderen,* met een bevallig uiterlijk, een opgeruimden, zachten aard, kunnen eveneens een gevaarlijke gelegenheid opleveren. Gaarne beziet, liefkoost men ze, en, zoo men niet wel oplet, veroorlooft men zich gemeenzaamheden, die de zinnen in beroering brengen. Dit is een waarschuwing, die men dient te behartigen, het is een soort vermaning, waardoor God doet verstaan, dat het tijd is om op te houden, dat men zelfs al te ver gegaan is. Houden wij voor oogen, dat deze kinderen Bewaarengelen hebben, die Gods aanschijn aanschouwen, dat zij de levende tempels zijn der H. Drieeenheid en ledematen van

Christus, dan zal het niet moeilijk vallen ze met een
heiligen eerbied te behandelen, zonder hen minder
liefde en toewijding toe te dragen.

1112. c) De nederigheid maakt ons, in 't algemeen,
afkeerig van het *verlangen om te behagen*, verlangen
dat, helaas! tot velerlei val kan voeren. Het komt
tegelijkertijd voort uit ijdelheid en uit drang naar
genegenheid en openbaart zich door een overdreven
zorg voor het uiterlijk, voor het toilet, door een
gemaakte houding, een zoetsappige taal, vleiende
blikken, door de gewoonte om de lui complimenten
te maken over hunne uitwendige hoedanigheden [1].
Die manier van doen wordt gauw opgemerkt in
een seminarist, in een priester of religieus. Zijn
goede naam lijdt er al spoedig onder; moge hij zich
in acht nemen, voordat ook zijn deugd verdacht
wordt!

1113. C) De nederigheid heeft ten slotte nog dit
voordeel, dat ze ons steeds *openhartig* doet zijn voor
onzen geestelijken leidsman, hetgeen zoo noodzakelijk is om de listen des vijands te vermijden.

In zijn dertienden regel tot onderscheiding der geesten,
zegt de H. Ignatius met alle recht : " wanneer de vijand van
de menschelijke natuur een rechtvaardige ziel door zijn listen
en kunstgrepen wil bedriegen, verlangt hij, dat zij naar hem
luistert en het *geheim houdt*. Doch indien die ziel alles bekend
maakt aan een verlichten biechtvader of aan een anderen
geestelijken persoon, welke de bedriegerijen en listen van den
duivel kent, mishaagt hem dit ten zeerste, want hij weet, dat
zijn boos opzet machteloos wordt, zoodra zijn pogingen ontdekt en openbaar worden ". Deze wijze raad geldt vooral voor
de zuiverheid. Wanneer men zijn bekoringen in allen eenvoud en ootmoed aan zijn biechtvader openbaart, dan wordt
men bijtijds gewaarschuwd tegen de gevaren, waaraan men

---

[1] De H. HIERONYMUS schrijft hier zeer pittig over : "Omnis his cura
de vestibus, si bene oleant, si pes, laxa pelle, non folleat. Crines cala-
mistro vestigio rotantur; digiti de annulis radiant, et ne plantas humi-
dior via aspergat, vix imprimunt summa vestigia. Tales cum videris,
sponsos magis existimato quam clericos " (*Epist.* 22, *Lat. Vad.*, XXII,
414).

zich blootstelt, men neemt de aangewezen middelen te baat, zoodat men zeggen mag : een bekend gemaakte bekoring is een overwonnen bekoring. Indien men echter, op eigen wijsheid vertrouwend, niets zegt van de bekoringen, onder voorwendsel, dat zij geen zonde zijn, dan valt men lichtelijk in de strikken van den verleider.

2° DE VERSTERVING, BEWAAKSTER DER ZUIVERHEID.

Wij hebben reeds gehandeld over de noodzakelijkheid en de voornaamste wijzen der beoefening van de versterving, n. 755-790. Wij zullen hier nog maar in herinnering brengen, wat rechtstreeks met ons onderwerp in verband staat. Daar het gif der onzuiverheid op alle wijzen in ons dreigt binnen te dringen, is het noodig de *uit-* en *inwendige zinnen* en de *genegenheden van het hart* te versterven.

1114. A) Het lichaam, zooals n. 771, vv. reeds gezegd is, moet aan tucht en orde gewend, en des noods gekastijd worden, om aan de ziel onderworpen gehouden te worden : " het is mijn eigen lichaam dat ik beuk en dat ik er onder houd, om, na heraut geweest te zijn voor anderen, zelf niet afgewezen te worden. " (I Cor., IX, 27.)

Hieruit volgt de noodzakelijkheid van een matige levenswijze, somtijds van het vasten of van sommige uitwendige boetplegingen. Ook kan het noodig zijn zich bij gelegenheid aan een licht dieet te houden, vooral in 't voorjaar, om de natuur, die dan vuriger is, te kalmeeren. De nachtrust mag niet te langdurig zijn ; na een behoorlijke rust, moet men, in den regel, niet doelloos na het ontwaken te bed blijven.

In het lichaam, moet elk zintuig in toom gehouden worden.

1115. a) De H. Man Job zegt : " ik heb een verbond gesloten met mijn oogen om zelfs niet aan een maagd te denken" (Job, XXXI, 5). En de wijze zoon van Sirach vermaant in het boek Ecclesiasticus : " Werp uw blikken niet op een maagd om niet bekoord te worden door haar schoonheid ; wend uw oogen af van een bekoorlijke vrouw...

want velen zijn ondergegaan om hare schoonheid, en de hartstocht ontbrandt er door als een vuur " (Eccli., IX, 5, 8, 9). Deze vermaningen verraden zielkunde : de oogslag werkt op de verbeelding, de verbeelding wekt de begeerte op, de begeerte prikkelt den wil, en geeft deze toe, dan treedt de zonde binnen.

1116. b) De *tong* en het *gehoor* worden in toom gehouden door de *omzichtigheid bij de gesprekken.* Deze omzichtigheid wordt niet altijd in acht genomen, zelfs niet door devote personen. De gewoonte romans te lezen en tooneelvoorstellingen bij te wonen heeft menigmaal tot gevolg, dat zij over zaken spreken, waarover het verkiezelijker was te zwijgen. Gaarne blijven zij op de hoogte van alle ergernisgevende voorvallen, die in de wereld voorkomen, somwijlen schertsen zij over dingen, die min of meer aanstootelijk zijn. Uit ongepaste nieuwsgierigheid vinden zij er een genoegen in die voorvallen en die scherts te aanhooren, de verbeelding wordt er van doorvoed, stelt zich alle bijzonderheden voor, de zinnen raken in beroering en niet zelden neemt de wil er ten slotte volkomen behagen in. Terecht veroordeelt de Apostel dan ook dergelijke gesprekken : "slechte omgang bederft goede zeden " (I Cor., XV, 33). En hij voegt er bij : " en onder u mag zelfs geen sprake zijn... van vuile taal, zotteklap of spotternij : deze dingen betamen niet " (Eph., V, 3-4). De ondervinding is daar om te bewijzen, dat zuivere zielen bedorven zijn naar aanleiding van lichtzinnige gesprekken, die in haar de begeerte om de verboden vrucht te kennen, opgewekt hadden.

1117. c) De tastzin levert geheel bijzonder gevaar op. n. 879.

Perreyve schrijft in zijn meditaties over de H. Wijdingen : " Meer dan ooit wijd ik U, o Heer, mijn handen toe ; ik wijd ze U toe tot het angstvallige. Deze handen zullen na drie

dagen de priesterlijke zalving ontvangen. Na vier dagen,
zullen ze uw Lichaam en den Kelk van uw Bloed aangeraakt,
vastgehouden, gedragen hebben. Ik wil ze eerbiedigen, ze
hoogachten als heilige werktuigen van uw dienst en altaar "…
Inderdaad, wanneer men bedenkt, dat men des morgens den
God van alle heiligheid in zijn handen heeft gehouden, dan
zal men zich ook meer aangespoord gevoelen om die handen
niet te ontheiligen. Dus alle behoedzaamheid ten opzichte
van zichzelf, en ook van anderen. Men onderhoude de beleefd-
heidsvormen, doch men onthoude zich daarbij van alles, wat
ongeregelde genegenheid verraadt. Toen een priester eens
vroeg, of het goed was den pols te voelen van eene stervende, antwoordde de H. Vincentius : " Gij moet u hiervoor
wel wachten, want de booze geest kan die gelegenheid
benutten om en den priester en de stervende te bekoren. De
duivel maakt, in 't voorbijgaan, een pijl van alle hout om een
ziel te jagen… Waagt het nooit een meisje of vrouw aan te
raken, onder welk voorwendsel het ook zij " [1].

1118. B) De *inwendige* zinnen zijn niet minder
gevaarlijk dan de uitwendige. Menigmaal toch
wanneer wij de oogen ook al zedig neergeslagen
houden, komen nog hinderlijke gedachten en
beelden ons zonder ophouden kwellen. De H. Hieronymus schrijft : " O hoe dikwijls, tijdens mijn
verblijf in de woestijn, in die volkomen eenzaamheid, welke, door den zonnegloed geteisterd, een
schrikbaar verblijf biedt aan de kluizenaars, hoe
dikwijls meende ik nog tegenwoordig te zijn bij de
feesten van Rome " [2]. Daarom vermaant hij met
allen aandrang : " ik bid u, laat die gedachten geen
vat op u krijgen. Wanneer de vijand nog klein is,
sla hem neer; opdat het booze niet als onkruid op-
groeie, moet het in de kiem verstikt worden " [3];
" anders wordt de ziel, weleer de woon der H. Drievuldigheid, een lustoord der duivelen " [4].

1119. Om die gevaarlijke herinneringen te vermijden,
moet men die romans en theaterstukken niet lezen, waarin op
levendige, realistische wijze de menschelijke driften en vooral

---

[1] MEYNARD, *Vertus de S. Vincent de Paul,* ch. XIX, p. 306.
[2] S. HIER., *Epist.* 22, *Lat. Vad.* XXII, 398.
[3] ibidem. — [4] ibidem.

die der zinnelijke liefde worden opgevoerd. Deze voorstellingen moeten de verbeelding en de zinnen wel in beroering
brengen; ze komen zich telkens opdringen, vooral ten tijde
van ledigheid en droomerijen, stellen de bekoring onder
levendiger, bekoorlijker vorm voor en voeren menigmaal tot
zonde. En het is niet alleen door uitwendige handelingen, dat
de maagdelijke reinheid verloren gaat, doch ook door inwendige, zegt de H. Hieronymus [1] : *Perit ergo, et mente virginitas.*

De Heiligen vermanen ons ook de nuttelooze
mijmeringen en droomerijen te bedwingen. Want
naar de ondervinding leert, worden ze weldra gevolgd
door zinnelijke, gevaarvolle voorstellingen. Wil men
dus deze laatste vermijden, dan moet men ook niet
vrijwillig met de eerste bezig blijven. Legt men
zich hierop toe, dan slaagt men er geleidelijk in om
de verbeelding dienstbaar te maken aan den wil.

Dit punt is van bijzonder belang voor den priester, die,
krachtens zijn bediening, vertrouwelijke mededeelingen van
zeer kieschen aard moet aanhooren. Het is waar, hij heeft de
genade van staat om er geen nadeel door te ondervinden ;
doch deze genade wordt hem niet onvoorwaardelijk geschonken, maar wel, zoo hij daarna zich niet vrijwillig met het
gehoorde gaat bezig houden. Zijn onvoorzichtigheid zoo hem
anders aan een vreeselijke bekoring kunnen blootstellen, en
God heeft niet beloofd hen te hulp te komen die zich moedwillig in het gevaar begeven. Integendeel de H. Geest zegt :
" Die het gevaar bemint, zal er in omkomen " (Eccli. III, 27).

1120. C) Niet minder dan de verbeelding moet
het *hart* in toom gehouden worden. Het is een der
edelste, doch ook der gevaarlijkste vermogens. Door
de geloften of door het priesterschap, wijden wij
ons hart aan God toe en doen afstand van de
genoegens van het huisgezin. Nochtans blijft dat
hart toegankelijk voor genegenheden. Bijzondere
genaden worden ons toegevoegd om die genegenheden te heiligen, genaden om te *stri den*, te strijden
met veel omzichtigheid en moed.

Behalve de gevaren, waaraan ieder mensch is blootgesteld,
ontmoet de priester er geheel bijzondere bij de uitoefening

[1] S. HIER., *Epist.* 22, *Lat. Vad.* XXII, 398.

zijner bediening. Onbewust hecht hij zich aan de personen wier welzijn hij wil bevorderen,en dezen gevoelen zich gedrongen hem erkentelijkheid te toonen. Zoo ontstaat wederkeerige genegenheid, die bovennatuurlijk in het begin, lichtelijk, zoo de waakzaamheid ontbreekt, natuurlijk, gevoelig, ongeregeld wordt. Hierin kan men zich gemakkelijk misleiden : "Dikwijls, zegt de H. Franciscus van Sales, meenen wij iemand te beminnen om God en het is om onszelf; wij zeggen dat het om God is, maar in werkelijkheid is het om het genoegen van zijn omgang". Een beroemde tekst, aan S. Augustinus toegeschreven, toont, hoe een geestelijke liefde geleidelijk kan overgaan in vleeschelijke liefde : "*Amor spiritalis generat affectuosum, affectuosus obsequiosum, obsequiosus familiarem, familiaris carnalem :* uit de geestelijke liefde komt de gevoelige, uit de gevoelige de hoffelijke, uit de hoffelijke de gemeenzame, uit de gemeenzame de vleeschelijke liefde".

1121. Om die ramp te voorkomen, moet men zich van tijd tot tijd eens afvragen, of men bij zichzelf niet eenige teekenen eener al te natuurlijke, gevoelige genegenheid waarneemt. P. de Valuy geeft deze kenteekenen aldus weer : "Het uiterlijk van een persoon begint de oogen te boeien of een sympathiek karakter doet het hart gevoelig aan, zoodat het blijder klopt. Overdreven vriendelijkheid, teedere woorden en oogslagen, allerlei kleine geschenken. — Over en weer dat soort glimlachjes, welsprekender nog dan woorden, een zekere ongedwongenheid, die van lieverlede in gemeenzaamheid overgaat ; gezochte attenties, plichtplegingen, enz. Geheime gesprekken, waar geen oog of oor van anderen storen kan, die eindeloos gerekt en zonder reden opnieuw gezocht worden; waarbij men weinig over God spreekt, maar veel over zichzelf en de onderlinge vriendschap. Wederkeerige vleierij. Klachten over de vermaningen der oversten, over de beletselen, die dezen aan hun samenkomsten stellen en over de achterdocht, die ze schijnen op te vatten. Ongerustheid, treurigheid, als die persoon afwezig is. Met verstrooidheid in het gebed er aan denken of soms ongewoon vurig er voor bidden. Er mede bezig zijn, bij dag en bij nacht. Groot verdriet bij de scheiding, uitbundige vreugde bij het wederzien. Allerlei voorwendsels en listen om elkander opnieuw te ontmoeten".

Men verontschuldige zich niet van wege de godsvrucht der personen, voor wie men genegenheid gevoelt : *quo sanctiores sunt, eo magis alliciunt*, hoe heiliger, hoe bekoorlijker. Daarenboven verbeelden zich deze personen, dat de genegenheid voor een

priester niets verkeerds kan hebben en geven zij er
onbezorgd aan toe. Het is dus de taak van den
priester ze op een behoorlijken afstand te houden.

3° STUDIEIJVER EN PLICHTSBETRACHTING.

1122. Een der nuttigste verstervingen bestaat in
het vluchten der ledigheid, en deze versterving wordt
beoefend door grooten ijver voor de kerkelijke
studiën en trouwe plichtsbetrachting. Zoo ont-
komt men aan vele gevaren, want zegt de Wijze
Man : " de ledigheid heeft veel boosheid geleerd "
(Eccli. XXXII, 29). Wordt iemand die bezig is,
bekoord door één duivel, hij die werkeloos is, wordt
het door honderd. Inderdaad, hoe brengt hij, die
zich met niets nuttigs onledig houdt, den tijd door?
Met droomerijen, lichtzinnige lectuur, langdurige
bezoeken, met alle mogelijke praatjes. Het gevolg
is dat de verbeelding immer met allerlei ijdele
voorstellingen volgepropt is, het hart zich op ongeregelde wijze aan personen hecht en de ziel open-
staat voor alle verleiding ; het slot is de zonde. Hij
daarentegen, die zich met hart en ziel aan de studie
of het werk zijner bediening wijdt, vervult zijn geest
met goede, heilzame gedachten, het hart gaat open
voor edele, reine gevoelens ; hij denkt slechts aan
de zielen. Om den overvloed van bezigheden heeft
hij geen tijd voor intiemen omgang met personen
van buiten. Overvalt hem bijwijlen de bekoring, de
zelfbeheersching, hem door gezetten arbeid eigen
geworden, komt hem aanstonds te hulp om dien
aanval af te weren : hij heeft te veel te doen om
zich met droomerijen, met verkeerde gedachten
bezig te houden. Daarom zegt de H. Hieronymus :
"Bemin de studie der H. Schrift, en ge zult de
ondeugden van het vleesch niet beminnen... Doe
altijd iets, opdat de duivel u altijd bezig vinde " [1].

---

[1] H. HIERON., *Epist.* 125, *Lat. Vad.* XXII, 1078.

1123. Men bewijst dus de seminaristen en priesters een gewichtigen dienst door hen de liefde voor de studie, het vermijden van den lediggang, het goed benutten van ieder oogenblik, ook gedurende de vacantie, in te prenten. Men kan ze bijv. helpen om een studieplan op te maken tegen den tijd, dat zij in bediening zullen treden, een reeks onderrich- tingen voor te bereiden, zich te wijden aan een bijzondere studie. Hebben zij geen enkel vast program, dan loopen zij gevaar hun tijd te verkwisten, terwijl zij door zich aan een program te houden, den tijd met meer ijver en volharding zullen benutten.

4° VURIGE LIEFDE TOT JESUS EN ZIJN H. MOEDER.

1124. Beveiligt de arbeid onzen geest tegen de gevaarlijke gedachten, de liefde tot God vrijwaart ons hart voor gevoelige genegenheden en dus ook voor vele bekoringen.

Het hart van den mensch is gemaakt om te beminnen; het priesterschap of de religieuze staat ontneemt ons deze natuurlijke neiging niet, maar helpt ons om die neiging te heiligen. Indien wij God met geheel onze ziel liefhebben, indien wij Jesus beminnen boven alles, dan zullen we veel minder verlangen hebben om ons hart op de schep- selen te stellen. Aldus leert de H. Joannes Clima- cus : " Hij is deugdzaam, wiens geest van de schoon- heid des hemels zoo diep doordrongen is, dat hij zich niet gewaardigt de oogen te slaan op de aardsche schoonheid en dus den gloed niet gevoelt van dat vuur, hetwelk in het hart der anderen brandt " [1].

1125. Doch om dit te bereiken, moeten wij Jesus vurig, edelmoedig, uit alle krachten beminnen. Dan immers werkt die liefde een drievoudig voordeel : 1) zij vervult hart en geest zoozeer, dat er geen plaats meer overblijft voor aardsche genegenheden. Willen deze zich indringen, dan stoot die liefde ze af met de woorden der H. Agnes : " Aan Hem ben ik verloofd, dien de Engelen dienen, wiens schoonheid zon en maan bewonderen ". Bij Hem, die de volheid der schoon-

---

[1] *Scala,* XV gr., 7.

heid, goedheid en macht bezit, moeten alle schepselen hun bekoorlijkheid verliezen. 2) Doch daar Jesus geen afgod duldt in ons hart, zal Hij ons voorzeker iedere aardsche genegenheid, zoo zij binnentrad, levendig verwijten ; bij dit verwijt, zullen wij krachtiger alle natuurlijke liefde bestrijden. 3) En ten slotte, Jesus zelf beschermt naijverig het hart van de Hem toegewijden : Hij zal ons dus te hulp komen ten tijde der bekoring en ons kracht geven tegen de aanlokking der schepselen.

Deze edelmoedige liefde tot Jesus wordt geput in het gebed, in vurige Communies en bezoeken bij het H. Sacrament, en bestendigd door het leven van innige vereeniging met Jesus, dat wij vroeger reeds beschreven, n. 153.

1126. Daarbij moeten wij een groote devotie voegen tot Maria, de Onbevlekte. Haar naam ademt zuiverheid, het schijnt voldoende hem met vertrouwen aan te roepen om de bekoring te overwinnen. Doch vooral wie zich geheel aan die goede Moeder heeft toegewijd, wordt door Haar als een dierbaar pand bewaakt en geholpen om te zegevieren over de moeilijkste bekoringen. Laat het ons dus een zalige gewoonte zijn Haar aan te roepen met het gebed : *o Domina*, zoo krachtig tegen de onreine bekoringen, evenals met het *Ave maris stella*, vooral met het vers :

> *Virgo singularis,*
> *Inter omnes mitis,*
> *Nos culpis solutos*
> *Mites fac et castos.*

En mochten wij ooit overwonnen worden in den strijd, vergeten wij dan niet, dat het Onbevlekt Hart van Maria een veilig toevluchtsoord is voor de zondaren. Tot Haar smeekend, zullen wij de genade vinden van berouw, dat ons bereidt op het waardig ontvangen der absolutie. Niemand ook zal krachtiger voor ons ten beste spreken om ons de gave der volharding te verwerven.

§ II. De Nederigheid [1].

Onder sommige opzichten kan deze deugd beschouwd worden als aanverwant met de rechtvaardigheid, wijl ze ons aanzet om onszelven te behandelen, gelijk wij verdienen, doch gewoonlijk wordt ze teruggebracht tot de matigheid, omdat ze den hoogen dunk, dien we van onszelven hebben, *matigt*. We zullen hier uitleggen : 1° de *natuur*, 2° de *trappen*, 3° de *voortreffelijkheid* en 4° de *wijze van beoefening* der nederigheid.

I. *Natuur der nederigheid.*

1127. 1° Deze deugd was onbekend aan de heidenen. In hun oogen was zij iets laags, iets verachtelijks, slaafsch of kruiperigs. Zoo oordeelden de Joden niet : zij, die door geloof en deugd vooraanstonden, waren zich bewust van hun nietswaardigheid en geestelijke ellende en onderwierpen zich met geduld, in den geest van boetvaardigheid, aan de beproeving. God neigde zich goedgunstig tot hen en verhoorde hun ootmoedig smeeken. Toen Christus de nederigheid en de zachtmoedigheid kwam prediken, konden de Joden zijn taal dan ook verstaan. Wij begrijpen zijn leer nog beter met de voorbeelden, die Hij ons gegeven heeft in zijn verborgen, openbaar leven en op zijn lijdensweg, en nog dagelijks geeft in het tabernakel.

De nederigheid kan omschreven worden : *een bovennatuurlijke deugd, welke, door de kennis, die zij ons van onszelven geeft, ons aanzet om ons naar juiste waarde te schatten en te zoeken te vergeten en voor niets*

---

[1] CASSIANUS, *Conf.*, XVIII, c. XI ; H. J. CLIMACUS, *Scala*, XXV gr.; S. BERN., *De gradibus humilitatis et superbiæ;* S. THOM., IIa IIæ, q. 161; RODRIGUEZ, 2e D., 3e Verh., *over de Neder.*, H. FR. VAN SALES, *Godvr. leven*, 3e D., 4e-7e h.; OLIER, *Introd.*, ch. V, art. XI; S. ALPH., *De ware bruid*, 11e h.; SCARAMELLI, 6e Verh., *over de deugden;* LIBERMANN, *Ecrits spir. : de l'humilité;* MARMION, *Le Christ, idéal du moine*, XI, p. 277-333.

geacht te worden. De H. Bernardus [1] bepaalt haar korter : " *een deugd, waardoor de mensch, door de ware kennis van zichzelf, in eigen achting daalt*". Deze bepaling zal duidelijker worden door de verklaring van den grondslag der nederigheid.

1128. 2° **Grondslag.** De nederigheid rust op *waarheid* en *rechtvaardigheid : waarheid*, waardoor we onszelven zien, zooals we inderdaad zijn ; *rechtvaardigheid*, waardoor we ons behandelen volgens die kennis.

A) Om zichzelf te kennen, moet de mensch nagaan, wat hem niet en wat hem wel toebehoort. " In den mensch kunnen twee zaken beschouwel worden, namelijk wat van God is en wat van den mensch. Alwat verkeerd en gebrekkig is, behoort aan den mensch, maar alwat goed en volmaakt is, behoort aan God " [2].

Het is dus een eisch van *rechtvaardigheid*, dat men aan God, en aan God alleen, alle eer en alle glorie geeft : " Aan den Koning der eeuwen, den onvergankelijken, onzichtbaren, eenigen God : eer en glorie in de eeuwen der eeuwen. Amen " (I Tim., I, 17). " Lof, glorie, wijsheid en dank, de eer, en de macht en de sterkte aan onzen God in de eeuwen der eeuwen. Amen! " (Ap., VII, 12).

Er is ongetwijfeld iets goeds in ons, ons natuurlijk wezen, onze bovennatuurlijke voorrechten. De nederigheid belet ons niet ze te zien en te bewonderen, doch evenals bij het beschouwen van een meesterwerk, onze hulde zich richt tot den kunstenaar en niet tot het doek, zoo ook moeten wij God en niet onszelven prijzen bij het zien der genaden en gaven, die Hij ons heeft geschonken.

1129. B) Onze staat van *zondaars* dwingt ons tot een *nederig gevoel* van onszelven. In zekeren zin zijn

---

[1] *De gradibus humil.*, c. I, n. 2. — [2] S. Thom., IIa IIae, q. 161, a. 3.

we uit onszelven slechts *zonde :* in zonde geboren, dragen we in ons de begeerlijkheid, die ons tot zonde aanzet.

a) Wanneer we ter wereld komen, zijn we reeds bezoedeld met de *erfsmet,* waarvan alleen de barmhartigheid Gods ons kan reinigen. **b**) En wat al *zonden* hebben wij zelf bedreven, sedert we tot het gebruik der rede kwamen? Zijn we ook maar aan één *doodzonde* schuldig, dan verdienen we reeds eeuwige beschaming. En hebben we slechts dagelijksche fouten bedreven, dan nog moeten we wel bedenken, dat ook de kleinste zonde een beleeding van God is, dat een vrijwillige overtreding zijner wet een opstandige daad is, omdat we aldus onzen wil boven dien van God stellen. Een leven geheel gewijd aan boete en zelfvernedering zou niet voldoende zijn om die beleediging te herstellen. **c**) Daarenboven blijven ons, ook na de rechtvaardigmaking, sterke neigingen bij tot het kwaad, tot allerlei zonden, zoodat we het aan de genade Gods danken, zoo we ze niet alle bedreven hebben, leert de H. Augustinus [1].

Het is derhalve een plicht voor ons de beschaming te beminnen, alle verwijten aan te nemen : werpt men ons voor de voeten, dat we hebzuchtig, onoprecht, hoovaardig zijn, we moeten het niet ontkennen, omdat we inderdaad de neiging tot deze ondeugden in ons hebben. "Daarom, besloot Olier, moeten wij, bij iedere ziekte, vervolging, minachting of welke kwelling ook, het opnemen voor God tegen onszelven, en zeggen dat we dat alles en meer nog ruimschoots verdienen ; we moeten ons overtuigd houden, dat Hij alle recht heeft zich van zijn schepselen te bedienen om ons te straffen. Loven we dus de groote barmhartigheid, die Hij ons thans bewijst, want ten tijde zijner rechtvaardigheid zal Hij strenger optreden " [2].

De tweevoudige grondslag der nederigheid is dus waarheid en rechtvaardigheid. Omdat we *niets* zijn uit onszelven, moeten we ook gaarne voor niets

---

[1] *Belijdenissen*, 2ᵉ B., 7ᵉ h. — [2] *Catéchisme chrét.*, 1ᵉ P., leç. 18.

gehouden en vergeten worden; omdat we *zondaars* zijn, verdienen we alle minachting en beschaming.

II. *De verschillende trappen van nederigheid.*

Er bestaan meerdere indeelingen naar gelang men zich op verschillend standpunt plaatst. We geven hier slechts de voornaamste, welke tot drie herleid kunnen worden : die van den *H. Benedictus*, van den *H. Ignatius* en van *Olier*.

1130. 1º **De twaalf trappen, volgens den H. Benedictus.** Cassianus onderscheidde tien trappen in de beoefening der nederigheid. De H. Benedictus voegde er nog twee bij. Tot goed begrip, dient men zich te herinneren, dat de H. Benedictus deze deugd beschouwt " als een blijvende zielsgesteldheid, welke de geheele verhouding van den monnik ten opzichte van God regelt, in zoover hij (de monnik) zondig schepsel en aangenomen kind is ". Zij steunt op den eerbied aan God verschuldigd, en omvat, behalve de eigenlijk gezegde nederigheid, de gehoorzaamheid, het geduld en de zedigheid. Zeven dezer twaalf trappen, hebben betrekking op de *inwendige*, vijf op de *uitwendige* akten.

1131. Onder de inwendige akten plaatst hij :

1) *De vrees des Heeren.* Deze vrees moet ons altijd voor den geest staan en ons aanzetten *tot de onderhouding der geboden :* eerst vrees voor straffen, daarna eerbiedige vrees, welke overgaat in aanbidding.

2) *De gehoorzaamheid*, of onderwerping van onzen wil aan dien van God. Inderdaad, indien we de eerbiedige vrees des Heeren hebben, dan zullen we ook zijn wil in alles volbrengen. Deze gehoorzaamheid is waarlijk een daad van ootmoed, wijl zij de erkenning is onzer afhankelijkheid van God.

3) *De gehoorzaamheid aan de oversten*, ter wille Gods. Het valt lastiger zich te onderwerpen aan de

oversten dan aan God zelven : er wordt een grooter
geest van geloof vereischt om God in de oversten
te zien en eveneens een volmaakter zelfverloochening, omdat deze gehoorzaamheid toepassing vindt
in talrijker gelegenheden.

4) *De geduldige gehoorzaamheid*, zelfs in de moeilijkste zaken; zij verdraagt onrecht en beleediging
zonder te klagen, ook dan en vooral wanneer de
vernedering van de oversten komt. Om hierin te
slagen, richt men het oog op de belooning in den
hemel en op het lijden en de vernederingen van
Jesus.

5) *De schuldbekentenis der geheime fouten*, zelfs
van gedachten, aan den overste [1] buiten de biecht.
Deze akte van nederigheid is een sterke breidel
tegen het kwaad : de gedachte, dat men de geheimste fouten zal moeten belijden weerhoudt dikwijls
van de zonde.

6) *Het gewillig aannemen van alle ontberingen,
van geringe bezigheden.* Men beschouwt zich als onbekwaam voor zijn taak.

7) *De oprechte, vaste overtuiging de minste aller
menschen te zijn.* Deze trap wordt slechts bereikt
door de Heiligen, die zeggen : "indien anderen de
genaden hadden ontvangen, die God mij schonk,
dan zouden ze zeker beter zijn dan ik ".

1132. Deze inwendige akten openbaren zich klaarblijkelijk door *uitwendige* akten. Ziehier de voornaamste :

8) *De vlucht van alle zonderlingheid.* Zonder iets buitengewoons te doen, zich tevreden stellen met hetgeen de algemeene Regel, de voorbeelden der voorgangers en wettige

---

[1] Volgens het kerk. Wetboek, c. 530, mogen de kloosteroversten op
geenerlei wijze van hun onderdanen vorderen hun geweten aan hen te
openbaren, nochtans, voegt het Wetboek er bij "is het nuttig, dat de
kloosterlingen met kinderlijk vertrouwen tot hun oversten gaan en, zoo
deze priester zijn, hen ook den twijfel en onrust van hun geweten blootleggen ".

gebruiken veroorloven. De begeerte om zich uiterlijk te onderscheiden is een teeken van hoogmoed of ijdelheid.

9) *De stilzwijgendheid.* Weten te zwijgen, zoolang men niet
gevraagd wordt of geen goede reden tot spreken heeft, en
anderen de gelegenheid tot spreken laten. Wie altijd het
woord wil hebben, toont zeer ijdel te zijn.

10) *De bescheidenheid bij het lachen.* De H. Benedictus
veroordeelt het lachen niet, in zoover het de uiting is van
geestelijke vreugde, maar den lach van *minder goed gehalte*,
den uitgelaten lach, den spotlach, of de gewoonte om zoowat
om alles en hard te lachen is een teeken van weinig eerbied
voor Gods tegenwoordigheid en van weinig nederigheid.

11) *De bescheidenheid bij het spreken :* bedaard, nederig,
zonder te schreeuwen en met den ernst en de gematigdheid
van den wijze.

12) *De zedigheid in houding :* gaan, staan, zitten, zien, alles
met zedigheid, zonder gemaaktheid, het hoofd een weinig
voorover gebogen, in de overtuiging, dat men niet waardig is
de oogen ten hemel te verheffen.

Na al deze punten verklaard te hebben, voegt de
H. Benedictus er bij : "heeft de monnik dus al
deze trappen van nederigheid beklommen, dan zal
hij spoedig tot die volmaakte liefde Gods komen,
welke alle vrees uitsluit". De liefde Gods, ziedaar
dus de eindpaal, waarheen de nederigheid voert. De
weg is moeilijk, want hij is steil, maar heeft men
de hoogte beklommen, dan is men in 't bezit der
goddelijke liefde.

1133. 2⁰ **De drie trappen, volgens den H. Ignatius.** Tegen het einde der tweede week der Oefeningen, geeft de H. Ignatius drie trappen van
nederigheid, die eigenlijk drie trappen van zelfverloochening zijn.

1) De *eerste* "bestaat in af te dalen en mij te
vernederen zooveel mij doenlijk en noodig is om
in alles aan de wet Gods te gehoorzamen; zoodat
wanneer men mij het bezit van de geheele wereld
zou aanbieden, of men zou dreigen mij het leven te
benemen, ik er zelfs geen oogenblik aan denk een
gebod door God of door menschen, onder ver-

plichting van doodzonde opgelegd, te overtreden ".
Deze eerste trap is volstrekt verplichtend voor
elken christen, die in staat van genade wil volharden.

2) De tweede trap van nederigheid, volmaakter
dan de eerste "bestaat in mij *geheel onverschillig*
te betoonen van wil en neiging, voor rijkdom of
armoede, voor eer of verachting, voor een lang of
kort leven, zoo het God gelijke eer geeft en gelijkelijk tot heil mijner ziel strekt. Nog meer, al kon ik
de geheele wereld winnen of mijn leven redden, dan
zou ik zonder aarzelen iedere gedachte verwerpen
om daartoe een enkele dagelijksche zonde te bedrijven ". Op dezen trap, die reeds zeer verheven is,
staan slechts weinige zielen.

3) "De *derde* trap is zeer volmaakt. Hij veronderstelt de twee voorgaande en vraagt daarenboven,
dat, indien de lof en glorie der goddelijke Majesteit
er gelijkelijk door bevorderd worden, ik, om volmaakter Christus na te volgen en Hem meer gelijkvormig te zijn, de armoede van den ontblooten
Christus verkies en omhels boven de rijkdommen,
dat ik de versmadingen van den vernederden Christus stel boven de eerbewijzen, het verlangen voor
een onnuttige en dwaze gehouden te worden, ter
liefde van Christus, die eerst eveneens zoo beschouwd is, boven den wensch als een wijze en voorzichtige voor de wereld door te gaan ". Het is de
trap der volmaakten, het is de liefde des kruises en
der vernedering, in vereeniging met Christus en ter
zijner liefde ondergaan. Wie daartoe komt, is op
den weg der heiligheid.

1134. 3° **De drie trappen der nederigheid,
volgens Olier.** Na in den "Catéchisme chrétien"
verklaard te hebben, hoe noodzakelijk de nederigheid is en hoe de hoogmoed wordt bestreden, geeft
Olier de drie trappen der inwendige nederigheid
aan, die geschikt zijn voor de *vurige zielen.*

a) De eerste is *behagen scheppen* in de kennis van zichzelf, van zijn nietswaardigheid, van zijn verworpenheid, gebreken en zonden. De kennis van zijn ellende alleen is nog geen nederigheid. Sommigen zien hun gebreken en treuren er om, maar zoeken tot vergoeding dier beschaming, in zich de een of andere goede hoedanigheid te ontdekken : dit is hoogmoed. Doch wanneer men behagen vindt in de kennis van zijn ellenden, gaarne zijn verworpenheid erkent, dan is men waarlijk ontmoedig.

Heeft men het ongeluk gehad in een zonde te vallen, dan moet men ze zonder twijfel verafschuwen, doch tevens genoegen nemen met den staat van vernedering, waartoe men door de zonde gevoerd is. Hiertoe moet men bedenken, dat een dergelijke handelwijze God verheerlijkt, wijl juist door onze kleinheid, Gods grootheid, door onze zonde, zijn heiligheid nog meer uitkomt. Aldus erkent de ziel hare nietswaardigheid, hare onmacht om eenig goed te doen, en belijdt, dat alles van God komt, van Hem afhangt en door Hem alle goed in ons moet worden uitgewerkt.

b) De tweede trap bestaat in *gaarne beschouwd te worden als gering*, als nietswaardig en zondig. Indien wij onze ellende erkennende en beminnende, toch de achting der menschen zouden willen genieten, dan waren we *schijnheiligen*, omdat we voor beter willen doorgaan dan we werkelijk zijn.

En toch zijn we hiertoe maar al te zeer geneigd! Daarom gevoelen we ons zoo verdrietig, wanneer onze fouten bekend worden, daarom zijn we zoo bezorgd om in ons werken te slagen, om met iedereen wel te staan. Doch de achting der menschen najagen, is diefstal plegen, want het is zich toeeigenen, wat alleen aan het Opperwezen toekomt. De nederige daarentegen is niet bekommerd om wat men van hem denkt ; het verdriet hem geprezen te worden en liever zijn hem duizend smaadwoorden dan één lofprijzing, omdat deze leugenachtig is, de andere verdiend zijn.

c) De derde trap bestaat in niet alleen *als gering*, en verachtelijk gekend te willen zijn, maar ook als zoodanig *behandeld te willen worden*, met vreugde allen smaad en alle mogelijke beschaming te ondergaan, in één woord te wenschen behandeld te worden, gelijk men verdient. Doch welke verachting verdient hij niet, die slechts niet is, die uit zichzelf niets achtenswaardigs bezit? En vooral welke verachting is groot genoeg voor wie de zonde heeft bedreven, de zonde, die ons van God, het ware goed, verwijdert?

Zendt God ons dorheid en inwendige verlatenheid over, schijnt Hij ons te verstooten, dan moeten wij met God volkomen instemmen en bekennen, dat Hij terecht ons en onze werken van zich afwerpt. Worden wij verkeerd behandeld door onze oversten, onze gelijken en zelfs door ondergeschikten, dan moeten wij er ons eveneens over verheugen als over de billijkste zaak, welke voor ons het voordeeligst en met Christus' wil het meest overeenkomstig is. Wij mogen zelfs *uit trots* niet naar een hooge plaats in den hemel verlangen. Wij moeten voorzeker God zooveel willen beminnen, als Hij het verlangt en ons inspannen om den graad van glorie en zaligheid te bereiken, dien Hij ons bereidt, doch het aan God overlaten welke plaats, welken graad Hij ons gelieft te bestemmen.

Dan zijn wij in waarheid van onszelf ontdaan; dan leeft en heerscht nog enkel God in ons.

1135. Besluit. Elk dezer drie indeelingen der trappen van nederigheid heeft haar reden van bestaan; het is de taak van den zielsbestuurder die aan te bevelen, welke het best beantwoordt aan den zieletoestand van den penitent.

III. *De voortreffelijkheid der nederigheid.*

Om de spreekwijze der Heiligen wel te verstaan, is het noodig onderscheid te maken tusschen de nederigheid *in zich* en de nederigheid *als grondslag* der andere deugden.

1136. 1º *In zichzelf* beschouwd, zegt de H. Thomas [1], is de nederigheid *minder dan de goddelijke deugden*, die God tot rechtstreeksch voorwerp hebben, minder zelfs dan sommige zedelijke deugden, zooals

---

[1] IIa IIæ, q. 161, a. 4.

de voorzichtigheid, de godsdienstigheid en de wettelijke rechtvaardigheid, die het algemeen welzijn
beoogt. Zij staat echter boven de andere zedelijke
deugden (uitgezonderd misschien de gehoorzaamheid), ter oorzake van haar algemeenen aard en ook
omdat zij ons in alles aan Gods plan onderwerpt.

1137. 2° Beschouwt men haar echter als *den
sleutel van Gods genadeschatten* en als den *grondslag
der deugden*, dan is zij, naar de uitspraken der
Heiligen, een der verhevenste deugden.

A) Zij is de sleutel van Gods genadeschatten :
" aan de nederigen geeft Hij genaden " (I Petr. V, 5).
a) God weet immers, dat de ootmoedigen zich niet
laten voorstaan op de genaden hun geschonken,
maar Hem alle glorie er om geven. Daarom behaagt
het Hem de nederigen den overvloed der genaden
en gunsten mede te deelen : zijn glorie wordt er
door bevorderd. Doch Hij weet ook, dat de hoovaardigen zijn gunsten tot eigenbaat willen gebruiken om er op te roemen, wat God niet dulden kan :
" Ik zal mijn glorie niet aan een ander geven ".
Daarom ziet Hij zich gedwongen hen zijn genade
te onthouden : " God weerstaat de hoogmoedigen "
(I. Petr. V, 5).

b) De nederigheid ontdoet ons hart daarenboven
van alle eigenliefde en ijdelheid, en bereidt er dus een
ruime plaats, welke God verlangt te vullen met zijn
genaden. Daarom zegt de H. Bernardus : " de deugd
van nederigheid gaat altijd samen met de goddelijke
genade " [1].

1138. B) Zij is ook de *grondslag* van alle andere
deugden. Zoo zij hare moeder niet is, dan toch hare
voedster, en wel onder dubbel oogpunt : *zonder haar*
is er geen degelijke deugd, *met haar* winnen alle
deugden in degelijkheid.

---

[1] *Super Missus est*, hom. IV, 9.

1) De hoogmoed is de groote hinderpaal voor het *geloof*, doch de nederigheid brengt spoediger, gemakkelijker tot volkomen onderwerping aan het geloof en verspreidt zelfs licht in den geest : "Gij hebt deze dingen voor wijzen en verstandigen verborgen en aan kleinen geopenbaard" (Matth. XI, 25). Het valt inderdaad niet moeilijk het verstand te onderwerpen aan het gezag des geloofs, wanneer we doordrongen zijn van onze afhankelijkheid van God. Wederkeerig vestigt het geloof ons in nog dieper nederigheid door het contrast, dat het ons toont tusschen Gods oneindige volmaaktheid en onze nietigheid.

2) Ook de *hoop :* de hoovaardige vertrouwt op zichzelf en op eigen kracht; daarom denkt hij er niet aan Gods bijstand in te roepen. De nederige daarentegen stelt al zijn hoop op God, omdat hij zichzelf mistrouwt. Op haar beurt maakt de hoop ons nog ootmoediger. Zij toont de hemelsche goederen zoo zeer boven onze krachten, dat, zonder den vermogenden bijstand der genade, wij ze nimmer zouden kunnen bereiken.

3) De *liefde* Gods is lijnrecht in strijd met de zelfzucht. Waar deze ondeugd ontbreekt, groeit en bloeit de liefde. Wederkeerig geeft de liefde wasdom aan de nederigheid. Wanneer wij God beminnen, achten wij ons gelukkig voor niets gerekend te worden, opdat Hij alleen heersche. Daarom zegt de H. Augustinus te recht : "Niets gaat boven den weg der liefde, doch slechts de nederigen bewandelen hem"[1]. Eveneens mogen wij zeggen, dat op geen wijze de *naastenliefde* beter beoefend kan worden dan door de nederigheid. Zij toch werpt een sluier op de fouten van den evennaaste en laat zich niet vervoeren door verontwaardiging maar door medelijden met zijn zwakheden.

1139. 4) De *godsdienstigheid* zal des te meer tot uiting komen, hoe duidelijker men zal begrijpen, dat alles zich moet vernederen en opofferen voor God.

5) De *voorzichtigheid* hangt er nauw mee samen : de nederigen toch denken na en vragen gaarne raad aan anderen.

6) De *rechtvaardigheid* kan niet ten volle beoefend worden zonder de nederigheid, want de hoovaardige overdrijft zijn rechten ten koste van die van een ander.

7) De *sterkte* komt niet van den mensch, maar van God en dus wordt zij werkelijk slechts gevonden in wie, van eigen zwakheid bewust, op Hem steunen, die alleen hen kan versterken.

---

[1] S. Augusт., Enarrat. in Ps. CXLI, c. 7.

8) De *matigheid* en de *zuiverheid* veronderstellen de nederigheid, zooals wij reeds gezien hebben. De zachtmoedigheid en het geduld zijn slechts eigen aan wie de vernederingen weten te verdragen.

Vrij mogen wij dus zeggen : zonder nederigheid geen degelijke, standvastige deugd, met haar winnen alle deugden in kracht en volkomenheid. Daarom besluiten wij met den H. Augustinus : " Wilt gij groot worden? Begin in de laagte. Denkt gij er aan een hoog gebouw op te trekken? Wijd dan uw aandacht eerst aan de grondvesten der nederigheid " [1].

IV. *De beoefening der Nederigheid.*

1140. De *beginnenden* leggen zich voornamelijk toe op de bestrijding van den hoogmoed, n. 838-844; de *gevorderden* op de navolging van Christus' nederigheid.

1141. 1º Zij trachten zich de gevoelens van den nederigen Verlosser eigen te maken, gelijk de H. Paulus allen vermaant : " Laat dezelfde gezindheid onder u heerschen, als ook in Christus Jesus was, want hoewel Hij in Gods gestalte was... heeft Hij toch er zich van ontdaan " (Phil., II, 5-7). De voorbeelden van nederigheid, door Jesus ons gegeven in zijn *verborgen*, in zijn *openbaar*, in zijn *lijdend* leven en nu nog in het *tabernakel*, moeten daarom herhaaldelijk het voorwerp hunner overwegingen zijn om ze weer te geven in hun doen en laten.

A) Wat Hij bovenal in zijn *verborgen* leven zoekt is de *vergetelheid*. Hij wil onbekend, onopgemerkt, als niet geteld leven. **a)** *Vóór zijn geboorte* reeds beoefent Hij aldus de nederigheid. Hij omsluit zijn goddelijke eigenschappen op de meest volkomen wijze in den schoot van Maria ; in den persoon zijner Moeder onderwerpt Hij zich aan het edikt des keizers, aan de afwijzing der inwoners van

---

[1] *Sermo 10 de Verbis Domini.*

Bethlehem : er was voor hen geen plaats. "Hij kwam in zijn eigen bezit en de zijnen ontvingen Hem niet" (Joan., I, 11). **b**) Aldus beoefent Hij die nederigheid *bij zijn geboorte*. Als een arm kindje ligt Hij, in doeken gewikkeld, in een kribbe, op een handvol stroo. En toch dit kleine Kind is de Zoon Gods, de Gelijke des Vaders, de ongeschapen Wijsheid!

c) Hij beoefent ze in al de omstandigheden welke *na zijn geboorte* voorkomen. Als een kind uit het volk wordt Hij besneden, vrijgekocht voor twee tortelduiven; Hij is verplicht naar Egypte te vluchten om de vervolging van Herodes te ontgaan, ofschoon Hij met één woord dien wreeden tyran verpletteren kan. **d**) En welke vergetelheid in zijn leven te Nazareth! Hij woont in een klein vlek van Galilea, alle diensten bewijzend in de huishouding, wordt leerling, werkman; dertig jaren brengt Hij, de Heerscher der wereld, door in gehoorzaamheid aan zijn schepselen : "En Hij was hen onderdanig" (Luc., II, 51). Men begrijpt, dat bij deze beschouwing Bossuet kon uitroepen : "O mijn God, nog eens, ik raak buiten mijzelf van verbazing! Hoogmoed, kom en verzwind bij dit schouwspel! Jesus, zoon van een timmerman, zelf timmerman, om dit bedrijf bekend, zonder dat over eenige andere bezigheid of werk wordt gesproken!¹ "

1142. **B**) Tijdens zijn *openbaar* leven, zoekt Jesus zonder ophouden dezelfde vergetelheid van zichzelven, in zoover het zijn bediening gedoogt. Hij is voorzeker gehouden zich door zijn woorden en handelingen te openbaren als de Zoon Gods, doch Hij doet het met bescheidenheid, zóó nochtans, dat die van goeden wil zijn, het begrijpen, maar nimmer wil Hij optreden in de schittering zijner Godheid, die onderwerping onweerstaanbaar afdwingt. De nederigheid schijnt in geheel zijn gedrag uit.

a) Tot Apostelen kiest Hij onwetende, weinig ontwikkelde mannen, zonder eenig aanzien, visschers en een tollenaar. Hij legt een bepaalde voorkeur aan den dag juist voor die de wereld minacht : de armen, de zondaars, de bedrukten, de kinderen, de verstootelingen dezer aarde. Hij leeft van aalmoezen en heeft geen eigen huis. **b**) Zijn *onderwijzingen* zijn

---

¹ *Elévations*, 20ᵉ semaine, 8ᵉ Elév.

eenvoudig, bevattelijk voor allen, zijn woorden en vergelijkingen ontleend aan het gewone leven. Hij zoekt niet de bewondering der menigte, maar hun welzijn ; Hij wil onderwijzen, bekeeren. **c)** Wanneer Hij *mirakelen* doet, vermaant
Hij de genezenen meermalen het niet bekend te maken. In
Hem geen spoor van zonderlinge gestrengheid : gelijk iedereen neemt Hij zijn maaltijd ; Hij verschijnt op de bruiloft te
Cana en op sommige gastmalem, die Hem worden aangeboden. De volksgunst zoekt Hij niet en vreest evenmin harde
waarheden aan zijn leerlingen voor te houden (Joan., VI, 60).
Men wil Hem koning maken en Hij vlucht. **d)** Dringen wij
door in zijn *innerlijkste gevoelens*, dan zien wij, hoe Hij
leven wil in afhankelijkheid van zijn *Vader* : " Ik oordeel
niemand " (Joan., VIII, 15). " De woorden die Ik u toespreek,
zeg Ik niet uit Mijzelf " (Joan., XIV, 10). " Mijn leer is niet
van Mij, maar van Hem die Mij gezonden heeft " (Joan.,
VII, 16). " Ik kan niets doen uit Mijzelf, maar Ik oordeel
naar wat Ik hoor " (Joan., V, 30). " Het is de Vader, die in
Mij blijft, die zelf de werken verricht " (Joan., XIV, 10). " Ik
zoek mijn eigen eer niet " (Joan., VIII, 50). " Ik heb U verheerlijkt op aarde " (Joan., XVI, 4). Doch niet alleen den
Vader, ook de *menshen* wilde Hij, de Heer der wereld,
dienen. " De Menschenzoon is gekomen niet om gediend te
worden, maar om te dienen " (Matth., XX, 28). In één woord,
Hij geeft zich geheel voor God en voor de menschen.

1143. C) Dit blijkt nog meer uit zijn smartvol
lijden, waar Hij niet enkel meer de vergetelheid,
maar de *verworpenheid* zoekt.

Hij, de Heiligheid zelf, heeft zich willen beladen met den
last onzer boosheden en er voor willen boeten, als ware Hij
de schuldige : " Hem die geen zonde heeft gekend, heeft Hij
voor ons tot zonde gemaakt " (II Cor., V, 21). **a)** Vandaar
dat gevoel van droefheid, neerslachtigheid en vrees, dat Hem
overviel, toen Hij zich met onze zonden overdekt zag : " Hij
begon ontroerd en angstig te worden... Mijn ziel is doodelijk
bedroefd " (Marc, XIV, 33-34).

b) Vandaar de verguizingen, die Hij heeft ondergaan :
Verraden door Judas, heeft Hij toch slechts woorden van
vriendschap : " Vriend, waartoe zijt gij gekomen " (Matth.,
XXVI, 50); verlaten door de Apostelen, houdt Hij niet op
hen lief te hebben ; gevangen, geboeid als een misdadiger,
geneest Hij Malchus ; overgelaten aan den moedwil der
dienaren, verdraagt Hij zonder klacht de laagste mishande-
lingen. Valschelijk beschuldigd, spreekt Hij geen woord tot
zijn verdediging en antwoordt slechts op de bezwering van

den hoogepriester, in wien Hij de macht zijns Vaders eerbiedigt. Hij weet dat zijn antwoord Hem het leven kosten zal, toch legt Hij getuigenis is af der waarheid. Door Herodes behandeld als dwaas, spreekt Hij geen woord, doet geen wonderteeken om zijn eer te handhaven. Tallooze weldaden heeft Hij het volk bewezen, en het verkiest Barabbas boven Hem; en nog wil Hij lijden, opdat het zich bekeere. Ter dood veroordeeld door Pilatus, zwijgt Hij, laat zich geeselen, met doornen kronen, bespotten als een tooneelkoning; zonder een woord te spreken, neemt Hij het zware kruis op zijn schouders en laat er zich aan vastnagelen. Van alle zijden klinken de spotkreten zijner vijanden, en men hoort Hem voor hen bidden, hen verontschuldigen. Zonder troost, van allen verlaten, miskend in zijn waardigheid, in zijn goeden naam en eer, hangt Hij aan het vloekhout. Zoo wil Hij alle denkbare vernederingen ondergaan en mag wel, en met meer recht nog dan de psalmist, zeggen : Ik ben als een aardworm en geen mensch, de schande der menschen en de verachting des volks (Ps. XXI, 7). En het is voor ons, zondaren, dat Hij, de Onschuldige, dat alles zonder klacht, met zulk heldhaftig geduld wil verduren. Zouden wij, schuldigen, dan nog mogen klagen, zoo wij ooit onbillijk zouden beoordeeld worden?

1144. D) In zijn *H. Sacrament* wil Hij ons diezelfde voorbeelden van nederigheid nog voorhouden.

a) Hier is Hij nog meer *verborgen* dan in de kribbe, dan op Calvarië : "op het kruis ging alleen de Godheid schuil, hier is ook de menschheid zelf verborgen ". En nochtans is Hij, in het tabernakel, de eerste oorzaak van al het goed, dat in de wereld wordt verricht; is Hij het licht, de sterkte, de troost van de geloofsverkondigers, van de martelaren en maagden... En toch wil Hij verborgen blijven.

b) En wat al beleedigingen, wat al smaad ontvangt Hij niet in zijn Liefdesacrament, niet enkel van de ongeloovigen, die zijn tegenwoordigheid ontkennen, van de goddeloozen, die zijn allerheiligst Lichaam onteeren, maar ook van de christenen welke, zwak en laf, op heiligschennende wijze tot de H. Tafel naderen. Hoeveel onverschilligheid heeft Hij niet te verduren ook van zielen, die Hem zijn toegewijd, en Hem vergeten en zoo lang alleen laten in zijn tabernakel? En in plaats van klachten te uiten, houdt Hij niet op ons toe te roepen : " Komt allen tot Mij, die vermoeid en belast zijt, en Ik zal u verkwikken " (Matth., XI, 28).

Ja, daar is waarlijk het voorbeeld, om onzen moed op te wekken en staande te houden bij de beoefening van iederen vorm van nederigheid. Bedenken

wij hierbij nog, dat Hij ons tevens de genade heeft
verdiend om Hem na te volgen, dan zullen wij niet
aarzelen in zijn voetspoor te treden.

1145. 2° Hoe wij, naar zijn voorbeeld, de *nede-*
righeid kunnen *beoefenen ten opzichte van God*, van
den evennaaste en van *onszelf.*

A) **Jegens God** openbaart de nederigheid zich
voornamelijk op drie wijzen :

a) Door den *godsdienstzin*, waardoor wij in God
de volheid van het zijn en van alle volmaaktheid
verheerlijken. Dit doen we, wanneer we met blij
gemoed onze eigen nietigheid en onze zonde erkennen, om aldus de volmaaktheid en heiligheid van
het goddelijk Wezen te belijden. Dan ontspruiten
heilige aandoeningen : aanbidding, lofprijzing, kinderlijke vrees en liefde; dan ontschiet aan onze ziel
de kreet : Gij alleen zijt de Heilige, Gij alleen de
Heer, Gij alleen de Allerhoogste! Deze aandoeningen wellen op uit het hart, niet alleen in het gebed,
maar ook bij het aanschouwen der werken Gods :
natuurlijke werken, waarin de volmaaktheden des
Scheppers uitstralen, *bovennatuurlijke* werken, waarin het oog des geloofs een waar beeld van het
goddelijk leven ontdekt.

1146. b) Door den geest van *erkentelijkheid.* Wij
zien in God de *bron* van al de natuurlijke en bovennatuurlijke gaven, welke wij in ons en in anderen
bewonderen. Evenals de nederige Maagd en in
vereeniging met Haar, prijzen wij dan God voor al
het goede ons geschonken : " Mijn ziel prijst groot
den Heer... want de Machtige heeft aan mij groote
dingen gedaan, en heilig is zijn Naam " (Magnificat).
Wel verre van ons te verheffen op die gaven, geven
we alle eer aan God, en erkennen, dat we ze
meermalen slecht benut hebben.

1147. c) Door den geest van *afhankelijkheid.* Wij
belijden onze onbekwaamheid om uit onszelven iets

goeds te doen. Hiervan bewust, ondernemen wij nooit iets zonder ons onder den invloed en de leiding van den H. Geest te plaatsen. Daarom smeeken wij Hem om zijn bijstand, omdat Hij alleen ons onvermogen kan verhelpen. Zoo moet vooral de zielsbestuurder handelen bij de uitoefening zijner moeilijke bediening; in plaats van te deelen in het gevoelen, dat de penitenten, van zijn bekwaamheid hebben, bekenne hij in allen eenvoud zijn onbekwaamheid en vrage aan God om raad, alvorens dien aan anderen te geven.

1148. B) Jegens den *naaste*. Hier geldt deze stelregel : men moet in hem het goed erkennen, dat God hem in natuurlijk en bovennatuurlijk opzicht heeft geschonken; het bewonderen zonder nijd of afgunst, en ziet men gebreken in hem, ze bedekken en zooveel mogelijk verontschuldigen, ze stilzwijgend verdragen, mits men ambtshalve niet gehouden zij ze te verbeteren.

Krachtens dezen stelregel : **a**) verheugt men zich over de deugden, over het welslagen van den evennaaste, omdat God erdoor verheerlijkt wordt. Men mag ongetwijfeld eens anders goed, eens anders deugden wenschen, doch dan vrage men den H. Geest er ook ons deel aan te geven. Dit is geen afgunst voeden, maar den raad volgen van den Apostel : " Laten we elkander gadeslaan, om ons tot liefde te prikkelen en goede werken " (Hebr. X, 24).

b) Ziet men den naaste in eenige zonde vallen, dan worde men niet verontwaardigd, maar bidde voor zijn bekeering; in alle oprechtheid zegge men tot zichzelf : had Gods genade mij niet geholpen, ik zou nog veel dieper gezonken zijn, n. 1129.

1149. c) Men kan nog verder gaan door zich als geringer te beschouwen dan de anderen, gelijk Paulus vermaant : " ootmoedig een ander hooger te achten dan uzelf " (Phil. II, 3). Wat toch zou ons

beletten vooral, zoo niet uitsluitend, te letten op het
·goede in den naaste en op het kwade in onszelf?

De H. Vincentius gaf dezen raad aan zijn leerlingen[1] :
" Indien wij ons wel toeleggen op zelfkennis, zullen wij bevinden, dat in alles wat wij denken, zeggen en doen, wij hetzij
in de zaak zelf of in de omstandigheden, in- en uitwendig
alle reden tot beschaming en zelfverachting hebben. Indien
wij onszelven niet willen vleien, zullen wij inzien, dat wij niet
alleen boozer zijn dan de overige menschen, maar in zekeren
zin slechter dan de duivelen der hel, want hadden deze
rampzalige geesten tot hunne beschikking de genaden en
hulpmiddelen ons gegeven om beter te-worden, dan zouden
zij er duizendmaal beter gebruik van maken dan wij ".

Maar, vraagt men, hoe kan men deze overtuiging hebben,
die in zich niet altijd overeenkomstig de waarheid is? Merken
wij eerst op, dat ze bij alle Heiligen bestaat; zij moet dus wel
op een degelijken grondslag rusten, nam. dezen : *ten opzichte
van zichzelf is de mensch rechter.* Wanneer hij zich door en
door kent, ziet hij in zijn ziel veel zonden en daarenboven nog
veel slechte neigingen ; hij vindt zich afschuwelijk, verachtelijk. — *Ten opzichte van anderen echter is hij geen rechter*
en kan het ook niet zijn, wijl hij hun geheime bedoelingen
niet kent, die toch onloochenbaar voor een groot deel de
zedelijke waarde van het handelen bepalen ; evenmin kent
hij de maat der hun geschonken genade. Zichzelf beoordeelt
hij gestreng, de anderen goedgunstig en zoo komt hij logisch
tot de practische overtuiging, dat, alles wel beschouwd, hij
zich geringer moet achten dan alle overigen.

1150. C) Hoe kunnen wij de nederigheid beoefenen *jegens onszelven?* De hier te volgen stelregel is
deze : hoewel wij het goede, dat in ons is, erkennen
om er God voor te danken, moeten wij vooral letten
op onze gebreken, op onze nietswaardigheid, onze
tekortkomingen, onze zonden, om in ons steeds
gevoelens van geringschatting en beschaming levendig te houden.

Zoo zullen we gemakkelijker komen tot beoefening der nederigheid, welke zich tot den geheelen
mensch moet uitstrekken, tot den *geest,* tot het *hart,*
tot het *uiterlijke.*

---

[1] MAYNARD, *Vertus et doct. spirit. de S. Vincent,* p. 207.

a) *De nederigheid van geest,* die voornamelijk vier dingen vereischt :

1) Een rechtmatig *zelfmistrouwen*, waardoor men zich wel wacht zijn begaafdheden te overdrijven, maar zich integendeel vernedert over het slecht gebruik van Gods gaven. De Wijze Man gaf reeds den raad : " Zoek niet wat boven u is " (Eccli. III, 22). En Paulus schreef aan de Romeinen : " Krachtens de mij geschonken genade beveel ik aan ieder van u, zich niet hooger te stellen dan recht is, maar zich op juiste waarde te schatten volgens de maat van het geloof, die God eenieder heeft toegemeten " (Rom. XII, 3).

2) Bij het gebruik van zijn talenten, geen *verlangen om te schitteren*, om te behagen, maar om nuttig te zijn, goed te doen.

Dit beval de H. Vincentius eveneens zijn priesters aan en hij voegde er bij : " Anders doen, is zichzelven, niet Jesus Christus prediken; en iemand, die preekt om toegejuicht, geprezen, geacht, beroemd te worden, wat doet hij? Hij bedrijft heiligschennis, ja waarlijk heiligschennis! Hoe? Het woord Gods en de heilige zaken gebruiken om eer en aanzien te winnen! Zeker, dit is heiligschennis! ".

1151. 3) De *volgzaamheid van het verstand* beoefenen, niet alleen door zich te onderwerpen aan de uitdrukkelijke uitspraken der Kerk, doch ook met volkomen instemming de voorlichtingen van Rome aan te nemen, al zijn ze ook niet *ex cathedra* gegeven. Men houde zich ten volle overtuigd, dat er in die beslissingen meer wijsheid is dan in ons eigen oordeel.

4) Deze volgzaamheid zal bij twistvragen het *hardnekkig vasthouden* aan eigen zienswijze uitsluiten. Men heeft natuurlijk het volle recht om in nog niet uitgemaakte zaken zich een meening te vormen, doch men moet redelijk zijn en ook aan anderen dit zelfde recht laten.

1152. **b)** *De nederigheid van hart* vordert, dat men in plaats van glorie en eerbewijzen te verlangen en te zoeken, tevreden zij met den staat, waarin men is, en een verborgen leven verkieze boven schitterende bedieningen : " vind er uw genoegen in onbekend te zijn en voor niets geacht te worden ". Die nederigheid gaat nog verder : zij verbergt alwat bemind en geacht kan maken, en begeert de laatste

plaats niet enkel in de rangen der maatschappij,
maar ook in de achting der menschen. Zij verlangt
zelfs geheel uit het geheugen van allen te verdwijnen.

Luisteren wij naar den H. Vincentius : " Wij moeten onze
oogen nooit werpen of vestigen op eenig goed in ons, maar
ons toeleggen om te zien, wat er kwaad en gebrekkig in ons
is : dit is het groote middel om de nederigheid te bewaren.
Noch de gave van de zielen te bekeeren, noch de andere
uitwendige talenten, die in ons zijn, zijn van ons, wij zijn
slechts de dragers er van en wij kunnen des ondanks best
verloren gaan. Daarom mag niemand zich vleien, aan zelfoe-
hagen toegeven, noch eenigen hoogen dunk van zichzelven
opvatten, wanneer God door hem groote zaken uitwerkt, doch
hij moet zich nog dieper verootmoedigen en zich houden voor
een zwak werktuig, waarvan God in zijn goedheid zich wil
bedienen " [1].

1153. c) De *uitwendige nederigheid* moet slechts
de uiting zijn der inwendige gevoelens. Men mag
zeggen, dat wederkeerig de uitwendige akten van
nederigheid op die inwendige gevoelens inwerken,
ze meer diepte en omvang geven. Men moet ze dus
niet veronachtzamen, maar ze samen doen gaan
met ware gevoelens van ootmoed, en bijgevolg met
de ziel ook het lichaam vernederen.

1) Een armoedige huisvesting, eenvoudige kleeding kunnen
de gevoelens van ootmoed bevorderen, terwijl een rijke woning
en weelderige kleederen lichtelijk tot ijdelheid en hoogmoed
opwekken.

2) De bescheidenheid in gang en houding, een zedige,
eenvoudige, natuurlijke manier van doen, onaanzienlijke
bezigheden in het huisgezin of handenarbeid, zijn alle dienstig
om de nederigheid te ontwikkelen.

3) Hetzelfde dient gezegd van de inschikkelijkheid jegens
anderen, van een voorkomenden en beleefden omgang met
allen, met wie men te doen heeft.

4) De bescheidenheid zet eveneens aan om in bijeenkomsten anderen aan het woord te laten en zelf weinig te spreken.
Dit heeft als eerste gevolg, dat men zichzelf en zijn eigen
belangen niet op den voorgrond stelt. Men moet wel heilig

---

[1] MAYNARD, *Vertus et doctrine*, p. 218.

zijn om ongunstig van zichzelf te spreken zonder bijbedoeling [1];
over zichzelf goed spreken is niets anders als snoeverij. —
Evenmin moet men, onder voorwendsel van nederigheid,
buitensporige dingen doen. " Indien sommige groote dienaren
Gods zich als dwazen hebben aangesteld om zich verachtelijk
te maken voor de oogen der wereld, dan mag men ze wel
bewonderen maar niet navolgen, want zij hebben bijzondere
redenen gehad om zulke buitengewone dingen te doen, niemand echter moet hun handelwijze tot richtsnoer voor zijn
eigen gedrag nemen " [2].

De nederigheid is dus een practische deugd, die
den geheelen mensch omvat en heiligt; ze draagt
eveneens bij tot de beoefening der overige deugden,
vooral der zachtmoedigheid.

§ III. De zachtmoedigheid [3].

1154. Christus vereenigt terecht de zachtmoedigheid met de nederigheid, omdat zij in de practijk
samen moeten gaan. We gaan thans spreken over
1º de natuur, 2º de voortreffelijkheid en 3º de beoefening der zachtmoedigheid.

I. *Natuur.*

1155. 1º **Haar bestanddeelen.** Tot de zachtmoedigheid worden vooral drie zaken vereischt : **a**) een
zekere *zelfbeheersching,* welke de gevoelens van
gramschap voorkomt en beteugelt; als zoodanig is
zij verwant met de matigheid; **b**) het *verdragen* van
de gebreken der anderen, waartoe het geduld en
dus ook de sterkte gevorderd worden; **c**) het *vergeven*

---

[1] " We zeggen menigmaal, dat we niets zijn, dat we de ellende zelve
zijn en het uitvaagsel der wereld, maar we zouden het vervelend vinden,
zoo men ons geloofde en verder vertelde, wat we zeggen; we doen, alsof
we vluchten en ons verbergen, maar het is, opdat men ons naloopt en
zoekt; we houden ons, of we de laatsten willen zijn en de laagste plaats
begeeren, maar het is om gemakkelijker vooraan te komen. De waarlijk
nederige veinst niet het te zijn en spreekt geen woorden van nederigheid. "
(*Godvr. leven,* III, 5 h.)

[2] H. Fr. van Sales, l. cit., 5 h.

[3] H. Joannes Climacus, *Scala,* XXIV; H. Franz. van Sales,
Godvr. leven, III, 8-9 h.; ●LIER, *Introd.,* ch. X; Card. Bona,
Manuductio, c. 32.

der beleedingen, en de *welwillendheid* ten opzichte van allen, ook van vijanden. De zachtmoedigheid is dus veeleer een samengestelde dan een eenvoudige deugd.

1156. 2° Zij kan dus **omschreven** worden : *Een bovennatuurlijke zedelijke deugd, die de gramschap voorkomt en matigt, den naaste, ondanks zijn gebreken, verdraagt en met welwillendheid behandelt.*

De zachtmoedigheid is niet die zwakheid van karakter, welke onder gemaakte vriendelijkheid een diep gevoel van wraakzucht weet te verbergen, maar zij is een inwendige deugd, zetelend en in den wil en in het gevoel, welke zij in rust en vrede bewaart, en die zich uiterlijk openbaart door beminnelijkheid in woorden en houding [1].

De zachtmoedigheid komt te pas met betrekking tot den evenmensch, ook tot zichzelven en tot levende en levenlooze wezens.

II. *Hare voortreffelijkheid.*

Zij is voortreffelijk *in zich* en om hare *gevolgen.*

1157. 1° *In zich.* "De zachtmoedigheid, zegt Olier [2], is de voltooiing van den christen, want zij veronderstelt in hem de vernietiging, den dood van alle eigenbelang".

"Daarom ook, zoo voegt hij er bij, wordt de ware zachtmoedigheid haast nooit gevonden dan in de *onschuldige* zielen, in welke Jesus, sinds het doopsel, zijn blijvende woon gehad heeft". Bij de boetvaardigen wordt zij slechts zelden in haar volkomenheid aangetroffen, omdat slechts weinigen

---

[1] De H. Hieronymus beschrijft haar zeer juist in zijn *commentaar op Gal.* V. 22. : "De zachtmoedigheid is een lieflijke, beminnelijke deugd, aangenaam in woorden, minzaam van manieren, een gelukkige samenvoeging van alle goede eigenschappen. De goedheid komt haar tamelijk dicht bij, omdat zij eveneens genoegen wil doen, doch zij verschilt toch hierin, dat zij minder voorkomend en meer ernstig is van optreden; zij is ook wel bereid goed te doen en diensten te bewijzen, doch zonder dat innemende, dat bekoorlijke, hetwelk de harten verovert".

[2] *Introduction,* ch. X.

met genoegzame wilskracht en standvastigheid er zich op
toeleggen om hun gebreken uit te roeien. Om deze reden
zegt Bossuet, dat het ware kenmerk der bewaarde of herkregen onschuld de zachtmoedigheid is [1].

1158. 2° Het groot *voordeel* van de zachtmoedigheid is, dat zij *vrede* doet heerschen in de ziel, vrede
met God, met den *naaste*, met *zichzelf*.

a) Met *God*. De zachtmoedige neemt alle, ook de
pijnlijkste voorvallen, kalm en gelaten aan en beschouwt ze als hulpmiddelen om in de deugden,
vooral in de liefde Gods te vorderen, de woorden
van Paulus indachtig " dat God alles ten goede leidt
voor hen, die Hem liefhebben" (Rom, VIII, 28).

b) Met den *evennaaste*. Daar de zachtmoedige de
uitingen van gramschap voorkomt en onderdrukt,
weet hij de gebreken van anderen te verdragen en
doet niets, wat hen kan stooten. Wordt een ander
tegen hem vergramd, hij verliest er zijn gemoedsrust
niet door, doch blijft even kalm.

c) Met *zichzelf*. Begaat de zachtmoedige een
misslag of een flater, hij wordt niet ongeduldig of
gramstorig; hij vermaant zichzelven met kalmte en
welwillendheid, zonder over dien misslag verwonderd
te zijn en vindt er aanleiding in om zijn waakzaamheid te verdubbelen. Zoo vervalt hij niet in de
dwaasheid van hen die, zooals de H. Franciscus van
Sales zegt, " kwaad worden, omdat zij kwaad zijn
geweest, slecht geluimd zijn, omdat zij aan slechten
luim hebben toegegeven en zich ergeren, omdat zij
zich geergerd hebben" [2].

III. *Beoefening der deugd van Zachtmoedigheid.*

1159. 1° Voor de **beginnenden** bestaat zij in het
bestrijden van de gramschap en het wraakgevoel,

---

[1] *Méditations sur l'Evangile*, Sermon, 3ᵉ jour.
[2] *Godvr. leven*, 3ᵉ D., 9ᵉ h.

evenals van alle hevige gemoedsaandoeningen, n. 861-863.

1160. 2º De **meer gevorderden** trachten zich de zachtmoedigheid van Jesus eigen te maken, zooals Hij ze op zoo bewonderenswaardige wijze door zijn woorden en voorbeelden ons voorhoudt.

A) Zoowel gewicht hecht Hij aan deze deugd, dat Hij heeft gewild, dat zij door de profeten als een der kenteekenen van den Messias werd aangekondigd en dat door de Evangelisten de vervulling dier profetie werd aangestipt.

1161. B) Hij stelt zich aan ons voor als een toonbeeld van zachtmoedigheid, en noodigt ons uit Hem te volgen omdat Hij zachtmoedig is en nederig van harte (Matth., XI, 29).

a) Hij beantwoordt volkomen aan het ideaal van zachtmoedigheid door de profeten geschetst. Met verbitterende strijdvragen houdt Hij zich nimmer bezig, nimmer is Hij driftig of bits, doch altijd kalm en zichzelf gelijk.

Geen luidruchtige uitroepen zal men van Hem hooren, geen doelloos geschreeuw, geen toornige kreten. Zijn optreden zal zoo zachtaardig zijn, dat Hij het gebroken riet niet zal vertrappen en het rookend lemmet, dat is de vonk van geloof en liefde, die nog in de ziel des zondaars smeult, niet zal uitdooven. Om de menschen tot zich te trekken zal Hij treurig noch rumoerig zijn : alles in Hem zal beminnelijkheid ademen en een uitnoodiging tot allen, die in kwelling zijn, om bij Hem rust en troost te zoeken. Zoo voorzegden de profeten en zoo was Hij werkelijk.

1162. b) Tegenover de *Apostelen :* 1) is zijn *gedrag* door zachtmoedigheid gekenmerkt : Hij verdraagt hun gebreken, hun onwetendheid en ruwheid; Hij houdt rekening met hun achterlijkheid, openbaart hen trapsgewijze de waarheid, naarmate hun begrip zich verruimt en laat aan den H. Geest de taak om hen de volle waarheid te doen kennen.

Wanneer zij door de farizeeën beschuldigd worden, omdat
zij niet vasten, verdedigt Hij hen, maar berispt hen, wanneer
zij hard zijn tegen de kinderen, die tot Hem willen komen,
ook wanneer zij het hemelvuur willen afbidden over een vlek
in Samaria. Hij richt tot Petrus een verwijt, omdat deze
Malchus met het zwaard slaat, doch denzelfden Petrus vergeeft Hij zijn drievoudige verloochening en verlangt slechts,
dat hij die door een drievoudige liefdebetuiging herstelle.

2) Daarenboven prijst Hij de apostolische arbeiders de
zachtmoedigheid aan : zij moeten eenvoudig zijn als de
duiven, zacht als de lammeren te midden der wolven; zij
zullen zich niet verzetten tegen die hen kwaad doen, maar de
linkerwang aanbieden, als men hen op de rechterwang slaat;
liever dan te twisten, zullen zij hun mantel, hun kleed afstaan
en zullen bidden voor hun vervolgers.

1163. c) Aan de *zondaars*, hoe schuldig ook, vergeeft Hij gaarne, zoodra Hij eenig teeken van
berouw in hen bespeurt.

Met fijngevoeligheid en takt brengt Hij de Samaritaansche
tot belijdenis harer zonden en tot bekeering, vergeeft Hij aan
de overspelige vrouw en den goeden moordenaar : Hij is niet
gekomen om de rechtvaardigen tot boetvaardigheid te roepen,
maar de zondaars. Als een goede herder, gaat Hij het verloren schaap zoeken, draagt het op zijn schouders naar den
schaapsstal; zijn leven zelfs geeft Hij voor zijn schapen. —
Klinkt zijn taal bijwijlen hard tegen de farizeeën en schriftgeleerden, het is omdat zij de anderen ondragelijke lasten opleggen en ze beletten het rijk Gods binnen te treden.

d) Ten opzichte van zijn *vijanden* zelfs verloochent zich
zijn zachtmoedigheid niet : Judas, den verrader, noemt Hij
nog zijn vriend; op het kruis smeekt Hij den Vader voor zijn
beulen en vindt zelfs woorden van verontschuldiging.

1164. C) *Om Christus na te volgen :* **a)** moeten
wij eveneens alle getwist, alle heftige, kwetsende
woorden of handelingen vermijden om de zwakken
niet af te stooten; mogen wij nimmer het kwaad
met kwaad vergelden, nooit toegeven aan driftigheid, maar zwijgen, zoolang de gramschap ons
beroert.

b) Wij dienen er ons bovendien aan te gewennen om allen,
met wie wij in aanraking komen, met voorkomenheid te
behandelen, steeds een vriendelijk en opgeruimd gelaat te
toonen, ook aan hen, die ons tot last zijn en vervelen; de

armen, bedrukten, zondaars, vreesachtigen en kleinen met
bijzondere welwillendheid te ontvangen. Trachten wij er ook
naar om, als wij diensten te bewijzen hebben, het met bereidvaardigheid en vooral met minzaamheid te doen en somtijds
zelfs meer te doen dan gevraagd is. Ons streven zij alles
lijdzaam en geduldig te verdragen, zonder op wraak te
zinnen, al zou men ons in het aangezicht slaan, bereid nog
meer te ondergaan.

116 5. 3° De **volmaakten** trachten de zachtmoedigheid zelve van God na te volgen, zooals Olier
opmerkt : " Hij is de zachtmoedigheid van natuur,
en wanneer Hij de ziel er deelachtig aan wil maken,
neemt Hij zoozeer van haar bezit, dat zij niets meer
van het vleesch noch van haarzelf overhoudt, maar
geheel opgaat in God, in zijn wezen, in zijn leven,
in zijn zelfstandigheid, in zijn volmaaktheden, zoodat alles wat zij doet, in zachtmoedigheid geschiedt,
en wanneer zij met ijver te werk gaat, zij het altijd
met zachtmoedigheid doet, omdat in haar geen verbittering of scherpte wordt gevonden evenmin als
die in God kan zijn ".

1166. Besluit. Wij eindigen hier de uiteenzetting
der hoofddeugden. **a**) *Zij regelen, plooien en vervolmaken* al onze vermogens, daar zij deze onderwerpen aan de heerschappij van de rede en den wil.
Zoo wordt in onze ziel langzamerhand hersteld de
oorspronkelijke orde, de onderwerping van het
lichaam aan de ziel, van de lagere vermogens aan
den wil.

b) Zij doen nog meer : niet alleen verwijderen zij
de beletselen, welke de vereeniging met God in den
weg staan, maar *beginnen* die vereeniging reeds.
Immers de *voorzichtigheid* maakt ons deelachtig aan
de wijsheid· Gods, de *rechtvaardigheid* aan zijn
rechtvaardigheid, de *sterkte* komt van God en
vereenigt ons met Hem, de matigheid maakt ons
deelachtig aan de schoone evenwichtige verhouding,
die in alles in God wordt gevonden. Wanneer wij aan
onze oversten *gehoorzamen*, gehoorzamen wij aan

Hem; de *kuischheid* is slechts een middel om ons dichter bij zijn zuiverheid te brengen; de *nederigheid* maakt in onze ziel ruimte om ze van God te vervullen; onze zachtmoedigheid is slechts een deelhebben in Gods eigen zachtmoedigheid.

Deze vereeniging met God, aldus door de zedelijke deugden ingeleid, zal voltrokken worden door de drie deugden, welke God zelven tot voorwerp hebben.

HOOFDSTUK III.
De goddelijke Deugden.

1167. 1º De H. Paulus maakt melding van de drie goddelijke deugden en duidt ze aan als drie noodzakelijke bestanddeelen van het christelijk leven, en ver boven de zedelijke deugden verheven. Zoo vermaant hij die van Thessalonica zich te wapenen met het *harnas des geloofs* en *der liefde* en met den *helm der hoop* (I Thess., V, 8); hij prijst hen om hun *werkdadig geloof* en hun *zwoegende liefde* (I Thess., I, 3). In tegenstelling met de geestesgaven, die verdwijnen, " blijven bestaan geloof, hoop en liefde " (I Cor., XIII, 13).

1168. 2º Het doel dezer deugden is *ons met God te vereenigen* door Jesus Christus, om ons te doen deelen in het goddelijk leven. Zij zijn dus tegelijk *vereenigend* en *omvormend*.

a) *Het geloof vereent* ons *met God, oneindige Waarheid*, stelt ons *in contact* met de *goddelijke gedachte*, wijl het ons God doet kennen gelijk Hij zichzelf geopenbaard heeft; op deze wijze bereidt het ons voor tot de *zaligmakende aanschouwing*.

b) *De hoop vereent* ons *met God, opperste Zaligheid*, en doet ons Hem beminnen als *goed voor ons;* door haar verwachten wij vast en vol vertrouwen het geluk des hemels, evenals de middelen noodig om daartoe te geraken. Door de hoop bereiden wij ons reeds voor tot het volle bezit der eeuwige zaligheid.

c) *De liefde vereent* ons *met God, oneindige Goedheid,* doet ons Hem beminnen als oneindig *goed en beminnenswaardig in zich,* en brengt tusschen Hem en ons een heilige vriendschap voort, waardoor wij reeds leven van zijn leven, wijl wij Hem beginnen te beminnen, gelijk Hij zelf zich bemint.

De liefde omvat hier op aarde altijd de twee overige goddelijke deugden ; zij is als het ware haar ziel, haar vorm of leven, zoodat, zonder de liefde, het geloof en de hoop onvolmaakt, dood zijn. Het geloof, leert de H. Paulus, werkt door de liefde ; werkt het niet, dan is het dood, zegt de H. Jacobus. De hoop is slechts dan volmaakt, als zij ons een voorsmaak geeft van het geluk des hemels door het bezit der heiligmakende genade, der liefde.

ART. I. DE DEUGD VAN GELOOF [1].

Wij hebben hier te verklaren : 1º de *natuur;* 2º de *heiligende werking;* 3º de *beoefening van het geloof.*

1. *Natuur van het geloof.*

In korte woorden zullen wij hier samenvatten, wat wij in onze dogmatische en moraal theologie over het geloof uiteengezet hebben.

1169. 1º **Beteekenis, volgens de H. Schrift.** Het woord *geloof* wordt er gewoonlijk genomen als een *onderwerping van het verstand aan de waarheid,* doch een onderwerping steunend op het *vertrouwen;* trouwens om iemand te gelooven, moet men hem vertrouwen.

A) In het *Oud Testament,* wordt het geloof voorgesteld als een volstrekt noodzakelijke deugd : " Gelooft in Jehovah, uwen God en gij zult veilig wezen " (II Paral., XX, 20). " Indien gij niet gelooft, zult gij ten gronde gaan " (Isa., VII, 9).

---

[1] S. AUGUST., *Enchiridion de Fide. Spe et Charitate;* S. THOM., IIᵃ IIᵃᵉ, q. I-XVI ; SUAREZ, *De Fide;* LUGO, *De virtute fidei divinæ;* SALMANTIC., *De Fide;* GARRIGOU-LAGRANGE, *De Revelatione;* POTTERS, *Het Geloof;* V. COPPENOLLE, *De goddel. deugden.*

Dit geloof is een instemming met het woord van God, met vertrouwen, overgave en liefde gedaan.

B) In het *Nieuwe Testament*, is het geloof zoo essentieel, dat gelooven wil zeggen het christendom belijden, en niet gelooven hetzelfde is als geen christen zijn : " Wie gelooft en gedoopt is, zal zalig worden ; maar wie niet gelooft, zal worden veroordeeld " (Marc, XVI, 16). Het geloof is de aanneming van het Evangelie, door Christus geleerd en door de Apostelen verkondigd. Het veronderstelt dus de prediking, zooals de H. Paulus leert (Rom., X, 17). Dit geloof is dus geen onmiddelijke aanschouwing : " thans zien we in een wazigen spiegel " (I Cor., XIII, 12). Het is een onderwerping van het verstand om het getuigenis van God, een vrije, verlichte onderwerping, want eenszijds kan de mensch die weigeren, en anderszijds gelooft hij niet zonder redenen, zonder de innige overtuiging dat God gesproken heeft (Phil., III, 8-10; I Petr., III, 15). Dit geloof gaat vergezeld van de hoop en werkt door de liefde (Gal., V, 5-6).

1170. 2° **Bepaling.** Het geloof is *een goddelijke deugd, waardoor ons verstand, onder den invloed van den wil en de genade, de geopenbaarde waarheden vast aanneemt, op het gezag van God.*

A) Het is dus op de eerste plaats een akte van het *verstand,* wijl het hier het kennen eener waarheid betreft. Daar echter deze waarheid niet innerlijk klaar en duidelijk is, kan het verstand er niet mede instemmen zonder tusschenkomst van den *wil.* Deze gebiedt het verstand de beweegredenen tot gelooven te onderzoeken, en zoo deze overtuigend zijn, die waarheid als zeker aan te nemen. Maar omdat hier sprake is van een bovennatuurlijke daad, wordt de *genade* vereischt, hetzij om het verstand te verlichten, hetzij om den wil te helpen. Zoo wordt de geloofsakt *vrij, bovennatuurlijk* en *verdienstelijk* gesteld.

B) *Het stoffelijk voorwerp* van ons geloof omvat alles wat God geopenbaard heeft. Dus niet alleen die waarheden, welke het verstand volstrekt te boven gaan, doch ook die welke wel onder het bereik van het verstand vallen, doch door het geloof beter gekend worden, zooals het bestaan van God.

Al deze waarheden hebben betrekking op God en op Jesus Christus. Op *God*, in de eenheid van zijn natuur en de drie-eenheid van zijn Personen, ons eerste begin en ons laatste einde. Op *Jesus Christus*, onzen Verlosser en Middelaar, die geen andere is dan de eeuwige Zoon Gods mensch geworden om ons te redden ; bijgevolg op het verlossingswerk en alwat er mede in verband staat. Met andere woorden : wij gelooven wat wij in den hemel eenmaal zullen zien : " Dit nu is het eeuwige leven, dat zij U kennen, den eenig waarachtigen God, en Hem dien Gij gezonden hebt, Jesus Christus " (Joan., XVII, 3).

1171. C) *Het formeel voorwerp*, of, gelijk men gewoonlijk zegt, de *beweegreden* van ons geloof, is *Gods gezag* door de openbaring bekend gemaakt en ons inwijdend in eenige der goddelijke geheimen. Het geloof is dus een geheel bovennatuurlijke deugd, zoowel in zijn voorwerp als in zijn beweegreden.

D) Vele geopenbaarde waarheden worden ons met gezag voorgehouden door *de Kerk*, want Christus heeft haar als wettige vertolkster zijner leer gesteld. Deze waarheden behooren tot het *katholiek geloof;* is er geen authentieke beslissing van de Kerk gevallen omtrent eene geopenbaarde waarheid, dan is deze enkel van *goddelijk geloof.*

E) Niets rust op hechter grondslagen dan het geloof. Wie volle vertrouwen heeft in het gezag van God, veel meer dan in eigen wijsheid, gelooft met geheel zijn ziel de geopenbaarde waarheid, zonder vrees voor misleiding, met volle zekerheid, omdat Gods genade de overgave van het verstand vergemakkelijkt en volkomener maakt. Daarom ook is de instemming van het verstand krachtens het geloof levendiger en hechter dan die welke alleen door redeneering wordt verkregen.

II. *Heiligende werking van de deugd van Geloof.*

1172. Beschouwt men het geloof aldus, dan moet men ook aannemen, dat het een gewichtige rol vervult in de heiligmaking van den mensch : daar het ons in gemeenschap stelt met de goddelijke gedachte, is het de *grondslag* van ons bovennatuurlijk leven en *vereenigt* het ons op de innigste wijze *met God.*

1173. 1° Het geloof is de **grondslag** van ons bovennatuurlijk leven. De nederigheid wordt beschouwd als de grondslag der deugden; in welken zin, hebben wij verklaard n. 1138. *De nederigheid rust echter zelf op het geloof.* (Daarom kenden de heidenen de nederigheid niet). Dus moeten wij besluiten dat het geloof de nog diepere grondslag aller deugden is.

Om dit beter te doen inzien, zal het voldoende wezen de woorden nader te verklaren, waarmee het Concilie van Trente het geloof aanduidt als : *het begin* van 'smenschen heil, "*het fundament* en *den wortel* van geheel de rechtvaardigmaking*".

A) *Het begin,* omdat het geloof het geheimzinnig middel is, waarvan God zich bedient om ons in te wijden in zijn leven, in de wijze, waarop Hij zichzelf kent. Deze inwijding geeft ons de eerste bovennatuurlijke gesteltenis, volstrekt vereischt om te kunnen hopen en beminnen ; zij is als een inbezitneming van God en van het goddelijke. Om het bovennatuurlijke te willen bezitten en er door te leven, is het immers noodig het eerst te kennen : onbekend is onbemind. Welnu wij kennen het door het geloof, dat in de rede een nieuw licht ontsteekt, waardoor wij in een nieuwe wereld, de bovennatuurlijke, kunnen schouwen. We zouden het willen vergelijken bij een telescoop waarmede wij verafgelegen dingen ontdekken die wij met het bloote oog niet kunnen zien ; doch deze vergelijking is zeer onvolkomen, want de telescoop is een werktuig buiten ons, maar het geloof is binnen ons, het doordringt het innerlijkste van ons verstand, welks gezichteinder en begripsvermogen het verruimt en vermeerdert.

1174. B) Het geloof is eveneens de *grondslag* van het geestelijk leven. De heiligheid is een zeer ruim, verheven bouwwerk met het geloof als fundament. Hoe breeder en dieper de grondslagen gelegd zijn, hoe hooger ook het gebouw, zonder gevaar voor instorting, kan opgetrokken worden. Hieruit blijkt dus de noodzakelijkheid van een sterk geloof voor alle godvruchtige personen, maar geheel bijzonder voor de seminaristen en de priesters, die krachtens hun staat heilig moeten leven.

C) Het geloof is ten slotte de *wortel* der heiligheid. Gelijk de wortels in de aarde de sappen zoeken tot voeding en groei van den boom, zoo ook dringt het geloof zoo diep mogelijk door in de waarheden en zoekt in die beschouwing voedsel voor het leven en de ontwikkeling der deugden. Zijn de wortels ver doorgedrongen in den grond, dan staat de boom vast en stevig; steunt de ziel op een diep geworteld geloof, dan ook blijft zij onwrikbaar staan te midden der geestelijke stormvlagen. Van hoeveel belang is het dus een groot, levend geloof te bezitten voor wie tot hooge volmaaktheid komen wil!

1175. 2º Het geloof *vereenigt ons met God*, geeft ons deel in het denken en het leven van God. Het is de kennis, waarmede God zich kent, eenigermate aan den mensch geleend : "door het geloof, zegt Mgr Gay [1], wordt het licht van God ons licht, zijn wijsheid onze wijsheid, zijn wetenschap onze wetenschap, zijn geest onze geest, zijn leven ons leven".

Het vereenigt ons verstand rechtstreeks met de goddelijke wijsheid; doch daar de geloofsakt niet gesteld wordt zonder de tusschenkomst van den wil, zoo heeft deze eveneens deel in de gelukkige gevolgen, welke het geloof in onze ziel uitwerkt. Wij mogen daarom zeggen, dat het geloof is : een bron van *licht* voor het verstand, van *kracht* en *troost* voor den wil, van *verdiensten* voor de geheele ziel.

1176. A) Het is een *licht*, dat klaarheid stort in het verstand, en den christen onderscheidt van den

---

[1] *De la vie et des vertus...*, t. I, p. 150.

wijsgeer, gelijk de rede den mensch onderscheidt
van het dier. In ons wordt een drievoudige kennis
gevonden : de eerste wordt door de zintuigen, de
tweede door het verstand, de derde door het geloof
verkregen. Deze laatste is geestelijk of bovennatuurlijk en is ver boven de andere verheven.

a) Het geloof *verruimt* den omvang onzer kennis
omtrent God en het goddelijke. Door de rede weten
wij zeer weinig omtrent de natuur en het innerlijk
leven van God ; door het geloof komen wij tot de
wetenschap, dat Hij is een levende God, dat Hij
van alle eeuwigheid een Zoon voortbrengt en dat
van de wederkeerige liefde van den Vader en den
Zoon een derde Persoon, de H. Geest, voortkomt.
Nog weten wij, dat de Zoon is menschgeworden om
ons te verlossen en dat wie in Hem gelooven aangenomen kinderen Gods worden ; dat de H. Geest
in onze ziel komt wonen, om ze te heiligen en te
begiftigen met een bovennatuurlijk organisme,
waardoor wij bekwaam worden godvormige, verdienstelijke akten te stellen. Dit is nog slechts een
gedeelte der ons geopenbaarde waarheden.

b) Het geloof doet ons *dieper doordringen* in de
waarheden, die wij reeds door de rede kennen.
Hoeveel nauwkeuriger en volmaakter is dan de
evangelische zedeleer in vergelijking met die der
rede !

Beschouwen wij de *bergrede :* Christus heeft den moed om
te beginnen met de armen, de zachtmoedigen, die vervolging
lijden zalig te prijzen ; Hij vraagt zijn volgelingen hun vijanden te beminnen, voor hen te bidden, hen wel te doen. De
heiligheid, die Hij voorhoudt, is niet de wettelijke of uitwendige heiligheid : zij is *inwendig*, gegrondvest op de liefde
tot God en de liefde tot den evennaaste om God. Om onzen
ijver aan te wakkeren, stelt Hij ons het volmaaktste ideaal
voor, God zelf en zijn volmaaktheden. Doch daar God ver van
ons verwijderd schijnt, daalt zijn Zoon van den hemel, wordt
mensch en, ons menschelijk leven leidend, geeft Hij ons een
tastbaar voorbeeld van het volmaakte leven, dat wij op aarde
leiden moeten. Om ons den noodigen moed en standvastig-

heid voor die taak te geven, wil Hij niet enkel ons voorgaan, maar ook in ons komen leven met zijn deugden en genaden. Wij kunnen dus onze zwakheid niet als verontschuldiging doen gelden : Hij zelf is onze kracht evenals ons licht.

117 7. B) Dat het geloof een *bron van sterkte* is, toont de Apostel op uitstekende wijze in het I re hoofdstuk van zijn Brief aan de Hebreën.

Het geeft ons immers een krachtige overtuiging, die op buitengewone wijze den wil versterkt : **a**) Het houdt ons voor oogen, wat God ten onzen gunste heeft gedaan en nog steeds doet, hoe Hij leeft en werkt in onze ziel om deze te heiligen, hoe Jesus ons in zijn lichaam inlijft en doet deelen in zijn leven, n. 188-189. " Welnu dan, zegt de Apostel,... [houden wij] het oog gevestigd op Jesus, aanvang en einde van het geloof. Hij heeft in plaats van de vreugde, die Hem toekwam, een kruis op zich genomen, en de schande niet geacht " (Hebr. XII, 1-2) en wij zullen met moed ons kruis opnemen en na Hem dragen.

b) Het geloof herinnert ons zonder ophouden aan de eeuwige belooning, die de vrucht zal wezen van het lijden van korten duur : " de tijdelijke lichte verdrukking verwerft ons een onovertroffen eeuwig gewicht van heerlijkheid ". (II Cor. IV, 17). Daarom zeggen wij met den Apostel : " Ik houd het er voor, dat het lijden dezer wereld niet opwegen kan tegen de heerlijkheid, die ons geopenbaard zal worden " (Rom. VIII, 18). Daarom ook willen wij met Paulus roemen in onze wederwaardigheden, omdat ieder dezer, met geduld verdragen, ons telkens een graad hooger voeren zal in de zalige aanschouwing en de liefde Gods.

c) Voelen wij ons bijwijlen zwak, het geloof zegt ons, dat met God, die onze kracht en steun is, wij niets te vreezen hebben, al zouden wereld en duivel ook tegen ons samenspannen : " En dit is de overwinning, die zegepraalt over de wereld : ons geloof ! " (I Joan. V, 4).

Wat het geloof vermag, zien wij in de Apostelen, toen de H. Geest hen de volheid van het geloof had medegedeeld. Weleer vreesachtig en laf, gaan zij thans onverschrokken elke beproeving te gemoet, bereid tot geeseling, gevangenschap en dood, "verheugd, dat zij waardig bevonden waren, versmading te lijden voor den naam van Jesus" (Act. V, 41).

1178. C) Het geloof is ook een *bron van troost*, niet alleen te midden van kwelling en vernedering, maar ook bij rouw om het sterven van bloedverwanten en vrienden. Onze droefheid is niet zonder hoop : wij weten, dat de dood slechts een slaap is, weldra gevolgd door het ontwaken der verrijzenis. Het geloof zegt ons, dat wij een voorloopig, tijdelijk verblijf verwisselen tegen een altijddurende woon in het vaderland.

Het geloofspunt omtrent de *Gemeenschap der Heiligen* is onze groote troost. In afwachting van hen weder te vinden, die ons zijn voorgegaan, blijven wij met hen op het innigst vereenigd in Christus Jesus : wij bidden om den tijd hunner beproeving te verkorten en hun intrede in den hemel te verhaasten ; zij van hunnen kant, van hun eeuwige zaligheid verzekerd, storten vurige gebeden, opdat ook wij eens voor altijd zalig zijn.

1179. D) Het is ten slotte een *bron van vele verdiensten.* **a**) De geloofsakt is zelf reeds *zeer verdienstelijk,* want zij onderwerpt aan het gezag van God het beste wat in ons is : verstand en wil. Hedentendage is de geloofsuiting nog verdienstelijker, omdat thans het geloof aan zooveel aanvallen blootstaat en er menigmaal moed vereischt wordt om het, te midden van plagerijen en vervolgingen, te durven belijden.

b) Doch daarbij *maakt het geloof onze overige handelingen eveneens verdienstelijk,* wat zij niet kunnen zijn zonder een bovennatuurlijke meening en den bijstand der genade (n. 126, 239). Welnu het geloof richt onze ziel tot God en Jesus Christus en doet ons dus met bovennatuurlijk inzicht handelen ; het geloof toont ons daarenboven ons onvermogen en de almacht van God en zet ons dus aan om met vurigheid te bidden om Gods bijstand.

III. *Beoefening der deugd van geloof.*

1180. Het geloof is tegelijkertijd een *gave van God* en een *vrijwillige instemming* van de ziel. Om er in te vorderen, wordt dus vereischt, dat men het *God vraagt* en dat men *zich persoonlijk inspant.* Door het gebed en eigen inspanning, zal het geloof zeker meer verlicht en eenvoudiger, degelijker en werkzamer worden.

Wij gaan dezen stelregel toepassen op de verschillende trappen van het geestelijk leven.

1181. 1° De **beginnenden** moeten er zich op toeleggen hun geloof te versterken.

A) Zij zullen God danken voor deze groote gave, die de grondslag is van alle overige gaven en de steun van hunne ziel : " God zij dank voor zijn onuitsprekelijke gave! (II Cor. IX, 15). Nog meer nu zij allerwegen zooveel ongeloovigen zien, moeten zij Hem danken en bidden om zelf die gave, ondanks alle gevaren, niet te verliezen. Ook zullen zij de ongeloovigen, ketters of afvalligen indachtig zijn en aan God voor hen de genade der bekeering vragen.

1182. B) Met nederige onderwerping en volle overtuiging zullen zij de akten van geloof bidden, met de Apostelen smeekend : Heer, vermeerder ons geloof. Doch bij het gebed moeten zij ook de studie voegen, boeken lezen, die hun geloof kunnen verlichten en versterken. Er wordt tegenwoordig veel gelezen, maar hoe weinigen, zelfs onder christenen, die verstandelijk ontwikkeld zijn, wijden eenigen tijd aan ernstige lectuur over godsdienst of godsvrucht. Is dit wijs gehandeld? Men wil van alles op de hoogte zijn, behalve van het eenig noodzakelijke.

1183. C) De beginnenden moeten ook alles vermijden, wat hun geloof zou kunnen verontrusten : **a)** het nutteloos lezen van boeken, tijdschriften, enz. waarin de geloofswaarheden worden aangevallen, bespot of in twijfel getrokken.

De meeste boeken, die heden uitkomen, niet alleen de leerboeken, maar ook de romans en tooneelstukken, bevatten nu eens openlijke, dan weer bedekte aanvallen op het geloof.

Is men niet op zijn hoede, dan neemt men langzaam aan het gif van het ongeloof in zich op, of ten minste verliest men het eenvoudige geloof. Komen later moeilijkheden of twijtelingen, dan weet men niet, hoe er tegen in te gaan. Hieromtrent moet men de wijze voorschriften der Kerk eerbiedigen, die een lijst van verboden of gevaarlijke boeken heeft opgemaakt, en die niet veronachtzamen, onder het voorwendsel, dat men voldoende tegen het gevaar gevrijwaard is. Gevrijwaard is men immers nooit. De diepzinnige en rechtschapen Balmès, die de H. Kerk met zooveel talent verdedigd heeft, gedwongen ter bestrijding der ketters, hun boeken te lezen, zeide aan zijn vrienden : " Gij weet, hoe diep de rechtzinnige gevoelens en leer der Kerk in mij geworteld zijn. Welnu, nooit lees ik een verboden boek, zonder daarna de behoefte te gevoelen een geestelijk bad te nemen in de lezing van de H. Schrift, van de Navolging of Lodewijk van Granada. Wat zal er dan gebeuren met die onverstandige jongelieden, die zonder voorbehoedmiddel en zonder ondervinding, alles durven lezen? Die gedachte alleen reeds vervult mij met ontzetting" [1]. Om dezelfde reden moet men natuurlijk ook den omgang met ongeloovigen of hun conferenties vermijden.

b) De beginnenden wachten zich ook wel voor dien *geesteshoogmoed,* welke alles wil neerhalen op eigen peil en niets aanneemt dan wat hij begrijpt. Laten zij zich herinneren, dat boven ons een oneindig wijze Geest is, die ziet wat onze zwakke rede niet kan bevatten, en ons een hooge eer bewijst door ons zijn gedachte te openbaren. Wanneer wij dus bevinden, dat Hij gesproken heeft, dan moeten wij redelijker wijze met dankbaarheid de kennis aanvaarden, die Hij ons schenken wil. Gelooft men onvoorwaardelijk een man van talent, die iets van zijn wetenschap wil mededeelen, hoeveel te meer past dit, wanneer de oneindige Wijsheid gesproken heeft.

1184. D) Bij *bekoringen* tegen het geloof dient men onderscheid te maken tusschen *vage* en *bepaalde.*

a) Wanneer zij *vaag,* zijn, gelijk deze : *wie weet of dit alles waar is?* dan is het beste er geen aandacht aan te schenken, ze af te slaan, zooals men met vliegen doet.

---

[1] Cf. DE BLANCHE-RAFFIN, *J. Balmès,* p. 44.

1) Wij zijn in 't bezit der waarheid, wij hebben wettige rechtstitels : dit is genoeg. 2) Daarbij, wij hebben, op andere tijden, duidelijk ingezien, dat ons geloof op hechten grondslag steunde. Wat verlangen wij nog meer? Waarom opnieuw gaan twijfelen aan wat reeds bewezen is? In het dagelijksch leven, houdt men zich evenmin bezig met twijfels, met dwaze gedachten, die in den geest opkomen ; men gaat kalm door en de onzekerheid verdwijnt. 3) En, zoovelen, meer bestudeerd dan ik, gelooven deze waarheden en zijn overtuigd,.dat zij op hechten grond steunen. Wat zij gelooven, geloof ik ook, want zij oordeelen wijzer dan die uitzinnigen, die er een boosaardig genoegen in vinden de grondslagen van alle zekerheid te ondermijnen. Bij deze redenen door het gezond verstand ingegeven, kan men het gebed voegen : Ik geloof, Heer, kom mijn ongeloof te hulp. (Marc. IX, 23).

1185. b) Zijn de bekoringen tegen een *bepaald* geloofspunt, dan verwekke men een akte van geloof aan deze waarheid. Heeft men gelegenheid meer licht op te doen, men doe het. Heeft men genoeg verstand en de noodige boeken, dan kan men zelf die kwestie bestudeeren, zoo niet, dan raadplege men iemand, die in geloofszaken goed onderlegd is. Zoekt men zelf, dan studeere men niet alleen, maar bidde ook, in eenvoud en met het verlangen de volle waarheid te kennen en in 't algemeen zal de oplossing niet lang uitblijven.

Nochtans moet men niet uit het oog verliezen, dat die oplossing niet altijd alle moeilijkheid wegneemt. Er zijn sommige geschiedkundige, exegetische of critische opwerpingen, die slechts na jarenlange studie kunnen weerlegd worden. Het is een eisch van het gezond verstand iets, dat door goede, degelijke bewijzen gestaafd is, ondanks alle opwerpingen toch te blijven aannemen, zoolang de valschheid er van niet klaar en duidelijk bewezen is. Moeilijkheid om een geloofswaarheid ten volle in te zien, is een bewijs niet tegen die waarheid, maar wel voor de zwakheid van onzen geest.

1186. 2° De **gevorderden** beoefenen niet alleen het geloof, maar ook *den geest van geloof* of het leven des geloofs : " Wie rechtvaardig is door het geloof, hij zal leven " (Rom , I, 17).

A) Zij lezen gaarne het *Evangelie,* vinden er hun vreugde in Christus stap voor stap te volgen,

smaken zijn leer, beschouwen zijn voorbeelden om ze
na te volgen. Jesus wordt geleidelijk het middelpunt
van hun gedachten; zij zoeken Hem in wat zij lezen
en te midden van hunnen arbeid en wenschen steeds
Hem meer te kennen ten einde Hem beter na te
volgen.

1187. B) Zij gewennen er zich aan om alles te
beschouwen, alles te beoordeelen in het licht des
geloofs : zaken, personen, voorvallen. 1) Zij ontdekken de hand des Scheppers in al de *werken* Gods
en meenen alle te hooren zeggen : " Hij heeft ons
gemaakt, niet wij " (Ps. XCIX, 3); 2) in de *personen*,
met wie zij omgaan, zien zij de beeltenissen Gods,
kinderen van den hemelschen Vader, broeders in
Jesus Christus; 3) de *voorvallen*, waardoor menschen
zonder geloof zoo menigmaal geheel in verwarring
raken, worden door hen beschouwd in het licht van
dezen stelregel : God bestuurt en regelt alles tot
heil der uitverkorenen, Hij zendt voor- en tegenspoed
voor ons welzijn en onze volmaaktheid.

1188. C) Vooral echter trachten zij hun *gedrag* in
te richten naar de stelregels van het geloof. 1) Hun
denkwijze steunt op de grondstellingen des Evangelies, niet op die der wereld. 2) Hun *woorden* worden ingegeven door den geest van Christus, niet
door dien der wereld, omdat zij, zonder menschenvrees spreken, zooals zij denken. 3) Hun *handelingen*
richten zich zooveel mogelijk naar die van Christus,
hun toonbeeld; zij laten zich niet medesleepen door
de voorbeelden der wereldlingen. In één woord, zij
leven door het geloof.

1189. D) Eindelijk streven zij er ook naar om
anderen eveneens *deelachtig te maken aan hun geloof*.
1) Zij *bidden*, volgens de woorden van Christus :
" Vraagt dus den Heer van den oogst, dat Hij
werklieden zendt in zijn oogst " (Matth., IX, 38).
2) Zij geven het goed *voorbeeld*, door nauwgezette

plichtsbetrachting, zoodat de getuigen van hun leven opgewekt worden tot navolging. 3) Zij weten te *spreken* en door hun eenvoudig, vrijmoedig woord te bewijzen, dat zij in hun geloof kracht tot het goed en troost in de beproeving vinden. 4) Zij dragen bij door hun *werken*, hun aalmoezen, hun opofferingen om de zedelijke en godsdienstige opvoeding van den evennaaste te bevorderen.

3° De **volmaakten** leggen zich toe op de ontwikkeling der gaven van *wetenschap* en *verstand*, en vervolmaken aldus nog meer hun geloof, gelijk wij later zullen zien.

ART. II. DE DEUGD VAN HOOP.

Wij zullen hier spreken over : 1° de *natuur*, 2° de *heiligende werking*, 3° de *beoefening der hoop*.

I. *Natuur der Hoop* [1].

1190. 1° **Verschillende beteekenissen. A**) In de natuurlijke orde worden door hoop aangeduid een *hartstocht* en een *gevoel*.

a) De hoop is immers een der elf hartstochten, n. 787. In dien zin is zij een werking van het zinnelijk of redelijk begeervermogen, een streven of verlangen naar een afwezig goed, dat men niet zonder moeite kan bereiken. **b**) Zij is ook een der edelste menschelijke gevoelens, dat gericht is op een afwezig eerzaam goed, niettegenstaande de moeilijkheden aan het verwerven er van verbonden. Dit gevoel speelt een groote rol in het leven en ondersteunt den mensch in zijn moeitevolle ondernemingen : de landman zaait, de zeevaarder vertrouwt zich aan den oceaan, de handelsman waagt, in de hoop van slagen.

B) Doch er is ook een *bovennatuurlijke* hoop, die den christen ondersteunt te midden der moeilijkheden op den weg der zaligheid en volmaaktheid. Deze hoop heeft tot voorwerp al de geopenbaarde waarheden, welke betrekking hebben op het eeuwig

---

[1] S. THOMAS, IIa IIæ, q. 17-22; SUAREZ, *De Spe;* H. FR. V. SALES, *De Liefde Gods*, 2e b., 15-17 h.; SCARAMELLI, op. cit., art. II; P. BURGER (vertaling Schippers), *Onderr.* I, bl. 234-249; V. COPPENOLLE, op. cit., bl. 218-231; POTTERS, *De Hoop.*

leven en de middelen om daartoe te geraken. Steunend op Gods macht en goedheid, is zij onwrikbaar vast.

1191. 2° **Wezenlijke bestanddeelen.** Wanneer wij deze deugd ontleden, zien wij, dat zij drie voorname bestanddeelen bevat :

a) *De liefde* en *het verlangen naar het bovennatuurlijk goed*, dat is naar God, onze opperste zaligheid.

Het verlangen naar geluk is algemeen ; het geloof nu toont, dat God alleen ons geluk kan uitmaken ; wij beminnen Hem dus als de bron van onze zaligheid. Deze liefde is niet belangeloos, maar toch *bovennatuurlijk*, wijl zij zich richt tot God, door het geloof gekend. Daar evenwel dit goed moeilijk te bereiken is, gevoelen wij instinctmatig de vrees het niet te verkrijgen. Om deze vrees te overwinnen, treedt, als tweede bestanddeel *de gegronde hoop* op van het wel te bereiken.

b) Deze hoop steunt echter niet op onze eigen krachten, die volstrekt ontoereikend zijn om te slagen, maar op *God*, op de *hulp zijner almacht*. Van God verwachten wij al de genaden, die ons noodig zijn om in dit leven de volmaaktheid, in het andere de zaligheid te bereiken.

c) Doch de genade vraagt onze *medewerking :* vandaar het derde bestanddeel : het *verlangen*, het ernstig *pogen* om naar God te streven en de middelen ons daartoe gegeven te benutten. Dit pogen moet in evenredigheid zijn met het voorwerp onzer hoop, dus krachtig, standvastig, omdat wij het hoogste verwachten.

1192. 3° **Bepaling.** Uit het voorgaande volgt, dat de hoop aldus omschreven kan worden : *een goddelijke deugd, waardoor wij God begeeren, als ons opperste goed, en met vast vertrouwen, om Gods goedheid en macht, de eeuwige zaligheid en de middelen om daartoe te geraken verwachten.*

A) Het eerste en hoofd**voorwerp** van onze hoop, is God zelf, in zoover Hij onze zaligheid is, dat is

God door de klare aanschouwing en onverdeelde liefde bezeten. Want, zooals Christus zegt : " dit is het eeuwige leven, dat zij U kennen, den eenig waarachtigen God, en Hem dien Gij gezonden hebt, Jesus Christus " (Joan., XVII, 3). Daar we zonder de hulp der genade dit voorwerp niet kunnen bereiken, omvat onze hoop ook al de bovennatuurlijke hulpmiddelen, noodig om de zonde te vermijden, de bekoringen te overwinnen en christelijke deugden te verkrijgen, ja zij sluit zelfs de tijdelijke goederen niet uit, in zoover namelijk deze nuttig of noodzakelijk zijn tot onzen voortgang en zaligheid.

1193. B) Bij het bepalen echter der *beweegreden* verschillen de meeningen der godgeleerden, volgens het standpunt, waaruit men de deugd der hoop beschouwt. a) Zij die met *Scotus*, het *verlangen* naar of de *liefde* van God als het voornaamste bestanddeel der hoop beschouwen, noemen Gods goedheid jegens ons de beweegreden. b) Zij die met den *H. Thomas* houden, dat de hoop essentieel bestaat in het *vertrouwen* eens in het bezit van dit moeilijk te bereiken goed, God, te komen, geven als beweegreden *Gods almacht, die ons rijkelijk zijn bijstand verleent.* De *goddelijke beloften* bevestigen slechts de zekerheid van dien bijstand.

Vele godgeleerden nemen beide beweegredenen samen.

II. *Heiligende werking der Hoop.*

De hoop draagt voornamelijk op drie wijzen bij tot onze heiligmaking : 1° *zij vereenigt ons met God;* 2° *zij maakt onze gebeden krachtdadig;* 3° *zij is een sterke spoorslag tot het goede.*

1194. 1° *Zij vereenigt ons met God, omdat zij ons onthecht aan het aardsche.* Wij worden aangelokt door het zinnelijk genot, door wat den hoogmoed bevredigt, door de betoovering der rijkdommen, evenals door de natuurlijke, meer reinere genoegens van den geest en het hart. De hoop nu, steunend op een levend geloof, toont, dat al die aardsche genoegens twee onontbeerlijke voorwaarden voor het geluk missen : *volmaaktheid* en *duurzaamheid*.

A) Geen enkele dezer aardsche genietingen is in voldoende mate volmaakt om volkomen te bevredigen : na eenige stonden van genot, baren zij spoedig tegenzin en verveling. Ons hart is te groot, heeft te wijde, te verheven verlangens, om bevredigd te worden door stoffelijke goederen, die slechts een middel zijn om tot een hooger doel te komen. De natuurlijke goederen van geest en hart zijn ons evenmin voldoende. Ons verstand is nooit tevreden dan door de kennis van de eerste Oorzaak ; ons hart dat een volmaakten vriend begeert, vindt dien slechts in God. God alleen bezit in alle volheid schoonheid, goedheid en macht. Zichzelf genoegzaam, is Hij zeker voldoende voor ons geluk. De hoofdzaak is Hem te bereiken. Welnu de hoop toont ons God, die zich tot ons neigt om zich aan ons te geven. Hebben wij dit eenmaal begrepen, dan maakt ons hart zich los van het aardsche en richt zich naar Hem, gelijk de magneet zich richt naar het noorden.

1195. B) Al zou het aardsche ons ook al bevredigen, het zou slechts voor korten tijd wezen : spoedig ontvalt het ons. Wij zijn er ons van bewust en deze gedachte vergalt onze vreugde bij al ons bezit. God daarentegen blijft eeuwig, en de dood die ons van al het aardsche scheidt, vereenigt ons nog volkomener met Hem. De natuur heeft afschrik van den dood, en toch zien wij hem met gerust gemoed naderen, omdat wij hopen eeuwig vereenigd te worden met Hem, die alleen ons volkomen gelukkig kan maken.

1196. 2° De hoop, samen met de nederigheid, *maakt onze gebeden krachtdadig* en verkrijgt ons dus al de genaden, die ons noodig zijn.

A) Hoe treffend zijn de dringende uitnoodigingen der H. Schrift om op God te vertrouwen! In het boek Ecclesiasticus vinden wij ze alle in kernachtige taal samengevat : " Weet wel, dat niemand op den Heer gehoopt heeft en beschaamd is geworden. Wie immers heeft volhard in zijn geboden en is verlaten geweest, of wie heeft Hem aangeroepen en is door Hem versmaad? Want God is goedertieren en barmhartig, en zal ten dage der kwelling de zonde kwijtschelden " (Eccli. II, 11-12).

B) Vooral in het Nieuwe Testament schijnt de krachtdadigheid van het vertrouwen uit.

Christus doet zijn wonderen ten gunste van hen, die op Hem vertrouwen. Herinneren wij ons, hoe Hij handelt met den honderdman, den lamme, die door het dak wordt neergelaten, de blinden van Jericho, de chananeesche vrouw, die, driemaal afgewezen, toch niet moede wordt haar bede te herhalen, Magdalena, den melaatsche, die na zijn genezing dank komt zeggen aan den Verlosser. En hoe zou men ook geen vertrouwen hebben, wanneer Christus uitdrukkelijk verklaart : " Voorwaar, voorwaar, Ik zeg u : Wat ge den Vader moogt vragen, Hij zal het u geven in mijnen naam " (Joan. XVI, 23). Wij weten dus, waar wij sterkte kunnen putten. Wanneer wij bidden in den naam van Jesus, dat wil zeggen, wanneer wij bidden met vertrouwen in zijn verdiensten en voldoeningen, dan spreekt zijn bloed welspiekender ten onzen gunste dan onze zwakke smeekingen.

C) Trouwens, wat *God* boven alles *eer geeft* is het vertrouwen : wij erkennen aldus zijn macht en goedheid, en Hij, die zich nimmer laat overtreffen in edelmoedigheid, beantwoordt ons vertrouwen met een overvloed van genaden. Besluiten wij daarom met het Concilie van Trente : " Allen moeten een onwrikbaar vertrouwen stellen in Gods bijstand " [1].

1197. 3º De hoop is ten slotte *een sterke spoorslag tot het goede*, een bron van kracht. **a**) Zij toch wekt op tot *heilige begeerten*, inzonderheid tot het verlangen naar den hemel, naar het bezit van God. Het

---

[1] *Trid.*, sess. VI, cap. 13.

verlangen zet de ziel in beweging, stort haar den moed, de vurigheid in, noodig tot het bereiken van het begeerde doel, en ondersteunt haar pogingen totdat het inderdaad bereikt is.

b) Zij is een *bron van kracht,* zij staalt den wil door het vooruitzicht op een belooning die onzen arbeid ver overtreffen zal. Werken de wereldlingen met zooveel ijver voor een vergankelijk goed, getroosten de mededingers in een wedstrijd zich zulke lastige vooroefeningen, spannen zij zich zoo bovenmatig in om een nietigen prijs te behalen, wat moeten wij dan niet doen voor den hemel! De Apostel schrijft : " Hij die in het worstelperk optreedt, legt zich een volkomen onthouding op. Zij doen het, om een vergankelijke kroon te ontvangen, wij om een onvergankelijke " (I Cor. IX, 25).

1198. c) De hoop geeft ons moed, uithoudingsvermogen, omdat zij ons de zekerheid geeft van te slagen. Niets werkt meer ontmoedigend dan te strijden zonder vooruitzicht op de overwinning, maar niets wekt ook meer op dan de vaste overtuiging de eindvictorie te behalen. Deze overtuiging nu hebben wij door de hoop, want wij weten, dat wij, hoe zwak ook uit onszelven, machtige helpers hebben : God, Jesus Christus, de H. Maagd en de Heiligen (n. 188-189).

"Welnu wanneer God vóór ons is, wie zal dan tegen ons zijn?" (Rom. VIII, 31). Wanneer Jesus, de Overwinnaar van duivel en wereld, in ons woont om ons zijn goddelijke kracht mede te deelen, mogen wij ons dan niet verzekerd houden van de overwinning? Wanneer de Onbevlekte Maagd, die het helsch serpent verplet heeft, voor ons ten beste spreekt, zullen wij dan niet alle gewenschte hulp verkrijgen? Wanneer de vrienden Gods voor ons bidden, zullen dan zooveel smeekingen ons niet in volkomen veiligheid stellen? Welnu, kunnen wij, met zoo groote zekerheid van de overwinning, terugschrikken voor eenige inspanning tot het eeuwig bezit van God vereischt?

III. *Vooruitgang in de beoefening der hoop.*

1199. 1º Algemeene stelregel. Vorderen in deze deugd is : haar *hechter* en *vruchtbaarder* maken.

A) Om ze *hechter*, degelijker te maken, is het noodig dikwerf de beweegredenen te overwegen, waarop zij steunt : Gods almacht, goedheid en vrijgevige beloften, n. 1193. Ware er nog iets noodig om ons vertrouwen te bevestigen, dan zou het voorzeker genoeg zijn aan deze woorden van Paulus te denken : " Hij die zijn eenigen Zoon niet gespaard heeft, maar voor ons allen heeft overgeleverd, hoe zou Hij ons tegelijk met Hem niet alles schenken ? Wie zal de beschuldiger zijn der uitverkorenen Gods? Wie zal veroordeelen? Zal het Christus Jesus zijn, die gestorven is, of liever die is opgewekt, die zetelt aan Gods rechterhand, die ook onze voorspreker is? " (Rom. VIII, 32-34) Van den kant van God is onze hoop volstrekt zeker, doch van onzen kant hebben wij reden tot vreezen, omdat wij op verre na niet altijd en volkomen aan de genade Gods beantwoorden. Onze aandacht moet er dus vooral op gericht zijn om onze hoop te verstevigen door haar werkzamer, *vruchtbaarder* te maken.

1200. B) Daartoe moeten wij met God medewerken aan de zaak onzer zaligheid. " Want we zijn Gods medearbeiders " zegt de Apostel Paulus. Wanneer God ons zijne genade schenkt, wil Hij zijn werking niet in de plaats van de onze stellen, maar enkel onze ontoereikendheid aanvullen. Hij is buiten twijfel de eerste en voornaamste oorzaak, maar Hij wijst onze medewerking niet af, doch wil die juist uitlokken, aanwakkeren, doeltreffender maken.

Hiervan was de H. Paulus zich wel bewust, toen hij schreef : " Door Gods genade ben ik, wat ik ben, en de genade, die Hij mij schonk, is niet ijdel geweest, maar meer dan alle anderen heb ik gezwoegd; niet ik, maar de genade Gods met mij " (I Cor. XV, 10). Tot wat hij zelf deed, vermaande hij de anderen eveneens. " Als medearbeiders vermanen we u bovendien om Gods genade niet vruchteloos te ontvangen " (II Cor. V, 1). En tot zijn geliefden leerling Timotheus richtte hij deze dringende vermaning : " neem ook uw aandeel in het lijden als een goed krijgsknecht van Christus Jesus " (II Tim. II, 3). De H. Petrus spreekt niet anders; hij herinnert er aan, dat men tot de zaligheid geroepen, nog kan afwijken en verloren gaan; daarom schrijft hij : " Broeders, beijvert u dus zooveel mogelijk om uw roeping en uitverkiezing vast te doen staan" (II Petr. I, 10).

In de zaak onzer heiliging moeten we ons dus wel overtuigd houden, dat alles afhangt van God, maar handelen, alsof alles van ons alleen afhing. God weigert ons nooit zijn genade en daarom hebben wij practisch alleen maar te zorgen om onzen ijver staande te houden.

1201. 2º **Toepassing** van dezen stelregel op de verschillende graden van het geestelijk leven.

A) De **beginnenden** vermijden met alle zorg de twee uitersten strijdig met de hoop : het *vermetel vertrouwen* en de *wanhoop.*

a) Het vermetel vertrouwen bestaat hierin, dat men van God den hemel en al de noodige genaden verwacht, zonder de middelen te willen aanwenden, die Hij heeft voorgeschreven. Nu eens vertrouwt men te veel op Gods goedheid : " God is te goed om mij in de hel te werpen", en men stoort zich aan geen geboden. Aldus vergeet men, dat God eveneens rechtvaardig en heilig is en de ongerechtigheid haat. — Dan weer vertrouwt men uit verwaandheid te veel op eigen krachten, en begeeft men zich te midden der gevaren en der gelegenheden van zonde. Hierbij wordt uit het oog verloren, wat de H. Schrift zegt : " Wie het gevaar bemint, zal er in omkomen" en " Waakt en bidt, opdat ge niet in bekoring komt". De H. Paulus had het grootste vertrouwen in den bijstand Gods, niettemin vermaant hij de geloovigen : " Bewerkt uw heil met vreezen en beven".

b) In tegenstelling met de vermetelen en verwaanden, zijn er ook, die door een gevoel van moedeloosheid, bijwijlen zelfs van wanhoop overvallen worden. Bij het zien der vele bekoringen, die zij niet altijd overwinnen, of gekweld door angstvalligheden, verliezen zij den moed, omdat zij meenen, dat zij hun leven nimmer zullen kunnen verbeteren en dat er dus voor hen geen zaligheid is. Deze gesteltenis is hoogst gevaarlijk. Zij moeten met alle kracht er zich tegen verzetten. Tot voorbeeld en aanmoediging diene de H. Apostel Paulus. Hij ook werd hevig bekoord en uit eigen kracht niet in staat om te overwinnen, stelde hij geheel zijn vertrouwen op " de genade Gods door Jesus Christus" (Rom. VII, 24-25). Dat ook zij bidden en zij zullen gehulpen worden gelijk hij.

1202. B) Na deze twee klippen ontweken te hebben, gaan zij zich toeleggen op de onthechting van het aardsche om dikwijls hunne gedachten en verlangens te richten naar het hemelsche. Zoo verlangt het de Apostel : " Zoo ge dan met Christus verrezen zijt, zoekt dan ook naar wat hierboven is, waar Christus is, gezeten aan Gods rechterhand. Weest bedacht op wat daarboven is, en niet op het aardsche " (Col. III, 1-2). De hemel is het vaderland, de aarde een ballingsoord ; de hemel is het doel, het ware geluk, terwijl de aarde voor ons slechts snel voorbijgaande genoegens heeft.

1203. 3° De **gevorderden** beoefenen niet enkel de hoop, maar ook het *kinderlijk vertrouwen* op God, waarbij zij steunen op Jesus Christus, het middelpunt van hun leven.

A) Ingelijfd in Christus, verwachten zij met *onwrikbaar vertrouwen* den hemel, waar Hij hun een plaats is gaan bereiden (Joan. XIV, 2).

a) Zij verwachten den hemel, zelfs te midden van *tegenspoed* en kwelling ; met den Psalmist herhalen zij : " Ik zal het kwaad niet vreezen, omdat Gij met mij zijt " (Ps. XXII, 4). Christus, die in hen woont, zal hen steeds versterken en moed instorten, gelijk weleer de Apostelen : " Ik ben het, wilt niet vreezen " (Luc. XXIV, 36).

Bij *tegenwerking* en *vervolging* versterkt hen het woord van den H. Vincentius : " Al zou de geheele wereld samenspannen om ons in het verderf te storten, niets zal gebeuren, dan wat God, in wien wij onze hoop gesteld hebben, zal toelaten ". En bij *verlies van tijdelijke goederen :* " Al wat God doet, doet Hij voor ons welzijn, en daarom moeten wij hopen, dat ook dat verlies ons tot voordeel zal strekken, omdat het van God komt " [1]. *Bij lichaams- of geesteslijden,* worden zij niet ontmoedigd, maar beschouwen dat veeleer als zegeningen Gods, als gunstbewijzen, om de glorie des hemels te verwerven.

[1] MAYNARD, *Vertus et doctrine,* p. 10.

1204. b) Door dit vertrouwen *ontkomen zij aan den greep van vermaak en succes*, nog gevaarlijker dan die van lijden en tegenspoed. "Wanneer het leven beantwoordt aan onze aardsche verwachtingen, valt het hard, die vleiende beloften te versmaden; het valt hard ons los te maken uit de omhelzing van het genot; tot het geluk, dat zich aanbiedt, te zeggen : ge zijt mij niet voldoende "[1]. Om die aanlokkingen te wederstaan, moet men zich toeleggen op vrijwillige verstervingen en vooral in een nauwere vriendschap met Christus genoegens zoeken, die zuiver en heiligend zijn : met Jesus zijn, is een zoet paradijs, zegt de Navolging.

c) Worden zij verontrust door *het bewustzijn hunner ellenden en onvolmaaktheden*, laten zij dan deze woorden van den H. Vincentius overwegen :

"Gij spreekt mij over uw ellenden. Helaas! wie is er niet vol van? De hoofdzaak is hier ze te kennen en het vernederende er van te beminnen, gelijk gij doet, en er met geen ander doel bij stil te blijven staan dan om juist daardoor uw betrouwen vast op God te vestigen. Zoo bouwt gij op een rots, waardoor, ook als de stormen komen, alles onwrikbaar blijft[2]". Onze ellenden roepen immers Gods barmhartigheid af : zij brengen ons zelfs in nog beter gesteltenis om de goddelijke gunsten te ontvangen. De H. Vincentius voegde er nog bij, dat wanneer God begonnen is een schepsel wel te doen, Hij daarmede niet ophoudt, zoolang dit schepsel zich zijn gunsten niet al te onwaardig maakt. De vroegere ontferming is dus een onderpand voor de toekomstige.

1205. B) Door de hoop leven wij bestendig met den geest *in den hemel en voor den hemel*. Volgens het schoon gebed der Kerk op Hemelvaartsdag, moeten wij nu reeds met den geest in het hemelsche wonen : *ipsi quoque mente in cælestibus habitemus :* dit wil zeggen, dat wij voor den hemel werken en lijden ; dat wij onze verlangens en onze harten naar boven richten : *ut inter mundanas varietates ibi*

---

[1] MGR D'HULST, *Carême* 1892, p. 201.
[2] MAYNARD, *Vertus et doctrine*, p. 11.

nostra fixa sint corda, ubi vera sunt gaudia. De geneugten der H. Communie zijn een voorsmaak van het geluk des hemels : daar dus moeten wij hierbeneden de ware vertroostingen zoeken, die ons hart zoozeer behoeft.

1206. C) Deze gedachte zal ons aanzetten om dikwijls met vertrouwen de *eindvolharding*, de kostbaarste aller gaven, te vragen. Wij kunnen ze wel is waar niet verdienen, maar wij kunnen ze verkrijgen van Gods barmhartigheid. Daartoe hebben wij die gebeden der H. Kerk, waarin de genade van een goeden dood gevraagd wordt, bijv. het *Wees gegroet*, dat wij zoo dikwijls bidden en waarin wij den bijzonderen bijstand der H. Maagd afsmeeken voor het uur des doods.

4° De **volmaakten** beoefenen het vertrouwen op God door de *heilige overgave*, waarover later.

ART. III. DE DEUGD VAN LIEFDE[1].

1207. De deugd van liefde verheft tot de bovennatuurlijke orde en heiligt het liefdegevoel, dat wij voor *God* en voor den evennaaste hebben. Na eenige voorafgaande opmerkingen over de liefde in 't algemeen, zullen we handelen over : 1° *de liefde tot God,* 2° *tot den evennaaste,* 3° *tot het H. Hart van Jesus,* toonbeeld van de twee eerste.

Voorafgaande opmerkingen.

1208. 1° De liefde in 't algemeen is een aandrang, een neiging tot het goed. Is dit goed *zinnelijk*, door de verbeelding waargenomen als aangenaam, dan zal de liefde zelf eveneens zinnelijk zijn; is dit goed *eerbaar* en door de rede als achtenswaardig erkend, dan is de liefde redelijk; is dit goed *boven-*

[1] S. BERN., *de diligendo Deo;* S. THOM., IIª IIæ, q. 23-44; H. FRANC. VAN SALES, *de Liefde Gods;* VAN COPPENOLLE, *de bovennat. mensch;* *de Liefde;* POTTERS, *de Liefde.*

natuurlijk en door het geloof gekend, dan is de liefde christelijk.

De liefde veronderstelt dus de kennis, maar is toch niet altijd in verhouding met die kennis, zooals wij elders zullen uitleggen.

In elke liefde kan men vooral vier zaken onderscheiden : 1) een zekere *sympathie* voor het voorwerp der liefde, sympathie, die ontstaat uit overeenstemming tusschen ons en den beminde ; deze overeenstemming veronderstelt wel geen volkomen gelijkheid tusschen de twee vrienden, maar toch zoo, dat zij elkaar aanvullen. 2) Een *zielsdrang* naar den beminden persoon om bij hem te zijn en van zijn bijzijn te genieten. 3) Een zekere *vereeniging van geest en hart* om elkaar deelgenoot te maken aan hetgeen men goeds bezit. 4) Een *gevoel van vreugde*, van genot of geluk om het bezit van den beminde.

1209. 2° De christelijke liefde is bovennatuurlijk in haar *beginsel*, in haar *beweegreden* en in haar *voorwerp*.

a) Zij is bovennatuurlijk in haar *beginsel*, door de ingestorte deugd van liefde, welke in den wil zetelt. Deze deugd, door een dadelijke genade bewogen, vervormt de eerbare liefde en verheft ze tot een hoogeren graad.

b) Het geloof geeft ons dan een *bovennatuurlijke beweegreden* om onze genegenheden te heiligen. Het richt ze op de eerste plaats naar *God*, als naar het oneindig goed, dat alleen al onze rechtmatige verlangens kan bevredigen ; dan naar de *schepselen*, die het ons toont *als een weerschijn der goddelijke volmaaktheden*, zoodat wie aldus bemint, God zelven bemint.

c) Het *voorwerp* onzer liefde wordt aldus bovennatuurlijk. De God, dien wij beminnen, is niet de abstracte God van het verstand, maar de levende God van het geloof : de Vader, die ons aanneemt tot zijn kinderen ; de Zoon, die door de menschwording onze Broeder wordt ; de H. Geest, wederkeerige liefde van den Vader en den Zoon, die in onze zielen de liefde uitstort. De schepselen verschijnen

ons niet in hun natuurlijk zijn, maar zooals de Openbaring ze ons toont : de menschen zijn voor ons
kinderen van God, ons aller Vader, broeders in Jesus
Christus, levende tempels van den H. Geest. Zoo is
dus alles bovennatuurlijk in de christelijke liefde.

1210. 3° Men kan de liefde aldus **omschrijven :**
*een goddelijke deugd, waardoor wij God beminnen op
de wijze zooals Hij zichzelf bemint, boven alles, om
Hemzelven, en den evennaaste om God.*

Het voorwerp dezer deugd is dus tweevoudig :
God en de *evennaaste.* Deze twee voorwerpen maken
er echter één uit, omdat wij de schepselen beminnen
als een uiting, een weerschijn der goddelijke volmaaktheden ; het is dus God, dien wij in hen beminnen. Zoo beminnen wij den evennaaste, zegt de
H. Thomas, *omdat God in hen is* of tenminste *opdat
Hij in hen zij.* Daarom is de liefde tot God en tot
den evennaaste één en dezelfde deugd.

§ I. Over de liefde tot God.

Wij zullen hier verklaren : 1° hare natuur, 2° haar
heiligende werking, 3° haar ontwikkeling.

I. *De natuur der liefde.*

1211. Het eerste voorwerp der liefde is God. Het
is God beschouwd in de geheele oneinige werkelijkheid van zijn volmaaktheden, en niet de een of
andere goddelijke eigenschap in 't bijzonder. Toch
zal de beschouwing van een enkele eigenschap,
zooals de barmhartigheid, gemakkelijk tot de beschouwing van al de volmaaktheden voeren. Het is
overigens niet vereischt ze in bijzonderheden te
kennen ; de eenvoudige zielen beminnen den *goeden
God,* zooals het geloof Hem kennen doet, zonder
meer.

Tot juister begrip van de liefde tot God gaan we
nu een verklaring geven van het *gebod,* dat ons

de liefde voorschrijft, van de *beweegreden*, waarop dit gebod steunt, en van de verschillende *trappen*, waarlangs wij opklimmen tot de zuivere liefde.

1212. 1° **Het gebod. A**) Dit gebod, reeds in het Oud Verbond gegeven, werd door Christus vernieuwd en voorgesteld als het kort begrip der Wet en der Profeten : "Gij zult den Heer uw God beminnen met heel uw hart, met heel uw ziel en heel uw verstand " (Matth. XXII, 37). Dit wil zeggen, dat wij God boven alles moeten beminnen en met al de krachten onzer ziel.

De H. Franciscus van Sales[1] verklaart dit op voortreffelijke wijze : "Wat God van ons eischt is, dat zijn liefde boven elke andere liefde de hartelijkste zij en ons hart overheersche ; dat ze de innigste zij en geheel onze ziel doordringe; dat ze algemeen zij en beslag legge op al onze vermogens ; dat ze de hoogste zij en onzen geest geheel vervulle, de hechtste, de sterkste zich uitend met al de kracht, die in ons is ". En hij besluit met dezen heerlijken liefdekreet : " Ik ben de uwe, Heer, en moet U alleen toebehooren ; mijn ziel is aan U en mag slechts voor U leven ; mijn wil is aan U en mag alleen om U beminnen; mijn liefde is aan U en moet zich tot U richten. Ik moet U beminnen als mijn eerste begin, omdat ik van U ben ; ik moet U beminnen als mijn einde en mijn rust, omdat ik voor U ben ; ik moet U beminnen meer dan mijn wezen, omdat mijn wezen door U bestaat ; ik moet U beminnen meer dan mijzelf, omdat ik geheel aan U en in U ben".

1213. B) Het gebod der liefde is dus veelomvattend. *In zich* is het onbegrensd, want *de maat bij het beminnen van God, is Hem te beminnen zonder maat.* Het verplicht ons derhalve *altijd naar de volmaaktheid te streven*, n. 353-361 ; onze liefde moet altijd, tot aan den dood, aangroeien. Volgens de leer van den H. Thomas[2], is de *volmaaktheid* der liefde *geboden als doel*. Men is dus gehouden ze te *willen* bereiken, maar, zegt Cajetanus, " juist omdat zij *doel* is, is het voldoende om niet te misdoen

---

[1] *Liefde Gods*, 10ᵉ Boek, 6e en 10ᵉ hoofdst.
[2] *Sum. theol.*, IIᵃ IIæ, q. 184, a. 3 ; CAJET. *Comment.* op deze plaats.

tegen het gebod, in zulken staat te zijn, dat men eens, al is het ook in het andere leven, die volmaaktheid kan bereiken. Alwie de liefde, zelfs maar in den zwaksten graad bezit, en zoo op den weg van den hemel wandelt, is op het pad der volmaakte liefde, en vermijdt van dan af de overtreding van het gebod, hetgeen noodzakelijk is om zalig te worden ".

Wie echter *naar de volmaaktheid streven*, stellen zich met dezen eersten graad niet tevreden; zij klimmen steeds hooger en trachten God te beminnen, niet alleen met heel hun ziel, maar ook met alle krachten. Hiertoe spoort ons overigens de beweegreden der liefde aan.

1214. 2º De **beweegreden** der liefde is niet het goed, van God ontvangen of verwacht, maar *zijn oneindige volmaaktheid*, ten minste als beweegreden, die *ten slotte overheerschend* is. Bij deze kunnen zich dus andere beweegredenen voegen, bijv. van heilzame vrees, van hoop, van erkentelijkheid, mits de oneindige volmaaktheid Gods waarlijk de hoofdbeweegreden zij. Bijgevolg gaat de eigenliefde, in zoover zij aan de liefde Gods ondergeschikt is, zeer wel samen met die liefde. Wat de Heiligen in zoo sterke bewoordingen veroordeelen, is de *ongeregelde* eigenliefde.

1215. A) De meening van Bolgeni kunnen wij echter niet aannemen. Hij beweert, dat de eenig mogelijke en verplichtende liefde die is, welke als beweegreden heeft *de goedheid van God ten onzen opzichte*, omdat, zegt hij, wij niet kunnen beminnen dan datgene, wat wij waarnemen als overeenkomend met onze behoeften en verlangens. Hij verwart een vooropgezette voorwaarde met de werkelijke beweegreden der liefde. Wel veronderstelt de liefde van zelf reeds, dat het voorwerp onzer liefde in overeenstemming is met onze natuur en verlangens; maar de beweegreden, waarom wij beminnen, bestaat niet in die overeenstemming, maar in Gods oneindige volmaaktheid om haarzelve bemind.

De H. Franciscus [1] verklaart deze leer aldus : " Maar als, in een onmogelijke veronderstelling, er een oneindige goed-

---

[1] *Liefde Gods*, 10ᵉ b., 10ᵉ h.

heid bestond, geheel afgesloten en ontoegankelijk voor ons,
dan zouden wij die voorzeker hooger achten dan onszelven...
maar, om juist te spreken, wij zouden ze niet beminnen, want
beminnen wil zeggen streven naar vereeniging ; nog veel minder zouden wij vriendschappelijke liefde jegens haar gevoelen,
wijl de vriendschap noodzakelijkerwijze wederkeerig is, en tot
grondslag de gemeenschap en tot doel de vereeniging heeft. "

1216. B) De vraag is gesteld of de *dankbaarheid*
geen beweegreden van volmaakte liefde kan zijn.
Hier dient onderscheid gemaakt te worden : wanneer de dankbaarheid zich bepaalt tot de ontvangen
weldaad en niet opgaat tot den Weldoener zelven,
dan is zij niet voldoende als beweegreden van liefde,
omdat zij niet belangeloos is; doch klimt men van
de liefde der weldaad op tot de liefde van den
Weldoener en bemint men Hem om zijn oneindige
goedheid, dan vereenzelvigt zich de beweegreden
der dankbaarheid met die der liefde.

Practisch voert de dankbaarheid gemakkelijk tot de zuivere, onbaatzuchtige liefde, omdat zij de uiting is van een zeer
edel gevoel. Daarom wordt ons door de H. Schrift en door
de groote dienaren Gods de herinnering aan de weldaden
des Heeren dikwerf voorgehouden om ons op te wekken tot
de zuivere liefde. De H. Joannes bijv., na gezegd te hebben
dat de volmaakte liefde alle vrees verbant, vermaant ons God
te beminnen " omdat Hij ons het eerst heeft liefgehad"
(I Joan. IV, 18-19). Hoevelen hebben inderdaad geleerd God
te beminnen met de zuiverste liefde door te denken aan de
liefde, die van alle eeuwigheid ons bemind heeft en door de
liefde van Jesus te overwegen in zijn Lijden en in zijn
H. Sacrament?

Wil men een maatstaf om de *zuivere* liefde te
onderscheiden van de *baatzuchtige*, dan kan het
volgende dienen : belangelooze liefde is het God te
beminnen, omdat Hij *goed* is, en *Hem* goed te
willen; baatzuchtige liefde is het God te beminnen,
omdat Hij *goed is voor ons,*en *onszelven* goed te willen.

1217. 3° De H. Bernardus[1] onderscheidt vier
trappen van liefde : 1) Vooreerst bemint de mensch

---

[1] *De diligendo Deo,* c. XV; *Epistola* XI, n. 8.

zichzelf om zichzelf, want hij is vleesch en onbekwaam om in iets smaak te vinden tenzij in zichzelf.
2) Dan, in zijn onvoldaanheid, begint hij God te
zoeken door het geloof en Hem te beminnen als
een noodzakelijken helper; op dezen tweeden trap
bemint hij God nog niet om God, maar om zichzelf.
3) Weldra echter, door God steeds te beschouwen
als een noodzakelijken helper, door veel aan Hem
te denken, begint hij altijd meer in te zien, hoe zoet
de Heer is, en Hem te beminnen om Hemzelf.
4) De laatste trap eindelijk, waartoe weinigen hier
op aarde komen, bestaat in zichzelf alleen te beminnen om God en dus God uitsluitend om Hem te
beminnen.

Er zijn dus drie trappen van liefde tot God,
immers de eerste trap is slechts eigenliefde; deze
drie trappen beantwoorden aan de drie trappen
van volmaaktheid, die we reeds verklaard hebben,
nn. 340, 624-626.

II. *Heiligende werking der liefde tot God.*

1218. 1º De liefde is in zich de *voortreffelijkste*
en daarom de meest *heiligende* aller deugden, want
zooals wij reeds aantoonden, is zij het wezen zelf
der volmaaktheid, omvat zij alle deugden en verleent
ze een bijzondere volmaaktheid, omdat zij alle
akten der deugden tot God boven alles bemind
terugvoert. (n. 310-319).

De Apostel zegt ons dit in dichterlijke taal : "Al spreek ik
de talen van menschen en engelen, maar heb ik de liefde
niet, ik ben een rinkelend bekken of een rammelend cymbaal.
Al heb ik de gave der profetie, al bezit ik alle geheimen en
kennis, al heb ik het volle geloof, dat bergen verzet, zonder
liefde ben ik niets. Al schenk ik weg al wat ik heb, al geef ik
mijn lichaam om me te laten verbranden, zoo ik de liefde niet
heb, het dient me tot niets.

De liefde is geduldig, de liefde is goedertieren, de liefde is
niet afgunstig, niet pronkzuchtig, niet verwaand. Ze handelt
niet onedel, ze zoekt zichzelve niet, ze laat zich niet verbitteren,
ze rekent het kwade niet aan. Over onrecht is ze niet blijde,

maar over de waarheid verheugd; alles bedekt ze, alles gelooft ze, alles hoopt ze, alles duldt ze.

De liefde vergaat nimmer... Zoo blijven bestaan geloof, hoop en liefde, drie in getal, maar de grootste daarvan is de liefde" (I Cor. XIII).

1219. Meer dan welke deugd ook, werkt de liefde *vereenigend* en *omvormend*.

a) Zij vereenigt de geheele ziel en al haar vermogens met God : den *geest*, door de achting voor en de herhaalde herinnering aan God, den *wil*, door de volkomen onderwerping aan zijn wil, het *hart*, door alle genegenheden aan de liefde Gods ondergeschikt te maken, onze *werkkrachten*, door ze alle in den dienst van God en der zielen te stellen.

b) Door de ziel geheel met God te vereenigen, *hervormt* ze haar. De liefde ontdoet ons van onszelven, verheft ons tot God, zet ons aan om Hem na te volgen, om in ons zijn goddelijke volmaaktheden weer te geven. Men verlangt immers gelijkvormig te worden aan den beminde, wijl men hem beschouwt als een toonbeeld, en door met hem overeen te stemmen, wil men tot grooter vertrouwelijkheid met hem komen.

1220. 2° De liefde draagt, door hare *uitwerkingen*, zeer veel bij tot *onze heiliging*.

a) Zij doet tusschen onze ziel en God een soort *sympathie* onstaan, waardoor wij God en wat op God betrekking heeft, beter *begrijpen* en *smaken*, gelijk ook om de wederkeerige sympathie, de vrienden elkaar begrijpen, elkanders verlangen raden en in steeds vertrouwelijker omgang leven. Hoevelen, zonder wetenschappelijke ontwikkeling, maar door liefde tot God vervoerd, smaken en beleven de groote geloofswaarheden beter dan geleerden. Dit is een uitwerking der liefde.

1221. b) *Zij vermenigvuldigt onze werkkracht* ten goede, omdat zij ons een onverzettelijken moed en sterkte meedeelt om alle beletselen te overwinnen en de verhevenste akten van deugd te beoefenen, want " de liefde is sterk als de dood " (Cant. VIII, 6). Waartoe is een moeder niet in staat voor haar kind?

Niemand heeft wellicht beter dan de schrijver der Navolging [1] de wonderbare werking der goddelijke liefde beschreven : " De liefde is een zeer groot goed. Zij alleen maakt alle lasten licht en verduurt blijmoedig alle wederwaardigheden. Zonder last draagt ze de zwaarste lasten ; het bittere maakt ze zoet en al het walgelijke smakelijk... Uit God is ze geboren en daarom kan ze slechts in God rust vinden. De liefde loopt, vliegt, is blijde... ze geeft alles voor alles... De liefde tot Jesus is edelmoedig, prikkelt tot groote daden en wekt aldoor het verlangen naar nog grootere... De liefde waakt... geen inspanning mat haar af, geen benauwdheid benauwt haar, geen schrik brengt haar in verwarring. Als een verterende vlam en hoogbrandende toorts baant ze zich een weg naar boven en dringt ongehinderd door alles heen ".

1222. c) Zij stort ook groote blijdschap in de ziel en verruimt ze : zij toch is een vervroegd bezit van het Opperste Goed; dit bezit moet de ziel wel met vreugde vervullen.

Daarom zegt nog de Navolging : " In den hemel en op aarde is niets zoeter, niets verhevener, niets omvangrijker, niets aangenamer, niets volmaakter en edeler dan de liefde ". De hoofdbron van deze vreugde is een levendiger bewustwording van de tegenwoordigheid van Jesus, van God binnen ons : " met Jesus zijn is een zoet paradijs " [2], want " zijt Gij, almachtige God, aanwezig, dan is alles genoeglijk, maar zijt Gij afwezig, dan mishaagt alles " [3].

1223. d) Deze blijdschap gaat samen met een grooten vrede. Wanneer wij het bewustzijn hebben dat God in ons is, dan geven wij ons met volle vertrouwen aan Hem over, laten Hem in alle gerustheid de zorg voor al onze belangen. Hoe zouden wij dan geen volkomen vrede en rust genieten? " Gij stort in het hart rust, grooten vrede en feestvreugde ". [4] — Geen gesteltenis nu bevordert zoozeer den geeste-

---

[1] 3e Boek, 5e h. — [2] *Navolging*, 2e B., 8e h.
[3] *Navolging*, 3e B., 34e h. — [4] *Navolging*, 3e B., 31e h.

lijken vooruitgang als de inwendige vrede : " in stilzwijgendheid en rust vordert de godvruchtige ziel ".

Van welke zijde wij dus de liefde beschouwen, in zich of in hare gevolgen, zij moet onder alle deugden de meest vereenigende en de meest heiligende genoemd worden. Zij is waarlijk de band der volmaaktheid.

III. *Ontwikkeling der liefde tot God.*

1224. Algemeene stelregel. Daar liefde de gave van zichzelven is, zal ook onze liefde tot God volmaakter zijn, naarmate wij ons volkomener aan Hem geven, *zonder voorbehoud* en *zonder terugname : met geheel de ziel, met heel het hart, met alle krachten.* Doch wijl men hierbeneden zich niet geven kan zonder offers te brengen, zoo zal ook onze liefde volmaakt zijn, naar gelang wij met edelmoedigheid den *geest van opoffering* weten te beoefenen ter liefde Gods (n. 321).

1225. 1º De **beginnenden** beoefenen deze liefde door zich toe te leggen op *het vermijden der zonde,* vooral der doodzonde en hare oorzaken.

a) Dus *boetende liefde :* zij betreuren het van harte God beleedigd en zijn eer verkort te hebben (n. 743-745).

Deze liefde heeft een dubbele uitwerking. 1) Zij verwijdert ons steeds meer van de zonde en van het schepsel, waaraan onze genotzucht ons gehecht had. 2) Zij verzoent en vereenigt ons met God, niet enkel, omdat zij de zonde, het groote beletsel voor de vereeniging met God, wegneemt, doch ook omdat zij ons hart die gevoelens van berouw en vernedering instort, welke reeds een begin van liefde zijn en onder den invloed der genade somtijds in volmaakte liefde overgaan. "Want, zegt de H. Franciscus van Sales, de onvolmaakte liefde verlangt en zoekt God, de boetvaardigheid zoekt en vindt Hem, de volmaakte liefde bezit en houdt Hem omklemd". In alle geval worden onze zonden ons vergeven, naarmate onze liefde vurig is.

1226. b) De beginnenden beoefenen nog, in den eersten graad, *de liefde van gelijkvormigheid aan den goddelijken wil :* zij gehoorzamen aan de geboden van God en de H. Kerk en verdragen moedig de beproevingen, die de Voorzienigheid hen overzendt, tot uitboeting hunner zonden. (n. 747).

c) Hun liefde moet weldra een *erkentelijke* liefde worden. Daar God, ondanks hun zonden, niet ophoudt hen met zijn weldaden te overladen, en zoo genadig hun zonden vergeeft, zoodra zij er berouw over toonen, betuigen zij Hem hiervoor hun oprechte, levendige dankbaarheid, loven zijn goedheid en trachten beter aan zijn genaden te beantwoorden. Deze gevoelens zijn goed en edel, en een uitmuntende voorbereiding tot de belangelooze liefde. Gemakkelijk toch klimmen wij van de ontvangen gave op tot de liefde voor den Gever, en wenschen wij zijn goedheid gedankt en geprezen te zien door de geheele aarde : dit is reeds de zuivere liefde.

1227. 2° De **gevorderden** beoefenen de liefde van *welbehagen*, van *welwillendheid*, van *gelijkvormigheid met den wil Gods*; daardoor komen zij tot de liefde van *vriendschap*.

A) *De liefde van welbehagen* wordt geboren uit het geloof en de overweging. **a**) Door het geloof weten wij en door de overweging doordringen wij ons nog meer van de waarheid, dat God de volheid is van het zijn en de volmaaktheid, van de wijsheid, van de macht, van de goedheid. Welnu, als wij eenigszins goed gestemd zijn, dan kunnen wij niet nalaten behagen te scheppen in die oneindige volmaaktheid; wij verheugen ons, dat God zoo rijk is in alle goed; wij gevoelen meer voldoening om het geluk van God, dan om het onze, en uiten zulks door akten van bewondering en instemming.

b) Daardoor eigenen wij ons als 't ware de volmaaktheden der Godheid toe : God wordt *onze* God, wij voeden ons met zijn volmaaktheden, zijn goedheid, zijn zachtmoedigheid, zijn goddelijk leven. Het hart voedt zich immers met datgene waarin het zijn behagen stelt. Zoo worden wij rijk door de goddelijke volmaaktheden, die de liefde tot de onze maakt, omdat zij er haar welgevallen in vindt.

1228. c) Doch doordat wij de goddelijke volmaaktheden in ons opnemen, nemen wij God zelf op en *wij geven ons* geheel aan Hem, gelijk de H. Franciscus van Sales [1] verklaart :

" Door deze heilige liefde van welbehagen genieten wij het goed dat in God is, als was het het onze. Daar echter de goddelijke volmaaktheden sterker zijn dan onze geest, nemen zij dezen, bij het binnentreden, op haar beurt in bezit, zoodat niet alleen God, door dit welbehagen, *aan ons* is, maar ook wij *aan God* zijn". De ziel roept dan ook in die heilige afzondering : " Het is mij genoeg, dat God God is, dat zijn goedheid oneindig is, dat zijn volmaaktheid onmetelijk is ; weinig is er mij aangelegen, dat ik leef of dat ik sterf, omdat ik weet, dat mijn Welbeminde eeuwig leeft in altijddurende zegepraal... Het is voor de minnende ziel genoeg, dat Hij, dien ze meer dan zichzelf bemint, vervuld is van eeuwige goederen ; zij leeft immers meer in Hem dan in haar eigen lichaam".

1229. d) Dit beminnen gaat over in *medelijden* en *deelname* bij het beschouwen van den lijdenden Jesus. Een godvruchtige ziel zal bij het zien van den afgrond van droefheid en angsten, waarin haar Beminde ligt neergesmakt, noodzakelijk deelen in zijn liefdesmarten. Den H. Franciscus van Assisie werden handen, voeten en zijde doorboord, de H. Catharina van Siëna ontving de wondteekenen des Verlossers. Het welbehagen had het medelijden, het medelijden de wonden des Verlossers in hun ziel voortgebracht en God wilde uitwendig openbaren, wat de liefde inwendig in hen had uitgewerkt.

1230. B) De liefde van welbehagen brengt de liefde van welwillendheid voort, dat is een vurig verlangen den Beminde te verheerlijken en te doen verheerlijken.

---

[1] *Liefde Gods*, 5e b., 3e h.

a) Ten opzichte van Gods innerlijke volmaaktheid is deze
liefde van welwillendheid enkel een onmogelijke veronderstelling.

1231. b) De uitwendige glorie van God wenschen
wij in ons en in anderen te vermeerderen, en daarom
verlangen wij Hem beter te kennen, beter te beminnen om Hem beter te doen kennen en beminnen.
Om deze liefde niet enkel tot verlangens te bepalen,
trachten wij de goddelijke schoonheid en volmaaktheden in bijzonderheden te leeren kennen om ze te
loven en ze te doen zegenen door anderen, bereid
om aan dit doel alle andere studie of bezigheid, die
ons meer behaagt, ondergeschikt te maken of zelfs
op te offeren.

Vervuld van achting en bewondering voor God, verlangen
we dan, dat zijn heilige naam gezegend, verheven, geprezen,
geeerd en aanbeden worde over de geheele aarde. En niet in
staat om het door onszelven volmaakt te doen, noodigen wij
alle schepselen uit om hun Schepper te loven en te zegenen :
" Looft, alle schepselen des Heeren, zegent den Heer "
(Dan. III, 57). Wij stijgen in den geest op tot in den hemel
om ons aan te sluiten bij de koren der Engelen en der
Heiligen en met hen te zingen : Heilig, Heilig, Heilig is de
Heer!... Wij vereenigen ons ook met de Heilige Maagd, die
aan God lof geeft boven alle schepselen, en herhalen met
Haar : " Mijn ziel prijst groot den Heer!" Bovenal echter
vereenigen wij ons met het Menschgeworden Woord, Jesus
Christus, die oneindigen lof geeft aan de H. Drievuldigheid.

Ten slotte vereenigen wij ons met God zelven, dat is met
de drie goddelijke Personen, die elkander loven en zalig
spreken. " Dan roepen wij uit : Eere zij den Vader en den
Zoon en den H. Geest! Het is geen geschapen lofprijzing,
die wij God toewenschen, maar de wezenlijke, de eeuwige
glorie, die Hij heeft in zichzelf, door zichzelf, van zichzelf,
daarom voegen wij er bij : Gelijk het was in den beginne, en
nu en altijd... alsof wij den wensch uitdrukten : Dat voor
altijd God verheerlijkt zij door de glorie, die Hij had voor
alle schepsel, in zijn oneindige eeuwigheid en zijn eeuwige
oneindigheid!"[1]

Vooral de *kloosterlingen* en *priesters* zijn krachtens
hun geloften of bediening geroepen om op deze

---

[1] H. Franc. van Sales, *Liefde Gods*, 5e B., 12e h.

wijze de glorie van God te bevorderen. Vervoerd door het verlangen Hem te verheerlijken, houden zij, zelfs te midden hunner bezigheden, niet op Hem te zegenen en te loven. Hun eenig streven is het rijk Gods uit te breiden en Hem, dien zij als hun eenig aandeel op deze wereld beminnen, te doen loven en zegenen in alle eeuwigheid.

1232. C) De liefde van welwillendheid openbaart zich door de *liefde van gelijkvormigheid.* Om het rijk Gods hechter te bevestigen is niets zoo doeltreffend als het volbrengen van zijn heiligen wil. De liefde toch is vóór alles de vereeniging, de samensmelting van twee willen in éénen. Daar alleen de wil van God goed en wijs is, moeten wij klaarblijkelijk onzen wil aan den zijnen ondergeschikt maken.

Deze gelijkvormigheid omvat, zooals wij verklaard hebben, n. 480-492, de gehoorzaamheid aan de geboden, aan de raden, aan de inspraken der genade, en de nederige, liefdevolle onderwerping aan alle beschikkingen der Voorzienigheid, of zij overeenkomstig of strijdig met onze verlangens zijn. Tegenspoed, vernedering en allerhande beproeving : alles wordt ons overgezonden tot heiliging onzer ziel en glorie van God. De gelijkvormigheid voert tot de *heilige onverschilligheid* voor alles wat niet tot den dienst van God behoort. Overtuigd, dat God alles en het schepsel niets is, willen wij nog maar God, zijn liefde en zijn glorie, voor al het overige blijft onze wil geheel onverschillig. Hier is geen sprake van stoïcijnsche ongevoeligheid, want nog altijd gevoelen wij ons aangelokt tot wat ons behaagt; alleen bij het waardeeren en willen zijn wij daarvoor onverschillig. Evenmin bedoelen wij hier de zorgeloosheid der quiëtisten : wij zijn niet onverschillig voor onze zaligheid, wij wenschen deze met alle vurigheid, maar altijd in onderdanigheid aan Gods heiligen wil.

Uit deze heilige overgave wordt een volkomen vrede geboren. In het bewustzijn, dat ons niets zal overkomen, wat niet tot onze heiliging bijdraagt, zooals Paulus zegt : " we weten ook, dat God alles ten goede leidt voor hen die Hem liefhebben" (Rom. VIII, 28), omhelzen wij de beproevingen en kruisen met vreugde ter liefde van den goddelijken Gekruiste en om Hem gelijkvormiger te worden.

" Zoo doet de volkomen gelijkvormigheid aan Gods wil ons rust vinden in de smart gelijk in de vreugde, volgens het welbehagen van Hem, die weet, wat voor ons dienstig is. Zij doet ons rust vinden niet in onze eigen bevrediging, maar in die van God; wij bidden Hem zijn bevrediging te zoeken en met ons te handelen volgens zijn goedvinden" [1].

1233. D) Deze gelijkvormigheid voert ons tot de *vriendschap met God*. De vriendschap brengt, behalve de welwillendheid, ook nog de wederkeerige gave der twee vrienden mede. Welnu, dit zien we werkelijk in de liefde Gods.

Zij is een ware vriendschap, zegt de H. Franciscus van Sales [2], "want zij is wederkeerig : daar God van eeuwigheid bemind heeft alwie Hem heeft bemind, bemint of zal beminnen in den tijd, zoo wordt die liefde wederkeerig verklaard en erkend, wijl het God niet ontgaan kan, dat wij Hem liefde toedragen, omdat Hij zelf ons die geeft, en wij kunnen evenmin onkundig zijn van de liefde, die Hij voor ons heeft, daar Hij ze zoo klaar getoond heeft... en eindelijk omdat wij in voortdurende gemeenschap zijn met Hem, die niet ophoudt te spreken tot ons hart door ingevingen, vertroostingen en heilige aandoeningen". En hij voegt er bij : "Deze vriendschap is geen gewone vriendschap, doch eene, waardoor wij God uitkiezen om Hem met een bijzondere liefde te beminnen".

1234. Deze vriendschap bestaat dus daarin dat God zichzelf aan ons geeft en wij onszelven geven aan God. Laten wij dan nagaan, wat de liefde van God voor ons is, om te begrijpen, welke onze liefde voor Hem moet wezen.

a) Zijn liefde voor ons is : 1) *eeuwig :* "met eeuwige liefde heb Ik u bemind" (Jerem. XXXI, 3). 2) Zij is *belangeloos :* Hij heeft ons volstrekt niet noodig, doch bemint ons alleen om ons wel te doen. 3) Zij is *edelmoedig :* Hij geeft zich geheel en al en komt vriendschappelijk in onze ziel wonen (n. 92-97). 4) Zij is *voorkomend :* niet slechts bemint Hij ons het eerst, doch Hij dringt aan, Hij bedelt om onze liefde, alsof Hij die noodig had : "Mijn genoegen is met de kinderen der menschen te zijn" (Prov. VIII, 31). "Mijn zoon, geef Mij uw hart" (Prov. XXIII, 26). Wie zou ooit zulke teedere gevoelens kunnen uitdenken?

---

[1] BOSSUET, *Elévations*, 13e Sem., 7e Elév.
[2] *Liefde Gods*, 2e B., 12e h.

1235. b) Wij moeten dus zoo groote liefde beantwoorden met een zoo volmaakt mogelijke wederliefde.

1) Onze liefde moet *altijd toenemen*. Wij hebben God niet
kunnen beminnen van alle eeuwigheid en kunnen Hem evenmin zooveel beminnen, als Hij verdient, daarom moeten wij
Hem ten minste elken dag meer beminnen, zonder ooit eenige
grens te stellen aan onze genegenheid, zonder Hem eenig
offer, dat Hij ons vraagt, te weigeren, maar altijd zoeken
Hem genoegen te doen. 2) Zij moet *edelmoedig* zijn en zich
uiten door teedere aandoeningen, menigvuldige schietgebeden
en zeer eenvoudige akten van liefde, bijv. " Mijn God, ik
bemin U uit geheel mijn hart", maar ook door daden, en
bovenal door de volkomen overgave van onszelven. God moet
het middelpunt van geheel ons wezen zijn : van ons *verstand*,
dat zich dikwerf tot Hem zal richten, van onzen *wil*, door de
nederige onderwerping aan zijn minste verlangens ; van ons
gevoel; wij mogen niet dulden, dat ons hart vreemde genegenheden koestert, die een beletsel zouden zijn voor de liefde
tot God ; van al onze *handelingen*, die zoo goed mogelijk
moeten verricht worden ten einde God te behagen. 3) Onze
liefde moet *belangeloos* wezen : wij moeten God beminnen
boven zijn gaven. Daarom moet Hij ons even lief zijn ten
tijde van dorheid als van troost. Betuigen wij Hem dus bij
herhaling, dat wij Hem willen beminnen en wel om Hem
zelven. Zoo zullen we, ondanks onze zwakheid, trachten te
beantwoorden aan zijne liefde.

§ II. Over de naastenliefde.

Na de *natuur* en de *heiligende werking* dezer
deugd verklaard te hebben, zullen wij hare *beoefening*
bespreken.

I. *Natuur der naastenliefde.*

1236. De broederlijke liefde is werkelijk een
goddelijke deugd, gelijk reeds gezegd is, mits men
God zelf bemint in den evennaaste, of, met andere
woorden, zoo men den evennaaste bemint om God.
Indien wij den evennaaste *alleen om hemzelven* of
om de diensten, die hij ons kan bewijzen, zouden
beminnen, dan zou er van goddelijke deugd geen
sprake zijn.

A) *God* dus moeten wij zien in den evennaaste. God openbaart zich in hem door de *natuurlijke* gaven, waardoor hij deelt in Gods zijn en eigenschappen, en door de *bovennatuurlijke* gaven, waardoor hij deelt in Gods natuur en leven, n. 445. Daar de deugd van liefde bovennatuurlijk is, moeten wij ook die *bovennatuurlijke* hoedanigheden beschouwen als beweegreden onzer liefde. Eveneens waar het gaat over de natuurlijke hoedanigheden van den evennaaste, moeten wij die zien met het oog des geloofs, dus als tot de bovennatuurlijke orde door de genade verheven.

1237. B) Tot beter begrip van de ware beweegreden der broederlijke liefde, kunnen wij de menschen nader beschouwen in hun verhouding tot God : dan verschijnen ze ons als *kinderen Gods, ledematen van Jesus Christus, mede-erfgenamen van hetzelfde hemelrijk* (n. n. 93, 142-149).

Zelfs dan wanneer zij niet in staat van genade zijn of het geloof niet hebben, zijn zij toch geroepen om deze bovennatuurlijke gaven te bezitten. Op ons rust de plicht om, ten minste door het gebed en het voorbeeld, mede te werken tot hun bekeering. Welke sterke beweegreden om ze als onze broeders te beminnen! Hoe nietig zijn de verschillende eigenaardigheden, die ons scheiden, vergeleken bij alles wat ons vereent!

II. *Heiligende werking der naastenliefde.*

1238. 1° Daar de bovennatuurlijke naastenliefde slechts een soort Godsliefde is, viel hier alles te herhalen, wat wij van de wonderbare uitwerkselen der liefde tot God gezegd hebben. Wij zullen ons evenwel beperken tot eenige aanhalingen uit de brieven van den H. Apostel Joannes :

"Wie zijn broeder liefheeft, blijft in het licht, en voor hem ligt er geen struikelblok ; maar wie zijn broeder haat, hij is in de duisternis" (I Joan. II, 10-12). In het licht blijven, is volgens de spreekwijze van Joannes, in God, de bron van alle licht blijven, en in de duisternis zijn, is in staat van zonde zijn. En verder : "We weten dat we uit den dood tot het

leven zijn overgegaan, omdat we de broeders beminnen...
Wie zijn broeder haat, is een moordenaar" (I Joan. III, 14-15).
En hij besluit aldus : " Geliefden, laten we elkander beminnen,
want de liefde is uit God, en wie liefheeft, is uit God geboren
en kent God; wie niet liefheeft, kent God niet, want God is
liefde!... Wanneer we elkander beminnen, dan blijft God in
ons, en is in ons de volmaakte liefde tot Hem... God is liefde,
en wie in de liefde blijft, blijft in God en God in hem... Zoo
iemand zegt : "ik heb God lief", maar toch zijn broeder
haat, hij is een leugenaar, wie immers zijn broeder, dien hij
gezien heeft, niet bemint, kan God niet beminnen, dien hij
niet gezien heeft. Want dit gebod hebben we van Hem
ontvangen : Wie God bemint, moet ook zijn broeder beminnen" (I Joan. IV). Uitdrukkelijker kan wel niet gezegd worden,
dat den evennaaste beminnen, God beminnen is, met al de
voorrechten aan die liefde toegezegd.   .

1239. 2° Overigens Jesus zegt ons, dat Hij
beschouwt als aan Hem gedaan al wat wij voor den
minste der zijnen doen : " Voorwaar, Ik zeg u, wat
ge voor een van mijn geringste broeders gedaan hebt,
dat hebt ge voor Mij gedaan " (Matth. XXV, 40).
Doch Jesus, we weten het, laat zich niet overwinnen
in edelmoedigheid; den minsten dienst dien we
Hem in den persoon zijner broeders bewijzen, beloont
Hij honderdvoud in velerlei genaden.

Hoe troostend is deze gedachte voor hen die zich aan de
naastenliefde wijden, de lichamelijke of geestelijke aalmoes
aan de armen toereiken! Doch meer nog voor die hun
gansche leven in werken van liefde of zielenarbeid doorbren-
gen! Ieder oogenblik bewijzen ze Jesus diensten in den
persoon hunner broeders, ieder oogenblik dus ook werkt Jesus
in op hun ziel om ze te verrijken en te heiligen.

III. *Beoefening der Naastenliefde.*

1240. De **regel** waaraan wij ons hebben te
houden is : *God of Jesus zien in den evennaaste* [1].

---

[1] De H. Joannes Eudes zegt zeer wel : " Beziet uwen evennaaste in
God en God in hem, dat is beschouwt hem als iets uit de goedheid van
God voortgekomen, als iets van God, als iets wat geschapen is om
terug te keeren tot God en waardoor God waarlijk eeuwig zal
verheerlijkt worden, hetzij in zijn barmhartigheid, hetzij in zijn rechtvaardigheid ". *Royaume de Dieu*, 2e P., § 35, p. 259.

Zoo wordt onze liefde *bovennatuurlijk* in haar beweegreden en haar hulpmiddelen, *algemeen* in haar arbeidsveld, *edelmoediger* en *werkzamer* in haar beoefening.

1241. 1º De **beginnenden** leggen er zich vooral op toe de *fouten* tegen de naastenliefde te *vermijden* en de akten, die *geboden* zijn, te *stellen.*

A) Met alle zorg laten zij dus alles na, wat Jesus en den naaste kan bedroeven.

a) Alle vermetel oordeel, kwaadspreken, laster, die met de rechtvaardigheid en de liefde in strijd zijn, n. 1043. b) den natuurlijken afkeer, die wanneer er aan wordt toegegeven, menigmaal oorzaak wordt van tekortkomingen tegen de liefde; c) alle *scherpe, bitse woorden*, alle spottende, minachtende uitdrukkingen, waaruit maar al te dikwijls vijandschappen ontstaan of grooter worden; ook alle *hatelijke zinspelingen*, die somtijds kwetsen en grievend leed veroorzaken; d) heftig, trotsch *opstrijden*, hardnekkig redetwisten, waarbij ieder gelijk wil hebben en de tegenstanders tracht te vernederen; e) *naijver, oneenigheden, onware voorstellingen en verklaringen*, waardoor noodzakelijk tweedracht moet ontstaan.

1242. Om zich te vrijwaren tegen die fouten, kan men niets beters doen dan de treffende woorden te overwegen, welke de H. Paulus hieromtrent tot de eerste christenen richtte : "Ik, de gevangene des Heeren, vermaan u dus, dat ge u gedraagt overeenkomstig uw roeping : dat ge elkander in liefde verdraagt, met alle ootmoedigheid, zachtheid en geduld ; dat ge uw best doet de eenheid des geestes te bewaren door den band van den vrede. Eén lichaam en één geest, zooals ge ook geroepen zijt tot één hoop, die uit uw roeping ontspruit. Eén Heer, één geloof, één doopsel, één God en Vader van allen, die boven alles, door alles en in alles is... We zullen de waarheid bewaren in liefde, en zóó in ieder opzicht opgroeien voor Hem, voor Christus, die het Hoofd is ". (Ephes. IV) En hij voegt er bij "Wanneer dan een vermaning in Christus of een liefderijk woord, geestesgemeenschap, hartelijkheid of deernis nog vat op u heeft, maakt dan mijn vreugde volkomen door eensgezind te zijn, de onderlinge liefde te bewaren, en eenstemmig hetzelfde doel na te streven, door niets uit partijzucht of ijdele glorie te doen, maar ootmoedig een ander hooger te achten dan uzelf; door niet alleen op uw eigen belang te letten, maar ook op dat van anderen bedacht te zijn ". (Phil. II, 1-4).

Wie kan onbewogen blijven bij het hooren dezer
smeekingen van den Apostel? Zonder te denken
aan de boeien, waarin hij gekluisterd ligt, is hij
alleen maar bedacht om den tweespalt, die de
christen gemeente in beroering bracht, weg te
nemen. Hij herinnert hen aan het vele, dat hen
vereenigt : waarom zouden ze dan niet alles vergeten,
wat scheiden kan? — Kunnen we niet zeggen dat, na
twintig eeuwen van christendom, deze dringende
uitnoodiging nog wel behartigd mag worden?

1243. Eén kwaad vooral moet ten allen koste
vermeden worden, de *ergernis*, dat is alles waarvan
men voorziet, dat het voor anderen een oorzaak
van zonde zal worden. Dit punt is zoo gewichtig,
dat men nauwlettend moet toezien om niets, al zou
het op zich onverschillig of zelfs geoorloofd zijn, te
doen, wat door de omstandigheden met eenige
waarschijnlijk den evennaaste ten val zou wezen.
Dezen gedragsregel prent de Apostel de geloovigen
in naar aanleiding der vleeschspijzen, aan de afgoden geofferd : de afgoden zijn niets, dus wat hen
geofferd is, is in zich geen verboden spijs, maar niet
allen hebben die kennis. Sommigen in de overtuiging, dat er werkelijk afgoden bestaan, zouden het
eten juist als offervleesch, en hun geweten erdoor
bezoedelen. Eten we niet, we zijn er niet minder
om ; eten we wel, we worden er niet beter van. Toch
moet ge toezien, dat uw recht de zwakken niet tot
aanstoot wordt... [Doet ge het toch], dan gaat door
uw kennis de zwakke verloren, de broeder, voor
wien Christus gestorven is. Maar door zóó tegen
broeders te zondigen en hun zwak geweten te
kwetsen, zondigt ge tegen Christus. Daarom, zoo het
eten ergernis geeft aan mijn broeder, dan zal ik in
eeuwigheid geen vleesch meer eten, om mijn broeder niet te ergeren. (I Cor. VIII, 7-13)

Deze woorden verdienen ook heden nog overdacht te
worden. Zooveel Christenen zien er niets in min of meer

gevaarlijke boeken te lezen, tooneelvoorstellingen en bals
van verdacht allooi bij te wonen, onder voorgeven, dat er
voor hen geen gevaar in steekt. Deze bewering is vooreerst
nog geen bewijs, want niet weinigen vergissen zich deerlijk
op dit punt ; en verder blijft de ergernis voor anderen in- en
buitenshuis, die naar aanleiding daarvan, zich op hun beurt
aan nog gevaarlijker uitspanningen overgeven.

1244. B) De **beginnenden** vermijden niet alleen
wat verboden is, maar *doen* daarenboven ook *wat
geboden is,* en *beoefenen* in 't bijzonder *de verdraagzaamheid* en *het vergeven der beleedigingen.*

a) Zij zijn *verdraagzaam jegens den evennaaste,
ondanks zijn gebreken.*

Hebben ook wij onze gebreken niet, die anderen moeten
verdragen? Daarbij zijn wij steeds geneigd eens anders
gebreken te vergrooten, vooral als het iemand geldt, die bij
ons niet in den smaak valt. Moesten wij ze niet veeleer
verkleinen? moesten wij ons niet liever afvragen, of wij wel
reden hebben om den splinter te zien in het oog van den
evennaaste, wanneer wij den balk in eigen oog niet zien? In
plaats dus van de gebreken van anderen te veroordeelen,
laten wij eerder nagaan, of wij niet dezelfde, wellicht zelfs
nog ernstiger gebreken in ons te verbeteren hebben : geneesheer, genees uzelven.

1245. b) Het is een christenplicht de beleedigingen te vergeven en ons te verzoenen met onze
vijanden, met die ons leed hebben aangedaan of
het van ons hebben ondervonden. Zoo dringend is
deze plicht, dat Christus niet aarzelt te zeggen :
"Als ge dus uw offergaven brengt naar het altaar,
en u daar herinnert, dat uw broeder iets tegen
u heeft, laat dan uw offer voor het altaar, en ga u
eerst met uw broeder verzoenen " (Matth. V,
23-24).

Want, zoo merkt Bossuet op[1] : "de eerste gift, die men
aan God moet opdragen, is een hart vrij van alle koelheid,
van alle gevoel van vijandschap jegens zijn broeder". En,
zegt hij nog, men moet zelfs den dag der Communie niet
afwachten, maar doen wat Paulus zegt : " De zon ga niet

[1] *Méditations,* 14e jour.

onder over uw gramschap", want " de duisternis zou ons
verdriet vermeerderen; onze gramschap zou ons overvallen
bij het ontwaken en nog heviger worden ". — Vragen wij
niet, of onze tegenstander niet meer ongelijk heeft dan wij,
of hij niet eerst de hand ter verzoening moet reiken. Trachten
wij, zoodra de gelegenheid zich daartoe aanbiedt, alle misverstand door een openhartige verklaring weg te nemen.
Voorkomt onze tegenstander ons met zijn verzoek om
verontschuldiging, vergeven wij dan zonder uitstel : "want
zoo gij aan de menschen hun fouten vergeeft, zal uw
hemelsche Vader ook u vergeven ; maar vergeeft gij aan de
menschen niet, dan zal uw Vader ook uw fouten niet vergeven " (Matth. VI, 14-15). Dit is billijk, want wij vragen
immers aan God ons onze schulden te vergeven, *gelijk* wij
vergeven aan die tegen ons misdreven.

1246. 2⁰ De **meer gevorderden** streven er naar
zich de zoo liefdevolle gesteltenissen van het Hart
van Jesus eigen te maken.

A) Zij vergeten niet, dat het gebod der liefde
zijn gebod is en dat deszelfs onderhouding het
kenmerk der ware christenen is : " Een *nieuw gebod*
geef Ik u : bemint elkander; *zooals Ik u heb liefgehad*, moet gij elkander beminnen ". (Joann. XIII, 34)

Het is een *nieuw* gebod, zegt Bossuet [1], "omdat Jesus
Christus er deze gewichtige bepaling bijvoegt : elkander te
beminnen, gelijk Hij ons bemind heeft. Hij heeft ons met
zijn liefde voorkomen, toen wij niet aan Hem dachten : Hij
is het eerst tot ons gekomen ; Hij wendt zich niet af om onze
ongetrouwheden, om onze ondankbaarheid ; Hij bemint ons
om ons heilig, gelukkig te maken, geheel belangeloos, want
Hij heeft noch ons, noch onzen dienst van noode". De liefde
zal het kenteeken der christenen zijn : " Hieraan zullen allen
erkennen, dat ge mijn leerlingen zijt, wanneer ge elkander
liefhebt" (Joann. XIII, 35).

1247. B) Daarom leggen de meer gevorderden
er zich op toe Jesus' voorbeelden van meer nabij te
volgen.

a) De liefde des Zaligmakers is *voorkomend* :
Hij heeft ons het eerst bemind, toen wij nog zon-

---

[1] *Méditations*, La cène, 1ᵉ P., 75ᵉ jour.

daars waren, zegt de Apostel Paulus; Hij is tot ons,
zondige menschen, gekomen, omdat de zieken den
geneesheer noodig hebben. Zoo ging Hij de samaritaansche, de zondares, den goeden moordenaar,
door zijn voorkomende genade, zoeken om ze tot
bekeering te brengen. Ook om ons te helpen, noodigt Hij ons met al zijn teederheid : " Komt allen
tot Mij, die vermoeid en belast zijt, en Ik zal u
verkwikken " (Matth. XI, 28).

De gevorderden moeten deze voorkomende liefde van
Jesus eveneens beoefenen ; zij moeten hun lijdende broeders
tegemoettreden om hun geestelijke nooden te leeren kennen
en te verzachten. Zij zullen de armen bezoeken om in hun
behoeften te voorzien ; zij zullen ook de zondaars opzoeken
om ze langzamerhand tot een christelijk leven te voeren,
zonder zich door hun eersten tegenstand te laten overwinnen.

1248. b) Jesus' liefde was *medelijdend.* Bij het
zien der volksmenigte, die Hem in de woestijn
zonder mondvoorraad gevolgd was, vermenigvul-
digde Hij de brooden en de visschen. Doch vooral
wanneer Hij de scharen verstoken zag van geestelijk voedsel, " had Hij medelijden met hen, want ze
waren uitgeput, en lagen daar, als schapen zonder
herder. Toen zei Hij tot zijn leerlingen : De oogst
in groot, maar werklieden zijn er weinig. Vraagt dus
den Heer van den oogst, dat Hij werklieden zendt
in zijn oogst " (Matth. IX, 36-38). Hij, de goede
Herder, ging het verlorene schaapje zoeken en
droeg het, op zijn schouders, naar den schaapstal.
Nauwelijks zag Hij bij de zondaars een teeken van
berouw, of Hij was bereid te vergeven. Vol medelijden met de zieken en lijdenden, gaf Hij hun de
gezondheid en het gebruik hunner ledematen weder
en schonk hun bovendien nog menigmaal ook de
gezondheid der ziel, door de kwijtschelding hunner
zonden.

Naar het voorbeeld van Jesus, zullen ook zij, die in de
deugd reeds voortgang gemaakt hebben, een gevoelig hart
toonen voor allen, die in nood of lijden zijn, en hen naar

vermogen te hulp komen. Ontbreken de stoffelijke middelen, dan trachten zij op andere wijze te helpen, door hen wat gezelschap te houden, te troosten en met goedheid te behandelen. Laten zij zich niet ontmoedigen door de gebreken der armen of door hun zondig leven, maar gaan zij steeds door hen wel te doen naar het lichaam : deze handelwijze en eenige te pas gesproken woorden zullen vroeg of laat de gewenschte vruchten dragen.

1249. c) Zijn liefde was *edelmoedig :* voor ons heeft Hij willen lijden en sterven : " Christus heeft u liefgehad en zich voor ons gegeven" (Ephes. V, 2).

Ook zij moeten dus bereid zijn hun broeders van dienst te wezen, zelfs als het moeite zou kosten, bereid om hen bij ziekte, hoe weerzinwekkend ook, te verzorgen en daartoe zelfs zoo noodig geldelijke offers te brengen. Zij moeten dat doen *op hartelijke en innemende wijze :* de manier van geven is nog meer waard dan de gave zelf; *op verstandige wijze :* zij stellen zich bijv. niet tevreden met den arme een stuk brood te geven, maar trachten hem de middelen te verschaffen om op een fatsoenlijke manier den kost te winnen; *op apostolische wijze :* zij bevorderen het heil der zielen door hun gebed en voorbeeld en, wanneer het te pas komt, door een met takt gegeven goeden raad. De liefde op deze laatste wijze beoefend behoort vooral tot de plichten der priesters, religieuzen en alle ijverige christenen. Laten zij niet vergeten, " dat hij die een zondaar van zijn dwaalweg bekeert, diens ziel van den dood zal redden en een menigte zonden bedekken" (Jac. V, 20).

1250. 3° De **volmaakten** beoefenen de naastenliefde, *zelfs met opoffering van zichzelven,* naar het voorbeeld van Jesus : " Hij heeft zijn leven gegeven voor ons; ook wij moeten ons leven geven voor onze broeders" (I Joann. V, 16).

a) Dit doen de apostolische arbeiders. Zonder hun bloed te vergieten voor hun broeders, geven zij toch ieder deel van hun leven, door zonder ophouden voor de zielen te ijveren, door zich voor haar op te offeren in hun gebeden, in hun studies, tot in hun ontspanningen zelfs, ja door zich, volgens de uitdrukking van P. Chevrier, te *laten verslinden.* Zei de Apostel ook niet hetzelfde : " Ik zal me gaarne offers getroosten, me zelfs uitputten voor uw zielen "? (II Cor. XII, 15)

1251. b) Die liefde heeft heilige priesters er toe gedreven om *de gelofte van dienstbaarheid* jegens de zielen af te leggen : zij verbonden zich daardoor om den evennaaste te beschouwen als een overste, die recht heeft op hun dienstbetoon, en aan al zijn rechtmatige verlangens te voldoen.

c) Die liefde openbaart zich nog door een heilige bereidvaardigheid om de minste wenschen van den evennaaste te voorkomen en hem alle mogelijke diensten te bewijzen; somtijds ook door een aangeboden dienst met hartelijkheid aan te nemen : deze attentie is inderdaad zeer geschikt om anderen voldoening te geven.

d) Zij openbaart zich ten slotte door bijzondere voorliefde te toonen voor onze vijanden : wij beschouwen dezen als de uitvoerders van Gods gerechtigheid over ons en eerbiedigen ze daarom. Dan bidden we veel meer voor hen en bewijzen hen alle mogelijke diensten, volgens den raad des Zaligmakers : "Bemint uw vijanden en bidt voor wie u lasteren en vervolgen, opdat ge kinderen moogt zijn van uw Vader in den hemel, die zijn zon doet opgaan over slechten en goeden, en het regenen laat over rechtvaardigen en onrechtvaardigen". (Matth. V, 44-45)

§ III. Het H. Hart van Jesus, toonbeeld en bron van liefde.

1252. 1º **Voorafgaande opmerkingen.** Tot slot van wat we over de liefde gezegd hebben, kunnen we niet beter doen dan onze lezers uit te noodigen *de bron en het toonbeeld der volmaakte liefde* te zoeken in het H. Hart van Jesus. In de kerkelijk goedgekeurde litanie komen inderdaad de aanroepingen voor : *Hart van Jesus, gloeiende oven liefde,... vol goedheid en liefde.*

In de godsvrucht tot het H. Hart zijn *twee bestanddeelen :* een *gevoelig,* het vleeschelijk hart, zelfstandig met het goddelijk Woord vereenigd, en een *geestelijk,* zinnebeeldig voorgesteld door het vleeschelijk hart : de liefde van het menschgeworden Woord voor God en de menschen. Deze twee bestandeelen maken er slechts één uit, gelijk het

teeken en het beteekende slechts één zaak uitmaken.

De liefde, door het Hart van Jesus voorgesteld,
is voorzeker de *menschelijke* liefde van den Verlosser, doch tevens ook de *goddelijke* liefde, wijl in
Hem de goddelijke en de menschelijke handelingen
onafscheidbaar vereenigd zijn.

Zijn liefde tot de *menschen.* "Ziehier dit Hart,
dat zoozeer de menschen bemind heeft "; doch
tevens ook zijn liefde tot *God,* omdat gelijk wij
reeds bewezen hebben, de liefde tot de menschen
voortspruit uit de liefde tot God en daarin haar
werkelijke beweegreden vindt.

Wij kunnen daarom het Hart van Jesus beschouwen als *het volmaaktste toonbeeld van de liefde tot
God en van de liefde tot den evennaaste* en zelfs als
het toonbeeld van alle deugden, daar de liefde ze alle
omvat en alle vervolmaakt.

Tijdens zijn sterfelijk leven heeft Jesus voor ons
de genade verdiend om zijn deugden na te volgen ;
daarom is Hij *de verdienende oorzaak, de bron der
genaden* om God en onze broeders te beminnen en
alle overige deugden te beoefenen.

1253. 2° **Het Hart van Jesus, bron en toonbeeld der liefde tot God.** De liefde is de volkomen gave van zichzelf. Hoe volmaakt moet dus de
liefde van Jesus tot zijn Vader zijn! Van af het
eigen oogenblik der Menschwording biedt Hij zich
aan en geeft zich als slachtoffer tot herstelling der
oneer, God door onze zonde aangedaan.

Bij zijn geboorte, evenals bij zijn opdracht in den tempel,
vernieuwt Hij deze offerande. Tijdens zijn *verborgen* leven
legt Hij getuigenis af van zijn liefde tot God door te gehoorzamen aan Maria en Joseph, in wie Hij de vertegenwoordigers ziet van het goddelijk gezag. En wie zal ons zeggen,
welke akten van zuivere liefde zonder ophouden opstegen tot
de goddelijke Drieeenheid uit de kleine woning te Nazareth?
— In den loop van zijn *openbaar* leven, kan Hij zeggen :
" Ik doe altijd wat Hem behaagt" en " Ik breng eer aan

mijn Vader " (Joann. VIII, 29 en 49). Bij het Laatste Avondmaal mag Hij zijn geheele sterfelijk leven samenvatten
in deze woorden : " Ik heb U verheerlijkt op aarde "
(Joann. XVII, 4). De volgende dag zal getuige wezen van
zijn zelfopoffering op Calvarië : Hij werd gehoorzaam tot
den dood, ja tot den dood van het kruis. Geen schepsel is bij
machte de inwendige liefdeakten te tellen, die onafgebroken
opwelden uit zijn Hart en zijn gansche leven maakten tot
één uiting van volmaakte liefde.

1254. Doch zeker zal niemand de volmaaktheid
dier liefde kunnen uitdrukken.

" Zij is, zegt de H. Joannes Eudes [1], een liefde zulken
Vader en zulken Zoon waardig ; zij is een liefde, die op de
allervolmaakste wijze de onuitsprekelijke volmaaktheden van
den Welbeminde evenaart : een oneindig minnende Zoon
bemint een oneindig beminnenswaardigen Vader ; God die
God bemint... In één woord, het Heilig Hart van Jesus,
beschouwd of volgens zijn godheid of volgens zijn menschheid, is oneindig meer ontstoken van liefde voor zijn Vader
en Het bemint Hem ieder oogenblik oneindig meer dan alle
Engelen en Heiligen te samen Hem gedurende de gansche
eeuwigheid kunnen beminnen ".

Welnu, deze liefde kunnen wij ons *toeeigenen*
door ons met het Hart van Jesus te vereenigen en
Het den Vader aan te bieden, zeggende met den
H. Joannes Eudes : " O mijn Zaligmaker, ik geef
mij aan U om mij te vereenigen met de eeuwige,
onmetelijke en oneindige liefde, die Gij uw Vader
toedraagt. Aanbiddelijke Vader, ik bied U deze
eeuwige, onmetelijke en oneindige liefde van uwen
Zoon aan, als ware zij mijne liefde... Ik bemin U,
gelijk uw Zoon U bemint. "

1255. 3° **Het Hart van Jesus, bron van liefde
tot de menschen.** Wij hebben reeds gezegd,
n. 1247, hoezeer Jesus de menschen hier op aarde
heeft liefgehad ; ons rest nog te zeggen, hoe Hij
niet ophoudt ze te beminnen, nu Hij in den
hemel is.

---

[1] *Le Cœur admirable*, l. XII, ch. II.

a) Omdat Hij ons bemint, heiligt Hij ons door zijn *Sacramenten*. "Zij toch, zegt de H. Joannes Eudes, zijn even zooveel onuitputtelijke fonteinen van genade en heiligheid, die haar oorsprong hebben in den onmetelijken oceaan van het Heilig Hart van onzen Zaligmaker; en al de genaden, die er uit voortkomen, zijn even zooveel vlammen van dien goddelijken vuuroven".

1256. b) Doch het is bovenal in het H. Altaarsacrament, dat Hij ons het grootste bewijs van liefde geeft.

1) Sedert negentien eeuwen is Hij bij ons, dag en nacht, als een Vader, die zijn kinderen niet wil verlaten; als een Vriend, die er zijn behagen in stelt met zijn vrienden te zijn; als een Geneesheer, die zonder ophouden aan de lijdenssponde zijner zieken blijven wil. 2) Hij is er niet werkeloos, maar aanbidt, looft en verheerlijkt zijn Vader voor ons; voortdurend dankt Hij Hem voor de weldaden, die onafgebroken uit den hemel op ons nederdalen; voor ons bemint Hij Hem; tot vergoeding voor onze zonden offert Hij zijn verdiensten en voldoeningen op en blijft steeds nieuwe genaden voor ons vragen, "altijd levend om onze Middelaar te zijn". 3) Zonder onderbreking vernieuwt Hij op het altaar het Offer van Calvarië, duizend malen daags, overal waar een priester is, en Hij doet het ter onzer liefde, om op ieder van ons de vruchten van zijn Offer toe te passen, n. 271-273. Niet tevreden zich voor ons te slachtofferen, wil Hij zich nog geheel en al aan die Hem in de H. Communie ontvangen, geven, om hen deelachtig te maken aan zijn genaden, aan zijn gevoelens en zijn deugden, n. 277-281.

Doch dat goddelijk Hart wil ons vooral de gevoelens zijner liefde mededeelen : "Mijn goddelijk Hart wordt zoozeer vervoerd door liefde tot de menschen en tot u in 't bijzonder, dat Het de vlammen zijner vurige liefde niet meer kan inhouden : Het voelt er behoefte aan zich uit te storten door uw toedoen en zich aan de menschen te openbaren, om ze te verrijken met zijn kostbare gaven " [1]. Toen vroeg Jesus aan Margaretha Hem

---

[1] Eerste der groote openbaringen aan de H. Margaretha (1673).

haar hart te geven, om het met het Zijne te vereenigen, om er een vonk van zijn liefde in te werpen. Wat Hij op wonderdadige wijze deed ten gunste dier Heilige, doet Hij op gewone wijze in de H. Communie, zoo dikwijls wij ons hart met het Zijne vereenigen. Hij heeft immers gezegd : " Ik ben gekomen om vuur op aarde te brengen, en hoe wensch Ik dat het reeds brandt " (Luc. XII, 49).

1257. 4° **Het Hart van Jesus, bron en toonbeeld van alle deugden.** In de H. Schrift wordt het woord *hart* dikwijls gebruikt om de inwendige gevoelens van den mensch aan te duiden, in tegenstelling met zijn uitwendige daden : " De mensch ziet wat uitwendig is, God echter ziet het hart " (I Reg. XVI, 7). Daaruit leidt men af, dat het Hart van Jesus niet alleen het zinnebeeld is der liefde, doch ook van al de inwendige gevoelens zijner ziel. Aldus begrepen de groote Mystieken der Middeleeuwen, en na hen de H. Joannes Eudes, de devotie tot het H. Hart. Zoo ook de H. Margaretha Maria : zij wijst terecht met nadruk op de liefde, waarvan dit Hart vol is, doch in haar verschillende geschriften toont zij Het ons ook als het toonbeeld aller deugden. P. de la Colombière, haar biechtvader en vertolker, vat haar gedachte samen in een akte van toewijding, die te vinden is op het einde der *Retraites spirituelles.*

" Deze opdracht geschiedt om eer te geven aan dit goddelijk Hart, *den zetel van alle deugden*, de bron van alle zegeningen en het rustoord van alle heilige zielen. De voornaamste deugden, die men in het Hart van Jesus eert, zijn : vooreerst een allervurigste liefde tot God, zijn Vader, te samen met den diepsten eerbied en de grootste nederigheid, die ooit bestaan heeft ; ten tweede, een eindeloos geduld bij het lijden, een overgroote droefheid om de zonden, waarmede Hij zich beladen had, het vertrouwen van een teeder minnenden Zoon, vereend met de beschaming van een zeer grooten zondaar ; eindelijk, een zeer gevoelig medelijden met onze ellenden, en ondanks al deze gevoelens een onveranderlijke gemoedsstemming, steunend op een zoo volmaakte gelijkvor-

migheid met den wil van God, dat zij door geen enkel voorval kon gestoord worden" [1].

Daar overigens alle deugden voortvloeien uit de
liefde en er haar volkomen volmaaktheid in bereiken,
n. 318-319, en het Hart van Jesus de bron en het
toonbeeld der goddelijke liefde is, zoo is Het ook
de bron en het toonbeeld van alle deugden.

1258. Zoo omvat deze godsvrucht tot het
H. Hart ook de devotie tot het *Inwendig Leven
van Jesus,* gelijk zij door Olier [2] verklaard en in
S. Sulpice beoefend wordt. Dit " Inwendig Leven ",
zegt hij, bestaat in de gesteltenissen en gevoelens
van Jesus, bijv. in zijn *godsdienstigheid jegens zijn
Vader,* in zijn *liefde voor den evennaaste,* in zijn *volkomen zelfvergeten,* in zijn *afschuw van de zonde* en zijn
veroordeeling van de wereld en haar grondstellingen.

Daarom schreef Olier aan een godvruchtige ziel, die er
haar genoegen in vond, zich terug te trekken in het Hart
van Jesus : " Vergeet alles, duizendmaal daags, in zijn minne-
lijk Hart. Het Hart van Gods Zoon is het uitgelezen deel,
het is het kostbare kleinood van Jesus' schatkamer, het is de
schatkist van God zelf, waarin Hij al zijn gaven stort en
waaruit Hij al zijn genaden mededeelt. .. In dit Heilig Hart
hebben alle geheimen hun aanvang genomen... Begrijp
aldus, waartoe Christus u roept, wanneer Hij u zijn Hart
opent, en hoezeer ge die genade moet benutten, een der
grootste u in uw leven geschonken. Laat geen schepsel u
ooit van dit verblijf van geneugten scheiden, blijf er in, in
den tijd en in de eeuwigheid ". [3] En op een andere plaats
zegt hij nog : " Welk hart, het Hart van Jesus !... O overvloedige en onuitputtelijke bron van alle liefde ! O diepe en
altijd volle afgrond van alle deugd ! O goddelijk middelpunt
van alle harten !... O Jesus, laat mij uwe gezegende ziel
aanbidden, laat mij uw Hart, *dat ik dezen morgen nog
gezien heb,* aanbidden. Ik zou het willen beschrijven, doch
ik kan het niet, zoo verrukkelijk schoon is Het. Ik heb Het
gezien als een hemel, overvol van licht, van liefde, van
dankbaarheid en lofprijzing. Het verheerlijkte God, Het
verkondigde zijn grootheid en heerlijkheden " [4].

[1] *Œuvres complètes,* Grenoble, 1901, VI, p. 124.
[2] *Catéchisme chrét.,* 1e P., leç. 1. — [3] *Lettres,* t. II, lettre 426.
[4] *Esprit de M. Olier,* t. I, 186-187, 193.

1259. Besluit. Om deze gelukkige uitwerking te hebben, moet de devotie tot het Heilig Hart eigenlijk in deze twee akten bestaan : *liefde* en *eerherstel.*

1⁰ De eerste en voornaamste is de liefde, leeren de H. H. Margaretha Maria en Joannes Eudes.

In het verslag, dat de H. Margaretha Maria [1] aan P. Croisset gaf van de eerste verschijning, schrijft zij : " Hij gaf mij te kennen, hoe *zijn groot verlangen om door de menschen bemind* te worden en ze van den weg des verderfs af te trekken, Hem had doen besluiten zijn Hart te openbaren aan de menschen, met al de schatten van liefde, barmhartigheid, genade, heiliging en heil, om die Hem naar best vermogen eer en glorie en liefde zouden willen geven, overvloedig te verrijken met die schatten van zijn goddelijk Hart, dat er de bron van is ". En, in een brief aan Zuster de la Barge, besluit zij aldus : " Beminnen wij Hem dan, de eenige liefde onzer zielen, omdat Hij ons het eerst heeft liefgehad en ons nog met zulke hevigheid liefheeft, dat Hij er zonder ophouden van gloeit in het Allerheiligste Sacrament. Het is voldoende Hem, dien Heilige der Heiligen, te beminnen om heilig te worden. Wie zal ons beletten het te zijn, daar we toch harten hebben om te beminnen en lichamen om te lijden... Alleen zijn zuivere liefde brengt er ons toe om alles te doen wat Hem behaagt ; alleen deze volmaakte liefde geeft ons het te doen, zooals het Hem behaagt en alleen deze volmaakte liefde kan er ons toe brengen om alles te doen, wanneer het Hem behaagt " [2].

1260. 2⁰ De tweede akte dezer devotie is de *eerherstelling,* want de liefde van Jesus wordt verguisd door de ondankbaarheid der menschen, gelijk Christus zelf in de derde verschijning verklaarde :

" Ziehier dit Hart, dat de menschen zoozeer bemind heeft, dat Het niets gespaard heeft in algeheele weggave om hen zijn liefde te bewijzen ; en als vergelding *ontvang Ik van de meesten hunner slechts ondankbaarheid,* door hun oneerbiedigheden en heiligschennissen, en door hun koelheid en minachting voor Mij in dit Liefdesacrament ". En dan vroeg Hij haar die ondankbaarheid te herstellen door de vurigheid harer liefde : " Mijn dochter, Ik kom in het hart, dat Ik u gaf, opdat *gij door uw vurigheid de beleedigingen herstelt die Ik heb ontvangen* van de lauwe en lafhartige harten, die Mij onteeren in het H. Sacrament ".

---

[1] *Lettres inédites,* IV, p. 142. — [2] *Lettre* CVIII, t. II, p. 227.

1261. Deze twee akten zullen op bijzondere wijze bijdragen tot onze heiliging. *De liefde* vereenigt ons op het innigst met het H. Hart van Jesus. Daardoor zal zij ons ook in aanraking brengen met zijn deugden en ons moed instorten om die deugden te beoefenen, ondanks alle moeilijkheden. *De eerherstelling* doet ons deelnemen in het leed van Jesus; daarom zal zij onze vurigheid aanwakkeren en ons aanzetten om met onverwinbaar geduld, ter zijner liefde, alle beproevingen te verdragen.

Zoo opgevat, heeft de devotie tot het H. Hart niets sentimenteels; zij is integendeel geheel volgens den geest van het christendom, liefde en offer, te samen met steeds volmaakter beoefening der zedelijke en goddelijke deugden; als een *kort begrip* van den weg *der verlichting* en een gewenscht begin van den weg der vereeniging.

HOOFDSTUK IV.

De vernieuwde aanvallen van den vijand.

1262. Terwijl wij ons toeleggen op het verkrijgen der deugden, blijven onze geestelijk vijanden niet werkeloos. Zij hervatten sluw en heimelijk hun aanvallen. Zij trachten *de zeven hoofdzonden onder een milder vorm*, in ons weer op te wekken, ofwel ons tot *lauwheid* te voeren.

ART. I. ONTWAKEN DER HOOFDZONDEN.

1263. De H. Joannes van het Kruis beschrijft de hoofdzonden zeer juist, zooals zij gevonden worden in *beginnelingen*, die op het punt zijn tot de beschouwing in te gaan door den *donkeren nacht der zinnen*[1]. Wij zullen zijn zielkundige ontleding in 't kort weergeven.

---

[1] *De donkere Nacht*, b. I, h. II-VII.

I. *Over de neiging tot hoogmoed.*

1264. Deze neiging uit zich voornamelijk op zes wijzen :

1) Deze beginnelingen, vol vuur en ijver voor hun oefeningen, *scheppen behagen in hun werken* en hebben den hoogsten dunk van zichzelf; in hun verwaandheid vormen ze vele plannen, doch brengen er bijna geen enkel ten uitvoer.

2) *Zij spreken over vroomheid,* veeleer om aan anderen lessen te geven, dan om deze zelf in beoefening te brengen; ook veroordeelen zij scherp alwie met hun eigenaardige vroomheid niet instemt.

3) Sommigen kunnen geen mededingers naast zich dulden. Komt een mededinger somtijds met hen in aanraking, dan veroordeelen zij hem en halen hem neer.

4) Zij zoeken wel te staan met hun geestelijken leidsman. Keurt deze hun geest niet goed, dan zoeken zij een anderen, die hen gunstiger is. Om hierin beter te slagen, bewimpelen ze hun fouten, en vallen ze in een ernstiger zonde, dan gaan ze deze biechten, niet bij hun gewonen, maar bij een anderen biechtvader.

5) Vallen zij in een doodzonde, dan worden zij toornig op zichzelf, moedeloos van spijt, omdat zij nog niet heilig zijn.

6) Zij trekken gaarne de aandacht door uitwendig vertoon van godsvrucht en hebben het graag over hun goede werken en voortgang.

Uit den hoogmoed ontstaat de **afgunst,** welke zich openbaart door een onaangenaam gevoel bij het zien van goede hoedanigheden in anderen; spijtig hoort men anderen prijzen, men heeft leed om hun deugd, en, doet de gelegenheid zich voor, dan laat men niet na hun goeden naam te bekladden.

II. *Over de zonden van zinnelijkheid.*

1265. A) De geestelijke genotzucht uit zich op twee wijzen :

a) Door een overdreven zucht naar vertroostingen : men zoekt ze tot in de gestrengheden, bijv. in de *discipline;* men valt den biechtvader lastig om de toestemming tot boetplegingen in de hoop aldus zoetheden te vinden.

b) Om dezelfde reden matten sommigen zich af bij het gebed of de Communie, om gevoelige gods-vrucht te ondervinden, of willen dikwijls biechten met het doel daarin eenige zoetheid te smaken. Daar hun pogingen en verlangens menigmaal zonder gevolg blijven, verliezen zij den moed, om-dat zij meer aan die zoetheden dan aan God gehecht zijn.

1266. B) De geestelijke wellust doet zich voor-al voor op twee manieren : **a**) Men zoekt gevoelige of zinnelijke vriendschap, onder voorwendsel van devotie, en men wil er niet aan verzaken, wijl men beweert, dat ze slechts dient om de godsvrucht te onderhouden. **b**) De gevoelige vertroostingen, bij de overweging of Communie, brengen bijwijlen in personen met een gevoelvol temperament, een ander soort aandoeningen voort, welke een bron van bekoringen of onrust kunnen worden.

1267. C) De traagheid geeft aanleiding : **a**) tot verveling en tegenzin in de geestelijke oefeningen, wanneer zij niet met gevoelige zoetheden gepaard gaan ; men voelt zich geneigd ze te verkorten of achterwege te laten ; **b**) tot ontmoediging, wanneer men van zijn overste of biechtvader bevelen of raadgevingen ontvangt, welke te lastig schijnen : men zou liever een geestelijk leven willen, dat meer naar zijn smaak, niet zoo lastig was en meer vrij-heid liet.

III. *De geestelijke gierigheid.*

1268. Zij wordt door den H. Joannes van het Kruis aldus beschreven :

a) " Er zijn beginnelingen, die maar niet moede worden zich vol te stoppen met raadgevingen en geestelijke voor-schriften ; zij moeten een menigte bijzondere verhandelingen hebben en lezen ; zij besteden er al hun tijd aan, maar hebben er geen voor het werk, dat hun eerste verplichting uitmaakt : de versterving en de oefening in de volmaakte inwendige onthechting van den geest.

b) Daarenboven hebben zij een vracht prentjes, rozenkransen, kruisen, duur betaalde rariteiten. Daarna staan zij dit af om dat andere te hebben, verruilen en verwisselen opnieuw; dit is beter dan dat, en de keuze is ten slotte altijd voor wat eigenaardig of rijk is ". Dit alles is klaarblijkelijk tegen den geest van onthechting en toont tevens, dat zij meer waarde hechten aan bijzaken, en datgene verwaarloozen wat hoofdzaak is in de godsvrucht.

1269. Besluit. Het behoeft geen betoog, dat dergelijke onvolmaaktheden zeer schadelijk zijn voor den geestelijken voortgang. Om deze reden, zegt de H. Joannes van het Kruis, voert God hen tot hun verbetering in den donkeren nacht, waarover wij weldra zullen spreken. Diegenen echter, welke dien duisteren nacht niet ingaan, moeten trachten die beletselen te overwinnen, door in beoefening te brengen wat gezegd is over het benutten der vertroostingen en dorheden, n. 921-924, over de gehoorzaamheid, de sterkte, de matigheid, de nederigheid en de zachtmoedigheid, n. 1057, 1076, 1127, 1154.

ART. II. DE LAUWHEID [1].

Wie zich niet verzet tegen de gebreken, die wij zoo even behandeld hebben, zal onvermijdelijk vallen in lauwheid, een zeer gevaarlijke geestelijke krankheid. Wij geven hier een uiteenzetting van : 1º hare *natuur;* 2º hare *gevaien;* 3º de *middelen tot hare genezing.*

I. *Natuur der lauwheid.*

1270. 1º Begrip. De lauwheid is een geestelijke kwaal, welke de beginnelingen evenals de volmaakten kan aantasten, doch vooral *op den weg der verlichting* voorkomt. Zij laat immers veronderstellen,

---

[1] FABER, *De Voortgang,* 25e h. — en in 't algemeen alle verhandelingen over het geestelijk leven.

dat men reeds een zekeren trap van vurigheid had bereikt en dat men zich langzamerhand aan verslapping heeft overgegeven.

De lauwheid bestaat in een zekere geestelijke verslapping, die de wilskracht belemmert, alle inspanning doet vreezen en aldus den voortgang op den weg der volmaaktheid vertraagt. Zij is een soort kwijning, verdooving, die nog wel de dood niet is, doch er langzaam aan henenvoert, omdat zij de geesteskrachten telkens meer verzwakt. Men kan ze vergelijken bij die sleepende ziekten, welke, zooals de tering, langzamerhand de levensorganen vernietigen.

1271. 2° **Haar oorzaken.** Twee zaken dragen vooral bij tot haar ontwikkeling : een *gebrekkige geestelijke voeding* en de een of andere *geestelijke ziektekiem.*

A) Om te leven en te vorderen, heeft onze ziel een degelijk geestelijk voedsel noodig. Welnu, wat haar voedt zijn de verschillende oefeningen : meditatie, lezingen, gebeden, gewetensonderzoek, plichtsvervulling, beoefening der deugden, welke haar brengen tot God, de bron van het bovennatuurlijk leven. Doet men deze oefeningen met nalatigheid, leeft men vrijwillig in uitgestortheid, zonder den sleur of verdooving te willen afleggen, dan berooft men zich ook van vele genaden, men voedt zich slecht. Het gevolg is natuurlijk, dat men zwak wordt en onbekwaam om iedere eenigszins lastige deugd te beoefenen.

Ter loops zij er hier op gewezen, dat er groot onderscheid bestaat tusschen de lauwheid en de dorheid of goddelijke beproeving. In de laatste, wel verre van zich over te geven aan de verstrooiingen, is men bedroefd en vernederd er te hebben ; men doet al het mogelijke om ze te verdrijven, terwijl men bij de lauwheid juist maar al te licht den vrijen loop laat aan nuttelooze gedachten, er behagen in vindt en bijna geen moeite doet om ze af te weren, zoodat de afdwalingen van den geest weldra bijna den geheelen tijd van het gebed in beslag nemen.

Ziende dat men zoo weinig vrucht trekt uit zijn geestelijke oefeningen, begint men eerst ze in te korten, om ze daarna achter te laten. Het gewetensonderzoek bijv. wordt beschouwd als iets vervelends, men doet het nog zoo wat uit gewoonte en ten slotte doet men het niet meer. Men let dan niet meer op de bedreven fouten, op zijn gebreken, en laat ze aangroeien. Van pogingen om deugden aan te werven is geen sprake meer; de ondeugden, de slechte neigingen nemen geleidelijk toe in kracht.

1272. B) Het gevolg dezer geestelijke gevoelloosheid is een toenemende verzwakking der ziel, een soort *geestelijke bloedarmoede*, waardoor de weg bereid wordt tot het binnenkomen van een ziektekiem, dat is van een der drie begeerlijkheden, of wellicht van alle drie te samen.

a) Wanneer de toegangen tot de ziel slecht bewaakt zijn, dan staan de in- en uitwendige zinnen al lichtelijk open voor de gevaarvolle inblazingen der nieuwsgierigheid en der zinnelijkheid. Hierop volgen herhaaldelijk bekoringen, die niet zelden slechts *ten halve verworpen* worden. Somtijds geeft het hart toe aan verkeerde genegenheden; men is onvoorzichtig en speelt met het gevaar; de dagelijksche zonden nemen toe in aantal, nauwelijks nog door eenig berouw gevolgd; men is op een gevaarlijke helling, op den rand van den afgrond en men mag van geluk spreken, zoo men ongemerkt niet in de diepte afglijdt.

b) Daarbij komt de hoogmoed, die nooit geheel onderdrukt is geweest, zijn aanval vernieuwen : ijdel zelfbehagen om talenten of werken vervult altijd den geest. Om zich hooger te kunnen verheffen, vergelijkt men zich bij anderen, die nog meer verslapt zijn, terwijl men de getrouwen, ijverigen als kleingeestigen en angstvalligen veracht. Deze hoogmoed leidt tot nijd, afgunst, lichtgeraaktheid en gramschap en tot hardvochtigheid in den omgang met den naaste.

c) De hebzucht komt weer boven : men wil meer genieten, netter voor den dag komen en daarvoor is geld noodig. Om zich overvloediger te voorzien, neemt men middelen te baat die weinig kiesch, niet al te eerlijk en moeilijk te rechtvaardigen zijn.

1273. Vandaar talrijke vrijwillige dagelijksche zonden, waar men nauwelijks iets in ziet, omdat het licht des oordeels en de teergevoeligheid des gewetens geleidelijk verzwakken. Daarbij leeft men in een voortdurende uitgestortheid en houdt zich al zeer weinig bezig met het onderzoeken van zijn geweten. Zoo vermindert ook de vrees voor de doodzonde, evenals de toevoer van Gods genaden, waarmede men trouwens minder voordeel doet : het geestelijk organisme verzwakt geheel en al en doet het ergste verwachten.

1274. 3° **Trappen der lauwheid.** Uit het voorgaande blijkt dat er in de lauwheid verschillende trappen zijn. Practisch is het voldoende onderscheid te maken tusschen de *beginnende* en de *volkomen* lauwheid.

a) In het eerste geval heeft de lauwe nog afschrik van de doodzonde, hoewel hij onvoorzichtigheden begaat, die er toe kunnen voeren; maar de *vrijwillige dagelijksche zonde*, vooral die uit zijn hoofdgebrek voortkomt, bedrijft hij gemakkelijk. Ook doet hij weinig zijn best om zijn geestelijke oefeningen wel te verrichten, dikwijls doet hij ze uit sleur. b) Door steeds maar toe te geven aan die schuldige nalatigheden, verliest hij gaandeweg de instinctmatige vrees, die hij had voor de doodzonde; van den anderen kant voelt hij de zucht naar genot zoo zeer toenemen, dat hij met spijt sommige vermaken op straf van zware zonde verboden ziet. Nog slechts zwak weerstaat hij de bekoringen, maar ondertusschen komt hij zoo ver, dat hij zich, en niet zonder reden, afvraagt, of hij nog in staat van genade is. Is hij zoo ver, dan is hij in volkomen lauwheid.

II. *De gevaren der lauwheid.*

1275. Het bijzonder gevaar van dezen staat is gelegen in de *toenemende verzwakking* der zielskrachten, een verzwakking meer te duchten dan een enkele doodzonde. In dezen zin zegt Christus tot den lauwe : " Ik ken uwe werken, en weet, dat ge koud zijt noch warm. Och, waart ge maar koud of warm ! Omdat ge lauw zijt, warm noch koud, daarom zal Ik u uitspuwen uit mijn mond ; omdat ge zegt : Ik ben rijk, ik heb overvloed en heb behoefte aan niets, daarom beseft ge ook niet, dat ge ellendig zijt en erbarmelijk, arm, blind en naakt" (Apoc. III, 15-17). 't Is juist als met ziekten, de sleepende en de acute. Als de laatste eenmaal over de crisis heen is, laat ze menigmaal geen enkel nadeelig spoor achter, terwijl de eerste het lichaam langzamerhand uitput en het langen tijd in een erbarmelijken staat van zwakheid laat. Dit zullen we trachten in bijzonderheden aan te toonen met betrekking tot het geestelijk leven.

1276. 1º Het eerste gevolg der lauwheid is een soort *verblinding van het geweten :* door maar altijd zijn fouten te willen verontschuldigen en bedekken, brengt de lauwe ten laatste zijn oordeel op een verkeerd spoor en beziet als klein fouten, die in zich groot zijn. Zoo krijgt hij een *laksch geweten.* Dit geweten ziet het ernstige der bedreven fouten en onvoorzichtigheden niet meer in, heeft geen kracht om ze te verfoeien en misleidt zich op onverschoonbare wijze. De H. Schrift (Prov. XIV, 12) getuigt er van : Er is een pad, dat den mensch recht schijnt, doch ten slotte ten doode voert. — Men waant zich rijk, omdat men trotsch is, feitelijk echter is men behoeftig en erbarmelijk in Gods oogen.

1277. 2º Uit dit eerste gevolg komt als tweede voort *een steeds toenemende verzwakking van den wil.*

a) Altijddoor de zinnelijkheid en den hoogmoed in kleine zaken inwilligend, komt men er van lieverlede toe eveneens in groote zaken aan de verleiding toe te geven. In het geestelijke hangt alles samen. De H. Schrift leert (Eccli. XIX, 1), dat hij, die niet bezorgd is voor het weinige, dat hij bezit, weldra tot algemeene ontblooting zal vervallen ; dat hij, die in het kleine trouw of ontrouw is, het eveneens zal zijn in het groote. Dit wil zeggen, dat de ijver of nalatigheid in sommige zaken logisch optreedt in alle overige van dezelfde soort.

b) Daarna ontstaat al spoedig een *afkeer van al wat lastig is :* wanneer de wil verzwakt is, geeft men gereedelijk toe aan de natuurlijke neigingen, aan gemak en genotzucht. Doch deze neigingen zijn vol gevaar en moeten, zoo ze niet onderdrukt worden, noodzakelijk tot groote afdwalingen voeren.

c) Inderdaad, wie zich niet toelegt om dien afkeer te overwinnen zal dikwerf de genaden misbruiken, dikwerf aan de inspraken van den H. Geest wederstaan, om zonder strijd de aanlokking der genotzucht in te volgen : hij zal toegeven aan zijn verkeerde neigingen en ten slotte in groote zonde vallen.

1278. *Het is zeer moeilijk weder op te staat* uit zulken val, omdat hij *onopgemerkt* geschied is : men is *afgegleden* in de diepte, geleidelijk, zonder geweldige schokken te gevoelen. — Is het zoo ver gekomen, dan tracht men zichzelf wijs te maken, dat het slechts een dagelijksche zonde is geweest, of, zoo het ook al een groote zaak geldt, dat de toestemming niet volkomen is geweest : het was een fout uit onbedachtzaamheid, die wel niet zwaar zal wezen.

Zoo vormt me zich een valsch, een verkeerd geweten. Men spreekt een biecht zonder waarde, gelijk de vorige waren. De biechtvader wordt misleid. Wellicht begint een heele reeks heiligschennissen. Wanneer een bal van de hoogte valt, springt hij op ; glijdt hij naar beneden, dan blijft hij liggen. Zoo ook dikwijls de lauwe.

III. *De genezing van de lauwheid.*

1279. Christus zelf doet ons de geneesmiddelen aan de hand : " Ik raad u aan, om goud van Mij te koopen door vuur gelouterd, opdat ge rijk worden moogt [het goed der liefde en der vurigheid]; en witte kleederen, opdat ge gekleed moogt gaan en de schande uwer naaktheid niet aan den dag moge komen [reinheid van geweten], en zalf, om uw oogen te zalven, opdat ge zien moogt [oprechtheid met zichzelf en met den biechtvader]. Ik bestraf en tuchtig al die Ik liefheb. Doe dus uw best en bekeer u. Zie, Ik sta aan de deur en klop ; wanneer iemand luistert naar mijn stem en de deur zal ontsluiten, dan zal Ik bij hem binnenkomen, den maaltijd met hem houden en hij met Mij ".

(Apoc. III, 18-20) Men moet dus nooit wanhopen : Jesus is immer bereid ons zijn vriendschap weer te geven, ja zelfs tot zijn vertrouwelijkheid opnieuw toe te laten, wanneer wij ons bekeeren.

1280. Daartoe moeten wij : 1° ons dikwijls tot een ervaren biechtvader wenden, hem in alle oprechtheid onze ziel openen en hem vragen ons te helpen om uit onze verdooving op te staan. Zijn raadgevingen moeten wij gewillig aannemen en ze flink en met volharding naleven.

2° Onder zijn leiding, moeten wij onze *vroegere geestelijke oefeningen* wederom *met vurigheid* opvatten, vooral die welke de getrouwheid aan de overige verzekeren, de overweging, het gewetensonderzoek en de dikwijls herhaalde opdracht der gewone bezigheden, n. 523-528. De vurigheid hier bedoeld is niet de gevoelige vurigheid, maar de edelmoedige wil om naar vermogen alles te doen wat God verlangt.

3° Eveneens moeten wij opnieuw onze plichten en de deugden aan onzen staat eigen met standvastigheid betrachten. Over de verschillende voornaamste punten zullen wij ons bijzonder gewetensonderzoek doen en er verslag van geven bij de biecht, nn. 265, 468-476.

Dit is het middel om tot den staat van vurigheid weder te keeren.

De bedreven fouten vorderen ook een vergoeding : deze moet gegeven worden door den geest en de werken van boetvaardigheid.

BIJVOEGSEL.

REGELS TER ONDERSCHEIDING DER GEESTEN, VOOR DEN WEG DER VERLICHTING.

1281. De regels door den H. Ignatius voorgesteld ter onderscheiding der geesteswerking bij de beginnenden, hebben we n. 953-957 reeds gegeven.

We achten het dienstig hier in 't kort er die nog bij
te voegen, welke hij geeft voor den *Weg der verlichting* of voor de tweede week der Oefeningen. Zij
hebben betrekking op twee hoofdpunten : 1° de
geestelijke vertroostingen en 2° de *verlangens* of
plannen voor de toekomst.

1282. 1° Regels ten opzichte der vertroostingen.
a) Het is eigen aan den *goeden Geest*, wanneer Hij komt tot
een ziel van goeden wil, haar de *ware geestelijke vreugde* mede
te deelen, een vreugde die van den *vrede* vergezeld gaat. Het
is eigen aan den *boozen geest* die blijdschap te verstoren door
schoonschijnende redenen, door spitsvondigheden en misleiding, gelijk een sluw advokaat, die een slechte zaak verdedigt.
Deze regel steunt hierop, dat God de gever is van den vrede,
terwijl de duivel door onrust wil ontmoedigen.

b) *God alleen kan den waren troost geven zonder andere
voorafgaande oorzaak.* Hij alleen toch dringt door tot in het
innigste der ziel om haar aan te trekken en tot zich te keeren.
— De ziel was bijv. geheel in neerslachtigheid gedompeld en
opeens voelt ze zich opgewekt, vol blijdschap, sterkte en
goeden wil. Dergelijk geval deed zich voor met den H. Franciscus van Sales na hevige, langdurige angstvalligheden.

c) Wanneer eenige oorzaak voorafgaat aan de vertroosting, dan kan deze laatste van den goeden of van den
kwaden geest komen. Zij komt van den eersten, als ze de ziel
meer licht instort en sterker maakt tot het goede ; ze komt
van den duivel, als ze tot gevolg heeft verslapping, weekelijkheid, genot- of eerzucht, verwaandheid. Den boom kent men
dus aan zijn vruchten.

d) De booze geest houdt er van zich voor te doen als een
engel des lichts. Hij begint bij een godvruchtige ziel met
haar eigen gevoelens, om haar ten slotte de zijne in te
blazen. Zoo zal hij aan een ziel, die zich toelegt op de deugd,
haar eerst gedachten ingeven in overeenstemming met haar
gesteldheid; daarna, haar eigenliefde benuttend, zal hij in
haar gedachten van ijdel zelfbehagen of verwaandheid
opwekken, haar aanzetten tot bovenmatige boetplegingen, om
haar daarna tot moedeloosheid te voeren, ofwel aanraden om,
onder voorwendsel van gezondheid of studie, een zachtere
levenswijze te volgen. Zijn doel hierbij is natuurlijk langzamerhand tot verslapping te voeren.

**1283. 2° Regels ten opzichte der verlangens of plan-
nen. a)** Bij onze verlangens en plannen moeten wij met alle
zorg nagaan of het begin, het midden en het einde naar het

goede gericht zijn. Wanneer, op welk tijdstip ook, er iets is, wat verkeerd, verstrooiend of minder goed is, dan het vroeger reeds voorgenomene, of wanneer onze ziel er door verontrust, verward en verzwakt wordt dan is het bewijs geleverd, dat zij voortkomen van den boozen geest, den vijand van onzen voortgang en onze eeuwige zaligheid. — Een handeling immers mag, om goed te zijn, niets bevatten wat tegen den wil van God of het geestelijk heil der ziel is. Ontdekt men dus iets kwaads in die wenschen of plannen, dan komen zij van den duivel.

b) Heeft men eenmaal de tuschenkomst van den verleider opgemerkt, dan is het dienstig den loop van zijn goede gedachten van het begin af weer na te gaan om te zien, hoe de booze geest er geleidelijk binnendrong om de ziel te verontrusten en tot het kwaad te voeren. Door die bevinding zal men leeren op zijn hoede te zijn tegen latere listen van den vijand.

c) Een andere regel biedt de *wijze van handelen* van den goeden en van den boozen geest : de eerste werkt zacht in op de ziel, gelijk de dauw op een spons ; de tweede luidruchtig als een stortbui op de steenen. ·

d) Ook wanneer ter gelegenheid van vertroostingen, die van God komen, voornemens en plannen worden gevormd, moet men nog wel toezien. Worden zij gemaakt op het oogenblik der vertroostingen, dan geschiedt zulks onder den invloed der genade; worden zij daarna opgevat, dan zijn deze niet rechtstreeks door God ingegeven en dienen derhalve met alle naarstigheid volgens de voorafgaande regels onderzocht te worden.

1284. 3° Bij deze regels door den H. Ignatius aangegeven, kunnen er nog eenige andere worden gevoegd. Zij volgen uit hetgeen in dit tweede boek gezegd is.

a) Naar een *ontijdige* volmaaktheid streven, buiten de verplichte bezigheden om, of door het beoefenen van *in het oogloopende akten van deugd*, of door alles anders te doen dan anderen, is een kenmerk van den boozen geest, want de goede geest wekt ons voorzeker op tot een hooge volmaaktheid, maar in overeenstemming met onze plichten, en tot een nederig, verborgen leven.

b) *De minachting van het geringe* en het verlangen om in het groote heilig te worden, zijn geen teeken van den goeden geest, die ons aanzet tot stipte plichtsbetrachting en getrouwe beoefening der kleine deugden.

c) Het ijdel zelfbehagen na een goede daad, het verlangen geacht te worden om zijn godsvrucht en deugd, zijn strijdig met den christelijken geest, wiens eenig streven is aan God te behagen : " Zoo ik nu nog aan menschen tracht te behagen, dan zou ik geen dienaar van Christus zijn" (Gal. I, 10). Met den geest Gods zijn daarom strijdig de geveinsde nederigheid, die over zichzelf afkeurend spreekt om geprezen te worden, en de gemaakte zachtmoedigheid, die eigenlijk niets anders is dan de zucht om aan de menschen te behagen.

d) Een kenmerk van den menschelijken geest zijn : klagen, ongeduldig en moedeloos worden bij beproevingen en dorheden ; de geest Gods daarentegen zet ons aan tot liefde voor het kruis, tot onderwerping, tot overgave aan God en doet ons volharden in het gebed te midden van troosteloosheid en verstrooiingen.

KORT OVERZICHT VAN HET TWEEDE BOEK.

1285. 1º Het doel van den weg der verlichting is ons in Jesus voetspoor te doen treden door de edelmoedige navolging zijner deugden. Zoo wandelen wij in het licht zijner voorbeelden : " Wie Mij volgt, zal niet in de duisternis wandelen, maar het licht des levens bezitten ". (Joan. VII. 12). *Jesus maken tot het middelpunt van onze gedachten, van onze genegenheden, van ons geheele leven :* dit is het ideaal, dat wij trachten iederen dag meer en meer te bereiken.

Om deze reden wordt ons gebed *affectief*, hebben wij Jesus steeds *voor onze oogen* om Hem te aanbidden, *in ons hart* om Hem te beminnen en ons met Hem te vereenigen door beoefening der deugden. Deze deugden zijn de *goddelijke* en de *zedelijke*. Gelijktijdig ontwikkelen zij zich, want zij dragen alle bij tot onderlingen groei. Er zijn echter twee tijdperken in de ontwikkeling van ons geestelijk leven : in het eerste wijden wij onze aandacht meer aan de zedelijke deugden, in het tweede meer aan de goddelijke.

1286. 2º De reden hiervan is, dat onze vermogens, om naar God gericht en met Hem vereenigd te

worden, eerst een zeker gemak van beweging moeten
verkrijgen. Dat verleent de beoefening van de
zedelijke deugden.

1) De *voorzichtigheid* geeft leiding aan het *verstand*,
gewent het na te denken alvorens te handelen, God en zijn
vertegenwoordigers te raadplegen : zoo maakt zij het *deelachtig aan Gods wijsheid*.

2) De *rechtvaardigheid* geeft leiding aan den *wil*, gewent
hem de rechten van God en den evennaaste te eerbiedigen,
door de beoefening van volkomen eerlijkheid, van godsdienstigheid en onderdanigheid aan de oversten : zoo *volgen wij
Gods rechtvaardigheid na*.

3) De *sterkte* regelt de hevige driften, matigt, beteugelt
haar afwijkingen en richt haar krachtig naar het moeilijk te
bereiken bovennatuurlijk goede ; zij zet ons aan tot grootmoedigheid, vrijgevigheid, geduld en standvastigheid ; zoo *geeft*
zij ons *deel in de sterkte van God zelf*.

4) Om de *genotzucht* te verzwakken en te beteugelen, helpt
de *matigheid* ons om de gulzigheid door de *soberheid*, de
wellust door de *kuischheid*, den hoogmoed door de *nederigheid*
en de gramschap door de *zachtmoedigheid* te bedwingen. Zoo
zal de ziel zich met beter gevolg kunnen toeleggen op de
deugden, welke ons met God vereenigen.

1287. 3° Dan komt de *tweede phase* van den weg
der verlichting, die ons rechtstreeks met God
vereenigt.

1) Het *geloof* werpt een, hoewel nog onvolkomen, klaarheid
in het *verstand*, vereenigt het in onderwerping met God en
voert ons binnen in Gods denken.

2) De *hoop* beurt, als een machtige hefboom, onzen *wil* op,
maakt hem los van het aardsche, richt zijn verlangens hemel-
waarts en vereenigt ons met *de bron van ons geluk, God*,
oneindig machtig en goed, van wien wij met alle vertrouwen
iederen bijstand verwachten, die ons noodig is tot het
bereiken van ons bovennatuurlijk einde.

3) Nog hooger verheft ons de *liefde*, waardoor wij God
beminnen om Hemzelf, omdat Hij in zich oneindig goed is,
en den naaste beminnen om God, als een weerschijn zijner
goddelijke volmaaktheden. *Zij vereenigt dus onze ziel geheel
en al met God*.

In het *Heilig Hart van Jesus* gaan wij die tweevoudige liefde putten. Ten nauwste met Hem

vereenigd, weten wij onze zelfzucht te overwinnen : door ons de liefde en al de gevoelens van Jesus eigen te maken, leeren wij voor God leven, gelijk Hijzelf voor Hem geleefd heeft.

1288. 4° Ook na reeds gevorderd te zijn en bij ons hooger stijgen, kunnen we met alle zekerheid *vernieuwde aanvallen* van den vijand verwachten : de zeven hoofdzonden zullen, onder milderen vorm, tot in ons binnenste wezen willen doordringen. Zijn we niet op onze hoede, dan zal het gevaar voor lauwheid volstrekt niet denkbeeldig zijn. Doch wakend en op Jesus steunend, zullen we al die aanvallen afweren, ja er zelfs een gereede gelegenheid in vinden om, hechter in de deugd bevestigd, ons te bereiden tot de *vreugden* en de *beproevingen van den weg der vereeniging.*

DERDE BOEK.

Over den Weg van Vereeniging.

1289. De ziel gezuiverd en dan opgesmukt door de werkzame beoefening der deugden, mag opgaan tot de bestendige en innige vereeniging met God langs den *weg der vereeniging.*

VOORAFGAANDE BEMERKINGEN. [1]

Alvorens de verschillende vraagstukken in bijzonderheden te behandelen, moeten we in 't kort verklaren : 1º het beoogde *doel* van dezen weg ; 2º zijn *bijzondere kenmerken ;* 3º het algemeen begrip der *beschouwing,* die een der algemeene kenmerken van dezen weg is ; 4º de te volgen *indeeling.*

I. *Het beoogde doel.*

1290. Dit doel is geen ander als de innige, bestendige vereeniging met God door Jesus Christus. Olier geeft het zeer juist aan met deze woorden, die hij vooraan in de " Pietas Seminarii " heeft geschreven : *Het voornaamste en laatste einde van dit Instituut zal zijn* uit alle krachten leven voor God in Christus Jesus, *onzen Heer, zoodat* de inwendige gevoelens van zijn Zoon ten innigste ons hart doordringen *en iedereen zal kunnen zeggen wat Paulus in volle overtuiging van zichzelf zeide :* " Ikzelf leef niet meer, maar Christus leeft in mij ". (Gal. II. 20).

Uitsluitend leven voor God, den levenden God, de H. Drievuldigheid, die in ons woont, leven om Hem te loven, te dienen, te eeren en te beminnen, dat is het doel van den volmaakten christen ; leven

----

[1] A. SAUDREAU, *Les degrés,* t. II, Vie unitive, Prologue.

niet op middelmatige, maar op krachtige wijze, met
al de vurigheid der liefde, bijgevolg trachten zichzelf te vergeten om nog maar alleen te denken aan
God, die in ons wonen wil, Hem beminnen met
geheel onze ziel en Hem tot middelpunt maken
van al onze gedachten, begeerten en werken. Op
deze wijze zullen wij het gebed der *Prima* in vervulling zien gaan : " Gewaardig U, Heer God,
Koning van hemel en aarde, heden te richten en te
heiligen, te regelen en te besturen onze harten en
lichamen, onze zinnen, woorden en handelingen in
uwe wet en in de werken uwer geboden...

1291. Doch daar wij hiertoe uit onszelven niet in
staat zijn willen wij ons nauw met Christus vereenigen, *in Christo Jesu :* In Hem door het doopsel
ingelijfd, willen wij deze innige vereeniging nog
bevorderen door het vurig ontvangen der Sacramenten, vooral der H. Communie, met daarbij
aansluitende bestendige ingekeerdheid, opdat de
inwendige gevoelens van Christus de onze worden,
al onze werken bezielen, zoodat wij de woorden
van Paulus mogen nazeggen : " Ikzelf leef niet meer,
maar Christus leeft in mij ". Tot dit doel zendt
Jesus ons zijn goddelijken Geest, die ook in zijn
ziel de volheid van volmaakte gevoelens uitwerkte.
Laten wij ons geleiden door dien Geest, gehoorzamen wij zonder uitstel edelmoedig aan zijn ingevingen, dan denken, dan spreken en handelen wij
gelijk Jesus in onze plaats ook zou doen. Hij is het
dus, die in ons leeft, Hij die, met ons en door ons,
God verheerlijkt, ons heiligt en ons helpt om ook
onze broeders te heiligen. Wordt op den weg der
vereeniging, de devotie tot de H. Drievuldigheid
overheerschend, wij houden daarom toch niet op
ons met het vleeschgeworden Woord te vereenigen : door Hem klimmen wij op tot den Vader,
want zegt Jesus : " Niemand komt tot den Vader
dan door Mij " (Joan. XIV, 6).

II. *De bijzondere kenmerken van den weg der vereeniging.*

Deze kenmerken komen samen in één : de behoefte om alles te *vereenvoudigen*, alles te herleiden tot *de eenheid*, dat wil zeggen, tot *de innige vereeniging met God door de goddelijke liefde*.

1292. 1⁰ De ziel leeft bijna onafgebroken onder het oog van God; het is haar genoegen Hem, in haar hart wonende, te aanschouwen en daarom onthecht ze zich zorgvuldig aan de schepselen. Zij wil volgens het woord der Navolging : *inwendig met God verkeeren en door geen enkele uitwendige gehechtheid weerhouden worden*. Daartoe zoekt zij de eenzaamheid en het stilzwijgen; zij bouwt zich in haar hart langzamerhand een *cel*, waar zij God vindt en gemeenzaam met Hem spreekt. Dan ontstaat tusschen God en haar een liefdevolle vertrouwelijkheid.

"De vertrouwelijkheid, zegt Mgr Gay,[1] is het bewustzijn dat vrienden hebben van hun overeenstemming : bewustzijn vol licht, zalving, vreugde... Het is het gevoel en de ervaring van hun onderlinge aantrekkelijkheid, van hun overeenkomstigheid en algeheele gelijkvormigheid, zooniet van hun volmaakte gelijkheid... 't Is de vereeniging opgevoerd tot eenheid, zonder eenzaamheid. 't Is een onderlinge veiligheid, een grenzeloos vertrouwen, een wederkeerige openhartigheid, welke de zielen als doorschijnend maakt; daarom ten slotte is het de volledige vrijheid om elkander te beschouwen en tot in de diepste diepte te doorschouwen". Welnu, deze vertrouwelijkheid veroorlooft God in zijn goedheid aan de ingekeerde zielen, gelijk de schrijver der Navolging zoo wel zegt : "Den inwendigen mensch valt dikwijls zijn bezoek te beurt, zijn vriendelijke toespraak, zijn weldoende troost, zijn overvloedige vrede, zijn vertrouwelijke omgang, die hemel en aarde verbaast". (II, 1)

1293. 2⁰ De liefde Gods wordt aldus niet alleen de hoofddeugd dier ziel, maar om zoo te zeggen, haar *eenige* deugd, in dezen zin namelijk, dat alle

---

[1] *Élévations sur la vie... de N. S. J. C.*, 52ᵉ élév., t. I, p. 429.

overige deugden door haar beoefend louter akten van liefde zijn.

De voorzichtigheid bijv. is voor haar slechts een liefdevol opzien naar het goddelijke om daar haar gedragslijn te ontdekken; de rechtvaardigheid, een zoo volmaakt mogelijke navolging van Gods gerechtigheid, de sterkte, een volkomen beheersching der driften, de matigheid, een volslagen voorbijzien van het aardsche genot om aan de hemelsche geneugten te denken [1]. Met nog meer reden zijn voor haar de goddelijke deugden een oefening van volmaakte liefde : het geloof is niet meer een slechts nu en dan verrichte akt, waardoor zich het verstand onderwerpt aan de geopenbaarde waarheid, maar de geest des geloofs, bezield door de liefde; het geloof, dat door de liefde werkt. De hoop is thans kinderlijk vertrouwen, heilige overgave. Op die verheven hoogten smelten alle deugden samen tot één deugd en zijn als het ware slechts verschillende uitingen der liefde : *de liefde is geduldig, is goedertieren,* enz.

1294. 3° Ook *in het gebed* voltrekt zich een dergelijke *vereenvoudiging :* de redeneeringen houden geleidelijk op; in haar plaats komen teedere aandoeningen, en ook in deze komt een vereenvoudiging (zooals we later zullen zien) en ze worden een langdurige minnende blik op God.

1295. 4° Zoo ontstaat een *vereenvoudiging in het gansche leven.* Vroeger kwamen er uren in voor aan overweging en gebed gewijd, nu is het geheele leven een onafgebroken gebed : bij het werk of de rust, in gezelschap of alleen, altijd verheft de ziel zich tot God, zich in alles schikkend naar zijn heiligen wil, volgens het woord van Jesus : Ik doe altijd wat Hem behaagt. Deze gelijkvormigheid van wil is weer een akte van liefde en van overgave in Gods handen; haar gebeden, haar gewone werken, haar lijden, haar akten van nederigheid zijn alle geheel bezield van liefde tot God; alles in haar roept met Franciscus, den Seraphijn van Assisië : Mijn God en mijn Al!

---

[1] Cf. S Thom., I^a II^æ, q. 61, a. 5.

1296. Besluit. Uit het voorgaande kan men afleiden, voor wie de weg van vereeniging geschikt is, nam. voor hen die voldoen aan deze drie vereischten :

a) *Groote zuiverheid van hart.* Hierdoor wordt bedoeld niet alleen de uitboeting en genoegdoening voor de vroegere fouten, doch ook de onthechting aan alles wat tot het kwaad voeren kan, afschuw van alle vrijwillige dagelijksche zonde en zelfs van iederen vrijwilligen weerstand aan de genade. Dit sluit nochtans de dagelijksche zonde, somtijds uit zwakheid bedreven, niet uit. Deze kan nog voorkomen, doch wordt steeds terstond levendig betreurd. De loutering der ziel, op den weg der reiniging begonnen, doorgezet op den weg der verlichting door de positieve beoefening der deugden en het edelmoedig verduren der beproevingen door God overgezonden, wordt voltrokken op den weg van vereeniging door de *passieve beproevingen*, waarover aanstonds.

b) *Groote zelfbeheersching*, verworven door de versterving der driften en de beoefening der zedelijke en goddelijke deugden. Deze beoefening gewent de vermogens aan regel en orde en onderwerpt ze aldus geleidelijk aan den wil en dezen aan dien van God. Zoo wordt eenigszins de oorspronkelijke orde hersteld : de ziel heeft zichzelve weergevonden en kan zich geheel overgeven aan God.

c) *Onafgebroken drang om aan God te denken*, om zich met Hem te onderhouden en alles te doen ten einde Hem te behagen. Het is een kwelling voor den geest niet altijd met God bezig te kunnen zijn. Moet men, uit plicht, zich aan profane bezigheden wijden, dan blijft nog steeds het eenig streven Gods tegenwoordigheid niet uit het oog te verliezen. Gelijk de magneetnaald steeds naar het noorden wijst, zoo keert de geest zich immer naar God,

volgens het woord van den Psalmist : " mijn oogen
zijn altijd tot den Heer gewend " (Ps. XXIV, 5).

III. *Algemeen begrip der Beschouwing* [1].

Door altijd aan God te denken, blijft de blik liefdevol op Hem gevestigd : het is de beschouwing,
een der bijzondere kenmerken van den weg der
vereeniging.

1297. 1° **Natuurlijke beschouwing.** In het algemeen genomen wil beschouwen zeggen iets met
aandacht en bewondering bezien. Er is een *natuurlijke beschouwing* zoowel door de *oogen*, als door de
verbeelding en ook door het *verstand.*

1) *Door de oogen :* " we staan voor een verheven natuurta-
fereel, den sterrenhemel, den oceaan, een berggevaarte ! Dan
redeneeren we niet, we ontleden of concludeeren niet, maar
onze geest wordt opeens aangegrepen en geabsorbeerd door
dat geweldig tooneel van Gods schepping, terwijl er door ons
hart een huiver van ontroering gaat " [2]. 2) *Door de verbeelding :* iemand voor wien we een innige liefde en de hoogste
bewondering koesteren, komt ons in het geheugen ; in onze
verbeelding zien we hem en geruimen tijd blijven we hem
beschouwen met ontroering en liefde. 3) *Door het verstand :*
" men schouwt in de transcendentale waarheid : God is de
Zijnde en heeft de reden van zijn bestaan in zichzelf. In dat
groote licht zien wij opeens, dat al het overige bestaande aan
dat eene in zich zijnde z'n bestaan moet ontleend hebben.
Dan rust ook onze geest in het bezit van die groote waarheid,
rust en geniet een hooge zaligheid " [3].

1298. 2° **Bovennatuurlijke beschouwing.** Er
bestaat ook een bovennatuurlijke beschouwing. Over
deze handelen we hier en gaan haar *begrip* en *soorten*
verklaren.

A) **Begrip.** De term *beschouwing* duidt in eigenlijken zin een akt aan van *eenvoudig verstandelijk
zien,* zonder dat gelet wordt op de verschillende

---

[1] P. Garrigou-Lagrange, *Perf. et contempl.*, t. I, ch. IV, a. 2,
p. 272-294. — [2] P. v. d. Tempel, O. P., *Wetenschap der Heil.*, bl. 83.
[3] Ibidem, bl. 84.

gevoels- of verbeeldingselementen die er mede
gepaard gaan. Is het beschouwde voorwerp schoon
en beminnenswaardig, dan onstaan bewondering en
liefde. — Door uitbreiding, wordt de naam van
beschouwing gegeven aan een *gebed*, waarin de akt
van dat eenvoudig verstandelijk zien wel niet onafgebroken voortduurt, doch wel *herhaaldelijk* voorkomt, en van godvruchtige *aandoeningen* vergezeld
gaat. Het *beschouwend gebed* onderscheidt zich aldus
van het *verstandelijk gebed* n. 667, omdat het geen
lange *redeneeringen* kent, en van het *affectief* gebed,
n. 976, omdat het de *verscheidenheid* van akten, aan
het laaste eigen, uitsluit. Het kan omschreven worden : *een eenvoudige en minnende blik op God en de
goddelijke dingen*, af korter, volgens den H. Thomas :
een eenvoudig inzicht in de waarheid. [1]

1299. B) Soorten. Men kan drie soorten van
beschouwingen onderscheiden : de *verkregen*, de
ingestorte en de *gemengde.*

a) De *verkregen* beschouwing is eigenlijk niet als
een vereenvoudigd gevoelsgebed en kan bepaald
worden : *een beschouwing, waarin de vereenvoudiging
der akten van verstand en gevoel de vrucht is van
onze inspanning onder den invloed der genade.* Menigmaal zelfs komen op een *verborgen* wijze de gaven
van den H. Geest, inzonderheid die van wetenschap,
verstand en wijsheid, ons te hulp door onzen blik in
liefde op God te vestigen, zooals wij later verklaren.

1300. b) De *ingestorte* of passieve beschouwing
wordt uitsluitend uit welwillendheid geschonken :
wij kunnen ze door eigen pogen, onder den invloed
der gewone genade, niet verwerven. Zij kan dus
bepaald worden als *een beschouwing waarin de
vereenvoudiging der verstandelijke en affectieve akten
de vrucht is van een bijzondere genade, die op ons*

[1] *Sum.*, IIᵃ IIᵃᵉ, q. 180, a. 1 et 6.

*inwerkt en oorzaak is, dat God in ons verlichting en
aandoeningen teweegbrengt met onze inwilliging.*

Zij wordt dus *ingestorte* genoemd, niet omdat zij voortkomt
uit de ingestorte deugden, want de verkregen beschouwing
komt er eveneens uit voort, doch omdat het niet in onze
macht is, zelfs niet met de gewone genade, die akten te
verwekken. Toch is het God *alleen* niet, die ze in ons uitwerkt.
Hij doet zulks met onze toestemming, in dezen zin nam. dat
wij *vrijwillig* aannemen wat Hij ons geeft. Wordt onze ziel,
onder den invloed der werkende genade, *passief* genoemd,
dan is het, omdat zij goddelijke gaven ontvangt; evenwel,
door die aan te nemen, geeft zij haar toestemming [1], zooals
we verder zullen verklaren. Deze beschouwing wordt door
de H. Theresia *bovennatuurlijk* geheeten, omdat zij het
dubbel is; niet alleen zooals de overige bovennatuurlijke
akten, maar ook omdat God op geheel bijzondere wijze
daarbij in ons werkt.

1301. c) Men spreekt ook van een *gemengde*
beschouwing. De ingestorte beschouwing, zooals we
later zullen zien, duurt somtijds *zeer kort.* Zoo kan
het gebeuren, dat bij eenzelfde gebed akten door
eigen toedoen ontstaan, afwisselen met akten onder
den bijzonderen invloed der werkende genade voortgebracht. Dit komt vooral voor bij hen die pas
begunstigd worden met de ingestorte beschouwing.
De beschouwing is dan gemengd, dat is afwisselend
actief en passief. Gewoonlijk echter wordt deze soort
gerekend bij de ingestorte beschouwing, waarvan
zij de eerste graad is.

IV. *Indeeling van het Derde Boek.*

1302. Op den weg der vereeniging kunnen twee
verschillende vormen of phasen onderscheiden
worden [2].

---

[1] Men kan dus van de beschouwing zeggen wat de H. Thomas
(Iª IIᵃᵉ, q. III, a. 2 ad 3) zegt van de rechtvaardigmaking : God recht-
vaardigt ons niet zonder ons, omdat wij bij onze rechtvaardiging, door
een beweging van den vrijen wil, instemmen met Gods gerechtigheid.

[2] Deze indeeling wordt heden, onder den een of anderen naam,
algemeen aangenomen. In een merkwaardig artikel in *Vie spirituelle*,
Maart 1923, behandelt J. Maritain dit punt. Hoewel hij aanneemt, dat
het doel aan allen voorgesteld één is, nam. de vereeniging met God

1º *De eenvoudige* of *affectieve* weg der vereeniging, die zich kenmerkt door de ontwikkeling der gaven van den H. Geest, vooral der actieve gaven, en door de *vereenvoudiging van het gebed,* dat een *soort actieve of oneigenlijk gezegde beschouwing wordt.*

2º De *passieve* of *strikt mystieke* weg der vereeniging, gekenmerkt door de *ingestorte* of *eigenlijk gezegde beschouwing.*

3º Dan komen bij de beschouwing ook somtijds buitengewone verschijnselen voor, zooals visioenen en openbaringen ; hier tegenover staan de naäperijen en plagerijen van den duivel en de bezetenheid.

4º In zulke moeilijke kwesties bestaan onvermijdelijk verschillende meeningen, die wij in een afzonderlijk hoofdstuk zullen behandelen.

Ten slotte zullen wij de gedragslijn van den zielsbestuurder ten opzichte der contemplatieven aangeven.

HOOFDSTUK I.   Over den eenvoudigen of actieven weg van vereeniging.

HOOFDSTUK II.   Over den mystieken of passieven weg van vereeniging.

HOOFDSTUK III. Over de buitengewone mystieke verschijnselen.

HOOFDSTUK IV. Twistvragen.

SLOT. Over de leiding der contemplatieven.

---

door de volmaakte liefde en de gaven van den H. Geest, erkent hij toch twee wegen : een van die nog door de *actieve gaven* geleid worden en slechts de oneigenlijk gezegde beschouwing genieten, en den anderen der *contemplatieven,* in wie de gaven van verstand en wijsheid overheerschend zijn.

HOOFDSTUK I.

Over den eenvoudigen weg van vereeniging.

1303. Deze weg is de staat der vurige zielen, die bestendig in innige vereeniging met God leven, maar die nog niet de gave der ingestorte beschouwing ontvingen. Zij hebben zich reeds de gewoonte eigen gemaakt de zedelijke en goddelijke deugden te beoefenen en streven er naar die deugden tot hooger volmaaktheid op te voeren door in zich *de gaven van den H. Geest* te ontwikkelen. *Haar gebed wordt telkens meer eenvoudig;* het wordt een gebed *van eenvoudige ingekeerdheid*, dat *de verkregen* of *actieve beschouwing* genoemd wordt. Dat deze staat werkelijk voorkomt blijkt uit de *ondervinding*, uit het onderscheid tusschen de *twee soorten van beschouwing*, evenals uit het verschil tusschen de *actieve en contemplatieve gaven.*

1304. 1º *De ondervinding* wijst ons op zielen die, hetzij in het klooster, hetzij in de wereld, vol vurigheid en in voortdurende vereeniging met God levend, de christelijke deugden op edelmoedige, standvastige, somtijds heldhaftige wijze beoefenen en toch niet begunstigd zijn met de ingestorte beschouwing. Gehoorzaam aan de leiding van den H. Geest, beantwoorden zij getrouw aan zijn inspraken, ontvangen zelfs bijwijlen bijzondere verlichtingen en ingevingen, maar noch zijzelf, noch de geestelijke bestuurder merken hoegenaamd iets wat in haar duidt op den eigenlijk gezegden passieven staat.

1305. 2º Een bewijs is nog het onderscheid in *verkregen* en *ingestorte* beschouwing, dat, reeds vluchtig aangeduid door den H. Clemens van Alexandrie en Richardus van S. Victor, sedert het

einde der 17^e eeuw, *algemeen* aangenomen is : de
zielen, welke gedurende een aanzienlijk tijdperk van
haar leven bij de verkregen beschouwing blijven,
zijn op den eenvoudigen weg van vereeniging.

Ten einde alle misverstand te vermijden, voegen wij er bij,
dat we niet twee afwijkende wegen bedoelen, want ook wij
achten de verkregen beschouwing een zeer geschikte gesteltenis tot het ontvangen der ingestorte beschouwing, wanneer het God behaagt die te geven. Dit alleen willen wij
zeggen : er zijn vele zielen, welke ze niet ontvangen, ondanks
hare innige vereeniging met God ; zij blijven dus op den eenvoudigen weg van vereeniging, zonder dat er daarom van
haren kant schuld is [1].

1306. 3° Wat dit nog bevestigt is, dat onder de
gaven van den H. Geest eenige vooral tot *handelen*,
andere vooral tot beschouwen worden geschonken.
Welnu, het is een feit, dat sommige personen van
meer bedrijvigen aard en bovendien overstelpt met
talrijke bezigheden, meer bijzonder de actieve
gaven ontwikkelen en daarom ook minder bekwaam zijn tot de eigenlijk gezegde beschouwing.

Ook P. Noble [2] heeft dit opgemerkt : " Het is niet in de
vermoeienis van den arbeid of in de drukte van allerlei
bezigheden, welke de volle aandacht opvorderen, dat de
geest zich in zichzelf kan concentreeren en vast den blik op
de geestelijke en eeuwige dingen kan vestigen. Om te beschouwen, mag men niet voortdurend door afmattende werkzaamheden geplaagd worden ; minstens is het noodig ze
genoegzaam te kunnen onderbreken om geest en hart in
vrede tot God te verheffen ".

---

[1] Dit wordt ook aangenomen door P. GARRIGOU-LAGRANGE in zijn
antwoord aan J. Maritain *(Perfect. chrét. et Contempl.* t. II) : " Wij
hebben dan ook niet het minste bezwaar gehad dit meerdere malen te
erkennen : het kan gebeuren, dat zelfs zeer edelmoedige zielen, door
gemis aan zekere vereischten, onafhankelijk van haren wil, slechts tot
het mystieke leven zouden komen na een tijdsverloop langer dan de
gewone duur van ons bestaan op aarde, Dit kan een gevolg zijn niet
alleen van een ongunstige omgeving, van gebrek aan goede leiding.
maar ook van den natuurlijken aanleg. "

[2] *Revue des Jeunes,* 25 Sept. 1923, p. 613. — Dit bewijst J. Maritain
eveneens in het aangehaalde art. Hij voegt er wel is waar bij, dat de
zielen, in welke de actieve gaven overheerschen, in den *Mystieken
toestand* zijn, hoewel ze de ingestorte beschouwing niet genieten. Beter
zou het zijn, dunkt ons, ter voorkoming van alle misverstand te zeggen,
dat ze in den *oneigenlijken mystieken* toestand zijn.

De ingestorte beschouwing zullen derhalve deze
zielen niet genieten, ten minste niet bestendig, doch
wel zullen zij bij haar werken ten nauwste met God
vereenigd leven en aandachtig letten op de ingevingen van den H. Geest. Dezen staat noemen wij
den eenvoudigen weg van vereeniging. Hij wordt
gekenmerkt 1° door de ontwikkeling der gaven van
den H. Geest, 2° door het gebed van eenvoud. Daarom gaan we achtereenvolgens deze twee punten
behandelen.

ART. I. OVER DE GAVEN VAN DEN H. GEEST [1].

We behandelen achtereenvolgens : 1° *de gaven*
van den H. Geest *in 't algemeen;* 2° *iedere* gave
in 't bijzonder; 3° haar *aandeel in de beschouwing;*
4° de *vruchten* en de *zaligheden*, die aan de gaven
beantwoorden.

§ I. Over de gaven
van den H. Geest in 't algemeen.

We zullen verklaren : 1° haar *natuur;* 2° haar
voortreffelijkheid; 3° de wijze van *ontwikkeling;*
4° haar *indeeling.*

I. *Natuur der Gaven van den H. Geest.*

1307. We hebben reeds gezegd, n. 119, hoe de
H. Geest door zijn inwoning in onze ziel, haar,
behalve de heiligmakende genade, bovennatuurlijke
eigenschappen instort, die onze vermogens vervolmaken en in staat stellen om, onder den invloed
der dadelijke genade, bovennatuurlijk te handelen.
Deze eigenschappen zijn deugden en gaven. Door

[1] S. THOM., *in III Sent.*, disp. 34-35; Ia IIae, q. 68; IIa IIae, qq. 8,
9, 19, 45, 52, 121, 139; SUAREZ, *de gratia*, P. III. c. VIII; DIONYS.
CARTH., *de donis Spir. S.;* GARRIGOU-LAGRANGE, op. cit., t. I,
chap. IV, art. 5-6; POTTERS, *de Gaven van den H. Geest;* VAN COP-
PENOLLE, op. cit., *Gaven v. d. H. Geest.*

haar onderling verschil aan te geven, zullen we beter zien, waarin de gaven bestaan.

1308. 1º **Verschil tusschen de gaven en de deugden. A)** *Niet door een verschil in hun voorwerp* onderscheiden zich de ingestorte *deugden* van de *gaven. Eenzelfde* is haar *arbeidsveld.* Het eenig onderscheid bestaat in *de wijze waarop zij* in onze ziel *werken.*

God, zegt de H. Thomas [1], kan in ons werken op twee manieren : **a)** door zich te voegen naar de natuurlijke werkingswijze onzer vermogens. Dit doet Hij bij de *deug-den :* Hij helpt ons nadenken, de geschiktste middelen tot ons doel uitzoeken. Om deze handelingen bovennatuurlijk te maken, geeft Hij ons dadelijke genaden, maar *laat het aan ons over* om, volgens de eischen der voorzichtigheid of van de rede door het geloof verlicht, *te beginnen.* Wij handelen dus onder den invloed der genade.

b) Doch door middel der *gaven* werkt God in ons op een wijze, welke die der menschelijke vermogens te boven gaat : *Hij zelf begint.* Voordat wij den tijd gehad hebben na te denken en naar de eischen der voorzichtigheid onze plannen te bepalen, zendt Hij ons *bovennatuurlijk inzicht,* voorlichting en ingevingen, die in ons werken, *zonder overleg* van onzen kant, hoewel niet zonder onze toestemming. Deze genade, die met *zachten drang* onze inwilliging vraagt en *daadwerkelijk* bekomt, kan men *werkende genade* noemen. Door haar zijn wij meer passief dan actief; onze werkdadigheid bestaat vooral in het vrijwillig toestemmen in de werking Gods, in ons te laten geleiden door den H. Geest, in zonder uitstel, edelmoedig zijn ingevingen te volgen.

1309. B) Met dit grondbeginsel voor oogen, is het gemakkelijker het verschil tusschen de gaven en de deugden te vatten.

---

[1] In het boek der *Sententies* (III Sent., d. 34, q. I, art. 1) gebruikt de H. Thomas deze termen : " Dona a virtutibus distinguuntur in hoc quod virtutes perficiunt ad actus *modo humano,* sed dona *ultra huma-num modum* ". — In de *Summa* drukt hij zich anders uit : " secundum ea (dona) homo disponitur ut efficiatur *prompte mobilis ab inspiratione divina* ". (Iª IIæ, q. 68, a. 1). Er is voorzeker wel eenig verschil tusschen beide uitdrukkingen, doch het blijft niettemin waar, dat onder den invloed der gaven, wanneer deze tot haar volle ontwikkeling gekomen zijn, wij eer lijdelijk dan werkend zijn : *magis agimur quam agimus.*

a) De *deugden* zetten ons aan tot handelen *volgens de natuur onzer vermogens :* met de hulp der genade, die ons wordt geschonken, zoeken, redeneeren, werken wij juist gelijk wij het doen bij alle handelingen der bloot natuurlijke orde. De deugden zijn derhalve op de eerste plaats en rechtstreeks *actieve* krachten. De *gaven* daarentegen zijn blijvende bovennatuurlijke geschiktheden, waardoor wij vaardig worden om door Gods werkende genade bewogen te worden. Deze genade zet onze vermogens in werking, zonder ze nochtans hun vrijheid te benemen, zoodat, zegt de H. Thomas, de ziel meer passief dan actief is.

b) Bij de deugden gaan wij te werk volgens de beginselen en regels der *bovennatuurlijke voorzichtigheid.* Wij hebben dus na te denken, te overleggen, raad te vragen, eene keuze te doen, enz. (n. 1020). Onder den invloed der gaven echter laten wij ons leiden door een *goddelijke ingeving*, die ons opeens, zonder ons toedoen, wordt ingestort en ons sterk tot iets aanzet.

c) Daar het aandeel der genade veel aanzienlijker is in de gaven dan in de deugden, volgt ook, dat hetgeen onder invloed der gaven verricht wordt in den regel (in overigens gelijke omstandigheden) volmaakter zal wezen dan wat onder werking der deugden wordt tot stand gebracht. Het is door de gaven, dat de derde graad der deugden beoefend en de heldhaftige akten gesteld worden.

1310. C) Ter verduidelijking geven wij nog eenige vergelijkingen : **a**) Het beoefenen der deugden kan vergeleken worden bij het reizen met een roeiboot, het benutten der gaven bij het reizen met een snelvarend zeilschip : het laatste gaat veel vlugger en kost minder moeite. **b**) Het kind, dat aan de hand zijner moeder eenige schreden zet, is het beeld van den christen, die de deugden beoefent met de hulp der genade, terwijl hij die onder den invloed der gaven handelt, is als het kind, dat op den arm der moeder snel wordt voortgedragen. **c**) Een harpenaar, die aan de snaren heerlijke tonen ontlokt, is een symbool van den christen, die zich toelegt op deugden; doch wanneer wij uit kracht der gaven handelen, dan is het de H. Geest zelf, die op de snaren onzer ziel komt tokkelen. Deze laatste vergelijking is ontleend aan de H. Vaders, die aldus de werking van Jesus in de ziel van Maria wilden aanduiden. " Een allerheerlijkste harp door Jesus bespeeld tot welbehagen van zijn hemelschen Vader".

1311. Bepaling. Uit het voorgaande mag dus besloten worden, dat de gaven van den H. Geest zijn : Blijvende bovennatuurlijke gesteldheden, die onze vermogens zoo volgzaam maken, dat zij aan de inspraken der genade getrouw beantwoorden. Doch zooals we weldra zullen verklaren, deze volgzaamheid is in het begin nog slechts een *neiging*, die ontwikkeld moet worden om volkomen vaardigheid te worden. Daarenboven gaat zij alleen tot handelen over, wanneer God ons de *werkende* genade schenkt. Dan wordt onze ziel, hoewel passief onder de werking van God, zeer actief om zijn wil te volbrengen. Men kan van de gaven zeggen, dat zij terzelfdertijd " volgzaamheid en kracht zijn... en de ziel onder de hand Gods meer passief en tevens meer aktief maken om Hem te dienen en voor Hem te werken " [1].

II. *Voortreffelijkheid der Gaven.*

De gaven zijn voortreffelijk zoowel *in zich* als *ten opzichte der deugden.*

1312. 1° *In zich.* Dit behoeft geen breed betoog. Hoe nauwer wij met den H. Geest zijn vereenigd en door Hem geleid worden, des te volmaakter zullen wij wezen, Hij toch is de bron van alle heiligheid. Welnu, de gaven plaatsen ons rechtstreeks onder den invloed van den H. Geest, die in ons woont. Hij verlicht ons verstand en toont ons klaar wat wij te doen hebben, Hij ontvlamt ons

[1] MGR GAY, *De la Vie et des vertus chrét.*, t. I, p. 45.

hart en staalt onzen wil om het goede ons voorgehouden uit te voeren. Geen vereeniging kan hierbeneden inniger zijn.

Rijk zijn dan ook de vruchten. Door de gaven
beoefenen wij de zedelijke en goddelijke deugden
in den volmaaktsten graad, zijn wij bekwaam tot
heldhaftige daden en wordt onze ziel, wanneer het
God behaagt, verheven tot de ingestorte beschouwing, omdat zij de plooibaarheid en de volgzaamheid, die de *naaste voorbereiding* tot den mystieken
staat zijn, voortbrengen. De gaven zijn derhalve de
kortste weg tot de hoogste volmaaktheid.

1313. 2° Vergelijkender wijze zijn de gaven
volmaakter dan de zedelijke of verstandelijke
deugden, zooals de H. Thomas [1] leert. Deze hebben
immers God niet tot onmiddellijk voorwerp, terwijl
de gaven de deugden tot een hoogeren graad opvoeren, waar zij (de deugden) zich vereenzelvigen met
de liefde en ons aldus met God vereenigen.

Zoo doet de *voorzichtigheid*, vervolmaakt door de gave
van *raad*, ons deel hebben in het licht van God zelf; de gave
van *sterkte* stelt ter onzer beschikking de eigen sterkte Gods.
De gaven zijn nochtans niet verhevener dan de goddelijke
deugden, vooral niet dan de liefde, omdat de liefde, het
eerste en volmaakste bovennatuurlijk goed, de bron van alle
gaven is. Toch mag men zeggen, dat de gaven de goddelijke
deugden in haar *uitoefening* vervolmaken. Zoo maakt de
gave van verstand het geloof levendiger, doordringender,
omdat zij den innigen, harmonischen samenhang der geloofswaarheden belicht; de gave van wijsheid vervolmaakt de
beoefening der liefde, omdat zij God en de goddelijke dingen
doet smaken. De gaven zijn dus middelen, die tot de goddelijke deugden als tot haar einde gericht zijn, maar haar
tevens een grooter volmaaktheid bijbrengen.

III. *Over de ontwikkeling der Gaven.*

1314. 1° **Geleidelijke ontwikkeling.** Wij ontvangen de gaven van den H. Geest tegelijk met

---

[1] *Summa*, IIª IIæ, q. 9, a. 3 ad 3.

den staat van genade : zij zijn dan eenvoudige *bovennatuurlijke vermogens.* Wanneer ons verstand ontluikt en het hart zich naar God richt, beginnen wij, onder den invloed der dadelijke genade, ons heele bovennatuurlijk organisme, te samen met de gaven van den H. Geest, in werking te stellen. Het is immers niet aan te nemen, dat die gaven gedurende een groot gedeelte van ons leven onbenut en onbruikbaar zouden blijven [1].

Maar voor een geregelden en volledigen wasdom moet een langdurige beoefening van de zedelijke deugden voorafgaan. Deze deugden toch geven aan onze ziel geleidelijk een zeker gemak om getrouw te beantwoorden aan de inspraken der genade, een vereischte voor de volle werking der gaven. Als eigenschappen groeien ze ondertusschen tegelijk met de heiligmakende genade. Meermalen voegen zij ongemerkt kracht bij die der deugden tot bovennatuurlijke handelingen.

Somtijds zelfs zal de H. Geest door zijn *werkende* genade op *voorbijgaande* wijze een ongewone vurigheid, als een kortstondige beschouwing, opwekken. Welke vurige ziel heeft inderdaad niet nu en dan van die plotselinge ingevingen der genade gevoeld, waarbij zij niets anders te doen had als de beweging Gods te ontvangen en te volgen? Dit gebeurt bij het lezen van het H. Evangelie of van een godvruchtig boek, bij de H. Communie of een bezoek aan het H. Sacrament, tijdens een retraite, bij het kiezen van een levensstaat, bij een wijding, een inkleeding. Dan is het of de genade Gods, met zachtheid en kracht tevens, de ziel opheft en draagt.

---

[1] Sommige godgeleerden, zooals Perriot *(Ami du Clergé,* 1892, p. 391), meenen, dat de gaven optreden bij ieder verdienstelijk werk. Zonder zoo ver te gaan, wordt toch algemeen aangenomen, dat ze dikwijls die akten beinvloeden *op verborgen wijze,* zonder dat wij er ons van bewust zijn.

1315. 2⁰ **Middelen om de gaven te ontwik-kelen. A**) Op de eerste plaats komt de *beoefening der zedelijke* deugden. De H. Thomas [1] leert dat de zedelijke en verstandelijke deugden aan de gaven voorafgaan, omdat de mensch, door volgens de rede te handelen, geschikt wordt om eveneens in overeenstemming met God te handelen. De gaven vervolmaken de hoogere zielsvermogens om de goddelijke inspraken trouw te volgen. Daartoe is het evenwel noodig vooraf de driften en gebreken te hebben bedwongen door bestendige beoefening der voorzichtigheid, nederigheid, gehoorzaamheid, zachtmoedigheid, kuischheid. Hoe zal men toch de inspraken der genade kunnen waarnemen, ontvangen en trouw volgen, zoo de ziel in beroering is door vleeschelijke voorzichtigheid, door hoogmoed, weerspannigheid, gramschap en wellust? Om naar *Gods wijze* te kunnen handelen, is het volstrekt noodig zich eerst de christelijke voorzichtigheid te hebben eigen gemaakt. Vooraleer aan de bewegingen der genade te kunnen beantwoorden, moet men de geboden opgevolgd en den hoogmoed overwonnen hebben.

Daarom zegt Cajetanus [2], de trouwe verklaarder van den H. Thomas, met alle reden : " De geestelijke bestuurders behooren hier wel op te letten en aan hun penitenten met zorg voor te houden, dat ze zich eerst oefenen in het actieve leven, alvorens hen te spreken van de verhevenheden der beschouwing. Het is immers noodig eerst de hartstochten te beteugelen door gewoonten van zachtmoedigheid, geduld, vrijgevigheid, ootmoed, enz., om daarna op te gaan tot een beschouwend leven. Door gemis aan deze vooroefening gebeurt het, dat velen in plaats van op den weg Gods te wandelen, hem met sprongen maken ; na geruimen tijd van hun leven aan de beschouwing besteed te hebben, bevinden zij zich zonder deugden, ongeduldig, opvliegend, trotsch, wat blijkt telkens als zij op de proef gesteld worden. Dergelijke personen hebben het actief, noch het beschouwend leven, noch de vereeniging van beide gehad, maar hebben op los

[1] *Sum. theol.*, Iª IIæ, q. 68, a. 8 ad 2.
[2] In IIᵃᵐ IIæ, q. 182, a. I, § VII.

zand gebouwd. En God gave, dat dit gebrek zelden voor-
kwam".

1316. B) De gaven worden ook ontwikkeld door
het bestrijden van den wereldsgezinden geest, die
lijnrecht tegenover den Geest van God staat. De
Apostel Paulus schrijft : " We hebben niet den
geest der wereld ontvangen, maar den Geest, die
uit God is, opdat we zouden kennen, wat ons door
God is geschonken... Maar de verstands-mensch
aanvaardt niet wat van Gods Geest komt, want het
is hem een dwaasheid; en hij kan het zelfs niet
kennen, omdat het op geestelijke wijze moet beoordeeld worden " (I Cor. II, 12-14). Om dezen geest
der wereld met beter gevolg te bestrijden, moet
men de grondstellingen des Evangelies lezen, overdenken en zoo veel mogelijk tot levensregel nemen.
Dan zal men bereid zijn om zich door Gods Geest
te laten geleiden.

1317. C) Dan komen de positieve en rechtstreeksche middelen, waardoor wij ons aan de
werking van den H. Geest onderwerpen.

a) Voor alles, de *inwendige ingetogenheid* of de
gewoonte om dikwerf te denken aan God, die niet
alleen dicht bij ons, maar in ons is (n. 92). Zoo
komt men er allengs toe de gedachte aan Gods
tegenwoordigheid, zelfs te midden der meest verstrooiende bezigheden, niet uit het oog te verliezen.
Men zondert zich dikwijls af in de cel van het hart
om er den H. Geest te vinden en met den Psalmist
te zeggen : " Ik zal luisteren naar wat de Heer God
in mij spreekt " (Ps. LXXXIV, 9). Dan ondervindt
men wat het boek der Navolging zegt : " Zalig de
ziel, die den Heer in zich hoort spreken en uit zijn
mond het troostwoord verneemt " (III, 1). De
H. Geest spreekt tot het hart en, met zijn woord,
stort Hij er licht, sterkte en troost in uit.

1318. b) Daar die Geest ons offers vraagt, moet men er
zich aan gewennen om, wanneer Hij ons duidelijk zijn wil te

kennen geeft, *trouw* en *edelmoedig*, zijn minste ingevingen op te volgen, volgens het voorbeeld van Jesus, die zeide : " Ik doe altijd wat Hem behaagt". Luisterde men niet naar zijn stem, dan zou Hij of zwijgen of ten minste veel minder spreken. Daarom zegt de Psalmist : "Zoo gij heden zijn stem hoort, wilt uwe harten niet verharden, gelijk bij de verbittering op den dag der bekoring in de woestijn, waar uw vaderen Mij tartten" (Ps. XCIV, 8). Schijnen de offers, die Hij vraagt, ons zwaar, verliezen we daarom den moed niet, maar bidden we met den H. Augustinus : Geef, Heer, wat Gij beveelt, en beveel wat Gij wilt. Zorgen we vooral geen vrijwilligen weerstand te bieden aan zijn inspraken : hoe volgzamer Hij ons ziet, hoe meer Hij ook onze ziel zal bewegen.

1319. c) Ja, we moeten Hem zelfs voorkomen, door Hem vertrouwvol aan te roepen, in vereeniging met het menschgeworden Woord, dat beloofd heeft ons zijn Geest te zenden, in vereeniging met Haar, die de allervolmaaktste Tempel en de Bruid is van den H. Geest, gelijk de Apostelen deden in de eetzaal, waar zij, zegt de H. Lucas, baden " met Maria, de Moeder van Jesus" (Act. I, 14).

De H. Kerk geeft ons, in haar liturgie, heerlijke gebeden om den H. Geest over ons af te smeeken : de sequentie : *Veni, Sancte Spiritus*, de hymne *Veni, Creator Spiritus*, en andere aanroepingen, die in het Pontificale te vinden zijn voor de wijding der subdiakens, diakens en priesters. Al deze gebeden hebben klaarblijkelijk een bijzondere kracht en hun inhoud is zoo schoon, dat men ze niet zonder aandoening bidden kan.

Een gewoonte, die aanbeveling verdient, is bij het begin van ieder werk het *Veni Sancte Spiritus* te bidden, gelijk in de Seminaries gebruikelijk is. We vragen daardoor het beginsel van alle gaven, de liefde Gods, en de gave van wijsheid (den smaak voor wat recht is), de voornaamste van alle gaven en die alle bevat. Met vurigheid gebeden, zal deze aanroeping hare uitwerking niet missen.

IV. *Indeeling der Gaven van den H. Geest.*

1320. Wanneer de profeet Isaias de komst van den Messias aankondigt, zegt hij : de Geest des Heeren zal op Hem rusten, Geest van wijsheid en van verstand, Geest van raad en van sterkte, Geest van wetenschap en van vreeze [1]. (Isaias XI, 2-3)

---

[1] De hebreeuwsche tekst maakt geen melding van de gave van *godsvrucht*, maar de Septuaginta en de Vulgaat wel; sedert de 3e eeuw houdt de Traditie de *zeven* gaven.

Zij kunnen op verschillende wijzen gerangschikt worden.

A) Beschouwd onder het oogpunt van de *volmaaktheid*, is de minst volmaakte de vreeze Gods, de volmaaktste de wijsheid.

B) Ten opzichte der vermogens waarop zij inwerken, onderscheidt men de *verstandelijke* en de *gevoels-gaven* : de eerste, welke ons verstand verlichten, zijn : de gaven van wetenschap, van verstand, van wijsheid en van raad; de tweede, die den wil versterken, zijn de godsvrucht, de sterkte en de vrees des Heeren. — Onder de verstandelijke gaven moeten vooral drie de ingestorte beschouwing voortbrengen : de gaven van *wetenschap*, van *verstand* en van *wijsheid*. De overige worden *actieve* gaven genoemd.

C) Beschouwt men de gaven in haar verhouding tot de deugden, die zij vervolmaken, dan worden zij aldus gerangschikt :

door de gave van *raad* wordt de *voorzichtigheid* vervolmaakt;

door de gave van *godsvrucht* de *godsdienstigheid*, verwant met de rechtvaardigheid;

door de gave van *sterkte* de deugd van *sterkte;*

door de gave van *vrees* de deugd van *matigheid;*

door de gaven van *wetenschap* en *verstand* het *geloof;*

de gave van *vrees* is verbonden met de *hoop* en

de gave van *wijsheid* met de *liefde*.

Deze indeeling volgen wij hier, omdat daardoor beter de natuur van iedere gave uitkomt, terwijl aldus de gaven worden aangegeven in haar verband met de met haar overeenkomende deugden.

§ II. Over elke gave in 't bijzonder.

I. *De gave van Raad.*

1321. 1º **Natuur. A**) De gave van raad *vervolmaakt de deugd van voorzichtigheid, doordat zij ons, als bij bovennatuurlijke intuïtie, aanstonds en met zekerheid doet zien, wat ons te doen staat, vooral in moeilijke gevallen.* Door de deugd van voorzichtigheid overdenken wij, zoeken wij met zorg de beste middelen ter bereiking van ons doel. Daartoe benutten wij de lessen van het verleden en onze tegenwoordige kennis. Met de gave van raad echter gaat het geheel anders. De H. Geest spreekt tot ons hart en doet ons in één oogwenk begrijpen, wat wij te doen hebben. Zoo gaat de belofte des Zaligmakers, aan de Apostelen gedaan, in vervulling : " Als ze u overleveren, weest dan niet bezorgd, hoe of wat gij spreken zult, want in dat uur zal u worden ingegeven wat ge spreken moet " (Matth. X, 19). Dit zien we in Petrus, na Pinksteren. Aangehouden door den Hoogen Raad, ontvangt hij het verbod den Heer Jesus nog te prediken, maar aanstonds antwoordt hij : " Men moet meer gehoorzaam zijn aan God dan aan de menschen " (Act. V, 29).

Vele Heiligen hebben de gave van raad bezeten. De H. Antoninus bezat die in zoo hoogen graad, dat hem de naam van *Antoninus Consiliorum,* Antoninus van den goeden raad, gegeven is. Zijn voorlichting werd ingewonnen niet enkel door eenvoudige geloovigen, maar ook door staatslieden, inzonderheid door Cosmas de Medicis, die hem verschillende malen tot zijn afgezant benoemde. Wij bewonderen die gave eveneens in een H. Catharina van Siëna, die nog zeer jong en zonder eenige studie, wijze raadgevingen geeft aan prinsen, kardinalen en aan den paus zelven ; ook in Joanna d'Arc, die, zonder iets af te weten van de krijgskunst, plannen opstelt voor den veldtocht, welke de bewondering afdwingen van de beste legeroversten. Zij openbaarde hen, vanwaar zij die wijsheid had : " gij zijt in uw raadsvergadering geweest, ik in de mijne".

1322. B) *Het eigen voorwerp* van de gave van raad is de goede regeling der bijzondere handelingen. De gaven van wetenschap en verstand geven ons de algemeene beginselen, doch de gave van raad toont ons, hoe wij die moeten toepassen in de telkens terugkeerende afzonderlijke gevallen. Het licht van den H. Geest wijst ons, wat wij ten tijde, ter plaatse, in de omstandigheden, waarin wij ons bevinden, moeten doen en — zoo wij in overheid zijn — welke raadgevingen wij anderen moeten geven.

1323. 2° Noodzakelijkheid. A) *Allen* hebben deze gave noodig in sommige meer gewichtige en moeilijke gevallen, waarmede onze zaligheid of heiliging gemoeid is, bijv. bij de keuze van een levensstaat, of in sommige gelegenheden van zonde, voorkomende in de uitoefening zelf der bediening. De menschelijke rede is feilbaar en onzeker in haar wegen en vordert slechts tastend. Komen er dus oogenblikken voor, waarvan zeer veel afhangt, dan is het noodzakelijk de voorlichting te ontvangen van den goddelijken Raadgever, die in één oogopslag alles doorschouwt en ons ter gelegener tijd duidelijk doet zien, wat wij in een bepaald moeilijk geval te doen hebben [1]. " Met de gave van raad, zegt Mgr Landrieux [2], weet de rede de juiste middelen te kiezen; zij ziet den te volgen weg, zij bewandelt hem veilig, al zou hij steil, dor en bovenmate lastig wezen... zij weet het gunstig uur af te wachten ".

---

[1] " De menschelijke rede kan niet alle bijzondere gevallen die kunnen voorkomen, omvatten, omdat " de gedachten der stervelingen feilbaar en onze schikkingen onzeker zijn " (Sap. IX, 14). En daarom moet de mensch, bij het overleggen, door God, die alles omvat, geleid worden. Dit geschiedt door de gave van raad, waardoor de mensch, als door een raad van God ontvangen, bestuurd wordt " (S. Thom., IIa IIæ, q. 52, a. 1 ad 1).

[2] Mgr Landrieux, *Le divin méconnu*, p. 163. — " Het gemis dezer gave berokkent ons zeer groot kwaad..., omdat het ons verward maakt in onze gedachten, verblind in onze plannen, overhaast in onze besluiten, onbedachtzaam in onze woorden, vermetel in onze handelingen ". S. Jure, 1e D., 4e h., § 7.

B) Deze gave is op geheel bijzondere wijze noodzakelijk voor de *oversten* en *priesters*, zoowel voor hun eigen heiliging, als voor die van anderen. **a**) Het is somtijds zoo moeilijk het inwendig leven en den zielenijver, de genegenheid voor den evennaaste en de volmaakte zuiverheid, den eenvoud der duif en de voorzichtigheid der slang harmonisch te doen samengaan, dat de bijzondere voorlichting van den H. Geest ons wel noodig is om in gegeven omstandigheden te weten, hoe wij ons te gedragen hebben. **b**) Hetzelfde geldt voor de *Oversten*, die ambtshalve voor de stipte onderhouding van den Regel moeten zorgen op een wijze, dat zij het vertrouwen en de genegenheid van hun onderdanen niet verliezen. Om dit te bereiken is takt noodig, veel takt om gestreng te zijn met goedheid, te eischen met gematigheid, de discipline te doen heerschen niet door vrees, maar door liefde. **c**) En hoeveel licht hebben de geestelijke *geleiders* niet van doen om juist te zien, wat voor ieder der door hen bestuurden geschikt is, om hun gebreken te kennen en de middelen ter verbetering te kiezen, om ieders roeping te onderscheiden en elke ziel tot den staat van volmaaktheid, voor haar bestemd, te geleiden!

1324. 3° **Hulpmiddelen om de gave van raad te ontwikkelen. A**) Het eerste is een diep gevoel van onze onmacht, en als gevolg een dikwijls herhaald smeeken om den bijstand van den H. Geest met den Psalmist : "Toon mij, o Heer, uwe wegen en leer mij uwe paden" (Ps. XXIV, 4). Hij zal ons verlichten op de een of andere wijze, want Hij neigt zich tot de nederigen. En zeker zal Hij het doen, indien wij zorg dragen om Hem gedurende den ganschen dag voor ieder voornamer werk, vooral in moeilijke gevallen, aan te roepen.

B) Het tweede middel is ons gewoon te maken een *aandachtig oor te leenen* aan de stem van den H. Geest, alles te beoordeelen in zijn licht, zonder ons te laten beïnvloeden door menschelijke zienswijzen en zijn minste inspraken op te volgen. Wanneer de H. Geest onze ziel plooibaar en volgzaam ziet, zal Hij telkens meer tot ons spreken [1].

---

[1] Daarom zei DONOSO CORTES : "Onder de personen, met wie ik in nader betrekking stond, en dat waren er veel, zijn de eenigen in wie ik

II. *De gave van Godsvrucht.*

1325. 1º **Natuur.** Deze gave vervolmaakt in ons de deugd van *godsdienstigheid*, verwant met de *rechtvaardigheid*, en *zij doet zulks door in onze harten een kinderlijke genegenheid jegens God en een teedere toewijding voor de personen en zaken, die op bijzondere wijze met God in betrekking staan, uit te werken, opdat wij aldus met ijver onze godsdienstplichten zouden waarnemen.*

De *deugd* van *godsdienstigheid* wordt slechts *moeizaam verkregen;* de *gave* van *godsvrucht* wordt ons door den H. Geest *medegedeeld.*

A) Deze gave doet ons in God niet enkel meer een Opperheer zien, maar een Vader vol goedheid en liefde. " Gij hebt geen geest van slavernij ontvangen... maar den geest van kindschap, waardoor we roepen : Abba, Vader! " (Rom. VIII, 15) zegt de Apostel Paulus. — Zij verruimt dus onze ziel door vertrouwen en liefde, zonder nochtans den eerbied te kort te doen.

De godsvrucht kweekt alzoo in onze ziel een drievoudig gevoel : 1) van kinderlijken eerbied voor God, waardoor wij Hem met heiligen ijver aanbidden als onzen teergeliefden Vader. Dan zijn de geestelijke oefeningen geen lastige bezigheid, maar veeleer een behoefte voor de ziel en een opstijgen van het hart tot God ; 2) Een gevoel van *teedere en edelmoedige liefde,* dat ons dringt ons voor God en zijn glorie ten offer te brengen om Hem behagelijk te zijn. Het is dus geen baatzuchtige godsvrucht, die de vertroostingen najaagt, geen trage godsvrucht, die werkeloos blijft, waar gehandeld moet worden, geen sentimenteele godsvrucht, welke slechts aandoeningen wil en opgaat in droomerijen, maar het is de degelijke godsvrucht, die haar liefde toont door het volbrengen van Gods heiligen wil. 3) Ten slotte een gevoel van *liefdevolle onderdanigheid.* Het toont ons in de geboden en

een onverstoorbaar gezond verstand, een wezenlijke scherpzinnigheid waarnam met een bewonderenswaardige bekwaamheid tot het geven van practische en wijze oplossingen in de meest ingewikkelde vraagstukken, personen geweest van een beschouwend afgezonderd leven ".
(Verhandeling over het Katholicisme.)

raden de openbaring van Gods wijze en vaderlijke wilsbeschikkingen ten onzen opzichte. Vandaar een volkomen
overgave in de handen van dien liefhebbenden Vader, die
beter weet dan wij, wat ons tot heil strekt en ons niet
beproeft dan om ons meer te zuiveren en met zich te vereenigen : "We weten ook, zegt immers de Apostel, dat God
alles ten goede leidt voor hen die Hem liefhebben "
(Rom. VIII, 28).

1326. B) Deze gave geeft ons ook liefde voor de
personen en de *zaken*, die deel hebben in het goddelijk wezen en in zijn volmaaktheden.

1) Daarom beminnen en vereeren wij de H. Maagd, omdat
Zij Moeder Gods en onze Moeder is (n. 155-156). Wij
brengen aldus op Haar iets over van de vereering en liefde,
die wij voor God hebben, omdat Zij onder alle schepselen
het meest zijn volmaaktheden weergeeft. 2) Daarom ook
beminnen en vereeren wij in de Engelen en de Heiligen een
weerschijn van Gods eigenschappen. 3) De *H. Schrift* komt
ons voor als het woord Gods, als een brief van ons door
onzen hemelschen Vader geschreven om ons zijn gedachten
en plannen over ons bekend te maken. 4) De *H. Kerk* is in
onze oogen *de Bruid* van Christus, uit zijn heilige zijde
gekomen, die, draagster van zijn onfeilbaar gezag, zijn zending ten einde toe op aarde voortzet. Zij is *onze Moeder*, die
ons het leven der genade heeft geschonken en met haar
Sacramenten voedt. Wij stellen dus ook belang in alles wat
haar van nabij aangaat, in haar triomphen en vernederingen.
Haar zaak is de onze en wij achten ons gelukkig die te
kunnen dienen; wij nemen deel in haar smarten : in één
woord wij dragen haar een *kinderlijke liefde* toe. En niet
alleen dat, wij *gehoorzamen* haar ook van gansgher harte,
want wij weten het : haar voorschriften opvolgen is gehoorzamen aan God zelf, volgens zijn woord : " die u hoort, hoort
Mij " (Luc. X, 16). 5) Het Opperhoofd dezer Kerk, de *Paus*,
is voor ons de plaatsbekleeder, de zichtbare vertegenwoordiger van Jesus Christus op aarde : als zoodanig deelt hij in
de vereering en de liefde, die wij het onzichtbaar Hoofd der
Kerk toedragen. Als aan Christus zelf willen wij hem gehoorzamen. 6) Soortgelijke gevoelens koesteren wij eveneens ten
opzichte van onze *Oversten*, in wie wij Jesus Christus willen
zien : " *Superiori meo imaginem Christi imposui* ". Vertrouwt
Hij ons ondergeschikten toe, dan dragen wij op hen de
vaderlijke teederheid over, die God voor ons heeft.

1327. 2° **Noodzakelijkheid. A**) Alle christenen
hebben behoefte aan deze gave om met vreugde en

ijver de plichten van eeredienst jegens God, van
eerbiedige onderdanigheid jegens hun oversten, van
inschikkelijkheid jegens hun onderdanen te kunnen
vervullen. Zonder die godsvrucht zouden zij zich
ten opzichte van God gedragen als jegens een
meester : het gebed zou een last zijn en geen troost,
de beproevingen door de Voorzienigheid overgezonden zouden veeleer gestrenge of zelfs onrechtvaardige kastijdingen schijnen. Onder den invloed
dezer gave echter, verschijnt God ons als een
Vader. Met kinderlijke blijdschap bewijzen wij
Hem onze hulde en kussen met volle overgeving
de hand, die ons slaat, daar wij weten, dat het
slechts geschiedt om ons te zuiveren van alle zon-
desmet en ons nauwer met Hem te vereenigen.

1328. B) De godsvrucht is nog onmisbaarder voor de
priesters, voor de kloosterlingen en allen, die zich in de
wereld aan den dienst van God wijden. a) Zonder de gave
van godsvrucht, zouden de veelvuldige geestelijke oefeningen, die een groot gedeelte van hun dagelijksch leven innemen, spoedig een ondraaglijk juk worden. Men kan niet lang
met God bezig blijven, zoo men Hem geen liefde toedraagt.
Welnu, het is juist de gave van godsvrucht, die, samen met
de liefde, in de ziel die gevoelens van kinderlijke teederheid
voor God instort, waardoor de geestelijke oefeningen zoete
samenspraken met den hemelschen Vader worden. Wel is
waar komen bijwijlen dorheden dien omgang met God
bemoeilijken, doch ook die beproeving wordt zelfs met
vreugde aangenomen, omdat zij van een Vader komt, die
zich verbergt, alleen opdat men Hem zou zoeken. Men
verlangt slechts ééne zaak : God behagen. Daarom valt
die beproeving niet hard of zwaar; men is blijde iets voor
God te mogen lijden. Waar liefde heerscht, daar wordt geen
last gevoeld.

b) Deze gave is niet minder noodzakelijk om met goedheid en zachtheid diegenen te behandelen, van wie we
instinctmatig afkeerig zijn, om met Paulus waarlijk vaderlijke gevoelens te koesteren voor allen, die God aan onze
zorgen wil toevertrouwen.

**1329. 3° Middelen om deze gave te ontwik-
kelen. A)** Het eerste is de dikwijls herhaalde overdenking der Schriftuurplaatsen, waarin we de

goedheid, de vaderlijke barmhartigheid van God
jegens de menschen en in 't bijzonder jegens de
rechtvaardigen zien uitschijnen (n. 93-96). Als Vader wil Hij gekend en bemind worden, vooral onder
de Nieuwe Wet; in allen nood moeten we daarom
ook steeds zonder toeven met kinderlijk vertrouwen
tot Hem onzen toevlucht nemen. Met deze gevoelens
bezield, zullen we vanzelf onze godsvruchtoefenin-
gen *met liefde* doen en daarin dus niet onze voldoening, maar boven alles het welbehagen van God
beoogen.

B) Het tweede middel bestaat in *het omvormen van onze
gewone werken in akten van Godsvereering*, ze alle te verrichten om aan onzen hemelschen Vader genoegen te verschaffen (n. 527). Zoo wordt ons geheele leven een gebed, en
bijgevolg een akt van kinderliefde jegens God, van Godsvereering. Daarom schreef de Apostel Paulus : " Oefen uzelf
in godsvrucht... de godsvrucht is nuttig onder alle opzichten,
daar ze de belofte bezit van dit leven en van het toekomstige "
(I Tim. IV, 7-8).

III. *De gave van Sterkte.*

1330. 1° Natuur. Zij is een gave die de gelijkna-
mige deugd vervolmaakt, doordat zij aan den wil
nieuwe krachten toevoegt om de vele moeilijkheden met het beoefenen der deugd verbonden te
overwinnen, en daartoe zelfs de zwaarste offers te
brengen.

Hierin verschilt de gave van de deugd, dat zij niet te
danken is aan ons eigen pogen, onder den invloed der
genade, maar aan de werking van den H. Geest, die onze ziel
opheft en haar op bijzondere wijze de lagere vermogens,
evenals de uitwendige moeilijkheden, doet beheerschen. De
deugd neemt niet alle weifeling, niet alle vrees voor hinderpalen en mislukking weg ; de gave van sterkte daarentegen
geeft beslistheid, vertrouwen, blijdschap met de zekere hoop
op welslagen en brengt dus veel meer tot stand. De H. Stephanus, zegt de H. Schrift, was vol genade en kracht, want
hij was vervuld van den H. Geest.

1331. *Handelen* en *lijden*, zelfs te midden der
grootste moeilijkheden en dat somtijds ten koste van

heldhaftige opofferingen, ziedaar waartoe de gave van sterkte ons aanzet.

a) *Handelen*, dat is zonder aarzeling en zonder vrees de lastigste zaken ondernemen : bijv. een volkomen ingekeerdheid beoefenen te midden van een zeer bewogen leven, zooals de H. Vincentius en de H. Theresia deden ; onbesmet de reinheid bewaren bij de hachelijkste gevaren, zooals de H. Thomas en Carolus Borromeus ; nederig blijven te midden der eerbewijzen, gelijk de H. Lodewijk ; de gevaren, den tegenstand, de vermoeienissen, den dood zelven trotseeren, zooals de H. Fransciscus Xaverius ; de menschenvrees en alle eerbewijs verachten, gelijk de H. Joannes Chrysostomus, die alleen de zonde vreesde. b). Niet minder is deze gave noodig om lange, smartvolle ziekten te *verdragen*, zooals de H. Ludwina, of geestes1ijden geduldig te ondergaan, gelijk sommige zielen bij de passieve beproevingen, of ook, zonder verzwakking, het gansche leven lang, alle voorschriften van den kloosterregel te onderhouden. De marteldood wordt terecht bij uitstek beschouwd als de akt der gave van sterkte, wijl men voor God het dierbaarste goed, het leven, offert ; doch zijn bloed druppel voor druppel geven, door zich uit te putten voor de zielen, gelijk, naar S. Paulus' voorbeeld, zooveel eenvoudige priesters, zooveel brave leeken doen, dit is een waar martelaarschap, een martelaarschap onder het bereik van allen en niet minder vol verdiensten.

1332. 2° **Noodzakelijkheid.** Het is onnoodig lang stil te staan bij de noodzakelijkheid dezer gave : zij springt terstond in het oog. Inderdaad, zooals wij n. 360 bewezen hebben, komt er menige omstandigheid voor in het leven, dat er waarlijk heldenmoed noodig is om de zonde te vermijden. Welnu, de gave van sterkte zal ons dien geven.

Niet minder noodzakelijk is deze gave in sommige beroepen, waaraan de verplichting is verbonden zich somtijds aan gevaar van besmetting, aan den dood zelf bloot te stellen, bijv. voor den geneesheer, den soldaat, den priester.

1333. 3° **Middelen om de sterkte te ontwikkelen. A)** Wijl zij niet van ons komt, maar van God, moeten wij ze ook in Hem zoeken, door nederig onze zwakheid te erkennen. Menigmaal toch bedient God zich van de zwakste werktuigen, mits zij, bewust van eigen onmacht, op Hem steunen. Dit

verklaart ons de Apostel Paulus : " Het dwaze
der wereld heeft God uitverkoren om de wijzen
beschaamd te maken, en het zwakke der wereld
heeft God uitverkoren om het sterke te beschamen...
om te niet te doen, wat iets is, opdat geen vleesch
zou roemen voor God ". (I. Cor. I, 27-29.) Vooral bij
de H. Communie kunnen wij in Jesus de sterkte
zoeken, die wij behoeven om alle moeilijkheden te
overwinnen. De H. Joannes Chrysostomus [1] stelt ons
de Christenen na de H. Communie voor sterk als
leeuwen, omdat zij in de kracht van Christus zelf
deelen.

1334. B) Een ander middel is het zorgvuldig
benutten van alle gelegenheden om in kleine dingen
de sterkte en het geduld te beoefenen.

Deze gelegenheden bieden zich voortdurend aan. Die met
den goeden geest bezield zijn, maken er gebruik van en
ontwikkelen ongemerkt de gave van sterkte. Goedwillig
onderwerpen ze zich aan hun dagorde, trachten steeds
met aandacht hun gebeden te verrichten en den ganschen
dag in ingetogenheid door te brengen. Komt bij hen de
lust op om het stilzwijgen te verbreken of hun nieuwsgierigheid te voldoen, ze weten die te bedwingen. Hoe de
weersgesteldheid ook zij, ze klagen niet. Ten opzichte van hen,
die minder sympathiek zijn, gedragen ze zich met beminnelijke voorkomendheid en schikken zich zooveel doenlijk naar
den aard en de wenschen van allen. Maakt men hen opmerkingen of verwijten, ze nemen die geduldig en met ootmoed
aan en verdragen zonder gramschap elke tegenspraak. In
één woord, ze trachten hun kleine hartstochten te bedwingen
en ook zichzelf te overwinnen. Doch aldus doen, niet nu en
dan, maar gewoonlijk, het niet alleen met geduld, maar zelfs
met blijdschap doen, dit reeds is heldendeugd. Doen zich
later groote moeilijkheden voor, dan zullen zij, die zulke
vooroefeningen gemaakt hebben, eveneens met heldenmoed
pal staan en weten te overwinnen. [2] Zij zullen omgord zijn
met de sterkte van den H. Geest

---

[1] *In Joan.*, homil. LXI, 3.
[2] Deze les gaf de eeuwige Wijsheid weleer aan den Gelukz. Henricus
Suso : " Vooreerst moet mijn dienaar de zelfverloochening beminnen en
aan zich en alle schepselen geheel afsterven. Deze trap van volmaaktheid is zeer zeldzaam, maar wie hem bereikt, stijgt spoedig op tot God...
Is het dan te verwonderen, dat op hem de kwellingen en kruisen niet

IV. *De gave van Vreeze.*

1335. 1º **Natuur.** Hier wordt niet bedoeld het gevoel van schrik of bangheid dat, bij het herdenken onzer zonden, ons verontrust, bedroeft of in verwarring brengt. Ook niet de vrees voor de hel. Deze is voldoende om ons tot bekeering, maar niet om ons tot de volmaaktheid te voeren. Hier wordt bedoeld de *eerbiedige, kinderlijke* vrees, die ons afschrik geeft voor iedere beleediging van God.

De gave van vrees vervolmaakt de deugden van *hoop* en *matigheid :* de hoop, omdat zij ons met schrik vervult bij de gedachte God te vergrammen en van Hem gescheiden te worden; van matigheid, daar zij ons losmaakt van de valsche vermaken, die ons van God zouden kunnen scheiden.

Men kan ze dus omschrijven : *Een gave die ons vervult met kinderlijken eerbied voor God, met afschrik voor de zonde, omdat zij Hem mishaagt, en met vertrouwen op zijn machtigen bijstand.*

1336. Deze vrees uit zich voornamelijk op drie wijzen : **a)** Door een levendig gevoel van Gods grootheid en daarom ook door een grooten afschrik voor de minste zonden, die Gods oneindige majesteit beleedigen. "Weet ge niet, zeide God tot de H. Catharina van Siëna, dat alle smarten, die de ziel ondergaat of ondergaan kan in dit leven, niet toereikend zijn om de lichtste fout zelfs uit te boeten? De beleediging Mij, het oneindig Goed, aangedaan vraagt een oneindige voldoening. Weet daarom, dat alle lijden van dit leven niet tot straf, maar tot verbetering wordt overgezonden... " [1] De Heiligen hebben dit begrepen ; altijd bleven zij hun fouten, ook de geringste, bitter betreuren en meenden ze nooit genoeg uitgeboet te hebben. **b)** Door een levendig *berouw* zelfs over

---

denzelfden indruk maken als op die wier uitdrukkelijke wensch is niet te lijden? De Heiligen zijn, evenmin als wie ook, ongevoelig voor smart... doch hun ziel is beveiligd tegen iederen schok, omdat zij niets zoekt en bemint dan het kruis. Hun lichaam lijdt, maar hun ziel verzadigt zich aan God en geniet in de verrukking een onuitsprekelijk geluk... De liefde die hen bezielt, maakt dat zij de smart niet meer als smart, de kwelling niet langer als kwelling kunnen beschouwen : zij kennen nog slechts in God een diepen, onverstoorbaren vrede ".

[1] *Dialoog*, b. 1, 2ᵉ h.

de kleinste zonden, omdat zij een beleediging zijn, een oneindigen en onei·ndig goeden God aangedaan, en dus ook een
vurig en oprecht verlangen er vergoeding voor te geven door
verdubbeling van opoffering en liefde.

c) Door een *waakzame zorg* om de gelegenheden tot
zonde te vermijden. " Vlucht de zonden als de tegenwoordigheid der slang, zegt de Wijze Man " (Eccli. XXI, 2). Wie
aldus bevreesd is voor de zonde, voor alwat God mishaagt,
zal ook bedacht zijn op wat behagelijk is in Gods oogen, ten
einde er naar te handelen.

Hieruit volgt, dat tevens de deugd van matigheid en die
van hoop vervolmaakt worden : men vermijdt de verboden
genietingen en houdt de oogen steeds met kinderlijk vertrouwen op God gevestigd.

1337. 2º **Noodzakelijkheid. A**) Deze gave is
noodzakelijk om een al te groote gemeenzaamheid
jegens God te vermijden. Sommigen toch zijn
geneigd de grootheid van God en den oneindigen
afstand, die den mensch van Hem scheidt, uit het
oog te verliezen. Zij veroorloven zich tegenover
Hem en het heilige een zekere achteloosheid, spreken tot Hem met al te groote vrijheid en gedragen
zich, als ware Hij hun gelijke. Wel noodigt God
zelf eenige zielen uit tot innigen omgang, tot
bewonderenswaardige vertrouwelijkheid, maar die
uitnoodiging moet van Hem, niet van ons uitgaan.
Overigens belet de kinderlijke vrees geenszins de
teedere gemeenzaamheid met God, zooals we in
sommige Heiligen zien [1].

---

[1] Dit merkt zeer terecht P. de Smedt op *(Notre vie surnat.*, t. I,
p. 501-502) : " Wanneer wij een hooge gedachte hebben van iemands
meerderheid boven ons... dan naderen wij in den beginne tot hem met
een zeker gevoel van schroom of zelfs van onrust; doch zoo hij, dien
wij als zoo hoog boven ons verheven beschouwen, zich vol goedheid
toont, zoo hij blijk geeft verheugd te zijn ons te zien, met ons te spreken, onze liefde te kennen..., zoo hij bewijst met ons op de meest vertrouwelijke wijze te willen omgaan, dan zal het ontzag, dat ons zijn
hooge positie inboezemt, ons niet beletten voor hem een innige genegenheid op te vatten... Integendeel, hoe hooger gedachte wij van zijn
meerderheid hebben, des te grooter zal onze liefde, des te meer gevoeld
onze erkentelijkheid, des te levendiger ons verlangen wezen om hem
die liefde, die erkentelijkheid te betuigen door onze teederste toewijding. Van den anderen kant echter, wanneer wij met dien persoon van
meer nabij omgaan, vetrouwelijker met hem worden, vatten wij nog

B) Niet minder dient deze gave om ons in den omgang met den evenmensch, vooral met ondergeschikten, te behoehen voor alle hooghartige, trotsche manieren, die eer op een heidenschen dan op een christelijken geest wijzen. De eerbiedige vrees van God, die evenzeer hun, als onze Vader is, zal ons aansporen om ons gezag uit te oefenen met bescheidenheid, gelijk betaamt aan hen, die niet in eigen naam, maar in dien van God gebieden.

1338. 3° **Middelen om deze gave te ontwikkelen. A**) De oneindige grootheid Gods, zijn eigenschappen, zijn gezag over ons, moeten herhaaldelijk de stof onzer overwegingen zijn. In het licht des geloofs, moeten wij beschouwen, wat de zonde is. Ook de kleinste is nog steeds een beleediging van de oneindige majesteit Gods. Deze gedachte kan niet nalaten ons met eerbiedige vrees te vervullen voor dien Opperheer, dien wij zoo dikwerf beleedigen. Wanneer wij voor Hem verschijnen, zal het zijn met een berouwvol en vernederd hart.

B) Om dit gevoel levendig te houden, is het raadzaam het *gewetensonderzoek* met alle zorg te doen en zich nog meer toe te leggen op leedwezen en berouw dan op het uitpluizen der bedreven fouten. Een berouwvol en vernederd hart wordt niet door God versmaad, leert de Psalmist (Ps. L, 19). Om een nog volkomener zuiverheid van hart te verkrijgen, is het dienstig ons met den lijdenden Jesus te vereenigen, ons zijn boetvaardige gevoelens eigen te maken. Hoe meer wij deelnemen in zijn haat voor de zonde en in zijn vernederingen, des te vollediger vergeving zal ons geschonken worden.

V. *Over de gave van Wetenschap.*

1339. Bemerkingen over de drie verstandelijke gaven. Met de gave van wetenschap, zijn wij gekomen aan de drie *verstandelijke* gaven, die het meest rechtstreeks bijdragen tot de beschouwing. De gave van *wetenschap* helpt ons al het geschapene juist beoordeelen in zijn verhouding tot

hoogere achting op voor zijn uitmuntende hoedanigheden; wij gevoelen ons doordrongen van dankbaarheid en van beschaming tevens bij het zien der teederheid, der toewijding, die hij ons bewijst".

God; de gave van *verstand* geeft ons een dieper en helderder inzicht in de geopenbaarde waarheden; de gave van *wijsheid*, doet ze ons naar waarde beoordeelen en smaken. Ze hebben alle drie dit gemeen, dat ze ons een geheel of bijna *proefonder-vindelijke* kennis mededeelen, omdat ze ons de goddelijke dingen doen kennen, niet door redenee-ring, maar door een hooger licht, zoodat die waar-heden ons zoo aannemelijk schijnen, als kenden wij ze bij ervaring. Dit licht, dat de H. Geest ons instort, is ongetwijfeld het licht des geloofs, doch meer kracht, meer klaarheid gevend dan gewoon-lijk; het doet ons die geheimen als bij intuïtie inzien, gelijk wij de eerste grondbeginselen inzien.

1340. 1º **Natuur.** De wetenschap waarvan wij hier spreken, is niet de *philosophische*, die door het verstand verkregen wordt, en evenmin de *theolo-gische* kennis, welke het verstand door studie put uit de gegevens des geloofs, maar *de wetenschap der Heiligen*, die ons de geschapen dingen juist doet beoordeelen in hun betrekking tot God.

Zij kan dus omschreven worden : *een gave, die onder de verlichtende werking van den H. Geest de deugd van geloof vervolmaakt, doordat zij ons het geschapene in zijn verhouding tot God doet kennen.*

" God vervult en omvat alles. Hij verschijnt onder het uit-wendige van alle zaken. In de hemelen en op de aarde, zegt Hij ons iets van wat Hij in zichzelf is. In ieder schepsel schuilen volmaaktheden Gods ; we moeten aanbidden wat het in zich verborgen houdt... Dit zouden we zonder moeite hebben kunnen doen, zoo de genade van Adam ons niet was onttrokken... maar de zonde heeft ze ons ontroofd en zij is in Jesus Christus niet weergegeven dan aan de zeer zuivere zielen, aan wie het geloof de majesteit van God toont overal waar zij zich bevindt... Dit licht des geloofs wordt eigenlijk de wetenschap der Heiligen genoemd. Zonder behulp der zinnen, zonder de ervaring der rede, toont het de afhanke-lijkheid waarin ieder schepsel is van God... Deze kennis wordt zonder inspanning en opeens verkregen. Door een enkelen blik doorschouwt men de reden van alle zaken en in elke zaak vindt men stof tot gebed en voortdurende beschouwing " [1].

1341. Het *voorwerp* der gave van wetenschap zijn dus de *schepselen,* doch in zoover ze ons *tot God voeren.*

a) Letten we op hun *oorsprong,* dan zeggen ze ons, dat ze van God komen, die ze het aanzijn gaf en behoudt. Alle roepen ons toe : " Hij heeft ons gemaakt en niet wij onszelven " (Ps. 99.). Bestudeeren we hun *natuur,* dan ontdekken we er een beeld of een weerschijn van God. Hun *doel* is ons tot God te voeren : ze dienen als ladder om tot Hem op te klimmen.

De Heiligen beschouwden aldus de schepselen. De H. Franciscus van Assisië muntte hierin uit. Hij zag alle geschapen wezens in gemeenschappelijk verband met den éénen Vader. Ieder schepsel was voor hem een broeder in de groote familie van den hemelschen Vader : de zon, het water, de bloemen en de vogelen. " Wanneer hij de onwrikbare hechtheid en kracht der rotsen voelde, gevoelde hij aanstonds en erkende tegelijk, hoe sterk God is en welken steun Hij ons geeft. Het zien eener bloem in de morgenfrischheid of van de kleinen in een vogelnestje met open bekjes hun voedsel wachtend, dat alles openbaarde hem de zuiverheid en de onschuldige schoonheid van God, evenals de oneindige goedheid van Gods Hart, waaruit dat alles voortkwam. En dit gevoel vervulde Franciscus met een vreugde zonder einde en ook met een ononderbroken verlangen om God te loven ". [2]

b) Deze gave van wetenschap doet ons ook aanstonds en met volle zekerheid zien, wat tot ons geestelijk heil en dat van anderen strekt.

Zij werpt licht op den toestand onzer ziel en haar geheime roerselen. Zij toont er den grond en de beweegredenen van en welke de gevolgen kunnen zijn. Zij leert ons ook, hoe wij ons met het oog op het zielenheil van den naaste te gedragen hebben. De priester zal weten, hoe hij zijn toehoorders van den predikstoel tot hun heil moet toespreken ; hoe hij in den biechtstoel de zielen te leiden heeft, elk volgens haar eigen geestelijke behoeften en de werking der genade. Hij zal dit

---

[1] *Esprit de M. Olier,* t. II, p. 346.
[2] J. JOERGENSEN, *de H. Franciscus van Assisie.*

weten krachtens een licht, dat hem een blik geeft tot in het diepst der harten : het is een ingestorte gave van onderscheiding der geesten. We weten inderdaad dat vele Heiligen de geheimste gedachten hunner biechtelingen kenden, alvorens deze gesproken hadden.

1342. 2° **Nut.** Het behoeft geen betoog, dat deze gave zeer nuttig is voor de gewone christenen en vooral voor de kloosterlingen en de priesters.

a) Zij *onthecht ons aan de schepselen*, omdat zij ons toont hoe *ijdel* ze zijn in zich, hoe onbekwaam om ons gelukkig te maken, hoe *gevaarlijk* zelfs, daar ze door hun aanlokking ons dreigen te verderven en door hun betoovering ons van God afwenden. Los van alles, verheffen we ons dan veel gemakkelijker tot Hem, die alleen al de wenschen van ons hart kan bevredigen. Met den Psalmist roepen we uit : "Wie zal mij vleugelen geven als van de duif en ik zal vliegen en rusten" (Ps. LIV, 7.).

b) Zij leert ons een goed gebruik maken van de schepselen. Het is in ons een natuurlijke neiging van het geschapene te willen genieten, er ons einddoel in te zoeken, doch door de gave van wetenschap zien we er nog slechts het goede, dat God er in uitstortte, en van dien zwakken weerschijn der goddelijke schoonheden, klimmen we op tot de oneindige schoonheid, met Augustinus zeggende : O Schoonheid altijd oud en altijd nieuw, te laat heb ik U gekend, te laat heb ik U bemind! [1]

1343. 3° **Middelen ter ontwikkeling.** a) Het groote middel is de schepselen steeds te beschouwen *met de oogen des geloofs*. In plaats van onze blikken op voorbijgaande schaduwen te vestigen, moeten wij ons richten naar hun Schepper, die er een beeld zijner volmaaktheden in heeft neergelegd, aan Hem ons hechten en al het overige versmaden. Zoo deed de H. Paulus, die door de liefde van Jesus vervoerd, zeide : " Om Hem heb ik alles prijsgegeven en heb het als vuilnis geacht, om Christus te winnen. " (Phil. III. 8).

b) Met dezen geest bezield, zullen we ons weten te ontzeggen wat nutteloos is en zelfs wat niet zonder nut is, bijv.

---

[1] S. August. *Confess.* l. X, c. 27.

van iets te willen zien, te lezen, iets te willen eten, om het God op te dragen. Zoo leeren wij ons langzamerhand aan de schepselen onthechten om in hen nog slechts te zien wat ons tot God voeren kan.

VI. *De gave van Verstand.*

1344. 1º **Natuur.** De gaven van verstand en van wetenschap verschillen onderling, omdat het *arbeids-veld* van de eerste veel uitgebreider is dan dat van de laatste. In plaats van zich te beperken tot de schepselen, omvat de gave van verstand *alle geopenbaarde waarheden.* Daarenboven geeft zij dieper inzicht in den zin dier waarheden. Wel is waar geeft zij geen volkomen begrip der geloofsgeheimen, doch toont, dat deze, hoe onbegrijpelijk ook, toch *geloof-waardig,* nimmer in onderlinge tegenspraak en evenmin met de menschelijke rede strijdig zijn.

Zij kan dus bepaald worden : *Een gave die, onder de bijzondere werking van den H. Geest, ons een helderder inzicht geeft in de geopenbaarde waarheden, zonder er nochtans het volkomen begrip van mede te deelen.*

1345. 2º **Haar uitwerkselen** zijn voornamelijk drie in getal.

A) Zij doet ons in de geopenbaarde waarheden op zes verschillende wijzen doordringen, leert de H. Thomas. [1]

1) Zij ontdekt ons *de hoofdzaak onder het bijkomstige verborgen,* bijv. Jesus onder de eucharistische gedaanten. Door die gave kon de landman, waarvan de Pastoor van Ars spreekt, zeggen : *Ik zie Hem en Hij ziet mij.*

2) Zij toont ons den zin der woorden *onder de letter verborgen.* Zoo deed Christus, toen Hij de discipelen van Emmaus den zin der profeten ontsluierde. Zoo doet nog menigmaal de H. Geest, wanneer Hij de ingekeerde zielen den diepen zin van de een of andere plaats der H. Schrift ontdekt.

3) Zij openbaart de geheimzinnige beteekenis van *zichtbare teekenen.* Zoo wijst de H. Paulus op het doopsel door indom-

---

[1] IIa IIæ, q. 8, a. I.

peling, als op het symbool van onzen dood aan de zonde, van onze begrafenis en geestelijke opstanding met Christus.

4) Zij doet onder den *schijn* de *geestelijke werkelijkheid* zien : in den Werkman van Nazareth den Schepper der wereld.

5) Door haar zien we *de gevolgen in de oorzaak vervat*, bijv. de reiniging onzer ziel en onze verzoening met God in het bloed van Jesus op Calvarië vergoten, de geboorte der H. Kerk en der Sacramenten, in de doorboorde zijde des Zaligmakers.

6) Door haar ten slotte erkennen we *de oorzaak in de gevolgen*, zooals de werking der Voorzienigheid in de uitwendige gebeurtenissen.

1346. B) Deze gave werpt op de geloofswaarheden zulk een licht, dat, ook zonder te begrijpen, *wij in het geloof bevestigd worden*, gelijk de H. Thomas leert [1] : " Men ziet in, dat wat uitwendig schijnt, niet strijdig is met de waarheid... dat men niet mag afwijken van wat tot het geloof behoort ". In nog hooger graad, doet zij ons God *zien*, niet door een wezenlijke, rechtstreeksche aanschouwing van het goddelijk Wezen, doch door ons te toonen, *wat God niet is*, zooals we later zullen verklaren. [2]

C) Ten slotte brengt zij ons de kennis bij van een grooter getal waarheden, omdat zij ons uit de geopenbaarde hoofdwaarheden de daarin vervatte theologische conclusies helpt trekken. Zoo wordt bijv. uit deze woorden : " *En het Woord is vleesch geworden en heeft onder ons gewoond* " bijna de geheele leer over Christus, en uit den tekst : " *Uit wie Jesus geboren is, die Christus genoemd wordt* " de gansche Marialogie afgeleid.

Deze gave, nuttig voor alle christenen, is het dus op geheel bijzondere wijze voor de priesters en godgeleerden tot begrip der geopenbaarde waarheden, die zij voor hun leerlingen te verklaren hebben.

---

[1] II^a II^æ, q. 8, a. 3.
[2] Ook in dit leven kan God, als het oog door de gave van verstand gereinigd is, op zekere wijze gezien worden... Het zien van God is tweevoudig : het eene *volmaakt*, waardoor het wezen van God gezien wordt; het andere *onvolmaakt*, waardoor wij wel niet zien *wat Hij is*, maar toch zien *wat Hij niet is*... deze laatste wijze hangt samen met de gave van verstand, zooals zij hierbeneden wordt geschonken. (I^a II^æ, q. 69, a. 2, ad 3 ; II^a II^æ, q. 8, a. 7.

1347. 3° **Ontwikkeling van de gave van verstand. A**) Het voornaamste vereischte is een levend en eenvoudig geloof, dat met nederigheid Gods licht afroept om beter inzicht te krijgen in de geopenbaarde waarheden, en met den Psalmist bidt : " Geef mij verstand en ik zal uwe geboden leeren ". De H. Anselmus verwekte, bij de studie der geloofswaarheden eerst een akte van levend geloof, volgens zijn grondspreuk : *Fides quærens intellectum :* door het geloof zoeken wij te verstaan.

B) Na deze akte van geloof, moet men steeds zoo ver mogelijk in het innerlijke van het geloofsgeheim doordringen, niet om het volkomen te begrijpen (wat onmogelijk is), maar om er den zin, de draagwijdte, de overeenkomst met de rede van te ontdekken. Na een zeker aantal geheimen bestudeerd te hebben, vergelijkt men ze onderling. Deze vergelijking werpt menigmaal een nieuw, grooter licht op elk afzonderlijk. Zoo geeft bijv. de rol van het Woord in de H. Drievuldigheid beter inzicht in het geheim zijner vereeniging met de menschelijke natuur en zijn Verlossingswerk. Wederkeerig belichten de Menschwording en de Verlossing helderder de goddelijke eigenschappen en de onderlinge betrekking tusschen den Vader, den Zoon en den H. Geest. Doch tot beter begrip moeten deze waarheden bemind worden en de studie er van geschieden meer met het hart dan met den geest en bovenal met nederigheid. Dit geeft ons Christus zelf te kennen in het schoon gebed, dat Hij tot zijn Vader richtte : " Ik dank U, Vader, Heer van hemel en aarde, omdat Gij deze dingen voor wijzen en verstandigen hebt verborgen en aan de kleinen geopenbaard" (Matth. XI, 25).

VII. *De gave van Wijsheid.* [1]

We zullen hier verklaren haar *natuur*, haar *uitwerkselen* en het *middel* om ze te ontwikkelen.

1348. 1° **Natuur.** Zij is een gave, welke de deugd van liefde vervolmaakt, en heeft haar zetel in het *verstand* en in den *wil* beide, omdat zij in onze ziel *licht* en *liefde* uitstort. Daarom wordt zij terecht beschouwd als de volmaaktste der gaven, als de

---

[1] S. THOM., IIa IIæ, q. 45.

gave, die alle overige omvat, evenals de liefde alle deugden in zich besluit.

A) De H. Bernardus noemt haar de *genoeglijke kennis* der goddelijke zaken. Deze woorden wijzen op een tweevoudig bestanddeel in de gave van wijsheid : *licht* en *smaak.* 1) *Licht,* dat klaarheid stort in ons verstand om een juist oordeel te vormen omtrent God en de schepselen en deze terug te leiden tot hun eerste begin en laatste einde. Het dient dus om de dingen te beoordeelen volgens haar hoogste oorzaak en ze alle, in één breeden greep, terug te voeren tot de eenheid, tot den Eéne. 2) *Smaak.* Bovennatuurlijke smaak, die den wil beïnvloedt en hem, als door sympathie, genot doet vinden in het goddelijke.

De wijsheid — dit ter verduidelijking — is als een zonnestraal : zij brengt *licht* en blijdschap in de ziel, *verwarmt* het hart, ontvlamt het in liefde en maakt het overgelukkig.

1349. B) De gave van wijsheid kan aldus bepaald worden : *Een gave, die de deugd van liefde vervolmaakt, doordat zij ons God en het goddelijke doet beschouwen en smaken en al het geschapene daarnaar juist doet schatten.*

Zij is verschillend van de gave van verstand. Deze doet ons de goddelijke waarheden in zich en in haar onderlinge verhoudingen kennen, doch niet in haar hoogste oorzaak ; ook doet zij ons niet rechtstreeks die waarheden smaken, terwijl de gave van wijsheid er ons liefde en smaak voor geeft.

Door deze gave kan de H. Paulus met één oogopslag het gansche plan der Verlossing overzien, met Gods glorie als eerste einddoel, het menschgeworden Woord, als verdienende oorzaak en de goddelijke genade, als formeele oorzaak. Door deze gave nog ontschiet aan zijn dankbaar hart de lofzang : " Gezegend God en Vader van onzen Heer Jesus Christus !..." (Ephes. I, 3).

Door deze gave herleidt de H. Joannes de gansche godgeleerdheid tot het geheim van het goddelijk leven, welks begin en einde hij aangeeft met deze woorden : " *God is liefde* ". Zoo vat de H. Thomas zijn geheele Summa samen in deze ééne gedachte : God is tegelijk het eerste beginsel, vanwaar alle schepselen komen, het laatste einde, waarheen alle teruggaan en de weg, dien zij volgen om tot Hem weder te keeren. [1]

1350. 2° Uitwerkselen der gave van wijsheid.

Zij vermeerdert niet alleen de liefde, doch vervolmaakt eveneens alle overige deugden :

a) Zij maakt het *geloof onwrikbaar*, omdat zij ons als door ervaring de geopenbaarde waarheden doet kennen. Hoe zal men bijv. na geruimen tijd de zoetheid der H. Communie gesmaakt te hebben, kunnen twijfelen aan de waarachtige tegenwoordigheid? b) Zij *bevestigt de hoop*. Wie zal, na het geloofsgeheim onzer inlijving in Christus begrepen en gesmaakt te hebben, niet hopen, wijl Hij, die ons Hoofd is, reeds in den hemel is, en de Heiligen, die met Hem in glorie heerschen, onze broeders zijn? c) Zij doet ons de *zedelijke* deugden in haar volmaaktheid beoefenen, want wanneer men de geneugten van de goddelijke liefde heeft ondervonden, dan hebben de genoegens der aarde allen smaak verloren : men bemint het kruis, de versterving, den ijver, de matigheid, den ootmoed, de zachtmoedigheid, omdat men in de beoefening dier deugden even zooveel middelen vindt om aan den Beminde gelijkvormiger te worden en Hem zijn wederliefde te betuigen.

Het *onderscheid* tusschen de gave van *wijsheid* en die van *verstand* bestaat dus hierin, dat de laatste een *zien* is *van den geest*, de eerste een *ondervinden van het hart;* de eene is licht, de andere liefde : ze stemmen harmonisch overeen en vullen elkander aan. De volmaaktste evenwel is de gave van wijsheid, omdat het hart verder gaat, dieper doordringt en begrijpt of raadt wat het verstant niet achterhaalt. In de Heiligen vooral is er menigmaal meer liefde dan kennis.

1351. 3° Middelen ter ontwikkeling. A) Daar

de wijsheid een der kostbaarste gaven is, moeten

---

[1] De *eenvoudigen* beoefenen de wijsheid op hun manier, door eenige geloofswaarheid lang achtereen met innig zielsgenot te overdenken, zooals een arme koehoedster, die het Onze Vader niet kon uitbidden, omdat ze bij het woord "Vader" zoo diep door de gedachte aan haar geluk en Gods goedheid bewogen werd, dat ze niet verder kwam dan dat zalige woord. (H. Bremond, Hist. littér. t. II, p. 66).

wij ze vurig *wenschen*, met aandrang *vragen* en met onverdroten ijver *zoeken*.

Dit alles maant ons het Boek der Wijsheid te doen. Er wordt ons daar gezegd, dat we haar tot bruid moeten nemen, tot gezellin van ons geheele leven. We vinden er een schoon gebed om ze te verkrijgen : " God van mijn vaderen, Heer van barmhartigheid,... die door uwe wijsheid den mensch gesteld hebt om te heerschen over al uw schepselen, om de wereld te besturen in heiligheid en rechtvaardigheid... geef mij de wijsheid, die bij uw troon gezeteld is, en wil mij niet verwerpen van het getal uwer dienaren, want ik ben uw dienaar en de zoon uwer dienares, een zwakke mensch van kortstondig leven en onbekwaam om uw oordeel en wetten te begrijpen... Zend mij die wijsheid van uit uw heilige hemelwoon en van den troon uwer glorie, opdat ze met mij zij en met mij werke en ik wete wat U behagelijk is. Zij immers kent en begrijpt alles en zal mij met voorzichtigheid geleiden bij mijn werken en door haar macht bewaken. En zoo zullen mijn werken U welgevallig zijn en ik zal uw volk met rechtvaardigheid besturen en den troon mijns vaders waardig wezen " (Sap. IX, 1-12).

B) Daar de wijsheid alles terugvoert tot God, moet ons streven zijn te zien, hoe alle waarheden, die wij beschouwen, van Hem komen, als van haar *eerste begin* en tot Hem gaan, als tot haar *laatste einde*. We moeten er ons daarom aan gewennen niet stil te blijven staan bij allerlei bijzonderheden, maar alles terug te brengen tot de princiepen, tot de eenheid. Eerst verbinden wij de afzonderlijke waarheden, die wij bestudeerd hebben, onderling en vormen aldus een algemeene kern van al onze kennis.

1352. C) Deze gave geeft *smaak* voor het goddelijke; daarom moeten we ons dus gewoon maken om alles wat op God betrekking heeft, te beminnen en te smaken, in het bewustzijn, dat hetgeen niet tot de liefde voert, zonder waarde is. Trouwens hoe zou men ook geen liefde hebben voor een God, die de oneindige schoonheid en de grenzelooze goedheid is? Hetzelfde geldt van de goddelijke dingen, waarin we een deelhebbing zien in de schoonheid en goedheid Gods : we kunnen God niet beminnen of smaken zonder dat de liefde zich ook uitstrekt tot wat in zijn volmaaktheden deelt.

§ III. Het aandeel der gaven in het gebed en de beschouwing.

Uit het voorgaande blijkt, dat de gaven ons van groote hulp zijn in het gebed.

1353. 1º Zelfs vóór de volkomen ontwikkeling der gaven, van af het oogenblik dat we die ontwikkeling beginnen, voegen zij haar licht en invloed bij die der deugden, om ons het gebed te vergemakkelijken. Ofschoon zij ons nog niet in den passieven of mystieken toestand stellen, maken zij onze ziel toch reeds meer volgzaam en ontvankelijk voor de werking van den H. Geest.

De godgeleerden volgen algemeen deze leer, die door P. Meynard [1] aldus in 't kort wordt samengevat. Eerst geeft hij de meening van sommige schrijvers, dat de gaven van den H. Geest, uitsluitend voor de heldhaftige daden bestemd, niet medewerken bij de beoefening der gewone deugden, en voegt er dan bij : " Haar werking strekt zich eveneens uit tot talrijke omstandigheden, waarin de wil Gods van ons een zekere vaardigheid en een grootere volgzaamheid vraagt in de beoefening der gewone deugden van het christelijk leven, bijv. waar het geldt zich van de gebreken te ontdoen, de driften te beheerschen, de bekoringen te wederstaan van het vleesch, van de wereld en den duivel, vooral wanneer iemands zwakheid een overvloediger en krachtdadiger hulp en bijgevolg een hooger werkingsprinciep vereischt. Dit laatste gevoelen, dat wij in overeenstemming met de waarheid achten, steunt hierop, dat de gaven geen afzonderlijk soort werken voortbrengen, verschillend van die der deugden, doch ons alleen te hulp komen om de deugden op vaardiger en gemakkelijker wijze te beoefenen ". Doch indien de gaven

---

[1] *Traité de la vie intér.*, t. I, n. 246. Hij haalt tot steun van zijn gevoelen den *H. Antoninus, Joannes van S. Thomas* en *Suarez* aan. Hetzelfde leert ook P. GARRIGOU-LAGRANGE, op. cit., t. I, p. 404 : " Wij hebben altijd gezegd dat, vóór het ingaan in den mystieken staat, de gaven, hetzij bedekt en herhaaldelijk, hetzij openlijk, doch zeldzaam voorkomen ".

optreden bij de beoefening der gewone deugden, dan doen zij het ook bij het gebed, dat een akte is der deugd van godsdienstigheid en een der krachtdadigste hulpmiddelen tot de beoefening der deugden.

Deze gaven werken dan op *verborgen wijze*, zonder dat haar invloed onderscheiden kan worden van dien der deugden. Bijwijlen echter werken zij op meer tastbare wijze, doordat zij ons gedurende korten tijd helderder inzicht in de waarheid geven, waardoor onze ziel levendiger overtuiging opdoet dan door redeneeringen. Ook brengen zij in ons aandoeningen van liefde teweeg inniger dan die wij gewoonlijk gevoelen.

1354. 2º Met meer reden nog mogen wij besluiten, dat zij ons helpen bij de *actieve beschouwing*, die een zeker liefdevol inzien der waarheid is. Het is immers eigen aan de gaven van verstand en wijsheid, ook als zij nog niet volkomen ontwikkeld zijn, dezen geloofsblik te vergemakkelijken, omdat zij ons verstand doordringender en onze liefde vuriger maken. Zij voeren ons dan nog wel niet in den mystieken staat binnen, maar toch is haar werking reeds veelvuldiger en krachtiger dan bij het gewone gebed. Dit verklaart ons, waarom onze ziel dan langer en met inniger gevoel haar blik op een en dezelfde waarheid gevestigd houdt.

1355. 3º Doch bij de *ingestorte beschouwing* vooral treden de gaven op den voorgrond. Tot haar volle ontwikkeling gekomen, deelen zij de ziel een wonderbare plooibaarheid mede, en maken haar aldus geschikt voor den mystieken of contemplatieven staat.

A) Drie gaven werken op geheel bijzondere wijze mede tot de beschouwing : die van wetenschap, van verstand en van wijsheid :

Ter verklaring het volgende : a) Om juist te spreken zijn het onze hoogere vermogens zelf, het verstand en de wil, door de goddelijke deugden en de gaven vervolmaakt en omgevormd en door de werkende dadelijke genade bewogen, die de *draagkrachten* der beschouwing zijn. De gaven worden op onze vermogens als ingeënt; de vermogens en de gaven werken dus onafscheidelijk samen tot dezelfde akt. De vermogens, aldus veredeld, zijn de *draagkrachten* der beschouwing, dat is de *naaste bron* waaruit, onder den invloed eener *werkende* genade, de beschouwingsakten voortvloeien, evenals het verstand, vervolmaakt door de deugd van geloof, de naaste bron der geloofsakten is.

b) Alle godgeleerden erkennen de gaven van *verstand* en van *wijsheid* als *draagkrachten* der beschouwing; sommige sluiten de gave van wetenschap uit. Wij meenen evenwel, dat zij dit ten onrechte doen, want de beschouwing heeft somtijds haar uitgangspunt in de schepselen. In dit geval treedt de gave van wetenschap in werking om Gods beeld in de schepselen te doen zien.

"God, zoo zegt de H. Joannes van het Kruis [1], heeft op elk zijner schepselen een spoor achtergelaten van wat Hij is, niet alleen door ze uit het niet te trekken, doch ook door ze met talrijke genaden en eigenschappen te begiftigen. Hij heeft hun schoonheid nog vermeerderd door de bewonderenswaardige orde, de voortdurende afhankelijkheid, die ze alle onderling verbindt... De schepselen dragen een spoor van Gods doortocht, dat is den stempel van zijn grootheid, van zijn macht, van zijn wijsheid en andere goddelijke eigenschappen". Welnu, het is de taak der gave van wetenschap ons van de schepselen op te heffen tot den Schepper, ons de schoonheid Gods te toonen verborgen onder zichtbare beelden.

1356. B) Deze drie gaven steunen elkander en werken bij dezelfde beschouwing of alle drie tegelijk of de eene na de andere.

a) Zoo voert de gave van *wetenschap* ons omhoog van de schepselen tot God, om ons met Hem te vereenigen : 1) Zij gaat vergezeld van een *ingestort licht*, waardoor we klaar en duidelijk het nietige zien van alles wat de wereld najaagt : eer, rijkdom, genot ; we zien er de waarde van het lijden en der vernederingen, als middelen om tot God te gaan en Hem te verheerlijken, en den weerschijn der volmaaktheden Gods in de schepselen, enz.

---

[1] *El cantico spiritual.*

2) Dit licht gaat samen met een genade, die inwerkt op den wil, om hem los te maken van de schepselen en hem te helpen al het geschapene te gebruiken als een trap om tot God op te klimmen.

b) De gave van *verstand* doet ons nog verder doordringen : zij toont ons de geheime harmonie, die heerscht tusschen onze ziel en God, tusschen de geopenbaarde waarheden en onze innerlijkste verlangens, evenals de verhoudingen van al die waarheden onderling. Daardoor ook vestigt zij onzen geest en ons hart op het innerlijk leven van God, op zijn immanente werkingen, op de geheimen van de H. Drievuldigheid, de Menschwording of de genade. Ze wekt onze bewondering daar voor op en voor hun wederkeerige verhouding, zoodat het ons moeite kost er ons hart en onzen geest van los te maken. Ruusbroec[1] vergelijkt de gave des verstands bij het licht der zon. Door haar stralengloed, vervult de zon het luchtruim met eenzelfde klaarheid, verlicht allen vorm en gestalte en laat alle kleuren onderscheiden. Zoo dringt eveneens deze gave door in den geest en verspreidt er pure klaarte, waardoorheen het lichtende stralen schiet. Dan zijn wij in staat Gods verheven eigenschappen te kennen, die de oorsprong zijn van al zijn werken.

c) Omdat de gave van *wijsheid* ons alles doet beoordeelen met het oog op God en smaak geeft voor het goddelijke, vestigt zij onzen geest en ons hart nog inniger op het voorwerp onzer beschouwing en hecht ons daaraan inniger en vaster. Ruusbroec[2] beschrijft aldus het *genot*, door deze gave voortgebracht : " Dit genot is zoo sterk, dat het de ziel voorkomt, of hemel en aarde met alwat ze bevatten moeten wegsmelten in dit onpeilbaar genot. Deze geneugten zijn boven en beneden (dat is in de hoogere en lagere vermogens), binnen en buiten, en hebben het rijk der ziel geheel en al omvat en doordrongen. Ten gevolge hiervan begint de verlichte rede te beschouwen. Toch weet zij wel, dat deze onbegrijpelijke geneugten altijd hare kennis zullen te boven gaan, want haar beschouwing geschiedt bij de klaarheid van een geschapen licht en die geneugten zijn mateloos. Daarom schiet de rede te kort bij deze beschouwing, doch ons inzicht, door deze grenzelooze klaarheid omgevormd, aanschouwt en doorschouwt de onbegrijpelijke vreugde der zaligheid ".

1357. C) De vier overige gaven hebben, hoewel minder, toch eveneens deel in de beschouwing en dat wel op twee manieren :

---

[1] *De tooi der g. Bruiloft.* II, 66-68^{e}h. — [2] *Het koninkrijk der minnaars,* 33^{e}h.

a) Zij bereiden er ons toe, omdat ook zij bijdragen om onze ziel meer plooibaar, meer gedwee onder de werking van den H. Geest te maken. **b**) Zij werken ertoe mede, omdat zij in ons hart de godvruchtige aandoeningen, die de beschouwing onderhouden, opwekken. De gave van *vreeze* geeft ons gevoelens van berouw en van onthechting aan de schepselen ; de gave van *godsvrucht*, gevoelens van kinderlijke liefde ; de gave van *sterkte*, gevoelens van edelmoedigheid en standvastigheid ; de gave van *raad* maakt ons bekwaam om voor onszelven en voor anderen de voorlichting van den H. Geest te benutten.

Zoo blijkt dan, dat bij de beschouwing iedere gave haar eigen werkzaam aandeel heeft.

Nota : De vijf geestelijke zintuigen en de gaven.

1358. Sommige H. Vaders en godgeleerden, evenals vele mystieke schrijvers spreken van *vijf geestelijke zintuigen*, overeenkomende met die der *verbeelding*, zie n. 991.

Zie hier hoe de H. Augustinus ze schoon beschrijft : [1] "O Mijn God, wat bemin ik, wanneer ik U bemin?... Het is een zeker licht, een zekere stem, een zekere geur, een zekere spijs, een zekere omarming : dat alles slechts waargenomen door het innerlijke in mij. Mijn ziel *ziet* een licht schitteren, dat niet in de ruimte is, zij *hoort* een klank, die niet wegsterft in den tijd, zij *ruikt* een geur, dien de wind niet verstrooit, zij *smaakt* een spijs, die niet vermindert door het gretig nuttigen, zij *hecht zich* aan een voorwerp, dat, na er volop van genoten te hebben, niet wordt losgelaten. Dit bemin ik, wanneer ik God bemin. "

Wat moeten wij verstaan onder deze geestelijke zintuigen? Volgens mijn meening zijn het enkel maar verrichtingen of werkingen van de gaven van den H. Geest, in 't bijzonder van de gaven van *verstand* en van *wijsheid*. Zoo wijzen de geestelijke zintuigen van het *gezicht* en van het *gehoor* op de gave van *verstand*, die ons God en de goddelijke dingen doet *zien*, n. 1341, God doet *hooren*, wanneer Hij tot ons hart spreekt. De andere zintuigen wijzen op de gave van *wijsheid*, die ons God doet

---

[1] *Confessiones*, l. X, c. VI.

smaken, den geur zijner volmaaktheden doet *waar-nemen* of *ruiken* en ons met Hem in aanraking brengt door een soort geestelijke omhelzing, die niet anders is als de *ervaring* van Gods liefde.

Deze uitleg verwijdert allen schijn van leerver-schil omtrent dit punt, tusschen den H. Augustinus en den H. Thomas.

§ IV. Over de Vruchten van den H. Geest en de Zaligheden.

Met de gaven hangen samen de *vruchten* van den H. Geest en de zaligheden, die er aan beantwoor-den en ze vervolledigen, evenals de genaden *om niet gegeven*, welke een zekere analogie hebben met de gaven, n. 1914.

I. *De Vruchten van den H. Geest.*

1359. Wanneer een ziel trouw beantwoordt aan de dadelijke genaden, die de deugden en gaven in werking stellen, dan brengt zij *akten* van deugd voort. In het begin zijn deze akten nog onvolmaakt en vallen lastig, doch daarna worden zij beter en vallen gemakkelijker, worden aangenaam, zoodat zij het hart met heilige vreugde vervullen. Het zijn de vruchten van den H. Geest, die aldus bepaald kunnen worden : *Deugdakten tot een zekere vol-maaktheid gekomen en die de ziel met een heilige vreugde vervullen.*

De H. Paulus somt er negen op : "liefde, blijdschap en vrede, lankmoedigheid, welwillendheid en goedhartigheid, betrouwbaarheid, zachtmoedigheid en matigheid " [1]. Doch hij heeft geen volledige lijst willen geven. De H. Thomas zegt terecht, dat dit getal symbolisch is en feitelijk alle deugdakten aanduidt, waarin de ziel geestelijken troost vindt [2].

---

[1] *De Vulgaat* geeft er 12 : Liefde, blijdschap, vrede, geduld, welwil-lendheid, goedheid, lankmoedigheid, zachtmoedigheid, betrouwbaar-heid, zedigheid, matigheid, kuischheid.
[2] *Sum. theol.*, Iᵃ IIæ, q. 70, a. 2.

1360. Deze vruchten staan tot de deugden en gaven, gelijk de akt tot het vermogen. Alle deugd-akten verdienen evenwel niet den naam van *vruchten*, maar alleen die, welke met eenige geeste-lijke zoetheid gepaard gaan. Die akten vragen in het begin menigmaal veel inspanning en hebben somtijds een wrangheid als een onrijpe vrucht. Wanneer men zich echter geruimen tijd op de beoefening der deugden heeft toegelegd, dan ver-werft men er vaardigheid in; men stelt die akten zonder veel inspanning, ja met genoegen, gelijk akten van eenmaal verworven gewoonten. Dan worden ze vruchten genoemd.

Door de beoefening der deugden en der gaven verkrijgt men de vruchten, en door deze de zalig-heden, voorspel van het eeuwig geluk.

II. *De Zaligheden.*

1361. De zaligheden zetten de kroon op het werk Gods in ons. Evenals de vruchten zijn ook de zalig-heden *akten*, maar zoo volmaakt, dat ze eerder van de gaven dan van de deugden schijnen voort te komen. Het zijn vruchten, doch zoo door en door rijp, dat ze ons hierbeneden reeds een voorsmaak geven van wat ons wacht in de zaligheid daarboven : vandaar haar naam van zaligheden.

In de Bergrede herleidt Christus ze tot acht : de armoede van geest, de zachtmoedigheid, de tranen, den honger en dorst naar de rechtvaardigheid, de barmhartigheid, de zuiverheid van hart, het geduld bij vervolging. Ook hier kan men zeggen, dat het getal zinnebeeldig, niet uitsluitend is.

Deze zaligheden duiden niet het volstrekt en volmaakt geluk aan; ze zijn veeleer middelen om tot de eeuwige zaligheid te komen, en zeer doeltreffende middelen, want wanneer men blijde de armoede, de zachtmoedigheid, de zuiverheid, de nederigheid beoefent, wanneer men zichzelf zoo weet te overwinnen, dat men voor zijn vijanden bidt en het kruis bemint, dan volgt men volmaakt Christus na en maakt men snellen voortgang op den weg der volmaaktheid.

1362. Besluit. Indien wij de gaven van den H. Geest weten te ontwikkelen, brengen ze ons op den weg van vereeniging. 1) *Zij doen* ons immers *alle deugden*, de zedelijke en de goddelijke, *in den hoogsten graad beoefenen* en vereenigen ons dus met God, vormen ons langzamerhand in Hem om door de navolging zijner volmaaktheden. 2) *Zij maken onze ziel plooibaar en gedwee*, zoodat de H. Geest vrijen toegang heeft tot de ziel en volle vrijheid van handelen. Onder den *verborgen* of soms ook duidelijk zichtbaren invloed dezer genaden wordt het *gebed van eenvoud* beoefend.

ART. II. HET EENVOUDIG GEBED [1].

1363. Dit gebed, door Bossuet het gebed van eenvoud genoemd, was voor hem reeds onder andere namen bekend.

1) De H. Theresia noemt het : gebed van ingekeerdheid. Bedoeld is hier de *actieve* ingekeerdheid, waarbij de ziel haar verschillende vermogens op God concentreert om naar Hem te luisteren, Hem te beminnen.

2) Velen noemen het : gebed van louter zien van de klare tegenwoordigheid Gods, of van eenvoudig zien door het geloof, van eenvoudige overgave aan God, omdat de ziel haar minnenden blik op God vestigt, in zijn tegenwoordigheid verblijft, zich in zijn handen overgeeft en enkel met het oog des geloofs Hem ziet, Hem bemint.

3) Bossuet noemt het : *gebed van eenvoud*, omdat het ons, bij het bidden, alles, de redeneeringen, de aandoeningen, ja het gansche leven doet vereenvoudigen.

4) De Carmelieten en met hen vele schrijvers na de 17e eeuw noemen het : *verkregen beschouwing*, ter onderscheiding der ingestorte beschouwing.

Thans gaan wij verklaren : 1° den aard van dit gebed; 2° zijn nut; 3° de wijze van beoefening; 4° zijn verhouding tot de eigenlijke beschouwing.

---

[1] BOSSUET, *Manière courte et facile pour faire l'oraison en foi, et de simple présence de Dieu;* VÉN. LIBERMANN, *Ecrits spir. : de l'oraison d'affection, Instruction aux Missionnaires,* Ch. V, art. II; TANQUEREY, *L'Oraison de simplicité, Vie Spirit.* déc. 1920, p. 161-174.

§ I. Aard van het eenvoudig gebed.

1364. Bossuet omschrijft dit gebed aldus :

" Men moet zich de gewoonte eigen maken zijn ziel te voeden door een eenvoudigen, liefdevollen blik op God en op Jesus Christus, onzen Heer, ze daarom allengs ontwennen aan de redeneering, aan de uitweiding en de velerlei aandoeningen, om ze in eenvoud, eerbied en aandacht gevestigd te houden en aldus steeds dichter te naderen tot God, haar eerste begin en laatste einde... De overweging is op haar tijd zeer goed en bij den aanvang van het geestelijk leven zeer nuttig, doch men moet er niet altijd bij blijven, daar de ziel om haar getrouwheid in de versterving en de ingetogenheid, gewoonlijk begunstigd wordt met een zuiverder en inniger gebed, dat het gebed van eenvoud genoemd kan worden. Het bestaat in een enkel beschouwen of liefdevolle aandacht, gericht op een of ander goddelijk voorwerp, hetzij God zelf of een geloofsgeheim of christelijke waarheid. De ziel redeneert dus niet meer, doch bepaalt zich tot een liefdevol schouwen, waarbij zij rustig, aandachtig blijft, ontvankelijk voor de werking en indrukken, die de H. Geest in haar teweegbrengt. Zij doet weinig en ontvangt veel ; haar werk is aangenaam en zoet en niettemin vruchtbaarder dan weleer. Daar zij dichter nadert tot de bron van alle licht, van alle genade en alle deugd, ontvangt zij er ook overvloediger uit ".

Dit gebed bestaat dus in *zien en beminnen :* wij zien God om Hem beter te beminnen en wij beminnen Hem om Hem beter te zien. Wanneer wij dit gebed met het verstands- of gevoels-gebed vergelijken, dan merken wij een driedubbele vereenvoudiging.

1365. 1º Het *verstandswerk,* dat in het gebed der beginnelingen zoo'n aanzienlijke plaats inneemt, *vermindert* en *valt* daarna *weg*. — In het begin van het geestelijk leven behooren wij ons eerst een vaste geestesrichting eigen te maken. Daarenboven nog weinig vertrouwd met godvruchtige aandoeningen, moeten wij de hoofdwaarheden des geloofs, haar verhouding tot het geestelijk leven, den aard en de noodzakelijkheid der voornaamste christelijke deugden, haar wijze van beoefening door en door leeren kennen. Alvorens hier goed van op de hoogte te zijn, kunnen wij uit ons hart nog geen gevoelens van dankbaarheid, van ootmoed, van berouw, van ijver, van vurige, bestendige verlangens doen opwellen. **a**) Doch de dag komt, dat de geestesrichting zoo vast is ingeworteld, dat ze als het ware deel uitmaakt van onzen gewonen toestand. Enkele minuten zijn voldoende om ze weer te verlevendigen. Zijn wij eenmaal zoo ver, dan wellen die godvruchtige aandoeningen spontaan uit ons hart op en ons gebed wordt *affectief.*

1366. b) Later heeft een tweede vereenvoudiging plaats. Die enkele minuten van overdenking worden vervangen door intuïtief schouwen van het verstand. — Zonder eenige inspanning en, als door intuïtie, kennen wij de eerste beginselen. Welnu, wanneer we de grondwaarheden van het geestelijk leven geruimen tijd overwogen hebben, worden deze voor ons even zeker en even helder als de eerste beginselen; we begrijpen ze in één oogopslag, zonder moeite en met welbehagen, zonder dat het noodig is ze eerst tot in onderdeelen te ontleden. Zoo zal het denkbeeld *Vader,* op God toegepast, tot welks begrip, in 't begin, lang nadenken vereischt werd, ons opeens zoo rijk en vruchtbaar voorkomen, dat we er lang en met liefde bij blijven stilstaan om er al de zoetheid van te genieten.

c) Bijwijlen gebeurt het zelfs, dat de ziel enkel een *vagen blik* vestigt op God of op de goddelijke dingen; door dien blik blijft zij toch liefdevol in Gods tegenwoordigheid en wordt zij telkens meer ontvankelijk voor de werking van den H. Geest. Zonder zich met velerlei akten van het verstand of den wil bezig te houden, geeft zij zich aan God over om zijn verlangens uit te voeren.

1367. 2° Gelijke vereenvoudiging komt in de *aandoeningen.* In het begin waren zij talrijk, afwisselend en volgden elkaar met groote snelheid op :

liefde, dankbaarheid, vreugde, medelijden, berouw over de zonden, verlangen naar hooger deugd, bede om hulp, enz. **a**) Maar weldra is het een en dezelfde aandoening, die vijf of tien minuten aanhoudt. De gedachte : *God onze Vader*, bijv. ontsteekt in het hart een liefdegloed, die zich niet uit in veel woorden, doch de ziel gedurende eenige minuten verwarmt, doordringt, voedt en er de edelmoedigste gevoelens uitwerkt. Die aandoening zal ongetwijfeld niet zoo intens zijn, dat zij den geheelen tijd van het gebed zal duren. Daarom moet men, om den overigen tijd niet in verstrooiing of nietsdoen door te brengen, andere aandoeningen opwekken. Doch deze zullen wel zoo talrijk als weleer niet behoeven te wezen, weinige zullen voldoende zijn om den geheelen tijd van het gebed bezig te blijven.

1368. b) Onder deze aandoeningen zal ten slotte ééne overheerschend worden en telkens in den geest en het hart terugkeeren. Zij wordt als een *dwang-voorstelling*. Wel komen er voorzeker nog andere — maar weinige — gedachten voor, die zich om die ééne bewegen en er aan ondergeschikt zijn. Dat nu zal bij sommigen het Lijden van Christus zijn, met de gevoelens van liefde en offerzin, die het opwekt. De gedachte : " Hij heeft mij liefgehad en zich voor mij overgeleverd " blijft hen bestendig bij. Voor anderen zal Jesus in zijn H. Sacrament het middelpunt worden hunner gedachten en aandoeningen, die zich samenvatten in de verzuchting : " Ik aanbid U, o verborgen God ". Weer anderen, aangegrepen door de overweldigende gedachte : *God woont in mijn ziel*, denken, moeten denken den ganschen dag door aan het bevorderen zijner glorie. Altijd staan hen voor den geest de woorden der H. Schrift : " Heilig is Gods tempel, en dat zijt gij. — Wij zullen tot hem komen en ons verblijf hij hem nemen... "

P. Massoulié verklaart dit zeer schoon : " Wanneer de ziel overdenkt, dat zij niet alleen de eer geniet in Gods tegenwoordigheid te zijn, doch ook het geluk heeft Hem binnen zich te bezitten, geraakt zij levendig onder den indruk en wordt tot diepe ingetogenheid gestemd. Zij beschouwt dien God van liefde en majesteit en geheel de H. Drieëenheid, die zich gewaardigt bij haar binnen te treden en in haar als in een tempel te wonen. Zij beschouwt Hem met een grenzeloos welbehagen, geniet van zijn bezit en vindt een onuitsprekelijke rust bij het zien, dat al haar verlangens, zooveel zij hierbeneden wenschen kan, vervuld zijn, want wat kan de ziel beter verlangen en verhopen dan God te bezitten? "

1369. 3⁰ Deze vereenvoudiging strekt zich weldra uit tot *het geheele leven* : " Dit gebed, zegt Bossuet, moet beoefend worden van het ontwaken af door een akte van geloof in God alomtegenwoordig, en in Jesus Christus, wiens oogen op ons gevestigd blijven, al zouden we ook afdalen tot het middelpunt der aarde ". Dit gebed houdt aan den ganschen dag door. Wanneer we met onzen gewonen arbeid bezig zijn, blijven we met Hem vereenigd, beschouwen en beminnen we Hem. Bij de liturgische of mondgebeden, letten we meer op de tegenwoordigheid van God in ons levende, dan op den letterlijken zin der woorden en zoeken vóór alles Hem onze liefde te betuigen. Het gewetensonderzoek wordt eenvoudig : met een vluggen blik zien we onze fouten, zoodra we ze bedrijven, en betreuren ze zonder uitstel. De geestesarbeid en uitwendige werken van zielenijver worden verricht in den geest van gebed, onder het oog van God en met het vurig verlangen Hem te verheerlijken. De geringste dagelijksche bezigheden zijn bezield met den geest van geloof en liefde en worden aldus, volgens het woord van den H. Petrus : "geestelijke offers... welgevallig aan God" (I Petr. II, 5).

§ II. Voordeelen van het eenvoudig gebed.

1370. Het groot voordeel van dit gebed is hierin gelegen, dat het ons leven op één punt concentreert en aldus nader brengt tot het goddelijk leven, *tot* *meerdere glorie van God* en het *geestelijk heil der ziel.*

1º *God wordt voortdurend verheerlijkt.* Die onafgewende, liefdevolle blik op God doet Hem beter kennen en beminnen dan alle overwegingen. Men vergeet zichzelf en al de schepselen of ten minste men beschouwt ze nog slechts, onder den invloed der gave van wetenschap, n. 1341, in hun verhouding tot God, in zoover zij tot God voeren. Zoo wordt het leven een onafgebroken akt van godsdienstigheid, een akt van dankbaarheid en liefde. Alles roept in ons : " Magnificat : mijn ziel verheft den Heer! "

1371. 2º Zoo wordt tevens *de ziel geheiligd.* **a**) Wanneer de ziel geruimen tijd haar aandacht op één waarheid gevestigd houdt, leert zij God beter kennen, en daar dat schouwen met liefde geschiedt, bemint zij God telkens vuriger, vereenigt zich met Hem op inniger wijze en maakt zich daardoor ook de goddelijke volmaaktheden en deugden van Christus eigen.

b) Een logisch gevolg hiervan is, dat de *onthechting* gemakkelijker wordt. Voor wie bestendig aan God denkt, zijn de schepselen als treden om op te stijgen tot den Schepper. Vol onvolmaaktheden en ellenden, hebben zij geen waarde dan in zoover zij een weerschijn zijn der volmaaktheden Gods en ons opwekken om op te gaan tot de bron van alle goed.

c) Ook de *nederigheid* wordt gemakkelijker : bij het licht Gods, zien wij helder en klaar ons eigen niet en zonden en wordt het ons een reden tot blijdschap, door de nederige belijdenis onzer fouten, Hem te kunnen verheerlijken, die alleen alle eer en glorie waardig is. Wel verre van ons boven iemand te plaatsen, beschouwen we ons als den laatsten der zondaars, bereid met liefde alle beproevingen en vernederingen te ondergaan.

Zoo blijkt, dat het eenvoudig gebed ons inderdaad op geheel bijzondere wijze helpt om God te verheerlijken en onze ziel te heiligen.

1372. Antwoord op eenige moeilijkheden. a) Men hoort wel eens beweren, dat deze wijze van bidden de *ledigheid* bevordert, waarop de H. Theresia aldus antwoordt : " Mij opnieuw richtend tot hen die redeneeren (bij het bidden) zeg ik aan deze oefening, hoe verdienstelijk overigens ook, niet den heelen tijd van het gebed te besteden. Daar zij van het verstandelijk gebed houden, beelden zij zich in, dat voor hen geen rustdag bestaat en dat ieder oogenblik aan werken besteed moet worden. Al het overige is in hun opinie niets als *tijdverlies*. Maar ik van mijn kant beschouw dat verlies als een *ware winst*. Laten zij op de boven aangegeven wijze zich inwendig in de tegenwoordigheid van Jesus Christus stellen, daar, zonder eenig verstandswerk, met Hem blijven spreken, van zijn gezelschap blijven genieten ; laten zij, in plaats van zich in te spannen om beredeneerd te overwegen, tevreden zijn met hun behoeften bloot te leggen, met de redenen, die Christus zou hebben om hen niet in zijn tegenwoordigheid te dulden. Het zal echter goed zijn er afwisseling in te brengen, uit vrees, dat de ziel op den duur, door de eentonigheid, tegenzin krijgt in altijd hetzelfde voedsel te gebruiken. De oefeningen, waarvan ik hier spreek, zijn bovenmate aangenaam en voordeelig : heeft de ziel er eenmaal smaak in gekregen, dan vindt zij er een degelijk, versterkend voedsel, natuurlijk tot haar zeer groot voordeel ". De ziel blijft niet werkeloos : zij redeneert wel niet meer, maar ziet, bemint, looft God, geeft zich aan Hem over, en blijft zij een oogenblik stilzwijgend, dan is het om naar God te luisteren, houdt God op te spreken, dan hervat zij haar godvruchtige aandoeningen. Zoo is zij nimmer ledig.

1373. b) Sommigen voeren een ander bezwaar aan : concentreert men aldus al zijn aandacht op een zelfde vaste gedachte, dan vergt men te veel van het hoofd en raakt men *overspannen*. — Dit zou inderdaad het geval kunnen zijn, indien men deze wijze van bidden ten koste van veel inspanning zou willen volgen, zonder er op voorbereid te zijn. Dit juist moet vermeden worden, zegt Bossuet : " Men moet zich *het hoofd niet kwellen* en ook *het hart niet te veel tot aandoeningen opwekken.* Wat zich aan den geest voordoet, worde benut met ootmoed en eenvoudigheid, zonder die geweldige inspanning, waarbij meer inbeelding dan oprechtheid is. Men late zich zacht voeren tot God en geve zich geheel aan zijn geest over ". Er is dus geen spraak van hevige inspanning, maar van volgzaamheid, onder den zachten drang der genade. Is een gedachte uitgeput, dan gaat men over tot een andere, zonder met geweld bij de eerste te willen blijven. Het eenvoudig gebed is dan volstrekt geen inspannend werk, maar veeleer een zoete rust voor de ziel, die zich overgeeft aan de werking van den H. Geest. Dat zal trouwens nog duidelijker worden, wanneer men ziet, hoe dit gebed verricht wordt.

§ III. Hoe het eenvoudig gebed gedaan wordt.

1374. 1º **Voor wie dit gebed geschikt is.** Om het eenvoudig gebed tot zijn *gewone* wijze van bidden te maken, moeten de vereischten aanwezig zijn, die wij voor den weg der vereeniging hebben aangegeven, n. 1296. Om nu en dan dezen gebedsvorm te volgen is het voldoende er door de genade toe te worden opgewekt.

De kenteekenen, die duiden op een uitnoodiging der genade tot dit gebed, kunnen tot twee teruggebracht worden : **a**) een soort *afkeer* van het verstandelijk gebed of van de vele aandoeningen, en tevens *het weinig voordeel*, dat men er uit trekt. Hier is natuurlijk sprake van een *ijverige* ziel, die haar best doet wel te mediteeren, niet van een *lauwe*, welke zich met weinig tevreden stelt. **b**) *Een neiging om het gebed te vereenvoudigen*, om God in den geest te beschouwen en in zijn tegenwoordigheid te verwijlen, en tevens *het groot voordeel*, dat men uit deze heilige oefening ondervindt.

Wanneer een biechtvader ziet, dat een vurige ziel groote moeite heeft om lange beschouwingen te houden of velerlei aandoeningen te verwekken, zal hij wel doen haar in groote trekken het eenvoudig gebed te leeren en haar aansporen het te beproeven. Later zal hij naar den uitslag vragen, en is deze gunstig, haar aanzetten er mede door te gaan.

1375. 2º **Over het gebed zelf.** Eigenlijk gezegd bestaat er geen *methode* voor deze gebedssoort : men heeft slechts te zien en te beminnen. Men kan niettemin eenige voorlichting geven. Daarbij moet gelet worden op het karakter, de gewone stemming der penitenten, als ook op de uitnoodiging der genade.

a) Hen die behoefte hebben om hun zinnen op eenig voorwerp van godsvrucht te vestigen, zal men aanraden de oogen te richten op het kruisbeeld, het tabernakel of een beeld, waardoor zij hun gedachte op God kunnen concentreeren. " Om goed te bidden behoeft men niet veel te spreken, zei de Pastoor van Ars. Men weet, dat Onze Lieve Heer daar, in het heilig tabernakel is; men opent Hem ˙zijn hart; men verheugt zich in zijn heilige tegenwoordigheid; dit is het beste gebed ".

b) Die met een *levendige verbeeldingskracht* begiftigd zijn, kunnen zich het een of ander *voorval uit het Evangelie* voorstellen, niet, zooals zij vroeger deden, in bijzonderheden, maar in groote lijnen, bijv. Christus in den hof van Olijven of op Calvarië. Met liefde beschouwen zij dan Hem die voor ons lijdt, en zeggen : " Hij heeft mij bemind en zich voor mij overgeleverd ".

1376. c) Anderen overdenken langzaam *een tekst der H. Schrift* of eenig vroom gebed, om er smaak en voedsel in te vinden voor hun ziel. De H. Ignatius raadt dit aan in zijn tweede wijze van bidden, n. 993. De ondervinding toont, dat velen door dit middel tot het eenvoudig gebed gekomen zijn. Dezen moet men aanraden nota te nemen van de teksten, waarin zij reeds smaak gevonden hebben, en ze te benutten volgens de ingeving van den H. Geest. [1]

---

[1] De H. Theresia geeft ons een voorbeeld van dit gebed; na haar zusters uitgenoodigd te hebben te mediteeren over Jesus aan de kolom, voegt zij er bij : " Doch gij moet u niet rusteloos vermoeien om in dit onderwerp door te dringen; gij moet ook bij Christus blijven in de stilte van uwen geest. De ziel moet vol zijn van de gedachte, dat Hij haar beschouwt; zij zal Hem gezelschap houden, zij zal tot Hem spreken, Hem haar beden toesturen; zij zal zich aan zijn voeten vernederen, haar vreugde bij Hem vinden, zich onwaardig erkennen in zijn tegenwoordigheid te vertoeven. Kan zij zoo ver komen, bij het begin reeds van het gebed, zij zal er wel bij varen ". (Leven, 13e hoofdstuk.)

1377. d) Aan *gevoelsmenschen* zal men aanraden
liefdeakten te verwekken, doch zoo, dat zij tevens
de beweegreden der liefde insluiten, bijv. "Mijn
God, ik bemin U uit geheel mijn hart, omdat Gij de
goedheid zelve zijt ". Enkele gedachten als deze zijn
voldoende om er lang van te genieten. — Ofwel tot
Jesus gekeerd, denkt men aan al de titels, welke
Hij op onze liefde heeft : " Ik bemin U, o Jesus,
die de beminnelijkheid zelve zijt; Gij zijt mijn
Heer, U wil ik onderdanig zijn; mijn Herder, U wil
ik volgen en door U mij voeden; mijn Leeraar, in
U geloof ik; mijn Verlosser, U zegen ik, aan U
behoor ik; mijn getrouwste Vriend, U bemin ik
boven alles en wil ik altoos beminnen. " — Ook kan
men de oorspronkelijke gebedswijze benutten die
Olier zijn leerlingen aangaf : *met Jesus voor oogen*,
moet eerbied en ontzag ons vervullen om zijn goddelijke tegenwoordigheid. Als dan ons hart zich
heeft uitgestort in liefde, in lofprijzing en andere
akten, die wij Hem schuldig zijn, blijven wij nog
eenigen tijd voor zijn aanschijn in volkomen stilzwijgen. — *Met Jesus in ons hart*, smeeken wij den
Geest van Jesus ons gelijkvormig te maken aan
zijn goddelijk toonbeeld. Wij zullen ons aan Hem
overgeven om van Hem vervuld, met zijn deugd
bezield te worden. Dan zullen wij wederom eenigen
tijd stilzwijgend bij Hem toeven om zijn goddelijke
zalving in ons te laten doordringen... — *Met Jesus
in de handen*, opdat " zijn goddelijke wil vervuld
worde in ons, die, als zijn ledematen, aan Hem, ons
Hoofd onderworpen moeten wezen, die geen andere
beweging moeten toelaten dan die Jesus Christus,
ons leven en ons al, ons meedeelt. Hij vervulle onze
ziel met zijn Geest, zijn kracht en zijn sterkte, en
werke, Hij alleen, in ons en door ons alwat Hem
behaagt " [1]

---

[1] *Introduction*, ch. IV.

1378. e) Men treft zielen aan, in wie *de wil* over-heerscht, die niet redeneerend kunnen bidden en, wanneer zij door dorheden en verstrooiingen ge-kweld worden, slechts met moeite godvruchtige gevoelens kunnen opwekken. Het vereenvoudigd gebed, dat voor die zielen het geschiktst is, vinden wij aldus beschreven bij P. Piny [1] : " Dit gebed bestaat in al den tijd van het gebed te *willen* door-brengen in God te beminnen, en Hem meer dan onszelf te beminnen; om te willen beginnen met een gebed tot Hem in den geest van liefde, er in te willen volharden in onderdanigheid aan zijn goddelijken Wil... Men moet hier bedenken, dat de liefde dit voordeel heeft boven de akten der meeste deugden en boven elke andere vereeniging, dat, als wij *willen* beminnen, wij *werkelijk beminnen.* Als wij door een oprechten wil ons liefdevol vereenigen met den wil van Hem, dien wij beminnen of willen beminnen, dan wordt terstond die vereeniging bereikt door die akt van onzen wil : liefde is immers niets anders als een minnende akt van onzen wil. "

1379. f) Bij dit gebed, evenals bij het affectieve, kan men in *verstrooidheden* en *dorheid* vervallen. Het is een goede gelegenheid om zich te vernederen voor God en Hem het leed, dat men ondervindt, op te dragen, terwijl men, ondanks alles, zijn best doet om in zijn tegenwoordigheid te blijven, met vol-komen onderwerping aan zijn heiligen wil. De ver-strooiing moge dan de gedachte al beletten zich op God te vestigen, toch zal ze den wil niet van Hem afwenden, daar hij, bij al die afwijkingen van den geest, steeds naar God gericht blijft.

1380. 3° **Over de voorbereiding en het slot.** **A**) Moet men bij het eenvoudig gebed het *onder-werp voorbereiden?* In 't algemeen gesproken, *ja.* Het is bekend, dat de H. Franciscus van Sales aan

---

[1] *L'oraison du cœur,* ch. I.

de H. Chantal den raad gaf haar gebed voor te bereiden [1] : " Ik zeg niet, dat wie zijn gebed voorbereid heeft en zich dan getrokken voelt tot deze gebedswijze, er niet op in moet gaan; doch zich stelselmatig niet te bereiden, dit vind ik wel wat sterk. Hetzelfde zeg ik van het scheiden uit Gods tegenwoordigheid zonder eenige dankzegging, zonder eenige opdracht of uitdrukkelijk gebed. Dit kan weleens met voordeel gedaan worden, maar dit altijd doen staat mij wel wat tegen. " Dit is zeer juist opgemerkt. Het voorbereiden van een gebedsonderwerp zal den H. Geest niet beletten ons, zoo het Hem behaagt, een ander onderwerp in te geven ; doet Hij dit niet, dan blijve men bij de stof die men heeft voorbereid.

1381. B) Deze voorbereiding omvat het *voornemen*, dat bij het einde van het gebed gevormd wordt. Het is voorzeker nog beter het 's avonds te voren reeds te bepalen. Het kan gebeuren, dat de H. Geest een ander ingeeft, of de ziel eenvoudig aanzet om zich aan God den ganschen dag door over te geven. Doch daar alles vereenvoudigd wordt, zal hetzelfde voornemen menigmaal het beste zijn, bijv. voortdurend te leven onder het oog van God, of Hem niets te weigeren, of alles uit liefde te doen. Hoe onbepaald deze besluiten mogen schijnen aan hen die op deze manier niet bidden, voor de zielen, door God geleid, zijn ze zeer bepaald, omdat God zelf ze practisch maakt door de ingevingen, die Hij gedurende den dag menigmaal zal schenken.

§ IV. Verband tusschen het eenvoudig gebed en de ingestorte beschouwing.

Ten einde hieromtrent de algemeene leer met juistheid weer te geven, zullen wij aantoonen : 1º dat het eenvoudsgebed in zijn begin eigenlijk niets

[1] *Brief*, II Maart, 16\o.

anders is dan een *verkregen beschouwing;* 2° dat het een uitstekende *gesteldheid* is om de ingestorte beschouwing te ontvangen en bijwijlen inderdaad daarin overgaat.

1382. 1° Het is een beschouwing. **a**) Dit was het gevoelen van Bossuet. Na dit gebed beschreven te hebben, voegt hij er bij : " De ziel redeneert dus niet meer, doch bepaalt zich tot een liefdevol *schouwen,* waarbij zij rustig, aandachtig blijft, ontvankelijk voor de werking en indrukken, die de H. Geest in haar teweegbrengt. " Tot dit besluit komt men eveneens, wanneer men de natuur van dit gebed vergelijkt met die van de beschouwing. Deze, gelijk n. 1298 gezegd is, wordt bepaald : *een eenvoudig inzicht in de waarheid.* Doch Bossuet zegt : "het gebed van eenvoud... bestaat in een louter zien of liefdevolle aandacht, gericht op een of ander goddelijk voorwerp": dus wordt het terecht beschouwing genoemd.

b) Een verkregen, geen ingestorte beschouwing, ten minste in haar begin, zoolang zij nog zwak is en slechts bij tusschenpoozen plaats heeft. Dan duurt zij inderdaad maar enkele minuten en wordt gevolgd door andere gedachten en aandoeningen. Slechts langzaam aan geraakt de ziel er aan gewoon God door een enkelen blik vol geloof te zien en te beminnen. Deze blik, kortstondig, vluchtig in het begin, houdt geleidelijk langer aan en *overziet* ook meer te gelijk. Gelijk een kunstenaar zich een meesterwerk, dat hij eerst in onderdeelen bestudeerd heeft, in zijn geheel voorstelt, zoo ook ziet de ziel niet het een of ander deel, maar omvat de volle waarheid in één oogopslag. Dit schijnt wel een gewoon zielkundig gebeuren, waarbij wij klaarblijkelijk een levendig geloof en zelfs een *verborgen* invloed der gaven van den H. Geest, doch geen bijzondere tusschenkomst van God, geen *werkende* genade, moeten veronderstellen.

1383. 2° Het eenvoudig gebed is een *gunstige gesteldheid* voor de ingestorte beschouwing : het brengt de ziel in een goede stemming, maakt ze zeer ontvankelijk voor de indrukken der genade, gemakkelijk te bewegen door den H. Geest. Behaagt het God dan zich van die ziel *meester te maken* om haar een dieper ingekeerdheid, een klaarder blik, een sterker liefde te geven, dan komt zij in de tweede phase van het eenvoudig gebed, zooals Bossuet die beschrijft[1] :

"Daarna moet men zich niet inspannen om velerlei andere akten te stellen of verschillende gevoelens op te wekken, doch men gaat door met enkel aandacht te schenken aan die tegenwoordigheid Gods. Zoo blijft men, zoolang Hij ons zijn werking doet gevoelen, zonder zich te bekommeren over iets anders dan wat op het oogenblik gebeurt, want dit gebed is een gebed met God alleen, en een vereeniging die bij uitstek alle andere bijzondere gevoelens insluit. Het *bereidt onze ziel tot lijdelijkheid*, dat wil zeggen : *God wordt de eenige meester van haar binnenste, Hij werkt er meer in 't bijzonder dan gewoonlijk : hoe minder het schepsel werkt, hoe sterker Gods invloed zich doet gevoelen.* Daar Gods werking *rust* is, wordt de ziel Hem bij dit gebed dus eenigszins gelijk en ondervindt er ook de bewonderenswaardige gevolgen van..."

Men lette op de boven cursief gedrukte woorden, die den nadruk leggen op de sterke, bijzondere werking van God en de lijdelijkheid der ziel. Hier zien wij de *ingestorte* beschouwing duidelijk omschreven : het gebed aangevangen met zekere werkzaamheid door een minnend schouwen op God, eindigend in de rust, waarbij God veel krachtiger op de ziel inwerkt.

1384. Er bestaat dus een *band* tusschen het vereenvoudigd affectief gebed, bereikbaar door den geest van geloof, en de *rust* van den geest in God, dat is, het ingestort gebed voortgebracht door de gaven van den H. Geest, met de medewerking der ziel. Ook bestaat er een wezenlijk verschil, daar

[1] l. cit. n° V.

het eene *verkregen*, het andere *ingestort* is; toch
is er een verband, een overgang, en deze bestaat in
het eenvoudig gebed, dat begint met een eenvoudigen geloofsblik en eindigt, *wanneer het God
behaagt*, met het in bezit nemen der ziel door den
H. Geest. God is voorzeker niet verplicht het eenvoudig gebed te doen overgaan in ingestort gebed,
dat altijd een uit welwillendheid geschonken gave
blijft. Ofschoon wij dus uit onszelf er niet toe
kunnen komen, schenkt Hij die gave menigmaal,
wanneer een ziel goed gestemd is, want het is zijn
vurigste wensch zich op volmaakter wijze te vereenigen met de edelmoedige zielen, welke Hem niets
weigeren.

SLOT VAN HET EERSTE HOOFDSTUK.

1385. Deze eerste vorm van het leven van
vereeniging is reeds zeer volmaakt. 1) Liefdevol en
bestendig met God vereenigd, streeft de ziel er naar
om, met de hulp der gaven van den H. Geest, de
deugden te beoefenen op de meest verheven wijze.
Deze gaven werken nu eens op *bedekte*, dan weer op
meer duidelijke wijze. De ziel bevindt zich dan vooral
onder den invloed dier gaven, welke tot werken
dringen en meer in overstemming zijn met haren
aard, haar bezigheden en bovennatuurlijke neigingen.
Bij haar werken echter blijft zij steeds in vereeniging met God : voor Hem, met Hem, onder den
invloed zijner genade werkt en lijdt zij. 2) Haar
gebed is zeer *eenvoudig :* met de oogen des geloofs
beschouwt zij God, haar Vader, die in haar woont,
met haar medearbeidt. Hem beschouwende, bemint
zij Hem. Soms uit die liefde zich door vurige
verzuchtingen, dan weer door inwendige wilsakten,
want er komen dorheden en beproevingen, waarin
zij slechts zeggen kan : Mijn God, ik bemin U, of
ten minste verlang ik U te beminnen; ik wil, uit
liefde, alles doen wat U behagelijk is, wat het mij

ook moge kosten. 3) Er zijn oogenblikken, dat de gaven van wetenschap, van verstand en wijsheid, die meestal slechts op bedekte wijze werken, zich opeens als de straal eens bliksems openbaren en de ziel een korte wijle in een zoete rust brengen.

Dit is als een *inwijding* in de *ingestorte beschouwing*.

HOOFDSTUK II.

Over de ingestorte Beschouwing. [1]

Na de algemeene beginselen omtrent de ingestorte beschouwing verklaard te hebben, zullen wij daarna hare verschillende graden behandelen.

ART. I. ALGEMEEN BEGRIP
DER INGESTORTE BESCHOUWING.

Om een juist inzicht te geven in de ingestorte beschouwing gaan wij hier verklaren : 1° haar *natuur;* 2° haar *nut;* 3° de *kenmerken der naaste roeping* tot de beschouwing.

§ I. Natuur der ingestorte beschouwing.

Eerst geven wij de definitie, daarna verklaren wij het aandeel van God en de ziel in de beschouwing.

---

[1] S. THOM. IIª IIᵃᵉ, q. 180-182; S. BONAV., *De Triplici Via; Itinerarium mentis ad Deum;* H. SUSO, *het Boek der Wijsheid; het Boek der Waarheid;* Z. RUUSBROEC, *de Tooi der geestel. Bruiloft;* DIONYSIUS CARTHUS., *De fonte lucis et semitis vitæ; De contempl.;* L. BLOSIUS, *Institutio spiritualis;* H. THERESIA, *Autobiographie; de Weg der Volmaaktheid; het Kasteel der ziel;* H. JOANNES V. H. KRUIS, *de Bestijging van den Carmel; de donkere Nacht; de levende Liefdevlam;* H. FRANCISCUS V. SALES : *Over de liefde Gods,* VI-VII ; SCARAMELLI, *Directoire mystique;* D. LEHODEY, *Les voies de l'Oraison,* IIIᵉ P. ; A. SAUDREAU, *les Degrés,* t. II; P. GARRIGOU-LAGRANGE, *Perfect. chrét. et contemplation.*

I. *Bepaling.*

1386. A) De oudere schrijvers onderscheiden niet uitdrukkelijk tusschen de verkregen en de ingestorte beschouwing en geven dan ook het kenmerkend verschil niet aan. Uit wat de H. Thomas over dit onderwerp zegt, kan men besluiten, dat, volgens hem, de beschouwing is : *een eenvoudig, intuïtief zien van God en de goddelijke dingen, dat voortkomt uit de liefde en tot de liefde wederkeert.* De H. Franciscus van Sales geeft deze omschrijving : *een minnende, eenvoudige en bestendige aandacht van den geest op de goddelijke dingen.* [1]

B) De hedendaagsche schrijvers maken in 't algemeen onderscheid tusschen de twee soorten van beschouwing en bepalen of omschrijven de ingestorte beschouwing met Benedictus XIV : " een eenvoudig verstandelijk zien, gepaard met een troostvolle liefde der goddelijke dingen, beide voortkomend van God, die op bijzondere wijze verstand en wil richt om de goddelijke dingen te kennen en te beminnen. Daartoe werkt Hij mede door de gaven van den H. Geest het verstand en de wijsheid, en stort Hij in het verstand een groote klaarheid en in den wil een vurige liefde. " Deze omschrijving is zeer volledig, daar zij heel duidelijk laat uitkomen het aandeel, dat hierbij toekomt aan God en de gaven van den H. Geest, en tevens dat, wat aan onze vermogens moet worden toegeschreven. Deze laatste toch, hoewel door God bewogen tot kennen en beminnen, werken hiertoe vrijwillig mede. Merken wij hier evenwel op, dat deze omschrijving slechts geldt voor de *troostvolle* beschouwing, niet voor de *troostelooze.* Een definitie, die beide omvat, verklaart de ingestorte beschouwing als : een eenvoudige, minnende, lang volgehouden blik op *God en de*

---

[1] *Liefde Gods*, B. VI, h. 3.

goddelijke dingen, onder den invloed der gaven van den H. Geest en van een bijzondere dadelijke genade, welke zich van ons meester maakt en ons meer passief dan actief doet handelen.

Tot goed begrip dezer bepaling, moeten wij een verklaring geven van het deel, dat God en dat de mensch in de beschouwing heeft.

II. *Aandeel van God in de beschouwing.*

Het hoofdaandeel moet aan God worden toegeschreven, daar Hij alleen ons overmeesteren en in den passieven staat stellen kan.

1387. 1° *God is het, die de ziel tot de beschouwing roept,* want, zooals al de mystieken zeggen, is zij uit haar aard *onverdiend, een uit welwillendheid* geschonken gave. Dit leert de H. Theresia, die dit gebed meermalen *bovennatuurlijk* noemt. In het tweede verslag aan P. Rodrigo Alvarez, verklaart zij dit woord op de volgende wijze : Ik noem *bovennatuurlijk* datgene wat noch door vlijt, noch door welke inspanning ook kan verkregen worden. Er zich geschikt toe maken, ja, dat kan men en dit is voorzeker een voornaam iets. [1] Zij drukt hare gedachte nog beter uit in deze bevallige vergelijking : Eerst schept God er behagen in de ziel geleidelijk tot zich op te voeren; daarna neemt Hij dit duifje en zet het in het nest om er uit te rusten. [2]

Dit leert de H. Joannes van het Kruis eveneens. Hij onderscheidt twee methoden, de eene actief, de andere passief. Van de laatste, die de eigenlijke beschouwing is, zegt hij : in deze heeft de ziel noch eigen *initiatief,* noch eigen werkzaamheid ; God werkt in haar, terwijl zij zich lijdelijk houdt. [3] Hij komt dikwijls terug op dit onderscheid : " Tusschen deze twee toestanden bestaat al het verschil, dat gevonden wordt tusschen het menschelijk en het goddelijk werk, tusschen de natuurlijke wijze van handelen en de bovennatuurlijke. — In dien toestand handelen de zielen

---

[1] *Werken,* t. II, 44e Verslag. — [2] *Leven,* 18e h.
[3] *De Bestijging van den Carmel,* 1e B., 13e h.

alleen onder de werking van den H. Geest, die de hoofd-
factor, de geleider, de beweger dier zielen is, en zonder ophouden over haar waakt. De biechtvader is slechts een
werktuig om ze tot de volmaaktheid te voeren volgens het
geloof en de goddelijke wet, volgens den geest, dien God aan
elk mededeelt. " [1] Doch indien God alle initiatief heeft, indien
Hij de zielen beweegt, Hij in de eerste plaats, en de ziel
slechts een werktuig is, dan is het duidelijk, dat de ziel zich
niet uit eigen kracht in dien toestand kan brengen, noch hem
strikt genomen kan verdienen, want strikt verdienen kunnen
we alleen datgene wat God onder het bereik der verdienste
heeft willen stellen : de heiligmakende genade en de eeuwige
glorie.

Dit houden eveneens diegenen volgens wie alle zielen tot
de beschouwing geroepen zijn. De meditatie, zegt Saudreau,
is niet boven ons bereik, doch, zoo voegt hij er bij, van het
mystieke gebed kan dit niet gezegd worden. Hoeveel moeite
men zich ook geve, men zal er niet toe komen, indien men
door Gods goedgunstigheid er niet toe verheven wordt. [2]
Sommigen meenen wel dat men *de congruo*, dat is als
passende belooning, die gave verdienen kan, doch dit neemt
niet weg, dat zij toch enkel uit welwillendheid wordt gegeven.

1388. 2° Ook is het God, die het *uur* en de *wijze*
der beschouwing, evenals als haren *duur* bepaalt.
Hij alleen toch brengt de ziel in den passieven of
mystieken staat, door beslag te leggen op hare
vermogens, om in en door deze te handelen, onder
vrije instemming van den wil : men zou hier kunnen
spreken van een *inbezitneming door God*. God is
meester van zijn gaven, Hij beschikt er dus over,
wanneer en gelijk Hij verkiest.

1389. 3° Bij de beschouwing toont Gods werking
zich in wat de mystieken *het subtielste, het verhevenste, het innigste der ziel, het hoogste van den wil*
noemen. Met deze uitdrukkingen willen zij te kennen
geven alwat in het verstand en den wil het verhe-
venst is ; dus het verstand, niet in zoover het redeneert, maar in zoover het de waarheid met een
enkelen blik, onder den invloed der hoogere gaven
van verstand en wijsheid, omvat ; en den wil, in zijn

---

[1] *Levende liefdevlam*, 3e strophe, v. 3, n. 8-9. — [2] *L'état mystique.*

meest enkelvoudige akt, welke bestaat in het beminnen en smaken der goddelijke dingen.

De Eerbiedw. Lodewijk Blosius [1] is van meening, dat dit binnenste der ziel, waar de beschouwing plaats heeft, veel innerlijker en verhevener is dan de drie hoofdvermogens, daar het de bron dezer vermogens zelf is... Daar zijn de hoogere vermogens zelf één; daar heerschen een opperste rust en een volmaakte stilte; want geen enkel beeld kan er ooit binnendringen. In dit middelpunt, waar zich het beeld Gods verbergt, omkleeden wij ons met godvormigheid.

1390. 4° In dit middelpunt der ziel werkt God tegelijk *kennis* en *liefde*. Het kennen geschiedt door *bevestiging* of door *ontkenning*.

a) De eerste wijze van kennen, die *onderscheidt*, hoewel nog *onduidelijk,* treft de ziel levendig, omdat het een *proefondervindelijk* of *zoo goed als proefondervindelijk* kennen is. God kan het voornamelijk op vier manieren voortbrengen :

1) *Door het licht der gaven vestigt Hij de aandacht* op een idee, dat wij al wel hadden, doch tot dan toe geen grooten indruk op ons had gemaakt. Wij wisten bijv. dat God liefde is, doch het goddelijk licht doet ons die waarheid begrijpen en smaken, zoodat wij er geheel van doordrongen en aangegrepen worden.

2) *Uit twee denkbeelden,* ons reeds bekend, *doet Hij ons een gevolgtrekking maken,* die zich bij *hetzelfde licht* in volle klaarheid opdringt. Zoo doet de H. Geest uit deze tweevoudige waarheid : God is alles, wij zijn niets, ons het besluit trekken dat de nederigheid voor ons een gebiedende eisch is : " Ik ben die ben — gij zijt die niet is ".

3) Hij verrijkt ons met *ingestorte kenbeelden,* welke, van God afkomstig, op veel volmaakter en treffender wijze de goddelijke dingen voorstellen. Dit geschiedt bij sommige *visioenen* of *openbaringen.*

---

[1] *Instit. spirit.*, c. XII.

4) Op *voorbijgaande* wijze schenkt Hij aan een ziel de
zaligmakende aanschouwing, zooals, volgens den H. Thomas,
aan Mozes en den H. Paulus en, volgens eenige H. Vaders,
aan de Moeder Gods geschonken werd.

Het kennen door *ontkenning* toont ons de *verhevenheid*
van God en geeft ons aldus over Hem het hoogste denkbeeld.
Wij behandelen het n. 1398.

1391. b) God *stort* ook een *onuitsprekelijke liefde*
in de ziel : Hij doet haar als bij intuïtie begrijpen,
dat Hij en Hij alleen het hoogste Goed is en zoo
trekt Hij haar tot zich, krachtig, onweerstaanbaar,
gelijk de magneet het ijzer aantrekt, zonder nochtans haar vrijheid geweld aan te doen. Dan streeft
de ziel naar God met al het vuur waarmede zij tot
het geluk wordt aangetrokken, maar toch in volle
vrijheid, omdat dit schouwen, nog altijd duister,
haar niet dwingt.

Dan, zegt de Eerbiedw. Blosius, [1] gaat de ziel buiten
zichzelve om geheel op te gaan in God en zich te verliezen in
den afgrond der eeuwige liefde. "En daar, dood aan zichzelve,
leeft zij in God zonder iets te kennen of te gevoelen buiten de
liefde, waarvan zij dronken is. Zij verzinkt in het onmetelijke
der goddelijke eenzaamheid en duisternissen ; doch zich daar
verliezen is veeleer zich vinden. De ziel ontdoet zich daar
immers waarlijk van al het menschelijke om zich met God
te omkleeden ; zij is geheel veranderd en omgevormd in God,
evenals het ijzer, onder de werking van het vuur, de gedaante
van vuur aanneemt en vuur wordt. Ondertusschen blijft het
wezen der ziel wat het was, gelijk ook het gloeiend ijzer niet
ophoudt ijzer te zijn. Tot dan toe was in die ziel alles koud,
voortaan is zij geheel blakend ; van de duisternis is zij overgegaan tot de helste klaarheid ; weleer ongevoelig, is zij nu
vol teederheid… Als weggesmolten in liefde, is zij opgegaan
in God, en met Hem onmiddellijk vereenigd, is zij met Hem
één van geest, evenals goud en brons tot één metaal versmel-
ten. Overigens bereiken zij, die aldus in God vervoerd worden,
verschillende hoogten, want des te dieper dringt men in de
goddelijke diepten door, naarmate men zich tot God met
grooter oprechtheid, vurigheid en liefde richt en men volkomener zelfs in dit streven van alle eigenbelang afstand
weet te doen ".

[1] *Institutio spirit.*, cap. XII, § 2.

III. Het aandeel, dat de ziel er in heeft.

Door Gods genade voorkomen, beantwoordt de ziel vrijwillig aan haar invloed.

1392. 1° Vrij laat zij zich aangrijpen en bewegen door God, gelijk het kind zich met vrije, blijde inwilliging in de armen zijner moeder laat wegdragen. De ziel is tegelijk *passief* en *actief*.

a) *Passief*, in dezen zin, dat zij niet bij machte is om uit eigen initiatief, gelijk vroeger, te handelen. Ten tijde der beschouwing, kan zij hare vermogens niet meer op beredeneerde wijze aanwenden; zij hangt af van een hooger beginsel, dat haar bestuurt, dat haar blik, haar geest en hart vestigt op het beschouwde voorwerp, het haar doet beminnen en haar tot handelen noopt. Bij de eerste trappen der beschouwing is het evenwel geen volkomen onmacht. Het verschijnsel van *de gebondenheid der vermogens* treedt geleidelijk op en wordt slechts *volkomen* in sommige hoogere toestanden der beschouwing, voornamelijk bij de geestverrukking. Zoo is bijv. bij de rust van den geest, het mondgebed of de overweging afmattend voor de ziel, doch in 't algemeen niet onmogelijk [1]. Bij de volle vereeniging heft God de werking van het verstand op, wel niet geheel en al, door het te beletten te handelen, maar door het niet te laten redeneeren : Hij weerhoudt den loop der gedachten, omdat Hij ze op één punt vestigt; Hij doet het woord op de lippen besterven, zoodat men geen enkelen klank zonder veel moeite voorbrengt. [2]

1393. b) Doch al kan de ziel niet gelijk anders redeneeren, toch blijft zij *niet werkeloos*. Onder den invloed van die goddelijke werking, handelt zij. Zij

---

[1] H. THERESIA, 2e *Verslag aan P. Rodrigo; Weg der volm.*, 31e hoofdstuk. — [2] H. THER., 2e *Verslag*.

beschouwt God en bemint Hem, hoewel zij die akten niet altijd tot uitdrukking brengt. De ziel is werkzamer dan ooit, want zij ondergaat den invloed van een geestelijke kracht, welke haar eigen krachten vertienvoudigt. Zij gevoelt zich als omgevormd door een hooger wezen, dat als de ziel harer ziel is, haar opheft en tot God omhoog draagt. Het is een gevolg der *werkende genade,* waarmede zij met blijdschap instemt.

1394. 2° In dezen staat verschijnt God onder een nieuwe gedaante, als een *levende werkelijkheid,* die men achterhaalt door een soort *proefondervindelijke* kennis, in geen menschentaal uit te drukken. Het is niet meer door redeneering van het bijzondere tot het algemeene of omgekeerd, dat men God kent, maar door louter zien. Dit zien is nochtans de klare aanschouwing Gods niet; het blijft duister en is als een tasten naar God, die ons zijn tegenwoordigheid en gunsten doet gevoelen en smaken.

Niemand heeft wellicht beter deze proefondervindelijke kennis beschreven dan de H. Bernardus : [1] " Het Woord is in mij gekomen (ik ben dwaas het te zeggen) en Het is meermalen gekomen. Hoewel Het mij dikwijls bezocht heeft, heb ik het juiste oogenblik zijner komst niet opgemerkt. Doch ik heb gevoeld, dit weet ik, dat de Zoon Gods daar was. Soms heb ik zijn komst kunnen voorzien, maar nimmer heb ik zijn binnentreden noch zijn heengaan kunnen gewaar worden... En toch heb ik als waar erkend wat ik had gelezen, namelijk, dat wij in Hem leven, ons bewegen en zijn. Welzalig diegene in wien Hij woont, gelukkig hij, die voor Hem leeft en door Hem is bewogen! Doch daar zijn wegen onnaspeurlijk zijn, vraagt gij mij, hoe ik zijn tegenwoordigheid heb kunnen kennen. Wijl Hij vol leven en kracht is, wekt Hij, nauwelijks aanwezig, mijn sluimerende ziel; Hij beweegt, Hij kneedt, Hij kwetst mijn hart, dat zoo ziek is en zoo ongevoelig als een steen. Hij begint met uit te trekken en neer te slaan, met te bouwen en te planten, met te besproeien wat dor is, met te verlichten wat in duisternis verkeert, met te openen wat gesloten, met te verwarmen wat koud, met recht te buigen wat krom, met gelijk te maken wat oneffen is, zoodat

---

[1] *Sermo in Cant.,* LXXIV, 5-6.

mijn ziel den Heer zegent en alwat in mij is zijn H. Naam
verheft. Wanneer de goddelijke Bruidegom tot mij komt,
doet Hij zijn tegenwoordigheid niet opmerken door uitwendige teekenen, door het geluid zijner stem of het gedruisch
zijner voetstappen, niet aan zijn bewegingen, niet door
mijn zinnen erken ik zijn aanwezigheid, doch, gelijk ik
reeds gezegd heb, alleen *door den invloed dien mijn* hart
ondergaat. Wanneer ik den afchuw voor de zonde en voor de
zinnelijke genegenheden ondervind, dan erken ik de macht
zijner genade; wanneer ik mijn verborgen fouten ontdek en
verfoei, bewonder ik de diepte zijner wijsheid; wanneer ik
mijn leven hervorm, ondervind ik zijn goedheid en zachtmoedigheid. De inwendige hernieuwing, die hierop volgt,
toont mij zijn onvergelijkelijke schoonheid". De ziel die het
Woord beschouwt, gevoelt aldus en zijn tegenwoordigheid en
zijn heiligende werking.

Het is dus een kennis tusschen het gewone geloof
en de zaligmakende beschouwing, doch die ten
slotte tot het geloof herleid moet worden en in zijn
duisterheid deelt.

1395. 3° *Dikwijls bemint de ziel veel meer dan zij
kent.* Dit is de *seraphische* beschouwing, in tegenstelling met de *cherubijnsche*, waarbij de kennis
meer op den voorgrond treedt. De wil bereikt zijn
voorwerp op een andere wijze als het verstand. Dit
kent slechts volgens de *voorstelling*, het beeld, het
verstandelijk kenbeeld, dat het van het voorwerp
ontvangt; de wil of het hart streeft naar de *werkelijkheid*, naar de zaak zooals zij *in zichzelf* is.
Daarom kunnen wij God beminnen, zooals Hij in
zichzelf is, hoewel ons verstand hierbeneden zijn
innerlijke natuur niet ontdekt. De duisterheid zelve,
waarin God zich hult, draagt er zelfs nog toe bij om
onze liefde tot Hem te verlevendigen en om zijn
tegenwoordigheid nog vuriger te wenschen. De
mystieke, die God niet kan zien, overschrijdt, door
een vervoering van zijn hart, het geheim, dat hem
Gods aanschijn omsluiert, en hij bemint God in
Hemzelf, in zijn oneindig wezen. Niettemin is er
altijd eenige kennis vóór de liefde. Schijnen sommige mystieken dit te ontkennen, dan is het, omdat

zij voornamelijk den nadruk leggen op hetgeen hen meer getroffen heeft. Ook in den mystieken toestand blijft het altijd waar : *nil volitum quin præcognitum :* wat in 't geheel niet gekend is, kan niet bemind worden.

1396. 4° Bij de beschouwing wordt tegelijkertijd een tweevoudig gevoel ondervonden : genot en angst : onuitsprekelijke blijdschap om de tegenwoordigheid van den goddelijken Gast ; een bang, beklemmend gevoel, wijl men Hem nog niet volkomen bezit. Nu eens overheerscht het genot, dan weer de angst, volgens de plannen Gods, de verschillende phasen van het mystieke leven en den aard der personen. Zoo zijn er phasen, die zeer smartvol zijn, de zoogenaamde *Nachten*, en andere, die vol geneugten zijn. Naar hun persoonlijken aard zien en beschrijven sommigen vooral de beproevingen van het mystieke leven, zooals de H. Joannes van het Kruis en de H. Joanna de Chantal ; anderen weiden liever uit over de vreugden en de zaligheid der beschouwing, gelijk de H. Theresia en de H. Franciscus van Sales.

1397. 5° Deze beschouwing blijft *onuitsprekelijk.* Het is niet in woorden uit te drukken, wat men gezien en ondervonden heeft, zooals de mystieken eenstemmig bekennen.

" Het is voor de ziel onmogelijk haar te onderkennen, haar een naam te geven, zegt de H. Joannes van het Kruis. [1] Trouwens de ziel heeft er volstrekt geen lust toe en zou ook geen vorm of wijze of vergelijking kunnen vinden om een zoo verheven kennis, een zoo subtiel geestelijk gevoel verstaanbaar te maken. Al zou de ziel het hevigst verlangen gevoelen om eenigen uitleg te geven, en uitleg op uitleg geven, het geheim zou altijd even onverklaard blijven... Zij verkeert in het geval van iemand, die iets geheel nieuws, zonder weerga onder al het hem bekende, ontdekt. Hij bevindt, dat het bestaat, dat het hem bevalt, doch hoe hij ook nadenkt, hij kan er geen naam voor vinden, noch het beschrijven, hoewel

---

[1] *Nacht,* 2e B., 17e h.

in dit verondersteld geval er van een zintuigelijke waarneming sprake is. Zal dit in nog niet sterker mate het geval
wezen, wanneer de zinnen niets waarnemen?"

Twee redenen vooral geven de verklaring, waarom het onmogelijk is het ondervondene te beschrijven : eenerzijds is de geest in de goddelijke
duisternis gedompeld en neemt hij God waar op
vage, onduidelijke, hoewel zeer indrukwekkende
wijze; anderzijds gevoelt men een bovenmatige
liefde tot God, doch die men niet kan weergeven in
woorden.

1398. A) Gaan wij eerst na, wat men moet
verstaan onder *goddelijke duisternis*, uitdrukking
ontleend aan Pseudo-Dionysius [1].

" Bevrijd van de wereld der zinnen en van de verstandelijke
wereld, treedt de ziel binnen de *geheimzinnige duisternis eener
heilige onwetendheid* en, verzakende aan alle wetenschappelijke gegevens, verliest zij zich in Hem die noch gezien noch
bevat kan worden, geheel aan dit opperste voorwerp, zonder
aan zichzelf of aan anderen te zijn, vereenigd met den Onbekende door het edelste deel van haarzelf en door haar verzaken aan alle wetenschap, en ten slotte in deze volstrekte
onwetendheid een kennis puttende, die het verstand niet kan
verwerven ". Om tot deze beschouwing te komen, moet men
zich verheffen boven de *zintuigelijke* kennis, die natuurlijk
God niet kan waarnemen, boven de *verstandelijke* kennis, die
God slechts kent door inductie en abstractie. Alleen door het
" subtielste " van het verstand (n. 1389) kunnen wij Hem
waarnemen. Rechtstreeks kunnen wij Hem evenwel op aarde
niet zien; er blijft ons dus niet over dan tot zijn kennis te
komen langs den weg der *ontkenning*

De H. Thomas verklaart dit bondiger : " Opstijgend van ontkenning tot ontkenning, verheft de ziel
zich boven de verhevenste schepselen en nadert
tot God, zooveel hier beneden mogelijk is, want
gedurende dit leven komt ons verstand nimmer tot
het zien van hetgeen God is, doch alleen tot het
kennen van wat Hij niet is. De vereeniging van
onzen geest met God, zooals zij hier mogelijk is,

---

[1] *Theologia mystica*, c. I, § 3.

heeft dan plaats wanneer wij tot de kennis komen,
dat God de verhevenste schepselen overtreft ". [1]
Het begrip, dat wij hebben van het *zijn* is te onvolmaakt om op God toegepast te worden; slechts dan
wanneer ons verstand alle wijze van zijn, die het
kent, uitgesloten heeft, benadert het God; dan is
het in de goddelijke duisterheid en daar woont
God. [2]

Vraagt men, hoe dit *negatief zien* ons klaarheid
geven kan omtrent God, dan kan men antwoorden,
dat de kennis niet van wat God wel, maar wel van
wat Hij niet is, ons van Hem een allerverhevenst
denkbeeld geeft. De ziel wordt als overrompeld van
bewondering voor dit alles overtreffende in God en
terzelfdertijd ontgloeid in liefde voor Hem wiens
grootheid en goedheid onuitsprekelijk zijn en die
alleen de ziel kan bevredigen. Deze onduidelijke,
liefdevolle beschouwing is voldoende om, onder den
invloed der genade, uit de ziel impliciete akten van
geloof, van vertrouwen, liefde en godsvereering te
doen opwellen. Deze gevoelens vervullen de ziel
geheel en al en storten haar gewoonlijk een groote
blijdschap in.

1399. B) De tweede reden, waarom het zoo
moeilijk is de beschouwing te beschrijven, is de
vurige liefde, die men dan smaakt en die men niet
weet uit te drukken.

" Het is, zegt de H. Bernardus [3], het lied der liefde; niemand begrijpt het, zoo de ondervinding het hem niet geleerd
heeft. Zij die het ondervonden hebben, kennen het, en die het
nog niet ondervonden hebben, hebben slechts te verlangen,
niet om het te kennen, maar om het te *smaken*. Het bestaat
niet in klanken van den mond, maar van het hart; het is geen
lippengeluid, maar een vreugdegevoel; het is een harmonie
niet van stemmen, maar van willen. Buiten wordt het niet
gehoord, het weerklinkt niet uitwendig; niemand hoort het
tenzij hij, die het zingt, en Hij, voor wien het gezongen

---

[1] *Comment. de div. nomin.*, c. XIII, lect. 3.
[2] *I Sent.*, dist. 8, q. I, a. 1, ad 4. — [3] *Sermo in Cant.* I, n. 11-12.

wordt, de Bruidegom. Het is een bruiloftslied, dat de zuivere en liefdevolle omhelzingen der zielen, haar overeenstemming van gevoelens en wederzijdsche genegenheid bezingt. De ziel nog nieuweling, de ziel nog kind, of nieuwbekeerd, kan dit lied niet zingen ; dit is voorbehouden aan de meer gevorderde en reeds gevormde, welke door haar groei in de deugd, onder Gods werking, den volmaakten leeftijd heeft bereikt, den leeftijd, waarop zij, door haar verworven verdiensten en door haar deugden, den Bruidegom waardig is geworden ".

1400. 6° Wanneer de beschouwing *troosteloos* en *zwak is*, zooals in den eersten nacht van den H. Joannes van het Kruis, *is men er zich niet van bewust* en het is pas later, bij het nagaan harer *uitwerkselen* in de ziel, dat men haar bestaan kan waarnemen. Is zij echter *troostvol*, dan wordt zij, naar het schijnt, niet altijd opgemerkt in den aanvang, wanneer zij nog zwak is. Het onderscheid tusschen het eenvoudig gebed en de beschouwing is moeilijk te zien en somtijds gaat de ziel ongemerkt van het eerste tot de laatste over. Wordt zij evenwel sterk, dan is de ziel er zich van bewust. Men mag al de *bovennatuurlijke* gebeden, die de H. Theresia beschrijft, tot dit soort rekenen, gelijk wij later zullen zien bij het verklaren van de verschillende phasen der beschouwing.

1401. Besluit. Uit het voorgaande blijkt, dat het *essentieel bestanddeel* der ingestorte beschouwing bestaat in de *lijdelijkheid*, zooals wij die beschreven hebben. De ziel wordt geleid, beïnvloed, bewogen, bestuurd door den H. Geest, niet door zichzelve, zonder nochtans hare vrijheid of werkdadigheid te verliezen.

Men mag dus niet zeggen, dat het *essentieel* bestanddeel in het *bewustzijn van Gods tegenwoordigheid* of in het *gewaarworden van zijn tegenwoordigheid* bestaat ; dit komt immers niet altijd voor, vooral niet bij de dorre, troostelooze beschouwing, door den H. Joannes van het Kruis beschreven in zijn *eerste Nacht*. Toch is het een der hoofdele-

menten, daar het zich voordoet bij alle graden der
beschouwing door de H. Theresia vermeld, van de
rust van den geest tot aan de omvormende vereeniging.

§ II. Voordeelen der beschouwing.

Deze voordeelen zijn nog verhevener dan die
van het eenvoudig gebed, omdat de ziel zich meer
met God vereenigt en onder den invloed komt eener
meer krachtdadige genade.

1402. 1º *In de ingestorte beschouwing wordt God
meer verheerlijkt.* **a**) Zij doet ons de oneindige
verhevenheid Gods ondervinden en daarom ook
werpt zij ons geheele wezen neder voor zijn majesteit om Hem te loven en te zegenen, niet enkel
op het oogenblik der beschouwing, maar gedurende
den geheelen dag. Wie eenmaal die goddelijke
grootheid van verre heeft gezien, blijft vervuld van
bewondering en verlangen om Hem te verheerlijken.
Niet bij machte die gevoelens in zich besloten te
houden, roept hij alle schepselen op om God te
prijzen en te danken; waarover later nog.

b) Die eerbewijzen zijn God des te aangenamer
en verheerlijken Hem des te meer, omdat zij
rechtstreeks door de werking van den H. Geest
worden ingegeven. Hij aanbidt in ons of liever
Hij doet ons aanbidden met diep gevoel van
vurigheid en ootmoed. Hij doet ons God aanbidden, zooals God in zichzelf is, en Hij geeft ons het
inzicht, dat dit onze eigenlijke plicht is en wij
alleen tot zijn lof zijn geschapen. Om ons dien lof
met vuriger ijver te doen zingen, vervult Hij onze
ziel met nieuwe gaven en grooter zoetheid.

1403. 2º *De ziel wordt er meer geheiligd.* De
beschouwing stort haar inderdaad zooveel *licht*,
zooveel *liefde* en zooveel *deugden* in, dat zij terecht
een *binnenweg* tot de volmaaktheid genoemd wordt.

A) Zij doet ons God op een onuitsprekelijke, zeer heiligende wijze kennen. " In volle rust, deelt God, in het binnenste der ziel, haar dan wijsheid en liefdekennis mede, zonder gespecificerde akten, hoewel Hij toch bijwijlen dergelijke akten gedurende eenig tijdsverloop toelaat. " [1] Deze kennis is zeer heiligend, omdat zij ons door *ervaring* leert, wat wij vroeger door lezen of eigen nadenken hadden geleerd; zij laat ons *opeens* zien wat wij vroeger door opeenvolgende akten achterhaald hadden.

Dit verklaart ons de H. Joannes van het Kruis [2] zeer schoon : " God omsluit in zijn één en enkelvoudig wezen al de deugden, al de verhevenheden zijner eigenschappen. Hij is almachtig, Hij is wijs en goed, barmhartig, rechtvaardig en sterk; Hij is liefde, enz. zonder nog te spreken van de eigenschappen en de oneindige volmaaktheden, die wij niet kennen. Welnu, wanneer Hij, die in zijn enkelvoudig wezen dat alles besluit, zich met de ziel vereenigt, wanneer Hij zich gewaardigt zich aan haar te openbaren, dan ziet deze ziel in Hem duidelijk al zijn deugden en grootheden... En daar ieder dezer het wezen zelf van God in den Vader of den Zoon of den H. Geest is, en daar ieder hunner eigenschappen God zelf is, en God oneindig licht en oneindig goddelijk vuur is... volgt ook, dat elk dezer eigenschappen, die ontelbaar zijn, en elk dezer deugden, licht en gloed verspreiden, gelijk God zelf ". Zoo wordt duidelijk wat de H. Theresia [3] zegt : " Wanneer het God is, die ons oordeel opheft en tot stilstand brengt, dan geeft Hij het iets wat het bewonderen en waar het zich mede bezighouden kan; dan ontvangen wij zonder redeneeren, in den tijd voor het bidden van het Credo vereischt, meer licht dan wij in veel jaren met al ons aardsche pogen zouden kunnen verwerven ".

Er zijn ongetwijfeld gevallen, waarin het licht niet zoo helder is, doch nevelig en zwak blijft, maar ook dan maakt het grooten indruk op de ziel, n. 1398.

1404. B) Deze beschouwing werkt echter vooral een *zeer vurige liefde* uit, die volgens den H. Joannes

---

[1] H. JOANNES V. H. KRUIS, *Lev. Vlam*, 3e Str., v. 3, n. 6.
[2] Ibidem v. 1. — [3] *Leven*, XII.

van het Kruis vooral drie verheven eigenschappen heeft : **a**) Vooreerst de ziel bemint God niet uit zichzelf, maar *door Hem*. Dit is een bewonderenswaardige hoedanigheid, want zij bemint aldus door den H. Geest, gelijk de Vader en de Zoon elkander beminnen. Dit verklaart Christus zelf, bij den H. Joannes : " Opdat de liefde, waarmede Gij Mij bemind hebt, in hen moge zijn, en Ik in hen. " (Joan. XVII, 26).

b) De tweede verheven eigeschap is : *God te beminnen in God*, omdat in deze vurige vereeniging, de ziel opgaat in liefde tot God, en God zich met hevige liefde aan de ziel overgeeft.

c) De derde verheven eigenschap der hoogste liefde is, dat de ziel in dezen staat God bemint *om hetgeen Hij is*, dit wil zeggen, dat zij Hem bemint niet alleen, omdat Hij zich jegens haar edelmoedig, goed en glorierijk, enz., toont, maar veel vuriger nog, omdat Hij dat alles door zijn wezen is.

Met den H. Franciscus van Sales [1] kunnen wij hierbij voegen, dat deze liefde tot God daarom nog vuriger is, omdat zij bij ervaring gekend is. Gelijk hij die, met goede oogen bedeeld, den verrukkelijken glans van een schitterenden zonsopgang ziet, beter het licht waardeert dan een blindgeborene die het slechts van hooren zeggen kent, zoo ook bemint hij, die God door de beschouwing kent, Hem veel meer dan een ander die van Hem slechts iets weet door studie. Immers de ervaring van eenig goed maakt ons dit veel beminnelijker dan alle andere kennis, die men er van kan hebben. De H. Catharina van Genua, zegt nog de H. Franciscus, beminde God meer dan Ocham, de diepzinnige godgeleerde : deze kende Hem beter door studie, gene door ervaring en deze ervaring voerde haar veel hooger op in de seraphijnsche liefde.

Deze liefde neemt gestadig toe : zij vergemakkelijkt de beschouwing en deze geeft weer nieuw vuur aan de liefde : " Want, zegt de H. Franciscus van Sales, wanneer de liefde in ons de beschouwende aandacht heeft opgewekt, brengt deze aandacht wederkeerig een grootere en vuriger liefde voort, die ten slotte volmaakt wordt, wanneer zij geniet van

---

[1] *Liefde Gods.* 6ᵉ b., 4ᵉ h.

wat zij bemint... De liefde dwingt de oogen om steeds met
meer aandacht de welbeminde Schoonheid te aanschouwen
en het gezicht dringt het hart om ze telkens meer te beminnen. " [1] Dit verklaart ons, hoe de Heiligen zoozeer konden
beminnen.

1405. C) Deze liefde gaat samen met de beoefening der deugden in haar hoogsten graad, inzonderheid van de nederigheid, van de gelijkvormigheid
met den goddelijken wil, van de heilige overgave,
en daarom ook met de blijdschap en vrede des
geestes, zelfs te midden der somtijds vreeselijke
beproevingen, die de mystieken ondergaan. Dit
zullen wij later in bijzonderheden zien, n. 1440
en volg.

§ III. Naaste uitnoodiging tot de beschouwing.

1406. Wij zullen hier niet ingaan op het twist-
geding omtrent de *algemeene* en *verwijderde* roeping
van alle gedoopten tot de beschouwing. Wij blijven
zooveel mogelijk op het *terrein der feiten*, en
willen deze twee vragen onderzoeken : 1º Aan wie
schenkt God in 't algemeen de genade der beschouwing? 2º Welke zijn de kenteekenen van de naaste
en persoonlijke roeping tot de beschouwing?

I. *Aan wie verleent God de beschouwing?*

1407. 1º De beschouwing is uiteraard een onverdiende gave. n. 1387. God geeft ze aan wien, wanneer en zooals Hij wil. Gewoonlijk echter schenkt
Hij ze slechts aan die wel bereid zijn.

Bij uitzondering en op buitengewone wijze geeft
God somtijds deze gunst aan zielen zonder eenige
deugd, ten einde ze aan de handen van den duivel
te onttrekken.

Zoo zegt de H. Theresia : Er worden zielen gevonden, die
God weet te winnen door middel dezer gunsten. Hij ziet
ze aan velerlei dwalingen overgeleverd... zij zijn in een

---

[1] *Liefe Gods*, 6ᵉ B., 3ᵉ h.

droevigen toestand, zonder deugden, en niettemin deelt Hij
ze zoetheden, vertroostingen, teedere gevoelens mede, die
van lieverlede haar verlangens opwekken. Somtijds verheft
Hij ze zelfs tot de beschouwing, doch dit gebeurt zelden en
nog maar voor korten duur. Aldus, ik herhaal het, beproeft
Hij, of ze om deze gunst zich waardig willen maken om
dikwijls zijn tegenwoordigheid te genieten. [1]

1408. 2° Sommige *bevoorrechte zielen* worden
door God van de kinderjaren af tot de beschouwing
geroepen, zooals de H. Rosa van Lima en in onze
dagen de H. Theresia van het Kind Jesus. Andere
worden er heen geleid en maken er zeer groote
vorderingen in, die niet in evenredigheid schijnen
met haar deugden.

Hieromtrent verhaalt de H. Theresia [2] : " Er is er eene,
wier herinnering mij nu voor den geest komt. In drie dagen
heeft God haar met zoo groote goederen verrijkt, dat, als de
ondervinding van vele jaren, samen met altijd grooter
voortgang, mij het geval niet geloofbaar maakten, ik het
voor onmogelijk zou houden. Met een andere gebeurde het
in den tijd van drie maanden. Beiden waren nog zeer jong.
Anderen heb ik deze genade slechts na langen tijd zien
verkrijgen... Men kan de wet niet voorschrijven aan een
Meester, zoo groot en zoo verlangend zijn weldaden mede te
deelen ".

1409. 3° In 't algemeen echter verheft God bij
voorkeur die zielen tot de beschouwing, welke er
zich op voorbereid hebben door onthechting, door
beoefening der deugden en van het gebed, vooral
van het affectieve gebed.

Zoo leert de H. Thomas, die verklaart, dat men
niet tot de beschouwing kan komen, dan na de
hartstochten door de beoefening der zedelijke deugden bedwongen te hebben. (Zie n. 1315).

De H. Joannes verzekert dit niet minder stellig. In "De
Bestijging van den Carmel " en " De nacht der ziel " ontwikkelt hij deze leer breedvoerig en toont, dat, om tot de
beschouwing te komen, het noodig is de meest volkomen en
algeheele ontblooting te beoefenen. Zijn er zoo weinig

---

[1] *Weg der Volm.* 16e h. — [2] *Gedachten op het Hooglied*, 6e h.

beschouwenden, dan komt het, zegt hij, omdat zoo weinigen volkomen aan zichzelf en aan de schepselen onthecht zijn. " Leg u toe op standvastige geestelijke onthechting, dan zal deze, zuiver en eenvoudig geworden, overgaan in de eenvoudige, zuivere Wijsheid Gods, die de Zoon van God is ". De H. Theresia komt hierop zonder ophouden terug en beveelt vooral de nederigheid aan. " Doet eerst wat de bewoners der vorige Verblijven op het hart gedrukt is, en daarna : nederigheid! nederigheid! Om haar geeft God toe aan al onze wenschen... Het is mijn meening, dat Hij tot de beschouwing diegenen uitkiest, welke aan de goederen dezer wereld, zoo niet met de daad, omdat hun staat het hun niet veroorlooft, dan toch door de begeerte, verzaakt hebben. Hij noodigt ze dan met aandrang uit zich aan het inwendige te wijden. Ik ben er van overtuigd, dat zoo men God volle vrijheid van handelen liet, Hij zijn vrijgevigheid daarbij niet zou bepalen jegens de zielen, die Hij klaarblijkelijk tot iets hoogers roept " [1].

1410. 4⁰ De deugden die vooral beoefend moeten worden, zijn : **a**) Een groote *zuiverheid van hart* en een volkomen onthechting aan alles wat tot zonde voeren en de rust der ziel verstoren kan.

De H. Joannes van het Kruis geeft als voorbeelden van gestadige onvolmaaktheden, die de volmaakte vereeniging met God in den weg staan : " de praatzucht, eenige gehechtheid, die men niet wil afleggen, het mag dan gaan om een persoon, een kleedingstuk, een boek, een kamer of een geliefkoonde spijs, kleine gemeenzaamheden en voorkeur voor het aangename, nieuwsgierigheid of andere bevredigingen van gelijken aard. " En de reden, die hij hiervoor geeft, is deze : " Het is om het even, of een vogel met een dun of met een dik koord gebonden is : slechts dan wanneer hij los is, zal hij kunnen opvliegen... Zoo ook met de gehechtheden der ziel ; zij moge zich al toeleggen op de deugd, om tot de vereeniging met God te komen moet zij geheel vrij zijn ".

1411. b) Een groote *zuiverheid van geest*, dat is de versterving der nieuwsgierigheid, die de ziel in verwarring en onrust brengt, en in verstrooiing doet ronddwalen. Daarom moeten zij, die krachtens hun ambt of bediening veel te lezen en te studeeren hebben, dikwijls hun nieuwsgierigheid bedwingen

---

[1] *Kasteel*, 4ᵉ Verblijf, 2ᵉ en 3ᵉ h.

en nu en dan in zichzelf treden om hun meening te zuiveren en al hun werkzaamheden aan de liefde Gods ondergeschikt te maken.

Deze zuiverheid van geest vordert ook, dat men het verstandswerk bij het gebed vermindert en het ter gelegener tijd nalaat, dat men de gemoedsaandoeningen vereenvoudigt om geleidelijk te komen tot een eenvoudig minnend schouwen op God. Ten opzichte van dit punt laakt de H. Joannes van het Kruis duchtig de onverstandige zielsbestuurders die, enkel op de hoogte van de verstandelijke overweging, hun penitenten willen dwingen op deze wijze te mediteeren [1].

1412. c) Een groote *zuiverheid van wil*, door de versterving van den eigen wil en door de heilige overgave. (nn. 480-497).

d) Een *levendig geloof*, waardoor wij in alles volgens de beginselen des Evangelies leven (n. 1188).

e) Een *vroom stilzwijgen*, waardoor het gemakkelijker wordt alle bezigheden in gebeden om te zetten. (n. 522-529).

f) Ten slotte boven alles een *vurige, edelmoedige liefde*, tot zelfopoffering en het blijde aannemen van alle beproevingen bereid (n. 1227-1235).

II. *Teekenen van de naaste roeping tot de beschouwing.*

1413. Wanneer een ziel aldus, bewust of onbewust, geschikt geworden is tot de beschouwing, dan komt het uur waarop God haar doet verstaan, dat zij de gewone wijze van bidden moet nalaten.

Drie teekenen, zegt de H. Joannes van het Kruis, toonen, dat dit uur gekomen is.

---

[1] Daarom zeggen zij : Kom, laat dat soort bidden ; dit is niets anders als gemakzucht en tijdverlies. Wees werkzaam, begin weer te overwegen, inwendige akten te stellen... de rest is dweperij en bedrog... De geestelijke geleiders, die aldus handelen, begrijpen noch de ingekeerdheid noch de geestelijke afzondering der ziel. Zij weten niet, dat God in deze afzondering de ziel door zijn onuitsprekelijke zalving versterkt; zij achten het nuttig er iets bij te doen, nam. de gewone zalf van een geestelijke oefening, waardoor de ziel gedwongen wordt haar vermogens opnieuw aan het werk te zetten. *Lev. liefdevl.* v. 3, Ook de H. Theresia klaagt over die biechtvaders, welke de vermogens laten werken, zelfs op Zondag. *(Leven.* 13e h.)

1° " *De overweging wordt ondoenlijk, de verbeelding blijft werkeloos, alle smaak voor dezen gebedsvorm is verdwenen;* men ondervindt niets dan dorheid. Zoolang die smaak voortduurt en het mogelijk blijft bij de overweging van de eene gedachte op een andere over te gaan, moet men zich aan de meditatie houden, behalve dan wanneer de ziel den vrede en de geestesrust ondervindt, waarover bij het derde teeken ". De oorzaak van dezen weerzin, voegt de Heilige er bij, is dat de ziel uit de goddelijke dingen reeds bijna ten volle al het geestelijk nut heeft getrokken, dat zij door de gewone overweging er uit trekken kon. Zij kan zich naar deze oefening niet meer voegen, zij vindt er geen smaak meer in; dus moet zij tot iets anders overgaan.

1414. 2° Het tweede teeken is *een volstrekte lusteloosheid om of de verbeelding of de zinnen op welk bijzonder inwendig of uitwendig onderwerp ook te vestigen.* Ik zeg niet, dat de verbeelding niet meer op de haar eigen wijze zal rondwaren — wat zij zelfs bij diepe ingekeerdheid, zonder eenige moeite, doet — maar dat de ziel ze volstrekt niet meer opzettelijk op vreemde voorwerpen zal willen vestigen.

" De Heilige verklaart dit aldus : In dezen nieuwen toestand is de ziel, wanneer zij zich tot het gebed begeeft, als iemand, die water onder zijn bereik heeft en het zonder eenige moeite drinkt. [Ook zij heeft het geestelijk water onder haar bereik] en behoeft het niet meer zooals vroeger op te zuigen door de buis van vormen en figuren. Zoodra zij zich in Gods tegenwoordigheid heeft geplaatst, bevindt zij zich in de akt van minnend, vredig, rustig kennen en zij verzadigt haren dorst naar wijsheid, liefde en geestelijk genot. Het is derhalve niet te verwonderen, dat die ziel leed en weerzin gevoelt, wanneer men haar reeds in het genot van dien vrede, dwingt tot de overweging terug te keeren. Zij is als een kind, dat met volle teugen de moedermelk drinkend, met geweld van de borst wordt afgetrokken; het slaat met handen en voeten en tracht de borst te grijpen om er zijn mond weer aan te zetten ".

1415. 3° " Het doorslaand bewijs heeft men, *wanneer de ziel haar behagen vindt met God alleen te zijn, terwijl zij liefdevol haar aandacht op God vestigt, in vollen vrede en rust van den geest, zonder in Hem iets afzonderlijks te beschouwen,* zonder eigenlijk gezegde redeneering of gedachtenloop. Zij bepaalt zich bij die kennis en *algemeene, liefdevolle* aandacht, (waarover wij spreken), zonder op iets anders in 't bijzonder te letten. "

" Die kennis blijkt somtijds, zoo subtiel, vooral wanneer zij geheel zuiver, eenvoudig, volmaakt, waarlijk geestelijk en inwendig is, dat de ziel, hoewel in haar bezit, *ze niet opmerkt en gewaar wordt.* Volgens onze meening, doet zich het geval vooral dan voor, wanneer die kennis in zich ongemeen klaar, helder, eenvoudig en volmaakt is. Komt zij in een volkomen zuivere ziel, dan heeft zij niets van de bijzondere kennis en begrippen, waarvoor het verstand en de zinnen vatbaar zijn... Die kennis nu gaat in helderheid, louterheid en volmaaktheid alle andere kennis te boven ; het verstand bevat ze daarom niet en ziet er niets dan duisternis. Wanneer daarentegen die kennis minder puur, minder louter is, dan is zij voor de rede klaar en begrijpelijk, ter oorzake der verstandelijke vormen, waarin zij gehuld is en die zich voegen naar de waarneming der rede en der zinnen ".

De Heilige verklaart dit door een vergelijking : wanneer een zonnestraal in een vertrek binnendringt, wordt zij des te duidelijker waargenomen naarmate er meer stofdeeltjes rondzweven ; zijn deze niet aanwezig, dan wordt zij minder goed opgemerkt. Zoo ook met het geestelijk licht : hoe scherper en zuiverder, hoe minder het gezien wordt, zoodat de ziel zich dan in duisternis waant ; gaat dit licht echter vergezeld van eenige verstandelijke kenbeelden, dan wordt het gemakkelijker waargenomen en gelooft de ziel grooter klaarheid te zien.

1416. Geven wij hier met den H. Joannes van het Kruis nog aan, dat deze drie kenteekenen tegelijk aanwezig moeten zijn om onbevreesd de overweging na te laten en zich op de beschouwing toe te leggen. En voegen wij er met den zelfden Heilige eveneens bij, dat het nuttig is den eersten tijd der Contemplatie nu en dan tot de verstandelijke overweging terug te gaan. Dit kan zelfs noodig worden ingeval de ziel bemerkt, dat zij bij de rust der beschouwing ledig blijft. De meditatie worde dan zoolang aangehouden, totdat de ziel zich de beschouwing eigen gemaakt heeft.

Besluit : over de begeerte naar de beschouwing.

1417. Daar de beschouwing een *uitmuntend middel tot volmaaktheid* is, mag men ze begeeren, doch *met nederigheid* en *zoo God ze wil schenken*, dus met volle, heilige onderwerping aan zijn heilig welbehagen.

a) Dat men ze mag *begeeren*, blijkt uit haar talrijke voordeelen, n. 1402. " De beschouwing is als de zachte regen, die de planten der deugden krachtig doet groeien en tot vollen wasdom brengt[1] ".

b) Die begeerte moet evenwel *nederig* wezen, gepaard met de overtuiging, dat men die gunst niet waardig is, en met het verlangen ze slechts te benutten tot eer van God en het heil der zielen.

c) Zij moet *voorwaardelijk* zijn, in alles ondergeschikt aan het welbehagen Gods : indien, wanneer en zooals God wil. Men verlieze niet uit het oog, dat voorafgaande beoefening der zedelijke en goddelijke deugden regel blijft en dat het van verwaandheid zou getuigen er naar te verlangen zonder zich eveneens geruimen tijd in de overige deugden te hebben geoefend. Daarenboven moet men er zich ook van overtuigd houden, dat de beschouwing wel onuitsprekelijke geneugten verschaft, doch tevens vergezeld gaat van vreeselijke beproevingen, welke alleen de moedige zielen met Gods genade kunnen doorstaan.

Dit zal nog duidelijker worden uit de beschrijving van de verschillende phasen der beschouwing.

---

[1] *Carmelcongres van Madrid*, 4e thema.

ART. II DE VERSCHILLENDE PHASEN
DER BESCHOUWING.

1418. De ingestorte beschouwing is niet bij allen gelijk. God deelt naar welbehagen zijn gaven op verschillende wijze mede en wil zich hierbij voegen naar den aanleg en aard der personen. Niettemin is Hij volkomen vrij in zijn werking en aan geen wijze gebonden. In de geschriften der mystieken vindt men dan ook de meest verschillende vormen van beschouwing. Nochtans schijnt in al deze verscheidenheid toch een zekere eenheid te bestaan, wat de geestelijke schrijvers er toe gebracht heeft de voornaamste halten, door de mystieken doorloopen, te rangschikken.

Wij zullen al de classificaties door de verschillende schrijvers [1] gegeven, niet aanhalen. Volgens het standpunt waarop zij zich plaatsen, onderscheiden zij minder of meer graden; somtijds geven zij als verschillende graden wat we eigenlijk slechts als verschillende vormen van denzelfden toestand moeten beschouwen.

1419. Volgens het algemeen gevoelen, zijn de H. H. Theresia en Joannes van het Kruis de twee groote meesters der mystieke vereeniging. Wij houden ons daarom aan de indeeling, die zij geven, en zullen trachten ze in overeenstemming te brengen. De verschillende graden duiden op een steeds vollediger inbezitnemen der ziel door God. 1° Wanneer Hij zich van *het subtielste der ziel* meester maakt, doch de lagere vermogens en de zinnen nog vrij laat om hun natuurlijke werkingen te verrichten,

---

[1] Alvarez de Paz telt 15 trappen. Schram geeft een vollediger lijst, doch die niet erg duidelijk is. Scaramelli onderscheidt 12 graden : de ingekeerdheid, het geestelijk stilzwijgen, de rust, de liefdeverzadiging, de geestelijke sluimering, de angsten en liefdedorst, de goddelijke beroeringen, de eenvoudige mystieke vereeniging, de opgetogenheid, de geestverrukking, de bestendige en volmaakte vereeniging. — P. Philippus van de H. Drievuldigheid telt er zes : de ingekeerdheid, de rust, de gewone vereeniging, de goddelijke aandrang, de verrukking, het geestelijk huwelijk.

heeft men het gebed van *rust;* 2° Wanneer Hij beslag legt op al de inwendige vermogens en alleen de uitwendige zinnen hun werking laat behouden, heeft men de *volle vereeniging;* 3° overmeestert Hij tegelijk de in- en uitwendige zinnen, dan heeft men de *extatische vereeniging* (geestelijke verloving); 4° wanneer Hij ten slotte bezit neemt van alle in- en uitwendige vermogens, niet op *voorbijgaande,* maar *blijvende wijze,* spreekt men van *geestelijk huwelijk.* Deze vier graden onderscheidt de H. Theresia. De H. Joannes van het Kruis voegt er de twee *nachten* of *passieve beproevingen* nog bij. De eerste dezer twee graden is niet anders dan een zekere dorre, troostelooze, martelende rust; de tweede omvat tegelijk al de beproevingen, welke het geestelijk huwelijk voorafgaan en in de volle vereeniging en de extatische vereeniging voorkomen.

Wij gaan nu behandelen :

I. De troostelooze $\Big\}$ *rust.*
   De zoete

II. De *volle vereeniging.*

III. De troostvolle $\Big\}$ *extatische vereeniging.*
    De louterende

IV. De *omvormende vereeniging* of
    Het *geestelijk huwelijk.*

§ I. Het gebed van rust.

Gewoonlijk is deze gebedsvorm eerst troosteloos, vol dorheid, om daarna troostrijk te worden.

I. *De dorre rust of de nacht der zinnen.*

1420. Zooals wij gezegd hebben, wordt er tot de beschouwing een groote zuiverheid van hart gevorderd. Doch de gevorderde zielen zijn nog aan vele onvolmaaktheden onderhevig en voelen nog, hoewel zwakker, de zeven hoofdzonden in verzet, n. 1264. Om ze te zuiveren en tot een hoogeren trap van beschouwing te bereiden, zendt God haar verschillende beproevingen over. Zij worden *lijdelijke*, passieve beproevingen genaamd, omdat God zelf ze overzendt en de ziel ze slechts *lijdelijk* heeft aan te nemen.

Niemand heeft deze beproevingen beter beschreven dan de H. Joannes van het Kruis, in zijn " *Donkere Nacht* ". Hij noemt ze *nacht*, omdat de werking Gods de zinsvermogens eenigermate bindt om ze aan den geest te onderwerpen en tevens den geest in zijn denkvermogen schort, zoodat deze als in duisternis verkeert. Hij kan niet meer *geregeld nadenken* zooals vroeger, terwijl tevens het licht der beschouwing nog zoo zwak is en zoo pijnlijk werkt, dat hij zich door een donkeren nacht omgeven waant. De Heilige onderscheidt twee nachten : de eerste dient vooral om ons aan al het *gevoelige* te onthechten en heet de *Nacht der zinnen;* de tweede heeft tot doel ons los te maken van de *geestelijke* verstroostingen en van alle eigenliefde.

1421. Wij spreken hier alleen van den eersten nacht.

" God, zegt de H. Joannes, [1] geleidt de ziel eerst in den nacht der zinnen, om de zinnen, dat is het lagere gedeelte, te louteren, ten einde ze te voegen naar den geest en in onderdanigheid met Hem te vereenigen. Hij doet dit door haar in duisternis te hullen en haar gewoon denkvermogen op te schorten.

Het is een ingewikkelde zielstoestand, een verbijsterende vermenging van duisternis en licht, van dorheid en onbewuste hevige liefde tot God, van werkelijke onmacht en van opkomende wilskracht; het is niet gemakkelijk dezen zielstoestand te ontcijferen zonder in schijnbare tegenspraak te vallen. Men moet den H. Joannes van het Kruis zelven in zijn uiteenzetting volgen met den leiddraad, dien wij zullen trachten te geven. Daartoe gaan wij verklaren : 1º waarin deze geestelijke nacht eigenlijk

[1] *Nacht*, 1e B., 9e H.

bestaat; 2° de bijkomstige beproevingen die er mede gepaard gaan ; 3° zijn nut.

1° WAARIN DEZE BEPROEVING EIGENLIJK BESTAAT.

1422. A) Het eerste en essentieele is de *ingestorte beschouwing*, die God aan de ziel begint mede te deelen, op een heimelijke, duistere wijze, waarvan de ziel zich niet bewust is en waardoor zij met smart en angsten vervuld wordt. " Het is, zegt de Heilige, een begin van sombere, dorre beschouwing, geheim en verborgen zelfs voor hem, die er mede begunstigd wordt... Zij dringt de ziel tot afzondering en rust, zoodat de geest zich op geen enkel afzonderlijk voorwerp vestigt en er ook geen lust toe heeft ".

Om eenig begrip te geven van dezen toestand, gebruikt de Heilige later een vergelijking, die ons hier reeds van dienst is. Wanneer men een stuk nat hout in een oven werpt, begint het vuur terstond door de hitte het vocht er als in tranen uit te persen. Daarna maakt het vuur dat stuk hout zwart, donker, kwalijk riekend, verdroogt het geheel en al, verschroeit, ontsteekt het en doet het gloeien even schitterend als het vuur zelf. Dat hout, warm geworden, verspreidt hitte, doorgloeid, straalt het licht uit. Welnu, iets dergelijks heeft plaats, wanneer de ziel, nog vol onvolmaaktheden, in het goddelijk vuur der beschouwing wordt geworpen. Alvorens de ziel om te vormen, scheidt de beschouwing er eerst alle onreinheden uit af, maakt de ziel zwart, duister in haar eigen oogen, zoodat zij slechter lijkt dan weleer. Zij kende inderdaad haar ellende niet, maar de beschouwing doet ze haar zoo helder zien, dat zij meent afschuwelijk, weerzinwekkend te zijn in Gods oogen, ofschoon zij feitelijk noch voor zichzelf, noch voor God slechter is dan te voren [1].

1423. B) Deze onklare beschouwing brengt een *groote dorheid* voort in de ziel, niet alleen in haar zinsvermogens, die allen troost derven, maar ook in haar hoogere vermogens, die niet meer als te voren

---

[1] Wanneer men met het bloote oog een glas water beziet, ontdekt men er niets bijzonders in, doch onderzoekt men het met een sterken mikroskoop, dan schrikt men bij het zien van kleine monsters. Welnu, de beschouwing is als een mikroskoop, waardoor wij beter onze gebreken kunnen waarnemen.

redeneerend kunnen overwegen. Deze staat is zeer
smartvol. Gewoon in het licht te wandelen, ziet de
ziel zich in duisternis gedompeld; de overweging
was haar zoo gemakkelijk, de liefdevolle aandoeningen en gevoelens welden spontaan op. Dat alles
is veranderd en het gebed kost haar de grootste
moeite. Hetzelfde doet zich voor bij de beoefening
der deugden : bracht zij weleer met blijdschap ieder
offer om in het goede vorderingen te maken, thans
valt het haar zwaar en schrikt het af.

1424. Doch men moet er wel aan denken om
deze louterende dorheid niet te verwarren met de
dorheid, die voortkomt uit nalatigheid en lauwheid.
De Heilige geeft drie onderscheidingsteekenen :

1) In de louterende dorheid der beschouwing vindt men
evenmin smaak in de schepselen als in God, ja zelfs nog
minder, terwijl de lauwen geen smaak vinden in het goddelijke, maar wel in het aardsche. — Het kan evenwel gebeuren,
zegt de Heilige, dat deze algemeene weerzin uit een natuurlijke droefgeestigheid of ongesteldheid voortkomt; daarom
moet er ook nog op een ander teeken gelet worden.

2) *Men denkt bestendig aan God*, doch tevens heeft men
een gevoel van onrust, van bezorgheid en onbehagelijkheid.
Men is bevreesd God niet goed genoeg te dienen, zelfs
achteruit te gaan, omdat men geen zoetheid meer ondervindt
in zijn dienst. In de lauwheid daarentegen voelt men niet den
minsten innerlijken drang naar het goddelijke. Komt de
dorheid voort uit lichaamszwakte, dan uit zij zich in natuurlijken weerzin, zonder eenig spoor van dat verlangen om
God te dienen, dat steeds wordt waargenomen bij de
louterende dorheid, die voortkomt uit de duistere beschouwing.

3) Men bevindt zich in *de onmogelijkheid om op redeneerende wijze te overwegen*. Hoe men zich ook inspant, alles is
vruchteloos. "De reden hiervan is, dat God zich dan begint
te openbaren, niet meer zooals eerst, door de zinnen, door
middel der redeneering, die alle kennis opriep en rangschikte,
maar door middel van den puren geest, die geen redenee-
renden gedachtenloop kent. God openbaart zich in een akt
van enkel schouwen [1] ". De Heilige merkt echter op, dat deze

---

[1] *Nacht*, 1e B., 10e H.

onmogelijkeid niet altijd aanhoudt en dat somtijds weer op de gewone manier kan gemediteerd worden.

Nog dient er op gewezen, dat de onmacht, waarvan hier sprake is, over het algemeen slechts bestaat ten opzichte der geestelijke zaken, maar ons niet hindert bij studie of bezigheden.

1425. C) Bij deze dorheid komt nog *een pijnlijke, altijd gevoelde behoefte aan een inniger vereeniging met God*. In den aanvang is het een onbewust verlangen, doch " dat langzamerhand sterker en steeds levendiger wordt, zonder dat de ziel begrijpt, vanwaar of hoe dat verlangen gekomen is. Slechts één zaak weet zij, dat die vlam, die gloed bijwijlen zoo hevig is, dat zij met liefdesmart naar God verzucht. Door dezen aandrang en dat begeeren nu komt de geheime beschouwing in de ziel, en, na verloop van tijd, wanneer dorheden de zinnen (dat is het gevoelig gedeelte der natuurlijke vermogens en genegenheden) voldoende gelouterd hebben, komt de goddelijke liefde haren geest doorgloeien. Voor dit uur gekomen is, is de ziel als een zieke onder behandeling. De donkere nacht is voor haar niets dan smart en dorre loutering van haar begeerten " [1].

De ziel is dus georienteerd op God en verlangt niets van de schepselen. Het is nog een vage toestand, als een heimwee naar den afwezigen God : de ziel wil zich met Hem vereenigen, Hem bezitten. Heeft zij nog geen ondervinding van de zoete rust, dan is het een onbepaalde aandrang, een onbestemde behoefte, een niet te verklaren onbehagelijkheid ; heeft zij echter de mystieke vereeniging reeds gesmaakt, dan is het juist een nieuw verlangen naar die vereeniging. ·

2° DE BEPROEVINGEN VAN DEZEN EERSTEN NACHT.

1426. De geestelijke schrijvers hangen er meestal een vreesaanjagend tafereel van op, omdat zij beschrijven wat in de ziel dier Heiligen is omgegaan, welke tot een hooge beschouwing geroepen,

---

[1] *Nacht*, 1e B., 11e H.

zeer zware kruisen hebben moeten dragen. Doch er zijn ook anderen geweest, die tot een minder verheven graad van beschouwing geroepen, minder beproefd zijn. Dit mag niet uit het oog verloren worden, ten einde de vreesachtigen moed in te spreken, daar zij anders, uit schrik voor zulke beproevingen, dien weg niet zouden durven opgaan. Overigens geeft God sterkte naar de zwaarte van het kruis.

A) Behalve die aanhoudende dorheid, waarover wij reeds gesproken hebben, wordt de ziel ook gekweld door vreeselijke bekoringen : 1) tegen het *geloof;* daar zij geen gevoel voor iets meer heeft, beeldt zij zich in, dat zij niets meer gelooft; 2) tegen de *hoop;* van vertroostingen beroofd, meent zij verlaten te zijn en zou den moed op willen geven; 3) tegen de *zuiverheid :* " dan openbaart zich de engel van satan of de onzuivere geest, om door hevige, afschuwelijke bekoringen die zielen te kwellen; hij geeft schandelijke gedachten in, verontrust de verbeelding door zeer levendige voorstellingen, wat voor die beproefde zielen pijnlijker is dan de dood " [1]; 4) tegen het *geduld :* te midden van al die kwellingen, komt de neiging op tot morren tegen anderen of zichzelf; godslasterende gedachten staan zoo levendig voor de verbeelding, dat de tong ze schijnt te uiten in woorden; 5) tegen den *vrede der ziel :* vervuld van tallooze gewetensangsten, raakt zij zoo verward in haar ideeën, dat zij voor geen raad of overtuiging vatbaar is, en dit is juist een harer grootste kwellingen.

1427. B) Ook van den kant der *menschen* komen beproevingen : 1) soms zijn het allerlei vervolgingen door goddeloozen verwekt, naar het woord van den Apostel : " Allen zullen vervolgd worden, die in Christus Jesus godvruchtig willen leven " (II Tim.,

---

[1] *Nacht,* 1e B., 14e h.

III, 12); 2) van de zijde der *oversten*, der *vrienden*, die, zonder begrip voor dezen toestand, kwade vermoedens opvatten om al die tegenslagen en aanhoudende dorheden; 3) somtijds zelfs van den biechtvader, die nu eens dezen staat voor lauwheid aanziet, dan weer niet bij machte is om in zulken nood eenigen troost te geven.

C) Bijwijlen komen *uitwendige kwellingen* de inwendige nog vermeerderen : 1) *vreemdsoortige ziekten*, waar de geneeskunst voor stilstaat; 2) *voortdurende tegenslag* in alwat men doet, of door eigen machteloosheid, of om de hevigheid van het inwendig leed : men is als *verstompt*, zoodat het anderen opvalt; 3) nu en dan komt *geldverlegenheid* den toestand op gevoelige wijze nog verergeren. Het schijnt, in één woord, of hemel en aarde tegen die arme zielen samenspannen.

In veel gevallen zullen deze beproevingen natuurlijker wijze komen of niet te boven gaan wat God aan de vurige zielen overzendt om ze in de deugd te doen vorderen. Doch in sommige gevallen zijn ze waarlijk *mystiek* en worden gekend aan het *plotselinge* van haar verschijnen, aan haar *hevigheid* en de *gunstige gevolgen* voor de ziel.

3⁰ VOORDEELEN DEZER LOUTERING.

Het is reeds een onschatbare weldaad met de passieve, hoewel duistere en smartvolle beschouwing begunstigd te zijn. Doch er zijn nog andere voordeelen aan verbonden, die de H. Joannes bijkomstige noemt.

1428. 1⁰ *De ziel leert bij ervaring zichzelf en haar ellende kennen.* " Deze kennis toont haar, dat zij uit eigen kracht niets doet en niets kan doen. Vandaar heeft zij den geringsten dunk van zichzelf en kent geen zelfvoldoening meer. Doch God acht haar dan hooger... Deze gevoelens dwingen haar tot grooter eerbied en ontzag in den omgang met

den Allerhoogste, waarin zij misschien te kort
schoot, toen alles ging naar haren smaak en tot
haar troost; de genoten gunsten maakten haar
begeeren wel iets te vrijpostig jegens God en niet
zoo eerbiedig als wel paste " [1]. Deze zelfkennis is
derhalve van groot nut, daar de deugd van godsdienstigheid er krachtiger door opbloeit.

1429. 2° *Haar kennis van God* wordt zuiverder,
waarachtiger en haar liefde meer ontdaan van het
gevoelige. De ziel jaagt de vertroostingen niet meer
na, zij zoekt enkel God en zijn welbehagen : " geen
verwaandheid, geen zelfbehagen meer gelijk ten
tijde van haar voorspoed. Wat nu op den voorgrond
treedt, is veeleer het mistrouwen, de vrees eigen
bevrediging te zoeken; hieruit ontstaat de vrees des
Heeren, die de deugden beveiligt en vermeerdert " [2].

1430. 3° Een derde voordeel is, dat de ziel de overwinning behaalt op de hoofdzonden, die op nieuwe,
sluwe wijze aanvallend optraden (Zie n. 1263).

a) De *nederigheid* bijv. wordt beoefend niet enkel jegens
God, maar ook ten opzichte van den evennaaste : " Wanneer
de ziel zich zoo dor en ellendig ziet, dan denkt zij er zelfs in
de verte niet aan om zich beter te wanen dan anderen...
integendeel acht zij zich minder. Uit deze overtuiging wordt
ware naastenliefde geboren. Vol achting voor den evenmensch, vergeet zij den tijd, dat zij, enkel voor zichzelf
bezorgd, voor een ander niets over had. Haar eigen ellende
alleen blijft haar bij en staat haar zoo levendig voor den
geest, dat zij die van anderen niet meer ziet [3] ".

b) Zoo ook de *geestelijke soberheid*. Daar de ziel zich niet
meer kan verzadigen aan gevoelige vertroostingen, onthecht
zij er zich geleidelijk aan, evenals aan alle geschapen goed,
om zich uitsluitend bezig te houden met het eeuwige. Nu
begint zij de geestelijke rust te vinden, terwijl vroeger de
aardsche troost en de gehechtheid aan de schepselen haar
in verwarring brachten. In die rust, dien vrede beoefent zij
de sterkte, het geduld, de lankmoedigheid, omdat zij zich
thans bestendig blijft wijden aan oefeningen die, zonder
aantrekkelijkheid in zich, niet den minsten troost bieden.

---

[1] *Nacht,* 1e B., 12e h. — [2] *Nacht,* 1e B., 13e h. — [3] *Nacht,* 1e B., 13e h.

c) Van de geestelijke ondeugden, zooals nijd, gramschap en traagheid, zal de ziel zich gemakkelijker ontdoen en de tegenovergestelde deugden aanwerven. Gedwee, nederig geworden onder den invloed der dorheden en bekoringen, geeft zij niet zoo licht meer toe aan driftigheid tegen anderen of zichzelf en gevoelt geen afgunst meer, doch liefde, omdat de nederigheid haar de oogen geopend heeft voor de goede hoedanigheden van den evennaaste. In zichzelf ziet zij slechts gebreken, en hoe meer zij ze ziet, des te meer ook gevoelt zij, hoe ze alle moeite moet doen om er zich van te beteren.

1431. 4° Eindelijk vermengt God deze dorheden met eenige *geestelijke vertroostingen*. Wanneer de ziel er het minst aan denkt, deelt Hij haar zeer levendige, verstandelijke verlichtingen en een allerzuiverste liefde mede. Deze gunsten overtreffen ver alwat zij tot dan toe had ondervonden. Heiligender zijn ook de gevolgen, ofschoon de ziel in 't begin er aldus niet over oordeelt, wijl zij op verborgen wijze haar invloed doen gelden.

Om kort te gaan, deze dorheden leeren de ziel den weg der liefde onbaatzuchtig bewandelen, bij alles wat zij doet niet den troost, maar uitsluitend het welbehagen van God zoeken. Geen eigenwaan, geen zelfvoldaanheid meer gelijk vroeger, ten tijde van gevoelige vurigheid; geen al te groote voortvarendheid of te natuurlijke vurigheid : binnen wordt alles rust en kalmte.

Besluit : Wat te doen tijdens deze beproeving?

1432. De biechtvader moet diegenen welke deze beproeving ondergaan, vol goedheid en toewijding behandelen en inlichten over hun toestand. Hij wijze er daarom met allen nadruk op, dat die beproeving door God is overgezonden tot loutering : zij zullen er beter, reiner, nederiger, degelijker door worden en dus ook welbehagelijker aan God.

a) Wat hij hen vooral op het hart moet drukken is *de heilige overgave*. Hij wekke hen op om, naar het voorbeeld der Heiligen, de hand te kussen, die hen slaat, in de overtuiging die beproevingen wel

verdiend te hebben; hij wijze op het voorbeeld van
Jesus in doodstrijd : met Hem vereenigd, bidden
ook zij in allen ootmoed : " Mijn Vader, indien
het mogelijk is, laat deze kelk Mij voorbijgaan,
maar niet zooals Ik wil, maar zooals Gij wilt "
(Matth., XXVI, 39).

b) Op de tweede plaats vermane hij hen, ondanks
alle dorheid in het gebed te blijven volharden, in
navolging van Jesus, die door doodsangst bevangen
nog vuriger bad. — Het is dienstig te herinneren
aan hetgeen de H. Theresia [1] schrijft : " Wie zich
heeft voorgenomen het gebed te beoefenen, moet
zich wel wachten het na te laten, in welke fouten
hij ook moge vallen. Met het gebed toch zal hij de
middelen vinden om beter te worden, zonder het
gebed zal hij hier veel moeilijker in slagen. Hij
verwerpe dus de bekoring, die ook mij overviel, om
het gebed na te laten onder voorgeven van nederigheid", en, mogen wij er bijvoegen, onder voorwendsel van nutteloosheid.

1433. **c**) Heeft die ziel ondervonden, dat het
haar onmogelijk is redeneerend te overwegen, dan
moet zij tijdens deze beproeving niet tot dezen
gebedsvorm teruggaan : zij blijve rustig, al schijnt
zij geheel werkeloos te zijn, en zij tevreden met
een minnenden, vredigen blik op God.

Wanneer een schilder het portret maakt van iemand, dan
moet deze niet voortdurend het hoofd bewegen, anders komt
de schilder met zijn werk niet klaar. Zoo ook, wanneer God
zijn beeld in onze ziel wil indrukken en de werkkracht onzer
vermogens opschort, hebben wij niet anders te doen als ons
rustig te houden. Door deze rust ontvlamt de geest van liefde
en brandt steeds krachtiger in ons [2]. Deze toestand van rust
beteekent geen nietsdoen, maar is een ander soort bezigheid, vrij van traagheid en loomheid; men dient dus de
verstrooiingen te vermijden en daarom, zoo noodig, indien
het niet al te moeilijk is, den geest met eenige overweging
bezig te houden.

---

[1] *Leven*, 8e h. — [2] *Nacht*, 1e B., 10e h.

1434. d) Het behoeft geen betoog, dat de ziel zich op de *deugden* moet blijven toeleggen, voornamelijk op die welke met dezen staat meer overeenkomen : nederigheid, zelfverloochening, geduld, liefde tot den evennaaste, liefde tot God in onderwerping aan zijn heiligen wil, vertrouwvol gebed, en dat alles met volle overgave in de handen van God. Weet de ziel dit moedig te doen, dan zal deze toestand voor haar een ware goudmijn wezen en tot haar groot geestelijk welzijn strekken.

e) De *duur* dezer beproeving hangt af van de plannen van God, van den graad van vereeniging waartoe Hij de ziel wil verheffen en van de meerdere of mindere onvolmaaktheden, waarvan zij zich nog moet ontdoen. Volgens het gevoelen der geestelijke schrijvers kan deze staat van twee tot vijftien jaren duren [1]. Doch er komen tijden van verpoozing voor, waarin de ziel op verhaal komt, Gods troost weer geniet en tot nieuwen strijd gesterkt wordt. De raadgevingen van den biechtvader aan deze beproefde zielen komen dus neer op : *geduld, vertrouwen en heilige overgave.*

II. *Over de zoete rust.*

1435. Voor dezen staat en voor den volgenden bedienen wij ons voornamelijk van de werken van de H. Theresia, die deze gebedsvormen met onvergelijkelijke scherpzinnigheid en klaarheid heeft beschreven. Zij geeft aan het gebed van zoete rust verschillende namen : het *vierde verblijf* van het Kasteel [2], of het gebed van den *goddelijken smaak*,

---

[1] Kard. BONA (Via compendii ad Deum, c. 10, n. 6) zegt, dat de H. Franciscus van Assisie twee jaren in deze loutering doorbracht, de H. Teresia achttien, de H. Clara van Montefalco vijftien, de H. Catharina van Bologna vijf, de H. Magdalena van Pazzi vijf en daarna weer zestien jaar, Balthasar Alvarez zestien. — Deze jaren omvatten de twee nachten, die gewoonlijk door een tusschentijd van vertroostingen gescheiden zijn.

[2] De H. Theresia schreef *het Kasteel der ziel,* in 1577, te Toledo, vijf jaar voor haren dood, op verzoek van de PP. Gratianus en Velasquez.

omdat dit het eerste gebed is, waarin men als het
ware Gods aanwezigheid proeft. In haar *Leven*
(14^e h.), noemt zij het : het gebed van *rust* en zij
verklaart het door de *tweede manier van besproeiing*.
Anderen noemen het : het gebed van *stilzwijgen*,
omdat de ziel in stilte beschouwt.

Dit gebed heeft als drie onderscheiden phasen :
1° de *passieve ingekeerdheid*, die het voorbereidt,
2° de *eigenlijke rust;* 3° de *slaap der krachten*, die
het vervolledigt en de volle vereeniging der vermogens voorbereidt.

1° DE PASSIEVE INGEKEERDHEID.

1436. A) **Natuur.** Zij wordt aldus genoemd, in
tegenstelling met de *actieve* ingekeerdheid, welke
door eigen pogen met de hulp der genade wordt
verkregen. (n. 1317). De *passieve* ingekeerdheid
echter wordt niet verworven " door geesteswerk, dat
is, door zich in te spannen om inwendig aan God
te denken, noch door verbeeldingswerk, dat is door
zich Hem inwendig voor te stellen " [1] maar door de
onmiddellijke werking der genade op onze vermogens. Daarom noemt de H. Theresia het : haar
eerste ervaring van *bovennatuurlijk* gebed. " Het
gebed waarvan ik spreek, is een innerlijke inge-

In dit boek, dat de bekroning en samenvatting van al haar werken is,
beschrijft zij klaar en duidelijk de voornaamste zeven verschillende
trappen van gebed overeenkomend met de zeven phasen van het geestelijk
leven. Terwijl zij op den vooravond van het Drievuldigheidsfeest bij
zichzelf nadacht, welke de grondgedachte van deze verhandeling moest
wezen, wilde God zelf haar die ingeven. Hij toonde haar de ziel in staat
van genade, in den vorm van een kasteel met zeven vertrekken. In het
zevende, in het midden, bevindt zich God zelf, zulke schittering
uitstralende, dat alle vertrekken er door verlicht zijn en dat des te meer
naarmate zij dichter bij het midden zijn. Buiten het kasteel, waar alles
vol duisternis en onreinheid is, dwalen giftige beesten rond iedereen
aanvallend die zich in de nabijheid waagt. De ingang is het gebed, dat
ons in ons zelven doet keeren en en tot God voert. Men gaat er uit door
de doodzonde, waarvan de Heilige een afschrikwekkende beschrijving
geeft. (1e Verblijf, 2e h.)

Van deze zeven verblijven, beantwoorden de twee eersten aan den weg
der zuivering, het derde aan dien der verlichting; bij het vierde begint
de ingestorte beschouwing. — [1] H. THER., *Kasteel*, 4^e Verblijf, 3^e h.

keerdheid, die de ziel ondergaat en waarbij zij als het
ware inwendig andere zintuigen heeft, gelijk aan de
uitwendige. Zij schijnt zich te willen onttrekken
aan de beweging der uitwendige zinnen, en somtijds
sleept zij deze zelfs mee. Zij heeft er behoefte aan
de oogen des lichaams te sluiten, niets te zien of te
hooren, zich uitsluitend te wijden aan wat haar dan
geheel in beslag neemt, ik bedoel aan dit vertrouwelijk gesprek met God. In dezen toestand zijn de
zinnen en vermogens niet opgeschort; zij blijven
vrij, doch om zich met God bezig te houden " [1].

Op een andere plaats licht zij dit toe door een aardige
vergelijking : onze vermogens waren buiten het kasteel
gegaan om onder vreemden te verblijven ; doch hun misslag
erkennende, zijn zij teruggekeerd tot bij het Kasteel, zonder
nochtans binnen te komen. De groote Koning, die in het
midden van het kasteel woont, gewaardigt zich echter, in zijn
groote barmhartigheid, hen tot zich te roepen : " gelijk een
goede herder doet Hij hen zijn stem hooren en door een
uitnoodiging zoo zacht, dat zij die nauwelijks hooren, fluistert
Hij hen toe hun ronddolen te laten en tot hun vroeger verblijf
weder te keeren. Die uitnoodiging van den herder heeft
zoo 'n aantrekking, dat zij al het uitwendige, dat hen geboeid
hield, vaarwel zeggen en opnieuw het kasteel binnentreden.
Ik vind dat ik dit nog nooit zoo duidelijk heb uitgelegd als
nu. [2] ". De H. Franciscus van Sales [3] heeft een andere vergelijking, niet minder teekenend : " Wie een stuk magneet
tusschen een hoop naalden legt, ziet hoe zich terstond alle
punten naar de magneet keeren en zich er aan hechten, zoo
ook, wanneer Christus in het midden onzer ziel zijn zoete
tegenwoordigheid doet gevoelen, richten onze vermogens
hun subtielsten kant naar Hem om zich met die onvergelijkelijke zoetheid te gaan vereenigen ".

De passieve ingekeerdheid kunnen wij dus bepalen : *Een zacht en minnend opgaan van het verstand
en den wil in God, uitgewerkt door een bijzondere
genade van den H. Geest.*

1437. B) Hoe zich hierbij te gedragen? Deze
gunst is meestal de inleiding tot het gebed van rust,

---

[1] *Verslag aan P. Rodrigo.* — [2] *Kasteel*, 4e Verblijf, 3e h.
[3] *Liefde Gods*, 6e B., 7e h.

doch kan ook slechts *voorbijgaand* zijn, gelijk in sommige tijden van grooter vurigheid, bijv. bij gelegenheid der kleeding, professie of wijding. Vandaar twee practische gevolgtrekkingen :

a) Indien God ons in dien staat van ingekeerdheid brengt, moeten wij het verstand zacht aftrekken van alle geredeneer, doch zonder te trachten het oordeel geheel op te schorten :

"Zonder eenig geweld, met alle kalmte, tracht de ziel het verstand van het redeneeren af te houden, zonder nochtans het verstand of de verbeelding buiten werking te stellen, want het is nuttig te bedenken, dat men in de tegenwoordigheid is van God en te overdenken, wat Hij is. Is het verstand geheel in beslag genomen door hetgeen het in zich gevoelt, zeer goed, maar het zoeke niet te begrijpen wat het geniet, want wat geschonken wordt, is voor den wil bestemd. Het verstand late dus den wil vrijelijk genieten, zonder zijn werking te willen opdringen en bepale er zich bij hem eenige liefdewoorden in te geven " ¹.

b) Doch spreekt God niet tot ons hart, " hebben wij geen enkele aanwijzing, dat de goddelijke Koning ons gehoord of aangezien heeft, wachten wij ons dan wel daar als wezenloos te blijven ", zegt de H. Theresia ². Immers wanneer de ziel haar gedachten wil vastleggen, vervalt zij in grooter dorheid dan te voren en de inspanning zelf, om aan niets meer te denken, maakt haar verbeeldiging nog beweeglijker. Trouwens niet de vertroostingen en zoetheden moeten wij beoogen, maar alleen de eer van God. Wanneer de goddelijke Majesteit de werking van ons verstand wil opschorten, dan houdt Hij het op een andere manier leerzaam bezig en beter dan wij het met al onze inspanning kunnen doen. Komt Hij zelf niet tusschenbeide om het geesteswerk stil te leggen, dan moeten onze vermogens werkzaam blijven, want daartoe zijn zij gemaakt.

¹ *Kasteel*, 4ᵉ Verblijf, 3ᵉ h.
² *Kasteel*, 4ᵉ Verblijf, 3ᵉ h.

2° DE EIGENLIJKE RUST.

Wij gaan hier verklaren : haar *natuur*, haar *oorsprong* en *groei*, haar *verschillende vormen* en *hoe* men *zich* daarbij *te gedragen* heeft.

1438. A) Natuur. In dit gebed wordt het hoogere gedeelte der ziel, dat is het verstand en de wil, gevangen gehouden door God, die haar een allerzoetste rust en een zeer innige blijdschap om zijn bijzijn doet genieten; de rede of het redeneervermogen, het geheugen en de verbeelding blijven vrij en zijn somtijds een bron van verstrooiingen.

a) De H. Theresia verklaart aldus het *bovennatuurlijk* karakter van dit gebed, en de wijze, waarop *de wil door God geboeid wordt* [1]. " Het is iets bovennatuurlijks en dat wij door eigen pogen niet kunnen verkrijgen... De ziel toch dompelt zich hier in de vrede, of liever de Heer dompelt er haar in door zijn tegenwoordigheid, zooals Hij deed met den rechtvaardigen Simeon. Dan komen alle vermogens tot rust en begrijpt de ziel, doch geheel anders dan langs den weg der uitwendige zinnen, dat zij dicht bij God is en het er nog slechts een weinig af is, of zij zou, door vereeniging, één met Hem worden Zij ziet het niet met de oogen des lichaams, noch met die der ziel... alleen is zij zich bewust, dat zij zich in het koninkrijk bevindt of ten minste in de nabijheid van den Koning, die het haar geven moet; en zoo groot is de eerbied, dien zij gevoelt, dat zij Hem niets durft vragen.

De wil alleen is hier gevangen. Kon hij in dezen staat eenig leed gevoelen, dan zou het zijn om het vooruitzicht, dat hij weder vrij zal worden... Niets kwelt hem of schijnt hem te kwellen. In één woord, het genot en de inwendige zoetheid bedwelmen en verrukken de ziel al dien tijd zoodanig, dat men niets meer te wenschen heeft en men gaarne met Petrus zeggen zou : " Heer, laat ons hier drie tenten opslaan ".

Daar alleen de wil geboeid is, *kunnen de twee andere vermogens afdwalen.* " De wil lette daar niet op, doch blijve zijn zoete rust genieten, want zoo de wil die vermogens van hun dwalen wilde terugvoeren, dan zouden ze alle drie gaan

---

[1] *Weg der Volmaaktheid*, 31ᵉ h. — De Heilige spreekt alleen van den wil, omdat deze, de koning der vermogens, vooral en op de eerste plaats geboeid wordt, daar de beschouwing nog meer een liefde- dan een kenakt is; daar echter de wil niet handelt dan onder voorlichting van het verstand, zoo wordt dit ook in zekere mate door God geboeid.

dolen ¹ ". Vooral de verbeelding dwaalt bijwijlen af en vermoeit ons door haar verdoovend lawaai ; men zou zeggen een
molenklapper : "laten wij dien klapper zijn gang gaan en
houden wij ons bezig met ons koren te malen, dat is laten
wij onzen wil en verstand werken ² ".

1439. b) *De geestelijke blijdschap* door de rust
voortgebracht *is zeer verschillend van die welke in
het actief gebed gesmaakt wordt.* De H. Theresia
vergelijkt, ter verklaring, het zoete genot der beschouwing met de blijdschap of de vertroostingen
van het actief gebed. Er is een tweevoudig verschil,
van wege den oorsprong en de uitwerking :

1) Het zoet genot der beschouwing komt rechtstreeks van de werking Gods, terwijl de vertroostingen bij het actief gebed voortkomen van onze
werkzaamheid onder invloed der genade.

Om dit duidelijk te maken, bedient de Heilige zich van de
vergelijking van twee waterputten : " een wordt voorzien
door een buis, die het water van verre aanvoert en het met
gedruisch uitstort : dit is het beeld der vertroostingen van
het actieve gebed. De andere wordt gevuld door een wel,
die uit de diepte het water zonder eenig gedruisch toevoert :
dit is het beeld der beschouwing, waarin het water der vertroostingen uit het diepste onzer ziel vredig, zacht en met
innige zoetheid opwelt ³ ".

2) De zoetheden der beschouwing zijn daarom ook veel
grooter dan die van het actieve gebed. " Nauwelijks begint
dit hemelsch water uit zijn bron op te wellen... of geheel ons
binnenste schijnt verruimt. Dan komt een geestelijke overvloed, dien men niet kan aanduiden ; de ziel zelf is niet in
staat om te begrijpen, wat zij dan ontvangt. Zij ademt als
het ware heerlijke geuren in. Bij wijze van vergelijking
gesproken : in 't diepste der ziel liggen gloeiende kolen
waarop de uitgezochtste reukwerken gebrand worden ". Doch,
voegt de Heilige er bij : dit is een heel zwakke vergelijking.
In haar *Leven* zegt zij, dat deze vreugden op die van den
hemel gelijken ; de ziel verliest er elk verlangen naar het
aardsche door. Zij ziet klaar en duidelijk, dat het dan genoten
geluk niet van hierbeneden is, en dat noch rijkdom, noch
macht, noch eer, noch vermaak haar ook maar één oogenblik die ware voldoening, die innige bevrediging kan schenken.

---

¹ *Leven*, 14ᵉ h. — ² *Kasteel*, 4ᵉ Verblijf. — ³ *Kasteel*, 4ᵉ Verblijf, 2ᵉ h.

De hoofdoorzaak dier blijdschap is het gevoel van Gods tegenwoordigheid.

" De Heer wil dan in zijn goedertierenheid aan die ziel zekerheid geven, dat Hij heel dicht bij haar is, zoo dicht, dat zij geen tusschenpersonen meer noodig heeft. Zij kan Hem zelf spreken en zonder stemverheffing, want omdat Hij zoo nabij is, verstaat Hij haar alleen reeds door de beweging harer lippen ". Het is waar, zegt zij nog, God is altijd met ons, doch het gaat hier over een geheel bijzondere tegenwoordigheid : " Deze goddelijke Koning, onze Meester, wil, dat wij er ons bewust van zijn dat Hij ons hoort; Hij wil, dat wij den invloed van zijn bijzijn ondervinden. Het behaagt Hem op een geheel eigen wijze in onze ziel te werken door haar te vervullen met een allerzoetst uit- en inwendig genot ".

1440. c) De ziel verruimt zich door deze blijdschap en komt zoo tot de beste gevoelens, inzonderheid de *vrees God te beleedigen,* (die in de plaats komt van de vrees der hel), de *liefde tot kruis en boetvaardigheid,* de *nederigheid* en de *verachting van de wereldsche genoegens.*

1) " De vrees voor de hel ontroert haar niet meer. Terwijl de vrees God te beleedigen in haar toeneemt, verdwijnt de slaafsche vrees, en de ziel vertrouwt vast Hem eenmaal te bezitten. 2) In plaats van, zooals vroeger, te duchten haar gezondheid door oefeningen van boetvaardigheid te benadeelen, gelooft zij zich thans met de hulp van boven tot alles in staat. Haar verlangens naar boetvaardigheid zijn nooit zoo groot geweest. Schrikte zij weleer terug voor het kruis, nu vreest zij het minder, omdat haar geloof levendiger is ; zij weet, dat, zoo zij het ter liefde Gods opneemt, zijn genade om het met geduld te dragen, haar niet zal ontbreken. Somtijds wenscht zij het zelfs, zoo groot is haar verlangen iets voor God te doen. 3) Daar zij Gods grootheid beter kent, heeft zij geringer gedachte van zichzelf. 4) Nu zij de geneugten gesmaakt heeft, die van Hem komen, kan zij de vermaken, die de wereld biedt, nog slechts verachten ; zij vlucht ze telkens meer, en dit valt haar minder lastig, omdat zij meer zelfbeheersching heeft verkregen. Zij vordert dus in alle deugden en zij zal steeds hooger blijven stijgen, indien zij ten minste niet achterwaarts keert en God beleedigt : in dit geval, hoe hoog zij ook is geklommen ja al heeft zij het toppunt zelfs bereikt, dan verliest zij alles " ¹.

---

¹ *Kasteel,* 4ᵉ Verblijf, 3ᵉ h.

1441. Definitie. Uit deze omschrijving kan men dus besluiten, dat de rust is : *een bovennatuurlijk, nog niet geheel passief gebed, dat plaats grijpt in het hooger gedeelte der ziel en haar de nabijheid Gods doet gevoelen en smaken.*

Het is een *bovennatuurlijk*, dat is *ingestort* gebed. Hierin wijken wij af van de meening van eenige Carmelieten, die het als een overgangsgebed beschouwen en daarom houden, dat het evenals het gebed van eenvoud verkregen kan worden. Doch met hen zeggen wij, dat het slechts *onvolkomen passief* is, wijl alleen de wil (met het verstand) geboeid is en het geheugen en de verbeelding kunnen afdwalen. Zijn uitwerkselen hebben wij voldoende uitgelegd, n. 1440.

1442. B) Oorsprong en groei der rust. a) Dit gebed wordt gewoonlijk geschonken aan de zielen, die zich reeds geruimen tijd in het overwegen geoefend hebben en den nacht der zinnen voorbij zijn. Somtijds evenwel gaat het dezen nacht vooraf, vooral bij kinderen of onschuldige zielen, die geen bijzondere loutering noodig hebben.

b) In het begin wordt het slechts bij tusschenpoozen gegeven en blijft tamelijk zwak en onopgemerkt. Het duurt kort, bijv. den tijd van een Weesgegroet, zegt de H. Theresia [1]. Daarna komt het menigvuldiger voor en duurt langer, tot een half uur. Daar die rust niet altijd opeens intreedt of ophoudt, maar langzaam toe- en afneemt kan zij alles te zamen wel een uur of langer duren. Is dit gebed *werkzame rust* (n. 1445) en gaat het gepaard met geestelijke bedwelming, dan kan het een of twee dagen aanhouden, zonder voor de gewone werkzaamheden een beletsel te zijn.

---

[1] De H. Joannes zegt (Bestijging v. d. Carmel, 2e B., 14e h.), dat, wanneer men de beschouwing geniet, de tijd zoo snel voorbijgaat, dat men zich omtrent haren duur vergist : wat slechts twee of drie minuten schijnt geduurd te hebben, kan zeer goed langer geweest zijn.

c) Is de loutering der ziel nog niet volkomen, dan kan de *zoete* rust *afwisselen* met de *dorre*.

d) Ten slotte breekt de tijd aan, dat het gebed van rust het gewone wordt : meestal begint het, zoodra men zich tot bidden begeeft, somtijds wordt men er zelfs tijdens de meest alledaagsche bezigheden door aangegrepen. Geleidelijk wordt men er sterker en meer bewust mede begunstigd, om eindelijk, zoo men getrouw aan de genade beantwoordt, tot de volle vereeniging en de extase te komen. Zoo men evenwel niet getrouw is, kan men deze gunst verliezen en weer tot het verstandelijk overwegen moeten terugkeeren en zelfs van de genade beroofd worden.

1443. C) Verschillende gebedsvormen van rust. Men onderscheidt voornamelijk deze drie : de *stilzwijgende*, de *biddende* en de *werkzame* rust [1].

a) Bij de *stilzwijgende* rust, vestigt de ziel haren minnenden blik op God in alle stilte; het is of de bewondering haar belet één woord te uiten; haar wil in God verzonken, door liefde ontvlamd, rust zacht in Hem in het zoet genot zijner vereeniging.

Gelijk een moeder haar kind met de oogen koestert, zoo beschouwt en bemint de ziel haren God. " Zij is dan, zegt de H. Theresia [2], als een klein kind aan de borst zijner moeder, die, vol teederheid, het de melk in den mond laat vloeien zonder dat het de lippen behoeft te bewegen ". Zoo is ook de wil, zonder eenige inspanning, geheel overgegeven aan zijn liefde.

1444. b) Somtijds kan de ziel haar liefde niet bedwingen en uit zich in vurige gebeden : dan heeft men de *biddende* rust. Nu eens stort zij die liefde uit in zoete samenspraken, dan weer in teedere ontboezemingen en noodigt alle schepselen uit God te loven : " zij zegt duizend heilige dwaasheden, die rechtstreeks tot het Hart gaan van Hem, die haar aldus buiten bezinning brengt " [3].

De H. Theresia dichtte dan verzen om aan haar liefde en smart uiting te geven. — Somtijds ook beantwoordt God die liefdeverzuchtingen met teedere liefkoozingen, welke als een

---

[1] CASSIANUS heeft reeds op deze onderscheiden vormen gewezen. *Conf.* X. c. 24. — [2] *Weg der Volm.*, 31e h. — [3] *Leven*, 16e h.

geestelijke dronkenschap veroorzaken. " Deze vervreemdt ons van de zinnen, niet van den geest, maar van het lichaam, verstompt noch verdierlijkt ons, maar verheft ons tot de Engelen, ja tot God... zij brengt ons buiten ons zelven, om ons boven ons zelven te voeren [1] ".

1445. c) In sommige gevallen wordt de rust *werkzaam.* Wanneer, zegt de H. Theresia [2], de rust diep en langdurig is, daar dan de wil alleen geboeid is, blijven de andere vermogens vrij om zich aan den dienst van God te wijden en ontwikkelen dan veel grooter werkzaamheid. Uitwendig bezig met velerlei werken, houdt de ziel niet op God vurig te beminnen en vereenigt de bezigheden van Martha en Maria, den arbeid en de beschouwing.

3° DE SLUIMERING DER VERMOGENS.

1446. Deze derde phase van de rust is nog verhevener en een voorbereiding tot de volle vereeniging der inwendige vermogens.

De H. Theresia beschrijft ze aldus in het 17e hoofdstuk van haar *Leven :* " Ziehier wat herhaaldelijk voorkomt in de vereeniging, waarover ik nu handel... Dikwijls gebeurt het daarbij, dat God niet slechts den wil, maar, dunkt mij, ook het verstand bindt. Dit is dan niet meer redeneerend werkzaam, maar geheel verslonden in de genieting van God. Het is als iemand, die staat te zien, maar zooveel aanschouwt, dat hij niet weet, waarop hij zijn blik zal vestigen... Het geheugen blijft vrij in vereeniging met de verbeelding, meen ik. O groote God ! wat al strijd voert het, nu het aan zichzelf overgelaten is en hoe spant het zich in om alles in de war te sturen ! Ik word er door gekweld en vind het verschrikkelijk. Dikwijls smeek ik den Heer mij er van te bevrijden... Gelijk de lastige, onrustige nachtvlindertjes, fladdert het altijd heen en weer. Deze vergelijking lijkt mij volkomen juist, want al zijn deze insecten ook al niet in staat het minste kwaad te doen, zij vermoeien toch de oogen "... Om deze afwijkingen van het geheugen tegen te gaan wijst zij slechts één middel aan : " er zich niet meer van aantrekken dan van een zinnelooze en het maar laten begaan, want God alleen kan het binden ". Zooals men ziet, is hier sprake van een gebed van

---

[1] H. FRANÇ. V. SALES, *Liefde Gods,* 6e B., 6e h.
[2] *Weg der Volm.* 31e h.

rust, waarbij het verstand wordt aangegrepen door God, doch de verbeelding nog blijft afdwalen. Het is een voorbereiding tot de volle vereeniging.

HOE MEN ZICH MOET GEDRAGEN
BIJ HET GEBED VAN RUST.

1447. Wat hier, van den aanvang tot aan de voltrekking van dezen gebedsvorm, in al zijn verschillende phasen, gevorderd wordt en voortdurend ontwikkeld m^oet worden, is de *nederige overgave* in de handen van God.

a) Men mag er dus niet aan denken om door eigen pogen zich in dien toestand te stellen, daartoe zijn vermogens alle werking te ontzeggen, ja zelfs de ademhaling in te houden. Dit alles zou verloren moeite zijn, daar God alleen tot de beschouwing kan verheffen.

b) Zoodra men de werking Gods ondervindt, moet men er zich zoo volmaakt mogelijk naar schikken, het geesteswerk schorsen en de beweging der genade gedwee volgen.

1) Gevoelt men zich geroepen tot de *stilzwijgende* rust, dan beschouwe men God met minnenden blik, in alle stilte, zonder iets te zeggen, of slake nu en dan slechts eenige vurige verzuchtingen ten einde de liefdevlam hooger te doen oplaaien. Hierbij dient echter alle te groote inspanning gemeden, die juist het tegenovergestelde zou uitwerken.

2) Wordt men aangespoord tot *akten*, voelt men de aandoeningen spontaan opwellen, dan bidde men in stilte, zonder woorden te uiten, met een vurig verlangen verhoord te worden. "Eenige stroohalmpjes, met nederigheid in het vuur geworpen, zullen meer uithalen dan een hoop houtblokken, en het veel beter doen opvlammen. Door houtblokken bedoel ik hier die redeneeringen, die ons zoo diepzinnig lijken, maar in zeer korten tijd tot de laatste vonk zullen uitdooven " [1]. Vooral, voegt de Heilige Franciscus van Sales [2] er bij, moet men zich wachten voor heftige, onbezonnen gemoedsbewegingen, die afmattend werken op het hart en de zenuwen, zooals ook voor alle navorsching over het verleden, waardoor men de rust verliest door te willen weten, of de rust, die men geniet, inderdaad wel rust is.

3) Men bekommere er zich niet om, wanneer het geheugen en de verbeelding afdwalen en beproeve niet ze tot inge-

---

[1] H. THERESIA, *Leven*, 15^e h.
[2] H. FRANCISCUS V. SALES, *Liefde Gods*, 4^e B., 10^e h.

keerdheid te brengen. " Laat de wil dan de geschonken gunst blijven genieten, gelijk een nijverig bijtje in zijn afzondering. Indien de bijen, in plaats van binnen in den korf te gaan, alle de eene de andere gingen zoeken, hoe zou er dan honing gemaakt worden?"

§ II. Gebed van volle vereeniging.

1448. Dit gebed beantwoordt aan het vijfde verblijf en wordt genoemd *eenvoudige vereeniging* of *volle vereeniging der inwendige vermogens*, omdat de ziel met God vereenigd is, niet alleen door den wil, maar ook door al de inwendige vermogens. Dit gebed is dus volmaakter dan dat van rust. Wij zullen hier aangeven : 1° zijn *natuur*, 2° zijn *uitwerkselen*.

I. *Natuur van het gebed van vereeniging.*

1449. 1° **De kenmerkende eigenschappen** zijn twee in getal : de *opschorting van alle vermogens* en de *volstrekte zekerheid, dat God in de ziel tegenwoordig is.*

" Ik spreek nogmaals over het onderscheidingsteeken, dat ik als het echte heb aangegeven, zegt de H. Theresia [1] : Gij ziet die ziel, welke God van inzicht beroofd heeft om haar de ware wijsheid beter in te drukken ; zij ziet, hoort, begrijpt niets, zoolang die gunst duurt. Deze tijd, altijd kort, schijnt haar nog korter dan hij werkelijk is ". Met andere woorden, niet slechts de wil, doch ook het verstand, de verbeelding en het geheugen zijn opgeschort in hun werking. De Heilige voegt er bij : " God vestigt zich dan zoodanig in het binnenste der ziel, dat zij, tot zichzelve teruggekeerd, *onmogelijk kan twijfelen, dat zij in God en God in haar geweest is.* Deze waarheid drukt zich zoo diep in haren geest, dat, al zouden er vele jaren verloopen zijn zonder die genade nogmaals ontvangen te hebben, *zij het niet kan vergeten, noch er aan kan twijfelen in God te zijn geweest".*

1450. 2° Hieruit volgt nog :

a) Dat men *geen verstrooidheden* heeft, wijl de ziel geheel opgaat in God.

---

[1] *Leven,* 15ᵉ H.

b) Dat men *geen vermoeidheid* gevoelt : inspanning toch wordt er al zeer weinig gevorderd ; het is
voldoende zich over te geven aan Gods welgevallen ;
het hemelsch manna regent in de ziel, men heeft
het slechts te ontvangen en te genieten. Daarom
heeft dit gebed, hoe lang het ook dure, geen
schadelijke gevolgen voor de gezondheid [1].

c) Dat men een *bovenmatige blijdschap* gevoelt :
" Men gevoelt niets meer, zegt de H. Theresia,
men geniet slechts, maar zonder te weten, wat men
geniet. In het bewust genot van een goed, dat alle
overige goed omvat, begrijpt men niet waar dat
goed in bestaat. Al de (inwendige) zinnen zijn zoo
verslonden in dit genot, dat zij zich met niets
anders kunnen bezighouden "... Een enkel oogenblik van deze reine geneugten is een voldoende
vergelding voor al het lijden hierbeneden.

Dit gebed wordt dus onderscheiden van de rust,
waarbij alleen de wil gebonden is en waarna twijfel
rest of de ziel inderdaad met God vereenigd is geweest.

Het kan aldus bepaald worden : *een zeer innige*
vereeniging van de ziel met God, waarbij al de
inwendige vermogens worden gebonden en men zeker
weet, dat God in de ziel is.

II. *Uitwerkselen van het gebed van vereeniging.*

1451. I⁰ Het voornaamste uitwerksel is een
wonderbare omvorming der ziel. De H. Theresia
vergelijkt ze bij de gedaanteverwisseling der zijde-
rups.

Deze kleine rupsen voeden zich met het groen der
moerbezieplant en omweven zich met zijde, welke zij uit haar
eigen lichaam afscheiden. In dit weefsel sluiten zij zich op en
haar bestaan heeft een einde genomen, oogenschijnlijk
althans. Later immers komt uit het zijden hulsel een lief wit

---

[1] " Mij ten minste heeft het nooit geschaad. Hoe ongesteld ik mij
ook voelde, wanneer God mij deze gunst verleende, nooit, voor zoover
ik mij herinner, heb ik er eenigen hinder van ondervonden, integendeel
gevoelde ik mij daarna heel veel beter " *(Leven*, 18ᵉ h.).

vlindertje. Welnu, zoo gaat het ook met onze ziel, waarvan die rups het beeld is. Zij begint te leven, voedt zich met geestelijke lezingen, gebeden en de H. Sacramenten, neemt toe in sterkte, totdat zij volwassen is. Dan begint zij haar zijde te spinnen en het weefsel te maken, dat haar tot huis dient, waarin zij sterven moet. Dit huis is, zooals de H. Schrift getuigt, Jesus Christus : "ons leven is verborgen in God" — "Jesus Christus is ons leven".

De Heilige treedt dan in bijzonderheden en beschrijft den *vurigen ijver* welke, na die omvorming, de ziel verteert en dringt om God te verheerlijken en Hem door al zijn schepselen te doen kennen en beminnen; de *onthechting* aan al het geschapene zoo hoog opgevoerd, dat men een wereld verlangt te verlaten, waar God zoozeer beleedigd wordt; de *volmaakte onderwerping aan Gods wil :* gelijk het zachte was geen weerstand biedt aan den stempel, zoo ook verzet de ziel zich evenmin tegen de indrukken der genade; een groote *naastenliefde,* die zich uit door daden en zich verheugt om den lof aan anderen geschonken [1].

1452. 2º Deze vereeniging leidt een andere in, die nog veel volmaakter is ; zij is als de eerste ontmoeting met den toekomstigen Bruidegom. Beantwoordt men trouw aan de genade, dan volgt weldra de geestelijke verloving en eindelijk het mystieke huwelijk. — Ondertusschen mag men niet verflauwen in ijver om op den weg der onthechting en liefde te vorderen. Stilstaan zou verslapping en achteruitgang beteekenen [2].

§ III. De extatische vereeniging (geestelijke verloving).

Deze vereeniging doet zich voor onder een tweevoudigen vorm : *genotvol* en *smartvol.*

I. *De extatische vereeniging.*

1453. De extase veronderstelt niet noodzakelijk, dat het lichaam wordt opgeheven, maar alleen dat

---

[1] *Kasteel,* 5e Verblijf, 2e hoofdstuk. — [2] *Kasteel,* 5e Verblijf, 2e h.

de werking der uitwendige zinnen wordt geschorst. Deze vereeniging is derhalve volmaakter dan de twee vorige. Laten we thans zien 1° haar *natuur*, 2° haar *phasen* en 3° haar *uitwerking*.

1° NATUUR DER EXTATISCHE VEREENIGING.

1454. Deze vereeniging kenmerkt zich door het *opgaan der ziel in God* en het *gebonden zijn der zintuigen.* De ziel is inderdaad geheel in God verzonken en de zinnen schijnen aan Hem of hetgeen Hij openbaart als vastgesnoerd.

A) Dit geheel opgaan in God komt vooral voort uit *bewondering* en *liefde*, gelijk de H. Franciscus [1] zeer schoon verklaart :

a) " De *bewondering* ontstaat in ons als wij tot de kennis komen eener waarheid, die wij niet verwachtten te leeren kennen. Zijn met deze waarheid schoonheid en goedheid verbonden, dan is de bewondering een bron van genot voor ons... Behaagt het aan Gods goedheid in ons verstand grootere klaarheid te storten, waardoor het op buitengewone en zeer verheven wijze de goddelijke geheimen begint te beschouwen en hierin meer schoonheid ontdekt dan het had kunnen bevroeden, dan wordt het aangegrepen door bewondering. De bewondering van aangename zaken hecht, bindt den geest sterk aan het bewonderde, zoowel ter oorzake van de verhevenheid van het schoone daarin· ontdekt, als om het nieuwe van die verhevenheid. De geest kan zich niet genoeg verzadigen aan dat nooit geziene, zoo verrukkelijk schoon voor het oog".

b) Bij de bewondering voegt zich de *liefde.* " Deze verrukking van liefde grijpt den wil op de volgende wijze aan : God raakt den wil door het bekoorlijke zijner zoetheid, en gelijk de naald, wanneer zij gemagnetiseerd wordt, ondanks haar eigen natuurlijke ongevoeligheid, in beweging komt en zich naar den pool richt, zoo ook schiet de wil, door de hemelsche liefde geraakt, ineens om naar God. Alle aardsche gehechtheid legt hij af en komt aldus tot een verrukking, niet van kennis, maar van genot, niet van wetenschap, maar van ervaring, niet van bewondering, maar van liefde, niet van het gezicht, maar van den smaak ".

---

[1] H. Franc. v. Sales, *Liefde Gods*, 7e B., 4e en 6e H.

1455. c) De bewondering groeit door de liefde en de liefde door de bewondering.

" Het verstand is bijwijlen vol bewondering bij het zien van de hemelweelde, die de wil in zijn extase geniet, en ook de wil ontvangt menigwerf vermeerdering van vreugde bij het zien der bewondering van het verstand. Deze twee vermogens deelen dus elkander hunne verrukkingen mede : het zien der schoonheid doet ons haar beminnen en de liefde doet ons haar beschouwen ".

Het kan dus niet bevreemden, dat een ziel, geheel overgegeven aan het bewonderen en het beminnen van God, als buiten haar zelve geraakt en in Hem verrukt, vervoerd wordt. Indien hij, die door hartstochtelijke liefde tot een mensch vervoerd, er toe komt alles te verlaten ter wille van het voorwerp zijner passie, moeten wij er ons dan over verwonderen, dat de liefde tot God, door Hem zelf in onze ziel ontstoken, ons zoo vervoert, dat wij alles vergeten, om slechts Hem te zien en te beminnen?

1456. B) *De schorsing van de werking der zinnen* wordt voortgebracht door dit opgaan in God. Zij heeft *geleidelijk* plaats en is niet even sterk bij allen.

a) Met betrekking tot de *uitwendige zinnen :* 1) Eerst is het een mindere of meerdere gevoelloosheid; men zou zeggen, dat het leven verdwijnt : " Men wordt gewaar, zegt de H. Theresia[1], dat de natuurlijke warmte afneemt en het lichaam geleidelijk koud wordt, maar tevens smaakt men een onuitsprekelijke zoetheid en genot ".

2) Dan volgt een *zekere onbeweeglijkheid :* het lichaam bewaart de houding, die het had, toen de verrukking begon ; de blik blijft strak gevestigd op een onzichtbaar voorwerp.

3) Deze toestand, die natuurlijker wijze het lichaam moest verzwakken, geeft het integendeel nieuwe krachten. [2] Het is waar dat men, tot zichzelf gekomen, eenige vermoeidheid gevoelt, doch weldra ontwaart men een verdubbeling van krachten.

4) Somtijds is de schorsing der zinnenwerking *volkomen,* somtijds *onvolkomen.* In dit laatste geval kan men de ontvangen openbaringen dicteeren, zooals men ziet in het leven der H. Catharina van Siëna.

b) De werking der *inwendige zinnen* is nog vollediger geschorst dan in de mystieke vereeniging, n. 1446.

---

[1] *Leven.* — [2] *Leven,* 18e en 20e h.

1457. c) Men heeft de vraag gesteld, of ook de vrijheid gebonden is. Algemeen leert men met den H. Thomas, Suarez, de H. Theresia, Alvarez de Paz, dat de vrijheid blijft en dat de ziel dus tijdens de extase kan verdienen; vrijwillig toch *neemt* zij de geestelijke gunsten aan, die haar dan geschonken worden.

d) Wat den *duur* der extase betreft, deze is zeer verschillend. De *volkomen* extase duurt meestal slechts eenige oogenblikken, somtijds een half uur; daar zij echter wordt voorafgegaan en gevolgd door een tijdsverloop, waarin de extase onvolkomen is, kan zij, alles bijeen, verscheidene dagen aanhouden.

e) De extatische toestand houdt op *spontaan* of *op bevel.* 1) In het eerste geval, gevoelt men een soort angst, alsof men uit een andere wereld kwam; langzaam aan slechts herneemt de ziel haar werking op het lichaam. 2) In het tweede geval, op bevel, eindigt die toestand altijd, wanneer de overste dat bevel *in woorden uit*, maar niet altijd, wanneer hij het slechts *in den geest* geeft.

2° DE DRIE PHASEN DER EXTATISCHE VEREENIGING.

1458. In deze vereeniging komen drie trappen voor : de *vervoering* of eenvoudige extase, de *verrukking* en de *vlucht des geestes.*

a) De vervoering is als een bezwijming, die langzaam komt opzetten en de ziel een wond slaat, vol smart en genot tevens. De Bruidegom doet haar zijn bijzijn gevoelen, doch slechts voor korten tijd; zij echter zou die altijd willen genieten; vandaar haar smart. Niettemin geniet de ziel hier meer dan in de rust.

Hooren wij de H. Theresia[1] : " De ziel gevoelt, dat haar *een heerlijke wonde* is geslagen. Hoe, door wien kan zij niet zeggen, maar zoozeer stelt zij die op prijs, dat zij er nimmer

---

[1] *Kasteel,* 6e Verblijf, 2e H.

van zou willen genezen. Zij beklaagt zich bij haar Bruidegom met woorden vol van liefde, en zij doet dit soms zelfs uitwendig. Zij kan dit niet nalaten, omdat Hij haar zijn tegenwoordigheid wel doet gevoelen, doch die niet zoo openbaart, dat zij er ten volle van genieten kan. De smart, die zij hiervan ondervindt, is zeer hevig, maar toch vol zaligheid... zij smaakt te midden dezer smart een blijdschap van veel verhevener aard dan bij het opgaan vol geneugten in het gebed van rust : dit immers is met geen enkele smart vermengd".

In deze phase komen reeds bovennatuurlijke woorden en openbaringen voor. Hierover later.

1459. b) De *verrukking* grijpt de ziel met zulk geweld aan, dat zij geen weerstand kan bieden. Het is of een adelaar met krachtigen vleugelslag de ziel opvoert. Waarheen? Zij weet het niet. Zij smaakt een onuitsprekelijk genot, doch uit natuurlijke zwakheid, ondergaat zij aanvankelijk een gevoel van angst. "Toch gaat deze vrees gepaard met een vurige, nieuwe liefde voor Hem, die op zulke teedere wijze een aardworm mint, die niets dan bederf is", zegt de H. Theresia [1]. — In deze verrukking geschiedt de geestelijke verloving. Dat zij dan plaats heeft, is wederom een bewijs van Gods heerlijke goedheid : behield de ziel het gebruik harer zinnen, wanneer zij zich zoo dicht nabij de opperste Majesteit ziet, dan zou zij waarschijnlijk ophouden te leven, voegt de Heilige er bij [2]. Na de verrukking blijft de wil als *bedwelmd* en kan nog slechts met God bezig zijn. Vol walg voor het aardsche, wordt hij gedreven door een onverzadigbaren dorst naar lijden, en treurt, wanneer het ontbreekt [3].

1460. c) Op de verrukking volgt de *vlucht van den geest.* Deze is zoo onstuimig, dat zij den geest van het lichaam schijnt te scheiden en geen weerstand duldt.

---

[1] *Leven*, 20e h. — [2] *Kasteel*, 6e Verblijf. — [3] *Kasteel*, 6e Verblijf.

"De ziel, zegt de H. Theresia, meent zich geheel overgeplaatst in een andere streek, zeer verschillend van die, waarin wij leven. Zij ziet er een nieuw licht en veel andere dingen, zoo ongelijk aan die van hierbeneden, dat zij zich die nooit zou hebben kunnen voorstellen, al had zij er zich haar geheele leven lang op toegelegd. Somtijds wordt zij in een oogenblik in zooveel zaken te gelijk onderwezen, dat zij er het duizendste gedeelte niet van had kunnen verwerven, al had zij lange jaren achtereen met alle inspanning van verbeelding en verstand er zich op toegelegd".

3° VOORNAAMSTE UITWERKSELEN DER EXTATISCHE VEREENIGING.

1461. A) Het uitwerksel dat alle anderen omvat, is een groote *heiligheid van leven,* tot het heldhaftige opgevoerd. Ontbreekt deze, dan is de extase verdacht, leert de H. Franciscus[1].

"Ziet men dus iemand, die bij het gebed verrukkingen ondergaat... doch *in zijn leven geen vervoering heeft,* dat is, geen leven leidt boven het aardsche verheven, met God vereenigd door versterving der wereldsche begeerten en van de natuurlijke verlangens en neigingen, door zachtmoedigheid, eenvoud en nederigheid des geestes en vooral door bestendige liefde, geloof mij, Theotime, al die verrukkingen zijn zeer verdacht en gevaarlijk : het zijn verrukkingen, die wel bewondering brengen, maar geen heiligheid".

1462. B) De deugden door de extatische vereeniging voortgebracht zijn voornamelijk : 1) *Een volkomen onthechting aan de schepselen.* God voert de ziel als op den top van een berg, vanwaar zij klaar en duidelijk al het nietige van het aardsche doorschouwt. Voortaan verlangt zij over niets, noch over zichzelve meer te beschikken, ja ware het mogelijk, zij zou zelfs wenschen den vrijen wil af te kunnen staan. 2) *Een overgroote droefheid over de bedreven zonden;* niet de gedachte aan de hel, maar aan de beleediging God aangedaan is de oorzaak harer tranen. 3) *Een bestendige, liefdevolle herinnering aan de heilige menschheid van Christus,* aan de H. Maagd. Men leeft in het gezelschap van Jesus

[1] *Liefde Gods,* 8e B., 7e H.

en Maria! De visioenen der verbeelding en van het verstand, die dan menigvuldiger voorkomen, onthechten ten laatste de ziel geheel en al aan het aardsche en vestigen haar voorgoed in de nederigheid. 4) Ten slotte *een bewonderenswaardig geduld* bij het ondergaan der nieuwe beproevingen, die God haar tot *loutering der liefde* overzendt.

Ontvlamd door de begeerte om God te aanschouwen, voelt de ziel zich als door een *gloeienden pijl* doorboord en stoot kreten uit van smart, omdat zij zich gescheiden ziet van het eenig voorwerp harer liefde. Dan begint een waar *martelaarschap*, in de ziel en in het lichaam, die beide verteerd worden door een brandend verlangen naar den dood, om niet langer van den Beminde gescheiden te zijn. Dit martelaarschap wordt bijwijlen onderbroken door bedwelmende hemelweelde. Dit alles zal duidelijker worden door de uiteenzetting van den tweeden nacht, door den H. Joannes van het Kruis de *nacht van den geest* genoemd.

II. *De nacht van den geest.*

1463. De eerste nacht had de ziel gezuiverd en geschikt gemaakt voor de vreugden van de rust, de vereeniging en de extase, doch vooraleer zij tot de nog zuiverder en duurzamer vreugden van het geestelijk huwelijk wordt toegelaten, moet zij nog dieper, nog vollediger gelouterd worden. Dit geschiedt tijdens de extatische vereeniging. Wij gaan thans handelen over : 1° de *reden*, 2° de *harde beproevingen*, 3° de *gelukkige gevolgen* dezer tweede loutering.

1° REDEN VAN DEN NACHT VAN DEN GEEST.

1464. Om op zoo innige en blijvende wijze met God vereenigd te worden, gelijk geschiedt in de omvormende vereeniging of geestelijk huwelijk, is het noodig gezuiverd te zijn van de laatste onvolmaaktheden, die de ziel aankleven. Deze onvolmaaktheden, zegt de H. Joannes van het Kruis [1], zijn tweevoudig : *verkeerde gewoonten* en *fouten.*

---

[1] *Donkere nacht,* 2e B., 2e h.

A) De eerste, de *verkeerde gewoonten*, hebben een dubbele oorzaak : **a**) ongeregelde genegenheden en gesteltenissen. Men zou zeggen *wortels*, die in den geest achtergebleven zijn en waartoe de loutering der zinnen niet heeft kunnen doordringen, bijv. een al te gevoelige vriendschap : zij moeten dus uitgetrokken worden; **b**) een geesteszwakte, een natuurlijke stompzinnigheid, die ieder mensch door de erfzonde is aangeboren, waaruit verstrooidheid en oppervlakkigheid voortkomen. Deze zwakheden zijn onvereenigbaar met de volmaakte vereeniging.

B) *Fouten.* Ook deze hebben een dubbele oorzaak : **a**) een zekere hoovaardigheid en ijdel zelfbehagen om de zoo overvloedig ontvangen geestelijke vertroostingen. Hiervan maakt de duivel gebruik om de ziel door ijdele vizioenen en valsche voorzeggingen te misleiden; hij brengt haar in den waan, dat God en de Heiligen met haar spreken, terwijl de phantasie meestal in 't spel is ; **b**) een al te groote vrijheid tegenover God, waardoor de eerbiedige vrees, die de hoedster is aller deugden, verloren gaat. De ziel moet dus gelouterd en hervormd worden. Daarom zendt God de beproevingen van den tweeden nacht.

2⁰ LOUTERING DES GEESTES.

1465. God, om de ziel te louteren en te herscheppen, verduistert den geest, laat den wil ten prooi aan dorheden, verstompt het geheugen en verandert al haar genegenheden in smart en angsten. De H. Joannes van het Kruis zegt, dat God deze loutering bewerkt door het licht der ingestorte beschouwing, licht *klaar* en *sterk* in zich, doch *vaag* en *pijnigend* voor de ziel, ter oorzake van haar onwetendheid en onreinheid.

A) **Smarten van den geest. a**) Daar het licht der beschouwing zoo hel schitterend is, verblindt het de oogen van ons verstand, dat te zwak en niet zuiver genoeg is om die schittering te kunnen verdragen. Gelijk iemand, wiens gezicht verzwakt en lijdend is, juist bij sterk licht minder ziet en pijn gevoelt, zoo ook wordt het nog zwakke oog der ziel door het goddelijk licht verduisterd en gemarteld, zoo hevig, dat de dood begeerenswaardig schijnt.

b) Deze smart is van zulk een heftigheid door de ontmoeting van het *goddelijke* met het *menschelijke* in dezelfde ziel. Het *goddelijke*, dat is de *louterende beschouwing*, grijpt de ziel aan om ze te vernieuwen, te vervolmaken, te vergoddelijken; het *menschelijke*, de ziel zelf met haar gebreken, ondergaat de gewaarwording van een vernietiging, van een geestelijken dood, dien zij moet doorstaan om tot de verrijzenis te komen.

c) Bij deze smart voegt zich nog het helder gezicht harer armoede en ellende : het gevoelig deel der ziel is in dorheden gedompeld, het verstandelijke in duisternissen. Daarom ook gevoelt de ziel zich als zonder eenigen steun ; somtijds lijkt de hel zich voor haar te openen. Deze uitdrukkingen bewijzen wel de uitwerking van dit licht, dat van den eenen kant Gods grootheid en heiligheid en van den anderen kant 's menschen nietigheid en ellende toont.

1466. B)De smarten van den wil zijn niet minder onuitsprekelijk. **a)** De ziel ziet zich van alle geluk beroofd en meent, dat het voor altijd is. De biechtvader zelf kan haar niet troosten.

b) Om haar te midden dezer beproeving staande te houden, schenkt God haar bijwijlen eenige verpoozing, waarin zij, in de liefde en vertrouwelijken omgang met God, de zoetste rust geniet. Doch weldra komen dagen van nieuwe kwelling. Dan meent zij, dat God haar niet bemint en haar *terecht verlaten heeft :* dit is de marteling der geestelijke verlatenheid.

c) In dezen toestand kan de ziel niet bidden. Als zij het soms doet, is het met zooveel gevoelloosheid, dat het haar voorkomt alsof God het niet hoort. Somtijds kan zij zich zelfs niet meer met tijdelijke zaken bezighouden, daar haar geheugen geheel verdwenen schijnt. 't Is een gebondenheid der vermogens, die zich tot de natuurlijke verrichtingen uitstrekt.

Om alles in één woord te zeggen : het is een soort *hel* door het lijden, dat men ondergaat, en een *vagevuur* door de zuiverende loutering, die er het gevolg van is.

3° GELUKKIGE GEVOLGEN DER GEESTESLOUTERING.

1467. A) De H. Joannes van het Kruis [1] vat deze gevolgen aldus samen :

" Zoo zij den geest verduistert, is het om hem licht mede te deelen over alle zaken ; zoo zij hem vernedert en zijn ellende doet gevoelen, is het om hem te verheffen en vrij te maken ; zoo zij hem arm en zonder eenig natuurlijk goed en liefde laat, is het om hem in staat te stellen volgens God de zoetheid aller goederen te smaken ". Om deze uitwerkselen duidelijker voor te stellen bedient de Heilige zich van de vergelijking van het vochtig hout in het vuur, die wij reeds gaven n. 1422.

1468. B) Hij herleidt die gevolgen daarna tot vier voorname : **a**) *Een hartstochtelijke liefde tot God :* in den aanvang van dezen nacht, had de ziel die liefde in het hoogere deel, dat is in den geest, maar onbewust; doch daarna maakt God er haar van bewust. Dan is zij bereid tot alles om Hem te behagen.

b) *Een zeer helder licht.* Dit licht toonde haar in den beginne slechts hare ellende; daarom was het pijnlijk ; wanneer evenwel de ziel, gelouterd door de kennis en het gevoel harer ellende, van haar onvolmaaktheden bevrijd is, ziet zij de weldaden en dus ook den troost van dat goddelijk licht.

c) *Een groot gevoel van zekerheid :* dat licht beveiligt de ziel voor den hoogmoed, het groot beletsel ter zaligheid ; het toont haar, dat God zelf haar geleidt en het lijden voordeeliger is dan de voorspoed. De ziel voelt ook nog een ware vastbera-

---

[1] *Nacht,* 2e B., 9e h.

denheid en kracht om niets te doen, wat zij als een beleediging van God erkent, en niets na te laten, wat tot eer van God kan strekken.

d) *Een wonderbare ijver* om de tien sporten van de goddelijke liefdeladder op te klimmen. De aandachtige beschouwing van deze geheimzinnige ladder zal eenig idee geven van de verheven hoogten, die de ziel opgaat om tot de *omvormende vereeniging* te komen.

§ IV. De omvormende vereeniging of geestelijk huwelijk.

1469. Na zooveel louteringen komt de ziel eindelijk tot de rustige, bestendige vereeniging, die de omvormende genoemd wordt en de laatste halte der mystieke vereeniging, de onmiddellijke voorbereiding tot de zaligmakende aanschouwing schijnt te zijn.

Wij geven hier 1º haar *natuur* en 2º haar *gevolgen*.

I. *Natuur der omvormende vereeniging.*

Hier volgen 1º haar voornaamste eigenschappen en 2º haar beschrijving, volgens de H. Theresia.

1470. 1º De **voornaamste eigenschappen** zijn : de *vertrouwelijkheid*, de *rust*, de *onverbreekbaarheid*.

A) *De vertrouwelijkheid.* Daar deze vereeniging inniger is dan welke andere ook, wordt zij geestelijk huwelijk genoemd. Tusschen gehuwden bestaan geen geheimen meer : het is de samensmelting van twee levens in één. Zoo is ook de vereeniging, die bestaat tusschen de ziel en God. De H. Theresia schrijft [1] : " Men zou zeggen het hemelwater, dat in een rivier valt... en zich zoo met haar vereenigt, dat men ze niet meer kan scheiden, noch zien wat rivierwater, wat regenwater is. "

---

[1] *Kasteel*, 7ᵉ verblijf, 2ᵉ h.

B) De *rust :* in dezen toestand komen vervoeringen of verrukkingen niet meer of slechts zelden voor : het waren zwakheden, die nu bijna geheel verdwenen zijn, om plaats te maken voor een kalme gemoedsrust, gelijk bruidegom en bruid smaken in het bewustzijn van hun wederkeerige liefde.

C) De *onverbreekbaarheid :* de vorige vereenigingen waren voorbijgaand, deze wordt door haar aard, gelijk het christelijk huwelijk, altijdblijvend.

1471. Beteekent deze onverbreekbaarheid *onzondigbaarheid?* De H. Joannes van het Kruis en de H. Theresia zijn het hier omtrent niet eens. De eerste meent, dat de ziel dan in de genade bevestigd is : " Naar mijn gevoelen kan de ziel niet tot het bezit van dien staat komen, zonder tegelijkertijd in de genade bevestigd te worden... Zij heeft geen bekoringen, verwarring of verdriet meer te duchten en vergeet alle zorgen en onrust " [1]. De H. Theresia spreekt niet zoo stellig : " Zoo dikwijls ik spreek van de zekerheid der ziel, moet men dit aldus verstaan : zoolang God haar bij de hand leidt en zij zelf Hem niet beleedigt. Ik weet ten minste, zonder eenigen twijfel, dat bedoelde persoon, hoewel tot dien staat reeds sedert jaren gekomen, zich niet in zekerheid waant " [2]. Het wil ons voorkomen, dat de meening van de H. Theresie meer in overeenstemming is met de theologie, die leert, dat de genade der eindvolharding niet onder de verdienste valt. Om zekerheid te hebben omtrent zijn zaligheid, moet men door bijzondere openbaring weten niet alleen, dat men in staat van genade is, doch ook dat men daarin tot den dood toe zal volharden.

1472. 2° **De beschrijving** der omvormende vereeniging door de H. Theresia gegeven, bevat twee verschijningen, een van Christus en een van de H. Drievuldigheid.

A) **Jesus** leidt de ziel binnen het laatste verblijf door een tweevoudig vizioen :

a) In een vizioen der *verbeelding,* dat de Heilige na de Communie had, verscheen haar Christus vol glans, schoonheid en majesteit, gelijk Hij was op den dag zijner verrijzenis.

---

[1] *Geest. Lied,* 22ᶜ str. — [2] *Kasteel,* 7ᵉ verblijf, 2ᵉ h.

" Hij zeide haar, dat het tijd was om zijne belangen tot de hare te maken ; Hij zou voor de hare zorgen... Van nu af aan zult gij mijn glorie ter harte nemen, niet alleen, omdat Ik uw Schepper, uw Koning en uw God ben, maar ook omdat gij mijn ware bruid zijt. Mijne eer is de uwe en uwe eer is de mijne".

b) Daarna kwam een *verstandelijk* vizioen : " Hetgeen God dan in één oogenblik aan de ziel mededeelt is een geheim zoo groot, een gunst zoo verheven en een bron van zoodanige geneugten, dat ik niet weet, waarmede het te vergelijken. Alleen zal ik zeggen, dat de Heer haar op dat oogenblik de zaligheid des hemels toont op een wijze, die in verhevenheid alle vizioenen en geestelijk genot te boven gaat. Al wat men zeggen kan, is, dat de ziel of liever de geest der ziel, voor zoover men het beoordeelen kan, één zaak met God zelf wordt ".

1473. B) Vizioen der H. Drievuldigheid. Is de ziel eenmaal in dit verblijf binnengeleid, dan worden haar de drie Personen der H. Drievuldigheid in een verstandelijk vizioen getoond door een zekere voorstelling der waarheid en te midden van een vuurgloed, die als een hel schitterende wolk, rechtstreeks tot den geest komt. De drie goddelijke Personen verschijnen onderscheiden, en, door een wonderbaar begrip, dat haar wordt medegedeeld, erkent de ziel met volstrekte zekerheid, dat zij, alle drie, slechts één zelfde zelfstandigheid, één zelfde macht, één zelfde wetenschap en één God alleen zijn.

"Aldus datgene wat wij door het geloof aannemen, mag men zeggen, neemt de ziel waar door het gezicht. En toch ziet men niets met de oogen des lichaams, noch met die der ziel, want het is hier geen zien door kenbeelden. De drie goddelijke Personen openbaren zich dan aan de ziel; Zij spreken tot haar en doen haar den zin verstaan der woorden van het Evangelie, waar Christus zegt, dat Hij met den Vader en den H. Geest zal komen wonen in de ziel, die Hem bemint en zijn geboden onderhoudt. O mijn God ! *Welk verschil tusschen het hooren, het gelooven zelfs dezer woorden, en het begrijpen van hun volle waarheid, op de door mij aangeduide wijze!* Die ziel is hoe langer hoe meer verbaasd, omdat blijkbaar de drie goddelijke Personen haar daarna nooit verlaten hebben; zij ziet duidelijk op de boven vermelde wijze, dat Zij in haar binnenste wonen. Zij gevoelt dat goddelijk gezelschap in haar eigen binnenste en als in een zeer diepen afgrond, dien zij, bij gebrek aan wetenschap, niet zou kunnen omschrijven "[1].

II. *Gevolgen der omvormende vereeniging.*

1474. Een zoo innige, zoo diep ingrijpende vereeniging moet noodzakelijkerwijze wonderbare gevolgen uitwerken : *de ziel wordt zoo herschapen, dat zij zichzelf vergeet om alleen nog aan God en zijne glorie te denken.* Vandaar :

1⁰ een *heilige overgeving* in de handen van God, zoodat de ziel geheel en al onverschillig is voor wat God niet is. Weleer, tijdens de extatische vereeniging, verzuchtte zij naar den dood om met den Beminde te zijn; thans is leven of sterven haar gelijk, zoo God maar verheerlijkt wordt : "haar eenige bezorgdheid is God steeds behaaglijker te worden en gelegenheden te vinden om Hem haar liefde te kunnen betuigen. Dit zoekt zij bij het gebed; en het geestelijk huwelijk heeft geen ander doel dan voortdurend te werken "[2].

1475. 2⁰ *Een onmetelijk verlangen naar lijden,* maar zonder onrust, in volle overgave aan Gods heiligen wil :

"Wil Hij, dat zij in lijden zijn, goed; wil Hij het niet, zij treuren er niet over. Worden zij vervolgd, zij gevoelen in haar binnenste de levendigste blijdschap en inniger vrede dan te voren. Niet den minsten afkeer voeden zij tegen die haar kwaad doen of zouden willen doen. Wat zeg ik? Zij betuigen hen juist bijzondere voorliefde "[3].

1476. 3⁰ *De afwezigheid van verlangens en van inwendig lijden.* "In één woord, zij hebben geen begeerte meer naar verstroostingen... Haar eenige

---

[1] *Kasteel*, 6ᵉ Verblijf, 1ᵉ h. — [2] *Kasteel*, 7ᵉ Verblijf, 1ᵉ h. — [3] *Ibidem.*

wensch is alleen te wezen of aan den geestelijken
voortgang van den evennaaste te arbeiden. Zij
ondervinden geen dorheid of inwendige beroering,
doch zijn altijd op de teederste wijze met God
bezig, enkel bezorgd Hem eer en lof te geven" [1].

1477. 4º *De afwezigheid van verrukkingen.* " Is de
ziel zoo ver gekomen, dan heeft zij geen verrukkingen meer of heeft zij er nog, wat hoogst zelden
gebeurt, dan zijn het toch geen vervoeringen, geen
vluchten van den geest, zooals weleer. Daarenboven
overkomt dit haar bijna nooit meer in het openbaar,
gelijk vroeger zeer dikwijls geschiedde". Zij is dus
in vrede, in volmaakte rust : " In dezen tempel
Gods, in dit verblijf, dat Hem toebehoort, genieten
alleen God en de ziel onderling van elkander in de
diepste stilte " [2].

1478. 5º Een *brandende,* voorzichtige *ijver voor
de heiliging der zielen.* Wie tot die zoete rust gekomen is, mag zich daar niet toe beperken, maar moet
handelen, werken, lijden, als dienstbare van God en
den evennaaste; hij moet zich toeleggen op voortgang in de deugden, vooral in de nederigheid, want
niet vorderen, is achteruitgaan. Terzelfder tijd de
bezigheden van Maria en Martha waarnemen, dat
is de volmaaktheid. Men kan het zielenheil dienen
zonder buiten het klooster te gaan, en zonder aan
het welzijn van de geheele wereld te willen werken,
kan men goed doen aan de huisgenooten.

" Dit werk zal des te verdienstelijker zijn, wijl gij uit plicht
er toe gehouden zijt. Meent gij, dat het iets onbeduidends is,
zoo gij door uwe diepe nederigheid, uwen geest van versterving, uw toewijding, uwe hartelijke naastenliefde, uwe liefde
tot Christus, uwe medezusters van dit hemelsch vuur doet
gloeien en haar een voortdurende aansporing tot de deugd
wordt? Gij zult er integendeel zeer veel vrucht mee doen en
Christus zeer welgevallig door wezen " [3].

---

[1] *Kasteel,* 7e Verblijf, 1e h. — [2] *Ibidem.*
[3] *Kasteel,* 7o Verblijf, 1e h.

Deze werken moeten bovenal *uit liefde* gedaan worden : " Christus ziet minder naar de grootheid onzer werken, dan naar de liefde waarmede wij ze verrichten " [1].

1479. Ten slotte noodigt de H. Theresia haar zusters uit in die verblijven binnen te treden, *indien het den Heer des Kasteels behaagt haar daar toe te laten*, want zonder uitnoodiging mag niemand er binnen gaan.

" Ondervindt gij dus van zijnen kant eenigen tegenstand, dan raad ik u niet te trachten er toch in te treden. Gij zoudt Hem tegen u innemen, zoodat Hij u den toegang voor altijd zou ontzeggen. De nederigheid is Hem zeer aangenaam. Acht gij u onwaardig zelfs in het derde Verblijf te treden, dan zult gij spoedig tot het vijfde worden toegelaten. Gij zult dit zelfs zoo geregeld kunnen bezoeken en Hem zelf zoo wel dienen, dat Hij u zal binnenvoeren in het Verblijf, dat Hij voor zich heeft uitverkoren " [2].

KORTE INHOUD VAN HET TWEEDE HOOFDSTUK.

1480. Na de vier groote phasen der beschouwing met haar afwisseling van pijnlijke beproevingen en overstelpende vreugden doorloopen te hebben, blijkt waarlijk dat begrip, hetwelk wij van de ingestorte beschouwing gaven, juist te zijn : de geleidelijke inbezitneming der ziel door God, met hare vrije instemming.

1º God maakt zich geleidelijk geheel en al meester van de beschouwende ziel : eerst van den *wil*, in de rust ; daarna van al de *inwendige vermogens*, in de volle vereeniging ; van de *in- en uitwendige zinnen*, in de extase ; en eindelijk van *geheel de ziel*, niet op voorbijgaande, doch *blijvende* wijze, in het geestelijk huwelijk.

Doch wanneer God zich meester maakt van de ziel, doet Hij het om ze met *licht* en *liefde* te overstroomen, om ze deelachtig te maken aan zijn

---

[1] *Ibidem*. — [2] *Kasteel*, Slot.

volmaaktheden. **a**) Dit *licht* is in den aanvang zwak en *pijnlijk*, zoolang de ziel nog niet voldoende gelouterd is : het wordt evenwel langzamerhand sterker, troostrijker, ofschoon het, ter oorzake onzer geesteszwakte, nog altijd met duisternis vermengd blijft. Het werkt krachtig op de ziel in, omdat het van God komt en de ziel bij ondervinding de oneindige grootheid, goedheid en schoonheid van God doet kennen, evenals de geringheid, het niet en de ellenden van het schepsel. **b**) De liefde, aan de beschouwende liefde medegedeeld, is vurig, edelmoedig, offervaardig : men vergeet zichzelf om zich op te offeren voor den Beminde.

1481. 2⁰ *De ziel stemt vrijwillig toe Gods gevangene te zijn* en vrijwillig, blijde levert zij zich aan God over door de diepste nederigheid, de liefde tot het kruis om God en om Jesus, en door de heilige overgave. Op deze wijze zuivert zij zich steeds meer van haar onvolmaaktheden, vereenigt zich met God en vormt zich om in God, zoodat de vurige wensch van Christus in vervulling gaat : Mogen zij een zijn in ons (Joan. XVII, 21).

Deze is de ware mystiek, geheel onderscheiden van het *valsche mysticisme* of van het *quiëtisme.*

Bijvoegsel : het valsche mysticisme
of quietisme.

1482. Naast de ware mystieken, wier leer wij hebben aangegeven, zijn er nu en dan ook *valsche mystieken* geweest, die, onder verschillende namen, het begrip van den lijdelijken staat verkeerd uitgelegd hebben en in dwalingen zijn gevallen, die niet alleen tegen de rechtzinnige leer indruischten, doch ook een gevaar voor de goede zeden opleverden. Tot hen behoorden de *montanisten* en de *begarden.* De meest befaamde dwaling echter was het quiëtisme. Het is voorgekomen onder drie verschillende vormen : 1° het *grove quiëtisme van Molinos*, 2° het *verzachte quiëtisme van Fénelon* en 3° het *semi-quiëtisme*.

1° HET QUIETISME VAN MOLINOS.

1483. Michael Molinos, in 1640 in Spanje geboren, bracht het grootste gedeelte van zijn leven door te Rome, waar hij zijn dwalingen verspreidde in twee werken, die veel aftrek vonden : *"de geestelijke Gids"* en *"het Gebed van rust"*.

De hoofddwaling van Molinos bestond in zijn bewering dat de volmaaktheid in de volkomen lijdelijkheid der ziel bestaat, in een onafgebroken akt van beschouwing en liefde ; is deze akt eenmaal gesteld, dan zijn alle overige akten, ja zelfs de strijd tegen de bekoringen overbodig ; *"laten wij God begaan"* zoo luidde zijn devies.

1484. Ten einde de afzonderlijke dwalingen beter te doen uitkomen, plaatsen wij in twee kolommen de katholieke leer en die van Molinos tegenover elkander.

Katholieke leer.	Dwalingen van Molinos.
1) Er is een lijdelijke toestand, waarin God door zijn werkende genade in ons handelt ; doch men komt er in den regel niet toe dan na zich geruimen tijd eerst op de beoefening der deugden en der overweging toegelegd te hebben.	Er is maar één weg, de inwendige of de weg der passieve beschouwing, die men vrij kan verkrijgen, met de gewone genade ; men moet dus terstond den passieven weg opgaan en zoo zijn hartstochten dooden.
2) De beschouwingsakt duurt slechts korten tijd, hoewel de daaruit volgende zieletoestand eenige dagen kan duren.	De beschouwingsakt kan jaren achtereen, en zelfs het geheele leven, ja zelfs tijdens den slaap voortduren zonder vernieuwing.
3) De beschouwing sluit in verheven graad de akten van alle christelijke deugden in, doch ontslaat ons niet van het werkelijk stellen dier akten buiten den tijd der beschouwing.	Daar de beschouwing blijvend is, worden er geen uitdrukkelijke akten van deugden gevorderd, (dit is enkel goed voor de beginnenden), zooals akten van geloof, hoop, godsdienstigheid, versterving, biecht, enz.
4) Het *hoofd*voorwerp der beschouwing is God zelf,	Het is een onvolmaaktheid aan Jesus Christus en aan

Katholieke leer.

maar Jesus de God-Mensch is het *tweede;* ook buiten de beschouwing mag men niet nalaten aan Jesus Christus, den noodzakelijken Midde- laar, te denken, noch door Hem tot God te gaan.

5) De heilige overgave is een zeer volmaakte deugd, doch mag niet tot onver- schilligheid gaan ten opzichte der eeuwige zaligheid : deze moet men integendeel be- geeren, hopen, vragen.

6) Het kan voorkomen, dat bij de inwendige beproevin- gen de verbeelding en het gevoel in groote verwarring zijn, terwijl het gevoeligst gedeelte der ziel in diepe rust is, nochtans is de wil altijd verplicht weerstand te bieden aan de bekoringen.

Dwalingen van Molinos.

zijn geheimen te denken : men moet zich verliezen in de goddelijke essentie; meer wordt niet gevorderd : wie zich van voorstellingen of ideeën bedient, aanbidt God niet in geest en in waarheid.

In den staat van beschou- wing moet men onverschillig zijn voor alles, zelfs voor zijn heiliging en zijn zaligheid, en de hoop verliezen, opdat de liefde belangeloos zij.

Men behoeft zich geen moeite te geven om tegen de bekoringen in te gaan ; de onreinste voorstellingen en zedelooze handelingen zijn niet te laken, omdat zij het werk zijn van den duivel. Het zijn passieve beproevingen, die de Heiligen eveneens hebben ondergaan. Men be- hoeft ze dus ook volstrekt niet te biechten. Langs dezen weg komt men tot de vol- maakte zuiverheid en de in- nige vereeniging met God.

Het overzicht der katholieke leer, dat wij naast de leer van Molinos stelden, ontslaat ons van de weerlegging dier dwalingen. Uit de geschiedenis van het quiëtisme kan men besluiten, dat, als men *te gauw* of *uit zichzelf* tot de beschou- wing wil komen, zonder zijn driften verstorven en de christe- lijke deugden beoefend te hebben, men des te dieper valt, hoe hooger men wilde klimmen : "*qui veut faire l'ange, fait la bête*".

2° HET VERZACHTE QUIETISME VAN FÉNELON.

1485. Het quiëtisme van Molinos werd weer opgehaald, onder een verzachten vorm, en zonder de ergerlijke gevolg- trekkingen, die Molinos er uit afleidde, door Mad. Guyon. Deze, op nog jeudigen leeftijd weduwe geworden, wierp zich met vuur op een godsvrucht van gevoel en verbeelding, die zij den *weg der zuivere liefde* noemde. Zij slaagde er in eerst

P. Lacombe, barnabiet, voor haar idees te winnen en daarna eenigszins ook Fénelon zelf. Deze bisschop ontwierp in zijn werk " L'Explication des maximes des Saints sur la vie intérieure", (1697) een meer *gematigd quiëtisme*, waarin hij trachtte de leer van de *zuivere liefde* in een gunstig daglicht te plaatsen : " de leer der zuivere liefde, zonder eenige vermenging met beweegredenen van eigenbaat".

Al de dwalingen in dat boek vervat, kunnen naar de meening van Bossuet, herleid worden tot de vier volgende stellingen : 1) "Er is in dit leven een blijvende staat van zuivere liefde, waarin het verlangen naar de eeuwige zaligheid niet meer voorkomt. 2) Bij de laatste beproevingen van het inwendig leven, kan een ziel onwrikbaar en wel doordacht overtuigd zijn, dat zij terecht door God verworpen is, en in die overtuiging het *onvoorwaardelijk offer* van haar eeuwig geluk aan God brengen. 3) In den staat van zuivere liefde, is de ziel onverschillig ten opzichte harer volmaaktheid en der oefeningen van deugd. 4) De contemplatieve zielen verliezen, in sommige toestanden, het duidelijk, gevoelig en bewust zien van Jesus Christus"[1].

1486. Dit quiëtisme is voorzeker veel minder gevaarlijk dan dat van Molinos ; maar de vier valsche stellingen zouden toch noodlottige gevolgen kunnen hebben.

1) Het is valsch, dat er op aarde een blijvende staat is van zuivere liefde met uitsluiting der hoop, want gelijk terecht het 5ᵉ artikel van Issy zegt : "iedere christen is in *elken staat*, hoewel niet ieder oogenblik, gehouden zijn eeuwige zaligheid te willen, te verlangen en te vragen, als iets wat God wil en wat Hij wil, dat wij willen tot zijne glorie". — Het kan niet ontkend worden, dat bij de volmaakten het verlangen naar de zaligheid dikwijls door de liefde ingegeven wordt en dat zij *bijwijlen* niet uitdrukkelijk aan hun zaligheid denken.

2) De tweede stelling is niet minder valsch. Het is ongetwijfeld waar, dat er Heiligen geweest zijn, die in het *lagere deel* hunner ziel een *zeer levendigen indruk* hadden, dat zij terecht verworpen waren, doch het was geen doordachte overtuiging van het hoogere deel; en hebben sommigen het *voorwaardelijk* offer van hun zaligheid gebracht, het was geen onvoorwaardelijk offer.

3) Evenmin is het waar, dat de ziel in den staat van zuivere liefde, onverschillig is voor haar voortgang en de beoefening der deugd. Integendeel, zooals wij gezien hebben,

---

[1] Het *Enchiridion van Denzinger*, 1327-1349, geeft de stellingen van Fénelon die door Paus Innoc. XII veroordeeld werden.

hield de H. Theresia niet op ook de meest gevorderden te wijzen op de noodzakelijkheid zich toe te leggen op vooruitgang en de hoofddeugden.

4) Het is ten slotte valsch, dat men in de volmaakte toestanden het duidelijk gezicht van Jesus Christus verliest. Wij hebben n. 1472 gezien, dat in de omvormende vereeniging, de H. Theresia vizioenen had van de heilige menschheid van Jesus Christus. Wel is het aan te nemen, dat in sommige *voorbijgaande oogenblikken* men niet formeel aan Hem denkt.

3° HALF QUIETISTISCHE RICHTINGEN.

1487. Soms vindt men in overigens uitstekende geestelijke boeken, opinies uitgedrukt van min of meer quiëtistische strekking. Werden die opinies toegepast bij het besturen der *gewone* zielen, dan zouden zij tot misbruiken leiden.

De grootste fout dier boeken is, dat er aan alle zielen, ook aan die weinig gevorderd zijn, gevoelens van *lijdelijkheid* worden ingeprent, die eigenlijk slechts geschikt zijn voor den weg der vereeniging. Men wil het geestelijk leven al te vroeg vereenvoudigen, omdat er geen acht op wordt geslagen, dat die vereenvoudiging voor de meesten slechts dan voordeelig is, wanneer zij zich het *verstandelijk overwegen eigen gemaakt, het gewetensonderzoek tot in de kleinste bijzonderheden* en *de zedelijke deugden beoefend hebben.* Men overdrijft in het goede; men wil de zielen zoo gauw mogelijk volmaakt zien en daarom slaat men de tusschenhalten over en schrijft van den beginne af middelen voor, die alleen voor de meest gevorderden heilzaam kunnen wezen.

1488. a) Bijvoorbeeld, onder voorwendsel de onbaatzuchtige liefde te bevorderen, ontneemt men aan de christelijke hoop de plaats, die haar toekomt; men veronderstelt, dat het verlangen naar het eeuwig geluk slechts bijzaak, de glorie Gods alles is. Maar de glorie van God en ons eeuwig geluk zijn inderdaad op het innigst met elkaar verbonden, daar juist door de kennis en de liefde van God zijn eer bevorderd wordt en zij beide ook 's menschen geluk uitmaken. In plaats van de eer Gods en 's menschen geluk te scheiden, moet men ze juist vereenigen, laten uitkomen, hoe ze elkander steunend harmonisch samengaan, hoewel afzonderlijk be-schouwd de glorie Gods op de eerste plaats komt.

b) Eveneens wordt te veel aangedrongen op het *lijdelijke* in de godsvrucht : *men moet God volle vrijheid laten in ons te handelen, ons in zijn armen te dragen;* maar er wordt niet bijgevoegd, dat God zulks gewoonlijk slechts doet, wanneer

wij ons reeds geruimen tijd op werkzame godsvrucht hebben
toegelegd.

c) Wat de *middelen ter heiliging* betreft, wordt bijna uitsluitend gesproken over die eigen zijn aan den weg der vereeniging; bijv. de *methodische* meditatie (*afgebakende*, heet ze
daar) wordt afgekeurd; de *gespecificeerde* voornemens worden
verworpen, omdat ze de eenheid van het geestelijk leven
verstoren; het *gewetensonderzoek tot in onderdeelen* afdalend,
moet vervangen worden door een eenvoudig, kort overzicht.
Hier wordt echter uit het oog verloren dat de beginnenden
in den regel niet tot het eenvoudig gebed komen dan door
het methodisch overwegen; dat zij bij het algemeen voornemen God uit geheel hun hart te beminnen, moeten bepalen,
hoe en waarin zij dit voornemen zullen uitvoeren; dat om hun
gebreken te kennen en te verbeteren, zij ze in bijzonderheden
moeten naspeuren. De beginnenden zijn vanzelf toch al zoo
zeer geneigd zich met een oppervlakkig, vluchtig overzicht
van hun leven tevreden te stellen, dat zij hierin niet gestijfd
mogen worden. Het gevolg zal zijn dat hun driften en gebreken altijd blijven bestaan.

In 't kort, in die boeken wordt te veel vergeten, dat er veel
halten te doorloopen zijn om te komen tot de vereeniging
met God en den staat van lijdelijkheid.

HOOFDSTUK III.

Buitengewone mystieke Verschijnselen.

1489. Bij het beschrijven der beschouwing
hebben wij niet gesproken over de *buitengewone
verschijnselen*, die daarbij, vooral na de extatische
vereeniging, voorkomen, zooals vizioenen, openbaringen, enz. Daar de duivel de werken Gods *naäapt*,
doen zich, bij de ware of valsche mystieken, ook
somtijds *duivelsche* verschijnselen voor. Daarom
zullen wij achtereenvolgens spreken over de verschijnselen door God en die door den duivel uitgewerkt.

Art. I. Buitengewone goddelijke
mystieke verschijnselen.

Men onderscheidt op dit gebied twee soorten van
verschijnselen : die van de *verstandelijke* orde en die

van de *psycho-physiologische* orde, dat is die inwerken op de ziel en op het lichaam tegelijk.

§ I. Verstandelijke verschijnselen van God afkomstig. [1]

Deze verschijnselen worden voornamelijk tot twee teruggebracht : **bijzondere openbaringen** en **onverdiend gegeven genaden.**

I. *Bijzondere openbaringen.*

Wij zullen haar 1° *natuur* en 2° de *regels* aangeven, ten einde de *ware* openbaringen van de *valsche* te onderscheiden.

1° NATUUR DER BIJZONDERE OPENBARINGEN.

1490. A) Verschil tusschen de bijzondere en de algemeene openbaringen. Wij spreken in 't algemeen van een goddelijke openbaring, wanneer God op bovennatuurlijke wijze een verborgen waarheid bekend maakt. Dit nu kan geschieden *tot heil der gansche Kerk* of alleen *tot nut van diegenen welke er mede begunstigd worden.* In het eerste geval, hebben wij een *algemeene*, in het tweede een *bijzondere* openbaring. Over deze laatste handelen wij thans.

Bijzondere openbaringen zijn ten allen tijde voorgekomen ; de voorbeelden in de H. Schrift en de heiligverklaringsprocessen gegeven bewijzen het. Deze openbaringen behooren niet tot den geloofsschat, welke uitsluitend bestaat uit de geloofswaarheden in het geschreven en overgeleverd woord Gods vervat en door de Kerk te gelooven voorgehouden. De bijzondere openbaringen zijn dus geen

---

[1] H. THERESIA, *Leven*, XXV-XXX ; *Kasteel*, 6e Verblijf; H. JOANNES V. H. KRUIS, 2e B., XXI-XXX ; BENEDICTUS XIV, *De Beatific.*, l. IV, P. I; POULAIN, *Grâces d'oraison*, XX-XXIII; A. SAUDREAU, *L'état myst.*, XVII-XXI; GARRIGOU-LAGRANGE, *Perfect. et Contempl.*, t. II, p. 536-562; MGR FARGES, *Phén. mystiques*, II P.

geloofsartikelen. Keurt de Kerk ze goed, dan verplicht zij niet die te gelooven, doch, zooals Benedictus XIV [1] zegt, laat zij toe, dat zij bekend gemaakt worden tot onderwijzing en stichting der geloovigen. De betuigde instemming is dus geen akt van katholiek, maar van menschelijk geloof; men neemt ze aan, omdat ze waarschijnlijk en geloofbaar zijn. Zonder kerkelijk verlof mogen geen bijzondere openbaringen in druk verspreid worden. [2]

Vele godgeleerden evenwel meenen, dat alwie met deze openbaringen begunstigd worden, alsook diegenen, aan wie God ze laat mededeelen, ze met een waar geloof mogen aannemen, mits zij de zekere bewijzen harer waarachtigheid bezitten.

1491. B) Hoe geschieden deze openbaringen? Op drie onderscheiden wijzen : door *vizioenen*, door *bovennatuurlijke woorden*, door *goddelijke beroering*.

a) Het **vizioen** is een bovennatuurlijke waarneming van een voorwerp, dat door den mensch natuurlijker wijze niet gezien kan worden. Het is dan alleen een openbaring, wanneer het verborgen waarheden ontdekt. — Er zijn drie soorten van vizioenen : *zintuiglijke*, *in de verbeelding verwekte* en zuiver *verstandelijke*.

1) Bij de *zintuiglijke* of *lichamelijke* vizioenen, ook *verschijningen* genaamd, nemen de zinnen een objectieve werkelijkheid waar, die door den mensch op natuurlijke wijze niet kan gezien worden. Het is. geen vereischte, dat hetgeen wordt waargenomen een lichaam zij van vleesch en bloed, het is voldoende, dat het onder de zinnen valt.

Algemeen wordt, met den H. Thomas, aangenomen, dat, na zijn Hemelvaart, Christus *in persoon* hoogst zelden ver-

---

[1] *De Serv. Dei beatif.*, l. II, c. 32, n. 11 : "Siquidem hisce revelationibus taliter approbatis, licet *non debeatur nec possit adhiberi assensus fidei catholicæ*, debetur tamen *assensus fidei humanæ*, juxta prudentiæ regulas, juxta quas nempe tales revelationes sunt *probabiles pieque credibiles*".

[2] Decreet van Urbanus VIII, 13 Maart 1625 en van Clemens IX, 23 Mei 1668.

schenen is. Hij verschijnt dus gewoonlijk alleen in een zichtbare gedaante, die zijn wezenlijk lichaam niet is. De verschijningen in de Eucharistie, zegt de H. Thomas, kunnen op twee
manieren worden verklaard : door een bovennatuurlijke
indrukking in het gezichtsorgaan (wat het geval is, wanneer
Hij zich slechts aan één laat zien), of door de vorming van
een waarneembare gedaante in de omringende lucht, gedaante
onderscheiden van het eigen Lichaam van Christus, want,
voegt hij er bij : Christus' Lichaam kan in zijn eigen gedaante
slechts gezien worden op de ééne plaats, waar het voorgoed is. [1]

Wat hier van Christus gezegd is, geldt ook van de
H. Maagd Maria. Toen Zij dus te Lourdes verscheen, bleef
haar lichaam in den hemel; op de plaats der verschijning
was er alleen een zichtbare gedaante, die Haar voorstelde.
Zoo wordt ook verklaard, hoe Zij nu in deze, dan weer in een
andere gedaante verschijnt.

1492. 2) De *verbeeldingsvizioenen* zijn die, welke
door God of de Engelen, in wakenden toestand of
tijdens den slaap, in de verbeelding worden voortgebracht. Meerdere malen verschijnt aldus een
Engel aan den H. Joseph in een droom. De
H. Theresia spreekt van vele vizioenen der verbeelding, waarin zij in wakenden toestand de menschheid van Christus aanschouwde. Deze vizioenen
gaan menigmaal vergezeld van een verstandelijk
gezicht, dat de eerste verklaart. Somtijds doorloopt
men tijdens het vizioen ver verwijderde streken. In
dit geval kan men meestal spreken van vizioenen
der verbeelding.

1493. 3) De *verstandelijke* vizioenen zijn die,
waarin de geest een geestelijke waarheid ziet, zonder
gevoelige vormen, zooals bijv. het vizioen der
H. Drievuldigheid, dat de H. Theresia had, n. 1473.
Dit gebeurt door reeds bestaande denkbeelden, die
God verbindt of wijzigt, of wel door andere ingestorte

---

[1] *Sum. Th.*, III, q. 76, a. 8. — Dit moeten wij ook besluiten uit het
13e *Verslag* van de H. Theresia : " Ik begreep uit sommige dingen, die
Hij mij zeide, dat Hij, na zijn Hemelvaart, nimmer op aarde is afgedaald om met de menschen om te gaan, dan alleen in het Allerheiligste
Sacrament ".

kenbeelden, die de goddelijke dingen beter dan de
bestaande denkbeelden voorstellen. Deze vizioenen
zijn somtijds duister en geven enkel de tegenwoordigheid van het voorwerp te kennen; somtijds
ook zijn ze helder, doch van zeer korten duur. Ze
zijn dan als een intuïtie en laten een diepen indruk
achter, zegt de H. Theresia.

Die vizioenen kunnen ook gemengd zijn. Zoo was
dat van Paulus op den weg van Damascus *zin-
tuiglijk* : hij *zag* een hel schitterend licht en *hoorde*
hemelsche woorden; het was een *inwendige voorstelling* : in zijn *phantasie* zag hij de trekken van
Ananias; het was tevens *verstandelijk* : hij *begreep*
Gods wilsbeschikkingen over hem.

1494. b) De bovennatuurlijke woorden zijn
openbaringen van Gods gedachte, en worden gehoord door de uitwendige zintuigen, door de inwendige zinnen of onmiddellijk door het verstand.
Klinken die woorden in de ooren, dan geschiedt dit
op bovennatuurlijke wijze verwekte luchttrillingen.
Wanneer zij gehoord worden in de phantasie, dan
zijn zij voorstellingsbeelden; wanneer rechtstreeks
door het verstand, dan zijn zij verstandelijk [1].

1495. c) De goddelijke beroeringen zijn geestelijke gevoelens vol hemelsch genot in den wil,
alsof hij door Gods hand aangeraakt werd. Zij
storten tevens een heldere klaarheid in het verstand.

Deze beroeringen zijn tweevoudig : de *gewone* en de *wezenlijke*. Deze laatste worden aldus genoemd, omdat zij, hoewel
den wil rakend, zoo diep gaan, dat zij tot het eigen *wezen*
der ziel zelf schijnen door te dringen. Vandaar dat de mystieken zeggen een aanraking van zelfstandigheid met zelfstandigheid te hebben gevoeld. In werkelijkheid echter hebben
zij plaats in het subtielste deel van den wil en het verstand,
waar deze vermogens in de zelfstandigheid zelve der ziel
wortelen. Het zijn echter de *vermogens*, die deze indrukken

---

[1] De H. Joannes van het Kruis behandelt deze drie soorten breedvoerig in *de Bestijging van den Carmel*, t. II, 26-29ᵉ H.

●ndergaan, en niet de zelfstandigheid. Aldus de H. Thomas ¹.
Dit subtielste deel van den wil wordt door de mystieken het
hoogste punt van den geest, het toppunt van den wil of ook
het diepste der ziel genoemd.

**1496. C) Gedragslijn ten opzichte dezer bui-
tengewone genaden.** De groote mystieken leeren
eenstemmig, dat men deze *buitengewone* gunsten
noch verlangen, noch vragen moet. Zij zijn immers
niet noodzakelijk om de vereeniging met God te
bereiken, ja zij kunnen somtijds, om onze verkeerde
neigingen, zelfs eerder een beletsel zijn. Hierover
zegt de H. Joannes van het Kruis : Dit verlangen
naar openbaringen schaadt het eenvoudig geloof,
bevordert een gevaarvolle nieuwsgierigheid, die tot
zelfmisleiding voert, het vervult den geest met
ijdele droombeelden, duidt menigmaal op gebrek
aan nederigheid en onderwerping aan Christus :
heeft Hij ons niet alles gegeven wat tot onze zaligheid noodig is?

Hij stelt zich dan ook hevig te weer tegen de onervaren
biechtvaders, die het verlangen naar vizioenen in de hand
werken : " Zij moedigen hun penitenten aan, zegt hij, om
zich op de een of andere manier met die vizioenen bezig te
houden, wat de zielen belet te wandelen in den zuiveren, volmaakten geest des geloofs. Zij brengen haar geen stichting en
versterking bij in het geloof, maar voeren lange gesprekken
over die vizioenen. Zij geven haar aldus te verstaan, dat zij er
genoegen en belang in stellen en van hun kant doen de penitenten eveneens. Dientengevolge worden die zielen, vol van
dergelijke indrukken, niet meer door het geloof bezield. Van
die gevoelige dingen zijn ze niet meer los, niet meer
onthecht... Waar blijft haar *nederigheid*, wanneer een ziel dat
voor iets goeds begint te houden en zich zelfs verbeeldt, dat
God bijzonder belang in haar stelt?... Wanneer dergelijke
biechtvaders te doen hebben met zielen aan wie God openbaringen doet, maken zij hiervan gebruik om haar bemiddeling
te vragen, ten einde van God dit of dat te weten te komen
voor hen of voor anderen. Die zielen zijn dan onnoozel
genoeg om zulken dienst op zich te nemen... De waarheid is,

---

¹ Ia IIæ, q. 113, a. 8; *de Veritate*, q. 28, a. 3. Cf. GARRIGOU-LAGRANGE,
op. cit., p. 560.

dat God hiermede niet gediend is en het op geenerlei wijze verlangt " [1].

Bij de vizioenen kan veel zinsbedrog voorkomen. 't Is derhalve noodig eenige regels te geven ten einde de ware van de valsche te onderscheiden.

2° REGELS TOT ONDERSCHEIDING DER OPENBARINGEN.

1497. Om de ware openbaringen duidelijk te onderscheiden en het menschelijke, dat er onder schuilt, te kunnen zien, is het noodig eenige zoo nauwkeurig mogelijke regels aan te wijzen van toepassing op *dengene, die zegt openbaringen te hebben*, op het *geopenbaarde*, op de *gevolgen, die er uit voortspruiten*, op de *teekenen, waarvan de openbaring vergezeld gaat.*

A) *Regels ten opzichte van die openbaringen ontvangt.*

1498. God kan ongetwijfeld openbaringen doen aan wie Hij wil, zelfs aan zondaars, maar doet het *gewoonlijk* slechts aan hen, die Hem niet alleen vurig beminnen, doch reeds tot den *mystieken staat* gekomen zijn. Daarenboven is het ook, ter verklaring der echte openbaringen, noodig de goede en slechte hoedanigheden te kennen van de personen, die zich daarmede begunstigd meenen. Dus moet men hun *natuurlijke* en *bovennatuurlijke* hoedanigheden bestudeeren.

a) **Natuurlijke hoedanigheden :** 1) zijn die personen, ten opzichte van hun *gestel*, normaal, evenwichtig of onderhevig aan zielszwakte of hysterie? Men moet vanzelf ten zeerste op zijn hoede zijn voor de zoogenaamde openbaringen van personen, die door hun aanleg ontvankelijk zijn voor zinsbegoocheling.

2) Zijn ze, ten opzichte van hun *geest*, begaafd met gezond verstand en oordeel of geëxalteerd en

---

[1] *De Bestijging van den Carmel*, 2e B. 16e h.

overgevoelig? Ontwikkeld of onwetend? Waar zijn ze onderwezen? Is hun geest verzwakt ten gevolge eener ziekte of door lang vasten?

3) Zijn ze, onder *zedelijk* opzicht, volkomen te vertrouwen in hun woorden of gewoon te overdrijven, somtijds zelfs maar wat te verzinnen? Zijn ze kalm of vurig van aard?

Het antwoord op deze vragen is natuurlijk nog geen beslissend antwoord op de vraag, of er werkelijk sprake is van een ware openbaring, maar toch zal het licht bijbrengen om te beoordeelen, welke waarde men hechten kan aan het zeggen der zieners.

1499. b) **Bovennatuurlijke hoedanigheden.** Hier moet men nagaan 1) of het personen zijn van *degelijke, lang beproefde deugd*, of alleen maar van een min of meer gevoelige godsvrucht; 2) of zij *in diepe nederigheid gevestigd zijn*, of veeleer altijd op den voorgrond willen treden en den mond vol hebben van hun geestelijke gunsten. De nederigheid toch is de toetssteen der ware heiligheid; ontbreekt zij, dan zijn die openbaringen zeer verdacht. 3) of zij hun openbaringen aan hun biechtvader bekend maken, in plaats van er met anderen over te spreken; of zij gewillig zijn raadgevingen opvolgen; 4) Of zij de *passieve beproevingen* en de eerste trappen der beschouwing reeds voorbij zijn; vooral of zij *extasen in het leven* hebben, dat wil zeggen, of zij de deugden in heldhaftigen graad beoefenen; immers God is gewoon met die vizioenen slechts volmaakte zielen te begunstigen.

1500. Ook hier moet er dezelfde opmerking bij : het aanwezig zijn dezer goede hoedanigheden is wel geen bewijs voor de echtheid eener openbaring, doch maakt het getuigenis der betrokken personen toch geloofwaardiger, terwijl het afwezig zijn, zonder juist de valschheid eener openbaring aan te toonen, deze toch minder waarschijnlijk maakt.

Overigens kunnen deze inlichtingen bijdragen om gemakkelijker de *leugens* of *inbeeldingen* der vermeende zieners te ontdekken. Er zijn inderdaad personen, die, uit hoogmoed en om gewichtig te schijnen, vrijwillig voorwenden geestverrukkingen en vizioenen te hebben ¹. Ook zijn er in nog grooter aantal, die door een levendige verbeelding misleid, hun eigen gedachten voor vizioenen en inwendige woorden houden ².

B. *Regels ten opzichte van het geopenbaarde.*

1501. Hierop dient vooral de aandacht gevestigd te worden, omdat iedere openbaring, die tegen geloof of zeden is, onverbiddelijk moet verworpen, zooals alle Kerkleeraars verklaren, volgens het woord van S. Paulus : " Wanneer wijzelf of zelfs een engel uit den hemel u een ander evangelie zou verkondigen, dan wij u verkondigd hebben, hij zij vervloekt! " (Gal. I. 8). God toch kan zich niet tegenspreken, noch iets openbaren in strijd met wat zijn Kerk leert — Vandaar dus :

a) beschouwe men als valsch iedere openbaring, welke *tegen een geloofswaarheid ingaat*, zooals die der spiritisten, bijv., waarin verschillende dogma's, vooral de eeuwigheid der straffen van de hel, worden ontkend. — Hetzelfde mag men besluiten,

---

¹ Tot de eerste categorie behoorde bijv. Magdalena, claris van Cordova, die, na zich als kind reeds aan den duivel overgegeven te hebben, op 17 jarigen leeftijd in het klooster trad. Met behulp van den boozen geest, vertoonde zij alle mystieke verschijnselen, extasen, wondteekenen, openbaringen en voorzeggingen, die meermalen verwezenlijkt werden. Eindelijk, in 1546, door de genade geraakt, bekende zij voor de Inquisitie door heiligschennende listen de openbare meening misleid te hebben. Zij bracht de rest van haar leven als boetelinge in een ander klooster door. — Zie *Leven van de H. Theresia*, naar de Bollandisten, bl. 76.

² Tot de tweede soort behooren die, waarvan de H. Theresia meermalen spreekt : " Er zijn lieden — ik heb er niet drie of vier, maar een groot aantal gekend — die zwak van hersens of te levendig van oordeel, of ik weet niet om wat reden, hun phantasie zoo vol hersenschimmen hebben, dat zij inderdaad alles wat zij denken, ook wezenlijk meenen te zien. " (*Kasteel*, 6e Verblijf, 9e hoofdst.)

wanneer zij in strijd is met de leer algemeen door de H. Vaders en door de godgeleerden onderwezen, omdat zij dan tegen de gewone leerwijze der Kerk zelve zou zijn.

Elke openbaring, bewerende een oplossing te geven in twistvragen, bijv. die tusschen Thomisten en Molinisten hangende, zou voor verdacht gehouden moeten worden : God is immers niet gewoon in zulke questies tusschenbeide te komen.

1502. b) Eveneens verwerpe men elk vizioen, dat *onzedelijk* of *onbetamelijk* zou zijn, zooals bijv. verschijningen van geheel ontkleede personen, platte of oneerbare taal, uitvoerige, in bijzonderheden afdalende beschrijving van schandelijke ondeugden, die het schaamtegevoel noodzakelijk moeten kwetsen [1]. Daar God uitsluitend tot heil der zielen openbaringen geeft, mogen Hem voorzeker niet zulke toegeschreven worden, welke juist in staat zijn tot de ondeugd op te wekken.

Krachtens dit zelfde principe moet men alle verschijningen verdacht noemen, die niet waardig, niet fatsoenlijk en vooral die bespottelijk zijn. Deze laatste duidt op menschen of duivelswerk. Van dit soort waren de verschijnselen van het kerkhof Saint Médard.

c) Ten slotte mag men niet als van God komend die verzoeken en opdrachten beschouwen, welke *onmogelijk uitgevoerd kunnen worden* buiten den gewonen loop der Voorzienigheid en den bovennatuurlijken bijstand, dien God gewoon is te geven : God vraagt het onmogelijke niet [2].

---

[1] In het midden der 19ᵉ eeuw wist een zienster, Cantianille genaamd, het vertrouwen te winnen van een vromen bisschop, die haar zoo genaamde openbaringen uitgaf, waarin een ergelijke beschrijving werd geleverd van het zedelijk leven zijner priesters. Het gevolg was, dat hij weldra moest aftreden. (POULAIN, *op. cit.*, 22ᵉ h.)

[2] In het leven van de H. Catharina van Bologna wordt verhaald, dat de duivel haar soms verscheen in de gedaante van den Gekruiste en haar, onder voorwendsel van volmaaktheid, onmogelijke dingen oplegde, met het doel haar wanhopig te maken. (*Vita altera*, cap. ll, 10-13, *Bollandisten*, 9 Maart)

C) *Regels ten opzichte van de gevolgen der openbaringen.*

1503. Aan de vruchten kent men den boom ; aan de *uitwerkselen*, in de ziel voortgebracht, kan men dus de openbaringen eveneens kennen.

a) Een vizioen van goddelijken oorsprong veroorzaakt eerst een gevoel van verbazing en vrees, dat spoedig door een *diep gevoelde, bestendige kalmte, vreugde en rust* gevolgd wordt. Komt het echter van den duivel, dan is het juist het tegenovergestelde : in den beginne geeft het vreugde, doch weldra *verwarring, droefheid, moedeloosheid.* Zoo zoekt de duivel de zielen tot val te brengen. Aldus de H. H. Ignatius en Theresia.

1504. b) De *ware* openbaringen bevestigen de ziel in de deugden van ootmoed, gehoorzaamheid, geduld, onderwerping aan Gods wil ; de *valsche* voeren tot hoogmoed, zelfvertrouwen, ongehoorzaamheid.

De H. Theresia [1] zegt : " Deze genade werkt in zeer hoogen graad *beschaming* en *nederigheid* uit, maar de werking van den duivel zou juist het omgekeerde doen. Het is zoo duidelijk dat zij van God komt... dat de begunstigde ziel onmogelijk er iets goeds in kan ontdekken, dat haarzelf toebehoort. Alles zegt haar, dat het een gave Gods is. De schatten, waarmede deze gunst de ziel vervult, en haar inwendige uitwerkselen laten niet toe die genade aan droefgeestigheid toe te schrijven. De duivel zou evenmin zulk groot goed kunnen uitwerken ; *de ziel zou zoo diepen vrede niet smaken, zoo standvastig niet verlangen God te behagen, zoo groote minachting niet hebben voor alwat niet tot God geleidt*".

1505. c) Mag men *teekenen vragen* tot bevestiging der echtheid van bijzondere openbaringen? **a**) Wanneer het een gewichtige zaak betreft, mag men het doen, doch *in alle nederigheid* en *in volle onderwerping :* indien het God goeddunkt. Hij is immers niet gehouden mirakelen te doen om de

---

[1] *Kasteel*, 6e Verblijf, 8e H.

waarheid dier openbaringen te bewijzen. **b**) Vraagt men teekenen, dan late men Hem de keuze. De pastoor van Lourdes had aan de verschijning laten vragen een rozenstruik midden in den winter te doen bloeien. Dit teeken werd niet gegeven, doch de Onbevlekte Maagd liet een wonderdadige bron ontspringen, die zielen en lichamen zou genezen. **c**) Wanneer het gevraagde teeken gegeven is en erkend is als echt en als verband houdend met de verschijning, dan heeft men een ernstig bewijs voor haar waarachtigheid.

D) *Regels om het ware van het valsche in de bijzondere openbaringen te onderscheiden.*

1506. Een openbaring kan in hoofdzaak waar zijn, maar in ondergeschikte punten dwalingen bevatten. God doet geen mirakelen zonder reden en neemt de vooroordeelen of dwalingen, waaraan de geest der zieners wellicht onderhevig is, niet weg. Wat Hij beoogt is hun *geestelijk welzijn*, niet hun verstandelijke ontwikkeling. Dit zullen wij nog beter begrijpen door in bijzonderheden de voornaamste oorzaken van dwalingen of vergissingen na te gaan, die in eenige bijzondere openbaringen voorkomen.

a) De eerste reden is, dat *met de bovennatuurlijke werking Gods tegelijk* de *menschelijke werking* zich doet gelden, vooral bij hen, die zeer levendig zijn van verbeelding en geest.

1) Zoo vindt men in bijzondere openbaringen de dwalingen terug, die in dien tijd bestonden ten opzichte van de *natuurlijke* of *historische wetenschappen*. De H. Francisca Romana bijv. zegt, dat zij een kristallen hemel zag tusschen den sterrenhemel en den hoogsten hemel en dat het blauw van het uitspansel bij den sterrenhemel behoort. — Maria van Agreda meende door openbaring te weten, dat de elf hemelen (van Ptolomeus) opengingen uit eerbied voor het Woord, dat mensch ging worden [1].

---

[1] *La ciudad mistica*, p. II, n. 128; p. I, n. 122.

2) Men vindt er nog de ideeën en soms de vooroordeelen of de zienswijze van de biechtvaders der ziensters. Volgens de meening harer zielsbestuurders, geloofde de H. Coleta [1] te zien, dat de H. Anna driemaal getrouwd was geweest en haar met haar talrijke familie kwam bezoeken. Somtijds spreken de dominikaansche of franciskaansche Heiligen in haar vizioenen volgens de eigen leer der respectieve Orden [2].

3) Eveneens kunnen *historische onnauwkeurigheden* in de openbaringen binnensluipen. God is niet gewoon geringe voorvallen of omstandigheden uit het leven van Christus of van de H. Maagd te openbaren, wanneer er weinig of geen voordeel voor de deugd uit voortkomt. Vele ziensters echter verwarren haar vrome overwegingen met openbaringen en geven bijzonderheden, getallen, datums, die in strijd zijn met vaststaande geschiedkundige gegevens of met andere openbaringen. In de verschillende verhalen van het Lijden komen kleine bijzonderheden voor, in vizioenen zoogenaamd medegedeeld, die onderling of met de beste geschiedschrijvers in tegenspraak zijn. (Denk hier bijv. aan het aantal geeselslagen van Christus.)

1507. b) Ook kan een ware openbaring *verkeerd verstaan* worden.

Toen bijv. de H. Jeanne d'Arc aan *haar stemmen* vroeg of zij verbrand zou worden, werd haar geantwoord dit aan God over te laten, die haar helpen en door een groote triomf verlossen zou. Zij nu meende, dat die triomf haar bevrijding uit de gevangenis beteekende, terwijl er juist haar veroordeeling, marteldood en intrede in den hemel mee bedoeld werden. — De H. Norbertus had verklaard, met volstrekte zekerheid door een openbaring te weten, dat de *antichrist* in den toenmaligen tijd (12ᵉ eeuw) zou komen. De H. Bernardus [3] was het er niet mee eens en bracht zooveel redenen bij, dat Norbertus zeide, dat hij ten minste niet zou sterven zonder een algemeene vervolging in de Kerk te zien. — De H. Vincentius Ferrerius had het *laatste oordeel* als nabijzijnde aangekondigd en scheen die voorspelling door mirakelen te bevestigen [4].

---

[1] BOLLANDISTEN, 25 Mei, p. 247.

[2] Benedictus XIV *(De Beatific.*, l. III, c. LIII, n. 16) bespreekt een extase van de H. Catharina van Siëna, tijdens welke de H. Maagd haar zou gezegd hebben, dat Zij niet onbevlekt was.

[3] S. BERNARDUS, *Brieven*, LVI.

[4] P. FARGES, O. P., in zijn werk *Histoire de S. V. Ferrier*, verklaart het als een *voorwaardelijke* voorzegging, gelijk aan die van Jonas over Ninive; de wereld werd gespaard, zegt hij, juist om de talrijke bekeeringen door den Heilige bewerkt.

1508. c) Een openbaring kan zonder opzet gewijzigd geworden door den ziener zelven op het oogenblik dat hij er een verklaring van geven wil, of wat nog meer zal gebeuren, door degenen, aan wie hij ze dicteert.

De H. Brigitta bekent zelf, dat zij somwijlen haar openbaringen wijzigde, ten einde ze begrijpelijker te maken [1]; de bijgevoegde uitleggingen zijn evenwel niet vrij van dwalingen en onjuistheden. Men neemt heden ook aan, dat zij, die de openbaringen van Maria van Agreda, Catharina van Emmerich en Maria Lataste opteekenden, ze daarna zoo gewijzigd hebben, dat het onmogelijk is te weten, wat oorspronkelijk en wat veranderd is. [2]

Om al deze redenen kan men dus niet behoedzaam genoeg zijn bij het onderzoeken der bijzondere openbaringen.

BESLUIT : GEDRAGSLIJN TEN OPZICHTE
DER BIJZONDERE OPENBARINGEN.

1509. a) Wij kunnen niet beter doen dan de *wijze terughoudendheid der Kerk en der Heiligen na te volgen*. De H. Kerk immers neemt geen openbaringen aan dan die goed en deugdelijk bewezen zijn, en dan nog verplicht zij de geloovigen niet ze te gelooven. Gaat het over de instelling van een feest of van een uitwendige stichting, dan stelt zij lange jaren haar uitspraak uit, en neemt pas een beslissing na van alle kanten de zaak rijpelijk onderzocht en aan de geloofsleer en de liturgie getoetst te hebben.

De H. Juliana van Luik, door God uitverkoren om het feest van het H. Sacrement te doen instellen, onderwierp haar plan pas aan het oordeel der godgeleerden, toen reeds twee en twintig jaren sedert haar eerste vizioenen verloopen waren.

---

[1] Revelationes supplem., caput 49.
[2] In de werken van Maria Lataste komen passages voor, die letterlijk vertaald zijn uit de Summa van den H. Thomas.

Weer verliepen zestien jaar, vóór de bisschop van Luik het feest in zijn bisdom invoerde en slechts zes jaren na den dood der Heilige schreef Paus Urbanus het voor de geheele Kerk voor (1264). Ook het feest van het H. Hart werd pas geruimen tijd na de openbaringen aan de H. Margaretha Maria en om redenen onafhankelijk van die openbaringen zelf, ingesteld.

Dit is voor ons een les, die wij moeten behartigen.

1510. b) Men mag zich dus voor de echtheid eener bijzondere openbaring dan slechts met *zekerheid* verklaren, wanneer de *overtuigende* bewijzen geleverd zijn. Welke bewijzen gevorderd worden, kan men vinden in het werk van Benedictus XIV over de *Heiligverklaringen.* Gewoonlijk moet men zich men één bewijs niet tevreden stellen, maar er meerdere vorderen; ook dient men te onderzoeken, of die bewijzen *overeenstemmen* en elkaar onderling bevestigen; hoe talrijker zij zijn, hoe meer zekerheid zij geven.

1511. c) Komt iemand mededeelingen doen omtrent openbaringen, dan wachte de biechtvader zich wel eenige *verwondering* te laten blijken. Deed hij dit, dan zou zoo iemand allicht geneigd zijn om die vizioenen terstond als echt te beschouwen, misschien zelfs om er zich over te verhoovaardigen. De biechtvader moet veeleer verklaren, dat al die vizioenen minder waarde hebben dan een deugdzaam leven; dat het gemakkelijk is zich iets in te beelden en men dus op zijn hoede dient te zijn en daarom, *in het begin, ze* eer te *verwerpen* dan ze als echt aan te nemen.

Deze gedragslijn wordt aangeraden door de Heiligen. De H. Theresia [1] schrijft : " Het is altijd goed wantrouwend te zijn, hetzij men met zieke of met gezonde zielen te doen heeft, totdat men zekerheid heeft, welke geest werkt. Daarom zeg ik, dat het aan te raden is zich in het begin altijd te verzetten. Komen die uitwerkingen van God, dan zullen ze nog beter doorgaan, want door de beproeving nemen ze toe in plaats

---

[1] *Kasteel,* 6e Verblijf, 3e h.

van te verminderen. Dit is de zuivere waarheid. Maar, van
den anderen kant mag men de ziel niet te veel dwang opleggen noch ongerust maken, want het is buiten twijfel, dat zij
er niets aan kan doen ". De H. Joannes van het Kruis drukt
zich nog krachtiger uit. Na op de zes groote nadeelen gewezen te hebben voortkomend uit het gereedelijk aannemen dier
vizioenen, voegt hij er bij : " De duivel ziet niets liever dan
dat een ziel de openbaringen zoekt en er naar verlangt. Dan
vindt hij alle gelegenheid om haar zijn valsche begrippen in
te geven en het geloof te verzwakken, zoodat zij door die
zucht naar openbaringen meestal blootgesteld is aan buitensporigheden en zware bekoringen ". [1]

1512. d) Niettemin moet de biechtvader de personen, welke openbaringen meenen te hebben, met
zachtheid behandelen. Daardoor zal hij hun vertrouwen winnen en beter de omstandigheden leeren
kennen, om, na rijp onderzoek, zijn oordeel te
kunnen vormen. Lijden die personen aan inbeelding,
dan zal hij des te meer gezag en invloed op hen
hebben om ze voor te lichten en uit hun dwaling te
helpen.

Aldus waarschuwt de H. Joannes van het Kruis [2], die anders ten opzichte der vizioenen zoo veeleischend is : " Met
allen ernst hebben wij den nadruk gelegd op de noodzakelijkheid zich te ontdoen van vizioenen en openbaringen, er bij-
voegende, dat de biechtvaders de zielen er van moeten afwenden in plaats van er met haar over te spreken, maar dit
wil niet zeggen, dat zij hard moeten optreden en met minachting elke mededeeling daaromtrent moeten afwijzen. Zoo
sluit men den toegang af tot alle vertrouwelijkheid ; de zielen
worden benauwd en gesloten, zoodat zij niets meer zeggen,
waaruit slechts ellende kan voortkomen ".

1513. e) Handelen die openbaringen over een
uitwendige instelling of *stichting*, dan moet de biechtvader zich wel wachten die aan te moedigen, vooraleer hij met alle zorg het voor en tegen in het licht
der bovennatuurlijke voorzichtigheid beschouwd en
onderzocht heeft.

---

[1] *De Bestijging*, 2e B., 10e h., dat in zijn geheel verdient gelezen te
worden.
[2] *De Bestijging*, 2e B., 20e h.

Zoo handelden de Heiligen : de H. Theresia, die zoovele openbaringen ontving, wilde nooit, dat haar zielsbestuurders beïnvloed werden alleen door haar vizioenen. Toen bijv. Christus haar gezegd had het hervormde klooster van Avila te stichten, onderwierp zij nederig dat plan aan haren biechtvader. Daar deze aarzelde zich uit te spreken, raadpleegde zij de H. H. Petrus van Alcantara, Franciscus de Borgia en Ludovicus Bertrandus. [1]

De zieners zelf hebben maar één regel te volgen : hun openbaringen mededeelen aan een ervaren biechtvader en in alle nederigheid zijn voorschriften nakomen. Dit is het zekerste middel om niet te dwalen.

II. *Charismata.*

1514. De openbaringen, waarover wij spraken, worden, tot eigen voordeel van den begunstigde geschonken; de *charismata* worden het voornamelijk tot heiliging van anderen. Het zijn onverdiende, *ongewone, voorbijgaande* gaven, medegedeeld *voor het welzijn van anderen,* hoewel zij ook middellijk tot eigen heiliging kunnen bijdragen. De H. Paulus noemt ze genadegaven, charismata. In zijn eersten Brief aan de Corinthiers (XII) onderscheidt hij er *negen,* die alle van denzelfden Geest voortkomen :

1515. 1) Het woord der *wijsheid, sermo sapientiæ,* dat ons helpt om uit de geloofswaarheden, als uit princiepen, *gevolgtrekkingen* af te leiden, die de geloofsleer verrijken.

2) *Het woord der kennis, sermo scientiæ,* ten einde de menschelijke wetenschap te benutten tot verklaring der geloofswaarheden.

3) *De gave des geloofs, fides,* niet de deugd zelf, doch een bijzondere zekerheid in staat om wonderen te verkrijgen.

4) *De gave der genezing, gratia sanitatum,* om aan zieken de gezondheid te geven.

5) *Het werken van wonderen, operatio virtutum,* om aldus de goddelijke openbaring te bevestigen.

6) *De gave van voorzegging* of de gave om in den naam van God te onderwijzen en, zoo noodig, zijn onderwijzing door profetieën te bevestigen.

---

[1] *Het Leven v. d. H. Theresia,* vertaald door Th. Kwakman, bl. 118.

7) *De onderscheiding der geesten* of de ingestorte gave om de geheimen der harten te kennen en den goeden geest van den kwaden te onderscheiden.

8) *De gave der talen*. Bij S. Paulus wordt er door verstaan de gave om in een vreemde taal, als in geestverrukking, te bidden ; bij de godgeleerden echter de gave om verschillende talen te spreken.

9) *De vertolking der talen*, of vermogen om die verschillende talen te verklaren. [1]

Gelijk de H. Paulus, en na hem de H. Thomas, opmerkt, staan al deze geestesgaven veel lager dan de liefde en de heiligmakende genade.

§ II. Psycho-physiologische verschijnselen.

1516. Onder deze benaming worden die verschijnselen aangeduid, welke tegelijk op de ziel en het lichaam inwerken en in mindere of meerdere mate met de extase (N. 1454) samenhangen. De voornaamste verschijnselen zijn : 1° *het in de lucht zweven ;* 2° *het uitstralen van licht* en 3° *van welriekende geuren ;* 4° *de langdurige onthouding van alle voedsel ;* 5° *de stigmatisatie.*

I. *Het in de lucht zweven.*

1517. Het lichaam verheft zich boven den grond en blijft daar zonder natuurlijken steun. Men spreekt dan van *opstijgende* extase. Het lichaam stijgt somtijds zeer hoog; andere malen schijnt het snel te loopen zonder den grond te raken. In het eerste geval spreekt men van *extatische vlucht*, in het laatste van *extatischen gang*.

In het leven van vele Heiligen komen gevallen van opzweving voor, zooals men zien kan bij de Bollandisten en in het Brevier ; bijv. de H. Paulus van het Kruis, 28 April,

---

[1] Het is wel de moeite waard het artikel te lezen, waarin de H. Thomas deze verschillende gaven samenvat en aantoont van hoe groot nut ze zijn voor den geloofsprediker : 1) Zij geven hem een vollediger kennis van het goddelijke, 2) Zij stellen hem in staat om zijn leer door mirakelen te bevestigen en 3) het woord Gods met meer vrucht te verkondigen. (Iª IIæ, q. 111, a. 4).

de H. Philippus Nerius, 26 Mei, de H. Stephanus van
Hongarije, 2 September, de H. Joseph van Cupertino,
18 September, de H. Petrus van Alcantara, 19 October,
de H. Franciscus Xaverius, 3 December, enz. Een der meest
beroemden is de H. Joseph van Cupertino, de *vliegende
Heilige*. Zekeren dag werklieden ziende die vergeefsche
moeite deden om een zeer zwaar missiekruis op te richten,
verhief hij zich in de lucht, nam het kruis op en plantte het
zonder eenige inspanning op de bestemde plaats.

Een tegenovergesteld verschijnsel is dat van de *buitengewone zwaarte*, waardoor iemand met geen natuurlijke
kracht kan worden opgelicht.

1518. De rationalisten hebben het extatisch
opzweven trachten uit te leggen op een natuurlijke
wijze : door het overvloedig inademen van lucht,
door een onbekende kracht der ziel, door tusschenkomst van geesten of van zielen gescheiden van
het lichaam. Daaruit blijkt, dat zij geen raad weten
met dit verschijnsel. Veel wijzer is Benedictus XIV.
Hij eischt vooreerst, dat het feit degelijk bewezen
zij, om alle bedrog den pas af te snijden. Daarna
verklaart hij : 1) dat het extatisch opzweven, zoo
het als vaststaand bewezen is, niet natuurlijk kan
verklaard worden, 2) dat het nochtans de krachten
van den engel en van den duivel niet te boven gaat,
omdat zij de lichamen kunnen opheffen; 3) dat bij
de Heiligen dit verschijnsel als een vervroeging is
der gave van *vlugheid*, een eigenschap der verheerlijkte lichamen [1].

II. *Lichtuitstralingen.*

1519. De extase gaat somtijds vergezeld van
lichtuitstraling; nu eens is alleen het hoofd, dan
weer het geheele lichaam met licht omgeven.

Ook hier zullen wij in 't kort de leer van Benedictus XIV [2] aangeven. Voor alles moet men het
feit met al zijn omstandigheden onderzoeken, om

---

[1] *De Beatific.*, l. III, c. XLIX.
[2] *De Beatific.*, l. IV, P. I, c. XXVI, n. 8-30.

te zien, of het op natuurlijke wijze verklaard kan
worden.

In 't bijzonder zal men nagaan : 1) of het verschijnsel
plaats heeft bij vollen dag of des nachts ; in het laatste geval,
of het licht schitterender is dan alle ander licht ; 2) of het
alleen als een electrische vonk is of geruimen tijd aanhoudt
en dikwijls gebeurt ; 3) of het voorkomt tijdens een
godsdienstoefening, een extase, een preek, een gebed ; 4) of
genaderijke gevolgen, oprechte bekeeringen, enz. er door
ontstaan ; 5) of de persoon, aldus met licht omgeven, van
deugdzaam en heilig leven is.

Alleen na rijp onderzoek van al deze bijzonderheden, is het mogelijk zich een oordeel te vormen
omtrent het bovennatuurlijke dezer feiten. — Ook
hier mag men spreken van een vervroeging der
klaarheid, eveneens een eigenschap der verheerlijkte
lichamen.

III. *Welriekende geuren.*

1520. Somtijds laat God het lichaam der Heiligen, tijdens hun leven of na hun dood, een welrie-
kenden geur verspreiden, ten teeken van den *goeden
geur* hunner deugden.

Dit wordt medegedeeld van den H. Franciscus van Assisië
na de indrukking der wondteekenen. Het water, waarmede
het lijk van de H. Theresia werd gewasschen, bleef welrie-
kend ; een geheimzinnige geur steeg negen maanden lang op
uit haar graf ; toen dit geopend werd, bevond men, dat een
welriekende olie uit haar lichaam vloeide [1]. Zoo worden nog
vele dergelijke feiten aangehaald.

Benedictus XIV geeft aan, hoe men het wonderbare van dit feit kan vaststellen. Men onderzoeke :
1) of die welriekende geur blijvend is ; 2) of er niets
is, bij het lichaam of in de omgeving, waardoor hij
kan ontstaan ; 3) of er mirakelen hebben plaats
gehad door het gebruik van de olie, die uit het lijk

---

[1] Dit mirakel werd bij het proces der heiligverklaring aan een
nauwkeurig onderzoek onderworpen. Dit wees uit, dat er geen natuurlijke verklaring mogelijk was. (Bolland., 15 Oct., t. LV, n. 368, n. 1132).

vloeit, of van het water, waarmede het lichaam gewasschen werd [1].

IV. *Langdurige derving van voedsel.*

1521. Er zijn Heiligen, vooral onder de gestig-matiseerden, die gedurende vele jaren geleefd hebben zonder iets anders te nuttigen dan de H. Communie.

Dr. Imbert-Goubeire [2] haalt eenige bijzondere merkwaardige gevallen aan : " De Zal. Angela van Foligno bracht twaalf jaren door zonder voedsel, de H. Catharina van Siëna ongeveer acht, de Zal. Elisabeth van Rente meer dan vijftien, de H. Ludwina acht en twintig, de Zal. Catharina van Racconigi tien...; in den laatsten tijd, Rosa Andriani, acht en twintig... Louise Lateau veertien jaren ".

De Kerk is zeer gestreng bij het onderzoeken van dergelijke feiten. Zij eischt een onafgebroken toezicht gedurende geruimen tijd door talrijke getuigen, in staat om alle bedrog te ontdekken [3]. Deze getuigen moeten nagaan, of de onthouding *volkomen* is, of zij zich uitstrekt tot het drinken, zoowel als tot het eten, of zij blijvend is en eveneens, of de betrokken persoon zijn gewone bezigheden blijft waarnemen.

Verwant met dit verschijnsel is het *derven van slaap.* Zoo sliep de H. Petrus van Alcantara veertig jaren lang dagelijks niet meer dan anderhalf uur; de H. Catharina de Ricci sliep slechts één uur per week.

V. *De Stigmatisatie.*

1522. 1° **Natuur en oorsprong.** Dit verschijnsel bestaat in de indrukking der heilige wonden des Zaligmakers in de voeten, handen, zijde en hoofd. Zij verschijnen spontaan en niet ten gevolge van

---

[1] *De Beatific.*, l. IV, P. I, c. XXXI, n. 19-28.
[2] *La stigmatisation*, t. II, p. 183.
[3] BENED. XIV, *op. cit.*, l. IV, P. I, c. XXVII.

eenige uitwendige kwetsuur. Op bepaalde tijden vloeit er zuiver bloed uit.

De eerste gestigmatiseerde waarvan de geschiedenis spreekt, is de H. Franciscus van Assisië. Toen hij op een morgen omtrent het feest der Kruisverheffing, in Septem ber 1222, op den berg Alverna in gebed verzonken lag, zag hij den gekruisigden Christus in de gedaante van een Seraphijn nederdalen, die hem de heilige wondteekenen indrukte. Tot aan zijn dood behield hij die wonden, waaruit dikwijls overvloedig bloed vloeide. Franciscus deed al het mogelijke om dit mirakel verborgen te houden, wat hem slechts ten deele gelukte. Bij zijn dood, den 4 October 1226, werd het algemeen bekend. Sedert dien is de stigmatisatie dikwijls voorgekomen. Dr. Imbert geeft 321 gevallen, waarvan 41 bij mannen. 62 gestigmatiseerden zijn heilig verklaard.

1523. Het schijnt wel bewezen, dat de stigmatisatie uitsluitend voorkomt bij de *extatischen* en dat, vóór en tijdens de indrukking der wonden, *zeer hevige smarten* in lichaam en ziel geleden worden. God wil aldus de begunstigden gelijkvormig maken aan den lijdenden Jesus. Het afwezig zijn dier smarten zou een ongunstig teeken wezen : de wondteekenen zijn immers een symbool van de vereeniging met den goddelijken Gekruiste en van deelneming in zijn martelaarschap.

Het bestaan van de indrukking der wondteekenen is door zooveel getuigenissen bewezen, dat de ongeloovigen zelf het algemeen toegeven, maar zij trachten ze op natuurlijke wijze uit te leggen. Het is mogelijk, zoo beweren zij, dat sommige buitengewoon gevoelige personen door het bovenmatig opwekken der verbeelding, zoozeer beïnvloed worden, dat zij bloed zweeten, zoodat het is, alsof zij wondteekenen hebben. Doch de enkele kunstmatige gevallen, aldus voorgekomen, vertoonen al zeer weinig overeenkomst met de ware stigmatisatie.

1524. 2° **Teekenen om de ware stigmatisatie te onderscheiden** van de verschijnselen kunstmatig bij sommige personen te voorschijn geroepen.

1) De plaats der wondteekenen komt overeen met die, waar zij bij Christus zijn; het bloedig zweeten der gehypnotiseerden echter is niet op dezelfde wijze gelocaliseerd.

2) Gewoonlijk gaan de wonden weder open en worden de smarten hernieuwd op de dagen of tijden aan het herdenken van 's Heeren Lijden gewijd, zooals des Vrijdags of op een feest van Christus.

3) Deze wonden *etteren niet :* het bloed, dat er uit vloeit, is zuiver, terwijl bij de kleinste natuurlijke kwetsuur op een ander lichaamsdeel, ook bij de gestigmatiseerden, ettervorming plaats heeft. Zij *genezen niet*, ondanks alle gewone geneesmiddelen en blijven somtijds dertig, veertig jaar bestaan.

4) Er vloeit *overvloedig bloed* uit. Dit is verklaarbaar voor den eersten dag, maar wordt onverklaarbaar voor de volgende dagen. Het bovenmatig bloeden is ook daarom niet uit te leggen, wijl de wondteekenen meestal niet diep en daarbij ver van de groote bloedvaten zijn.

5) Ten slotte het groote kenmerk : de wondteekenen worden slechts aangetroffen bij personen, die *de deugden in den verhevensten graad beoefenen* en uitmunten door een groote liefde tot kruis en lijden.

Uit al deze omstandigheden blijkt duidelijk, dat wij niet met een gewoon ziekteverschijnsel te doen hebben, doch met een verstandelijke en vrije oorzaak, die op deze gestigmatiseerden inwerkt ten einde ze gelijkvormiger te maken aan den goddelijken Gekruiste.

BESLUIT : VERSCHIL TUSSCHEN DEZE
EN DE ZIEKELIJKE VERSCHIJNSELEN.

1525. De verschijnselen die met de extase samengaan zijn zoo wel bewezen, dat de positivisten ze niet kunnen ontkennen. Zij trachten alleen maar ze terug te brengen tot ziekelijke verschijnselen, voorkomende bij *zenuwlijders* en in 't bijzonder bij hysterischen; sommigen spreken zelfs van *krankzinnigheid*. — De Heiligen kunnen natuurlijk, evenals iedereen, onderhevig zijn aan ziekten. Doch daarover gaat het hier niet. Het komt er op aan te weten, of zij, ondanks hun ziekten, gezond en evenwichtig van geest zijn. Welnu, onder dit opzicht is er zulk een diepgaand verschil tusschen de mystieke verschijnselen en de zenuwkwalen en geestesziekten, dat iedereen, die redelijk nadenkt, het moet zien en alle overeenkomst moet ontkennen [1]. Dit verschil springt vooral in het oog, wanneer men onderling vergelijkt : 1° de *personen*, 2° de *verschijnselen*, 3° de *gevolgen*.

1526. 1° **Verschil tusschen de personen.** Lijders aan geesteszwakte zijn physiek en zedelijk uit hun evenwicht geslagen, terwijl de extatischen of mystieken, ten minste onder zedelijk oogpunt, volmaakt gezond zijn.

A) De eersten hebben hun *geestelijk*, zoowel als hun *natuurlijk evenwicht verloren*.

Men neemt bij hen een vermindering waar van denk- en wilskracht. Het bewustzijn is gestoord of geschorst, het opmerkingsvermogen neemt af, het begrip verstompt, het geheugen wordt verward ; zij worden als andere menschen, die nog slechts eenige altijd wederkeerende denkbeelden behouden. Men denkt aan een soort van manie die niet ver van krankzinnigheid verwijderd is. Tegelijkertijd is er verzwakking van den wil. Door gevoelsindrukken beheerscht, worden zij de speelbal hunner grillen of der suggesties van anderen, sterker dan zij. Men mag dus spreken van een verzwakking, van een vermindering van de verstandelijke en zedelijke vermogens, van de eigen persoonlijkheid [2].

1527. B) Hoe geheel anders bij de *mystieken!* Hun verstand en wil nemen beide juist toe in kracht en kunnen de grootste ondernemingen opvatten en uitvoeren. Zooals we reeds zagen, verkrijgen zij nieuwe kennis omtrent God, zijn eigenschappen, de geloofswaarheden en zich zelven. Zij kunnen wel is waar niet alles weergeven, wat zij

---

[1] Dit verschil wordt helder aangetoond zelfs door een ongeloovige als M. DE MONTMORAND *(Psychologie des Mystiques,* 1920), ofschoon hij deze verschijnselen aan zinsbegoocheling toeschrijft.

[2] Aldus in 't kort de kennerkende eigenschappen der geesteszwakken, door P. JANET aangegeven. *(L'automatisme psychologique,* 2e P., ch. III-IV.)

zien, doch verklaren in alle oprechtheid in eenige
oogenblikken van beschouwing meer geleerd te
hebben dan door lange studie. Die nieuwe kennis
toont zich door een zichtbaren voortgang in het
beoefenen der heldhaftigste deugden. Men ziet hen
inderdaad toenemen in nederigheid, liefde, onderwerping aan Gods heiligen wil, ook te midden van
het hevigst lijden, en daarbij altijd kalm en in onverstoorbare rust en vrede. Hoe ver staan zij boven
de heftige bewogenheid en stuiptrekkingen der
hysterischen!

1528. 2º **Verschil in de wijze,** waarop de verschijnselen zich voordoen.

A) Niets is zoo treurig, zoo weerzinwekkend, als
de hysterische toevallen.

1) In het eerste stadium gelijkt de hysterie op een lichten
aanval van epilepsie, doch onderscheidt er zich van door *het
gevoel van een bol, die in de keel naar boven komt;* dit gevoel
wordt veroorzaakt door een beklemmend opzwellen der keel ;
2) in het tweede stadium komen allerlei ordelooze bewegingen en krampachtige verwringingen van het geheele lichaam
voor ; 3) in het derde heftige uitingen van schrik, jaloerschheid, wulpschheid ; 4) ten slotte volgt een aanval van huilen
of lachen en keert de kalmte weder. De uitwerking van deze
toevallen is een overgroote uitputting en een algemeen
onwelzijn.

B) Bij de mystieken is alles anders ; geen stuiptrekkingen, geen heftige bewegingen, maar vredige
kalmte. Het is de vervoering eener ziel in innige
vereeniging met God. De getuigen worden hier niet
door weerzin maar door bewondering, aangegrepen,
zooals zij die Bernadette tijdens haar vizioenen bij de
grot Massabielle mochten aanschouwen. Daarbij doet
zich nog een ander onderscheid voor : het lichaam,
verre van uitgeput te geraken, ontvangt in de extase
nieuwe krachten, gelijk de H. Theresia getuigt,
n. 1456.

1529. 3º **Verschil van uitwerking.**

A) Hoe meer toevallen de hysterischen krijgen, hoe meer ook hun geestvermogens verward raken : een aangroeiende neiging tot veinzen en liegen, verdierlijking, wulpschheid, ziedaar de gevolgen, wanneer die toevallen, bij wijze van proefneming, worden opgewekt.

B) Bij de *mystieken* daarentegen ziet men juist heilrijke gevolgen : een steeds toenemende *groei* van verstand, van liefde tot God en den naaste. Bij het ondernemen van werken en stichtingen geven zij blijk van gezond verstand, van open blik en wils-kracht, zoodat juist zij geschikt zijn om groote zaken uit te voeren.

De H. Theresia stichtte, ondanks allerlei tegenstand, zestien kloosters voor vrouwen en veertien voor mannen. De H. Coleta stichtte er dertien en voerde de strenge tucht in zeer veel andere in. Mad. Acarie, die van haar zestiende jaar af extasen had, leefde dertig jaren in den huwelijken staat, voedde zes kinderen op en bracht haar familie, door de onvoorzichtigheid van haren man geruïneerd, wederom tot welstand. Weduwe geworden, werkte zij mede om den Carmel in Frankrijk in te voeren. De H. Catharina van Siëna, op twee en dertigjarigen leeftijd gestorven, kon lange jaren lezen noch schrijven en speelde toch een zoo gewichtige rol in de gebeurtenissen van haren tijd, voorname-lijk in den terugkeer der Pausen van Avignon naar Rome, dat een geschiedschrijver onzer dagen haar een staatsman en een groot staatsman genoemd heeft [1].

Derhalve is het, bij zulke tegenstelling, blijkbaar met alle regels der ware logica in strijd de hyste-rischen en de mystieken op één lijn te willen stellen.

1530. 4° *Opwerping*. Er blijft nog een laatste moeilijkheid op te lossen. Sommigen beweren met Ribot, dat door de extasen het bewustzijn geleidelijk verzwakt wordt, tot ten slotte een gevoels-manie ontstaat : de mystieken droomen van niets anders dan van innige vereeniging met God. Alvorens op deze in schijn moeilijk te weerleggen opwer-ping te antwoorden, willen wij er eerst op wijzen, dat er een tweevoudige zoogenaamde manie kan onderscheiden wor-

---

[1] EM. GEBHART, *Rev. hebdomadaire*, 16 Mars 1907.

den : een die *verwarring* brengt in het verstand en het
gezond oordeelen belet : zooals het idée fixe van den zelf-
moordenaar, die het niet als het hoogste goed gaat beschouwen; doch er bestaat ook een andere manie, een ander idée
fixe dat *orde* brengt, dat alle overige ideeën overheerscht,
doch zonder ze in verkeerde richting te sturen. In plaats van
de persoonlijkheid te verzwakken, versterkt het die. Dergelijk idée fixe heeft de groote staatsman; alles leidt hij daarheen; alles maakt hij daaraan ondergeschikt. Groote zaken
kan hij er door tot stand brengen, ten minste, zoo dat idée
fixe goed en juist is.

Welnu, dit is het geval bij de mystieken. Hun
alles beheerschende gedachte, hun idée fixe is naar
hun laatste einde te streven, dat is, naar de innige
vereeniging met God, bron van alle geluk en alle
volmaaktheid. Daarheen richten zij alle overige
gedachten, al hun gevoelens, al hun krachten. Dit
idée is volkomen goed en juist. Het verzwakt, het
verstrooit het goede niet, het verbindt integendeel
alle gedachten en alle handelingen, en richt ze naar
dat eene einddoel, dat alleen de volmaaktheid en
het geluk kan geven. Daarom zijn de Heiligen, ook
onder menschelijk oogpunt, groote werkers, vol
gezond oordeel, kracht en standvastigheid, die
groote zaken ondernemen en uitvoeren. Dit hebben
ook niet geloovigen erkend, zooals wij aangestipt
hebben, n. 43.

De rechtvaardigheid eischt dus te zeggen, dat de
mystieken hoogstaande mannen en tevens Heiligen
zijn.

ART. II. DUIVELSCHE VERSCHIJNSELEN.

1531. Vol verlangen de goddelijke werking in de
ziel der Heiligen na te bootsen, tracht de duivel
eveneens zijn heerschappij of liever zijn dwingelandij uit te oefenen over de menschen. Nu eens
belegert hij de ziel van buiten door vreeselijke bekoringen; dan weer *treedt hij in het lichaam* en
beweegt het naar willekeur, als ware hij er de
meester, om de ziel in verwarring te brengen. In

het eerste geval is het *obsessie* (duivelskwelling), in het tweede *possessie* (bezetenheid).

Bij het beoordeelen der werking van den duivel moet men zich wachten voor twee uitersten. Sommigen toch schrijven hem alle kwaad toe, dat ons overkomt. Zij vergeten, dat er in ons verkeerdheden zijn, waarin men geen enkelen duivelschen toeleg behoeft te zien : de slechte neigingen, uit de drievoudige begeerlijkheid geboren, zijn natuurlijke oorzaken, voldoende om vele bekoringen te verklaren. Anderen daarentegen, zonder te denken aan hetgeen de H. Schrift en de Overlevering ons over de werking des duivels zeggen, meenen de tusschenkomst van den boozen geest volstrekt te moeten ontkennen. Om het juiste midden te houden, dient men als regel te volgen : geen duivelsche verschijnselen aannemen dan alleen die, welke door hun buitengewonen aard of door alle bijkomende omstandigheden ontwijfelbaar het werk des duivels aanduiden.

Wij gaan nu achtereenvolgens spreken over de *obsessie* en de *bezetenheid*.

§ I. Over de obsessie.

1532. I. Natuur. De obsessie is eigenlijk niets anders als een reeks van bekoringen, heviger en van langer duur dan de gewone. Zij is *uitwendig*, wanneer zij inwerkt op de zintuigen, door verschijningen ; *inwendig*, wanneer zij dit doet op de inwendige zinnen, door allerlei indrukken. Slechts zelden is zij enkel uitwendig, daar het doel van den duivel is de ziel in verwarring te brengen. Dit gelukt hem echter niet altijd. Er zijn Heiligen die, hoewel uitwendig door allerlei schrikbeelden gekweld, hun ziel toch in ongestoorden vrede bewaren.

1533. 1º De duivel kan op alle uitwendige zinnen inwerken :

a) Op het *gezicht :* hij zal bijv. nu eens in *afschuwelijke* gedaante verschijnen om schrik aan te jagen en van de beoefening der deugd af te wenden, zooals wij lezen in het leven der Eerb. Agnes de Langeac en anderen ; dan weer in *verleidelijke* gedaante, om tot het kwaad aan te lokken, zooals hij meermalen verscheen aan den H. Alphonsus Rodriguez.

b) Op het *gehoor :* hij spreekt godslasterende woorden of zingt ontuchtige liederen, zooals in de geschiedenis van de H. Margaretha van Cortona verhaald wordt ; somtijds maakt hij lawaai om te doen schrikken, zooals hij deed met de H. Magdalena de Pazzi en den Pastoor van Ars.

c) Op het *gevoel*, en wel op twee manieren : door het toebrengen van slagen en wonden, zooals in de decreten der heiligverklaring van Catharina van Siëna, Franciscus Xaverius en in het leven van de H. Theresia vermeld wordt ; of door aanraking, met het doel tot zonde op te wekken, zooals de H. Alphonsus Rodrigues vertelt uit eigen ondervinding.

Gelijk P. Schram [1] opmerkt, zijn, in sommige gevallen, deze verschijningen niet meer dan zinsbegoocheling, een gevolg van overspanning der zenuwen ; niettemin blijven het ook in dit geval zeer gevaarlijke bekoringen.

15 34. 2° De duivel werkt ook op de *inwendige zinnen*, het geheugen en de verbeelding, evenals op de *hartstochten.* Het gebeurt somtijds dat men tegen wil en dank door hinderlijke voorstellingen gekweld wordt, die door niets te verdrijven zijn ; of men krijgt opwellingen van hevige gramschap, van wanhoop, van afkeer of gevaarlijke genegenheid, zonder dat er een verklaring voor te vinden is. Het is niet altijd gemakkelijk te weten, of er dan werkelijk obsessie is, doch zoo die bekoringen plotseling, met hevigheid opkomen, lang aanhouden, en zoo er daarbij geen natuurlijke oorzaak voor schijnt te bestaan, dan mag men er het werk van den duivel in zien. Bij twijfel is het aan te raden een braven geneesheer te consulteeren, omdat wellicht die ver-

[1] *Institut. theol. myst.*, § 219.

schijnselen voortkomen uit een ziekelijken toestand, die door de kunst kan verholpen worden.

1535. II. De zielsbestuurder moet in zulke gevallen de grootste *voorzichtigheid* aan echt vaderlijke *goedheid* paren.

a) Hij mag voorzeker, zonder degelijke gronden, zoo maar niet aan een ware obsessie gelooven, doch altijd moet hij medelijden toonen met penitenten, die door hevige, langdurige bekoringen gekweld worden, hun moed opwekken en staande houden door zijn goede raadgevingen. In 't bijzonder zal hij hen wijzen op het nut der bekoringen, op de manier om ze te bestrijden. Zie n. 902-918 en ook n. 223-224.

b) Wat er ook tijdens die hevige bekoringen gebeure, zonder dat de wil er aandeel in heeft, daar is geen reden om zich te verontrusten : waar geen toestemming is, is geen zonde. In geval van twijfel mag hij steeds besluiten, dat er geen, of ten minste geen groote zonde is, wanneer hij te doen heeft met iemand, die gewoonlijk goed gestemd is.

c) Overkomen die geweldige bekoringen aan personen die met vurigheid God dienen, dan onderzoeke hij, of wellicht die strijd deel uitmaakt van de *passieve loutering*, n. 1426. Is dit het geval, dan geve hij leiding overeenkomstig dien bijzonderen zielstoestand.

1536. d) Zijn die kwellingen zoo goed als zeker of allerwaarschijnlijkst het werk des duivels, dan mag hij, doch *alleen privaat*, het exorcisme (van het Romeinsch Ritueel of in verkorte formule) toepassen. Het beste is den betrokken persoon hier van onkundig te laten, indien men voorziet, dat hij er door in de war zal geraken, en enkel te zeggen, dat hij over hem een door de Kerk goed gekeurd gebed gaat lezen. Het *plechtig* exorcisme mag alleen gedaan worden met toestemming van den bisschop en met de noodige voorzorgen, waarover n. 1546-1548.

§ II. Over de bezetenheid. [1]

1° Haar *natuur* en 2° de *middelen* door het Ritueel er tegen voorgeschreven.

I. *Natuur der bezetenheid.*

1537. 1° **Waarin zij bestaat.** Tot de bezetenheid behooren twee zaken : dat de duivel *tegenwoordig is* in het lichaam van den bezetene en *heerschappij* uitoefent op het lichaam en daardoor op de ziel van den bezetene. Dit laatste moet uitgelegd. De duivel is niet verbonden met dat lichaam, gelijk de ziel het is; ten opzichte van de ziel is hij slechts een *uitwendige beweegkracht.* Oefent hij invloed op haar uit, hij doet het door bemiddeling van het lichaam, waarin hij woont. Rechtstreeks kan hij inwerken op de ledematen van het lichaam en ze allerlei bewegingen laten verrichten ; middellijk doet hij zijn invloed gevoelen in de vermogens der ziel naarmate zij bij hun werking van het lichaam afhankelijk zijn.

Men kan bij de bezetenen twee verschillende toestanden waarnemen : een van *crisis* en een van *kalmte.* De crisis is als een hevige aanval, waarbij de duivel zijn dwingelandij toont door het lichaam in een koortsachtige beroering te brengen, zich uitend in stuiptrekkingen, aanvallen van razernij, ergerlijke, godslasterende woorden. De bezetenen zijn zich dan, schijnt het, niet bewust van wat er in hen omgaat en herinneren zich later niets van hetgeen zij gezegd of gedaan hebben, of liever van wat de duivel door hen heeft uitgevoerd. In het begin alleen gevoelen zij het binnendringen van den duivel, later schijnen zij het niet meer waar te nemen.

1538. Toch zijn er uitzonderingen op dezen algemeenen regel. P. Surin, die bij het exorciseeren der Ursulinen van

---

[1] Zie MGR WAFFELAERT, bij het woord *Possession* in den *Diction. d'Apologétique.*

Loudun, zelf bezeten werd, behield het bewustzijn van wat in hem omging. [1] Hij beschrijft, hoe zijn ziel verdeeld is : deels onderhevig aan den invloed des duivels, deels aan dien van God overgegeven ; hij bidt terwijl zijn lichaam over den grond rolt. Hij voegt er bij : " Mijn toestand is zoo, dat ik in weinig handelingen vrij ben. Wil ik spreken, dan wordt mijn tong stijf ; gedurende de Mis word ik eensklaps gedwongen stil te houden ; aan tafel kan ik het eten niet aan den mond brengen. Ga ik te biechten, dan blijft mijn geheugen in gebreke. Ik gevoel, dat de duivel bij mij baas is, hij gaat en komt, zooals hij verkiest ".

1539. Wanneer dan tijden van kalmte komen, duidt niets de tegenwoordigheid van den boozen geest aan ; men zou meenen, dat hij weggegaan is. Somtijds echter openbaart zijn aanwezigheid zich door een soort chronische krankheid, die met alle medische wetenschap spot.

Dikwijls komt het voor, dat *vele* duivelen in één enkelen persoon wonen. Zou dit wellicht een teeken hunner zwakheid zijn ?

De bezetenen zijn gewoonlijk zondaars, doch niet altijd, zooals het geval van P. Surin bewijst.

1540. 2° **Teekenen der bezetenheid.** Daar er zenuwziekten en gevallen van krankzinnigheid zijn, die uitwendig aan bezetenheid doen denken, zoo is het noodzakelijk de teekenen aan te geven, waaraan de bezetenheid kenbaar is.

Het Romeinsch Ritueel geeft drie voorname kenteekenen : " een niet geleerde taal spreken, of iemand, die ze spreekt, verstaan ; verafgelegen en verborgen dingen ontdekken ; een macht ontwikkelen boven de natuurlijke krachten van leeftijd of constitutie. Deze en andere teekenen, samen in groot aantal voorkomend, pleiten ten sterkste voor bezetenheid ". Een woord ter verklaring.

a) *Het gebruik van een onbekende taal.* Hier moet nauwkeurig nagegaan worden, of de betrokken persoon vroeger niet in de gelegenheid is geweest om eenige woorden dier

---

[1] Brief van den 3 Mei 1635 aan P. d'Attichy.

taal te leeren, die hij nu weer herhaalt, of dat hij werkelijk een hem geheel onbekende taal spreekt en verstaat [1].

b) *Het ontdekken van verborgen zaken*, dat op geen natuurlijke wijze te verklaren is. Ook hier wordt wederom een diepgaand onderzoek vereischt. Gaat het bijv. over ver verwijderde dingen, dan is het noodig te weten, of de betrokken persoon niet op de hoogte is gebracht per brief, telegram of iets dergelijks; betreft het toekomstige zaken, dan wachte men af, of zij uitkomen zooals voorzegd was en ook of zij juist omschreven zijn, zoodat geen tweeerlei uitleg mogelijk is. (Worden groote rampen, door grooten voorspoed te volgen, aangekondigd, dan geve men er niet de minste aandacht aan. Om zulke voorzeggingen te doen, behoeft men de toekomst niet te kennen!) Is de uitkomst deugdelijk bewezen, dan blijft nog over te onderzoeken, of die buiten-natuurlijke voorkennis van den goeden of van den kwaden geest komt (n. 951-957), en in dit laatste geval, of zij toe te schrijven is aan een kwaden geest in den betrokken persoon tegenwoordig.

c) *Het vertoon van krachten ver boven de natuurlijke*, die zoo iemand hebben kan, zelfs gelet op zijn leeftijd, oefening en ziekelijken toestand, want in sommige gevallen van hevige opgewondenheid kunnen de krachten verdubbeld worden. — Het verschijnsel van het spontaan *opzweven* van lichamen is niet natuurlijk uit te leggen; er doen zich gevallen voor, dat het wegens de omstandigheden, niet kan worden toegeschreven aan God noch aan de goede Engelen; er blijft dus niets over dan er het werk des duivels in te zien.

1541. Bij deze teekenen kan nog een ander gevoegd worden, namelijk de uitwerking, die het heimelijk aanraken met gewijde voorwerpen of het toepassen van het exorcisme heeft op degenen, die als bezeten beschouwd worden. Er zijn er die dan in razernij vervallen en de vreeselijkste godslasteringen uitbraken. Doch ook hieruit kan men nog niet altijd zeker tot bezetenheid besluiten, tenzij dat aanraken of bezweren plaats heeft, *zonder dat die personen het merken*. Weten zij het, dan kunnen

---

[1] Er zijn inderdaad voorbeelden, dat in sommige ziekelijke geestes-toestanden vergeten talen of ten minste brokstukken er van weer opleefden in het geheugen; zoo zegde de dienstbode van een predikant grieksche en latijnsche zinsneden op, die zij had hooren voorlezen. Het Ritueel zegt daarom heel wijselijk : een niet geleerde taal enz.

zij in woede ontsteken om hun afkeer van alwat godsdienstig is, ofwel razernij veinzen.

Hieruit blijkt, dat het niet gemakkelijk is uit te . maken, wanneer men een werkelijk bezetene voor zich heeft, zoodat alle omzichtigheid bij het beoordeelen geboden is.

1542. 3° Onderscheid tusschen de bezetenheid en de stoornissen in het zenuwstelsel. De proefnemingen met zenuwlijders hebben een zekere overeenkomst aangetoond tusschen de ziekteverschijnselen dezer personen en de gedragingen der bezetenen [1]. Dit is niet te verwonderen : de duivel kan zoowel de zenuwziekten zelf als haar uitwendige verschijnselen veroorzaken. Een reden te meer dus om zeer omzichtig te zijn in zijn oordeel.

Die gelijkenis evenwel betreft enkel het *uitwendig gedrag* en zijn dus op zich zelf geen voldoende grond tot oordeelen. Zenuwzieken, die aan hen onbekende talen spreken, de geheimen der harten openbaren of de toekomst juist en zeker voorzeggen, worden echter niet aangetroffen. En toch, zooals gezegd, zijn dat teekenen van ware bezetenheid. Zijn deze alle afwezig, dan kan men van een eenvoudige zenuwziekte spreken. Hebben sommigen het exorcisme ten onrechte toegepast, dan was het te wijten aan het niet onderhouden van de voorschriften van het Ritueel. Om niet in deze dwaling te vallen, is het derhalve gewenscht het geval te onderwerpen aan het onderzoek niet alleen van priesters, doch ook van brave, ervaren geneeskundigen.

1543. Zoo verhaalt P. Debreyne, die voor zijn intrede bij de trappisten de geneeskunde had uitgeoefend, dat hij eens een kloostergemeente van vrouwen te behandelen had, wier toestand sterk aan dien der Ursulinen van Loudun deed denken. In weinig tijds genas hij allen door het voorschrijven

---

[1] J. M. CHARCOT ET RICHER, *Les démoniaques dans l'art;* BOURNEVILLE ET REGNARD, *L'Iconographie de la Salpêtrière;* RICHER, *Etudes cliniques sur la grande hystérie.*

van hygiënische middelen en vooral van geregelden, afwisselenden handenarbeid [1].

In het bijzonder moet men wantrouwend zijn ten opzichte der *epidemische bezetenheid*. Het kan gebeuren, dat een geval van ware bezetenheid zoo op de zenuwen van die er getuigen van zijn werkt, dat deze in een toestand komen, die *uitwendig* veel gelijkt op bezetenheid. Het beste middel om dit euvel te verhelpen is de aangetaste personen te verspreiden en ver van die plaats te verwijderen.

II. *Hulpmiddelen tegen de bezetenheid.*

Deze hulpmiddelen zijn *in 't algemeen*, alwat dient om den invloed van den boozen geest op den mensch te verzwakken, de ziel te zuiveren en den wil te sterken tegen de aanvallen van den duivel; *in het bijzonder*, de exorcismen.

1544. 1º **Algemeene hulpmiddelen.** Alle die wij hebben aangegeven tegen de bekoringen van den duivel, n. 223-224.

A) Een der krachtdadigste is *het zuiveren der ziel* door een goede *biecht*, vooral door een *generale* biecht. De biecht vernedert en heiligt den penitent en jaagt den hoovaardigen, onreinen geest vrees aan. Het Ritueel raadt daarenboven het vasten, het bidden en het Communiceeren aan [2]. Hoe zuiverder en verstorvener iemand is, hoe minder de duivel tegen hem vermag; de H. Communie vereenigt ons op het innigst met Hem, die den duivel heeft overwonnen. De H. Communie mag echter alleen ten tijde van kalmte worden gegeven.

B) De *sacramentalia* en *gewijde voorwerpen* zijn eveneens zeer krachtig, om de gebeden die de H. Kerk bij het zegenen er over uitspreekt. De H. Theresia stelde groot vertrouwen in het *wijwater*, en niet zonder reden, wijl de H. Kerk er de

---

[1] *Essai de théol. morale*, ch. IV.

[2] " De gekwelde worde vermaand om, zoo hij er geestelijk en lichamelijk toe in staat is, voor zich zelf te bidden tot God, te vasten en zich meermalen, naar het oordeel van den priester, te versterken door de sacramenteele biecht en de Communie ". *(Rit.*, de exorc. obsessis).

kracht aan geeft om den duivel te verdrijven [1]. Doch men moet die zaken gebruiken in den geest van levendig geloof, nederigheid en vertrouwen.

C) Het kruisbeeld, het kruisteeken en vooral de echte reliquieën van het ware Kruis zijn vreeswekkend voor den boozen geest : door dit teeken is hij overwonnen. Om dezelfde reden heeft hij ook groote vrees voor den heiligen Naam Jesus. De goddelijke Zaligmaker heeft beloofd, dat aan zijn Naam een bijzondere kracht zal verbonden zijn : "in mijnen Naam zullen ze duivels uitdrijven" (Marc. XVI, 17).

1545. 2º **Exorcismen.** De Kerk, die van Jesus Christus de macht ontvangen heeft de duivelen uit te drijven, stelde vroegtijdig de orde der E xorcisten in. Zij verleende hen de macht om de bezetenen, catechumenen of gedoopten, de handen op te leggen. Later schreef zij de gebeden voor, die daarbij moesten uitgesproken worden. Daar evenwel de bediening van exorcist moeilijk te vervullen is en veel wetenschap, deugd en omzichtigheid vereischt, is zij tegenwoordig aan regels gebonden en mag op *plechtige* wijze niet meer uitgeoefend worden dan door priesters, daartoe door den Bisschop uitgekozen. *Privaat*, zonder eenige plechtigheid mogen de priesters evenwel het exorcisme toepassen met de kerkelijke gebeden of andere formulen; zelfs de leeken mogen dit doen, doch niet in naam der H. Kerk [2].

1546. Het Ritueel bepaalt, hoe men daarbij te werk moet gaan, en geeft zeer wijze raadgevingen. De voornaamste volgen hier. Nadat de bezetenheid

---

[1] De H. Alphonsus Rodrigues had de gewoonte bij de kwellingen des duivels een groot kruisteeken te maken en den bekoorder te bevelen neergeknield Jesus te aanbidden, krachtens de woorden van Paulus "dat in den Naam van Jesus alle knie buige in den hemel, op aarde en onder de aarde" *(Phil.* II, 10). Dit was voldoende om hem op de vlucht te jagen. — [2] LEHMKUHL, *Theol. mor.*, t. II, n. 574, ed. 1910.

bewezen en het bisschoppelijk verlof tot exorciseeren gegeven is :

1) Wordt den gedelegeerde aangeraden zich tot deze
geduchte functie te bereiden door een *nederige, oprechte
biecht*, opdat de duivel den exorcist zijn zonde niet kunne
verwijten, en door vasten en bidden, omdat er duivelen zijn
die alleen, gelijk Christus getuigt, (Marc. IX, 28) door deze
middelen worden uitgedreven.

2) Hij moet gewoonlijk het exorcisme toepassen in een *kerk*
of *kapel*. Zijn er gewichtige redenen tegen, dan kan het in
een particulier huis gedaan worden. In alle geval blijve de
exorcist nimmer alleen met den bezetene, doch in gezelschap
van ernstige, vrome mannen, die sterk genoeg zijn om den
bezetene zoo noodig in bedwang te houden. Moet het exorcisme toegepast worden op een vrouw, dan zullen de getuigen voorzichtige, brave vrouwen zijn en de priester zal de
grootste omzichtigheid in acht nemen.

1547. 3) Na de voorgeschreven gebeden, begint de exorcist te *ondervragen*. Hij doe dit op een toon van *gezag*, zich
bepalende tot wat nuttig en door het Ritueel aangeraden is.
Hij vrage naar het aantal en den naam der booze geesten,
die in den bezetene zijn, naar den tijd en de reden van hun
aanwezigheid ; hij eische van hem te verklaren, wanneer hij
zal uitgaan en waaraan zijn vlucht gekend zal worden. Weigert
de booze geest te aantwoorden, dan bedreige hem de exorcist
zijn folteringen te verdubbelen naarmate van zijn tegenstand.
Tot dit doel, worden de bezweringen, die den bezetene het
meest blijken te prikkelen, herhaaldelijk gedaan : de aanroeping der H. Namen van Jesus en Maria, het kruisteeken, de
besproeiing met wijwater. De exorcist zal den bezetene
dwingen neer te knielen voor het H. Sacrament, voor het
kruisbeeld of voor heilige reliquieën. Zorgvuldig vermijde de
priester alle nuttelooze woorden, alle scherts of onnoodige
vragen. Indien de booze geest bijtende of spottende
antwoorden geeft, of over andere zaken begint te spreken,
dan moet de exorcist hem op waardigen gezagvollen toon het
zwijgen opleggen.

1548. 4) De getuigen — die volgens het Ritueel, weinig
in getal mogen zijn — moeten zich onthouden van ondervragen en stilzwijgend, ingetogen bidden in vereeniging met
Hem, die de duivelen uitdrijft [1].

---

[1] Wellicht is het te wijten geweest aan het gedrag der omstanders,
dat te Loudun de bezweringen zoo lang geduurd en zulke onaangename gevolgen gehad hebben.

5) De exorcist moet, ondanks de macht die hij geniet, den duivel niet verbannen naar een bepaalde plaats, doch bepale er zich bij hem uit te drijven en late de rest aan God over. Het kan noodig zijn de gebeden van het Ritueel uren achtereen te doen, ze somtijds zelfs dagen lang weer opnieuw te beginnen, totdat de booze geest uitgaat of ten minste zich daartoe bereid verklaart.

6) Nadat de uitdrijving zeker bewezen is, bidt de exorcist God den duivel te beletten ooit weer te keeren in het lichaam, waarvan hij is uitgegaan; hij dankt God en spoort den verloste aan Hem eveneens te danken en met zorg de zonde te vermijden om niet opnieuw in de macht van satan te vallen.

Besluit.

1549. Deze buitengewone, goddelijke of duivelsche, verschijnselen bewijzen van den eenen kant de barmhartige goedheid van God voor zijn bevoorrechte vrienden, aan wie Hij naast onuitsprekelijk lijden, zooals bijv. bij de stigmatisatie, ook uitgelezen gunsten mededeelt, die als een aankondiging en voorspel zijn van de hemelsche glorie. Van den anderen kant toonen zij den haat en afgunst van den duivel, die op zijn beurt zijn macht aan de menschen wil doen gevoelen en ze daarom op buitengewone wijze tot het kwaad aanlokt, ze vervolgt, wanneer zij tegenstand bieden en werken aan de uitbreiding van het rijk Gods, en zelfs somtijds bezit neemt van het lichaam van eenige zijner slachtoffers.

Er zijn op aarde dus twee steden, zoo schoon beschreven door S. Augustinus, de twee kampen en twee standdaarden, waarvan de H. Ignatius spreekt. De ware christenen kunnen hier niet weifelen. Hoe meer zij zich aan God overgeven, hoe meer zij aan de macht van den duivel ontkomen. Laat God toe, dat zij beproefd worden, dan is het tot hun welzijn en te midden van hun angsten mogen zij nog in volle vertrouwen herhalen : Wanneer God voor ons is, wie zal dan tegen ons zijn?... Wie is als God?

HOOFDSTUK. IV.

Strijdvragen.

1550. Tot hiertoe hebben wij ons gehouden aan *de leer algemeen aangenomen* in de verschillende scholen. Onze lezers zelf hebben zich kunnen overtuigen, dat deze volstaat om de zielen te geleiden en tot de hoogste volmaaktheid op te voeren. God heeft den vooruitgang in de heiligheid niet afhankelijk willen maken van de oplossing van strijdvragen onder de godgeleerden. Toch willen wij thans in 't kort de voornaamste dier strijdvragen aangeven en verklaren en wel zoo *onpartijdig* mogelijk, niet om de tegenovergestelde meeningen in overeenstemming te brengen (dit is onmogelijk), doch om te trachten de gematigden der verschillende richtingen tot elkaar te brengen.

1551. Oorzaken dier verschillende zienswijzen.

1) De eerste reden ligt voorzeker in het *moeilijke* en *duistere* zelf dier strijdvragen. Het is inderdaad niet gemakkelijk de geheime plannen Gods te doorgronden, te weten, of God *alle gedoopten* tot de ingestorte beschouwing *roept*, juist de natuur zelf te omschrijven van die geheimzinnige akt, waarin God voornamelijk handelend optreedt en de ziel meer passief dan actief is, licht en liefde ontvangt zonder haar vrijheid te verliezen. Het is dus niet te bevreemden, dat de schrijvers, die zich met deze wonderbare feiten bezighouden, niet altijd tot gelijke verklaringen komen.

2) Een andere oorzaak is het verschil van methode. Zooals reeds gezegd is, n. 28, trachten alle scholen de twee methoden, de *experimenteele* en de *deductieve*, samen overeen te brengen; doch terwijl sommigen voornamelijk op de ondervinding steunen en

uit het bijzondere het algemeene ontwikkelen, doen
anderen meer het tegenovergestelde en leiden het
bijzondere uit het algemeene af. Dit moet wel tot
verschillende gevolgtrekkingen voeren. Zoo zullen
de eenen het *klein aantal contemplatieven* verklaren
door te zeggen, dat niet allen tot de beschouwing
geroepen zijn; de anderen echter, wetende, dat wij
allen een bovennatuurlijk organisme hebben bekwaam om tot de beschouwing te komen, zullen
meenen, dat er zoo weinig contemplatieven zijn,
omdat er zoo weinig edelmoedige zielen zijn bereid
tot al de offers, die de beschouwing vereischt.

1552. 3) Deze verschillende opvatting wordt nog
verwijd door het eigen karakter, door opvoeding en
levenswijze. Sommigen toch zijn door hun aard
meer geschikt tot de beschouwing dan anderen.
Wordt deze natuurlijke aanleg nog ontwikkeld door
opvoeding en levenswijze, dan is men van zelf
geneigd te meenen, dat de beschouwing een heel
gewoon iets is. Anderen onrustiger van aard en
door hun gewonen gemoedstoestand en bezigheden
meer belemmerd om zich aan de beschouwing te
wijden, oordeelen al spoedig, dat deze iets buitengewoons is.

4) Eindelijk moet men niet uit het oog verliezen,
dat de philosophische en theologische systemen, die
men volgt ten opzichte der kennis en der liefde,
der genade *efficax et sufficiens*, invloed hebben op de
mystieke theologie. Neemt men bijv. aan, met de
Thomisten, dat de genade *per se efficax* is, dan zal
men ook meer geneigd zijn om in den passieven
toestand een voortzetting te zien van den actieven,
daar men in dezen laatsten reeds onder de *motio
efficax* der genade is.

Men behoeft dus niet verwonderd te zijn bij het
zien van verschillende meeningen omtrent zulke
lastige punten. Ieder kieze, wat hem het meest
gegrond voorkomt.

De hedendaagsche meeningsverschillen betreffen vooral drie zaken : 1° de *natuur* der ingestorte beschouwing, 2° de *roeping van allen* tot deze beschouwing, 3° de tijd, waarop zij *gewoonlijk* begint.

§ I. De controverse over de natuur der beschouwing.

1553. Allen houden, dat de *ingestorte* of *mystieke* beschouwing een onverdiende gave van God is, die ons in den passieven staat stelt en een kennis en liefde van God mededeelt, die wij slechts aan te nemen hebben. Doch waarin bestaat deze kennis? Zij is ongetwijfeld verschillend van die welke door het licht des geloofs verkregen wordt. Volgens allen is zij *proefondervindelijk* of *als door ervaring* opgedaan, n. 1394. Doch is zij *onmiddellijk*, zonder behulp van iets anders, of *middellijk*, door verkregen of ingestorte kenbeelden?

1554. 1° **Theorie der onmiddellijke kennis.** Deze theorie, die zich beroept op het gezag van Pseudo-Dionysius, van de School van S. Victor en de Nederlandsche School, leert, dat de ingestorte beschouwing een onmiddellijk waarnemen, schouwen of zien van God is, hoewel dit op onduidelijke, vage wijze geschiedt. Daar zij *onmiddellijk* is, verschilt de beschouwing van de gewone kennis door het geloof; omdat zij *duister* en vaag is, verschilt zij van de zaligmakende aanschouwing.

Allen stellen deze leer niet op dezelfde wijze voor. *P. Poulain*[1] bijv. steunend op de theorie der *geestelijke zinnen*, meent, dat de ziel bij de beschouwing rechtstreeks de tegenwoordigheid Gods gevoelt : "Tijdens deze vereeniging, zoo zij niet al te verheven is, zijn wij gelijk een man aan de zijde van zijn vriend, doch op een plaats in volslagen duisternis en stilte. Hij *ziet* dien vriend niet, hij *hoort* hem niet, alleen *voelt* hij zijn tegenwoordigheid door aanraking, om-

---

[1] *Grâces d'oraison*. ch. IV, n. 16.

dat hij diens hand in de zijne houdt. Zoo blijft hij aan hem denken en hem beminnen. ”

1555. *P. Maréchal* begint met vast te stellen, dat de mystieken, bij de *hooge beschouwing*, een verstandelijk zien van God en de ondeelbare Drieëenheid aannemen en voegt er dan bij : de hooge beschouwing veronderstelt een nieuw element, uit zijn aard onderscheiden van de gewone krachten en de gewone genade... de actieve, niet zinnebeeldige voorstelling van God aan de ziel,... dus *het onmiddellijk zien van God door de ziel*[1].

Deze leer is verder ontwikkeld door *P. Picard*.[2] Na toegelicht te hebben, hoe, uit *natuurlijk* oogpunt beschouwd, het *onmiddellijk*, doch *vaag* en *duister begrijpen of zien* van God niet onmogelijk is, wanneer eenmaal het bestaan van God door de klassieke bewijzen vastgesteld is, past hij die leer toe op de mystieke beschouwing. God, wiens tegenwoordigheid levendig in het diepste der ziel gevoeld wordt, neemt die ziel in bezit, nu eens door al haar kenvermogens op zich samen te trekken in stilte, bewondering en vrede, dan weer door de hand te leggen op den wil en de affectieve krachten... Wordt de bemachtiging der ziel door God het meest gevoeld in de kenvermogens der ziel, dan heeft men het gebed van ingekeerdheid; is het eer in den wil en het gemoed, dan heeft men het gebed van rust. — De schrijver toont dan verder aan, hoe, naar gelang Gods greep sterker wordt en een meer volmaakte, uitsluitende en overweldigende macht over de ziel krijgt, deze tot de hoogere trappen der beschouwing opstijgt.

Hij voegt er ten slotte bij, dat deze theorie geheel *verschillend* is van het *ontologisme*, want zij leert, dat het begrip van *zijn* ontstaat uit het waarnemen van het eindig zijn en er aan gelijk is ; om op God toegepast te kunnen worden, moet zijn bestaan eerst bewezen zijn. Zij ontkent, *dat God in zich gezien wordt :* onze eindige, onvolmaakte geest bereikt al de waarheden, die hij leert kennen, uitsluitend door middel van eindige, onvolmaakte kenbeelden en zijn zien is uiteraard vaag en duister.

1556. 2⁰ **Middellijke kennis.** Meer algemeen evenwel wordt aangenomen, dat de kennis der beschouwenden, hoe volmaakt ook, *middellijk* blijft en *duister* is en *vaag*, hoewel zij *als het ware door*

---

[1] *La mystique chrétienne*, (*Revue de Philosophie*, 1912, t. XXX, p. 478).
[2] PICARD, *La saisie immédiate de Dieu dans les états mystiques*, 1923.

ervaring wordt verkregen. Bij den aanvang bepaalt God er zich bij zijn licht, *het licht der gaven*, op onze reeds bestaande begrippen te laten schijnen, hetzij door op krachtige wijze onze aandacht te vestigen op eenig denkbeeld, hetzij door een pakkende gevolgtrekking op te dringen uit twee bekende gegevens, n. 1390 Op de hooge trappen der beschouwing, zooals de extatische vereeniging, drukt Hij *in het verstand* nieuwe *kenbeelden*, die de goddelijke waarheden op veel aangrijpender wijze voorstellen dan onze eigen begrippen. Bij het waarnemen van tot dan toe onbekende waarheden geraakt de ziel dan in *vervoering*. Daar zij die waarheden proeft en smaakt, kent zij die *als bij ervaring*. Dit kennen blijft dus een kennen *door het geloof*, doch is veel *helderder* en gaat vooral *met meer liefde* gepaard dan het gewone kennen. Het verschil tusschen beide wijzen van kennen bestaat hierin, dat bij de beschouwing de kennis wordt *ontvangen* van God : de ziel ontvangt kennis en liefde en heeft niets te doen dan *in te stemmen* met God, die zulke kostbare gaven in haar uitstort.

1557. Deze leer, die wij in het tweede hoofdstuk reeds verklaard hebben, maken wij tot de onze. Het komt ons voor, dat zij beter het wezenlijk onderscheid bewaart tusschen de beschouwing, die middellijk en duister blijft, *per speculum et in ænigmate*, en de zaligmakende aanschouwing, die onmiddellijk en helder is. Doch wij zullen ons wel wachten diegenen van ontologisme te beschuldigen, die de onmiddellijke intuïtie waarschijnlijk noemen, maar tevens den nadruk leggen op het vage en duistere dier intuïtie en het grondbeginsel van het ontologisme verwerpen door te zeggen, dat de geest niet tot God opklimt dan uitgaande van de schepselen [1].

---

[1] Deze aantijging zou vooral ongegrond zijn tegenover degenen, die, zooals MGR FARGES, meenen, dat de beschouwing van den aanvang af, geschiedt door ingestorte kenbeelden en ze (de beschouwing) onmid-

Wel bezigen vele mystieken sterke uitdrukkingen, die op
het eerste oog den schijn verwekken, dat zij bij de beschouwing in onmiddellijke aanraking komen met het goddelijk
Wezen, dat zij God zien. Wanneer men evenwel den samenhang nader onderzoekt, wordt het duidelijk dat hun woorden
moeten verstaan worden van de *gevolgen* door Gods werking
in de ziel teweeggebracht [1]. Door de gave van wijsheid
smaken wij de *liefde*, de *blijdschap*, den *geestelijken vrede*
door God in onze ziel gestort : vandaar de naam van *smaak
Gods* door de H. Theresia aan het gebed van rust gegeven.
Aan de mystieken lijkt door de goddelijke beroeringen het
wezen zelf hunner ziel getroffen, zoo groot en diep is de
indruk door de goddelijke liefde teweeggebracht. Doch
wanneer zij hun gewaarwordingen in bijzonderheden weergeven, dan blijkt, dat zij doelen op de verschillende uitwerkselen van een vurige, edelmoedige liefde. Men mag dus
zeggen, dat zij die sterke uitdrukkingen alleen daarom
gebruiken, omdat de menschelijke taal te arm is, geen
geschikter termen heeft om de werking der genade in de
ziel weer te geven.

§ II. Of allen tot de beschouwing
geroepen zijn?

1558. Het gaat hier niet over de naaste roeping
van iemand in het bijzonder tot de ingestorte
beschouwing (zie hierover n. 1406); op dit punt
wordt algemeen de leer gevolgd van Tauler en den
H. Joannes van het Kruis. De vraag is thans : *of
alle zielen in staat van genade in 't algemeen en op
verwijderde en voldoende wijze tot de ingestorte
beschouwing geroepen zijn?* Op deze juist omschreven vraag worden twee tegenovergestelde antwoorden gegeven. Deze antwoorden volgen, grootendeels
ten minste, uit een verschillend begrip van de
beschouwing.

---

dellijk noemen, omdat het kenbeeld niet is *id quod videtur*, noch zelfs
id in quo videtur, maar *id quo res ipsa videtur*. Men mag het al niet
eens zijn met deze zienswijze, doch men moet er geen ontologisme
in zoeken.

[1] Om hun spreekwijze beter te begrijpen, is het goed de uitdrukkingen te lezen, door P. POULAIN verzameld en verklaard in zijn *Grâces
d'oraison*, ch. V-VI, evenals de uitlegging die A. SAUDREAU er van
geeft in *L'Etat mystique*, Appendice II.

1559. 1º **De algemeene,** verwijderde en voldoende *roeping* wordt heden met verschillende
schakeeringen aangenomen door een groot aantal
schrijvers uit de reguliere en seculiere geestelijkheid.
Tijdschriften, in 't bijzonder *La Vie spirituelle*, worden uitgegeven om deze meening te vestigen en te
verbreiden. P. Garrigou-Lagrange strijdt er krachtig
voor en tracht te bewijzen, dat het mystieke leven de
geregelde ontwikkeling van het inwendig leven is
en dat *bijgevolg* alle zielen in staat van genade er
toe geroepen zijn. Ziehier in 't kort zijn bewijzen :

a) Het *radicale beginsel van het mystieke leven* is
hetzelfde als dat van het gewone inwendig leven :
de heiligmakende genade of de genade der deugden
en der gaven. Doch deze gaven groeien met de
liefde en, wanneer zij tot haar volle ontwikkeling
zijn gekomen, werken zij in ons op *haar boven-
menschelijke wijze* en voeren ons den *passieven* of
mystieken staat binnen. Het beginsel van het inwendig leven bevat dus de kiem van het mystieke
leven, dat hierbeneden als de bloem is van het
bovennatuurlijk leven.

1560. b) Bij den voortgang in het inwendig leven, wordt
de loutering der ziel slechts volkomen door de *passieve louteringen.* Doch deze behooren tot het mystieke leven. Dus de
vooruitgang in het inwendig leven kan slechts volkomen
bereikt worden door het mystieke leven.

c) Het *einde* van het inwendig leven is hetzelfde als dat
van het mystieke leven, namelijk tot zulken staat van
volmaaktheid te komen, dat men bij den dood, aanstonds,
zonder vagevuur, het licht der eeuwige glorie deelachtig
wordt. " Doch de volmaakte geschiktheid om de zaligmakende aanschouwing terstond na het sterven deelachtig te
worden, kan slechts bestaan in de *overgroote liefde* eener
volkomen gezuiverde ziel, met het *vurig verlangen om God
te zien*, liefde en verlangen, zooals wij die waarnemen in de
mystieke vereeniging, en voornamelijk in de omscheppende
vereeniging. Deze is hierbeneden dus wel het hoogtepunt
der ontwikkeling van het genadeleven " [1].

[1] P. GARRIGOU-LAGRANGE, *Perfect. et Contempl.*, p. 450.

1561. 2° **Leer van een bijzondere en beperkte roeping.** Bovenstaande bewijsvoering wordt echter niet door allen als overtuigend aangenomen. Een groot aantal geestelijke schrijvers uit het Gezelschap van Jesus, zooals Lud. Billot, de Paters de Maumigny, Poulain, Bainvel, J. de Guibert, uit de Orde der Ongeschoeide Carmelieten, zooals P. Marie-Joseph du Sacré-Cœur, en andere tot geen bepaalde School behoorende, zooals Mgr Lejeune en Mgr Farges, meenen dat de ingestorte beschouwing een *onverdiende gave is, die niet aan allen wordt geschonken*, en die daarenboven *niet noodig is ter zaligheid.* Hier volgt in 't kort hun bewijsvoering.

a) De voorgaande leer is ongetwijfeld een prachtige theologische opzet, doch vele steenen van dien bouw schijnen niet even hecht. Zoo is het bijv. *niet bewezen*, dat " de zeven gaven aan zeven onderscheiden ingestorte *habitus* beantwoorden en niet maar enkel aan zeven klassen van verschillende genaden, tot wier ontvangst het verstand en de wil elk voorbereid worden door een enkelen *habitus.* Daarbij, al was dit bewezen, dan moest nog worden aangetoond, dat de gaven van wijsheid en verstand alleen ten volle haar uitwerking kunnen hebben bij de beschouwing en niet reeds bij het ontvangen der genaden van verlichting, waartoe deze bijzondere gebedsvorm niet noodzakelijk gevorderd wordt : wat nog niet als vaststaand bewezen is " [1].

Evenmin is het bewezen, dat de gaven *altijd* volgens de boven-menschelijke wijze werken. Lud. Billot [2] meent, dat deze gaven op tweevoudige wijze werken : nu eens op *gewone* wijze, in aansluiting bij ons menschelijk handelen, dan weer op *buitengewone* wijze, door de ingestorte beschouwing.

1562. b) De *passieve loutering* schijnt voorzeker wel *het krachtigst middel om een ziel te zuiveren*, daar zij deze in een waar vagevuur dompelt; maar is het niet mogelijk in dit tranendal, waar zich zoo menige gelegenheid tot lijden en

[1] J. DE GUIBERT, *Revue d'Ascét. et de Myst.*, Jan. 1924, p. 26.
[2] *De virtutibus infusis*, th. VIII.

versterven voordoet, door geduldige onderwerping aan Gods
H. Wil en verstervingen, onder leiding van den H. Geest en een
wijzen zielsbestuurder, het vagevuur hierbeneden te hebben?
Is het zeker, dat de genaden der beschouwing de eenige
vorm van uitgelezen genaden zijn? Iedereen neemt aan, dat
er zielen gevonden worden welke, hoewel nog niet tot de
ingestorte beschouwing gekomen, volmaakter zijn dan andere, die God door vrije keuze tot de beschouwing verheft
juist om ze volmaakter te maken n. 1407. Hoe volmaakter nu
de zielen zijn, hoe zuiverder ook van vlekken. Zij kunnen dus
bij het sterven volkomen gezuiverd zijn.

c) Het is zeker waar, dat het doel van het inwendig, evenals
van het mystieke leven is ons voor te bereiden tot de zaligmakende beschouwing en dat de *omscheppende vereeniging* voor
sommige zielen de beste voorbereiding is. Doch is het de
eenige? Er zijn zielen, die immer bij het verstandelijk en
gevoelsgebed blijven en toonbeelden zijn van heldhaftige
deugden; zielen, welke, naar het uitwendige te oordeelen en
ook voor wie ze door en door kennen, even deugdzaam en
zelfs nog deugdzamer blijken dan de contemplatieven. Wie
zal met zekerheid kunnen zeggen, dat de gaven van den
H. Geest niet op bijzondere wijze werkzaam zijn bij die ontelbare schietgebeden, die sommigen doen bij hun gewonen
dagelijkschen arbeid, bij het uitoefenen hunner beroepsbezig-
heden, waartoe op den langen duur heldhaftige moed vereischt
wordt? En toch, ondervraagt men die personen, dan vindt
men geen spoor van eigenlijke of ten minste blijvende beschouwing. — Moet men dan niet bekennen, dat God, die zijn
genade weet te geven volgens den aard, de ontwikkeling en
levensstaat van ieder, niet alle zielen langs dezelfde wegen
leidt; dat Hij, hoewel van ieder in 't bijzonder volmaakte
gehoorzaamheid aan de inspraken van den H. Geest vragend,
zich de keuze voorbehoudt der middelen, waardoor Hij ze
wil heiligen?

1563. 3° **Een poging tot overeenbrenging.**
Bij het beschouwen der redenen van beide zijden
aangevoerd, komt het ons voor, dat de twee meeningen *eenigszins overeen te brengen* zijn.

A) Wijzen wij vooreerst op de punten, waarin de
bezadigden aan weerskanten overeenstemmen :

a) Contemplatieven zijn er geweest en kunnen er
nog zijn onder menschen van den meest *verschillenden genoedsaard* en van *elken rang en stand*. Toch
blijft het waar, dat de aard en de levensstaat van

sommigen meer dan die van anderen, geschikt maken voor de ingestorte beschouwing. De reden is, dat de beschouwing een *onverdiende* gave is, die God schenkt aan wien en wanneer Hij wil, n. 1387, en dat Hij gewoon is zijn genaden te geven volgens den aard en de beroepsplichten van ieder in 't bijzonder.

b) De beschouwing is niet de heiligheid, maar een der krachtigste middelen om er toe te geraken. Heiligheid bestaat immers in de liefde, in de innige en blijvende vereeniging met God. Welnu de beschouwing is *op zich* wel de *kortste weg* om tot die vereeniging te komen, maar zij is niet de eenige : er zijn niet-contemplatieve zielen die " meer gevorderd kunnen zijn in de deugd, in de ware liefde, dan andere die spoediger met de ingestorte beschouwing begunstigd werden " [1].

c) Bij het doopsel hebben wij allen een *bovennatuurlijk organisme* ontvangen (heiligmakende genade, deugden en gaven), dat, tot *volle ontwikkeling* gekomen, *geregeld* tot de beschouwing voert, in dezen zin namelijk, dat het ons de *buigzaamheid*, de *volgzaamheid* meedeelt, welke God in ons wil zien om ons, *wanneer* en *zooals Hij wil*, tot in den passieven staat te voeren. Maar *feitelijk* zijn er zielen die, zonder schuld, hierbeneden niet tot de beschouwing komen [2].

1564. B) Al is op deze gewichtige punten overeenstemming bereikt, er zijn niettemin nog *afwijkende opvattingen*, voortkomende, dunkt ons, uit geestesrichtingen meer of minder voor den mystie-

---

[1] P. GARRIGOU-LAGRANGE, *Perfect. et contempl.* t. II, p. [78].
[2] " Wellicht, zegt P. GARRIGOU-LAGRANGE, *op. cit.*, p. [75] komt dit niet alleen door een ongunstige omgeving, gebrek aan leiding, doch ook door den *natuurlijken aanleg*. Het geeft hier pas met M. J. Maritain in herinnering te brengen, dat volgens veel Thomisten, zooals Bannez, Joannes van S. Thomas, de Salmanticenses, de natuurlijke eigenschappen van den voorbeschikte, in zekeren zin, reeds een uitwerking van de voorbeschikking zijn ".

ken staat bevorderlijk, en uit den meer of minder gewonen of buitengewonen aard, aan dien staat toegekend. Wij willen hier in alle bescheidenheid een oplossing aan de hand doen. Zij bevat twee positieve stellingen : **a**) *De ingestorte beschouwing is in zich een geregelde voortzetting van het christelijk leven ;* **b**) toch schijnen *feitelijk* alle zielen in staat van genade niet geroepen tot deze beschouwing, met inbegrip van de *omscheppende* vereeniging.

a) Wanneer men de ingestorte contemplatie beschouwt, afgezien van de buitengewone mystieke verschijnselen, die er somtijds mede samengaan, dan moet men zeggen, dat zij niet iets wonderbaars, iets ongewoons is, doch de uitwerking van twee oorzaken, nam. van de *ontwikkeling* van het bovennatuurlijk organisme, vooral der *gaven van den H. Geest*, n. 1355 en van een *werkende genade*, die zelf evenmin mirakuleus is, want, zooals wij gezegd hebben, is de instorting van *nieuwe verstandelijke kenbeelden* niet noodig voor de eerste trappen der beschouwing, n. 1390. — Men mag er zelfs bijvoegen, met het Congres der Carmelieten te Madrid, dat de beschouwing *in zich* de volmaaktste staat van vereeniging tusschen God en de ziel is, die in dit leven bereikt kan worden, het hoogst verheven ideaal en als de laatste halte van het christelijk leven hierbeneden *in de zielen tot de mystieke vereeniging met God geroepen*, de gewone weg der heiligheid en der gestadig heldhaftige deugd [1]. Deze leer schijnt wel de traditioneele te zijn : men vindt ze bij de mystieke schrijvers van Clemens van Alexandrië tot aan den H. Franciscus van Sales.

1565. b) Doch *uit deze premissen volgt niet noodzakelijk, dat alle zielen in staat van genade* werkelijk, zij het ook op verwijderde wijze, tot de *omscheppende*

---

[1] *Carmelitaansch Congres*, 1923, Th. V. Het Congres heeft de vraag, *of allen tot de beschouwing geroepen zijn*, niet trachten op te lossen, waarschijnlijk omdat dit als onzeker werd beschouwd.

vereeniging geroepen zijn. Gelijk in den hemel zeer
verschillende glorietrappen zijn — " de eene ster
verschilt van de andere in glans " (I Cor., XV, 41),
zoo ook worden er op aarde onderscheiden graden
van heiligheid gevonden, waartoe de zielen van af
dit leven geroepen zijn. Doch God, altijd vrij in de
mededeeling zijner gaven, regelt zijn invloed naar
den aard, de ontwikkeling en levensstaat van ieder
in 't bijzonder. God kan de zielen langs *verschillende
wegen* voeren naar den graad van heiligheid, waartoe
Hij ze geroepen heeft.

Aan hen, die om hun meer actieven aard en hun
meer verstrooiende bezigheden eerder voor den arbeid
dan voor de beschouwing gemaakt schijnen, zal
God genaden schenken om vooral de *actieve* gaven
te benutten. Zij zullen gestadig in zeer innige
vereeniging met God leven, bijwijlen hun schietgebeden zoo talrijk tot God opsturen, dat het meer
dan doenlijk schijnt, en bovenal onder Gods oog en
ter zijner liefde, met heldhaftige standvastigheid en
onderwerping aan de inspraken der genade, alle,
tot zelfs de kleinste dagelijksche verplichtingen
vervullen. Op deze manier zullen zij den trap van
heiligheid bereiken, waartoe God hen roept en zij
zullen er komen zonder daarbij, ten minste geregeld,
door de ingestorte beschouwing geholpen te worden. Zij zullen op den *eenvoudigen vereenigingsweg*
zijn, zooals wij dien beschreven n. 1303 en volg.

Zooals men weet, wordt hiertegen ingebracht, dat zulke
gevallen *uitzonderingen* zijn en dat de *geregelde* weg tot de
heiligheid die der beschouwing is '. Doch wanneer deze uitzonderingen *talrijk* zijn, moet er dan bij de kwestie der
verwijderde roeping geen rekening mede gehouden worden?
De gemoedsstemming en de plichten van beroep en stand
zijn toch zaken, die ongetwijfeld meetellen bij het beoordeelen van de vraag of allen tot de beschouwing geroepen zijn.

Maar eigenlijk is de overeenstemming grooter den
men uit het verschil van spreken zou opmaken. De

¹ P. Garrigou-Lagrange, *Perfect. et Contempl.*, t. II. p. [71-79].

eersten beschouwen de zaak *in abstracto* en *uit for-meel oogpunt;* zij nemen wel talrijke uitzonderingen aan, doch houden vol, dat *per se* allen geroepen zijn tot de beschouwing. De anderen beschouwen ze *in concreto,* zooals zij *in de practijk* werkelijk is en willen liever eenvoudig aannemen, dat niet allen geroepen zijn tot de beschouwing, ofschoon deze de geregelde doorvoering is van het christelijk leven.

1566. c) De oplossing, die wij voorstellen, steunt, dunkt ons, op *de overgeleverde leer* [1]. 1) Vooreerst toch bevinden wij, dat bijna alle geestelijke schrij-vers, van Clemens van Alexandrië tot aan den H. Franciscus van Sales, van de beschouwing spre-ken als van de gewone voltooiing van het christelijk leven. 2) Verder zien wij, dat onder hen zeer wei-nigen uitdrukkelijk de vraag der algemeene roeping tot de beschouwing stellen en behandelen. Zij die het wel doen richten zich meestal uitsluitend tot per-sonen, die in contemplatieve of ten minste in zeer vurige kloostergemeenten leven. Leeren zij dus, dat allen of bijna allen tot de bron der levende wateren (de beschouwing) kunnen naderen, dan spreken zij van de leden hunner kloosters en niet van allen, die in staat van genade zijn. Overigens sinds de 17e eeuw — als men komt tot nauwkeurige omschrijvingen — vorderen vele schrijvers een *bijzondere roeping* tot de ingestorte beschouwing en niet weinigen houden stellig, dat men zonder de beschouwing tot de heiligheid kan geraken [2].

---

[1] Men kan omtrent dit punt vele citaten vinden bij P. GARRIGOU, *op. cit.,* t. II, p. 662-740; A. SAUDREAU, *La vie d'union à Dieu* 3e édit. 1921.

[2] Dit schijnt de oplossing van D. LEHODEY, *Voies de l'oraison,* P. III, ch. XIII, *Le saint Abandon.* P. III, ch. XIV, van MGR WAF-FELAERT, *R. A. M.* Jan. 1923, p. 31 en in zijn andere werken, van de *Carmelieten* en van allen, die een toestand van *verkregen,* eenigszins duurzame beschouwing aannemen. Zij komt dicht bij de oplossing door J. MARITAIN, in *Vie spirituelle,* Maart, 1923, voorgesteld, welke te vinden is in het geciteerde werk van P. GARRIGOU, t. II, p. [58-71].

Er is dus reden om de twee vragen goed te onderscheiden. Men kan aannemen, dat de beschouwing een logische voortzetting van het geestelijk leven is, zonder evenwel te beweren, dat alle zielen in staat van genade tot de omscheppende vereeniging zijn geroepen.

1567. Voegen wij hier nog bij, dat het bereiken der heiligheid en het bestuur der zielen, die zich op de volmaaktheid toeleggen, niet gebonden zijn aan de oplossing van dit ingewikkeld vraagstuk. Wanneer men de aandacht blijft vestigen op de noodzakelijkheid om de gaven van den H. Geest te ontwikkelen en zich los te maken van de schepselen en van zichzelf, wanneer men de zielen geleidelijk tot het eenvoudig gebed voert en leert, hoe zij de stem Gods en zijn ingevingen moeten aanhooren en opvolgen, dan plaatst men ze op den weg, die tot de beschouwing henenleidt. Het overige hoort bij God, die alleen de zielen kan vastgrijpen en, naar de bekoorlijke uitdrukking van de H. Theresia, *die duifjes kan neerzetten in hun nestje*, dat is, in de rust der beschouwing.

§ III. Wanneer de beschouwing begint?

1568. Met de meeste schrijvers meenen wij, dat de ingestorte beschouwing behoort bij den weg der vereeniging. Er doen zich voorzeker *uitzonderingsgevallen* voor, dat God minder volmaakte zielen tot de beschouwing verheft, met het doel ze meer daadwerkelijk te vervolmaken, n. 1407. Doch regel is dat niet.

Vooraanstaande schrijvers evenwel, zooals P. Garrigou-Lagrange, stellen de *loutering der zinnen* en het *gebed van rust* op den weg der *verlichting*. Zij steunen hierbij op den H. Joannes van het Kruis, die in den *Donkeren Nacht* [1] schrijft : " De loutering

---

[1] *De Donkere Nacht*, 1e B., 8e en 14e H.

der zinnen is voor de beginnenden. 't Is iets gewoons
en velen komen in dien toestand... De *gevorderden*
zijn op den weg der *verlichting;* daar voedt en
versterkt God de ziel door de *ingestorte beschouwing* ". Deze tekst is ons reeds lang bekend, doch
met P. Hoornaert verstaan wij hem anders. De
H. Joannes van het Kruis spreekt in zijn verschillende werken uitsluitend van de ingestorte beschouwing. Doch in deze beschouwing zijn *beginnenden,
meer gevorderden* en *volmaakten.* De H. Joannes
noemt *beginnenden* diegenen, welke de *passieve loutering der zinnen* ingaan; daarom spreekt hij van
hen in het 1e hoofdstuk van den *Donkeren Nacht;*
de meer gevorderden zijn zij, die tot de ingestorte
beschouwing, de *rust* en de *volle vereeniging* zijn
doorgedrongen; de *volmaakten* zijn zij, die den
nacht des geestes reeds doorstaan hebben en tot de
extatische of *omscheppende* vereeniging zijn gekomen. De gezichtspunten zijn hier dus niet dezelfde.

1569. Wij spreken hiervan, omdat in een werk als dit, dat
onderwijzen wil, het gewenscht is alles samen te brengen,
wat met de verschillende soorten van beschouwing verband
houdt, opdat aldus de aard en de onderscheiden trappen van
dezen gebedsvorm voller belicht worden. Dit is ook de reden,
waarom wij gemeend hebben ons aan het algemeen gevolgd
plan te moeten houden. Doch ik haast mij hierbij te voegen,
dat God, wiens wegen even *verscheiden* als *wonderbaar* zijn,
niet altijd de richtlijnen volgt, die wij heel vernuftig trachten
aan te geven. Voor den zielsbestuurder is het hoofdzaak de
beweging der genade te volgen en niet ze voor te gaan.

1570. Ten slotte maken wij de woorden van
l'Ami du Clergé [1] tot de onze : " Wat in theorie een
geschilpunt uitmaakt, neemt de zekerheid niet weg
omtrent een zeker aantal uiterst practische regels...
Om de weldaden eener geneeskrachtige plant te
benutten wordt volstrekt niet vereischt haar familie
en wetenschappelijken naam te kennen. Zoo is het
ook met de beschouwing : men is het onderling

---

[1] *L'Ami du Clergé*, 8 Déc. 1921, p. 697.

niet eens omtrent haar bepaling en de plaats, die
zij in de theologische indeelingen moet innemen...
Zonder zich met den technischen en theoretischen
uitslag bezig te houden, weten onze Collega's er al
genoeg van om het doel te kennen, waarheen de
edelmoedige en voorbeschikte zielen zich voortbe-
wegen en om ze bij haar streven behulpzaam te
zijn ". Dit zal nog duidelijker blijken uit de onder-
staande gevolgtrekkingen.

BESLUIT VAN HET DERDE BOEK : LEIDING DER CONTEMPLATIEVEN.

In den loop van dit werk hebben wij reeds meerdere malen de regels aangegeven bij deze leiding te
volgen. Het is dienstig er een kort overzicht van te
geven en aan te toonen, hoe de zielsbestuurder zijn
penitenten moet *voorbereiden* tot de beschouwing,
geleiden te midden der voorkomende moeilijkheden,
en *voorthelpen*, zoo zij het ongeluk hebben achterwaarts te gaan.

1571. 1º Een biechtvader, die onder zijn leiding
edelmoedige zielen heeft, is *verplicht* ze geleidelijk
voor te bereiden tot den weg der vereeniging en de
beschouwing. Hij moet zich hierbij wachten voor
twee uitersten : het eerste is alle godvruchtige zielen, *zonder onderscheid, vlug* tot de beschouwing te
willen aanzetten, en het tweede, zich in te beelden,
dat het een onbegonnen werk is zich daarmee bezig
te houden.

1572. A) Om niet in het eerste euvel te vervallen :
a) zal de zielsbestuurder steeds voor oogen houden,
dat gewoonlijk dan slechts aan de beschouwing
mag gedacht worden, wanneer iemand zich reeds
geruimen tijd heeft toegelegd op de beoefening van
het gebed en der christelijke deugden, op zuiverheid
van hart, zelfverloochening en onthechting aan de
schepselen, op de nederigheid, gehoorzaamheid,

onderwerping aan Gods wil, den geest van geloof,
vertrouwen en liefde.

Hij herinnere zich, wat de H. Bernardus [1] leerde : Worden
er onder de monnikken contemplatieven gevonden, het is
niet onder de nieuwelingen in de deugd, die nog slechts kort
geleden aan de zonde afgestorven, in zuchten en vol vrees
voor het oordeel, zich bezighouden met de heeling hunner
nog open wonden. Neen, niet onder dezen, maar onder hen,
die door een langdurige medewerking met de genade degelijke vordering in de deugd hebben gemaakt en het treurig
beeld hunner zonden niet meer in hun geest behoeven te
overpeinzen, doch hun genoegen vinden in het overdenken en
beoefenen der wet Gods.

b) Bemerkt de biechtvader in zijn penitenten een *haastig*,
lichtvaardig verlangen naar de beschouwing, dan moet hij
zorg dragen die begeerte te matigen. Niemand toch mag
ongeroepen dien weg opgaan en daarenboven worden de
zoetheden van het gebed gewoonlijk voorafgegaan door
bittere beproevingen.

c) Hij moet er zich zorgvuldig voor wachten de *gevoelige*
vertroostingen der beginnenden of zelfs de *geestelijke* der
meer gevorderden te verwarren met den *smaak van God*,
n. 1439, en alvorens te besluiten, dat de passieve toestand is
ingetreden, vergewisse hij zich eerst, of de drie kenmerken,
nn. 1413-1416, aanwezig zijn.

1573. B) Ten einde niet in het tweede uiterste
te vervallen, herinnere de biechtvader zich, dat God,
altijd vrijgevig in zijn gaven, zich edelmoedig meedeelt aan de vurige, gehoorzame zielen.

a) Zonder rechtstreeks over beschouwing te
spreken, zal hij die zielen oefenen niet alleen in de
deugden, doch ook in de godsvrucht tot den
H. Geest. Dikwijls zal hij haar spreken over de inwoning van dien goddelijken Geest in de ziel, van
de verplichting dikwijls aan Hem te denken, Hem
te aanbidden, zijn inspraken te volgen en zijn gaven
te ontwikkelen.

b) Geleidelijk helpe hij haar om meer affectief te bidden,
haar akten van godsvereering, liefde, overgave aan Gods wil

---

[1] *In Cantica* sermo 57, n. 11. Wij geven in 't kort zijn gedachte
weer.

langduriger te maken; die gedurende den dag door een
eenvoudige verheffing des harten te herhalen, zonder iets te
kort te schieten in de overige dagelijksche plichten en deugd-
oefening. Merkt hij, dat zij geneigd zijn stil te blijven
onder Gods oog, om zijn wil te vernemen en uit te voeren,
dan moedige hij ze er toe aan, daar zulks een zeer goed en
heilrijk gebed is.

1574. 2º Wanneer de ziel *de mystieke wegen
is opgegaan,* heeft de zielsbestuurder een overgroote voorzichtigheid van noode om de ziel te
midden der *dorheden* en *goddelijke vertroostingen*
te geleiden.

A) Tijdens de passieve beproevingen moet hij den
moed der ziel staande houden, opdat zij niet ontmoedigd worde en bezwijke in de bekoringen; zie
nn. 1432-1434.

B) Tijdens de genotvolle beschouwing, kan een
ander gevaar ontstaan : de *geestelijke gulzigheid* of
het *ijdel zelfbehagen.*

a) Tegen het eerste gebrek, moet hij die ziel aanhoudend
voorhouden, dat zij *God alleen* en niet den troost van God
moet beminnen, dat de vertroostingen slechts een *middel*
zijn om ons met Hem te vereenigen; dat zij dus bereid
moet wezen er van ganscher harte vaarwel aan te zeggen,
zoodra het God behaagt haar die te onthouden : *God alleen*
is genoeg.

b) Somtijds draagt God zelf zorg de opwellingen van hoogmoed te beletten. Hij geeft aan de ziel een zeer levendig besef
van haar niet en ellende en toont haar duidelijk, dat de gunsten
haar bewezen uitsluitend gaven zijn, waarop zij om geen
enkele reden heeft te roemen. Doch zijn de zielen nog niet
volkomen gelouterd door den nacht van den geest, dan
hebben zij, zegt de H. Theresia, zich zonder ophouden toe te
leggen op de nederigheid en de gelijkvormigheid met den
wil van God, nn. 1447-1474. Op geheel bijzondere wijze
moeten zij gewaarschuwd worden voor de begeerte naar
vizioenen, openbaringen en andere buitengewone verschijnselen; *nooit* mogen zij er naar verlangen. De Heiligen
hebben ze steeds, uit nederigheid, naar vermogen zoeken te
ontwijken, n. 1496.

1575. C) Een punt, dat nimmer vergeten mag
worden, is, dat de extase een zinsbedrog is zoo zij

niet samengaat met *een extase in het leven*, zooals de
H. Franciscus van Sales zegt, dat wil zeggen, met
de beoefening van heldhaftige deugden. Grove
zelfmisleiding zou het wezen de plichten van zijn
staat te verwaarloozen om meer tijd te kunnen
besteden aan de beschouwing. P. Balthasar Alvarez,
die biechtvader der H. Theresia was geweest, zeide
kort en bondig : men moet de beschouwing achter-
stellen bij plichtsvervulling of bij het helpen van die in
nood zijn. God schenkt aan wie zich aldus weet te
versterven meer licht en liefde in één uur van gebed,
dan aan een ander in vele uren.

1576. D) Grooter illusie nog zou het wezen te
meenen, dat *de beschouwing het voorrecht der onzondigbaarheid mededeelt*. De geschiedenis leert, dat de
valsche mystieken, die, zooals de begarden en de
quiëtisten, zich onzondigbaar waanden, tot de erger-
lijkste ondeugden zijn vervallen. De H. Theresia
dringt voortdurend aan op de verplichting tot
waakzaamheid, ten einde de zonde te vermijden,
ook voor die tot de hoogste trappen der beschouwing zijn opgestegen. De H. Philippus Nerius was
gewoon te bidden : " O mijn God, let op Philippus, anders zal hij U verraden ". Wij kunnen
immers zonder een bijzondere genade niet lang
staande blijven; deze genade wordt geschonken
aan de nederigen, die, vol zelfmistrouwen, al hun
hoop op God stellen.

1577. 3° Er moet dus rekening gehouden worden
met het geval, dat contemplatieve zielen in zonde
zouden vallen. Deze val kan voortkomen uit verschillende oorzaken :

a) De ziel was tot de beschouwing gekomen, voordat zij
haar hartstochten volkomen beheerscht had; in plaats van
krachtig te blijven strijden, is zij in zoete rust ingesluimerd.
Hevige bekoringen zijn haar overkomen en, vol vertrouwen
in eigen kracht, is zij bezweken. — Het hulpmiddel is thans
berouw, terugkeer tot God met een vernederd hart, langdu-

rige, harde boete. Van hoe hooger men gevallen is, hoe
nederiger en standvastiger men zich moet inspannen om de
helling weer op te gaan en den top opnieuw te bereiken. De
zielsbestuurder heeft tot taak hierop steeds met goedheid en
allen ernst te blijven wijzen.

b) Sommige contemplatieven hebben met kracht gestreden
om hun verkeerde neigingen te onderdrukken en zijn er in
geslaagd; doch, in de meening dat de strijd voorgoed
geeindigd is, geven zij zich over aan rust, verminderen hun
oplettendheid en missen de edelmoedigheid om sommige
kleinere verplichtingen, die zij van minder gewicht achten,
na te komen; zoo komen zij langzamerhand tot een zekere
verslapping, die wel eens lauwheid zou kunnen worden. —
De biechtvader moet er wel op bedacht zijn om dit *inzinken*
bijtijds tegen te gaan. Hoe edelmoediger God zich voor hen
toont, hoe ijveriger zij Hem moeten dienen; de minste
ongetrouwheden zijner vrienden kwetsen op de gevoeligste
wijze Dengene, die hun zijn gunsten zoo mild mededeelt.
Men leze slechts, wat de H. Margaretha Maria in haar eigen
levensbeschrijving verhaalt omtrent de gestrenge verwijten
van Christus om zijn vertrouwelinge van haar kleinste afwijkingen te verbeteren, haar tekortkomingen aan eerbied en
aandacht tijdens het officie en het gebed, haar gemis aan
oprechtheid en zuiverheid van meening, ijdele nieuwsgierigheid, geringe misslagen tegen de gehoorzaamheid, al was
het ook om meer boetplegingen te kunnen doen. De biechtvader overdenke dit alles en neme het te baat om die zielen
tot nieuwen ijver en vurigheid terug te voeren.

1578. c) Anderen ten slotte meenden in de
beschouwing, na de eerste passieve beproevingen,
niets te vinden dan zoetheden en vertroostingen.
Doch in werkelijkheid gaat God ook daarna door
met hen nu eens troost, dan weer dorheid toe te
zenden om hen krachtdadiger te heiligen. En nu
gevoelen zij zich terneergeslagen en gedrukt. Deze
gesteldheid kan licht gevaar opleveren voor verslapping met haar gevolgen. Het groote behoedmiddel
is *de liefde tot het kruis.* Deze liefde moet hen
voortdurend voorgehouden worden : het kruis is in
zich niet beminnelijk, doch het moet bemind worden, omdat het ons gelijkvormiger maakt met den
gekruisigden Jesus.

Daarenboven, zei de H. Pastoor van Ars [1], is het kruis het geschenk van God aan zijn vrienden. Men moet de liefde tot het kruis vragen, dan wordt het zoet. Ik weet het bij ondervinding... ja, ik had veel kruisen, ik had er haast meer dan ik dragen kon. Maar ik ging liefde tot het kruis vragen; toen voelde ik mij gelukkig... Werkelijk daar alleen is het geluk te vinden.

Om alles in 't kort samen te vatten : wat de zielsbestuurder der contemplatieven moet doen, is de werken en levens der mystieken bestudeeren, en *de gave van raad* vragen om aan die zielen niets te zeggen dan na den H. Geest om licht gesmeekt te hebben.

SLOTWOORD : DE DRIE WEGEN EN DE LITURGISCHE JAARKRING [2].

1579. Na de drie wegen naar de volmaaktheid overschouwd te hebben, zal het niet ondienstig zijn te zien, hoe de H. Kerk ons ieder jaar door haar liturgie uitnoodigt opnieuw de hand te leggen en te arbeiden aan de voltooiing van het werk onzer heiliging met zijn drie graden, de loutering, de verlichting en de vereeniging. Het geestelijk leven is in waarheid een reeks van steeds herhaalde hernieuwingen, terwijl de liturgische tijdkring ons ieder jaar komt aansporen tot verdubbelen ijver.

In de liturgie houdt alles verband met het **Menschgeworden Woord,** Jesus Christus, Middelaar tot godsvereering evenzeer als tot verlossing. (Hij heeft ons immers niet alleen met den Vader verzoend, doch ons ook in staat gesteld den Vader de hulde die Hem toekomt te geven). Hij wordt ons voorgehouden niet slechts als toonbeeld ter navolging, maar eveneens als hoofd van een geheimzinnig lichaam; Hij komt leven in ons, zijn ledematen, om ons de deugden te helpen beoefenen,

---

[1] MONNIN, *Le Curé d'Ars*, l. III, ch. III.
[2] D. GUÉRANGER, *L'Année liturgique.*

waarvan Hij het voorbeeld heeft gegeven. Ieder feest, elk deel van het liturgisch jaar roept ons de een of andere der deugden van Jesus in 't geheugen en biedt ons de genaden, die Hij ons verdiend heeft, om met zijn medewerking die deugden in ons te doen uitschijnen.

1580. Het liturgisch jaar, verdeeld over de vier jaargetijden, staat in overeenstemming met de vier voornaamste tijdperken van het geestelijk leven [1]. *De Advent* beantwoordt aan *den weg der reiniging;* *de Kersttijd* aan *den weg der verlichting,* waar wij Jesus volgen door de beoefening zijner deugden; *de voorbereidingstijd voor Paschen* stemt overeen met *de tweede zieleloutering,* grondiger dan de eerste; *de Paaschtijd* stelt *den weg der vereeniging* voor, de vereeniging met den verrezen Christus, vereeniging die vervolmaakt wordt door de Hemelvaart en door de Nederdaling van den H. Geest. Hier volgt een korte verklaring.

1581. 1º De **Advent** (Komst) is een voorbereiding tot de komst des Heeren, en daarom een tijd van boete en zuivering.

De H. Kerk noodigt ons uit dan de drievoudige komst van Jesus te overdenken : zijn komst op aarde door de menschwording, zijn intrede in de zielen door de genade, zijn verschijnen op het einde der tijden om de menschen te oordeelen. Doch vooral op de eerste komst wil zij onze aandacht vestigen. Zij herinnert ons aan de verzuchtingen der patriarchen en profeten, opdat wij met hen naar de komst van den beloofden Verlosser zouden verlangen, met hen vragen, dat zijn rijk opnieuw of hechter gevestigd worde in onze zielen. De Advent is derhalve een tijd van heilige verlangens en vurige verzuchtingen, waardoor wij God vragen op ons den dauw der genade en bovenal den Verlosser te doen nederdalen : *Rorate, cœli, desuper, et nubes pluant Justum!*

---

[1] Ofschoon in het geestelijk leven slechts *drie wegen* onderscheiden worden, mogen we toch wel, om het groot verschil dat er gelegen is tusschen de *passieve loutering* en de *genotvolle beschouwing,* van twee onderscheiden phasen op den weg der vereeniging spreken.

Dit smeeken wordt met nog meer aandrang herhaald in de groote antifonen : *o Emmanuel, Rex gloriæ, Oriens*, etc., die ons de glorierijke titels door de profeten aan den Messias gegeven en de voornaamste eigenschappen zijner zending in herinnering brengen en ons verlangen verlevendigen naar Hem, die alleen onze hulpbehoevendheid verhelpen kan.

1582. Doch de Advent is eveneens een tijd van boetvaardigheid. De H. Kerk wekt er ons toe op door de gedachte aan het laatste oordeel, waartoe wij ons door het uitboeten der zonden moeten voorbereiden. Tot dit doel stelt zij ons den H. Joannes Baptist voor, die ons uitnoodigt tot boetedoening met het oog op de komst des Heeren ; " Bereidt den weg des Heeren, maakt recht zijn paden " (Luc. III, 4). Vroeger vastte men drie dagen in de week, gelijk in sommige kloostergemeenten nog gebruikelijk is. Schrijft de H. Kerk dit thans niet meer voor aan al haar kinderen, zij laat toch niet na allen uit te noodigen andere werken van versterving tot genoegdoening voor de zonden te beoefenen. Om op deze verplichting de aandacht te vestigen, is voor de Missen van den Adventtijd de paarse kleur, het zinnebeeld van boete, voorgeschreven.

Deze heilige verlangens en oefeningen van boetvaardigheid hebben geen ander doel dan de reiniging der ziel en haar voorbereiding op de komst des Heeren.

1583. 2º De **Kersttijd.** Het Woord verschijnt in de zwakheid van het vleesch, met de bekoorlijkheid doch ook met de hulpeloosheid der kindsheid, en vraagt ons Hem onze harten te openen, opdat Hij er binnentrede, er heersche en er zijn gevoelens en deugden uitstorte. Het is *de weg der verlichting*, die aanvangt : gezuiverd van onze fouten, onthecht aan de zonde en aan wat er ons weer toe voeren kan, lijven wij ons telkens meer in Jesus in om te deelen in zijn *afdaling*, in zijn nederigheid, gehoorzaamheid en armoede, deugden, die Hij zoo heerlijk beoefend heeft bij zijn geboorte en in alle later volgende omstandigheden. Om Hem te verwelkomen in de wereld, die Hij komt vrijkoopen, komen slechts eenige herders en wijzen uit het Oosten Hem hun hulde bewijzen. De Joden, die Hij tot

zijn volk heeft willen uitverkiezen, gewaardigen zich
niet Hem te ontvangen : *Hij kwam in zijn eigen
bezit en de zijnen ontvingen Hem niet.* (Joan. I, 11).
Hij wordt gedwongen naar Egypte te vluchten en
bij zijn terugkeer gaat Hij zich begraven in een
klein dorp van Galilea, neemt toe in wijsheid en in
jaren, en in welgevallen bij God en de menschen,
houdt zich bezig met handenarbeid tot aan zijn
dertigste jaar, in alles onderdanig aan Maria en
Joseph. Dit tafereel wordt ons opgehangen door de
liturgie in den tijd van Kerstmis en Driekoningen,
opdat wij daar de voorbeelden zouden zien, die wij
na te volgen hebben. Terzelfdertijd noodigt zij ons
het goddelijk Kind, naarmate Het dieper afdaalt,
met des te grooter eerbied te *aanbidden,* te *danken*
en te *beminnen : sic nos amantem quis non redamaret?*

1584. 3° Doch alvorens tot de vreugden der goddelijke vereeniging te worden toegelaten, wordt een
nieuwe loutering gevorderd, pijnlijker, diepgaander
dan de eerste : de tijd van af **Septuagesima tot
Paschen** biedt daartoe gelegenheid.

Met *Septuagesima* begint de inleiding tot de
Vasten. Het goddelijk Officie houdt ons dan, in de
eerste lessen der Metten, het verhaal voor van den
zondeval, van het daarop volgend algemeen bederf,
van den zondvloed, de straf der zonden, van het
heilig leven der Aartsvaders, die zich offerden tot
uitboeting van de boosheid der wereld. Zoo noodigt
de H. Kerk ons uit om in de bitterheid des harten
onze eigen zonden te overdenken, te verfoeien en
door edelmoedige boetvaardigheid uit te delgen. De
middelen worden ons door de liturgie aangewezen : 1) de *arbeid* of de trouwe vervulling van al
onze dagelijksche plichten, ter liefde Gods. (Evangelie van den Zondag van Septuagesima); 2) de
strijd tegen de driften. In den Epistel van denzelfden
Zondag wijst de H. Kerk op de kampvechters, die
loopen of strijden om een kroon te verwerven; zij

noodigt ons uit, naar hun voorbeeld, doch niet om een tijdelijk loon, ons van veel te onthouden en ons lichaam onder bedwang te brengen; 3) het *gewillig aannemen van het lijden* en der beproevingen, de rechtvaardige straf voor onze zonden ; tevens wekt de H. Kerk ons op in den *Introïtus* om in allen *ootmoed te bidden*, opdat het lijden ons heilzaam zij : " *Mij omgaven stervensweeën, de smarten des doods omringden mij : en in mijnen nood riep ik den Heer aan*"...

1585. Zijn eenmaal die gevoelens opgewekt, dan komt de Kerk, na *Quinquagesima*, nog andere middelen aanwijzen : *vasten, onthouding* en *aalmoezen.* Wij moeten deze middelen aanwenden *in vereeniging met Jesus*, die gedurende veertig dagen in de woestijn verblijft ten einde er in onzen naam boetvaardigheid te doen en die bekoord wil worden om ons te leeren, hoe wij den duivel weerstand moeten bieden. In de prefatie der Mis zegt de Kerk ons, dat het vasten de ondeugden onderdrukt, den geest tot God verheft en vermeerdering schenkt van deugden en verdiensten.

Den tweeden Zondag worden wij heengevoerd naar den Thabor, opdat wij zouden zien, dat de boetvaardigheid vreugde schenkt, wanneer wij tevens bidden en tot God opzien : " *Mijn oogen zien voortdurend op naar den Heer, want Hij zal mijn voeten uit den strik bevrijden*"... (Introit, 3ᵉ Zondag). Den vierden Zondag wordt onze moed opgewekt door de gedachte aan de vreugde des hemels : " *Verheug u, Jerusalem*"... (Introit.) De H. Communie, vooraf gebeeld door de vermenigvulding der brooden, (Evangelie 4ᵉ Zondag) geeft er ons een voorsmaak en het onderpand van. Tot dat hemelsch Jerusalem zullen wij eenmaal opgaan. (Communie, 4ᵉ Zondag).

1586. Op *Passiezondag* verheft zich het kruis : " *Daar treedt des Konings standdaard voor*" (*Vexilla Regis...)* Alleen het kruis is zichtbaar; het beeld van den gekruisigden Godmensch is omsluierd, ten teeken van rouw en droefheid, om ons te leeren, dat er oogenblikken voorkomen in het leven, waarin wij slechts kwellingen en geen troost ondervinden. Doch de Epistel van dezen dag komt ons moed inspreken : Christus, onze Hoogepriester, is door de uitstorting van zijn bloed, het Heilige der Heiligen binnengegaan en zal ons door dat bloed deelachtig maken aan de beloofde eeuwige erfenis. Het werd vergoten op het kruis, dat aldus een bron van leven is geworden : " *opdat daaruit het leven zou opschieten, waaruit de dood was voortgekomen* " (Prefatie).

Palmzondag, de blijde intocht van Jesus in Jerusalem, zoo spoedig door de droevige geheimen gevolgd, herinnert er aan, hoe kortstondig de aardsche verheffing, zelfs de meest rechtmatige, duurt en hoe zij van de diepste vernedering gevolgd kan worden. Dan stijgt uit de ziel, gelijk uit die van Jesus in den hof van Olijven en op Calvarië, de bange kreet : " *O God, mijn God, zie op Mij neder; waarom hebt Gij Mij verlaten?* " (Ps. XXI, 1 — Tractus) Ja, ook de christen, door lijden in ziel of lichaam bezocht of door booze tongen vervolgd, doet die angstkreet hooren, doch de Epistel van dezen dag komt moed instorten : vereenigen wij ons met Jesus ten tijde van tegenspoed en lijden : " Koestert in uw binnenste hetzelfde gevoelen, dat ook in Christus Jesus was... Hij heeft zichzelven vernederd, gehoorzaam geworden [aan den wil zijns Vaders] tot den dood, ja tot den dood des kruises. Daarom ook heeft God Hem verheven... opdat voor den naam van Jesus iedere knie buige "... Zoo we met Hem lijden, zullen we ook met Hem verheerlijkt worden. (Rom. VIII).

1587. 4° **De Verrijzenis en de Paaschtijd** herinneren ons aan het *glorierijk* leven van Jesus en stellen het leven van *vereeniging* voor. Het is een meer hemelsch dan aardsch leven : tijdens zijn predikambt had Jesus voortdurend op aarde met de menschen medegeleefd, had onder hen gearbeid, geleeraard; na zijn verrijzenis echter leeft Hij meer dan ooit los van het aardsche; slechts eenige malen verschijnt Hij aan zijn Apostelen om hen zijn laatste onderrichtingen te geven en keert terug tot zijn Vader.

Hier zien wij het beeld der zielen op den *weg der vereeniging*, waar zij nog slechts de eenzaamheid zoeken om in volle vrijheid met God om te gaan. Hebben zij uit plicht te handelen met de menschen, dan blijft daarbij steeds hoofddoel mede te werken aan de heiliging der zielen. Zij streven er steeds naar het ideaal door Paulus voorgesteld naderbij te komen : "Zoo ge dan met Christus verrezen zijt, zoekt dan ook wat hierboven is : waar Christus is, gezeten aan Gods rechterhand. Weest bedacht op wat daarboven is, en niet op het aardsche, want ge zijt dood en uw leven is met Christus verborgen in God" (Col. III, 1-3).

De *Hemelvaart* is nog een graad hooger : Jesus leeft voortaan in den hemel aan de rechterhand zijns Vaders, waar Hij voor ons bidt zonder ophouden : zoo wordt zijn zielewerk nog vruchtbaarder. Omdat Hij is heengegaan, zendt Hij den H. Geest, den Geest van heiligmaking, die de Apostelen en door hen millioenen zielen omvormt. Zoo ook de contemplatieven. Met den geest en het hart wonen zij reeds in den hemel; zij houden niet op te bidden en zich te slachtofferen voor het heil hunner broeders en hun zielenijver brengt op deze wijze nog meer vruchten voort dan weleer.

1588. *Pinksteren*, dat is de nederdaling van den H. Geest over ieder onzer om de wonderbare omvorming, in de Apostelen teweeggebracht, ook in onze zielen uit te werken, al is het niet op zoo snelle, zoo uiterlijk opzienbarende wijze. Het geheim der *H. Drievuldigheid* stelt ons opnieuw voor oogen het groot voorwerp van ons geloof, van onzen godsdienst, de werkende oorzaak, het toonbeeld onzer heiliging. Het feest van het *H. Sacrament* en dat van het *H. Hart* herinneren er ons aan, dat Jesus in de Eucharistie, waarin Hij ons de schatten zijner liefde openbaart, onze aanbidding en wederliefde verdient en tevens de groote Godsvereerder is, door wien en in wien wij aan de aanbiddelijke Drieëenheid de verschuldigde hulde kunnen brengen.

De vele Zondagen na Pinksteren spreken ons van de volkomen ontluiking van het werk van den H. Geest niet enkel in de Kerk, doch ook in iedere vrome ziel. Beurtelings komen zij ons opwekken om eveneens, onder den invloed van den H. Geest, overvloedige vruchten van zaligheid voort te brengen, tegen den dag, dat wij zullen opgaan naar Hem, die ons voorging in den hemel om ons daar een plaats te bereiden.

1589. In dezen liturgischen jaarkring is een plaats ingeruimd aan de feesten der Heiligen. Deze mannen en vrouwen, die, gelijk wij ledematen van Christus, ondanks alle bekoringen en moeilijkheden, zijn deugden hebben weergegeven, zijn ons door hun voorbeeld een sterke opwekking ten goede. Wij hooren ze met Paulus ons toeroepen : " Weest mijn navolgers gelijk ik het ben van Christus ". Wanneer wij in de lessen van het goddelijk Officie het verhaal hunner heldhaftige deugden lezen, komt spontaan bij ons de gedachte op, die Augustinus bemoedigde tot den strijd : " Zult gij niet kunnen, wat dezen gekund hebben ? "

Boven alles echter mogen wij niet uit het oog verliezen, dat de Koningin der Engelen en der Heiligen, de Moeder des Zaligmakers steeds met haren Zoon samengaat in de liturgie, dat wij dus den Zoon niet kunnen eeren, zonder tevens zijn Moeder te eeren, te beminnen en na te volgen.

Op deze wijze zullen wij, gesteund en geholpen door de H. Maagd en de Heiligen, ingelijfd in het Menschgeworden Woord, ieder jaar bij het door-loopen van den liturgischen cyclus meer tot God naderen.

1590. Doch om de overvloedige middelen ter heiliging ons door de Kerk geboden wel te benutten, moeten wij ons de *inwendige gevoelens van Jesus* eigen maken. Er bestaat een zeer schoon en kracht-dadig gebed, dat hiertoe zeer geschikt is : *O Jesu vivens in Maria*. Wij meenen dit werk niet beter te

kunnen besluiten dan met een korte verklaring van
dit gebed te geven.

GEBED : *O JESU VIVENS IN MARIA*[1].

O Jesu vivens in Maria,	O Jesus, die in Maria leeft,
veni et vive in famulis tuis,	kom en leef in uw dienaren,
in spiritu sanctitatis tuæ,	in den geest uwer heiligheid,
in plenitudine virtutis tuæ,	in de volheid uwer kracht,
in perfectione viarum tuarum,	in de volmaaktheid uwer we-gen,
in veritate virtutum tuarum,	in de waarheid uwer deugden,
in communione mysteriorum tuorum,	in de deelneming aan uw geheimen,
dominare omni adversæ po-testati,	bedwing alle vijandige macht,
in Spiritu tuo ad gloriam Patris.	in uwen Geest, tot glorie van den Vader.

Dit gebed bevat *drie* ongelijke deelen : in het
eerste wordt gezegd, *tot wien het gericht is;* in het
tweede, *wat gevraagd wordt*, en in het derde,
waarom het gevraagd wordt.

1591. 1° **Tot wien richt zich dit gebed?** *Tot
Jesus levend in Maria*, dat is tot het *Vleeschgeworden
Woord*, den God-Mensch, die in de eenheid van
eenzelfden persoon tegelijk de goddelijke en de
menschelijke natuur bezit, en voor ons de *verdienende oorzaak*, het *toonbeeld* en de *bron* onzer heiliging is, n. 132. Wij richten ons tot Hem *in zoover
Hij in Maria leeft*. Weleer heeft Hij *lichamelijk*
negen maanden lang geleefd in haren maagdelijken
schoot : dit leven, dat bij de geboorte ophield,
wordt hier niet bedoeld ; Hij heeft in Haar *sacra-
menteel* geleefd door de H. Communie; doch dit
leven heeft opgehouden na de laatste Communie
van Maria op aarde. Hij heeft geleefd in Haar en
leeft er nog op *geheimzinnige* wijze, als hoofd van

---

[1] Dit gebed, opgesteld door P. DE CONDREN en aangevuld door
OLIER, wordt iederen dag in de seminaries van S. Sulpice, na de
meditatie, gebeden. De EERB. P. LIBERMANN heeft er een schoone
uitlegging van gegeven. *Lettres*, t. II, p. 506-522.

het mystiek lichaam, waarvan alle christenen ledematen zijn; doch meer, onvergelijkelijk meer dan
in hen, leeft Hij in Maria, wijl Zij in dit lichaam
onder de ledematen de eervolste plaats inneemt,
n. 155-162. Hij leeft er door den *H. Geest*, dien Hij
mededeelt aan zijn heilige Moeder, opdat die Geest
in Haar gevoelens uitwerke gelijk aan die, welke
Hij in de ziel van Christus uitwerkt. Uit kracht der
verdiensten en gebeden des Zaligmakers, komt dus
de H. Geest Maria heiligen en verheerlijken, Haar
zoo gelijkvormig mogelijk maken aan Jesus, zoodat
Zij er het volmaaktste levend evenbeeld van
wordt : " *hæc est imago Christi perfectissima, quam
ad vivum depinxit Spiritus Sanctus* ".

Olier [1] verklaart dit zeer schoon : " Wat Christus is voor
zijn Kerk, is Hij bij uitmuntendheid voor zijn allerheiligste
Moeder. Hij is aldus haar innerlijke, goddelijke volheid ; en
wijl Hij zich geheel in 't bijzonder voor Haar geofferd heeft
meer dan voor de gansche Kerk, deelt Hij Haar Gods leven
meer mede dan aan de geheele Kerk. Hij geeft het Haar
zelfs uit erkentelijkheid, in dank voor het leven, dat Hij van
Haar heeft ontvangen, want, daar Hij aan al zijn ledematen
beloofd heeft het honderdvoud te geven voor alles wat Hij
van hun liefdadigheid op aarde heeft ontvangen, wil Hij ook
aan zijn Moeder het honderdvoud geven van het menschelijk
leven, dat Hij van haar liefde en toewijding heeft ontvangen.
Dit honderdvoud is het oneindig kostbaar goddelijk leven...
Wij moeten dus Jesus Christus, ons Al, beschouwen als
levend in de allerheiligste Maagd in de volheid van het leven
van God, zoowel dat leven, hetwelk Hij van zijn Vader heeft
ontvangen, als dat hetwelk Hij voor de menschen verworven
en verdiend heeft door bemiddeling van het leven zijner
Moeder. In Haar laat Hij al de schatten zijner rijkdommen
zien, den glans zijner schoonheid en de geneugten van het
goddelijk leven... Hij woont er in volheid ; Hij werkt er in
den omvang van zijn goddelijken Geest ; Hij is slechts één
hart, één ziel, één leven met Haar ". — Dit leven stort Hij
zonder ophouden in Haar uit, " in Haar beminnend, in Haar
lovend en in Haar aanbiddend God zijn Vader ; in Haar,
als in iets behoorend bij zijn Hart, verruimt en vermenigvuldigt Hij zich met welbehagen " [2].

[1] OLIER, lettre CCCLXXXIII, t. II, p. 468. édit. 1885.
[2] OLIER, *Journée chrét*., p. 395-396.

1592. Jesus leeft *in volheid* in Maria, niet alleen om Haar, maar ook om door Haar de overige ledematen van zijn geheimzinnig lichaam te heiligen. Zij toch is, zegt de H. Bernardus, het kanaal, waardoor ons de genaden, door haren Zoon verdiend, toevloeien : *totum nos habere voluit per Mariam,* n 161.

Het is daarom zeer aangenaam aan Jesus en zeer heilzaam voor onze ziel ons te richten tot *Jesus levend in Maria.* "Wat is aangenamer, behagelijker aan Jesus Christus dan Hem te gaan zoeken op de plaats zijner genoegens, op dien troon van genade, te midden van dien liefdegloed? Is er overvloediger bron van genade en van leven dan die plaats, waarin Jesus verblijft? Daar is de bron van het leven der menschen bij de Voedster zijner Kerk".

Terecht mogen wij *vol vertrouwen* aldus bidden tot *Jesus levend in Maria.*

1593. 2° **Wat vragen wij in dit gebed?** Het *inwendig leven,* met alwat er toe gevorderd wordt, het inwendig leven, dat slechts een deelhebbing is in het leven, hetwelk Jesus aan zijn Moeder mededeelt. Dit vragen wij Hem ook aan ons te schenken.

A) Daar Jesus in Maria levend de *bron* is van dit leven, smeeken wij Hem ootmoedig in ons te *komen* en te *leven,* terwijl wij beloven ons volgzaam aan zijn werking te onderwerpen : VENI ET VIVE IN FAMULIS TUIS.

a) Hij *komt* in ons, gelijk Hij in Maria komt, *door zijn goddelijken Geest,* door de *heiligmakende genade :* zoo dikwijls deze in ons toeneemt, groeit de Geest van Jesus er eveneens. Bijgevolg telkens als wij een bovennatuurlijke, verdienstelijke akt stellen, komt die goddelijke Geest in ons en maakt onze ziel meer gelijkvormig aan die van Jesus en die van Maria. Welke sterke prikkel om onze verdienstelijke akten te vermenigvuldigen en te verinnigen door liefde! (n. 236-248)

b) Hij *werkt* in ons door de *dadelijke genade,* die Hij ons verdiend heeft en door zijn goddelijken Geest mededeelt; Hij werkt in ons het willen en het uitvoeren ; Hij wordt het beginsel van al onze bewegingen, van onze inwendige gevoelens, zoodat al onze akten slechts voortkomen van Jesus, die ons zijn eigen leven, zijn gevoelens, zijn genegenheden, zijn verlangens mededeelt. Dan mogen wij met Paulus zeggen : " Ik leef, doch niet meer ik, doch Christus leeft in mij ".

c) Daartoe moeten wij ons, als *trouwe dienaren,* in famulis tuis, door Hem laten geleiden en ons aan zijn invloed onderwerpen, zoodat wij met de nederige Maagd in alle oprechtheid zeggen : " Ziehier de dienstmaagd des Heeren, mij geschiede naar uw woord ". Wij hebben, in het bewustzijn onzer ellende en onbekwaamheid, slechts bereidvaardig te gehoorzamen aan de minste inspraken der genade. Dit is een dienstbaarheid eervol voor ons, want God dienen is heerschen ; een dienstbaarheid uit liefde, die ons onderwerpt aan Dengene, die ongetwijfeld voor ons een Meester, doch tevens ook een Vader, een Vriend is, die ons niets beveelt dan wat onze ziel tot heil verstrekt. Openen wij dan, openen wij onze harten voor Jesus Christus met zijn goddelijken Geest, opdat Hij er heersche, gelijk Hij geheerscht heeft in het hart onzer Moeder!

1594. B) Daar Jesus de *bron van alle heiligheid* is, vragen wij Hem in ons te leven en te werken in den geest van heiligheid, om ons zijn inwendige heiligheid mede te deelen.

Er is in Hem een tweevoudige heiligheid : eene, *zelfstandige,* die voortvloeit uit de hypostatische vereeniging, en een tweede, *medegedeelde,* die niet anders is als de geschapen genade, n. 105. Deze laatste vragen wij Hem ons te schenken. Deze heiligheid is op de eerste plaats *de afschuw van de zonde* en de verwijdering van alwat tot de zonde voeren kan, de onthechting aan de schepselen en alle eigenbelang ; doch zij is ook een deelneming aan het goddelijk leven, een innige vereeniging met de drie goddelijke Personen, een liefde tot God boven alle andere genegenheid, in één woord, zij is de heiligheid in werking.

1595. Doch daar wij uit onzelven die heiligheid niet kunnen verkrijgen, smeeken wij Hem in ons te komen in de volheid zijner kracht of zijner genade. En omdat wij steeds mogelijken opstand in ons binnenste te duchten hebben, moeten wij er ook nog met de H. Kerk de bede bijvoegen : *etiam rebelles ad te propitius compelle voluntates :* trek tot U goedgunstig ook onzen weerspannigen wil.

Het is dus een *daadwerkelijke* genade, die wij afbidden, een genade, welke zonder onze vrijheid aan te tasten op de geheime roerselen van den wil weet in te werken ten einde zijn instemming te verwerven, en niet staan blijft voor onzen instinctmatigen weerzin of dwazen tegenstand, maar zacht en krachtig tevens in ons het willen en het uitvoeren zal bewerken.

1596. C) De heiligheid is onmogelijk zonder de *navolging van ons goddelijk Toonbeeld*. Daarom smeeken wij Jesus, dat Hij ons doe wandelen **in de volmaaktheid zijner wegen**, dat wil zeggen ons te brengen tot navolging van zijn gedrag, van zijn handelwijze, van zijne uit- en inwendige daden in al haar volmaaktheid. Met andere woorden, wij bidden levende afbeeldsels te mogen worden van Jesus, andere Christussen, opdat ook wij tot onze onderhoorigen kunnen zeggen, wat Paulus tot zijn discipelen zeide : " Weest mijne navolgers, gelijk ik het ben van Christus ". Dit ideaal is zoo verheven, dat wij uit eigen kracht het niet kunnen bereiken. Doch Jesus wordt onze weg : *Ego sum via*, hel verlichte, levende weg, ja als het ware een *gaande* weg, die ons mede voert : *Wanneer Ik van de aarde omhoog ben geheven, dan zal Ik alles tot Mij trekken.* (Joan. XII, 32) Wij zullen trachten, tot U getrokken, uwe deugden in ons weer te geven.

1597. D) Om die reden voegen wij erbij : **in de waarheid uwer deugden.** Wij wenschen echte deugden, geen schijndeugden. Er zijn lieden, die, onder een deugdzaam uiterlijk, een heidenschen, zinnelijken en hoovaardigen geest verbergen. Een volmaakt uiterlijk alleen is nog de heiligheid niet. Wat Jesus ons komt brengen, zijn de *inwendige*, de *kruisigende* deugden, de nederigheid, de armoede, de versterving, de volmaakte zuiverheid van geest en hart zoowel als van het lichaam ; het zijn de *vereenigende* deugden, de geest van geloof, van vertrouwen en liefde. Deze deugden vormen den waren christen en maken hem tot een anderen Christus.

159 8. E) Deze deugden heeft Jesus vooral beoefend in zijn *geheimen;* daarom bidden wij Hem ons aan **de genade zijner geheimen** deelachtig te maken. Deze geheimen zijn voorzeker al de voorname handelingen van Christus, doch voornamelijk de zes groote geheimen, door Olier beschreven in zijn *Catéchisme chrétien* : de menschwording, de kruisiging, de dood, de begrafenis, de verrijzenis en hemelvaart. De *menschwording* noodigt ons uit tot algemeene zelfverzaking om, in vereeniging met Jesus, ons geheel aan den Vader toe te wijden : “ Zie, Ik kom, o God, opdat Ik uwen wil volbrenge ”. De *kruisiging,* de *dood* en de *begrafenis* geven de trappen dier zelfverloochening aan : wij kruisigen de booze natuur, trachten haar te doen sterven en voor immer te begraven. De *verrijzenis* en de *hemelvaart* beteekenen de volmaakte onthechting aan de schepselen en stellen dat leven voor, hetwelk wij te leiden hebben om eenmaal den hemel binnen te gaan.

1599. F) Het behoeft geen betoog, dat wij deze volmaaktheid niet kunnen bereiken, indien Jesus niet in ons komt om **alle vijandige machten te bedwingen.** Deze vijandige machten, de duivel, de wereld en het vleesch, houden niet op ons hevig te bekampen en zullen slechts met onzen dood den strijd opgeven. Doch Jesus, de Overwinnaar, kan ze boeien, kan ze bedwingen door zijn daadwerkelijke genade : deze genade vragen wij Hem hier.

3° Om deze genade met meer zekerheid te verkrijgen, betuigen wij, dat wij één **doel** met Hem nastreven : **de glorie zijns Vaders onder de werking van den H. Geest.** Hij is op aarde gekomen om zijn Vader te verheerlijken; gewaardige Hij zich dan dat werk in ons voort te zetten en ons zijn

inwendige heiligheid mede te deelen, opdat wij met
Hem en door Hem dien zelfden Vader verheerlijken en doen verheerlijken door anderen! Dan zullen wij in waarheid ledematen van zijn geheimzinnig lichaam, ware godsvereerders zijn : Hij zal
leven, zal heerschen in onze harten tot meerdere
glorie der aanbiddelijke Drieëenheid.

Dit gebed is dus de korte inhoud van het geestelijk leven, de samenvatting van deze Verhandeling.

Bij het eindigen van dit werk rest ons enkel
onze lezers uit te noodigen met ons een gebed van
lof en dank te richten tot den God van liefde, den
goeden Vader, die, ons deelgevend in zijn eigen
leven, ons, in zijn Zoon, met alle zegeningen vervuld heeft.

BENEDICTUS DEUS ET PATER DOMINI NOSTRI
JESU CHRISTI, QUI BENEDIXIT NOS IN OMNI
BENEDICTIONE SPIRITUALI IN CÆLESTIBUS IN
CHRISTO.

EINDE.

AANHANGSELS

I. *De Vroomheid of het geestelijk leven volgens het N. Testament.*

Ten einde iets bij te dragen tot een beter en ordelijk begrip van de geestelijke schatten in het Nieuw Testament vervat, volgt hier een kort overzicht van het geestelijk leven volgens de *Synoptici* (Ss. Mattheus, Marcus en Lucas), den *H. Paulus* en den *H. Joannes.*

1° De Synoptici.

De hoofdgedachte, waarheen, in Jesus' leer bij de Synoptici, zich alles richt, is *het Rijk Gods.* Tot beter begrip gaan wij hier aangeven : zijn *natuur*, zijn *samenstelling* en de *voorwaarden* om er toe te behooren.

A) **Natuur.** Het Rijk Gods, door Jesus gepredikt, is niet, naar joodsche opvatting, een aardsch, maar een geheel geestelijk rijk, in strijd met dat van satan, den aanvoerder der opstandige engelen. **a**) Het wordt ons voorgesteld onder drie verschillende vormen : 1) nu eens is het de *hemel*, het rijk aan de uitverkorenen voorbehouden : "Komt, gezegenden mijns Vaders, neemt bezit van het rijk, dat voor u bereid is van de grondvesting der wereld af" (Matth. XXV, 34); 2) dan weer het *inwendig* rijk, zooals het reeds op aarde is gevestigd, dat is, de genade, de vriendschap, het kindschap door God aangeboden en door de menschen van goeden wil aangenomen : 3) eindelijk het *uitwendig* rijk door God gegrondvest om zijn werk op aarde voort te zetten [1]. **b**) Deze drie vormen slechts één zelfde rijk, want de zichtbare Kerk is alleen gesticht, opdat het inwendig rijk zich rustig kunne ontwikkelen, en dit rijk is als de samenvatting der voorwaarden tot het binnentreden in het hemelrijk gevorderd.

B) **Samenstelling.** Dit inwendig rijk heeft een *hoofd*, *God* zelf (Matth. VI, 9-10; XXVI, 29); deze God nu is tegelijk de *Vader* zijner onderdanen, niet enkel van de gemeenschap, zooals onder de Oude Wet, doch van elke ziel in het

[1] A. Tanquerey, *Syn. Th. fund.*, n. 608-611, waar vele bewijzen te vinden zijn.

bijzonder. Zijn *goedheid* is zoo groot, dat zij zich zelfs uitstrekt tot de boozen (Matth. V, 16, 45), zoolang zij op aarde leven; doch zijn *rechtvaardigheid* openbaart zich tegenover de verstokte zondaars, die tot het vuur der hel veroordeeld zullen worden (Matth. XXV, 41).

Dit rijk is *gesticht* door *Jesus Christus*, Zoon des menschen en Zoon van God. Hij is eveneens onze Koning door *geboorterecht*, wijl Hij de Zoon, de natuurlijke Erfgenaam, God is, de eenige die den Vader kent, gelijk Hij door den Vader gekend wordt. Hij is Koning door recht van *veroveiing*, daar Hij is komen redden wat verloren was en zijn bloed vergoten heeft tot vergeving onzer zonden (Matth. XI, 27; XIV, 33; XVI, 16; XX, 28; XXV, 31, 34, 40; Luc. X, 22; XIX, 10; XXII, 20; XXIII, 2, 3.) Een Koning vol toewijding, vriend der kleinen, armen, verlatenen; Hij ijlt het verloren schaap na om het tot den schaapstal terug te voeren, en vergeeft, stervend op het kruis, aan zijn beulen. (Matth. IX, 13, 36; X, 6; XVIII, 12-24; XIX, 14; Marc. II, 16; Luc. XI, 12, etc.). Doch Hij is eveneens de Rechter van levenden en dooden. Op den laatsten dag, zal Hij de goeden van de kwaden scheiden; de rechtvaardigen zal Hij vol liefde voor altijd opnemen in zijn koninkrijk, maar de boozen tot de eeuwige straffen verwijzen (Matth. XXV, 31-46).

Niets kan dus hierbeneden met dit rijk vergeleken worden. Het is de kostbare parel, de verborgen schat, dien wij tot elken prijs moeten verwerven.

C) **Voorwaarden.** Om in dit koninkrijk *binnen te treden* wordt vereischt, dat men boetvaardigheid doet (Matth. IV, 17; Marc. I, 15; Luc. V, 32), het doopsel ontvangt, het Evangelie gelooft en de geboden onderhoudt (Marc. XVI, 16); Matth. XXVIII, 19-20).

Het ideaal aan de leerlingen voorgehouden is de eigen volmaaktheid van God zelf. Wij zijn kinderen Gods; adel verplicht; dus moeten wij zooveel mogelijk de goddelijke volmaaktheid trachten te bereiken : "Weest dus volmaakt, zooals uw hemelsche Vader volmaakt is" (Matth. V, 48).

Hiertoe moet volstrekt aan twee vereischten voldaan worden : *afstand* van de schepselen en van zichzelven, om vrij te zijn van ieder beletsel, dat de vereeniging met God in den weg staat, en *liefdevolle overgave* aan God door navolging van Christus : "Zoo iemand mijn volgeling wil zijn, dan moet hij zichzelf verloochenen, zijn kruis opnemen iederen dag, en Mij volgen" (Luc. IX, 23).

a) Die afstand, die *verloochening* heeft graden. Voor allen moet zij minstens bestaan in het buitensluiten van alle ongeregelde liefde tot zichzelf en tot de schepselen, die

zondig, en vooral die, welke grootelijks zondig is. In het
laatste geval is zij een onoverkomelijk beletsel tot ons einde,
zoodat Christus zegt : "Als uw rechteroog u ergert, ruk het
dan uit en werp het van u weg " (Matth. V, 29).

Doch van wie *volmaakt* wil zijn wordt een volkomener
verloochening gevorderd : de onderhouding der evangelische
raden, de *werkelijke* armoede, het verlaten der familie en de
volmaakte zuiverheid of onthouding (Matth. XIX, 21, 12;
Luc. XIV, 26-27). Die zoo ver niet wil of kan gaan, doe
inwendig afstand van ouders en aardsche goederen, hij
beware den geest van armoede en onthechting aan alles wat
een beletsel stelt aan het rijk Gods in de ziel : ook aldus kan
een hooge trap van volmaaktheid bereikt worden (Matth. V,
1-12).

Aan het onderscheid, dat bestaat tusschen de geboden en
de raden, beantwoordt ook het verschil van graden in de
heiligheid : Wilt ge het leven binnengaan, onderhoud dan de
geboden... Zoo ge volmaakt wilt zijn, ga dan verkoopen wat
ge bezit en geef het aan de armen; kom dan en volg Mij
(Matth. XIX, 17, 21).

De volmaakte verloochening gaat tot de liefde voor het
kruis : "*tollat crucem suam*"; men vindt smaak in het
lijden, niet om het lijden zelf, doch ter wille van den goddelijken Gekruiste, dien men volgen wil ten einde toe : "*et
sequatur me*"; ja men vindt zelfs het geluk bij het dragen
van het kruis : Zalig de armen van geest..., de zachtmoedigen..., zij die vervolging lijden... zalig wanneer gij beschimpt
wordt om mijnentwil (Matth. V, 3-12).

b) Doch de verloochening is slechts een middel om *de
liefde tot God en tot den evennaaste om God* te beoefenen. De
liefde immers is het kort begrip der geheele wet : "Gij zult
den Heer uwen God beminnen met heel uw hart, met heel
uw ziel en heel uw verstand... En het tweede daaraan gelijk :
Gij zult uw naaste beminnen als uzelf" (Matth. XXII. 37-39).
Het is het grootste aller geboden, dat alle volmaaktheid
insluit.

1) Deze liefde moet *kinderlijk* zijn. Zij zet ons aan : op de
eerste plaats den hemelschen Vader te *verheerlijken :* "Onze
Vader, die in de hemelen zijt, geheiligd worde uw naam,
laat toekomen uw rijk", en, ten einde Hem beter te verheerlijken, zijn *geboden te onderhouden :* "Uw wil geschiede op
aarde, zooals in den hemel"... "Niet iedereen, die tot Mij
zegt : Heer, Heer! zal binnengaan in het rijk der hemelen,
maar wel wie den wil van mijn Vader volbrengt " (Matth.
VIII, 27).

2) Die liefde moet *vertrouwvol* zijn : de hemelsche Vader
zorgt immers voor zijn kinderen nog meer dan voor de

vogelen en de bloemen : " Zijt gij niet meer waard dan zij?...
uw hemelsche Vader weet, dat ge dit allemaal noodig hebt"
(Matth. VI, 26, 33). Dit vertrouwen uit zich door het *gebed*,
dat, volgens de belofte van den goddelijken Middelaar, alles
bekomt : " Vraagt en men zal u geven, zoekt en ge zult
vinden, klopt en men zal u opendoen. Want wie vraagt ontvangt, wie zoekt, vindt en wie klopt, hem doet men open"
(Matth. VII, 7-8).

3) De liefde tot God brengt de *liefde tot den naaste* voort;
wij zijn immers allen kinderen van denzelfden Vader, allen
broeders onderling : " Eén is uw Meester en allen zijt ge
broeders" (Matth. XXIII, 9). Om ons tot de naastenliefde
zoo sterk mogelijk aan te sporen, verklaart Christus : " Ik
zeg u : Wat ge voor één van mijn geringste broeders gedaan
hebt, dat hebt ge voor Mij gedaan" (Matth. XXV, 40). Hij
vereenzelvigt zich dus met zijn ledematen : wanneer wij den
evennaaste beminnen, beminnen wij Hem. Deze liefde moet
zich zelfs uitstrekken tot onze *vijanden :* wij moeten ze met
geduld verdragen, voor hen bidden, hen weldoen (Matth. V,
44). Een noodzakelijk vereischte is dus, dat deze liefde
samengaat met zachtmoedigheid en nederigheid, gelijk in
ons Toonbeeld : " Leert van Mij, omdat Ik zachtmoedig ben
en nederig van harte" (Matth. XI, 29).

Verloochening en *liefde*, ziedaar de hoofdvoorwaarden tot
verkrijging van het rijk Gods en de volmaaktheid : met deze
twee bezit men alle overige deugden (n. 309-327).

2° DE LEER DER VROOMHEID VOLGENS DEN H. PAULUS.

De H. Paulus komt tot gelijke conclusies, doch langs een
anderen weg. De hoofdgedachte, waaromheen hij alles
groepeert, is *het heiligingsplan Gods*. God wil *allen*, joden en
heidenen, zalig, heilig maken *door zijn Zoon Jesus Christus*,
dien Hij heeft gesteld als *Hoofd van het menschelijk geslacht*
en in wien allen moeten *worden ingelijfd :* " Geprezen zij de
God en Vader van onzen Heer Jesus Christus, die ons in
Christus gezegend heeft met allerlei geestelijke zegening uit
de hemelen... In Hem toch bezitten we de verlossing door
zijn Bloed... En Hij heeft Hem aan de Kerk geschonken als
Hoofd van alles ; zij is zijn Lichaam, vol van Hem, die alles
in allen vervult" (Eph. I, 3, 7, 22, 23) [1].

Van alle eeuwigheid dus wil God ons heiligen en aannemen
tot zijn kinderen. Doch er bestaat een beletsel : *de erfzonde*,
de zonde door Adam, het eerste hoofd der menschheid

---

[1] Dit gansche hoofdstuk dient gelezen te worden tot beter begrip van
het tegenwoordige onderwerp.

bedreven en, met de begeerlijkheid, overgegaan op al zijn nakomelingen. De begeerlijkheid is de wet des vleesches, die ons gevangen houdt onder de wet der zonde. Doch God heeft medelijden met den mensch : Hij zendt hem een Verlosser, een Zaligmaker, zijn eigen Zoon, Jesus Christus, die het nieuwe Hoofd der menschheid zal wezen en ons zal vrijkoopen door zijn gehoorzaamheid tot den dood en tot den dood des kruises. Jesus zal dus het middelpunt zijn van ons leven : " leven is voor mij : Christus " (Phil. I, 21).

Zijn verdiensten en voldoeningen worden vooral door het *Doopsel* en de *Eucharistie* op ons toegepast. Door het *Doopsel* worden wij herboren, ingelijfd in Jesus Christus, worden wij nieuwe menschen, die, onder de leiding en werking van den H. Geest, zonder ophouden moeten strijden tegen het vleesch of den ouden mensch (Rom. VI, 4; Eph. 11-17).

Door het H. Altaarsacrament hebben wij overvloediger deel in den dood en het leven, in de innerlijke gevoelens en de deugden van Jesus Christus (I Cor. X, 14-22; XI, 17-22).

Doch om met vrucht deze Sacramenten te ontvangen, om in ons het goddelijk leven, dat zij meedeelen, te ontwikkelen, is het noodzakelijk te leven uit het geloof, al zijn vertrouwen te stellen op God en Jesus, en bovenal de *liefde* te beoefenen, de verhevenste der deugden, die ons vergezellen zal tot in den hemel, doch van ons, zoolang wij hierbeneden zijn, de kruisiging van de bedorven natuur vraagt (Gal. V, 24).

De Apostel vat deze *ascesis* samen in eenige korte woorden, die dikwijls in zijn brieven terugkeeren : *telkens meer ingelijfd worden in Christus Jesus*, en dus ook *den ouden mensch afleggen* met zijn praktijken en den *nieuwen mensch*, die tot beter inzicht is vernieuwd, *aantrekken* (Col. III, 9-10).

A) **Vooreerst den ouden mensch Afleggen. a**) De oude mensch, ook *het vleesch* genoemd, is onze natuur, niet in zich, doch in zoover zij door de drievoudige begeerlijkheid bedorven is. Onder den naam van werken des vleesches moeten dus verstaan worden alle zonden, niet alleen die van onkuischheid, doch ook van hoogmoed in zijn verschillende uitingen (Rom. VIII, 1-16; Gal. V, 16-25).

b) Wij hebben de *strenge verplichting* ons vleesch te versterven of te kruisigen, en wel om twee voorname redenen ; het gevaar van zonde en de beloften bij het Doopsel afgelegd. 1) *Het gevaar* van in de zonde toe te stemmen en verloren te gaan. Het vleesch of de begeerlijkheid is door het Doopsel niet vernietigd, doch zet ons nog immer tot het kwaad aan en zou ons slaven maken onder de wet der zonde, indien wij, met den bijstand van de genade, niet uit alle kracht er tegen bleven strijden : " Wie zal mij verlossen van dit lichaam des doods? God zij dank : het geschiedt door Jesus Christus

onzen Heer " (Rom. VI I, 24-25). 2) *De doopbeloften :* gestorven en begraven met Jesus Christus door het Doopsel, opdat
wij een nieuw leven zouden leiden, hebben wij de verplichting
aangegaan de zonde te vermijden en dus ook krachtig te
strijden tegen het *vleesch* en den *duivel* (Rom. VI, 1-23). Het
leven zal dus een kamp zijn, waarbij het gaat om de gloriekroon, die ons is toegezegd door den God van alle rechtvaardigheid en liefde (I Cor. II, 12; IX, 25; Eph. VI, 11-17;
II Tim. IV, 7 ; VI, 12).

c) Wat ons bij dezen strijd ondersteunt en, ondanks onze
zwakheid en onbekwaamheid, de overwinning betrekkelijk
licht maakt is de genade, door Christus ons verdiend. Werken
wij met haar mede, dan mogen wij ons verzekerd houden te
overwinnen : " God is getrouw. Hij zal ook niet toelaten, dat
ge boven uw krachten bekoord wordt, maar met de bekoring
zal Hij ook het middel geven om ze te kunnen doorstaan "...
(I Cor. X, 13). " Alles kan ik in Hem die mij versterkt ".
(Phil. IV, 13).

d) Deze versterving heeft twee trappen : 1) De eerste is die,
welke volstrekt vereischt wordt, zoo men de doodzonde en de
verdoeming wil vermijden : Ik kastijd mijn lichaam en houd
het in bedwang, om, na heraut geweest te zijn voor anderen,
zelf niet afgewezen te worden. 2) De tweede omvat alles wat
de volmaaktheid bevordert, zooals de maagdelijkheid, de
volmaakte nederigheid, de volkomen belangeloosheid (I Cor.
VII, 25-34; Phil. II, 5-11 ; I Tim. VI, 8). — Onder een ander
oogpunt ziet de H. Paulus drie trappen van versterving : de
kruisiging van het nog weerspannige vleesch, dan een soort
geestelijken dood en eindelijk het *begraven zijn* [1].

B) Door het afleggen van den ouden mensch, wordt men
in Christus ingelijfd en *met den nieuwen mensch omkleed.* Die
nieuwe mensch is de christen, *herboren* door het Doopsel,
vereenigd met den H. Geest, in Christus *ingelijfd* en die, onder
den invloed der genade, er zich op toelegt om zich om te vormen in Jesus Christus. Om deze leer wel te begrijpen, is het
noodig te letten op de werking van den H. Geest in de herboren ziel, op de werking van Christus en die van de ziel zelve.

a) De H. Geest, dat is de H. Drievuldigheid, woont in de
ziel van den rechtvaardige en herschept die in een heiligdom :
" Heilig is Gods tempel, en dat zijt gij " (I Cor. I I I, 17).

---

[1] " Zij die Christus toebehooren, hebben het vleesch *gekruisigd* "
(Gal. V. 24); " gij zijt *dood,* en uw leven is met Christus verborgen in
God " (Col. I II. 3); " in die gemeenschap met zijn dood zijn we dus
begraven met Hem door het Doopsel " (Rom. VI. 4). Zie, tot begrip van
den geestelijken zin dezer teksten, den *Catéch. chrét.* van OLIER, I. P.,
leç. XXI-XXIII.

b) Hij beïnvloedt de ziel, beweegt ze door de dadelijke genade, stort haar een kinderlijk vertrouwen op den Vader in en doet haar met een geheel bijzondere krachtdadigheid bidden : " God is het, die naar zijn welbehagen in u het willen uitwerkt en het handelen. (Phil. II, 5) ... den geest van kindschap, waardoor we roepen : Abba, Vader !... Eveneens komt de Geest onze zwakheid te hulp, want we weten niet eens, wat we behooren te vragen, maar de Geest zelf smeekt voor ons met onuitsprekelijke verzuchtingen " (Rom. VIII, 15, 26).

c) Christus is het hoofd van een geheimzinnig lichaam, welks ledematen wij zijn. Van Hem ontvangen wij het bewegen, het handelen, het leven. Door het *Doopsel* zijn wij in Christus ingelijfd, door de *H. Communie* zijn wij vereenigd met zijn Lijden, dat wij herdenken, met zijn Offer, met zijn verrezen leven, waarin Hij ons laat deelen, in afwachting, dat wij met Hem mogen opklimmen ten hemel, waar wij nu door de hoop reeds verblijven. Deze Communie blijft in haar geestelijke uitwerking voortbestaan. Den geheelen dag door onderhouden wij in ons de gedachten, de gevoelens en verlangens van Jesus : " Ik zelf leef niet meer, maar Christus leeft in mij " (Gal. II, 20). " Wie zal ons dan scheiden van Christus' liefde " (Rom. VIII, 35).

d) Hieruit volgt voor ons de plicht ons ten nauwste vereenigd te houden met Jesus, ons hoofd, het beginsel van ons leven, het volmaakt toonbeeld, dat wij gestadig moeten navolgen, tot wij in Hem omgevormd zijn. 1) Op de eerste plaats moeten wij Hem navolgen in zijn *inwendige* gevoelens : " Laat dezelfde gezindheid onder u heerschen, als ook in Christus Jesus was, want hoewel Hij Gods gestalte bezat, heeft Hij toch er zich van ontdaan... door gehoorzaam te worden tot den dood " (Phil. II, 5-8). Doch niet alleen in zijn *nederigheid* en gehoorzaamheid moeten wij Hem navolgen, ook in zijn *liefde :* " Weest dan navolgers van God, als zijn geliefde kinderen, en leeft in liefde, zooals ook Christus u heeft liefgehad en zich voor ons heeft gegeven " (Ephes. V, 1-2). 2) Ten tweede moeten wij in ons het *uitwendige* van Jesus weergeven, door ons toe te leggen op de ingetogenheid, de versterving des lichaams, het bedwingen der ondeugden en driften, ten einde aldus op volkomener wijze geheel onderworpen te zijn aan Jesus en zijn Geest.

In deze navolging van Christus zijn er onderscheiden trappen : eerst is men als het ware kind, men denkt, men spreekt en handelt als een kind ; dan groeit men : " tot den tijd dat we allen... een volwassen man zijn geworden en de mannenmaat van den volmaakten Christus hebben bereikt " (Ephes. IV, 13) ; men gaat op in Christus : " Leven is voor

mij : Christus " (Phil. I, 21). " Christus leeft in mij "
(Gal. II, 20). Dan mogen wij tot de geloovigen zeggen :
" Weest mijn navolgers gelijk ik het ben van Christus "
(I Cor. IV, 16).

De leer der vroomheid van den H. Paulus verschilt dus in
den grond niet van die der Synoptici : den ouden mensch
afleggen is hetzelfde als de verloochening beoefenen; den
nieuwen mensch aandoen, is zich met Jesus Christus en
door Hem met God vereenigen, is God en den evennaaste
beminnen.

3° DE LEER DER VROOMHEID VOLGENS DEN H. JOANNES.

Wat in de geschriften van Joannes de grondgedachte
vormt, is niet het Rijk, noch het heiligingsplan Gods, maar
het *geestelijk leven*. Hij leert ons kennen : het *innerlijk
leven van God*, van het *Menschgeworden* Woord en ten slotte
dat van den *Christen.*

A) God is *leven*, dat is, licht en liefde. Hij is Vader, en
van alle eeuwigheid teelt Hij een Zoon, zijn Woord, met
Wien hij de bron is, waaruit de H Geest voortkomt, Geest
van waarheid en van liefde. Deze zal de zending van het
Menschgeworden Woord voltooien door met de menschen te
blijven tot het einde der tijden om ze te onderwijzen en te
versterken (Joan. I, 1-5 ; XIV, 26; XV, 26 ; XVI, 7-15).

B) God wil zijn leven mededeelen aan de menschen.
Daarom zendt Hij zijn Zoon, die, het vleesch aannemend,
mensch wordt en, door ons in zijn leven te laten deelen, ons
tot aangenomen kinderen Gods maakt. Door zijn goddelijke
natuur gelijk aan den Vader, verklaart Hij uitdrukkelijk, dat
Hij als mensch minder is dan de Vader en in alles aan Hem
onderworpen : Hij oordeelt, spreekt noch handelt uit zichzelf,
maar regelt zijn oordeelen, zijn woorden, zijn handelingen
naar het welbehagen van God en zoo betuigt Hij Hem zijn
liefde (Joan. V, 19, 30). Hij zal gehoorzaam worden tot aan
het afleggen van zijn leven om God te verheerlijken en de
menschen te verlossen (Joan. X, 18).

Ten opzichte van ons is Jesus : 1) het *Licht*, dat ons den
weg toont en tot het leven geleidt ; 2) de *Goede Herder*, die
zijn schapen weidt, tegen den grijpenden wolf beschermt en
voor hen sterven wil ; 3) de noodzakelijke *Middelaar*, zonder
wien niemand tot den Vader kan gaan ; 4) de *Wijnstok*,
die aan ons, zijn ranken, het sap, dat is het bovennatuurlijk
leven mededeelt (Joan. I, 9; VIII, 12; X, 11; XIV, 6;
XV, 1-5).

C) Van Hem komt dus ons inwendig leven : het zal
bestaan in een innige, liefdevolle vereeniging met Hem en

door Hem met den Vader, want Hij is de weg tot den Vader (Joan. XV, 5-10; XIV, 6).

a) Deze vereeniging begint bij het *Doopsel*, waardoor wij op geheel geestelijke wijze *herboren* worden en, gelijk op den wijnstok, op Hem worden ingeënt : zoo worden wij bekwaam vruchten van zaligheid voort te brengen (Joan. III, 3; XV, 1-10).

b) Deze vereeniging wordt nog inniger door de *H. Communie*, die onze ziel voedt met het Lichaam en Bloed van Jesus Christus, en dus ook met zijn Ziel en zijn Godheid, met geheel zijn Persoon, zoodat wij leven van zijn leven, voor Hem, gelijk Hij leeft voor zijn Vader (VI, 55-59).

c) Zij wordt in stand gehouden door een soort *geestelijke Communie*, waardoor Jesus in ons en wij in Hem blijven (Joan. VI, 57), en welke zoo innig is, dat Jesus ze vergelijkt met die, welke Hem met den Vader vereent : "Ik in hen en Gij in Mij" (Joan. XVII, 23).

D) Deze vereeniging geeft ons deel in de deugden van den goddelijken Meester, vooral in zijn *liefde tot God en tot den evennaaste*, liefde opgevoerd tot *zelfopoffering*.

a) God bemint ons als zijn kinderen; wij beminnen Hem als onzen Vader, en omdat wij Hem liefhebben, onderhouden wij zijn geboden. Daarom komen de drie goddelijke Personen hun woon in onze ziel vestigen (Joan. XIV, 21, 23). Wij moeten God beminnen, want Hij is liefde en heeft ons het eerst liefgehad en zelfs zijn Zoon voor ons overgeleverd (I Joan. IV, 19).

b) Met de liefde tot God gaat de *naastenliefde* samen. Wij moeten onze broeders beminnen, niet alleen als onszelven, maar zooals Jesus ze bemind heeft, en dus bereid zijn ons voor hen op te offeren : "Een nieuw gebod geef Ik u : bemint elkander, zooals Ik u heb liefgehad" (Joan. XIII, 34). "Hij heeft zijn leven gegeven voor ons; ook wij moeten ons leven geven voor onze broeders" (I Joan. III, 16). Wij allen toch vormen slechts één huisgezin met God als Vader, Jesus als Verlosser. De band, welke de leden dier familie vereent, moet zoo innig wezen, dat Jesus dien vergelijkt bij de vereeniging der goddelijke Personen : "Mogen ze allen één zijn, gelijk Gij, Vader, het zijt in Mij en Ik in U" (Joan. XVII, 21). Deze deugd is zoo noodzakelijk, dat wie beweert God te beminnen en den naaste niet liefheeft, een leugenaar is (Joan. IV, 20), terwijl de naastenliefde integendeel een zeker onderpand is van het eeuwig leven (I Joan. IV, 12-17). De H. Joannes in dus de Apostel der *liefde*, deugd die hij overigens zelf zoo trouw beoefend heeft. Deze liefde echter rust op het *geloof*, en vooral op het geloof in Christus, in zijn Godheid zoowel als in zijn Menschheid.

Zij veronderstelt eveneens den strijd tegen de *drievoudige begeerlijkheid* en dus ook de versterving. — Zoo komt de H. Joannes weer overeen met de Synoptici en den H. Paulus, ofschoon hij, meer dan zij, den nadruk legt op de *goddelijke liefde.*

Volgens de Synoptici bestaat dus de volmaaktheid in de *verloochening* en de *liefde:* volgens den H. Paulus, in de *inlijving in Christus,* met het noodzakelijk afleggen van den ouden mensch en het aantrekken van den nieuwen; volgens den H. Joannes, in de *liefde* opgevoerd tot het *offer.* Het is derhalve in den grond dezelfde leer, hoewel met verschillende gezichtspunten, die zich beter aanpassen aan het karakter en de ontwikkeling der verschillende klassen van personen.

II. *De Studie der Karakters* [1].

Bij het behandelen der zelfkennis, n. 452, hebben we gezegd, dat het, om tot die kennis te komen, dienstig is den aard en het karakter te bestudeeren.

Aard en karakter worden menigmaal als hetzelfde beschouwd; toch is er verschil. Aard omvat de natuurlijke diep liggende neigingen, voortkomend uit iemands *lichamelijk gestel,* terwijl karakter doelt op de *geestesgesteldheid,* die zich uit het natuurlijk temperament ontwikkeld heeft, als dit, door opvoeding en inspanning van den wil, gewijzigd is en door gewoonte vasten vorm heeft aangenomen.

Het is dus van meer belang het karakter dan den aard te bestudeeren, want wat onder geestelijk oogpunt vooral onze aandacht vraagt, zijn minder de neigingen des lichaams dan die der ziel. De schrijvers der Oudheid hadden dit zoo wel ingezien, dat zij bij het bepalen der temperamenten, meer den nadruk legden op de verschillende neigingen van den geest, dan op die van het lichaam.

We zullen daarom alleen spreken over de karakters en daarbij vooral het werk van P. Malapert, *Les éléments du caractère* benutten. Hier volgt in 't kort een verklaring : 1° van de gronden, waarop onze indeeling steunt, 2° van de verschillende karakters, onderscheiden naar de drie groote vermogens van den mensch.

1° GRONDEN, WAAROP ONZE INDEELING STEUNT.

A) Om de voornaamste neigingen, die op verschillende karakters wijzen, te specificeeren, kunnen wij niet beter doen

[1] DEBREYNE-FERRAND, *La Théologie morale et les sciences médicales,* Paris, 1884, p. 9-46; MALAPERT, *Les éléments du caractère et leurs lois de combinaison,* 1897.

dan de verschillende vermogens van den mensch nagaan. Wij vinden de voornaamste karakters, lettend op het gevoel, op de geestelijke vermogens en op den omgang met de menschen. Tot beter begrip geven wij het volgende kleine schema.

Iemand is

t. o. v. het *gevoel*	weinig aandoenlijk	lusteloos, futloos. doorzettend.
	sterk aandoenlijk	sanguinisch, kinderlijk. hartstochtelijk.
t. o. v. *de geest. vermogens*	verstandsmensch	zuiver theoretisch. hartstochtelijk.
	wilskrachtig	zichzelf beheerschend. anderen beheerschend.
t. o. v. den *omgang*	verlegen of terughoudend.	
	actief	onrustig. gelijkmatig.

B) Alvorens verder te gaan, eerst eenige opmerkingen.

a) Deze karakters komen zóó, volgens het schema, niet voor, maar alleen min of meer gemengd.

b) Ook moet ieder afzonderlijk, volgens het gegeven schema, onderzocht, bestudeerd worden. Een onverschillige bijv. kan denker zijn of wilskrachtig, bedrijvig of traag. Op dit alles dient dus gelet.

c) Bovenstaand schema is niet als een streng afgebakende indeeling bedoeld, doch wil enkel eenige richtlijnen geven, die den zielsbestuurder kunnen helpen om beter de eigenaardigheden zijner penitenten te bestudeeren en zoo hun karakter te leeren kennen. Er is inderdaad studie noodig. Wie zich na eenige gesprekken reeds een definitief oordeel wil vormen omtrent iemands karakter, zal menigmaal ge-, dwongen worden dat oordeel te wijzigen. Langzaam aan slechts, door middel van geduldig volgehouden waarnemingen, kan men tot grondige kennis van iemands karakter komen.

d) Ten slotte vergete men niet, dat de herhaaldelijk, met aandrang gevraagde voorlichting van den H. Geest onontbeerlijk is om zichzelf en om anderen te leeren kennen.

2ᶜ VERSCHILLENDE KARAKTERS TEN OPZICHTE
VAN HET GEVOEL.

Allen zijn wij met gevoel begiftigd; sommigen echter zijn zoo *weinig aandoenlijk*, dat zij gevoelloos, koud, anderen zoo *sterk*, dat zij gevoelvol, vurig, teeder genoemd worden.

A) De eersten met een abnormaal kleine dosis gevoel, hebben weinige verlangens, geringe opgewektheid of vuur. Onder hen kan men twee klassen onderscheiden : de *luste-loozen* of sleurmenschen en de *energieken* of doorzetters.

a) De *lusteloozen* hebben een langzamen, eenigszins zwaren gang, zijn zelfzuchtig, hoewel niet kwaad, zorgeloos, onbekommerd om liefdeblijken te geven of te ontvangen. Over het algemeen oordeelen zij juist, omdat zij niet gejaagd, niet overhaastig zijn. Zij hebben weinig werklust, doch wanneer zij werken, slagen zij beter waar meer geduld dan verbeelding en gevoel gevorderd wordt. Zoo zullen dezen bijv. onder de studenten, sterk zijn in themas.

In het *geestelijke*, lokt de verheven deugd hen niet aan, doch sterke hartstochten beroeren hen evenmin. Deugdzaam zoolang zij geen zware bekoringen hebben te ondergaan, weten zij geen weerstand te bieden in de gevaarlijke gelegenheden, noch zich te verbeteren, wanneer zij het ongeluk hebben verkeerde gewoonten aan te nemen. Zij zijn tevreden met de leiding, die men hen geeft, mits men hen geen hooge volmaaktheid voorhoudt en niet al te zeer op vooruitgang aandringt.

Voor het klooster of priesterschap zijn zij weinig geschikt, maar wel voor beroepen, waarin zij zich op eerbare, gematigde wijze kunnen vermaken en zich niet al te zeer behoeven in te spannen.

b) De *energieken*, hoewel langzaam, zijn ijverig, standvastig en stelselmatig bij het werk en bereiken zeer veel, dank hun geduld en volhouden. Zij komen veelvuldig voor onder de Vlamingen en Hollanders, doch worden ook elders aangetroffen. De Amerikaan Benjamin Franklin was van deze categorie.

In het *verstandelijke*, munten zij minder uit door schitterende verbeelding, doch slagen in ernstige werken, waarbij denken, geduld en stelselmatige navorschingen gevorderd worden.

In het *zedelijke*, gaan zij niet te werk met groote geestdrift, maar doen alles met overtuiging, met onwrikbare standvastigheid en zijn daarom bekwaam tot hooge deugd. Als priesters, als religieuzen kunnen zij uitstekende diensten bewijzen, wanneer men hen diepe geloofsovertuiging, plichtsbetrachting uit liefde tot God en ijver voor de volmaaktheid weet in te prenten. Al gaan zij langzaam, zij gaan zeker en bereiken hun doel : *labor improbus omnia vincit :* onverdroten arbeid overwint alles.

B) Bij de *gevoelsmenschen*, de sterk aandoenlijken *overheerscht het gemoedsleven.* Zij worden gedrongen door een behoefte om te beminnen en bemind te worden. Een gevoelsmensch kan weer sanguinisch zijn of hartstochtelijk.

a) De eersten zijn oogenbliksmenschen, hebben iets kinderlijks, kenmerken zich *uitwendig* door snelle, bevallige beweging. Zij beminnen de schoone kunsten, muziek en dans. *Inwendig* zijn ze lichtzinnig en uitermate veranderlijk. Gemakkelijk worden zij medegesleept door de meest tegenstrijdige gemoedsbewegingen, handelen onder den indruk van het oogenblik en zijn daarom ook onstandvastig.

Begiftigd met een levendige verbeelding en een warm hart, hebben zij een bekoorlijken stijl, spreken met gemak en nemen voor zich in wie met hen omgaat.

In het *zedelijke*, zijn zij zwak en geven zich lichtelijk over aan zingenot, gulzigheid en wellust, doch gevoelen weldra oprecht berouw, maar vallen ook weer even spoedig. Goed en vol genegenheid, hechten zij zich aan hun vrienden, zijn openhartig tegenover den zielsbestuurder, nemen gewillig goeden raad aan, vormen goede voornemens, maar vergeten ze weer gemakkelijk.

Dezen moeten door het *hart* veroverd en aan God gegeven worden. Slaagt men er in hun een vurige liefde tot God in te boezemen, dan kan men er veel mede uitvoeren. Uit liefde zullen zij vele offers, die hen eerst afschrikten, brengen, uit liefde zich toeleggen op het gebed, de veelvuldige Communie, de devotie tot het H. Sacrament en werken van zielenijver. Doch men moet zorg dragen, dat zij God blijven beminnen ook ten tijde van dorheid en lijden. Door nadenken en onder den invloed der genade zullen hun gemoedsaandoeningen duurzamer worden en tot overtuiging en beginselvastheid overgaan.

Bij hun natuurlijke geestdrift moeten zij dus naar meer standvastigheid streven. — Slaagt men er echter niet in hun die wilskracht, die beginselvastheid mede te deelen, dan is het gewaagd hen aan te moedigen om in een staat te treden, die, zooals het priesterschap, degelijke deugd vordert.

b) De *hartstochtelijke gevoelsmenschen*, in wie diep gewortelde, sterke driften overheerschen, behooren tot drie verschillende groepen : de *sentimenteelen* of zwaarmoedigen, de *heftigen* of oploopenden en de eigenlijk gezegde *hartstochtelijken* of gepassioneerden.

1) De *zwaarmoedigen* zijn van nature geneigd om alles donker in te zien, bij alle zaken vooral op het moeilijke en lastige te letten en dat te overdrijven. Vandaar hellen zij over tot droefgeestigheid, tot achterdocht en zijn zij eenigszins afkeerig van gezelschap. Zelf lijden zij veel en, zonder het te willen, veroorzaken zij veel leed ook aan anderen.

Zoeken zij hun troost niet bij God, die alleen hen bemoedigen en hun sombere gedachten opklaren kan, dan vervallen zij licht in kwaden luim, moedeloosheid of gewetensangsten.

Daarom zegt de H. Theresia [1] dan ook, dat personen sterk onderhevig aan melancholie niet geschikt zijn voor het klooster. Daar de zwaarmoedigheid ontstaat doordat de verbeelding en het gevoel de rede sterk overheerschen, kan zij na verloop van tijd ontaarden in een soort krankzinnigheid. In alle geval, om dien ziekelijken gemoedstoestand te verbeteren, moet men de melancholischen voorzeker met veel medelijden, doch tevens met gezag en beslistheid behandelen. Men late hen dus hun grillen niet involgen, noch toegeven aan achterdocht; hun oordeel is immers niet juist genoeg om als leiddraad te dienen. Daarom eische men van hen onvoorwaardelijke onderwerping aan de beslissingen van den biechtvader of van een vertrouwden, voorzichtigen vriend.

2) De *oploopenden* of driftigen laten zich gemakkelijk meesleepen door de levendige indrukken van het oogenblik : altijd in beweging, gaan zij spoedig over van blijdschap tot droefheid, van hoop tot vrees, van geestdrift tot moedeloosheid. Bij tegenspraak of vernedering ontsteken zij in gramschap en uiten hun toorn door heftige woorden of bewegingen. Kortom, zij zijn zichzelf niet meester en hard voor hun omgeving.

Om dit karakter in goede banen te leiden, is krachtig, aanhoudend zelfbedwang noodig, moet men terstond letten op de opkomende ongeregelde gemoedsaandoeningen, denken alvorens te handelen, in één woord zich toeleggen om geleidelijk meester te worden over zichzelf.

Wie er niet in slaagt zijn zenuwen en opwellingen genoegzaam in toom te houden, moet niet denken aan priester worden, want, naar het woord van Paulus, is de groote driftigheid er een beletsel toe (Tit. I, 7).

3) De eigenlijk gezegde *hartstochtelijken* zijn zij, die sterke en tevens duurzame driften hebben; zij verschillen dus van de gemoedsmenschen. Wilskrachtig, geduldig, volhardend, zijn ze meestal eerzuchtig, willen domineeren en schitteren. Zij zijn in staat om veel kwaad of om veel goed te doen, naargelang zij hun hartstochten aan hun eigen belangen of aan die van God en de zielen dienstbaar maken. Uit deze groep komen de veroveraars en de apostelen. Het middel om van deze sterke naturen partij te trekken ten goede, is ze krachtig te richten op de glorie Gods en het heil der zielen, zooals de H. Ignatius deed met Franciscus Xaverius.

---

[1] *Stichtingen*, 7e Hoofdstuk.

3° VERSCHILLENDE KARAKTERS TEN OPZICHTE
DER GEESTELIJKE VERMOGENS.

Diegenen in wie de hoogere vermogens, verstand en wil,
overheerschend zijn, worden vanzelf onderscheiden in *verstandsmenschen* en *wilskrachtigen*, naargelang het verstand
of de wil meer op den voorgrond treedt.

A) De verstandsmenschen zijn zij wier bedrijvigheid zich
voornamelijk richt op geestesarbeid; zij kunnen *enkel theoretisch* zijn of bij hun studie nog iets anders *hartstochtelijk*
nastreven.

a) Die *enkel theoretisch*, speculatief zijn, besteden hun
tijd aan het opbouwen van theoriën en systemen, zooals bijv.
Kant, Cuvier, Ampère. Sommigen houden er zich mede
bezig uit liefhebberij en vervallen in een soort gevaarlijk
dilettantisme, dat eindigt in een zeker scepticisme, gelijk met
Montaigne en Bayle het geval was.

b) De anderen hebben bij hun geestesarbeid ook een
vurige passie : zij willen door het uitvinden van nieuwe
denkbeelden, ook nieuwe toestanden scheppen, de menschen
in beweging zetten; met geestdrift ijveren zij voor de overwinning van een idee, van een systeem.

De verstandsmenschen zijn vindingrijk. De zuiver theoretischen echter worden licht al te stelselmatig, te abstract
en te zorgeloos bij het vervullen hunner dagelijksche plichten. De hartstochtelijken moeten hun kennis en werkkracht
in dienst stellen van God en de waarheid, anders kunnen
zij tot gevaarlijke uitersten komen en ook anderen meesleuren.

B) De *wilskrachtigen* hebben een vasten, taaien, onbuig-
zamen wil. Voor dien wil moet alles bukken. Men onderscheidt twee categoriën : de *beheerschers van zichzelf* en de
beheerschers van anderen.

a) De eersten wenden al hun wilskracht bijzonder aan
om meester te worden over zichzelf en dus hun driften in
bedwang te hebben en te houden. Daarom strijden zij
moedig, standvastig om niet door hun gevoel te worden
medegesleept. Men ziet het hen aan, dat zij zich daartoe
altijd inspannen. Om die reden evenwel zijn ze ook eenigszins
terughoudend, stijf en wantrouwend tegenover alles wat hun
de zelfbeheersching zou kunnen doen verliezen. Zij die door
standvastige pogingen de heerschappij over zichzelf hebben
verkregen, bezitten een bewonderenswaardige zielekalmte en
weten kracht aan zachtmoedigheid te paren.

In het *geestelijke*, is het van het hoogste belang dien
sterken, geschoolden wil aan dien van God te onderwerpen :

dan naderen zij tot het evenwicht, dat in 's menschen vermogens bestond vóór den zondeval.

b) Andere wilskrachtigen beoogen minder de heerschappij
over zichzelf dan die *over anderen*. Hun streven is hun wil
aan de overigen op te leggen, te bevelen. Naar dit doel
houden zij het oog steeds gericht, laten zich niet ontmoedigen
door tegenstand, maar houden vol en rusten slechts dan,
wanneer hun wil gezegevierd heeft.

Deze krachtmenschen, die van geen wijken weten, kunnen
gewichtige diensten bewijzen. Doch daartoe is het onontbeerlijk, dat zij zichzelf in bedwang weten te houden, alvorens anderen te willen beheerschen, dat zij hun wilskracht
aan den dienst van God en de zielen wijden en bij het gebieden gezag aan zachtheid paren.

4° VERSCHILLENDE KARAKTERS TEN OPZICHTE
VAN DEN OMGANG.

Hier hebben wij twee zeer verschillende klassen : menschen, die bedeesd en *verlegen* zijn, en anderen, die zich vrij
bewegen en aanstonds *actief* worden.

A) De eersten hebben te weinig zelfvertrouwen, geen initiatief. De vrees voor mislukking ontneemt hen den moed om
iets aan te pakken of door te zetten. Alleen dan brengen zij
iets tot stand, wanneer zij juist omschreven krijgen, wat zij
te doen hebben en daarbij ondersteund, aangemoedigd worden door oversten of vrienden.

In het *bovennatuurlijke*, moet men hen een groot vertrouwen op God inboezemen, hen herhaaldelijk voorhouden, dat
God zich bedient van de zwakste werktuigen, mits zij, van
eigen onmacht bewust, steun zoeken bij Hem, die hen kan
versterken : "het zwakke der wereld heeft God uitverkoren,
om het sterke te beschamen" (I Cor. I, 27) en "tot alles ben
ik in staat door Hem, die mij sterkt" (Phil. IV, 13).

B) De *actieven* hebben een natuurlijke geschiktheid tot
den arbeid : ondernemend, stoutmoedig, handig en onver-
saagd, voelen zij zich gedrongen hun overvloed van levenskracht in iets te besteden. Onder dezen zijn twee klassen :
de *onrustigen* en de *gelijkmatige, bedaarde werkers*.

a) De *onrustigen* houden zoozeer van beweging, dat zij
niet stil kunnen blijven ; zij willen altijd bezig zijn, handelend
optreden, reeds voordat zij een plan rijpelijk overwogen, ja
zelfs opgevat hebben. Voortdurend uitziende naar nieuwe
bezigheden, vinden zij geen tijd om zich behoorlijk van ééne
te kwijten ; zij gaan en komen, zonder zich bij iets te bepalen,
zijn gedurig in de weer, hebben het immer even druk en

voeren weinig uit. Altijd bereid iedereen diensten toe te zeggen, vergeten zij, wat zij beloofd hebben en stellen zich ter beschikking van een ander.

Om dezen van hun wispelturigheid te verbeteren, moet men er bij hen op aandringen, dat zij denken alvorens te handelen, hun plannen rijpelijk overwegen vóór ze uit te voeren en wijze, meer ervaren menschen raadplegen. Weten zij eenmaal, wat zij te doen hebben, dat zij er dan bij blijven en daarom ondertusschen niets nieuws aanpakken. Dus : overleg en volharding.

b) De *bedaarden* overleggen op hun gemak hun plannen, beschouwen met aandacht het voor en tegen, denken niet alleen aan de hulpmiddelen, maar ook aan de mogelijke beletselen en regelen alles zoo, dat, ondanks alle moeilijkheden, zij alle kans van slagen hebben.

Dergelijk karakter is onwaardeerbaar, niet het minst in den priester en verdient dus met alle zorg ontwikkeld te worden. Doch vergeten wij daarbij ondertusschen niet, dat goede, weldoordachte plannen maken en uitvoeren alleen nog geen zekerheid van slagen geeft. God moet medewerken. Daarom is het noodig God gunstig voor onze onderneming te stemmen door het gebed en den inwendigen geest. Op deze manier gaan de menschelijke wil en de goddelijke genade samen en mogen wij verrassende resultaten verhopen.

Ten slotte willen wij nog aanstippen, dat de meeste karakters eigenlijk gemengd zijn en dat het mogelijk is zich eigenschappen, die men van nature niet heeft, eigen te maken en zoo zijn karakter te verbeteren, te vervolmaken en in staat te stellen de door God opgelegde levenstaak ten volle uit te voeren. De onverschilligen moeten er zich op toeleggen om eenig gevoel te verkrijgen ; de verstandsmenschen om meer wilskrachtig en meer practisch te worden ; de onrustigen om te denken alvorens te handelen ; de wilskrachtigen om zachtheid aan beslistheid te paren. Met goeden wil, volharding en Gods genade is de goede uitslag verzekerd, zooals blijkt uit de studie der *drie wegen.*

EINDE.

De Franciscaansche School [1].

Aan de Franciscaansche Vroomheidsleer ligt een zeer
diepe bespiegeling ten grondslag. Eerst betrekkelijk onbewust opgewekt door de geheel buitengewone persoonlijkheid
van S. Franciscus, werd deze grondslag ontwikkeld en
systematisch uitgebouwd door de groote franciscaansche
wijsgeeren en godgeleerden : S. Antonius, Alexander van
Hales, S. Bonaventura en vooral Duns Scotus en later nog door
de H. H. Bernardinus van Siëna en Laurentius van Brindisi.

Van eeuwigheid verlangt God volmaakt begrepen en
gewaardeerd te worden door iemand buiten Hem. Dit kan
echter niet door een schepsel. Daarom stond van eeuwigheid
vast, dat de Tweede Persoon der H. Drieëenheid een geschapen natuur zou aannemen (Christus is de eerstgeborene van
alle schepsel, leert de Apostel Paulus). God koos de menschelijke natuur, waarin geest en stof vereenigd zijn. Geheel
de overige schepping dient om dezen goddelijken Persoon te
omringen : Hij is het middelpunt der schepping. Tot deze
schepping behooren niet enkel redelooze, maar ook redelijke
wezens. De laatsten hebben een vrijen wil en kunnen dus
kiezen : zich al of niet bij dien goddelijken Persoon aanslui-
.ten. God zal evenwel in ieder geval zijn doel bereiken. —
Elk redelijk schepsel zou zijn proeftijd hebben. De voornaamste beproeving der engelen bestond in zich te onderwerpen aan Gods raadsbesluit en zich ten dienste te stellen
van den Menschenzoon. Sommigen hunner echter weigerden
dit en werden met hun aanvoerder Lucifer tot de hel veroordeeld. De getrouwe Engelen werden de organisatoren van
Christus' werk.

Lucifer heeft na zijn val een grenzeloozen haat tegen het
menschelijk geslacht, als de aanleiding tot zijn ongeluk. Hij
wil de menschwording van Christus — die verheerlijking der
menschelijke natuur — beletten door Adam in opstand te
brengen. Wel slaagt hij er in deze te doen zondigen, doch
niet in het plan van Gods Zoon te verijdelen. Dit plan :
volmaakte Godsvereerder worden in de schepping, zal zeker
uitgevoerd worden, nu de mensch gezondigd heeft, want
daar God oneindig liefdevol is, wil Hij met zijn komst op
aarde de menschen tegelijk gelegenheid geven zich met den
Vader te verzoenen. Geheel het leven van het menschgeworden Woord zal er dus tevens op gericht zijn om de menschen
tot den Vader terug te voeren. Het hoogtepunt van dit

---

[1] Dit aanhangsel is *niet* van M. TANQUEREY, doch werd hier, na
bekomen toestemming, bijgevoegd door den vertaler.

verzoeningswerk zal bestaan in het Kruisoffer. Opdat de vruchten van dit Kruisoffer overvloedig op allen zullen worden toegepast, zal het tot het einde der tijden worden doorgezet door het Misoffer.

God beveelt, doch dwingt den mensch niet heilig te leven. Wel wil Hij de steeds geëerbiedigde vrijheid van den mensch beïnvloeden door het allerheiligst voorbeeld van Christus. Dit voorbeeld wordt, met zijn leer, het levensprogram van den herboren mensch, wiens volledige taak dus zal zijn : *zich zoo innig mogelijk aansluiten bij Christus.*

Zoo deden werkelijk, onder den invloed der genade, de Apostelen en de christenen der eerste eeuwen.

Ruim duizend jaren na Christus' komst was evenwel het christenideaal verbleekt. De wereld was verkoeld (oratie in de Mis, 17 September). Toen zond God den Man Franciscus. Franciscus was door de natuur en de genade uitstekend toegerust om God te dienen. Wat God wilde, dat werd vleesch en bloed in Franciscus. Hij zocht allerinnigste aansluiting bij Christus door algemeene navolging. Hij wilde evenals Jesus Godsvereerder en boetedoener zijn, daarom ook :

1) *Leven zooals Christus had geleefd,* voor God, voor God alleen : vandaar volkomen onthechting aan al het aardsche : in vijandschap met den wereldgeest, arm, nederig, blootsvoets, verstorven zou hij door de wereld gaan.

2) *Doen wat Christus gedaan had :* rusteloos ijveren voor de eer des Vaders en het heil der zielen, in zelfheiliging en zelfopoffering.

3) *Beminnen wat Christus had bemind :* de H. Drievuldigheid, wier feest hij steeds plechtig wilde vieren; Maria, in al haar grootheid en voorrechten — vandaar zijn teedere godsvrucht tot de Moeder Gods en de verdediging harer Onbevlekte Ontvangenis; de H. Engelen, vooral den Aartsengel Michaël; de menschen, goede en kwade; de redelooze schepselen en de levenlooze natuur.

4) *Leven met Jesus,* vooral in het hoogtepunt van zijn liefdeleven, het Kruisoffer en zijn voortzetting, het Misoffer — vandaar zijn onuitsprekelijk groote godsvrucht tot deze twee Geheimen.

Het streven naar navolging van Christus spreekt uit alles in Franciscus, ook en niet het minst in den Regel, dien hij aan zijn kinderen heeft gegeven. Waar hij bijv. handelt over de oversten, noemt hij hen ministri, dienaren, naar het woord van Christus : " Ik sta in uw midden als een die dient". De overste, zegt Franciscus, moet de dienaar zijn van allen, gelijk Jesus was, die de voeten zijner leerlingen wilde wasschen, opdat wij eveneens zouden doen.

Bij Franciscus was de navolging van Christus' uitwendig leven geen doel, maar middel om gemakkelijker tot de navolging van zijn zieleleven, tot zijn innerlijke gevoelens te komen, opdat Jesus in hem zou leven. Hij is hierin geslaagd en wel zoozeer dat hem de glorievolle titel van tweeden Christus is gegeven.

Het is nimmer bij Franciscus opgekomen zichzelf te stellen als voorbeeld voor zijn broeders, maar zijn heilige volgelingen hebben hem gesteld als het toonbeeld van het ware christenleven, omdat in Franciscus, als in een spiegel, Christus zelf in zijn menschelijk leven wordt gezien. Wie leeft als Franciscus, leidt een Christocentriek leven, komt tot aansluiting bij Christus.

Daarom ook hebben verschillende Pausen, vooral Leo XIII, Benedictus XV en Pius XI, herhaaldelijk Franciscus ter navolging voorgehouden aan alle christenen.

Fr. GILBERTUS LOHUIS

O. F. M.

ZAAKREGISTER [1].

---

[1] De getallen verwijzen naar de nummers, niet naar de bladzijden.

ster, 401; noodzakelijkheid van het —, 644-647; vereischten, 648-656; krachtdadig middel tot loutering der ziel, 703.

Affectief gebed, 975; begrip, 976, voor wie geschikt, 977-978; middelen, 979-980: nut, 981-984; schaduwzijde en hulpmiddelen, 985-988; methoden : van dén H. Ignatius, 989-993; van S. Sulpice, 994-997.

Gebed van eenvoud : benamingen, 1363; natuur, 1364-1369; nut, 1370-1373; wijze, 1374-1381; verworven of ingestorte beschouwing? 1382-1384.

Gebed van ingekeerdheid, 1363.

Gebed van rust : zijn drie phasen, 1435; passieve ingekeerdheid, 1436-1437; eigenlijk gezegde rust : natuur, 1438-1441; vordering en vormen, 1442-1445; de sluimering der vermogens, 1446; gedragslijn bij dit gebed, 1447.

Verstandelijk gebed. Zie *Overweging.*

Geboden (de) onderscheiden van de raden, 42, 335; hun onderhouding noodzakelijk tot de volmaaktheid, 337.

Gebreken der beginnenden, 636, 930-950; der gevorderden, 1263-1280; der contemplatieven, 1464.

Geduld : natuur, 1088; trappen, 1089-1092.

Geest (H.) de gaven van den —, 24, 31, 123, 1307-1357; de — deelt de ingestorte deugden mede, 119; woont in de ziel, 91-98. Zie *leven (christelijk);* de — is de ziel van het geheimzinnig lichaam, 144-145; wekt ons op tot volmaaktheid, 429; vruchten van den —, 1359-1360.

Geestverrukking, tweede phase van de mystieke vereeniging, 1459.

Geheimen van Jesus waarin wij moeten deelnemen, 1598.

Gehoorzaamheid : natuur en grondslag, 1057-1060; grenzen,

1061; trappen, 1062-1064; hoedanigheden, 1065-1067; uitmuntendheid, 1068-1073; — aan de geboden, 481; aan de raden, 482; aan de ingevingen der genade, 483-484; aan den kloosterregel, 374, 484; gelofte van —, 371.

Geloften der kloosterlingen, 368-372.

Geloof, goddelijke deugd : natuur, 1169-1171; middel tot heiliging, 1172-1179; ontwikkeling, 1180-1189.

Geluk (het) wordt gevonden in de volmaaktheid, 364.

Gelijkvormigheid met den wil Gods, middel tot volmaaktheid, 478; met den *uitgesproken wil Gods*, 480; met *Gods welbehagen*, 486-488; hoe zij vergemakkelijkt wordt, 489-490. Haar trappen, 492; haar heiligende werking, 493-498.

Gemeenzaamheid met God, 1292; gematigd door de gave van vreeze, 1337.

Genade : geschonken aan Adam, 65; aan den verlosten mensch, 105; natuur, 106-114; vereeniging onzer ziel met God door de —, 115-118.

Dadelijke genade : natuur en werking, 125; noodzakelijkheid, 126-128, 258; wordt vooral verkregen door het g=bed, 645-647; gewone dadelijke en bijzondere of werkende genade, 1299, 1300, 1308.

Heiligmakende genade, 105-118.

Sacramenteele genade, 251-258.

Genaden gratis datae of charismata, 1514-1515.

Gesteltenis (vereischte) tot het ontvangen van de H. Sacramenten : in 't algemeen, 259-261; der biecht, 262-269; der H. Communie, 283, vv., tot het bijwonen der H. Mis, 270, vv.; tot de ingestorte beschouwing, 1409-1412.

Gevaren der geestelijke vertroostingen, 923.

ZAAKREGISTER.

Druk der Société S. Jean l'Evang., DESCLÉE & Cie, Doornik (België). — 2965